Dr. Arthur Zimmermann, Dr. Viktor Zimmermann

Informations- und Telekommunikationstechnik für IT-Berufe

Lernfelder 4, 7, 9, 10

4. Auflage

Bestellnummer 5391

westermann

Die in diesem Produkt gemachten Angaben zu Unternehmen (Namen, Internet- und E-Mail-Adressen, Handelsregistereintragungen, Bankverbindungen, Steuer-, Telefon- und Faxnummern und alle weiteren Angaben) sind i. d. R. fiktiv, d. h., sie stehen in keinem Zusammenhang mit einem real existierenden Unternehmen in der dargestellten oder einer ähnlichen Form. Dies gilt auch für alle Kunden, Lieferanten und sonstigen Geschäftspartner der Unternehmen wie z. B. Kreditinstitute, Versicherungsunternehmen und andere Dienstleistungsunternehmen. Ausschließlich zum Zwecke der Authentizität werden die Namen real existierender Unternehmen und z. B. im Fall von Kreditinstituten auch deren IBANs und BICs verwendet.

Die in diesem Werk aufgeführten Internetadressen sind auf dem Stand zum Zeitpunkt der Drucklegung. Die ständige Aktualität der Adressen kann vonseiten des Verlages nicht gewährleistet werden. Darüber hinaus übernimmt der Verlag keine Verantwortung für die Inhalte dieser Seiten.

Druck: westermann druck GmbH, Braunschweig

service@westermann-berufsbildung.de
www.westermann-berufsbildung.de

Bildungshaus Schulbuchverlage Westermann Schroedel Diesterweg Schöningh Winklers GmbH, Postfach 33 20, 38023 Braunschweig

ISBN 978-3-8045-**5391**-0

westermann GRUPPE

4 Betreuung von IT-Systemen Lernfeld 10

5 Elektrotechnische Grundlagen

Modellunternehmen

Die ausführliche Vorstellung des Modellunternehmens ACI erfolgt im Band 1 „Wirtschafts- und Geschäftsprozesse für IT-Berufe". Deshalb wird das Unternehmen an dieser Stelle nur in sehr knapper Form und im Hinblick auf das Verständnis der folgenden Kapitel dargestellt. Das betrifft in erster Linie die Organisationsstruktur sowie das Angebot an Produkten und Leistungen.

Wie im ersten Band der Reihe werden die Lerninhalte der Informations- und Telekommunikationstechnik durch Einbeziehung von geeigneten Geschäftsprozessen des Modellunternehmens ACI dargestellt. Daraus ergibt sich die Möglichkeit, nicht nur die für eine solide Ausbildung unabdingbaren Fakten und Theorien zu repräsentieren, sondern auch Handlungen und Fertigkeiten zu erläutern, die von einem IT-Fachspezialisten an seinem zukünftigen Arbeitsplatz erwartet werden. Es handelt sich oftmals im Wechsel um typische Herausforderungen und sich ständig wiederholende Routineaufgaben. Beides muss mit der gleichen Sorgfalt und Qualität bewältigt werden.

Produkte und Leistungen

Das Unternehmen ACI GmbH ist ein mittelgroßes IT-Systemhaus mit Hauptsitz in Hamburg, einem Ladengeschäft in Eppendorf und einer Geschäftsstelle in Frankfurt am Main. ACI beschäftigt 38 Mitarbeiter und ist auf dem IT-Markt mit folgenden Produkten und Leistungen vertreten:

- **Entwicklung.** Erstellung eigener Softwareprodukte
- **Consulting.** Anwenderberatung und Schulungen zu neuen IT- und Kommunikationstechnologien sowie Applikationen
- **IT-Systembereich.** Lieferung und Ladenverkauf einzelner IT-Komponenten bis zur Planung und Installation komplexer Netzwerke und neuer Dienste

- **Support und Wartung.** Betreuung von einfachen und vernetzten IT-Systemen (Hard- und Software)

ACI versucht kompetente Mitarbeiter durch gezielte Ausbildung im eigenen Haus zu gewinnen. Derzeit werden drei Schüler und Schülerinnen in den IT-Berufen ausgebildet und eine Schülerin erhält eine Ausbildung im kaufmännischen Bereich. Die Ausbildung erfolgt für

- **Kai Dreyer** als IT-Systemelektroniker,
- **Stefan Fischer** als Fachinformatiker Anwendungsentwicklung,
- **Anna Hedder** als IT-Systemkauffrau und
- **Kerstin Raabe** als Bürokauffrau.

Die Auszubildenden werden durch den EDV-Leiter, Herrn **Köhler,** betreut. Eine Übersicht über die Struktur, Abteilungen und Mitarbeiter vermittelt das Organigramm des Modellunternehmens.

IT-Umfeld

Die Auszubildenden müssen die Struktur des Unternehmens ACI sowie die Ziele und Aufgaben der einzelnen Abteilungen kennen. Für ihre künftigen Berufe benötigen sie sowohl das organisatorische als auch das technische Know-how, um bereits während der Ausbildung die richtigen Partner anzusprechen und die richtigen Entscheidungen zu treffen.

Abteilungen und Aufgaben

Im Bereich **Verwaltung** gibt es drei Abteilungen. Die Abteilungen **Geschäftsbuchhaltung** und **Kostenrechnung/Controlling** sorgen für das finanzielle Wohl des Unternehmens.

Die Abteilung **EDV** trägt die Verantwortung für die Technik und Softwareausstattung im gesamten Unternehmen. Die Mitarbeiter dieser Abteilung installieren Arbeitsplatzrechner und Server, rüsten die Rechner nach, pflegen das eigene Netzwerk des Unternehmens und unterstützen die Mitarbeiter der anderen Abteilungen bei Fragen und Problemen zum täglichen EDV-Betrieb. Diese Abteilung übernimmt auch die Verantwortung und Betreuung für die Auszubildenden.

Zum Bereich **Verkauf** gehören mehrere Abteilungen und Standorte. Die Mitarbeiter der Abteilung **IT-Systems** beschäftigen sich mit dem Test sowie der Lieferung und Übergabe einzelner Komponenten und kompletter PC-Systeme an die Kunden.

Die Abteilung **Support** unterstützt die Kunden bei Fragen und Problemen während des Betriebs der installierten IT-Systeme und leitet die Kundenanfragen bei Bedarf an die Abteilung **IT-Systems** oder an die Lieferanten und Hersteller weiter.

Organigramm ACI

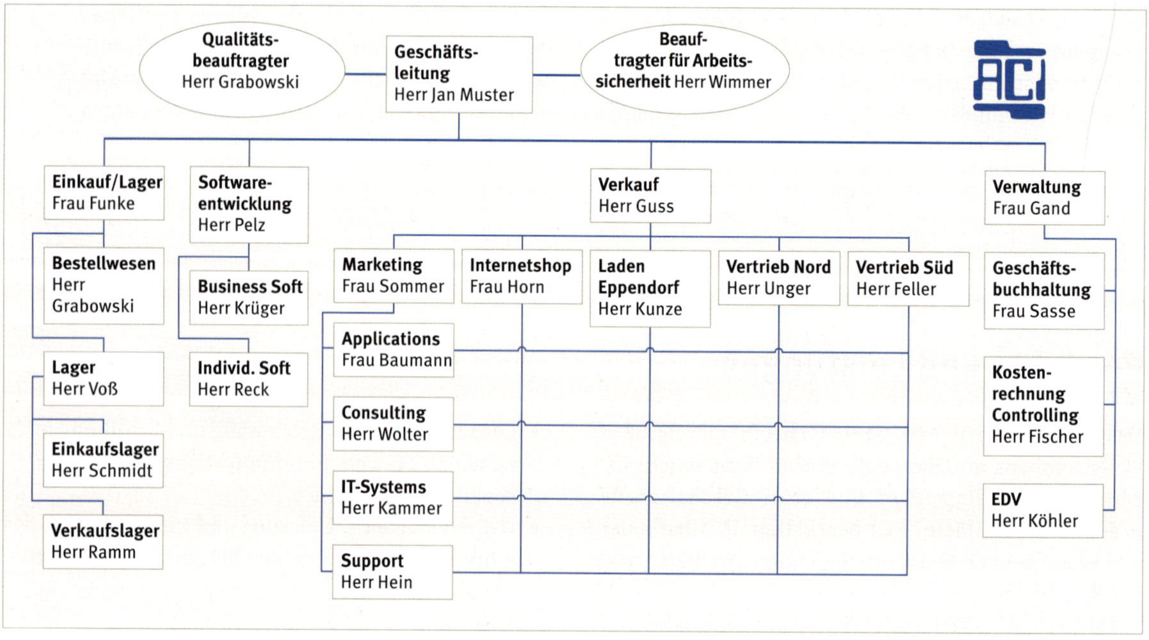

Die Mitarbeiter der Abteilung **IT-Systems** übergeben die neuesten Bedienungsvorschriften, Anweisungen, Bugfixes und Patches möglichst schnell an die Abteilung **Support,** damit die Bedienung der Kunden immer auf dem aktuellsten Stand erfolgt. Beide Abteilungen arbeiten sehr eng zusammen.

Die Abteilung **Consulting** führt Gespräche mit den Kunden, um ihre Bedürfnisse zu ermitteln und passende Angebote zur Lösung von EDV- und Organisationsproblemen zu finden. Die Mitarbeiter dieser Abteilung kennen die Eigenschaften der Produkte sehr gut, die das Unternehmen anbietet, und stehen deshalb ebenfalls in ständigem Kontakt zur Abteilung **IT-Systems.**

Die Abteilung **Applications** erarbeitet neue Entwicklungsrichtungen für eigene Produkte, um konkurrenzfähig zu bleiben.

Die Mitarbeiter der Abteilung **Marketing** sorgen dafür, dass die Informationen über die Produkte und Leistungen des Systemhauses einen möglichst breiten Interessenten- und Kundenkreis erreichen.

Der **Internetshop** wächst überdurchschnittlich innerhalb der Verkaufsabteilung in der Firma ACI. Hier werden Hard- und Softwareprodukte über das Internet verkauft.

Das Ladengeschäft in **Eppendorf** erwirtschaftet dank der gut geschulten Mitarbeiter und der günstigen Lage auch einen erheblichen Teil des Gewinns der Firma. Die Vertriebsbereiche **Nord** und **Süd** koordinieren die Verkaufsaktivitäten von modernen Hard- und Softwarekomponenten in ihrem jeweiligen Einzugsbereich und arbeiten hier auch mit anderen Unternehmen eng zusammen.

Der Bereich **Softwareentwicklung** beschäftigt sich mit eigenen Softwareprodukten. Die Mitarbeiter der Abteilung **Business Soft** passen vorhandene Standardsoftware an die Bedürfnisse der Kunden an, in der Abteilung **Individual Soft** entstehen eigene Anwendungen für den individuellen Bedarf von Kunden.

Der Bereich **Einkauf/Lager** bestellt alle notwendigen Komponenten für die Produkt- und Leistungspalette des Systemhauses, lagert sie und leitet sie rechtzeitig an die einzelnen Abteilungen weiter.

Hardware- und Softwareausstattung

Die technische Ausstattung ist von den Aufgaben der Mitarbeiter abhängig. In den Abteilungen **Geschäftsbuchhaltung** und **Kostenrechnung/Controlling** werden Rechner mit mittlerer Ausstattung genutzt, die im Durchschnitt etwa vier Jahre alt sind. Jeder Rechner besitzt zwei Festplatten. Der erste Datenträger enthält immer das Betriebssystem und die dazugehörigen Systemprogramme. Auf der zweiten Festplatte sind die Arbeitsdaten abgespeichert. Beim Absturz eines dieser Rechner können die EDV-Mitarbeiter innerhalb von 15 Minuten das entsprechende Betriebssystem von einem Image über das Netzwerk wiederherstellen.

In der **EDV-Abteilung** gibt es zusätzlich zu den Arbeitsplatzrechnern auch Test-PCs, wo unterschiedliche Betriebssysteme, Konfigurationen sowie spezielle Hard- und Software überprüft werden. Die Mitarbeiter besitzen gründliche EDV-Kenntnisse, wodurch sie auch die anderen Abteilungen und die Geschäftsleitung beraten und schulen können.

Die Mitarbeiter der Abteilung **IT-Systems** verfügen über sehr moderne Computer, allerdings ohne Multimedia-Komponenten. Im **Support** ist man auf Headsets angewiesen, da beim telefonischen Kundengespräch gleichzeitig der Rechner benutzt werden muss.

Die Abteilungen **Marketing, Applications** und **Consulting** besitzen moderne Multimediacomputer. Dies ist auch absolut notwendig und sehr praktisch, da die Kunden bei Beratungsgesprächen durch eindrucksvolle Präsentationen vom Nutzen der Produkte überzeugt werden können. Gleichzeitig werden die multimedialen Informationen für die verschiedenen Werbeträger eigenständig bearbeitet.

In der Abteilung **Internetshop** dominieren neben den Rechnern für die Mitarbeiter die Server, auf denen die erforderliche Software für den Verkauf der Produkte und Dienstleistungen im Internet läuft. Die Mitarbeiter besitzen das notwendige Know-how und entscheiden selbst über die Installationen, Verteilung und Sicherung der Daten. Die technischen Probleme werden zumeist innerhalb dieser Abteilung gelöst.

Das Ladengeschäft in **Eppendorf** sowie die Vertriebsbereiche **Nord** und **Süd** verwenden für ihre Arbeit Computer mittlerer Ausstattung und sind bei Störungen hauptsächlich auf die **EDV-Abteilung** angewiesen.

Die beiden Abteilungen im Bereich **Softwareentwicklung** sind sehr gut mit moderner PC-Technik versorgt. Sie benutzen die neuesten Softwaretechnologien und Programmiersprachen.

Die Abteilung **Einkauf/Lager** ist kaum mit Rechnern ausgestattet und hier gibt es einen dringenden Bedarf, moderne Computertechnik einzuführen. Aufgrund des schnelleren Wachstums und der steigenden Nachfrage haben die Mitarbeiter nicht immer den Überblick über vorhandene Komponenten, über die notwendigen Bestellungen und über die Lieferfristen. Geplant ist ein System, das die meisten Vorgänge automatisiert. Im Mittelpunkt soll ein Server stehen, der die Datenbank mit den Informationen über alle Artikel enthält. Die Mitarbeiter können dann bequem mit dem Laptop oder dem Barcodeleser den Warenbestand kontrollieren und bei Bedarf automatisch nachbestellen. Als Front-End für die geplante Anwendung im Intranet soll ein Webserver fungieren, damit auch die anderen Abteilungen, wie **Kostenrechnung/Controlling, Geschäftsbuchhaltung** oder **Consulting,** mit einem beliebigen Browser auf relevante Informationen zugreifen können. Selbstverständlich geschieht dies nur über genau definierte Zugriffskontrollen und andere Sicherheitsmechanismen.

Die Softwareausstattung der Firma ACI entspricht weitgehend dem neuesten Stand. Auf den Arbeitsplatzrechnern der Mitarbeiter ist fast überall das Betriebssystem Microsoft Windows 7 Professional installiert. Die Server-Rechner laufen meist unter dem Betriebssystem Microsoft Windows Server 2003/2008. Für Testzwecke gibt es in der EDV-Abteilung einige Linux-Rechner. Im EDV-Netzwerk der Firma wird das Domänen-Konzept eingesetzt, sodass jeder Benutzer ein Konto in der Domäne besitzt und sich nur mit diesem Konto anmeldet. Somit werden die Zugriffsrechte der Benutzer, das Verhalten und die Eigenschaften der Rechner in der Firma zentral verwaltet. Für die Vernetzung der Rechner wurde die strukturierte Verkabelung verwendet, wodurch sich das Netzwerk zukunftssicher gestaltet.

Praktisch auf jedem Rechner in der Firma ist die Bürosoftware Microsoft Office installiert, sodass die Dokumente innerhalb der Firma sowie mit der Außenwelt problemlos ausgetauscht werden können. Windows Live Mail wird von allen Mitarbeitern als E-Mail-Client genutzt. Die regelmäßige Sicherung der Daten aller Mitarbeiter obliegt der EDV-Abteilung mit wenigen Ausnahmen, wie z. B. dem **Internetshop.** Im Bereich **Softwareentwicklung** entstehen mit den Programmiersprachen C/C++, Java und anderen modernen Werkzeugen neue oder verbesserte Anwendungen. In der Abteilung **Internetshop** hat die Sprache Perl starke Verbreitung gefunden, womit die Anfragen und Bestellungen der Internetkunden bearbeitet werden. Der Bereich **Verwaltung** setzt das eigene Programm für die Hausverwaltung ein. Dieses Programm ist der Stolz der Firma und wurde schon bei mehr als 200 Kunden erfolgreich installiert.

In den Abteilungen **Marketing**, **Consulting** und **Applications** spielen multimediale Programme eine besonders wichtige Rolle.

Die **EDV-Abteilung** ist für die Lizenzverwaltung der gesamten Software im Haus verantwortlich. Sie schützt das firmeneigene Netzwerk vor schädlichen Programmen und stellt rechtzeitig die aktuellen Antivirenprogramme für den internen Gebrauch zur Verfügung. Firewall-Einstellungen, die Verfügbarkeit und Sicherheit der Server sowie die Erkennung und Abwehr von „Eindringlingen" liegen ebenso im Verantwortungsbereich der Mitarbeiter dieser Abteilung.

1 Einfache IT-Systeme

Das Verständnis für den Aufbau und die Funktionsweise eines einfachen, nicht verbundenen Computersystems bildet die fachliche Grundlage. Mit einem rasanten Tempo entwickeln sich die Technologien in diesem Sektor der Wirtschaft. Umso wichtiger sind aktuelle und fundierte Kenntnisse über die zugrunde liegenden Prinzipien der Datenverarbeitung sowie die grundsätzlichen Bauelemente eines IT-Systems.

Mit Unterstützung der Mitarbeiter der Firma ACI lernen Kai, Stefan, Anna und Kerstin die Hardware und Software eines Rechners kennen und sie erhalten eine Übersicht über moderne Betriebssysteme. Die Auszubildenden erkunden die wichtigsten Geschäftsabläufe rund um die Planung, Beschaffung, Übergabe und den Betrieb der Computertechnik. Zusammen mit den Mitarbeitern der EDV-Abteilung planen sie den Einsatz eines neuen Rechners, entscheiden über die Zusammenstellung der Hard- und Software, nehmen den neuen Computer in Betrieb, bereiten eine Präsentation vor und helfen den beteiligten Mitarbeitern bei der Einarbeitung.

1.1 Konzeption

S Einige Rechner in der Firma ACI entsprechen nicht mehr den steigenden Anforderungen, die sich aus dem Wachstum der Firma ergeben. Sie stürzen immer öfter ab, benötigen viel Zeit, um die Daten zu bearbeiten, und unterstützen viele der modernen Programme nicht. Die Leitung der Firma hat zusammen mit dem EDV-Leiter Herr Köhler entschieden, diese Rechner durch neue Modelle zu ersetzen. Da diese Rechner unterschiedliche Funktionen ausüben, ist es unmöglich, für alle den gleichen Ersatz zu beschaffen.

Es handelt sich um drei Rechner in der Abteilung Marketing, fünf Rechner in der Abteilung Softwareentwicklung, zwei Rechner in der Geschäftsbuchhaltung und drei zentrale Rechner (Server), auf denen die Daten aller Mitarbeiter gespeichert sind.

In der Abteilung Marketing wird hauptsächlich mit Präsentationen und grafischen Darstellungen gearbeitet, die Mitarbeiter der Abteilung Softwareentwicklung beschäftigen sich mit der Programmierung und mit dem Testen der Software. In der Geschäftsbuchhaltung wird eine Standardsoftware für Finanzbuchhaltung eingesetzt. Überall nutzen die Mitarbeiter sehr intensiv Microsoft Office. Die Server stellen die erforderlichen Web-, E-Mail-, Datei-, Anmelde- und Anwendungsdienste zur Verfügung.

Die neuen Rechner sollen durch die Mitarbeiter der Abteilung EDV und durch die Auszubildenden eingerichtet werden.

1.1.1 Anforderungen

Die rasante Entwicklung der Informationstechnik stellt auf dem Markt immer häufiger neue Produkte zur Verfügung, die für verschiedene Zielgruppen und Anforderungen zugeschnitten sind.

Unter den einfachen IT-Systemen werden die Rechner zusammengefasst, die im Büro, im Unternehmen oder zu Hause eingesetzt werden, unabhängig davon, ob sie untereinander vernetzt sind. Im Mittelpunkt der einfachen IT-Systeme stehen die Rechner selbst, ihr Aufbau, die Zusammenarbeit ihrer Komponenten, ihre Software, Funktionalität, Sicherheit und Zuverlässigkeit.

Die Anforderungen an die einfachen IT-Systeme sind vorrangig von deren Einsatzbereichen abhängig:

Arbeitsplatzrechner im Büro. Dieser Rechner stellt mittlere Anforderungen an die Hard- und Software. Dazu gehören ein moderner, aber nicht überdimensionierter Prozessor, ein durchschnittlich bemessener Arbeitsspeicher und eine ausreichend große Festplatte, um die Dokumente, Tabellen und Berichte zu speichern. Die multimedialen Geräte wie Soundkarte und Lautsprecher sind selten notwendig. Ein kombiniertes Gerät aus Drucker, Scanner und Fax reicht für mehrere Rechner aus. Der Monitor sollte den durchschnittlichen Anforderungen entsprechen.

G

Geschäftsprozess „Ausstattung eines neuen Rechners“

Prinzipielle Auswahl der Anwendungen

Durchführen:

- Unterteilung der Aufgaben der Mitarbeiter in Kategorien
- Zuordnung der freien und kommerziellen Anwendungen in die entsprechenden Kategorien
- Vergleich der Anwendungen innerhalb einer Kategorie

Auswahl des Betriebssystems

Durchführen:

- Prioritäten setzen
- Auswahl nach dem Kriterium Server/Client
- Unterstützung der notwendigen Anwendungen untersuchen
- Marktposition und Zukunftsorientierung gewährleisten
- Vergleich der Betriebssysteme in Bezug auf Preise, Leistung, Umfang der Dienste, Zuverlässigkeit, Zukunftsorientierung, Sicherheit

Auswahl der Anwendungssoftware

Durchführen:

- Anwendungssoftware entsprechend dem Betriebssystem und der Kategorie auswählen
- Software-Pakete durch Vergleich von Preisen, Funktionalität, Benutzerfreundlichkeit, Einarbeitungszeit, Zuverlässigkeit und Sicherheit auswählen
- Datenaustausch zwischen den unterschiedlichen Anwendungen berücksichtigen
- Dokumentation erstellen

Auswahl der Hardware

Durchführen:

- Auswahl der Hardware nach den Kriterien: Server/Client, Funktionalität, Zuverlässigkeit, Leistungsfähigkeit
- Berücksichtigung der Notwendigkeit, zusätzliche Hardware zu installieren
- Dokumentation erstellen

Installation und Inbetriebnahme

Durchführen:

- Beschaffung und Installation der Hardware oder des kompletten Rechners
- Hardwaretest
- Installation und Anpassung des Betriebssystems
- Test der Funktionsfähigkeit des installierten Betriebssystems
- Installation und Anpassung der Anwendungssoftware
- Test der Funktionsfähigkeit der installierten Anwendungen
- Datenübernahme
- Dokumentation erstellen

Arbeitsplatzrechner für Aufgaben in der Konstruktion (CAD). Die Anforderungen sind hier viel größer. Ein leistungsfähiger Prozessor und ein besonders großer Arbeitsspeicher sind zu empfehlen. Neben einer leistungsfähigen Grafikkarte muss die Festplatte große Mengen an Informationen aufnehmen können. Ein großer TFT-Monitor eignet sich optimal für die Durchführung der Aufgaben, während die multimedialen Anforderungen eher bescheiden sind.

Multimediarechner. Dieser Rechner benötigt eine hohe Leistungsfähigkeit bei fast allen Komponenten. Dazu gehören ein schneller, moderner Prozessor, viel Arbeitsspeicher und eine große Festplatte. An der Ausstattung Grafikkarte darf auch nicht gespart werden. Die Soundkarte und die Lautsprecher gehören zum Standard. Moderne Datenträger, wie DVD und Speicherkarten, dürfen nicht fehlen. Scanner und Drucker müssen integriert sein. Ein großer TFT-Monitor ist auch hier unbedingt notwendig.

Industrie-Computer. Diese Rechner werden in der Fertigung und Lieferung verwendet. Sie müssen in erster Linie widerstandfähig gegen mechanische, elektromagnetische, chemische und andere Beanspruchungen sein. Das Gehäuse besitzt deswegen eine besondere Ausführung. Im Übrigen soll ihnen ihre Ausstattung nur erlauben, die vorgesehenen Werkfunktionen zu erfüllen.

Eingebaute Systeme. Solche Systeme bestehen oft nur aus wenigen Komponenten, wie Prozessor, Arbeitsspeicher, Datenträger und Motherboard. Sie steuern z. B. Waschmaschinen, Kaffeeautomaten, verschiedene Funktionen in Autos sowie Kassensysteme und benötigen deshalb oft keine Monitore, Drucker, Grafik- und Soundkarten.

Rechner in vernetzten Systemen (Client und Server). Diesen Rechnern ist ein eigenes Kapitel gewidmet.

Mobile Systeme und Kommunikationsgeräte. Tablet-PCs und Smartphones erobern zunehmend moderne Büroumgebungen und unterstützen Meetings, Präsentationen, Fernarbeit u. v. m. Zu beachten sind die Anforderungen an technische und sicherheitsrelevante Ausstattungsmerkmale der Hard- und Software.

Rechner zu Hause. Diese Rechner erfüllen sehr verschiedene Funktionen. Beispielsweise laufen darauf Computerspiele, werden einfache Dokumente erstellt und verwaltet sowie Internet- und Multimedia-Anwendungen bedient. Die Anforderungen hängen hier stark von den Ansprüchen ab.

Zusätzlich werden die Anforderungen an die einfachen IT-Systeme oft von den Anwendervorstellungen geprägt. Da der Anwender viel Geld in die Rechner investiert, darf diese Investition nicht kurzlebig sein. Wenn die Rechner schon ein paar Jahre arbeiten müssen, sollten nur die neuesten Komponenten verwendet werden. Bei den Trends gibt es aber auch negative Überraschungen. Die AGP-Schnittstelle für Grafikkarten wurde vor einigen Jahren als bahnbrechende Technologie verkündet. Heute werden solche Grafikkarten gar nicht mehr hergestellt, sondern es hat sich stattdessen die PCI-Express-Schnittstelle etabliert. Im Vordergrund steht deshalb ein sinnvoller Kompromiss zwischen den Vorstellungen und Anforderungen der Anwender und den neuesten Trends und Technologien, die sorgfältig AH beobachtet und ausgewertet werden müssen.

1.1.2 Produkte und Leistungen

Die IT-Produkte kann man in folgende Kategorien unterteilen:

- **Hardware.** Das sind Geräte aller Art, die einzelne oder mehrere (Kombigeräte) Funktionen ausführen. Diese Geräte speichern die Daten, stellen sie dar und sind für deren Eingabe zuständig.
- **Software.** Das sind die Programme (oder Pakete von Programmen), die dem Benutzer erlauben, die Daten auf unterschiedliche Weise zu verarbeiten und auszuwerten.
- **Komplettsysteme.** Das sind alle Lösungen, die sowohl Hardware als auch Software beinhalten.

Hinzu kommen im EDV-Bereich Leistungen, die die Unternehmen erbringen, um Kundendaten zu verarbeiten, darzustellen und zu archivieren.

In der EDV-Branche existieren im Vergleich zu anderen Sparten **Verkaufsstrategien,** die es erlauben, auf dem Markt schnell und flexibel zu reagieren:

- **OEM** (**O**riginal **E**quipment **M**anufacturer). Die Anbieter von IT-Systemen kaufen beim Originalhersteller die Hardwarekomponenten und bauen sie selbst zusammen. Die Komponenten sind in diesem Fall billiger, da teure Verpackung und Anleitungsbücher entfallen. Gleiches gilt auch für die Software, die dann nur auf den montierten Rechnern installiert werden darf. Manchmal sind solche Produkte eine „abgespeckte“ Version der originalen Hard- und Software-Produkte. Das neue Produkt wird unter eigenem Namen des Verkäufers vermarktet.
- **Herstellerverkauf.** Diese Strategie ist heute eher seltener anzutreffen, da ein Endkunde einzelne Speicherbausteine oder einen einzelnen Prozessor kaum noch direkt vom Hersteller abruft.
- **Geschäftsverkauf.** Das ist eine alte, aber bewährte Form. Im Geschäft wird eine umfassende Beratung geboten, die vorhandenen Produkte können verglichen werden. Falls ein Gerät nicht richtig funktioniert, kann es bequem umgetauscht werden.
- **Onlineverkauf.** Immer größere Ausmaße nimmt der Verkauf im Internet ein. Die Informationen über die Produkte können den potenziellen Kunden sehr schnell und bequem erreichen. Er kann kurzfristig mehrere Angebote vergleichen und das für ihn beste Produkt auswählen. Diese Informationen sind immer aktuell. Die Kosten für Personal reduzieren sich beachtlich oder entfallen vollständig. Eine gute Onlinehilfe ersetzt oft die Beratung. Als Folge können Produkte mit der gleichen Qualität preiswerter sein als im Geschäft.

Auch der Support spielt nach wie vor eine wichtige Rolle bei der Auswahl der Produkte. Eine inhaltlich gut gestaltete Benutzeranleitung hilft dem Kunden im Falle eines nicht funktionierenden Gerätes oder Programms oft weiter. Die persönlichen und telefonischen Gespräche mit dem Verkäufer sind von psychologisch wertvoller Bedeutung, da der Kunde in den meisten Fällen eine feste Bezugsperson wünscht. Die Schulung des Personals erhöht die Akzeptanz der Produkte bei den Kunden. Dabei verlagern sich Schulungen und Support allerdings immer mehr in den Online-Bereich. Auch hier gilt es, einen sinnvollen Kompromiss zwischen Kundennähe, Reaktionszeiten und Kosten zu finden und die dafür verantwortlichen Geschäftsprozesse ständig zu optimieren.

1.2 Hardwareaufbau und -konfiguration

S Frau Sommer aus der Abteilung Marketing bekommt einen neuen Rechner. Der Vertreter der Lieferfirma fragt den zukünftigen Systemelektroniker Kai Dreyer nach der Zusammenstellung der Hardware für den neuen Rechner. Vorab hat Frau Sommer Kai darüber informiert, welche typischen Aufgaben sie mit dem Rechner erledigt:

- Briefe, Berichte und Werbetexte schreiben
- Preisvergleiche mithilfe der Tabellenkalkulation durchführen und grafisch darstellen
- Präsentationen vorbereiten
- Flyer gestalten
- Internetrecherchen durchführen
- E-Mail-Kontakte mit den Kunden pflegen

Ihre Daten werden regelmäßig auf einem zentralen Rechner (Server) gespeichert.

Aufgrund dieser Information muss entschieden werden, welche Hardware den Anforderungen an Leistung und Preis entspricht und welche Software auf dem neuen Rechner installiert werden soll. Herr Köhler erklärt Kai einige wichtige Prinzipien für die Auswahl der Hardware, damit sich der Auszubildende richtig entscheiden kann.

Systemgehäuse und Peripherie

Obwohl alle Bauelemente und Anschlüsse modular aufgebaut und genormt sind, müssen beim Aufbau eines Rechners viele Zusammenhänge, Regeln und Abhängigkeiten beachtet werden, z. B. darf ein Prozessor nicht auf jede Hauptplatine aufgesetzt werden oder RAM-Bausteine können zu erheblichen Instabilitäten führen, wenn ihre Parameter nicht mit dem Chipsatz harmonieren.

1.2.1 Hardware

Die Begriffe „Hardware“ und „Software“ sind eigentlich nur ein Hinweis auf die zwei Seiten der Computertechnik. Alles Mechanische, das man anfassen kann, wurde von den Erfindern als „harte Ware“ bezeichnet. Alles, was diese Hardware ansteuert, im Computer selbst aber nur eine Form elektrischer Signale darstellt, wurde Software genannt.

1.2.1.1 Geräte

Alle Geräte, die in einem Computersystem eingesetzt werden, lassen sich in zwei Gruppen unterteilen: **interne** und **externe** Geräte. Interne Geräte befinden sich innerhalb des Systemgehäuses, externe Geräte werden an das Systemgehäuse über entsprechende Schnittstellen angeschlossen. Selbstverständlich gibt es für einige Geräte (aber nicht für alle) sowohl interne als auch externe Ausführungen (z. B. Modem, Festplatte). Das Systemgehäuse und seine internen Geräte werden oft als **Systemeinheit** und die externen Geräte als **Peripherie** bezeichnet.

W

interne Geräte	Peripherie
Hauptplatine/Motherboard	Tastatur
Prozessor/CPU	Maus
Festplatte	Monitor
Arbeitsspeicher/RAM	Drucker
Grafikkarte	Scanner
Stromversorgungseinheit/Netzteil	Lautsprecher
Netzwerkkarte	Joystick
Soundkarte	Digitalkamera
Lüfter	Kartenleser

1.2.1.2 EVA-Prinzip

Die Informationsverarbeitung in einem Computersystem erfolgt stets nach fest definierten Regeln. Eine Information wird in das System eingegeben. Dann findet die Auswertung und Verarbeitung dieser Information statt. Anschließend werden die Ergebnisse auf Papier ausgedruckt, auf dem Bildschirm angezeigt, auf dem Datenträger gespeichert oder an die anderen Systeme weitergeleitet. Diese Regeln sind als **EVA-Prinzip** bekannt. EVA steht für **E**ingabe, **V**erarbeitung und **A**usgabe.

Wird ein Computersystem von dieser Seite her betrachtet, so ergibt sich für die Geräte folgende Aufstellung:

W

Eingabegeräte	Tastatur, Maus, Scanner, Mikrofon, Kartenleser, Stift, Touchpad, Joystick, TV-Antenne
Verarbeitungsgeräte	Prozessor, Arbeitsspeicher
Ausgabegeräte	Monitor, Drucker, Plotter, Lautsprecher, Beamer

Die Tabelle zeigt, dass die Peripherie hauptsächlich aus Ein- und Ausgabegeräten besteht, während die Verarbeitungsgeräte der Systemeinheit zugeordnet sind.

Nicht nur das Gesamtsystem, sondern auch die einzelnen Komponenten (Subsysteme) arbeiten nach dem EVA-Prinzip. So bekommt eine Grafikkarte die Daten von der CPU, berechnet Texturen, Schatten und 3-D-Effekte und leitet die Ergebnisse an den Monitor weiter.

1.2.1.3 Architektur

Der prinzipielle Aufbau eines Computersystems hat entscheidenden Einfluss auf die Leistung der Datenverarbeitung und auf die Kosten, die mit der Herstellung dieses Systems verbunden sind. Lange Zeit wurden die Rechner hauptsächlich aufgrund der Ideen konstruiert, die John (Johann) von Neumann im Jahre 1945 vorgeschlagen hat.

Die Operationsprinzipien von John von Neumann (John-von-Neumann-Architektur) lauten:

- Die Signalmenge (Befehle und Daten) ist binär codiert.
- Der Inhalt einer Speicherzelle wird über ihre Adresse angesprochen.
- Ein Befehl bearbeitet nur einen Satz von Daten (**SISD, S**ingle **I**nstruction **S**ingle **D**ata).
- Befehle und Daten werden zusammen gespeichert.

Rechner, die diesen Prinzipen entsprechen, können relativ günstig gebaut werden (Hardware und Software inklusive). Außerdem erledigt die John-von-Neumann-Architektur einen Großteil der Aufgaben, die in Industrie und Handel zu lösen sind.

Aber es gibt auch andere Rechenaufgaben, zu denen die John-von-Neumann-Architektur nicht passt. Beispielsweise liefern seismologische Untersuchungen bei der Erschließung der Erdgas- und Erdölvorräte eine überdimensionale Menge an Daten. Diese Daten müssen mit wenigen, fast gleichen Befehlen verarbeitet werden. Für solche und andere Aufgaben werden Computer mit einer anderen Architektur benötigt. Es stehen folgende Architekturen zur Verfügung:

- **Harvard-Architektur.** Die Befehle und Daten werden getrennt gespeichert, was schneller und wesentlich teurer ist. Diese Architektur kann auch zur SISD-Architektur gezählt werden.
- **SIMD-Architektur** (**S**ingle **I**nstruction **M**ultiple **D**ata). Mehrere Datensätze werden nach einem Befehl bearbeitet, z. B. durch mehrere gleichartige Prozessoren. Computer mit dieser Architektur heißen auch **Vektorrechner** oder **Supercomputer**.
- **MIMD-Architektur** (**M**ultiple **I**nstruction **M**ultiple **D**ata). Mehrere Datensätze werden nach mehreren Befehlen bearbeitet, z. B. durch mehrere Prozessoren mit unterschiedlichen Architekturen. Die Rechner, die auf der Basis dieser Architektur funktionieren, heißen ebenfalls Supercomputer.

Die PCs basieren allgemein auf der John-von-Neumann-Architektur. Einzelne Bestandteile der modernen Rechner weisen jedoch manchmal auch Merkmale von anderen Architekturen auf.

1.2.2 Interne Geräte

1.2.2.1 Gehäuse

Das Gehäuse beherbergt alle internen Geräte eines PCs. Obwohl es selbst kein internes Gerät ist, bestimmt es die Zusammensetzung einzelner interner Geräte und bildet die Form des Systems. Oft wird zwischen folgenden Gehäuseformen unterschieden:

Desktop. Dieses Gehäuse ist zur Verwendung auf dem Schreibtisch konzipiert, besonders schmale Varianten werden auch als Slimline-Case bezeichnet. Desktop-PCs finden im Büroalltag als Arbeitsplatzrechner ihren Einsatz.

Tower. Dieses Gehäuse wird normalerweise unter dem Schreibtisch platziert. Es gibt Mini-, Midi- und Big-Tower. Der klassische Mini-Tower hat einen 5,25-Zoll-Einschub für ein CD-ROM-Laufwerk und einen 3,5-Zoll-Einschub für ein Diskettenlaufwerk oder einen Kartenleser. Midi-Tower besitzen zwei bis drei 5,25-Zoll-Einschübe und ein bis zwei 3,5-Zoll-Einschübe. Ein Big-Tower zeichnet sich durch mehrere Einschübe beider Formate aus. Es verfügt normalerweise auch über ein leistungsfähiges Netzteil und ist oft für den Betrieb als Server ausgelegt.

Tower-Gehäuse

Barebone-Gehäuse

Barebone. In letzter Zeit geht der Trend in Richtung besonders kleiner und kompakter Bauweisen. Moderne Barebone-Gehäuse verfügen über ein ausgeklügeltes Belüftungskonzept. Auch eine leistungsfähige Grafikkarte findet Platz in diesem Gehäuse. Das erlaubt den Einsatz der Barebone-Gehäuse für Spiele- und Multimedia-PCs.

Außer der Anzahl und Art der Einschübe und Anschlüsse sind für ein Gehäuse die Lüftungsöffnungen besonders wichtig. Die internen Geräte erzeugen viel Wärme, die aus dem Gehäuse abtransportiert werden muss. Ansonsten versagen bei erhöhten Temperaturen viele dieser Geräte.

Obwohl die Klassifikation der Gehäuseformen immer noch gültig ist, wurden in den letzten Jahren immer neue, innovative Formen auf dem Markt eingeführt. Die allgemeine Tendenz richtet sich aber auf Computersysteme als fertige, nicht erweiterbare Geräte. Beispiele hierfür sind Notebooks und mobile Kommunikationsgeräte, wie Tablet-PCs und Smartphones.

Hauptplatine

1.2.2.2 Hauptplatine

Die Hauptplatine (Motherboard, Mainboard) belegt die zentrale Stelle im Systemgehäuse. Sie enthält mehrere elektronische Bausteine (Chips) und Anschlüsse für interne Geräte. Die elektronischen Bausteine steuern die Zusammenarbeit aller Bauelemente. Interne Geräte werden entweder direkt mit der Hauptplatine verbunden oder über verschiedene Kabel angeschlossen.

Auf der konventionellen Hauptplatine befinden sich folgende Komponenten:

- **Prozessorsockel oder Slot.** Die meisten Prozessoren werden auf einem Sockel, einige in einem Slot eingesetzt.
- **Speicherbänke** für Arbeitsspeicher
- **Anschlüsse für interne Speichergeräte,** wie Festplatten und CD-ROMs
- **Steckplätze für Erweiterungskarten,** wie Grafikkarte, TV-Karte, Netzwerkkarte usw.
- **Chipsatz,** der alle Komponenten der Hauptplatine steuert
- **Bussysteme,** die alle integrierten Geräte verbinden
- **BIOS** (**B**asic **I**nput/**O**utput **S**ystem) und **CMOS** (**C**omplimentary **M**etal **O**xide **S**emiconductor) sind elektronische Schaltkreise, die für den Bootvorgang verantwortlich sind. Im BIOS befinden sich die Funktionen, das CMOS beinhaltet die Daten und Parameter.
- **Batterie,** die das CMOS bei ausgeschaltetem Rechner mit Strom versorgt
- **Stromanschluss,** versorgt den Rechner mit Strom bei normalem Betrieb
- **Anschlüsse für externe Geräte,** wie Tastatur, Maus, Drucker, Lese- und Schreibeinrichtungen für Speicherkarten usw.
- **Jumper und DIP-Schalter** (**D**ual **I**n-line **P**ackage), die einige Bauteile der Hauptplatine konfigurieren

Durch die Anordnung dieser Bauelemente ergeben sich folgende Standards für die Ausführung der Hauptplatine: AT-Standard, Baby-AT-Standard und ATX-Standard. AT- und Baby-AT-Standard sind inzwischen veraltet, sie besaßen unterschiedliche Längen und entsprechend unterschiedliche Anordnungen für die Bauelemente. Der Baby-AT-Standard verfügte über weniger Möglichkeiten für die Erweiterung von Komponenten.

Die Vorteile des ATX-Standards betreffen die verbesserte Anordnung von Prozessoren, Steckplätzen und Arbeitsspeichermodulen sowie ein integriertes Anschlussmodul für parallele und serielle Schnittstellen. Gegenüber einer herkömmlichen Hauptplatine ist das ATX-Board um 90 Grad gedreht. Es gibt auch Baby-ATX-Hauptplatinen. Bezüglich des Designs unterscheiden sich die ATX-Hauptplatinen je nach Hersteller. In Midi- und Big-Tower-Gehäusen werden normalerweise ATX-Boards verwendet, in Mini-Towern befinden sich Baby-ATX-Boards.

Eine weitere Art von Hauptplatinen sind die passiven Boards. Auf solchen Boards gibt es keinen Prozessor. Er befindet sich auf einer getrennten Platine, darum heißen diese Boards auch Slot-CPU-Boards. Solche Varianten werden selten verwendet.

Eine wichtige Eigenschaft von vielen modernen Hauptplatinen besteht in der Möglichkeit, mehrere Prozessoren aufzunehmen. Das erhöht die Leistungsfähigkeit des Rechners enorm. Besonders relevant ist diese Eigenschaft für jene Rechner, die im Server-Bereich eingesetzt werden.

1.2.2.3 Stromversorgung

Für die Stromversorgung von AT- und ATX-Hauptplatinen werden unterschiedliche Netzteile verwendet, weil eine AT-Hauptplatine die Spannung selbst umwandelt, während eine ATX-Hauptplatine dazu nicht imstande und deshalb auf ein entsprechendes Netzteil angewiesen ist. Die AT-Hauptplatine wird mit zwei 6-poligen Steckleisten am Netzteil angeschlossen, die ATX-Hauptplatine verwendet dafür einen 20-poligen Stecker.

Netzteil

Dieser 20-polige Stecker enthält zwei besondere Leitungen: Eine Leitung ist zum Einschalten des Computers durch die Netzwerkkarte oder ein anderes Gerät vorgesehen, die andere Leitung liefert die Spannung im Stand-by-Modus.

Die Netzteile versorgen die internen Geräte mit unterschiedlichen Spannungen. Die Bauelemente auf der Hauptplatine benötigen normalerweise eine Spannung von +5 Volt, die entsprechenden Kabel sind **rot** gekennzeichnet. Die Prozessoren arbeiten mit einer Spannung von +1,7 bis +3,3 Volt. Die meisten Laufwerksmotoren benötigen Spannungen von +12 Volt und werden mit den **gelben** Kabeln verbunden.

1.2.2.4 Mikroprozessor

Der Mikroprozessor (Prozessor, CPU, **C**entral **P**rocessing **U**nit) ist die eigentliche Hauptkomponente eines Rechners. Er führt alle arithmetischen und logischen Operationen durch. Da alle anderen Aktivitäten, wie grafische Darstellungen, Datenübertragungen und Dokumentverarbeitungen, letztendlich auf diesen Operationen basieren, nimmt der Prozessor die zentrale Stelle im gesamten PC-System ein. Er besteht aus einer enormen Menge von Transistoren. Die Anzahl, die Fähigkeiten und die Zusammensetzung der Transistoren entscheiden über die Leistungsfähigkeit des Prozessors und des Rechners insgesamt. Optional gab es ursprünglich einen mathematischen Coprozessor, der für die Fließkommaoperationen zuständig war. Heute ist dieser Prozessor fest in den Hauptprozessor integriert.

In erster Linie bestimmt die **Architektur** des Prozessors seine Leistungsfähigkeit. Unter der Architektur wird der interne Aufbau und die Zusammensetzung einzelner Elemente verstanden. Prozessoren mit unterschiedlichen Architekturen verfügen über unterschiedliche Sätze von internen Befehlen. Sie können normalerweise nur die Betriebssysteme unterstützen, die für diese Architektur programmiert worden sind (abgesehen von sogenannten Emulationen). Es gibt auch Betriebssysteme, die auf mehreren Architekturen lauffähig sind.

Folgende Beispiele stehen für unterschiedliche Prozessor-Architekturen:

- Sun SPARC – verwendet in den Servern von Sun Microsystems/Oracle Corporation
- Advanced RISC Machines (ARM) – verwendet in Smartphones und anderen mobilen Geräten

Prozessor Intel Core i7

Prozessor AMD FX

Für die PC-Technik wird ausschließlich die Intel-Prozessorfamilie (Intel, AMD) verwendet.

Der Prozessor enthält elektronische Elemente (Register), die eigentlich die arithmetischen und logischen Operationen ausführen. Jedes Register kann nur eine Zahl speichern oder verarbeiten. Die **Länge der Register** und die **Breite der Kanäle,** die die Daten zum und vom Prozessor bewegen, bestimmen, wie schnell die Daten verarbeitet und abtransportiert werden (Verarbeitungsbreite). Bei modernen Prozessoren sind diese Komponenten 64 Bit lang, deswegen heißen sie 64-Bit-Prozessoren. Der Einsatz von 32-Bit-Prozessoren wurde in den letzten Jahren stark reduziert.

Die **Taktfrequenz** ist eine weitere Eigenschaft, die die Leistung des Mikroprozessors bestimmt. Sie definiert, wie viele einfachste Operationen in einer Sekunde durchgeführt werden können. Je höher die Frequenz ist, desto leistungsfähiger ist der Prozessor. Prozessoren mit einer Taktfrequenz von 2 bis 3 GHz gehören heute zum Standard.

Die wichtigen Fortschritte in der langen Entwicklung der Intel-Prozessorfamilie lauten zusammengefasst:

- Ab dem Prozessortyp 80386 besitzen alle Prozessoren mindestens 32 Bit lange Register. Beim Intel Pentium sind einzelne Register sogar 128 Bit lang.
- Ab dem Prozessor 80486 ist der mathematische Coprozessor fest im Prozessor integriert. Der Coprozessor führt besonders schnell die arithmetischen Operationen mit Fließkommazahlen aus und wird von vielen Anwendungen benutzt.
- Ab dem Pentium beinhaltet der Prozessor einen eingebauten Cache (Zwischenspeicher) für Befehle und Daten. Jeweils bis zum nächsten Prozessor wurde diese Idee immer weiterentwickelt.

Pentium 4 mit herkömmlicher Technologie

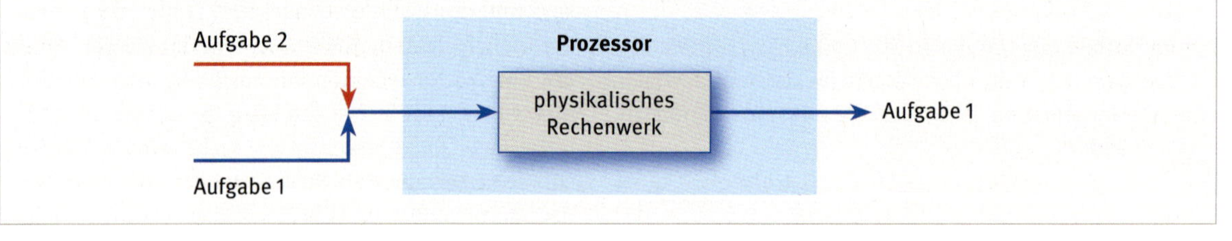

Pentium 4 mit Hyperthreading-Technologie

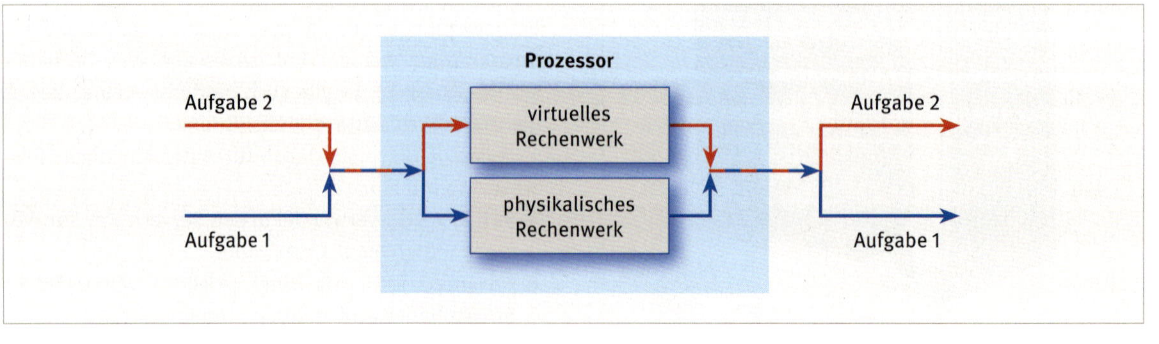

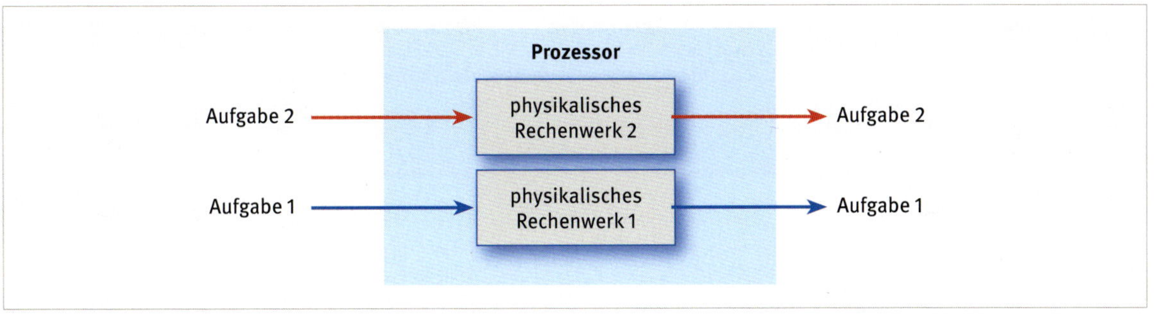

Pentium 4 mit Dual-Core-Technologie

- Ab dem Pentium MMX werden die Prozessoren um Befehlssätze erweitert, die kleine aber wichtige Funktionsbereiche decken:
  - Befehlssatz „SSE" verbessert die Architektur für die schnelle, parallele Ausführung der SIMD-Befehle.
  - Befehlssatz „Intel 64" ermöglicht die Adressierung von mehr als 4 GB Arbeitsspeicher.
  - Befehlssatz „IVT" führt die Virtualisierung der Hardware ein.
  - Befehlssatz „EIST" ist für die Energiesparfunktionen in Laptops zuständig
  - Befehlssatz „TXT" überwacht die Zugriffe auf Programme und Daten und verhindert die Ausführung von nicht erlaubtem, schädlichem Programmcode.
- Die Pentium-Technologie hat sich eine lange Zeit extensiv entwickelt, d. h. in Richtung der Erhöhung der Taktfrequenz, Vergrößerung des Cache und der Verbesserung anderer Charakteristiken. Die prinzipiellen Neuerungen kamen mit **Hyperthreading** und **Dual Core.** Bei Hyperthreading besitzt der Prozessor quasi zwei Rechenwerke (ein physikalisches und ein virtuelles), aber nur eine Leitung, die die Daten transportiert. Bei Dual Core gibt es stattdessen zwei Leitungen und zwei physikalische Rechenwerke (Core). Dieser Prozessor funktioniert ähnlich wie zwei getrennte Prozessoren. Es gibt auch Dual-Core-Prozessoren, bei denen zusätzlich für jedes physikalische Rechenwerk die Hyperthreading-Technologie verwendet wird. Aktuell liefern die Hersteller diese Prozessoren mit einer wachsenden Anzahl an Rechenwerken (4, 6, 8 usw.) aus.
- Mit dem Itanium-Prozessor endet die Pentium-Ära. Im Gegensatz zu den vorherigen Prozessoren ist der Itanium ein echter 64-Bit-Prozessor. Er basiert weder auf der CISC-, noch auf der RISC-Architektur, sondern auf der Idee, die voneinander unabhängigen Befehle parallel auszuführen. Die zugehörige IA-64-Technologie wurde von Intel zusammen mit Hewlett-Packard entwickelt.

Zur Bestimmung der Prozessorleistung wurde ein Algorithmus definiert, der einen gemischten Satz von unterschiedlichen (aber festgelegten) Befehlen auf dem zu prüfenden Prozessor durchführt. Das Ergebnis wird in **MIPS** (**M**illions of **I**nstructions **P**er **S**econd) angegeben. Der folgende Vergleich für die Intel-Prozessoren listet gleichzeitig alle wichtigen Modelle in ihrer historischen Entwicklung auf.

W

Prozessor	Jahr	Typ, Datenbusbreite	Taktfrequenz	Anzahl von Transistoren	Leistungsfähigkeit
8086	1980	16 Bit	4,7–10 MHz	29 000	0,5 MIPS
80286	1982	16 Bit	8–25 MHz	130 000	1,2–2 MIPS
80386-DX	1985	32 Bit	16–40 MHz	275 000	16–40 MIPS
80486-DX	1992	32 Bit	60–80 MHz	1 200 000	33–50 MIPS
Pentium	1992	32 Bit	60–200 MHz	3 100 000	40–80 MIPS
Pentium II	1997	32 Bit	233–450 MHz	21 000 000	350 MIPS
Celeron	1998	32 Bit	266 MHz	19 000 000	k. A.
Pentium III	1999	32 Bit	600–800 MHz	9 500 000	450 MIPS
Pentium IV	2000	32 Bit	1,4–1,5 GHz	42 000 000	600 MIPS

(Fortsetzung auf folgender Seite)

W

Prozessor	Jahr	Typ, Datenbusbreite	Taktfrequenz	Anzahl von Transistoren	Leistungsfähigkeit
Itanium	2001	64 Bit	800 MHz	220 000 000	k. A.
Itanium 2	2002	64 Bit	1 GHz	320 000 000	k. A.
Pentium IV Hyperthreading	2003	32 Bit	2,6 GHz	125 000 000	k. A.
Intel Core 2	2006	32 Bit	2,8 GHz	230 000 000	k. A.
Intel Core 2 Quad	2007	64 Bit	3 GHz	291 000 000	k. A.
Intel Core i7	2008	64 Bit	2,67–3,3 GHz	731 000 000	k. A.
Intel Atom Z5xx	2008	64 Bit	1,86 GHz	47 000 000	k. A.

Die Prozessoren der unterschiedlichen Architekturen besitzen eigene Befehlssätze. Sie beinhalten Befehle mit unterschiedlichen Funktionen. Wird ein Programm ausgeführt, so wird der nächste Befehl aus dem Hauptspeicher in den Prozessor geladen. Der Prozessor hat prinzipiell zwei Möglichkeiten, diesen Befehl auszuführen: Entweder wird der Befehl als **elektronisches Schema** implementiert (Hardware) oder als **internes Modul des Prozessors** aufgerufen (Software).

Die **CISC**-Prozessoren (**C**omplex **I**nstruction **S**et **C**omputing) enthalten eine ganze Bibliothek von internen Modulen (Mikrocode). Diese Module darf man nicht mit den konventionellen Programmen verwechseln. Die Anwendungsentwickler haben keinen Zugriff auf diese Module. Der Mikrocode ist Eigentum der Firma, die den entsprechenden Prozessor entworfen hat. Die Mikrocode-Technologie erstellt die Software für sehr komplizierte Mikroprozessor-Befehle. Der Nachteil besteht darin, dass diese Module vor ihrer Verwendung sehr zeitaufwändig dekodiert werden müssen.

Die **RISC**-Prozessoren (**R**educed **I**nstruction **S**et **C**omputing) implementieren die Mikroprozessor-Befehle als elektronisches Schema und arbeiten deshalb viel schneller. Dafür vermögen sie nur einfache Befehle zur Verfügung zu stellen.

Intel- und AMD-Prozessoren (Intel-Prozessorfamilie) gehören zu den CISC-Prozessoren, während der Power Performance Chip (PPC) und der SPARC-Chip die RISC-Prozessoren vertreten.

Es gibt zwei Arten von Anschlüssen für die Prozessoren auf dem Motherboard: Sockel und Slot. Auf dem Sockel wird der Prozessor aufgesetzt, in einen Slot wird er eingeschoben (wie RAM oder Erweiterungskarten).

Der Prozessor, der für einen Sockel gebaut ist, besitzt eine Vielzahl von kurzen Drähten (Pins, Stifte). Diese Pins übertragen die Daten und Befehle vom und zum Prozessor. Sie passen exakt in die Vertiefungen auf dem Sockel. Ein solcher Prozessor muss besonders vorsichtig auf den Sockel aufgesetzt werden, denn falls ein Pin beschädigt wird, funktioniert möglicherweise der ganze Prozessor nicht mehr. Der Prozessor, der für einen Slot vorgesehen ist, besitzt an einem seiner Ränder die erforderlichen Kontakte. Mit diesem Rand wird er in den Slot der Hauptplatine eingeschoben.

Es gibt unterschiedliche Arten von Sockeln und Slots:

- **Slot 1** ist für den Pentium II vorgesehen.
- **Slot A** ist für den AMD-Prozessor Athlon bestimmt.
- **Sockel 7** ist dadurch bekannt, dass hier der Prozessor mit einem ZIF-Hebel ein- und ausgebaut werden kann. Hier steht **ZIF** (**Z**ero **I**nsertion **F**orce) für einen Verriegelungsmechanismus, bei dem auf den Prozessor selbst keine Kraft ausgeübt wird, um ihn aufzusetzen bzw. zu entnehmen. Das Gegenteil dazu bilden die **LIF**-Sockel (**L**ow **I**nsertion **F**orce), die keinen Hebel besitzen und bei denen eine bestimmte Kraft für den Prozessorwechsel aufgebracht werden muss.
- **Sockel 8** wurde für Pentium-Pro-Prozessoren von Intel konzipiert.
- **Sockel 939** ist für die AMD-Prozessoren Athlon 64 und AMD Opteron geeignet.
- **Sockel 775** ist für die Intel-Prozessorfamilien Pentium 4, Celeron, Core 2, Pentium D und Pentium EE nutzbar.
- **Sockel 370** ist ein veraltetes Modell, das für den Celeron-Prozessor konzipiert wurde. **Sockel 370 FC-PGA** wird dagegen für Pentium-Prozessoren verwendet.
- **Sockel 1156** und **Sockel 1366** können die neuesten Prozessoren „Intel Core i3", „Intel Core i5" und „Intel Core i7" aufnehmen.
- **Sockel PAC 418** und **Sockel PAC 611** wurden für die Prozessoren „Intel Itanium" und „Intel Itanium 2" entworfen.

Sockel 1366

Die Tatsache der Existenz von unterschiedlichsten Anschlüssen auf der Motherboard bedeutet letztlich, dass nicht jeder Prozessor auf eine Hauptplatine passt. Die folgenden Anmerkungen zu den Architekturen anderer Prozessoren erhärten diese Tatsache.

- **MIPS-Prozessoren** hatten ursprünglich eine 32-Bit-Architektur, wurden aber später auf 64 Bit erweitert. Sie finden ihren Einsatz in UNIX-Workstations, UNIX-Servern, CISCO-Routern sowie Sony- und Nintendo-Spielekonsolen.
- **SPARC-Prozessoren** von der Firma Sun Microsystems wurden im Jahre 1995 von 32 Bit auf 64 Bit in der Verarbeitungsbreite erweitert und liefern heute die Prozessorplattform hauptsächlich für Linux- und UNIX-Workstations.
- **Motorola-Prozessoren** verfügen ebenfalls längst über eine 64-Bit-Architektur und werden in Apple Macintosh-, Amiga- und Sun-Workstations eingesetzt.

S Aufgrund der erworbenen Kenntnisse entscheidet sich Kai für ein Desktop-Gehäuse, eine Hauptplatine Asus P8Z77 und für einen Prozessor Intel Core i5. Diese Lösung sollte für den Arbeitsplatzrechner von Frau Sommer langfristig optimal ausgelegt sein.

Aufgaben

1. Welche Auswahl würden Sie treffen, wenn Sie Gehäuse, Hauptplatine und Prozessor für einen Datei- und Druckserver zusammenstellen müssten? Begründen Sie Ihre Auswahl. Berücksichtigen Sie, dass der Server eine große Menge an Daten zur Verfügung stellt und kein normaler Anwender lokal an ihm arbeitet. Falls Ihnen einige Komponenten noch unklar sind, recherchieren Sie im Internet.
   a) Desktop-Gehäuse
   b) Tower-Gehäuse
   c) Barebone
   d) 3,2-GHz-Prozessor Intel Pentium 4 530j
   e) 1,8-GHz-Prozessor AMD Athlon 64 3000+ Venice
   f) 1,3-GHz-Prozessor AMD Athlon XP 1500+
   g) 1,42-GHz-Prozessor Motorola MCP7447A
   h) Hauptplatine Asus A8V Deluxe K8T800 Pro für AMD-Prozessoren
   i) Hauptplatine Abit AA8XE i925XE für Intel-Prozessoren
   j) Hauptplatine Asus A7N8X AMDn-Force2 für AMD-Prozessoren
2. Bei welchen Geräten handelt es sich um Peripheriegeräte?
   a) Grafikkarte
   b) Prozessor
   c) Maus
   d) Drucker
   e) Arbeitsspeicher
   f) Hauptplatine
3. Welche Funktionen erfüllt der Coprozessor?
4. Welche Prozessoren außer von Intel kennen Sie noch?
5. Beschreiben Sie die Unterschiede zwischen AT- und ATX-Hauptplatinen.
6. Anna bittet Kai darum, ihr zu erklären, wie die Dual-Core-Technologie funktioniert und wo deren Vorteile liegen. Kai findet im Internet einen Artikel in Englisch mit folgendem Inhalt:

AMD Athlon™ 64 X2 Dual-Core Processor product brief

Take multi-tasking to a whole new level with the AMD Athlon™ 64 X2 Dual-Core Processor.
The AMD Athlon 64 X2 Dual-Core Processor puts the power of dual-core technology on the desktop. Dual-core processors contain two processing cores, both on one chip, that perform calculations on two streams of data, thereby increasing efficiency and speed while running multiple programs and the new generation of multi-threaded software.

For the end-user this means a significant increase in response and performance when running multiple applications simultaneously. The AMD Athlon™ 64 X2 Dual-Core Processor outperforms the highest-performing AMD Athlon™ 64 4000+ Single-Core Processor on multi-tasking benchmarks by up to 30 %.

Better multi-tasking means increased office productivity
Productivity in today's workplace requires smooth, efficient and seamless multi-tasking. The AMD Athlon 64 X2 Dual-Core Processor delivers true multi-tasking, allowing users to switch from one program to another without pausing for the computer to catch up and also reduces annoying processing pauses. The end result is an increase in office productivity performance of 22 % on average.

(Fortsetzung auf folgender Seite)

Setting the pace in digital media

Digital media software demands the simultaneous processing of data streams, the perfect use for the incredible multi-tasking power of AMD64 dual-core technology. Dual-core technology is like having two processors working together, each one taking care of different applications, so power-users actually experience greater performance when multiple applications are running. Digital media enthusiasts can usher in the next generation of digital media software for amazing high-definition video and photo editing, content creation, and audio mixing. With the AMD Athlon™ 64 X2 Dual-Core Processor, your PC will perform up to 80 % faster than with a single-core AMD Athlon™ 64 4000+ Processor on the latest power-hungry digital media software applications.

Smooth and efficient upgrades

In addition the elegant design of the AMD64 architecture allows for the planning of dual-core processors right from scratch, which means that the AMD Athlon™ 64 X2 Dual-Core Processor is designed to fit in the same 939-pin infrastructure as single-core processors. All that is required is a BIOS update, thus saving our partners the costs for redesigning and obsolete inventory.

All the proven benefits of AMD64 technology

Enhanced virus protection with Windows® 7 Service Pack 2.

Enhanced virus protection is a feature of AMD64 technology. Enhanced virus protection features in AMD64 processors which, in conjunction with operating systems, help to prevent the spread of certain viruses such as MSBlaster and Slammer. This significantly reduces the cost and down-time associated with similar viruses and improves the protection of computers and personal information against certain PC viruses.

AMD Athlon 64 Processor Architecture Performance

HyperTransport™ technology can increase overall system performance by removing I/O bottlenecks, increasing system bandwidth and reducing system latency. A fully integrated DDR memory controller helps speed access to memory by offering the processor a direct connection to the main memory. As a result, end users can enjoy quicker application loading and extraordinary application performance.

Ready for the 64-bit future

Like all the processors in the AMD Athlon 64 family, the AMD Athlon 64 X2 Dual-Core Processor is designed for people who want to stay at the forefront of technology, and, for those who depend on their PCs to keep them connected, informed, and entertained. Systems based on AMD Athlon 64 Processors are able to deliver leading-edge performance for the demanding productivity and entertainment software of today and for that of the future.

With AMD64 technology, the AMD Athlon 64 Processor is fully compatible with existing software, which enables a seamless transition to 64-bit applications. Both 32- and 64-bit applications can run virtually simultaneously and transparently on the same platform. AMD64 technology enables new, cinematic, computing experiences and capabilities in addition to increased performance. AMD64 technology allows end users to take advantage of new innovations such as real-time encryption, life-like games, accurate speech interfaces, cinematic quality graphic effects and easy-to-use video and audioediting.

Beantworten Sie wie Kai die folgenden Fragen:

a) Wie viele Rechenwerke hat ein Dual-Core-Prozessor?
b) Wie viele Datenströme verarbeitet jedes Rechenwerk?
c) Woran erinnert die Dual-Core-Technologie?
d) Welche Bedeutung hat diese Technologie für den Endbenutzer?
e) Um wie viel Prozent ist der Dual-Core-Prozessor von AMD schneller als sein Pendant mit Single-Core-Technologie?
f) Um wie viel Prozent steigt die Produktivität im Büro und Unternehmen durch die Dual-Core-Technologie? Wodurch wird diese Steigerung erreicht?
g) Welche Schritte sind im BIOS erforderlich, um den Dual-Core-Prozessor von AMD zu nutzen?
h) Ist der Anschluss des Dual-Core-Prozessors von AMD auf der Hauptplatine vergleichbar mit dem Anschluss des Single-Core-Prozessors?

7. Kleiner, schneller, universell, skalierbar? Welche Trends in der Entwicklung der neuen Prozessoren können Sie erkennen. Recherchieren Sie im Internet. Nennen Sie die bedeutendsten Firmen und Einrichtungen, die an der neuesten Entwicklungen beteiligt sind. AH

1.2.2.5 Arbeitsspeicher

Die Datenverarbeitung erfolgt in mehreren Schritten. Der Prozessor kann nur wenige Informationen für die weitere Verarbeitung intern abspeichern, da der Speicherplatz für diesen Zweck fehlt. Solche Daten werden deshalb temporär im Hauptspeicher (Arbeitsspeicher, **RAM, R**andom **A**ccess **M**emory) abgelegt. Beim Ausschalten des Rechners geht der Inhalt des Arbeitsspeichers unwiderruflich verloren.

Die wichtigsten Eigenschaften des Arbeitsspeichers sind **Größe** und **Zugriffszeit.** Die Größe wird in Byte (B), KB, MB und GB gemessen. Der Hauptspeicherbedarf richtet sich nach dem Betriebssystem und den eingesetzten Programmen. Aber generell gilt: **Je mehr, desto besser.** Moderne Betriebssysteme starten gleichzeitig mehrere Aufgaben, auch wenn der Benutzer momentan nur ein Programm benötigt. Wenn der Arbeitsspeicher zu klein bemessen ist, dann werden die Daten oft auf die Festplatte ausgelagert und wieder aufgerufen, was sich negativ auf die Leistung des gesamten Systems auswirkt. Für Betriebssysteme wie Windows 7 und Windows Server 2012 gilt mindestens ein Arbeitsspeicher von 2 GB als angemessen.

Die Zugriffszeit wird in Nanosekunden (ns, 1 Milliardstel Sekunde) gemessen und hier gilt: **Je weniger, desto besser.** Heutige Zugriffszeiten liegen deutlich unter 10 ns.

Die meisten Bausteine für Arbeitsspeicher lassen sich in zwei Arten unterteilen: **SIMM-** und **DIMM-Module.** In alten PC-Systemen wurden für den Speicherausbau SIMM-Bausteine (**S**ingle **I**n-Line **M**emory **M**odules) verwendet. Für Prozessoren, die über einen 64-Bit-Datenbus verfügen (ab Pentium III), werden DIMM-Bausteine (**D**ouble **I**n-Line **M**emory **M**odules) verwendet. Speicherbausteine unterscheiden sich hauptsächlich in der äußeren Form und im Anschluss. Die herkömmlichen SIMM-Bausteine besitzen im Allgemeinen eine Kapazität von 1, 4, 8 oder 16 MB. Die PS/2-Module sind weiterentwickelte SIMM-Bausteine mit einer Kapazität von 2, 4, 8, 16, 32 oder 64 MB. Die DIMM-Bausteine verfügen normalerweise über Kapazitäten von 128 MB, 256 MB und 512 MB.

DIMM-Baustein DDR3

RAM-Bausteine werden mit unterschiedlichen Technologien hergestellt und entsprechend unterteilt:

- **DRAM** (**D**ynamic **RAM**) besteht aus einem Kondensator und einem Transistor pro Byte. Ein zyklisches Aufladen der Kondensatoren ist erforderlich und während dieser Zeit ist der Zugriff auf die betreffenden Bytes nicht möglich. Der Vorgang wird Refresh-Zyklus genannt. Die Technologie gilt als relativ langsam.
- **SRAM** (**S**tatic **RAM**) besteht jeweils aus zwei Transistoren pro Byte. Er ist schneller als DRAM, da keine Refresh-Zyk-len erforderlich sind, dafür aber auch teurer.
- **EDO-RAM** (**E**xtended **D**ata **O**ut **RAM**) ist eine Form von DRAM und heute schon veraltet.
- **SDRAM** (**S**ynchronous **DRAM**) arbeitet im Gegensatz zu älteren (oben dargestellten) Bausteinen synchron zum Systembustakt. Darauf basieren die DIMM-Module.
- **DDR-RAM** (**D**ata **D**ouble **R**ate **RAM**) basiert auf SDRAM, erreicht aber die doppelte Geschwindigkeit.
- **DDR4** heißt die aktuelle Entwicklung auf diesem Gebiet. Die Bausteine sind zuverlässiger konzipiert, erreichen eine Geschwindigkeit von 25 GB/S, verbrauchen weniger Strom und sind damit für den mobilen Einsatz besonders gut geeignet.

Aufgaben

1. Studieren Sie den englischen Text über DDR2-Arbeitsspeicher und beantworten Sie anschließend die nachfolgenden Fragen.
   a) Welche vier Eigenschaften besitzen die DDR2-Module im Vergleich zu DDR-Bausteinen?
   b) In welchen Computern können die DDR2-Bausteine verwendet werden?
   c) Was ist JEDEC?
   d) Können DDR2-Bausteine in den Sockeln für DDR-Module platziert werden?
   e) Inwieweit sind DDR2- und DDR-Module inkompatibel?
   f) Wie groß ist der Arbeitsspeicher in aktuellen DDR2-Modulen?
   g) Mit welcher Spannung arbeitet ein DDR2-Modul?
   h) Mit welcher Frequenz arbeitet ein DDR2-Modul?

Spotlight on product features

DDR2 is the next generation evolution of DDR memory technology. The DDR2 memory features faster speeds, higher data bandwidths, lower power consumption and enhanced thermal performance. In 2004, DDR2 was launched on desktops, servers, notebooks, telecommunications networks and other platforms.

DDR2 memory was developed by JEDEC, the memory industry's standards organization of which Kingston is a member company. DDR2 memory chips and modules use a naming convention similar to that used for the current DDR memory modules, but they are not backward compatible due to incompatible module connections (number of pins), voltage and DRAM technology. DDR2 memory modules have a different key or notch to the same-sized DDR modules to prevent their insertion into an incompatible memory socket.

(Fortsetzung auf folgender Seite)

DDR2 memory chips are available in Fine-pitch BGA (FBGA) chip packages for improved electrical and thermal characteristics. In addition, DDR2 memory chips incorporate On-Die Termination (ODT) to minimize memory signal reflections at high speeds, thereby improving timing margins. DDR2 memory chips come with a storage capacity of up to 4 GB, allowing for higher-capacity modules.

Key DDR2 features:
- 1.8 Volts operation, which reduces power consumption by about 50 percent
- Memory signal termination inside the memory chip (On-Die Termination) to prevent reflected signal transmission errors
- Operational enhancements to increase memory performance, efficiency and timing margins.
- CAS Latencies: 3, 4 and 5
- 400 MHz and 533 MHz with a storage capacity up to 1 GB

1.2.2.6 Busse und Schnittstellen

Die Funktionen des Motherboards können durch zusätzliche Steckkarten (Adapterkarten) erweitert werden. Die Verbindung der Erweiterungskarten mit dem Motherboard erfolgt über **Steckplätze,** die zu einem Leitungssystem für den Datenaustausch zwischen Arbeitsspeicher, CPU und Erweiterungskarten gehören. Dieses System heißt Bussystem der Hauptplatine.

Die prinzipielle Zusammenarbeit von Prozessor, RAM und Peripherie (bezeichnet als Minimalsystem) wird so dargestellt:

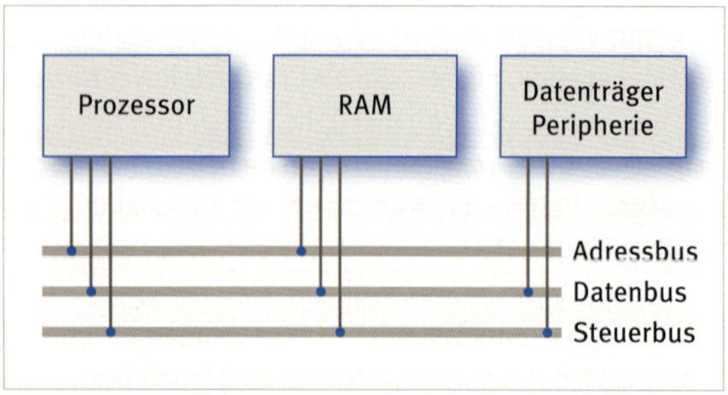

Minimales EDV-System

Das Bussystem der Hauptplatine besteht dabei aus folgenden Komponenten:

- **Adressbus.** Hier wird die Adresse von jedem Byte des Hauptspeichers übertragen, dessen Inhalt zum oder vom Prozessor transportiert werden soll. Die externen Geräte und Erweiterungskarten werden ebenfalls über Adressen angesprochen. Der maximal adressierbare Speicherbereich ergibt sich aus der Anzahl der Adressleitungen in diesem Bus (Busbreite).

Prozessor	Breite des Adressbusses	maximal adressierbarer Arbeitsspeicher
8088	16 Bit	2^{16} = 65 536 Byte = 64 KB
8086	20 Bit	2^{20} = 1 048 576 Byte = 1 MB
80268	24 Bit	2^{24} = 16 777 216 Byte = 16 MB
ab 80386	32 Bit	2^{32} = 4 294 967 296 Byte = 4 GB
ab Pentium III	36 Bit	2^{36} = 68 719 476 736 Byte = 64 GB
Itanium	64 Bit	2^{64} = 18 446 744 073 709 551 616 Byte = 16 EB

W

- **Datenbus.** Hier werden die Daten zwischen der CPU und dem Arbeitsspeicher übertragen.
- **Steuerbus.** Dieser Bus steuert Adress- und Datenbus.

Die Bussysteme sind also Transporteinrichtungen, um ein System zu erweitern. Zum Anschluss von verschiedenen Geräten und Systemerweiterungen wurden im Laufe der Zeit Bussysteme mit speziellen Schnittstellen entwickelt. Im folgenden Abschnitt werden die meist verbreiteten Bussysteme mit ihren Anschlüssen (Schnittstellen) beschrieben, wobei einige Bussysteme nicht mehr dem Stand der Technik entsprechen.

Serielle Schnittstelle. Diese Schnittstelle überträgt die Informationen **bitweise** der Reihe nach. Sie wurde für Tastaturen, Mäuse und Modems konzipiert. Auch andere Geräte, wie Drucker, können angeschlossen werden, was aber relativ selten passiert. Die Schnittstelle arbeitet recht langsam, da die Daten Bit für Bit übertragen werden. Die Geschwindigkeit erreicht bis zu 19 200 Bit/s. Die Schnittstelle wird auch mit COM1, COM2, COM3 oder COM4 (**Com**munication) bezeichnet und entspricht dem Standard RS 232. Systeme mit seriellen Schnittstellen sind immer weniger zu finden. Meist sind damit noch Industriecomputer ausgestattet.

Parallele Schnittstelle. Diese Schnittstelle überträgt die Informationen **byteweise,** d. h. 8 Bit auf einmal. Sie wurde für Drucker, Scanner und ZIP-Laufwerke eingerichtet und mit LPT1, LPT2 (**L**ine **P**rin**t**er) usw. bezeichnet. Die parallele Schnittstelle ist zwar schneller als die serielle Schnittstelle und erreicht Werte bis zu 2 MB/s, das reicht aber für moderne Anwendungen nicht mehr aus. In der letzten Zeit verlor die parallele Schnittstelle immer mehr an Bedeutung und wurde durch modernere Entwicklungen vom Markt verdrängt.

Parallele Schnittstelle

Industry Standard Architecture (ISA) und seine Weiterentwicklung **Extended ISA (EISA)** ermöglichten den Anschluss von Erweiterungskarten, wie Netzwerk- oder Grafikkarten. Es handelte sich um Systeme, die Daten mit 8, 16 oder 32 Bit und einer Taktfrequenz von 8,33 MHz parallel übertragen konnten. Seit Jahren gilt diese Technologie als veraltet und ist auf modernen Hauptplatinen nicht mehr zu finden. Den Ausschlag dafür gaben die zu niedrige Geschwindigkeit und der hohe Schwierigkeitsgrad bei der Einrichtung.

Integrated Device Electronic (IDE) und dessen Weiterentwicklung **EIDE (Enhanced IDE)** dienten noch in der jüngsten Vergangenheit zur Verbindung von Datenträgern mit der Hauptplatine, wie Festplatte, Diskette, Bandlaufwerk, CD-ROM oder DVD. Die Hauptplatine wurde dafür mit zwei EIDE-Controllern ausgestattet: Primary und Secondary. An jeden Controller konnten höchstens zwei Geräte angeschlossen werden. Die angeschlossenen Geräte waren nicht in der Lage, die Informationen mit dem übrigen System parallel austauschen, sondern mussten aufeinander warten. Die Geschwindigkeit der einzelnen Verbindungen betrug für den Datenaustausch bis zu 133 MB/s.

Small Computer System Interface (SCSI). Der SCSI-Bus ist ein leistungsfähiges System und vergleichbar mit EIDE. An die Hauptplatine wird nur der Hostadapter angeschlossen. Abhängig vom Standard können bis zu 7 oder 15 SCSI-Geräte (Festplatten, Scanner, CD-ROM-Laufwerke) an diesen Adapter angeschlossen werden. Der Vorteil im Vergleich zu EIDE liegt darin, dass alle Geräte gleichzeitig ihre Daten mit dem Prozessor austauschen. Der SCSI-Bus arbeitet auch parallel mit 8 oder 16 Bit. Der neueste Standard dieses Busses schreibt Geschwindigkeiten von 320 MB/s vor. Obwohl die Übertragungsgeschwindigkeiten bei EIDE und SCSI in manchen Standards fast gleich sind, gilt SCSI nach wie vor als die professionelle Lösung. Die SCSI-Geräte sind hot-plugfähig (im laufenden Betrieb austauschbar), was für den Einsatz in Servern besonders wichtig ist. Trotz der Verfügbarkeit moderner leistungsfähiger Technologien findet SCSI immer noch seine Verwendung im Bereich der hochverfügbaren Server (Cluster) und Offline-Speichersysteme (Bandlaufwerke mit großem Datenvolumen).

Video Electronics Standards Association (VESA-Local). Er wurde als Ergänzung zu ISA entwickelt und meistens für Grafikkarten verwendet. Durch seine direkte Verbindung mit dem Prozessor stand seine Taktfrequenz in direkter Abhängigkeit zu der des Prozessors, wodurch auch seine Geschwindigkeit beeinflusst wurde. Heute besitzt dieser Bus keine Bedeutung mehr.

Peripheral Component Interconnect (PCI). Der PCI-Bus hat sich zusammen mit den Pentium-Prozessoren durchgesetzt. Er wurde für unterschiedliche Arten von Erweiterungskarten verwendet. Die Daten werden über 32 oder 64 parallele Leitungen übertragen. Der 32-Bit-Bus arbeitet mit einer Taktfrequenz von 33 MHz und einer Übertragungsgeschwindigkeit von 132 MB/s, der 64-Bit-Bus erreicht entsprechend 66 MHz und 533 MB/s. An diesen Bus können bis zu zehn Erweiterungskarten angeschlossen werden.

Accelerated Graphics Port (AGP). Der AGP-Bus ist ein Hochgeschwindigkeitsbus speziell für Grafikkarten. Dieser Standard erschien 1998 und wurde seitdem bis zum Standard AGP 8x erweitert. Seine Weiterentwicklung wird aufgrund technischer Probleme eingestellt.

PCI-Express (PCIe) Es handelt sich um eine programmtechnische Weiterentwicklung von PCI. Im Gegensatz zum PCI-Bus verwendet dieser Bus eine serielle Verbindung für die Datenübertragung. Die Daten werden durch zwei Leitungspaare übertragen. Daraus folgt, dass die Daten gleichzeitig versendet und empfangen werden können (vollduplex). Die Sende- oder Empfangsgeschwindigkeit einer Leitung beträgt abhängig von dem Standard 250 MB/s (PCIe 1.0), 500 MB/s (PCIe 2.0) oder 985 MB/s (PCIe 3.0). PCI-Express hat fast vollständig den PCI- und AGP-Bus ersetzt. Die Anzahl der Leitungspaare beträgt 1, 2, 4, 8, 16, 32, was eine entsprechend steigende Übertragungsgeschwindigkeit bedeutet. Die PCI-Express-Erweiterungskarten können im laufenden Betrieb ausgetauscht werden (Hot Plug).

Serial ATA (SATA). Dieser Standard ist für den Anschluss von Festplatten gedacht. Er besitzt schnellere Parameter als EIDE, ist aber zu EIDE nicht kompatibel, da die Übertragung seriell stattfindet. Inzwischen gibt es die passenden DVD- und Bandlaufwerke für diesen Bus. SATA kennt drei Standards, die eine unterschiedliche Geschwindigkeit vorschreiben: Serial ATA I mit 150 MB/s, Serial ATA Revision 2.0 mit 300 MB/s, Serial ATA 3.0 mit 600 MB/s. Eine weitere Steigerung ist möglich und der aktuelle Standard **SATA Express** steht mit tatsächlichen Übertagungsgeschwindigkeiten von 1 GB/s und 2 GB/s bereit. SATA Express eignet sich besonders für den Anschluss der neuen SSD-Datenträger. Weiterhin gibt es den Standard **eSATA** für externe Geräte, der die Normung der Kabel und Steckverbindungen vollzieht. Der Standard **mini-SATA** strebt noch kleinere Anschlüsse für SATA-Geräte an. Der Standard hat eine vielversprechende Zukunft. Die Geräte sind hot-plug-fähig. Der EIDE-Bus erhält dadurch nachträglich die Bezeichnung **PATA** (**Par**allel **ATA**), um eine Verwechselung mit SATA zu vermeiden.

Serial Attached SCSI (SAS). Dieser Standard löst SCSI ab. Er hat noch keine breite Verwendung gefunden, weil er relativ neu ist. Die SAS-Festplatten übertragen die Daten mit Geschwindigkeiten von 300 MB/s, 600 MB/s und 1200 MB/s und können noch weiterentwickelt werden.

Universal Serial Bus (USB). Der USB dient zur Verbindung von externen Geräten. Durch einen universellen Anschluss auf dem Motherboard können mehrere externe Geräte über einen Hub (Verteiler) mit hoher Geschwindigkeit angesprochen werden. Die drei wichtigsten Standards für USB schreiben Übertragungsgeschwindigkeit von 1,5 Mbit/s und 12 Mbit/s (USB 1.0), 480 Mbit/s (USB 2.0) sowie 5 Gbit/s (USB 3.0) vor. Zu den wichtigen Eigenschaften von USB zählen die Plug-and-play- und die Hot-Plug-Fähigkeit. Die Daten werden nur dann mit der vollen Geschwindigkeit des Standards übertragen, wenn Endgerät, Hub und Kabel diesen Standard unterstützen, ansonsten fällt die Ge-schwindigkeit zu der des vorherigen Standards ab.

Plug and play. Diese Eigenschaft bedeutet, dass ein Gerät vom Betriebssystem erkannt und der entsprechende Treiber automatisch installiert wird.

Hot Plug. Diese Eigenschaft bedeutet, dass ein Gerät während des Betriebs angeschlossen und entfernt werden kann, ohne dass der Rechner neu gestartet werden muss.

USB-Anschluss

Firewire (IEEE 1394). Dieser serielle Bus wurde für den multimedialen Bereich entwickelt. Firewire-Geräte können die Daten nicht nur mit dem Prozessor, sondern auch direkt untereinander austauschen. Beispielsweise können die Daten von der Digitalkamera direkt auf dem Drucker ausgegeben werden, ohne die Kapazitäten des Rechners zu beanspruchen. Die standardisierten Übertragungsgeschwindigkeiten betragen hier 100 MBit/s, 200 MBit/s, 400 MBit/s und 800 MBit/s. Die Firewire-Geräte verfügen auch über die Plug-and-play- und die Hot-Plug-Fähigkeit.

In einem modernen Rechner werden nicht alle der hier aufgelisteten Busse und Schnittstellen eingesetzt. Von aktueller Bedeutung sind nur die folgenden Schnittstellen: PCI-Express, USB, SATA und Firewire.

AH

S

Der Hauptspeicher ist eine der wichtigsten Komponenten und entscheidend für die Geschwindigkeit des ganzen Systems verantwortlich. Daher entscheidet sich Kai für 4 GB DDR2-RAM. Auf der Hauptplatine müssen auf jeden Fall PCI-Express-, SATA- und USB-3.0-Schnittstellen vorhanden sein.

Aufgaben

1. Welche Wahl treffen Sie hinsichtlich der Busse und Schnittstellen für einen Datei- und Druckserver?
2. Erklären Sie die Begriffe Hot Plug und Plug and play.
3. An den Rechner von Frau Baumann, Abteilung Applications, soll ein Drucker angeschlossen werden. Stefan übernimmt diese kurzfristige Aufgabe. Welche Schnittstelle des Rechners kann er dafür in Abhängigkeit vom Drucker benutzen?
   a) USB
   b) parallele Schnittstelle
   c) PCI
   d) serielle Schnittstelle
   e) Firewire
   f) AGP
4. Welche Übertragungsgeschwindigkeiten schreibt der USB-Standard vor?
5. Welche Geräte kann man an die USB-Schnittstelle anschließen?

1.2.2.7 Chipsatz

Der Chipsatz steuert den Datenaustausch zwischen dem Prozessor und den übrigen Komponenten der Hauptplatine. Vom Chipsatz sind viele Leistungsmerkmale und Charakteristiken des gesamten Systems abhängig:

- Art, Größe und Geschwindigkeit des Cache
- Unterstützung des Arbeitsspeichers
- Unterstützung des Prozessors (oder mehrerer Prozessoren) und seiner Taktraten

Der Chipsatz umfasst normalerweise DMA-, PCI-, Interrupt- und weitere Controller.

Der **Cache** ist ein Zwischenspeicher, wo die häufig verwendeten Befehle und Daten abgelegt werden. Es gibt unterschiedliche Arten des Caches. Der Level-1-Cache **(L1-Cache)** befindet sich im Prozessor und arbeitet deswegen genauso schnell wie der Prozessor selbst. Dadurch existiert ein erheblicher Unterschied zum Arbeitsspeicher, der viel langsamer als der Prozessor getaktet ist. Dieser Cache liefert die Befehle und Daten direkt zum Prozessor und kann 8 bis 256 KB groß sein. Der Level-2-Cache **(L2-Cache)** befindet sich normalerweise auf der Hauptplatine. Seine Geschwindigkeit liegt zwischen der des Prozessors und der des Arbeitsspeichers. Er überträgt die Befehle und Daten zwischen dem L1-Cache und dem Arbeitsspeicher und kann 512 KB bis 2 MB groß sein. Einige Hauptplatinen enthalten weitere Caches (Level-3, Level-4). Programme verwenden den Cache als Teil des Arbeitsspeichers. Der Cache erhöht die Leistungen der Komponenten, die ihn nutzen.

Der **DMA**-Controller (**D**irect **M**emory **A**ccess) übernimmt einige sehr einfache Funktionen des Prozessors. Bei der Datenübertragung zwischen dem Arbeitsspeicher und einem Datenträger generiert der Prozessor nacheinander folgende Adressen, die Angaben darüber enthalten, wo sich die Daten befinden oder wohin sie platziert werden müssen. Der DMA-Controller kann diese Funktion übernehmen. Damit befreit er den Prozessor von einer weniger „intelligenten" Arbeit. Der Prozessor widmet sich dafür in dieser Zeit anderen Aufgaben, wodurch die Leistung des gesamten Systems steigt.

Der **Interrupt-Betrieb** (IRQ, **I**nterrupt **Req**uest) regelt, wie der Prozessor die Anforderungen der Geräte bedient. Bekommt beispielsweise die Netzwerkkarte Daten aus dem Netzwerk, so müssen sie umgehend verarbeitet und gespeichert werden. Das kann aber nur der Prozessor selbst erledigen. Die Netzwerkkarte teilt dies dem Prozessor mit, indem sie ein bestimmtes Bit im Interrupt-Register des Prozessors auf den Wert 1 setzt. Der Prozessor überprüft sein Interrupt-Register vor jedem Arbeitsschritt und erkennt deshalb umgehend das Signal der Netzwerkkarte. Er stoppt daraufhin den bevorstehenden Arbeitsschritt und startet die Programme, die die Netzwerkdaten entgegennehmen.

Auf diese Weise arbeiten auch viele Programme, nicht nur Geräte. Die Position des Bits im Interrupt-Register heißt IRQ-Nummer. Abhängig vom Typ des Gerätes kann eine IRQ-Nummer einem oder mehreren Geräten zugeordnet werden. Es gibt 15 IRQ-Nummern. Einige von ihnen sind bestimmten Geräten standardmäßig zugewiesen, die anderen Nummern sind frei verfügbar.

Die Geräte können den Prozessor nicht direkt ansprechen, um die Interrupts zu setzen. Sie verwenden stattdessen zwei Interrupt-Controller zu je 8 Bits, die miteinander durch den Eingang 2 verbunden sind. Vom Interrupt-Controller gelangen die Einstellungen zum Interrupt-Register. Das Gerät bekommt oder liefert die Daten an eine bestimmte Adresse im Hauptspeicher. Diese Adresse heißt **I/O**-Adresse (**I**nput/**O**utput-Adresse) und ist normalerweise einer IRQ-Nummer zugeordnet. IRQ-Nummer und I/O-Adressen sind die wichtigsten Ressourcen, die den Datenaustausch innerhalb des Rechners steuern.

W

IRQ-Nummer	Gerät
0	Timer
1	Tastatur
2	Umleitung auf die IRQ-Nummer 9
3	serielle Schnittstelle (COM2)
4	serielle Schnittstelle (COM1)
5	frei
6	Diskettenlaufwerkscontroller
7	parallele Schnittstelle (LPT1)
8	Echtzeituhr
9	Umleitung von der IRQ-Nummer 2, Grafikkarte
10	frei
11	frei
12	Busmaus
13	mathematischer Coprozessor
14	erster Festplattencontroller (Primary)
15	zweiter Festplattencontroller (Secondary)

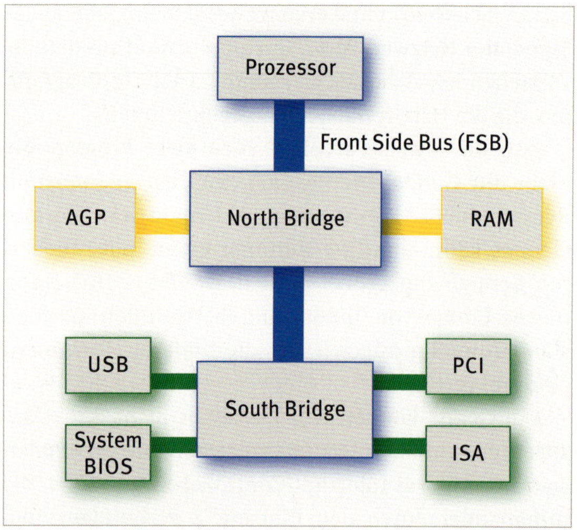

Architektur eines Chipsatzes

Das Gegenstück zum Interrupt-Betrieb ist der **Polling-Betrieb.** Nach diesem Konzept fragt der Prozessor selbst nach jedem Arbeitsschritt die Geräte ab, ob ihre Daten zu verarbeiten sind. Der Polling-Betrieb ist sehr zeitaufwändig und wird deswegen in herkömmlichen Systemen selten verwendet. Im Gegensatz dazu spielt er bei den drahtlosen Übertragungen unter Umständen eine wichtige Rolle.

Die meisten der Chipsätze sind unterteilt in North Bridge und South Bridge. Die **North Bridge** steuert die Kommunikation zwischen Prozessor, Arbeitsspeicher und AGP-Bus. Die **South Bridge** verbindet PCI-, EISA- Bus und USB. Diese Unterteilung in Bridges steht mit dem Einsatz von Grafikkarten in Verbindung. PCI-Grafikkarten müssen den PCI-Bus oft mit anderen langsameren Geräten teilen. Das bremst die grafischen Anwendungen erheblich. Die AGP-Grafikkarten teilen sich den Zugriff auf den Prozessor nur mit dem Hauptspeicher und arbeiten deshalb schneller.

Verbreitet sind die Chipsätze von Intel, AMD, ATI, VIA, SiS und nVidia.

Die Bridge-Architektur wurde auf dem 810-Chipsatz von Intel durch die **Accelerated Hub Architecture** ersetzt, was zu einer höheren Geschwindigkeit führte. In dieser Architektur werden Controller-Hubs statt der Bridges eingesetzt. Ein Controller-Hub ermöglicht den Anschluss für alle Geräte, die ungefähr die gleiche Leistung erbringen. Mehrere Hubs und somit mehrere Gruppen von Geräten können so auf der Hauptplatine zusammengeschaltet werden. Diese Architektur gilt im Vergleich zur Bridge-Architektur als fortgeschrittenere Lösung für den Chipsatz.

AH

1.2.2.8 Datenträger

Datenträger werden benutzt, um die Daten zu speichern, wenn der Rechner ausgeschaltet ist oder wenn nicht alle Daten in den Arbeitsspeicher passen. Fast alle Datenträger gibt es in internen und externen Varianten. Folgende Datenträger oder Laufwerke können in einem Rechner vorhanden sein.

W

Die **Speicherkapazität** von Festplatten, DVDs, Arbeitsspeicher (RAM) usw. wird in Bytes (B) und deren Ableitungen gemessen: KB, MB, GB, TB. Es wird dabei immer der Faktor 1 024 verwendet:

1 KB = 1 024 B
1 MB = 1 024 KB
1 GB = 1 024 MB
1 TB = 1 024 GB

Die **Übertragungsgeschwindigkeit** wird in Bit/s (bps, bits per second) gemessen. Der Umrechnungsfaktor dafür beträgt 1 000 im Gegensatz zur Berechnung der Speicherkapazität:

1 KBit/s = 1 000 Bit/s
1 MBit/s = 1 000 KBit/s
1 GBit/s = 1 000 MBit/s
1 TBit/s = 1 000 GBit/s

Diese Unterschiede sind historisch und herstellerspezifisch bedingt. Außerdem verwenden manche Hersteller gemischte Bezeichnungen: KB/s, MB/s.

Die Norm **IEC 60027-2** legt andere Einheiten für die Bezeichnung der **Speicherkapazitäten** fest und schafft damit ein eigenes System für binäre Maßeinheiten, da die oben benutzten Präfixe der SI-Einheit auf Dezimalbasis beruhen:

1 KiB = 1 024 Bytes
1 MiB = 1 024 KiB
1 GiB = 1 024 MiB
1 TiB = 1 024 GiB

Diese Namenskonvention wird zwar von vielen Standardisierungsbehörden unterstützt, findet aber in der Industrie und in der Fachpresse kaum Beachtung. Anwender benutzen diese neuen Präfixe eher selten. Damit konnten sich diese Maßeinheiten bisher nicht durchsetzen.

Disketten sind austauschbare Medien. Das Laufwerk selbst ist im Systemgehäuse fest montiert und mit dem Disketten-Controller der Hauptplatine verbunden. Heute werden (wenn überhaupt noch) ausschließlich 3,5-Zoll-Disketten verwendet. Alle anderen Diskettenformate gelten als veraltet. Aktuelle Disketten haben eine Kapazität von 1,44 MB und sind mehrmals beschreibbar. Sie eignen sich für die Übergabe von geringen Datenmengen oder für Pflege- und Systemarbeiten. Eine andere Bezeichnung für Diskette lautet: **FD** (**F**loppy **D**isc). Für die Arbeitsstationen ist ein Diskettenlaufwerk nicht unbedingt notwendig. Ein Server sollte jedoch über ein Diskettenlaufwerk verfügen, das für bestimmte Systemarbeiten immer noch unabdingbar sein kann. Auch externe Diskettenlaufwerke werden noch angeboten.

Festplatten. Sie können im Systemgehäuse fest montiert oder durch spezielle Adapter extern angeschlossen werden. Festplatten enthalten normalerweise Anwenderdaten und das Betriebssystem und besitzen Speicherkapazitäten im Terabyte-Bereich, die sich aber ständig erhöhen. Hier gilt die gleiche Regel wie beim Arbeitsspeicher: Je mehr, desto besser. Die wichtigste Charakteristik einer Festplatte ist die Umdrehungsgeschwindigkeit (RPM, **R**otation **p**ro **M**inute). Moderne Festplatten erreichen 7 200 RPM, weitere Steigerungen befinden sich in der Entwicklung. Außer der Geschwindigkeit sind noch andere Kriterien von Bedeutung, wie speziell für Serversysteme die Hot-Plug-Fähigkeit und die Hochverfügbarkeit. Obwohl Festplatten durch moderne Technologien wie Solid State Drive (SSD) ersetzt werden könnten, bleiben sie weiterhin aktuell, auch wegen der niedrigen Preise.

Festplatte

CD (**C**ompact **D**isc). Das ist ein optischer Datenträger, da hier die Daten mittels Laserstrahl abgelesen oder geschrieben werden. Die Kapazität einer CD beträgt normalerweise 635 MB.

Es gibt CD-Rohlinge, die nur einmal (CD-R) oder mehrmals (CD-RW) beschrieben werden können.

DVD (**D**igital **V**ersatile **D**isc). Dieser optische Datenträger sieht äußerlich wie eine CD aus, besitzt aber eine viel größere Speicherkapazität. Sie reicht von 4,7 GB bis zu 17 GB. Die Zeiten der Inkompatibilitäten sind vorbei und ein DVD-Laufwerk kann heute normalerweise sowohl CDs als auch DVDs lesen und schreiben. Ein CD-Laufwerk erkennt allerdings keine DVDs. Die Bezeichnungen DVD-R, DVD+R stehen für die Rohlinge, die nur einmal beschrieben werden können. Die Bezeichnungen DVD-RW, DVD+RW bedeuten hingegen, dass diese Rohlinge mehrmals beschreibbar sind. Die DVD-R- und DVD-RW-Rohlinge enthalten selbst einen Platz für den Kopierschutz. DVD+R- und DVD+RW-Rohlinge überlassen den Kopierschutz dem Abspielgerät.

Blu-ray ist der offizielle Nachfolger der DVD-Technologie, der sich durch eine höhere Kapazität bis zu 25 GB und schnellere Zugriffszeiten auszeichnet. Blu-ray eignet sich hervorragend als Medium für große Datenmengen, z. B. für Daten der Musik- und Filmindustrie.

Bandlaufwerke werden fast ausschließlich für Datensicherungen verwendet und in vielen kleineren Unternehmen schrittweise von DVD und Blu-ray Disc verdrängt. In großen Unternehmen halten vermehrt Datensicherungslösungen Einzug, die auf vernetzten Festplattensystemen wie SAN basieren und Bandlaufwerke möglichst nicht benutzen.

USB-Sticks. Diese Datenträger gewinnen immer mehr an Bedeutung, da sie sehr einfach zu verwenden sind, mehrmals beschrieben werden können und große Speicherkapazitäten aufweisen. Sie eignen sich sowohl für Systemarbeiten als auch für die Multimedia-Wiedergabe, beispielsweise unterwegs und ohne Rechner. USB-Sticks gibt es im Gegensatz zu den oben erwähnten Datenträgern ausschließlich als externe Variante.

SSD (Solid State Drive) ist ein Speichermedium, das vom Betriebssystem wie eine Festplatte behandelt wird. Die Daten können gespeichert, geändert und gelöscht werden. Der Computer kann gebootet werden. Im Inneren sind im Gegensatz zur herkömmlichen Festplatte keine beweglichen Teile eingebaut. Die Daten werden auf besonderen Transistoren (EEPROM-

SSD (Solid State Drive)

Electrically Erasable Programmable Read-Only Memory) gespeichert, die im Vergleich zu RAM-Bausteinen ihren Inhalt nicht verlieren, wenn der Strom ausgeschaltet wird. Besondere Merkmale von SSD-Medien sind Zuverlässigkeit, schneller Zugriff auf die Daten und niedriger Energieverbrauch. Das Preis-Leistungsverhältnis ist leider noch nicht so gut wie bei herkömmlichen Festplatten.

Die **Speicherkarte** ist ein modernes Speichermedium, das auf der Basis spezieller EEPROM-Technik funktioniert, des sogenannten Flash-Speichers. Speicherkarten sind wiederbeschreibbar und die darauf gespeicherten Daten sind nicht flüchtig. Ursprünglich nur als Speichermedium für Digitalkameras entwickelt, spielen die Speicherkarten hier auch heute eine wichtige Rolle. Darauf werden z. B. Fotos oder Videos gespeichert und später auf den Computer übertragen. Der Computer muss dafür die entsprechende Schnittstelle (Kartenleser) besitzen. Es gibt externe und interne Ausführungen für Kartenleser.

Unterschieden werden Speicherkarten mit oder ohne Controller. Der Controller spielt eine wichtige Rolle, denn er verwaltet den Speicher der Karte und ist somit auf den Controller des Lesegeräts nicht angewiesen. Lesegeräte gibt es dementsprechend ebenfalls mit oder ohne Controller. Erkennt der Controller des Lesegerätes die Karte nicht richtig, so kann unter Umständen nicht der gesamte Speicher der Karte angesprochen werden. Die Speicherkapazität beträgt bis zu einigen Gigabytes. Moderne Rechner besitzen eingebaute Lesegeräte oder die Speicherkarte wird über ein externes Lesegerät mittels USB-Schnittstelle an den Rechner angeschlossen.

W

Bezeichnung	Controller vorhanden	Einsatzbereiche
Compact-Flash-Card (CF-Card)	ja	Digitalkamera, Camcorder, MP3-Player, PDA
SmartMedia-Card (SM-Card)	nein	Digitalkamera, Diktiergerät, MP3-Player
MultiMedia-Card	ja	Digitalkamera, PDA, Handy
SecurityDigital-Card (SD-Card)	ja	Digitalkamera, Camcorder, Handy, Drucker, PDA, Stereoanlage, Autoradio
Memorystick	ja	Digitalkamera, Camcorder, Audiogeräte
xD-Picture	nein	Digitalkamera

S

Kai Dreyer und Herr Köhler wollen für die Arbeitsplatzrechner in der Abteilung **Geschäftsbuchhaltung** SATA-Festplatten (500 GB) verwenden, da mit diesen Rechnern relativ wenige Daten verwaltet werden. Auf den Rechnern in der Abteilung Marketing existieren hingegen multimediale Daten und große grafische Darstellungen mit einem erheblichen Speicherbedarf. Deshalb erhalten die Arbeitsplatzrechner dieser Abteilung SATA-Festplatten mit einer Speicherkapazität von 1 TB. AH

Aufgaben

1. Welche Festplatten erhalten die Rechner in der Abteilung Softwareentwicklung? Die Rechner müssen sehr schnell arbeiten. Diese Abteilung verwaltet ähnlich viele Daten wie die Abteilung Marketing, die Daten besitzen aber ein anderes Format.
2. Benötigt der Rechner von Frau Sommer ein DVD-Laufwerk?
3. Welche Entscheidung werden Sie bezüglich der Laufwerke treffen, wenn Sie die Datenträger für einen Datei- und Druckserver auswählen müssen?
   a) DVD-Laufwerk
   b) CD-ROM-Laufwerk
   c) Diskettenlaufwerk
4. Welche Festplatten eignen sich für einen Datei- und Druckserver? Berücksichtigen Sie, dass dieser Rechner eine Menge Daten verwaltet und Druckaufträge von vielen Benutzern erhält.
   a) 80 GB, SATA-Festplatte, 7 200 RPM
   b) 500 GB, SATA-Festplatte, 7 200 RPM
   c) 180 GB, SCSI-Festplatte, 7 200 RPM
5. Erklären Sie die Funktionalität von North Bridge und South Bridge.
6. Herr Voß aus der Abteilung **Einkauf/Lager** besitzt zu Hause einen Rechner mit einem DVD-Laufwerk. Er hat eine Blu-ray Disc eingelegt und konnte den darauf gespeicherten Film nicht abspielen. In einem Gespräch mit Kerstin Raabe behauptet er, dass DVD- und Blu-ray Disc-Laufwerke zueinander kompatibel sind und die Ursache für den Fehler in der Software liegt. Was antwortet ihm Kerstin?
7. Herr Köhler hat im Internet eine englische Beschreibung zu einem Datenträger gefunden. Beantworten Sie nach dem Durcharbeiten des Textes die folgenden Fragen.
   a) Was für ein Gerät wird beschrieben?
   b) Wie heißt die Herstellerfirma?
   c) Unter welchen Betriebssystemen kann dieses Gerät betrieben werden?
   d) Wie groß ist der Cache?
   e) Welche Hard- und Software wird mitgeliefert?
   f) Welche Garantie gibt der Hersteller?

g) Welche Schnittstelle besitzt dieses Gerät?
h) Wie viele Umdrehungen pro Minute werden ausgewiesen?
i) Welche Angaben beziehen sich auf einen möglichen Datenverlust?

8. Welche Geräte verbindet der Front Side Bus (FSB)?

3.5-inch Ultra ATA Internal Hard Drives

Seagate Technology
www.seagate.com

Copyright © 2005 Seagate Technology LLC. All rights reserved. Printed in U.S.A. Seagate, Seagate Technol-ogy and the Wave logo are registered trademarks of Seagate Technology LLC. Barracuda, DiscWizard and SeaTools are registered trademarks or trademarks of Seagate Technology LLC.

Other product names are registered trademarks or trademarks of their owners. Seagate reserves the right to change, without notice, product offers or specifications. One gigabyte, or GB, equals one billion bytes when referring to hard drive capacity. Accessible capacity may vary depending on the operating environment and formatting. Quantitative usage examples for various applications are for illustrative purposes. Actual quantities will vary based on various factors, including file size, file format, features and application software. 12/05

Drive specifications:
- 7 200 RPM
- 2 MB, 8 MB or 16 MB cache
- 350 Gs non-operating shock resistance

System requirements:
- Microsoft Windows XP, Me, 2000 Pro, 98 SE, NT
- May be used with Linux, Apple Mac OS and Netware
- ATA/IDE interface (Ultra ATA/100 recommended)
- Open 3.5-inch bay or slot for drive
- 48-bit addressing is required to exceed the 137GB capacity limitation imposed by 28-bit addressing

Package contains:
- Internal Barracuda® hard drive
- Interface cable
- DiscWizard installation software
- SeaTools diagnostic software
- quick installation guide
- mounting screws: Advanced features, blazing performance

The best drives come from Seagate
Seagate® hard drives lead the industry in high performance, powerful features and sophisticated software – yet they're exceptionally easy to install and use. There's no better way to store and work with everything from film, video, and audio files to the latest memory-intensive games.

Engineered for high performance
7200 RPM high performance drives handle massive amounts of data effortlessly. And the advanced fluid-bearing (FDB) motor ensures an extremely quiet operation.

Fast, easy installation
DiscWizard software simplifies installation. PC World says DiscWizard has "the best setup utilities", and you'll agree.

Built for safety and security
Seagate hard drives are protected by built-in self-monitoring technology that continuously checks your hard drive for data safety and drive performance. Our unsurpassed SeaTools™ diagnostic software is included.

Worry-free, five-year warranty
Seagate drives are so durable, we back them with a five-year warranty that covers all parts and labor.

Free technical support
Rely on Seagate for friendly, free technical advice even after your warranty ends.

9. Welche Technologien werden in den nächsten Jahren eine bedeutende Rolle bei der Archivierung von großen Datenmengen spielen? Welche Kapazität besitzen die Festplatten in den nächsten Jahren? Suchen Sie im Internet nach möglichen Szenarien!

1.2.2.9 Erweiterungskarten (Sound, Grafik)

Klassische Computer sind modular aufgebaut. Die Grundfunktionalität eines solchen Systems kann sehr leicht durch zusätzliche Leiterplatten mit neuen Bauelementen erweitert werden. Zum Anschluss solcher Erweiterungskarten dienen die auf der Hauptplatine eingebauten Steckplätze. Die gängigen Schnittstellen und die dazugehörigen Bussysteme werden im Abschnitt „1.2.2.6 Busse und Schnittstellen" erklärt. Zu den am häufigsten verwendeten Erweiterungen gehören dabei Grafikprozessoren, Audiogeräte, Netzwerkschnittstellen und Controller für den SCSI-Bus. Obwohl die meisten modernen Computer alle notwendigen Geräte unmittelbar auf der Hauptplatine integrieren, spricht man immer noch von den Grafikkarten, Soundkarten oder Netzwerkkarten.

Soundkarte

Die Soundkarte ist für die Ein- und Ausgabe von akustischen Signalen zuständig. Ihre Funktionen können in folgenden Aussagen zusammengefasst werden:

- Die Soundkarte wandelt die analogen Signale von Sprache und Musik, die sie vom **Mikrofon**-Eingang aufnimmt, in digitale Signale um. Diese Daten können gespeichert und verarbeitet werden.
- Über den **MIDI**-Eingang (**M**usical **I**nstrument **D**ata **I**nterface) können elektronische Musikinstrumente angeschlossen und die eingegebenen Daten gespeichert und verarbeitet werden.
- Der Ausgang leitet die Sounddaten an angeschlossene Lautsprecher weiter. Professionelle Soundkarten besitzen mehrere Ausgänge (Stereoanlage).

Soundkarte

Die Qualität von Sounddaten ist von der Darstellung (normalerweise von 8 Bit bis 24 Bit) und der Abtastrate (normalerweise von 8 kHz bis 48 kHz) abhängig. Diese Parameter können mithilfe entsprechender Software eingestellt werden. Oft verfügt die Soundkarte auch über einen Gameport zum Anschluss von zusätzlichen Eingabegeräten, wie dem Joystick oder einer Spielkonsole. Die Funktionalität einer Soundkarte ist auf vielen modernen Mainboards bereits integriert.

Grafikkarte

Die Grafikkarte generiert Videosignale für den Monitor. Sie benötigt dafür Prozessorleistung. Es gibt drei Technologien für Grafikprozessoren:

- Die **Bildwiederholspeichertechnologie** ist die älteste Technologie. Die Grafikkarte stellt lediglich Einzelbilder auf dem Bildschirm dar. Jedes Einzelbild wird vom Prozessor des Computers berechnet. Heute wird diese Technologie nur noch selten verwendet.
- Die **Coprozessortechnologie** verwendet einen Coprozessor für die Grafikkarte. Der Coprozessor der Grafikkarte berechnet den Grafikbereich und entlastet dadurch den Hauptprozessor. Diese Lösung bietet den schnellsten Durchsatz und ist heute weit verbreitet.
- Die **Acceleratortechnologie** führt die sogenannten Beschleunigerchips ein. Die Grafikkarte übernimmt viele (aber nicht alle) der zeitaufwändigen Operationen, sodass der Hauptprozessor nach wie vor an den Berechnungen teilnimmt. Auch diese Technologie hat ihre Bedeutung nicht verloren.

Grafikkarte

Die Farbtiefe ist eine der wichtigsten Eigenschaften für die wirklichkeitsgetreue Darstellung der Bilder. Das menschliche Auge kann etwa zwei Millionen Farben unterscheiden. Die modernen Grafikkarten unterstützen mindestens drei Farbtiefen:

- **HighColor** enthält 32 768 Farben. Dieser Wert errechnet sich aus dem Wert 2^{15}, da für jedes Pixel 15 Bit für die Darstellung der Farben zur Verfügung steht.
- **RealColor** enthält 65 536 Farben. Hier werden 16 Bit pro Pixel für die Farbdarstellung verwendet.
- **TrueColor** enthält 16 777 216 Farben. Die Farbtiefe resultiert hier aus 24 Bit für jedes Pixel.

Fast jede Grafikkarte besitzt einen eigenen Arbeitsspeicher, dessen Größe die Leistung der Grafikkarte wesentlich beeinflusst. Heute verfügen die Grafikkarten über einen Speicher von 128 MB bis 256 MB. Er gewährleistet den Bild- und Videoverarbeitungsprogrammen eine gute bis hervorragende Qualität der Bilddarstellung. Dies gilt auch für Spiele.

Einige Grafikkarten befinden sich fest integriert auf der Hauptplatine (On-Board-Grafikkarten) und besitzen keinen eigenen Arbeitsspeicher. Sie leihen sich den notwendigen Speicher vom Hauptspeicher des Systems aus. Selbstverständlich steht dieser ausgeliehene Arbeitsspeicher dem übrigen System dann nicht mehr zur Verfügung. Besonders stark haben sich die On-Board-Grafikkarten bei den Laptops durchgesetzt.

Allein der für die Grafikdaten benötigte Speicher kann wie folgt berechnet werden:

$$\text{Größe in Byte} = \frac{\text{Auflösung x Farbtiefe}}{8}$$

Ein weiteres Qualitätsmerkmal von Grafikkarten ist der Modus. Manche Grafikkarten können ab einer bestimmten Auflösung die Daten nicht in einem einzigen Durchgang an den Monitor senden. Sie benötigen für die Daten zwei Durchgänge, dabei wird jeweils eine Zeile übersprungen. Dadurch erhöht sich das typische Flimmern des Monitors sehr stark. Dieser Modus heißt **Interlaced Modus.** Beim **Non-Interlaced Modus** wird das Bild immer in einem Durchgang aufgebaut, wodurch sich selbstverständlich die Qualität der Darstellung verbessert.

Folgende Standards sind für Grafikkarten aktuell oder historisch bedeutsam:

W

Jahr	Standard	Modi/Auflösung	Darstellung/Besonderheiten
1981	MDA (Monochrome Display Adapter	80 Spalten x 25 Zeilen, 2 Farben, 4 KB RAM	Nur Text
1981	CGA (Color Graphics Adapter)	320 × 200 Bildpunkte in 4 Farben, 640 × 200 Bildpunkte in 2 Farben, 16 KB RAM	Grafik und Text
1982	HGC (Hercules Graphics Card)	80 Spalten x 25 Zeilen, 2 Farben, 64 KB RAM	Grafik und Text
1985	EGA (Enhanced Graphics Adapter)	640 × 350 Bildpunkte, 16 Farben, 256 KB RAM	Grafik und Text, eigenes BIOS
1987	VGA (Video Graphics Array).	640 × 480 Bildpunkte, 16 Farben, 256 KB RAM	Standard für grafische Darstellungsgeräte. Auch nach Jahren der Weiterentwicklung ist VGA das Minimum, das jedes Computersystem unterstützen muss. Obwohl VGA-Karten nicht mehr existieren, erscheint dieser Standard noch während der Installation oder bei Problemlösungen in verschiedenen Betriebssystemen.
1989	SVGA (Super VGA)	800 × 600 Bildpunkte, 256 Farben, 256 KB RAM	Es sind verschiedene Auflösungen und Farbtiefen bzw. Kombinationen zur Farbtiefe möglich. Die Karten enthalten einen eigenen Grafikprozessor, der die Berechnungen für die Darstellung von Bildpunkten, Linien und Kurven durchführt und dadurch den Prozessor und den Bus entlastet. Dieser Standard ist noch heute aktuell und ein integraler Bestandteil aller gängigen Grafikkarten. Weiterhin gibt es eine Reihe von Standards, die auf VGA/SVGA basieren und für unterschiedliche Zwecke und Geräte (PDA, Handy, TFT-Monitor, Beamer) angepasst wurden.
1991	XGA (eXtended Graphics Arrays)	1024 × 768, 1366 × 1024	

(Fortsetzung auf folgender Seite)

W

Jahr	Standard	Modi/Auflösung	Darstellung/Besonderheiten
1991	SXGA (Super eXtended Graphics Arrays)	1280 × 1024, 1600 × 900, 1400 × 1050, 1680 × 1050	Standard wurde speziell für Breitbildschirme entwickelt.
Mitte der 1990er-Jahre	UXGA (Ultra eXtended Graphics Arrays)	1600 × 1200, 1920 × 1200	aktueller Industriestandard
Mitte der 1990er-Jahre	SUXGA (Super Ultra eXtended Graphics Arrays)	2048 × 1536	aktueller Industriestandard
Mitte der 1990er-Jahre	QUXGA (Quad Ultra eXtended Graphics Arrays)	3200 × 2400, 3840 × 2400	aktueller Industriestandard

Es gibt weiterhin eine Reihe von Standards, die auf VGA/SVGA basieren und für unterschiedliche Zwecke und Geräte (PDA, Handy, TFT-Monitore, Beamer) angepasst wurden.

AH

1.2.3 Externe Geräte

Externe Geräte erweitern die Funktionalität des gesamten Systems. Sie verbinden es mit den anderen Systemen, z. B. für deren Steuerung, oder dienen zur Ein- und Ausgabe von Daten.

1.2.3.1 Monitor

Der Monitor stellt die Signale dar, die von der Grafikkarte erzeugt werden. Beide Geräte sollten in ihrem funktionalen Zusammenhang betrachtet werden, obwohl die Grafikkarte eigentlich zu den internen Geräten gezählt werden muss.

Die Ausgangssignale (Informationen) der Grafikkarte bestimmen die Bildauflösung, Bildfrequenz, Zeilenfrequenz, Bandbreite und Farbtiefe. Der Monitor muss imstande sein, diese von der Grafikkarte erzeugten Informationen richtig darzustellen.

- Die Auflösung entspricht der Anzahl der darstellbaren Bildpunkte: **Auflösung = Zeilen × Spalten**
- Die Bildfrequenz ist die Anzahl der darstellbaren Bilder pro Sekunde.
- Als Zeilenfrequenz wird die Anzahl der darstellbaren Zeilen pro Sekunde angegeben: **Zeilenfrequenz = Bildfrequenz × Zeilen**
- Die Bandbreite ist die maximal verarbeitbare Anzahl der Bildpunkte pro Sekunde: **Bandbreite = Bildfrequenz × Auflösung**
- Die Farbtiefe resultiert aus der Anzahl von darstellbaren Farben.

Gegenwärtig werden zwei Arten von Monitoren unterschieden: CRT- und TFT-Monitore, wobei die CRT-Monitore deutlich an Bedeutung verlieren.

Die **CRT**-Monitore (**C**athode **R**ay **T**ube) verwenden eine Kathodenröhre für die Darstellung von Informationen, ähnlich wie der herkömmliche Fernseher. Für die Farbdarstellung wird die Farbmischung aus den Grundfarben Rot, Grün und Blau verwendet. Deshalb besteht jeder Leuchtpunkt aus einem Tripel dieser drei Grundfarben. Zur Koordination der drei Farbstrahlen befindet sich im Inneren der Kathodenröhre eine Lochmaske. Zur Erzeugung eines scharfen Bildes muss die Lochmaske möglichst viele kleine Löcher enthalten. Je geringer der Abstand zwischen den Löchern in der Lochmaske ausfällt, desto besser erscheint das Bild und die Qualität des Monitors.

Neben der herkömmlichen CRT-Technologie wurden auch andere Bildwiedergabetechniken entwickelt, die sowohl in tragbaren als auch in Desktop-Rechnern zum Einsatz kommen. Zu den sogenannten Flachbildschirmen gehören:

- **Elektrolumineszenzdisplays.** Bei dieser Technologie sind Elektroden und Isolationsschichten abwechselnd auf einer Glasplatte aufgebracht. Das Bild wird über eine leuchtende Schicht dargestellt.
- **Plasmadisplays** verwenden ein Gasgemisch zwischen zwei Glasplatten, die mit Elektroden versehen sind. Mittels dieser Elektroden wird das Gasgemisch in leuchtend wahrnehmbares Plasma umgewandelt.
- **LC- und TFT-Displays.** Das Prinzip basiert auf der Tatsache, dass die Flüssigkristalle (**L**iquid **C**rystal) ihre optischen Eigenschaften in Abhängigkeit von einem elektrischen Feld ändern. Die Flüssigkristalle werden dabei durch Zeilen- und Spaltenelektroden gesteuert. Wird eine Spannung an die Elektroden angelegt, so ändert sich die Lichtdurchlässigkeit des Kristalls. Die neueste

Entwicklung auf diesem Gebiet ist die **TFT**-Technologie (**T**hin **F**ilm **T**ransistor). Hier wird jedem Bildpunkt zusätzlich noch ein sogenannter Dünnfilmtransistor zugeordnet, der das Kontrastverhältnis, den Betrachtungswinkel und die Reaktionszeit verbessert. TFT-Displays bestimmen heute und künftig den Trend bei der Auswahl des geeigneten Monitors.

TFT-Monitor

Die Bildschirmgröße wird von der linken oberen Ecke bis zur rechten unteren Ecke in Zoll gemessen. Übliche Werte sind 14, 15, 17, 19, 20 und 21 Zoll. Abhängig von der Größe können Monitore unterschiedlichen Anwendungsbereichen vorbehalten sein:

- 14"- CRT-Monitore finden heute kaum noch Verwendung.
- 15"- CRT- und 14"-TFT-Monitore eignen sich nur für einfache Anwendungen wie Textverarbeitung, Tabellenkalkulation oder Homebanking. Die empfohlene Auflösung beträgt 800 × 600 Bildpunkte. Trotzdem sind sie im Büro- und Home-Bereich kaum noch verbreitet. Die einzige Nische bietet hier der Server-Bereich, wo lokal an einem Server relativ selten gearbeitet wird.
- 17"- bis 19"- CRT- und 15"- bis 17"-TFT-Monitore eignen sich optimal für Business-Anwendungen im Office-Bereich oder für Präsentationen. Die empfohlene Auflösung beträgt 1 024×768 Bildpunkte.
- 19"- bis 21"- CRT- und 18"- bis 20"-TFT-Monitore werden für die Bereiche Desktop-Publishing, Webdesign oder Bildverarbeitung verwendet. Die empfohlene Auflösung beträgt 1 280 × 1 024 Bildpunkte.
- 21"- Monitore und aufwärts beherrschen die professionelle Bild- und Videoverarbeitung, eignen sich für den CAD-Bereich und für Desktop-Publishing. Die empfohlene Auflösung beträgt mindestens 1 600 × 1 200 Bildpunkte.

In den letzten Jahren wurden viele Bildschirme im Breitformat auf den Mark gebracht. Dabei werden statt des klassischen Seitenverhältnisses von 4:3 die HDTV-Bildseitenverhältnisse 16:9 oder 16:10 erreicht. Das ist für viele moderne Anwendungen von Vorteil, erlaubt z. B. Programmfenster nebeneinander ohne Überlappung auf dem Bildschirm darzustellen. Auch zum Abspielen von Filmen ist das Breitformat besser geeignet.

Die Monitore erzeugen unterschiedliche Bildschirmstrahlungen: magnetische und elektrische Strahlung, Röntgenstrahlung und in geringen Maßen radioaktive Strahlung. Für die Zulassung von Monitoren gelten deutsche und internationale Normen (siehe 1.2.5). AH

4K-Monitore mit einer hohen Auflösung von 3840 × 2160 Pixeln liefern eine besonders scharfe Darstellung und werden deswegen in letzter Zeit immer häufiger eingesetzt. Viele dieser Monitore sind blickwinkelstabil und besitzen Bildschirmdiagonalen von 24" (61 cm), 27" (68,5 cm) und 32" (81 cm). Die Bildschirmdarstellung muss vergrößert werden, damit Texte und Schaltflächen noch lesbar sind.

Alle Monitore verfügen über Schnittstellen wie HDMI, DVI und DisplayPort. Es gibt USB-Anschlüsse für USB-Sticks und Kartenleser. Die Mehrzahl dieser Bildschirme lässt sich im Quer- oder Hochformat betreiben. Außerdem kann die Höhe zum Betrachter verstellt werden.

Die Hardwarekomponenten der Rechner (Prozessor, Arbeitsspeicher, Grafikkarte) sowie die Software müssen technische Voraussetzungen erfüllen, damit die neuen Ausstattungs- und Leistungsmerkmale der Bildschirme voll ausgenutzt werden können. Beispielsweise ist es erforderlich, dass die Grafikkarte über Schnittstellen wie DisplayPort oder HDMI verfügt.

1.2.3.2 Beamer

Als Ausgabegeräte für Präsentationen werden Projektoren (Beamer) verwendet. Viele Geräte arbeiten ähnlich wie Monitore, d. h., sie besitzen weder Prozessoren noch Arbeitsspeicher und können nur das Bild darstellen, das sie von der Grafikkarte erhalten. Beamer werden normalerweise zwischen der Grafikkarte und dem Monitor platziert oder einfach anstelle eines Monitors verwendet.

Die modernen Beamer besitzen oft ein Menüsystem, dass sich an Microsoft Windows orientiert und womit man leicht die Einstellungen des Geräts anpassen kann. Bei Beamern zeigt sich zudem eine Tendenz, wonach immer mehr Geräte mit einer Variante eines Betriebssystems ausgestattet werden.

W

Bezeichnung	Eigenschaften
Röhren-Projektor	Drei Röhren erzeugen das Bild ähnlich wie bei einem Fernseher, eine Röhre für jede Farbe.
LCD-Projektor	Die flüssigen Kristalle erzeugen das Bild (**L**iquid **C**rystal **D**isplay).
DLP-Projektor	Ein Chip leitet und lenkt das Licht (**D**igital **L**ight **P**rocessing).
LED-Projektor	Das Bild wird von Dioden erzeugt (**L**ight **E**mitting **D**iode).
LCOS-Projektor	Flüssige Kristalle auf Silikonbasis sind für die Bilderzeugung zuständig (**L**iquid **C**rystal **O**n **S**ilicon).

Die Entwicklung der Beamer wird künftig entscheidend von der Lasertechnologie beeinflusst. Ohne Beamer sind viele der öffentlichen Präsentationen oder Schulungen kaum noch denkbar. Beamer eignen sich ebenso für das Heimkino.

S Für die Rechner der Abteilung Geschäftsbuchhaltung einigen sich Kai und Stefan auf den Einsatz von PCI-Express-Grafikkarten ASUS EAH5450 SILENT mit dem Grafikprozessor Radeon HD 5450 und 512 MB DDR2 RAM. Die anderen Arbeitsplatzrechner erhalten PCI-Express-Grafikkarten MSI N430GT mit 1024MB DDR3-Speicher. Die Wahl fällt außerdem auf TFT-Monitore, die für bessere Qualität und Zukunftsorientierung stehen.

Aufgaben

1. Welche Entscheidung würden Sie hinsichtlich Grafikkarte und Monitor zur Ausstattung eines Webservers treffen? Berücksichtigen Sie, dass auf diesem Rechner kaum lokal gearbeitet wird. Wählen Sie die passenden Parameter für Grafikkarte und Monitor aus der Tabelle aus. Die Parameter können aus verschiedenen Spalten stammen.

Grafikkarte, Speicher	Grafikkarte, Anschluss	Monitor	Auflösung
16 MB	ISA	15"-CRT	800 × 600
32 MB	PCI	20"-CRT	1 024 × 768
64 MB	AGP	19"-TFT	640 × 480
128 MB	USB	15"-TFT	1 280 × 1 024

2. Welche Farbtiefe stellt die meisten Farben dar?
   a) TrueColor
   b) RealColor
   c) SuperColor
   d) HighColor
3. Beschreiben Sie die Vorteile des TFT-Monitors gegenüber dem CRT-Monitor.
4. Welche Standards für die Grafikkarten kennen Sie? Erläutern Sie diese Standards.
5. Eine Grafikkarte verwendet RealColor bei einer Auflösung von 1 024 × 768 Bildpunkten. Wie groß ist der Speicher (in Bytes) der Karte, der mit Grafikdaten belegt ist.

1.2.3.3 Eingabegeräte

S Zur Dateneingabe am PC dienen verschiedene Geräte. Der klassische PC wurde alleine über die Tastatur bedient. Später wurde die Maus mit der Entwicklung von grafischen Benutzeroberflächen wie Microsoft Windows eingeführt. Moderne Systeme verfügen über eine ganze Palette von Eingabegeräten, die allein oder in Kombinationen verwendet werden können, wie z. B. Trackball, Touchpad, Pen, Touchscreens oder sogar das Mikrofon.

Tastatur

Tastatur

Mit der Tastatur werden Texte und andere Daten manuell eingegeben. Im Laufe der Zeit veränderte sich das Aussehen der Tastatur sehr oft. Gegenwärtig hat sich eine Tastatur mit 102 Standardtasten und drei zusätzlichen Windows-Tasten durchgesetzt.

Die Tastatur wird oft über den USB-Anschluss an die Hauptplatine angeschlossen. Die älteren Standards, etwa der 5-polige Stecker, die serielle Schnittstelle oder der PS/2-Stecker, spielen keine Rolle mehr. An Bedeutung gewinnen immer mehr drahtlose Tastaturen. Sie übertragen die Daten mittels Radiowellen, die über einen USB-Adapter oder eine Erweiterungskarte auf dem Motherboard empfangen werden. Zum Einsatz kommen offene Standards für die drahtlose Datenübertragung, wie Bluetooth und WiFi, aber auch Eigenentwicklungen wie die Advanced 2.4 GHz Wireless Technology von Logitech.

Die Tastatur besitzt einen eigenen Controller, der mit dem Hauptprozessor kommunizieren kann. Der Controller überwacht die Tastatur ständig. Wenn eine Taste gedrückt oder losgelassen wird, meldet er dieses Ereignis dem Prozessor, der darauf entsprechend reagiert. Dieser Controller kann über eine spezielle Anwendung programmiert werden, z. B. kann die Reaktionszeit der Tasten eingestellt werden.

Maus

Um die grafischen Oberflächen bedienen zu können, sind die Zeigergeräte wie Maus, Trackball, Touchpad und Pen unentbehrlich geworden.

Bei einer mechanischen **Maus** handelt es sich um ein Gerät, das sich über eine ebene Fläche bewegt. Diese Bewegungen und Tastenaktivitäten werden in elektrische Impulse verwandelt und über die genutzte Schnittstelle zur Hauptplatine gesendet.

Eine optische Maus erkennt die Bewegungen über einen optischen Sensor. Zwei Leuchtdioden senden die Strahlen in einer Farbe (normalerweise rot) und zugehörige Fotodetektoren erkennen die reflektierten Signale. Der Maustreiber übersetzt diese Informationen in Codes und leitet sie über die Hauptplatine zur Anwendung weiter. Immer öfter werden für optische Mäuse die bequemeren drahtlosen Varianten verwendet.

Maus

Trackball

Der **Trackball** ist ähnlich wie eine mechanische Maus aufgebaut, nur bewegt er sich nicht selbst, sondern es wird eine Kugel auf seiner Oberfläche mit den Fingern gedreht.

Durch die kompakte Bauweise sind diese Geräte besonders gut für den Einsatz in öffentlichen Bibliotheken und anderen Informationseinrichtungen geeignet.

Touchpad

Das **Touchpad** ist ein berührungsempfindliches Rechteck. Die Fingerbewegungen auf diesem Rechteck werden in Mauszeigerbewegungen auf dem Bildschirm umgesetzt und die Anschläge mit den Fingern bewirken die gleichen Effekte wie die Maustastenaktionen. Das Touchpad wird sehr oft in tragbaren PCs verwendet.

Pen

Der **Pen** besteht aus einem größeren berührungsempfindlichen Rechteck und einem Zeiger, der wie ein Kugelschreiber aussieht. Die Berührungen und Bewegungen des Zeigers werden wie beim Touchpad in Mausaktionen umgesetzt. Außer in grafischen Anwendungen wird der Pen selten eingesetzt.

Grafisches Tablett mit Pen

Die Maus und die anderen hier aufgelisteten Geräte können über die gleichen Schnittstellen wie die Tastatur an einen Computer angeschlossen werden. Wenn keine freien Schnittstellen vorhanden sind, können sie auch über eine spezielle Steckkarte mit der Hauptplatine verbunden werden (z. B. Bus-Maus), wobei dies aber relativ selten erforderlich ist.

Touchscreen

Das Gerät kombiniert die Funktionen von Monitor und Touchpad. Die berührungsempfindliche Schicht ist unter dem Monitor angeordnet. Die Bedienung wird ausschließlich durch das Berühren von Teilen des Monitors realisiert, ähnelt der Bedienung mit einer Maus, besitzt allerdings auch wesentliche Unterschiede. In einem herkömmlichen, mit Hilfe einer Maus gesteuerten System ist es notwendig, den Mauszeiger auf der Programmoberfläche darzustellen, damit der Benutzer weiß, wo er einen Mausklick ausführen muss. Der Mauszeiger fungiert als Verbindung zwischen den Ein- und der Ausgabegeräten. Ein Programm, das über einen Touchscreen läuft, benötigt keinen Mauszeiger, weil der Benutzer weiß, wo er den Bildschirm mit dem

Finger berühren muss. Durch Zeigen und Berühren kann das ganze System intuitiv bedient werden.

Im Verlauf der Entwicklung haben die Touchscreen-Systeme „gelernt", neben dem Tippen selbst auf komplizierte Fingerbewegungen zu reagieren. Man kann mittlerweile die Zoomfunktion durch das Auseinanderziehen von zwei Fingern aufrufen, das „Streichen" blättert in einem Buch. Für die Texteingabe benötigt man keine separate Tastatur, denn eine Bildschirmtastatur, sogar mit einer beliebigen sprachabhängigen Belegung, erscheint automatisch, sobald ein Eingabefeld angetippt wird.

Systeme mit Touchscreen sind heute bereits in vielen Bereiche des täglichen Lebens anzutreffen:

- Öffentliche Informationsterminals
- Geldautomaten
- Kassenautomaten an Haltestellen und Bahnhöfen
- Industrie-PCs
- Mobile Kommunikationssysteme wie PDA und Smartphone
- Tablet-PCs und Notebooks ohne Tastatur

Es gibt viele technische Möglichkeiten zur Herstellung von Touchscreens. Gegenwärtig sind häufig folgende Technologien anzutreffen:

Resistive Systeme. Auf die Bildschirmoberfläche werden zwei leitfähige Schichten angebracht, voneinander durch kleine Isolierpunkte (Space Dots) getrennt. An der oberen Schicht wird Strom angelegt, der bei Fingerberührung in die untere Schicht weiter fließt. Durch das Messen von Widerständen an den Rändern beider Schichten können dann die Koordinaten des Berührungspunktes sehr genau gemessen werden. Beim Bedienen von Systemen mit dem resistiven Touchscreen wird Druck notwendig. Das bedeutet, solche Systeme sind schmutz- und kratzempfindlich, die Oberfläche muss elastisch sein und kann nicht aus hartem Glas bestehen. Dafür können solche Systeme mit dem Finger oder mit jedem anderen Gegenstand bedient werden. Auch Handschuhe oder eine Prothese sind kein Problem. In vielen Smartphones wird diese Technologie verwendet.

Kapazitive Systeme. Über der Bildschirmoberfläche wird ein elektrisches Feld mit gleicher Spannung erzeugt. Durch Berührung mit dem Finger oder einem anderen leitenden Gegenstand wird dieses Feld verändert. Die Veränderung wird in den vier Ecken gemessen und dient der Bestimmung der Berührungskoordinaten. Zur Bedienung ist kein Druck notwendig, der Bildschirm kann aus hartem Glas bestehen, was die Verwendung in öffentlichen Einrichtungen und auf der Straße ermöglicht. Dafür darf das Gerät nur mit leitfähigen Gegenständen wie dem Finger oder speziellen Stiften bedient werden.

AH

1.2.3.4 Scanner

Ein Scanner ist ein Gerät, das Text- oder Grafikvorlagen einlesen und digital speichern kann. Dieses Gerät funktioniert relativ einfach. Eine Lichtquelle beleuchtet die Vorlage Zeile für Zeile. Ein Spiegelsystem leitet die reflektierenden Strahlen an Fotodioden weiter. Hier werden die Daten zusammengefasst. Üblicherweise erscheinen die Daten als Grafik und können in den üblichen Formaten BMP, TIFF oder JPG gespeichert werden. Falls ein Text gescannt wurde, existieren mit spezieller Software Möglichkeiten, die Daten als Textdatei zu speichern. Für eine derartige Umwandlung von Bild- in Textdaten eignen sich die sogenannten OCR-Programme (**O**ptical **C**haracter **R**ecognition). Sie werden meistens von den Herstellern der Scanner mitgeliefert. Eine vom Bild zum Text umgewandelte Datei kann später mit einem konventionellen Textverarbeitungsprogramm korrigiert oder vervollständigt werden.

In den Unternehmen sind hauptsächlich die Hand-, Flachbett- und Dokumentenscanner verbreitet. Die Handscanner arbeiten nicht besonders genau, da die Handführung des Menschen selten in einer gleichmäßigen und optimalen Geschwindigkeit verläuft. Flachbettscanner stellen dazu eine bessere Alternative dar. Bei einem Flachbettscanner muss die einzelne Vorlage noch manuell eingelegt und ausgerichtet werden. Das kann eine sehr zeitaufwändige Aufgabe sein, wenn beispielsweise bei einer Archivierung viele Dokumente gescannt werden müssen. Ein Dokumentenscanner besitzt einen automatischen Einzug für einzelne Blätter und ist deswegen für diese Aufgabe besser geeignet.

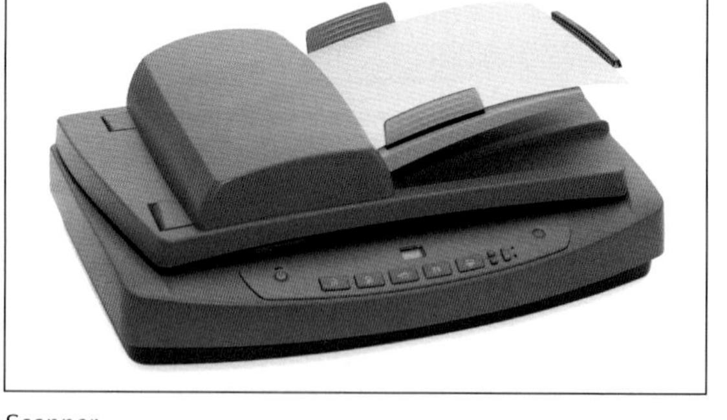

Scanner

Zu den wichtigsten Charakteristiken eines Scanners zählen:

Farbtiefe. Diese Eigenschaft zeigt, wie viele Bits für die Darstellung der Farben verwendet werden. Moderne Scanner arbeiten mit 48 Bit Farbtiefe.

Optische Auflösung. Dieses Merkmal bestimmt die Anzahl von Punkten in einem Bereich, die der Scanner aufnehmen kann. Üblicherweise sind das die Auflösungen 3 200 dpi × 6 400 dpi oder 4 800 dpi × 9 600 dpi.

> Die Bezeichnung **dpi** (**d**ots **p**er **i**nch) gibt die Anzahl der Bildpunkte pro Zoll in einer Richtung (horizontal oder vertikal) an. Außerdem gibt es noch die Angaben **lpi** (**l**ine **p**er **i**nch) und **ppi** (**p**ixel **p**er **i**nch). Diese Maßeinheiten werden für die Auflösung von Druckern, Scannern, Plottern und Digitalkameras verwendet.

Geschwindigkeit. Diese Charakteristik gibt an, wie viele Seiten pro Minute eingescannt werden können. Sie ist von der gewünschten Qualität der Auflösung stark abhängig.

Maximale Scannfläche. Fast alle Scanner können mindestens A4-Blätter einscannen.

Unterstützter Medientyp. Hier geht es darum, wovon der Scanner ablesen kann. Normalerweise eignen sich Papier, Folien, Diapositive und Filme.

Anschluss. Die ersten Scanner besaßen nur SCSI-Anschlüsse. Aktuelle Modelle nutzen meistens den USB- oder den parallelen Anschluss.

1.2.3.5 Strichcodeleser

Ein Strichcode (Barcode) stellt eine Zahl durch Striche gleicher Länge und unterschiedlicher Breite dar. Barcodeleser funktionieren ähnlich wie Scanner. Nach dem Einlesen des Barcodes findet seine Dekodierung statt. Die dekodierte Zahl wird danach über den seriellen oder den USB-Anschluss sowie auch per Funk an den Rechner übertragen. Der Barcode selbst enthält nur die Nummer eines Artikels, nicht aber seinen Preis oder seinen Namen. Diese Daten werden entsprechend der Nummer z. B. über die Kasse aus einer zentralen Datenbank abgefragt.

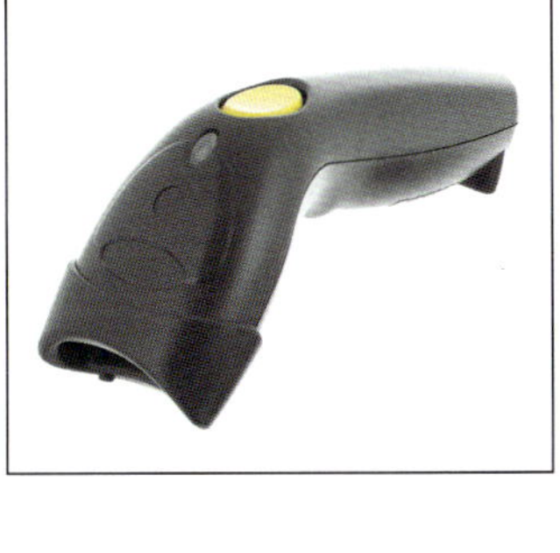

Strichcodeleser

1.2.3.6 Unterbrechungsfreie Stromversorgung

Externe Geräte, die die Rechner mit Strom versorgen, besitzen eine besonders wichtige Bedeutung im Server- und Netzwerkbereich. Entsprechend ihrer Bezeichnung **USV** (**u**nterbrechungsfreie **S**trom**v**ersorgung) erfüllen sie folgende Aufgaben:

- **Strom an den Rechner liefern.** Bei Stromausfall wird das Betriebssystem über ein Datenkabel informiert und von der USV weiter mit Strom versorgt. Es kann dann nicht mehr normal gearbeitet werden, aber das Betriebssystem oder der Administrator haben genug Zeit, um die Daten zu speichern und den Rechner ordnungsgemäß herunterzufahren.
- **Spannungsschwankungen ausgleichen.** Bei Veränderungen der Spannungshöhe erfolgt ein Ausgleich auf erforderliche Werte. Das ist besonders wichtig für die Geräte, die nicht wie der PC über ein eigenes Netzteil verfügen.
- **Strom an die nachgeschalteten Verbraucher verteilen.** Damit können mehrere Geräte, wie Arbeitsplatzrechner, Server, Router oder Modems, mit Strom versorgt werden.

Offline-USV-Geräte versorgen die angeschlossenen Rechner mit Strom direkt aus dem Netz über einen zwischengeschalteten Netzfilter. Fällt die Spannung aus, so schalten die USV-Geräte auf die internen Batterien um. Diese Umschaltung kann aber einige Millisekunden dauern, was manchmal doch unbeabsichtigt zum Neustart des Rechners führen kann. Solche Geräte verbrauchen weniger Energie und sind preiswert.

Online-USV-Geräte versorgen die Rechner mit dem Strom aus internen Schaltkreisen und Batterien, sodass bei Stromausfall keine Umschaltung notwendig ist und somit auch tatsächlich keine Unterbrechungen

UPS

stattfinden. Solche Geräte verbrauchen mehr Energie und sind entsprechend teuer.

Eine weitere Bezeichnung für diese Geräte lautet **UPS** (**U**ninterruptable **P**ower **S**upply).

1.2.3.7 Drucker und Plotter

Die Drucker wurden als Geräte entwickelt, um einen Text auf dem Papier darstellen zu können. Sie besaßen am Anfang so gut wie keine grafischen Darstellungsmöglichkeiten. Heute verfügen sie dagegen über sehr ausgereifte Techniken zum Ausdruck von hochauflösenden Grafiken und Bildern. Die Auswahl eines Druckers erfolgt unter Berücksichtigung seiner technischen und wirtschaftlichen Charakteristiken:

- **Auflösung** (dpi, **d**ots **p**er **i**nch). Es ist eine der wichtigsten Eigenschaften eines Druckers, die die Qualität der Ausgabe auf dem Papier bestimmt.
- **Geschwindigkeit** (Seiten pro Minute)
- **Papierformate.** Das übliche Papierformat für die meisten Drucker ist A4, es können aber auch kleinere Formate bedruckt werden. Drucker für das Format A3 und größere Formate sind teuer und werden selten benötigt.
- **Kosten** einer Druckseite
- **Umweltverträglichkeit, Lebensdauer, Zuverlässigkeit**

Es gibt folgende Druckertypen:

Nadeldrucker. Zu seinen wichtigsten Bestandteilen gehören eine Matrix und ein Farbband. Die Matrix enthält Nadeln, die unabhängig voneinander durch elektronische Steuerung nach vorn oder nach hinten gezogen werden können. Die vorstehenden Nadeln erzeugen die Buchstaben, indem sie auf das Farbband und somit auf das Papier drücken. Folgende Begriffe für die Druckqualität stammen aus der Zeit der Nadeldrucker:

- **Draft** ist eine niedrige Druckqualität.
- **NLQ** (**n**ear **l**etter **q**uality) erzeugt eine bessere Qualität auf Kosten der Geschwindigkeit.
- **LQ** (**l**etter **q**uality) bietet die höchste Qualität.

Heute werden Nadeldrucker nur noch in wenigen Bereichen verwendet, z. B. in Arztpraxen, wo während des Drucks Kopien von Dokumenten erstellt werden müssen.

Tintenstrahldrucker. Druckinformationen entstehen hier durch ein elektronisch gesteuertes Element, genannt **Cartridge.** Es existieren unterschiedliche Methoden, Tinte auf Papier aufzutragen. Eine dieser Methoden ist das **Bubble-Jet-Verfahren,** bei dem die Tinte sehr schnell erhitzt wird, sodass die Tröpfchen explodieren und aus den Düsen geschleudert werden. Eine andere Methode basiert auf der Verwendung von **Piezoelementen.** Tintenstrahldrucker sind heute weit verbreitet, da sie preiswert sind und eine hervorragende Farbqualität erzeugen.

Laserdrucker. Zu seinen wichtigsten Bestandteilen gehören eine **Trommel** und ein **Laser.** Die Trommel erhält eine negative elektrische Ladung und dreht sich langsam. Der Laserstrahl entfernt die Ladung an den Stellen, wo Text und Bilder erscheinen sollen, und erzeugt somit ein Muster auf der Trommel. Dieses Muster erreicht durch Drehbewegung das Tonersystem. Der **Toner** ist negativ aufgeladen und haftet an den entladenen Stellen der Trommel fest. Schließlich wird das Muster auf das positiv geladene Papier übertragen und der Toner verbindet sich durch kurzfristiges Erhitzen dauerhaft mit der Oberfläche. Diese Drucktechnik eignet sich hervorragend für hochwertige Schwarz-Weiß-Ausdrucke, wurde in den letzten Jahren auch auf die farbige Darstellung ausgedehnt. Moderne Farblaserdrucker sind besonders in Unternehmen anzutreffen, wo sie z. B. eine lebhafte Darstellung von Diagrammen und anderen Grafiken in Geschäftspräsentationen ermöglichen.

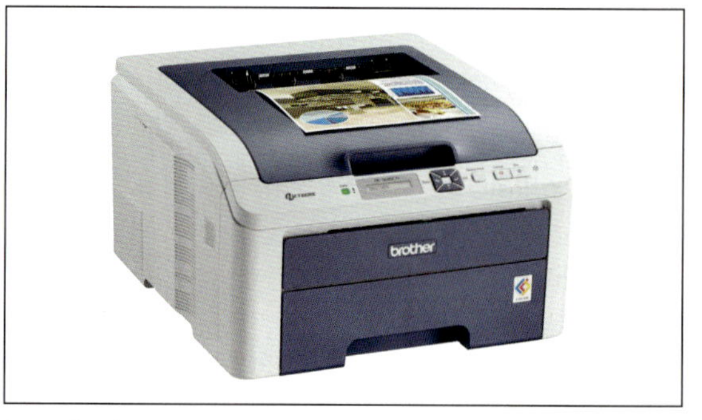

Laserdrucker

Plotter sind Geräte für die Ausgabe zumeist großflächiger grafischer Darstellungen. Laut den vom Rechner übermittelten Programmanweisungen wird ein Stift über das Papier geführt und so entsteht die Zeichnung. Viele Plotter verfügen über ein Magazin mit unterschiedlichen Farbstiften. Bei den **Flachbettplottern** befindet sich das Papier auf einer flachen Unterlage, bei den **Trommelplottern** wird es um eine Trommel gewickelt. Plotter werden zunehmend von spezialisierten Druckern verdrängt, wobei sie für hochqualitative technische Zeichnungen noch immer besser geeignet sind.

3D-Drucker sind keine Drucker im herkömmlichen Sinne, d. h., sie sind nicht für den Ausdruck von Dokumenten auf Papier bestimmt. Der 3D-Druck ist ein technisches Fertigungsverfahren und deshalb sollte der 3D-Drucker besser als „3D-Druckmaschine" bezeichnet werden.

Eine 3D-Druckmaschine erzeugt dreidimensionale Werkstücke, die meistens aus Kunststoff bestehen. Die Grundlage für den 3D-Druck bilden computergesteuerte Entwurfs- und Herstellungsverfahren (CAD/CAM). Es gibt mehrere 3D-Druckverfahren und dafür geeignete Werkstoffe, wobei ein bestimmter 3D-Drucker in der Regel nur nach einem Verfahren mit einem Werkstoff arbeitet.

3D-Druckmaschinen werden hauptsächlich in größeren Unternehmen für den Maschinen-und Automobilbau, der Luft- und Raumfahrtindustrie sowie der Medizin- und Zahntechnik verwendet. Allerdings sind einige 3D-Drucker in letzter Zeit immer preisgünstiger geworden, bei gleichbleibender Qualität der Erzeugnisse. Damit kann sich ein neuer Markt für den persönlichen Gebrauch von 3D-Druckmaschinen entwickeln.

AH

1.2.3.8 Digitalkamera

Die Digitalkamera wandelt die Lichtsignale in elektronische Signale um und legt sie in einem internen digitalen Speicher ab. In den letzten Jahren haben sich diese Fotoapparate mehr und mehr durchgesetzt. Sie besitzen folgende Eigenschaften:

- **Auflösung.** Kameras mit einer Auflösung von 3 bis 5 Megapixel werden im Home-Bereich für Schnappschüsse und Urlaubsfotos verwendet. Kameras mit einer Auflösung von 5 bis 7 Megapixel eignen sich für semiprofessionelle Aufnahmen und Kameras ab 7 Megapixel Auflösung sind für den professionellen Einsatz durch Fotografen, Designer und Grafiker gedacht.
- Die **Geschwindigkeit** wird vor allem durch die Aufnahmebereitschaft, Auslöseverzögerung, Bildfolgezeit und Fokussiergeschwindigkeit bestimmt.
- **Datenformate.** Die Formate **JPEG** (verlustbehaftet) und **TIFF** (verlustfrei) gehören zum Standard. Hochwertige Kameras bieten zusätzlich noch das **RAW**-Format, das verlustfrei ist und reiche Verarbeitungsmöglichkeiten zulässt.

Die Daten der Kamera können über den USB-Anschluss auf die Festplatte des Rechners übertragen und mit einem beliebigen Bildverarbeitungsprogramm gesichtet und bearbeitet werden.

Als Speichermedium für Digitalkameras und andere Geräte haben sich die **Speicherkarten** durchgesetzt.

Digitale Kameras spielen in moderner Kommunikationstechnik eine wichtige Rolle. Sie werden standardmäßig in Mobiltelefone und verschiedene tragbare Computersysteme integriert. In Verbindung mit der Mobilfunktechnik der neuen Generation (UMTS, LTE) oder mit einem drahtlosen Internetzugang und der entsprechenden Software eignen sich diese Geräte zur Bildtelefonie. Bildtelefonie verbreitet sich immer mehr auch außerhalb des privaten Bereiches. In vielen Betrieben wird Fernarbeit mit Hilfe von Digitalkameras und Kommunikationsprogrammen wie Skype, ICQ oder Microsoft Communicator, viel attraktiver und effektiver gestaltet.

Moderne Smartphones besitzen bereits mehrheitlich eine Digitalkamera mit 4K-Auflösung, die Full-HD-Filme aufnehmen kann. Auch Panoramabilder lassen sich damit in guter Qualität erstellen. Außerdem zeichnet sich gegenwärtig eine neue Richtung in der Entwicklung von Digitalkameras ab: 3D-Geräte mit Infrarot-Technologie, die hauptsächlich für Gesichts- und Iriserkennung eingesetzt werden sollen. Die Anmeldung an einem Computer würde sich damit für den Benutzer wesentlich vereinfachen, obwohl dieser Prozess noch nicht fehlerfrei abläuft und Betrugsversuche gegenwärtig nicht ausgeschlossen werden können. Dementsprechend sind für diese Technologie weitere Nachbesserungen bei der Hard- und Software erforderlich.

S

Nach eingehenden Recherchen haben sich die Azubis dafür entschieden, dass die geplanten Datei- und Druckserver mit einer einfachen Tastatur und Maus ausgestattet werden, wobei an den Druckserver zusätzlich ein Laserdrucker angeschlossen wird. Der Rechner von Frau Sommer aus der Abteilung **Marketing** erhält einen USB-Flachbettscanner. Für die Server, die jeweils in einem Raum stehen, wird pro Raum ein neues Online-USV-Gerät bestellt.

Aufgaben

1. Welche Auswahl an externen Geräten würden Sie für die Arbeitsplatzrechner treffen, deren Anschaffung für die Abteilungen **Marketing** und **Geschäftsbuchhaltung** (siehe Seite 36) beschlossen wurde? Wählen Sie die Antworten aus der folgenden Tabelle aus.

Tastatur	nein	PS/2-Tastatur	USB-Tastatur	kabellose Tastatur
Maus	nein	PS/2-Maus	USB-Maus	kabellose Maus
Drucker	nein	Nadeldrucker	Tintenstrahldrucker	Laserdrucker
Scanner	nein	SCSI-Scanner	USB-Scanner	

(Fortsetzung auf folgender Seite)

Touch-pad	nein	PS/2-Touch-pad	USB-Touch-pad	
USV	nein	Offline-USV	Online-USV	

2. Erläutern Sie die wichtigsten Charakteristiken von Druckern und Scannern.
3. Wo liegen die Unterschiede zwischen Offline- und Online-USV-Geräten?
   a) Die Online-USV-Geräte sind eingeschaltet, die Offline-USV-Geräte dagegen ausgeschaltet.
   b) Die Online-USV-Geräte sind mit dem Internet verbunden, die Offline-USV-Geräte nicht.
   c) Falls kein Stromausfall vorliegt, versorgen die Online-USV-Geräte die angeschlossenen Rechner mit dem Strom aus den eigenen Batterien, die Offline-USV-Geräte liefern Strom direkt aus dem Stromnetz.
   d) Falls kein Stromausfall vorliegt, versorgen die Offline-USV-Geräte die angeschlossenen Rechner mit dem Strom aus den eigenen Batterien, die Online-USV-Geräte liefern Strom direkt aus dem Stromnetz.
4. Nennen Sie die verlustfreien Formate, in denen eine Digitalkamera die Daten speichern kann.
5. Kai hat eine neue SD-Card mit einem 8-GB-Speicher gekauft. Die Digitalkamera zeigt aber nur 4 GB an. Wo liegt die Ursache und was kann Kai tun, um die Karte vollständig zu benutzen?
6. Anna hat eine neue Digitalkamera gekauft und bittet Kai um Hilfe, da die Benutzeranleitung in Englisch geschrieben ist.

Warning

- The SD card includes a non-volatile semi-conductor memory (NAND Flash EEP-ROM). With normal usage data saved in the SD card will not be damaged or lost. If used improperly, however, the data may be damaged or lost. We would like to draw your attention to the fact that Toshiba Corporation accepts no responsibility whatsoever for damaged or lost data, regardless of the type or cause of the problem or damage.
- The SD card uses part of the memory as its system area. The actual usable memory capacity is, therefore, lower than the indicated capacity.
- The supplied SD card has already been formatted for image storage. Always use this camera when re-formatting the card to erase images or folders. Formatting the SD card on other devices (PC, etc.) may result in problems such as the inability to read or write data.
- We strongly recommend that you make backups of important data.
- When the SD card comes to the end of its life, it does not allow image data to be written or deleted. If this happens, purchase a new SD card.
- This camera conforms to the SD standard Ver. 1.01.

Write protection

To prevent valuable data from being erased accidentally, switch the 'write protection' tab at the side of the SD card to 'LOCK', in order to save, edit, or erase data on the card, when process has been completed cancel the 'write protection' state.

Connecting to a Windows PC

When the camera is connected to the PC, the camera is displayed as an 'untitled' disk on the desktop.

- With the USB driver installed by simply reconnecting the USB cable you can enable the PC to automatically identify this camera so that images can be transferred.
- To connect the USB cable smoothly and properly, check the shapes of the connectors on the cable.
- When connected to the PC, the auto power OFF function does not operate.

Beantworten Sie Annas Fragen:

a) Besitzt die mitgelieferte Speicherkarte einen eingebauten Controller?
b) Übernimmt der Hersteller die Verantwortung, falls die Daten auf der Speicherkarte beschädigt werden oder verloren gehen?
c) Warum zeigt die Kamera weniger Speicher an, als auf der Speicherkarte ausgewiesen ist?
d) Ist die Speicherkarte für die Benutzung schon vorbereitet oder müssen dazu noch Vorbereitungen getroffen werden?
e) Wie kann man erkennen, dass die Speicherkarte das Ende ihrer Lebensdauer erreicht hat?
f) Wo muss die Speicherkarte formatiert werden?
g) Wie kann der Inhalt der Speicherkarte vor Änderungen geschützt werden?
h) Mit welcher Schnittstelle des Computers wird die Digitalkamera verbunden?

7. Wofür ist der 3D-Druck geeignet? Beschreiben Sie Funktionalität und Charakteristiken von 3D-Druckmaschinen.

1.2.4 Hardware für mobile Geräte

Die Hardware für mobile Geräte, wie Smartphones, Tablets, Handhelds, Watches, PDAs, MP3-Player oder Embedded Computer, muss besonders strenge Anforderungen an die Kriterien Energieverbrauch, Leistung, Wärmeerzeugung, Abmessung, Stabilität und Haltbarkeit erfüllen.

Grundsätzlich sind mobile Geräte wie „normale" Computer zu bewerten, denn sie besitzen (fast) alle typischen Komponenten: Prozessor, Arbeitsspeicher, Chipsatz, Datenträger, Ein- und Ausgabebereich, Kommunikationsmittel. Diese Komponenten müssen aber auf engstem Raum funktionieren, sodass mobile Geräte in erster Linie kleiner sind, weniger Strom verbrauchen und weniger Wärme produzieren. Dementsprechend gibt es hier kaum eine Unterscheidung zwischen externen und internen Geräten, da alles in einem Gehäuse oder auf einem Chip angeordnet ist.

Hardwaresysteme, die unterschiedliche Komponenten auf einem Chip enthalten, nennt man „SoC" (System on Chip). Da alles auf einem Chip liegt und nur in dieser Zusammenstellung geliefert werden kann, spricht man deshalb bei Hardware für mobile Geräte nicht über einzelne Komponenten, sondern über den SoC. Dabei können sich Funktionsumfang und Eigenschaften von unterschiedlichen SoCs schon wesentlich unterscheiden, wie z. B. die SoCs „Snapdragon" (Qualcomm) und „Tegra4" (NVIDIA).

1.2.4.1 Prozessor

In mobilen Geräten kommt meistens der ARM-Prozessor (Acorn RISC Machines, Advanced RISC Machines) zum Einsatz. Der Befehlsatz des Prozessors ist hier eingeschränkt und hardwaremäßig implementiert, daher ist die Ausführungszeit erheblich geringer als bei CISC-Prozessoren.

Bei ARM-Prozessoren können folgende Arten von Befehlen unterschieden werden:

- arithmetische und logische Operationen mit Registern
- Sprungbefehle
- Befehle zum Transportieren der Daten vom Arbeitsspeicher zu Registern und umgekehrt

Alle Befehle beherrschen die bedingte Ausführung, was sich positiv auf den Befehlsstrom auswirkt. Grundsätzlich fehlt die Fließkommazahlen-Arithmetik, aber es existiert ein Interface zu einem optionalen Coprozessor. Um den Hauptprozessor weiter zu entlasten, gibt es spezielle Prozessoren, die z. B. für Verschlüsselung zuständig sind.

Aktuelle Beispiele für Prozessoren in mobilen Endgeräten sind:

- Dual-Core-Prozessor **Apple A6**
- **Cortex-A8/A9** (Qualcomm) ist eine Quad-Core-CPU mit einer Taktfrequenz von 2,7 GHz, die z. B. im Smartphon Samsung Galaxy S5 zu finden ist.
- Der 64-Bit-Prozessor **Cortex-a25** mit vier arithmetisch-logischen Einheiten (Core) und einer Taktfrequenz von 1,9 GHz ist z. B. enthalten im SoC Tegra4 (NVIDIA).

1.2.4.2 Grafikprozessor (GPU)

Fast immer gibt es auf dem SoC einen Grafikprozessor, der für die Ausgabe der Grafikdaten auf einem oder mehreren Bildschirmen zuständig ist und somit den Hauptprozessor entlastet. Der Grafikprozessor führt spezielle Befehle aus, die extra für ihn entworfen sind. Das sind grafische Funktionen wie Kantenglättung, Schattenberechnung sowie die Darstellung von Texturen und Vektorgrafiken. Die meisten Grafikbefehle sind in Software-Modulen zusammengefasst, z. B. DirectX, OpenGL.

Smartphones oder Tablets stellen sehr hohe Anforderungen an die GPU, während andere Geräte wie PDAs weniger anspruchsvoll sind. Aber alle Grafikprozessoren für mobile Geräte sind für geringen Stromverbrauch optimiert. Außerdem eignen sich diese GPUs optimal für eine Zusammenarbeit untereinander.

In Smartphones werden oft folgende GPUs verwendet: Adreno, PowerVR, ARM Mali. Zu den bekannten Herstellern von GPUs für mobile Endgeräte zählen Intel, AMD, NVIDIA, Qualcomm und MediaTek.

1.2.4.3 Arbeitsspeicher (RAM) und Cache

Auf dem SoC befindet sich der Arbeitsspeicher (RAM) als weitere Komponente. RAM wird normalerweise nach der Von-Neumann-Architektur konzipiert, d. h., Befehle und Daten werden in diesem Arbeitsspeicher zusammen gespeichert. In Smartphones beträgt die Größe dieser Speicher zwischen 2 bis 4 GB.

Grundsätzlich gilt auch bei mobilen Geräten: Je mehr Arbeitsspeicher eingebaut ist, desto schneller ist das System insgesamt. Der Arbeitsspeicher lässt sich durch eine SD-Karte erweitern, die aber sehr schnell sein muss (hohe Taktfrequenz), denn sonst tritt der umgekehrte Effekt ein. Als Arbeitsspeicher werden häufig DDR4-Bausteine für mobile Geräte eingesetzt. Gegenwärtig sind LPDDR4-Bausteine der Firme Samsung stark verbreitet.

Der Cache ist im Gegensatz zum RAM oft nach der Harvard-Architektur aufgebaut, d. h., es gibt getrennte Bereiche zur Ablage des Programmcodes und zur Ablage der Daten.

1.2.4.4 Datenspeicher

Dieser Speicher entspricht den Datenträgern traditioneller PCs und speichert die Daten dauerhaft. In Smartphones beträgt dieser Speicher gegenwärtig zwischen 8 bis 64 GB. Es handelt sich dabei um Flash-Speicher. Außerdem ist eine Möglichkeit vorgesehen, externe SD-Karten einzusetzen. Auf diese Weise kann der Datenspeicher noch einmal um mindestens 64 GB erweitert werden.

1.2.4.5 Sound

Auf allen SoCs ist eine Audio-Komponente integriert. Der Einsatz eines AC97-Codec-Bausteins reicht aus, weil in vielen Fällen keine besonders hohe Audioqualität erforderlich ist.

1.2.4.6 Busse und Schnittstellen

Alle Komponenten des SoC sind mit einem Bus verbunden. Der Bus selbst ist nicht homogen, sondern entsprechend der Bridge-Architektur aufgebaut. Die schnellen Komponenten sind an einen Systembus, die langsamen Komponenten an einen Peripheriebus angeschlossen. Außerdem existiert auf dem SoC noch ein Bus zur Steuerung.

Das SoC ist für die Zusammenarbeit mit anderen Hardwarekomponenten vorbereitet. Es gibt serielle und parallele Schnittstellen für Tastaturcontroller, USB und Ethernet, wodurch auch eine Steuerung externer Geräte ermöglicht wird, wie z. B. dem iHelicopter (Spielzeugsteuerung).

1.2.4.7 Kommunikation

Zur Kommunikation mit anderen Systemen verwenden mobile Geräte meistens die Mobilfunk-Standards GPRS/EDGE (2G), UMTS/HSDPA (3G) und LTE/LTE-A (4G), womit eine Verbindung zum Internet mittels SIM-Karte hergestellt werden kann. Bekannte Hersteller sind Samsung und Huawei. Eine WLAN-Schnittstelle ist ebenfalls integriert, womit die Daten per Internet/ Intranet mit anderen Geräten ausgetauscht werden können. Als Hardware dienen elektronische Blöcke, die als IP-Core (Intellectual Property Core) implementiert sind und nicht zum SoC gehören.

WLAN und Mobilfunk konkurrieren nicht miteinander, sondern ergänzen sich:

- WLAN und Mobilfunk arbeiten in unterschiedlichen Frequenzbereichen.
- WLAN überträgt Daten schneller als der schnellste Mobilfunkstandard LTE.
- Die Reichweite von WLAN beträgt etwa 100 m, während LTE bis zu einer Entfernung von 10 km überträgt.

In einem mobilen Gerät lassen sich diese beiden Kommunikationsstandards sinnvoll verwenden. Ist z. B. das LTE-Signal verloren gegangen, aber ein WLAN-Hotspot ist in der Nähe, dann wird der Kommunikationskanal automatisch umgeschaltet, was selbstverständlich auch umgekehrt funktioniert.

1.2.4.8 Digitalkamera

Digitalkameras in mobilen Geräten erfahren noch immer eine rasante technische Entwicklung. Das betrifft in erster Linie die Auflösung, die bei hochwertigen Kameras schon bei 20 bis 41 Megapixeln liegt. Die aufgenommenen Bilder werden mit speziellen Verfahren stark komprimiert und sparen damit Speicher ohne Qualitätsverluste. In den modernen Kameras sind weitere Funktionen eingebaut:

- Vergrößerung (Zoom)
- Blitzlicht
- Bildstabilisator
- Panorama-Funktion
- Möglichkeit, Bilder sofort über das Internet in einen Cloudspeicher hochzuladen
- Möglichkeit, Bilder zu bearbeiten (Kontrast, Farbe, Zuschneiden usw.)
- Möglichkeit, Bilder mithilfe von GPS-Daten automatisch mit Standortinformation zu versehen

Bekannte Hersteller für Digitalkameras in mobilen Endgeräten sind Nokia, Apple und Samsung.

1.2.4.9 Touchscreen und Touchpad

In mobilen Geräten verdrängen kapazitive Systeme zunehmend resistive Systeme (siehe Kap. 1.2.3.3). Hierzu werden vermehrt neue Technologien entwickelt:

- optische Systeme
- induktive Systeme

- Systeme, die auf der Messung der Vibration um den Berührungspunkt basieren
- akustische Systeme

Der Multitouch-Funktion wird in allen Systemen eine besondere Bedeutung beigemessen, um die gleichzeitige Berührung mit mehreren Fingern zu erkennen sowie die Genauigkeit der Berührung noch präziser zu gewährleisten. Auf diese Weise kann ein mobiles Gerät über Touchscreen oder Touchpad mehr menschliche Gesten verstehen und umsetzen.

Aufgaben

1. Beschreiben Sie Besonderheiten der mobilen Geräte. Welche besonderen Anforderungen sollen sie im Vergleich zu Desktop-PCs und Notebooks erfüllen?
2. Welche Arten von Prozessoren werden in mobilen Geräten häufig eingesetzt? Beschreiben Sie diese Prozessoren.
3. Beschreiben Sie den Datenspeicher in mobilen Geräten.
4. Welche zwei Kommunikationsarten sind für mobile Geräte typisch?
5. Nach welchen Architekturen sind Arbeitsspeicher und Cache in mobilen Geräten aufgebaut und wie funktionieren diese Architekturen?
6. Wie sind die Bussysteme in mobilen Geräten strukturiert?
7. Erläutern Sie neue Touchscreen-Technologien.
8. Welche Aufgaben erfüllen die Grafikprozessoren und was zeichnet sie alle gemeinsam aus?

1.2.5 Umweltverträglichkeit und Ergonomie

Die Ergonomie beschäftigt sich mit der Anpassung der Arbeitsumgebung an den Menschen und der Auswertung der Einflüsse der Arbeitsumgebung auf die Gesundheit.

Bildschirmarbeitsplätze sind die wichtigsten Arbeitsplätze in EDV-Bereich. Dazu gehören im Normalfall: Tisch, Stuhl, Telefon, Rechner, Monitor, Tastatur, eventuell Drucker und weitere Peripheriegeräte. Sowohl die Anordnung als auch die Einrichtung aller elektronischen und sonstigen Geräte können gesundheitliche und psychische Schäden beim Menschen hervorrufen. Die Ursachen liegen z. B. in falschen Einstellungen, Strahlungen oder Lärmentwicklungen. Zahlreiche deutsche und internationale Behörden und Organisationen erlassen in regelmäßigen Abständen verschiedene Verordnungen für Bildschirmarbeitsplätze.

Die rechtlichen Grundlagen in Deutschland bilden das Arbeitsschutzgesetz und die Bildschirmverordnung sowie die EU-Richtlinie zur Niederspannung (72/23/EWG), zur elektromagnetischen Verträglichkeit (EMV, 89/336/EWG) und zur Bildschirmarbeit (90/270/EWG).

In erster Linie muss der Sitzplatz richtig eingestellt werden. Dazu gelten folgende Richtwerte:

Körpergröße (cm)	Tischhöhe (cm)	Sitzhöhe (cm)
160	65	42
170	70	45
175	73	46
180	75	48
185	80	50
190	83	52

W

Die Raumbeleuchtung sollte Helligkeiten (Beleuchtungsstärke) zwischen 300 und 500 Lux erzeugen.

Der Monitor muss ein flimmerfreies Bild liefern. Bei CRT-Monitoren ist dazu eine Bildwiederholfrequenz von 85 Hz zu empfehlen. Die TFT-Monitore sind flimmerfrei. Die minimale Größe von Monitoren (Bildschirmdiagonale) sollte heute 17" nicht mehr unterschreiten. Grafische Anwendungen wie CAD erfordern noch größere Monitore. Ebenso wichtig ist eine hohe Stabilität von Zeichen und Bildern. Die Linien sollen weder verzerrt sein, noch zittern oder wandern. Der optimale Abstand zum Bildschirm beträgt etwa 50 cm.

Folgende Auflösungen sind ergonomisch vertretbar:	
15"-Monitor	800 × 600 Bildpunkte
17"-Monitor	1024 × 768 Bildpunkte
19"-Monitor	1280 × 1024 Bildpunkte

Die flache und bewegliche Tastatur soll eine verstellbare Neigung besitzen, wobei die Tasten nicht höher als 3 cm über dem Tisch aufragen.

Die strengen **TCO**-Richtlinien der schwedischen Zentralorganisation der Angestellten und Beamten beschäftigen sich mit der Prüfung von Bildschirmen, Tastaturen, Emissionen sowie dem Energieverbrauch und der Ökologie. Diese Richtlinien haben sich weltweit durchgesetzt. Derzeit gelten folgende Strahlungsnormen:

- **MPR II.** Ein elektrostatisches Feld darf in 50 cm Abstand vom Monitor die festgelegten Werte nicht überschreiten.
- **TCO 92.** Bei dieser Ergänzung von MPR II gelten die Strahlungsgrenzen bezogen auf einen Abstand von 30 cm vom Bildschirm. Außerdem muss der Monitor eine automatische Stromsparschaltung besitzen.
- **TCO 95.** Diese Erweiterung ergänzt die TCO 92 um Ergonomie- und Schutzanforderungen. Außerdem werden zusätzlich die Systemeinheit und die Tastatur bewertet.
- **TCO 99.** Der neueste Stand der TCO verschärft die Grenzwerte für Energieverbrauch, Ergonomie und Bildqualität. Hier gibt es außerdem erstmals Mindestanforderungen an die Auflösung, Bildwiederholfrequenz und Bildschirmgröße.
- **TCO 03.** In Ergänzung zur TCO 99 werden hellere und augenfreundliche Farben für Geräte empfohlen.

Es gibt außerdem folgende Prüfsiegel und Standards:

- **Blauer Engel.** Diese Anlehnung an MPR II legt besonderen Wert auf die Recyclingfähigkeit.
- **GS** ist die Kennzeichnung für geprüfte Sicherheit nach den Normen ISO 9241, EN 60950 und ZH 1/618.
- **CE.** Diese Kennzeichnung der EU beschreibt die Mindestanforderungen an viele Produkte und deren Eigenschaften (Spielzeuge, Aufzüge, Medizinprodukte, elektromagnetische Verträglichkeit) gemäß den gültigen EU-Richtlinien. Beim Rechner muss grundsätzlich das komplette System (PC, Monitor, Tastatur) zertifiziert sein.
- **ISO 9241-x.** Diese Normen wurden von der International Organization for Standardization (ISO) verabschiedet und enthalten die Anforderungen an die Bildqualität der Monitore (Entspiegelung, Flimmerfreiheit, Kontrast, Sichtabstand sowie Zeichenbreite, -höhe und -gleichmäßigkeit).
- **TÜV-Ergonomie.** Diese Empfehlungen basieren teilweise auf MPR II, teilweise auf den Normen ISO 9241-x.
- **Energy-Star.** Diese Norm bezieht sich auf den Stromverbrauch und verlangt z. B., dass sich ein laufendes Gerät nach bestimmter Zeit automatisch ausschaltet (Monitor, Festplatte) oder der Rechner im Stand-by-Modus nicht mehr als 30 Watt verbraucht.

Aufgaben

1. Herr Köhler empfiehlt Kai und Stefan, bei der Bestellung von Hardware-Komponenten auf die Einhaltung der Richtlinie TCO 99 zu achten. Warum hat er die Richtlinie TCO 03 nicht erwähnt?
   a) TCO 03 ist viel älter als TCO 99 und wird deswegen nicht mehr benötigt.
   b) Herr Köhler hat veraltete Informationen. Er weiß nicht, dass die Richtlinie TCO 03 existiert.
   c) TCO 99 und TCO 03 unterscheiden sich nur unwesentlich.
2. Stefan hat die Angewohnheit, während des Kundengesprächs mit dem Finger den Bildschirm zu berühren, um seine Aussagen zu verdeutlichen. Welche gesundheitlichen Folgen kann diese Gewohnheit verursachen, besonders bei CRT-Monitoren?
   a) Der Kunde wird durch das ständige Zeigen verwirrt und das kann zu psychischen Störungen führen.
   b) Im Abstand von einigen Zentimetern vom Bildschirm verbreitet sich die elektromagnetische Strahlung ungehindert.
   c) Auf dem Bildschirm befinden sich viele Viren, sodass man leicht eine ansteckende Erkrankung bekommen kann.

1.3 Software

Der Sammelbegriff „Software" wird heute benutzt, um die ausführbaren Programme und die Daten in einem System von den physischen Bauteilen abzugrenzen. Alles, was die Hardware ansteuert, im Computer selbst aber nur eine Form **elektrischer Signale** darstellt, wird Software genannt.

> Normalerweise steht Software als Sammelbegriff für Programme und deren Dokumentationen, die für den Betrieb von Computern erforderlich sind. Oft werden die im Computer gespeicherten Daten auch als Software bezeichnet.

Genauso entstanden auch die ersten Programme – als Abfolgen von gesetzten und nicht gesetzten Bits, so wie im Kapitel 1.4.2 erklärt. Heute wird Software viel einfacher und bequemer entwickelt, da die Umsetzung in die Hardware-Befehle weitgehend automatisiert ist.

Je nach Verwendungszweck unterscheidet man zwischen **Systemsoftware** und **Anwendungssoftware.** Systemsoftware dient primär der Ansteuerung der Hardware, während Anwendungssoftware sich in erster Linie der Lösung konkreter Aufgabenstellungen der Anwender widmet, wie der Buchhaltung, Kalkulation oder dem Schreiben von Texten. Dafür benutzt die Anwendungssoftware die zugrunde liegende Systemsoftware als Schnittstelle, um die Hardware anzusteuern.

Aufgaben

1. Welche der nachfolgend aufgeführten Komponenten gehören zur Systemsoftware und welche zur Anwendungssoftware? Falls Sie ein aufgeführtes Programm noch nicht kennen, recherchieren Sie im Internet oder in den nachfolgenden Kapiteln.
   a) Microsoft Word, ein Textprogramm mit vielen Funktionen
   b) BIOS, ein Programm zum Starten des Rechners
   c) Windows Server 2012
   d) Outlook Express, ein Programm zum Austausch von elektronischen Nachrichten (E-Mails)
   e) Adobe Photoshop, ein Programm zur Erstellung und Verwaltung von Grafiken
   f) Grafikkartentreiber als Programm, das die allgemeinen grafischen Darstellungen auf dem Bildschirm realisiert
   g) ActiveX, ein Programm, das die Funktionen des Betriebssystems erweitert
   h) DOS
   i) RealPlayer, ein Programm, das Musikdaten abspielt

System- und Anwendungssoftware

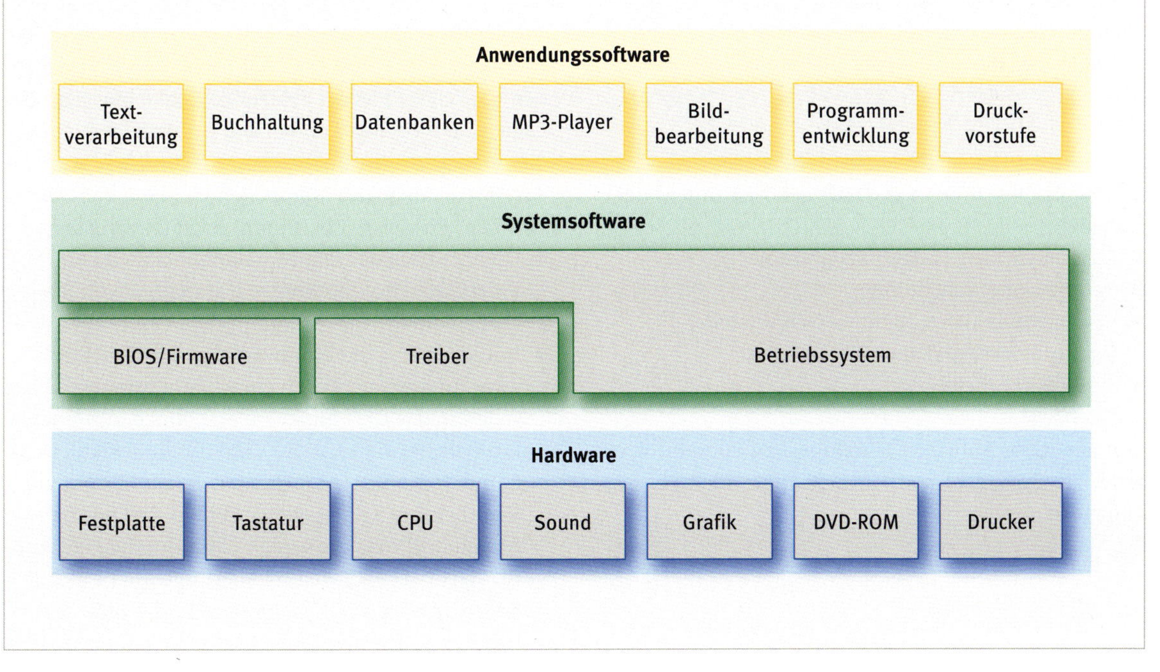

Geschäftsprozess „Ausstattung eines neuen Rechners“
Unterprozess „Prinzipielle Auswahl der Anwendungen“

Auswahl der Anwendungen für Arbeitsplatzrechner

Durchführen:
- Arbeitsabläufe auf den Arbeitsplätzen analysieren und kategorisieren
- Funktionalität, Komplexität und Umfang der Abläufe abschätzen
- jeder Kategorie entsprechende Anwendungen zuordnen
- Dokumentation erstellen

Auswahl der Anwendungen für Server

Durchführen:
- Datenbestand des Unternehmens analysieren
- Zugriffsmethoden auf den Datenbestand kategorisieren
- jeder Kategorie entsprechende Anwendungen zuordnen
- Dokumentation erstellen

Auswertung der Zusammenarbeit aller Anwendungen

Durchführen:
- Notwendigkeit und Möglichkeit des Datenaustausches zwischen den Arbeitsplatz-Anwendungen auswerten
- Notwendigkeit und Möglichkeit des Datenaustausches zwischen den Server-Anwendungen auswerten
- Notwendigkeit und Möglichkeit des Datenaustausches zwischen den Arbeitsplatz- und Server-Anwendungen auswerten
- Dokumentation erstellen

2. Definieren Sie den Begriff **Software.**
3. Erstellen Sie nach dem abgebildeten Geschäftsprozess die prinzipielle Auswahl der Anwendungen für die beschriebene Situation in der Firma ACI (Arbeitsplatzrechner in drei Abteilungen und Server). Fassen Sie Ihre Ergebnisse in einem kurzen Bericht zusammen und vermerken Sie die Stellen, wo Sie noch keine Angaben machen können.

1.3.1 Systemsoftware

Die Auszubildende Kerstin Raabe weiß, dass ein Betriebssystem zur Systemsoftware gehört. Sie fragt sich allerdings, ob es weitere Systemsoftware gibt, die sie bei der Beschaffung eines neuen Computers berücksichtigen soll.

Im Laufe der Zeit wurden der Systemsoftware immer neue Aufgaben anvertraut. Dazu gehören unter anderem die
- Ablaufsteuerung anderer Programme (Multitasking/Scheduling),
- Benutzerinteraktion (Benutzerschnittstelle/User Interface) und auch die
- Systemsicherheit.

Um alle diese Aufgaben bewältigen zu können, wird moderne Systemsoftware in Schichten oder Ebenen aufgebaut.

1.3.1.1 Firmware, BIOS und UEFI

Die unterste Ebene der Systemsoftware ist fest mit der zu steuernden Hardware verbunden. Die Software dieser Ebene residiert in der Regel auch direkt in einem Chip der Hardware, meist in einem EPROM-Speicher, weshalb sie in der Regel nicht ausgetauscht werden kann und als „feste Software“ (engl. „Firmware“) bezeichnet wird.

Firmware

Alle elektronisch gesteuerten Geräte verfügen über eigene Firmware. Drucker, Scanner, DVD-Player, Bluray-Recorder, DSL-Modems, Mäuse oder Tastaturen werden über Funktionen gesteuert, die als Firmware in einem nichtflüchtigen Speicher untergebracht sind. Bei den Geräten mit einer bestimmten Funktionalität, z. B. bei Druckern, ist die Firmware ausreichend für den Betrieb und ist im Prinzip das Betriebssystem des Gerätes. Dagegen gehört bei den Universalgeräten, wie z. B. bei Computern, viel mehr zum Betrieb, als nur das Ansteuern einzelner Komponenten. Eine spezifische Form der Firmware übernimmt folgende Aufgaben:
- Überprüfung der Hardwarekomponenten beim Einschalten des Systems, z. B. Integrität von Speichermodulen
- Initialisierung der Hardware. Spezifische Hardwarefunktionen auf den einzelnen Firmware-Chips sollen in das Gesamtsystem eingebunden werden. Ein Beispiel dafür ist der Chip für die Tastatursteuerung. Jeder Tastendruck muss an das System zur Verarbeitung weitergeleitet werden. Die normale Arbeit des Prozessors muss dafür durch einen Aufruf spezifischen Tastatursteuerungsfunktion „unterbrochen“ werden (siehe auch 1.2.2.7 Chipsatz)
- Initiales Laden des Betriebssystems (Bootprozess)

BIOS

In herkömmlichen PCs übernimmt das BIOS-Programm (Basic Input Output System) die Aufgaben der Firmware. Das BIOS residiert auf einem speziellen Chip und verfügt zusätzlich über ein Setup-Programm, das es ermöglicht, vor dem Start des Betriebssystems verschiedene Parameter für die Hardwarekomponenten einzustellen.

Als wichtigste BIOS-Hersteller gelten auf dem PC-Markt seit Jahren American Megatrends Inc. (AMI BIOS) und Phoenix Technologies (AWARD BIOS, Phoenix BIOS). Trotz einiger Unterschiede in der Bedienung besitzen alle BIOS-Typen nahezu identische Softwareeigenschaften und Verwaltungsmöglichkeiten.

Das BIOS wurde zu Beginn der 1980er-Jahre entwickelt und ständig an die technischen Neuerungen in der Hard- und Software angepasst und erweitert. Heute gilt es bei vielen Hardwareherstellern aus folgenden Gründen als überholt:

- Der BIOS-Programmcode, der noch aus den Zeiten stammt, als das gesamte Betriebssystem auf einer Diskette Platz fand, ist nicht modular aufgebaut, daher nur schwer zu verändern, um z. B. neue Eigenschaften zu integrieren.
- BIOS bietet als 16-Bit-Programm keine Unterstützung zur Laufzeit für die modernen 64-Bit-Betriebssysteme an. Obwohl einige Erweiterungen, wie Advanced Cofiguration and Power Interface (ACPI), nicht mehr an den 16-Bit-Modus gebunden sind, ist die Gesamtarchitektur technisch veraltet.
- BIOS kann nicht den gesamten Speicher des Systems ansprechen, sondern der adressierbare Speicher ist auf 1 MB begrenzt.
- BIOS residiert vollständig in einem sehr kleinen Speicher, wobei keine Teile auf andere Speichermedien ausgelagert werden können.
- BIOS verwaltet die Hardware mithilfe der veralteten Technik von Interrupts (Unterbrechungen), obwohl bereits viel effizientere Methoden existieren.
- BIOS bietet keine Unterstützung für moderne oder spezifische Geräte, wie Bewegungssensoren, GPS-Sender oder Videokameras.
- BIOS verfügt nur über eingeschränkte Möglichkeiten zum Start des Betriebssystems, verwaltet z. B. keine beliebigen Speicherarten, keine beliebig großen Festplatten und besitzt keine Kontrolle über das zu startendes System.
- BIOS bietet den Hardwareherstellern keine Möglichkeit an, zusätzliche Hilfsprogramme zu integrieren, wie einen Hardware-Check oder ein Backup, die noch vor dem Start des Betriebssystems ausgeführt werden können.

Moderne Technik fordert von den Hardwareherstellern kurze Entwicklungszeiten, Unterstützung neuer Speichermedien, wachsende Festplattengrößen, Sensoren in mobilen Geräten, mehr Flexibilität im Programmdesign und Unabhängigkeit von der Prozessorarchitektur. Es wird deswegen angestrebt, einen neuen zukunftssicheren Standard für die nachfolgenden Generationen der Computertechnik zu erarbeiten.

UEFI

Der BIOS-Nachfolger heißt UEFI – **U**nified **E**xtensible **F**irmware **I**nterface oder vereinheitlichte erweiterbare Firmware-Schnittstelle. UEFI wird bereits von vielen führenden Hardware- und Softwareherstellern unterstützt, soll einfacher zu bedienen sein als ein herkömmliches BIOS, von den grafischen Möglichkeiten der Darstellung profitieren und mehr Einfluss auf die zu ladenden Betriebssystemkomponenten haben (siehe Kapitel 1.5.2).

Die ursprüngliche Entwicklung wurde von der Firma Intel initiiert, um den neuen Itanium-Prozessor und seine Hauptplatinen besser zu unterstützen. Heute wird die UEFI-Spezifikation von einem Gremium der führenden Hardware- und Softwarehersteller, dem Unified EFI Forum, weiterentwickelt. UEFI beschreibt folgende Komponenten:

- Laufzeitschnittstelle zwischen den Firmware-Funktionen und dem Betriebssystem
- Umgebung für die Ausführung spezieller Programme, die bereits vor dem Start des Betriebssystems aufgerufen werden können, z. B. Hardware-Check, DVD-Player oder Netzwerkeinrichtungsprogramm. Zwei spezielle Fälle sind von besonderer Bedeutung:
  - **BIOS-Setup-Programm.** Viele Hauptplatinen stellen aus Kompatibilitätsgründen außer den UEFI-fähigen Hardwarekomponenten auch noch das alte BIOS bereit. Für den Endbenutzer stellt sich ein solches System beim Booten genauso dar, wie alte BIOS-basierte Computer. Nach dem Start des BIOS- Setup-Programms kann aber durch das Ändern einiger Parameter die UEFI-Unterstützung eingeschaltet werden.
  - **UEFI-Shell.** In die textorientierte Schnittstelle zum UEFI-System können Befehle eingegeben und Skripte gestartet werden, um viele Aufgaben zu automatisieren. Bedienung und Befehlssyntax sind an UNIX und DOS angelegt, womit das Erlernen erleichtert wird.
- Boot-Loader und die Prozedur, wie ein Betriebssystems geladen werden soll.

Die Prozedur zum Laden des Betriebssystems beinhaltet einen neuen Ansatz für die Datenträgerverwaltung und Datenträgerpartitionierung, der mit den bestehenden Methoden nicht mehr kompatibel ist. Das kann dazu führen, dass eine Festplatte, die auf einem Computer mit UEFI beschrieben wurde, in einem herkömmlichen BIOS-basierten PC nicht mehr lesbar ist.

Zu den führenden UEFI-Herstellern gehören Firmen wie ASUS, MSI und Insyde Software.

1.3.1.2 Treiber

Auf der unteren Ebene bauen die Treiber auf. Diese Programme dienen der Integration der Hardware in das jeweilige Betriebssystem und bilden die **mittlere Ebene.** Wechselt ein Teil der Hardware, müssen die entsprechenden Treiber unter Umständen auch ausgewechselt werden.

Da die Treiber mit der Firmware kooperieren, sind sie durchaus in der Lage, eine ganze Reihe von ähnlichen Geräten zu verwalten. So kann z. B. ein Druckertreiber für den Drucker HP LaserJet 4 auch die Drucker HP LaserJet 5 und HP LaserJet 6 ansteuern, weil die Firmware dieser Geräte zueinander kompatibel ist.

Treiber werden meist von den Hardwareherstellern selbst oder von den Herstellern der Betriebssysteme in Kooperation mit den Hardwareherstellern entwickelt.

1.3.1.3 Betriebssystemebene

Die **oberste Ebene** der Systemsoftware ist das eigentliche Betriebssystem. Zu den Aufgaben eines Betriebssystems gehören folgende Funktionen:

- Ansteuerung der Hardware (meist mittels Treiber)
- Start, Ausführung und Überwachung der Programme (Multitasking/Scheduling)
- Bereitstellung der Strukturen zur Datenspeicherung (Dateisysteme)
- Gewährleistung der Sicherheit des Systems
- Bereitstellung einer Benutzerschnittstelle
- Netzwerkkommunikation mit anderen Computersystemen

Das Zusammenspiel aller drei Systemsoftware-Ebenen spielt eine wesentliche Rolle bei der Entscheidung über den Einsatz bestimmter Hardware und letztlich für ein bestimmtes Betriebssystem. Fehlen erforderliche Treiber für ein Betriebssystem, können die Ressourcen des betreffenden Computers unter Umständen nicht voll ausgenutzt werden.

1.3.1.4 Systemtools

Verschiedene Tools zur Verwaltung von Geräten und Systemeinstellungen oder zur Optimierung werden oft auch als Systemtools bezeichnet. Zum großen Teil werden solche Werkzeuge mit dem jeweiligen Betriebssystem ausgeliefert oder sie sind als Zusatzprodukte von Drittherstellern verfügbar. Hierzu einige wichtige Beispiele:

Festplattenverwaltung

- **FDISK.** Das Partitionierungstool, mit dem eine Festplatte in Bereiche (Partitionen) aufgeteilt werden kann, gehört zu jedem Betriebssystem.
- **CHCKDISK.** Das Programm für die Fehlersuche auf der Festplatte gehört gleichfalls zu jedem Betriebssystem, obwohl es bei unterschiedlichen Systemen unterschiedliche Bezeichnungen tragen kann. Die DOS-Version wurde ursprünglich von der Firma Symantec entwickelt.
- **DEFRAG.** Das Programm für die Optimierung der Partitionen gehört bei einigen Betriebssystemen nicht zum Lieferumfang oder ist für die Optimierung nicht erforderlich.
- **Partition Magic** der Firma PowerQuest gehörte zu den ersten grafischen Universalwerkzeugen für die Festplattenverwaltung.
- **GNU Parted** ist ein freies Werkzeug zum Einrichten von Festplattenpartitionen. Es ermöglicht die Nutzung von unterschiedlichen Bereichen einer Festplatte für unterschiedliche Zwecke oder mit unterschiedlichen Betriebssystemen. GNU Parted ist verfügbar für die Betriebssysteme Linux, GNU Hurd und FreeBSD.

Systemstart- und Multiboot-Tools

- **NT Loader.** Dieses Programm startet Betriebssysteme, die auf Windows NT basieren. Das Modul gehört zu den Betriebssystemen Microsoft Windows NT/2000/XP/2003.
- **BOOTMGR.** Der Nachfolger vom NT-Loader, der mit Microsoft Windows Server 2008/2012 und Windows 7/8/10 ausgeliefert wird, unterscheidet sich von seinem Vorgänger durch die UEFI-Unterstützung. Er kann alle Windows- und Linux-Betriebssysteme starten, vorausgesetzt, dass Microsoft Windows als letztes Betriebssystem installiert wurde.
- **LILO.** Dieses universelle Programm lädt alle bekannten Betriebssysteme und ist Teil einiger Linux-Distributionen. Heute wird es eher selten verwendet.
- **GRUB.** Das Programm besitzt ähnliche Eigenschaften wie LILO, ist aber viel flexibler und enthält Treiber für den Zugriff auf viele Dateisysteme. GRUB hat LILO in vielen Linux-Distributionen ersetzt.

Systemoptimierung

- **Norton Utilities** der Firma Symantec stellt eine Sammlung von mehreren Modulen zur Optimierung von verschiedenen Windows-Versionen dar.
- **Advanced System Optimizer** der Firma SysTweak enthält Funktionen zur Speicherung und Wiederherstellung der Daten sowie der Diagnose der Datenträger.

Aufgaben

1. Welche Ebenen im Aufbau der Systemsoftware kennen Sie? Erläutern Sie kurz deren Funktionen.
2. Wie wird das Betriebssystem gestartet?
   a) Nach dem Betätigen des Einschaltknopfes startet das Betriebssystem sofort automatisch.
   b) Das BIOS startet das Betriebssystem.
   c) Die Treiber starten das Betriebssystem.
3. Nennen Sie Geräte, die ein BIOS enthalten können.
4. Beschreiben Sie die Aufgaben eines Betriebssystems.
5. Für welche Zwecke verwendet man Systemtools?

AH

1.3.2 Betriebssystemklassifikationen

S In den Abteilungen Marketing, Softwareentwicklung und Geschäftsbuchhaltung müssen neue Arbeitsplatzrechner installiert werden. Herr Köhler erteilt den Auszubildenden Kai Dreyer und Stefan Fischer den Auftrag, dafür die passenden Betriebssysteme auszuwählen. Die beiden Azubis müssen dazu vor der Installation eine kurze Begründung für die Auswahl präsentieren. Vor der Auswahl wollen Kai und Stefan daher ihre Kenntnisse über die Betriebssysteme auffrischen.

Betriebssysteme werden oft nach der Aufgabenstellung, den Anwendungsgebieten, der Lizenzierung oder der unterstützten Hardware klassifiziert.

W

Klassifizierung der Betriebssysteme nach unterstützter Hardware	
Großrechner/Mainframe	IBM MVS
mittlere Datentechnik	IBM OS/400, IBM eSeries
Minicomputer	verschiedene UNIX-Derivate, VMS
Mikrocomputer/PC	DOS, Microsoft Windows, OS/2, BSD, Linux, Novell NetWare
Mikrocomputer/andere Plattformen	MacOS, Amiga DOS
Handhelds/Mobilgeräte/Smartphones	Palm OS, Windows CE, Embedded Linux, Apple iOS, Android

Anmerkung. Die verschiedenen UNIX-Systeme unterstützen fast jede Hardwareplattform.

G

Geschäftsprozess „Ausstattung eines neuen Rechners“
Unterprozess „Auswahl des Betriebssystems“

Prioritäten setzen

Festlegen:
- Art des Betriebssystems festlegen: Server oder Arbeitsplatzrechner
- Wichtigkeit der Eigenschaften (Multiuser- und Multitaskingfähigkeit, Zuverlässigkeit, Sicherheit, Benutzerfreundlichkeit)
- Möglichkeit und Notwendigkeit, die vorhandenen Daten zu benutzen oder zu übernehmen
- Unterstützung der notwendigen Anwendungen

Marktposition bewerten

Analysieren:
- Unterstützung des Herstellers
- Zukunftsorientierung
- Preis-Leistungs-Verhältnisse

Anwendungen bewerten

Festlegen:
- Umfang der mitgelieferten Anwendungen
- Umfang und Preise von erforderlichen zusätzlichen Anwendungen

Hardwareunterstützung bewerten

Analysieren:
- Unterstützung von standardisierter Hardware
- ggf. Unterstützung von zusätzlicher Hardware (Bandlaufwerk, Plotter, Chipkarte usw.)

Auswahl

Durchführen:
- Entscheidungen treffen
- Dokumentation erstellen

W

Klassifizierung der Betriebssysteme nach Einsatzfällen	
Arbeitsplatzbetriebssystem	Microsoft Windows 7/8/10
Netzwerkbetriebssystem	Microsoft Windows Server 2008/2012, Linux, Novell NetWare
Echtzeitbetriebssystem	CORTEX, DeltaOS, eCos
Mobile Kommunikationsgeräte	Apple iOS, Android, Microsoft Windows Mobile

W

Klassifizierung der Betriebssysteme nach der Benutzerschnittstelle (User Interface)	
fest integrierte grafische Benutzerschnittstelle (GUI)	alle Microsoft-Windows-Betriebssysteme, MacOS
integrierbare grafische Benutzerschnittstelle (GUI)	DOS, UNIX/Linux/BSD
textbasierte Benutzerschnittstelle	CP/M, AS/400

AH

1.3.3 Moderne Microsoft-Windows-Betriebssysteme

Moderne Betriebssysteme von Microsoft unterscheiden sich darin, für welche Aufgaben und in welchen Umgebungen sie eingesetzt werden. Grundsätzlich geeignet für den Betrieb als Arbeitsstation in einem Unternehmen sowie als Multimedia-System im privaten Gebrauch sind Windows 10 und seine Vorgänger Windows 7 und 8/8.1. Benutzerfreundlichkeit, flächendeckende Unterstützung der gängigen Hardware, Zuverlässigkeit, Stabilität, gute Ausstattung mit Werkzeugen für tägliche Arbeit und ausgereifte multimediale Komponenten sind die wichtigsten Merkmale dieser Systeme.

Windows Server 2012 bzw. 2012 R2 mit seinen Editionen ist dagegen für die verschiedenen Einsatzbereiche im IT-Background eines Unternehmens ausgelegt. Das System wird benutzt, um verschiedene Dienste bereitzustellen – Dateiserver, Webserver, Dokumentmanagementsystem, Datenbankserver usw. Die wichtigsten Merkmale solcher Server-Systeme sind Zuverlässigkeit, Skalierbarkeit, Sicherheit, Fehlertoleranz und Hochverfügbarkeit und je nach Variante weisen die Windows-Server-Betriebssysteme die dafür passenden Eigenschaften auf.

In der grundlegenden Systemarchitektur sowie den wichtigsten Systemeigenschaften stimmen alle modernen Microsoft-Windows-Betriebssysteme überein.

Grundlegende Systemarchitektur moderner Betriebssysteme der Microsoft-Windows-Familie

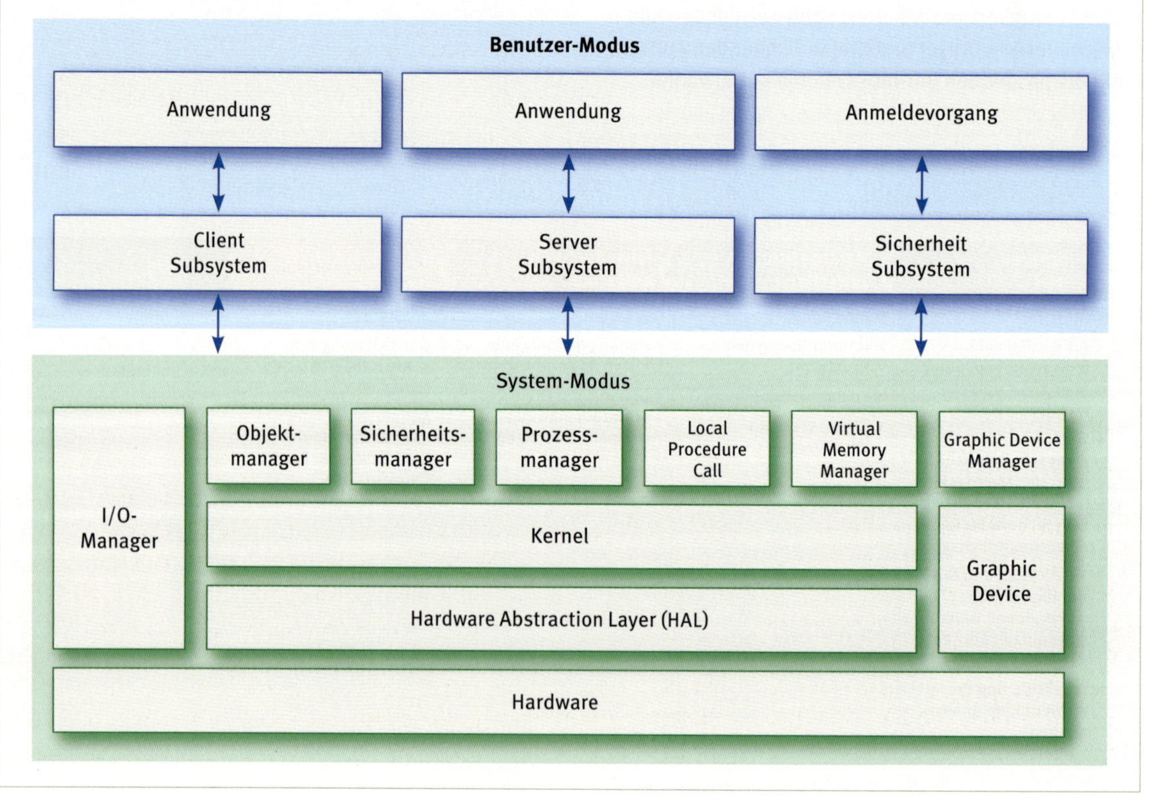

W

Dateisystem NTFS

Das **N**ew **T**echnology **F**ile **S**ystem **(NTFS)** ist im Gegensatz zu FAT nicht als Tabelle, sondern als eine Liste ohne feste Begrenzung aufgebaut. Der Speicher wird effektiver verwaltet.

- Die Daten über gespeicherte Dateien – die **Metadaten** – sind nicht am Anfang einer Partition, sondern in deren **Mitte** platziert, wodurch die Zugriffsgeschwindigkeit erhöht wird.
- NTFS ist stabil dank der eingebauten **Transaktionsverwaltung.** Unter Transaktionen versteht man die Aufgaben, die entweder alle zusammen durchgeführt oder ausgeschlossen werden. Auftretende Fehler versetzen das Dateisystem nicht mehr in einen instabilen Zustand, da die gesamte misslungene Transaktion automatisch zurückgesetzt wird.
- Jede Datei enthält erweiterte Attribute, u. a. die Access Control List (ACL). Diese Liste bestimmt die Benutzer- und Zugriffsrechte.
- Eingebaute transparente Datei-Verschlüsselung (EFS, Encrypting File System). Das Verfahren basiert auf modernen öffentlichen kryptografischen Technologien.

Die wichtigsten Eigenschaften dieser Betriebssysteme sind:

- **Unterstützung von 32- und 64 -Bit-Prozessoren.** Fast alle moderne PC-Hardwaresysteme basieren auf 64-Bit-Prozessoren der Firmen Intel und AMD. Aus Kompatibilitätsgründen werden auch noch die älteren 32-Bit-Prozessoren unterstützt.
- **32- und 64 -Bit-Unterstützung des Arbeitsspeichers.** Bereits die ersten Versionen, die auf nicht mehr aktuelle 32-Bit-Prozessoren zugeschnitten waren, unterstützten theoretisch 4 GB Arbeitsspeicher. (2^{32} Bytes = 4 GB). Moderne 64-Bit-Serversysteme, die für den Einsatz in großen Datenzentren vorgesehen sind, adressieren heute bis zu 2 Terabyte Arbeitsspeicher.

W

Multitasking und Multithreading

Multitasking ist die Fähigkeit eines Systems, mehrere Aufgaben zur gleichen Zeit auszuführen. Streng genommen wäre dies nur möglich, wenn das System mehrere CPUs hätte. Besonders bei interaktiver Arbeit, in der die CPU bis zu 98 Prozent der Zeit auf die Eingaben wartet, liegt es auf der Hand, in dieser Zeit durch schnelles Schalten andere Programme auszuführen. Der Benutzer merkt kaum, dass der PC im Hintergrund auch „Nebenjobs" ausführt. Es hat den Anschein, als ob durch eine CPU mehrere Aufgaben gleichzeitig erledigt werden würden. **Genau das versteht man heutzutage unter Multitasking.** Es gibt zwei Möglichkeiten, diese schnelle Schaltung zu implementieren:

- **Präemptives Multitasking.** Das Betriebssystem teilt jedem Programm **(Task, Prozess)** eine Zeitscheibe zu. Ist das Programm während dieser Zeit nicht abgearbeitet, wird es vorläufig aus der CPU entfernt, wenn der nächste Task in die CPU geladen wird. Die Verwaltung der Warteschlange der aktiven Programme nennt sich **Timesharing.**
- **Kooperatives Multitasking.** Ist das Betriebssystem nicht in der Lage, präemptives Multitasking einzurichten, so kann diese Funktionalität durch Zusammenarbeit der einzelnen Programme noch emuliert werden. Wird ein Programm in die CPU geladen, so erledigt es nur einen Teil seiner Arbeit und gibt die CPU selbstständig wieder frei. Danach stellt sich das Programm in die Warteschlange und wartet auf den nächsten Bearbeitungszyklus. Das Betriebssystem übernimmt in diesem Szenario nur das Laden und Entladen der Tasks in der CPU, nicht aber das Verwalten der Warteschlange. Einer der Hauptnachteile des kooperativen Multitaskings ist die Instabilität des Gesamtsystems – verhält sich nur ein Programm in der Warteschlange nicht kooperativ oder stürzt es ab, sind alle anderen Programme ebenfalls blockiert.

Multithreading ist die Fähigkeit einer Anwendung, ihre einzelnen Aufgaben parallel auszuführen. Das Betriebssystem muss diese Fähigkeit unterstützen. Das ist vergleichbar mit dem Multitasking innerhalb einer Anwendung.

- **präemptives Multitasking**
- **Multithreading**
- **Dateisystem NTFS** mit einer Datei- und Partitionsgröße von theoretisch 16 EB (Exabyte, 2^{64} Bytes = 1 EB)
- **Umfassendes Sicherheitskonzept.** Moderne Betriebssysteme der Microsoft-Windows-Familie streben eine Zertifizierung nach dem C2- Standard an:
  1. Alle Benutzer des Systems besitzen ein kennwortgeschütztes Konto und werden über das Konto bei jedem Zugriff auf das System authentifiziert.
  2. Jede Systemressource verfügt über einen Besitzer. Die Zugriffskontrolle erfolgt über die Access Control Lists (ACLs), die für jede Ressource die berechtigten Objekte (Benutzer und Gruppen) und deren Rechte definieren.
  3. Jeder Zugriff auf Systemressourcen (und überhaupt jede Aktion) kann protokolliert werden.

- Klare **modulorientierte Software-Architektur.** Die funktionalen Komponenten sind klar voneinander getrennt und in Modulen und Schichten angeordnet. Es ist möglich, ganze Module auszutauschen, ohne das gesamte System ändern zu müssen.
- **Kompatibilität.** Unter modernen Betriebssystemen der Microsoft-Windows-Familie laufen Programme, die für DOS, Windows 3.x, Windows 9x, OS/2 und sogar teilweise für UNIX entwickelt wurden. Dafür verfügt Windows über sogenannte Subsysteme, die entsprechende Schnittstellen zur Programmausführung bereitstellen.
- **Stabilität.** Anwendungsprogramme sind sauber voneinander getrennt und haben keinen direkten Zugriff auf die Hardware, sodass der Absturz eines einzigen Programms keine Folgen für die Lauffähigkeit des Gesamtsystems hat.
- **Fehlertoleranz.** Bei einem laufenden System können Fehler nicht immer vermieden werden. Die Fehlertoleranz ist eine Eigenschaft, die einen Betrieb auch dann erlaubt, wenn Fehler auftreten. Der Datenverlust wird in diesem Fall minimal gehalten. Moderne Microsoft-Windows-Betriebssysteme unterstützen das sogenannte RAID-Verfahren, um einem Datenverlust bei Hardwareausfall vorzubeugen.
- **Skalierbarkeit.** Moderne Betriebssysteme der Microsoft-Windows-Familie unterstützen Computer mit mehreren Prozessoren. Das erlaubt den Einsatz in Systemen mit einer hohen Belastung, wie z. B. für Client-Server-orientierte Datenbanksysteme.
- **Portabilität** ist die Unterstützung von mehreren Hardwareplattformen. Dazu gehören außer den Intel-80x86-Prozessoren die DEC-Alpha- (später von Compac und von HP übernommen), MIPS- und IBM-RISC-Prozessoren. Um Windows NT an neue Hardware anzupassen, war es nur notwendig, einen kleinen Teil des Systems (Hardware Abstraction Layer, HAL) auszuwechseln, ohne die Integrität des Gesamtsystems zu

Grundsätzlich gibt es zwei Methoden, mehrere Prozessoren in einem System einzusetzen. Es handelt sich um die **symmetrische** und die **asymmetrische Multiprozessorunterstützung.**

Bei der asymmetrischen Unterstützung **(AMP)** werden die Prozessoren mit unterschiedlichen Aufgaben betraut. Zum Beispiel ist die eine CPU für die Ein- und Ausgabe zuständig, während die andere CPU die übrigen Aufgaben erfüllt.

Bei der Technik der symmetrischen Prozessorunterstützung **(SMP)** geht es darum, dass zwei gleichwertige (und einfach gleiche) Prozessoren für keine speziellen Aufgaben bestimmt sind, sondern sich die Aufgaben „der Reihe nach" teilen.

RAID W

Unter **RAID** (**R**edundant **A**rray of **I**nexpensive/Independent **D**isks) sind verschiedene Fehlertoleranz-Lösungen bekannt. Im Allgemeinen geht es darum, dass mehrere (kleinere) Festplatten in zweierlei Hinsichten flexibler als eine (große) verwendet werden können.

RAID 0 – *Striping ohne Parität,* eigentlich keine Fehlertoleranz
- Mindestens zwei Festplatten müssen vorhanden sein.
- Alle Informationen werden in Blöcken stückweise parallel auf mehrere Festplatten geschrieben.
- Durch Parallelität wird eine sehr hohe Performance bei den Datenträgerzugriffen erzielt.
- Der Ausfall einer Festplatte hat den totalen Datenverlust zur Folge.

RAID 1 – *Spiegelung oder Duplizierung*
- Mindestens zwei Festplatten müssen vorhanden sein.
- Daten werden doppelt abgelegt, jeweils ein Datensatz auf jeder Festplatte.
- Die Performance gleicht der bei Verwendung einer Festplatte.
- Bei Ausfall einer Festplatte sind alle Informationen auf der anderen Festplatte sofort benutzbar.
- Bei laufendem Betrieb kann die ausgefallene Festplatte gewechselt werden.

RAID 5 – *Striping mit Parität*
- Mindestens drei Festplatten müssen vorhanden sein.
- Alle zu speichernden Informationen werden in Blöcke geteilt und parallel auf die Festplatten geschrieben.
- Zusätzlich wird die Prüfsumme von den Blöcken ermittelt und auch über mehrere Festplatten verteilt.
- Es wird eine sehr hohe Performance bei den Datenträgerzugriffen erzielt, allerdings etwas niedriger als bei RAID 0.
- Bei Ausfall einer Festplatte können alle Daten dank der Paritätsinformationen nach einem mathematischen Verfahren automatisch und im laufenden Betrieb wiederhergestellt werden.

Die Windows-Professional-Versionen bieten nur den RAID-Level 0 an, die Server-Versionen unterstützen außerdem RAID-Level 1 und 5.
Mehrere Festplatten erscheinen für den Benutzer als ein einziger Datenträger, dem nur ein Buchstabe zugewiesen ist (beispielsweise F:).

beeinträchtigen. Ab Windows 2000 wurde die Unterstützung anderer Prozessor-Plattformen außer Intel 80x86 aus firmenpolitischen Gründen eingeschränkt.

- **Eingebaute Netzwerkfähigkeit.** Die Netzwerkfähigkeit ist ein integraler Bestandteil moderner Microsoft-Windows-Betriebssysteme. Internetfähigkeit und Betrieb in einem lokalen Firmennetz gehören zu den Selbstverständlichkeiten, die zuerst und nahezu transparent eingerichtet werden. Bereits Windows NT wurde von Anfang an als Netzwerk-Betriebssystem geplant, für den Einsatz als Workstation und auch als Server.
- **Unterstützung von UEFI** und der modernen Festplattenverwaltung erleichtert den Hardwareherstellern die Entwicklung von kompatiblen, zukunftssicheren Systemen.
- **Plug-and-play** Fähigkeit

W

Plug-and-play

Plug-and-play ist nicht nur eine Eigenschaft der Geräte (Hardware), dieser Begriff ist auch sehr eng mit dem Betriebssystem verbunden. Das Verfahren funktioniert in folgender Weise: Das Betriebssystem lädt nacheinander alle Treiber für die Geräte in den Hauptspeicher. Der Treiber, der von einem neuen Gerät eine richtige Antwort bekommt, verbleibt im Hauptspeicher, die anderen Treiber werden wieder entladen. Die Geräte müssen die Anfragen der Treiber verstehen und richtig beantworten. Sie werden auch als sogenannte „intelligente" Geräte bezeichnet, die entweder eine Firmware oder ein BIOS enthalten.

1.3.3.1 Windows 7 – Betriebssystem für den Desktop

Windows 7 wurde für den Desktop-Bereich konzipiert und ist das Ergebnis einer langen Entwicklung. Windows Server 2008 besitzt zwar auch die unten aufgeführten Merkmale, sie sind aber speziell für den Einsatz als Arbeitsstation von Bedeutung:

- Die integrierte Firewall schützt die vertraute Umgebung zuverlässig gegen Angriffe von außerhalb.
- Mit dem Internet Explorer stehen dem Benutzer die neuesten Technologien zur Verfügung, die im Intranet eines Unternehmens von großer Bedeutung sind: Microsoft SharePoint und Dienste des Internet Information Server (IIS).
- Es existieren neue Authentifizierungsmechanismen (Fingerprinting).
- Ein besserer Schutz von Dokumenten gegen Diebstahl erhöht die Sicherheit des Systems. Mit BitLocker stellt Microsoft einen Dienst zur Verfügung, der komplette Laufwerke verschlüsselt. Beim Booten überprüft BitLocker, ob sich die Zusammensetzung der Hardware geändert hat. Damit wird verhindert, dass eine entwendete Festplatte gelesen werden kann, wenn sie in einen anderen Rechner eingebaut wird.
- Der Restart-Manager minimiert in Verbindung mit dem Windows Installer die Anzahl von notwendigen Neustarts des Rechners während der Softwaredeployments und der Systemupdates. Das spart viel Arbeitszeit für die betroffenen Mitarbeiter.
- Es erfolgt eine automatische Wiederherstellung von Daten im Falle des Absturzes.
- Eine eingebaute Selbstdiagnostik vermeidet und verhindert automatisch Fehler im System.
- Leistung, Antwortzeiten und Installationsmechanismen (WIM, Windows Imaging Format) wurden verbessert.
- Die Modularisierung erlaubt während der Installation nur die notwendigen Komponenten auszuwählen.
- Es besteht ein verminderter Aufwand bei der Installation, Administration und im Betrieb des Systems.
- Durch Windows Resource Protection (WRP) ist es möglich, die Änderungen am Betriebssystem kontrolliert und autorisiert durchzuführen.
- Es existieren mehrere lokale Gruppenrichtlinien, die die differenzierte Einrichtung des Rechners außerhalb der Domäne erlauben. Das erleichtert die Systemadministration in kleinen Unternehmen.
- Die virtuellen Ordner enthalten dynamische Information, die aufgrund der Regeln, die ein Benutzer eingibt, die Daten vom lokalen Rechner und aus dem Netzwerk zusammenfassen. Beispielsweise werden die Dokumente in **einem** Ordner angezeigt, egal, wo sie sich physikalisch befinden.
- Der SyncManager erlaubt den mobilen Benutzern eine bequeme Synchronisation aller Daten.
- Eine wichtige Eigenschaft des Systems ist die vielfältige und nahtlose Integration der Multimediakomponenten.
- Das Betriebssystem enthält die überarbeitete, benutzerfreundliche Oberfläche AERO (Authentic, Energetic, Reflective, Open), z. B. mit transparenten Fenster und einer 3D-Engine „Windows Flip 3D". AERO erhöht die Produktivität bei der Rechnerarbeit. Für die verbesserte optische Darstellung benutzt AERO die Eigenschaften der Grafikkarte, die also zu den neuen Windows-Versionen kompatibel sein muss. Gegenüber der Vorgängerversion wurde unter Windows 7 die Startleiste überarbeitet. Einige Werkzeuge, wie der Windows Explorer, wurden ebenfalls modernisiert. Eingabemethoden zur Unterstützung von Systemen ohne Maus und Tastatur, wie Tablet-PCs und Smartphones, wurden integriert.

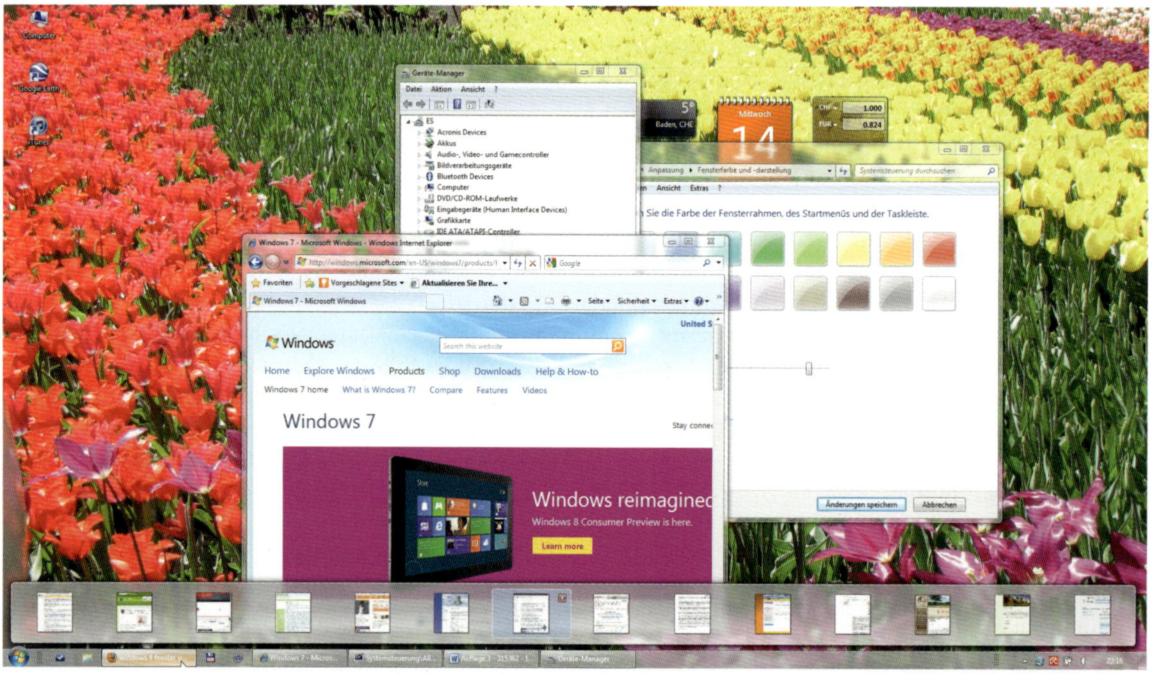

Windows 7 AERO mit Transparenz und 3D-Effekten

Das Betriebssystem Windows 7 wird in mehreren Editionen (Versionen) angeboten:

- ***Windows 7 Starter*** – sehr eingeschränkte Version für Notebooks, nur 32-Bit-Unterstützung, unterstützt bis 2 GB RAM, AERO Basic bietet keine erweiterten Funktionen an.
- ***Windows 7 Home Basic*** ist für den privaten Gebrauch konzipiert, unterstützt bis 4 GB RAM in der 32-Bit-Variante und bis 8 GB RAM in der 64-Bit-Variante. Die Edition unterstützt mehrere Monitore und ein schnelles Wechseln zwischen den Benutzern.
- ***Windows 7 Home Premium*** ist für den privaten Gebrauch konzipiert, unterstützt bis 16 GB RAM und bietet erweiterte Multimediafunktionen an.
- ***Windows 7 Professional*** beinhaltet alle Funktionen der Home Premium Edition, adressiert bis 192 GB RAM und unterstützt Windows Active Directory zum Einsatz im Unternehmen.

- ***Windows 7 Ultimate***, die am vollständigsten ausgestattete Version, richtet sich an Kleinunternehmer sowie an fortgeschrittene Privatanwender für den privaten Einsatz zu Hause sowie im Netzwerk der Firma.
- ***Windows 7 Enterprise*** bietet alle Eigenschaften von Windows 7 Ultimate mit veränderter Lizenzierung. Die Edition eignet sich für große Unternehmen.

1.3.3.2 Windows 10 - Nachfolger von Windows 7

Das Betriebssystem von Microsoft Windows in der Version 8 erreichte nicht die erwartete Benutzerakzeptanz, und relativ schnell wurde ein Upgrade auf Windows 8.1 zur Verfügung gestellt. Aber auch diese Version hat die Erwartungen der Kunden nicht vollständig erfüllt.

Die neueste Version des Betriebssystems Microsoft Windows erhielt die Nummer 10 und beinhaltet im Vergleich zu Windows 7/8.1 eine Vielzahl an verbesserten und neuen Eigenschaften und Funktionen. Es gab eine zeitlich beschränkte Möglichkeit für ein kostenloses Upgrade von Windows 7/8/8.1 auf Windows 10 für die Besitzer von Microsoft-Lizenzen, wobei die Anforderungen an die Hardware unverändert sind.

Microsoft Windows 10 verbessert die Unterstützung der Arbeitsplatzrechner und die Bedienung der mobilen Geräte. Es gibt viele neue Apps, neue Eigenschaften von Apps und neue Modi für die grafische Oberfläche.

Unter den neuen Merkmalen und Funktionen von Microsoft Windows 10 sind insbesondere hervorzuheben:

Unterscheidung der Editionen. Windows 10 erscheint in folgenden Editionen, die sich alle durch ihren Funktionsumfang unterscheiden: Home, Professional, Enterprise, Education, Mobile, Mobile Enterprise, Enterprise Industry, IoT Core (Internet of Things).

Startmenü. Diese Funktion kann man wieder an der gewohnten Stelle finden, wenn auch in einer geänderten Form. Das Menü kombiniert Einträge und Kacheln mit Apps. Auf Tablets nimmt das Startmenü den ganzen Bildschirm ein, auf Desktop-Computern besitzt es ungefähr die gleiche Größe und Position wie bei den vorherigen Windows-Betriebssystemen. Das Startmenü kann skaliert und inhaltlich an Bedürfnisse des Benutzers angepasst werden. Es ist außerdem transparent und kann farblich hervorgehoben werden, um den Einblick auf geöffnete Fenster zu gewährleisten und somit eine bessere Arbeitsumgebung zu schaffen.

Virtuelle Desktops (Aufgabensicht oder Task View). Diese Eigenschaft ist schon lange aus Linux- und Mac-Betriebssystemen bekannt und findet jetzt Einzug bei Microsoft Windows. Virtuelle Desktops dienen der logischen Aufteilung der geöffneten Anwendungen und lassen sich leicht verwalten. Man kann die Fenster zwischen den virtuellen Desktops verschieben. Es existiert eine bequeme Übersicht der Desktops.

Continuum. Diese Funktion betrifft Hybridgeräte, d. h. Computer mit Touchscreens und möglicherweise angeschlossenen Tastaturen, und erkennt automatisch, ob eine Tastatur angeschlossen ist. Abhängig davon kann zwischen Tablet- und Desktop-Modus gewechselt werden.

Internetbrowser. Die Entwicklung des Internet Explorers wurde eingestellt und stattdessen stellt Microsoft mit Microsoft Edge eine alternative Anwendung zur Verfügung. Microsoft Edge wurde von Anfang an neu konzipiert und nutzt keinen Programmcode vom Internet Explorer. Da sich aber nicht alle Möglichkeiten vom Internet Explorer im Edge wiederfinden, ist der Internet Explorer noch immer Bestandteil von Windows 10. Damit wird der Zugriff auf alte Webanwendungen insbesondere für Firmenkunden gewährleistet. Der neue Internetbrowser Edge erscheint in Kacheloptik, bietet ablenkungsfreies Lesen an und arbeitet schneller als der Internet Explorer. Man kann Webseiten mit Kommentaren versehen, an andere Anwendungen weiterleiten und auch per E-Mail versenden. Edge arbeitet außerdem erfolgreich mit der Spracherkennung (Cortana) zusammen.

Online-Speicher. OneDrive bietet dem Benutzer einen begrenzten (15 GB) kostenlosen Speicherplatz in der Microsoft-Cloud an. Abhängig von der Art und dem Umfang an Lizenzierungen kann man auch unbegrenzten Speicher erhalten. Hier können Dokumente, Einstellungen, Daten von Apps sowie Back-ups gespeichert werden. OneDrive synchronisiert die lokalen mit den im Internet gespeicherten Daten vollständig oder selektiv. Der Besitzer kann anderen Benutzern Zugriffsrechte auf die in der Cloud gespeicherten Daten erteilen. Somit lässt sich der Cloudspeicher als Foto-, Musik- und Dokumentenzentrale verwenden. Mit einer erweiterten Funktionalität kann man auf OneDrive von einem anderen Rechner zugreifen (Remote-Zugriff).

Benachrichtigungszentrale (Infocenter). Die Benachrichtigungszentrale als wichtiges Merkmal im neuen Betriebssystem liefert alle System- und Anwendungsmeldungen chronologisch sortiert, die bei vorherigen Systemen auf dem ganzen Bildschirm verstreut ein- und ausgeblendet wurden. Dazu gibt es eine bequeme Verwaltung dieser Meldungen. Das neue Infocenter kann die Nachrichten von Arbeitsplatzrechner, Tablet und Handy zentral für alle diese Geräte verwalten. Die Benachrichtigungszentrale setzt auch Prioritäten für gesammelte Informationen und lässt sich zeitweilig deaktivieren.

Cortana (Assistent und Suchfunktion). Es handelt sich um einen Sprachassistent, der die Tastatureingaben, Mausaktionen und Fingerbewegungen durch gesprochene Anweisungen ersetzt. Der gesprochene Text (Frage, Befehl) wird in der Suchleiste schriftlich dargestellt. Cortana führt den gesprochenen Befehl aus, indem entweder die notwendigen Apps aufgerufen werden oder der entsprechende Begriff im Internet mithilfe von Edge gesucht wird. Ist kein Mikrofon angeschlossen, dann kann der Text eingetippt werden. Die Sprachumwandlung funktioniert zufriedenstellend, aber Microsoft will die im Hintergrund laufenden Datenbanken weiter verbessern. Diese Datenbanken und die Spracherkennungssoftware liegen nicht lokal auf dem Rechner, sondern befinden sich auf Microsoft-Servern. Deswegen funktioniert Cortana nicht ohne Verbindung zum Internet.

Eingabeaufforderung. In der neuen Eingabeaufforderung gibt es die Möglichkeit, die Copy-and-Paste-Funktion zu verwenden. Außerdem kann das Fenster transparent gestaltet werden. Die alte Eingabeaufforderung steht aber weiter zur Verfügung.

OneGet. Der kommandozeilenorientierte Paket-Manager ähnelt den bekannten Managern aus Linux-Distributionen. Damit können Anwendungen direkt von bestimmten Quellen im Internet installiert, deinstalliert und abgefragt werden. Entsprechende Befehle funktionieren unter PowerShell 5.

Komprimierung der Systemdateien. Das neue Betriebssystem Windows 10 nutzt die Komprimierung der Systemdateien, wodurch bis zu 45 Prozent weniger Speicherplatz auf der Festplatte benötigt wird. Es handelt sich um eine automatische und sehr effiziente Komprimierung, die allerdings nur für Systemdateien gilt.

WiFi Sense. Diese Funktion erkennt automatisch öffentliche Hot-Spots in der Nähe und kann mobile Geräte (Smartphones und Tablets) mit ihnen verbinden.

P2P-Updates. Bis jetzt erhielt Windows alle Updates von einer zentralen Stelle im Internet oder im Unternehmen. Diese neue Funktion bietet die Möglichkeit, Updates auch von Peer-to-Peer-verbundenen Computern zu beziehen. Das erhöht die Flexibilität und Geschwindigkeit des Update-Prozesses.

Authentifizierung. Die Sicherheitsfunktion „Windows Hello“ ermöglicht eine biometrische Authentifizierung. Sie verwendet die Gesichts-, Finger- und Iris-Erkennung. Dadurch gestaltet sich der Authentifizierungsprozess einfacher und sicherer. Die Eingabe und Verifizierung von Anmeldenamen und Kennwörtern wird überflüssig. Die neue Funktion kann nicht nur bei lokaler Anmeldung am Rechner, sondern auch für Online-Anwendungen eingesetzt werden. Die biometrischen Daten werden lokal gespeichert. Dabei existieren allerdings noch einige Defizite bezüglich der Hardware, an deren Beseitigung unter Hochdruck gearbeitet wird.

Virenschutz. Der Virenscanner „Defender“ wurde mit einer heuristischen Funktion ausgestattet, die das Verhalten von Programmen beobachtet und diese ggf. als potenzielle Viren einstuft.

Universelle Apps. Microsoft plant, den Entwicklern eine Plattform anzubieten, womit einheitliche (universelle) Apps erstellt werden können. Universelle Apps sollen automatisch erkennen, auf welchem Gerät sie laufen und dementsprechend die richtigen Steuerungsmöglichkeiten (Schaltflächen, Sprach- und Gestensteuerung, Touchscreen) einstellen. Auf diese Weise liefert das neue Betriebssystem einen einheitlichen Kern, der imstande ist, die Apps auf allen Geräten (Arbeitsplatzrechner, Smartphone, Tablet) auszuführen. Microsoft hat im Internet für diese Zwecke einen neuen App-Store veröffentlicht, wo die Apps heruntergeladen werden können.

DirectX. Mit dem Betriebssystem Windows 10 ist neue Version 12 der Grafikbibliothek DirectX verbunden. DirectX 12 spart bei verbesserter Leistung bis zu 50 Prozent Energie, wodurch auch aufwendige Computerspiele auf leistungsschwächeren Geräten, wie Smartphones, zügig laufen sollen.

Xbox-Integration. Diese Eigenschaft ermöglicht Geräten mit Windows (Computer, Tablet, Smartphone) als Bildschirm für die Xbox-Spieleplattform zu fungieren. Xbox-Spiele, die Multiplaying unterstützen, können plattformübergreifend auf allen Geräten laufen, wenn eine WLAN- oder LAN-Verbindung existiert. Außerdem können mit dieser Funktion die Spiele als Film aufgezeichnet werden.

W

Ausgewählte neue Eigenschaften von Microsoft Windows 10 gegenüber seinen Vorläufern			
Windows Version / Funktion	7	8/ 8.1	10
Startmenü	traditionell	kachel-orientiert	traditionell, eingeschränkt
Virtuelle Desktops	nein	nein	ja
Browser	IE8	IE11	Edge, IE11
OneDrive	nein	ja	ja
Datensicherung	Back-up	Dateiversionsverlauf	Dateiversionsverlauf
DirectX	11	11.2	12
USB	2.0	3.0	3.1
Virenscanner	nein	Defender	Defender

Aufgaben

1. Listen Sie alle Funktionen und Eigenschaften von Microsoft Windows 10 auf, die völlig neu entwickelt wurden.
2. Beschreiben Sie Arbeitsweise der virtuellen Desktops in Windows 10.
3. In welchen Ausgaben (Editionen) erscheint Windows 10?
4. Beschreiben Sie zwei neue Sicherheitsfunktionen in Windows 10.
5. Welche Funktionalitäten bietet OneDrive?
6. Was leistet die neue Funktion „Continuum“?
7. Welche neue Eigenschaft reduziert den belegten Speicherplatz auf den Datenträgern?
8. Welche Neuerungen führt Windows 10 bei der Installation der Anwendungen ein?
9. Was gilt für virtuelle Desktops in Windows 10?
   a) Virtuelle Desktops bilden die Hard- und Software von tatsächlich existierenden Desktop-PCs nach. Das ermöglicht unter Windows 10, mehrere Betriebssysteme parallel zu installieren und zu betreiben.
   b) Virtuelle Desktops werden von Windows 10 nicht unterstützt.
   c) Virtuelle Desktops bieten mehr Platz auf dem Bildschirm und ein schnelleres Umschalten zwischen gestarteten Anwendungen durch das Gruppieren von zusammengehörenden Fenstern zu logischen Einheiten.
10. Einige Desktop-PCs in der Abteilung Einkauf/ Lager sind immer noch mit älteren Betriebssystemen ausgestattet. Beurteilen Sie, in welchem Fall es sinnvoll und möglich ist, diese PCs auf Windows 10 umzurüsten:
    a) PC mit Windows XP, Baujahr 2006 mit Prozessor Intel Core 2, 1 GB RAM, DirectX8-fähiger Grafikkarte, 100 GB freiem Festplattenplatz, 100-Mbit-Netzwerkkarte und einem CD-ROM-Laufwerk
    b) Laptop ohne CD/DVD-ROM mit vorinstalliertem Windows 8
    c) RedHat-Linux-Server, gebaut 2015, der unbeaufsichtigt im Rechenzentrum als zentraler Dienst für Netzwerkfreigaben betrieben wird. Der Rechner verfügt über 8 GB RAM, 1 TB Festplattenspeicher, eine DirectX9-fähige Grafikkarte, aber hat keinen Bildschirm.

    Schließen Sie neben technischen auch wirtschaftliche technische Aspekte in Ihre Überlegungen ein. Ordnen Sie Ihre Empfehlungen nach folgenden Kriterien und begründen Sie Ihren Standpunkt:
    - Möglich: ja/nein
    - Sinnvoll: ja/nein

1.3.3.3 Windows Server 2008 – Betriebssystem für den Server

Microsoft Windows Server 2008 verfügt über alle Merkmale der Desktop-Variante Windows 7, bietet aber viele neue Funktionen und enthält zahlreiche leistungsstarke Verbesserungen für den Server. Die Ausführungen gelten im wesentlichen auch für die aktuelle Version Windows Server 2008 R2.

- Trennung der Rechte für Benutzerkonten von den Rechten der Dienste
- Höhere Sicherheit durch Network Access Protection. NAP ist eine Erweiterung der Netzwerkfähigkeiten, besonders für den Netzwerkszugriffschutz. Der Server ist in der Lage, Zustände der Clients zu kontrollieren und schützt das System und das gesamte Netzwerk vor unsicheren Zugriffen.
- Unterstützung von Arbeitsspeicher bis zu 2 Terabyte je nach Serveredition

- Unterstützung für dynamisches Wechsel (Hot Plug) von Festplatten und anderen Komponenten, sogar von Arbeitsspeicher
- Unterstützung der Hochverfügbarkeit durch Clusterdienste
- Verbesserung der Übertragungsgeschwindigkeit durch die Überarbeitung vieler Netzwerkmodule
- Windows Server 2008 kann ohne grafische Oberfläche (Server Core) installiert und betrieben werden. Server Core wird über die Eingabeaufforderung oder von einem anderen Rechner aus verwaltet. Es stellt weniger Anforderungen an die Hardware-Ressourcen, läuft stabiler und schneller. Es eignet sich für den Einsatz im Server-Bereich als Anmelde-, Datei-, Web-, Mail-, DHCP- und DNS-Server.
- Hohe Skalierbarkeit durch verschiedene Ausbaustufen und Editionen

Microsoft Windows Server 2008 wird wie Windows 7 in verschiedenen Editionen angeboten:

- ***Windows Server 2008 Standard*** unterstützt bis zu 4 GB Arbeitsspeicher (32 GB in der 64-Bit Version) und bis zu 4 Prozessoren.
- ***Windows Server 2008 Enterprise*** unterstützt bis zu 64 GB Arbeitsspeicher (2 TB in der 64-Bit-Version) und bis zu 8 Prozessoren. Diese Edition soll für die Sicherstellung geschäftskritischer Anwendungen in Clustern eingesetzt werden.
- ***Windows Server 2008 Datacenter*** unterstützt bis zu 64 GB Arbeitsspeicher (2 TB in der 64-Bit-Version), bis zu 64 Prozessoren und ist für Rechenzentren konzipiert. Der Austausch von Arbeitsspeicher und Prozessoren wird ohne Herunterfahren des Betriebssystems unterstützt.
- ***Windows Web Server 2008*** unterstützt bis zu 4 GB Arbeitsspeicher (32 GB Arbeitsspeicher in der 64-Bit-Version) und wird für Webserver empfohlen.

Microsoft Windows Server 2008 ist als robuste Plattform für Anwendungen, Netzwerke und Webdienste des gesamten Unternehmens konzipiert. Um diese Aufgabe zu erfüllen, wird das Betriebssystem mit spezifischen Servererweiterungen ausgestattet, wozu folgende Funktionen gehören:

- **Active Directory Services.** Das ist eine Sammlung von spezifischen Diensten rund um das komplette Firmennetzwerk, womit eine zentrale Verwaltung von Benutzerkonten, Gruppen, Rechten, angebotenen Services, Druckern und anderen Bestandteilen einer Unternehmensinfrastruktur ermöglicht wird.
- **Klassische Netzwerkdienste** wie DHCP-, DNS-, WINS-, HTTP-, FTP-, SMTP-, POP3- und IMAP4-Server
- **Web- und Applikationsdienste** mit Internet Information Server (IIS)
- **Automatisierung mit PowerShell.** Ein wichtiges Teil des Betriebssystems ist das textbasierte Kommandotool **PowerShell,** das die UNIX-Ideen mit dem modernen Konzept der objektorientierten Programmierung verbindet. Die PowerShell verbessert und erleichtert die skriptbasierte Administration, wodurch die Verwaltungskosten erheblich gesenkt werden können.
- **Virtualisierung mit Hyper-V.** Die virtuelle Umgebung **Hyper-V** ermöglicht den gleichzeitigen Betrieb mehrerer Systeme auf einem Rechner. Dabei wird zwischen einem Hostsystem (Windows Server 2008) und mehreren Gastsystemen (Windows, Linux) unterschieden. Das Hostsystem stellt den Gastsystemen die Hardware wie Arbeitsspeicher, Prozessoren, Festplatten oder Netzwerkkarten als virtuelle Geräte zur Verfügung, wobei hier die Kosten für die Organisation reduziert, eine bessere Ausnutzung der Hardware-Ressourcen ermöglicht und flexible Lösungen für die IT-Struktur eines Unternehmens geschaffen werden.
- **BitLocker** – ein erweiterte Datenverschlüsselung, besserer Schutz von Dokumenten gegen Diebstahl und eine digitale Verwaltung der Rechte. Mit dem BitLocker stellt Microsoft einen Dienst zur Verfügung, der komplette Laufwerke verschlüsselt. Beim Booten überprüft der BitLocker, ob sich die Zusammensetzung der Hardware geändert hat. Damit wird verhindert, dass eine entwendete Festplatte, wenn sie in einem anderen Rechner eingebaut wird, gelesen werden kann.
- **Verteilter Dateisystemdienst.** Damit lassen sich alle freigegebenen Ordner zu einer unternehmensweiten logischen Struktur zusammenfassen, unabhängig davon, wo sich die Ressourcen physikalisch befinden.
- **Fernsteuerung durch Terminal Services.** Die Terminaldienste bieten eine perfekte Möglichkeit, um Microsoft Windows Server 2008 grafisch fernzusteuern und damit den administrativen Aufwand zu reduzieren.

Die neueste Version des Betriebssystems Microsoft Windows Server 2008 ist im Jahre 2009 unter dem Namen „Microsoft Windows Server 2008 R2“ erschienen. Diese Version beinhaltet Verbesserungen und wird als kontinuierliche Weiterentwicklung verstanden.

1.3.3.4 Windows Server 2012 R2 - Nachfolger von Windows Server 2008

Der neue Server von Microsoft Windows und dessen zweites Release bieten den Anwendern viele

Neuerungen an, die die Kosten für den Betrieb der Softwareplattform senken sowie die Leistung und Sicherheit erhöhen.

Benutzer-Interface. Windows Server 2008 kennt zwei Interaktionsmodi, die beide während der Installation auswählbar sind. Es handelt sich um die vollständige grafische Oberfläche sowie die Eingabeaufforderung (Server Core). Nach der Auswahl kann nicht mehr zwischen den Modi umgeschaltet werden. Als positiv für den Modus Server Core wird die Tatsache gewertet, dass die grafische Oberfläche als „Ressourcenfresser" und Fehlerquelle entfällt und keine regelmäßigen Updates notwendig sind. Windows Server 2012 R2 besitzt mit „Minimal Server Interface" noch einen dritten Modus, wobei die Verbesserung darin besteht, dass der Administrator zwischen allen drei Modi während des Betriebes umschalten kann. Minimal Server Interface erlaubt den Start grafischer Tools, ohne dass eine vollwertige grafische Oberfläche zur Verfügung gestellt wird und damit können Ressourcen gespart werden. Es gibt weder Desktop, Dateiexplorer oder Internet Explorer. Dafür übernimmt der Server Manager die zentrale Rolle in der Serververwaltung. Unter Windows Server 2012 R2 wurde außerdem der Server Core Modus mit mehr als 2000 PowerShell-Verwaltungsbefehlen erweitert.

Virtual Desktop Infrastructure (VDI). Die mobilen Geräte der Benutzer können virtuelle Desktops erhalten. Die Dienste für Installation und Lieferung der virtuellen Desktops wurden optimiert.

Hyper-V 2012 R2. Die Remote-Verwaltung der virtuellen Maschinen wurde wesentlich verbessert und beschleunigt. Virtuelle Server selbst funktionieren schneller und effizienter. Die Größe der virtuellen Festplatten kann im laufenden Betrieb geändert werden, was einen positiven Einfluss auf den Betrieb des virtuellen Clusters bewirkt. Die virtuellen Server können schnell zwischen Windows 2012 und Windows 2012 R2 verschoben werden. Die virtuellen Maschinen unterstützen UEFI und Secure Boot.

Optimierter virtueller Storage. Das Betriebssystem fasst mehrere unterschiedliche Festplatten (PATA, SATA, SSD) zu einem virtuellen Speicher zusammen. Die häufig benutzten Daten werden dabei auf der schnelleren Festplatte abgelegt.

VHD-Festplatten. Die VHD-Festplatten können unter Windows Server 2012 R2 bis zu 64 TB groß sein, während unter Windows Server 2012 nur 2 TB möglich sind.

Protokoll SMB. Leistung, Stabilität und Ausfallsicherheit dieses Netzwerkprotokolls wurden erhöht.

IP Address Management (IPAM). Mit Windows Server 2012 hat Microsoft eine neue Funktion für eine zentrale Überwachung und Verwaltung der IP-Infrastruktur eingeführt. In Windows Server 2012 R2 wurde diese Funktion verbessert, d. h., das Betriebssystem überwacht hier die Datenströme im Netzwerk, die außerdem von einer zu einer anderen Netzwerkkarte umgeleitet werden können, um die Leistung der Übertragung zu erhöhen.

Workplace Join. Das Betriebssystem Windows Server 2012 bietet dem Benutzer ein neues Niveau an Flexibilität. Bisher kann man auf die Ressourcen der Domäne nur von einem Computer zugreifen, der zu dieser Domäne gehört. Dabei muss der Benutzer ebenfalls in der Domäne registriert sein. Mit der Funktion Workplace Join kann ein Benutzer auch Geräte in der Domäne anmelden, die in früheren Versionen nicht gestattet waren (Smartphones, Tablets). Auf einem solchen Gerät wird demzufolge ein Zertifikat installiert. Die Domäne erkennt das Gerät und der Benutzer kann somit noch flexibler auf die Daten des Unternehmens zugreifen.

Windows Azure Cloud. Microsoft liefert eine eigene Plattform für Cloud-Computing (IaaS). Hier werden dem Anwender internetbasierte Software und Datenbanken zur Verfügung gestellt. Als Basis für die Azur Cloud dienen Windows Server 2008 R2 und Windows Server 2012 R2. Windows Azure Active Directory (WAAD) erweitert die Active Directory Services von Unternehmen auf die Cloud und gewährleistet somit globale Sicherheit auf Cloud-Niveau.

Sicherheit. Die neuen Funktionen „Dynamic Access Control" (DAC) und „Active Directory Rights Management Services" (AD RMS) bieten die Möglichkeit, Daten anhand des Inhalts, der Lage auf dem Datenträger, der Zugehörigkeit zu den Benutzern und anhand von anderen Kriterien zu klassifizieren und entsprechende Zugriffsrechte zuzuweisen. Diese Funktionen schützen die Daten auch außerhalb des Unternehmens.

Lizenzierung. Die Lizenzierungsarten haben sich geändert. Für die Editionen „Standard" und „Datacenter" dürfen maximal zwei physische Prozessoren pro Lizenz verwendet werden. Für weitere Prozessoren werden weitere Lizenzen benötigt. Für beide Editionen sind weiterhin eine Client-Access-Lizenz (CAL) für jeden Zugriff des Benutzers oder des Geräts auf den Server erforderlich.

W

Eigenschaften und Merkmale der Editionen für Microsoft Windows Server 2012 R2		
Edition	**RAM**	**Beschreibung**
Datacenter	4 TB	Vollständige Server-Funktionalität mit unbegrenzten virtuellen Instanzen. Die Edition ist für stark virtualisierte Cloud-Umgebungen in großen Unternehmen empfehlenswert.
Standard	4 TB	Vollständige Server-Funktionalität mit zwei virtuellen Instanzen. Die Edition ist für große Unternehmen mit geringer Virtualisierung gedacht.
Essential	64 GB	Grundlegende Server-Funktionalität ohne Virtualisierungen. Verbindung zu Cloud-basierten Diensten. Die Edition ist für kleine Unternehmen mit nicht mehr als 25 Benutzern pro Server und maximal zwei Prozessoren in einem Server vorgesehen.
Foundation	32 GB	Grundlegende Server-Funktionalität ohne Virtualisierungen. Die Edition wird für kleine Unternehmen mit nicht mehr als 15 Benutzern pro Server und einem Prozessor in einem Server empfohlen.

Aufgaben

1. Welche drei Interaktionsmodi kennt Microsoft Windows Server 2012 R2? Beschreiben Sie jeden Modus.
2. Was bietet die Funktion „Workplace Join“?
3. Welche Änderungen gibt es in der Lizenzierung von Windows Server 2012 R2?
4. Beschreiben Sie die Neuerungen in der Verwaltung der virtuellen Server von Windows Server 2012 R2.
5. Welche sicherheitsrelevanten Änderungen wurden in Windows Server 2012 R2 eingeführt?
6. Was kann mit der Funktion „Virtuelle Storage“ erreicht werden?
7. Wofür wird IPAM eingesetzt?
8. Was ist Hyper-V?
   a) Multiplayer-Spiel für die Xbox-Konsole
   b) Softwareschicht, die es ermöglicht, Windows 10 als grafische Ausgabe für Xbox-Spiele zu betreiben
   c) Virtualisierungstechnik von Microsoft, die es ermöglicht, mehrere virtuelle Maschinen auf einem System mit Windows Server 2012 zu betreiben
   d) Virtualisierungstechnik von Microsoft, die es ermöglicht, mehrere virtuelle Desktops auf einem Bildschirm mit Windows Server 2012 anzuzeigen

AH

1.3.4 Grundkonzepte und Entwicklung der PC-Betriebssysteme DOS/Windows

S Kai behauptet, dass Microsoft Windows weit und breit das einzige Betriebssystem ist, das für die Installation auf den Arbeitsplatzrechnern in den einzelnen Abteilungen infrage kommt. Stefan ist noch skeptisch und benötigt nähere Details über die Betriebssysteme der Windows-Familie.

1.3.4.1 Anfang mit DOS

DOS (**D**isk **O**perating **S**ystem) war das erste Betriebssystem für den PC. Es wurde für den 16-Bit-Prozessor **Intel 8086** konzipiert und spielte eine marktführende Rolle in den 80er-Jahren des vorigen Jahrhunderts. Nun ist es veraltet und hat keine praktische Bedeutung mehr. Es soll hier wegen seiner Einfachheit und historischer Bedeutung kurz beschrieben werden. Viele Konzepte moderner Betriebssysteme sind verständlicher, wenn man verfolgt, wie sie sich unter DOS und seinen Nachfolgern entwickelten.

Die **Eigenschaften von DOS** erscheinen heute eher spartanisch:

- **Kein Multitasking.** Es war eine optimale Lösung für die damaligen Prozessoren (Intel 8086), die ihrerseits hardwaremäßig kein Multitasking unterstützten.
- **Nur sehr begrenzte Möglichkeiten, Arbeitsspeicher zu adressieren.** Der Arbeitsspeicher oberhalb der „1 MB-Grenze“ wurde durch spezielle Treiber eingebunden. Anfangs konnte eine ausführbare Datei (COM-Datei) nicht größer als 64 KB sein. Erst später hob eine spezielle Software-Technik diese Grenze auf (EXE-Dateien).
- **Die textorientierte Befehlseingabe als User Interface** war keine benutzerfreundliche Idee, da viele Befehle eine recht komplizierte Syntax besaßen.
- **Monolithisches Design.** Fast alle Komponenten des Systems wurden in einigen wenigen Dateien zusammengefasst. Das Ändern eines kleinen funktionellen Teils hatte weit reichende Änderungen des

Gesamtsystems zur Folge. Solche Systeme sind daher schwer zu pflegen und weiterzuentwickeln.

DOS-Systemaufbau

Im Vergleich zu modernen Betriebssystemen ist der DOS-Systemaufbau relativ einfach gestaltet. DOS besteht im Wesentlichen nur aus drei Dateien:

- **IO.SYS** beinhaltet die Erweiterungen für die BIOS-Funktionen der Ein- und Ausgabe sowie die Module für die Verwaltung des Dateisystems (Basistreiber für das Dateisystem).
- **MSDOS.SYS** ist der eigentliche Kern (Kernel) des Systems. Er ist für die Speicherverwaltung, den Start von Programmen und den Zugriff auf die Datenträger verantwortlich.
- **COMMAND.COM** ist der Befehlsprozessor, der die Befehle vom Benutzer entgegennimmt und ausführt. Das ist das erste Programm, mit dem ein DOS-Benutzer konfrontiert wurde, wenn er das legendäre **C:\>**-Prompt auf dem Bildschirm erblickte.

Dazu kommen noch die beiden Dateien CONFIG.SYS und AUTOEXEC.BAT, die beim Laden des Systems ausgewertet werden. Sie sind für das Initiieren der zusätzlichen Gerätetreiber (beispielsweise für das CD-ROM-Laufwerk) sowie für Spracheinstellungen und allgemeine Anpassungen zuständig.

DOS-Versionen

DOS wurde außer von Microsoft noch von einigen anderen Herstellern weiterentwickelt. Vor allem die Betriebssysteme IBM DOS der Firma IBM und DR DOS der Firma Digital Research (später unter dem Namen Novell DOS und noch später als FreeDOS bekannt) hatten eine große Verbreitung. Die Version FreeDOS ist eine freie Software und wird heute mit einigen Linux-Distributionen ausgeliefert. DOS eignet sich noch immer für BIOS- oder Firmware-Updates mittels einer Bootdiskette.

Dateiverwaltung unter DOS

Einen **Datenträger** spricht DOS mit einem Namen an, der aus genau einem **Buchstaben** und einem **Doppelpunkt** besteht. Aus historischen Gründen sind deshalb noch heute die Buchstaben A: und B: für Diskettenlaufwerke reserviert. Als Datenträger gelten für DOS außer den Disketten die Partitionen auf den Festplatten und die CD-ROM-Laufwerke. DOS ist nur in der Lage, eine primäre Partition und beliebig viele logische Laufwerke innerhalb einer erweiterten Partition zu verwalten. Weitere primäre Partitionen auf der gleichen Festplatte sind für DOS nicht zugänglich.

So werden normalerweise auf einem standardmäßig installierten PC folgende Gerätenamen eingerichtet:

A:	Diskettenlaufwerk
C:	aktive primäre Partition auf der ersten Festplatte (normalerweise EIDE Primary Master)
D:	andere Partition – entweder primäre Partition der zweiten Festplatte oder ein logisches Laufwerk in einer erweiterten Partition auf der ersten oder einer weiteren Festplatte. Es kann sich selbstverständlich auch um einen Wechseldatenträger, wie z. B. ein CD-ROM-Laufwerk, handeln.

Am Anfang des jeweiligen Datenträgers (Diskette oder Partition) befindet sich die sogenannte Dateizuordnungstabelle FAT (**F**ile **A**llocation **T**able). In dieser Tabelle wird festgehalten, welche Datenblöcke auf der Partition (Zuordnungseinheiten) frei und welche Blöcke durch gespeicherte Dateien belegt bzw. fehlerhaft sind.

Die **feste Größe** der FAT hat einen entscheidenden Nachteil. Bei großen Datenträgern wird als Zuordnungseinheit nicht mehr ein natürlicher Block von 512 Bytes, sondern ein Vielfaches davon benutzt. Dieser Block heißt **Cluster.** Daraus folgt unter Umständen eine enorme Platzverschwendung, denn auch die kleinste Datei belegt mindestens eine Zuordnungseinheit und zwei Dateien können sich nicht in einem Cluster befinden.

Die ersten FAT-Versionen verwendeten 12 Bit, um die Zuordnungseinheiten zu nummerieren. Die nachfolgende und meistverbreitete Version der FAT benutzte dafür 16 Bit. Deswegen heißen diese Dateisysteme FAT12 und FAT16. Dabei gilt für FAT16 als maximale Anzahl der Cluster der Wert $2^{16} = 65\,536$. Hat der Cluster die Größe 4 KB, so ergibt sich eine maximale Datenträgergröße von 256 MB. Will man also eine 300 MB große Festplatte unter DOS benutzen, so wird der Cluster und mit ihm die kleinste Datei 8 KB groß sein. Praktisch hat der Formatierungsbefehl immer automatisch die Clustergröße in Abhängigkeit von der Partitionsgröße berechnet. Da die Anzahl der Cluster immer gleich ist, ergibt sich bei den großen Partitionen ein größer dimensionierter Cluster.

Nach der FAT-Tabelle folgt das Hauptverzeichnis. Es beinhaltet Namen und FAT-Adressen für Dateien und weitere Verzeichnisse. Somit ergibt sich eine hierarchische Namensstruktur. Aus Platzgründen wurde die Länge der Namen auf acht Zeichen begrenzt. Zusätzlich erhält jede Datei eine Erweiterung zum Dateinamen aus maximal drei Zeichen als Typbezeichnung. Jede Datei wird also logisch durch das Laufwerk, den Namen ihres Verzeichnisses (Pfad), ihren eigentlichen Namen und die Erweiterung eindeutig beschrieben, z. B.: `C:\DATEN\BRIEFE\BRIEF_01.TXT`

Das Hauptverzeichnis trägt den Namen „\". Das gleiche Zeichen wird auch zur Trennung der Verzeichnisnamen im Pfad benutzt. Alle Namen sind in

Großbuchstaben gespeichert. Beim Aufruf der Dateien spielt die Groß- und Kleinschreibung aber keine Rolle. Die Erweiterung der Datei charakterisiert den Typ und wird durch Punkt getrennt.

Die Anlage der FAT sowie des Hauptverzeichnisses auf einem Datenträger wird erstmals unter DOS als **„Formatieren"** bezeichnet. Der Begriff ist nicht besonders gut gewählt und sorgt bei den Anwendern oft für Verwirrung, denn eigentlich bedeutet Formatieren das „magnetische Einteilen eines Datenträgers in Spuren und Sektoren". Und gerade das passiert unter DOS standardmäßig nicht. Man hätte an dieser Stelle also besser vom **Erstellen des Dateisystems** sprechen müssen.

1.3.4.2 Windows 1.0 bis 3.11

Dieser „DOS-Aufsatz" bescherte dem ursprünglichen Betriebssystem DOS drei zusätzliche wichtige Eigenschaften:

- grafische Benutzerschnittstelle
- kooperatives Multitasking
- eingeschränkte Netzwerkfähigkeit

Ein besonderes Merkmal waren die INI-Dateien, in denen Windows selbst und auch dessen Anwendungen ihre Einstellungen und Anpassungen speicherten. Eine andere Besonderheit bestand in der Tatsache, dass Windows eine Menge an nützlichen integrierten Programmen besaß, sodass Produkte von Drittherstellern nicht mehr zwingend notwendig waren. Diese Produktphilosophie bildet bis heute einen wesentlichen Bestandteil der Firmenstrategie beim Hersteller Microsoft.

Aufgaben

1. Was trifft nicht zu?
   a) DOS ist ein 16-Bit-Betriebssystem.
   b) Das DOS-Dateisystem heißt FAT.
   c) Das DOS-Hauptverzeichnis heißt FAT.
   d) DOS-Gerätenamen werden durch einen Doppelpunkt gekennzeichnet.
   e) DOS besitzt integrierte Netzwerkfähigkeiten.
   f) DOS ist kein Betriebssystem, sondern nur ein Unterbau für Windows 3.1.
   g) Windows 3.1 ist kein eigenständiges Betriebssystem, sondern nur ein DOS-Aufsatz.
2. Welche Dateinamen unter DOS sind falsch und warum?
   a) C:\TEXTVERARBEITUNG\BERICHT7.TXT
   b) D:\TV\BER7.TEXT
   c) E:\MAMA\MIA.ABC
   d) ABC:\COLUM.BIA
3. Was ist ein Cluster in einem Dateisystem? Definieren Sie den Begriff und beschreiben Sie die Eigenschaften und die Verbindung zu der Gesamtgröße der Partition am Beispiel von FAT16.
4. Welche Art von Multitasking besitzen die Windows-Versionen 1.0 bis 3.11?
5. Stefan Fischer hat zu Hause einen alten Rechner, der unter MS-DOS gelaufen ist. In diesem Rechner war eine Festplatte (768 MB) eingebaut. Welche Größe ergibt sich für die kleinste Datei auf dieser Festplatte, wenn er sie als FAT16-Partition formatieren würde?
   Benutzen Sie die Formel:

   Partitionsgröße = $2^{\text{Adressierungsbits}}$ · Clustergröße

1.3.4.3 Windows 95/98/ME

Microsoft Windows 95/98/ME waren die wichtigsten Betriebssysteme vorrangig für den privaten Einsatz in den Jahren 1995 bis 2000 und sie besaßen folgende Eigenschaften:

- kontinuierliche Weiterentwicklung von DOS/Windows-3.x-Technologien
- Unterstützung von 32-Bit-Prozessoren (ab Intel 80 386)
- echtes (präemptives) Multitasking
- Arbeitsspeicher theoretisch bis 4 GB (2^{32} Bytes) adressierbar
- breite Unterstützung durch Hardwarehersteller (viele Treiber)
- Plug-and-play-Fähigkeit
- FAT-Erweiterung VFAT mit Unterstützung langer Dateinamen
- Verwaltung der Einstellungen und Optionen in einer hierarchisch strukturierten Datenbank, die auch als Registrierung (Registry) bezeichnet wird
- Probleme mit der Stabilität und Sicherheit, wodurch die Anwendung in Büros oder Firmen eingeschränkt wurde

Die FAT-Erweiterung (Virtual FAT, VFAT) ermöglichte lange Dateinamen (bis 255 Zeichen). Die Klein- und Großschreibung wurde zumindest in der Anzeige unterschieden. Auch einige Sonderzeichen, wie das Leerzeichen, konnten genutzt werden.

Windows 95 erlebte zwei Modernisierungen – die sogenannten Windows-95-Versionen OEM B und C. Ab Version B erhielt das Betriebssystem noch eine Erweiterung des Dateisystems – **FAT32**. Zur Adressierung der Zuordnungseinheiten wurden nunmehr 32 Bit verwendet, wodurch die Platzverschwendung bei großen Datenträgern entfiel. Bei der Clustergröße 4 KB war es nun möglich, Partitionen bis zu 16 TB (Terabyte) zu verwalten.

Die Stabilitätsprobleme von Windows 9x entstanden im Grunde durch einen Kompromiss mit der Computerspiele-Branche und die dadurch erforderliche Kompatibilität mit alter DOS-Software. Viele Spiele benötigen einen direkten Zugriff auf die Hardware (Grafikkarte usw.), damit sie die erforderliche Geschwindigkeit erreichen. Stürzt ein solches Programm ab, so wird unter Umständen auch die davon betroffene Hardware nicht mehr ansprechbar sein. Der Monitor bleibt schwarz und der Benutzer nimmt dies als Systemabsturz wahr.

Um die Lauffähigkeit alter 16-Bit-DOS-Software zu gewährleisten, besitzen einige der Windows-9x-Systeme noch einen DOS-Modus. In diesem Betriebsmodus verwandelte sich das moderne 32-Bit-System in das alte DOS, indem es sich komplett aus dem Arbeitsspeicher entfernte.

Aufgaben

1. Welche Aussage stimmt nicht?
   a) Windows 95 ist ein 32-Bit-Betriebssystem.
   b) DOS ist monolithisch aufgebaut.
   c) Windows 3.1 ist ein selbstständiges Betriebssystem.
   d) Windows 95 verwaltet Systemeinstellungen in der Registry.
   e) Windows 98 ist ein plug-and-play-fähiges Betriebssystem.
2. Vergleichen Sie folgende Eigenschaften von DOS und Windows 9x:
   a) Unterstützung von 32-Bit-Prozessoren
   b) unterstützte Dateisysteme
   c) maximaler Arbeitsspeicher ohne Treiber
   d) Multitasking
   e) Plug-and-play
   f) Länge der Dateinamen
3. Berechnen Sie die maximale Größe einer FAT-32-Partition, wenn ihre Cluster 16 KB groß sind.
4. Welche Arten von Multitasking kennen Sie? Erläutern Sie deren Funktionalitäten.

1.3.4.4 Windows NT

Windows NT (New Technology) war eine komplette Neuentwicklung von Microsoft und gleichzeitig der Versuch, mit einer Plattform für den modernen Computerbetrieb die Probleme der DOS-Architektur zu vermeiden. Darauf basieren alle modernen Microsoft-Betriebssysteme, wie Windows 10 und Windows Server 2012.

Hardware Abstraction Layer (HAL). Eine spezielle Softwareschicht schützt die unterstützte Hardware von den Zugriffen der sonstigen Software. HAL bietet standardisierte Funktionen an, die jedes andere Programm aufrufen können, wenn es auf die Hardware zugreifen will. Ein wichtiger Vorteil des Ansatzes ist die leichte **Portierbarkeit** oder **Portabilität** des Betriebssystems. Es musste nur der HAL neu entwickelt werden, um Windows NT an neue Hardware anzupassen, ohne die Integrität des Gesamtsystems zu beeinträchtigen, während andere Systemkomponenten unverändert blieben. Windows NT unterstützte verschiedene Hardware. Dazu gehörten Intel-80x86-, DEC-Alpha- (später von Compac und HP übernommen), MIPS- und RISC-Prozessoren. Ab Windows 2000 wurde die Unterstützung für andere Prozessor-Plattformen außer Intel 80x86 aus firmenpolitischen Gründen eingeschränkt.

Modularer Ansatz. Das Betriebssystem wurde modular aufgebaut. Im Gegensatz zum monolithischen Design von DOS existiert eine klare Trennung zwischen den funktionalen Komponenten. Alle Funktionen des Betriebssystems wurden in separaten Gruppen angeordnet, sogenannten Softwaremodulen. Jedes Softwaremodul verfügte über standardisierte Schnittstellen, wie z. B. Objektmanager, Prozessmanager oder Sicherheitsmanager, damit die übrigen Programme die Modulfunktionalität benutzen konnten.

Kompatibilität. Alle Programmteile, die keine hardwarenahen Funktionen benötigen, werden im sogenannten Benutzermodus ausgeführt, d. h. innerhalb von geschlossenen Subsystemen. Es wurden spezielle Subsysteme bereitgestellt, in denen Programme laufen konnten, die für DOS, Windows 3.x, Windows 9x, OS/2 und sogar teilweise für UNIX entwickelt wurden. Das trägt außerdem zur **Stabilität** des Systems bei. Anwendungsprogramme sind sauber voneinander getrennt und haben keinen direkten Zugriff auf die Hardware, sodass der Absturz eines einzigen Programms keine Folgen für die Lauffähigkeit des Gesamtsystems hat. Stabilität hatte ihren Preis, denn als Spieleplattform wurde Windows NT nie akzeptiert.

Viele Funktionen wurden zum ersten Mal als integrale Bestandteile des Betriebssystems implementiert:

- **Skalierbarkeit** durch Unterstützung von Systemen mit mehreren Prozessoren
- **Fehlertoleranz** durch Unterstützung für RAID-Verfahren
- **Netzwerkfähigkeit:** Windows NT wurde zum Einsatz im Netzwerk konzipiert, weshalb alle gängigen Netzwerkschnittstellen und -standards unterstützt wurden.
- **Sicherheitskonzept** für das multiuserfähige Netzwerkbetriebssystem. Alle Benutzer von Windows NT wurden über passwortgeschützte Konten im gesamten Netzwerk authentifiziert. Alle Systemres-

sourcen, wie Dateien und Drucker, hatten einen Besitzer. Der Zugriff auf die Ressourcen wurde durch die Access Control Lists (ACLs) gesteuert und konnte protokolliert werden.

Windows NT erschien zeitgleich mit Windows 3.11 unter dem Namen Windows NT 3.5 auf dem Markt. Die ersten Versionen hatten noch erhebliche Anlaufschwierigkeiten, besonders wegen der **hohen Anforderungen** an die Prozessorleistung und die Größe des Arbeitsspeichers. Beginnend mit der Version 4.0, die 1996 erschien, wurde Windows NT allmählich zum Marktführer in den Bereichen Arbeitsplatzrechner und Arbeitsgruppen-Server.

1.3.4.5 Nachfolger von Windows NT

Der Nachfolger von Windows NT 4.0 war Windows 2000. Diese kontinuierliche Weiterentwicklung zeichnete sich in erster Linie durch eine erweiterte **Netzwerkfunktionalität** aus. Auch einige Eigenschaften der Windows 9x-Reihe, wie die **Plug-and-play**-Unterstützung, haben ihren Einzug in das professionelle Betriebssystem gehalten. Das System hat sich selbst in eigenen Protokollen als Windows NT 5.0 ausgewiesen.

Alle modernen Betriebssysteme der Microsoft-Windows-Familie gibt es in unterschiedlichen Ausführungen. Wichtig waren und sind die Ausführungen für Arbeitsplatzrechner (Windows NT Workstation/ Windows 2000 Professional/Windows XP Professional/ Windows Vista/Windows 7/8/10) und für Netzwerkserver (z. B. Windows NT Server/Windows 2000 Server/ Windows Server 2003/Windows Server 2008, Windows Server 2012). Die Workstation-Variante ist besser für den Einsatz als Arbeitsplatzrechner optimiert. Die Server-Versionen wurden um einige Merkmale erweitert, die für den Einsatz als Netzwerkbetriebssystem sprechen. Wichtig erscheint die Tatsache, dass der Server einige Programme und Eigenschaften (insbesondere zur Speicheroptimierung) besitzt, die für die interaktive Arbeit am Arbeitsplatz nicht interessant oder sogar störend sind.

Windows XP wurde als Nachfolger von Windows 2000 Professional durch Multimedia- und Entertainment-Eigenschaften bereichert. In erster Linie durch Einsatz der grafischen Bibliothek **DirectX** ist es gelungen, die Vorteile von Windows 9x und Windows 2000 zu vereinen und auf diese Weise auch den Privatkunden für die neue Plattform zu gewinnen.

Die Weiterentwicklung von Windows XP für den Desktop war Windows Vista. Das System enthielt zum ersten Mal die neue Benutzeroberfläche AERO. Zu deren optischen Merkmalen gehörten dreidimensionale Effekte, die transparente Darstellung und frei skalierbaren Symbole. Als Mindestvoraussetzung für die neue Benutzeroberfläche galt eine für DirectX 9.0 geeignete Grafikkarte. Der PC sollte mindestens über einen Prozessor mit einer Taktfrequenz von 2 GHz, 512 MB RAM und 10 GB freien Festplattenspeicher verfügen. In Vista wurden neue Sicherheitskonzepte integriert, wie die Funktion „User Account Control" (UAC). Der Benutzer wird bei Bedarf gefragt, ob er für die Ausführung eines Programmes uneingeschränkte Benutzerrechte freigeben will.

Aufgaben

1. Was ist wahr bezüglich der Betriebssysteme?
   a) Ein Betriebssystem besteht aus dem BIOS und den Treibern zur Ansteuerung der Software.
   b) Das Betriebssystem benötigt Treiber zur Ansteuerung der Hardware.
   c) Die Verwaltung der Sicherheit ist nicht die Aufgabe eines Betriebssystems.
   d) Das BIOS ist Teil eines Betriebssystems.
   e) Jedes Betriebssystem läuft auf CPUs mit Intel-80x86-Prozessoren.
2. Welche Angaben bezüglich der Betriebssysteme der Firma Microsoft sind falsch?
   a) Windows 2012 unterstützt präemptives Multitasking.
   b) Windows 98 ist besonders geeignet für den Büroeinsatz in Großunternehmen.
   c) Die Stabilität von Windows NT und seinen Nachfolgern ist ein wichtiger Entscheidungsfaktor für den Einsatz des Systems auf den Arbeitsstationen im beruflichen Umfeld.
   d) DOS hat eine monolithische Architektur.
   e) Windows 2012 hat eine monolithische Architektur.
3. Welche Betriebssystemeigenschaften sind für den Einsatz auf den neuen Arbeitsplatzrechnern in den Abteilungen Softwareentwicklung, Marketing und Lager entscheidend?
   a) Stabilität
   b) Sicherheit
   c) guter Sound, Multimedia-Fähigkeiten
   d) Benutzerfreundlichkeit
   e) schnelle Grafikauflösung
   f) Multitasking

   Welche Eigenschaften spielen Ihrer Meinung nach die wichtigste Rolle in den jeweiligen Abteilungen? Ordnen Sie den Wichtigkeitsgrad (1 bis 3, 1 ist der niedrigste Grad) jeder Eigenschaft zu.
4. Erklären Sie den Begriff „Fehlertoleranz".

5. Welche Prozessoren unterstützt Windows Server 2008/2012?
   a) Intel
   b) MIPS
   c) Motorola
   d) SPARC

1.3.5 UNIX/Linux

S Herr Köhler verweist Kai und Stefan auf die Open-Source-Betriebssysteme wie z. B. Linux. Ist Linux auch als Desktop-Betriebssystem geeignet? Ist Linux ein UNIX-Derivat? Was hat dieses Betriebssystem für besondere Eigenschaften? Ist es besser als Windows?

1.3.5.1 Was ist UNIX?

UNIX-Betriebssysteme haben eine lange Geschichte, deren Anfang in den früheren 70er-Jahren liegt. Betriebssysteme früherer Zeiten waren bei weitem nicht so umfangreich wie die modernen Versionen. Überhaupt besaß nicht jeder Computer ein Betriebssystem, sondern jedes Programm verfügte über einige Spezialbefehle zur Ansteuerung der Hardware. Gerade die ersten Schritte bezüglich Multitasking (Timesharing) gingen von einigen Großherstellern für Rechentechnik aus.

Nach einer weit verbreiteten Anekdote aus diesen Zeiten sollen nur drei Entwickler (Thompson, Kernighan, Ritchie) beim Telekommunikationsriesen AT&T aus Spaß das neuartige Betriebssystem UNIX kreiert haben. Die wichtigsten Eigenschaften von UNIX waren:

- **Multitasking.** Jeder Prozess läuft in einem in sich geschlossenen Adressraum ab und kommuniziert mit anderen Prozessen nur durch vordefinierte Regeln und Strukturen.
- **Multiuserfähigkeit.** Jeder Benutzer des Systems hat eine eigene Kennung. Alle Dateien im System haben einen Besitzer. Mehrere Benutzer können gleichzeitig mit dem System lokal arbeiten, ohne einander zu stören, wenn die notwendigen Endeinrichtungen – Terminals (damals noch Fernschreiber) – zur Verfügung stehen.

UNIX sollte relativ einfach auf neue Hardware umgesetzt (portiert) werden können. Betriebssysteme wurden vor der UNIX-Entstehung (und einige noch heute) in einer speziellen CPU-abhängigen Assemblersprache entwickelt. Es war und ist fast unmöglich, ein solches Betriebssystem an neue CPUs anzupassen. Das gesamte Betriebssystem musste neu geschrieben werden. Für UNIX wurde die **neue Programmiersprache C** entwickelt. Der Befehlsumfang ist so mächtig wie bei Assembler und doch zeigt sich die Sprache einfach und elegant sowie unabhängig von einer bestimmten Hardware. 90 Prozent von UNIX wurden in C geschrieben, nur 10 Prozent in Assembler. Damit begann eine neue Ära, die Zeit der **portierbaren Betriebssysteme.**

> Alle Windows-Versionen, NetWare und fast alle anderen Betriebssysteme wurden ebenfalls in der Programmiersprache C und teilweise in C++ geschrieben.

Eine Reihe von **wegweisenden Ideen** lag UNIX zugrunde. Die **erste** Idee kennzeichnete die Datei als Behälter der Informationen. Das Betriebssystem interessiert sich nicht für den Inhalt der Datei, es ruft einfach die entsprechenden Programme zur Bearbeitung dieser Inhalte auf. Die Programme selbst sind ebenfalls Dateien.

Eine **zweite** Idee forderte die hierarchische Zuordnung der Dateien in Verzeichnissen. Die Verzeichnisse selbst übernehmen die Rolle der Behälter für die Dateien und für weitere Unterverzeichnisse. Die Verzeichnisse wurden als spezielle Art der Dateien realisiert.

Die **dritte** hervorragende Idee bezog sich darauf, alle Gerätetreiber als Dateien darzustellen. Damit konnte unter anderem auf sehr einfache Weise die Zugriffssicherheit implementiert werden. So wird z. B. die Frage, wer ein Modem benutzen darf, mit der Frage gleichgestellt, wer welche Rechte auf die Modem-Gerätedatei besitzt. Übrigens führte die Realisierung von Rechten in Form von Dateiattributen zu einem schlanken und effektiven System für die Verwaltung der Rechte.

Die Konfigurationsdateien für das Betriebssystem selbst und für alle Anwendungen stellen konventionelle Textdateien dar. Das erlaubt dem Benutzer oder Administrator, die Einstellungen mit einem beliebigen Texteditor zu verändern, sofern er die dazu erforderlichen Rechte besitzt.

> **UNIX-Maxime (Sprüche)**
> - Es gibt nur Dateien. Was nicht als Datei gilt, soll als Datei dargestellt werden.
> - Ein Programm hat nur **eine** spezielle Aufgabe zu erledigen. Zur Lösung komplexer Aufgaben sollen mehrere spezialisierte Programme zusammenarbeiten.
> - UNIX ist ein System von Programmierern für Programmierer (sprich nicht für Laien).
> - Der Systemadministrator **(root)** ist allmächtig, er darf alles.
> - Der Benutzer weiß, was er tut. Also fragt das System nicht extra nach, ob er z. B. wirklich alle Dateien löschen möchte.

1.3.5.2 Versionen

Was zunächst als sogenanntes Spaßprojekt begann, wurde im Unternehmen AT&T bald als internes Betriebssystem eingesetzt und erschien nach einigen Jahren auch auf dem Markt. Dank Besonderheiten in der Lizenzpolitik wurde UNIX anfänglich an vielen Hochschulen kostengünstig und mit dem Recht verkauft den Quellcode zu ändern. Das hatte zur Folge, dass sich das neue Betriebssystem zwar sehr schnell verbreitete, andererseits aber viele UNIX-Klone entstanden sind. Auch einige große Hersteller haben dieses Betriebssystem in eigene Hardwaresysteme adaptiert. So gesehen entwickelte sich UNIX von einem Betriebssystem zu einer ganzen Klasse verwandter Betriebssysteme.

UNIX heute

Die Bedeutung von UNIX liegt heute in seinem Einsatz auf großen Netzwerkservern auf Unternehmensebene (Enterprise), wo es bisher von Windows-Servern kaum verdrängt wurde. Aber auch die Bedeutung der nichtkommerziellen UNIX-Varianten (BSD und Linux) nimmt zu, besonders im Bereich der Internet-Server. Trotz aller Versuche und guter Qualität konnte bisher allerdings keine UNIX-Variante den Windows-Versionen für Arbeitsplatzrechner Paroli bieten.

Während viele kommerzielle UNIX-Versionen wie Sun Solaris oder IBM AIX seit Jahren auf 64-Bit-Prozessoren eingesetzt werden, waren die UNIX-Versionen für den PC (Linux oder BSD) lange Zeit auf 32 Bit beschränkt. Seit kurzem existieren auch auf dem PC-Markt Versionen, die 64-Bit-Prozessoren von AMD und Intel unterstützen. Linux war dabei das erste Betriebssystem, das auch bei diesen Prozessoren die volle Prozessor-Verarbeitungsbreite ausnutzt.

Moderne UNIX-Systeme sind multiuser-, multithreading- und multitaskingfähig. Sie verfügen über mächtige Verwaltungswerkzeuge, grafische Oberflächen,

W **UNIX-Standards**

UNIX-Standard	Hersteller	Besonderheiten
Version 7	AT&T	erste Version auf dem freien Markt
System V	Open Software Foundation als führender Herstellerverband	Es war ein Standard und kein Betriebssystem – der Versuch, viele kommerzielle UNIX-Varianten unter einem Dach zu vereinen.
BSD (Berkeley Software Distribution)	University of California in Berkeley, nichtkommerzieller Zweig	Wegen eines Lizenzstreites wurde in Berkeley der Versuch unternommen, das System neu zu entwickeln, sodass kein original AT&T-Code mehr im Kernel übrig bleibt. Viele UNIX-Systeme beschreiben ihre Eigenschaften, indem der System-V- oder BSD- Verwandtschaftsgrad des Systems angegeben wird.

W **Moderne UNIX-Versionen**

Version	Hersteller/Lizenz	Besonderheiten
Free BSD	Berkeley, frei nach BSD-Lizenz	Schwerpunkt liegt in der Stabilität.
Open BSD	Berkeley, frei nach BSD-Lizenz	Schwerpunkt liegt in der Netzwerksicherheit.
Linux	frei nach GPL	Der Finne Linus Torvalds initiierte die Entwicklung des Kernels und der passenden Zusatzsoftware (alles zusammen heißt Distribution). Es ist ein modernes Betriebssystem, das zu den UNIX-Betriebssystemen vollständig kompatibel ist.
HP UX	HP, kommerziell	BSD-basiert, an HP-eigene Hardwarearchitektur angepasst, Schwerpunkt liegt im Bereich leistungsfähiger Netzwerkserver.
SunOS, Sun Solaris	Sun, kommerziell	System-V-basiert, Schwerpunkte sind grafische Workstations (zz. weniger verbreitet) und leistungsfähige Netzwerkserver.
AIX	IBM, kommerziell	IBM-eigene UNIX-Variante
Mac OS X	Apple, kommerziell	Der BSD-Kernel wurde an die Mac-Architektur angepasst und hinter einer grafischen Oberfläche verborgen.

Linux, Free Software Foundation und GPL

Seit Mitte der 80er-Jahre bemüht sich die Free Software Fondation **(FSF)** – eine nichtkommerzielle Organisation freier Programmierer –, ein UNIX-System zu entwickeln, das vollkommen frei von der Willkür einiger Softwarehersteller agiert. FSF hat ein Lizenzmodell **(GNU Public Licence, GPL, „Copyleft")** erarbeitet, das nicht die Herstellerrechte schützt, sondern vielmehr die Software von den Herstellern befreit. Die Lösung lautet kurz ausgedrückt:

- Wird nach GPL lizenzierte Software verkauft, so muss der Quellcode mitgeliefert werden. Der Käufer darf den Quellcode ändern.
- Wird mithilfe der nach GPL lizenzierten Software ein neues Produkt hergestellt, so muss dieses Produkt auch nach GPL lizenziert werden.

FSF hat eine riesige Menge an Software entwickelt – Compiler, Tools, Editoren usw. Was für UNIX noch gefehlt hat, war der Kernel. Der Kernel von Linus Torvalds wurde Anfang der 90er-Jahre nach GPL lizenziert und bildet nun den Hauptbestandteil des als Linux bekannten Betriebssystems.

Eine aktuelle Linux-Distribution von SuSE, RedHat/Fedora, Ubuntu oder Debian besteht aus einem meist angepassten Linux-Kernel, einer Fülle an GNU- und anderer freier und nicht ganz freier Software sowie einigen Anpassungen und distributionsspezifischen Konfigurationswerkzeugen.

sind hoch standardisiert und für den Servereinsatz unter ständig hohen Belastungen konzipiert. Sie besitzen Fehlertoleranz-Lösungen von der einfachen Spiegelung bis hin zum Clustereinsatz, wobei nicht nur die Daten gespiegelt werden, sondern das gesamte laufende System auf zusätzlicher Hardware dupliziert wird.

Diese Einsatzgebiete bestimmen auch eine ganz besondere Vorstellung von Benutzerfreundlichkeit. Benutzerfreundlich gilt unter UNIX ein Werkzeug oder ein Befehl mit vielen Einstellungsoptionen, die gut dokumentiert sind und sich unbeaufsichtigt mit einem Skript starten lassen.

1.3.5.3 Architektur

In der UNIX-Welt ist das Schichten- oder Schalenmodell zur Darstellung der Systemarchitektur verbreitet. Die Einzelheiten unterscheiden sich von System zu System.

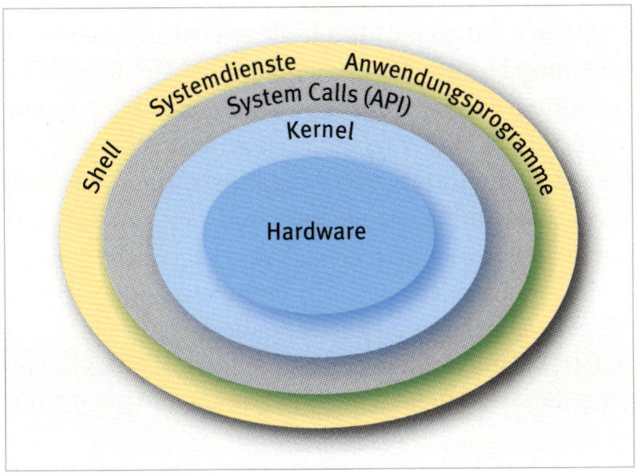

Systemarchitektur von UNIX/Linux

So ist der **Kernel** bei einigen Systemen monolithisch aufgebaut (SCO Open Server, ältere Linux-Varianten). Modernere Systeme verfügen über einen modularisierten Kernel, was zu einem schlankeren Programmcode führt und eine einfachere Unterstützung von neuen Geräten ermöglicht. Treiber werden nach Bedarf dynamisch geladen.

Die Kommunikation der Software mit dem Kernel erfolgt ausschließlich durch Systemaufrufe, sogenannte System Calls oder das API (Application Programming Interface). Die APIs der UNIX-Systeme V und BSD unterscheiden sich voneinander. Der internationale Standard **POSIX** wurde entwickelt, um die System Calls zu vereinheitlichen.

Die am meisten verbreiteten Shells sind:	
sh	kommerzielle Bourne Shell, benannt nach dem Autor Stephen Bourne
ksh	kommerzielle Korn Shell, benannt nach dem Autor David Korn, weiterentwickelt als die Bourne Shell
pdksh	Public-Domain-Version von **ksh**
csh	Kommerzielle C-Shell, benannt nach der Sprache C, deren Syntax sie nachahmt. Sie ist sehr viel weiterentwickelt als die anderen kommerziellen Shells.
tcsh	Public-Domain-Version von **csh**
bash	Bourne Again Shell, frei, kostenlos, sehr viel weiterentwickelt als die anderen Shells und trotzdem zu ihnen kompatibel. Auf den Linux-Systemen ist dies die Standard-Shell.

W

Zeichenorientierte Programme, die der Benutzerinteraktion dienen, heißen unter UNIX **Shell.** Sie sind kein fester Bestandteil des Systems. Benutzer können gleichzeitig unterschiedliche Shells verwenden. Der typische Arbeitsablauf sieht also folgendermaßen aus: Der Benutzer arbeitet an einem Terminal (früher Hardware, heute oft eine Emulation als Eingabeaufforderungsfenster), tippt Befehle auf einer Tastatur ein (Shell erledigt Input) und sieht die Ergebnisse am Bildschirm (Shell erledigt Output). Zur Verarbeitung der eingegebenen Daten startet die Shell weitere Programme.

Programme, die ihre Arbeit im Hintergrund (also von den Terminals losgelöst) erledigen, nennt man unter UNIX Dämonen (daemons). Normalerweise stellen solche Dämonen die System- und Netzwerkdienste bereit.

1.3.5.4 Dateisysteme

UNIX nutzt den Begriff des Dateisystems anders als Windows. Beim Start emuliert UNIX im Hauptspeicher einen virtuellen Dateisystembaum. An diesen Dateisystembaum werden die einzelnen Datenträger angebunden (Partitionen, Disketten, CD-ROM, USB-Stick u.a.). Die Anbindungspunkte sind immer die Verzeichnisse. Das Hauptverzeichnis existiert nur virtuell und so lange das Betriebssystem läuft. Es wird ebenfalls mit einem Datenträger verbunden. Die anderen Verzeichnisse werden im Hauptverzeichnis erstellt und befinden sich physikalisch gesehen auf dem verbundenen Datenträger. Aus diesem Grund benutzt UNIX keine Buchstaben, um Laufwerke zu bezeichnen, sie sind nur durch entsprechende Verzeichnisse zu erreichen. Dieses einheitliche Schema sorgt für Effizienz und Unabhängigkeit.

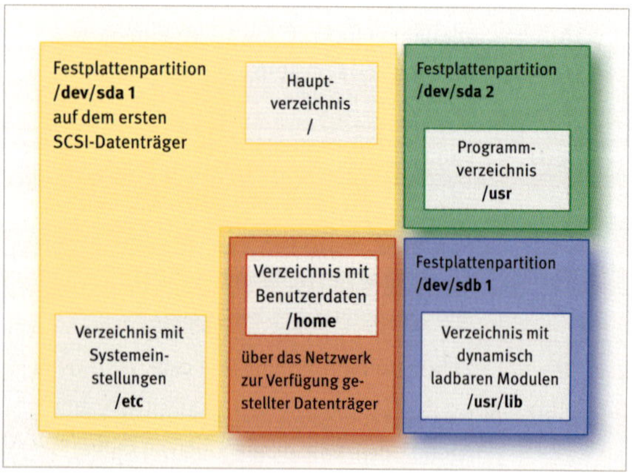

Beispiel der Datenträgerorganisation unter UNIX. Die Datenträger sind farbig gekennzeichnet.

Anders als bei DOS stehen nur wenige Informationen über die Dateien im Verzeichnis selbst. Es handelt sich um den Dateinamen und die Nummer des Informationsknotens (i-node number), der alle Informationen über die Datei enthält, wie den Typ der Datei, den Besitzer, die Zugriffsrechte sowie verschiedene Datumsangaben. Bei kleineren Dateien steht sogar der ganze Inhalt der Datei im i-node. Bei größeren Dateien befinden sich dort Zeiger auf die Positionen der Blöcke, die die betroffene Datei auf dem Datenträger belegt. Diese Organisation führt dazu, dass die Datenträgerfragmentierung auf die Performance des Dateisystems nur unwesentlich Einfluss nimmt.

Ein UNIX/Linux-System wird normalerweise mit den Treibern für unterschiedliche Dateisysteme ausgestattet. So kann Linux zum Beispiel außer auf die eigenen Dateisysteme **minix**, **ext3, ext4**, **jsf** und **reiserfs** auch auf die in Windows üblichen Dateisysteme FAT, FAT32, NTFS, HPFS, ISO9660 (CD-ROM) lesend und zum Teil auch schreibend zugreifen.

Das Dateisystem **minix** gehört zu den ursprünglichen Dateisystemen für Linux und kann nur wenige Daten verwalten, wodurch es nur für Disketten empfehlenswert ist. Aber im Gegensatz zu FAT16 können bereits Zugriffsrechte auf Dateien und Verzeichnisse vergeben werden. Das Dateisystem **ext2** (second extended filesystem) ist auch veraltet und besitzt wenige Instrumente für Fehlertoleranz. Die Weiterentwicklungen **ext3** und **ext4** enthalten ein Journaling-System, das die Integrität des Dateisystems bei einem Systemabsturz gewährleistet. Die anderen Journaling-Dateisysteme **reiserfs** oder **jfs** bieten zusätzlich eine effektive Cluster-Verwaltung für die modernen großen Datenträger an.

1.3.5.5 Befehle

Befehle spielen in diesem Betriebssystem eine absolut wichtige Rolle, weil dadurch alle Aspekte der Datenverarbeitung beeinflusst werden können. Die Befehle ermöglichen es, alle Vorgänge zu automatisieren: Datensicherung, E-Mail-Versand, Starten und Beenden von Diensten, Benutzerverwaltung, Installation der Software, Einrichtung der Rechner und vieles andere. Um alle Befehle zu beherrschen, muss erhebliche Zeit investiert werden. Die wichtigsten Befehle sind aber einfach zu verstehen und zu verwenden.

UNIX/Linux unterscheidet die Groß- und Kleinschreibung bei Befehlen sowie Datei- und Verzeichnisnamen.

Der Befehl ls listet den Inhalt eines Verzeichnisses auf.	

ls	nur Datei- und Verzeichnisnamen anzeigen
	`ls /var`
	`ls /`

ls -l	fast alle Informationen anzeigen (Rechte, Datum, Besitzer, Größe) `ls -l /usr`
ls -li	alle Informationen inklusive i-node-Nummer anzeigen `ls -li /etc`

Die Befehle pwd, chdir, mkdir, rmdir verwalten die Verzeichnisse.	
pwd	Name des aktuellen Verzeichnisses anzeigen `pwd`
chdir	in ein Verzeichnis wechseln `chdir /usr/lib`
mkdir	Verzeichnis erstellen `mkdir ~/test`
rmdir	leeres Verzeichnis löschen `rmdir ~/test`

Die Befehle less, cat, cp, mv, rm verwalten die Dateien.	
less	Inhalt einer Datei anzeigen `less /etc/passwd`
cat	Inhalt einer (oder mehrerer) Datei(en) anzeigen `cat datei1 datei2 datei3`

cp	Dateien kopieren (auch mehrere Dateien auf einmal)
	`cp /floppy/doc1.txt ¬`
	`/floppy/bericht2.tex /tmp`

mv	Dateien und Verzeichnisse umbenennen oder verschieben `mv my.data your.data`
rm	Dateien und Verzeichnisse löschen `rm your.data`

Die Befehle rpm, dpkg installieren und deinstallieren die Anwendungen (Pakete).	
rpm	Installationen verwalten, die den RedHat Packet Manager unterstützen `rpm -qa`
dpkg	Installationen verwalten, die den Debian Packet Manager unterstützen `dpkg -l`

Die Befehle chmod, chown verwalten Rechte und das Eigentum der Dateien und Verzeichnisse.	
chmod	Rechte einer (oder mehrerer) Datei(en) zuweisen `chmod a+rwx /tmp/media`
chown	Eigentum von Dateien und Verzeichnissen ändern `chown ben:users /tmp/test7`

1.3.5.6 Grafische Benutzeroberflächen

Obgleich die Administration von UNIX üblicherweise mit der zeichenorientierten Shell erfolgt, gibt es auch grafische Oberflächen. Deren Eigenschaften resultieren aus der UNIX-Architektur, und zwar in erster Linie aus der Multiuser-Fähigkeit des Systems. Zur Darstellung einer grafischen Oberfläche wird eine entsprechend leistungsfähige Grafikkarte benötigt. Arbeiten gleichzeitig mehrere Benutzer, so sollte das System mit mehreren Grafikkarten ausgestattet und in der Lage sein, festzustellen, welches Programm in welchem Fenster auf welchem Gerät (Display) anzuzeigen ist. Um eine solche Oberfläche zu entwickeln, wurde auch hier ein Schichtenmodell (Client – Server) angewendet. So gut wie alle grafischen Systeme unter UNIX basieren auf der Software **X Window System,** die ursprünglich am Technologischen Institut in Massachusetts (MIT) entwickelt wurde.

Ein Programm, das eine grafische Darstellung benötigt (z. B. Textverarbeitung), wird als **X-Client** bezeichnet. Sein Gegenstück ist das Programm, das die grafische Darstellung ermöglicht. Es wird als **X-Server** bezeichnet. Am einfachsten kann ein X-Server mit einem Grafikkartentreiber verglichen werden, der aber als ganz normaler Prozess abläuft und kein Bestandteil des Betriebssystems ist.

Die Kommunikation zwischen X-Client und X-Server erfolgt nach fest definierten Regeln (Protokollen) und kann sowohl lokal auf der betroffenen Maschine als auch über das Netzwerk stattfinden. Somit ist es möglich (und üblich), dass UNIX-Programme auf einem Computer laufen, auf einem anderen Computer aber als Fenster dargestellt und bedient werden.

Auch für das Look-and-Feel (Fensterdekoration, Icons, Maussteuerung usw.) ist ein separates Programm verantwortlich – ein sogenannter Fenstermanager. Deshalb existieren die unterschiedlichsten Varianten für einen UNIX-Desktop. Diese Tatsache spiegelt sich darin wider, dass so gut wie jedes UNIX ganz anders aussieht und **kein einheitlicher grafischer Standard für UNIX** existiert. Wer im Gegenzug die Betriebssysteme Microsoft Windows miteinander vergleicht, wird feststellen: Wie unterschiedlich diese Systeme auch sein mögen, die Bedienung ist aufgrund der nahezu gleichen grafischen Oberfläche identisch. Alle diese Bestandteile, wie Client, Server und Windowmanager, existieren auch unter Windows, sind aber miteinander zu einem kompakteren (und schnelleren) System verschmolzen.

Diese Besonderheiten gestalten UNIX zwar sehr flexibel, leider aber nicht besonders einfach in der Beherrschung. UNIX erfordert eine **längere Einarbeitungszeit,** als sie die in der PC-Welt üblichen Systeme Windows oder Mac OS (Macintosh) verlangen. Zusätzlich erfordern die grafischen Benutzeroberflächen unter UNIX wesentlich mehr Ressourcen, wodurch sie sich in der Vergangenheit nur schwer behaupten konnten.

Ein anderes Problem entstand durch die **unzureichende Integration in das Betriebssystem** und durch den Mangel an grafischen Verwaltungswerkzeugen. In den letzten Jahren liegen zwei grafische Benutzeroberflächen besonders im Trend: zum einen **KDE,** basierend auf der grafischen Bibliothek QT der Firma Trolltech, und **GNOME,** basierend auf der freien Bibliothek GTK. Der Benutzerkomfort entspricht durchaus dem von Windows oder Macintosh gewohnten Umfeld. Die Systeme sind leicht zu erlernen und besitzen auch hervorragende Verwaltungstools. Besonders viele Bemühungen in diesem Bereich werden durch Linux-Distributoren wie RedHat oder SuSE unternommen. Trotzdem steht sicher noch ein langer Weg bevor, bis die UNIX-Systeme als grafische Arbeitsplätze zu einer ernst zu nehmenden Konkurrenz für Windows werden.

Aufgaben

1. Welche der unten aufgeführten Eigenschaften sind keine Vorteile von UNIX-Systemen?
   a) Flexibilität
   b) Skalierbarkeit
   c) integriertes GUI
   d) Benutzerfreundlichkeit
   e) DOS-Kompatibilität
   f) Multithreading
   g) Multitasking
   h) Netzwerkfähigkeit
   i) Plug-and-play-Fähigkeit
   j) 32-Bit-Architektur
2. Vergleichen Sie die folgenden Eigenschaften bezüglich Windows 10/2012 und Linux. Welches Betriebssystem besitzt welche Eigenschaften? Fehlen Ihnen noch Anhaltspunkte für Ihre Entscheidungen, dann recherchieren Sie dazu im Internet.
   a) Unterstützung von 32-Bit-Prozessoren (Intel/AMD)
   b) Unterstützung von 64-Bit-Prozessoren (Intel/AMD)
   c) lauffähig auf weiteren Plattformen (Prozessoren PPC, Alpha, MIPS, Sparc)
   d) unterstützt die Dateisysteme FAT16, FAT32, NTFS, minix, ext2, reiserfs, jfs
   e) Systemarchitektur (monolithisch/modular)
   f) Fehlertoleranz (RAID)
   g) Multitasking, Multithreading
   h) Multiuserfähigkeit
   i) Plug-and-play-Fähigkeit
   j) grafische Oberfläche
   k) Systemverwaltungstools grafisch/ zeichenorientiert
   l) Lizenzmodell
3. Welche eigenen Dateisysteme besitzt UNIX/Linux?
4. Erklären Sie den Begriff „Distribution".
5. Welche Shell wird als Standard in den meisten Linux-Distributionen eingesetzt?

1.3.6 Mac OS

Eigenschaften

Das Betriebssystem Mac OS der Firma Apple Inc. findet zunehmende Anwendung auf Einzelplatzrechnern. Mac OS ist ein Beispiel für ein geschlossenes System, denn im Gegensatz zu Microsoft Windows und Linux darf es nur auf einer von der Firma Apple Inc. bestimmten Hardware installiert werden. Damit steht das breite Spektrum moderner Hardware für dieses Betriebssystem nicht zur Verfügung. Der positive Effekt dieser Geschlossenheit besteht darin, dass Software und Hardware sehr gut aufeinander abgestimmt werden können. Das Ergebnis ist ein exzellentes Produkt mit beindruckender Benutzerfreundlichkeit, hoher Leistung und anspruchsvollem technischen Niveau, dass aber nur in ausgewählten Bereichen der Wirtschaft eingesetzt werden kann.

Wie alle modernen Betriebssysteme ist Mac OS multitasking- und multiuserfähig, läuft mit 32-Bit- und 64-Bit-Prozessoren, unterstützt alle moderne Netzwerkprotokolle und bietet eine breite Palette an Anwendungen für Endbenutzer. Im Gegensatz zu anderen Betriebssystemen sind einige Module in der Programmiersprache Pascal geschrieben. In einer geänderten Form verwendet Apple das Betriebssystem unter der Bezeichnung iOS in anderen hauseigenen Produkten, wie iPhone und iPad (siehe auch 1.3.7 Betriebssysteme für mobile Geräte).

Versionen

Die ersten Betriebssysteme der Firma Apple Inc. wurden zum großen Teil direkt auf der Hauptplatine in einem ROM-Baustein gespeichert. Mac OS stellte immer eine grafische Oberfläche als Benutzerschnittstelle zur Verfügung, es gab keine Eingabe für Kommandozeilen.

Bis zum Jahre 2000 war Mac OS eine vollständige Entwicklung der Firma Apple und in den Versionen „System 6“, „System 7“, „Mac OS 8“ und „ Mac OS 9“ erschienen. Danach wurde die Strategie verändert, und als Basis für das nächste Betriebssystem wurde ein UNIX-Derivat (Darwin) gewählt. Im Jahre 2006 vollzog sich noch eine grundlegende Wende. Apple verzichtete auf PPC-Prozessoren für die eigenen Rechner und wählte Intel-Prozessoren als Plattform aus. Derzeit gibt es nur noch das Betriebssystem „Mac OS X“ in mehreren Varianten von Mac OS X 10.0 bis Mac OS X 10.8 sowie iOS für den Einsatz in mobilen Geräten.

Architektur

Die Architektur der modernen Version von Mac OS ähnelt UNIX-Derivaten und besitzt auch deren Eigenschaften (siehe 1.3.5). Es existiert auch eine, wenn auch gut versteckte, Eingabeaufforderung.

Dateisystem

Die Daten werden standardmäßig mit dem proprietären Dateisystem HFS+ (Hierarchical File System) verwaltet, das eine ebenso hohe Stabilität und Zuverlässigkeit durch Journaling leistet wie die modernen Dateisysteme von Microsoft Windows und UNIX/Linux. Außerdem werden die anderen moderne Dateisysteme ebenfalls unterstützt.

Bedienung

Die neue grafische Oberfläche „Aqua“ erzeugt durch Reflexionen und Schatten einen einzigartigen Eindruck auf den Benutzer. Das Design der Oberfläche wirkt modern und ist in seiner Menüführung durchdacht. Die grafische Darstellung der Elemente erfolgt schnell und flüssig. Die im Lieferumfang befindlichen Anwendungen sind gut auf das Betriebssystem und die Hardware abgestimmt.

1.3.7 Betriebssysteme für mobile Geräte

Moderne Computertechnik vereint immer mehr Leistung in immer kompakteren Formen. Ein klassischer Desktop-PC wird im Einzelhandel kaum noch angeboten, während mobile Geräte, wie Laptops und Tablet-PCs, ihren Anteil weiter erhöhen. Der klassische PC bekommt sogar Konkurrenz von Mobiltelefonen der neuesten Generation. Die Ausstattung eines modernen Mobiltelefons ist sehr vielfältig und reicht von der Videokamera über verschiedene Sensoren bis zur Bedienung über den Touchscreen. Schnittstellen für Telefonie und Datenübertragung über öffentliche und lokale Netze machen das Mobiltelefon zu einem universellen Kommunikationsgerät, womit es eine zentrale Stellung im privaten und geschäftlichen Leben erlangt.

Das sogenannte „intelligente“ Telefon (englisch „Smartphone“) existiert bereits seit vielen Jahren, wurde aber erst in letzter Zeit zum Massenartikel. Die Hersteller der ersten Modelle orientierten sich auf eigene Entwicklungen bei Hard- und Software. Es entstanden viele Betriebssysteme, die sich mehr oder minder erfolgreich auf dem Markt behaupten konnten, darunter Symbian von Nokia, bada von Samsung oder Windows Mobile und sein Nachfolger Windows Phone von Microsoft.

Wegen einer großen Kundenakzeptanz, hohen Verkaufszahlen, starken Marktstrategien und aufgrund der Herstellerbeteiligung gewinnen gegenwärtig zwei Betriebssysteme für mobile Kommunikationsgeräte immer mehr an Bedeutung: Apple iOS und Android.

W

Merkmal	PC/ Laptop	Mobiltelefon (klassisch)	Smartphone/ Tablet-PC
Design/Einsatzschwerpunkt	Arbeit am Schreibtisch, Mehrfenster-Betrieb	Führen eines Telefongesprächs	Ausführen von verschiedenen Applikationen, Einfenster-Betrieb wegen beschränkter Anzeigegröße (Display)
Bedienung	Tastatur, Maus	Tastenfeld mit Ziffern- und Buchstabenbelegung nach Empfehlung ITU-T E.161 der Internationalen Fernmeldeunion mit einigen Sondertasten 	Touchscreen mit Gestenerkennung und einer vollständigen virtuellen Tastatur mit internationaler Belegung. Alternative gibt es die virtuelle Tastatur nach ITU-T E.161; einige Smartphones verfügen über eine ausziehbare oder anschließbare Tastatur mit vollständiger Ziffern- und Buchstabenbelegung.
Anzeige	Bildschirm, großformatig	zeilenorientierte Darstellung oder Darstellung auf kleinem Bildschirm mit relative geringer Auflösung	kleiner Bildschirm, aber mit guter Auflösung, zum Teil sogar bis zu 1920 x 1080 Pixel (Full HD)
Kamera	extern (PC) oder eingebaut (Laptop), Qualität kann variieren	sehr einfache eingebaute Digitalkamera	eine oder zwei qualitativ hochwertige Kameras, geeignet für Videotelefonie und zur Video- oder Bildaufnahme, meist inklusive Bildbearbeitungssoftware; große Anzahl von Applikationen erweitert den Nutzen der Kamera
Sensoren	keine oder nur Thermosensoren für CPU-Temperatur	keine	zur Bestimmung von Lage, Näherung, Bewegung, Rotation, Beschleunigung, Magnetfeldänderung, Lichtverhältnissen, als Kompass usw.
Kommunikationsschnittstellen	LAN, WLAN, Bluetooth	Mobilfunknetze (GSM für gesprochene Kommunikation und SMS, seltener UMTS für Datenübertragung), Bluetooth	Mobilfunknetze (UMTS oder GSM), WLAN, Bluetooth, USB für direkten Anschluss an PC
Kommunikation im Internet	E-Mail, Webbrowser		E-Mail, Webbrowser, spezielle Anwendungen und Technologien, wie Cloud-Computing

1.3.7.1 Apple iOS

Kompatibilität

Die Firma Apple Inc. verwendet bei den eigenen mobilen Kommunikations- und Unterhaltungsgeräten, wie dem Smartphone „iPhone" und dem Tablet-PC „iPad", ein speziell dafür entwickeltes Betriebssystem mit der Bezeichnung „iOS". Dieses Betriebssystem entstammt dem Betriebssystem MacOS X und ist somit eine Weiterentwicklung der Betriebssysteme Darvin, NextStep und BSD Unix. Das iOS ist von Apple ausschließlich für die Anwendung auf hauseigener Hardware zugelassen.

Multitasking

Die aktuelle Version 9 von iOS ist multitaskingfähig, während die ersten Versionen nur ein eingeschränktes Multitasking unterstützten.

W

Betriebssystem	Hersteller	Besonderheiten
Symbian	Nokia	Läuft auf ARM-Prozessoren, gestattet präemptives Multitasking, Multithreading; sehr verbreitet von 2008 bis 2011, von Nokia wurde die Weiterentwicklung in 2011 aufgegeben.
BlackBerry OS	Research In Motion	Mit einem speziell entwickelten Push-Dienst wurde die E-Mail-Funktionalität mit Microsoft-Exchange-Synchronisation insbesondere für Unternehmen zur Verfügung gestellt. Eine Programmierschnittstelle für Drittanbieter ermöglichte das Entwickeln von neuen Programmen in Java. Die Version BlackBerry OS 7 wurde im Mai 2011 vorgestellt.
HP webOS	Hewlett Packard	Das Betriebssystem ist der Nachfolger von Palm OS, einem der erfolgreichsten Betriebssysteme für mobile Kommunikationsgeräte. Es unterstützt Multitasking und basiert auf einem Linux-Kernel. Als Besonderheit gilt der spezielle Dienst „Synergy", womit alle persönlichen Daten über das Internet auf einem Server gespeichert sind, entspricht einer der Grundideen von Cloud-Computing. Die Entwicklung von WebOS wurde 2011 von HP eingestellt und als Open-Source-Projekt neu gestartet.
bada	Samsung	Linuxbasiertes multitaskingfähiges Betriebssystem für Smartphones von Samsung. Es ist nur die Unterstützung einer begrenzten Anzahl von Sensoren vorgesehen, darunter Sensoren für Näherung, Lokalisierung, Beschleunigung und Neigung.
iOS 9	Apple	Basiert auf MacOS X, multitaskingfähig, nutzt Sandbox-Technologie zum Schutz der installierten Daten.
Windows Phone/ Windows Mobile 8 Windows 10 Mobile	Microsoft	Basiert auf Windows32-API, Multitasking ist eingeschränkt, um die Akkulaufzeit zu erhöhen; kompatibel mit populären Office-Anwendungen. Ab dem Erscheinen von Windows 10 werden die mobilen Geräte nur noch mit diesem Betriebssystem ausgeliefert.
Android	Open Handset Alliance (darunter Google, T-Mobile, eBay, Vodafone, HTC, LG, Intel, Samsung und Sony Ericsson)	Linuxbasiertes Betriebssystem, das als offener Standard für Mobilgeräte entwickelt wurde.

Sandbox für Applikationen

Als Multitasking-Betriebssystem sorgt iOS 5 dafür, dass die installierten Anwendungen sauber voneinander getrennt ablaufen und sich nicht gegenseitig im RAM beeinflussen können. iOS geht aber viel weiter als andere Betriebssysteme und trennt auch die Speicherbereiche der Anwendungen auf dem Datenträger voneinander. Jede Anwendung erhält vom Betriebssystem nur die Rechte zum Schreiben und Lesen für das eigene Dokumenten- und Temporärverzeichnis. Der Bereich auf dem Datenträger wird als „Applikationssandbox" bezeichnet. Für jede Applikation wird mit einer Signatur zusätzlich überprüft, ob andere Anwendungen in ihr Sandbox-Verzeichnis geschrieben haben. Falls ja, wird die betreffende Applikation nicht mehr gestartet, da die Datenintegrität nicht gewährleistet ist. Das ist ein perfekter Schutz gegen Viren und Datendiebstall. Für die mobilen Kommunikationsgeräte ist das Verfahren besonders wichtig, weil es verhindert, dass unbefugte Software die Daten anderer Applikationen, z. B. Kundenkontakte, Passwörter und Konten, über die Funkschnittstelle übermittelt, ohne dass der Besitzer es bemerkt.

In einem Betriebssystem ohne Sandbox-Technologie besitzt jeder Benutzer für seine eigenen Dateien einen geschützten Bereich auf einem Datenträger. In diesem Bereich können beliebige Dateien abgelegt werden. Beim Zugriff auf diese Dateien entscheidet der Anwender selbst, welches Programm dafür geeignet ist, die Datei zu öffnen und zu bearbeiten. Ein Bild kann zum Beispiel mit dem Programm XnView betrachtet, mit Adobe Photoshop bearbeitet und mit Picasa im Internet platziert werden. Im iOS muss man sich zunächst für das Programm entscheiden, womit eine bestimmte Datei verarbeitet werden soll, weil die Datei in der Applikationssandbox nur für diese eine Applikation erreichbar ist.

Das führt einerseits dazu, dass in vielen Programmen redundante Funktionalitäten vorgesehen werden. So kann fast jeder Datei-Manager die meisten Dateiarten mit eigenen Modulen öffnen, anstatt dafür ein anderes Programm zu starten. Andererseits führt dies zu einer redundanten Datenhaltung. So kann z.B zum Lesen einer PDF-Datei entweder Adobe Acrobat Reader oder die hauseigene Anwendung „iBook" verwendet werden. Will man aber beide Applikationen parallel betreiben, sollte auch die betroffene PDF-Datei doppelt vorliegen, also je eine Kopie in der jeweiligen Sandbox.

Bedienung

Die Bedienung erfolgt ausschließlich über einen Touchscreen, wobei eine Vielzahl von Gesten mit mehreren Fingern genutzt werden kann, wie Streichen, Tippen oder indem man zwei oder mehr Finger voneinander wegbewegt oder sie zueinander rotiert. Die Gesten haben zum jeweiligen Kontext unterschiedliche Bedeutungen und werden von audiovisuellen Effekten begleitet, was die Bedienung sehr spielerisch macht. Zusätzlich zum Tippen mit den Fingern sind als Eingabegeräte verschiedene Sensoren programmiert, so dass das iPhone sogar auf Schütteln oder Drehen reagieren kann, wofür das Umschalten der Anzeige zwischen Hoch- und Querformat als eine der häufigsten Anwendungen zu nennen ist. Diese Technik beherrschen jedoch mittlerweile fast alle modernen Kommunikationsgeräte.

Apps

Die iOS – Applikationen werden oft verkürzt als Apps bezeichnet. Es sind meist kleinere Programme mit einer überschaubaren Funktionalität. Als Entwicklungsumgebung bietet Apple Inc. dafür ein kostenloses Software Development Kit (SDK) an. Der Verkauf einer fertigen Applikation darf nur über den offiziellen Markt „Apple Store" erfolgen, wobei die Entwickler jeden Preis für ihre Apps verlangen können, während Apple einen Teil des Gewinns vom Verkauf erhält.

Apple Store und das Laden von Inhalten

Neben den Apps dürfen auch andere Produkte, wie Musik, Bücher und Videos, nur über den Apple Store bezogen werden. Die Inhalte können auch bequem mit einem Desktop-PC über das kostenlose Programm „iTunes" erworben und anschließend auf das mobile Gerät übertragen werden. Mit „iCloud", dem Cloud-Dienst von Apple, können die Daten zwischen einzelnen Mobilgeräten und PCs synchronisiert werden und der Cloud-Dienst kann als Ablage für eigene Daten oder eingekaufte Inhalte dienen.

Cloud-Computing W

Die Daten können mit einem modernen Mobilgerät lokal oder dank der vorhandenen Übertragungsgeschwindigkeit im Internet abgespeichert werden. Dem Anwender ist dabei nicht bekannt, wo die Daten genau liegen, sie befinden sich „irgendwo" im Netz des Providers. Im Computerbereich wird ein Netz oft als Wolke dargestellt, daher kommt der Begriff „Cloud" (Wolke). Die Cloud ermöglicht u.a. die Synchronisation von Inhalten auf mehreren Geräten. Unterwegs kann z.B. ein Bericht auf einem Tablet-PC erfasst werden, während später am Arbeitsplatz die Bearbeitung der Datei fortgesetzt wird, denn der Bericht ist über den Cloud-Dienst auf dem Arbeitsplatz-PC synchronisiert.

Das Programm „iTunes" wird auch zum Übertragen eigener Inhalte vom PC zum Mobilgerät benutzt. Es ist jedoch nicht vorgesehen, die über USB angeschlossenen Mobilgeräte als Massenspeicher zu nutzen, was technisch auch durch die Sandbox-Technologie für Applikationen bestimmt wird.

1.3.7.2 Android

Offener Standard

Das Betriebssystem Android wurde von einem Konsortium von über 80 Firmen mit dem Ziel ins Leben gerufen, einen offenen Standard für mobile Kommunikationsgeräte und Computersysteme zu schaffen. Google fungiert dabei als führendes Mitglied in dieser sogenannten Open Handset Alliance.

Als Grundlage für das Betriebssystem Android dient der Linux-Kernel. Er beinhaltet u.a. Netzwerktreiber sowie Treiber für die Ein- und Ausgabe und die Massenspeicherverwaltung. Dieser Teil von Android ist freie Software im Sinne der Lizenz GPL Version 2.

Darauf basierend bieten die Java-Bibliotheken weitere Schnittstellen an, wie WebServices (WebKit), Kryptographie (SSL), Multimedia-Funktionen (Codecs) und ein Datenbanksystem (SQLite). Die Laufzeitum-

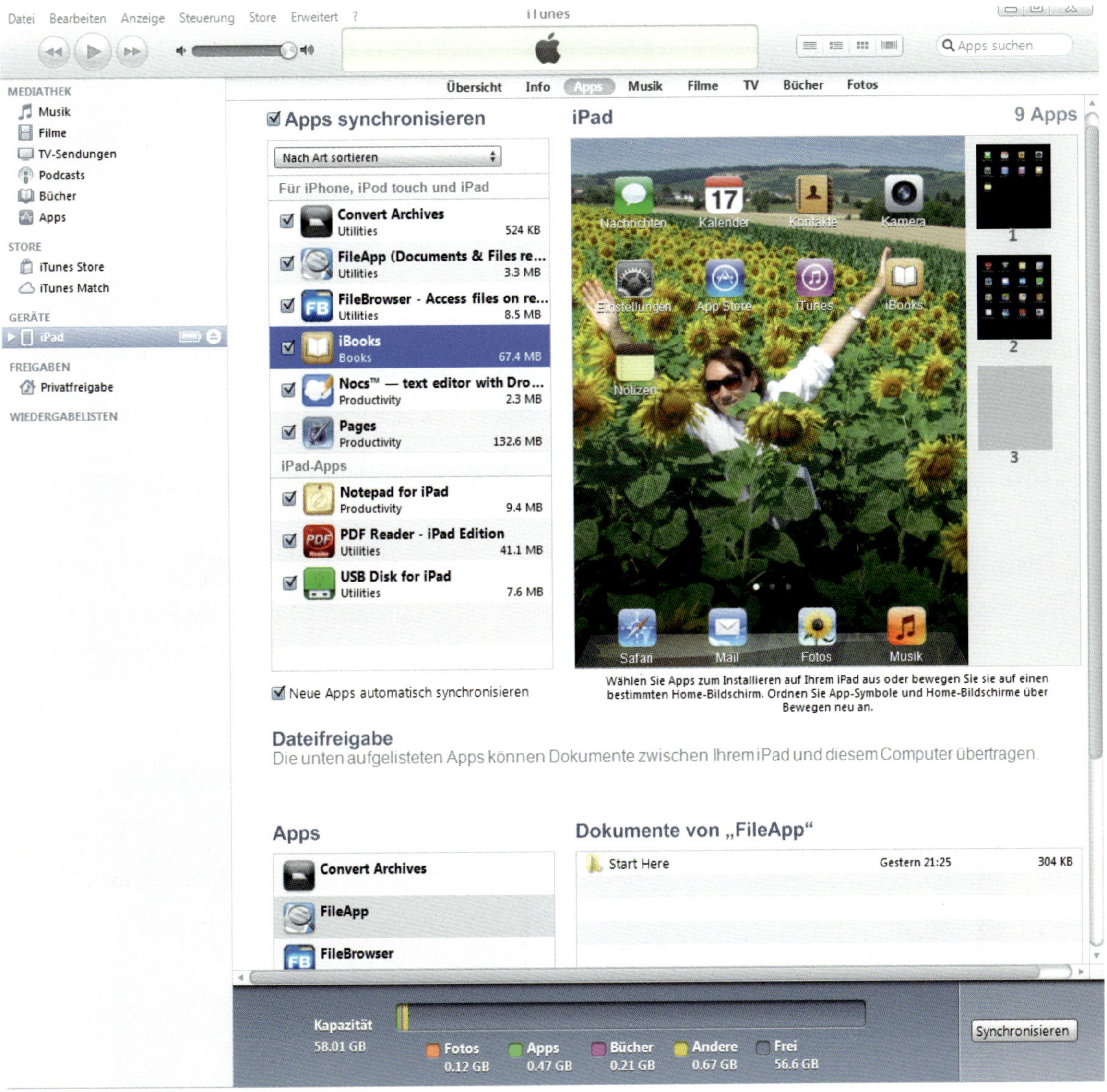

Anwendungen und Anwendungsdaten mit iTunes synchronisieren

gebung besteht aus Java-Bibliotheken und der von Google entwickelten und an Bedürfnisse der mobilen Geräte angepassten virtuellen Java Machine „Dalvik" Die ganze Java-Schicht basiert auf Apache Harmony, einer freien Implementierung der Java Standard Edition. Die meisten Teile der Java-Umgebung werden mit der Apache-Lizenz vertrieben, sind also ebenfalls frei.

Die obere Schicht des Betriebssystems besteht aus dem sogenannten Application Framework, das die Grundfunktionalität für die laufenden Anwendungen zur Verfügung stellt. Teile des Frameworks einschließlich der mitgelieferten Anwendungen wurden von Google entwickelt und deren Quellcode ist nicht frei.

Bedienung

Die Bedienung erfolgt über den Touchscreen und einige spezielle Tasten, die entweder als virtuelle Tasten auf dem Bildschirm oder als Hardware realisiert werden können. Die zurzeit definierte Gestik unterscheidet sich geringfügig von jener, die in Produkten von Apple genutzt wird. Die Sensoren der mobilen Geräte werden von Android ebenfalls unterstützt und bieten ähnliche Funktionalitäten an wie unter iOS.

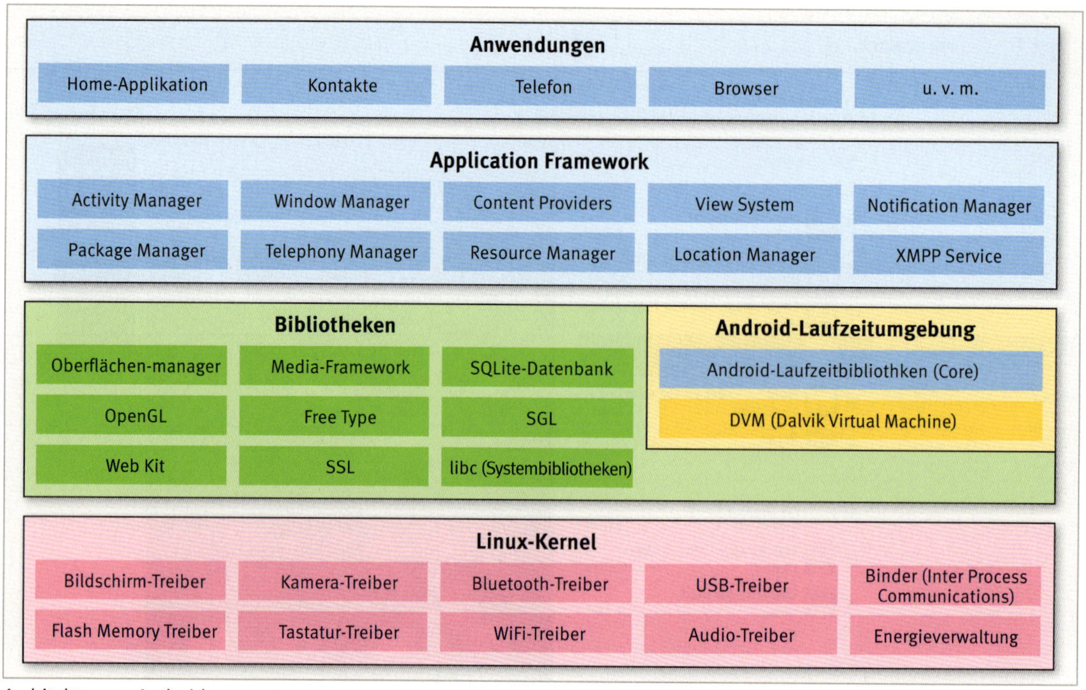

Architektur von Android

Android Emulator aus dem Android Software Development Kit

Apps und Internet Markt
Google verfolgt bei der Vermarktung von Anwendungen und Inhalten, die für Android bestimmt sind, eine ähnliche Strategie wie Apple mit iOS. Die Cloud basierte Verkaufsplattform „Google Play“ bietet eine Vielzahl von Applikationen an. Entwickler können sich für eine angemessene Gebühr registrieren und ihre Software zum Verkauf anbieten. Google erhält einen vereinbarten Prozentsatz vom Umsatz der Transaktionen. Allerdings gibt es dank der Offenheit der Plattform eine Reihe alternativer Märkte.

Aufgaben

1. Welche Eigenschaften soll das Betriebssystem der Zukunft aufweisen? Berücksichtigen Sie verschiedene Hardwaresysteme, Anwendungsbereiche, Trends in der heutigen Entwicklung. Suchen Sie im Internet nach Lösungsansätzen.

AH

1.3.8 Anwendungssoftware

S

Kai und Stefan haben für Herrn Köhler einen Bericht über die Auswahl der geeigneten Betriebssysteme vorbereitet. Allerdings sind die Eigenschaften eines Betriebssystems bei weitem nicht die einzigen Kriterien. Herr Köhler erinnert die beiden Azubis, dass die Auswahl des Betriebssystems sehr eng mit den Anwendungen verbunden ist, die auf dem Rechner laufen werden. Nach dem dafür gültigen Geschäftsprozess soll die prinzipielle Auswahl der Anwendungen noch vor der Auswahl der Betriebssysteme stattfinden. Danach wird festgelegt, welche Anwendungssoftware benötigt wird.

Anwendungssoftware ist ein Oberbegriff für all jene Programme, die zum Lösen konkreter Anwendungsfälle eingesetzt werden. Mit anderen Worten: Es betrifft die Entscheidung über alle Programme außer der Systemsoftware. Allgemein wird zumeist unterschieden zwischen

- Standardsoftware,
- Branchenlösungen und
- Individuallösungen.

1.3.8.1 Standardsoftware

Hierzu zählen Programme, die ziemlich universell und unabhängig vom konkreten Berufsfeld eingesetzt werden können. Die folgenden Übersichten fassen typische Programme zusammen, ohne hier einen Anspruch auf Vollständigkeit zu erheben.

W

Bürosoftware
Textverarbeitung Informationen in Form von Briefen und Berichten; *Anwendungen:* Microsoft Word, Star Writer, OpenOffice Writer, Corel WordPerfect, Pegasus Word
Tabellenkalkulation Informationen in Form von Tabellen und Formularen mit mathematischen und statistischen Formeln und Möglichkeiten zur Auswertung und grafischer Darstellung; *Anwendungen:* Microsoft Excel, OpenOffice.org Calc
Präsentation Berichte und Vorträge, auch für Darstellungen mit einem Projektor; *Anwendungen:* Microsoft PowerPoint, OpenOffice Impress
Desktop-Datenbanken Kleine Datenbanken werden als Tabellen dargestellt, für die unterschiedlichste Abfragen formuliert werden können; *Anwendungen:* Microsoft Access, Corel Paradox, FoxPro
Integrierte Office-Pakete integrierte Bürosoftware; *Anwendungen:* Microsoft Office, OpenOffice.org, Sun StarOffice, K Office (Linux)

Aufgaben

1. Kai Dreyer soll jetzt entscheiden, welche Anwendungen auf den neuen Rechnern installiert werden. Zuvor wurde für den Einsatz auf den Rechnern in den Abteilungen Marketing, Softwareentwicklung und Geschäftsbuchhaltung das Betriebssystem Microsoft Windows XP Professional und auf den Servern das Betriebssystem Linux ausgewählt.
Welche der aufgelisteten Anwendungen wird Kai auf den einzelnen Rechnern für die Installation planen? Recherchieren Sie im Internet, wenn die entsprechende Software für eine Entscheidung noch nicht ausreichend erklärt wurde.
   a) Webserver Apache
   b) Webserver IIS
   c) MediaWiki als Content Management System
   d) Skriptsprache VBScript
   e) Microsoft Visual Studio
   f) Lexware financial office als ERP-System (Auftrag, Bestellwesen, Finanz- und Lohnbuchführung)
   g) Lexware buchhalter
   h) Microsoft Office
   i) Adobe Photoshop

2. Welches Betriebssystem und welche Anwendungen sind nach Ihrer Meinung auf dem Rechner von Herrn Hein aus der Abteilung Support installiert?
3. Welche drei Arten von Anwendungssoftware kennen Sie?
4. Herr Köhler verfügt in seiner Abteilung über einige Rechner, die unter Linux laufen. Kann er auf so einem Rechner Microsoft Office installieren und verwenden?

W

Spezielle Software

Desktop-Publishing (DTP)

Texte zum professionellen Druck vorbereiten – aufwändigere Gestaltung als mit einer Textverarbeitung, da Layout, Farben und Auflösung höheren Anforderungen genügen sollen;
Anwendungen: Adobe PageMaker, QuarkXPress, Adobe InDesign, Adobe Acrobat

Bildverarbeitung

Fotos, Zeichnungen, Scans verarbeiten und betrachten;
Anwendungen: Adobe Photoshop, GIMP, Corel Draw, Macromedia Freehand

Finanzbuchhaltung, Gehaltsabrechnung, Lagerverwaltung, Finanzen

immer noch branchenunabhängig und doch ziemlich speziell ausgerichtet;
Anwendungen: sage Classic Line und Office Line, Lexware buchhalter, Lexware financial office

Visualisierung

Organigramme, Struktogramme, Geschäftsprozesse;
Anwendungen: Microsoft Visio, ViFlow

Computerspiele

nicht zu ernst zu nehmen, trotzdem wichtig (!)

Informationsbeschaffung/Navigation

Internetprogramme wie Browser, Download-Manager;
Anwendungen: Microsoft Internet Explorer, Opera, Mozilla, Firefox, FlashGet

E-Mail-Clients, Terminplaner

Anwendungen: Microsoft Outlook, Mozilla Thunderbird, The Bat, Evolution (Linux)

Multimedia-Tools

Anwendungen: Codec Packs, Media Player, QuickTime, AnyDVD, Adobe Premiere, Macromedia Director

Server-Software

Webserver, E-Mail-Server, Datenbankserver;
Anwendungen: Apache, IIS, Exchange, Sendmail, Postfix, Oracle

Programmentwicklungswerkzeuge

Programmiersprachen, Development Kits, Text-Editoren, Emulatoren

Content Management Software

Web-Foren, blog, Wiki, Typo3

G

Geschäftsprozess „Ausstattung eines neuen Rechners“ Unterprozess „Auswahl der Anwendungssoftware“

Auswahl der Anwendungssoftware für Arbeitsplatzrechner

Kriterien:
- Unterstützung durch das Betriebssystem
- Funktionalität
- Stabilität, Zuverlässigkeit
- Einarbeitungszeit, Schulungsaufwand
- Benutzerfreundlichkeit
- Administration
- Preise, Lizenzierung
- Hilfe, Unterstützung durch Hersteller, Hotline
- Grad der Verbreitung
- Dokumentation

Auswahl der Anwendungssoftware für Server

Kriterien:
- Unterstützung durch das Betriebssystem
- Funktionalität
- Stabilität, Zuverlässigkeit, Ausfallsicherheit
- Menge der gespeicherten und verarbeiteten Daten
- Reaktionszeiten, Belastbarkeit
- Skalierbarkeit
- Einarbeitungszeit, Schulungsaufwand
- Administration
- Preise, Lizenzierung
- Hilfe, Unterstützung durch Hersteller, Hotline
- Dokumentation

Zusammenarbeit der ausgewählten Anwendungssoftware abschätzen

Kriterien:
- Existieren gemeinsame Formate oder Schnittstellen für den Datenaustausch?
- Zusammenhang der Anwendungen, Funktionalität in Ausfallsituationen (z. B. bei einzelnen Programmabbrüchen)
- Belastbarkeit des ganzen Systems
- Dokumentation

W

Software	Linux	Windows
Office-Paket inklusive Textverarbeitung, Tabellenkalkulation, Präsentation	OpenOffice.org	Microsoft Office mit Word, Excel, PowerPoint
Desktop-Datenbank	–	Microsoft Access
Desktop-Publishing, Erstellen von PostScript- und PDF-Dateien	GhostScript (kein WYSIWYG), TeX als Satzsystem	Adobe InDesign, Adobe Acrobat
Grafikverarbeitung	GIMP	Adobe Photoshop
Internet-Navigation	Firefox, Mozilla, Konqueror, lynx, w3m	Internet Explorer, Mozilla Firefox
E-Mail-Client	Mozilla Thunderbird, Evolution, mut	Microsoft Outlook/Outlook Express
E-Mail-Server	sendmail, postfix	Microsoft Exchange
Webserver	Apache, WN, Sun Java System Web Server, NCSA	Apache, Microsoft Internet Information Server (IIS)
Programmierung in C/C++	GNU Compiler	Microsoft Visual Studio, Microsoft.NET Studio
Programmierung in anderen Sprachen	Perl, PHP, Java	Microsoft Visual Basic, Java

Die Frage nach dem „richtigen“ Betriebssystem ist somit mehr eine Frage über die benötigte Anwendungssoftware. Die vorstehende Tabelle zeigt Software, die mehr oder weniger zum Defacto-Standard für Windows oder Linux avanciert ist.

Kosten und Lizenzen für Standardsoftware

Die aufgeführte Software wird größtenteils in jedem beliebigen Computergeschäft angeboten. Die Lizenzen sind dabei normalerweise auf einen Computer oder auf einen Besitzer eingeschränkt. Im Falle der Büro-Standardsoftware werden auch Lizenzen für ein Arbeitsteam angeboten. Die Preisbildung wird dabei durch große Verkaufszahlen begünstigt. Produkte, die durch große Teams mit erheblichen Investitionen entstehen, werden oft für Preise unterhalb der Entwicklungskosten verkauft.

Da die Einsatzgebiete der Standardsoftware so universell sind, fallen auch die Kosten für Softwarelizenzen sehr unterschiedlich aus. So wird z. B. das Defacto-Standardpaket im Office-Bereich – Microsoft Office – für den Preis von mehreren hundert Euro verkauft, das funktionell und technologisch durchaus vergleichbare Produkt OpenOffice.org ist dagegen kostenlos. Ähnlich sieht es auch bei der Bildbearbeitung aus – das kostenlose Programm GIMP reicht für viele anspruchsvolle Aufgaben genauso wie das mehrere hundert Euro teure Programm Adobe Photoshop.

Die schon erwähnte freie Software spielt bei der Preisbildung eine ebenso große Rolle. Sie hat es trotzdem schwer, die kostenpflichtige Konkurrenz zu schlagen. Das scheint tatsächlich ein Phänomen zu sein, ist doch die freie Software der kostenpflichtigen Konkurrenz funktional durchaus gewachsen. Einige Ursachen und Beispiele sollen diese Situation erläutern:

- Die kostenpflichtigen Produkte stellen die Marktführer und die Defacto-Standards dar. Sie werden bereits eingesetzt. Der Umstieg auf eine neue Software ist immer mit Kosten verbunden, aber ebenso mit gewissen Risiken. Wird ein teilweiser Wechsel auf ein neues Produkt angestrebt, entstehen Kompatibilitätsprobleme beim Austausch von Dokumenten.
- Auch wenn ein Umstieg auf eine andere Software wie geplant abläuft, müssen dutzende oder gar hunderte von Installationen durchgeführt werden. Die Arbeitskräfte sind möglicherweise gezwungen, dafür ihre täglichen Aufgaben zu vernachlässigen.
- Der Aufwand für die Umsetzung vorhandener Geschäftslösungen übertrifft zumeist die Planungen.
- Die Mitarbeiter im Büro verfügen über ihre eigenen für Microsoft Word erstellten Textverarbeitungsvorlagen (Templates). Von einer anderen Software werden diese Vorlagen weder vollautomatisch noch komplett und oft nicht ohne Fehler übernommen (andere Schriftarten, falsche Formatierung, verschobene Grafik usw.).
- Die Mitarbeiter in der Lagerverwaltung benutzen eine auf der Basis von Microsoft Excel erstellte Anwendung. Es wurden Excel-Makros erstellt sowie VBA-Code genutzt. Ein Umstieg auf eine neue Tabellenkalkulation würde eine komplette Überarbeitung oder sogar Neuentwicklung der bestehenden Anwendung erfordern.

- Der Schulungsaufwand für das Personal steigt beträchtlich.
- Fehlender oder mangelhafter Support kann den Umstieg erschweren.
- Es besteht eine gewisse Unsicherheit über die dauerhafte Existenz der freien Produkte.
- Unsicherheiten begleiten auch die Lizenzfragen. Beispielsweise erschweren Lizenzfragen rund um Linux in der jüngeren Vergangenheit, wie z. B. einstweilige Verfügungen gegen einige Linux-Firmen, den Einsatz darauf basierter Anwendungen im kommerziellen Bereich nicht unerheblich.

W

Lizenzarten für Software

- **Freeware** ist ein Überbegriff für Software, die auf irgendeine Weise frei verfügbar ist. Zumeist handelt es sich um kostenlose Software, bei der keine besondere Lizenzierung erfolgt. Quellcode sowie Urheberrecht verbleiben beim Autor. Manchmal wünscht der Autor eine Postkarte als Anerkennung seiner Arbeit.
- **Public-Domain**-Software. Wie bei der Freeware gibt der Autor das Urheberrecht ganz oder teilweise an die Öffentlichkeit ab.
- **Open-Source**-Software ist tatsächlich freie (nicht verwechseln mit kostenlos!) Software, bei der der Quellcode unter einer besonderen Lizenzierung frei verfügbar gemacht wird. Einige der Open-Source-Lizenzen sind GNU Public License (GPL und LGPL), Perl Artistic License und BSD.
- **Shareware** bezeichnet keine freie Software, sondern der Autor stellt seine Software für eine bestimmte Zeit kostenlos und probeweise zur Verfügung. Nach Ablauf der Frist muss die Software bezahlt oder vom Computer entfernt werden. Manchmal wird die Software nicht auf Zeit, sondern mit eingeschränkter Funktionalität oder in einer früheren Version zur Verfügung gestellt.

Viele Hersteller bieten auch günstige Lizenzmodelle für Studenten, Schulen oder wissenschaftliche Einrichtungen an. Das führt dazu, dass die Software von einem breiten Benutzerkreis erlernt wird und letztendlich im späteren Berufsleben auch für den regulären Preis erworben und eingesetzt wird.

In einigen zukunftsorientierten Bereichen wie Internet oder Multimedia stehen die Preise in keinem Verhältnis zu den Entwicklungskosten, sondern werden durch Konkurrenzkämpfe bestimmt. So sind praktisch alle Webbrowser kostenlos.

Aufgaben

1. Recherchieren Sie im Internet, was zum aktuellen Zeitpunkt eine Lizenz Microsoft Office 2003 für einen neuen Rechner in der Firma ACI kosten würde.
2. Rollenspiel: Kai Dreyer schlägt vor, das Produkt OpenOffice.org in der Abteilung Softwareentwicklung als Ersatz für Microsoft Office einzuführen. Stefan Fischer ist dagegen. Den Schwerpunkt dieser Auseinandersetzungen bilden die Kompatibilität und Lizenzen. Versetzen Sie sich in die Rolle von einem der beiden Auszubildenden und argumentieren Sie für und gegen die zur Auswahl stehenden Produkte.

1.3.8.2 Branchenlösungen

Bestimmte branchenspezifische Aufgaben lassen sich nicht allein mithilfe von Standardsoftware lösen. An dieser Stelle werden spezielle Programme verlangt. Da Betriebe einer Branche ähnlich funktionieren, kann die Software ohne großen Anpassungsaufwand auch von vielen Unternehmen der betreffenden Branche eingesetzt werden. Es gibt solche Lösungen beispielsweise für Ärzte und Krankenhäuser, für Kfz-Betriebe und Großbäckereien, für Steuerbüros und Abfallbeseitigungsunternehmen oder für Wohnungs- und Immobilienverwaltungen.

Oft ist die Software, bedingt durch die komplexe Struktur und das Datenaufkommen in der jeweiligen Branche, nicht mehr auf einzelne Arbeitsplatzrechner beschränkt. Sie besteht vielmehr aus spezifischen Teilen, die ihre Aufgaben auf vielen Computern verteilt über das Netzwerk erledigen. Die Daten selbst speichern die **Datenbankserver,** die Bearbeitung der Daten übernehmen **Application Server** (Anwendungsserver), die Darstellung der Daten sowie die Bedienung der Software (Erstellung der Aufträge, Ausfüllen der Formulare, Terminplanung usw.) wird auf den Arbeitsplätzen **(Client-PCs)** abgewickelt. Damit alle Anwendungsteile miteinander kommunizieren können, wird oftmals zusätzlich eine besondere Schicht eingeführt – die **Middleware.**

Die eigentliche Branchenlösung zu entwickeln, bedeutet also oft, nicht alles selbst zu programmieren, sondern aus vorhandenen Teilen gemäß der Geschäftsprozesse in der jeweiligen Branche ein fertiges System zu entwickeln. In dem oben beschriebenen Szenario müssen sich nach dem sorgfältigen Studium der Geschäftsprozesse folgende Schritte anschließen:

Entscheidung für eine Datenbank. Einige Beispiele für moderne Datenbanken:

- **Oracle** – Universaldatenbank für mittlere und größere Unternehmen; Datenvolumen bis in den TByte-Bereich, schnell, skalierbar, ausfallsicher. Den Programmierern stehen Java, C/C++, SQL, PL/SQL und viele andere Schnittstellen zur Verfügung.
- **IBM DB/2** ist genauso weit verbreitet wie Oracle, geeignet für mittlere bis große Unternehmen und wird oft auf mittlerer Datentechnik eingesetzt (AS/400, zSerie).
- **Microsoft SQL Server** wird gern in kleineren bis mittleren Unternehmen mit starker Präsenz der Microsoft-Standardsoftware eingesetzt. In den konkreten Branchenlösungen dient oft Microsoft Access als Front-End für den SQL-Server.
- **MySQL** ist eine Open-Source-Datenbank. Sie bietet deutlich weniger Möglichkeiten als die vorgenannten drei Konkurrenten, reicht für sehr viele Szenarien aber vollkommen aus. Ihre Stärke entfaltet sie im Internet-Einsatz, wo sie auch am meisten im Zusammenspiel mit anderer Open-Source-Software wie Linux, dem Webserver Apache und der Programmiersprache PHP vorkommt. Die Entwicklung von MySQL verläuft in den letzten Jahren mit rasantem Tempo, sodass die Liste der fehlenden Eigenschaften immer mehr schrumpft.

Entscheidung für eine Applikationsplattform und Programmierumgebung. Es geht nicht nur um eine Programmiersprache, sondern vielmehr darum, welche Teillösungen, Bibliotheken, Dienste rund um eine Sprache existieren. Die beiden derzeit modernsten Ansätze betreffen folgende Entwicklungsumgebungen:

- **Java.** Es handelt sich um eine moderne objektorientierte Programmiersprache, aber auch um eine große Bibliothek mit Standardfunktionen **(Java Standard Edition)** sowie Diensten und Standards für die Entwicklung der Unternehmungslösungen **(Java Enterprise Edition).** Einem Java-Entwickler stehen eine Menge enorm leistungsfähiger Server, Middleware sowie Entwicklungswerkzeuge wie **Tomcat, Apache** und **Eclipse** zur Verfügung.
- **.Net Plattform** ist eine Sammlung von Diensten (Middleware), fertigen Lösungsansätzen sowie Compilern für verschiedene Programmiersprachen. Die wichtigste Eigenschaft ist die **Integration in die Betriebssysteme von Microsoft.** Einer der ursprünglichen Namenskandidaten für Windows Server 2003 war .Net Server. **.Net** ist gewissermaßen eine Weiterentwicklung von **OLE** und **COM,** Technologien von Microsoft, die unter Windows für die Kommunikation zwischen einzelnen Programmen sorgen.

Kosten und Lizenzen. Die Lizenz- und Preispolitik in den Branchenlösungen basiert einerseits darauf, dass es viel weniger Kunden gibt als bei Standardsoftware, wodurch die Preise relativ hoch sind und schnell in den fünfstelligen Bereich klettern. Andererseits ist die Wartung derartiger Software ein wesentlicher Kostenfaktor. Einige Anbieter verkaufen ihre Software für einen symbolischen Preis, die Wartung ist dann aber kostenpflichtig.

In manchen Branchen, beispielsweise im medizinischen Bereich, muss mit ständigen gesetzlichen Änderungen in den Geschäftsprozessen und Abläufen gerechnet werden. Hier sei z. B. auf das größte IT-Projekt Europas – die elektronische Gesundheitskarte – verwiesen. In diesem Fall geht es nicht nur um Wartungskosten, sondern auch um Kosten für die Weiterentwicklung aller Branchenlösungen, in die die neue Gesundheitskarte integriert wird.

Aufgaben

1. Mit der Entwicklung der Smartphones zu einer der wichtigsten Applikationsplattformen ist eine neue Art der Anwendungssoftware entstanden - kleine Apps, die sehr spezielle Dienste aus dem Internet anbieten: Wetterprognose, Börsentrends, Fußballergebnisse, Kontakte. Wie würden Sie diese Software klassifizieren? Welche Kosten- und Lizenzmodelle gibt es dafür? Recherchieren Sie im Internet und bereiten Sie eine Präsentation für die ACI-Geschäftsleitung vor.
2. ACI plant den Einstieg als Supportanbieter für Logistiksoftware, die speziell in Abfallbeseitigungsunternehmen (Müllabfuhr) eingesetzt werden soll.
   a) Welche konkurrierenden Produkte werden in Deutschland für diese spezifische Branche angeboten?
   b) Was sind die Kostenfaktoren?
   c) Worauf basiert die Lizenz- und Preispolitik für die angebotenen Branchenlösungen? Recherchieren Sie im Internet oder nutzen Sie andere Quellen. Fassen Sie Ihre Ergebnisse tabellarisch zusammen.
   d) Welche Datenbanken kennen Sie?

1.3.8.3 Individuallösungen

Viele Großunternehmen haben eigene Entwicklungsabteilungen oder eine EDV-Abteilung mit einem eigenen Entwicklungsteam. Diese Unternehmen können sich dann unter Umständen eine individuelle Software leisten, die durch eigene Programmierer (Insider) exakt auf die eigenen Bedürfnisse und Abläufe abgestimmt wird.

Leider besitzt ein solcher Ansatz auch folgende Nachteile:

- Individuallösungen sind **teuer,** da sie nicht weiterverkauft werden können. In letzter Zeit versuchen viele Großunternehmen, ihre Entwicklung auszugliedern, indem sie ihre Software-Abteilungen in ein Softwarehaus umfirmieren. Das Softwarehaus versucht dann, seine Dienstleistungen an möglichst viele Unternehmen zu verkaufen. Diese Bewegung wird **Outsourcing** genannt.

- Individuallösungen sind oft **Insellösungen.** Sie werden nach eigenen Vorstellungen „zusammengestrickt“, ohne Rücksicht auf die Normen und Standards der Softwareentwicklung und der Branche. Es ist dann nicht leicht, die Software zu erweitern, neue Technologien einzuführen oder neue Hardware in das bestehende Umfeld zu integrieren.

So gut die Software an die eigenen Geschäftsprozesse angepasst sein mag, so viel sich die Entwickler Mühe gegeben haben, es überwiegen letztlich doch die Nachteile. Ist das Unternehmen selbst nicht in der Softwarebranche tätig, wird es kaum so viel und so intensiv in die IT-Struktur investieren können wie die Softwareindustrie. Es ist nur eine Frage der Zeit, bis Anbieter von Branchensoftware mehr und mehr die Individuallösungen verdrängen, indem sie leistungs- und anpassungsfähigere sowie preiswertere Lösungen schaffen, die sich leicht pflegen, erweitern und integrieren lassen.

1.4 Informationsverarbeitung in IT-Systemen

1.4.1 Darstellungsformen

Fast alle Prozesse in der Natur haben ein analoges Erscheinungsbild. Das bedeutet, dass sich der Zustand der Gegenstände und Phänomene kontinuierlich mit der Zeit ändert. Es gibt passende Geräte, die diesen Zustand messen können, aber langfristige Auswertungen und Voraussagen von analogen Daten sind recht kompliziert. In dieser Situation kommt der besonderen, diskreten Darstellung der gemessenen Daten eine entscheidende Bedeutung zu. Beim Diskretisierungsprozess (Umwandlung von analogen in diskrete Daten) gehen selbstverständlich einige analoge Daten verloren, aber erstens gibt es zuverlässige mathematische Methoden, diese Daten wiederherzustellen, und zweitens besteht bei Bedarf die Möglichkeit, die analogen Informationen in möglichst kleinen Schritten zu diskretisieren. Die so gewonnenen digitalen Informationen lassen sich viel effektiver und einfacher speichern, verarbeiten, auswerten und übertragen. Deswegen besitzen die Darstellungsformen der Informationen grundlegende Bedeutung für das Verständnis der gesamten Informationstheorie.

1.4.2 Zahlensysteme

S

Beim Aufruf von einer Webseite sieht Kerstin Raabe in der Adressleiste des Internet Explorers folgende Angabe: **http://www.muster-webseite.de/pruefungen%20und%20loesungen/index.html**

Sie versteht nicht, was hier das %-Zeichen bedeutet, und bittet Herrn Köhler um Hilfe. Er erklärt ihr, dass %20 der hexadezimale Code für das Leerzeichen ist, und empfiehlt ihr, sich mit den Zahlensystemen zu beschäftigen. Er bittet auch Kai, sich mit der Problematik zu befassen und Kerstin zu helfen.

Im Laufe der Zeit haben die Völker unterschiedliche Systeme erfunden, um Gegenstände, Produkte, Leistungen und vieles andere zu zählen. Die Babylonier kannten 60 verschiedene Ziffern, die Römer zählten im Gegensatz dazu nur mit sieben verschiedenen Symbolen (I, V, X, L, C, D, M). Ein Dutzend war vor ein paar hundert Jahren bei uns ein wichtiges Maß. Noch heute gibt es in vielen Ländern eigene Maße im Überfluss. In diesem Lehrbuch werden allerdings nur die Zahlensysteme behandelt, in denen der Wert einer Zahl von den Positionen der Ziffern abhängig ist. Solche Systeme heißen Positionssysteme. Dazu gehört unser Dezimalsystem, während das römische Zahlensystem kein Positionssystem darstellt.

1.4.2.1 Grundlagen

Die Anzahl von unterschiedlichen Zeichen für die Zifferbezeichnung heißt Basis des Zahlensystems. Diese Zeichen selbst werden Basisziffern genannt. Im herkömmlichen Zahlensystem gibt es folgende Bezeichnungen (Basisziffern): 0, 1, 2, 3, 4, 5, 6, 7, 8, 9. Dieses Zahlensystem heißt Dezimalsystem, da es aus zehn verschiedenen Ziffern besteht. Die anderen bekannten Zahlensysteme erhielten ihre Namen in Relation zum dezimalen Zahlensystem.

W

Bezeichnung des Zahlensystems	Basisziffern
duales (binäres) System	0, 1
„tetrades“ System	0, 1, 2, 3
oktales System	0, 1, 2, 3, 4, 5, 6, 7
dezimales System	0, 1, 2, 3, 4, 5, 6, 7, 8, 9
hexadezimales System	0, 1, 2, 3, 4, 5, 6, 7, 8, 9, A, B, C, D, E, F

Als 10 wird immer die Zahl bezeichnet, die sich den Basisziffern anschließt. Deswegen nimmt die Zahl 10 in verschiedenen Systemen unterschiedliche Werte ein, was mit einem Index gekennzeichnet wird:

10_2 10_4 10_8 10_{16}

Die Zahlen in diesen Systemen sind auch mit solchen Indizes zu versehen. Die Zahlen im dezimalen System werden ohne Indizes dargestellt.

Beispiele:

$2 = 10_2$	$4 = 10_4$	$8 = 10_8$	$16 = 10_{16}$
$3 = 11_2$	$5 = 11_4$	$10 = 12_8$	$64 = 40_{16}$
$4 = 100_2$	$8 = 20_4$	$16 = 20_8$	$15 = F_{16}$
$8 = 1000_2$	$10 = 22_4$	$50 = 62_8$	$100 = 64_{16}$
$10 = 1010_2$	$25 = 121_4$	$64 = 100_8$	$256 = 100_{16}$
$16 = 10000_2$	$64 = 1000_4$	$100 = 144_8$	$171 = AB_{16}$

Alle arithmetischen Operationen (Addition, Subtraktion, Multiplikation und Division) sind in den entsprechenden Systemen ähnlich ausführbar wie im Dezimalsystem, mit der Einschränkung, dass nur die zur Verfügung stehenden Ziffern benutzt werden dürfen.

Beispiele:

$$\begin{array}{r} 1010_2 \\ +\ 101_2 \\ \hline 1111_2 \end{array} \qquad \begin{array}{r} 110101_2 \\ +\ 10101_2 \\ \hline 1001010_2 \end{array} \qquad \begin{array}{r} 110101_2 \\ -\ 10110_2 \\ \hline 11111_2 \end{array}$$

Als Basis kann eine beliebige Anzahl von Ziffern verwendet werden. Alle diese Systeme (außer dem Dezimalsystem) werden Fremdsysteme genannt.

1.4.2.2 Konvertierung

Konvertierung „Dezimalsystem zu Fremdsystem"

Um eine Zahl aus dem Dezimalsystem in ein Fremdsystem umzuwandeln, muss diese dezimale Zahl durch die Basis des Fremdsystems dividiert werden. Diese Operation erfolgt im herkömmlichen dezimalen System. Der Rest der Division stellt die entsprechende Ziffer im Fremdsystem dar. Der Quotient muss wieder durch die Basis dividiert werden, bis er kleiner als die Basis ist. Der letzte Quotient ist die erste Ziffer der Zahl in der Darstellung im Fremdsystem, die Reste bilden in umgekehrter Reihenfolge die nächsten Ziffern der Zahl.

Beispiele:

6 : **2** = 3 Rest *0*
3 : **2** = *1* Rest *1*
Also gilt: 6 = 110_2

18 : **4** = 4 Rest *2*
4 : **4** = *1* Rest *0*
Also gilt: 18 = 102_4

99 : **8** = 12 Rest *3*
12 : **8** = *1* Rest *4*
Also gilt: 99 = 143_8

231 : **8** = 28 Rest *7*
28 : **8** = *3* Rest *4*
Also gilt: 231 = 347_8

1767 : **16** = 110 Rest *7*
110 : **16** = *6* Rest 14 = *E*
Also gilt:
1767 = $6E7_{16}$

3459 : **16** = 216 Rest *3*
216 : **16** = 13 = *D* Rest *8*
Also gilt:
3459 = $D83_{16}$

Konvertierung „Fremdsystem zu Dezimalsystem"

Diese Umwandlung basiert auf der Reihendarstellung der Zahl. Jede Zahl kann als eine Reihe dargestellt werden:

$$Z = a_n \times p^n + a_{n-1} \times p^{n-1} + a_{n-2} \times p^{n-2} + \ldots + a_2 \times p^2 + a_1 \times p + a_0$$

Hier ist p die Basis der Darstellung, a_i sind die Ziffern. Auch die dezimalen Zahlen lassen sich so darstellen:

$$4952 = 4 \times 10^3 + 9 \times 10^2 + 5 \times 10 + 2$$

Für die Umwandlung einer Zahl aus einem beliebigen fremden Zahlensystem in das dezimale System müssen alle Ziffern des Fremdsystems in der obigen Reihe durch entsprechende dezimale Ziffern ersetzt werden:

$$32_4 = 3 \times 4 + 2 = 14$$
$$32_8 = 3 \times 8 + 2 = 26$$
$$32_{16} = 3 \times 16 + 2 = 50$$
$$725_8 = 7 \times 8^2 + 2 \times 8 + 5 = 469$$
$$BABE_{16} = 11 \times 16^3 + 10 \times 16^2 + 11 \times 16 + 14 = 47806$$
$$1234_{16} = 1 \times 16^3 + 2 \times 16^2 + 3 \times 16 + 4 = 4660$$

S

Kai informiert Kerstin darüber, dass die hexadezimalen Zahlen in der EDV weit verbreitet sind. Stürzt eine Anwendung ab, so erscheint innerhalb einer Fehlermeldung oft die Speicheradresse in hexadezimaler Form und zeigt, wo der Fehler passierte. Diese Information kann dem Programmierer helfen, den Fehler zu lokalisieren und zu beseitigen.

Aufgaben

1. Stellen Sie das Alter von Kerstin (20 Jahre) binär, oktal und hexadezimal dar.
2. Die größte 8-stellige binäre Zahl lautet **11111111.** Welcher dezimalen Zahl entspricht sie?
3. Jedes System im Internet besitzt eine 32-stellige Binärzahl als Kennung – die sogenannte IP-Adresse. Um sie besser handhaben zu können, wird sie in vier 8-stelligen Zahlen (Quods) aufgeteilt. Die Quods werden dann dezimal und durch Punkte voneinander getrennt dargestellt, etwa so: **192.168.6.10.** Stellen Sie diese Adresse in ihrer ursprünglichen Binärform dar.
4. Welche Dezimalzahlen verbergen sich hinter den hexadezimalen „Begriffen": **AFFE, CAFFE, FACE?**

Direkte Konvertierung

Da die Zahlen 4, 8 und 16 die entsprechenden Potenzen von 2 sind, ist die direkte Konvertierung zwischen dem dualen und dem dezimalen System möglich.

Eine duale Zahl kann in folgender Weise umgewandelt werden: Zuerst werden jeweils zwei, drei oder vier Positionen in der dualen Zahl gruppiert, wobei die Gruppierung immer von rechts beginnen muss. Wenn die letzte Gruppe nicht vollständig ist, werden einfach einige Ziffern 0 links hinzugefügt, um diese Gruppe zu komplettieren. Dann verwandelt man jede Gruppe in die entsprechende Zahl des gewünschten Systems.

Beispiele:

Betrachtet wird die duale Zahl: **101001110101.**

- Gruppieren wir je zwei Positionen 10 10 01 11 01 01, dann ergibt sich eine Zahl im „tetraden" System: 221311.
- Gruppieren wir je drei Positionen 101 001 110 101, dann ergibt sich eine Zahl im oktalen System: 5165.
- Gruppieren wir je vier Positionen 1010 0111 0101, dann ergibt sich eine Zahl im hexadezimalen System: A75.

Betrachtet wird die duale Zahl: **1011001100101.**

- Gruppieren wir je zwei Positionen 11 01 10 01 10 01 01, dann ergibt sich eine Zahl im „tetraden" System: 3121211.
- Gruppieren wir je drei Positionen 11 011 001 100 101, dann ergibt sich eine Zahl im oktalen System: 33145.
- Gruppieren wir je vier Positionen 11 0110 0110 0101, dann ergibt sich eine Zahl im hexadezimalen System: 3665.

1.4.2.3 Zahlendarstellung

Alle Informationen (Befehle und zu verarbeitende Daten) werden im Computer in einer binären Form als Reihenfolge von Bits und Bytes gespeichert.

Ein **Bit** (**bi**nary digi**t**) ist die kleinste Menge an Information, die im Rechner bearbeitet wird. Somit enthält ein Bit entweder die Ziffer 0 oder 1. Werden aber die einzelnen Bits versendet oder abgespeichert, so sind die Vorgänge hierfür zu aufwändig. Auch die Verarbeitung einzelner Bits erfordert erhebliche Kapazitäten. Deswegen werden Bits in Gruppen zusammengefasst, pro Gruppe je 8 Bits. So eine Gruppe heißt **Byte.** Somit ist ein Byte das Maß für fast alle Speicherungs-, Versand- und Verarbeitungsvorgänge.

Darüber hinaus existieren weitere Größen, wie **Wort** (2 Bytes), **doppeltes Wort** (4 Bytes) und seltener **halbes Byte** (4 Bits). Die weiteren Betrachtungen beziehen sich auf die einzelnen Bytes.

Die Zahlen ohne Vorzeichen belegen 8 Bits eines Bytes. Die kleinste Zahl ohne Vorzeichen ist die 0 = 00000000, die größte Zahl ohne Vorzeichen beträgt 255 = 11111111.

Wenn das Vorzeichen bei Zahlen berücksichtigt werden muss, dann wird es vom letzten (von rechts gezählt) Bit repräsentiert. Dabei steht die Ziffer 0 für das Vorzeichen „+" und die Ziffer 1 für das Vorzeichen „-". Die Zahl selbst belegt die restlichen 7 Bits des Bytes. Die kleinste Zahl mit Vorzeichen ist logischerweise −127 = 11111111, die größte Zahl mit Vorzeichen beträgt 127 = 01111111.

Für die Zahl 0 existieren somit zwei Darstellungen: 00000000 und 10000000, die eigentlich den Werten +0 und −0 entsprechen. Selbstverständlich ist es überflüssig, zwei Darstellungen für die Zahl Null zu nutzen. Deswegen wird die negative Zahl 10000000 für die Darstellung der Zahl -128 verwendet. Diese Zahl ist dann die kleinste negative Zahl, die in einem Byte dargestellt werden kann.

1.4.2.4 Rechenoperationen

In der Natur existieren weder Multiplikation noch Division. Die Multiplikation ist nur die mehrfache Addition, die Division ist nur die mehrfache Subtraktion. Genauso sind diese Operationen in einem (idealen) Rechner organisiert. Deswegen hat ein idealer Rechner im Prinzip nur die Addition und die Subtraktion zu gewährleisten. Es ist weiterhin mathematisch bewiesen, dass die Subtraktion von zwei Zahlen durch eine passende Addition ersetzt werden kann. Somit verbleibt letztlich die Addition wichtigste arithmetische Operation.

Die **Addition** erfolgt im Rechner mit der mathematisch definierten Regel. Wenn zwei Bytes addiert werden, dann darf das Ergebnis nicht größer als ein Byte sein, da sonst ein Overflow-Fehler (Überschreitung der Speicherkapazität) auftritt.

Die **Subtraktion** wird im Rechner durch eine Addition besonderer Art ersetzt. Dabei verbleibt der Minuend im ursprünglichen Zustand, während der Subtrahend in eine andere Form umgewandelt wird. Diese Form heißt **Zweierkomplementzahl** oder **Zweikomplementzahl.** Die Summe aus Minuend und Zweikomplementzahl des Subtrahends ergibt (mathematisch bewiesen) die zu errechnende Differenz. Die Zweikomplementzahl der Zahl Z wird folgendermaßen gebildet:

- Invertierung (Umkehr) aller Bits von Z
- Addition von 1 zum ersten Bit (von rechts)

Beispiel:

Aus den Zahlen, die in einem Byte dargestellt werden können, soll die Differenz 16 – 10 berechnet werden.

16 = 00010000
10 = 00001010

- 10 invertieren: 11110101 und 1 addieren, d.h. 11110101+00000001=11110110. Das ist die Zweikomplementzahl zur 10.
- 00010000+11110110=00000110, da die führende 1 verdrängt wird.

Bei der Bildung der Zweikomplementzahl muss beachtet werden, dass alle Operationen an ein bestimmtes Muster (beispielsweise 1 Byte) gebunden sind. Die führende 1 bei der Addition wird aus diesem Muster verdrängt. Das ist kein Fehler, sondern Bestandteil des Algorithmus. Als Muster kann theoretisch auch jede andere Anzahl von Bits verwendet werden: 2 Byte, 19 Bits usw. Wichtig ist nur, dass alle Operationen von Anfang an bis zum Ende in diesem Muster durchgeführt werden.

1.4.3 Zeichenkodierung (Codes)

S Jetzt versteht Kerstin, wie die Zahlen im Prozessor dargestellt und bearbeitet werden. Sie arbeitet am Rechner jedoch mit Buchstaben, Zeichen und anderen (auch grafischen) Symbolen. Wie werden diese Symbole abgespeichert und verarbeitet? Kerstin will sich auch mit diesem Thema intensiver beschäftigen.

Die erläuterte binäre Form von Zahlen ist sehr bequem für die unmittelbare Verarbeitung durch den Prozessor, aber die Informationen im täglichen Gebrauch setzen sich vielmehr aus Buchstaben, Zeichen und speziellen Symbolen zusammen, die nicht addiert oder subtrahiert, sondern auf eine andere Art ausgewertet werden. Außerdem müssen alle Informationen vor und nach der Verarbeitung gespeichert werden. Für diese Zwecke existieren spezielle Zuordnungstabellen, wo jedemSymbol eine binäre Zahl entspricht. Die bekanntesten Zuordnungstabellen (Codes) sind ASCII, ANSI, EBCDIC und UNICODE.

ASCII. Der **A**merican **S**tandard **C**ode for **I**nformation **I**nterchange verwendet für die Codierung ein Byte. Somit gibt es in dieser Zuordnungstabelle 256 Zeichen. In der ersten Hälfte (0–127) der Tabelle sind die Werte gemäß dem US-amerikanischen Gebrauch festgelegt, die zweite Hälfte (128–255) kann länderspezifische Zeichen enthalten. Der Buchstabe **A** hat hier z. B. den dezimalen Code **65**, die Ziffer **1** belegt den dezimalen Code **49**. Selbstverständlich müssen die codierten Zahlen bei arithmetischen Operationen in die binäre Darstellung umgewandelt werden. Die folgende ASCII-Tabelle zeigt die **dezimalen** Codes der Zeichen. Im Bereich von 0 bis 31 befinden sich nicht druckbare Zeichen, ebenso wie teilweise auch in der zweiten Hälfte (128–255) der Tabelle.

W

Dezimal	Zeichen	Dezimal	Zeichen
42	*	62	›
43	+	63	?
44	,	64	@
45	-	65	A
46	.	66	B
47	/	67	C
48	0	68	D
49	1	69	E
50	2	70	F
51	3	71	G
52	4	72	H
53	5	73	I
54	6	74	J
55	7	75	K
56	8	76	L
57	9	77	M
58	:	78	N
59	;	79	O
60	‹	80	P
61	=	81	Q

Die folgende Tabelle enthält die **hexadezimalen** Darstellungen der ersten Hälfte der Zeichen (0–127). Das sind die hexadezimalen Zahlen 0 bis 7F. Der hexadezimale Code besteht aus zwei Ziffern. Die erste Ziffer des entsprechenden Zeichens steht in der **Spalte Code,** die zweite Ziffer in der **Zeile Code.**

Code	-0	-1	-2	-3	-4	-5	-6	-7	-8	-9	-A	-B	-C	-D	-E	-F
0-	NUL	SOH	STX	ETX	EOT	ENQ	ACK	BEL	BS	HT	LF	VT	FF	CR	SO	SI
1-	DLE	DC1	DC2	DC3	DC4	NAK	SYN	ETB	CAN	EM	SUB	ESC	FS	GS	RS	US
2-	SP	!	"	#	$	%	&	'	(	)	*	+	,	-	.	/
3-	0	1	2	3	4	5	6	7	8	9	:	;	<	=	>	?
4-	@	A	B	C	D	E	F	G	H	I	J	K	L	M	N	O
5-	P	Q	R	S	T	U	V	W	X	Y	Z	[	\	]	^	_
6-	`	a	B	C	d	e	f	g	h	I	J	k	L	M	n	o
7-	p	q	R	S	t	u	v	w	x	Y	Z	{	|	}	~	DEL

Beispielsweise entspricht der Ziffer 1 der hexadezimale Code 31 und dem Buchstaben **A** der Code 41. Wird der hexadezimale Code 31 in den dezimalen Code umgewandelt, so gilt: $3 \times 16 + 1 = 49$. Dieser Wert entspricht der dezimalen Darstellung der Ziffer 1.

ANSI. Der Standard des **A**merican **N**ational **S**tandards **I**nstitute basiert auf dem ASCII-Code. Hier ist die zweite Hälfte der ASCII-Tabelle den amerikanischen Bedürfnissen angepasst worden.

EBCDIC. Der **E**xtended **B**inary **C**oded **D**ecimals **I**nterchange **C**ode wurde von IBM entwickelt und basiert auf einem alten BCD-Code für die binäre Darstellung der dezimalen Zahlen. EBCDIC besitzt heute immer noch eine gewisse Verbreitung, aber fast ausschließlich auf Großrechnern. Die folgende Tabelle zeigt die hexadezimalen Codes für die EBCDIC-Zeichen. Hier besteht der hexadezimale Code ebenfalls aus zwei Ziffern, die sich aus den Werten in der **Spalte Code** und in der **Zeile Code** bilden. Beispielsweise ergibt sich für die Ziffer 1 der hexadezimale Code **F1**, der im dezimalen Code den Wert 241 ergibt. Für den Buchstaben **A** lauten die entsprechenden Codes **C1** und 193.

Code	-0	-1	-2	-3	-4	-5	-6	-7	-8	-9	-A	-B	-C	-D	-E	-F
4-			Ã	{	à	A	ã	å	ç	Ñ	Ä	.	<	(	+	!
5-	&	E	Ê	Ë	è	Í	î	ï	ì	~	Ü	$	*	)	;	^
6-	-	/	Â	[	À	Á	Ã	Å	Ç	Ñ	ö	,	%	_	>	?
7-	Ø	É	Ê	Ë	È	Í	Î	Ï	Ì	`	:	#	§	'	=	"
8-	Ø	a	b	c	d	e	f	g	h	i	«	»	ð	ý	þ	÷
9-	°	j	k	l	m	n	o	p	q	r	ª	º	æ	¸	Æ	¤
A-	µ	ß	s	t	u	v	w	x	y	z	¡	¿	Ð	Ý	Þ	®
B-	¢	£	¥	·	©	@	¶	¼	½	¾	¬		–	¨	´´	×
C-	ä	A	B	C	D	E	F	G	H	I		ô	|	ò	ó	
D-	ü	J	K	L	M	N	O	P	Q	R	1	û	}	ù	ú	ÿ
E-	Ö	÷	S	T	U	V	W	X	Y	Z	2	Ô	\	Ò	Ó	Õ
F-	0	1	2	3	4	5	6	7	8	9	3	Û	]	Ù	Ú	

UNICODE ist ein internationaler Standard, in dem jedem Zeichen aller bekannten Schriftkulturen und Zeichensysteme ein digitaler Code zugeordnet wird. Ziel ist es, die Inkompatibilitäten bei den Kodierungen in den unterschiedlichen Ländern zu vermeiden. Hier werden 1, 2 und 4 Bytes für die Zeichendarstellungen benutzt. Jedes Zeichen bei den 2-Byte-Darstellungen erhält einen hexadezimalen Code mit einem Präfix **U+**. In dem Bereich U+0000 bis U+007F stimmt dieser Standard mit der ersten Hälfte der ASCII-Tabelle überein. Beispielsweise besitzt der Buchstabe **A** den Code **U+0041**.

1.4.4 Logische Grundfunktionen

S Kai bereitet sich auf eine Prüfung vor und bittet Herrn Köhler, mehr über die elektronischen Schemas (Schalter) zu erzählen. Da hier viele Vorgänge auf reiner Logik basieren, werden ihm diese Kenntnisse auch bei der Netzwerkadministration oder beim Programmieren nützlich sein.

Die Arbeit eines Rechners erledigen im Prinzip die elektronischen Schaltungen. Die Funktionalität dieser Schaltungen basiert auf logischen Grundfunktionen, die hier betrachtet werden. Die Schaltungen oder logischen Funktionen werden schematisch in folgender Form dargestellt:

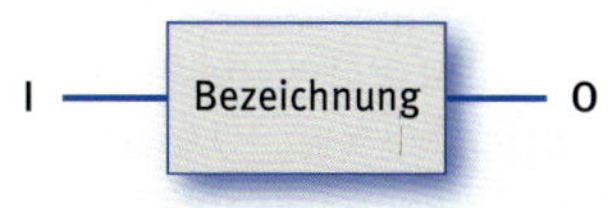

Logische Funktion: allgemeine Darstellung

Hier steht **I** für Eingabe (Input, Eingang), **O** ist die Ausgabe (Output, Ausgang), im Kästchen erscheint die **Bezeichnung** einer **Funktion.** Ein- und Ausgabewerte sind die binären Zahlen 0 und 1 (eingeschaltet = 1, ausgeschaltet = 0). Alle elementaren Funktionen besitzen mindestens eine Eingabe, aber nur eine Ausgabe.

Identität

Diese logische Funktion besitzt einen Eingang und einen Ausgang. Sie leitet den Eingang ohne Veränderungen an den Ausgang weiter. Tabellarisch, als Formel und grafisch kann diese Funktion so dargestellt werden:

I	0	1
O	0	1

Formel:
O = I

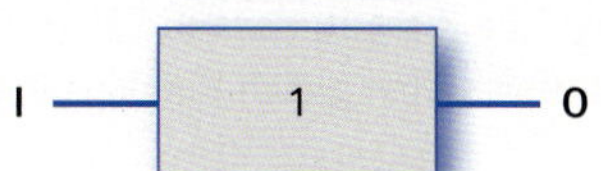

Logische Funktion: Identität

Inverter

Diese logische Funktion besitzt ebenfalls einen Eingang und einen Ausgang. Sie kehrt den Eingang um und heißt daher **Negation.**

I	0	1
O	1	0

Formel:
$O = \overline{I}$

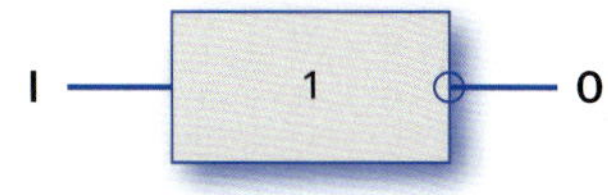

Logische Funktion: Inverter

AND-Funktion (UND)

Diese Funktion besitzt im Gegensatz zu den vorherigen Funktionen zwei Eingänge, die als **I1** und **I2** bezeichnet werden. Sie erzeugt eine 1 als Ausgabe, wenn beide Eingaben auf den Wert 1 gesetzt sind. In allen anderen Fällen liefert die Funktion den Wert 0. Sie heißt auch **Konjunktion** oder **logische Multiplikation.**

I1	0	0	1	1
I2	0	1	0	1
O	0	0	0	1

Formel:
$O = I1 \wedge I2$

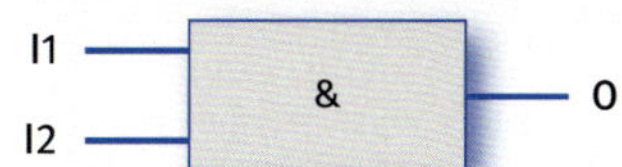

Logische Funktion: UND

NAND-Funktion (Nicht-UND)

Die Umkehrung der AND-Funktion liefert eine 0 als Ausgabe nur in dem Fall, wenn beide Eingaben auf den Wert 1 gesetzt sind. In allen anderen Fällen liefert sie den Wert 1.

Logische Funktion: Nicht-UND

I1	0	0	1	1
I2	0	1	0	1
O	1	1	1	0

Formel:
$O = \overline{I1 \wedge I2}$

OR-Funktion (ODER)

Diese Funktion erzeugt mit zwei Eingaben den Wert 0 als Ausgabe, wenn beide Eingaben auf den Wert 0 gesetzt sind. In allen anderen Fällen liefert die Funktion den Wert 1. Sie heißt auch **Disjunktion** und **logische Addition.**

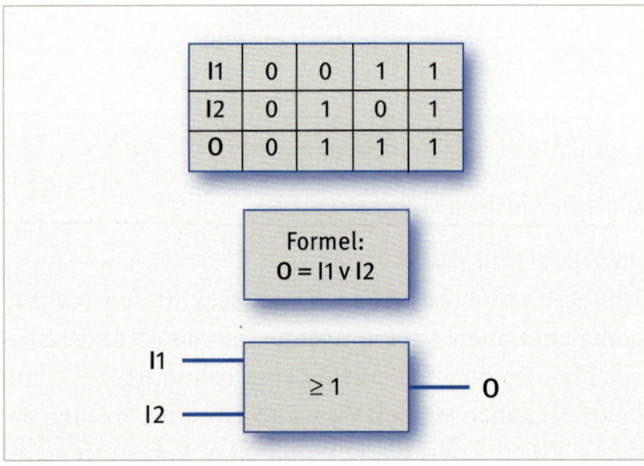

Logische Funktion: ODER

NOR-Funktion (Nicht-ODER)

Diese Funktion kehrt die OR-Funktion um, sodass sie den Wert 1 als Ausgabe nur dann erzeugt, wenn beide Eingaben auf den Wert 0 gesetzt sind. In allen anderen Fällen liefert sie den Wert 0.

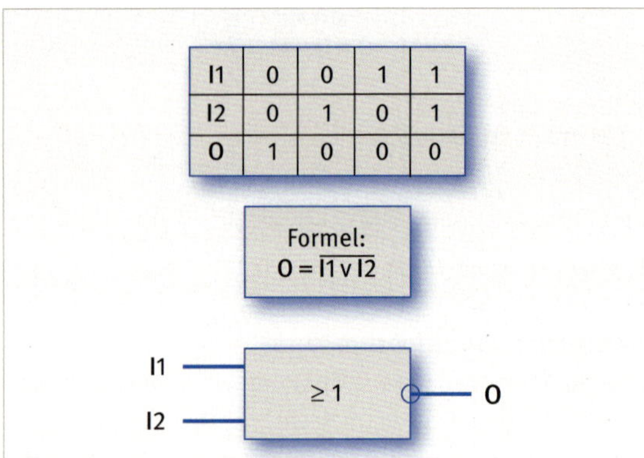

Logische Funktion: Nicht-ODER

XOR-Funktion (Antivalenz)

Diese Funktion mit zwei Eingaben liefert den Wert 1 als Ausgabe, wenn genau eine von beiden Eingaben auf den Wert 1 gesetzt ist. In anderen Fällen liefert sie den Wert 0.

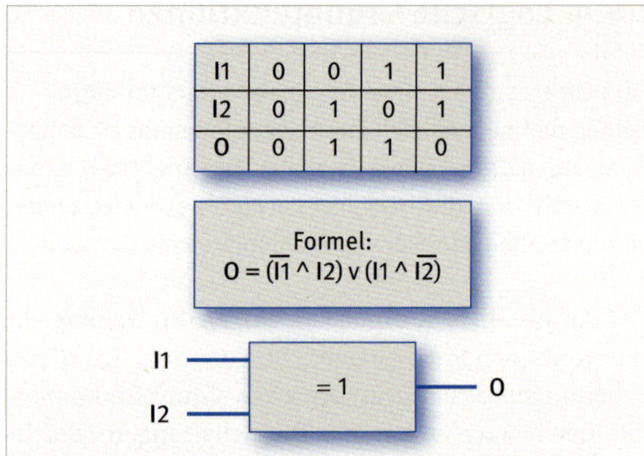

Logische Funktion: Antivalenz

Die Antivalenz-Funktion ist besonders wichtig, weil sie eine fast normale arithmetische Addition darstellt, wenn der Übertrag bei $1+1=10$ vernachlässigt wird. Aufgrund dieser Eigenschaft dient sie in einer CPU als Basis für einen **Addierer.** Eine weitere interessante Eigenschaft dieser Funktion beschreibt den folgenden Zusammenhang: Wenn $A \nleftrightarrow K = B$, dann ist $B \nleftrightarrow K = A$. Dieser Zusammenhang ermöglicht die Verwendung gleicher Algorithmen für die Verschlüsselung und Entschlüsselung von Informationen.

1.4.5 Boole'sche Algebra

Die Grundfunktionen der Boole'schen Algebra werden für elektronische Schaltungen in unterschiedlichen Kombinationen verwendet. Es handelt sich hier um komplizierte mathematische (logische) Funktionen, für die bestimmte mathematische Gesetze gelten. Diese Gesetze wurden von **George Boole** verfasst. Die Gesetze helfen dabei, die komplizierten Schaltungen möglichst einfach zu gestalten oder die logischen Bedingungen bei der Programmierung zu vereinfachen. Sie werden auch beim Aufbau von **Addierern** benutzt.

Doppelte Negation. Es gilt, dass die Negation einer negierten Variablen selbst gleich der Variablen ist:

$$A=\overline{\overline{A}}$$

Kommutative Gesetze. Für die logische Multiplikation und die logische Addition gilt:

$$A \wedge B = B \wedge A \qquad A \vee B = B \vee A$$

Das bedeutet, dass die Reihenfolge der Eingänge in den entsprechenden Schaltkreisen unerheblich ist.

Assoziative Gesetze. Für die logische Multiplikation und die logische Addition gilt:

$A \wedge (B \wedge C) = (A \wedge B) \wedge C \qquad A \vee (B \vee C) = (A \vee B) \vee C$

Die runden Klammern verweisen auf die Priorität der Operationen bei der Berechnung. Das bedeutet, dass sich die Schaltvariablen (Eingaben) auf beliebige Art und Weise gruppieren lassen.

Distributive Gesetze. Für die logische Multiplikation und die logische Addition gilt:

$A \wedge (B \vee C) = (A \wedge B) \vee (A \wedge C)$

$A \vee (B \wedge C) = (A \vee B) \wedge (A \vee C)$

Der erste Ausdruck (Gesetz) verkörpert eine Analogie zu dem entsprechenden arithmetischen Gesetz, für das zweite Gesetz gibt es keinen analogen Ausdruck in der Arithmetik.

1.4.6 Halbaddierer und Volladdierer

Beim arithmetischen Addieren von zwei Bits kann ein Übertrag entstehen, der nicht verloren gehen darf. Um die entsprechenden logischen Schemas (Schaltungen) zu verwirklichen, werden die bereits erläuterten elementaren logischen Funktionen genutzt.

Zuerst interessiert uns der Aufbau eines Halbaddierers. Ein **Halbaddierer** ist eine Schaltung, die zwei Eingänge für die beiden zu addierenden Bits enthält. Die beiden Ausgänge verkörpern sowohl die **Summe (S)** als auch den **Übertrag (C).** Jeder der Ein- und Ausgänge kann wie auch bei den logischen Funktionen nur ein Bit enthalten. Intern besteht der Halbaddierer aus einer **Antivalenz-** und einer **UND-Funktion.** Die beiden Eingänge des Halbaddierers leiten die Bits an die Eingänge dieser beiden elementaren Funktionen weiter. Die Summe kann dabei maximal einen zweistelligen Wert annehmen. Die Antivalenz-Funktion erzeugt die erste Stelle der Summe (gezählt von rechts nach links). Die UND-Funktion erzeugt die zweite Stelle der Summe (den Übertrag). Der Übertrag kann selbstverständlich den Wert 0 besitzen.

Logisches Schema: interner Aufbau eines Halbaddierers

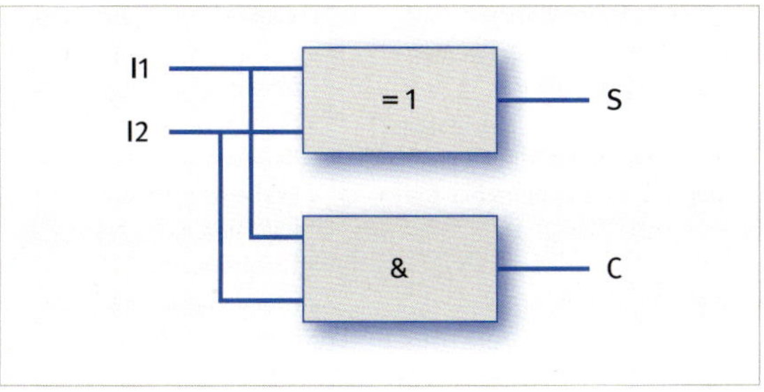

Das Schema des Halbaddierers kann durch eine kürzere Bezeichnung vereinfacht dargestellt werden:

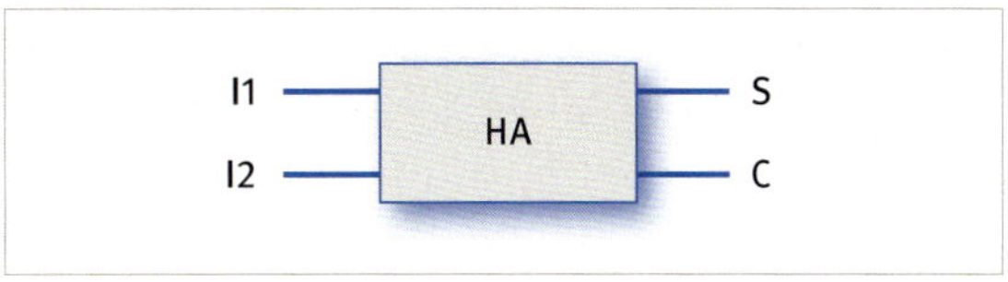

Logisches Schema: Bezeichnung eines Halbaddierers

Die wichtigste Eigenschaft eines Halbaddierers besteht darin, dass er den Übertrag nicht verliert, sondern an den zweiten Ausgang (C) liefert. Dieses Prinzip ist ausreichend für die Addition von zwei Zahlen, die jeweils nur aus einem Bit bestehen. Sollen mehrstellige binäre Zahlen addiert werden, so muss bei der Addition der jeweiligen Stelle der Übertrag der vorherigen Stelle berücksichtigt werden. Ein Halbaddierer kann dies nicht gewährleisten, da er nur über zwei Eingänge für die beiden Summanden verfügt.

Der **Volladdierer** löst dieses Problem. Er besitzt **drei Eingänge,** einen Eingang für den **Übertrag der vorhergehenden Operation (CI)** und zwei Eingänge für die zu addierenden Bits. Die beiden Ausgänge stehen für die **Summe (S)** und für den **Übertrag (CO)** der aktuellen Addition zur Verfügung. Der interne Aufbau und die Bezeichnung eines Volladdierers können ebenso ausführlich und vereinfacht schematisch dargestellt werden.

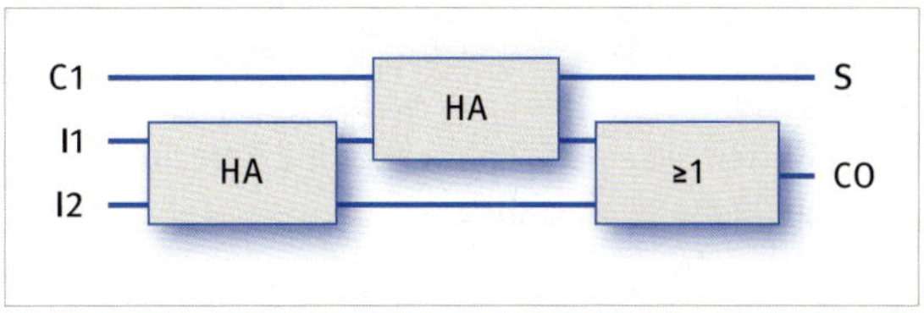

Logisches Schema: interner Aufbau eines Volladdierers

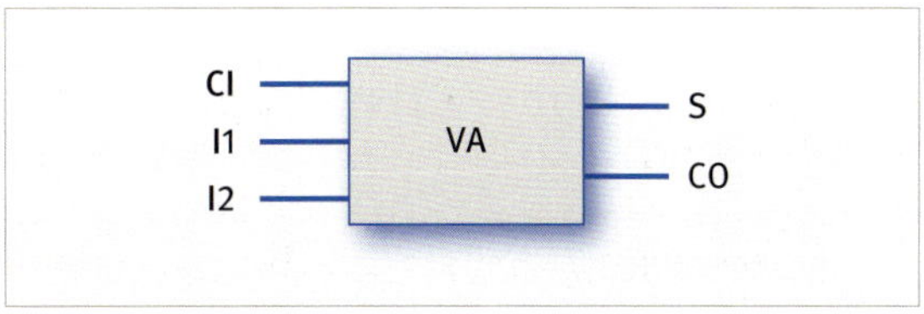

Logisches Schema: Bezeichnung eines Volladdierers

Volladdierer erlauben es, mehrstellige binäre Zahlen zu addieren. Für jede Stelle (Bit) wird ein Volladdierer verwendet. In der folgenden Abbildung ist die Addition von 2 Bytes dargestellt. Die Addition selbst verläuft in der Abbildung von oben nach unten. Die Summe wird in einem zusätzlichen Byte abgespeichert. Ergibt sich ein Übertrag bei der letzten Addition, so geht er verloren, wenn keine weitere Vereinbarung besteht. Dieses Beispiel zeigt nur in einer Variante den prinzipiellen Aufbau eines Additionsschemas. Es gibt selbstverständlich mehrere Modifikationen zu diesem Ablauf.

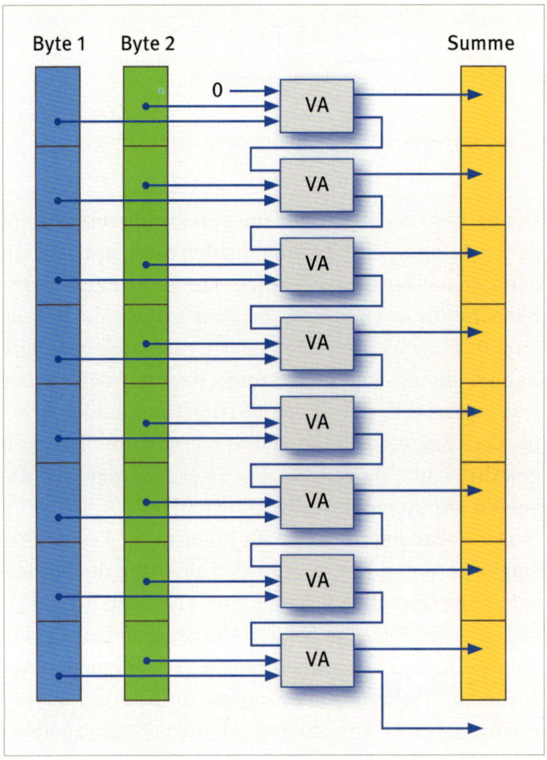

Addition von zwei Bytes mit Volladdierern

Aufgaben

1. Entwerfen Sie eine Schaltung für die Berechnung der Zweierkomplementzahl.
2. Das vorgestellte Schema für die Addition von zwei Bytes ist relativ aufwändig, da es acht Volladdierer benutzt. Kann diese Addition auch mit nur einem Volladdierer bewältigt werden?

1.5 Inbetriebnahme und Übergabe

Auf allen neuen Rechnern sind die ausgewählten Betriebssysteme und Anwendungen schon installiert. Herr Köhler betont in einem Gespräch mit Kai und Stefan, dass ihre Aufgabe damit noch nicht abgeschlossen sei. Es wird besprochen, welche Schritte noch bewältigt werden müssen.

Anschließend erhalten beide Azubis noch eine zusätzliche Aufgabe. Die Abteilung **Softwareentwicklung** benötigt dringend einen Rechner für die Qualitätssicherung (QS) als Test-Rechner, auf dem die beiden Betriebssysteme Microsoft Windows 10 und Linux installiert werden müssen. Wie soll dieser Rechner eingerichtet werden?

Die Inbetriebnahme eines Rechners besteht aus folgenden Schritten, die in der Firma ACI in einem weiteren Geschäftsprozess zusammengefasst sind:

1	Hardware überprüfen und zusammenbauen, in seltenen Fällen auch Einstellungen per Jumper vornehmen
2	Einstellungen für den Chipsatz im BIOS vornehmen; SCSI, SATA und andere zusätzliche Peripheriegeräte in den jeweiligen Firmware-Setup-Programmen konfigurieren
3	Installation von Betriebssystem(en) planen. Dazu gehört auch die Partitionierung der Datenträger.
4	Installation vom/von Betriebssystem(en) durchführen
5	minimale Konfiguration des Betriebssystems (GUI, Netzwerk, laufende Dienste)
6	Anwendungssoftware installieren

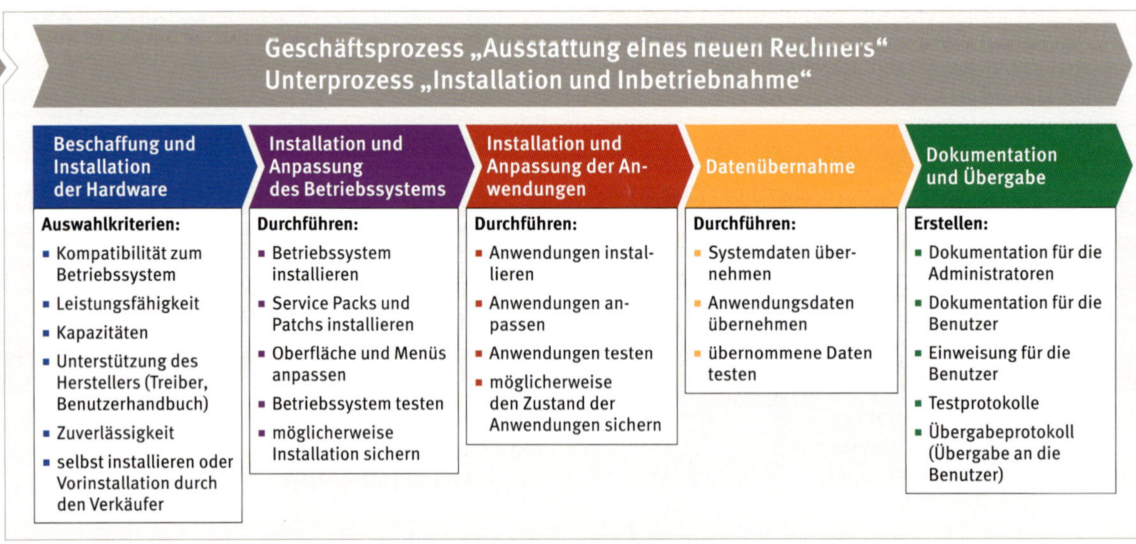

7	Übernahme alter Daten, falls vom Kunden (Anwender) erwünscht
8	System testen
9	Systemdokumentation erstellen
10	Einweisung des Kunden in das System und/oder Schulung
11	Systemübergabe
12	Rechnungsstellung

Je nachdem, ob ein Computer als fertiges Produkt mit vorinstalliertem Betriebssystem geliefert wurde oder vor Ort aus Einzelteilen zusammengebaut werden soll, können einige der aufgeführten Schritte entfallen oder modifiziert gestaltet werden. Oft wird das Betriebssystem auch über das Netzwerk als **Image** eingespielt, sodass der beschriebene Installationsprozess versteckt abläuft. Ein Image sollte jedoch nur für baugleiche (Hardware) und in den Anwendungen übereinstimmende (Software) Rechner erstellt und wieder verwendet werden.

Die unbeaufsichtigte Installation ist eine weitere Möglichkeit, das Betriebssystem mit minimalem Aufwand zu installieren. Der Prozess kann lokal am Rechner oder über das Netzwerk verlaufen. Mehrere Rechner werden am besten über einen **WDS**-Server (**W**indows **D**eployment **S**ervices) installiert. Diese Methode fordert zwar bestimmte Hardware-Voraussetzungen (bootfähige Netzwerkkarte oder bootfähige Diskette) und Software-Voraussetzungen (Domäne, DHCP-Server), minimiert aber den Aufwand für den Administrator erheblich.

Erfolgt die Installation von Anwendungen auf nur einem Rechner oder sehr selten, dann geschieht dies manuell. Müssen viele Rechner mit einer bestimmten Anwendung versorgt werden, so wird die automatische Software-Installation durch die Gruppenrichtlinien einer Domäne durchgeführt.

Für die Datenübernahme existieren ebenfalls Programme, die diesen Prozess automatisch und zuverlässig erledigen.

1.5.1 Hardware

1.5.1.1 Inbetriebnahme der Hardware

S Der Testrechner für die Qualitätssicherung (QS) wurde von einem Händler als fertiges Produkt mit Maus, Monitor und Tastatur geliefert. Herr Köhler empfiehlt Kai und Stefan, das Gehäuse zu öffnen und die Hardware zu überprüfen.

Aufgaben

1. Was würden Sie bei einer solchen Inspektion überprüfen? Führen Sie die Schritte auf, die nach Ihrer Meinung vergessen wurden. Entwerfen Sie nach dem üblichen Schema einen weiteren Geschäftsprozess zur Hardware-Inspektion. Falls ein PC zur Verfügung steht, öffnen Sie das Gehäuse und führen Sie die Inspektion unter fachlicher Aufsicht durch.

Kategorie	Was wird überprüft?
a) Stromversorgung	Werden alle Geräte mit Strom versorgt?
b) Stromversorgung	Werden 12-Volt-Geräte nicht mit einem 5-Volt-Anschluss versorgt?
c) Stromversorgung	Wird der CPU-Lüfter über das Motherboard mit Strom versorgt?
d) RAM	Entsprechen die RAM-Bausteine der Spezifikation des Motherboards (Takt/Kompatibilität)?
e) IDE	Sind die Ultra-DMA-IDE-Festplatten mit dem UDMA-(oder DMA-)Datenkabel an die vorgesehene Schnittstelle angeschlossen?
f) IDE	Falls nur eine Festplatte und ein CD-/DVD-Gerät installiert ist: Sind sie an die gleiche EIDE-Schnittstelle angeschlossen? Wäre dies richtig?
g) IDE	Wurde die Jumper-Konfiguration der Festplatten für den Master-/Slave-Betrieb richtig eingestellt?
h) IDE	Falls Sie die IDE-Konfiguration verändert haben: Entsprechen die Datenkabel-Anschlüsse denen für Master-/Slave-Betrieb (der Anschluss, der dem Motherboard am nächsten ist, entspricht dem Master)?
i) Front Panel	Sind die USB-/IEEE1394-Anschlüsse, HDD-Indikatoren und die Reset-Taste richtig an das Front Panel des Computers angeschlossen?
j) SCSI (optional)	Ist der SCSI-Bus terminiert?

2. Soll Ihr PC besser am Stromnetz angeschlossen bleiben oder sollte er vom Stromkabel getrennt werden, während Sie die Hardware-Inspektion durchführen?
3. Sie schließen den neuen PC an das Stromnetz an, drücken den Einschaltknopf und . . . es passiert nichts! In welcher Reihenfolge werden Sie die folgenden Schritte abarbeiten, um die Ursache des Problems festzustellen?

a) Steht der Schalter am Netzteil auf EIN?
b) Gerät für Gerät aus- und wieder einbauen, um das defekte Teil zu lokalisieren.
c) Gibt es Strom im Netz?
d) Alle Geräte (Erweiterungskarten) bis auf CPU und RAM ausbauen oder trennen (IDE, Floppy).

4. Der Rechner von Kerstin Raabe besitzt ein Motherboard mit integrierter Grafik (NVIDIA) und integriertem Sound (AC97), eine EIDE- und eine Serial-ATA-Festplatte, angeschlossen über einen PCI-Controller (Promise), sowie eine PCI-Netzwerkkarte RTL8139. Ordnen Sie die Softwarekomponenten den entsprechenden Funktionen zu (mehrere Zuordnungen sind möglich).

Funktionen	Software
A) Soundausgabe	a) Betriebssystem
B) Texteingabe über Tastatur	b) BIOS
C) Optimierung des Datendurchsatzes für Promise und RTL8139	c) NVIDIA VGA-Treiber
D) 3-D-Grafik-Darstellung für das neueste Spiel	d) NVIDIA VGA-BIOS
E) Fenstersteuerung der grafischen Benutzerschnittstelle	e) Treiber für PCI-BUS
F) Speichern der Daten auf die EIDE-Festplatte	f) Diskettentreiber
G) Speichern der Daten auf die SATA-Festplatte	g) Netzwerkkartentreiber
H) Formatierung einer Diskette	h) Firmware der EIDE-Festplatte
	i) Treiber für den Promise-SATA-Controller
	j) Treiber für Creative Labs Sound Blaster
	k) Promise Controller BIOS

5. Die Firma ACI hat für einen Rechner, der über keine SCSI-Erweiterungskarte verfügt, einen neuen hochwertigen SCSI-Filmscanner gekauft. Was und in welcher Reihenfolge soll nun erledigt werden?
a) SCSI-Karte einbauen, auf die Kompatibilität mit dem Betriebssystem achten
b) SCSI-Karte kaufen, auf das Vorhandensein des Treibers für das installierte Betriebssystem achten
c) Film einlegen, Scan-Vorgang starten
d) SCSI-Karte einbauen
e) Treiber für Scanner installieren
f) Scan-Software installieren
g) Scanner an SCSI-Schnittstelle anschließen
h) Treiber für SCSI-Karte installieren
i) SCSI-Karte kaufen, auf die Kompatibilität mit der Grafikkarte achten
j) Treiber für die Grafikkarte deinstallieren

6. Was muss installiert werden, wenn Sie eine neue SATA-Festplatte eingebaut haben?
a) Betriebssystem
b) Treiber für IDE-Festplatten
c) Treiber für SATA-Controller
d) Treiber für SATA-Festplatte
e) SATA-BIOS
f) alles von a) bis e)
g) nichts dergleichen

1.5.1.2 Festplattenpartitionierung

S

Nachdem Kai die einzelnen Hardwarekomponenten des Testrechners überprüft hat, beschäftigt er sich mit der Vorbereitung der Festplatten. Er weiß, dass auf dem Computer mehrere Betriebssysteme zu Testzwecken installiert werden sollen. Die Festplatten werden in Partitionen aufgeteilt, damit die installierten Systeme später unabhängig voneinander benutzt werden können.

MBR und herkömmliche Festplattenpartitionierung

Die ersten PCs benutzten noch Disketten als Datenträger für Betriebssystem und für Daten. Einen Partitionierung war nicht notwendig und nicht vorgesehen. Später, damit der Platz auf einer Festplatte auf unterschiedliche Art und Weise benutzt werden kann (z. B. durch zwei verschiedene Betriebssysteme), wurde ein Partitionierungsverfahren ausgearbeitet. Das gesamte Speichermedium wird dabei in zusammenhängende Bereiche bzw. Partitionen aufgeteilt. Nach diesem Standard wird am Anfang des Datenträgers ein Bereich reserviert, der gerade einen Block umfasst. Dieser Block mit einer Größe von **512 Byte** ist der MBR (**M**aster **B**oot **R**ecord).

Die ersten **446** Bytes bleiben frei. Will man von der Festplatte tatsächlich booten, so wird dort das primäre **Ladeprogramm IPL** (**I**nitial **P**rogram **L**oader) gespeichert. Die nächsten **64** Bytes werden für die **Partitionstabelle** (Partition Table) genutzt. Sie beschreibt die Aufteilung der Festplatte in unabhängige Bereiche (Partitionen). In der Partitionstabelle reicht der Platz für vier Einträge aus. Jeder Eintrag beschreibt den Anfangszylinder, den Endzylinder sowie Typ und Status der jeweiligen Partitionen.

W

Herkömmliche Festplattenpartitionierung mit MBR

Gesamte Festplatte

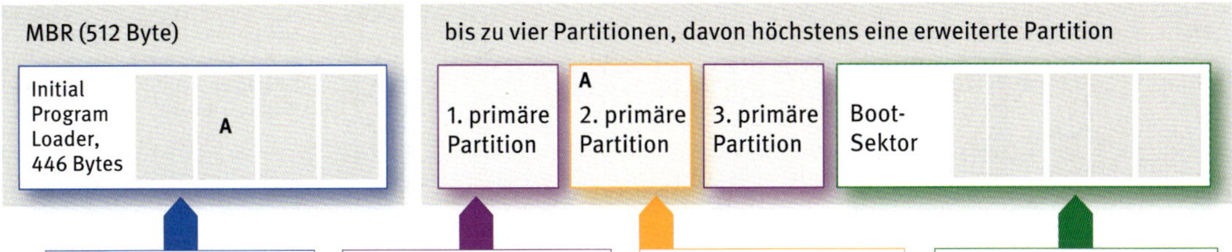

Der Partitions-Eintrag (16 Byte) enthält:

- Start-Zylinder
- End-Zylinder
- Activity-Flag **(A)**
- Typ (erweitert, versteckt, FAT, NTFS usw.)

Es gibt nur vier Einträge, dementsprechend können auf einer Festplatte nur vier Partitionen erstellt werden.

Jede primäre Partition

- enthält einen Boot-Sektor (512 Bytes).
- ist für Betriebssysteme von Microsoft geeignet.

Es kann höchstens vier primäre Partitionen auf einer Festplatte geben.

Die aktive primäre Partition

- enthält die Systemdateien von DOS oder Windows und ist deswegen besonders wichtig für diese Betriebssysteme.
- spielt keine besondere Rolle für Linux.

Erweiterte Partition

- Es kann höchstens eine erweiterte Partition auf der Festplatte geben.
- Der Boot-Sektor dieser Partition beträgt das Mehrfache von 512 Bytes und enthält keinen Bootcode.
- Im Bootsektor sind bis zu 64 Einträge für logische Laufwerke möglich.
- Die logischen Laufwerke besitzen keinen Boot-Sektor.

W

Logische Blockadressierung (LBA)

Die ursprüngliche physische Adressierung der Speicherblöcke auf Disketten und Festplatten durch Angabe von Zylinder, Kopf und Sektor wurde durch ein Verfahren der logischen Blockadressierung (LBA) ersetzt, das besser für große Festplatten geeignet ist. Trotzdem wird ein LBA-Block oft als Sektor bezeichnet.

Die so definierten maximal vier Partitionen werden als **primäre Partitionen** bezeichnet. Genau eine dieser vier primären Partitionen kann als **aktiv** markiert werden. Statt einer primären Partition lässt sich dafür genau eine **erweiterte** (extended) **Partition** erstellen. Werden mehr Partitionen benötigt, so lässt sich die erweiterte Partition in die sogenannten **logischen Laufwerke** aufteilen. Primäre Partitionen und logische Laufwerke dienen der Datenspeicherung, sie erhalten unter Microsoft DOS und Windows Buchstabenbezeichnungen.

Die letzten beiden Bytes im MBR bilden eine Signatur. Der Wert **55AA** in der Signatur signalisiert, dass der MBR korrekt konfiguriert ist.

Auf den Wechseldatenträgern, wie Diskette, CD-ROM oder USB-Stick, befindet sich normalerweise nur eine Partition und es existiert daher kein MBR.

Die MBR-basierte Festplattenpartitionierung ist zwar für viele Situationen ausreichend, besitzt aber auch folgende Nachteile:

- Einträge für Start und Ende der Partitionen sind 32-Bit-Zahlen, woraus sich eine Beschränkung auf 2 Terabyte für eine Festplatte ergibt.
- Er können höchstens vier primäre Partitionen eingerichtet werden.
- Wenn der MBR zerstört wird, sind alle Daten auf dem Datenträger verloren.
- Das System ist starr und für zukünftige Entwicklungen nicht ausgelegt.

GPT-basierte Festplattenpartitionierung

Das neue Partitionierungsverfahren wurde speziell für große Datenträger entwickelt und beseitigt die Nachteile und Schwachstellen der MBR-Partitionierung. Die Informationen über die eingerichteten Partitionen werden in einer speziellen Tabelle (**G**UID **P**artition **T**able, GPT) gespeichert, die 32 LBA-Blöcke (LBA 2 bis 33) a 512 KB in Anspruch nimmt. Jeder Partitionseintrag umfasst 128 Byte und beinhaltet unter anderem eine weltweit eindeutige GUID (**G**lobally **U**nique **Id**entifier) für den Partitionstyp und eine GUID für die Partition selbst.

W **Festplattenpartitionierung mit GPT**

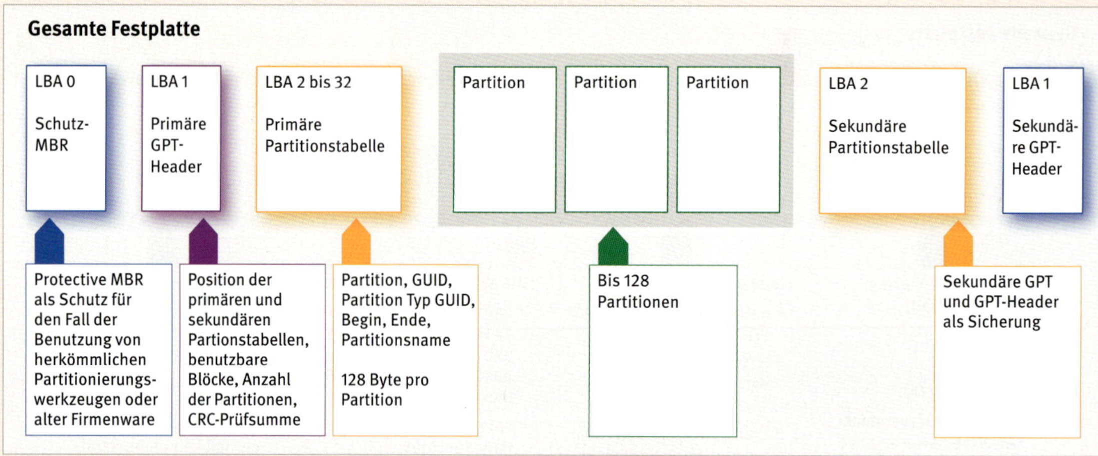

Alle Partitionen sind gleich, es gibt keine Unterteilung in primäre und in erweiterte Partitionen. Auch das Markieren als aktive Partition entfällt, da der BIOS-Nachfolger UEFI diese Angabe nicht benutzt, um das zu startende Betriebssystem zu finden.

Die GPT existiert zweimal, am Anfang und am Ende des Datenträgers. Die genauen Positionen der primären und der sekundären GPT werden im GPT-Header festgehalten. Eine wichtige Information im GPT-Header sind die beiden Prüfsummen über den Header selbst und über die Partitionstabelle. Das ermöglicht eine automatische Fehlererkennung. Das Computersystem kann dann die sekundäre GPT und den GPT-Header benutzen, und Maßnahmen zur Fehlerbeseitigung einzuleiten.

W **Globally Unique Identifier (GUID)**

Weltweit „fast“ eindeutige Zahlen, die für verschiedene Zwecke in verteilten Computersystemen zum Einsatz kommen. Theoretisch sind diese Zahlen nicht eindeutig, aber der Algorithmus für ihre Generierung ist so aufgebaut, dass es fast unmöglich ist, zwei gleiche Zahlen zu erzeugen. GUIDs werden als 24-stellige hexadezimale Zahlen dargestellt. Beispielsweise lautet der GUID der EFI-Systempartition: C12A7328-F81F-11D2-BA4B-00A0C93EC93B

Der erste LBA-Block (LBA 0) wird vom GPT-Verfahren nicht genutzt. Es wird ein fiktiver MBR mit einer großen primären Partition über die gesamte verfügbare Festplatte angelegt, damit herkömmliche Partitionierungswerkzeuge und alte Firmware die Festplatte nicht zerstören können.

Aufgaben

1. Welche Aussagen zur Hardwareunterstützung von BIOS und UEFI sind korrekt?
   a) Die Daten einer Festplatte, die unter Windows 10 in einem herkömmlichen BIOS-basierten Computer eingerichtet wurde (Partionierung und Formatierung mit NTFS), können in einem UEFI-basierten System nicht mehr gelesen werden.
   b) Wird eine unter Windows Server 2012 in einem UEFI-basierten Computer eingerichtete Festplatte (MBR-Partionierung und Formatierung mit NTFS) in einem herkömmlichen BIOS-basierten Computer eingesetzt, dann müssen alle Daten gelöscht und die Festplatte neu formatiert werden.
   c) Wird eine unter Windows Server 2012 in einem UEFI-basierten Computer eingerichtete Festplatte (GPT-Partionierung und Formatierung mit NTFS) in einem herkömmlichen BIOS-basierten Computer eingesetzt, dann müssen alle Daten gelöscht und die Festplatte neu formatiert werden.
   d) BIOS unterstützt keine SCSI-Festplatten.
   e) UEFI unterstützt keine SATA-Festplatten.

1.5.2 Bootvorgang

Der Start eines modernen Computersystems verläuft grundsätzlich nach einem einfachen Schema. Gleich nach dem Einschalten des Systems wird ein Firmware-Programm aus dem nichtflüchtigen Speicher, meist CMOS, auf der Hauptplatine gestartet, das einige Parameter aus einer speziellen Tabelle ausliest oder auch setzt. Die Liste der bootfähigen Geräte ist ein Beispiel für solche Parameter. In nächstem Schritt wird eine Hard-

wareprüfung durchgeführt, bezeichnet als POST (Power On Self Test).

> **W** **Bootvorgang**
>
> In der Fachsprache heißt der Startvorgang eines Rechensystems „Booten". Der Begriff geht auf das englische Wort „bootstrap – Stiefelanzieher" zurück. Die Bedeutung liegt auf der Hand: Man versucht quasi der noch „toten" Hardware das Betriebssystem anzuziehen.

In einigen Fällen können danach Zusatzprogramme ausgeführt werden, z. B. Treiber für spezifische Hardware geladen werden. Als letzte Aktion wird in der Liste der bootfähigen Geräte das zu ladende Betriebssystem gesucht und gestartet.

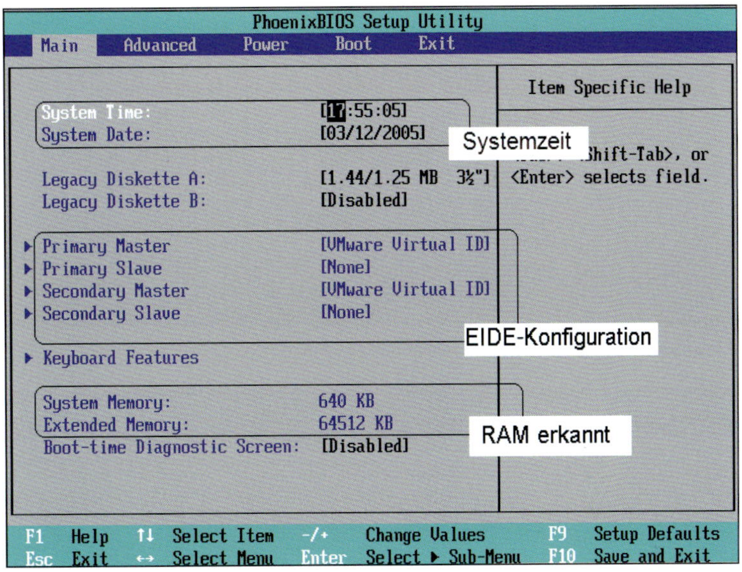

Phoenix-BIOS-Setup-Programm, Formular „Main"

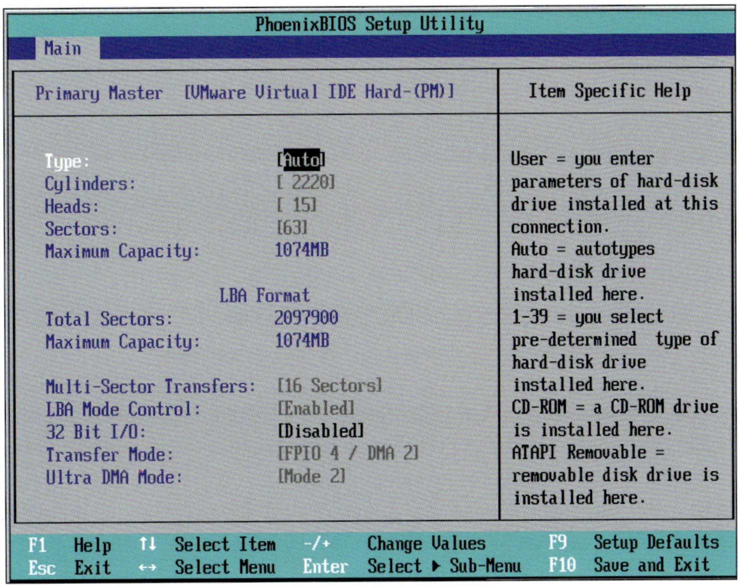

Phoenix-BIOS-Setup-Programm, Formular „Primary Master"

1.5.2.1 Firmware-Parameter setzen

System-BIOS und UEFI aller modernen PCs verfügen über ein Setup-Programm, das im CMOS-Chip gespeichert ist. Der Aufruf des Setup-Programms ist von Hersteller zu Hersteller unterschiedlich, zumeist wird aber direkt nach dem Start des Rechners eine bestimmte Tastenkombination gedrückt. Oft ist es einfach die **DEL-Taste (Entf)** (Award und AMI), die Taste **F2** (Phoenix) oder F10 (Insyde H_20 UEFI BIOS). Einige Laptops verlangen dafür seltenere Tastenkombinationen. In jedem Fall ist die notwendige Information für die Tastenkombination kurze Zeit nach dem Einschalten direkt am Bildschirm zu sehen oder sie steht in der Dokumentation zum Motherboard.

Das Setup-Programm eines BIOS ist eine sehr einfache Anwendung. Es besteht aus mehreren Formularen, die mit Standardwerten vorbelegt sind. Die Bedienung wirkt etwas archaisch, man findet sich trotzdem recht schnell zurecht. Die wichtigsten Tasten werden meist direkt im Formular oder als Hilfe nach dem Drücken der Taste **F1** angezeigt.

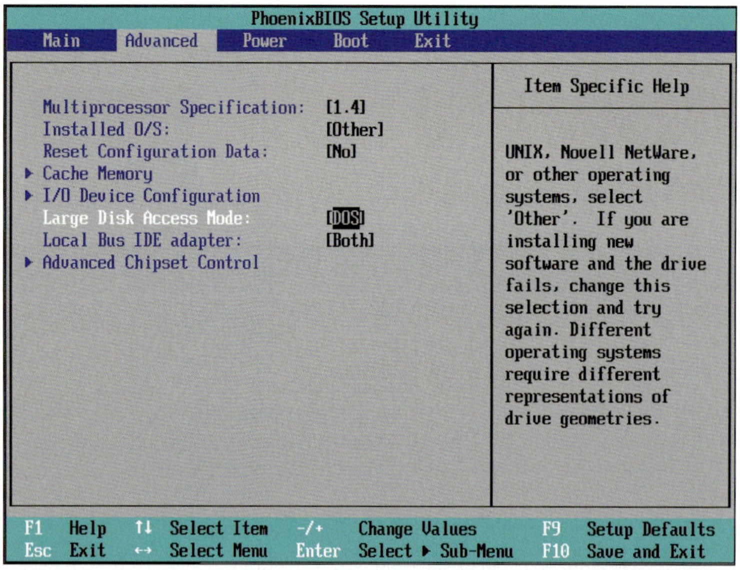

Phoenix-BIOS-Setup-Programm, Formular „Advanced"

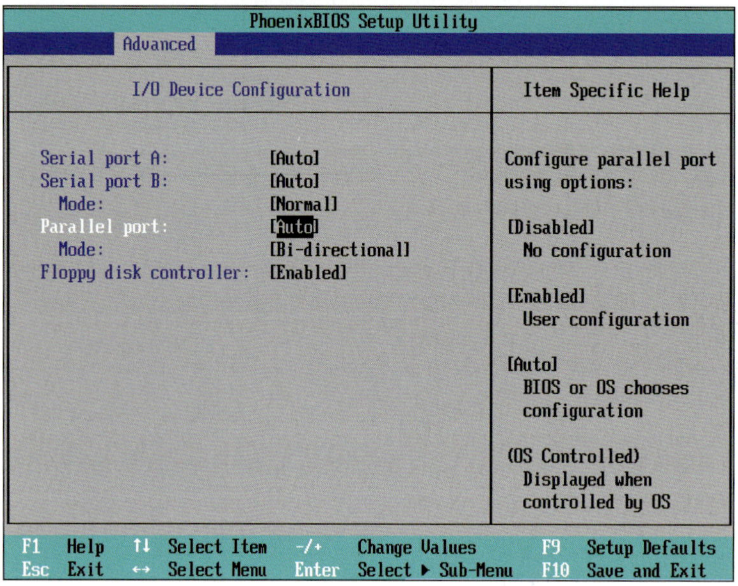

Phoenix-BIOS-Setup-Programm, Formular „I/O Device Configuration"

Die Menüführung in den BIOS-Setup-Programmen erscheint in den meisten Fällen komplett in Englisch. In vielen BIOS-Setup-Programmen ist auch das Tastaturlayout englisch, sodass die Tasten **Y** und **Z** vertauscht sind. Drücken Sie daher beim Abspeichern Ihrer Änderungen mit **Y(es)** dafür die Taste **Z**.

Auch ein UEFI-Setup-Programm besteht aus einfachen Formularen, die manchmal den alten BIOS-Programmen nachgestellt werden. Einige UEFI-Hersteller gestalten das Setup-Programm grafisch mit Mausunterstützung. Dabei werden verschiedene Menüs angeboten, wobei das BIOS-Setup nur als ein Teil des Funktionsumfanges erscheint. Die grundlegendsten Eistellungen sind ähnlich angeordnet, egal ob eine grafische oder textbasierte Menüführung vorliegt.

Eine Alternative bietet die UEFI-Shell. Mit diesem Programm erhält der Systemadministrator eine Befehlszeile, ähnlich wie in DOS und UNIX üblich. Damit können nicht nur Parameter gesetzt, sondern auch UEFI-Module gestartet, Treiber eingebunden und die Aufgaben mit Skripten automatisiert werden.

Trotz der Fülle an Eingabefeldern und Parameter sind es nur wenige Einstellungen, die in der Praxis eine Rolle spielen.

Systemzeit (üblicherweise Formular „Main"). Das ist die Zeit, die auch vom Betriebssystem nach dem Start des Rechners übernommen wird. In einer Firma werden alle Computer normalerweise über das Netzwerk synchronisiert, da es sehr wichtig ist, dass alle Geschäftsabläufe den richtigen Zeitstempel tragen. In diesem Fall ist die Firmware-Zeit ohne Bedeutung. Allerdings liegt immer dann ein Grund zu Besorgnis vor, wenn die CMOS-Uhr zu sehr nachgeht oder gar immer wieder zurückgesetzt wird. Dann liegt ein Hinweis auf eine leere Batterie (Akku) vor.

Speicher (üblicherweise Formular „Main"). Das Feld dient der Kontrolle, ob der gesamte Hauptspeicher auch tatsächlich erkannt wurde. Änderungen sind hier nicht möglich. Einige BIOS bzw. Motherboards besitzen gewisse Einschränkungen für die Art und Größe der RAM-Bausteine, die nicht direkt aus dem Prozessor-Typ oder der Busbreite herzuleiten sind.

EIDE-Konfiguration (üblicherweise Formular „Main" und dessen Unterformulare). Es geht dabei um die erkannten Festplatten. Bei den BIOS-basierten Systemen werden hier nur die EISA-Festplatten angezeigt (keine SATA-/SCSI-/USB-Festplatten), da nur die EIDE-Schnittstellen direkt vom BIOS verwaltet werden. Überprüft werden:

- **Geometrie:** Block-Adressierung (LBA), Zylinder/Köpfe/Sektoren
- **DMA**-Modus
- **Transferbreite** in Bits

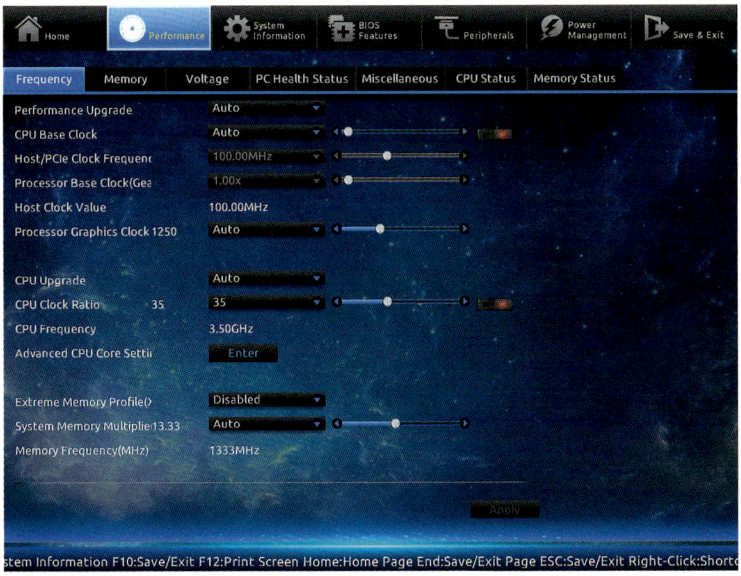

Einstellungen zur Performance im UEFI

Konfiguration der Datenträger im UEFI

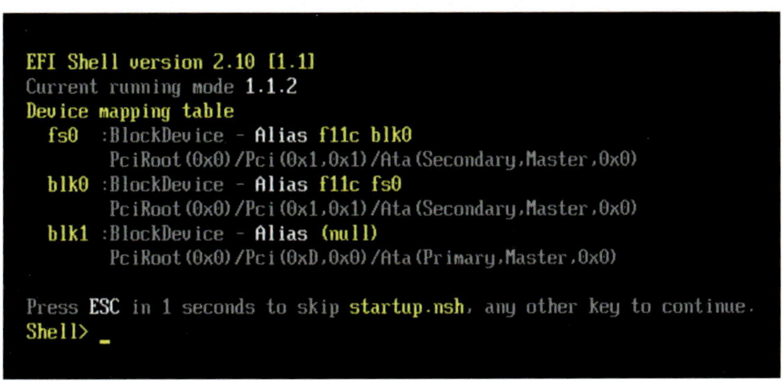

UEFI-Shell

Die Einstellungen sind meist aufgrund der automatischen Erkennung der Festplatten korrekt eingetragen. Es ist allerdings eine wichtige Kontrollstelle, falls durch den Einbau neuer Festplatten oder geänderter Datenkabel-Anschlüsse die Konfiguration verändert wurde.

Integrierte Peripherie (üblicherweise Formular „Advanced Chipset“ oder „Integrated Periphery“). Das Formular zeigt die auf dem Motherboard integrierten Chips und ob sie aktiv oder ausgeschaltet sind:

- **Grafik-Chip on Board.** Einige Motherboards integrieren auch eine Grafikkarte, die für Büroanwendungen ausreicht, für anspruchsvollere Programme wie CAD allerdings zu leistungsschwach ist.
- **IDE-Controller.** Sind beide Controller mit Festplatten/CD/DVD belegt?
- **Paralleler Port.** Wird ein Scanner oder Drucker angeschlossen?
- **COM-Ports**
- **Infrarot-Schnittstelle**
- **USB/IEEE1394/ATA**
- **„Sound on Bord“**

Power Save Management. Es ist ein wichtiger Faktor im Normalbetrieb, der durchaus störende Effekte verursachen kann. In einigen Fällen stört das gut gemeinte Abschalten der Festplatte wichtige Abläufe wie die Datensicherung oder das automatische System-Update.

Boot-Reihenfolge (meist Formular „Advanced Chipset“ oder Formular „Boot“). Hier sollte eine passende Gerätefolge eingestellt werden. Vor der Installation eines neuen Betriebssystems ist es meist erforderlich, dass das CD-/DVD-Laufwerk als erstes Gerät definiert wird. Bei normalem Betrieb unter BIOS wechselt man dann die Festplatte, auf der das Betiebssystem installiert ist, zum ersten Boot-Laufwerk. Meist finden sich dazu im BIOS Angaben wie „C:“, „Primary Master“ oder „First Hard Drive“. Unter UEFI wird als erstes Boot-Laufwerk die UEFI-Systempartition eingestellt.

Password, sicherer Start und Virus Protection (meist auf separaten Formularen). Falls nicht absolut notwendig, sollten hierzu keine Angaben eingetragen werden. Ein Passwort schützt nicht vor dem „Mann mit dem Schraubenzieher". Auf den meisten Motherboards gibt es einen Jumper, mit dem man das CMOS und damit auch das Passwort löschen kann. Generell halten die Einstellungen im BIOS nur so lange vor, wie der Akku den CMOS-Chip mit Strom versorgt. Wird der Akku kurz vom Motherboard getrennt, geht ebenfalls das Passwort verloren.

Der im BIOS integrierte Schutz vor Viren ist nicht „intelligent" genug, um zwischen einem Boot-Loader und einem Schädling zu unterscheiden. Außerdem ist der Schutz rudimentär und damit keine Alternative zu einem professionellen Antivirenprogramm auf der Betriebssystemebene.

Anders sieht es zumindest theoretisch mit der UEFI-Firmware aus. Durch den modularen Ansatz ist es möglich, auch spezielle Versionen der kommerziellen Antivirensoftware noch vor dem Betriebssystemstart direkt in UEFI zu laden. Außerdem implementiert UEFI einen sicheren Start, bei dem es dem Hersteller möglich ist, das Booten von nicht zugelassenen Betriebssystemen zu verhindern. Diese Methode kommt als Schutz gegen Hacker oftmals bei mobilen Geräten wie Smartphones und einigen Laptops zum Einsatz.

Aufgaben

1. Betrachten Sie die Abbildungen des BIOS-Setup-Programms in diesem Kapitel. Welche Aussagen über die dort dargestellten Computer treffen zu? Der Computer besitzt folgende Komponenten:
   a) zwei EIDE-Festplatten, je eine Master-Platte an jeder EIDE-Schnittstelle
   b) zwei EIDE-Festplatten, beide sind an eine EIDE-Schnittstelle angeschlossen
   c) wahrscheinlich keine Festplatten, da die erste EIDE-Schnittstelle abgeschaltet ist
   d) eine Festplatte mit einer Größe von 2220 MB
   e) eine Primary-Master-Festplatte mit einer Größe von 1074 MB
   f) zwei Diskettenlaufwerke
   g) ein Diskettenlaufwerk
   h) einen abgeschalteten Controller für das Diskettenlaufwerk
   i) 64512 KB RAM
   j) 640 KB RAM
   k) 65152 KB RAM
   l) wahrscheinlich keinen IrDA-Port
   m) zwei IrDA-Ports: COM1 und COM2
2. Die Festplattengeometrie des Primary Masters ist im BIOS durch folgende Spezifikationen dargestellt:
   - Cylinders 2220
   - Heads 15
   - Sectors 63

   Beantworten Sie folgende Fragen:
   a) Wie groß ist die Festplatte?
   b) Können Sie aus diesen Angaben auf die Anzahl der physischen Disks im Festplattengehäuse schließen?
   c) Ist der LBA-Modus für diese Platte eingeschaltet?
3. Der in Aufgabe 1 dargestellte PC hat vier SCSI-Festplatten. Warum sehen Sie diese Datenträger nicht in den BIOS-Abbildungen?
4. Welche Aussagen charakterisieren die Vorteile von UEFI-basierten Computersystemen?
   a) Die Unterstützung neuer Hardwarekomponenten erfolgt im BIOS vereinfacht im Vergleich zum UEFI, da im UEFI die grafische Benutzeroberfläche auf die neue Hardware abgestimmt werden muss.
   b) Die Unterstützung neuer Hardwarekomponenten erfolgt im UEFI vereinfacht im Vergleich zum BIOS, da das UEFI modular aufgebaut ist und offene Schnittstellen zur Hardware definiert sind.
   c) UEFI-basierte Systeme verlangen beim Start keinen Selbsttest, da der Status der Hardware jederzeit von der Firmware abgefragt werden kann.
   d) UEFI-basierte Systeme implementieren verschiedene Zusatzfunktionalitäten, damit ein Backup oder ein Virenscan vom gesamten System noch vor dem Betriebssystemstart durchgeführt werden kann.
   e) UEFI erhöht die Systemsicherheit, weil nur bestimmte Betriebssysteme starten.

1.5.2.2 Selbsttest nach dem Einschalten

S

Der Testrechner für die Qualitätssicherung lässt sich nicht starten. Beim Einschalten gibt er zwei lange Signaltöne aus. Die Anzahl dieser Töne gibt Auskunft, welche Komponente beschädigt oder falsch eingebaut ist. Weder Kai noch Stefan wissen genau, wie in dieser Situation der Fehler erkannt werden kann. Herr Köhler hilft ihnen bei der Fehlersuche und erklärt gleichzeitig den Startvorgang.

Das Einschalten der Stromversorgung führt automatisch dazu, dass der Programmcode der Firmware in die CPU geladen wird. Die CPU startet die Verarbeitung.

POST (Power On Self Test). Das gerade in die CPU geladene Programm führt einen Selbsttest durch, der eine minimale Sicherheit für den Betrieb der Hardware gewähren soll. Geprüft werden insbesondere:

- Prozessor
- Arbeitsspeicher (RAM sowie ROM)
- Ausgabe (Grafikkarte)
- Eingabe (Tastatur-Controller)
- Taktgeber

Das System versucht dabei, eventuelle Fehler zu melden. Da eine Videoausgabe unter Umständen unmöglich ist, werden die POST-Fehler durch verschiedene Töne über den internen Lautsprecher signalisiert.

Viele POST-Fehler führen zu einem sofortigen Systemstopp, während andere Fehler ignoriert werden können. So ist es in bestimmten Fällen gewollt, dass ein PC ganz ohne Grafikkarte und ohne Tastatur startet. Die BIOS-Hersteller benutzen für ähnliche Probleme unterschiedliche Töne und Zahlenkombinationen. Ihre Bedeutung kann man dem Handbuch der Hauptplatine entnehmen oder im Internet auf der Seite des Herstellers nachlesen. Die Diagnostik wird insbesondere bei großen Computerbeständen unterschiedlicher Hersteller erschwert, wenn das Handbuch und die genaue Bezeichnung für das PC-Modell nicht gleich zur Hand sind. Abhilfe schaffen spezielle POST-Karten, d.h. Steckkarten für die Diagnostik, die standardmäßig nicht zur Ausstattung gehören.

Einige POST-Signaltöne (AMI BIOS)	
Dauerton	Netzteilfehler
1 x kurz	O. K.
1 x lang	BIOS Einstellungen falsch/Motherboard defekt
2 x lang	RAM defekt
3 x lang	RAM/BIOS-Basisspeicher
4 x lang	Zeitgeber defekt
5 x lang	CPU defekt
6 x lang	Tastatur-Controller

Mit der Einführung von UEFI hat sich die Situation eigentlich nicht verbessert, da UEFI nicht vorschreibt, wie die einzelnen Tests durchzuführen sind. Zu den Tönen und Codes gibt es keine direkte Übereinstimmung für UEFI- und BIOS-basierte Produkte des gleichen Herstellers.

Einige POST-Signaltöne (AMI UEFI BIOS)	
1	Memory not Installed
2	Recovery started
3	Core Firmware Volume was not found
4	Recovery failed
5	No Console Output Devices are found
6	Flash update is failed

S

Aufgrund von zwei Signaltönen des AMI-BIOS vermutet Herr Köhler, dass der Hauptspeicher nicht richtig in den Speicherbänken verankert ist. Er drückt die RAM-Bausteine nochmals fest in die Speicherbänke hinein und nach dem wiederholten Einschalten verläuft die gesamte POST-Phase des Bootvorganges auf dem Testrechner einwandfrei.

1.5.2.3 Betriebssystem starten

BIOS und DOS

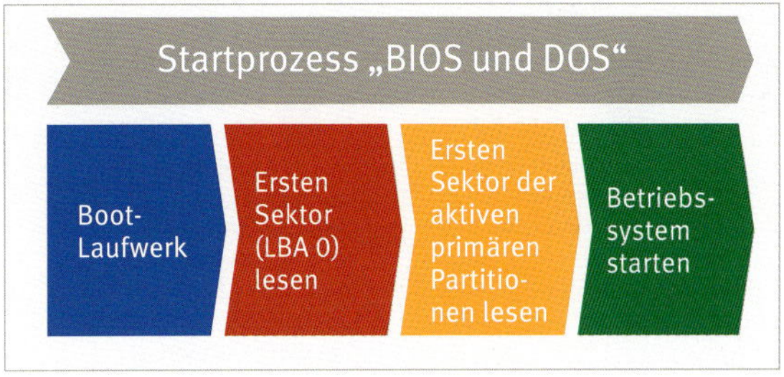

Der Bootvorgang unter BIOS wurde ursprünglich auf das Hochfahren des Betriebssystems DOS abgestimmt. Er war vergleichsweise einfach aufgebaut und bei den nachfolgenden Windows-9x-Versionen verlief diese Prozedur ähnlich. Es wird nachfolgend vorausgesetzt, dass die Installation auf einer EIDE-Festplatte erfolgt.

Während der Installation hat DOS in den Master Boot Record des EIDE Primary Masters (erster Sektor der ersten Festplatte) ein kleines Programm, den Urlader der ersten Stufe, eingetragen. Das kann auch nachträglich mit dem Aufruf des Systemprogramms **FDISK/MBR** erledigt werden.

W

1.	Das BIOS sucht im MBR des EIDE Primary Masters nach dem Urlader der ersten Stufe.
2.	Der Urlader der ersten Stufe ist ein sehr einfaches Programm, dessen Aufgabe darin besteht, den Lader der zweiten Stufe zu finden und zu starten. Die Suche bezieht den Boot-Sektor der aktiven primären Partition auf der ersten Festplatte (Primary Master) ein.
3.	Der Lader der zweiten Stufe lädt von einer bestimmten Hardware-Adresse die Dateien MSDOS.SYS und IO.SYS. Die erste Datei stellt eine Sammlung an Aufrufen und Systemfunktionen bereit, die zweite Datei implementiert die eigentlichen I/O-Routinen, unter anderem den FAT-Treiber. Diese beiden Dateien zusammen bilden den eigentlichen Kern von DOS (Betriebssystem-Kernel).
4.	Der Betriebssystem-Kernel lädt die File Allocation Table (FAT) aus dem zweiten Sektor und danach das Hauptverzeichnis. Ab jetzt ist es möglich, auf Dateien mit Namen und nicht mehr nur direkt über Hardware-Adressen zuzugreifen. Als erste Datei wird dann CONFIG.SYS geladen. Sie beinhaltet Anweisungen an den Kernel zum Laden zusätzlicher Gerätetreiber, Sprachtabellen und zur Ausführung einiger Optimierungen.
5.	Es wird die Datei COMMAND.COM geladen. Sie dient als Benutzerschnittstelle. COMMAND.COM nimmt unter DOS Befehle vom Benutzer entgegen, sucht Programme und startet deren Ausführung.
6.	Das erste Programm, das vom COMMAND.COM ausgeführt wird, ist AUTOEXEC.BAT, wonach die Benutzerumgebung eingestellt und die sogenannten speicherresidenten Programme – die Vorboten moderner Dienste – geladen werden.
7.	Der Startvorgang von DOS ist beendet. Der DOS-Prompt **C:\>** erscheint und der Benutzer kann mit seiner Arbeit beginnen.

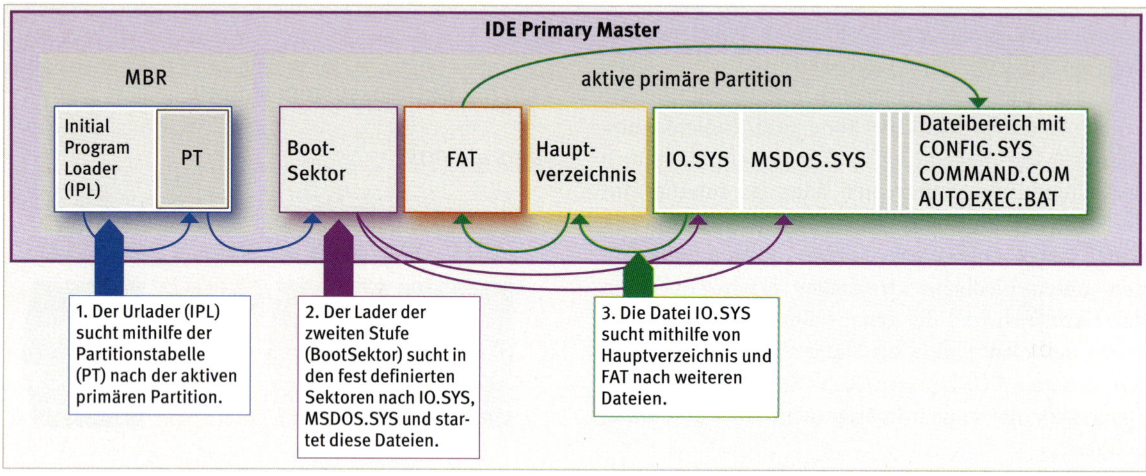

Bootvorgang von DOS

BIOS für DOS-Nachfolger

Bei den DOS-Nachfolgern Microsoft Windows 95 und Windows 98 gilt das allgemeine Schema beim Hochfahren zwar wie oben beschrieben, es werden jedoch andere Versionen der Dateien IO.SYS und MSDOS.SYS benutzt. Da der Kernel des Betriebssystems nun im Windows-Verzeichnis liegt und aus mehreren Dateien besteht, wird MSDOS.SYS als eine Konfigurationsdatei genutzt.

Das Ladeprogramm der zweiten Stufe erhielt eine menüartige Schnittstelle zur Auswahl der gewünschten Startkonfiguration mit oder ohne (abgesicherter Modus) zusätzliche Treiber.

UEFI als BIOS-Nachfolger

Der Start eines UEFI-gesteuerten PCs unterscheidet sich in einigen grundlegenden Punkten vom Start eines PCs mit einem herkömmlichen BIOS. Diese Unterschiede resultieren daraus, dass Teile des UEFI in externen Datenträgern ausgelagert sind. Damit ist es möglich, abhängig von Betriebssystem und vom Hardwarehersteller viel komplexeren Programmcode auf einer speziellen UEFI-Systempartition unterzubringen. Auch das spezifische OS-Ladeprogramm wird in dieser Partition gespeichert. Das vereinfacht den Prozess der Suche nach dem zu startenden Betriebssystem. Für den Hardwarehersteller ist es unter UEFI auch viel einfacher, den Start des Betriebssystems von neuen oder unüblichen Speichermedien zu ermöglichen. Für den gesamten Prozess des Hochfahrens ist ein spezielles Modul verantwortlich, bezeichnet als EFI-Boot-Manager.

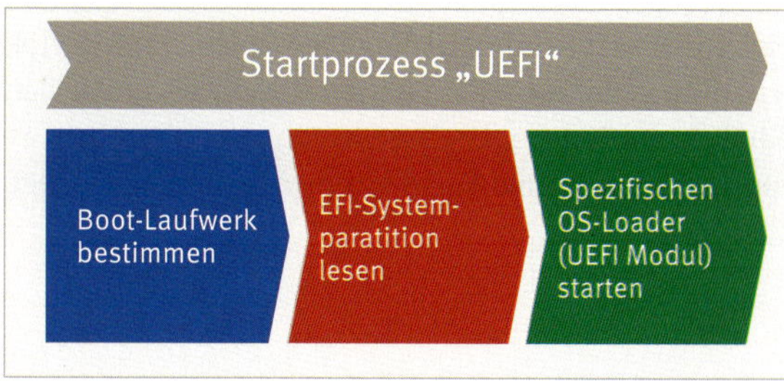

W

1.	Der EFI-Boot-Manager liest in den NVRAM die Liste der bootfähigen Geräte. Die Geräte enthalten nicht nur Namen der Hardware, sondern auch Partitions- und sogar Dateinamen, die zum Booten eines Betriebssystems geladen werden müssen. Das vereinfacht den Suchprozess.
2.	Der EFI-Boot-Manager liest den Header der GPT-Partition (LBA2 einer Festplatte) und sucht die erste EFI-Systempartition, d. h. die Partition mit dem vorgegebenen GUID für den Partitionstyp (C12A7328-F81F-11D2-BA4B-00A0C93EC93B).
3.	Der EFI-Boot-Manager liest die Daten der Systempartition mit Hilfe des integrierten Dateisystem-Treibers. Die Verzeichnisstruktur ist vorgegeben.
4.	Der EFI-Boot-Manager startet die gefundene OS-Loader-Datei als UEFI-Modul und übergibt die Systemkontrolle.

UEFI benutzt das FAT-Dateisystem für die Systempartition. Der FAT-Treiber ist ein integraler Bestandteil der UEFI-Spezifikation. Im Allgemeinen wird die Verzeichnisstruktur wie folgt aussehen:

```
\EFI
  \<OS Vendor 1 Directory>
    <OS Loader Image>
  \<OS Vendor 2 Directory>
    <OS Loader Image>
  . . .
  \<OEM Directory>
    <OEM Application Image>
  \<BIOS Vendor Directory>
    <BIOS Vendor Application Image>
  \<Third Party Tool Vendor Directory>
    <Third Party Tool Vendor Application
Image>
  \BOOT
    BOOT{machine type short name}.EFI
```

Vom Hersteller soll das zu startenden OS-spezifische Modul in seinem eigenen Verzeichnis zur Verfügung gestellt werden. Die UEFI-Spezifikation sieht das Hochfahren nicht nur von Festplatten vor. So ist vorgeschrieben, dass der OS-Loader im Verzeichnis \EFI\BOOT gespeichert ist, wenn er von einem Wechselmedium gestartet werden soll. Es gibt eine Liste von Herstellern, die ihre spezifischen Verzeichnisnamen bereits reserviert haben, obwohl die UEFI-Spezifikation dies nicht vorschreibt.

Apple	\EFI\Apple	Apple, Inc.
AMD	\EFI\AMD	Advanced Micro Devices, Inc.
BOOT	\EFI\BOOT	UEFI Forum
IBM	\EFI\IBM	IBM
Insyde	\EFI\Insyde	Insyde Software
Intel Firmware	\EFI\Intel Firmware	Intel
MICROSOFT	\EFI\MICROSOFT	Microsoft
MSUtil	\EFI\MSUtil	Microsoft
Phoenix	\EFI\Phoenix	Phoenix Technologies
Redhat	\EFI\Redhat	Red Hat Inc.

Aufgaben

1. Kai will mit dem neuen UEFI- Bootverfahren experimentieren, um es besser zu verstehen. Er bastelt gern an Computerhardware, aber er hat keinen UEFI-basierten Computer zur Verfügung. Auf der Suche nach einem Ausweg findet er im Internet ein Handbuch über ein freies Programm zur Virtualisierung von PCs (siehe http://www.virtualbox.org/manual/ch03.html#efi):

VirtualBox is a powerful x86 and AMD64/Intel64 virtualization product for enterprise as well as home use. Not only is VirtualBox an extremely feature rich, high performance product for enterprise customers, it is also the only professional solution that is freely available as Open Source Software under the terms of the GNU General Public License (GPL) version 2. See „About VirtualBox" for an introduction.

Presently, VirtualBox runs on Windows, Linux, Macintosh, and Solaris hosts and supports a large number of guest operating systems including but not limited to Windows (NT 4.0, 2000, XP, Server 2003, Vista, Windows 7), DOS/Windows 3.x, Linux (2.4 and 2.6), Solaris and OpenSolaris, OS/2, and OpenBSD

Alternative firmware (EFI)
Starting with release 3.1, VirtualBox includes experimental support for the Extensible Firmware Interface (EFI), which is a new industry standard intended to eventually replace the legacy BIOS as the primary interface for bootstrapping computers and certain system services later.

(Fortsetzung auf folgender Seite)

By default, VirtualBox uses the BIOS firmware for virtual machines. To use EFI for a given virtual machine, you can enable EFI in the machine's „Settings" dialog (see the section called "„Motherboard" tab"). Alternatively, use the VBoxManage com-mand line interface like this:

VBoxManage modifyvm „VM name" --firmware efi

To switch back to using the BIOS, use:

VBoxManage modifyvm „VM name" --firmware bios

One notable user of EFI is Apple's Mac OS X, but recent Linuxes (such as Fedora 11) and Windows (starting with Vista) offer special versions that can be booted using EFI as well.

Another possible use of EFI in VirtualBox is development and testing of EFI applications, without booting any OS.

Note that the VirtualBox EFI support is experimental and will be enhanced as EFI matures and becomes more widespread. While Mac OS X and Linux guests are known to work fine, Windows guests are currently unable to boot with the Virtual-Box EFI implementation.

Beantworten Sie folgende Fragen:

a) Kann Kai das Programm VirtualBox mit seinem alten Betriebssystem Microsoft Windows XP benutzen?
b) Muss Kai das Betriebssystem Microsoft Windows 10 in VirtualBox installieren, um mit UEFI experimentieren zu können?
c) Wie kann das Booten von Windows Server 2012 mit UEFI virtualisiert werden?
d) Welche Firmware-Einstellungen müssen in VirtualBox geändert werden, damit die UEFI-Unterstützung funktioniert?
e) Wie kann Kai ein Linux-System auf seinem Rechner mit dem Betriebssystem Windows XP installieren?
f) Wird UEFI von Linux unterstützt?

1.5.3 Installation und Grundkonfiguration von modernen Microsoft-Windows-Betriebssystemen

1.5.3.1 Installation

Bei der Installationsplanung für ein modernes Windows aus der NT-Familie wie Windows XP, Windows Vista oder Windows Server 2003/2008 müssen zwar die vorab beschriebenen Bootvorgänge beachtet werden, wobei viele der früheren Einschränkungen nicht

Bootvorgang von NT-Systemen

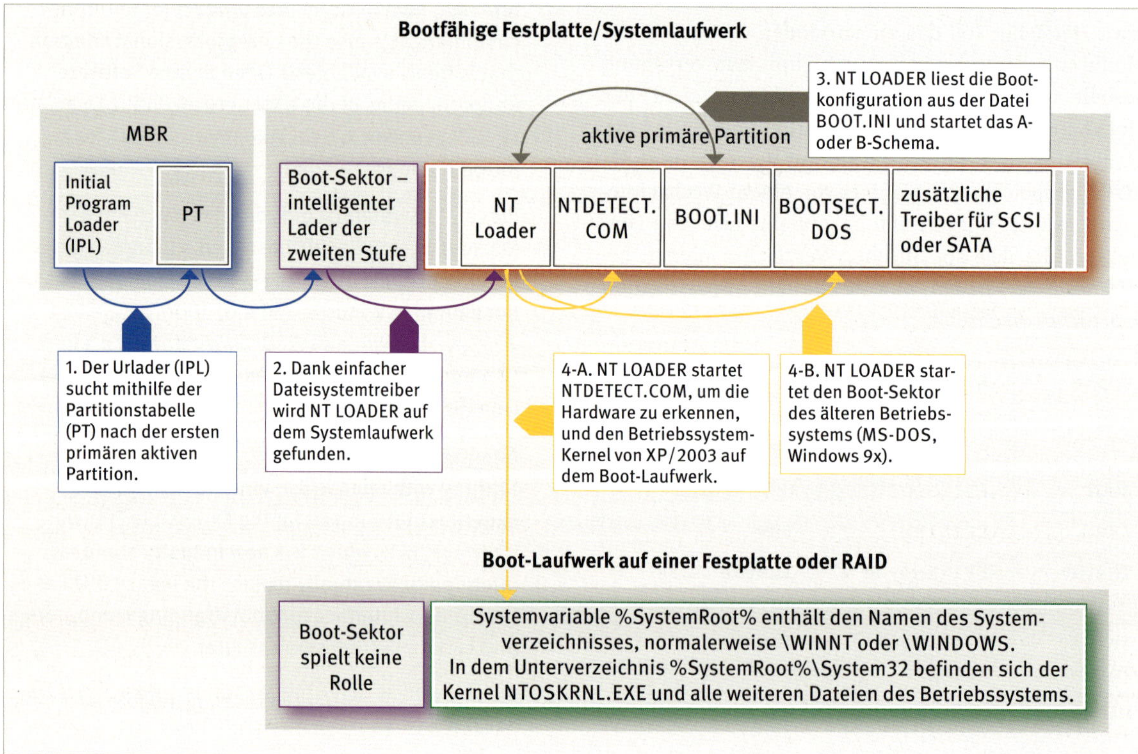

mehr existieren. Moderne Windows-Versionen unterscheiden beim Booten zwischen dem

- **Systemlaufwerk,** wo die für den Bootvorgang verantwortlichen Dateien liegen, und dem
- **Boot-/Startlaufwerk,** wo sich der Kernel und das eigentliche Betriebssystem (Verzeichnis WINNT oder WINDOWS) befinden.

Wenn das Installationsprogramm feststellt, dass auf dem Computer eine andere Windows-Version vorhanden ist, versucht es, das bestehende System zu erhalten, indem es den Boot-Sektor der primären aktiven Partition in die Datei BOOTSECT.DOS kopiert. Auf diese Weise wird es später möglich sein, beide Betriebssysteme zu starten.

W

1.	Das Hochfahren des Systems beginnt genau wie auch bei DOS. Das BIOS findet im **MBR** der bootfähigen Festplatte das Bootprogramm der ersten Stufe, das auf den Boot-Sektor der aktiven primären Partition zeigt.
2.	Der Programmcode im **Boot-Sektor** ist viel intelligenter als früher geschrieben. Er enthält rudimentäre Treiber für das Lesen des Hauptverzeichnisses sowohl auf einer FAT- als auch auf einer NTFS-formatierten Partition.
3.	Der **NT Loader** – die Datei NTLDR – wird geladen. Er liest seine Konfiguration aus der einfachen Textdatei **BOOT.INI,** in der die ladbaren Betriebssysteme aufgelistet sind. In der Regel geht es um das eigentliche Betriebssystem mit unterschiedlichen Parametern sowie um beliebige Boot-Sektoren – wie die zuvor gespeicherte Datei BOOTSECT.DOS. Der NT Loader präsentiert ein einfaches Menü zur Auswahl des Betriebssystems. Der Ablauf rechtfertigt die Bezeichnung der Partition mit dem gesamten Bootvorgang als Systempartition.
4-A.	Nach der Auswahl des eigentlichen Betriebssystems aus dem NT-Loader-Menü wird nach dem eventuellen Laden ein zusätzlicher Treiber auf die Boot-Partition geschaltet und mit dem Booten des Kernels fortgefahren.
4-B.	Wird ein früheres Betriebssystem aus der NT-Loader-Liste ausgewählt, so übernimmt der gespeicherte Boot-Sektor den weiteren Verlauf des Bootens.

Darauf ist bei der Installationsplanung für eine moderne Windows-Version zu achten:

- Das Systemlaufwerk sollte sich auf der aktiven primären Partition auf der ersten Festplatte befinden. Das Boot-Laufwerk kann auch auf einer erweiterten Partition, einer anderen Festplatte oder sogar auf einem RAID-Datenträger liegen.
- Auf dem Boot-Laufwerk sollte genügend Speicherkapazität für das Betriebssystem vorhanden sein. Die genauen Werte sind betriebssystemspezifisch. Die Angaben des Herstellers betreffen allerdings nur Mindestwerte. Im Laufe der Zeit wächst der Platzbedarf, da viele Anwendungen auf der gleichen Partition installiert werden. Für Windows XP sollten mindestens 2 GB reserviert werden.
- System- und Boot-Laufwerk können in einer einzigen Partition zusammengefasst werden. Die Benutzerdaten sollten vom Betriebssystem getrennt auf einem anderen Datenträger gespeichert werden. Das schafft Flexibilität für die Datensicherung.
- Die Laufwerke sollten mit dem Dateisystem NTFS formatiert werden. FAT ist bei den heutigen Festplattengrößen keine Alternative. Auch Sicherheitsaspekte sprechen für den Einsatz von NTFS.

1.5.3.2 Grundkonfiguration

S Stefan hat nun das Betriebssystem Windows Server 2012 auf dem Testrechner installiert. Die einzige vorhandene 1500 GB große Festplatte teilte er in zwei Partitionen auf: eine primäre Partition **C:**, die für Windows als System- und Boot-Laufwerk dient, und eine erweiterte Partition mit dem logischen Laufwerk **D:** für Anwendungsdaten. Ist für Stefan die Installationsarbeit an diesem Computer nun schon beendet?

Nach einer erfolgreichen Installation ist Windows im Prinzip lauffähig. Vor der Übergabe an den Endbenutzer gilt es allerdings noch, einige Aufgaben zu erfüllen:

- Es ist sicherzustellen, dass alle Geräte richtig installiert wurden. Dazu dient das Applet **„System/Geräte-Manager“.** In diesem Fenster sollten keine unerkannten oder falsch konfigurierten Geräte dargestellt werden (gekennzeichnet mit einem gelben Fragezeichen oder mit einem roten X). Oft hilft bei Fehlerhinweisen die Software, die zusammen mit dem Motherboard ausgeliefert wurde. Sie beinhaltet die neuesten Treiber und Updates für die integrierte Peripherie. Überprüfen Sie gegebenenfalls die IRQ- und I/O-Adressen sowie die DMA-Belegung. Falls Sie eine ältere Erweiterungskarte installiert haben, ist es möglich, dass die hardwareseitigen Einstellungen vom Betriebssystem nicht erkannt wurden.

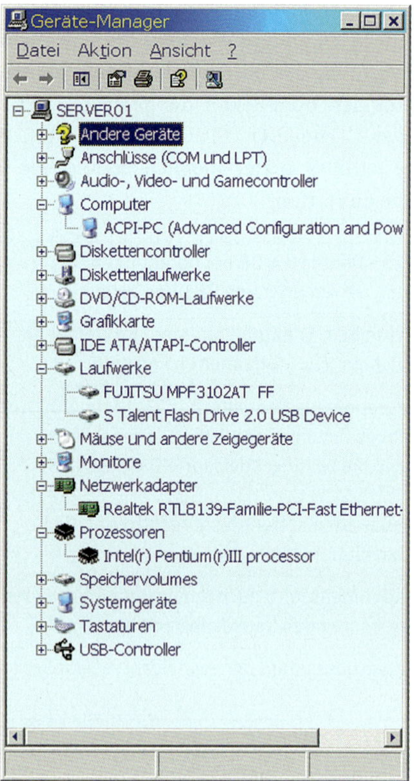

Geräte-Manager

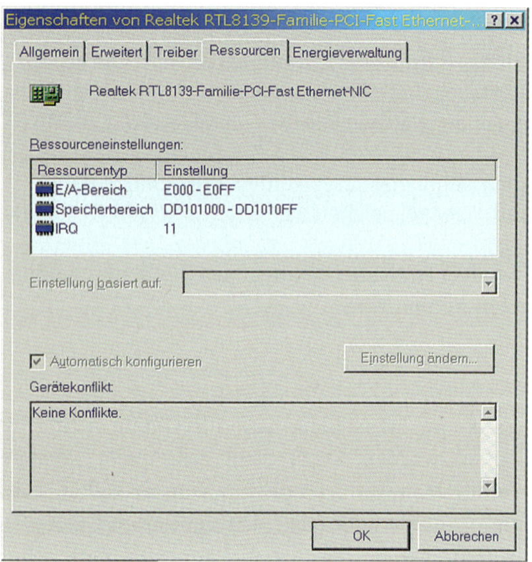

Ressourcen-Einstellungen im Geräte-Manager

- Es müssen die neuesten **Service Packs** und **Updates** installiert werden. Regelmäßige Updates spielen eine große Rolle bei allen modernen Betriebssystemen. Sie schließen Sicherheitslücken, beheben Softwarefehler und fügen dem System kleinere neue Features hinzu. Die Service Packs vereinen alle wichtigen Updates und beinhalten größere Änderungen wichtiger Komponenten. So ist Windows XP nur mit dem installierten Service Pack 1 in der Lage, USB-2-Geräte mit der richtigen Geschwindigkeit zu betreiben oder Festplatten zu verwalten, die größer als 128 GB sind. Windows XP Service Pack 2 verfügt u. a. über ein modernes Firewall-System, eingebettet in einem eigenen Sicherheitscenter.
- Ein passender **Treiber für die Grafikkarte** muss installiert werden, wenn die ergonomischen Werte für die Anzeige nicht ausreichend sind. Windows besitzt gute stabile Standardtreiber, die zwar für fast alle Grafikkarten passen, aber leider nicht immer in der Lage sind, höhere Bildwiederholraten bei der gewünschten Farbtiefe und der für den Monitor optimalen Auflösung einzustellen.
- **Sicherheitseinstellungen** sind in allen Fällen zu konfigurieren. Es gibt so gut wie keine unvernetzten Computer in modernen Unternehmen. Eine minimale Sicherheit gewährleisten die folgenden Maßnahmen:
  - Administrator- und Benutzerpasswörter festlegen (Windows 10: **Systemsteuerung/Benutzerkonten**).
  - Nicht verwendete Dienste beenden und deaktivieren **(Systemsteuerung/Verwaltung/Dienste).**
  - Angriffen aus dem Internet vorbeugen, indem ein **Antiviren**programm und/oder eine Personal **Firewall** eingerichtet wird. Es handelt sich zumeist um Programme von Fremdherstellern oder um Freeware. Die Sicherheitsstrategien werden im Zusammenhang mit Computernetzwerken näher betrachtet.
- **Anwendungssoftware** wird je nach Planung und Bedarf installiert und konfiguriert.
- Regelmäßig sollte eine **Systemsicherung** eingerichtet und erstellt werden. In einigen Fällen ist es auch empfehlenswert, ein **Image** für das frisch installierte System anzufertigen. Besonders nützlich ist ein Image, wenn der PC oft neu aufgesetzt werden soll, z. B. empfiehlt sich dieses Verfahren für den Test-PC zur Qualitätssicherung oder für einen Schulungs-PC im Computerraum. Ein Festplattenimage (Abbild) kann mit Produkten von Fremdherstellern, wie zum Beispiel Symantec Ghost oder Acronis True Image, erstellt werden. Je nach Art der Lizenz können Images zentral über das Netzwerk erstellt und verwendet werden.

1.5.4 Inbetriebnahme von Linux

S Stefan Fischer beginnt, auf dem Testrechner für die Qualitätssicherung in der Abteilung **Softwareentwicklung** die beiden Betriebssysteme **Microsoft Windows Server 2012** und **Linux** zu installieren. Er informiert sich über mögliche Probleme, die sich negativ auf die Koexistenz beider Betriebssysteme auswirken können.

Ein Computer mit zwei oder mehreren Betriebssystemen wird **Dual-Boot-System** oder **Multi-Boot-System** genannt. Die Betriebssysteme laufen selbstverständlich nicht gleichzeitig, sondern werden wahlweise gestartet.

Multi-Boot-Systeme eignen sich in erster Linie als Testumgebungen für die Softwareentwicklung. Aber auch bei Privatanwendern werden solche Lösungen immer beliebter.

Anders als bei den kommerziellen Windows-Desktop-Systemen ist der Bootvorgang bei Linux nicht fest definiert, sondern kann je nach der benutzten Distribution variieren. Linux verfügt über mehrere Ladeprogramme (Boot-Manager), die normalerweise mehr Funktionsumfang bieten, als nur das Betriebssystem Linux zu laden. Zurzeit erfreuen sich zwei solcher Boot-Manager großer Beliebtheit – **Li**nux **Lo**ader **(LILO)** und **GR**and **U**nified **B**ootloader **(GRUB)**.

Beide Programme ähneln sich in ihrer Funktionalität, die durch folgende Merkmale gekennzeichnet ist:

- Sie können verschiedene Betriebssysteme – darunter alle Windows-Versionen – laden,
- Sie verfügen über Möglichkeiten zur grafischen Menüauswahl.
- Sie sind hochgradig konfigurierbar.
- Sie können auch weitere Boot-Manager aufrufen, z. B. den **NT Loader** von Windows XP/2003.
- Mit einer geschickt gewählten Konfiguration sind sie sogar in der Lage, die Festplattenreihenfolge zu vertauschen, wodurch dann auch der Start einer Windows-Version von einer anderen Festplatte als Primary Master ermöglicht wird.

GRUB unterstützt die UEFI-Firmware, kann in der EFI-Systempartition installiert werden und als UEFI-Modul direkt geladen werden. Für LILO existiert eine erweiterte Variante „elilo“, die UEFI ebenfalls unterstützt.

Zur Suche nach bereits installierten Betriebssystemen nutzen beide Boot-Manager unterschiedliche Techniken. Der etwas ältere LILO erstellt bei der Installation die sogenannten **Maps.** Es handelt sich dabei um Ketten der Festplattenblöcke, die nacheinander geladen werden müssen, bevor sich der Dateisystem-Treiber des zu startenden Betriebssystems selbst im Speicher befindet und nach Dateien suchen kann. Diese Technik führt leider dazu, dass LILO nach jeder Änderung der Festplattenadressen, z. B. durch das Anlegen einer neuen Partition, ebenfalls neu installiert werden muss. Die Installation von LILO selbst gestaltet sich einfach durch den Aufruf des Befehls **lilo** unter Linux. Fand die Änderung der Partitionstabelle außerhalb von Linux mit dem zweiten installierten Betriebssystem statt, ist man leider „ausgesperrt“ und benötigt die hoffentlich vorhandene Rettungsdiskette von Linux zum Starten. Der modernere Boot-Manager GRUB besitzt eigene Treiber für viele gängige Dateisysteme und vermeidet somit die Notwendigkeit einer Neuinstallation, wenn die Partitionstabelle verändert wurde.

Beide Boot-Manager können an vielen Stellen installiert werden – im Master Boot Record, im Boot-Sektor einer primären Partition, im Boot-Sektor eines logischen Laufwerkes oder einfach auf einer Diskette. Es muss lediglich sichergestellt sein, dass diese Sektoren während des Bootvorgangs gefunden und geladen werden können.

Sehr verbreitet sind auch die Lösungen kommerzieller Boot-Manager, wobei in diesem Fall ein Linux-Bootprogramm von einer beliebigen Partition oder aus einem Image geladen wird.

Linux selbst kann auf allen Partitionen installiert werden. Nur einige ältere Boot-Manager, die BIOS-Treiber zum Laden des Systems benutzen, können unter Umständen versagen, falls die Kernel-Datei zu weit entfernt vom Boot-Sektor auf der gewählten Festplatte liegt. Die Grenze der Erreichbarkeit für BIOS-Treiber liegt bei **1 024 Zylindern.**

Bei der Installationsplanung eines Dual-Boot-Systems muss allerdings die Tatsache berücksichtigt werden, dass einige Windows-Versionen während der Installation oder auch während einer Wiederherstellung den Bootcode im Master Boot Record überschreiben. Daher kann sich auch die Reihenfolge der Installationen negativ auf die Systemstabilität auswirken. Wenn also zunächst Linux eingerichtet wird und den Boot-Manager im MBR abspeichert hat, danach aber zusätzlich Windows installiert wird, ist die Wahrscheinlichkeit hoch, dass die Boot-Manager LILO oder GRUB durch das Ladeprogramm von Windows zerstört werden.

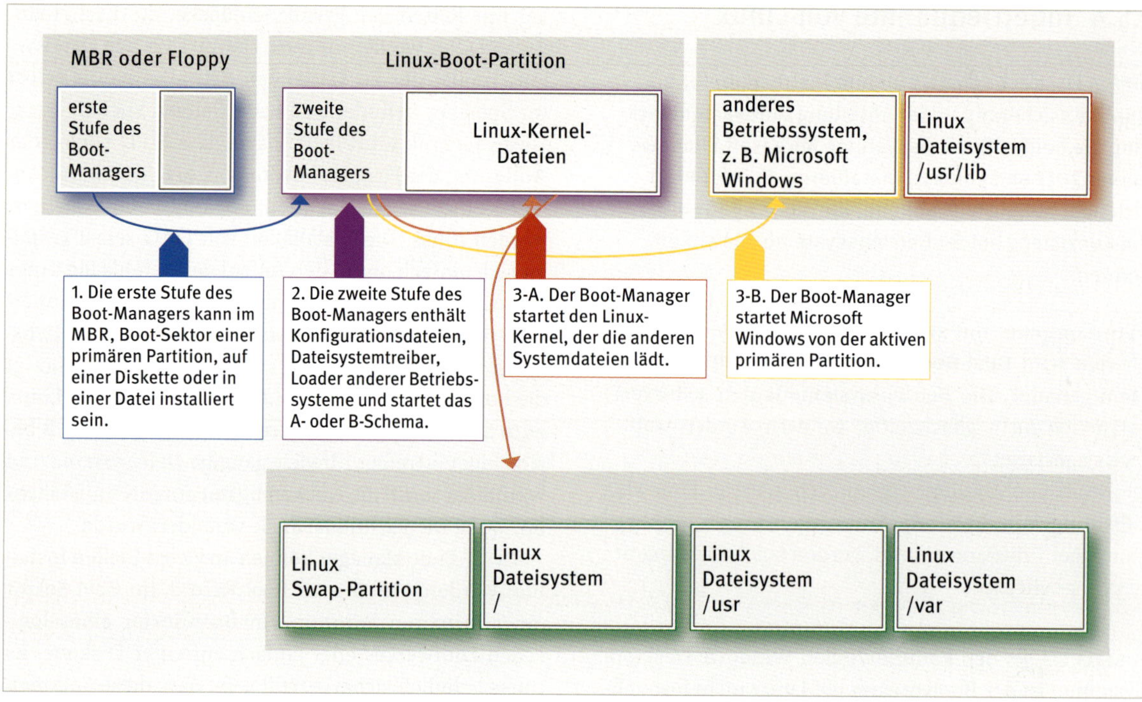

Bootvorgang von Linux

Beispiel für ein Dual-Boot-System

1.	Der Boot-Manager **LILO** startet standardmäßig vom **MBR** aus. Aus Sicherheitsgründen kann LILO auch auf einer **Diskette** installiert werden. So ist es auch möglich, zu booten, wenn Windows nach einem Update den MBR überschreibt.
2.	Anhand seiner Konfigurationsdatei erzeugt LILO das Boot-Menü mit zwei Einträgen: ▪ Start des Linux-Kernels von der Boot-Partition ▪ Start von Windows von der aktiven primären Partition der ersten Festplatte Die Kernel-Datei und den Windows-Bootsektor findet LILO anhand der bei der Installation erstellten Map-Datei.
3.	Soll Linux starten, so wird der Kernel in den Speicher geladen. Der Kernel beinhaltet nun alle Dateisystemtreiber (oder lädt sie als Module nach). Durch LILO erfährt der Kernel auch die Position der sogenannten Root-Partition, die er als Verzeichnis „/“ darstellt (mountet).
4.	Die Root-Partition enthält die Konfigurationsdatei **/etc/fstab**, wo die Positionen aller anderen beteiligten Partitionen (z. B. **/usr, /usr/lib, /var**) festgehalten werden. Nun kann der Kernel alle Partitionen zu einer baumartigen Struktur zusammenfügen.
5.	Es werden alle konfigurierten Dienste gestartet und das System befindet sich danach im einsatzbereiten Zustand.

Achtung!
Es ist empfehlenswert, bei mehreren Festplatten eine sogenannte **Swap-Partition** auf jeder Festplatte einzurichten. Linux benutzt Swap-Partitionen zur Auslagerung des Arbeitsspeichers. Die Größe der Swap-Partition ist vom Einsatzzweck des Systems abhängig. Für einen Desktop-PC reicht die einfache Größe des vorhandenen Arbeitsspeichers (RAM). Für einen Server sollte die doppelte oder dreifache Größe des vorhandenen Arbeitsspeichers gewählt werden.

W

Die wichtigsten Verzeichnisse und ihre Größenordnung nach einer Linux-Installation:	
/	Das Gesamtsystem umfasst je nach Distribution bis zu 4 GB.
/usr	Etwa 80 Prozent vom Gesamtsystem. Hier befinden sich installierte Programme, Bibliotheken, Dokumentationen und Systemressourcen. Das Verzeichnis ist vergleichbar mit dem Windows-Verzeichnis **C:\WINDOWS.**
/usr/lib	Etwa 80 Prozent vom Verzeichnis **/usr**. Hier liegen dynamische Bibliotheken (shared libraries). Das Verzeichnis ist vergleichbar mit dem Verzeichnis **C:\WINDOWS\SYSTEM32.** Das System wird beschleunigt, wenn sich die Verzeichnisse **/usr** und **/usr/lib** auf unterschiedlichen Datenträgern befinden.
/home	Das Verzeichnis beinhaltet die benutzerspezifischen Dateien und ist unterschiedlich groß bemessen. Es ist vergleichbar mit dem Windows-Verzeichnis **Eigene Dateien**.

Aufgaben

1. Erstellen Sie ein Diagramm analog der Darstellung „Bootvorgang von Linux" für den Bootvorgang einer RedHat-Linux-Distribution, die GRUB als OS-Loader benutzt. Benutzen Sie dazu die Anweisungen aus dem Red-Hat-Benutzerhandbuch.)

GRUB and the boot process on UEFI-based x86 systems

This section describes the specific role GRUB plays when booting a UEFI-based x86 system. For a look at the overall boot process, refer to Section F.2, "A Detailed Look at the Boot Process".

GRUB loads itself into memory in the following stages:

1. The UEFI-based platform reads the partition table on the system storage and mounts the *EFI System Partition* (ESP), a VFAT partition labeled with a particular *globally unique identifier* (GUID). The ESP contains EFI applications such as bootloaders and utility software, stored in directories specific to software vendors. Viewed from within the Red Hat Enterprise Linux 6 file system, the ESP is /boot/efi/, and EFI software provided by Red Hat is stored in /boot/efi/EFI/redhat/.
2. The /boot/efi/EFI/redhat/ directory contains grub.efi, a version of GRUB compiled for the EFI firmware architecture as an EFI application. In the simplest case, the EFI boot manager selects grub.efi as the default bootloader and reads it into memory.

   If the ESP contains other EFI applications, the EFI boot manager might prompt you to select an application to run, rather than load grub.efi automatically.
3. GRUB determines which operating system or kernel to start, loads it into memory, and transfers control of the machine to that operating system.

   Because each vendor maintains its own directory of applications in the ESP, chain loading is not normally necessary on UEFI-based systems. The EFI boot manager can load any of the operating system bootloaders that are present in the ESP.

F.2. A Detailed Look at the Boot Process

F.2.1. The firmware interface

F.2.1.2. UEFI-based x86 systems

The Unified Extensible Firmware Interface *(UEFI) is designed, like BIOS, to control the boot process (through* boot services*) and to provide an interface between system firmware and an operating system (through* runtime services*). Unlike BIOS, it features its own architecture, independent of the CPU, and its own device drivers. UEFI can mount partitions and read certain file systems.*

When an x86 computer equipped with UEFI boots, the interface searches the system storage for a partition labeled with a specific *globally unique identifier* (GUID) that marks it as the *EFI System Partition* (ESP). This partition contains applications compiled for the EFI architecture, which might include bootloaders for operating systems and utility software. UEFI systems include an *EFI boot manager* that can boot the system from a default configuration, or prompt a user to choose an operating system to boot. When a bootloader is selected, manually or automatically, UEFI reads it into memory and yields control of the boot process to it.

(Quelle: http://docs.redhat.com/docs/en-US/Red_Hat_Enterprise_Linux/6/html/Installation_Guide/s1-boot-init-shutdown-process.html, Stand 16.07.2012; http://docs.redhat.com/docs/en-US/Red_Hat_Enterprise_Linux/6/html/Installation_Guide/s2-grub-whatis-booting-uefi.html, Stand 16.07.2012)

1.5.5 Dokumentation

S Annas künftiger Arbeitsplatzrechner steht nun ebenfalls fertig eingerichtet zur Verfügung. Stefan soll das gesamte System abschließend dokumentieren. Er nutzt seine während der Installation und Einrichtung angefertigten Notizen sowie die Beschreibungen zu den einzelnen Hard- und Softwarekomponenten. Im Falle einer Störung oder nach einem Totalausfall dient diese Dokumentation der Fehlersuche, Systemwiederherstellung oder der gezielten Anforderung von Supportleistungen beim Lieferanten. Was sollte dokumentiert werden?

W

Kategorie	Was wird dokumentiert?	Wichtig für?
allgemein	Standort, Benutzername, Telefonverbindung	Systemwartung
Support Tag	Einige Lieferanten versehen ihre Systeme mit Servicenummern oder Support Tags. Sie befinden sich z. B. auf dem Gehäuse (Aufkleber) oder in der mitgelieferten Dokumentation.	Supportanfragen
Hardware	genaue Herstellerbezeichnung	Informationssuche im Internet
	CPU (Marke und Takt), Chipsatz	Informationssuche im Internet, Upgradeanfragen
	RAM-Typ, belegte Slots, Gesamtkapazität	Upgradeanfragen, Softwareanforderungen
	Bezeichnung der Netzwerkkarte, Hardware-Adresse, belegte Ressourcen, wenn nicht plug-and-play-fähig	Fernwartung, Störungen beim Zugriff auf Unternehmensdaten und Dienste
BIOS	alle Änderungen und Anpassungen im BIOS	Fehlersuche, Systemwiederherstellung
Systemsoftware	genaue Betriebssystembezeichnung inklusive Service Packs	Upgradeanfragen, Kompatibilitätsprobleme
	Lizenz	Rechtsfragen
	Belegung der Systemressourcen	Hardwareaufrüstung, -wechsel
	installierte Treiber	Kompatibilitätsprobleme
	Sicherheitseinstellungen, falls von Standard abweichend	Verhinderung von Datendiebstahl und Netzangriffen
	alle manuell erfolgten Änderungen mit zugehöriger Beschreibung	Systemwiederherstellung
Anwendungssoftware	Produktnamen und Versionen, Besonderheiten	Systemwartung

Diese Art der Dokumentation hilft bei Kontakten zu Herstellern, Lieferanten oder Supportmitarbeitern, um den Fehler in möglichst kurzer Zeit richtig zu beschreiben und einzugrenzen. Sie wird oft als **Betriebsdokumentation** bezeichnet.

In der Praxis beschränken sich die Dokumentationen auf einen Teil der oben aufgeführten Positionen – je nach Vorgaben und Richtlinien des Unternehmens. Es gibt verschiedene Werkzeuge für die Inventur und Beschreibung einer komplexen Hard- und Software-Installation. Für den Anfang reicht allerdings in vielen Fällen eine Zusammenstellung in Form einer einfachen Excel-Tabelle.

Informationen zur **Belegung der Systemressourcen** liefern auch die in Windows integrierten Systemprogramme. Die Microsoft Management Console (MMC) **Systeminformationen** (erreichbar über den Befehl **msinfo32.exe** oder das Startmenü) verfügt über einen Menüpunkt Speichern der Konfigurationen als Textdatei.

Wird ein PC-System an einen Kunden verkauft, empfiehlt es sich, neben der **Betriebsdokumentation** auch eine **Benutzerdokumentation** zu erstellen. Der Schwerpunkt der Benutzerdokumentation liegt auf der **Gebrauchsanweisung** oder **Bedienungsanleitung** inklusive einer **Erste-Hilfe-Anweisung** für mögliche Fäl-

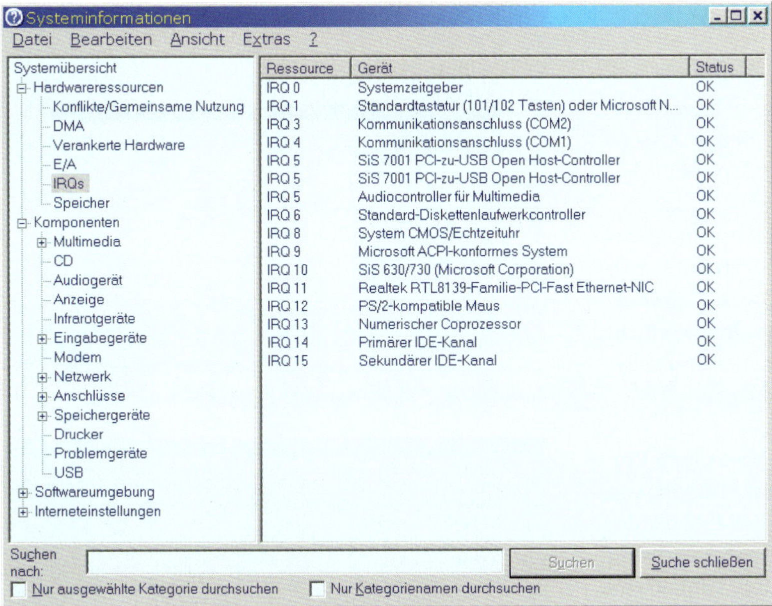

Microsoft Management Console ***Systeminformationen***

le von Betriebsstörungen. Eine Gebrauchsanweisung enthält benutzerfreundliche Hinweise zum Einschalten, zur Anmeldung, zur Installation, zum Start von mitgelieferten Anwendungen u. v. m. Erste-Hilfe-Anweisungen sollen dem Kunden nachvollziehbare Wege aufzeigen, um einfache Störungen zu beseitigen. Hier gilt allerdings, sich auf die wirklich einfachen und eindeutigen Fälle zu beschränken. Für komplexere Szenarien steht dem Kunden im Störungsfall ein telefonischer Support oder persönlicher Kundendienst zur Verfügung. Zur Kontaktaufnahme und Fehleranalyse hilft dabei in jedem Fall die Betriebsdokumentation, den Fehler oder die Störung exakt und umfassend zu beschreiben. Bestehen Support- oder Wartungsverträge, müssen der Supportabteilung des Herstellers oder Händlers auch die Kontakt- und Rechnungsdaten genannt werden.

Beide Arten von Dokumentationen liegen oft in digitaler Form vor, beispielsweise im PDF-Format. Sie können bei einem Systemausfall von einem anderen Rechner gelesen oder bei Bedarf ausgedruckt werden.

Aufgaben

1. Stefan soll einen weiteren Rechner mit den Betriebssystemen Windows 10 Professional und Linux einrichten. Der PC besitzt eine EIDE-Festplatte mit einer Speicherkapazität von 120 GB und vier weitere Festplatten mit Kapazitäten von je 80 GB an einem SCSI-Controller vom Typ DC-2974 PCI. Es soll kein RAID eingerichtet werden. Neben der kompletten SuSE-Distribution für Linux soll noch eine Oracle-Datenbank mit einer Größe von etwa 10 GB genutzt werden. Planen Sie die Partitionierung der Datenträger und die Positionierung der Bootprogramme für beide Betriebssysteme.
2. Dokumentieren Sie Ihren selbst genutzten Schulungs-PC nach der Übersicht auf Seite 87 in einem für Sie sinnvollen Umfang. Nutzen Sie für die Dokumentation ein Programm zur Textverarbeitung oder Tabellenkalkulation. Nutzen Sie auch die Möglichkeiten, die Ihnen das Betriebssystem Windows bietet. Wählen Sie dabei aus folgenden Kategorien:

- allgemeine Daten
- Support Tag
- genaue Herstellerbezeichnung
- CPU (Marke und Takt)
- Chipsatz
- RAM (Typ, belegte Slots, Gesamtkapazität)
- Netzwerkkarte
- BIOS (Anpassungen)
- Betriebssystem
- Lizenz
- Belegung der Systemressourcen
- installierte Treiber
- Sicherheitseinstellungen
- besondere Einstellungen

Aufgabenstellung für eine Partitionierung

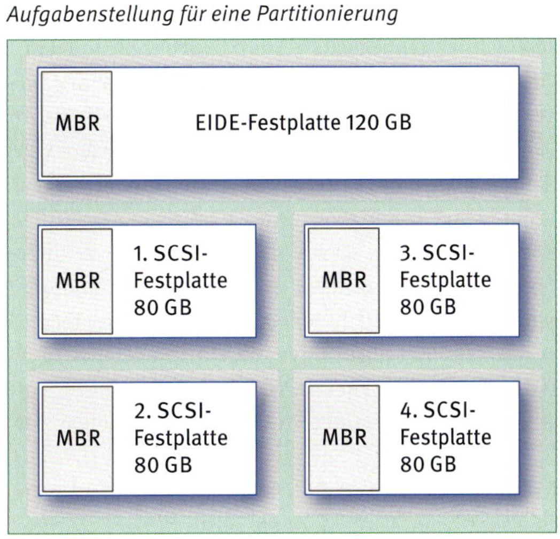

1.5.6 Datenübernahme

Die Übernahme vorhandener Daten gewinnt bei größeren Projekten rasch an Bedeutung. In einem einfachen Fall, wie beim Vorbereiten eines neuen Arbeitsplatzrechners, ist die Vorgehensweise relativ einfach:

Dokumente und Templates kopieren. Dazu werden das Netzwerk oder tragbare Speicher wie USB-Stick, CD-ROM oder eine externe Festplatte genutzt. Besondere Aufmerksamkeit bei der Datenübernahme verdient das Verzeichnis **Eigene Dateien,** wo die meisten bisher verwendeten Programme ihre Daten ablegen.

E-Mails übertragen. Alle gängigen E-Mail-Client-Programme unterstützen den Export und Import von E-Mails. Wurde bisher für das Lesen der E-Mails das Protokoll IMAP genutzt, befinden sich die E-Mails im Netzwerk in einem zentralen Postfach und können von jedem beliebigen Rechner erneut aufgerufen werden, vorausgesetzt sie wurden nicht gelöscht.

Programmeinstellungen übernehmen. Einige Anwendungen schreiben ihre Konfigurationsdaten in die sogenannten **INI-Dateien**, die dann aus dem Verzeichnis **%SystemRoot%** in das neue System übernommen werden können. Einstellungen für andere Programme werden normalerweise in der Windows Registry (Registrierdatenbank) gespeichert. Mit dem Programm **REGEDIT** können sie exportiert und im Zielsystem wieder importiert werden. Dabei ist aber Vorsicht geboten, da die Registry-Einträge von vielen Anwendungen oft nicht vollständig dokumentiert sind. Der sichere Weg besteht in der Neuinstallation und, wenn erforderlich, in der manuellen Korrektur von Standardeinstellungen.

Etwas schwieriger gestaltet sich diese Aufgabe, wenn auf dem neuen Rechner andere Programme als auf dem alten Rechner eingesetzt werden. Wird z. B. auf dem neuen System das Büroprogramm OpenOffice.org installiert, so lassen sich zwar die bestehenden Microsoft-Word-Dateien öffnen und bearbeiten, komplexere und individuelle Layouts, Templates, Schriften oder Makros müssen jedoch manuell angepasst oder sogar komplett neu erstellt werden. Der dafür notwendige zeitliche Aufwand darf nicht unterschätzt werden und auch die Ergebnisse sind nicht in jedem Fall zufrieden stellend oder mit der alten Lösung übereinstimmend. Im Zweifelsfall sollte der Wechsel auf eine neue Anwendung unter diesem Gesichtspunkt zurückgestellt oder gar verworfen werden.

Recht komplex gestalten sich die Abläufe, wenn auch Datenbank-Applikationen portiert werden müssen. Deswegen dauert die Übernahmephase bei derartigen großen Projekten länger – von wenigen Wochen bis zu einigen Monaten.

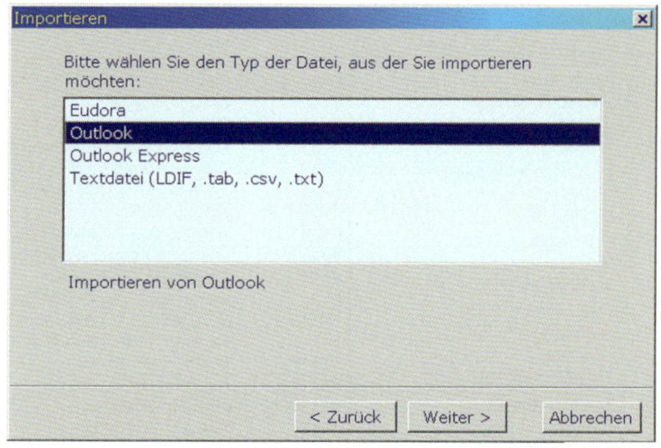

Auswahl der E-Mail-Programme für die Datenübernahme

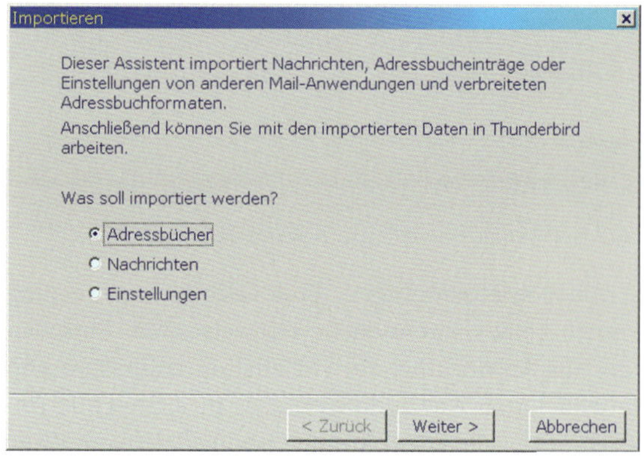

Datenübernahme in einem E-Mail-Programm

Aufgaben

1. Auf ihrem alten Rechner hat Anna Hedder folgende Programme genutzt:
   - Microsoft Word zum Schreiben der geschäftlichen Korrespondenz
   - Microsoft Excel mit Kalkulationen der monatlichen Abrechnungen zu Verkäufen für PC-Systeme
   - Oracle-Client-Software zur Anbindung an die firmeninterne Datenbank für die Kunden- und Auftragsverwaltung
   - Microsoft Access zur Pflege ausgewählter Kundenstammdaten
   - Client Software „IBM Rational ClearQuest“, um Fortschritte in den Kundenprojekten zu verfolgen
   - Microsoft-ODBC-Treiber, um Microsoft Access als Client an die Oracle-Datenbank anzubinden
   - Mozilla Thunderbird als E-Mail-Client

   All diese Anwendungen will Anna auch auf dem neuen Rechner benutzen.

Für welche der oben aufgeführten Anwendungen sollten die vorhandenen Daten auf den neuen Rechner übernommen werden?
Falls Ihnen die Software nicht geläufig ist, besorgen Sie sich die notwendigen Informationen beispielsweise durch Recherchen im Internet.

1.5.7 Einweisung

S Anna soll abschließend in ihr neues PC-System eingewiesen werden. Stefan will sich dazu gründlich vorbereiten und fasst seine Überlegungen für ähnliche Gespräche und Präsentationen anschließend in einer Mindmap zusammen.

Für die Einweisung in die Bedienung eines neuen Rechners eignet sich entweder eine Präsentation oder ein individuelles Gespräch. Eine Präsentation empfiehlt sich, falls mehrere Benutzer beteiligt sind. In diesem Fall dient die Präsentation auch als Grundlage für eine weitergehende Schulung. Folgende Überlegungen sind deshalb vor dem Gespräch bzw. vor der Präsentation sinnvoll:

- Wie viele Personen sind beteiligt?
- Über welche PC-Kenntnisse und Kenntnisse zur Anwendungssoftware verfügen die Gesprächsteilnehmer?
- Welcher zeitliche Umfang ist für das Gespräch bzw. die Präsentation angemessen?
- Welchen Gesprächsbedingungen oder welcher Arbeitssituation unterliegen die Teilnehmer? Haben sie überhaupt Zeit für eine längere Präsentation oder schränkt das Tagesgeschäft, ein laufendes Projekt oder eine dringende Kundenanfrage den Zeitrahmen ein? Müssen Freistellungen organisiert werden?
- Welcher Raum steht für eine Präsentation zur Verfügung?
- Welche Medien wie Tafel, Flipchart oder Projektor können eine Präsentation sinnvoll unterstützen?

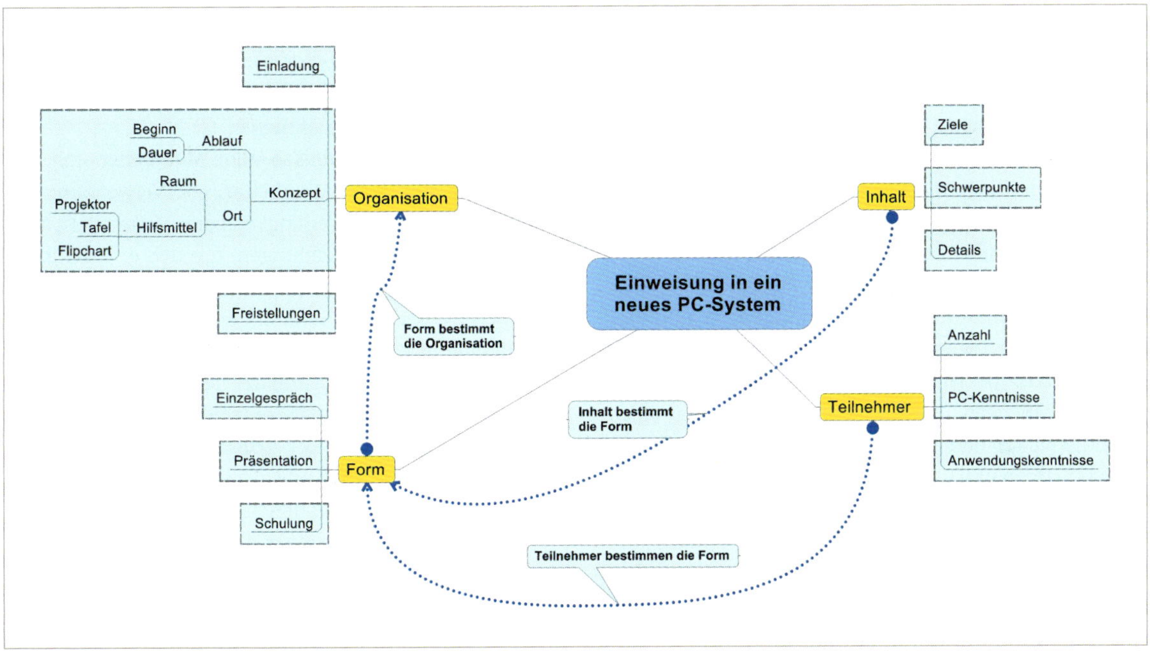

Vorbereitung der Präsentation als Mindmap

2 Vernetzte IT-Systeme

Mehrere miteinander verbundene Computer bilden ein vernetztes System. Damit besteht die Möglichkeit, schnell und flexibel auf die Daten aller Computer zuzugreifen oder ihre jeweils angeschlossenen Geräte wie Drucker, Fax und Modem optimal zu nutzen. Die Rechner haben oft unterschiedliche technische Ausstattungen und übernehmen die verschiedensten Funktionen im Unternehmen. Die Mehrzahl der Rechner sind Arbeitsplatzcomputer, die Dokumente gestalten, die Entwicklung des Unternehmens prognostizieren oder die Arbeitsergebnisse auswerten. Relativ wenige Rechner besitzen besonders große Hardwarekapazitäten, um die gesamten Informationen des Unternehmens zu speichern und den Mitarbeitern zur Verfügung zu stellen. Die unterschiedlichen Verbindungsmedien und Kopplungsgeräte, die die Daten zwischen den Rechnern transportieren, komplettieren das Netzwerk. Hinzu kommen noch diverse Sicherheitseinstellungen, um die vertraulichen Informationen zu schützen. Es ist wichtig, die Ordnung und die Regeln in diesen komplizierten Beziehungen zu erkennen und zu pflegen. Nur so kann der reibungslose Betrieb im Netzwerk eines Unternehmen gewährleistet werden.

S Fast alle Computer der Firma ACI sind vernetzt. Das gesamte Netzwerk muss regelmäßig gepflegt, erneuert und erweitert werden. Im Rahmen einer Erweiterung sollen den Mitarbeitern neue Dienste zur Verfügung stehen, wie Web- und E-Mail-Service. Die Auszubildenden sollen maßgeblich bei der Einführung der neuen Dienste mitwirken. Sie werden von Herrn Köhler (EDV-Leiter) unterstützt und angeleitet.

Folgende Maßnahmen garantieren den Erfolg bei der Einführung der neuen Dienste:

- **EDV-Konzept der Firma ACI berücksichtigen.** Man muss die vorhandenen Lösungen und Standards gründlich studieren, um den Zusammenhang der Arbeitsabläufe zu bewahren und ordnungsgemäß zu entwickeln.
- **Stand der Technik ermitteln.** Im EDV-Bereich erscheinen ständig neue Hard- und Softwarelösungen, die verbesserte Eigenschaften und Charakteristiken besitzen. Der Einsatz dieser Lösungen bringt die Effektivität, Zukunftsorientierung und Sicherheit in die Entwicklung des Unternehmens.
- **Professionelle Kenntnisse aller Mitarbeiter und insbesondere der EDV-Mitarbeiter.** Die Verwendung der modernen Technik verlangt von den Mitarbeitern ständig steigende Anstrengungen, um den erforderlichen Wissensstand zu erlangen. Dazu tragen regelmäßige interne und externe Schulungen bei.
- **Optimierung von Planung und Leitung.** Die optimal organisierte Durchführung der geplanten Projekte gewährleistet die Qualität der internen Dienste und erhöht die Effektivität der Arbeit des Unternehmens.

Die Einführung neuer Dienste im Rahmen der Erweiterung von PC-Netzwerken gehört als Geschäftsprozess zu den Kernprozessen der Firma ACI.

G **Geschäftsprozess „Einführung neuer Dienste“**

Konzept erstellen	Auswahl der Dienste und der technischen Unterstützung	Projektplanung	Projektdurchführung	Projektübergabe
Durchführen: ▪ Anforderungsanalyse ▪ Bestandsaufnahme ▪ Prüfung der Standards ▪ Dokumentation des Ist- und Sollzustandes ▪ Einfluss auf die Zukunftsentwicklung	**Durchführen:** ▪ Auswahl der Dienste ▪ Auswahl der Netzwerkarchitektur ▪ Auswahl der Geräte, Übertragungsmedien und Topologien ▪ Auswahl der Betriebssysteme	**Festlegen:** ▪ Ziele ▪ Verantwortungsbereiche ▪ Zeitrahmen und Kontrollpunkte ▪ Bezug auf die anderen Projekte	**Durchführen:** ▪ Beschaffung der Hard- und Software ▪ Installation der Hard- und Software ▪ Zwischentest ▪ Übernahme des Datenbestandes ▪ Abschlusstest	**Prüfen:** ▪ Funktionsfähigkeit des Systems ▪ Richtigkeit des Datenbestandes ▪ Dokumentation

2.1 Konzeption

Die Auszubildende Anna Hedder erhält die Aufgabe, das vorhandene IT-Konzept der Firma ACI zu studieren, die Anforderungsanalyse durchzuführen und eigene Vorschläge zur Ergänzung des Konzeptes bezüglich der Einführung der neuen Dienste zu formulieren. Anna orientiert sich am vorliegenden Unterprozess „Konzept erstellen“, der zum Geschäftsprozess „Einführung neuer Dienste“ gehört.

S

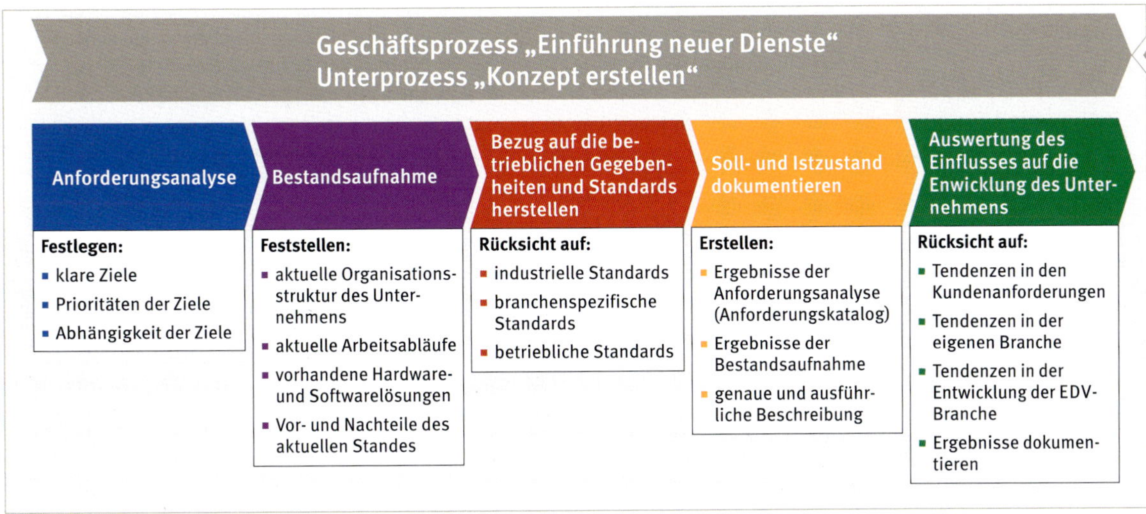

G

2.1.1 Anforderungsanalyse und Bestandsaufnahme

Moderne Unternehmen nutzen je nach Größe normalerweise mehrere Computer. Die Daten entstehen dabei zumeist an den Arbeitsplätzen, werden zwischen den Rechnern ausgetauscht und müssen regelmäßig gesichert werden. Es gibt sehr viele Vorgänge, in denen die Daten auf unterschiedliche Art und Weise aufgenommen, ausgewertet, verändert oder gespeichert werden. Außer dem internen Datenaustausch gibt es auch die Kommunikation mit der Außenwelt: Informationen werden z. B. an das Finanzamt und an verschiedene Partner geschickt, Börsenkurse werden abgefragt oder Fahrkarten bestellt. Je nach Schwerpunkten muss ein vollwertiges IT-Konzept für das Unternehmen entwickelt und realisiert werden.

Es gibt feste Regeln, nach denen ein IT-Konzept entsteht. Der erste Schritt besteht in der Anforderungsanalyse und dokumentiert, was sich der Kunde wünscht. Die Ziele und Ergebnisse müssen klar definiert sein. Die Anforderungsanalyse beschreibt die Hierarchie und Zusammenhänge der angestrebten Ziele. Der nächs-te Schritt, der ganz eng mit der Anforderungsanalyse zusammenhängt, ist die Bestandsaufnahme. Hier wird der aktuelle Stand des Unternehmens zusammengefasst, der die Organisationsstruktur und Strategien des Unternehmens, die Arbeitsabläufe, die vorhandenen Hardware- und Softwarelösungen sowie die Vor- und Nachteile des aktuellen Standes der IT dokumentiert.

Anforderungsanalyse und Bestandsaufnahme sind die wichtigsten Säulen der späteren Planung und Realisierung. Deswegen erfordern sie eine genaue und ausführliche Bearbeitung. Die grundlegenden Prozesse beziehen sich dabei auf die Organisationsstruktur und die Arbeitsabläufe und nicht auf den IT-Bereich. Liefern die Geschäftsprozesse nicht oder nur unzureichend die erwarteten Ergebnisse, helfen die besten IT-Lösungen allein kaum bei der Verbesserung. Somit lohnt sich die Beschäftigung mit dem IT-Konzept nur dann, wenn der optimale Ablauf der Geschäftsprozesse gesichert ist.

Die Anforderungsanalyse steht immer vor der Bestandsaufnahme, weil zuerst die Ziele von Bedeutung sind. Die Ergebnisse der Anforderungsanalyse bestimmen den Sollzustand des IT-Konzeptes und sind in einem Anforderungskatalog zusammengefasst. Die Bestandsaufnahme dokumentiert normalerweise den Istzustand im Unternehmen. Somit bilden und beeinflussen Anforderungsanalyse und Bestandsaufnahme die beiden Säulen des IT-Konzeptes, den Ist- und Sollzustand. Vor den IT-Fachkräften steht die Aufgabe, die Lösung für den Weg vom Ist- zum Sollzustand zu finden und zu verwirklichen.

Bei der Durchführung der Anforderungsanalyse und der Bestandsaufnahme sind unbedingt die internationalen und branchenspezifischen Standards zu berücksichtigen. Diese Standards ermöglichen die Anbindung des Unternehmens an die externen IT-Systeme und erleichtern die späteren Anpassungen der Hardware- und Softwarelösungen, wenn sich im Laufe der Zeit die Kundenanforderungen ändern. Die unternehmensspezifischen Normen sind ebenfalls zu berücksichtigen, obwohl es hier oft mehr Freiheiten gibt, da das Unternehmen eigene Normen leichter beeinflussen kann.

W

Anforderungsanalyse und Bestandsaufnahme	
Beschreibung	Die ausführliche Beschreibung der Ziele, in welcher Reihenfolge und in welchem Zusammenhang sie erreicht werden müssen, fördert die Erhöhung der Transparenz des ganzen Systems und schafft somit die Voraussetzungen für die erfolgreiche Realisierung. Eine detaillierte Beschreibung der vorhandenen Arbeitsprozesse einschließlich der Hardware- und Softwarelösungen hilft nicht nur bei der Realisierung, sondern auch bei der späteren Betreuung des Systems.
Erfüllung der Standards und Normen	Standardlösungen senken den Kosten- und Zeitaufwand für den Systemaufbau und für die späteren Veränderungen.
Flexibilität	Erweiterungen und Anpassungen erhöhen die Lebensdauer des gesamten Systems.
Konsistenz	Die Anforderungen dürfen einander nicht widersprechen. Sie müssen nachvollziehbar sein. Die Darstellung der existierenden Lösungen darf keine logischen Fehler enthalten.
leichte Bedienbarkeit und Transparenz	Die Anforderungsanalyse und die Bestandsaufnahme tragen erheblich zur späteren Akzeptanz des Systems durch den Kunden bei. Die Vereinfachung der Bedienalgorithmen steht im Vordergrund.

2.1.2 Vernetzte IT-Systeme und betriebliche Organisation

Die Struktur des Unternehmens hat einen entscheidenden Einfluss auf sein IT-System. Viele Unternehmen besitzen heute eine flache Verwaltungsstruktur. Daraus resultieren die erforderliche Flexibilität und schnelle Anpassungen an die Marktänderungen. Diese Verwaltungsstruktur spiegelt sich in den neuen offenen vernetzten IT-Systemen wider, die die alten hierarchisch organisierten proprietären Lösungen ersetzen, die auf Großrechnern basierten. Andererseits prägt die IT-Struktur beeindruckend das Leben des Unternehmens. Interne Termine, Besprechungen, Datenaustausch oder Planungsaktivitäten sind ohne vernetzte Computer ebenso undenkbar wie die Kommunikation mit der Außenwelt.

Es gibt auf dem Markt viele IT-Produkte, die eine Abbildung des Unternehmens in der IT-Struktur ermöglichen. Die bekanntesten Produkte sind **Active Directory Services** von der Firma Microsoft und **NetWare Directory Services** von der Firma Novell. In der Regel basieren solche Lösungen auf dem **Standard X.500** und dem **Protokoll LDAP.** Sie erleichtern die Suche nach Personaldaten, Dokumenten oder zeigen die Druckmöglichkeiten im Netz auf. Außerdem decken sie viele Bereiche der IT-Sicherheit ab, wie die zentrale Anmeldung, Verschlüsselung sowie die Zugriffskontrolle. Eine möglichst lückenlose Organisationsabbildung optimiert die Verwaltung und die Arbeitsabläufe.

An Bedeutung gewinnen zunehmend die IT-Systeme, die eine Gruppenarbeit gewährleisten. Diese Systeme steigern die Produktivität nicht zuletzt dadurch, dass sie ganz eng mit der organisatorischen Struktur des Unternehmens verbunden werden können.

Die vernetzten Systeme haben unterschiedliche Einsatzbereiche:

Dokumentenverarbeitung. Eine Vielzahl von Dokumenten befindet sich ständig im Umlauf: Berichte, Tabellen, Diagramme, Bilder, Videos, Präsentationen. Sie alle müssen ordnungsgemäß gespeichert, gesichert und verwaltet werden. Im IT-System sind für diese Aufgaben bestimmte Computer vorgesehen, die besonders viel Speicherkapazität und Stabilität besitzen. Die Arbeitsplatzrechner der Mitarbeiter können sich dabei jederzeit untereinander und mit diesen leistungsfähigen Rechnern verbinden, um die erforderlichen Daten abzurufen oder zu speichern.

Datenbanken. Im Prinzip werden auch hier die bereits oben erwähnten Dokumente verarbeitet, wobei der Schwerpunkt auf der Organisation der Daten liegt. Es gibt spezielle Datenstrukturen und Verwaltungsprogramme, die diese Dokumente klassifizieren, zuordnen und abspeichern. Diese Programme entstehen zumeist mit einem großen Programmieraufwand und sind deshalb entsprechend teuer. Aber die Vorteile dominieren bei der Sicherung oder Wiederherstellung der Daten, Verfügbarkeit, massenhaften Verarbeitung und Auswertung oder bei der Suche nach Dokumenten.

Gruppenarbeit. Dazu gehören der Informationsaustausch mittels E-Mail, Onlinekommunikation (ICQ, Skype), die Durchführung von Telekonferenzen sowie die unternehmensweite Terminplanung.

Buchungssysteme. Die Arbeit in den Reisebüros ist z. B. durch eine starke Netzwerkfähigkeit geprägt. Alle operativen Geschäftsdaten befinden sich in solchen Unternehmen auf einigen spezialisierten Zentralcomputern. Die zahlreichen Arbeitsplatzrechner der Mitarbeiter sind weniger leistungsfähig, da sie die Daten nur darstellen. Die Vernetzung und die Datenverarbeitung müssen eine sehr schnelle und zuverlässige Arbeit gewährleisten. Die Zentralcomputer liefern die Daten in Echtzeit, wobei die Informationen, die hier übertragen werden, oft nur aus wenigen Angaben bestehen. Die Rechner der Mitarbeiter arbeiten teilweise ohne grafische Bedienoberfläche.

Kassensysteme. Alle Informationen befinden sich auf einem Zentralcomputer. Die Rechner der Benutzer besitzen in den meisten Fällen lediglich den Funktionsumfang von Terminals zur Dateneingabe per Hand oder mittels Barcodeleser. Hier werden auch die Kassenbons ausgedruckt. Die Speicherung, Suche und Verarbeitung der Daten erfolgt auf dem zentralen Rechner. Die zentral organisierten Systeme befinden sich unter anderem auch in Geldinstituten. Als Terminals fungieren hier die angeschlossenen Bankautomaten.

Überwachungssysteme. Als Endgeräte dienen Kameras, die die Informationen erfassen und auf den zentralen Computer übertragen, wo sie gespeichert und ausgewertet werden können. Der zentrale Computer muss über große Speicherungskapazitäten verfügen, da die Daten ein enormes Volumen besitzen. Die Überwachungssysteme finden eine breite Anwendung bei der Polizei und den Sicherheitsdiensten, werden aber auch in der computergestützten Fertigung (CAM) eingesetzt.

Komplexe, bereichsübergreifende Systeme. Zu den umfangreichen Projekten, in denen sich die Merkmale vieler der oben genannten Systemtypen vereinen, gehört das in Deutschland eingeführte satellitengestützte Lkw-Mautsystem auf Autobahnen. Es vereint Buchungssysteme, Überwachungssysteme, Datenbanken sowie Internetanwendungen. Ein ähnlich komplexes Projekt im medizinischen Bereich betrifft die Einführung der elektronischen Gesundheitskarte. Solche Projekte basieren auf den neuesten Informationstechnologien und tragen gleichzeitig zu deren Weiterentwicklung bei.

2.1.3 Richtlinien für das Erstellen der Dokumentation

Bei IT-Projekten im Allgemeinen und besonders in Verbindung mit der Vernetzung von Computern besitzt eine sorgfältige und ausführliche Projektdokumentation einen hohen Stellenwert. Die Besonderheit von Netzwerkprojekten besteht darin, dass

- viele Hardwarekomponenten ausgetauscht oder zusätzlich installiert werden,
- viele Einstellungen in der Software erforderlich sind, um die Kommunikation der Netzwerkknoten zu gewährleisten, und
- sehr strenge Sicherheitsvorkehrungen und -richtlinien für eine hohe Stabilität des gesamten Systems angewendet werden müssen.

Die gesamte Dokumentation besteht aus zwei Bereichen. Die **externe Dokumentation** wird für den Kunden oder den Endbenutzer freigegeben. Sie beinhaltet in erster Linie die Beschreibung des Anmeldevorganges sowie die Information über die im Netz zur Verfügung stehenden Dienste.

Die externe Dokumentation muss in jedem Fall auch die erforderlichen Daten für den Support enthalten. Betreut ein externes IT-Unternehmen teilweise oder komplett das Netzwerk, müssen dessen Ansprechpartner, Telefonnummern (Hotline) und E-Mail-Adressen für den Support dokumentiert werden. Das Gleiche trifft für die entsprechenden Daten der Hersteller der eingesetzten Hard- und Software zu, besonders dann, wenn das System in eigener Regie gewartet wird.

Die **interne Dokumentation** beschreibt in erster Linie die vernetzte Hardware. Außerdem werden die Konfiguration der Software und der Kommunikationsschnittstellen (Netzwerkadressen, Protokolle, Portnummern) dokumentiert.

Auch die interne Dokumentation muss die Hotline- und Servicenummern der Hersteller bzw. der mit der Betreuung und Wartung beauftragten IT-Unternehmen beinhalten.

Es ist wichtig, dass die beiden Dokumentationen nicht statisch, sondern dynamisch angelegt sind. Sie sollen den Stand der Projekte zu verschiedenen Zeitpunkten widerspiegeln und mit einer Versionskontrolle

W

Externe Dokumentation	
Information	**Beispiel**
Anmeldevorgang	▪ Name der Domäne oder des Anmeldeservers ▪ Beschreibung des eigenen Profils, Name der Arbeitsgruppe
allgemein zugängliche Dateiablage, besonders die Verzeichnisse, die täglich gesichert werden	▪ Servername und Pfad zu den wichtigen gemeinsamen Dateien: \\Server_01\Vorlagen \\Server200\QS\Geschaeftsprozesse \\Server_01\PartyMix
allgemein zugängliche Intranetadresse sowie die Webadresse der Internetpräsenz des Unternehmens	▪ intranet.aci.de/abteilungen/lager/index.php ▪ www.aci.de/index.html
Zugangsdaten für den E-Mail-Dienst	▪ Postfach-Server: pop.aci.de, Port 110 (Empfang) ▪ E-Mail-Server: smtp.aci.de, Port 25 (Versand)

W

Interne Dokumentation	
Information	**Beispiel**
Hardwarekomponenten, Verbindungsgeräte	▪ Typ der Hardware (Switch, Hub usw.) ▪ Hardware-Adresse (Media Access Control Address, soweit vorhanden) ▪ Belegung der Patchfelder ▪ verwendete Treiber ▪ werkseitige Einstellungen ▪ Standorte
Server	▪ Dienste und Rollen im Netzwerk (Anmeldeserver, Dateiserver, Webserver usw.). Für die einzelnen Dienste sind auch die spezifischen Angaben wie Ports, Namen und Einstellungen zu vermerken. ▪ unterstützte Protokolle (IP, TCP, UDP, SMB, HTTP usw.) ▪ Adressen und Namen, unter denen der Server erreichbar ist ▪ Betriebssystem und Version des Betriebssystems inklusive Update-Stand ▪ Bezeichnung, Hersteller und Treiber für die Netzwerkschnittstellen ▪ Hardware-Adressen, verwendete Systemressourcen wie Interrupts, I/O usw. ▪ Standorte
Arbeitsplatzrechner	▪ unterstützte Protokolle (IP, TCP, UDP, SMB, HTTP usw.) ▪ Betriebssystem und Version des Betriebssystems inklusive Update-Stand ▪ Bezeichnung, Hersteller und Treiber für die Netzwerkschnittstellen ▪ Hardware-Adressen, verwendete Systemressourcen wie Interrupts, I/O usw. ▪ Standorte
Hardwarekomponenten, Verkabelungssysteme	▪ Topologie des Systems (Bus, Ring) ▪ Kategorie der Verkabelung (Abschirmung, Kupferkabel, Glasfaser usw.)
Sicherheitseinstellungen und -komponenten	▪ Anforderungen an die Sicherheit ▪ Namen der Domänen/Arbeitsgruppen ▪ Beschreibung der Benutzergruppen und deren Rollen, Rechte und Privilegien

kombiniert werden. Sowohl für die internen als auch für die externen Dokumente soll vermerkt werden, wer wann und aus welchem Grund die Dokumentation geändert hat. Die Erstellung und Pflege einer derartigen Dokumentation in einem größeren Projekt wird dadurch erschwert, dass die Entscheidungen über den Einsatz der einzelnen Komponenten in verschiedenen Projektphasen unterschiedlich ausfallen können. Eine Abhilfe schaffen Softwaretools, die eine automatische Analyse des Netzwerkes und eine Bestandsaufnahme durchführen können. Ein bekanntes Werkzeug mit guten Möglichkeiten für die Soft- und Hardware-Inventur ist das Programm Microsoft Systems Management Server. In kleineren Projekten sind allerdings auch einfachere Werkzeuge wie eine Textverarbeitung oder eine Tabellenkalkulation ausreichend.

Ein Zeit- und Ressourcenplan soll aufgestellt werden, damit die einzelnen Projektphasen zusammen mit den verantwortlichen Mitarbeitern festgehalten werden.

2.2 Informationsübertragung in vernetzten IT-Systemen

Nur wenige Abteilungen der Firma ACI sind noch nicht vernetzt. Das Netzwerkkonzept der Firma basiert auf dem dargestellten Schema der Vernetzung der Firma ACI auf der folgenden Seite.

Die Mitarbeiter der Abteilung **Einkauf/Lager** haben bisher die Informationen über die vorhandenen Waren manuell zusammengefasst und Artikel bei Bedarf nachbestellt. Nun soll stattdessen ein Webserver mit einer Datenbank zum Einsatz kommen. Alle Mitarbeiter im Lager werden die Daten künftig über einen Laptop oder **PDA** (**P**ersonal **D**igital **A**ssistant) direkt in die Datenbank einspeisen. Die Datenübertragung zum Zentralserver soll drahtlos erfolgen. Als Benutzerschnittstelle ist eine sicher zugängliche Webseite geplant. Von den Arbeitsplatzrechnern im Büro soll der Zugriff auf die Datenbank ebenfalls möglich sein, um den aktuellen Datenbestand abzufragen sowie die Bestellungen und Lieferungen zu kontrollieren. Die Mitarbeiter müssen zudem die Möglichkeit erhalten, die Daten mit den anderen Abteilungen auszutauschen und im Internet zu recherchieren. Außerdem ist ein Dateiserver geplant, auf dem die Mitarbeiter ihre Office-Dateien gemeinsam nutzen und abspeichern können.

Diese Zielstellung erfordert die Installation von Arbeitsplatzrechnern, Notebooks (Laptops) und zwei (oder aus Sicherheitsgründen mehreren) Servern. Zuvor müssen die Hard- und Softwarespezifikationen für diese Rechner sowie die Art der Vernetzung festgelegt werden. Alle Maßnahmen tragen letztlich dazu bei, dass die Daten dieser Abteilung immer verfügbar sind und keine Datenverluste auftreten. Der Geschäftsprozess (Unterprozess) „Auswahl der Dienste und der technischen Unterstützung“ beschreibt, wie die geforderten Ergebnisse erzielt werden können.

An diesem Prozess arbeiten die firmeneigene EDV-Abteilung sowie die Auszubildenden Kai Dreyer (IT-Systemelektroniker) und Stefan Fischer (Fachinformatiker). Um die richtigen Entscheidungen treffen zu können, sind Kenntnisse über die Netzwerkarchitekturen, Übertragungsmedien und -techniken, Netzwerk-Topologien, Zugriffsverfahren und Protokolle erforderlich.

Geschäftsprozess „Einführung neuer Dienste“
Unterprozess „Auswahl der Dienste und der technischen Unterstützung“

Auswahl der Dienste

Kriterien:
- Dienste, die für den normalen Geschäftsablauf notwendig sind
- unterstützende Dienste
- Dienste, die zur Zukunft des Geschäfts beitragen

Auswahl der Netzwerkarchitektur

Kriterien:
- Anzahl der Server
- Anzahl der Arbeitsplatzrechner
- Anzahl der Benutzer
- Umfang der Ressourcen
- Administrationsaufwand

Auswahl der Geräte, Übertragungsmedien und Topologien

Kriterien:
- geplante Übertragungsgeschwindigkeit
- Menge der zu übertragenden Daten
- Verfügbarkeit des Netzwerkes
- Zukunftsorientierung
- Herstellerunabhängigkeit
- Anwendungsunabhängigkeit
- Arbeitsschutz

Auswahl der Betriebssysteme

Kriterien:
- Netzwerkfähigkeit
- Benutzerfreundlichkeit
- Leistungsfähigkeit
- Sicherheit
- Zuverlässigkeit
- Administrationsaufwand

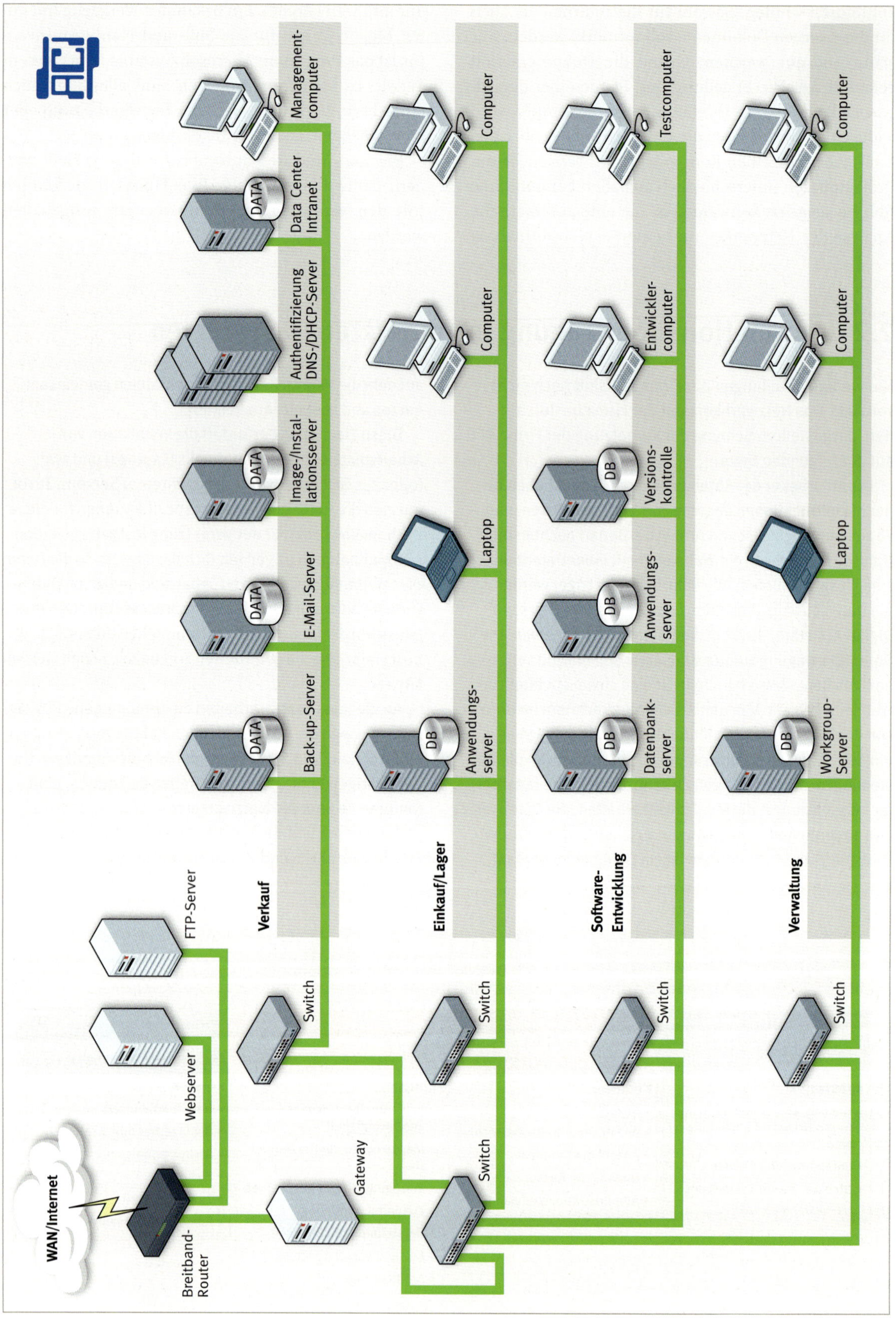
WAN/Internet
Breitband-
Router
Webserver
FTP-Server
Gateway
Switch
Switch
Verkauf
Back-up-Server
DATA
E-Mail-Server
DATA
Image-/Instal-
lationsserver
DATA
Authentifizierung
DNS-/DHCP-Server
Data Center
Intranet
DATA
Management-
computer
Switch
Einkauf/Lager
Anwendungs-
server
DB
Laptop
Computer
Computer
Switch
Software-
Entwicklung
Datenbank-
server
DB
Anwendungs-
server
DB
Versions-
kontrolle
DB
Entwickler-
computer
Testcomputer
Switch
Verwaltung
Workgroup-
Server
DB
Laptop
Computer
Computer

2.2.1 Netzwerkarchitekturen

S Die erste wichtige Entscheidung, zu der Stefan Fischer beitragen soll, betrifft die Architektur für das neue Netzwerk. Dazu will er seine in der Lehre erworbenen Kenntnisse auffrischen.

Ein Netzwerk besteht aus mindestens zwei Rechnern, die zwecks Informationsaustausch miteinander verbunden sind. Die Art der Verbindung ist zunächst unerheblich. Genutzt werden herkömmliche Netzwerkkabel, Lichtwellenleiter oder elektromagnetische Wellen.

Es gibt zwei wichtige Begriffe, die absolut notwendig für das Verständnis von Netzwerken sind, **Server** und **Client.** Bevor diese Begriffe verwendet werden, muss klar sein, was darunter zu verstehen ist.

W Ein **Server** ist ein Programm, das die Ressourcen im Netzwerk zur Verfügung stellt. Es gibt eine Vielzahl unterschiedlicher Server. Bekannt sind Webserver (stellt die Webseiten zur Verfügung), E-Mail-Server (stellt die elektronische Post zur Verfügung) oder FTP-Server (ermöglicht das Hoch- und Herunterladen der Dateien). Einen hohen Stellenwert besitzen die Datei- und Druckserver in einem vernetzten Unternehmen.

Ein **Client** ist ein Programm, das die Ressourcen im Netzwerk in Anspruch nimmt. Jedem Server entspricht mindestens ein Client. Heute gibt es viele Programme, die die Funktionalitäten von mehreren Clients zusammenfassen. Der Internet Explorer ist ein Web-, FTP- und Gopher-Client in einem Programm.

Auch ein Computer kann als **Server** bezeichnet werden, wenn die Tatsache betont werden soll, dass ein oder mehrere Server (als Programme) auf diesem Rechner laufen und somit entsprechende Ressourcen im Netzwerk zur Verfügung stellen. Ebenso nennt man einen Rechner **Client,** wenn auf diesem Computer ein oder mehrere Clients (als Programme) laufen. Diese Definitionen sind im Handel und in der Praxis weit verbreitet. Einige Hardwarekomponenten der Server-Rechner müssen im Vergleich zu Client-Rechnern besonders leistungsfähig sein. Das betrifft in der Regel den Prozessor, den Arbeitsspeicher, die Festplatten und die Netzwerkkarte.

In diesem Zusammenhang ist der Begriff **Client-Server-Architektur** wichtig. Dieser Begriff spiegelt den Aufbau der Software wider. Die Anwendungen, die dieser Architektur entsprechen, bestehen aus zwei Teilen, den Server- und Client-Programmen. Die Verarbeitung, Speicherung und Auswertung der Daten sind dem Server vorbehalten. Der Client sendet dem Server die Anfragen bzw. Anforderungen und ist für die Eingabe, Interpretation und Darstellung der Daten zuständig. Server und Client können abhängig vom Betriebssystem auf demselben Rechner laufen. In den meisten Fällen arbeiten sie aber auf unterschiedlichen Rechnern. Im Gegensatz zum einheitlichen Aufbau von Anwendungen hat diese verteilte Architektur viele Vorteile. Informationen werden zentral gespeichert und dezentral zur Verfügung gestellt. Das erhöht die Ausfallsicherheit, Verfügbarkeit und mehrfache Benutzung der Informationen.

Daraus leiten sich zwei Typen von Netzwerken ab, **Peer-to-Peer-Netze** und **serverbasierte Netze.** Eine entscheidende Rolle spielt dabei nicht der Rechner bzw. die Hardware, sondern das Betriebssystem, das auf diesem Rechner installiert ist. Das Betriebssystem entscheidet, ob sich ein Server oder ein Client installieren und ausführen lässt.

Peer-to-Peer-Netz. Auf einem Rechner können gleichzeitig der Server und die Clients laufen. Ein angeschlossener Rechner stellt eigene Ressourcen zur Verfügung und greift gleichzeitig auf die Ressourcen der anderen Rechner zu. Zu den erforderlichen Betriebssystemen zählen alle Versionen von Linux und Microsoft Windows. Die Flexibilität dieses Netzwerkes ist zugleich der entscheidende Vorteil. Man kann die Daten auf jedem Rechner schnell und einfach für andere Benutzer freigeben. Die dezentralisierte Verwaltung ist aber auch relativ kompliziert, da viele Fragen geklärt werden müssen: Wer darf die Daten freigeben und in welchem Umfang, wer darf auf die Daten zugreifen und wie sollen die Informationen gesichert werden?

Serverbasiertes (serverorientiertes) Netz. Ein Rechner fungiert in diesem Fall entweder als Server oder als Client. Der Server stellt nur seine Ressourcen zur Verfügung. Eine Nutzung als Arbeitsplatzrechner, z. B. für die Dokumentenverarbeitung, ist nicht mehr möglich oder sinnvoll. Einfache und typische (aber nicht mehr aktuelle) Beispiele betreffen das Betriebssystem NetWare der Firma Novell und Microsoft DOS 6.22 mit den Programmen INTERSVR.EXE/INTERLNK.EXE als Server/Client. Im serverbasierten Netzwerk ist die Verwaltung zentralisiert. Der Netzwerkadministrator entscheidet über Zugriffsrechte und über Sicherungsstrategien. Die einzelnen Benutzer können die Ressourcen nicht mehr freigeben, sondern sie kopieren die Daten in die vom Administrator vorbereiteten Freigaben. Durch die richtige Verwaltung verlieren diese Netzwerke nicht an Flexibilität, sondern gewinnen an Stabilität, Sicherheit und Verfügbarkeit.

W

Netzwerktypen		
Eigenschaften	**Peer-to-Peer-Netzwerk**	**serverbasiertes Netzwerk**
gemeinsame Nutzung der Daten	Daten können gemeinsam genutzt werden. Der Anwender muss die entsprechenden Qualifikationen haben, um selbst Daten zu verwalten. Alternativ muss der Administrator die Rechte und Freigaben jedes Arbeitsplatzrechners verwalten (lokal oder im Netzwerk).	Daten können gemeinsam genutzt werden. Der Benutzer muss nur allgemeine Kenntnisse besitzen, um auf die Daten zuzugreifen. Der Administrator verwaltet die Rechte und Freigaben des Server-Rechners im Netzwerk.
gemeinsame Nutzung der Peripheriegeräte (Drucker, Fax, Modem usw.)	Die Geräte sind an die unterschiedlichen Arbeitsplatzrechner angeschlossen, wodurch die Administration erschwert wird.	Die Geräte werden an einzelne Server-Rechner angeschlossen. Die Zugriffsrechte auf diese Geräte sind leicht und vor allem zentral vom Administrator zu verwalten.
Verfügbarkeit und Sicherung der Daten	Je mehr Rechner es im Netzwerk gibt, desto größer ist die Wahrscheinlichkeit des Ausfalls der einzelnen Rechner. Es ist deswegen schwierig und aufwändig, die Verfügbarkeit und die Sicherheit der Daten zu gewährleisten.	Befinden sich die Daten auf wenigen Servern, so ist es möglich, besondere Schutzmaßnahmen für den Erhalt der Daten zu treffen. Der Ausfall einzelner Arbeitsplatzrechner hat keine Auswirkung auf die Funktionalität des Netzwerkes insgesamt.
gemeinsame Benutzung der Anwendungen	kaum realisierbar	Viele Anwendungen (z. B. Microsoft Office) erlauben diese Form der Netzwerkinstallation. Das senkt die Kosten für das Unternehmen.
Benutzerverwaltung	Für die kleinen Netzwerke (weniger als zehn Computer) empfiehlt sich in den meisten Fällen die Benutzeradministration, die günstiger ist als der Kauf der Server-Hardware und die Einrichtung der zentralen Verwaltung.	In den großen Netzwerken (mehr als zehn Computer) ist es fast unmöglich, die Benutzerkonten auf einzelnen Rechnern zu administrieren. Hier muss die zentrale Benutzerverwaltung eingeführt werden.
Informationsaustausch	Ein professioneller Informationsaustausch (E-Mail, Messenger) scheitert bereits an der Einrichtung.	effektiv und sicher
Verwaltungsaufwand und Pflege	Dieser Typ lohnt sich nur für kleine Netzwerke (nicht mehr als zehn Computer).	Dieser Typ ist für mittlere und große Netzwerke geeignet.

Da die serverbasierten Netzwerke eindeutig bessere Charakteristiken nachweisen, gibt es bei Microsoft eine Teilung des Betriebssystems Windows in Professional- und Server-Ausführungen. Die Professional-Ausführungen (Windows 7/8/10) sind meistens für die Installation von unterschiedlichen Clients vorgesehen. Auf den Server-Ausführungen (Windows Server 2008/2012) laufen verschiedenste Server-Programme und -Dienste. Zu den wenigen Ausnahmen dieser Aufteilung gehört der Datei- und Druckserver, der in allen Windows-Betriebssystemen vorhanden ist. Organisatorisch sollte ein normaler Benutzer nicht lokal auf einem Server-Rechner arbeiten, obwohl es theoretisch möglich ist. Microsoft empfiehlt ab zehn Computer ein Konzept der zentralen Benutzer- und Ressourcenverwaltung (Domänen-Konzept). Deswegen tendieren die großen Windows-Netzwerke zu den serverbasierten Lösungen. Diese Aussage gilt auch für die Linux-Netzwerke und die heterogenen (gemischten) Netzwerke.

Besondere Bedeutung haben in der Praxis die heterogenen Netzwerke, in denen unterschiedliche Betriebssysteme eingesetzt werden. Diese Mischung ermöglicht die Nutzung der Vorteile jedes Betriebssystems und die Vermeidung deren Nachteile. Die heterogenen Windows-Linux-Umgebungen setzen sich zunehmend durch, während die anderen Betriebssysteme nach und nach ihre Bedeutung in diesem Segment verlieren.

In diesem Zusammenhang existieren die heute bereits veralteten Begriffe des **dedizierten** und **nichtdedizierten Servers.** Sie beziehen sich auf den Rechner (Hardware). Ein dedizierter Server ist ein Rechner, auf dem ausschließlich die Server-Programme (Dienste) laufen. Ein dedizierter Server stellt nur seine Ressourcen zur Verfügung. Nichtdedizierte Server unterstützen außer den Server-Programmen auch die Ausführung von Client-Programmen. Damit können die Benutzer eines nichtdedizierten Servers zusätzlich auf die Netzwerkressourcen zugreifen. Diese Begriffe entsprechen den Netzwerktypen serverbasiert und Peer-to-Peer. Die nichtdedizierten Server wurden durch frühere Versionen der Betriebssysteme von NetWare und Windows unterstützt. Aktuell haben sich die dedizierten Server durchgesetzt.

Nach der räumlichen Ausdehnung unterscheidet man folgende Netzwerktypen:

W

PAN (**P**ersonal **A**rea **N**etwork). Diese Netzwerke bestehen aus **PDA** (**P**ersonal **D**igital **A**ssistant) oder Mobiltelefonen, die miteinander über USB- oder Firewire-Schnittstellen bzw. drahtlos verbunden sind. Die Ausdehnung dieser Netzwerke beträgt normalerweise nur wenige Meter.

LAN (**L**ocal **A**rea **N**etwork). Das Netzwerk befindet sich auf einem Grundstück. Normalerweise umfasst es ein oder mehrere Gebäude eines Unternehmens und erstreckt sich bis zu einigen Quadratkilometern. Die Netzwerkknoten (Rechner) sind hier miteinander durch Kabel verbunden. Immer öfter verwendet man heute auch drahtlose Übertragungsmedien (Wireless LAN). Das LAN basiert gewöhnlich auf einer physikalischen Stern-Topologie und auf der logischen Bus-Topologie Ethernet oder Fast Ethernet (siehe Kap. 2.2.5.3 und 2.2.6.2). Der Einsatz spezieller Kopplungsgeräte (Switchs) ermöglicht den Aufbau von virtuellen LANs (VLAN), die sich innerhalb des physikalischen LAN befinden und voneinander unabhängig betrieben werden.

MAN (**M**etropolitan **A**rea **N**etwork). Das Netzwerk befindet sich innerhalb einer Großstadt. Die Reichweite von MANs beträgt hunderte von Quadratkilometern. In fast allen deutschen Großstädten existieren MANs.

GAN (**G**lobal **A**rea **N**etwork). Das ist ein Verbund aus mehreren MANs oder aus den Standorten eines Großunternehmens. Die GANs haben oft weltweite Ausdehnung.

WAN (**W**ide **A**rea **N**etwork). Solche Netzwerke umfassen mehrere Länder und Kontinente und basieren auf unterschiedlichster Hard- und Software. Das **Internet** ist ein Beispiel für ein solches Netzwerk, das keinem Besitzer gehört. Im Gegensatz zum Internet gibt es auch Netzwerke, die sich im Besitz von großen Unternehmen befinden, wie z. B. von CompuServe oder AOL.

S

Stefan Fischer und Herr Köhler haben sich dafür entschieden, ein serverbasiertes Netzwerk aufzubauen. Es gab drei Gründe für diese Entscheidung:

- Die Vorteile der serverbasierten Architektur überwiegen im Vergleich zu den Peer-to-Peer-Netzwerken.
- Die Architektur befindet sich auch in den anderen Abteilungen und unterstützt das gesamte Konzept des Unternehmens.
- Die Mitarbeiter der EDV-Abteilung haben die notwendigen Erfahrungen in der Einrichtung und Pflege der Komponenten.

Nach ersten Überlegungen steht fest, dass ein Workgroup-Server (Dateiserver) und mehrere Clients installiert werden müssen.

Aufgaben

1. Welche Definitionen der Client-Server-Architektur sind richtig?
   a) Ein Server ist ein Programm, das die Ressourcen im Netzwerk zur Verfügung stellt.
   b) Ein Client ist ein Programm, das die Ressourcen im Netzwerk zur Verfügung stellt.
   c) Ein Server ist ein Programm, das auf die Ressourcen im Netzwerk zugreift.
   d) Ein Client ist ein Programm, das auf die Ressourcen im Netzwerk zugreift.
   e) Als Client bezeichnet man einen Rechner, auf dem ein oder mehrere Client-Programme laufen.
   f) Als Server bezeichnet man einen Rechner, auf dem ein oder mehrere Server-Programme laufen.
   g) Als Client bezeichnet man einen Rechner, auf dem die Kunden des Unternehmens arbeiten dürfen.
   h) Als Server bezeichnet man einen Rechner, auf dem ausschließlich die Mitarbeiter des Unternehmens arbeiten dürfen.
2. Zu welchem Netzwerktyp gehört das neue Netzwerk in der Abteilung **Einkauf/Lager?**
   a) PAN c) MAN
   b) LAN d) GAN
3. Was ist ein dedizierter Server?
   a) Rechner, auf dem ausschließlich Server-Programme laufen
   b) Rechner, auf dem sowohl Server-Programme als auch die Client-Programme laufen
4. Was bedeutet das Wort „Server“ im Namen des Betriebssystems Microsoft Windows Server 2008?
   a) Das ist eine reine Vermarktungsstrategie von Microsoft. Die Betriebssysteme, die dieses Wort enthalten, lassen sich besser verkaufen.

b) Professional- und Server-System von Microsoft unterscheiden sich kaum in den technischen Parametern.
c) Dieses Betriebssystem unterstützt im Gegensatz zu den Professional-Systemen eine Mehrzahl an Servern (Dienste).

5. Erläutern Sie den Begriff „heterogene Netzwerke".
6. Erläutern Sie die Vorteile der serverbasierten Netzwerke gegenüber den Peer-to-Peer-Netzwerken.
7. Welchen Server gibt es standardmäßig in allen Windows-Betriebssystemen?
   a) Anmeldeserver
   b) Datei- und Druckserver
   c) E-Mail-Server
   d) Webserver

2.2.2 Servertypen und Endgeräte

S Kai Dreyer soll zusammen mit Herrn Köhler über die technische Ausrüstung der Rechner entscheiden, so z. B. über die Netzwerkkarten, Kabel und Kopplungsgeräte.

Zu den Netzwerkkomponenten gehören die Kabel, Steckdosen, Stecker sowie die Server-Rechner, Client-Rechner und Kopplungsgeräte. Kabel, Steckdosen und Stecker nennt man **passive Netzwerkkomponenten,** da sie die elektrischen Signale nicht verändern können. Die Kopplungsgeräte, Server und Clients gehören zu den **aktiven Netzwerkkomponenten,** da sie die elektrischen Signale auf unterschiedliche Art und Weise verarbeiten und verbessern können.

2.2.2.1 Server

Die Server sind besonders leistungsfähige Rechner mit großen Hauptspeicher-, Prozessor- und Festplattenkapazitäten. Sie besitzen normalerweise eine besonders schnelle Netzwerkkarte sowie eine **USV** (unterbrechungsfreie Stromversorgung) und einen **RAID**-Controller (**R**edundant **A**rray of **I**nexpensive/**I**ndependent **D**isks). Die Ausstattungsmerkmale von Grafikkarten und Monitoren sind bei den Servern eher unerheblich. Aus Gründen der Ausfallsicherheit verbindet man mehrere Server zu einem **Cluster.** In einem Cluster besitzen die Server außer den gewöhnlichen Netzwerkverbindungen noch zusätzliche Verbindungen untereinander. Durch diese Verbindungen kann ein Server den Ausfall eines anderen Servers erkennen und sofort seine Funktionen übernehmen.

In Abhängigkeit von den EDV-Aufgaben in einem Unternehmen unterteilt man die Server in verschiedene Kategorien:

Servertyp (Kategorie)	Funktion
Fileserver (Dateiserver)	Verwaltung von Daten (Dateien und Verzeichnisse), u. a. Kopieren, Löschen, Erstellen, Bearbeiten, Zugriffssteuerung
Printserver (Druckserver)	Verwaltung von Druckern und Druckaufträgen
Faxserver	Versand und Empfang von Faxmitteilungen und Weiterleitung an die entsprechenden Benutzer
E-Mail-Server	Versand und Empfang von internen und externen E-Mails
Webserver	Informationen als Webseiten zur Verfügung stellen
FTP-Server	Verwaltung von Dateien über den Internet- bzw. Intranet-zugriff
Archivserver	regelmäßige Sicherungen der Netzwerkdaten der Benutzer und des gesamten Systems
Datenbankserver	Datenbankverwaltung; Datensätze hinzufügen, korrigieren, löschen; effektive Nutzung großer Datenbestände
Anwendungsserver	Umsetzung der Geschäftslogik. Anwendungen laufen nicht auf jedem Computer, sondern nur auf dem Server. Die Mitarbeiter bearbeiten die Daten der Datenbank über Benutzerschnittstellen (Webbrowser).

W

2.2.2.2 Client

Für die Client-Rechner besitzen die Ausstattungsmerkmale von Grafikkarten und Monitoren eine große Bedeutung, da die Mitarbeiter regelmäßig an diesen Rechnern arbeiten. Alle anderen Eigenschaften und Ausstattungsmerkmale hängen von den Aufgaben ab, die diese Rechner erfüllen. Man kann die Client-Rechner in zwei Typen unterteilen, die durch das Vorhandensein von lokalen Datenträgern charakterisiert werden. Die Clients mit lokalen Datenträgern haben den Vorteil, dass sie auch bei einem Netzwerkausfall weiterarbeiten können. Clients ohne Datenträger beschränken sich auf die minimalste Ausstattung und sind daher preisgünstiger in der Anschaffung. Man nennt sie auch **Netzwerkcomputer** oder **Thin Clients.**

Die Clients darf man nicht mit den **Terminals** verwechseln. Alle Clients sind gewöhnliche Rechner, die mindestens über einen eigenen Hauptspeicher und einen eigenen Prozessor verfügen. Die Terminals bestehen dagegen nur aus einem Monitor und einer Tastatur, oft kommt noch eine Maus als weiteres Eingabegerät dazu. Sie können daher keine Informationen verarbeiten. Ein weiterer Unterschied zu den Clients besteht darin, dass die Terminals immer lokal an einen Rechner angeschlossen sind. Nicht alle Betriebssysteme unterstützen Terminals.

Die Terminals als Geräte darf man wiederum nicht mit den Programmen verwechseln, die den gleichen Namen tragen. Der **Terminaldienst** verwandelt einen Client-Rechner in ein Terminal für den Server-Rechner. Obwohl die Übertragungen hier durch das Netzwerk stattfinden, benutzt so ein Terminal für die Erfüllung seiner Aufgaben ausschließlich den Prozessor und den Hauptspeicher des Servers. Das ist zulässig und wünschenswert in den Situationen, wo die Kapazitäten des Clients für die Lösung seiner Aufgaben nicht ausreichen.

2.2.2.3 Kopplungsgeräte und Kabel

Kabel übertragen die elektrischen Signale und bilden somit Segmente des Netzwerkes. Die Kopplungsgeräte wie Repeater, Bridge und Router verbinden mehrere Netzwerksegmente zu einem Netz (siehe auch Kap. 2.2.4.4, 2.2.6.6 und 2.2.7.4). Die Rechner selbst kann man mittels Netzwerkkarten, Modems oder ISDN-Karten an ein Netzwerk anschließen. Funknetzwerkkarten für eine kabellose Übertragung setzen sich immer mehr durch.

Aufgaben

1. Kai plant, einen Server zu installieren, der die Daten der Mitarbeiter enthalten soll. Die Mitarbeiter wollen ihre Dateien vom Server auf den Arbeitsplatzrechner sowie umgekehrt kopieren. Welcher Server eignet sich für diese Aufgabe?
   a) Webserver
   b) Dateiserver
   c) E-Mail-Server
   d) FTP-Server
2. Ein Sachbearbeiter fragt Kai, warum normale Rechner als Arbeitsplatzrechner zum Einsatz kommen und keine Thin Clients, wo die Thin Clients doch billiger sind. Was antwortet Kai?
   a) Nein, die Thin Clients sind normalerweise erheblich teurer als die normalen Clients.
   b) Die Thin Clients können mit einem Dateiserver im Prinzip nicht zusammenarbeiten.
   c) Die herkömmlichen Clients können im Gegensatz zu den Thin Clients auch dann gestartet und verwendet werden, wenn das Netzwerk nicht funktioniert.
3. Welches Gerät verbindet einen Rechner mit dem Netzwerk?
   a) Netzwerkkarte
   b) Grafikkarte
   c) ISDN-Karte
   d) Modem
   e) Soundkarte
   f) Kopplungsgerät
4. Welche Geräte verbinden die Netzwerksegmente im Netz untereinander?
   a) Netzwerkkarten
   b) Kopplungsgeräte
   c) Modems
5. Beschreiben Sie die Funktionalität der Terminals und ihre Unterschiede zu den Clients.
6. Die Auszubildende Anna Hedder verwendet sehr häufig den E-Mail-Client Microsoft Outlook Express, um Informationen mit den Kollegen auszutauschen. Mit welchen Programmen stellt Outlook Express eine Verbindung her?
   a) Webserver
   b) FTP-Server
   c) Web-Client
   d) E-Mail-Server
   e) FTP-Client
   f) E-Mail-Client
7. In welchen Situationen lohnt sich der Einsatz eines Terminaldienstes?
8. Welcher Server ist für den Versand und Empfang der elektronischen Nachrichten zuständig?
   a) Webserver
   b) FTP-Server
   c) E-Mail-Server

2.2.2.4 Netzwerkkarte

S

Herr Köhler bespricht mit dem Azubi Kai Dreyer die Bedeutung und Funktionsweise von Netzwerkkarten, Kabeln und Kopplungsgeräten. Nach der üblichen prozessorientierten Vorgehensweise müssen sie folgende Entscheidungen treffen:

G

Geschäftsprozess „Einführung neuer Dienste“
Unterprozess „Auswahl der Dienste und der technischen Unterstützung“
Unterprozess „Auswahl der Geräte, Übertragungsmedien und Topologien“

Auswahl der Netzwerkadapter

Kriterien:
- Übertragungsgeschwindigkeit
- Anschluss an die Hauptplatine
- Übertragungmedien (drahtlos/drahtgebunden)
- Anschluss an das Medium
- Reichweite (falls drahtlos)
- Zuverlässigkeit
- Architektur (Bus-Mastering, RAM-Puffer)

Auswahl der Übertragungsmedien

Kriterien:
- Bandbreite
- elektrische Grenzwerte (maximale Segmentlänge, Dämpfung)
- Zuverlässigkeit, Ausfallsicherheit
- Verlegungsaufwand
- Wartungsarbeiten

Auswahl der physikalischen Topologien

Kriterien:
- Ausfallsicherheit
- Kabelbedarf
- Kopplungsgeräte
- Wartungsaufwand
- Erweiterungsaufwand

Eine Netzwerkkarte verbindet den Computer mit dem Netzwerk. Sie heißt auch **NIC** (**N**etwork **I**nterface **C**ard) oder **Netzwerkadapter.** Die Netzwerkkarte besteht aus Hard- und Software. Sie wird üblicherweise in eine Schnittstelle auf der Hauptplatine eingeschoben. Veraltete Anschlüsse sind der MCA-Bus und der ISA/EISA-Bus. Für fast alle modernen Netzwerkkarten erfolgt der Anschluss über den **PCI-Bus.** Den PCI-Bus gibt es in Bandbreiten von 32 und 64 Bit. Obwohl dieser Bus immer noch aktuell ist, entspricht er nicht mehr den steigenden Übertragungsanforderungen. Mit dem **PCI-Express-Bus** existiert eine Weiterentwicklung, die höhere Übertragungsraten unterstützt und auch für Netzwerkkarten angeboten wird. Viele Grafikkarten nutzen bereits den PCI-Express-Bus.

Die wichtigste Aufgabe der Netzwerkkarte besteht in der Übersetzung der zu versendenden Daten in elektrische Signale, elektromagnetische Schwingungen oder Lichtwellen. Diese übersetzten Signale verbreiten sich dann in einem Kabel, im Vakuum oder in einem Lichtwellenleiter. Andererseits nimmt die Netzwerkkarte Signale auf und wandelt sie wieder in ein für den Rechner lesbares Format um. Intern kommuniziert die Netzwerkkarte für den erforderlichen Datentransfer mit dem Prozessor und mit dem Hauptspeicher. Vor der externen Datenübertragung vereinbart sie die Parameter des Datenflusses mit der anderen Netzwerkkarte, wie z. B. die Größe des Datenblocks, die zeitlichen Intervalle zwischen den Datenblöcken, die Bestätigungen, die Geschwindigkeit der Übertragung und die Wartezeiten. Damit diese Aufgaben erfolgreich erledigt werden können, besitzt die Netzwerkkarte einen eigenen Prozessor und einen eigenen Hauptspeicher und wird daher auch als **aktive** Netzwerkkarte bezeichnet. **Passive** Netzwerkkarten, die keinen Prozessor und keinen Hauptspeicher besitzen und deswegen diese Ressourcen beim Rechner ausleihen müssen, sind nicht mehr aktuell.

Die modernen Netzwerkkarten besitzen außerdem folgende Eigenschaften:

- **DMA** (**D**irect **M**emory **A**ccess). Die Übertragung der Daten erfolgt direkt zwischen dem eigenen Speicher und dem Hauptspeicher des Computers, ohne die Leistungen des Prozessors zu beanspruchen.
- **Bus-Mastering.** Die Netzwerkkarte steuert zeitweise den Systembus des Computers. Damit werden die Daten auch direkt übertragen, ohne den Prozessor anzusprechen. Das steigert die Leistung der Datenübertragung um bis zu 50 Prozent.
- **RAM-Puffer.** Die Übertragungsgeschwindigkeit ist normalerweise viel größer als die Verarbeitungskapazität der Netzwerkkarte. Im Cache (RAM-Puffer) auf der Netzwerkkarte warten daher die eingetroffenen Daten auf ihre Verarbeitung oder auf den Sendevorgang.

Für den Kabelanschluss gibt es auf den Netzwerkkarten die Schnittstellen entsprechend den Kabelarten (siehe Kap. 2.2.4.1). Die aktuellen 100-MBit/s-Karten haben fast ausschließlich den Anschluss RJ-45. Die modernen 1000-MBit/s-Karten verfügen wahlweise über einen RJ-45- oder einen Glasfaseranschluss. Für die PCI-Express-Schnittstelle gibt es schon 10-GBit/s-Karten.

Die normal ausgestattete Netzwerkkarte verfügt nur über einen Anschluss. Aus Kompatibilitätsgründen besitzen bestimmte Netzwerkkarten mehrere verschiedene Anschlüsse (Combo-Netzwerkkarte). An eine Combo-Netzwerkkarte kann man aber immer nur ein Kabel anschließen. Viele Hauptplatinen enthalten bereits integrierte Schaltkreise mit der Netzwerkkartenfunktionalität und die dazu entsprechenden Anschlüsse (On-Board-Netzwerkkarte), sodass keine weitere Netzwerkkarte als Steckkarte erforderlich ist. Immer häufiger werden Netzwerkkarten für die drahtlose Übertragung verwendet, in der Regel in Laptops. Sie besitzen eine Antenne, die eine Verbindung mit dem Access Point (Basisstation) oder mit anderen drahtlosen Karten herstellen kann.

Aufgaben

1. Kai schlägt vor, welche Netzwerkkarten in den Rechnern eingesetzt werden. Das sind die 10/100-MBit/s-Netzwerkkarten für die Arbeitsplatzrechner, die 10/100/1000-MBit/s-Netzwerkkarten für die Server und die 54/108-MBit/s-Netzwerkkarten für die Laptops. Über welchen Anschluss an die Hauptplatine können diese Netzwerkkarten verfügen?
   a) EISA
   b) PCI
   c) PCI-Express
   d) PCMCIA
2. Zu welchem Typ gehören die von Kai ausgewählten Netzwerkkarten? Nennen Sie Gründe.
   a) aktive Netzwerkkarten
   b) passive Netzwerkkarten
3. Welche Eigenschaften charakterisieren die modernen Netzwerkkarten?
   a) aktive Kühlung
   b) passive Kühlung
   c) Bus-Mastering
   d) Auto-Lehrling
   e) RAM-Puffer
   f) DMA
4. Beschreiben Sie die Funktionen einer Netzwerkkarte.
5. Was bedeutet der Begriff „On-Board-Netzwerkkarte“?
6. In einem Gespräch mit Herrn Köhler hat der Azubi Stefan Fischer den Begriff „Wake-on-LAN“ gehört. Er hat Herrn Köhler dazu um weitere Informationen gebeten und kurze Zeit danach von ihm eine E-Mail mit folgendem Artikel erhalten:

Understanding remote wake-up

The ability to remotely wake computers is an important development in computer management. This feature has evolved over the last few years from a simple remote power-on capability to a complex system interacting with a variety of devices and OS power states.

In early implementations, the system could be started from a power-off state by sending a 'Magic Packet'. The 'Magic Packet' contained the adapter's MAC address repeated 16 times in the data field. The adapter, which was supplied with power from a standby power supply when the computer was turned off, would react to a 'Magic Packet' containing its own MAC address by toggling a signal connected to the computer power control circuitry. In response the power control circuitry would initiate power to the computer resulting in the booting of the OS. This allowed network administrators to perform off-hours maintenance at remote locations without sending out a technician.

This early implementation did not require an OS that was 'aware' of remote wake-up. However, it did require a computer that was equipped with a standby power supply and had the necessary circuitry to enable the remote power control. These computers were typically equipped with a feature named APM (Advanced Power Management). APM provided BIOS-based power control.

   a) Erklären Sie die Begriffe „Wake-up“ und „Wake-on-LAN“ in Bezug auf einen Rechner.
   b) Für welche Zwecke kann man die Eigenschaft „Wake-on-LAN“ verwenden?
   c) Welche Voraussetzungen erfordert „Wake-on-LAN“?
   d) Kann ein Rechner, der keinen Strom erhält, die Eigenschaft „Wake-on-LAN“ nutzen?

2.2.2.5 Modem

Das Modem (**Mo**dulator-**Dem**odulator) ist ein Gerät für die Übertragung digitaler Daten in den analogen Netzen, zu denen auch die Telefon- und Stromnetze gehören.

Ein **Telefonmodem** wird abhängig von seiner Bauform mit dem Rechner intern über die PCI-Schnittstelle direkt auf der Hauptplatine oder extern über die serielle Schnittstelle oder USB-Schnittstelle verbunden. Mit dem Telefonnetz erfolgt die Verbindung über die Telefondose (Haupt- oder Nebenstelle). An der Gegenstelle befindet sich dann auch ein Rechner mit angeschlossenem Modem. Im Gegensatz zu Verbindungen über die Netzwerkkarte funktionieren Modem-Verbindungen als Wählverbindungen. Der Rechner, der Daten senden will, muss zuerst die Rufnummer des Empfängers wählen. Besteht die Verbindung, dann kann der Benutzer in gleicher Weise arbeiten, als ob er sich in einem normalen Netzwerk befindet. Abhängig von den Sicherheitseinstellungen kann er so auf die freigegebenen Verzeichnisse zugreifen, Druckaufträge senden, Anwendungen starten oder Nachrichten austauschen. Allerdings dauert die Übertragung wesentlich länger als bei den modernen Netzwerkverbindungen.

Telefonmodems übertragen die Daten im Frequenzbereich der menschlichen Stimme von 300 Hz bis 3400 Hz. Mit der Einführung der digitalen Vermittlungsstellen wurde dieser Bereich von 0 Hz bis 4000 Hz erweitert.

Im Laufe der Zeit gab es viele Standards für die Modemübertragung. Letztendlich haben sich die Standards V.90 und V.92 durchgesetzt. Sie legen die Geschwindigkeit der Übertragung fest: 56 KBit/s beim Empfang und 33,6 KBit/s bzw. 48 KBit/s beim Versand der Daten. Viele moderne Modems können Faxe übertragen, beinhalten einen Anrufbeantworter und verfügen über andere zusätzliche Funktionen. Das Telefonmodem besitzt allerdings auch einen entscheidenden Nachteil. Es ist unmöglich, auf einer Leitung gleichzeitig zu telefonieren und Daten zu übertragen. Außerdem werden die analogen Signale bei der Übertragung über lange Strecken nicht regeneriert, sondern nur verstärkt. Die Verstärkung schließt die Störungen ein, sodass das Signal zunehmend an Qualität verliert.

Das **DSL-Modem** erstellt im Gegensatz zum Telefonmodem keine Wählverbindungen. Die DSL-Verbindungen ähneln den normalen Netzwerkverbindungen. Der **Splitter** (Bandbreitenweiche) teilt den ganzen Frequenzbereich der Telefonleitung in zwei Unterbereiche für die Sprach- und für die Datenübertragung. Das DSL-Modem wird für den Datenbereich eingesetzt. In beiden Bereichen erfolgt nach wie vor eine analoge Übertragung. Im Datenbereich gelangen unterschiedliche Modulationstechniken zum Einsatz. Bei den symmetrischen DSL-Techniken **(SDSL)** sind die Sende- und Empfanggeschwindigkeit gleich, bei den asymmetrischen Techniken **(ADSL)** übertrifft die Geschwindigkeit beim Empfang die Sendegeschwindigkeit. Gegenwärtig beträgt die gebräuchliche Geschwindigkeit beim Empfang 6 bis 24 MBit/s, während beim Senden 3,5 MBit/s erreicht werden. ADSL ist für die Endkunden gedacht, SDSL eignet sich für Provider. DSL-Modems erlauben die gleichzeitige Verwendung der Leitung für das Telefonieren und den Datenaustausch. Zusätzlich bieten viele DSL-Modems die Möglichkeit an, Telefongespräche über den Datenbereich zu führen **(Voice over IP).**

Wenn das DSL-Modem direkt an den Rechner angeschlossen wird, dann kann nur dieser Rechner die DSL-Verbindung nutzen. Anfangs gab es viele solcher Angebote, aber zunehmend setzt sich eine andere Variante durch. Das DSL-Modem wird mit einem **Router,** einem **DHCP-Server** und einer **Firewall** in einem Gerät zusammengefasst. Diese Lösung ermöglicht den Anschluss von mehreren Rechnern an ein DSL-Modem und damit die gemeinsame Benutzung der zur Verfügung stehenden Bandbreite.

DSL-Modems werden Telefonmodems bald vollständig verdrängen. Die Internetanbindung als Einsatzgebiet der DSL-Modems wird im Kapitel „Öffentliche Netze und Dienste“ ausführlich beschrieben.

2.2.2.6 Standleitung

Standleitungen fungieren als feste Verbindungen zwischen den einzelnen Standorten. Der Wählvorgang für den Verbindungsaufbau ist in diesem Fall nicht nötig, da die Standorte immer miteinander verbunden sind. Standleitungen sind teuer, weshalb Lösungen entwickelt wurden und werden, die kostengünstiger sind und eine vergleichbare Qualität der Verbindung garantieren. Mithilfe eines Standleitungsmodems kann eine Leitung über längere Zeit für Datenübertragungen reserviert werden. Solche Angebote gibt es sowohl für Unternehmen als auch für die privaten Endkunden. Die Übertragungsgeschwindigkeit beträgt zwischen 64 KBit/s und 2 MBit/s.

2.2.2.7 ISDN

ISDN (Integrated **S**ervices **D**igital **N**etwork) ist ein digitales Telekommunikationsnetzwerk, womit Telefongespräche und unterschiedliche Arten von Daten übertragen werden können (siehe „Öffentliche Netze und Dienste“). Es gilt als Nachfolger für die analogen Telefonanschlüsse und erstellt, wie auch das Modem, die Wählverbindungen zwischen den Knoten (Endgeräten). ISDN hat sich in den Unternehmen durchgesetzt, aber noch nicht in allen privaten Haushalten. Im Gegensatz zu analogen Anschlüssen werden die Gespräche und Daten digital über die gleiche Leitung übertragen, wodurch eine bessere Ausnutzung des Frequenzbereiches der Leitung erreicht wird.

Im Vergleich zum Modem hat ein ISDN-Anschluss einen unbestrittenen Vorteil, da die Daten während der gesamten Übertragung nicht in analoge Signale umgewandelt werden müssen. Somit verlieren sie trotz langer Distanzen nicht ihre Qualität. Durch die Digitalisierung ist es auch möglich, die ganze Bandbreite der Leitung in mehrere Kanäle zu unterteilen und sie zeitgleich zu benutzen. Alte analoge Geräte wie Telefon, Fax, Anrufbeantworter oder Modem können nach wie vor benutzt werden. Es wird lediglich ein spezieller Adapter **(Terminaladapter)** oder eine ISDN-Anlage für die Nutzung dieser Endgeräte benötigt.

Die ISDN-Geräte (PC, Telefon, Fax) können einzeln adressiert werden. Dadurch ist es möglich, an einem ISDN-Anschluss mehrere ISDN-Telefone oder andere Endgeräte mit unterschiedlichen Rufnummern zu benutzen. ISDN ermöglicht auch die Verwendung von DSL-Technik, wodurch die höheren Übertragungsgeschwindigkeiten der DSL-Verbindung mit der Vielzahl der Dienste, die ISDN zur Verfügung stellt, verbunden werden können.

Es gibt zwei Arten von ISDN-Anschlüssen, den **Basisanschluss** und den **Primärmultiplexanschluss.** Der Basisanschluss besteht aus einem Steuerkanal **(D-Kanal)** mit der Übertragungsgeschwindigkeit 16 KBit/s und zwei Nutzkanälen **(B-Kanäle)** mit einer Übertragungsgeschwindigkeit von je 64 KBit/s. Der Primärmultiplexanschluss beinhaltet einen Steuerkanal mit einer Übertragungsgeschwindigkeit von 64 KBit/s und 30 Nutzkanäle mit der Übertragungsgeschwindigkeit von je 64 KBit/s. Die B-Kanäle erreichen gebündelt eine höhere Datenübertragungsgeschwindigkeit. Die Standards V.110 und V.120 regeln die Datenübertragung bei ISDN.

Aufgaben

1. Kai Dreyer schlägt vor, keine Modem-, ISDN- oder DSL-Verbindungen einzurichten, da der Zugang zum Internet zentral für das ganze Unternehmen geregelt wird und daher nicht gesondert für die Abteilung **Einkauf/Lager** erforderlich ist. Welche Geräte für den zentralen Internetzugang wird Kai für die zukunftssichere Entwicklung der Firma ACI empfehlen?
   a) Telefonmodem mit 56 KBit/s
   b) DSL-Modem
   c) ISDN
   d) Standleitung
2. Welche DSL-Verbindung ist für die private Verwendung konzipiert?
3. Welche Geräte erstellen eine Wählverbindung?
   a) analoges Modem
   b) DSL-Modem
   c) ISDN
   d) Standleitung
4. Anna Hedder besitzt zu Hause noch keinen Internetanschluss. Kai Dreyer bietet ihr für einen Euro sein altes Telefonmodem an, damit sie auch am Wochenende Informationen von der Website der Firma ACI abrufen kann.
   a) Welche Probleme kann Anna durch diese Lösung bekommen?
   b) Welche bessere Lösung können Sie vorschlagen?
5. Mit welcher maximalen Geschwindigkeit werden die Daten bei ISDN über einen Nutzkanal übertragen?
   a) 56 KBit/s
   b) 64 KBit/s
   c) 128 KBit/s

AH

2.2.3 ISO-/OSI-Schichtenmodell

S

Während der Auswahl der Netzwerkadapter hat Kai Dreyer erfahren, dass diese Adapter auf den Schichten 1 und 2 des OSI-Modells arbeiten. Das OSI-Modell kennt er bis jetzt nur in Verbindung mit den Netzwerkprotokollen. Kai weiß, dass die Netzwerkprotokolle bei Aufbau des Netzwerkes eine entscheidende Rolle spielen. Sie regeln den Austausch von Informationen zwischen den Abteilungen, den Zugriff ins Internet sowie die Geschwindigkeit und Sicherheit der Datenübertragung. Da die Funktionalität und der Zusammenhang des ganzen Netzwerkes mit dem OSI-Modell abgebildet werden, möchte Kai die Funktionalität der Netzwerkkarten den Schichten des OSI-Modells zuordnen. Zusätzlich hat ihn Herr Köhler gebeten, eine kurze Zusammenfassung der gängigen Netzwerkprotokolle vorzubereiten.

Historisch betrachtet gab es mehrere nicht standardisierte Lösungen von verschiedenen Anbietern, die eine Vernetzung der Rechner innerhalb eines Unternehmens gewährleisteten. Allerdings war ursprünglich die Vernetzung der Unternehmen untereinander kaum möglich. Die **International Organization for Standardization (ISO)** hat im Jahre 1979 ein Referenzmodell unter dem Namen **Open Systems Interconnection (OSI)** vorgeschlagen. Dieses Referenzmodell legt fest, wie die Informationen zwischen Rechnern ausgetauscht werden müssen. Die Module, die auf jedem Computer für das Netzwerk zuständig sind, werden in sieben **Schichten** (englisch: Layer) eingeteilt. Das Referenzmodell definiert die Aufgaben jeder Schicht. Bei der Erarbeitung dieses Modells wurden die damals vorhandenen Lösungen teilweise berücksichtigt. Die Übersicht zeigt das OSI-Modell mit den deutschen und englischen Bezeichnungen.

W

Nr.	OSI-Schicht (deutsch)	Layer (englisch)	Kurzbeschreibung der Funktionen
7	Anwendung	Application	Verbindung zum Betriebssystem und zu den Benutzern
6	Darstellung	Presentation	Datenformat des Informationsaustausches
5	Kommunikationssteuerung (Sitzung)	Session	Verbindung zwischen Prozessen auf den verschiedenen Rechnern
4	Transport	Transport	Zusammensetzung der Nachrichten
3	Vermittlung (Netzwerk)	Network	Adressierung der Nachrichten
2	Sicherung	Data Link	Beseitigung von Übertragungsfehlern, verursacht durch Störungen
1	Bitübertragung	Physical	Betrieb der Netzwerkkarten
Übertragungsmedium			

Das Modell besitzt eine außerordentlich wichtige Bedeutung für das Verständnis aller Prozesse, die für den Aufbau und die Analyse der Netzwerke sowie für die Kommunikation verantwortlich sind. Die einzelnen Schichten erfüllen dabei folgende Aufgaben:

Bitübertragungsschicht

Die Bitübertragungsschicht enthält u.a. die Normen für die elektrischen und mechanischen Eigenschaften der Übertragungsmedien sowie für die Signalpegel, Steckverbindungen und ihre Belegungen. Diese Schicht beinhaltet keine Kontrollfunktionen, die erkennen, ob die Informationen richtig empfangen wurden. Die Funktionen dieser Schicht sind in einem Computer vollständig in der Netzwerkkarte integriert.

Sicherungsschicht

Die Sicherungsschicht realisiert zwei wichtige Funktionen. Das betrifft erstens die Kontrolle der Bitübertragungsschicht durch Zeit- und Sequenzüberwachung, Quittierung sowie Flusskontrolle. Zweitens verwaltet die Sicherungsschicht die physikalischen Adressen. Dadurch ist jeder Rechner im Netzwerk eindeutig zu erkennen. Die Daten, die hier verarbeitet und verschickt werden, heißen **Frames.** Die Frames beinhalten die Absender- und Empfängeradresse, sodass die Sicherungsschicht nur die Frames akzeptieren kann, die unmittelbar für den Empfänger vorgesehen sind. Es gibt aber auch spezielle Sendungen, die die Sicherungsschicht auf jeden Fall akzeptieren muss, die sogenannten **Rundsendungen.** Die Sicherungsschicht versendet die Daten lokal. Das bedeutet, dass der Absender und der Empfänger in dem gleichen physikalischen **Netzsegment** liegen müssen. Befinden sich der Absender und der Empfänger in unterschiedlichen Netzen, die miteinander verbunden sind, dann können nicht alle Verbindungsgeräte die physikalischen Adressen erkennen und weiterleiten. Außerdem beinhalten die physikalischen Adressen nur herstellerspezifische Informationen und können für die logische Aufteilung des Netzwerkes nicht genutzt werden. Die physikalische Adresse einer LAN-Karte mit einer Länge von 6 Byte heißt auch **MAC-Adresse** (**M**edia **A**ccess **C**ontrol). Die Funktionen dieser Schicht werden ebenfalls von der Netzwerkkarte bereitgestellt. Die MAC-Adresse identifiziert dabei die Netzwerkkarte weltweit eindeutig.

Vermittlungsschicht

Die Vermittlungsschicht (Netzwerkschicht) ist für die netzwerkübergreifende Zustellung der Daten verantwortlich. Hier besteht die Möglichkeit, den Rechnern logische Adressen zuzuweisen. Im Gegensatz zu den physikalischen Adressen benutzen die Administratoren die logischen Adressen, um die Struktur des Unternehmens abzubilden. Die logische Adresse eines Rechners enthält normalerweise die Nummer des Netzwerkes und die Nummer des Rechners in diesem Netzwerk. Die Daten, die hier verarbeitet und verschickt werden, heißen **Datagramme.** Ebenso wie die Bitübertragungsschicht ist die Vermittlungsschicht nicht für die fehlerfreie Kommunikation zuständig. Diese Schicht und auch die folgenden Schichten gehören nicht zur Netzwerkkarte, sondern sind Bestandteil des Betriebssystems.

Transportschicht

Die Transportschicht garantiert die fehlerfreie Kommunikation zwischen den Computern und gewährleistet somit die Kontrolle der Vermittlungsschicht. Dafür baut die Transportschicht die logischen Verbindungen (Sitzungen) auf. Diese Verbindungen bestehen so lange, bis alle Daten richtig empfangen wurden oder die Wartezeit abgelaufen ist. Die Daten, die hier verarbeitet und verschickt werden, heißen **Segmente.**

Kommunikationssteuerungsschicht

Die Kommunikationssteuerungsschicht stellt einem Benutzer die Möglichkeit zur Verfügung, sich mit anderen Systemen zu verbinden und sich dort an- und abzumelden. Die wichtigste Funktion dieser Schicht besteht in der Organisation der Kommunikation, dem Management des Datenaustausches sowie dem sicheren Abbau der Verbindung. Das alles wird durch die Sitzungen gewährleistet, die allerdings nicht mit den Sitzungen auf der Transportschicht verwechselt werden dürfen.

Darstellungsschicht

Unterschiedliche Betriebssysteme verwenden für die Darstellung der Symbole verschiedene Codierungstabellen (siehe 1.4.3). Die Darstellungsschicht wandelt die Daten vor der Übertragung in ein maschinenunabhängiges Format (z. B. **XDR, Ex**ternal **D**ata **R**epresentation) um. Die Darstellungsschicht des Empfängers übersetzt die Daten aus dem maschinenunabhängigen Format in das Format des eigenen Betriebssystems. Außerdem kann diese Schicht Daten komprimieren und verschlüsseln. Insgesamt ist die Darstellungsschicht für die Codierung und Decodierung der Daten zuständig.

Anwendungsschicht

Der Anwendungsschicht sind keine speziellen Anwendungen zugeordnet, sondern die Module diverser Anwendungen, die den Zugriff auf das Netzwerk ermögmöglichen. So besitzt zum Beispiel der Internet Explorer im Wesentlichen zwei Funktionen: Er ruft eine Webseite auf und stellt sie grafisch auf dem Bildschirm dar. Nicht der gesamte Internet Explorer gehört damit zur Anwendungsschicht, sondern nur jene Module, die für den Aufruf der Webseite verantwortlich sind. Für diese Module existieren Standards auf der 7. Schicht, während die Darstellungsfunktion des Internet Explores mit dem Netzwerk nicht in Verbindung steht.

Die folgende Situation verdeutlicht noch einmal die Funktionen der einzelnen Schichten. Der Web-Client (Internet Explorer) sendet an einen Webserver (Apache) die Anforderung, eine Webseite zu liefern. Der Ablauf der Übertragung dieser Webseite vom Webserver zum Web-Client ist in der folgenden Tabelle dargestellt.

W

Webserver **Die Daten fließen von oben nach unten.**	**OSI-Schicht**	**Web-Client** **Die Daten fließen von unten nach oben.**
Webseite (einfache Textdatei) und logische Adresse des Clients übergeben	7	Datei an den Client übergeben; Client zeigt die Datei auf dem Bildschirm.
Inhalt der Datei von der herkömmlichen Codierung dieses Betriebssystems in ein allgemeines Format übersetzen	6	Inhalt der Datei vom allgemeinen Format in die herkömmliche Codierung des aktuellen Betriebssystems übersetzen
Verbindung zum Client aufbauen. Die Anmeldung entfällt üblicherweise.	5	Zugriffskontrolle durchführen
Sitzung erstellen; Sitzung gilt, während alle Daten fehlerfrei übertragen werden; Identifikation des Clients zu Steuerungsinformationen hinzufügen; Segmente erzeugen	4	vom Server erstellte Verbindung offenhalten; ankommende Segmente kontrollieren
aufgrund der logischen Adresse entscheiden, wohin die Daten gesendet werden; passende Wege für die Zustellung finden; logische Adressen vom Absender und Empfänger zu den Steuerungsinformationen hinzufügen; Datagramme erzeugen	3	aufgrund der logischen Adresse erkennen, wohin die Datagramme weitergeleitet werden; ankommende Datagramme zusammenführen
physikalische Adressen vom Absender und Empfänger zu den Steuerungsinformationen hinzufügen; Frames erzeugen	2	Flusskontrolle durchführen; aufgrund der physikalischen Adresse erkennen, ob die Daten angenommen werden
Signale über das Übertragungsmedium senden	1	Signale über das Übertragungsmedium empfangen

Diese Zusammenarbeit der OSI-Schichten kann auch im übertragenen Sinn mit einem anderen Beispiel erläutert werden.

Schneewittchen hat ihren Wohnsitz in Berlin und möchte einen Brief an ihren Prinzen in Paris schreiben. Dabei existieren mehrere Hindernisse: Schneewittchen kann kein Französisch, der Prinz versteht kein Wort Deutsch. Die beiden können sich auch nicht besuchen, da sie sehr beschäftigt sind. Weder Schneewittchen noch der Prinz wissen, wie der Brief von Berlin nach Paris kommen soll. Beide haben aber zum Glück im Haushalt **sieben** Zwerge, die alle Probleme aus der Welt schaffen können.

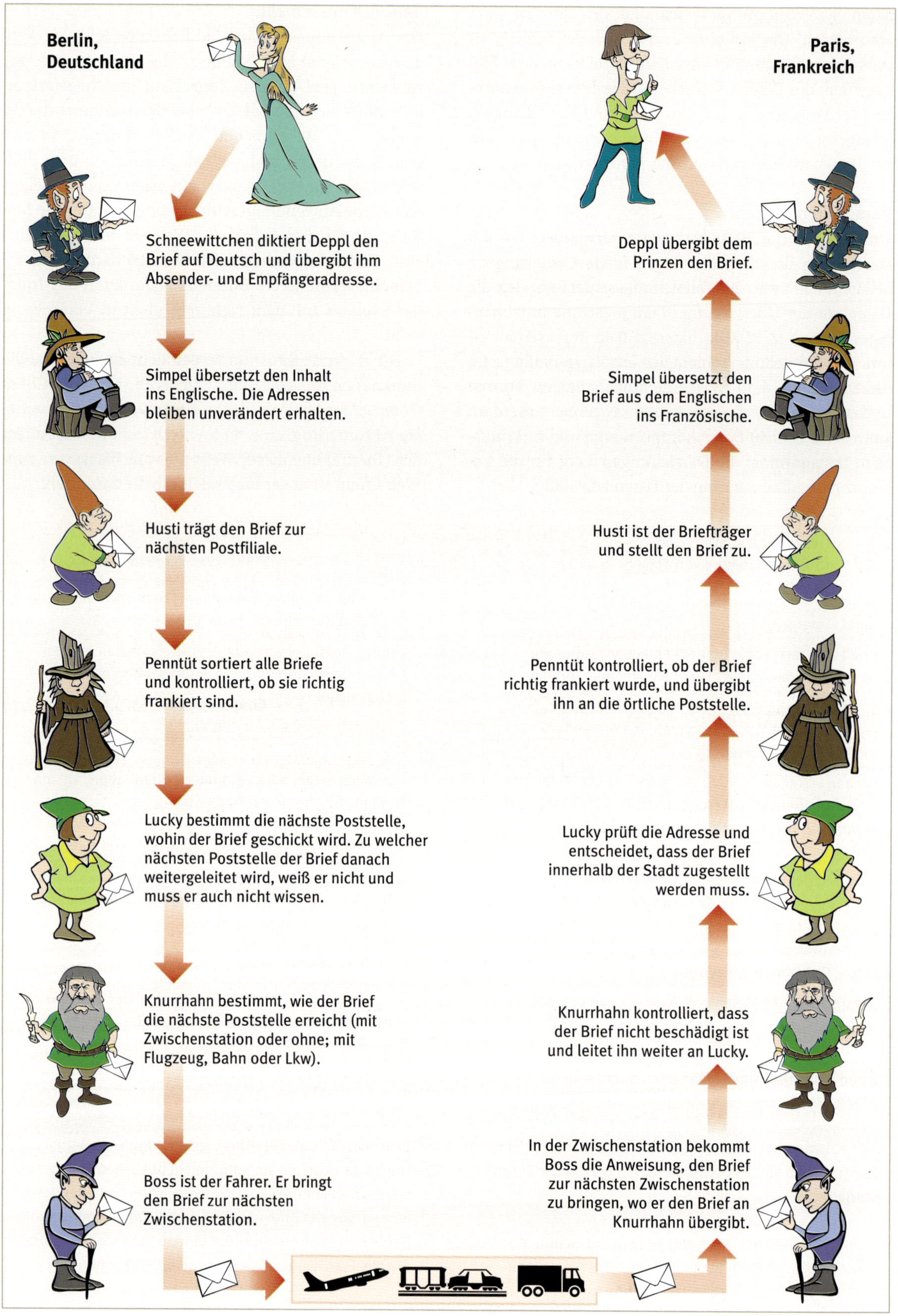
Berlin, Deutschland
Schneewittchen diktiert Deppl den Brief auf Deutsch und übergibt ihm Absender- und Empfängeradresse.
Simpel übersetzt den Inhalt ins Englische. Die Adressen bleiben unverändert erhalten.
Husti trägt den Brief zur nächsten Postfiliale.
Penntüt sortiert alle Briefe und kontrolliert, ob sie richtig frankiert sind.
Lucky bestimmt die nächste Poststelle, wohin der Brief geschickt wird. Zu welcher nächsten Poststelle der Brief danach weitergeleitet wird, weiß er nicht und muss er auch nicht wissen.
Knurrhahn bestimmt, wie der Brief die nächste Poststelle erreicht (mit Zwischenstation oder ohne; mit Flugzeug, Bahn oder Lkw).
Boss ist der Fahrer. Er bringt den Brief zur nächsten Zwischenstation.
In der Zwischenstation bekommt Boss die Anweisung, den Brief zur nächsten Zwischenstation zu bringen, wo er den Brief an Knurrhahn übergibt.
Knurrhahn kontrolliert, dass der Brief nicht beschädigt ist und leitet ihn weiter an Lucky.
Lucky prüft die Adresse und entscheidet, dass der Brief innerhalb der Stadt zugestellt werden muss.
Penntüt kontrolliert, ob der Brief richtig frankiert wurde, und übergibt ihn an die örtliche Poststelle.
Husti ist der Briefträger und stellt den Brief zu.
Simpel übersetzt den Brief aus dem Englischen ins Französische.
Deppl übergibt dem Prinzen den Brief.
Paris, Frankreich

Rundsendung W

Es gibt im Netzwerk Sendungen besonderer Art – die sogenannten **Rundsendungen** (Broadcast). Die Netzwerkkarten aller Rechner nehmen die elektrischen Signale auf, die sich im Kabel verbreiten. Aber die Software auf der jeweiligen Netzwerkkarte kann nicht immer entscheiden, ob diese Signale für den eigenen Rechner bestimmt sind. Bei einer unklaren Situation leitet die Netzwerkkarte die angekommenen Informationen an das Betriebssystem weiter, das über das weitere Vorgehen entscheidet.

Eine Rundsendung wird von allen Netzwerkkarten empfangen und an das eigene Betriebssystem weitergeleitet. Es antwortet aber normalerweise nur ein Rechner. Somit belastet eine Rundsendung **alle** Rechner im lokalen Netzwerk, obwohl die Information rechtmäßig nur **einem** Rechner gehört.

Rundsendungen belasten das Netzwerk, aber das Netzwerk kann ohne sie auch nicht funktionieren. Deshalb besteht das Ziel der Netzwerkeinrichtung darin, die Anzahl der Rundsendungen zu minimieren.

Ein typisches Beispiel für eine Rundsendung liegt vor, wenn ein Sender durch den Namen des Empfängers dessen IP-Adresse ermitteln will. Diese Rundsendung kann man durch bestimmte Vorkehrungen vermeiden.

Das OSI-Modell ist herstellerunabhängig und die meisten Hersteller passen ihre Netzwerklösungen an das OSI-Modell an. Die Informationsübergabe zwischen den einzelnen Schichten ist standardisiert. Das bedeutet, dass man Standards in einer Schicht problemlos durch neue Standards austauschen kann. Bei der Übergabe der Informationen von oben nach unten fügt jede Schicht eigene Steuerungsdaten hinzu (Header und Footer bzw. Kopf- und Fußsteuerungsdaten). Bei der Übergabe der Informationen von unten nach oben liest jede Schicht die Steuerungsdaten ein und nach der Analyse werden sie wieder entfernt.

Es gibt nur wenige Netzwerklösungen, die das OSI-Modell vollständig abbilden. Üblicherweise passen die Hersteller ihre Lösungen an das OSI-Modell an. Die Firma Apple Computer hat die Protokollfamilie **AppleTalk** für Macintosh-Rechner entwickelt. Teile dieser Protokollfamilie wurden auch für PCs unter Microsoft Windows und Linux implementiert. Die Firma Novell bietet mit dem Betriebssystem **NetWare** auch eine vollständige Lösung an. Die **TCP/IP**-Protokollfamilie entspricht dem OSI-Modell nur teilweise, da es auf eigenen Vorlagen basiert. Die **NetBIOS/NetBEUI**-Protokollfamilie entstand für Microsoft Windows sowie Linux und kann dem OSI-Modell nur bedingt zugeordnet werden.

W

Protokollfamilie	Bezeichnung	Charakteristik
TCP/IP	Transmission Control Protocol/ Internet Protocol	Hauptprotokoll in den modernen Netzwerken. Es existiert eine Adressierung für die einzelnen Rechner und für die Netzwerke. Rundsendungen finden relativ selten statt. Diese Protokollfamilie wird im Internet eingesetzt.
NetBIOS/NetBEUI	Network Basic Input Output System/ NetBIOS Extended User Interface	Älteres Protokoll in Windows-Netzwerken. Es adressiert nur die Rechner, nicht die Netzwerke. Deswegen existiert keine Möglichkeit, Daten zwischen den Netzwerken zu versenden. Das Protokoll basiert grundsätzlich auf Rundsendungen. Diese Protokollfamilie eignet sich nicht für den Internetzugriff.
AppleTalk	AppleTalk	Die eigene Entwicklung der Firma Apple Computer wird hauptsächlich auf deren Rechnern verwendet und ist zu anderen Protokollfamilien nicht kompatibel. Es existiert eine Adressierung für die einzelnen Rechner und für die Netzwerke. Diese Protokollfamilie wird nicht für den Internetzugriff verwendet.
IPX/SPX	Internetwork Package eXchange/ Sequenced Package eXchange	Das Protokoll besitzt ähnliche Eigenschaften wie die TCP/IP-Protokollfamilie, ist aber zu TPC/IP nicht kompatibel. Heute wird es nur noch selten verwendet. Für den Internetzugriff ist es nicht geeignet.

Schichten 5, 6, 7	HTTP FTP SMTP POP3 SMB DNS NFS Telnet SSH	SMB NetBIOS	SAP NCP
Schicht 4	TCP UDP	NetBEUI	SPX
Schicht 3	ICMP IGMP IP ARP	NetBEUI	IPX
Schichten 1, 2	Token-Passing CSMA/CD CSMA/CA FDDI		

OSI-Modell und industrielle Protokolle

Die Beziehungen zwischen dem OSI-Modell einerseits und den industriellen Protokollen andererseits sind absolut wichtig für das Verständnis der Funktionsweise von Netzwerken. Die hier aufgelisteten Protokolle werden in den folgenden Abschnitten noch ausführlich betrachtet.

AH

S

Kai Dreyer hat sich eine allgemeine Übersicht über die Schichten des OSI-Modells erarbeitet und kann jetzt eine Zusammenfassung für Herrn Köhler vorbereiten.

Aufgaben

1. Das Netzwerk der Firma ACI besteht aus mehreren Segmenten (Subnetzen). Die Mitarbeiter benötigen Informationen und Dokumente nicht nur aus der eigenen Abteilung, sondern auch aus anderen Abteilungen sowie aus dem Internet. Welches Protokoll ist für die Firma empfehlenswert?
   a) TCP/IP
   b) IPX/SPX
   c) NetBIOS/NetBEUI
2. Welche Reihenfolge der Schichten des OSI-Modells ist richtig?
   a) Bitübertragungsschicht, Sicherungsschicht, Transportschicht, Netzwerkschicht, Kommunikationssteuerungsschicht, Darstellungsschicht, Anwendungsschicht
   b) Bitübertragungsschicht, Sicherungsschicht, Netzwerkschicht, Transportschicht, Darstellungsschicht, Kommunikationssteuerungsschicht, Anwendungsschicht
   c) Bitübertragungsschicht, Netzwerkschicht, Sicherungsschicht, Transportschicht, Kommunikationssteuerungsschicht, Anwendungsschicht, Darstellungsschicht
   d) Bitübertragungsschicht, Sicherungsschicht, Netzwerkschicht, Transportschicht, Kommunikationssteuerungsschicht, Darstellungsschicht, Anwendungsschicht
   e) Sicherungsschicht, Kommunikationssteuerungsschicht, Netzwerkschicht, Bitübertragungsschicht, Transportschicht, Darstellungsschicht, Anwendungsschicht
3. Welche Schicht des OSI-Modells ist für die logische Adressierung zuständig?
   a) Bitübertragungsschicht
   b) Sicherungsschicht
   c) Netzwerkschicht
   d) Transportschicht
   e) Kommunikationssteuerungsschicht
   f) Darstellungsschicht
   g) Anwendungsschicht
4. Welche Schicht des OSI-Modells ist für die physikalische Adressierung (MAC-Adressen) zuständig?
   a) Bitübertragungsschicht
   b) Sicherungsschicht
   c) Netzwerkschicht
   d) Transportschicht
   e) Kommunikationssteuerungsschicht
   f) Darstellungsschicht
   g) Anwendungsschicht
5. Ordnen Sie den Schichten des OSI-Modells die folgenden Begriffe zu.
   a) Datagramm
   b) Frame
   c) Segment
6. Welche Ähnlichkeit besitzen die Sicherungs- und die Transportschicht in Bezug auf die jeweils darunterliegende Bitübertragungs- bzw. Vermittlungsschicht?

2.2.4 Übertragungsmedien und -techniken

S

Kai Dreyer wählt die Netzwerkkarten, Kabel und Kopplungsgeräte für das neue Netzwerk aus. Die Komponenten müssen einerseits mit den vorhandenen Lösungen kompatibel sein, andererseits dem aktuellen Stand der Technik entsprechen.

Unter Übertragungsmedien versteht man normalerweise die Kabel. Die folgenden Charakteristiken sind für alle drahtgebundenen und drahtlosen Übertragungen wichtig:

- Übertragungsgeschwindigkeit (Anzahl von Bits pro Sekunde)
- Reichweite (Wie lang darf das Medium sein?)
- Bandbreite (Frequenzbereich, in dem sich der Signalverlust in festgelegten akzeptablen Grenzen bewegt)

Von Bedeutung sind auch die beiden üblichen Übertragungsverfahren. Das **Basisbandverfahren** verwendet nur eine Frequenz aus der gesamten Bandbreite, das **Breitbandverfahren** teilt den ganzen Frequenzbereich in Kanäle und überträgt die Daten gleichzeitig auf mehreren Frequenzen.

W

Basisbandverfahren	Breitbandverfahren
Ein einziger Kanal (eine einzige Frequenz) wird für die Übertragung genutzt.	Kanal 1 (Frequenz 1)
ungenutzte Bandbreite	Kanal 2 (Frequenz 2)
	...
	Kanal N (Frequenz N)

2.2.4.1 Kabelarten

Koaxialkabel bestehen aus einem Innenleiter, Isolierschichten, Abschirmungen und dem äußeren Mantel. Es gibt hauptsächlich zwei Ausführungen: Thin-(Dünn-) und Thick-(Dick-)Kabel. Das Thin-Kabel trägt die Bezeichnung **10Base2.** Das bedeutet, dass die Übertragungsgeschwindigkeit 10 MBit/s beträgt, das Basisbandverfahren verwendet wird und die maximale Länge des Segments bei 185 (fast 200) Metern liegt. Für den Anschluss verwendet man **BNC**-Stecker (**B**ayonet-**N**eill-**C**onnector). Pro Segment können nur 30 Computer vernetzt werden. Das Thick-Kabel hat die Bezeichnung **10Base5,** wobei mit gleicher Übertragungsgeschwindigkeit und Basisbandübertragung die maximale Länge des Segments 500 Meter beträgt. Für den Anschluss verwendet man **AUI**-Stecker (**A**ttachment **U**nit **I**nterface). Pro Segment können 100 Computer angeschlossen werden. Im Gegensatz zum Thin-Kabel ist das Thick-Kabel viel weniger biegsam. Beide Kabel besitzen nur historische Bedeutung und werden heute kaum noch eingesetzt.

Twisted-Pair-Kabel bestehen aus zwei verdrillten Leitern. Früher verwendete man die unabgeschirmten **UTP**-Kabel (**U**nshielded-**T**wisted-**P**air), heute werden fast ausschließlich die abgeschirmten **STP**-Ausführungen (**S**hielded-**T**wisted-**P**air) benutzt. Mehrere STP-Kabel, die unter einer Abschirmung und einem Mantel zusammengefasst sind, bezeichnet man als **S-STP** (**S**creened-**S**hielded-**T**wisted-**P**air). Beispiele für diese Kabelart sind **100BaseT** und **1000BaseT.** Das „T“ bedeutet hier Twisted-Pair. Für den Anschluss wird der **RJ-45**-Stecker (**R**egistered **J**ack) verwendet.

Die Kabel sind nach unterschiedlichen Kriterien genormt. Nach amerikanischen Standards gibt es unterteilt nach der Bandbreite sieben Kategorien. Die europäischen Normen unterteilen die ganze Übertragungsstrecke in die Anwendungsklassen A bis F, die etwa den Kategorien entsprechen. Die Firma IBM hat eine eigene Klassifizierung in die Typen 1 bis 6 eingeführt, die sich auch international verbreitet hat. In modernen Netzwerken kommen für die LAN-Vernetzung meistens die Kabel der Kategorie Cat5 und Cat6 zum Einsatz. Cat6 ist der aktuelle Standard im Bereich der Gigabit-Netzwerke und ersetzt die Cat5-Kabel für Sprach- und Datenübertragungen in Multimedia- und ATM-Netzen. Der Standard Cat6A gilt als Weiterentwicklung für 10-Gigabit-Netze und wurde ebenso von der ISO und vom US-amerikanischen Gremium Electronic Industries Alliance (EIA) standardisiert.

W

Kategorie	Bandbreite	Anwendung
Cat1	100 kHz	herkömmliche Telefonleitung
Cat2	1 MHz	ISDN und kleine LAN mit Token-Ring
Cat3	16 MHz	LAN mit Ethernet
Cat4	20 MHz	große LAN mit Token-Ring
Cat5	100 MHz	Fast Ethernet, FDDI (siehe Kap. 2.2.5.4)
Cat6	250 MHz	1000Base-TX
Cat6A	500 MHz	10GBase-T (IEEE 802.3an)
Cat7	600 MHz	10GBase-T (IEEE 802.3an)

Lichtwellenleiter (LWL) bestehen aus einer beschichteten Glas- oder Kunststofffaser, die von einem Mantel umhüllt wird. Sie ermöglichen besonders große Übertragungsgeschwindigkeiten (bis zu mehreren GBit/s) und Bandbreiten. Sie sind dünn, flexibel, leicht zu verlegen und können kaum durch elektromagnetische Felder und Temperaturschwankungen beeinflusst werden. Demgegenüber stehen relativ hohe Montagekosten beim Anschließen der Endgeräte. Die Bezeichnung **100BroadF** steht für ein Kabel, das eine Geschwindigkeit von 100 MBit/s ermöglicht, das Breitbandverfahren verwendet und aus einer Kunststofffaser besteht.

Niederspannungskabel sind die in jedem Haushalt verlegten Stromversorgungsleitungen. Sie haben bestimmte Kapazitäten und können Daten mit einer Geschwindigkeit bis zu 10 MBit/s übertragen. Die Nutzung dieses Mediums für den Datentransfer befindet sich noch in der Entwicklungsphase, daher gibt es nur Pilotprojekte und noch keine allgemein gültigen Normen.

Die Übertragungsstrecke muss nach der Installation geprüft werden, ob ihre elektrischen Grenzwerte den Normen DIN EN 50173 (2001, 2. Ausgabe) und ISO/IEC 11801 (2001, 2. Ausgabe) entsprechen. Unter anderem sind die

- maximale Dämpfung,
- Leitungslänge,
- maximale Laufzeit sowie der
- maximale Gleichstromwiderstand

wichtige Kriterien für den fehlerfreien Datentransport.

S Kai Dreyer wählt für die Verkabelung in der Abteilung **Einkauf/Lager** die STP- und S-STP-Kabel vom Typ 10BaseT und 100BaseT aus. Er muss allerdings bei den ausgewählten Netzwerkkarten noch überprüfen, ob sie alle den notwendigen RJ-45-Anschluss für die gewählten Kabel besitzen.

2.2.4.2 Drahtlose Übertragung

Oft liegen zwischen dem Absender und dem Empfänger sehr große Entfernungen und es ist kaum möglich, die erforderlichen Kabel direkt zu verlegen. In diesen Fällen werden drahtlose Übertragungen mit elektromagnetischen Feldern als Übertragungsmedium genutzt.

Infrarot. Der Infrarotbereich befindet sich außerhalb des Rundfunkwellenbereiches und kann deshalb ohne staatliche Genehmigung betrieben werden. Zwischen Sender und Empfänger darf kein Hindernis vorhanden sein. Die Reichweite dieser Übertragung beträgt 10 bis 20 Meter. Infrarotverbindungen werden zwischen dem PC und verschiedenen Peripheriegeräten, wie Maus, Tastatur, Drucker, oder zwischen PC und Laptop verwendet. Bewährt hat sich der Einsatz für die Fernbedienung von Fernsehgeräten oder Videorekordern.

Funk. Es gibt unterschiedliche Arten von Funkverbindungen. **Richtfunk** ist eine Verbindung zwischen festen Funkstellen, die sich in Sichtweite befinden. Mithilfe der Relaisstationen können längere Strecken bis zu 50 km überbrückt werden. **Mobilfunk** ermöglicht Verbindungen zwischen mobilen Endgeräten, wie Handys und Laptops, und ortsfesten Endeinrichtungen. **Satellitenfunk** besitzt die größte Reichweite von allen drahtlosen Übertragungsarten.

Laser. Diese Übertragungen haben eine Reichweite von ein bis vier Kilometern und erreichen Geschwindigkeiten bis zu 600 MBit/s. Als vorteilhaft bei den Laserverbindungen gilt ihre sehr geringe Abhörbarkeit, die die Sicherheit solcher Netze spürbar erhöht. Hindernisse zwischen den Endknoten unterbrechen allerdings die Übertragung, wodurch die Einsatzbereiche der Laserübertragung eingeschränkt werden. Laserübertragungen wirken sich außerdem schädlich auf lebende Organismen aus.

Die elektromagnetischen Übertragungen haben zwei große Nachteile. Sie sind sehr störanfällig und abhör-

W

Bezeichnung	Frequenzbereich	Übertragungsrate	Reichweite	Koordination	Beispiel
WLAN	2,4 GHz	1 bis 54 MBit/s	100 m	zentralisiert und dezentralisiert	drahtlose Vernetzung der Rechner im Büro oder zu Hause und Anbindung an das Internet
Bluetooth	2,4 GHz	1 MBit/s	100 m	dezentralisiert	Datenübertragung zwischen Rechnern, Peripheriegeräten und Mobiltelefonen
GSM, UMTS	900 MHz 1,8 GHz 2 GHz	9,6 KBit/s bis 2 MBit/s	10 km	zentralisiert	Sprach- und Datenübertragung
ZigBee	868 MHz 2,4 GHz	20 bis 250 KBit/s	100 m	dezentralisiert	Vernetzung von Heimgeräten
Wimax	10 – 66 GHz	100 MBit/s	50 km	zentralisiert	Vernetzung über große Strecken, Alternative zu DSL und UMTS

bar. Es wurden dagegen einige Methoden entwickelt, die der Bitübertragungsschicht zuzuordnen sind. Bei diesen zueinander nicht kompatiblen Verfahren wird ein schmales Signal, das die Daten enthält, auf einem größeren Frequenzbereich abgebildet.

- **FHSS** (**F**requency **H**opping **S**pread **S**pectrum). Bei diesem Verfahren wechselt das Signal seine Trägerfrequenz (Übertragungskanal) innerhalb eines Bereiches nach einem Muster, das zuvor mit dem Empfänger vereinbart wurde. Auf den restlichen Kanälen werden unbedeutende Daten gesendet oder sie stehen den anderen Stationen zur Verfügung. Insgesamt gibt es 79 Kanäle mit der Bandbreite von 1 MHz.

- **DSSS** (**D**irect **S**equence **S**pread **S**pectrum). Bei diesem Verfahren wird jedes zu sendende Bit als eine Bitfolge kodiert. Dazu verwendet man ein Bitmuster und die logische XOR-Verknüpfung. Je länger das Bitmuster ist, desto mehr Bandbreite belegt das Signal. Der Vorteil dieses Verfahrens besteht darin, dass ein potenzieller Angreifer diese Signale nicht von den Hintergrundgeräuschen unterscheiden kann.

S Kai Dreyer kann für die Abteilung **Einkauf/Lager** keine Infrarot- und Richtfunkverbindungen empfehlen, da es im Lager sehr oft Hindernisse zwischen Sendern und Empfängern gibt. Passend scheinen ihm hingegen die WLAN- und Bluetooth-Lösungen. WLAN-Netzwerke haben eine bessere Übertragungsrate. Kai entscheidet sich endgültig für WLAN. Er erinnert sich an die Auswahl der Netzwerkkarten für die Laptops und stellt fest, dass seine Entscheidung richtig ist.

2.2.4.3 Strukturierte Verkabelung

Die strukturierte Verkabelung ist ein Konzept für den einheitlichen physikalischen Aufbau des Netzwerkes. Dabei stehen die folgenden Kriterien im Vordergrund:

- Unabhängigkeit von genutzten Anwendungen
- Zukunftsorientierung
- Stabilität
- Ausfallsicherheit
- einheitliche Struktur der Verkabelung
- Einsatz von standardisierten Elementen, wie Kabel und Steckverbindungen

Dieses Konzept bezieht sich auf Unternehmen und hat sich in den letzten Jahren vollständig durchgesetzt. So kann man sich heute kaum ein Bürogebäude ohne die strukturierte Verkabelung vorstellen. Die strukturierte Verkabelung wird dabei in drei Bereiche unterteilt:

- **Primärbereich.** Dieser Bereich umfasst die Gebäude eines Standortes. Man bezeichnet ihn auch als **Campusverkabelung.** Zu diesem Bereich gehören die Kabel (sogenannte Primärkabel) zwischen dem Standortverteiler (**SV**) und den entsprechenden Gebäudeverteilern (**GV**) sowie die Verteiler selbst. Hier sind große Entfernungen zu überbrücken, hohe Datenübertragungsraten zu berücksichtigen und möglichst wenige Anschlusspunkte zu planen. Für diesen Bereich dient als Übertragungsmedium hauptsächlich das Glasfaserkabel, das eine große Bandbreite, eine geringere Dämpfung des Signals und eine elektromagnetische Unempfindlichkeit aufweist.

- **Sekundärbereich.** Zu diesem Bereich gehören die Etagenverteiler (**EV**) sowie die Kabel zwischen diesen Verteilern und dem Gebäudeverteiler (Sekundärkabel). Der Bereich heißt auch **Steigbereichsverkabelung.** Verwendet werden hier meistens Glasfaserkabel und S-STP-Kabel.

- **Tertiärbereich.** Dieser Bereich umfasst die Verkabelung innerhalb des Stockwerkes eines Gebäudes und heißt auch **Etagenverkabelung.** Zu diesem Bereich gehören die Kabel (Tertiärkabel) vom Stockwerkverteiler zu den Anschlussdosen und die Anschlussdosen (**AD**) selbst. Verwendet werden hier meistens STP-Kabel und selten Glasfaserkabel.

Der Gebäude- oder Etagenverteiler ist normalerweise ein Schrank mit 19-Zoll-Einschüben. Dieser Verteilerschrank enthält sogenannte Patchpanels (Verteilerfelder), wo alle ankommenden Kabel zusammengefasst werden. Einzelne Verteilerfelder können miteinander über Patchkabel (kurze STP-Kabel) verbunden sein. Auf der Vorderseite eines Patchpanels gibt es die durchnummerierten Buchsen für die Kabel. Auf der Rückseite liegen die Buchsen, die zum Anschluss an andere Patchpanels benutzt werden können oder zu fest installierten Anschlussdosen in den Räumen führen. Zum Anschluss von Endgeräten verwendet man die RJ-45-Buchsen. Der Vorteil von Verteilerschränken besteht darin, dass alle Kabel übersichtlich angeordnet sind, wodurch sich der Installations- und Wartungsaufwand erheblich verringert.

Ein Patchpanel ist der Schicht 1 des OSI-Modells zuzuordnen. Im Verteilerschrank können auch Geräte platziert werden, die auf den höheren Schichten des OSI-Modells arbeiten (siehe Kap. 2.2.3).

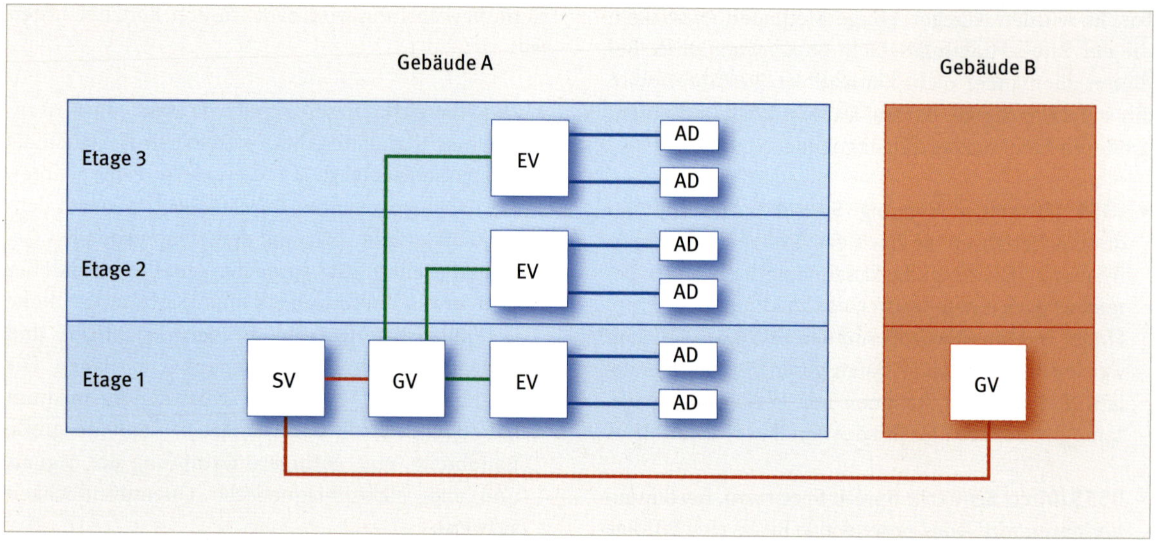

Strukturierte Verkabelung (Abkürzungen siehe S. 129)

Bei der Verlegung der Kabel müssen folgende Regeln beachtet werden:

- Die Außenhülle des Kabels darf keine Beschädigung aufweisen.
- Das Kabel darf nicht gequetscht, betreten oder überrollt werden.
- Strom- und Netzwerkkabel müssen möglichst weit voneinander entfernt verlegt werden.
- Die Kabel sind zu beschriften und die Verlegung ist zu dokumentieren.

S Die Firma ACI verwendet die strukturierte Verkabelung. Da sich die Abteilung **Einkauf/Lager** auf zwei Etagen befindet, müssen die Kabel im sekundären und tertiären Bereich verlegt werden. Kai soll die benötigten Verteiler und Kabel auflisten und bestellen.

2.2.4.4 Kopplungsgeräte Repeater und Hub

Die elektrischen oder optischen Signale verlieren ihre Stärke und Spannung bei der Verbreitung in einem Kabel. Je länger das Kabel ist, desto stärker ist der Verlust. Ein **Repeater** verbessert die Qualität der Signale und arbeitet somit wie ein Verstärker. Er verbindet zwei Kabel eines Netzwerkes zu einer längeren Strecke, auf der dann kaum Signalverluste auftreten.

Der Repeater erfüllt nur die Funktionen der Bitübertragungsschicht des OSI-Modells, d. h., er arbeitet auf der Ebene 1 dieses Modells. Deswegen kann er die Daten der oberen Schichten (Frames, Datagramme) weder erkennen noch bearbeiten.

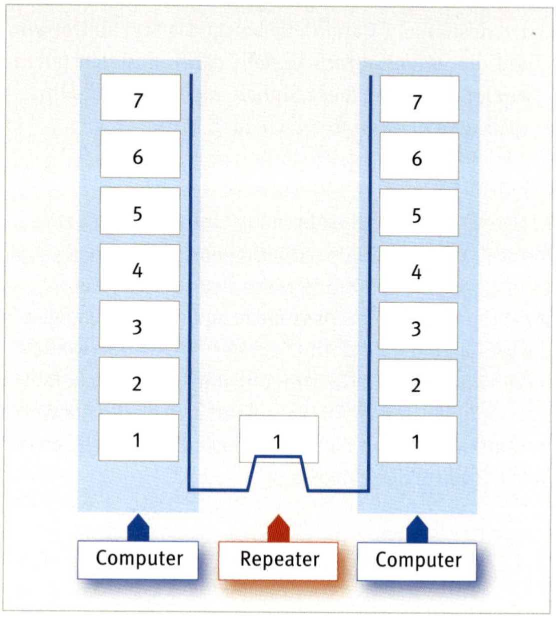

OSI-Modell und Repeater

Repeater (schematische Darstellung)

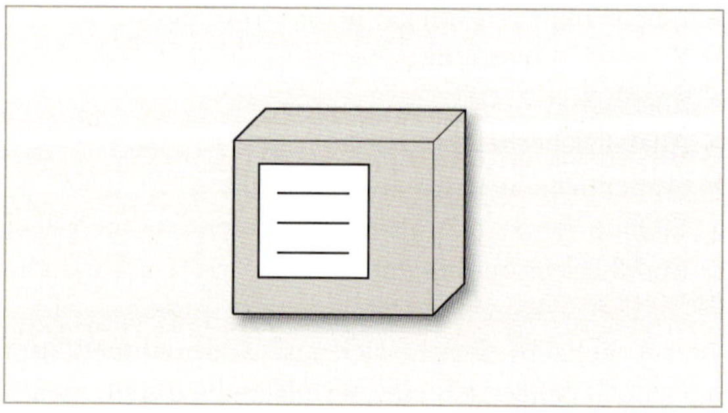

Früher kamen Repeater in Netzwerken mit physikalischer Bus-Topologie zum Einsatz. Wurden die Rechner mit dem Kabel 10Base2 vernetzt, so durfte die maximale Länge eines Segments 185 m nicht überschreiten. Mithilfe eines Repeaters kann diese Länge fünfmal größer ausfallen. Es gilt die **5-4-3-Regel:** Maximal **5** Segmente dürfen mit **4** Repeatern verbunden werden, wobei die Rechner sich nur in **3** Segmenten befinden dürfen. Repeater in lokalen Netzwerken werden auch als lokale Repeater bezeichnet. Heute nutzt man Repeater auch als „remote repeater", um zwei Glasfaserkabel zu verbinden und somit große Entfernungen zu überwinden.

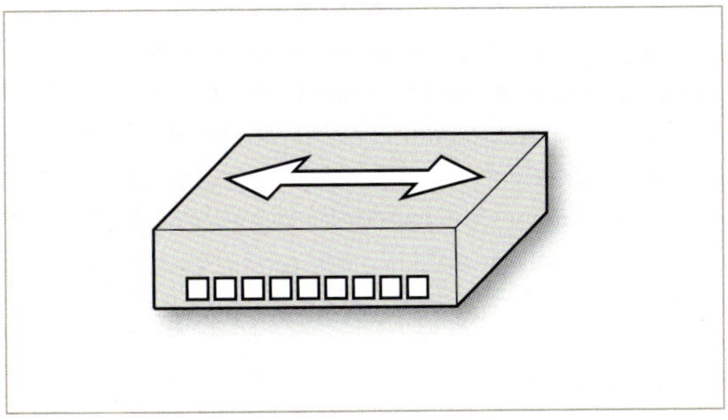

Hub (schematische Darstellung)

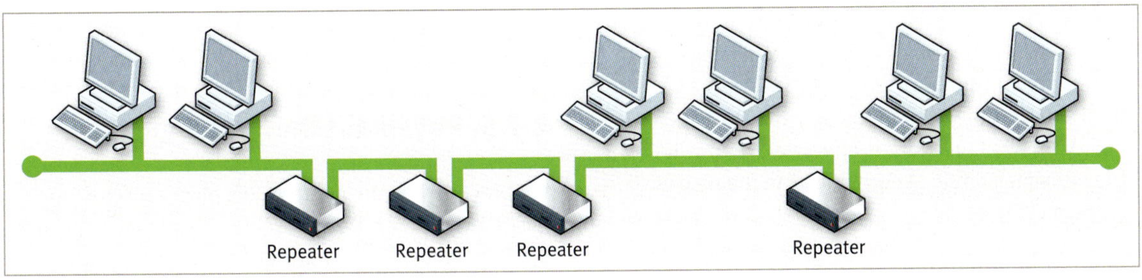

5-4-3-Regel

Ein Repeater hat normalerweise nur zwei Anschlüsse. Repeater mit mehreren Anschlüssen nennt man **Hub** oder **Multi-Port-Repeater.** Ein Hub arbeitet ebenfalls auf der Schicht 1 des OSI-Schichtenmodells.

S Kai und Herr Köhler haben folgende Entscheidung zum Einsatz der Übertragungsmedien und Kopplungsgeräte getroffen: Die Desktop-Rechner werden zu einem Fast-Ethernet-Netzwerk mit den Kabeln der Kategorie Cat5 verbunden. Dabei muss die strukturierte Verkabelung berücksichtigt werden. Angestrebt wird eine Übertragungsgeschwindigkeit von 100 MBit/s. Die Laptops erhalten eine drahtlose Übertragungsmöglichkeit, da sich die Mitarbeiter ständig innerhalb des Lagers bewegen. Hierzu sind die entsprechenden Netzwerkkarten, Access-Point-Geräte und ein Übergang zwischen Funk- und Kabelnetz erforderlich.

Aufgaben

1. Welchen Anschluss müssen die Netzwerkkarten für die Desktop-Rechner besitzen?
   a) BNC
   b) AUI
   c) RJ-45
2. Welche Kabelart kommt unter der oben beschriebenen Situation infrage?
   a) 10Base2
   b) 10Base5
   c) 100BaseT
   d) 1000BaseT
3. Welche Art der drahtlosen Übertragung eignet sich für Laptops?
   a) Bluetooth
   b) WLAN
   c) ZigBee
   d) Infrarot
4. Wie heißen die Kopplungsgeräte, die auf der Schicht 1 des OSI-Schichtenmodells arbeiten?
   a) Client
   b) Hub
   c) Repeater
   d) Server
5. Herr Köhler hat Kai gebeten, ein **Cross-over-Kabel** aus dem Lager zu holen, um damit zwei Rechner direkt zu verbinden. Kai kennt leider nicht die Eigenschaften und den Zweck eines Cross-over-Kabels. Mithilfe von Herrn Voß hat er doch das richtige Kabel gewählt. Später findet er in der Internet-Enzyklopädie Wikipedia darüber einen Artikel mit folgenden Informationen:

Straight-through, crossover and roll-over cables.

Straight-through, crossover and roll-over cables all use Cat 5 cable, but have different pin-outs at the RJ-45 connectors. These are needed to connect certain network devices together, depending on the configuration of the device.

(Fortsetzung auf folgender Seite)

Straight-through Cat 5 cables are used to connect a computer to a hub or a switch. Straight-through cables are used to connect different OSI layer devices. Straight- through cables are also used by some phone systems and token rings. Although the TIA-568A standard is preferred for new installations, it is basically immaterial which is used.

Crossover Cat 5 cables are used to connect PC-to-PC, hub-to-hub, switch-to-switch, etc. Crossover cables are used basically to connect devices of the same OSI layer. The general rule of thumb is that, if two devices of the same type are to be connected, a crossover cable is used. To make a crossover cable, one end should use the TIA-568A standard and the other end should use the TIA-568B standard. What this does is effectively hard-wire the transmit module of each device to the receive module of the other.

Roll-over Cat 5 cables are used to connect a computer to the console port of a router. This type of cable is used when configuring enterprise routers. To make a roll-over cable, one end should use either the TIA-568A or the TIA-568B standard, while the other end should use the same standard but in reverse or 'rolled over'.

Many modern devices are 'auto sensing' and can tell whether they are being used with a straight-through or crossover cable and compensate accordingly.

a) Welche Kabelarten sind in diesem Artikel erwähnt?
b) Hat Herr Köhler die richtige Kabelart für seinen Zweck ausgewählt?
c) Welche Anschlussstandards sind in dem Artikel aufgelistet?
d) Müssen alle Geräte nur mit einem bestimmten in dem Artikel beschriebenen Kabel verbunden sein oder gibt es in dieser Hinsicht flexible Geräte?

6. Welche Regeln muss man bei der Verlegung der strukturierten Verkabelung beachten?
7. Erläutern Sie die 5-4-3-Regel.
8. Was trifft bei der strukturierten Verkabelung nicht zu?
   a) Primärer, sekundärer und tertiärer Bereich umfassen die Verkabelung auf der 1., 2. und 3. Etage.
   b) Zum Anschluss von Endgeräten verwendet man die RJ-45-Buchsen.
   c) Für den primären Bereich dient als Übertragungsmedium hauptsächlich Glasfaserkabel.
   d) Für den tertiären Bereich dient als Übertragungsmedium hauptsächlich Glasfaserkabel.
9. Welche Verfahren (Protokolle) hat man entwickelt, um die Störanfälligkeit und Abhörbarkeit der drahtlosen Übertragungen zu vermeiden?
   a) VHS
   b) FHS
   c) FHSS
   d) DSSS
   e) DSS

   Erklären Sie die Arbeitsweise der richtigen Verfahren.
10. Erläutern Sie die Vor- und Nachteile der Infrarotübertragungen. AH

2.2.5 Physikalische Topologien

Kai Dreyer erhält die Aufgabe, die physikalische Topologie für das Netzwerk auszuwählen. Werden die Rechner direkt oder über ein Vermittlungsgerät miteinander verbunden? Die Entscheidungen beeinflussen die Ausfallsicherheit, Übertragungsgeschwindigkeit, den störungsfreien Betrieb sowie die Administration. S

Unter einer physikalischen Topologie versteht man den Aufbau und die Struktur eines Netzwerkes. Es handelt sich darum, auf welche Art und Weise die Geräte miteinander verbunden sind, welche Kabel eingesetzt werden und welche räumliche Verteilung das Netzwerk hat. Mit anderen Worten ist die physikalische Topologie die Netzwerkstruktur, die der Mensch mit eigenen Augen sieht. Dabei ist es hier noch unerheblich, welche Betriebssysteme und andere Software zum Einsatz kommen. AH

2.2.5.1 Bus

Bei der Bus-Topologie sind alle Endgeräte (Computer) an ein gemeinsames Medium (Bus) angeschlossen. Als Hauptkabel dient ein Thin- oder Thick-Kabel, das an beiden Enden 50-Ohm-Widerstände besitzt. Beim Zugriff auf dieses Medium können sich die Stationen gegenseitig stören. Ein gleichzeitiger Zugriff von zwei Rechnern auf das Kabel (Sendeversuch) heißt **Kollision.** Bei mehr als 20 Rechnern ist der Betrieb durch die Kollisionen manchmal so gestört, dass ein weiteres Arbeiten im Netzwerk unmöglich wird. Die physikalische Bus-Topologie wird kaum noch verwendet.

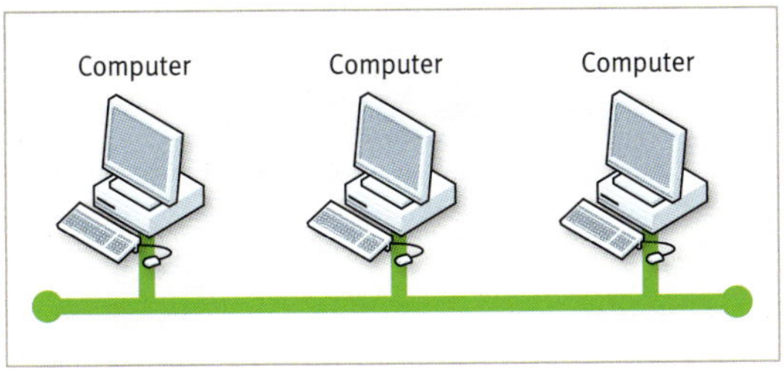

Physikalische Bus-Topologie

W

Physikalische Bus-Topologie	
Vorteile	**Nachteile**
einfache Verkabelung und Netzwerkerweiterung	niedrige Zuverlässigkeit, da der ganze Bus bei einem Bruch im Hauptkabel nicht mehr funktioniert
Eine Station kann zu jeder Zeit senden, wenn das Medium frei ist.	Kollisionen verhindern die vollständige Nutzung der gesamten Bandbreite des Mediums.
geringer Kabelbedarf	
Der Ausfall eines Rechners hat keine Auswirkung auf die Funktionsfähigkeit des gesamten Systems.	

2.2.5.2 Ring

Bei dieser Topologie ist jeder Rechner mit genau zwei Nachbar-Rechnern verbunden, wodurch ein geschlossener Ring entsteht. Es existiert kein gemeinsames Medium, worauf alle Rechner gleichzeitig zugreifen können. Die Leitungen werden der Reihe nach nur zwischen zwei Rechnern durch ein **Token** (kreisender Befehlsrahmen) eingeschaltet und ermöglichen erst dann die Weiterleitung von Daten zwischen den Rechnern in einer festgelegten Reihenfolge. Deswegen können hier keine Kollisionen auftreten. Die physikalische Ring-Topologie wird für die lokalen Netzwerke selten verwendet.

2.2.5.3 Stern

Bei dieser Topologie ist ein zentrales Gerät mit allen Rechnern mittels STP- und S-STP-Kabel verbunden. Die Rechner selbst sind aber untereinander nicht verbunden. Das zentrale Gerät (Hub, Switch, Konzentrator) erfüllt mehrere Aufgaben. Insbesondere kann durch dieses Gerät die physikalische Bus- oder Ring-Topologie emuliert werden, um die Eigenschaften dieser Topologien zu verbessern. Genau diese Lösungen haben sich in den letzten Jahren in den lokalen Netzwerken durchgesetzt.

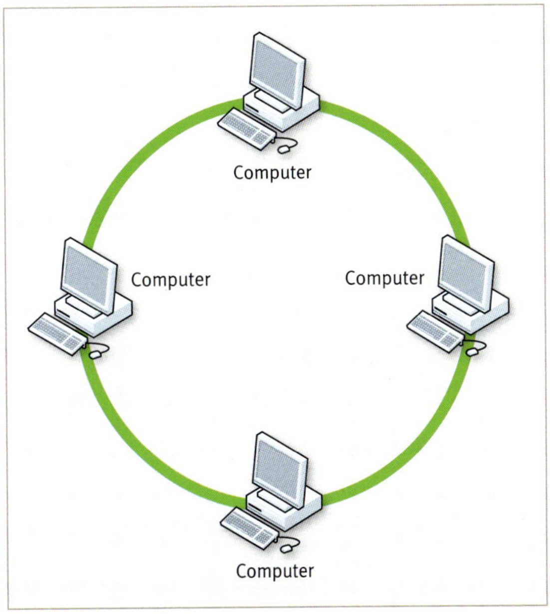

Physikalische Ring-Topologie

W

Physikalische Ring-Topologie	
Vorteile	**Nachteile**
Kollisionen sind ausgeschlossen, da der Vorgänger und der Nachfolger fest definiert sind. Die Bandbreite des Mediums kann vollständig ausgenutzt werden.	niedrige Zuverlässigkeit, da der ganze Ring bei einem Bruch im Hauptkabel nicht mehr funktioniert
einfache Verkabelung und Netzwerkerweiterung	Eine Station kann nur dann senden, wenn sie das Token bekommen hat, sonst muss sie warten.
geringer Kabelbedarf	

W

Physikalische Stern-Topologie	
Vorteile	**Nachteile**
Der Ausfall eines Rechners hat keine Auswirkung auf das gesamte System.	großer Kabelbedarf
hohe Übertragungsraten, da Kollisionen vermieden werden können	Der Ausfall des zentralen Kopplungsgerätes legt das gesamte System lahm. Dieses Problem kann aber schnell durch ein zweites Gerät behoben werden.
	relativ komplizierte Verkabelung und Netzwerkerweiterung

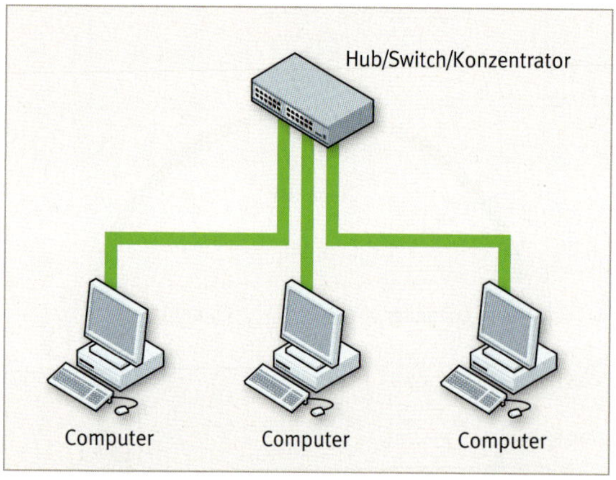

Physikalische Stern-Topologie

2.2.5.4 Fiber Distributed Data Interface (FDDI)

FDDI entsteht durch Kombination einer physikalischen Ring-Topologie und einer physikalischen Stern-Topologie. Die zentralen Geräte (Konzentratoren) sind zu einem Doppelring geschlossen. Normalerweise werden die Daten in diesem Ring nur in einer Richtung übertragen. Bei Ausfall eines Konzentrators wird automatisch auch die Gegenrichtung aktiviert und die Funktionalität des Ringes aufrechterhalten. An den Konzentratoren sind die Rechner wie bei der physikalischen Stern-Topologie angeschlossen. Für diese Rechner emuliert der Konzentrator einen physikalischen Ring. So entsteht eine ausgedehnte Ring-Topologie mit bis zu 200 km Reichweite, die bis zu 1000 Endgeräte (Computer) verbindet. Die Konzentratoren sind untereinander mit Glasfaserkabel verbunden. Zwischen den Rechnern und den Konzentratoren besteht eine Verbindung mit UTP- oder STP-Kabel.

W

Physikalische FDDI-Topologie	
Vorteile	**Nachteile**
Die Netze können strukturiert angelegt und erweitert werden.	großer Kabelbedarf
Beim Ausfall eines Konzentrators gibt es alternative Verbindungen im restlichen System.	Beim Ausfall eines Konzentrators gibt es keine Verbindungen in dem untergeordneten Netzwerk.
große Reichweiten	relativ komplizierte Verkabelung und Netzwerkerweiterung

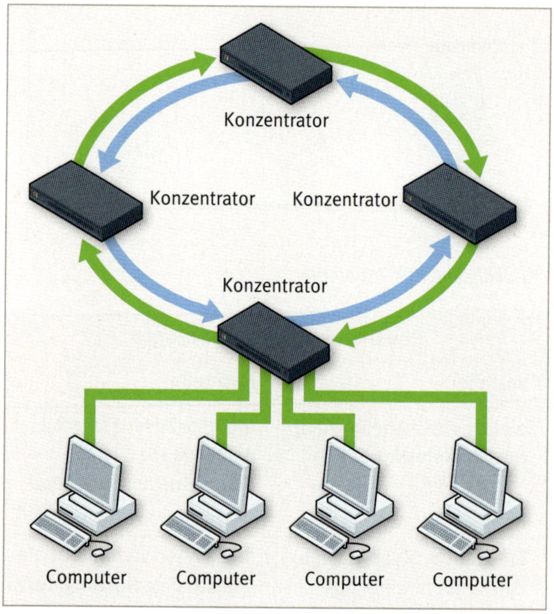

Physikalische FDDI-Topologie

2.2.5.5 Baum

Die Baum-Topologie eignet sich für die Zusammenführung von mehreren Netzen. Ein Knoten ist in diesem Netzwerk kein Computer, sondern ein untergeordnetes Netz. Jeder Rechner besitzt eine Verbindung zum Verteiler und die Verteiler sind untereinander oder mit einem zentralen Verteiler verbunden. Im Unterschied zu FDDI entsteht zwischen den Verteilern keine Ring-, sondern eine Bus-Topologie. Solche Netzwerke werden auch als **Backbone** bezeichnet. Sie finden oft ihren Einsatz in strukturierten Verkabelungen. Für die Verbindungen eignen sich STP- und S-STP-Kabel sowie das Glasfaserkabel.

W

Physikalische Baum-Topologie	
Vorteile	**Nachteile**
Die Netze können strukturiert angelegt und erweitert werden.	großer Kabelbedarf
Beim Ausfall eines Verteilers höherer Ebene existieren Verbindungen innerhalb der jeweils untergeordneten Netzwerke.	Beim Ausfall eines Verteilers gibt es keine Verbindungen zwischen dem untergeordneten Netzwerk und dem restlichen System.
große Reichweiten	relativ komplizierte Verkabelung und Netzwerkerweiterung

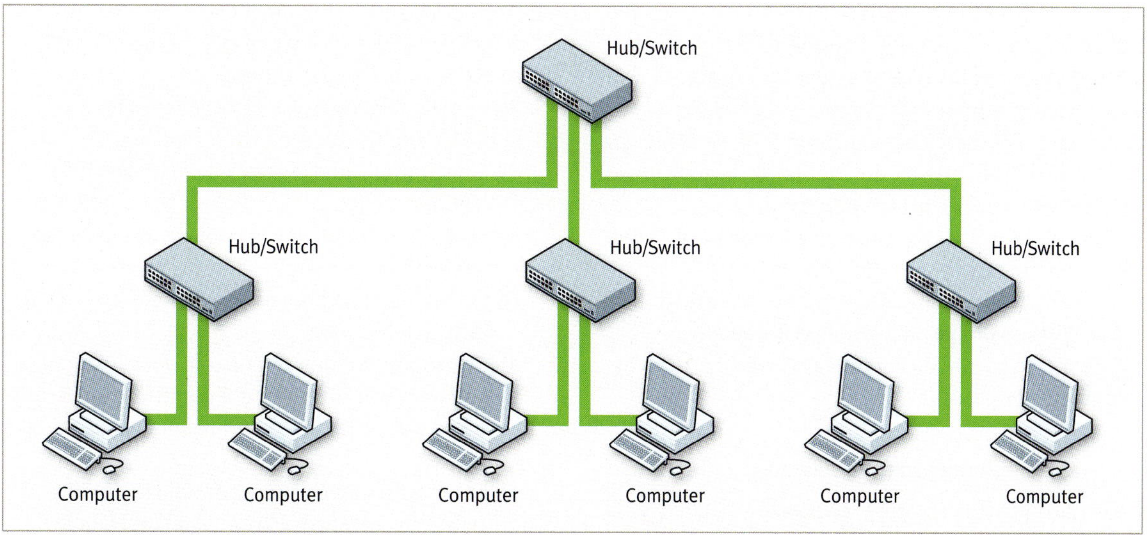

Physikalische Baum-Topologie (Backbone)

2.2.5.6 Vermaschtes Netzwerk

Die Rechner oder Verteiler sind mit mehreren anderen Rechnern oder Verteilern verbunden. Ein vollständig vermaschtes Netzwerk entsteht, wenn jeder Computer oder jedes Gerät mit jedem anderen Computer oder Gerät verbunden ist.

W

Vermaschtes Netzwerk	
Vorteile	**Nachteile**
große Reichweiten	großer Kabelbedarf
Beim Ausfall eines Verteilers oder Rechners besteht die Möglichkeit, die Informationen umzuleiten. Die Umleitung muss allerdings erst eingerichtet werden (Routing).	komplizierte Verkabelung und Netzwerkerweiterung
	komplizierte Einrichtung der Umleitungen

Für lokale Netzwerke ist diese Topologie nicht empfehlenswert. Das Internet basiert hingegen auf dieser Topologie.

2.2.5.7 Ad-hoc-Netzwerk

Diese physikalische Topologie wird bei drahtlosen Netzwerken verwendet. Jeder Computer kommuniziert direkt mit jedem anderen Computer. Es gibt in diesen Netzwerken keine vordefinierte Struktur und keine Basisstationen. Alle Rechner oder Geräte sind gleichberechtigt. Es fehlt oft an Zeit oder Geld für die Planung der geeigneten Netzstruktur. Diese Topologie entsteht spontan bei der Einrichtung von mobilen Übertragungsknoten (Computer), z. B. von reisenden Mitarbeitern oder während militärischer Einsätze.

W

Ad-hoc-Netzwerk	
Vorteile	**Nachteile**
keine Verlegung und Pflege eines Kabelsystems	komplizierte Strukturierung des Netzwerkes bei einer späteren räumlichen Ausdehnung
sehr schnelle Einrichtung des Netzes	Abhängigkeit von Wetterbedingungen
Flexibilität für mobile Benutzer	Abhörsicherheit befindet sich noch in der Entwicklung.

In kleinen Netzwerken gelingt somit schnell und ohne großen Aufwand eine Datenübertragung. Bei großen Netzwerken kann die Kooperation zwischen den einzelnen Geräten zu Problemen und Ausfällen führen. Um solche Probleme zu lösen, wird ständig an der Verbesserung der entsprechenden Übertragungsstandards gearbeitet.

2.2.5.8 Zell-Topologie oder Infrastruktur-Netzwerk

Drahtlose Netzwerke verwenden vorzugsweise diese physikalische Topologie. Jeder Computer kommuniziert direkt mit einer Basisstation (Wireless Access Point). Der räumliche Bereich, in dem diese Kommunikation stattfindet, heißt Zelle. Will die Station A Daten an die Station B senden, so vereinbart sie eine Sitzung mit der Basisstation und nicht mit der Zielstation B. Die Daten werden während der Sitzung an die Basisstation übertragen. Die Basisstation übergibt diese Daten in einer anderen Sitzung an die Station B. Die wichtigsten Funktionen einer Basisstation sind:

- Datenverkehr zwischen den drahtlos verbundenen Computern regeln
- Daten mit anderen Basisstationen austauschen (Modus **Wireless Bridge** oder **Wireless Repeater**)
- Daten mit dem Kabelnetz austauschen (Modus **Ethernet Bridge**)

W

Infrastruktur-Netzwerk	
Vorteile	**Nachteile**
keine Verlegung und Pflege des Kabelsystems	Abhängigkeit von Wetterbedingungen
Flexibilität für mobile Benutzer	Die Abhörsicherheit befindet sich noch in der Entwicklung.
Einsatz sowohl bei kurzen Entfernungen als auch bei großen Reichweiten	Beim Ausfall der Basisstation ist das gesamte Netzwerk nicht mehr funktionsfähig.
mögliche Anbindung an das herkömmliche Kabelnetzwerk bei einer späteren räumlichen Ausdehnung	

Aufgaben

1. Welche Vorteile bringt die Stern-Topologie in den Kabelnetzwerken?
   a) geringer Kabelbedarf
   b) keine Kollisionen, da der Vorgänger und der Nachfolger fest definiert sind
   c) Der Ausfall eines Rechners hat keine Auswirkung auf das gesamte System.
   d) hohe Übertragungsraten, da Kollisionen vermieden werden können
2. Welche Topologie würde Kai für die Anbindung der drahtlosen Computer in der Abteilung Einkauf/Lager an das Kabelnetz in der Firma ACI empfehlen und warum?
   a) Zell-Topologie b) Ad-hoc-Netzwerk
3. Welche physikalische Topologie besitzt das bestehende Netzwerk der Firma ACI?
   a) Bus d) Baum
   b) Ring e) vermaschtes Netzwerk
   c) Stern
4. Welche physikalische Topologie richtet man gewöhnlich bei der strukturierten Verkabelung ein?
   a) FDDI b) Baum
5. Welche der folgenden Aussagen beschreiben die Vorteile der physikalischen Bus-Topologie?
   a) Eine Station kann jederzeit senden, wenn das Medium frei ist.
   b) Es ist keine Verlegung und Pflege des Kabelsystems erforderlich.
   c) Verkabelung und Netzwerkerweiterung sind einfach zu realisieren.
   d) Kollisionen werden vermieden, da der Vorgänger und der Nachfolger fest definiert sind. Die Bandbreite des Mediums kann vollständig ausgenutzt werden.
   e) Es herrscht niedrige Zuverlässigkeit, da der ganze Bus bei einem Bruch im Hauptkabel nicht mehr funktioniert.
6. Welche der folgenden Aussagen beschreiben die Vorteile der physikalischen Ring-Topologie?
   a) Verkabelung und Netzwerkerweiterung sind sehr kompliziert.
   b) Eine Station kann jederzeit senden, wenn das Medium frei ist.
   c) Es herrscht niedrige Zuverlässigkeit, da das gesamte System beim Ausfall eines Rechners oder eines Kabels zusammenbricht.
   d) Kollisionen werden vermieden, da der Vorgänger und der Nachfolger fest definiert sind. Die Bandbreite des Mediums kann vollständig ausgenutzt werden.
7. Kai öffnet die Verpackung der Netzwerkkarte „WL-141 Wireless PC Card Adapter 140M" und liest in der Benutzeranleitung:

Introduction

The wireless adapter is an IEEE 802.11G compliant wireless LAN adapter. It fully supports wireless networking under Windows 98, ME, 2000 & XP with a maximum transfer rate of 140Mbps.

The wireless adapter can operate in ad-hoc or infrastructure network configurations. The ad-hoc mode allows the wireless cardbus PC-card users to connect a basic service set (i.e. peer-to-peer mode, without an access point). The infrastructure mode allows the wireless cardbus PC-card users to join an extended basic service set (i.e. connect to an access point).

Wireless LAN (Local Area Network) systems offer a great number of advantages over a traditional wired system. Wireless LANs (WLANs) are more flexible, easier to manage and often more cost effective than their wired equivalents.

Using radio frequency (RF) technology, WLANs transmit and receive data over the air, minimizing the need for wired connections. Thus, WLANs combine data connectivity with user mobility and through simplified configurations enable moveable LANs.

a) Beschreiben Sie die Vorteile, die diese Karte im Vergleich zu den konventionellen Netzwerkkarten bietet.
b) In welchen Topologien arbeitet diese Netzwerkkarte?
c) Welche maximale Übertragungsgeschwindigkeit erreicht diese Karte?
d) Kann man diese Karte unter dem Betriebssystem Linux betreiben?

8. Die Firma **Flower Power** ist Kunde bei ACI. Die Außendienstmitarbeiter dieser Firma sind ständig unterwegs, um rechtzeitig Blumen zu liefern. Kai muss dem Vertreter dieser Firma erklären, warum ACI für diese Mitarbeiter ein Ad-hoc-Netzwerk installiert. Wie begründet Kai die Installation?
9. Was ist ein Backbone?
   a) Netzwerk, in dem hauptsächlich Großrechner (IBM) angeschlossen sind
   b) Netzwerk, in dem hauptsächlich die mittlere Datentechnik (VAX) angeschlossen ist
   c) Netzwerk, in dem als Knoten andere Netzwerke angeschlossen sind
   d) Es ist kein Netzwerkbegriff.

2.2.6 Logische Topologien und Zugriffsverfahren

Kai Dreyer erhält den Auftrag, die erforderlichen Netzwerkkarten für die Endgeräte der Abteilung **Einkauf/Lager** zu bestellen. Es stehen Ethernet- oder Token-Ring-Karten zur Auswahl. Für die richtige Entscheidung muss sich Kai informieren, wie die Netzwerkkarte auf das Kabel zugreift und wie die Datenübertragung aus der Sicht der Netzwerkkarte funktioniert. Dazu sind Kenntnisse über die Sicherungsschicht des OSI-Schichtenmodells erforderlich.

Die logische Topologie bezeichnet den Aufbau eines Netzwerkes, wie er sich aus der Sicht der Netzwerkkarte darstellt, d. h., die logische Topologie ist ein **Zugriffsverfahren** der Netzwerkkarte auf das Medium. Die logischen Topologien können sich durchaus von den physikalischen Topologien unterscheiden, wobei dies gegenwärtig immer häufiger der Fall ist.

2.2.6.1 CSMA/CD

Das Zugriffsverfahren **CSMA/CD** (**C**arrier **S**ense **M**ultiple **A**ccess/**C**ollision **D**etection) stellt einen Algorithmus (Protokoll) dar, um die Daten über ein gemeinsames Medium (physikalischer Bus) zu versenden und zu empfangen. Dieses Verfahren dominiert in den lokalen Kabelnetzwerken, wo es die anderen Protokolle fast vollständig verdrängt hat.

Wie bereits erwähnt wurde, können bei gleichzeitigem Senden zweier Stationen Kollisionen entstehen. Bei einer Kollision überlagern sich die Signale und der Empfänger nimmt solche Sendungen nicht richtig auf. Das Protokoll CSMA/CD schreibt vor, wie auf Kollisionen reagiert werden muss, und legt fest, wie Kollisionen möglichst zu vermeiden sind. Vollständig können Kollisionen allerdings nicht verhindert werden.

Eine Station sendet die Daten nicht in ihrer Gesamtheit, sondern unterteilt in Blöcke (Frames). Zwischen den Frames gibt es Sendepausen, sodass zwischenzeitlich auch eine andere Station senden kann. Der Zugriffsalgorithmus besteht aus folgenden Schritten:

- Will eine Station A einen Frame senden, so überwacht sie zuerst das Medium (**C**arrier **S**ense). Ist es besetzt, so wartet sie ab.
- Ist das Medium innerhalb einer festgelegten Zeitspanne frei, dann beginnt die Station A zu senden.
- Während der Sendung hört die Station A das Medium weiterhin ab. Sendet gleichzeitig eine andere Station B, dann wird ein Schwellenwert des Pegels im Kabel überschritten (**M**ultiple **A**ccess). Das verursacht einen Konflikt (Kollision) im Medium. Die Station A unterbricht in diesem Fall ihre Sendung und sendet über das Medium ein Stausignal, damit die anderen Stationen die Kollision ebenfalls erkennen (**C**ollision **D**etection). Im Falle einer Kollision wartet die Station A eine zufällige Zeitspanne ab und wiederholt die Sendung mit dem ersten Schritt.
- Wurden die Daten erfolgreich übermittelt, dann ist das Ende dieser Sendung (dieses Frames) erreicht. Ansonsten versucht die Station A immer wieder zu senden, solange die maximale Anzahl von Übertragungsversuchen nicht überschritten wird.

Dieses Verfahren läuft einfach ab, was eindeutig einen Vorteil darstellt. Die Kollisionen verursachen aber auch einen entscheidenden Nachteil, wenn das Netzwerk als physikalischer Bus organisiert ist. In diesem Fall kann die Übertragungsgeschwindigkeit bis auf 30 Prozent sinken.

Deswegen konzentriert sich das CSMA/CD-Verfahren hauptsächlich auf das Netzwerk mit physikalischer Stern-Topologie. In diesem Netzwerk heißt das zentrale Gerät **Switch.** Im Gegensatz zu einem **Hub** merkt sich der Switch die MAC-Adressen aller angeschlossenen Rechner und schaltet nur den Sender mit dem Empfänger zusammen. Für alle Stationen, die gerade einen besetzten Empfänger erreichen wollen, emuliert der Switch das Stausignal. Prinzipiell kann eine Hälfte der Rechner die Daten mit der anderen Hälfte gleichzeitig austauschen. Deswegen gilt, dass ein Switch die Bandbreite des Netzwerkes erhöht. Die Netzwerkkarten arbeiten weiterhin nach dem CSMA/CD-Protokoll und „denken", dass sie noch immer an den physikalischen Bus angeschlossen sind.

Das CSMA/CD-Protokoll ist standardisiert und zusammen mit der Bitübertragungsschicht im Dokument **IEEE 802.3 (Ethernet)** veröffentlicht.

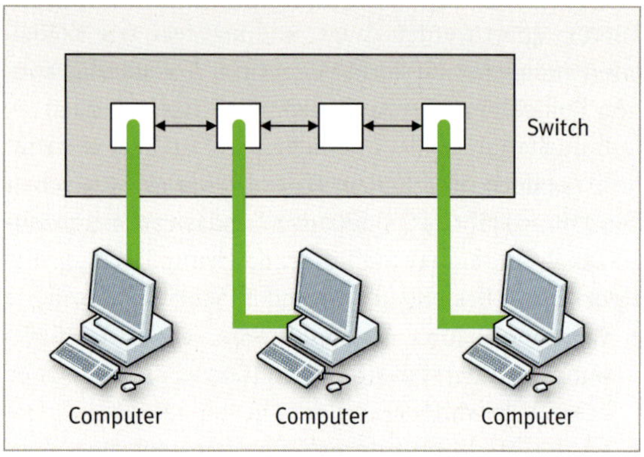

Emulation der physikalischen Bus-Topologie durch den Switch

Ethernet hat eine starke Verbreitung in den lokalen Netzwerken der Unternehmen gefunden. Diese Technologie ist keine Voraussetzung für das Internet, wird aber sehr oft in diesem Zusammenhang verwendet.

W

CSMA/CD	
Vorteile	**Nachteile**
einfache Implementierung	starker Einfluss von Kollisionen auf die Übertragungsrate, falls das Netz als physikalischer Bus realisiert ist
Der Einfluss von Kollisionen auf die Übertragungsrate kann vermindert werden, falls das Netz als physikalischer Stern realisiert ist.	Der Empfang einer Sendung ist nicht garantiert.
preisgünstige Hardware	keine garantierten Zugriffszeiten

2.2.6.2 Token-Passing

Das Zugriffsverfahren Token-Passing stellt einen Algorithmus (Protokoll) dar, um die Daten kollisionsfrei zwischen den einzelnen Stationen zu übertragen. Dieses Protokoll findet nur noch selten Einsatz in den lokalen Kabelnetzwerken.

Das Zugriffsmedium ist als physikalischer Ring gestaltet. Der erste eingeschaltete Rechner im Netz erzeugt ein Bitmuster, genannt Token. Dieser Rechner heißt Monitor. Eine Station schickt das Token zu der nächsten Station. Will eine Station senden, so hängt sie einen Frame an das Token und übermittelt ihn weiter. Der Empfänger kopiert den Frame und bestätigt den Datenempfang. Der Empfänger löscht den Frame nicht. Die gesendeten Daten werden vom Sender selbst gelöscht, nachdem alle Empfänger den für sie bestimmten Frame kopiert haben. Der Monitor überwacht das Token, setzt bei Bedarf ein neues Token ein und verhindert endlos kreisende Token. Bei Ausfall des Monitors wählen die restlichen Rechner einen neuen Monitor aus. Im Netz können auch mehrere Token kreisen, sie dürfen sich aber untereinander nicht überlappen.

Als physikalische Topologie wird der Stern eingesetzt. Das zentrale Anschlussgerät heißt in diesem Fall **MAU/MSAU** (**M**ulti**st**ation **A**ccess **U**nit). Die MAU schaltet die Stationen paarweise zusammen und umgeht jene Stationen, die nicht eingeschaltet sind. Damit emuliert dieses Gerät die Ringstruktur. Bei Ausfall eines Rechners überbrückt die MAU dessen Port, damit die Ringstruktur erhalten bleibt. Eine MAU ist im Gegensatz zum Switch kein intelligentes Gerät und arbeitet auf der 1. Schicht des OSI-Schichtenmodells.

Das Token-Passing-Protokoll ist standardisiert und zusammen mit der Bitübertragungsschicht im Dokument **IEEE 802.5 (Token-Ring)** veröffentlicht.

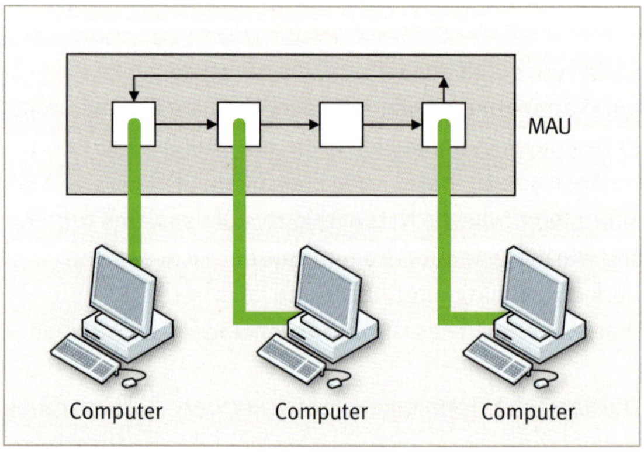

Emulation der physikalischen Ring-Topologie durch die MAU

Token-Ring setzen zum Beispiel die großen Firmen ein, die einst ihre Netzwerke mit IBM-Rechnern ausgerüstet haben. Die Firma IBM bevorzugt dieses Protokoll und installiert es bei Vernetzungen. Obwohl Token-Passing gegenüber anderen Protokollen einige Vorteile besitzt, führte die Vermarktungspolitik dazu, dass dieses Protokoll bei Neuinstallationen praktisch keine Bedeutung mehr besitzt.

W

Token-Passing	
Vorteile	**Nachteile**
keine Kollisionen, deshalb stetige Übertragungsrate	komplizierte Implementierung
Der Empfang einer Sendung ist garantiert.	teure Hardware
garantierte Zugriffszeit	

2.2.6.3 Token-Bus

Das **Token-Bus-**Protokoll steuert den Zugriff auf ein gemeinsames Medium, um Kollisionen zu vermeiden. Bei diesem Verfahren wird das **Token** für die Datenübertragung benutzt. Jede Station bekommt eine fortlaufende Identifikationsnummer zugewiesen, um sich für die Aufnahme des Tokens und damit auch für den Empfang der Daten identifizieren zu können. Das Token darf nur die Station entgegennehmen, deren Identifikationsnummer (ID) im Token steht. Das Adressierungsschema gestaltet sich aber sehr einfach, denn die sendende Station erhöht ihre eigene ID um den Wert 1 und setzt sie als Empfänger-ID in das Token ein. Wenn die Daten im Token nicht für die aktuelle Station bestimmt sind, erhöht sich die Identifikationsnummer erneut und das Token wird weitergeschickt. Somit läuft das Token in einer festgelegten Reihenfolge von einer Station zur anderen, unabhängig davon, ob die Daten im Token für die passierten Stationen vorgesehen sind.

Das Token-Bus-Protokoll ist standardisiert und zusammen mit der Bitübertragungsschicht im Dokument **IEEE 802.5 (ARCNET)** veröffentlicht.

Das Verfahren spielt in den Unternehmen bei kabelgebundenen Netzwerken nur noch eine geringe Rolle, seitdem zunehmend das Ethernet-Protokoll mit physikalischer Stern-Topologie eingesetzt wird. Andererseits wird es noch immer häufig für die Steuerung von Produktionsanlagen verwendet. Zunehmend an Bedeutung gewinnt dieses Protokoll als Grundlage für Verfahren zur kabellosen Übertragung.

W

Token-Bus	
Vorteile	**Nachteile**
keine Kollisionen, deshalb stetige Übertragungsrate	komplizierte Implementierung
Der Empfang einer Sendung ist garantiert.	teure Hardware

2.2.6.4 CSMA/CA

Das Protokoll **CSMA/CA** (**C**arrier **S**ense **M**ultiple **A**ccess/**C**ollision **A**voidance) steuert den Zugriff auf ein gemeinsames Medium und spielt heute eine wichtige Rolle bei den Ad-hoc-Netzwerken. Es kann auch erfolgreich in konventionellen Netzwerken (ISDN) eingesetzt werden.

Das Protokoll CSMA/CA ist die spezielle Weiterentwicklung des Verfahrens CSMA/CD für drahtlose Netzwerke. Der Kern des CSMA/CD-Protokolls liegt in der Erkennung von Kollisionen. Bei den drahtlosen Netzwerken verhindern zwei Eigenschaften eine direkte Verwendung von CSMA/CD, da Kollisionen aus folgenden Gründen nicht erkannt werden können:

- Nicht alle Netzwerkkarten sind vollduplexfähig. Das bedeutet, nicht alle Karten können gleichzeitig senden und empfangen.
- Eine Überlagerung von zwei Signalen führt nicht zum Überschreiten des Schwellenwertes.

Trotz neu entwickelter Mechanismen lassen sich aber auch beim CSMA/CA-Verfahren Kollisionen nicht vollständig vermeiden. Beim reinen CSMA/CA-Verfahren liegt die Betonung auf Warten. Zuerst wartet die sendewillige Station, bis das Medium frei ist, danach wartet sie eine zufällige Zeitspanne darauf, ob eine andere Station sendet. In diesen Wartezeiten hört sie permanent das Medium ab. Und nur wenn jetzt immer noch keine andere Station sendet, beginnt die Übertragung. Während der Übertragung hört der Sender das Medium nicht ab. Der Empfänger sendet eine Bestätigung, wenn alle Daten richtig angekommen sind, ansonsten erfolgt eine Wiederholung der Sendung. Während der Sendung starten die anderen Stationen keine eigenen Übertragungen. Kollisionen können nur dann auftreten, wenn die Wartezeiten bei zwei Stationen zufälligerweise übereinstimmen. Bei den Kollisionen erhält der Sender selbstverständlich keine Bestätigung vom Empfänger und beginnt die Sendung erneut.

Dieser Algorithmus verursacht einige Probleme. Es kann aufwändig sein, die ganze Sendung zu wiederholen. Die räumliche Ausdehnung verhindert möglicherweise den Empfang der Funksignale an einigen angeschlossenen Rechnern. Das ganze CSMA/CA-Protokoll basiert aber auf der Idee, dass sich alle Stationen untereinander „hören". Damit wird gewährleistet, dass die nicht sendenden Stationen schweigen. Ist dies nicht der Fall, entstehen Kollisionen, die zum Netzausfall führen können.

In der folgenden Situation treten zwei weitere Probleme auf. Die Stationen A und C befinden sich räumlich so weit voneinander entfernt, dass sie ihre Signale gegenseitig nicht empfangen können. Die Station B liegt in beiden Empfangsbereichen zwischen den Stationen A und C.

- **Versteckte Endgeräte.** Senden die Stationen A und C gleichzeitig Signale an die Station B, dann erzeugen sie dort einen Konflikt. Die Stationen A und C können aber diesen Konflikt nicht erkennen, da sie einander nicht empfangen können. Da weder Station A noch Station C eine Empfangsbestätigung von der Station B bekommen, werden sie immer wieder versuchen, ihre Sendungen zu wiederholen. Dieser Zustand tritt auch dann auf, wenn die beiden Stationen ihre Sendungen nicht gleichzeitig beginnen. Die Stationen A und C verhalten sich in diesem Fall zueinander wie versteckte Endgeräte.
- **Ausgelieferte Endgeräte.** Wenn die Station C an die Station D senden möchte, während die Station B die Informationen an die Station A sendet, so erkennt die Station C die Signale von B und wartet auf das Ende ihrer Übertragung. Die Signale von Station C können aber die Station A nicht erreichen, weswegen überhaupt kein Konflikt mit der Station A auftritt und das Warten in diesem Fall unnötig ist. Die Station C ist den beiden Stationen A und B ausgeliefert.

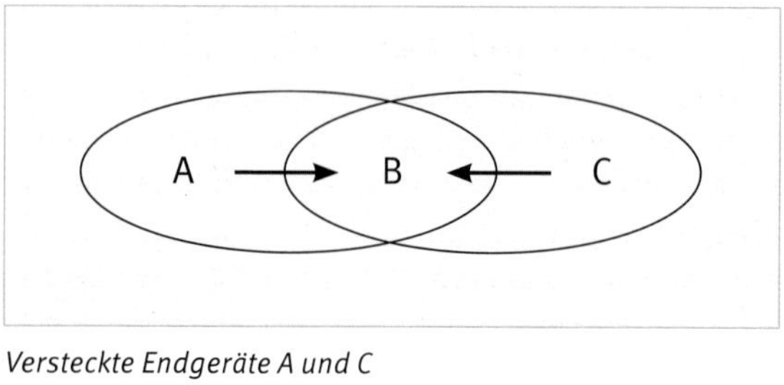

Versteckte Endgeräte A und C

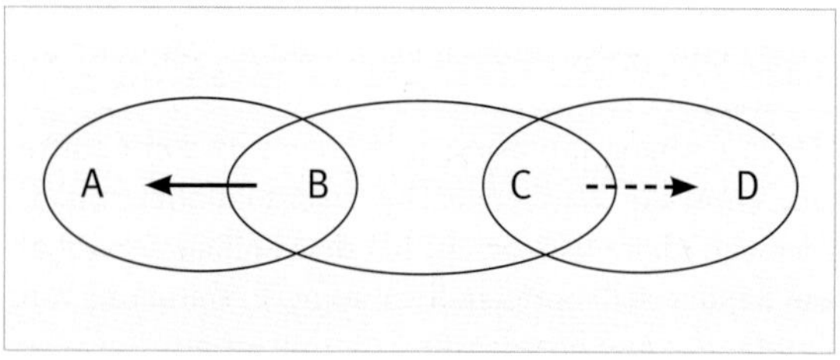

Ausgelieferte Station C

Um beide Probleme zu lösen, existieren bereits einige verbesserte Varianten von CSMA/CA. Eine Variante heißt **CSMA/CA RTS/CTS** (**R**equest **t**o **S**end/**C**lear **t**o **S**end). Bei diesem verbesserten Protokoll reservieren der Sender und der Empfänger zuerst das ganze Medium für sich. Das passiert durch Austausch von zwei Signalen. Der Sender schickt das RTS-Signal, das die Adresse des Empfängers und die Dauer der Übertragung enthält. Diese Übertragungsdauer ist wichtig für alle anderen Stationen, damit sie erkennen, wann das Medium wieder frei ist. Der Empfänger antwortet mit dem CTS-Signal, das die Bereitschaft zur Aufnahme der Daten übermittelt. Erst jetzt startet der Sender die Datenübertragung. Wenn die Daten erfolgreich angekommen sind, sendet der Empfänger das **ACK**-Signal (**Ac**-**k**nowledgement) als Bestätigung. Kollisionen können hier nur beim RTS/CTS-Austausch auftreten. Die RTS/CTS-Signale sind aber im Vergleich zur Datenübertragung selbst sehr kurz. Diese Variante trägt auch die Bezeichnung **DCF** (**D**istributed **C**oordination **F**unction).

Im Fall der versteckten Endgeräte hört die Station C die CTS-Signale der Station B und erkennt, dass sie für eine bestimmte Zeit besetzt ist. Im Fall der ausgelieferten Endgeräte empfängt die Station C die RTS-Signale der Station B, aber keine CTS-Signale der Station A. Aus diesem Grund erkennt C, dass A außerhalb der Reichweite liegt. Damit kann die Station C an die Station D senden, ohne zu warten.

2.2.6.5 PCF

Das Protokoll **PCF** (**P**oint **C**oordination **F**unction) steuert den Zugriff auf das Medium in drahtlosen Netzwerken mit physikalischer Zell-Topologie (Infrastruktur-Netzwerke). Das Verfahren erfordert eine Basisstation (Zugriffspunkt, Access Point). Die Basisstation fragt die Stationen nacheinander ab, ob sie Daten senden wollen.

Das Protokoll PCF kann zusammen mit dem Protokoll DCF eingesetzt werden. Es besitzt eine höhere Priorität als DCF, ist aber optional. Das bedeutet, dieses Protokoll muss nicht unbedingt implementiert werden. Durch das Protokoll PCF stellt die Basisstation der Sendestation eine garantierte Bandbreite zur Verfügung. Ein regelmäßiger Wechsel zwischen PCF und DCF kann aber nicht garantiert werden, da PCF nur dann die Bandbreite reserviert, wenn eine kollisionsfreie Zugriffsperiode besteht. Da DCF ein CSMA/CA-Verfahren ist, sind Kollisionen allerdings nicht auszuschließen.

2.2.6.6 Kopplungsgeräte Bridge und Switch

Ähnlich wie ein Repeater verbindet eine Bridge (Brücke) zwei Segmente des Netzwerkes. Eine Bridge wird der Schicht 2 des OSI-Schichtenmodells zugeordnet, denn sie beinhaltet Funktionen der Schichten 1 und 2.

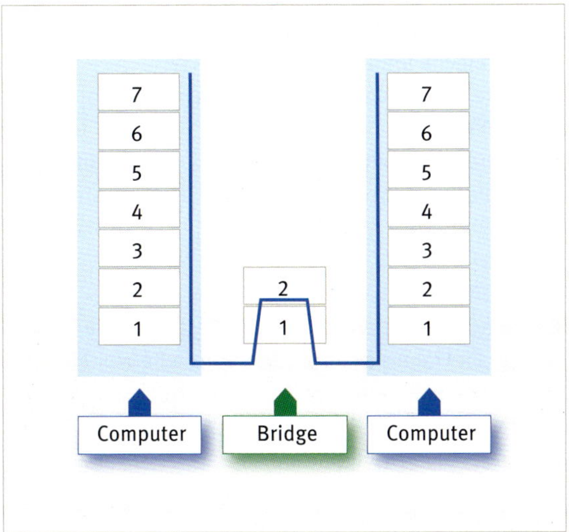

OSI-Schichtenmodell und Bridge

Die Bridge wird in Netzwerken mit logischer Bus-Topologie (CSMA/CD) verwendet. Sie vermindert Kollisionen und verbessert somit die Auslastung des Netzes.

Die wichtigste Eigenschaft einer Bridge ist die Erkennung von MAC-Adressen. Verbindet eine Bridge zwei Segmente, so speichert sie in einer internen Tabelle alle MAC-Adressen bezogen auf das jeweilige Segment. Tauschen zwei Rechner aus einem Segment die Daten untereinander aus, so werden diese Signale nicht in ein anderes Segment weitergeleitet. Deswegen können jeweils zwei Rechner in jedem Segment die Daten gleichzeitig untereinander übertragen. Der Datendurchsatz erhöht sich. Die Signale werden zwischen den Segmenten übermittelt, wenn Sender und Empfänger in unterschiedlichen Segmenten liegen oder wenn die Signale eine Rundsendung darstellen. Rundsendungen (Broadcast) leitet die Bridge grundsätzlich in alle Segmente, da alle Rechner diese Anfragen erhalten müssen. Eine Rundsendung unterscheidet sich von anderen Sendungen dadurch, dass die MAC-Adresse des Empfängers auf FF-FF-FF-FF-FF-FF gesetzt ist. Es gibt allerdings auch Ausführungen einer Bridge, die Sendungen in andere Segmente leiten, deren Empfänger in der Tabelle nicht eingetragen und somit unbekannt sind.

Eine Bridge mit mehreren Anschlüssen wird als Multi-Port-Bridge oder **Switch** bezeichnet.

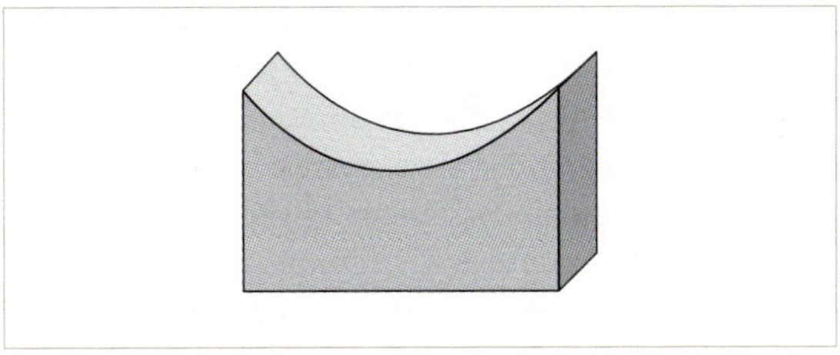

Schematische Darstellung einer Bridge

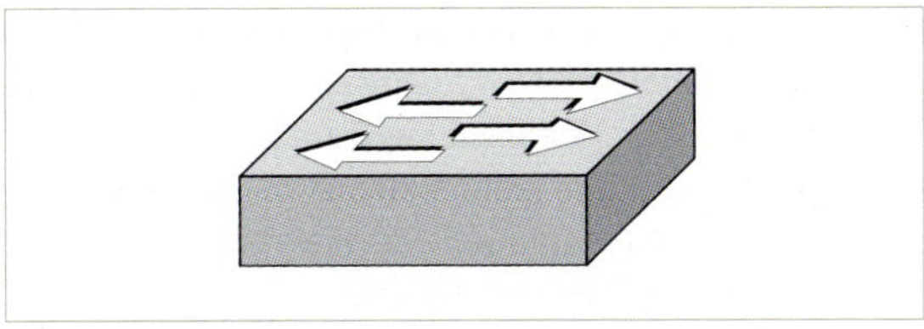

Schematische Darstellung eines Switch

Da Bridge und Switch auf der Ebene 2 des OSI-Schichtenmodells arbeiten, können sie den Aufbau der Frames überprüfen. Bei der Prüfung von eingehenden Frames werden drei Algorithmen unterschieden:

- Der **Store-and-Forward**-Algorithmus berechnet die Kontrollsumme für einen Frame und vergleicht sie mit dem Wert aus dem Frame. Stimmen die beiden Zahlen überein, wird der Frame weitergeleitet, ansonsten verworfen. Das ist die langsamste Methode, aber sie gewährleistet, dass sich keine fehlerhaften Frames im Netzwerk verbreiten.
- Der **Cut-Through**-Algorithmus prüft keine Kontrollsummen und leitet die eingetroffenen Frames einfach weiter. Er verläuft deshalb viel schneller als der Store-and-Forward-Algorithmus. Das kann aber dazu führen, dass die Anzahl der fehlerhaften Frames im Netzwerk steigt und der ganze Datenverkehr zusammenbricht.
- Der **Error-Free-Cut-Through**-Algorithmus prüft die Kontrollsumme, wenn der Frame schon weitergeleitet wurde. Tritt ein Fehler bei der Prüfung auf, so erhöht sich ein interner Zähler um den Wert 1. Überschreitet der Zähler eine bestimmte Grenze innerhalb der bestimmten Zeit, schaltet der Switch auf den **Store-and-Forward**-Algorithmus zurück.

Es gibt noch weitere sogenannte Kompromiss-Algorithmen. Besitzt das Netzwerk eine komplizierte Struktur, wo die Segmente nur über mehrere Bridges oder Switchs erreichbar sind, so können einige Frames im Netzwerk ewig kreisen und das Netzwerk langsam überlasten. Die modernen Bridges oder Switchs beherrschen den **Spanning-Tree**-Algorithmus, um diese Situation zu vermeiden. Sie berechnen nach diesem Algorithmus den kürzesten Weg zwischen zwei Knoten im gesamten Netzwerk.

Im Gegensatz zu Rundsendungen spricht man von gezielten Sendungen, falls die Pakete die genaue MAC-Adresse des Ziel-Rechners enthalten. Alle Rechner, die ohne Verbindungsgeräte eine gezielte Übertragung untereinander aufnehmen können, bilden eine Kollisionsdomäne, da es in diesem Fall unter den Rechnern zu Kollisionen kommen kann. Aus dieser Sicht trennt eine Bridge das Netzwerk in zwei Kollisionsdomänen. Wie oben erwähnt besitzt diese Teilung einen wichtigen Vorteil: **Gezielte Sendungen innerhalb einer Kollisionsdomäne verursachen keine Kollisionen in einer anderen Kollisionsdomäne.** Um eine Kollisionsdomäne zu teilen, wurden früher für jede einzelne Domäne Bridges und Switchs verwendet. Die modernen Switchs können angeschlossene Rechner unterschiedlichen Kollisionsdomänen zuordnen. Mit dieser Eigenschaft erzeugen Switchs ein sogenanntes **VLAN** (Virtuelles **LAN**).

Die Zuordnung der Rechner zu VLANs erfolgt in den Frames. Jeder Frame bekommt eine Erweiterung von 4 Bytes, die zusammen mit anderen Parametern die VLAN-Nummer enthält. Diese Erweiterung heißt VLAN-Tag (Schalter). Die Anschlüsse des Switch werden den VLAN-Nummern mittels spezieller Software zugeordnet. Der VLAN-Tag wird dabei folgendermaßen gesetzt:

- Ist die Netzwerkkarte des Rechners nicht fähig, den VLAN-Tag zu setzen, so erfolgt die Erweiterung durch den Switch, wenn der Frame vom Sender am entsprechenden Anschluss des Switch eingetroffen ist. Der geänderte Frame wird an alle Anschlüsse verschickt, aber nur von den Anschlüssen angenommen, die derselben VLAN-Nummer wie der Frame selbst zugeordnet sind. Bevor ein Anschluss diesen Frame an den Ziel-Rechner schickt, entfernt er den VLAN-Tag aus dem Frame.
- Setzt die Netzwerkkarte des Rechners den VLAN-Tag, unterbindet der Switch diesen Schritt und verschickt den Frame sofort an die Empfänger. Die weitere Vorgehensweise ähnelt dem vorab beschriebenen Verfahren.

Die VLAN-fähigen Switches finden ihren Einsatz in großen Netzwerken, wo es wegen der unübersichtlichen Strukturen in den Verteilerschränken problematisch ist, Rechner in andere Netzwerksegmente zu verschieben. Die virtuellen LANs verhalten sich ähnlich wie die normalen Netze, aber lassen sich softwareseitig bequem und effektiv verwalten.

S Kai hat von Herrn Köhler erfahren, dass sich in allen anderen Abteilungen des Unternehmens Ethernet-Netzwerkkarten (Zugriffsverfahren CSMA/CD) im Einsatz befinden.

Aufgaben

1. Welche Vorteile bringt das Protokoll CSMA/CD im Vergleich zu Token-Passing?
   a) keine Kollisionen
   b) Eine Netzwerkkarte kann immer senden, falls das Medium frei ist, und muss nicht auf das Token warten, wie es bei dem Token-Passing-Verfahren üblich ist.
   c) einfache Implementierung
   d) preiswerte Netzwerkkarten, Kabel und Kopplungsgeräte
2. Welche Protokolle würde Kai für die Anbindung der kabellosen Computer an das Kabelnetz empfehlen?
   a) CSMA/CA
   b) PCF
   c) CSMA/CD
3. Welchen Algorithmus muss ein Switch für die Prüfung der Frames beherrschen, um sicherzustellen, dass keine fehlerhaften Frames im Netzwerk versendet werden?
   a) Cut-Through-Algorithmus
   b) Error-Free-Cut-Through-Algorithmus
   c) Store-and-Forward-Algorithmus
4. Wie heißen die Kopplungsgeräte, die auf der 2. Schicht des OSI-Schichtenmodells arbeiten?
   a) Bridge
   b) Hub
   c) Repeater
   d) Switch
5. Erklären Sie, wie die Rundsendungen funktionieren und warum sie das Netzwerk besonders belasten.
6. Warum kann man in den drahtlosen Netzwerken das Protokoll CSMA/CD nicht verwenden?
7. Beschreiben Sie zwei Probleme, die bei der Verwendung des Protokolls CSMA/CA entstehen.
8. Wie kann man die Kollisionen beim CSMA/CD-Protokoll verringern?
   a) Das ist unmöglich.
   b) Verwendung von Switchs
   c) Verwendung von MSAUs
   d) Verwendung von Hubs
   e) Verwendung von Repeatern
9. Erläutern Sie die Arbeitsweise des Protokolls CSMA/CA RTS/CTS.

AH

2.2.7 Netzwerk- und Transportprotokolle

S Stefan Fischer steht als künftiger Fachinformatiker vor der Entscheidung, welche Netzwerkprotokolle auf den Rechnern der Abteilung **Einkauf/Lager** zu installieren sind. Davon ist abhängig, welche Server und

Anwendungen im Netzwerk betrieben werden. Seine Kenntnisse über Eigenschaften und Verwendungszweck der Netzwerk- und Transportprotokolle muss er dazu allerdings noch vertiefen.

Die weiteren Inhalte beziehen sich auf die Vermittlungs- und die Transportschicht des OSI-Schichtenmodells. Obwohl diese Schichten laut OSI-Schichtenmodell voneinander unabhängig arbeiten, bilden fast alle industriellen Protokolle zu diesen Schichten sogenannte Protokollfamilien. Die Kompatibilität zwischen den Schichten ist normalerweise nur innerhalb einer Protokollfamilie gewährleistet.

W

Identifizierung lokaler Netzwerke

Die Weiterleitung der Informationen von den Absendern aus einem lokalen Netz an die Empfänger in anderen Netzen wird als **Routing** bezeichnet. Die wichtigste Voraussetzung dafür ist eine eindeutige Identifizierung der lokalen Netzwerke.

2.2.7.1 NetBEUI

Das wichtigste Merkmal dieses Protokolls ist das Fehlen logischer Adressen. Bei Datenübertragungen werden die Rechnernamen direkt in MAC-Adressen umgewandelt. Aus der Sicht des Protokolls gibt es nur ein logisches Netz. Daher ist es unmöglich, mehrere logische Netze aufzubauen. Wurde mit einem Betriebssystem nur die NetBIOS/NetBEUI-Protokollfamilie installiert, so ist eine Verbindung mit den Internetressourcen unmöglich. Mit NetBIOS/NetBEUI ist auch der Begriff „nicht routingfähig" verbunden. Verbindungen zwischen verschiedenen Netzwerken werden nicht unterstützt, d. h., NetBEUI akzeptiert nur ein Netzwerk.

NetBEUI ist in Bezug auf den Umfang der Informationen von Header und Footer das kleinste Protokoll und besitzt deswegen auch eine hohe Übertragungsgeschwindigkeit. Moderne Netzwerkkarten übertragen allerdings so schnell, dass die Geschwindigkeitsvorteile kaum noch bemerkbar sind. Als Nachteil dieses Protokolls gilt die Tatsache, dass im Vergleich zu allen anderen Protokollfamilien sehr viele Rundsendungen erzeugt werden.

Das Protokoll gehörte bis auf Microsoft Windows ME als Standardprotokoll zu allen Microsoft-Betriebssystemen. Erst ab Microsoft Windows 2000 erfolgte diesbezüglich eine Änderung, obwohl das Protokoll weiter zum Lieferumfang gehörte. Auch unter Linux existierte NetBEUI, aber es war hier nie als Standardprotokoll definiert. Künftig hat das Protokoll kaum noch Bedeutung, da es in den großen Netzwerken, die aus mehreren Subnetzen bestehen, nicht anwendbar ist.

2.2.7.2 IPX/SPX

Das Protokoll IPX kennt logische Adressen. Sie sind einfach aufgebaut:

Netzwerknummer : Rechnernummer

Die beiden Nummern sind hexadezimale Zahlen und entsprechend 4 und 6 Byte lang, beispielsweise:

00 00 0F EE : 00 26 54 10 1C 92

Der Netzwerkadministrator vergibt dem Server-Rechner eine Netzwerkadresse, die die Arbeitsstationen automatisch erkennen können. Als Rechnernummern dienen normalerweise die MAC-Adressen der Netzwerkkarten.

Das Protokoll IPX kann mehrere lokale Netzwerke miteinander verbinden und ist somit routingfähig. IPX befindet sich auf der 3. Schicht des OSI-Schichtenmodells. Es arbeitet mit allen Protokollen der 2. Schicht zusammen. Auf der 4. Schicht des OSI-Schichtenmodells korrespondiert das IPX-Protokoll mit dem SPX-Protokoll.

IPX ist nicht für die fehlerfreie Zustellung der Daten verantwortlich. Diese Rolle übernimmt das Protokoll SPX. SPX ist ein verbindungsorientiertes Protokoll, das eine Übertragung ständig kontrolliert. Das SPX-Protokoll des Senders teilt den ganzen Datenstrom in kleinere Teile (Pakete). Jedes Teil bekommt eine fortlaufende Nummer, die im SPX-Header gespeichert ist. Das SPX-Protokoll des Empfängers kontrolliert diese Nummer. Wenn einige Pakete nicht zugestellt wurden, bekommt der Sender keine Bestätigung und muss die fehlenden Pakete nachsenden.

Die Protokollfamilien IPX/SPX und TCP/IP sind untereinander verwandt, aber nicht kompatibel zueinander.

2.2.7.3 TCP/IP

Das Protokoll **IP** (**I**nternet **P**rotocol) benutzt ebenfalls logische Adressen. Sie sind komplizierter aufgebaut als bei IPX. Eine IP-Adresse der aktuellen Version 4 besteht aus 4 Byte, die mit Punkten voneinander getrennt sind, beispielsweise:

192.168.3.76

Die IP-Adresse wird einem Rechner (Host) zugewiesen und identifiziert ihn eindeutig. Die IP-Adresse eines Rechners beinhaltet die Netzwerkadresse (Netzwerkteil) und die lokale Adresse des Rechners in diesem Netzwerk (Hostteil). Äußerlich kann man diese Teile der IP-Adresse nicht so einfach wie bei IPX unterscheiden. Deswegen ist jedem Rechner auch eine Netzwerkmaske zugewiesen. Sie besteht wie die IP-Adresse auch aus 4 Byte, aber im Bitmuster stehen zuerst die Einsen, dann die Nullen, wobei die Einsen und die Nullen nicht gemischt werden dürfen.

Richtige Netzwerkmaske: 255.255.255.192
= 11111111.11111111.11111111.11000000
Falsche Netzwerkmaske: 255.255.192.255
= 11111111.11111111.11000000.11111111

W Die folgende Formel ist absolut wichtig für das Verständnis der Arbeitsweise des Routings in den IP-Netzwerken:

Netzwerkadresse = IP-Adresse .UND. Netzwerkmaske

Der Sender entscheidet anhand dieser Formel, ob der Ziel-Rechner im lokalen Netzwerk des Senders liegt. Wenn die eigene Netzwerkadresse mit der des Ziel-Rechners übereinstimmt, so befinden sich die beiden Rechner in dem gleichen Netzwerk. In diesem Fall sendet der Rechner die Informationen im lokalen Netzwerk an die MAC- und IP-Adresse des Empfängers. Ansonsten schickt der Sender die Pakete an die MAC-Adresse des Routers und an die IP-Adresse des Empfängers. Den weiteren Weg der Pakete bestimmt der Router.

Die logische UND-Verknüpfung der IP-Adresse mit der Netzwerkmaske ergibt die Netzwerkadresse. Der Hostteil, also die Adresse des Rechners, lässt sich leicht berechnen als Differenz zwischen der IP-Adresse und der Netzwerkadresse. Hat ein Rechner die IP-Adresse 192.168.3.76 und die Netzwerkmaske 255.255.255.192, so lautet seine Netzwerkadresse 192.168.3.64 und der Hostteil ist 0.0.0.12. Der Hostteil wird dabei recht selten benutzt.

IP ist somit routingfähig. Die beschriebene logische UND-Verknüpfung schafft eine Grundlage dafür, dass dieses Protokoll die Informationen von einem lokalen Netzwerk in ein anderes lokales Netzwerk übermittelt. Jedes Betriebssystem, das TCP/IP installiert, unterhält im Hauptspeicher eine Tabelle mit den Informationen über die Wege in die anderen Netzwerke. Diese Tabelle heißt Routing-Tabelle. Sie enthält immer einige Standardeinträge und kann automatisch oder manuell erweitert werden.

Die IP-Adressen werden weltweit vom Network Information Center (NIC) vergeben. In Deutschland ist dafür die DENIC zuständig. Alle IP-Adressen wurden ursprünglich in folgende Klassen aufgeteilt:

Mit **N** sind hier die Bits bezeichnet, die zur Netzwerknummer gehören, **H** bezeichnet die Bits, die der Administrator an die Host-Computer vergeben darf.

Die Klassen A, B und C sind für normale Netzwerke vorgesehen. Klasse D wurde für Multicasting und Test gedacht. Klasse E war eine Reserve. Die Loopback-Adressen sind die internen Adressen jedes Rechners. Sie stehen für die Datenübertragung zwischen den Rechnern nicht zur Verfügung. Die Klassen A, B und C verfügen über die Netzwerkmasken 255.0.0.0, 255.255.0.0 und 255.255.255.0. Somit ergeben sich folgende statistische Daten:

- In der Klasse A gibt es 127 Netzwerke mit etwa 16 Millionen Hosts in jedem Netzwerk (IBM).
- In der Klasse B gibt es etwa 16 000 Netzwerke mit 65 534 Hosts in jedem Netzwerk (Microsoft).
- In der Klasse C gibt es etwa 2 000 000 Netzwerke mit 254 Hosts in jedem Netzwerk.

Nicht alle IP-Adressen können an Hosts vergeben werden. Die erste und die letzte IP-Adresse in jedem Subnetz sind für die Netzwerknummer und für den Broadcast reserviert. Die Adressen aus den Klassen A, B und C dürfen nur einmal im Internet vergeben werden.

Da kaum freie IP-Adressen zur Verfügung stehen, wurde ein Konzept von klassenlosen Netzwerken eingeführt (**CIDR, C**lassless **I**nternetwork **D**omain **Rou**ting). Sie heißen auch Slash-x-Netzwerke. Laut diesem Konzept gibt eine Zahl an, wie viele (erste) Bits der Netzwerkmaske mit 1 belegt sind. Die Adresse 192.168.3.76/26 bedeutet, dass der Rechner die Netzwerkmaske 255.255.255.192 besitzt. In diesem Konzept entspricht das Slash-8-Netzwerk der Klasse A, das Slash-16-Netzwerk der Klasse B und das Slash-24-Netzwerk der Klasse C.

Für den firmeninternen Gebrauch sind die besonderen Bereiche in jeder IP-Klasse vorgesehen. Die Adressen aus diesen Bereichen werden weder den Internet-Rechnern zugewiesen noch im Internet weitergeleitet.

Das Protokoll IP in der 4. Version besitzt aber einen Nachteil, da es die Daten im Klartext überträgt. Deswegen können Hacker und Datenspione die Informationen in

W

Klasse	binäre Darstellung	dezimale Darstellung
A	0NNNNNNN . HHHHHHHH . HHHHHHHH . HHHHHHHH	0.0.0.0 - 126.255.255.255
B	10NNNNNN . NNNNNNNN . HHHHHHHH . HHHHHHHH	128.0.0.0 - 191.255.255.255
C	110NNNNN . NNNNNNNN . NNNNNNNN . HHHHHHHH	192.0.0.0 - 223.255.255.255
D	1110NNNN . NNNNNNNN . NNNNNNNN . NNNNNNNN	224.0.0.0 - 239.255.255.255
E	11110NNN . NNNNNNNN . NNNNNNNN . NNNNNNNN	240.0.0.0 - 255.255.255.255
Loopback	01111111 . HHHHHHHH . HHHHHHHH . HHHHHHHH	127.0.0.0 - 127.255.255.255

W

private Adressen	IP-Adressen	Netzwerkmaske	CIDR-Bezeichnung	Anzahl der Rechner
aus Klasse A	10.0.0.0 – 10.255.255.255	255.0.0.0	10.0.0.0 / 8	16 777 214
aus Klasse B	172.16.0.0 – 172.31.255.255	255.240.0.0	172.16.0.0 / 12	1 048 574
aus Klasse C	192.168.0.0 – 192.168.255.255	255.255.0.0	192.168.0.0 / 16	65 534

einem IP-Netzwerk ohne große Mühe abhören. Zusätzliche Module in der 3. Schicht des OSI-Schichtenmodells sorgen dafür, diese Sicherheitsprobleme zu vermeiden. So entstehen die virtuellen privaten Netzwerke **VPN** (**V**irtual **P**rivate **N**etwork). VPN wird benutzt, um sensible Daten in unsicheren Netzwerken verschlüsselt zu übertragen. Zu den unsicheren Netzwerken gehört in der Regel das Internet, aber auch das interne Netzwerk eines Unternehmens (Intranet) ist prinzipiell unsicher. Die IP-Adressen müssen dabei nicht unbedingt aus dem privaten Bereich stammen.

Im VPN vereinbaren zwei Rechner einen Verschlüsselungsmechanismus, bevor sie die eigentlichen Daten übertragen. Ein VPN kann mit unterschiedlichen Verschlüsselungsmethoden aufgebaut werden. Dabei werden sowohl die Nutzdaten als auch die IP-Adressen des Senders und des Empfängers verschlüsselt. Nach der Vereinbarung entsteht bildhaft ein Tunnel zwischen den beiden Rechnern. Die Informationen können nur an den Enden dieses Tunnels entschlüsselt werden. Die Schlüssel gelten normalerweise nur für den aktuellen Tunnel. Der Aufbau des VPN-Tunnels geschieht weitgehend automatisiert, sodass der normale Benutzer damit nicht konfrontiert wird. Die Arbeit des Netzwerkadministrators gestaltet sich in diesem Fall etwas komplizierter.

Aufgrund der rasanten Entwicklung und Akzeptanz des Internets sind die freien IP-Adressen knapp geworden. Deswegen entstand eine neue Protokollversion, die gleichzeitig viele andere Probleme löst.

Das Protokoll IP in der 6. Version **(IPv6)** besitzt folgende Neuerungen:

- erhebliche Vergrößerung des Adressraums (etwa $3 \cdot 10^{38}$ Adressen)
- automatische Generierung der IP-Adressen aus den MAC-Adressen
- verbesserte Netzwerksicherheit (Informationen werden verschlüsselt, VPN ist nicht mehr nötig.)
- Vereinfachung der Header

Die neuen Adressen bestehen aus 16 Byte in hexadezimaler Schreibweise, wobei die 2-Byte-Gruppen voneinander mit Doppelpunkt getrennt sind:

abcd:1234:a1b2:c3d4:0e05:0f06:3105:2007

Die Netzwerkmaske in dieser Version wird ähnlich wie bei der **CIDR-Klassifikation** als dezimale Zahl nach dem Slash ausgedrückt. Die Zahl kennzeichnet die Anzahl von Netzwerk-Bits in der Adresse:

abcd:1234:a1b2:c3d4:0e05:0f06:3105:2007 / 64

Diese Schreibweise bedeutet, dass der Rechner die IPv6-Adresse aus folgendem Netzwerk erhielt:

abcd:1234:a1b2:c3d4:0:0:0:0

Eine oder mehrere 2-Byte-Gruppen, die nur Nullen enthalten, dürfen durch einen doppelten Doppelpunkt ersetzt werden:

abcd::0e05:0f06:3105:2007

steht für

abcd:00:00:00:0e05:0f06:3105:2007.

Der doppelte Doppelpunkt darf in einer Adresse nur einmal vergeben werden, d. h., die folgende Schreibweise ist nicht zulässig:

abcd::7ec5::2007

Die Loopback-Adresse (127.0.0.1 bei IPv4) besitzt die Form " ::1".

Die erste 2-Byte-Gruppe in der IPv6-Adresse heißt Präfix. Das Präfix gibt die Art der Adresse an:

- Die Präfixe **fe80:** bis **feb0:** definieren die privaten Adressen, die von den Routern nicht weitergeleitet werden. Sie dienen der Autokonfiguration, ähnlich wie bei APIPA (siehe Kap. 2.2.8.4). Jeder Rechner ordnet sich selbst eine Adresse aus diesem Bereich zu. Als Grundlage dient seine eigene MAC-Adresse. Hat ein Computer beispielsweise die MAC-Adresse A1-B2-C3-D4-E5-F6, so erhält er bei der Autokonfiguration die Adresse **fe80::c0a1:00b2:c3ff:fed4:e5f6.**
- Die Präfixe **fec0:** bis **feff:** können ähnlich wie die IPv4-Adressen 192.168.x.x innerhalb einer Organisation geroutet werden.
- Die Präfixe **ff01:** bis **fffe:** stehen für sogenannte Multicast-Adressen.

Außerdem werden die Weiterleitungsbereiche für die Router durch Präfixe festgelegt.

Es ist möglich, in einer IPv6-Adresse die alten IPv4-Adressen zu benutzen: **2007::192.168.6.77.**

Im Prinzip funktioniert IPv6 ähnlich wie IPv4. Beide Protokolle können problemlos parallel verwendet werden, da sie im OSI-Schichtenmodell nicht aufeinander aufbauen, sondern nebeneinander arbeiten, ähnlich wie IPX/SPX und TCP/IP.

Zuerst wurde das Protokoll IPv6 von den Betriebssystemen Linux und BSD unterstützt. Windows XP Professional, Windows 7 und Windows Server 2003/2008 enthalten dieses neue Protokoll im Lieferumfang, wobei es manuell installiert werden muss. Windows 7 und Windows 2008 arbeiten standardmäßig mit diesem Protokoll. Die Unterstützung dieses Protokolls durch moderne Betriebssysteme verlangt allerdings auch die Unterstützung durch entsprechende Anwendungen, die gegenwärtig noch nicht in vollem Umfang sichergestellt ist.

Installation des Protokolls TCP/IP (Version 6)

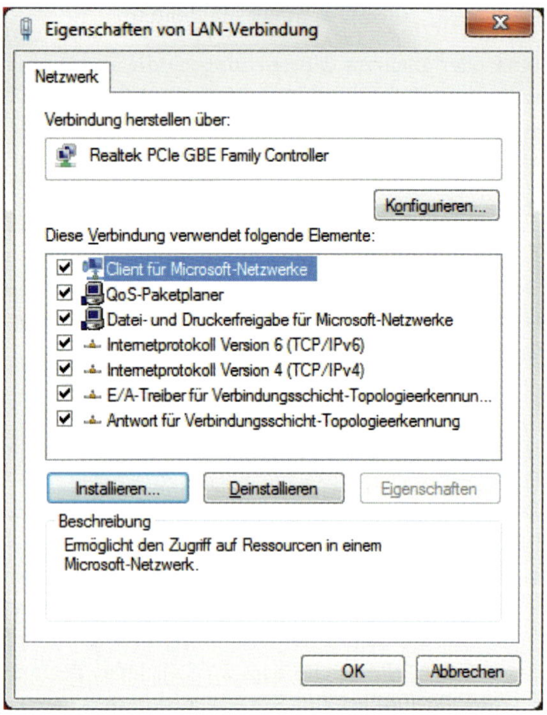

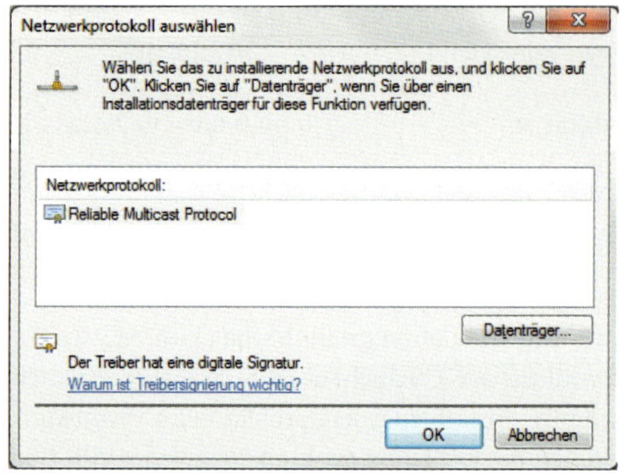

Der Übergang von IPv4 zu IPv6 hat begonnen und benötigt einen längeren Zeitraum. Die Hindernisse konzentrieren sich auf die Umstellung der Router im Internet und betreffen ebenso die Infrastruktur der Unternehmen.

IP arbeitet mit allen Protokollen der 2. Schicht des OSI-Schichtenmodells zusammen. Auf der 4. Schicht kommuniziert es nur mit den Protokollen TCP und UDP.

Auf der gleichen Schicht des OSI-Schichtenmodells existieren neben IP noch weitere Protokolle, die ebenfalls wichtig für den Datenverkehr sind, u. a. die Protokolle **ARP, RARP, ICMP, IGMP, RIP** und **OSPF** (siehe Kap. 2.2.3). Alle diese Protokolle sind entweder vom IP abgeleitet oder arbeiten eng mit diesem Protokoll zusammen. Sie bilden deswegen in gewisser Weise die IP-Familie innerhalb der TCP/IP-Familie.

Das Protokoll **ARP** (**A**ddress **R**esolution **P**rotocol) hat die Aufgabe, einer IP-Adresse die entsprechende MAC-Adresse zuzuordnen. Das ist notwendig, wenn ein Rechner die Daten zum Senden vorbereitet und die MAC-Adresse des Ziel-Rechners an die 2. Schicht übergeben muss. Dafür gibt es zwei Wege. So können zum einen die Zuordnungen von IP- und MAC-Adressen aus einer zuvor vorbereiteten Datei in den Hauptspeicher geladen werden. Diese Verfahrensweise lohnt sich in konstanten Umgebungen wie Büros und Lager- oder Unterrichtsräumen, wo sich der Rechnerbestand selten ändert. Es ist die Aufgabe des Administrators, diese Datei zu pflegen. Alternativ erfüllt eine Rundsendung den gleichen Zweck, wobei damit aber das Netzwerk belastet wird. Diese Verfahrensweise lohnt sich in mobilen Umgebungen, wo die Rechner ständig in das Netzwerk integriert oder daraus entfernt werden. Standardmäßig arbeitet ARP auf der Basis von Rundsendungen. ARP kommuniziert nur mit den Protokollen der 2. Schicht des OSI-Schichtenmodells.

Das Protokoll **RARP** (**R**everse **ARP**) erledigt die zu ARP umgekehrte Auflösung und findet zu einer MAC-Adresse die entsprechende IP-Adresse. Solche Auflösungen werden selten benutzt und sind für Rechner wichtig, die die eigene IP-Adresse nicht abspeichern können, weil sie keine eigene Festplatte besitzen (z. B. Thin Clients).

Das Protokoll **ICMP** (**I**nternet **C**ontrol **M**essage **P**rotocol) ist im Gegensatz zum Protokoll IP nicht für die Datenübertragung konzipiert, sondern dient der Fehlersuche im Netzwerk. Der Befehl **ping** schickt eine ICMP-Anfrage an einen Rechner, der bei Erreichbarkeit automatisch (ohne Benutzerhandlungen) mit einer ICMP-Nachricht antwortet.

Das Protokoll **IGMP** (**I**nternet **G**roup **M**anagement **P**rotocol) ist für das Multicasting vorgesehen. Mehrere Rechner dürfen hier die gleiche IP-Adresse aus der Klasse D besitzen. Sendet ein Rechner Daten an eine derartige IP-Adresse, so erhalten mehrere Rechner diese Daten gleichzeitig. Mit dem Protokoll IP müsste der Sender alle Verbindungen zu den Ziel-Rechnern einzeln aufbauen. Das IGMP wird bei Netzwerk-Konferenzen oder Internetsendungen verwendet und garantiert, dass mehrere Rechner die gleichen Informationen zur gleichen Zeit erhalten.

Die Protokolle **RIP** (**R**outing **I**nformation **P**rotocol) und **OSPF** (**O**pen **S**hortest **P**ath **F**irst) regeln die automatische Einrichtung des Routings auf den Routern. Über das Protokoll RIP tauschen die Router ihre Routing-Tabellen durch Rundsendungen aus und passen sie entsprechend an. Dies funktioniert weitgehend ohne Eingriff des Administrators. Im Gegensatz dazu muss der Administrator bei Anwendung des Protokolls OSPF die Prioritäten für die Übertragungswege manuell setzen. Dieses Protokoll erlaubt es allerdings, die Netzwerklast besser zu verteilen.

Das Protokoll IP garantiert nicht die Zustellung der Daten. Es ist nur für die Adressierung und für den Weg zuständig. Unterwegs können die Datagramme durchaus verloren gehen und IP wird sie nicht nachbestellen. Die Kontrollfunktionen übernimmt TCP. Auf der 4. Schicht des OSI-Schichtenmodells arbeiten nur die Protokolle **TCP** und **UDP.**

Das Protokoll **TCP** (**T**ransmission **C**ontrol **P**rotocol) ist verbindungsorientiert und erstellt eine virtuelle Sitzung zwischen zwei Rechnern. Will der Client eine Verbindung zum Server aufbauen, so schickt er dem Server ein **SYN**-Paket. Dieses Paket markiert den Anfang einer Übertragung. Der Server antwortet ihm mit einem **ACK**-Paket und signalisiert damit seine Bereitschaft. Darauf sendet der Client auch ein ACK-Paket als Empfangsbestätigung. Das ist die Prozedur des sogenannten **dreifachen Händedrucks.** Sie organisiert den Aufbau einer virtuellen Sitzung. Der Abbau erfolgt auf ähnliche Weise, nur wird statt dem SYN-Paket ein FIN-Paket gesendet. Während der Sitzung kontrolliert TCP den vollständigen Empfang aller Datagramme.

Im TCP-Header spielt die **Portnummer** eine wichtige Rolle. Es ist die Identifikationsnummer einer TCP/IP-Anwendung innerhalb des Betriebssystems. Die Portnummern der Server stehen fest und können nur vom Administrator geändert werden. Die variablen Portnummern der Clients werden dem jeweiligen Client vom Betriebssystem beim Start zugewiesen. Die Portnummern 1 bis 1024 sind die **well-known Ports** und (mit wenigen Ausnahmen) für die Server bestimmt. Die restlichen Nummern bis 65 535 stehen für die Clients zur Verfügung. Aufgrund der steigenden Zahl können auch Server die Portnummern aus diesem Bereich zugewiesen bekommen.

Unter dem Begriff **Socket** wird die Kombination **IP-Adresse:Portnummer** (beispielsweise 192.168.12.43:80) zusammengefasst. Auch die Module des Betriebssystems, die für die Verwaltung der Portnummern zuständig sind, erhalten diese Bezeichnung. Im TCP-Header stehen die Portnummern des Absenders und des Empfängers. Diese Angaben sichern die richtige Zustellung der Daten. Das TCP-Protokoll verwenden u. a. Webserver und Web-Clients, FTP-Anwendungen sowie E-Mail- und SMB-Datenübertragungen.

Das verbindungslose Protokoll **UDP** (**U**ser **D**atagram **P**rotocol) kontrolliert nicht, ob die Informationen fehlerfrei übertragen werden. Dadurch verläuft die Übertragung schneller als bei der Verwendung von TCP. UDP wird von Rundsendungen, DNS-Server und -Client sowie Sprachübertragungen (Voice over IP) genutzt.

Die Benutzer wählen normalerweise nicht das Protokoll für eine konkrete Datenübertragung aus. Sie starten eine Anwendung, die ihrerseits fest mit den entsprechenden Protokollen der 4. Schicht des OSI-Schichtenmodells verknüpft ist.

Dreifacher Händedruck

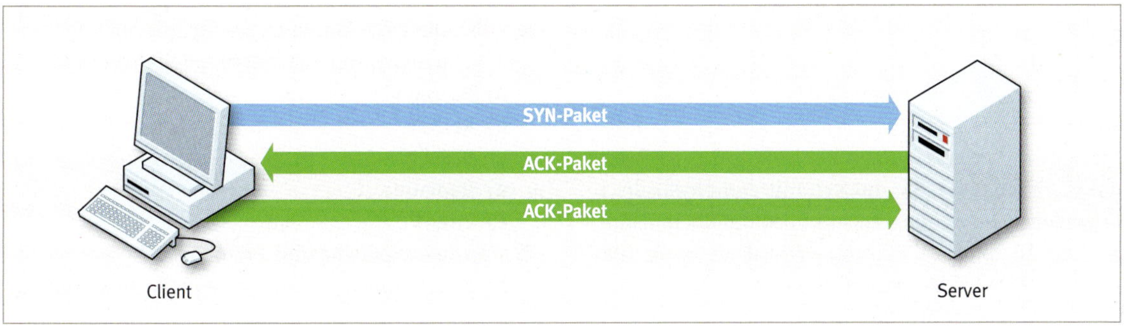

2.2.7.4 Kopplungsgerät Router

Router verbinden wie die anderen Kopplungsgeräte zwei oder mehrere Netzwerke miteinander. Router arbeiten auf der 3. Ebene des OSI-Schichtenmodells und beherrschen alle Funktionen der Schichten 1 bis 3.

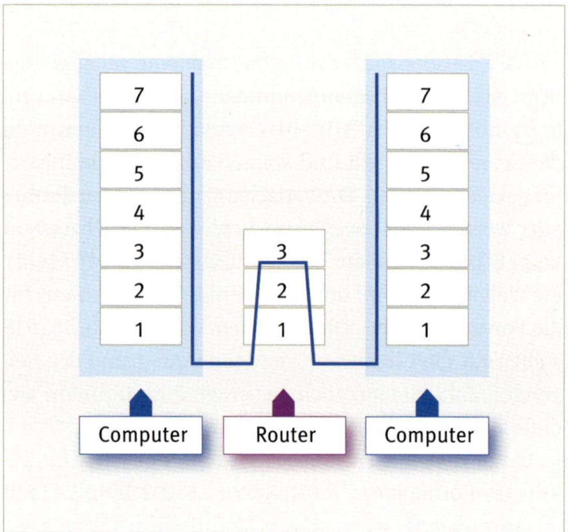

OSI-Schichtenmodell und Router

Der Router besitzt eine sogenannte Routing-Tabelle. Laut dieser Tabelle leitet er die Daten in die richtigen Netzwerke weiter. Oft werden Router als autonome Geräte eingesetzt, die in der Regel über die Möglichkeit der Fernverwaltung verfügen. Der Marktführer bei der Herstellung von Routern ist die Firma Cisco.

Bei Bedarf kann jeder Rechner mit zwei Netzwerkadaptern als Router eingerichtet werden. Die Routing-Funktionen werden von allen modernen Microsoft-Windows-Betriebssystemen sowie von allen Linux/UNIX-Derivaten unterstützt.

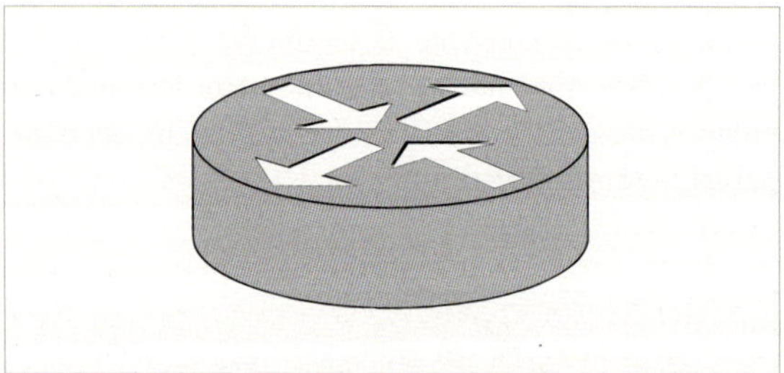

Schematische Darstellung eines Routers

Der Router verbindet logische Netzwerke (IP-Netzwerke) miteinander. Sie müssen mit den physikalisch vorhandenen Netzwerken nicht unbedingt übereinstimmen. Ein IP-Router leitet nur die IP-Pakete weiter, IPX- oder NetBEUI-Pakete gehen verloren. Das bedeutet, dass ein IP-Router im Gegensatz zu den vorherigen Kopplungsgeräten normalerweise keine Rundsendungen weiterleitet. Somit belasten Rundsendungen keine anderen Netzwerksegmente. Router, die beim Eintreffen von IP-, IPX- oder NetBEUI-Protokollen hingegen wie eine Bridge arbeiten und diese Pakete weiterleiten, werden **Brouter** genannt.

S

Nach Konsultationen mit Herrn Köhler entscheidet sich Stefan für die Protokollfamilie TCP/IP. Die Wahl fiel auf TCP/IP als Netzwerk- und Transportprotokoll, weil es weltweit verbreitet und auch bei ACI bereits installiert ist. Das IPX/SPX-Protokoll spielte hingegen in der Firma nie eine Rolle. Das Protokoll NetBEUI kann bei den neuesten Windows-Betriebssystemen von Microsoft nicht mehr installiert werden.

Aufgaben

1. Garantiert das Protokoll IP die Zustellung von Informationen?
2. Welches Protokoll überträgt keine Nutzdaten?
   a) IP
   b) ICMP
   c) IGMP
3. Welches Protokoll ist verbindungsorientiert?
   a) TCP
   b) UDP
4. Welche Netzwerkmasken besitzen den richtigen Aufbau?
   a) 255.244.0.0
   b) 255.255.192.0
   c) 255.255.192.255
   d) 192.192.192.192
5. Ermitteln Sie die Netzwerkadresse für folgende Rechner:
   a) IP-Adresse 131.18.144.178, Netzwerkmaske 255.255.192.0
   b) IP-Adresse 131.186.211.72, Netzwerkmaske 255.192.0.0
   c) IP-Adresse 117.43.77.95, Netzwerkmaske 255.255.192.0
   d) IP-Adresse 117.43.77.95 / 28
   e) IP-Adresse 117.43.77.95 / 18
6. Wie heißen die Kopplungsgeräte, die auf der 3. Schicht des OSI-Schichtenmodells arbeiten?
   a) Bridge
   b) Router
   c) Server
   d) Repeater
   e) Client
7. Welche Aufgabe hat das Protokoll ARP?
   a) Daten von einem zum anderen Rechner übertragen

b) Daten von einem zu mehreren Rechnern gleichzeitig übertragen
c) für eine IP-Adresse die entsprechende MAC-Adresse finden

8. Wie läuft der „dreifache Händedruck“ ab?
9. Der Rechner mit der IP-Adresse 131.18.144.178 und der Netzwerkmaske 255.255.192.0 kann den Rechner mit der IP-Adresse 131.18.230.89 nicht erreichen. Beide Rechner besitzen nur die Standardeinträge in den Routing-Tabellen sowie die gleiche Netzwerkmaske und sind am gleichen Switch angeschlossen. Wo liegt die Ursache für den erfolglosen Verbindungsaufbau?
10. Wozu sind die Protokolle RIP und OSPF nötig und auf welchen Rechnern werden sie installiert?
11. Welche Vorteile bringt das Protokoll IPv6 im Vergleich zu IPv4?
12. Was ist ein Brouter?
13. Erläutern Sie die Funktionalität der privaten Adressen (IPv4) und nennen Sie die Bereiche dieser Adressen.

AH

2.2.8 Protokolle und Dienste der höheren Schichten des OSI-Schichtenmodells

S Stefan Fischer weiß, welche Dienste und Anwendungen im neuen Netzwerk der Abteilung **Einkauf/Lager** zu installieren sind. Er will diesen Diensten jetzt die entsprechenden Protokolle zuordnen. Er weiß auch, dass diese Protokolle auf den Rechnern nicht manuell, sondern meistens automatisch zusammen mit den dazugehörigen Diensten installiert werden. Dennoch will er sich einen genauen Überblick darüber verschaffen, welche Protokolle zu welchen Diensten gehören. Bei Bedarf können die Protokolle durch eine Firewall gesperrt oder umgeleitet werden.

Die weiteren Themen beziehen sich auf die Kommunikationssteuerungs-, Darstellungs- und Anwendungsschicht des OSI-Schichtenmodells. Im Laufe der Zeit wurde eine große Zahl von Diensten und Anwendungen entwickelt. Nach dem OSI-Schichtenmodell müssen sie immer zu den unteren Schichten kompatibel sein, was aber selten zutrifft. Die meisten der Protokolle der oberen Schichten gehören zu einer der drei bekannten Protokollfamilien: TCP/IP, IPX/SPX oder NetBIOS/NetBEUI. Die Protokolle der oberen Schichten 5 bis 7 des OSI-Schichtenmodells werden auch als **höhere** Protokolle bezeichnet.

2.2.8.1 HTTP

Das Protokoll **HTTP** (**H**yper**t**ext **T**ransfer **P**rotocol) dient der Übertragung von beliebigen Daten (Text, Bilder, Ton, Video). Dieses Protokoll ist die Grundlage für das **WWW** (**W**orld **W**ide **W**eb). Es kommuniziert nur mit dem Protokoll TCP. Die Software, die dieses Protokoll unterstützt, ist in Server- und Client-Komponenten geteilt. Die Clients nennt man **Browser.** Die Daten werden normalerweise vom Server zum Client übertragen. Die umgekehrte Richtung ist im Protokoll auch vorgesehen, aber bei den meisten Webservern sind die entsprechenden Protokollfunktionen aus Sicherheitsgründen gesperrt. Damit besteht keine Möglichkeit, Dateien mit den Protokollfunktionen zu löschen oder zu ersetzen.

Laut Protokoll verläuft eine typische Verbindung in folgenden Schritten ab:

- Der Client sendet im Klartext eine GET-Anforderung an den Server. Sie enthält den Namen der vom Client angeforderten Datei mit weiteren Parametern. Die Anforderung wird mit einer Leerzeile abgeschlossen.
- Der Server antwortet mit einer Sendung, die aus einem Header des Servers, einer Leerzeile und dem Inhalt der angeforderten Datei besteht. Ist es eine Textdatei im HTML-Format (Webseite), so stellt sie der Client (Browser) auf dem Bildschirm dar. Sonst erscheint auf dem Bildschirm die Aufforderung, die Datei zu speichern oder mit einer Anwendung zu öffnen.

Enthält die angeforderte Webseite ein HTML-Formular, so kann der Client die angeforderten Parameter wie Name, Vorname oder Anschrift an den Server schicken. Der Server ruft die Skripte (Programme) auf, die diese Parameter bearbeiten und eine Antwort an den Client vorbereiten. Die Webseiten können auch Applets (kleine Programme in Java, JavaScript oder Visual Basic Script) enthalten, die sowohl die Funktionalität und Flexibilität der Webseite, aber auch das Sicherheitsrisiko für den Client erhöhen.

Der Webserver erwartet die HTTP-Anfragen standardmäßig auf dem Port **80.** Für die verschlüsselte Übertragung ist das Protokoll HTTPS zuständig. Die HTTPS-Anfragen nutzen den Port **443** des Webservers. Der Administrator kann diese Nummern bei den meis-ten Webservern verändern.

Aus Sicherheits- und Leistungsgründen ist es empfehlenswert, den Web-Clients einen direkten Zugriff auf die Webserver im Internet zu verweigern. Damit diese Clients trotzdem die Webseiten aus dem Internet anfordern können, wird ein **Proxyserver** eingerichtet.

Er befindet sich normalerweise zusammen mit den Clients im Unternehmen und ist unmittelbar mit dem Internet verbunden. Die Clients richten ihre Anfragen an diesen Proxyserver und beauftragen ihn, die für sie notwendigen Webseiten anzufordern.

Der Proxyserver verschickt die Anfragen unter eigener Identität. Deswegen werden die Clients im Internet nicht erkannt. Gefährdet durch Angriffe aus dem Internet ist in diesem Fall nur der Proxyserver. Die Antworten, die der Proxyserver vom Webserver bekommt, leitet er dann an die Clients weiter. Zwischenzeitlich speichert er diese Antworten (Webseiten) in seinem Zwischenspeicher, damit sie bei gleichen Anfragen von anderen Clients nicht noch einmal im Internet angefordert werden müssen. Somit verbessert der Proxyserver die Leistung für die Clients.

Im Gegensatz zu einem Webserver stellt der Proxyserver keine eigenen Webseiten zur Verfügung. Proxyserver beherrschen neben dem Protokoll HTTP viele andere Protokolle und können dafür entsprechend konfiguriert werden. Der HTTP-Proxyserver nutzt standardmäßig die Ports **3128** oder **8080.**

2.2.8.2 FTP

Das Protokoll **FTP** (**F**ile **T**ransfer **P**rotocol) entstand als Anwendung für die Datenübertragung vom Server zum Client und umgekehrt. Beide Richtungen werden intensiv für den Datentransfer genutzt. Die Daten können dabei zu einem beliebigen Typ gehören. Dieses Protokoll kommuniziert nur mit dem Protokoll TCP.

Die Programme für den Datenaustausch über FTP erfüllen die Anforderungen der Client-Server-Architektur. Server und Client verwenden zwei Verbindungen. Zuerst stellt der Client eine Verbindung zum Port **21** des Servers her, um die entsprechenden FTP-Befehle zu übergeben und Antworten anzufordern. Danach verbindet sich der Server über den eigenen Port **20** mit dem Client (aktiver Modus) oder der Client erstellt eine Verbindung zu einem Port des Servers (passiver Modus). Über diese Verbindung erfolgt die eigentliche Datenübertragung.

Die FTP-Befehle, die der Client an den Server schickt,

- authentifizieren den Benutzer (Befehl **user**),
- kopieren eine Datei vom Client zum Server (Befehl **put**) bzw. vom Server zum Client (Befehl **get**),
- löschen eine Datei auf dem Server (Befehl **delete**) oder
- stellen den Übertragungsmodus ein (Befehle **asc** und **bin**).

Der Server antwortet mit Statusmeldungen über die erfolgreiche Ausführung der Client-Befehle. Fast jedes Betriebssystem verfügt über einen kommandoorientierten FTP-Client. Aktuelle Browser besitzen meist einen grafischen FTP-Client.

Viele FTP-Server akzeptieren einen Gast-Zugriff. Dafür muss sich der Benutzer mit dem Namen **anonymous** und einem beliebigen (oder keinem) Passwort anmelden. Die Befehle, Antworten und Daten werden standardmäßig unverschlüsselt übertragen. Für die Sicherheit verwendet man Protokolle, die zwischen FTP und TCP liegen, wie **TLS** (**T**ransport **L**ayer **S**ecurity) oder **SSL** (**S**ecure **S**ockets **L**ayer).

2.2.8.3 SMTP, POP3, IMAP4

Das Protokoll **SMTP** (**S**imple **M**ail **T**ransfer **P**rotocol) wurde entwickelt, um elektronische Nachrichten von einem Client zum Server oder von einem Server zu einem anderen Server weiterzuleiten. Für den Nachrichtentransport vom Server zum Client gibt es die Protokolle **POP3** (**P**ost **O**ffice **P**rotocol Version 3) und **IMAP4** (**I**nternet **M**essage **A**ccess **P**rotocol Version 4). Beide kommunizieren mit dem Protokoll TCP.

Versendet ein Benutzer eine elektronische Nachricht, so verwendet sein E-Mail-Programm (Client) das Protokoll SMTP, um diese Nachricht an den Server zu übertragen. Der Server nutzt bei dieser Übertragung ebenfalls SMTP. Damit kann er die Nachricht bei Bedarf auch an die nächsten Server weiterleiten. Die IP-Adresse des Empfängers erfährt der SMTP-Server durch eine Anfrage beim zuständigen DNS-Server. Die Einrichtung der DNS-Server spielt beim E-Mail-Versand eine wichtige Rolle. Die Nachricht wird letztlich auf dem Ziel-Server in dem Verzeichnis abgelegt, das dem Empfänger gehört, seinem sogenannten Postfach. Der Empfänger kann die Nachricht von dort zu jeder Zeit mit seinem E-Mail-Programm abrufen. Das E-Mail-Programm des Empfängers und der Server verwenden dazu als Protokoll entweder POP3 oder IMAP4. Das Protokoll IMAP4 stellt im Gegensatz zu POP3 zusätzliche Funktionen zur Verfügung. Die Nachrichten können gelesen werden, ohne dass sie auf den Client-Rechner übertragen werden müssen. Wenn sich mehrere Benutzer das Postfach teilen, ist mit IMAP4 die Vergabe von Rechten für den Zugriff möglich.

Der SMTP-Server erwartet die Anfragen der Clients auf dem Port **25.** Der POP3-Server nutzt den **Port 110,** der IMAP-Server den **Port 143** für die Übertragung. Die Verschlüsselung kann durch TLS, SSL und andere Mechanismen gewährleistet werden. Der IMAP-Server verwendet Port **993** für die verschlüsselte Übertragung von Daten.

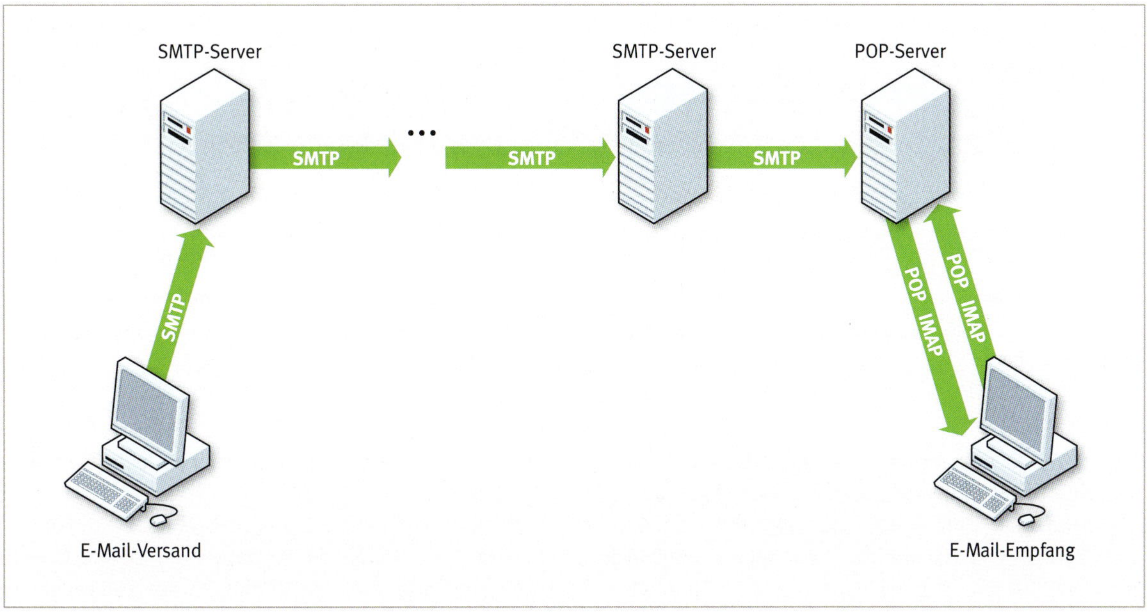

E-Mail-Versand und -Empfang

2.2.8.4 DHCP

Ein Rechner muss für die Arbeit mit dem Protokoll TCP/IP mindestens eine IP-Adresse besitzen. Die Zuweisung der Adresse ist auf folgenden Wegen möglich:

Feste Zuweisung. Die IP-Adresse und andere Parameter, wie Netzwerkmaske und Router-Adresse, werden manuell durch den Netzwerkadministrator zugewiesen. Nach einem Neustart des Rechners bleibt diese Adresse erhalten. Das Verfahren lohnt sich bei einer geringen Anzahl von Rechnern mit relativ konstanter Konfiguration oder wenn der Rechner im Netzwerk als Server fungiert.

Dynamische Zuweisung. Der Rechner erhält über seinen DHCP-Client vom DHCP-Server seine IP-Adresse zusammen mit anderen Parametern zugewiesen. Bei jedem Neustart erfragt der Rechner erneut die IP-Adresse vom Server. Dadurch verzögert sich der Neustart geringfügig gegenüber der festen Zuweisung einer IP-Adresse. Dieses Verfahren empfiehlt sich in Netzen mit vielen Arbeitsstationen oder in einem mobilen und dynamischen Umfeld, wo die Mitarbeiter beispielsweise in verschiedenen Niederlassungen tätig sind.

APIPA (**A**utomatische **P**rivate **IP-A**dressierung). Es handelt sich um eine Erweiterung der dynamischen Zuweisung. Der Rechner muss für die dynamische Zuweisung von IP-Adressen eingerichtet sein. Wenn der entsprechende DHCP-Server nicht erreichbar ist, dann versucht der Rechner, sich selbst eine IP-Adresse zuzuweisen. Er wählt die IP-Adresse aus einem bestimmten Bereich nach dem Zufallsprinzip aus und prüft, ob sie schon einem anderen Rechner im Netzwerk gehört. Wenn dies der Fall ist, wählt er eine andere IP-Adresse aus und prüft diese erneut. Es lohnt sich, den APIPA-Mechanismus immer zu verwenden, denn er garantiert die Zuweisung einer IP-Adresse auch dann, wenn alle Server ausgefallen sind. In dieser Situation kann der Rechner mindestens die Ressourcen im lokalen Netzwerk erreichen. Der APIPA-Bereich besteht aus den IP-Adressen 169.254.0.0 bis 169.254.255.255 mit der Netzwerkmaske 255.255.0.0.

Das Protokoll **DHCP** (**D**ynamic **H**ost **C**onfiguration **Pro**tocol) wurde entwickelt, um die dynamische Adresszuweisung zu unterstützen. Es kommuniziert nur mit dem Protokoll **UDP.**

Der im Netzwerk befindliche DHCP-Server stellt prinzipiell folgende Parameter zur Verfügung:

- **IP-Adresse** und **Netzwerkmaske** für den Client-Rechner und optional die
- IP-Adressen vom Standard-Gateway, dem DNS- und WINS-Server sowie die
- Rechnernamen und Knotentypen (siehe 2.2.8.5).

Alle Parameter sind in einer Datenbank zusammengefasst.

Der Client kontaktiert den DHCP-Server über eine Rundsendung mit einer Anfrage (DHCPDISCOVER-Nachricht). Der Server antwortet mit einem Vorschlag,

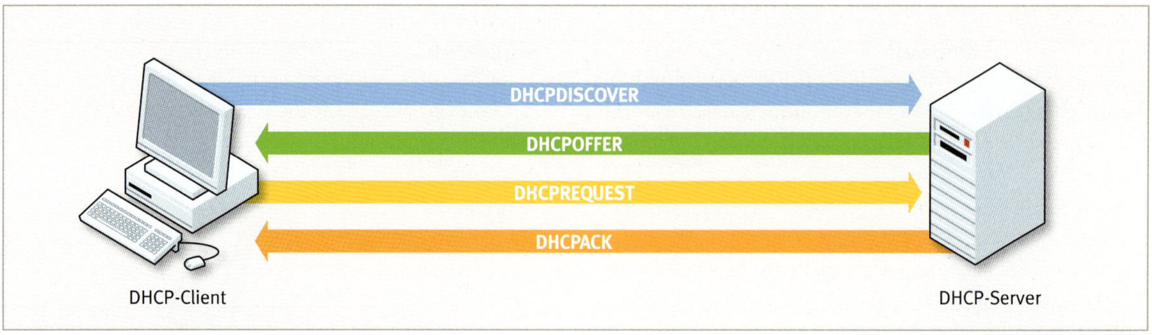

DHCP-Nachrichten

der mehrere IP-Adressen beinhaltet (DHCPOFFER-Nachricht). Der Client wählt davon eine Adresse aus und sendet an den Server die getroffene Auswahl (DHCPREQUEST-Nachricht). Der Server antwortet mit einer Bestätigung inklusive weiterer Parameter, wenn die IP-Adresse noch nicht vergeben ist (DHCPACK-Nachricht). Bis zu diesem Zeitpunkt findet die ganze Kommunikation als Rundsendung statt. Der Client merkt sich die IP-Adresse des Servers für den weiteren Datenaustausch als ganz normaler UDP/IP-Verkehr ohne Rundsendungen.

Eine weitere Kommunikation ist auf jeden Fall notwendig, da der Client die Konfigurationsparameter nicht für immer, sondern nur für eine bestimmte Zeit bekommt, genannt **Lease** (Ausleihe). Die Lease kann auf dem Server mit einem Zeitraum von einigen Minuten bis zu mehreren Tagen eingestellt werden. Nach Ablauf der Hälfte der zugewiesenen Dauer wendet sich der Client an den Server mit einer Anfrage, die Lease zu verlängern. Erhält er eine Bestätigung vom Server, kann er IP-Adresse, Netzwerkmaske, Standardgateway und andere Parameter für einen weiteren festgelegten Zeitraum nutzen. Kommt keine Bestätigung, so gibt der Client seine IP-Adresse auf und startet die Kommunikation zum DHCP-Server erneut mit einer Rundsendung. Die Gründe für eine fehlende Bestätigung können unterschiedlich sein: Der DHCP-Server war nicht erreichbar oder der Administrator hat eine Sperre eingerichtet.

Der DHCP-Server kann IP-Adressen reservieren. In diesem Fall ordnet der Administrator die IP-Adresse einer bestimmten MAC-Adresse zu. Der Server bietet die reservierte IP-Adresse nur dem Rechner an, der die entsprechende MAC-Adresse tatsächlich besitzt.

Existieren mehrere DHCP-Server, so tauschen sie ihre Daten nicht untereinander aus. Deshalb kennt ein DHCP-Server nicht die IP-Adressen, die ein anderer DHCP-Server zur Verfügung stellt oder schon vergeben hat. Der Administrator muss verhindern, dass sich die IP-Bereiche auf unterschiedlichen DHCP-Servern überschneiden.

Besteht das Netzwerk aus mehreren IP-Subnetzen, so leiten die Router die Anfragen der DHCP-Clients normalerweise nicht in andere Subnetze weiter, da Router im Prinzip keine Rundsendungen weiterleiten. In diesen Fällen kann man in den Subnetzen sogenannte **DHCP-Relay-Agents** installieren. Der DHCP-Relay-Agent besitzt eine fest zugewiesene IP-Adresse und kennt die IP-Adresse des DHCP-Servers. Aus diesem Grund leitet er die Anfragen über den Router an den DHCP-Server weiter und schickt die Antwort vom Server an den Client zurück. Somit empfiehlt sich in einem Netzwerk mit einer komplizierten Topologie die Installation eines DHCP-Servers mit mehreren DHCP-Relay-Agents. Dadurch reduziert der Administrator seinen Aufwand, da er nur einen DHCP-Server zu pflegen hat.

Ein DHCP-Server eignet sich ebenso gut für Rechner (Clients) ohne eigene Festplatte. Diese Rechner besitzen normalerweise bootfähige Netzwerkkarten. Beim Start erhalten sie vom DHCP-Server eine gültige IP-Adresse für den eigenen Gebrauch und als Parameter die IP-Adresse des Servers, auf dem sich das Betriebssys-tem befindet. So können sie in den folgenden Schritten das Betriebssystem herunterladen und starten.

Der DHCP-Server erwartet die Anfragen auf dem UDP-Port **67.** Der DHCP-Client verwendet den UDP-Port **68.**

Das Protokoll DHCP für IPv6 befindet sich noch im Entwicklungsstadium. Viele DHCP-Funktionen übernimmt das Protokoll IPv6 selbst. IPv6 kann aus den MAC-Adressen eindeutige IP-Adressen generieren, die durch Rundsendungen die IP-Adressen der Router ermitteln. Für den DHCP-Server unter IPv6 ist der UDP-Port **547** vorgesehen und für den Client steht der UDP-Port **546** zur Verfügung.

2.2.8.5 Namensauflösung, DNS, WINS, NetBIOS

Rechner und Dienste werden im Netzwerk durch Namen gekennzeichnet, die sich einfach besser merken lassen als die Nummern. Das IP-Protokoll arbeitet dagegen ausschließlich mit IP-Adressen. Deshalb besteht das Erfordernis, diese Namen in IP-Adressen zu übersetzen. Die Ermittlung einer IP-Adresse, die einem bestimmten Namen entspricht, heißt **Namensauflösung.**

Es gibt hauptsächlich zwei Namensarten für die Ressourcen im Netzwerk:

FQDN (**F**ully **Q**ualified **D**omain **N**ame). Das sind die sogenannten Internet-Namen. Dieses Konzept fasst alle Rechner in Gruppen (Domänen) zusammen. Innerhalb einer Gruppe können weitere Untergruppen erstellt werden. Die Vertiefung der Struktur ist nur bis zur dritten oder vierten Ebene empfehlenswert. Danach erhalten Domänen, Subdomänen und Rechner entsprechende Namen. Die einzelnen Domänen- und Rechnernamen können bis zu 63 Zeichen umfassen. Ein vollständiger Domänenname darf maximal 255 Zeichen lang sein. Der vollständige Name eines Rechners und seiner Ressourcen gliedert sich nach folgendem Schema:

```
Rechner.Subdomäne.Domäne/Verzeichnis/¬
Unterverzeichnis/Datei
```

UNC (**U**niversal/**U**niform **N**aming **C**onvention). Darunter sind die NetBIOS- oder Windows-Namen zu verstehen. Nach diesem Konzept gibt es keine Domänen. Die Rechner im Netzwerk unterscheiden sich ausschließlich durch ihre Namen. Die UNC-Namen bestehen aus 16 Zeichen. Die ersten 15 Zeichen können vom Benutzer alphanumerisch frei definiert werden. Das 16. Zeichen besitzt einen hexadezimalen Wert zwischen 00 und FF. Dieser Wert kennzeichnet einen Dienst auf dem entsprechenden Rechner. Der vollständige Name eines Rechners und seiner Ressourcen setzt sich wie folgt zusammen:

```
\\Rechner\Freigabe\Verzeichnis\¬
Unterverzeichnis\Datei
```

Es gibt im Prinzip die folgenden Methoden, um die IP-Adressen aus den Rechnernamen zu ermitteln:

- **Name-Cache.** In diesem Bereich im Hauptspeicher werden die zuvor aufgelösten Zuordnungen temporär gespeichert. Das ist die schnellste Methode, wenn die Zuordnungen im Cache abrufbar sind, wo sie allerdings nur fünf bis zehn Minuten verbleiben.
- **Rundsendung.** Die NetBIOS-Namensauflösung mittels Rundsendung verwendet das Protokoll UDP auf den Ports **137** und **138.** Rundsendungen sind auf ein Subnetz begrenzt, da sie vom Router nicht weitergeleitet werden. Diese Methode benötigt allerdings eine hohe Bandbreite und CPU-Zeit, die von jedem Betriebssystem für die Bearbeitung der Anfrage verbraucht wird.
- Datei **„hosts“.** Diese Datei existiert auf jedem Rechner mit installiertem Protokoll TCP/IP. Der Administrator trägt hier die häufigsten Auflösungen für die Internet-Namen ein. Somit können Rundsendungen vermieden werden. Dieser Weg eignet sich für die kleinen Netzwerke. Je größer das Netzwerk ist, desto größer ist der Aufwand für die Pflege dieser Datei.
- **DNS** (**D**omain **N**ame **S**ervice/**S**ystem). Der DNS-Server enthält eine Datenbank mit FQDN-Auflösungen. Bei den älteren Versionen des DNS-Servers musste der Administrator die Datenbank manuell ergänzen. Die neuen dynamischen DNS-Server **(DDNS)** erhalten die Auflösungen automatisch, da die Clients ihre eigenen Daten beim Hochfahren an den Server schicken. Ein DNS-Server vollzieht normalerweise auch die umgekehrte (reverse) Auflösung, d.h., er findet zu einer IP-Adresse den entsprechenden Internet-Namen. Die bekanntesten Server sind **BIND** (**B**erkeley **I**nternet **N**ame **D**omain) und DNS von Microsoft Windows. DNS spielt eine wichtige Rolle für die Betriebssysteme Linux/UNIX und Microsoft Windows XP/7/2003/2008.
- Datei **„lmhosts“** (**L**AN **M**anager **hosts**). Jedes Microsoft-Windows-Betriebssystem enthält diese Datei. Die Funktionalität dieser Datei ähnelt der Datei **„hosts“**, wird aber für UNC-Auflösungen verwendet. Die Datei eignet sich ausschließlich für kleine Netzwerke.
- **NetBIOS-Nameserver.** Dieser Server verfügt über eine Datenbank mit UNC-Namen und den dazu entsprechenden IP-Adressen. Diese Methode arbeitet etwas langsamer, ist aber vollständig automatisiert. Die Clients registrieren sich während des Hochfahrens und dürfen danach die Datenbank abfragen. Der bekannteste Server ist **WINS** (**W**indows **I**nternet **N**ame **S**ervice). Er wird häufig für die Betriebssysteme Microsoft Windows 9x/NT verwendet. Der Samba-Server von Linux kann WINS emulieren.

Für die Leistung eines Windows-Rechners ist die Reihenfolge der verschiedenen Methoden für die Namensauflösung entscheidend. Die eigentliche Reihenfolge der Namensauflösung wird bei jedem Windows-Client durch den Knotentyp festgelegt. Die folgende Tabelle zeigt die Reihenfolge der Namensauflösung für die verschiedenen Knotentypen.

W

B-Knoten (Broadcast)	P-Knoten (Peer)	M-Knoten (Mixed)	H-Knoten (Hybrid)
1. Name-Cache	1. Name-Cache	1. Name-Cache	1. Name-Cache
2. Rundsendung	2. WINS	2. Rundsendung	2. WINS
3. Datei lmhosts	3. Datei hosts	3. Datei lmhosts	3. Rundsendung
4. Datei hosts	4. DNS	4. WINS	4. Datei lmhosts
5. DNS		5. Datei hosts	5. Datei hosts
		6. DNS	6. DNS

Der aktuell eingestellte Knotentyp lässt sich unter dem Betriebssystem Windows mit dem Befehl

```
ipconfig/all
```

feststellen. Um ihn zu ändern, müssen entsprechende Änderungen in der Registry vorgenommen werden. Mit dem Befehl

```
nbtstat -r
```

erscheint der Inhalt des Cache, mit dem Befehl

```
nbtstat -R
```

wird der Cache aufgeräumt und neu geladen.

Linux-Rechner suchen nach der Auflösung zuerst im Cache, dann in der Datei **hosts** und zuletzt fragen sie den DNS-Server ab. Auch DHCP-Server können den zu verwendenden DNS- oder WINS-Server und den gewünschten Knotentyp an die Clients übermitteln.

Für Internet- und Intranetanwendungen besitzen die DNS-Server eine besondere Bedeutung. Die E-Mail-Zustellung, Windows-2003/2008-Domänen oder die IP-Telefonie funktionieren nicht ohne DNS.

Es gibt die **autoritativen** und **nichtautoritativen** DNS-Server. Ein autoritativer DNS-Server beinhaltet die Datenbank mit den Namensauflösungen für eine Domäne. Jede Domäne hat mindestens einen autoritativen DNS-Server, den sogenannten primären DNS-Server. Die anderen autoritativen DNS-Server sind die sekundären DNS-Server. Die Datenbank darf nur auf dem primären DNS-Server geändert werden. Die sekundären DNS-Server kopieren die Datenbank vom primären DNS-Server. Ein nichtautoritativer DNS-Server hinterlegt im Hauptspeicher (Cache) den einmal aufgelösten Namen, der so bei wiederholter Abfrage nicht noch einmal beim autoritativen Server angefordert werden muss.

Die Datenbank des DNS-Servers besteht aus mehreren Einträgen, den Datensätzen. Es gibt unterschiedliche Typen von Datensätzen. Zu den wichtigsten Datensätzen gehören:

- A-Eintrag – dient der Auflösung eines Namens in die IP-Adresse.
- PTR-Eintrag – dient der umgekehrten Auflösung einer IP-Adresse in den Namen.
- SOA-Eintrag – beinhaltet die Verwaltungsinformationen für die Domäne, wie die E-Mail-Adresse des Administrators und die Versionsnummer der Daten.
- NS-Eintrag – beinhaltet die IP-Adresse eines autoritativen Servers.
- MX-Eintrag – verweist auf den Namen des Rechners, der in der Domäne für die E-Mail-Zustellung zuständig ist.
- SRV-Eintrag – beschreibt die wichtigen Server in der Domäne. Der Eintrag hat eine besondere Bedeutung in einer Domäne unter Windows Server 2003/2008.

Jeder Eintrag in der Datenbank besitzt ein **TTL**-Feld (**T**ime **To** **L**ive). Dieses Feld legt fest, wie lange ein Client oder ein nichtautoritativer Server diese Auflösung benutzen darf. Nach Ablauf der im TTL vereinbarten Zeit wird der Datensatz aus dem Cache gelöscht. Erfolgt danach erneut eine Anfrage nach diesem Namen, muss der autoritative DNS-Server wieder abgefragt werden.

Der **Caching-Only-Server** ist für keine Domäne zuständig. Er leitet die Anfragen der Clients an die anderen DNS-Server weiter, gibt die Antworten an die Clients zurück und speichert die Auflösungen in seinem Zwischenspeicher. Die sekundären DNS-Server und Caching-Only-Server ermöglichen es, eine effektive Lastverteilung im Netzwerk zu organisieren sowie eine hohe Ausfallsicherheit zu gewährleisten.

Der **DNS-Client** heißt auch Resolver. Ein Resolver arbeitet entweder rekursiv oder iterativ. Die rekursiven Abfragen des Clients bearbeitet der DNS-Server selbst. Falls es notwendig ist, leitet er die Anfrage an einen anderen Server weiter und wartet auf seine Antwort. Der Client bekommt in diesem Fall entweder eine Auflösung oder die Nachricht, dass keine Auflösung gefunden wurde. Bei solchen Anfragen ist der Resolver entlastet und der Server belastet. Erhält ein DNS-Server dagegen eine iterative Abfrage vom Resolver und kann sie selbst nicht auflösen, so antwortet er mit der IP-Adresse des zuständigen DNS-Servers. Der Client wendet sich dann selbst an diese Adresse.

Der DNS-Server erwartet die Auflösungsanfragen auf dem **UDP-Port 53.** Die Antwort sendet er auf den gleichen Port an den Client, falls die Antwort kleiner als 512 Byte ist. Ansonsten verwendet er den **TCP-**

Port 53. Die Datenbankübertragung vom primären zum sekundären DNS-Server erfolgt auch über den TCP-Port **53.** Der Datenaustausch zwischen den Servern und Clients kann durch unterschiedliche Sicherheitsmechanismen ergänzt werden. Der WINS-Server nutzt den UDP- und TCP-Port **1512.**

2.2.8.6 SMB, CIFS

Das Protokoll **SMB** (**S**erver **M**essage **B**lock) und seine Weiterentwicklung **CIFS** (**C**ommon **I**nternet **F**ile **S**ystem) ermöglichen die Datenübertragung vom Client zum Server und umgekehrt. Die Daten können auf dem Datenträger gespeichert oder an den Drucker übergeben werden. Das bedeutet, dass die Protokolle SMB und CIFS ähnlich wie das Protokoll FTP einen Datei- und Druckserver bedienen können.

Die Windows-Freigaben arbeiten mit diesem Protokoll. Der SMB-Client ist normalerweise in die Programme mit grafischer Oberfläche wie dem Explorer fest integriert. Die Verbindung zum Server wird per Mausklick oder in der Eingabeaufforderung hergestellt. In der grafischen Oberfläche und in der Eingabeaufforderung existieren flexible Möglichkeiten, die Ressourcen anzusprechen. Der Client kann den Netzwerkpfad für die Anforderung der Ressourcen verwenden oder diese Ressourcen als Netzlaufwerk einbinden. Die Übertragung und Verarbeitung der Dateien und Verzeichnisse geschieht durch das übliche Drag-and-drop-Verfahren oder ähnliche Mechanismen bzw. mit den Befehlen **copy, move, delete** oder **rename** (abhängig vom Betriebssystem).

Der SMB-Server besitzt in der Regel zuverlässige Sicherheitsmechanismen, um den Zugriff des Clients zu kontrollieren. Dazu gehören das Anmeldeverfahren und die Zugriffssteuerungslisten für die Ressourcen. Moderne Betriebssysteme ermöglichen eine detaillierte Protokollierung des Dateizugriffs. Die Anmeldedaten werden verschlüsselt und die Dateien unverschlüsselt übertragen. Falls notwendig, verschlüsseln die Protokolle der unteren Schichten des OSI-Schichtenmodells die zu übertragenden Daten.

Die Protokolle SMB und CIFS erfahren eine starke Verbreitung unter den Windows-Betriebssystemen. Seit einigen Jahren sind sie auch Bestandteil von Linux.

Der SMB-Server und die verwandten Module nutzen aufgrund der engen Verbindung mit der NetBIOS-Namensauflösung die TCP- und UDP-Ports **137** bis **139.**

2.2.8.7 SAP

Das Protokoll **SAP** (**S**ervice **A**dvertising **P**rotocol) wird in den NetWare-Netzwerken eingesetzt. Ein NetWare-Server verschickt regelmäßig (jede Minute) mit diesem Protokoll Informationen über die Dienste (Services), die er für die Clients zur Verfügung stellt. Zu diesen Diensten gehören die Datei- und Druckserver, die Anmeldeserver, die Remote-Konsolenserver sowie die Übergänge (Gateways) in andere Netzwerke, wie zu den TCP/IP- oder IBM-Netzen. Das SAP enthält den Namen des Servers, seine Netzwerk- und Rechnernummer sowie den Typ des Dienstes, der zur Verfügung steht.

SAP ist ein wichtiges Protokoll. Es erlaubt den Clients, selbst zu ermitteln, welche Dienste im Netzwerk vorhanden sind. Für den normalen Benutzer ergibt sich daraus, dass er aus einer automatisch erstellten Auflistung die von ihm benötigten Dienste auswählen kann.

Auf der 4. Schicht des OSI-Schichtenmodells hat SAP früher standardmäßig mit dem Protokoll SPX zusammengearbeitet. Die Firma Novell hat in ihrem Betriebssystem NetWare zusätzlich zur Protokollfamilie IPX/SPX auch das Protokoll TCP/IP eingeführt und zum internen Standard erhoben. In diesem Fall arbeitet SAP mit dem Protokoll UDP auf der 4. Schicht des OSI-Schichtenmodells zusammen.

2.2.8.8 NCP

Das Protokoll **NCP** (**N**etWare **C**ore **P**rotocol) ist für den Betrieb der Datei- und Druckserver in den NetWare-Netzwerken zuständig. Mit diesem Protokoll fordert der Client die Daten vom Server an oder verschickt sie an den Server. Damit erfüllt dieses Protokoll ähnliche Aufgaben wie die Protokolle FTP und SMB. Alle drei Protokolle sind aber zueinander nicht kompatibel. Auf der 4. Schicht des OSI-Schichtenmodells arbeitet NCP mit den Protokollen SPX oder TCP zusammen.

Die folgende Übersicht fasst alle Protokolle und Dienste der Schichten des OSI-Schichtenmodells mit ihren wichtigsten Funktionen und Merkmalen zusammen:

W

Name	Bezeichnung	OSI- Schicht	Funktionen und Merkmale
IPv4	Internet Protocol Version 4	3	nicht garantierte Datenübertragung zwischen zwei Geräten; verantwortlich für die Leitwegsuche zwischen den Subnetzen (Routing); De-facto-Standard, benutzt 32-Bit-Adressen
IPv6	Internet Protocol Version 6	3	nicht garantierte Datenübertragung zwischen zwei Geräten; verantwortlich für die Leitwegsuche zwischen den Subnetzen (Routing); zukünftiger IP-Standard, benutzt 128-Bit-Adressen
ICMP	Internet Control Message Protocol	3	Steuerungsinformationen für IP; Test der Netzwerkeinrichtungen und Verbindungen
IGMP	Internet Group Management Protocol	3	Datenübertragung an mehrere Geräte gleichzeitig (Multicasting)
ARP	Address Resolution Protocol	3	Auflösung der IP-Adressen in MAC-Adressen
RIP	Routing Information Protocol	3	automatischer Austausch der Informationen der Routing-Tabellen zwischen den Routern; basiert auf statischen Regeln; geeignet für kleinere Netzwerke
OSPF	Open Shortest Path First	3	automatischer Austausch der Informationen der Routing-Tabellen zwischen den Routern; basiert auf Statusinformationen für die Leitwege; besser geeignet für komplexere und größere Netzwerke
TCP	Transmission Control Protocol	4	garantierte verbindungsorientierte Zustellung der Datenpakete; verantwortlich für die Paketbildung und den Wiederaufbau der Daten; angekommene Pakete werden in die richtige Reihenfolge sortiert (sequenziert), die fehlenden Pakete werden nachgeliefert; besonders geeignet für unsichere Verbindungen wie im WAN
UDP	User Datagram Protocol	4	nicht garantierte verbindungslose Zustellung der Datenpakete (Datagramme); keine Nachlieferung, keine Sequenzierung; geeignet für garantiert gute Verbindungen wie im LAN
HTTP	Hypertext Transfer Protocol	5 bis 7	Übertragung von Daten (Webseiten)
HTTPS	Hypertext Transfer Protocol Security	5 bis 7	verschlüsselte Übertragung von Daten (Webseiten)
FTP	File Transfer Protocol	5 bis 7	Übertragung von Daten (Dateien beliebiger Art)
TELNET	TeleNetworking	5 bis 7	Fernsteuerung der Computer über eine textbasierte Befehlskonsole
SMTP	Simple Mail Transfer Protocol	5 bis 7	Übertragung von elektronischen Nachrichten vom Client zum Server und zwischen den Servern
POP	Post Office Protocol	5 bis 7	Übertragung von elektronischen Nachrichten vom Server zum Client
IMAP	Internet Message Access Protocol	5 bis 7	Übertragung von elektronischen Nachrichten vom Server zum Client
SMB	Server Message Block	5 bis 7	Steuerung und Benutzung der Windows-Netzwerkfreigaben; Übertragung der Daten
DNS	Domain Name Service	5 bis 7	Auflösung der FQD-Namen (z. B. www.name.de) in IP-Adressen
WINS	Windows Internet Name Service	5 bis 7	Auflösung der UNC-Namen in IP-Adressen
DHCP	Dynamic Host Configuration Protocol	5 bis 7	automatische Konfiguration der Computer durch die Vergabe von IP-Adressen, Netzwerkmasken, Rechnernamen, Router-Adressen, Server-Adressen und anderen Parametern

S Stefan und Herr Köhler haben sich dafür entschieden, in dem neuen Netzwerk der Abteilung **Einkauf/Lager** einen sekundären DNS-Server zu installieren. Er erhält die Daten (Auflösungen) vom zentralen DNS-Server in regelmäßigen Abständen. Dadurch erfolgen die Namensauflösungen im neuen Netzwerk schneller und die anderen Netzwerke werden damit nicht belastet. Hinzu kommt später ein HTTP-Server mit einer Datenbank, wo die Informationen über die Lagerbestände zusammengefasst werden.

Aufgaben

1. Welche Namen für Ressourcen sind im Internet verbreitet?
   a) FQDN
   b) UNC
   c) Vorname und Nachname des Benutzers
2. Mit welchem Protokoll der 4. Schicht des OSI-Schichtenmodells kommuniziert das Protokoll HTTP?
   a) IP
   b) UDP
   c) TCP
3. Welche Aufgaben erfüllt DHCP?
   a) Auflösung der FQDN
   b) Auflösung der UNC
   c) automatische Vergabe von IP-Adressen
   d) automatische Vergabe von Netzwerkmasken
4. Welcher Server spielt eine wichtige Rolle für die Namensauflösung unter dem Betriebssystem Microsoft Windows Server 2003?
   a) WINS-Server
   b) DNS-Server
   c) HTTP-Server
   d) SMTP-Server
5. Welche Aufgabe hat der Dienst WINS?
   a) FQDN-Namen in den IP-Adressen aufzulösen
   b) UNC-Namen in den IP-Adressen aufzulösen
   c) Webseiten zur Verfügung stellen
6. Welche Methoden zur Namensauflösung kennen Sie? Beschreiben Sie diese Methoden.
7. Welche Funktionalität hat der Knotentyp bei den Windows-Rechnern?
8. Welche Knotentypen ergeben keinen Sinn?
   a) A-Knoten
   b) B-Knoten
   c) C-Knoten
   d) F-Knoten
   e) H-Knoten
9. Welches Protokoll verwendet einen NetWare-Server, um die Informationen über verfügbare Dienste im Netzwerk zu versenden?
   a) NCP
   b) SAP
10. Welche Arten der Zuweisung von IP-Adressen kennen Sie? Erläutern Sie diese Arten.
11. Erklären Sie die Unterschiede zwischen autoritativen und nichtautoritativen DNS-Servern.
12. Welche Server sind unter den folgenden Portnummern registriert? Erklären Sie kurz die Aufgaben dieser Server.
    a) 80
    b) 110
    c) 443
    d) 25
    e) 21
    f) 53
    g) 143
    h) 67
    i) 547
13. Erklären Sie die Arbeitsweise des HTTP-Proxyservers. Welche beiden Funktionen erfüllt er in einem Netzwerk?

AH

2.2.9 Speichernetze

Die zentrale Datenspeicherung spielt für die Unternehmen in der heutigen Zeit eine immer größere Rolle. Das bereits klassisch gewordene Konzept eines Fileservers, der die Daten anderen Systemen mittels höherer Protokolle wie SMB, CIFS oder NCP zur Verfügung stellt, kann nicht immer die hohen Ansprüche an Performance, Sicherheit und Kosten erfüllen. Als Antwort auf den wachsenden Bedarf an unternehmensweiten Lösungen entstanden einige neue Technologien, die man unter dem Begriff „Speichernetze" zusammenfasst. Sie definieren auf einer sehr tiefen Ebene die Methoden für die Datenspeicherung, den Zugriff und die Übertragung.

2.2.9.1 Direct Attached Storage

Unter **D**irect **A**ttached **S**torage (DAS) versteht man herkömmliche Festplatten, die sich direkt im Gehäuse eines Computers befinden. Dieser Speicher kann mittels einer gängigen Übertragungstechnologie angesprochen werden, wobei dafür meistens USB, ATAPI, Firewire oder SCSI zum Einsatz kommen. Andere Computer können auf jene DAS nur über Netzwerke mit Hilfe eines etablierten Protokolls wie SMB/CIFS zugreifen. Der Begriff DAS ist ein Retronym, also eine neue Bezeichnung für eine herkömmliche Technologie.

Eine besondere Verwendung finden DAS im Bereich der Hochverfügbarkeit zur gemeinsamen Datenhaltung in einem Cluster. Die kritischen Daten, wie z. B. eine Datenbank, werden dabei auf einem DAS gespeichert, dass über SCSI mit anderen Computern im Cluster verbunden wird. Normalerweise verwaltet nur ein Computer (Cluster Node) die Daten, aber beim Ausfall dieses Computers übernehmen die anderen Computer des Clusters die Verwaltung über die angeschlossenen Datenträger.

2.2.9.2 Network Attached Storage

Als **N**etwork **A**ttached **S**torage (NAS) werden Dateiserver bezeichnet, die ohne großen Aufwand an das existierende Netzwerk angeschlossen werden können. In der Regel geht es dabei um ein Computersystem, das die in einem speziellen Gehäuse angeschlossene Festplatten (DAS) mittels eines gängigen Netzwerkprotokolls wie SMB/CIFS zur Verfügung stellt. Auf solchen NAS-Systemen läuft meistens ein Open-Source-Betriebssystem wie Linux in einer angepassten Variante, das sich hauptsächlich um die Verwaltung der Festplatten kümmert. Auf Grund der geringen Anzahl an Betriebssystemfunktionen läuft der NAS-Rechner sehr stabil.

Viele NAS-Rechner besitzen erweitere Funktionalitäten für die Ausfallsicherheit bzw. zur Festplattenspiegelung, wie z. B. RAID. Verwendung finden NAS zum Beispiel in kleineren Firmen- oder in Heimnetzen als kostengünstige Alternative für zentrale Dateiserver.

NAS mit vier Einschüben für Festplatten

2.2.9.3 Storage Area Network

Als **S**torage **A**rea **N**etwork (SAN) wird eine moderne Technologie bezeichnet, die dafür entwickelt wurde, sehr große externe Speichersysteme an Server anzuschließen. SAN wird in großen Firmen eingesetzt, wobei die Computersysteme bewusst räumlich von den Festplatten getrennt werden. Die Festplatten werden in großen Gruppen zusammengefasst und mit Hilfe eines Hochgeschwindigkeitsnetzes miteinander und mit den Servern verbunden. Die SAN-Technologie stellt den gesamten Speicher dieses Netzes für die Server logisch als lokal angeschlossene Festplatten dar.

Logische Organisation

Der für einen Server oder für eine Anwendung notwendige Speicher wird als virtuelles Laufwerk konfiguriert. Dafür verwendet man den Begriff „Logical Unit Number (LUN), der aus dem SCSI-Umfeld stammt. LUN ist dabei die kleinste Zuordnungseinheit. Es können mehrere LUNs an einen Server angeschlossen werden, die für das Serverbetriebssystem als lokal verbundene Festplatten gelten. Je nach den Möglichkeiten des Betriebssystems können die LUNs einzeln angesprochen oder mehrere LUNs zu einem Dateisystem zusammengefasst werden. Dabei müssen die einzelnen LUNs nicht notwendigerweise zum gleichen physikalischen Gerät gehören. Dank dieser Abstraktionsstufe sind SAN-Systeme extrem skalierbar, d. h., sie können je nach Bedarf sehr leicht erweitert werden.

Netzwerkorganisation

Die Server kommunizieren mit den SAN-Festplatten über ein Netzwerk, sehr ähnlich einem modernen LAN, in dem verschiedene Topologien, Übertragungstechniken und Protokolle möglich sind. Aktuelle SAN-Systeme benutzen meistens Glasfasernetze mit Fibre Channel-Switched Fabric (FC-SW). Dabei werden alle Geräte, Festplatten und Server an die Fibre Channel Switches angeschlossen. Das Fibre Channel Protocol (FCP) überträgt die SCSI-Befehle über optische Leitungen.

SCSI-Befehle können auch in herkömmlichen TCP/IP-Netzwerken mit dem Protokoll iSCSI transportiert werden. Die Übertragung mit Fibre Channel verläuft grundsätzlich schneller, benötigt aber im Gegensatz zu iSCSI spezielle Hardware für die Verbindungen.

Vorteile

- **Kostenersparnis,** denn die vorhandenen Kapazitäten können den unterschiedlichen Anwendungen je nach ihrem wirklichem Bedarf zugewiesen werden. Verwaltungsaufwand und Speicherkosten sowie die Kosten für Räumlichkeiten werden minimiert.
- **Erweiterbarkeit,** denn ein SAN kann wie jedes Netzwerk durch das Anschließen neuer Geräte vergrößert werden.
- **Sicherheit,** denn aufgrund der relativ großen Distanzen, die moderne optische Leitungen zulassen, können die Speichersysteme auf entfernte Systeme gespiegelt werden.

2.2.10 Cloud-Computing

Die Verbreitung von Netzwerken stellte eine entscheidende Etappe in der Entwicklung der rechnergestützten Datenverarbeitung auf dem Weg vom einzelnen Rechner zur modernen IT-Infrastruktur dar. Die nächste und sicher ebenso wichtige Etappe hat schon vor wenigen Jahren begonnen und ist mit dem Begriff „Cloud-Computing" verbunden. Die Begriffe „Cloud" und „Cloud-Computing" werden im Kapitel „1.3.7 Betriebssysteme für mobile Kommunikationsgeräte" erläutert.

Die Idee zum Cloud-Computing ist recht einfach: Ein Anwender oder Unternehmen soll das Geld nicht mehr in eigene Hardware, Softwarelizenzen, Anwendungen oder Datenkommunikationswege investieren, sondern dies alles bei einem speziellen Cloud-Computing-Provider ausleihen oder kaufen. Dieser Cloud-Computing-Provider kümmert sich um die Bereitstellung von Datenträgern, Rechenleistungen, Betriebssystemen, Anwendungen oder Datenbanken und stellt diese Ressourcen Firmen oder Einzelpersonen gegen Gebühren zur Verfügung.

Die Entwicklung geht sogar noch weiter, denn der Cloud-Computing-Provider stellt nicht mehr nur Kapazitäten (Hardware, Software) zur Verfügung, sondern zunehmend Serviceleistungen (Dienste, Services). Dem Auftraggeber dieser Services wird vom Provider garantiert, dass er in Abhängigkeit von den Vertragsbedingungen auf bestimmte Daten mit bestimmten Applikationen innerhalb von bestimmten Antwortzeiten zugreifen kann. Dem Auftraggeber ist nicht bekannt bzw. er muss nicht wissen, auf welchen Servern die Daten gespeichert sind, welche Verfahren zur Datenspeicherung eingesetzt sind oder welche Lizenzgebühren auf die verwendete Anwendung anfallen. Für ein Unternehmen führt dies zu einer enormen Reduzierung bei den EDV-Kosten, was allerdings auch mit einigen Nachteilen verbunden sein kann.

Eine wichtige technische Grundlage für das Cloud-Computing bilden die modernen Netzwerke, wie sie in diesem Kapitel beschrieben sind. Eine besondere Bedeutung kommt den mobilen Kommunikationswegen bzw. drahtlosen Verbindungen zu. Der aktuelle Entwicklungsstand von technischen Komponenten, Protokollen und Software ermöglicht die Datenübertragung zwischen weit entfernten Standorten in wenigen Sekunden. Für den Cloud-Computing-Provider macht es daher Sinn, die erforderlichen Infrastrukturen an Standorten zu platzieren, wo dafür möglichst geringe Kosten entstehen.

Es gibt gegenwärtig drei Modelle zum Cloud-Computing, die abhängig vom Umfang der zur Verfügung gestellten Services sind. Diese drei Modelle bilden gleichzeitig drei Stufen, die aufeinander aufbauen können, was aber nicht zwingend ist:

W

Cloud-Computing nach Umfang der Services	
Infrastruktur (Infrastructure as a Service, IaaS)	▪ Der Provider verwaltet Datenspeicherung, Kommunikationswege und Rechenleistungen. ▪ Der Auftraggeber ist für Betriebssysteme, Datenverarbeitung und Applikationen zuständig. ▪ Das IaaS-Modell steht für den untersten Level im Service, worauf aber das folgende PaaS-Modell basieren kann.
⬇	
Plattform (Platform as a Service, PaaS)	▪ Der Provider verwaltet zusätzlich zum IaaS-Modell Betriebssysteme, Datenbanken und Sicherheitsmechanismen. ▪ Der Auftraggeber stellt seine Logik (Abläufe) für die Datenverarbeitung zur Verfügung, d. h. eigene Applikationen, Applikationsserver, Webserver usw. ▪ Das PaaS-Modell ist in der modernen IT-Landschaft weit verbreitet und darauf basiert zugleich das höhere SaaS-Modell.
⬇	
Anwendung (Software as a Service, SaaS)	▪ Der Provider verwaltet zusätzlich zum PaaS-Modell die Applikationen und ist somit für die Logik (Abläufe) und Geschäftsprozesse des Auftraggebers verantwortlich. ▪ Der Auftraggeber nutzt alle vom Provider zur Verfügung gestellten Services. ▪ Das SaaS-Modell verkörpert eine Perspektive in der Entwicklung der Informations- und Kommunikationstechnologien. Teilweise kann man diese Abläufe schon heute beobachten, wenn z. B. Outlook-Termine, die auf dem Arbeitsplatz-PC erstellt wurden, mit dem eigenen Mobiltelefon auf Geschäftsreise synchronisiert werden.

W

Cloud-Computing und Clouds nach räumlicher Ausdehnung	
Private Cloud	▪ Provider und Benutzer (Auftraggeber) gehören zu einem Unternehmen. ▪ Als Kommunikationswege dienen LAN und GAN (Local Area Network und Global Area Network, siehe Kapitel 2.2.1). ▪ Die Netzwerkstruktur entspricht dem Intranet, was nicht unbedingt automatisch eine höhere Sicherheit bedeutet.
Public Cloud	▪ Als Benutzer (Auftraggeber) agieren beliebige Personen und Firmen, die auf die Services vom Provider zugreifen. ▪ Als Kommunikationsweg dient das WAN (Wide Area Network, siehe Kapitel 2.2.1). ▪ Die Netzwerkstruktur entspricht dem Internet. ▪ Als Community Cloud wird eine Public Cloud mit einer kleineren Ausdehnung, z. B. innerhalb einer Gemeinde oder einer Stadt, bezeichnet. Als Kommunikationsweg dient hier das MAN (Metropolitan Area Network, siehe Kapitel 2.2.1).
Hybrid Cloud	▪ Der Auftraggeber (Unternehmen) verfügt über eine eigene Private Cloud und greift nur beim Bedarf auf die Services einer Public Cloud zu. ▪ Als Kommunikationsweg dient das MAN (Metropolitan Area Network, siehe Kapitel 2.2.1). ▪ Eigene Netzwerkstrukturen werden mit dem Internet erweitert.

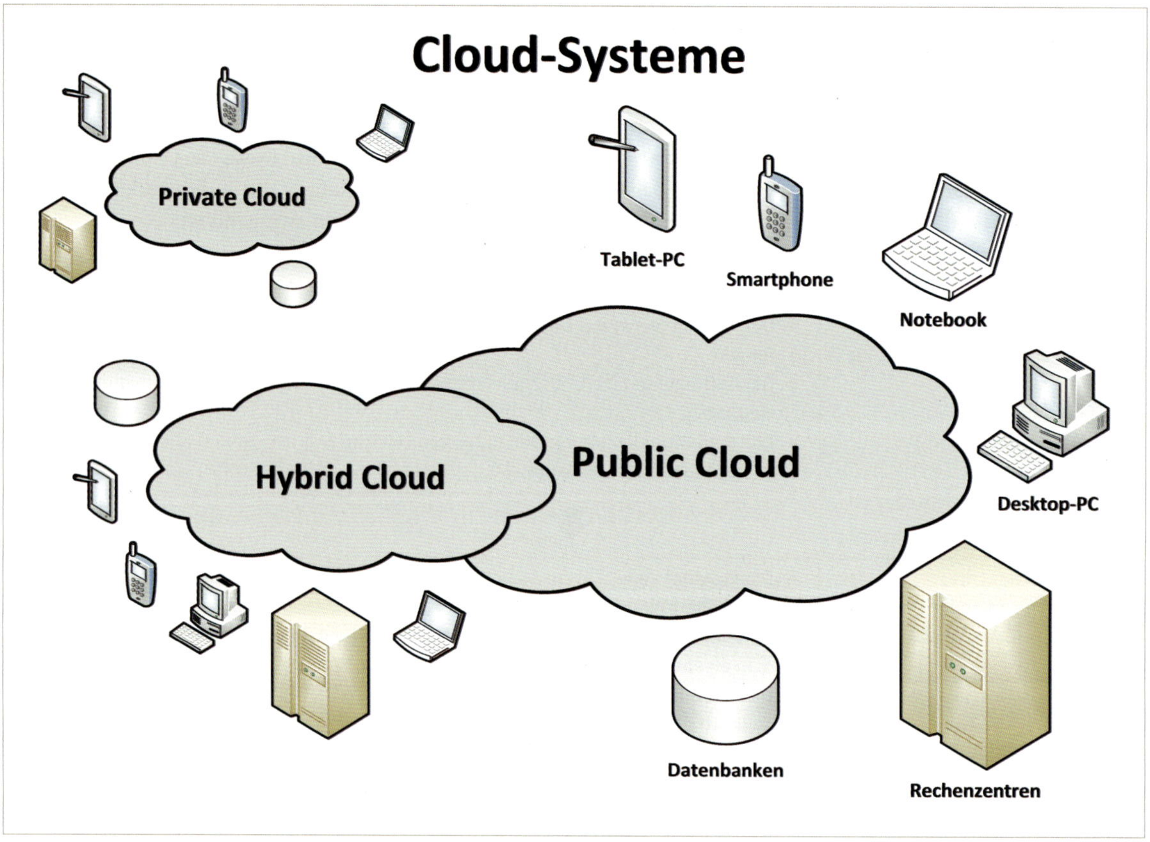

Clouds nach räumlicher Ausdehnung (Quelle: Gratzke, J., Wirtschafts- und Geschäftsprozesse, 2012)

Die in der folgenden Übersicht zusammengefassten Vor- und Nachteile vom Cloud-Computing müssen hinsichtlich der Investitionen (Provider) und der Nutzung (Auftraggeber) vor dem konkreten Einsatz sorgfältig analysiert und bewertet werden, wie dies auch in den drei Anwendungsfällen zum Cloud-Computing nach dem SaaS-Modell erkennbar ist.

W

Vorteile	Nachteile
▪ **Niedrigere Kosten** für Benutzer und Provider. Der Benutzer bzw. die Firma investieren nicht mehr in Hardware, Software oder Lizenzen. Alle Dienste werden aus der Cloud bezogen. Der Provider kann die Standorte in jenen Teilen der Welt organisieren und platzieren, wo ihm die niedrigeren Kosten entstehen. ▪ **Bedarfsorientierung.** Benutzer bzw. Auftraggeber (Firma) beziehen die Services aus der Cloud nach eigenem Bedarf. Das ist besonders wichtig bei Shopsystemen in Spitzenbelastungszeiten, wie z. B. im Weihnachtsgeschäft. Die Skalierbarkeit der Ressourcen wird durch den Provider gewährleistet. ▪ **Geschäftsprozessorientierung.** Besonders für neu gegründete Firmen eröffnet sich eine Möglichkeit, komplette Geschäftsprozesse in Verbindung mit vorhandenen Abläufen der Datenverarbeitung aus der Cloud zu beziehen. ▪ **Zuverlässigkeit** der Services wird dem Benutzer vom Provider mit Hilfe der technischen Möglichkeiten moderner Übertragungstechnik garantiert.	▪ **Datensicherheit** ist ein sehr wichtiges und sensibles Kriterium für den Nutzer, besonders wenn sich die Daten in einem anderen Land befinden oder wenn der Speicherort nicht bekannt ist. ▪ **Infrastruktur** ist das überaus komplizierte Gebilde aus Hardware, Übertragungstechnologien, Datenbanken, Anwendungen, Software und Sicherheitsverfahren. Daher können selbst kleine menschliche oder technische Fehler beim Benutzer und Provider zu einem Daten-, Geld- und Imageverlust führen.

Beim Cloud-Computing sind die folgenden Sicherheitsaspekte zu berücksichtigen:

- Schutz des Zugangs zur Cloud
- Schutz der Daten während der Übertragung zwischen dem lokalen Computer und dem Cloud-Anbieter
- Schutz der Daten in der Cloud
- Löschen der Daten in der Cloud
- Verwendung von Zertifikaten

2.2.10.1 Schutz des Zugangs zur Cloud

Der Zugang zur Cloud sollte nur über eine gesicherte Authentifizierung (Anmeldename/ Kennwort, Zertifikat) erfolgen. Dabei dürfen die Authentifizierungsinformationen nicht im Computer oder mobilen Endgerät (Smartphone) abgespeichert werden. Einen besonders sicheren Zugang bietet die Zwei-Faktor-Authentifizierung, wo der Benutzer nach der Eingabe der Authentifizierungsinformationen einen temporären Sicherheitscode auf seinem mobilen Endgerät empfängt. Dabei ist es wichtig, die Zugangssperren für das eigene mobile Endgerät konsequent zu nutzen.

2.2.10.2 Schutz der Daten während der Übertragung

Zu den Cloud-Anbietern findet eine verschlüsselte Übertragung statt. Optional kann der Benutzer entscheiden, ob diese Verschlüsselung bei einer konkreten Übertragung aufgehoben wird. Falls die Daten unverschlüsselt übertragen werden, dann sind sie für einen Angreifer zugänglich.

2.2.10.3 Schutz der Daten in der Cloud

Die sensiblen Benutzerdaten sind dem Angreifer in der Cloud schutzlos zugänglich, falls sie unverschlüsselt abgespeichert sind. Deshalb ist eine Verschlüsselung der gespeicherten Daten seitens des Besitzers (Benutzers) oder Cloud-Anbieters eigentlich selbstverständlich. Den notwendigen Schlüssel muss der Benutzer auf seinem lokalen Rechner oder Smartphone aufbewahren. Auf diese Weise können verschlüsselte Daten in der Cloud von Unbefugten nicht entschlüsselt werden. Diese strengen Anforderungen an den Schutz der Daten behindern allerdings die gemeinsame und gleichzeitige Verarbeitung der verschlüsselten Dokumente durch unterschiedliche Personen.

2.2.10.4 Löschen der Daten in der Cloud

Bevor einem Cloud-Anbieter persönliche oder unternehmensinterne Daten anvertraut werden, sollte man sich überzeugen, dass diese Daten bei Bedarf wieder vollständig aus der Cloud gelöscht bzw. entfernt werden können. Das Löschen der Daten kann deshalb problematisch sein, weil Cloud-Anbieter oft mehrere Kopien der Dateien auf verschiedenen Servern und Rechenzentren speichern. Die AGBs des Cloud-Anbieters müssen dafür die entsprechenden Regeln beinhalten.

2.2.10.5 Verwendung von Zertifikaten

Jeder Cloud-Anbieter muss festgelegte Sicherheitsstandards in Verbindung mit den jeweiligen gesetzlichen Regelungen erfüllen. Der Benutzer kann diese Sicherheitsstandards anhand nachweislich vorhandener Zertifikate des Cloud-Anbieters überprüfen. Eine Zertifizierung des Cloud-Anbieters ist aber bislang freiwillig. Es können alle oder nur einzelne Dienste des Anbieters zertifiziert werden. Zertifikate und Prüfzeichen folgender Institutionen sind derzeit üblich:

- **EuroCloud-SaaS-Zertifizierung.** EuroCloud ist eine Vereinigung europäischer Cloud-Anbieter.
- **EuroCloud-Deutschland-Zertifizierung.** EuroCloud Deutschland e.V. ist ein Verband der deutschen Cloud-Computing-Industrie.
- **TÜV-Prüfzeichen.** Die TÜV-Gesellschaften (TÜV Rheinland, TÜV Saarland) vergeben spezielle Cloud-Prüfzeichen, die Sicherheitsstandards der Anbieter belegen.

Anwendungsfälle zum Cloud-Computing nach dem SaaS-Modell	
Elektronisches **Ärztehaus**	Der medizinische Bereich ist in viele Abteilungen untergliedert, wie ambulante und stationäre Medizin, Fachärzte und allgemeine Ärzte, Pharmakologie, Reha-Medizin, Telemedizin sowie Kostenträger (Krankenkassen). Wegen zunehmender Informations- und Kommunikationsdienstleistungen arbeitet dieser Bereich sehr kostenintensiv. Cloud-Computing kann dazu beitragen, diese Kosten zu minimieren. **Beispiel:** Die Röntgenabteilung fertigt für einen Patienten Röntgenaufnahmen an. Die Aufnahmen werden in einem zentralen Speicher (in der Cloud) aufbewahrt. Der Arzt, der diese Aufnahmen für eine Auswertung benötigt, ruft sie mit einem Webbrowser aus der Cloud auf, wobei er sich selbst an einem beliebigen Ort befinden kann. Die Ergebnisse seiner Auswertung werden wieder in der Cloud gespeichert, damit sie bei Bedarf z. B. ein anderer Arzt für eine erforderliche Operation nutzen kann. Es müssen hier allerdings viele Zugriffsaspekte berücksichtigt und geregelt werden, weshalb folgende Fragen zu beantworten sind: ▪ Welcher Arzt kann mit welchen Rechten auf die medizinische Daten zugreifen? ▪ Welche Daten darf der Patient selbst betrachten oder ändern? ▪ Welche Daten sind an die Krankenkassen weiterzuleiten? ▪ Wie wird die Abrechnung für Röntgenaufnahmen, Auswertungen und Operationen durchgeführt?
Elektronisches **Logistikunternehmen**	Der Bereich Logistik ist im Vergleich zum medizinischen Bereich weniger stark untergliedert. Die Anforderungen an die Informations- und Kommunikationsdienstleistungen gestalten sich anders. Die Geschäftsprozesse müssen z. B. schnelle Lieferzeiten, Zuverlässigkeit bei den Lieferterminen sowie Flexibilität bei den angebotenen Dienstleistungen garantieren und sehr genau auf die Bedürfnisse des Unternehmens zugeschnitten sein. Hinzu kommt, dass die Logistikunternehmen oftmals nicht über ausreichend qualifizierte IT-Fachkräfte verfügen. Hier können über Cloud-Computing geeignete Geschäftsprozesse als Service angeboten werden. (Fortsetzung auf folgender Seite)

Anwendungsfälle zum Cloud-Computing nach dem SaaS-Modell	
	Beispiel: Ein Postbrief erhält bei der Aufgabe eine eindeutige Sendungsnummer zugewiesen. In jeder Postverteilerstelle, die dieser Brief passiert, wird die Sendungsummer zusammen mit dem Namen der Poststelle in eine zentrale Datenbank eingetragen. Somit können Absender und Empfänger mit Hilfe der Sendungsnummer über den Webbrowser nachvollziehen, wo sich der Brief momentan befindet. Die Ausrüstung der Poststellen erfordert für diesen Zweck nur einen geringen Aufwand, aber Privat- und Geschäftskunden erhalten einen bequemen Service. Die Daten befinden sich in der Cloud. Dabei spielt es keine Rolle, wie die Sendungsnummern verarbeitet, sortiert und verglichen werden – die Leistung wird durch ein Service erbracht. Diesen Service der Sendungsverfolgung bietet nicht nur die Post, sondern er wird mittlerweile von vielen Logistikunternehmen unterstützt.
Elektronisches **Bürgeramt**	Privatpersonen sowie öffentliche und private Unternehmen nutzen eine wachsende Anzahl von öffentlichen Leistungsangeboten. Andererseits werden für diese Leistungsangebote verschiedene öffentliche und private Unternehmen beauftragt. Für das Cloud-Computing besteht die Herausforderung darin, die Vielfalt der mit den Leistungsangeboten verbundenen Beziehungen und Abläufe abzubilden und den Bürgern und Unternehmen schnelle, transparente und kostengünstige Services zur Verfügung zu stellen. **Beispiel:** Öffentliche Behörden und private Unternehmen platzieren ihre Raumangebote zur Vermietung in einer zentralen Datenbank in der Cloud. Interessierte Privatpersonen oder Firmen können per Zugriff die passenden Räume finden, vergleichen, buchen und bezahlen. Alle Daten, die für diesen Ablauf eingetragen, ausgewertet und ausgedruckt werden, befinden sich aus Kundensicht an unbekannten Orten. Die Verarbeitung erfolgt durch Hard- und Software, die vom Cloud-Provider als Service zur Verfügung gestellt wird.

Aufgaben

1. Definieren Sie die Cloud-Computing.
2. Beschreiben Sie die Arten von Cloud-Computing hinsichtlich von Unterscheidungskriterien.
3. Stellen Sie Vor- und Nachteile einer Hybrid Cloud gegenüber.
4. Welche sicherheitsrelevanten Aspekte muss man beim Cloud-Computing in Betracht ziehen?
5. Welche Zertifikate und Prüfzeichen kennen Sie im Bereich Cloud-Computing?
6. Warum kann das Löschen der Daten in der Cloud problematisch werden?
7. Wie kann ein Benutzer seine Daten in der Cloud vor dem Zugriff Unbefugter schützen?
8. Beschreiben Sie die Authentifizierungsmechanismen beim Zugang zur Cloud.
9. Die Firma ACI will auf dem Markt für Cloud-Dienstleistungen aktiv werden. Anna Hedder soll eine Präsentation zum Thema „Datenschutz" vorbereiten. Zuerst hat sie sich überlegt, welche Aspekte ihren Kunden zur Datensicherheit und zum Datenschutz wichtig sind. Ordnen Sie diesen Sicherheitsaspekten passende Maßnahmen und Techniken zu.

Sicherheitsaspekte	Maßnahmen und Techniken
a. Sicherer Zugang zur Cloud, auch von einem mobilen Endgerät b. Sichere Übertragung der Daten zwischen der Cloud und dem Client-PC c. Schutz der Daten in der Cloud	1. Eingebaute ACL-basierte Berechtigungen der mit NTFS formatierten Festplatten von Windows Server 2012 2. Windows-File-System-Verschlüsselung 3. Erzwingen der Benutzung des HTTPS-Protokolls für Mitarbeiter des Supports 4. Benutzung des HTTPS-Protokolls als Standardeinstellung 5. Active-Directory-Benutzerverwaltung 6. SMB-basierte Zugriffsrechte für den Zugang zu den Daten über den Windows Explorer 7. Sichere FTP-Serverkonfiguration ohne anonymen FTP-Zugang 8. Konfiguration von Richtlinien für den Aufbau der Passwörter 9. Antivirus-Software 10. Konfiguration der Firewall 11. Zwei-Faktor-Authentifizierung 12. Zugang zum Kundentelefon mit Passwort

2.3 Planung

2.3.1 Netzwerkbetriebssysteme

S Stefan und Herr Köhler stehen vor einer wichtigen Entscheidung: Welche Betriebssysteme kommen für die Rechner in der Abteilung **Einkauf/Lager** zum Einsatz? Von dieser Entscheidung sind viele Prozesse abhängig. Wie effektiv wird das Netzwerk funktionieren, wie sicher sind die Daten, wie produktiv werden die Benutzer arbeiten? So verfügen beispielsweise viele Betriebssysteme über einen oder mehrere Webserver. Obwohl alle Webserver nach den gleichen Vorschriften (Standards) arbeiten, sind sie unterschiedlich realisiert. Sie bieten unterschiedliche Dienste und Sicherheitsvorkehrungen an. Eine wichtige Rolle spielen auch die Lizenzbedingungen und die damit verbundenen Kosten.

Netzwerkbetriebssysteme unterscheiden sich hinsichtlich ihrer Anwendung für den Server- und für den Desktop-Bereich. Die Betriebssysteme für den Server-Bereich unterstützen eine Vielzahl von Servern wie DNS-, WINS-, HTTP-, SMTP-Server und viele andere Dienste. Die Desktop-Betriebssysteme sind hingegen mit den erforderlichen Clients ausgestattet und nur für wenige Server-Dienste geeignet.

In einem Netzwerk beginnt immer der Client die Kommunikation mit dem Server, nie umgekehrt. Der Client initiiert die Kommunikation mit einer Anfrage an den Server. Die Anfrage beinhaltet die Anforderung einer Ressource. Der Server prüft die Berechtigungen des Clients und sendet die Antwort. Enthält die Antwort viele Daten, so initiiert der Server zusätzliche Verbindungen zum Client, die aber als Folgeverbindungen zu betrachten sind.

Ein Server bedient mehrere Clients, die meist von unterschiedlichen Softwareherstellern stammen. Selbstverständlich gibt es auch unterschiedliche Server, die den gleichen Funktionsumfang bieten. Der Server sowie der Client können auf unterschiedlichen Betriebssystemen laufen oder sie sind auf bestimmte Betriebssysteme beschränkt. Zum Beispiel läuft der Internet Information Server (IIS) nur auf Microsoft-Betriebssystemen und nicht unter Linux. Im Gegensatz dazu funktioniert der Webserver Apache sowohl auf Windows- als auch auf Linux-Plattformen.

Die Betriebssysteme im Server-Bereich müssen besonders schnell und zuverlässig arbeiten und sich selbst sowie die Benutzerdaten effektiv vor Fremdeingriffen schützen. Dazu sind Mechanismen erforderlich, die den Betrieb auch beim Ausfall einzelner Komponenten noch ermöglichen. Deshalb ist es nötig, dass Server-Betriebssysteme die Hardware unterstützen, die für den störungsfreien Betrieb verantwortlich ist. Andere Komponenten spielen dagegen nur eine untergeordnete Rolle, wie z. B. die Grafikkarte. Wenn ein Server erst einmal zuverlässig läuft, können auch Tastatur, Maus und Monitor entfallen.

Für die Betriebssysteme im Desktop-Bereich steht die Benutzerfreundlichkeit an erster Stelle. In Echtzeit gelieferte Daten müssen schnell bearbeitet und aussagekräftig präsentiert werden können.

Im Server-Bereich dominieren Microsoft- sowie UNIX/Linux-Betriebssysteme. Damit das Betriebssystem NetWare von Novell nicht endgültig vom Markt verdrängt wird, gibt es gegenwärtig Versuche, die Novell-Technologien auf der Linux-Plattform zu implementieren.

Im Desktop-Bereich überwiegen Microsoft-Betriebssysteme, wobei auch hier eine Zunahme von UNIX/

G **Geschäftsprozess „Einführung neuer Dienste“**
Unterprozess „Auswahl der Dienste und der technischen Unterstützung“
Unterprozess „Auswahl der Betriebssysteme“

Auswahl des Betriebssystemkonzeptes

Konzepte:
- Domänen-Konzept
- Arbeitsgruppenkonzept

Auswahl der Betriebssysteme für den Server-Bereich

Kriterien:
- Zuverlässigkeit, Ausfallsicherheit
- Zugriffssicherheit
- Wartungsarbeiten
- Administrationsaufwand
- Leistungen
- verfügbare Dienste (Webserver, E-Mail-Server, Datei- und Druckserver)
- Netzwerkfähigkeit

Auswahl der Betriebssysteme für den Desktop-Bereich

Kriterien:
- Benutzerfreundlichkeit
- Leistungen
- Mobilität
- verfügbare Clients
- Netzwerkfähigkeit

Linux-Systemen zu beobachten ist. Die Microsoft-Betriebssysteme kann man nach folgenden Kriterien unterteilen:

W

Zweck	Desktop-Bereich	Server-Bereich
Private Anwendung (zu Hause)	Windows 95/98/ME	
	Windows XP Home	
	Windows Vista Windows 7	
Anwendung in den Unternehmen	Windows NT 4 Workstation	Windows NT 4 Server
	Windows 2000 Professional	Windows 2000 Server/Advanced Server/Datacenter Server
	Windows XP Professional	Windows Server 2003 Web/Standard/Enterprise/Datacenter
	Windows 7 Windows 8	Windows Server 2008 Web/Standard/Enterprise/Datacenter

Gegenwärtig unterstützt Microsoft nur noch die neueren Betriebssysteme Windows XP, Vista und Windows 7 für den Desktop-Bereich und die Produkte von Windows Server 2003 und 2008 für den Server-Bereich.

Die Nachfolger von Windows XP sind Windows Vista und Windows 7. Sie basieren nicht mehr direkt auf NT und besitzen u. a. folgende Neuerungen:

- Es werden 32- und 64-Bit-Prozessoren unterstützt.
- Das Protokoll IPv6 (siehe Kap. 2.2.7.3) wird voll unterstützt.
- Die grafische Oberfläche wird überwiegend von der Grafikkarte berechnet und nicht vom Hauptprozessor, wie es bei allen Vorgängern der Betriebssysteme der Fall ist. Das erhöht die Leistungen der Anwendungen.
- Eine neue Programmierschnittstelle (.NET Framework 3. X, ehemals WinFX), die auf der Sprache XML basiert, erlaubt den Programmierern den Zugriff auf die neuen Funktionen von Windows Vista/Windows 7.
- Sogenannte Microsoft Gadgets, das sind kleine Module, die in der Taskleiste platziert werden können, liefern bei Windows Vista/Windows 7 beispielsweise Informationen über die aktuelle Wetterlage oder die Nachrichten.
- Ein neues Suchmodul zeigt die gesuchten Informationen sofort auf dem Bildschirm an, was durch neue Indizierungsalgorithmen möglich wird.
- Durch eine eingebaute Kontrolle über die Verwendung des Computers können beispielsweise Kinder nur die von den Eltern erlaubten Aktivitäten auf dem Rechner ausführen.
- Microsoft Windows 7 liefert eine verbesserte Version des Tools **„Anytime Upgrade"** zum automatischen Upgrade. Diese Funktion erlaubt dem Benutzer eine höhere Version von Windows 7 direkt aus dem Internet zu kaufen und zu installieren. Der Käufer eines PCs mit Windows 7 Home Premium kann sich später mit diesem Tool online auf die Version Windows 7 Ultimate hochstufen. Es ist auch möglich, einen Rechner mit Windows Vista auf Windows 7 zu aktualisieren. Der Vorteil dieses Verfahrens besteht darin, dass alle Benutzerkonten, Einstellungen, installierte Anwendungen und Dokumente bestehen bleiben.
- Ein Upgrade von Windows XP auf Windows 7 ist nicht vorgesehen. Microsoft schlägt für diesen Zweck zwei Migrationswege vor: **Side-by-side-Migration** und **Wipe-and-load-Migration.** Die beiden Varianten übertragen die Benutzerkonten und -einstellungen von einem auf den anderen PC.
- **Windows Easy Transfer** nennt sich eine neue Funktion von Windows 7, womit Benutzerprofile, E-Mails, Bilder, Musik und Dokumente von einem PC mit Windows XP, Windows Vista oder Windows 7 auf einen anderen PC mit Windows 7 übertragen werden können. Es handelt sich ebenfalls um ein Migrationswerkzeug, das allerdings für die älteren Betriebssysteme zuvor installiert werden muss. Außerdem sind nach wie vor die herkömmlichen Werkzeuge wie ScanState/LoadState und USMT vorhanden, die eine Übertragung der Daten auf einer großen Anzahl der Rechner ermöglichen.

Windows 7 ist zusätzlich für die Multitouch-Bedienung ausgestattet. Mit einen Touchscreen gelingt die Bedienung durch die Finger per Bildschirmberührung.

Die UNIX/Linux-Betriebssysteme konzentrieren sich auf den Server-Bereich, obwohl ihr Anteil auch im Desktop-Bereich wächst. Es gibt die unterschiedlichsten UNIX/Linux-Betriebssysteme: SCO, Solaris, Sinix, Xenix, FreeBSD, Debian, Red Hat, SuSE, CentOS, Ubuntu u. v. a. Dazu kommen noch unzählige Versionen der jeweiligen Linux-Distributionen. Der Befehlssatz und die Konzepte aller Linux-Distributionen ähneln sich weitgehend, wodurch insgesamt von einem Betriebssystem Linux gesprochen werden kann.

Die Betriebssysteme NetWare 3.x/4.x/5.x/6.x der Firma Novell gelangen ausschließlich im Server-Bereich zum Einsatz. Obwohl NetWare ein sehr stabiles und zuverlässiges Betriebssystem ist, wird es wahrscheinlich bald vom Markt verdrängt werden.

Aufgaben

1. Welche Microsoft-Windows-Betriebssysteme eignen sich für die Arbeitsplatzrechner der Mitarbeiter der Abteilung **Einkauf/Lager**?
   a) Windows XP Home
   b) Windows XP Professional
   c) Windows 7 Home Premium
   d) Windows 7 Professional
   e) Windows Server 2003
   f) Windows Server 2008
2. Welche Windows-Betriebssysteme sind für die private Anwendung konzipiert?
   a) Windows XP Home
   b) Windows XP Professional
   c) Windows 7 Home Premium
   d) Windows 7 Professional
   e) Windows Server 2003
   f) Windows Server 2008
3. Welche Windows-Betriebssysteme werden für den Server-Bereich empfohlen? Begründen Sie Ihre Wahl.
   a) Windows XP Home
   b) Windows XP Professional
   c) Windows 7 Home Premium
   d) Windows 7 Professional
   e) Windows Server 2003
   f) Windows Server 2008
4. Welches Betriebssystem gilt als Alternative zu Microsoft Windows? Unterscheiden Sie die Einsatzbereiche.
   a) Linux
   b) NetWare
   c) FreeBSD
   d) UNIX
   e) Mac OS
5. Wer initiiert eine Netzwerkverbindung?
   a) Server
   b) Client
6. Welche Betriebssysteme werden zunehmend weniger eingesetzt?
   a) Linux
   b) NetWare
   c) Microsoft Windows XP
   d) Microsoft Windows 7
7. Finden Sie Beispiele für Software, die sowohl unter Windows als auch unter Linux lauffähig ist. Verwenden Sie für Ihre Recherchen auch das Internet.
8. Welche Windows- und Linux-Betriebssysteme sind zurzeit aktuell?
9. Welche Hardwarekomponenten sind für die Rechner im Server-Bereich besonders wichtig? Vergleichen Sie diese Komponenten mit den erforderlichen Komponenten für den Desktop-Bereich.
10. Herr Reck aus der Abteilung **Individual Soft** hat gehört, dass das Betriebssystem Novell besonders sicher und stabil ist. Er möchte die Version 6.5 auf seinem Rechner installieren und benutzen. Was wird ihm Herr Köhler empfehlen?
11. Nennen Sie die grundlegenden Unterschiede zwischen den Betriebssystemen für den Server- und für den Desktop-Bereich.

2.3.1.1 Microsoft-Windows-Betriebssysteme im professionellen Einsatz

Die aktuellen Betriebssysteme von Microsoft im professionellen Umfeld besitzen ähnliche Merkmale und sind weitgehend zueinander kompatibel. Als entscheidendes Merkmal gilt die umfangreiche und vollständige Netzwerkunterstützung sowie die weit entwickelte Verwaltung der Benutzerrechte. Die aktuellen Microsoft-Betriebssysteme besitzen folgende Eigenschaften (siehe auch Kap. „Einfache IT-Systeme"):

Unterstützung von 32-/64-Bit-Prozessoren. Die Betriebssysteme Microsoft Windows Server 2003/2008 und XP Professional konnten bereits nur auf Rechnern mit Intel-kompatiblen Prozessoren installiert werden. Als Betriebssysteme aus der NT-Reihe unterstützen sie neben den 32-Bit- auch die aktuellen 64-Bit-Prozessoren. Dafür existiert allerdings eine besondere Version des jeweiligen Betriebssystems. Diesem Trend folgen auch die neuen Betriebssysteme Windows Vista und Windows 7. Diese Eigenschaft sichert den Microsoft-Betriebssystemen auch im Netzwerkbereich eine führende Position.

Symmetrisches Multiprocessing. Das Betriebssystem unterstützt mehrere gleiche Prozessoren auf einer Hauptplatine. Dadurch steigt die Geschwindigkeit der Anwendungen. Im Serverbereich erhöht sich die Leistungsfähigkeit des gesamten Netzwerks. Die Anzahl der unterstützten Prozessoren variiert in Abhängigkeit von der Edition des Betriebssystems.

Präemptives Multitasking. Mit der Fähigkeit des Betriebssystems, mehrere Aufgaben (Programme) quasi gleichzeitig auszuführen, bearbeitet der Prozessor die Aufgaben der Reihe nach, allerdings jeweils nur innerhalb eines kurzen Zeitabschnitts. Bei mehreren vorhandenen Prozessoren spricht man von echtem Multitasking, wenn ein Prozessor nur eine Aufgabe bearbeitet. Im Gegensatz zum kooperativen Multitasking überwacht beim präemptiven Multitasking ein Verwaltungsprogramm die Bearbeitung einzelner Aufgaben und entzieht einer Aufgabe bei einem Programmabsturz die dafür zugeteilte Prozessorkapazität. Zwischenzeitlich laufen die restlichen Aufgaben ohne Datenverlust weiter.

Multithreading. Eine Anwendung startet mehrere Unterprogramme (Drucken, Rechtschreibprüfung usw.) und das Betriebssystem bietet die Möglichkeit, diese Unterprogramme als einzelne Aufgaben im Rahmen des Multitaskings zu unterstützen.

Multiuserfähigkeit. Mehrere Benutzer können gleichzeitig **lokal** angemeldet sein und die lokalen Ressourcen benutzen. Dazu sind spezielle Anwendungen unter Microsoft Windows erforderlich, die einen Rechner in ein einfaches Terminal für einen anderen Rechner (Terminaldienstserver) verwandeln. Anwendungen wie Webserver sowie FTP- oder E-Mail-Server zählen allerdings nicht dazu. Der Benutzer erhält Zugriff auf die Festplatte oder den Prozessor des anderen Rechners und kann beispielsweise ein Programm auf diesem Rechner starten.

Die Multiuserfähigkeit darf nicht mit der Möglichkeit verwechselt werden, mehrere Benutzerkonten zu erstellen und zu pflegen. Jedes moderne Betriebssystem beherrscht die Verwaltung mehrerer Benutzerkonten, die für die Arbeit in einem Netzwerk einfach unabdingbar ist. Deswegen versteht man bei Microsoft unter Multiuserfähigkeit gerade diese Eigenschaft und nicht die oben genannte ursprüngliche Definition.

Unterstützung aller gängigen Netzwerkkarten und -protokolle. Alle modernen Microsoft-Betriebssysteme sind für den Einsatz im Netzwerk konzipiert. Sie enthalten alle Netzwerkprotokolle und die Treiber für fast alle Netzwerkkarten. Außerdem ermöglichen sie eine schnelle und unkomplizierte Einrichtung der Netzwerkkomponenten.

Netzwerk- und Applikationsserver. Zum Lieferumfang der Server-Betriebssysteme gehören folgende Server aus dem Internetbereich: DHCP-, DNS-, WINS-, HTTP-, FTP-, SMTP-, POP3-, IMAP4-, Proxyserver und viele andere, die notwendig sind, um ein vollwertiges Intranet zu implementieren oder als Teil des Internets zu agieren. So werden beispielsweise auf einem Rechner mit dem Betriebssystem Windows Server 2003/2008 spezielle Server-Programme installiert, wie z. B. Tomcat, wodurch sich der Rechner in einen Applikationsserver für Java-Anwendungen verwandelt.

BranchCache. Windows 7 ist mit der neuen Funktion BranchCache ausgestattet. Sie speichert im Cache die Dateien und Webseiten, worauf im Netzwerk schon einmal zugegriffen wurde. Der Cache befindet sich zentral auf einem Rechner mit Windows Server 2008/R2 (Hosted Cache Mode) oder auf mehreren Rechnern mit Windows 7 (Distributed Cache Mode). Der BranchCache erhöht somit die Zugriffsgeschwindigkeit, wenn ein Benutzer mehrmals die gleichen Daten im Netzwerk aufruft.

Active Directory Services. In aktuellen Windows-Server-Betriebssystemen steht das weiterentwickelte Domänen-Konzept von Windows 2000 zur Verfügung. Es ist in diesem Konzept gelungen, eine Internet-Domäne als Namensraum mit einer NT-Domäne als Sicherheitseinheit zu kombinieren. Dadurch gelingt es, Internetstrukturen aufzubauen, die den modernen Sicherheitsanforderungen entsprechen. Die Active Directory Services sind die wichtigsten Dienste in der Domäne. Sie enthalten eine Auflistung aller Ressourcen der Domäne: Benutzerkonten, Gruppen, Gruppenrichtlinien und Freigaben.

Domain Join. Der Prozess der Integration eines Windows-Arbeitsplatzes in eine bestehende ADS-Domäne wurde in Windows 7 noch einmal signifikant vereinfacht. Es existiert ein Werkzeug namens Domain Join, womit man seinen Rechner ohne Komplikationen und mit mehr Sicherheit für den Einsatz im Firmennetzwerk bereitstellt.

Sicherheitsmechanismen. Die Sicherheitseinstellungen aller Rechner einer Domäne sind hierarchisch aufgebaut und lassen sich vom Domänen-Administrator zentral verwalten. Sie implementieren unterschiedliche Sicherheitsebenen, von der Domäne bis hin zu einzelnen Computern oder Benutzern. Die breite Unterstützung von **PKI** (**P**ublic **K**ey **I**nfrastructure) gewährleistet eine unverfälschte Datenübertragung. Die Informationen im Netzwerk können verschlüsselt übertragen werden.

Verwaltung der Rechte. Alle Windows-Server-Betriebssysteme besitzten ein gut durchdachtes Konzept für die Zuordnung bestimmter Rechte auf Daten oder Aktivitäten für die Gruppen und Benutzer. Die Standardrechte erlauben den normalen Benutzern im Gegensatz zu früheren Versionen nur die Aktionen, die für ihre Arbeit tatsächlich notwendig sind.

W

Merkmale moderner Windows-Netzwerkbetriebssysteme					
Charakteristik	**Windows XP Professional**	**Windows 7 Professional**	**Windows Server 2008 Standard**	**Windows Server 2008 Enterprise**	**Windows Server 2008 Datacenter**
Minimaler Prozessortakt	233 MHz	1 GHz	1 GHz	1 GHz	1 GHz
Unterstützter RAM	64 MB bis 4 GB	1 GB bis 4 GB (32-Bit-Version) 2 GB bis 32 GB (64-Bit-Version)	32 GB	2 TB	2 TB
Symmetrisches Multiprocessing (X64 Sockets)	1 bis 2 Prozessoren	1 bis 2 Prozessoren	1 bis 4 Prozessoren	1 bis 8 Prozessoren	1 bis 64 Prozessoren
Cluster Nodes	–	–	–	16	16

Kontingentverwaltung. Diese Eigenschaft stellt den Benutzern einen begrenzten Speicherplatz auf der Festplatte zur Verfügung und erlaubt somit eine effektivere Kontrolle über die Speicherkapazitäten.

Verschlüsselung der Daten. Diese Eigenschaft verhindert das unbefugte Lesen der Daten eines Benutzers. Sie ist mit keinen Berechtigungen verbunden. Selbst die vollen Rechte über diese verschlüsselten Informationen bis zum Löschen verhindern das Lesen dieser Informationen. Diese Eigenschaft steht ab dem Dateisystem NTFSv5 zur Verfügung und kann von jedem normalen Benutzer verwendet werden.

Verteiltes Dateisystem. Die Verwaltung vieler Freigaben oder der Zugriff auf viele Ressourcen im Netzwerk erfordert einen Überblick über die Strukturierung der Ressourcen. In diesem Fall ist es möglich, auf einem oder mehreren Rechnern die strukturierten Verweise auf die Freigaben zusammenzufassen. Der Benutzer muss bei einem Zugriff nicht wissen, auf welchem Rechner sich die Ressourcen tatsächlich befinden.

Erweiterte Datenträgerverwaltung. Windows 7 unterstützt drei Typen von Datenträgern: MBR-, GPT- und dynamische Datenträger. Man kann diese drei Typen untereinander konvertieren. Neu ist hier die Unterstützung der GPT-Datenträger (Globally Unique Identifier Partition Table), weil sie die Einrichtung von mehr als vier primären Partitionen auf der Festplatte erlauben und für große Festplatten (mehr als 2 TB) empfehlenswert sind.

Windows 7 unterstützt RAID-0, RAID-1 und RAID-5. Die Partitionen können mit eingebauten Funktionen verkleinert oder vergrößert werden.

Der Einsatz von virtuellen Datenträgern (VHD) wurde insbesondere in Windows 7 erweitert. Die virtuellen Datenträger sind unabhängig von virtuellen Maschinen nutzbar, d. h., man kann von ihnen starten, Daten darauf sichern oder wiederherstellen.

Automatische Anwendungsinstallation. Diese Funktion stellt sicher, dass immer die notwendigen Programme für einen Benutzer oder auf einem Rechner installiert sind. Sie ist nur in der Domäne vorhanden. Für umfangreiche Netzwerke besitzt diese Eigenschaft große Bedeutung. Sie erleichtert dem Administrator die Softwareverwaltung erheblich.

WAIK. Das Installationskonzept hat sich weiter entwickelt: Mit Hilfe von **WAIK** (**W**indows **A**utomated **I**nstallation **K**it) ist es möglich, Images des Betriebssystems zu erstellen, zu bearbeiten und auf neue Rechner oder virtuelle Datenträger zu übertragen.

Clustering. Diese Eigenschaft erlaubt, mehrere Rechner mit dem Betriebssystem Windows Server 2003/2008 zu einem Cluster zusammenzufügen. In einem Cluster sind die Rechner nicht nur mit dem Netzwerk verbunden, sondern besitzen besondere Leitungen (Heartbeat, Herzschlag) untereinander. Diese Leitungen informieren jedes Mitglied des Clusters über den Zustand der anderen Cluster-Rechner. Bei einem Ausfall übernehmen die restlichen Computer sofort die Funktionen des gestörten Rechners.

AH

Aufgaben

1. Ein Rechner besitzt folgende Hardware: Prozessor 500 MHz, Arbeitsspeicher 512 MB, Festplatte mit 1 GB freiem Speicher. Kann man hier das Betriebssystem Windows Server 2003 installieren? Begründen Sie Ihre Entscheidung.
2. Welche Art von Multitasking unterstützt das Betriebssystem Windows Server 2003?
   a) präemptiv
   b) kooperativ
   c) positiv
   d) negativ
3. Kai hat ein Angebot über eine relativ preiswerte Hauptplatine mit acht Intel-Prozessoren erhalten. Kann er auf so einem Rechner das Betriebssystem Microsoft Windows Server 2008 Standard installieren und alle Prozessoren benutzen?
   a) ja
   b) nein
   c) Die Frage beinhaltet nicht genügend Informationen, um sie zu beantworten.
4. Welche Betriebssysteme soll die Firma ACI für ihren internen Verbrauch erwerben? Beachten Sie die Einsatzmöglichkeiten.
   a) Windows XP Home
   b) Windows 7
   c) Windows Server 2008
5. Listen Sie kurz die Eigenschaften der aktuellen Windows-Betriebssysteme auf.
6. Charakterisieren Sie die Sicherheitsmechanismen einer Windows-Domäne. Sie können zu diesem Zweck Recherchen im Internet durchführen.
7. Was bedeutet der Begriff „Clustering“? Entwerfen Sie eine Skizze für das bessere Verständnis.
8. Wozu dient die Eigenschaft „Kontingentverwaltung“? Nutzen Sie zusätzlich das entsprechende Thema in der Windows-Hilfe.
9. Wie funktioniert symmetrisches Multitasking und welchen Vorteil bringt es mit sich?
10. Wie viele Prozessoren unterstützt Windows Server 2008 Enterprise?
    a) exakt 1
    b) 1 bis 4
    c) 1 bis 8
    d) gar keine
11. Welche Eigenschaft des Betriebssystems Microsoft Windows erlaubt jedem Benutzer, die eigenen Daten vor dem unbefugten Lesen durch die anderen Benutzer zu schützen, unabhängig von deren Rechten? Finden Sie in der Windows-Hilfe die Beschreibung dieser Eigenschaft.
12. In einem großen Netzwerk mit einer Vielzahl von Computern können es sich die Administratoren nicht leisten, die Software auf jedem einzelnen Rechner manuell zu installieren. Welche Eigenschaft von Windows hilft ihnen in diesem Fall?

2.3.1.2 Microsoft Windows 2000 und Windows XP

S

In der Firma ACI gibt es noch einige Arbeitsplatzrechner und Server mit den Betriebssystemen Windows XP und Windows 2000 Server. Stefan erhält die Aufgabe, eine Gegenüberstellung der Leistungsmerkmale von Windows XP/2000 Server und Windows 7/2008 zu erarbeiten. Danach soll entschieden werden, ob diese alten Versionen weiterbetrieben oder durch die neuen Betriebssysteme ersetzt werden.

Einige Unternehmen zögern aufgrund hoher Investitionen in die Betriebssysteme Windows 2000 und Windows XP noch immer mit der Umstellung auf Windows Server 2003/2008 und Windows 7. Im Prinzip existieren keine allzu großen Unterschiede zwischen diesen Betriebssystemen. Der folgende Vergleich stellt die wesentlichen Unterschiede in den Vordergrund:

- Viele Funktionen von Windows Server 2003/2008 wurden von Grund auf neu programmiert. Windows 2000 Server enthielt noch eine Anzahl von Programmmodulen, die ursprünglich aus der Zeit von Windows 3.x stammen. Die Erneuerungen verbessern die Reaktionszeiten, erhöhen die Stabilität und reduzieren den Umfang von Windows Server 2003/2008.
- Im Gegensatz zu Windows Server 2003/2008 unterstützt das Betriebssystem Windows 2000 nur 32-Bit-Prozessoren aus der Intel-Familie.
- Microsoft Windows 2000 Server unterscheidet sich durch folgende Varianten: Server, Advanced Server und Datacenter Server. Das Betriebssystem Windows Server 2003/2008 erscheint als Web-, Standard, Enterprise- und/oder Datacenter-Edition. Die höhere Differenzierung in der Ausstattung erlaubt es den Unternehmen, den Einsatz des Betriebssystems besser an ihre Bedürfnisse anzupassen.
- Die Standardrechte und -berechtigungen erhielten im Betriebssystem Windows Server 2003/2008 eine sinnvollere Gestaltung. Beispielsweise besitzt die Gruppe „Jeder“ nicht überall die Berechtigung „Vollzugriff“, sondern höchstens die Berechtigung „Lesen“. Es existiert ein Modul zur Ermittlung der effektiven Berechtigungen der Benutzer, das sich die Administratoren schon lange gewünscht hatten.

- Weitere Verbesserungen betreffen die Funktionalität der mitgelieferten Server-Programme, wie IIS, DNS und Terminalserver.

In einer Windows-Domäne können weiterhin Rechner mit dem Betriebssystem Windows 2000 eingebunden werden. Da Windows 2000 als Server- und Client-Ausführung von Microsoft nicht mehr unterstützt wird, ist jedoch der Umstieg auf die aktuellen Versionen der Betriebssysteme zu empfehlen.

2.3.1.3 Linux

S Aufgrund von Stefans Bericht ist es Herrn Köhler gelungen, die Geschäftsleitung zu überzeugen, die alten Betriebssysteme innerhalb eines Jahres durch Windows Server 2008 bzw. Vista/Windows 7 zu ersetzen. Die Kosten für die neuen Betriebssysteme sind allerdings ziemlich hoch. Deswegen muss Stefan noch die Möglichkeiten für den Einsatz von Linux in der Firma ACI untersuchen. Danach wird erst eine endgültige Entscheidung getroffen.

Die UNIX/Linux-artigen Betriebssysteme haben sich schon seit längerer Zeit im Server-Bereich etabliert. Sie stellen z. B. den größten Anteil der Server im Internet. In den letzten Jahren wuchs auch ihr Anteil im Desktop-Bereich. Die Ursache liegt in der rasanten Entwicklung und der Benutzerfreundlichkeit dieser Systeme.

Die neuesten UNIX/Linux-Betriebssysteme verfügen über folgende Eigenschaften (siehe auch Kap. 1.3.5):

Plattformunabhängigkeit. Im Gegensatz zu den neuesten Microsoft-Windows-Betriebssystemen arbeitet Linux mit fast allen bekannten Prozessoren zusammen: Alpha, Motorola, Intel, PPC, Sparc, MIPS.

Unterstützung von 32-/64-Bit-Prozessoren. Diese bereits seit mehreren Jahren existierende Eigenschaft ist typisch für die UNIX/Linux-Welt. Dafür existieren die jeweils passenden Distributionen. Es gibt sogar bereits Versionen, die mit 128-Bit-Prozessoren zusammenarbeiten. Diese Versionen empfiehlt Linux für den Netzwerkbereich.

Symmetrisches Multiprocessing. Ab Kernel Version 2.4 besitzt Linux diese Fähigkeit.

Präemptives Multitasking. Diese Eigenschaft besaß Linux schon immer.

Multithreading. Das ist einerseits die Fähigkeit der Anwendung, mehrere Unterprogramme (z. B. Drucken, Rechtschreibprüfung) zu starten, und andererseits die Möglichkeit des Betriebssystems, diese Unterprogramme als einzelne Aufgaben im Rahmen des Multitaskings zu unterstützen.

Multiuserfähigkeit. Diese Eigenschaft versteht Linux im ursprünglichen Sinn. Mehrere Benutzer (oder ein Benutzer mehrmals) können sich gleichzeitig **lokal** anmelden. Dafür können mehrere Terminals (Monitor, Tastatur und Maus) an das Systemgehäuse angeschlossen werden. Steht diese Möglichkeit nicht zur Verfügung, kann die Multiuserfähigkeit auch an einem Terminal benutzt werden, da Linux an einem physikalischen Terminal bis zu 24 virtuelle Terminals emulieren kann. So startet ein Benutzer beispielsweise mehrere grafische Oberflächen. Es können auch mehrere Benutzerkonten erstellt und gepflegt werden.

Unterstützung von üblichen Netzwerkkarten und -protokollen. Das Protokoll TCP/IP gilt als Standardprotokoll für die Netzwerke. Alle anderen Protokolle können nachinstalliert werden. Linux erkennt automatisch fast alle Netzwerkgeräte, wie Netzwerkkarten, Modems oder ISDN-Karten. Die Einrichtung dieser Geräte unterscheidet sich innerhalb der verschiedenen Distributionen, verläuft aber seit Jahren zunehmend benutzerfreundlicher.

Netzwerk- und Applikationsserver. Linux stellt alle Server aus dem Internetbereich zur Verfügung. Sie sind durch ihre Stabilität und Zuverlässigkeit bekannt.

Directory Services. Linux bietet unterschiedliche Diens-te, die gemeinsam die Sicherheit im Netzwerk gewährleisten. Der älteste Dienst ist der **NIS-Server** (**N**etwork **I**nformation **S**erver, bekannt auch als Yellow Pages). Er gilt als Prototyp für die Windows-NT-Domäne und unterhält ebenso eine zentrale Datenbank mit den Benutzerkonten. Der **Kerberos-Server** gestattet eine sehr sichere Authentifizierung der Benutzer und der Dienste, sodass dieser Server in gewisser Weise zu einem Internet-Standard geworden ist. Seine Prinzipien wurden auch von Windows 2008/2012 übernommen. Linux stellt weiterhin einen **LDAP-Server** zur Verfügung, der eine Implementierung des X.500-Standards darstellt und wie auch ADS alle Informationen über die Netzwerkressourcen enthält.

Besonders interessant unter Linux ist der **Samba-Server.** Er emuliert alle Netzwerkfunktionen einer Windows-Domäne, beispielsweise die Datei- und Druckserver sowie den Anmeldeserver. Er kann als

Domänen-Controller (DC) in einer Windows-Server-Domäne oder als primärer Domänen-Controller (PDC) in einer Windows-NT-Domäne fungieren.

Sicherheitsmechanismen. Linux unterstützt die **PKI** (**P**ublic **K**ey **I**nfrastructure) und kann somit eine sichere und unverfälschte Datenübertragung gewährleisten.

Rechteverwaltung. Die standardmäßige Rechteverwaltung von Linux bietet weniger Gestaltungsmöglichkeiten als das Gegenstück von Windows Server 2012. Dafür werden aber weniger Ressourcen benötigt. Durch die Installation von zusätzlichen Programmpaketen kann das Niveau der Rechteverwaltung von Windows Server 2012 erreicht werden.

Kontingentverwaltung. Im Gegensatz zu Microsoft Windows bezieht die Kontingentverwaltung von Linux neben den Benutzern auch die Gruppen ein. Bei einigen Anwendungen oder Konstellationen stellt sich diese Eigenschaft als entscheidender Vorteil heraus.

Verschlüsselung der Daten. Unter Linux gibt es unterschiedliche Methoden, sowohl einzelne Dateien als auch das ganze Dateisystem zu verschlüsseln. Einige dieser Methoden sind stabil und zuverlässig, andere befinden sich noch in der Testphase.

Verteiltes Dateisystem. Unter Linux gibt es keine direkte Analogie zum verteilten Dateisystem von Windows, da sich hier die Philosophien beider Betriebssysteme unterscheiden. Linux bevorzugt den folgenden Weg: Nach der Anmeldung erhält der normale Benutzer alle für seine Arbeit benötigten Netzwerkdaten schon als Verknüpfungen oder Verweise und muss im Netzwerk nicht mehr danach suchen. Linux versteht unter dem verteilten Dateisystem vielmehr das **NFS** (**N**etwork **F**ile **S**ystem), das eigentlich das älteste Netzwerkdateisystem darstellt. Es verbindet die Verzeichnisse auf unterschiedlichen Rechnern zu einer Einheit. Der Benutzer greift auf die Daten des NFS zu, ohne dass er wissen muss, wo sich diese Daten physikalisch befinden. Das ist letztendlich auch das Ziel des verteilten Dateisystems von Microsoft Windows. Leider fehlt im Lieferumfang von Windows ein NFS-Server oder -Client. Deshalb kann ein Windows-Rechner auf die Linux-Daten nicht zugreifen, die mittels NFS exportiert sind. Im Internet bieten allerdings verschiedene Quellen die fehlende Server- oder Client-Software für Windows an.

Automatische Anwendungsinstallation. Die Problematik der automatischen Software-Installation erscheint unter Linux unerheblich. Deshalb gibt es dafür relativ wenige Lösungen, von denen sich die meisten noch in der Entwicklungsphase befinden.

Clustering. Linux unterstützt den Verbund von mehreren Rechnern ebenso wie Windows Server 2012 (siehe Kap. 2.3.1.1). Die Vorteile von Linux-Clustern liegen gegenüber anderen Betriebssystemen in ihrer hohen Verfügbarkeit und Skalierbarkeit sowie einem guten Preis-Leistungs-Verhältnis. Somit besitzt Linux eine führende Position in diesem Bereich.

Konfiguration. Zu den Stärken von Linux gehören die Konfigurationsmöglichkeiten. Fast alle Konfigurationsdateien des Betriebssystems selbst und der einzelnen Server liegen im Textformat vor und können mit einem beliebigen Texteditor gepflegt werden. Ebenso können Skripte zur automatischen Veränderung der Konfigurationsdateien erstellt werden. Es handelt sich um interaktive (auch grafische) Front-End-Skripte, die die Konfigurationsdateien zweckmäßig anpassen.

S

Stefan stellt fest, dass der Funktionsumfang von Linux im Server-Bereich im Vergleich zu Windows nicht geringer, sondern manchmal sogar größer ausfällt. Die Anwendung von Linux erfordert allerdings im Vergleich zu Windows viel tiefere Fachkenntnisse. Obwohl Linux selbst kostenlos verfügbar ist, würden die entstehenden Folgekosten die tatsächlichen Investitionen in die Höhe treiben. Die Situation erscheint Stefan deshalb noch unklar. Er will sich noch darüber informieren, wie aufwändig sich z. B. die Installation und Verwaltung von Internet-Servern und Dateiservern unter Linux gestaltet.

Aufgaben

1. Unterstützt Linux Directory Services? Nennen Sie die dafür bekannten Programme.
2. Charakterisieren Sie die Rechteverwaltung von Linux.
3. Was bedeutet Plattformunabhängigkeit und welche Prozessoren unterstützt Linux?

2.3.1.4 NetWare

Das aktuelle Produkt der Firma Novell heißt Novell Open Enterprise Server. Er umfasst mehrere Komponenten:

- alle Dienste vom Betriebssystem NetWare 6.5: Datei- und Druckserver, DNS-, DHCP-, Web-, FTP-Server, NetWare Directory Services (NDS)

- SuSE Linux Enterprise Server (s. Kap. 2.3.1.4 u. 2.4.3)
- Verwaltungstools, die beide Plattformen vereinigen

Novell hat als Erster einen Verzeichnisdienst (NDS) auf dem Markt angeboten. Diese Implementierung umfasst alle Netzwerkressourcen wie Dateien, Drucker und Benutzer. NetWare enthält alle gängigen Internet-Server und basiert auf dem Protokoll TCP/IP. Die Rechte sind klar und logisch dargestellt. Im Vergleich zu Microsoft ist das Betriebssystem viel weniger durch Viren gefährdet. Es ist möglich, die Arbeitsplatzrechner vom Server aus einheitlich einzustellen. NetWare unterstützt das Clustering (siehe Kap. 2.3.1.1) und erfüllt somit alle Anforderungen, die an ein modernes Netzwerkbetriebssystem gestellt werden.

Das Betriebssystem besitzt zusätzlich eine interessante Eigenschaft. Im Vergleich zu Windows und Linux arbeitet es ausschließlich als dedizierter Server (siehe Kap. 2.2.1). Das bedeutet, dass die Mitarbeiter einen Rechner, auf dem NetWare installiert ist, nicht als Arbeitsplatzrechner nutzen können. Dieser Zustand wirkt sich positiv auf dessen Leistung und Zuverlässigkeit aus. Alle Anwender müssen auf ihren Rechnern die Clients für NetWare installiert haben, um auf die Dienste des Servers zugreifen zu können. Auch die Administration des Servers kann vollständig von einem Client aus erfolgen.

2.3.2 Datenschutz und Datensicherheit

Datenschutz ist ein wichtiger Bestandteil des Netzwerk-Konzeptes. Dabei werden folgende Aspekte unterschieden:

- Daten dürfen nur von der Person gelesen werden, für die sie bestimmt sind.
- Daten dürfen von einer dritten Person nicht verfälscht werden.
- Es muss sichergestellt werden, dass die Daten genau von der Person stammen, die sich als Absender dieser Daten ausweist.

Die Verschlüsselungsverfahren bilden die Basis für die sichere Übertragung. Es gibt dafür symmetrische und asymmetrische Algorithmen.

Symmetrische Verschlüsselung. Der Absender und der Empfänger haben den gleichen Code (Schlüssel), mit dem sie die Nachrichten ver- und entschlüsseln. Der Schlüssel ist eine binäre Folge (siehe Kap. „Einfache IT-Systeme"), die über den logischen **Operator XOR** mit der Nachricht verknüpft wird. Je länger diese Folge ist, desto schwieriger ist es, den Schlüssel durch Probieren zu erraten. Die Leistungen der modernen Rechner wirken dieser Tendenz allerdings entgegen. Deswegen sind diese Verfahren nur in dem Fall ratsam, wenn die Daten nicht besonders gut geschützt werden sollen. Als Beispiele hierfür gelten die Algorithmen **DES** (**D**ata **E**ncryption **S**tandard), **DES3**, **RC2**, **IDEA** (**I**nternational **D**ata **E**ncryption **A**lgorithm) und **Rijndael.** Sie alle arbeiten relativ schnell, sind aber nicht besonders sicher.

Operator XOR W

Der logische Operator **XOR** spielt bei der Verschlüsselung eine besondere Rolle aufgrund folgender Formel:

A XOR K = B => B XOR K = A

Verknüpft man einen binären Ausdruck **A** mit dem Schlüssel **K,** so bekommt man das verschlüsselte Ergebnis **B.** Für die Entschlüsselung muss man den Ausdruck **B** mit demselben Schlüssel **K** verknüpfen.

Asymmetrische Verschlüsselung. Der Absender und der Empfänger besitzen unterschiedliche Schlüssel. Diese Schlüssel sind aber so aufgebaut, dass die verschlüsselten Daten nur mit dem anderen (also nicht mit dem gleichen) Schlüssel entschlüsselt werden. Die beiden Schlüssel heißen privater und öffentlicher Schlüssel. Der Empfänger generiert die beiden Schlüssel mit speziellen Programmen. Den privaten Schlüssel behält er, den öffentlichen Schlüssel übergibt er dem Absender. Den öffentlichen Schlüssel kann im Prinzip weltweit jeder Benutzer bekommen. Der Absender verschlüsselt seine Nachricht mit dem öffentlichen Schlüssel des Empfängers und verschickt sie. Nur der Empfänger kann diese Nachricht entschlüsseln, da nur er den dazu passenden privaten Schlüssel besitzt. Die bekanntesten Algorithmen sind **RSA** (**R**ivest, **S**hamir, **A**dleman), **Rabin** und **Chor-Rivest.** Diese Algorithmen sind sehr sicher, arbeiten aber viel langsamer als symmetrische Algorithmen.

Hybride Verschlüsselung. Vor der Datenübertragung vereinbaren die beiden Seiten einen symmetrischen Schlüssel. Während dieser Vereinbarung verwenden sie ein asymmetrisches Verfahren. Im Zuge der Sitzung wird der symmetrische Schlüssel regelmäßig aktualisiert. Das hybride Verfahren erhöht die Sicherheit und die Geschwindigkeit der Datenübertragung.

Mit dem asymmetrischen Verfahren ist **PKI** (**P**ublic **K**ey **I**nfrastructure) verbunden. Unter PKI versteht man eine Anzahl der sogenannten Zertifikationsserver, die die Echtheit für die Benutzer, Dienste und Rechner (sogenannte Objekte) garantieren können. Die Basis dafür bilden die Zertifikate. Ein Zertifikat ist ein elektronisches Dokument (Datei), das die genaue Bezeichnung des Objektes, den öffentlichen Schlüssel, das Ablaufdatum und weitere Informationen enthält. Das Zertifikat ist mit dem privaten Schlüssel des Zertifikationsservers verschlüsselt.

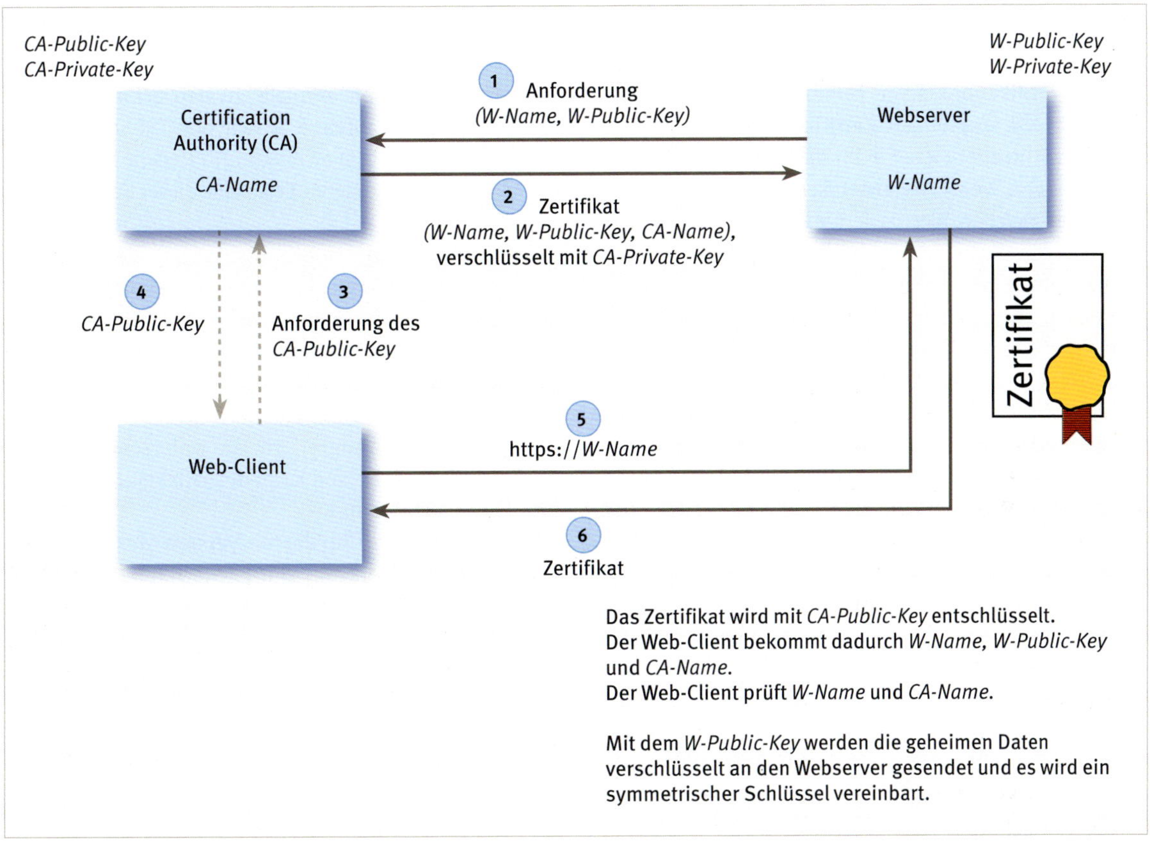

Die Arbeitsweise von PKI und den Zertifikaten wird anhand folgenden Beispiels ersichtlich. Ein Benutzer will die Webseite seiner Bank öffnen, in dem angebotenen Formular die geheimen Daten wie PIN und TAN eintragen und anschließend an den Webserver übermitteln. Kriminelle Handlungen durch die Fälschung der DNS-Einträge im Internet bewirken, dass diese Eingaben des Benutzers auf den Webserver des Angreifers gelenkt werden, wo die Webseite der Bank nachgebildet wird. Der Benutzer kann dies nicht wissen und sendet die geheimen Bankdaten direkt in die falschen Hände. Die Folgen sind offensichtlich.

Als Abhilfe dient PKI. Die Regierung mit ihren staatlichen Behörden oder vertrauenswürdige Unternehmen organisieren im Internet eine Zertifikationsstelle mit einem Zertifikationsserver. Der Administrator des Webservers der Bank erstellt eine Anforderung, die er per Post oder elektronisch an die Zertifikationsstelle sendet. Die Anforderung enthält die genaue Bezeichnung der Bank, den öffentlichen Schlüssel seines Webservers und das Ablaufdatum, also alle Informationen, die später das Zertifikat beinhalten wird. Der Administrator der Zertifikationsstelle prüft diese Daten telefonisch durch Abfragen an die anfordernde Stelle. Nur wenn er sicher ist, dass die übermittelten Daten wahr sind, erstellt er der Bank ein Zertifikat für deren Webserver. Die Bezeichnung der Zertifizierungsstelle wird zu dem Zertifikat hinzugefügt und damit ist das Zertifikat durch die Zertifizierungstelle signiert. Letztendlich wird das alles mit dem privaten Schlüssel der Zertifizierungsstelle verschlüsselt.

Der Benutzer erhält den öffentlichen Schlüssel der Zertifizierungsstelle, der jedem zugänglich ist. Zunächst öffnet er die Webseite der Bank. Der Browser fordert zuerst automatisch das Zertifikat des Webservers an, das er mit dem öffentlichen Schlüssel entschlüsselt und dann validiert, d. h., er überprüft die Gültigkeitsdauer des Zertifikats, die Identität des Inhabers und der Zertifizierungsstelle sowie die Anwendungsbereiche des Zertifikates. Er prüft die Identität des Webservers und bekommt gleichzeitig seinen öffentlichen Schlüssel. Falls die Identität stimmt, vereinbaren die beiden Seiten automatisch (ohne Benutzeraktivitäten) einen symmetrischen Schlüssel, wobei die Daten in dieser Phase mit den privaten und öffentlichen Schlüsseln ver- und entschlüsselt werden (siehe 4.3.3.10).

Der symmetrische Schlüssel wird regelmäßig automatisch erneuert. Somit ist garantiert, dass der Benutzer genau den richtigen Webserver anwählt, und die geheimen Bankdaten gelangen nicht in falsche Hände. Außerdem sind die Daten permanent verschlüsselt.

Der Zertifikationsserver veröffentlicht regelmäßig eine Liste mit ungültigen Zertifikaten. Der Benutzer kann somit immer sicher sein, dass er die Daten mit dem richtigen Webserver austauscht.

Auf der gleichen Idee basiert auch **PGP** (**P**retty **G**ood **P**rivacy). Dieses Programm verwaltet die asymmetrischen Schlüsselpaare und wird oft beim E-Mail-Versand verwendet. Zwei Teilnehmer müssen jeweils ein Schüsselpaar erzeugen. Sie tauschen nur ihre öffentlichen Schlüssel aus, die privaten Schlüssel behalten sie selbstverständlich. Der Absender verschlüsselt die Nachricht mit dem öffentlichen Schlüssel des Empfängers. Keine dritte Person kann diese Nachricht entschlüsseln, auch nicht, wenn sie den öffentlichen Schlüssel besitzt. Nur für den Empfänger selbst ist die Nachricht lesbar.

Ein anderer Aspekt ist der Diebstahl von Daten. Eine gestohlene Festplatte oder ein ganzer Rechner verschafft dem Dieb alle Rechte und er liest ungehindert die darauf befindlichen Dateien. Gegen diese Vorgehensweise besitzen alle modernen Betriebssysteme Verschlüsselungsmechanismen, die auf asymmetrischen Algorithmen basieren. Sind die Daten auf der Festplatte verschlüsselt, so kann diese Daten nur derjenige lesen, der sie verschlüsselt hat, oder der sogenannte Wiederherstellungsagent. Eine unbefugte Person, auch wenn sie alle Rechte besitzt, kann die Daten nicht lesen, sie aber löschen.

Nicht nur Daten sind das Ziel von kriminellen Aktivitäten. Einzelne Rechner oder das ganze Netzwerk können Saboteuren zum Opfer fallen. Erhält ein Server über einen kurzen Zeitraum unzählige Anforderungen ohne das Abwarten auf Antworten, kann er schnell überfordert werden. Wenn der Server durch fehlerhafte Programme eine spezielle Anforderung falsch interpretiert oder abstürzt, besteht die Gefahr, dass die volle Kontrolle über den Rechner auf den Angreifer übergeht.

Gegen den unkontrollierten Netzwerkverkehr kommen **Firewalls** zum Einsatz. Firewalls sind Programme, die auf der 3. und 4. Schicht des OSI-Schichtenmodells arbeiten. Diese Programme erhalten zuerst die versendeten und empfangenen IP-Pakete und prüfen die MAC- und IP-Adressen sowie die Portnummern. Anhand der Regeln, die der Administrator für eine Firewall formuliert, werden Pakete weitergeleitet oder blockiert. Die Firewall kann nicht nur die Daten prüfen, sondern auch ersetzen. Somit lenkt sie die IP-Pakete gezielt an andere Rechner. Firewalls werden normalerweise auf einem Router installiert, der den Datenverkehr regelt. Weil eine Firewall auf der 3. und 4. Schicht des OSI-Schichtenmodells arbeitet, kann sie allerdings nicht die Benutzernamen und deren Rechte überprüfen.

Proxyserver gehören ebenfalls zu den Schutzmechanismen. Sie arbeiten auf der 7. Schicht des OSI-Schichtenmodells und unterstützen nicht nur HTTP (siehe Kap. 2.2.8.1), sondern auch die anderen Protokolle dieser Schicht.

Ein weiterer Schutzmechanismus ist **NAT** (**N**etwork **A**ddress **T**ranslation). Ein NAT-Router arbeitet ähnlich wie ein Proxyserver, allerdings auf der 3. und 4. Schicht des OSI-Schichtenmodells. Er vermerkt seine IP-Adresse auf allen ausgehenden IP-Paketen und verbirgt somit das interne Netzwerk des Unternehmens vor potenziellen Angreifern. Er unterscheidet keine höheren Protokolle und kann deshalb keine Webseiten im Cache speichern.

Der IP-Verkehr in der 4. Version des Protokolls (IPv4) ist nicht verschlüsselt (siehe Kap. 2.2.7.3). Hier wird das **VPN** (**V**irtual **P**rivate **N**etwork) verwendet, um den Netzwerkverkehr zu verschlüsseln. Die Verschlüsselung kann mit symmetrischen und asymmetrischen Algorithmen gestaltet werden.

Die **Tätigkeit des Administrators** trägt maßgeblich zur Sicherheit im Netzwerk bei. Der Administrator muss die Benutzerrechte so gestalten, dass der normale Benutzer nicht zu viele und nicht zu wenige Rechte hat. Außerdem sollten die Rechte protokolliert werden. Dem Administrator stehen weitere Kontrollmechanismen für die Gewährleistung der Sicherheit im Netzwerk zur Verfügung: Gruppenrichtlinien, Kontingentverwaltung und Überwachungsprotokolle.

AH

2.3.3 Qualitätssicherungselemente

Qualität ist eine wichtige Eigenschaft der Produkte und Systeme, die zusammen mit diesen Produkten und Systemen entsteht und sich ständig weiterentwickelt. Wie auch für andere Eigenschaften existieren viele Normen und Standards für die Einhaltung von Qualitätskriterien. Nur die Einhaltung dieser Normen kann die Qualität garantieren sowie die Entwicklung der Systeme voraussagen.

W

Qualitätsnormen	
ISO 9000	Qualitätsmanagement- und Qualitätsnormen; allgemeiner Leitfaden zur Auswahl und Anwendung von Standards ISO 9001, 9002 und 9003
ISO 9001	Qualitätssicherungssysteme; Modelle für die Unternehmen, die ihre Produkte entwickeln, installieren und bedienen
ISO 9002	Qualitätssicherungssysteme; Modelle für die Unternehmen, die Produkte verkaufen und bedienen. Diese Norm ist seit 2003 nicht mehr gültig.
ISO 9003	Qualitätssicherungssysteme; hier sind die Normen für Produktion, Endprüfung und Führungselemente (Verantwortung der Leitung, Korrektur- und Vorbeugungsmaßnahmen) zusammengefasst.
ISO 9004	Festlegung der Elemente des Qualitätsmanagementsystems; Aufbau und Organisation

Die Normen ISO 9000 bis 9004 bilden die Grundlage für das Qualitätsmanagement.

Die Normen selbst sind sehr allgemein formuliert und damit für eine großen Zahl von Unternehmen anwendbar. Die Unternehmen können laut diesen Standards von einer unabhängigen Prüfstelle nach einer der Normen 9001, 9002 oder 9003 zertifiziert werden. Deshalb beinhaltet die Norm ISO 9000 eine Hilfe, nach welcher Norm die Zertifizierung erfolgen soll. Die strengste Norm ist ISO 9001, da hier alle Phasen aus dem Lebenszyklus eines Produkts oder Systems der Prüfung unterzogen werden müssen. Weniger streng ist die Norm ISO 9002, wo nur der Herstellungsprozess von Produkten betrachtet wird, nicht aber die Entwicklung von neuen Produkten. Noch einfacher gestaltet sich die Norm ISO 9003, da hier nur die Endprüfung der Produkte nachgewiesen werden soll. Die Norm ISO 9004 beschäftigt sich dagegen mit dem Aufbau eines Qualitätsmanagementsystems.

In der Norm ISO 9001 sind 20 Qualitätssicherungselemente aufgelistet, durch deren Einhaltung und Umsetzung Fehler in Produkten und Systemen vermieden werden sollen.

W

Qualitätssicherungselement	ISO 9001	ISO 9002	ISO 9003
Verantwortung der Leitung	Ja	Ja	Ja
Qualitätsmanagement	Ja	Ja	Ja
Vertragsüberprüfung	Ja	Ja	Nein
Design und Entwicklung	Ja	Nein	Nein
Lenkung der Dokumente und Daten	Ja	Ja	Ja
Beschaffung	Ja	Ja	Nein
beigestellte Produkte	Ja	Ja	Nein
Identifikation der Produkte und Rückverfolgbarkeit	Ja	Ja	Ja
Prozesslenkung	Ja	Ja	Nein
Prüfungen	Ja	Ja	Ja
Prüfmittel	Ja	Ja	Ja
Prüfstatus	Ja	Ja	Ja
fehlerhafte Produkte und Dienstleistungen	Ja	Ja	Ja
korrektive und präventive Maßnahmen	Ja	Ja	Nein
Handhabung, Lagerung, Verpackung, Versand	Ja	Ja	Ja
Qualitätsaufzeichnungen	Ja	Ja	Ja
interne Qualitätsaudits	Ja	Ja	Nein
Schulung, Training	Ja	Ja	Ja
Kundendienst	Ja	Nein	Nein
statistische Methoden	Ja	Ja	Ja

W

Bestandteile der Dokumentation			
Kabel	**Rechner**	**Switch, Router**	**Software**
genaue Bezeichnung	Seriennummer	Seriennummer	Seriennummer
Typ	Herstellungsdatum, Rechnung, Garantie, Hotline	Herstellungsdatum, Rechnung, Garantie, Hotline	Bezeichnung, Version, Patch
angeschaltete Geräte	technische Daten (Hauptplatine, Chipsatz, RAM, Prozessor, Festplatte usw.)	MAC- und IP-Adresse, Netzwerkmaske	Rechnung, Hotline
	MAC- und IP-Adresse, Netzwerkmaske	Stromversorgung	Lizenzinformation
	Betriebssystem, installierte Server und Clients		Einsatzort und Anwender

In einem Unternehmen sollte mindestens ein Mitarbeiter für die allgemeine Funktionalität des Qualitätsmanagementsystems verantwortlich sein. Die spezifischen Funktionen dieses Systems erledigen dann die Mitarbeiter in den Abteilungen.

Die wichtigste Komponente des Qualitätsmanagementsystems ist die Dokumentation. Sie umfasst folgende Bücher:

- **Qualitätsmanagement-Handbuch,** in dem die Ziele und Vorgehensweisen des Unternehmens dargestellt sind
- **Qualitätsmanagement-Verfahrensanweisungen,** die alle Aktivitäten zur Qualitätssicherung enthalten. Hier werden auch alle Abläufe und Zuständigkeiten dargestellt.
- **Qualitätsmanagement-Liefervorschriften,** die alle Liefervorschriften und die Lieferantenüberwachung sowie deren Qualitätsmerkmale enthalten
- **Qualitätsmanagement-Arbeitsanweisungen,** die zusätzlich zur vorausgesetzten Qualifikation der Mitarbeiter alle qualitätsrelevanten Arbeitsschritte enthalten
- **Qualitätsmanagement-Prüfpläne,** die festlegen, wann welche Prüfungen durchgeführt werden müssen
- **Qualitätsmanagement-Prüfanweisungen,** die für jene Fälle erstellt werden müssen, wo es keine Normen für den Prüfungsablauf gibt

Jeder Mitarbeiter und Kunde erhält Einsicht in diese Bücher. Änderungen erfolgen ausschließlich durch das Qualitätsmanagement im Unternehmen. Unter diesem Aspekt unterliegen auch alle **Geschäftsprozesse** des Unternehmens einer ständigen Bewertung und Optimierung.

Als Teil des Qualitätsmanagements müssen Aufbau und Betrieb der vernetzten Systeme sorgfältig dokumentiert werden. Die Dokumentation muss entsprechend den Zielgruppen erstellt werden. Die Bücher müssen die Identifikationsmerkmale tragen. Sie sollten vorzugsweise im Netzwerk als Dateien in geeigneter lesbarer Form abgelegt werden. Die gängigen Formate sind PDF, HTML und DOC. Die Dokumentationen werden für alle passiven und aktiven Komponenten im Netzwerk erstellt.

In der Tabelle zu den Bestandteilen der Dokumentation sind nur die wichtigsten Charakteristiken aufgelistet, die in der Praxis durchaus erweitert oder verkürzt dargestellt werden können.

Alle Änderungen im Netzwerk müssen genehmigt und protokolliert werden, sodass die ganze Dokumentation nicht nur einmal erstellt, sondern auch regelmäßig gepflegt werden muss.

Aufgaben

1. Informieren Sie sich über Neuerungen zu Grundsätzen und Begriffen des Qualitätsmanagements in den DIN EN 9000:2015 und DIN EN 9001:2015.
2. Nennen Sie weitere wichtige Änderungen in der DIN EN 9001:2015.

2.3.4 Lizenzen und Urheberrecht

Die Entwicklung von Betriebssystemen, Anwendungssoftware und Hardwarekomponenten erfordert Kreativität, viel Zeit und einen erheblichen materiellen Aufwand. Um diese Produkte vor illegalen Vervielfältigungen (Raubkopien) zu schützen, gibt es die erforderlichen gesetzlichen Regelungen. In Deutschland gilt das Urheberrechtsgesetz (UrhG). Es existieren außerdem internationale Gesetze, die den Schutz des geistigen Eigentums gewährleisten. Diese Gesetze und Verträge regeln normalerweise auch die Benutzung, Verbreitung und Verarbeitung von Software.

Lizenzen sind Verträge, in denen der Urheberrechtinhaber dem Lizenznehmer einige einfache oder ausschließliche Rechte einräumt. Der Lizenzvertrag regelt, welche Rechte genau übertragen werden, welche Gegenleistungen der Urheberrechtinhaber erhält und welche Maßnahmen für die Verletzung des Vertrages vorgesehen sind.

In der EDV-Branche werden Lizenzen nicht nur an Firmen, sondern auch an Privatpersonen vergeben. Es gibt grundsätzlich **kommerzielle** und **freie** Lizenzen.

Bei kommerziellen Lizenzen wird normalerweise nur das Nutzungsrecht eingeräumt, während Änderungen und Vervielfältigungen verboten sind. Die Erstellung von Sicherungskopien ist normalerweise gestattet. Die Software darf nur auf einem Rechner installiert oder nur von einer Person genutzt werden. Bei Netzwerkbetriebssystemen wie NetWare und Microsoft Windows Server werden auch die Verbindungen zwischen Clients und Servern lizenziert. Das bedeutet, dass der Kauf allein eines dieser Betriebssysteme nur eine lokale Nutzung erlaubt. Einige Versionen der Betriebssysteme enthalten bereits eine bestimmte Anzahl Lizenzen für die Arbeitsstationen (Clients).

Die Firma **Microsoft** unterscheidet für Windows zwei Lizenzarten für Netzwerkverbindungen, die einander ausschließen:

- **Lizenz pro Arbeitsplatz.** Jeder Client besitzt eine Lizenz und darf auf eine unbegrenzte Anzahl von Servern zugreifen.
- **Lizenz pro Server.** Jeder Server besitzt eine Lizenz, die nur einer bestimmten Anzahl von Client-Rechnern den Zugriff auf diesen Server erlaubt, üblicherweise sind es 5, 25, 50 oder mehr Rechner.

Viele Hersteller vertreiben ihre Netzwerkprodukte in verschiedenen Kombinationen aus der Produkt-Edition (für den Einsatz in kleinen Arbeitsgruppen oder für den unternehmensweiten Einsatz) und den damit verbundenen Benutzerlizenzen. Auch einige Microsoft-Produkte enthalten bereits Lizenzen für Client-Rechner, z. B. verfügt die Version Microsoft Small Business Server 2003 über fünf Lizenzen pro Server.

Bei freien Lizenzen werden die Nutzungsrechte pauschal an jedermann vergeben. Die bekannteste Art ist die **GPL** (**G**eneral **P**ublic **L**icense). Sie erlaubt die Nutzung, Verbreitung und Veränderung der Software, verlangt aber im Gegenzug vom Lizenznehmer, dass die Software zusammen mit dem Quellcode verbreitet wird. Die veränderten Versionen müssen ebenfalls unter GPL stehen. GPL ist ein anerkannter Standard für viele Softwareprodukte. Auch Linux steht unter GPL.

Bei den Installationen von Windows-Betriebssystemen und vielen kommerziellen Anwendungen muss man **EULA** (**E**nd **U**ser **L**icense **A**greement) zustimmen. Rechtlich ist EULA bedenklich, da das Anklicken einer Schaltfläche zur Zustimmung nicht mit einer Unterschrift gleichzusetzen ist.

Spezielle Programme und Module können die Verbindungen im Netzwerk überwachen und mit der Anzahl vorhandener Client-Lizenzen vergleichen. Die nicht lizenzierten Verbindungen werden dann normalerweise blockiert. Diese Überwachung ist als **Software-Metering** bekannt. Die am meisten verbreiteten Software-Metering-Werkzeuge sind:

- Microsoft System Management Server (SMS)
- Unicenter Asset Management
- ManageSoft Lizenz Management

Software-Metering senkt die Kosten für die Softwareverwaltung erheblich.

Aufgaben

1. In der Firma ACI wird ein neuer Dateiserver eingerichtet. Außer reinen Dateidiensten soll er auch als Intranet-Server mit einem Content Management System für firmeninterne Foren und mit einer Wissensdatenbank ausgerüstet werden. Auf der Suche nach passender Software hat Stefan Fischer bereits einige Produkte vorab ausgewählt:
   - Microsoft Server 2012 mit SharePoint 2013
   - Microsoft Windows XP mit MySQL, MediaWiki und dem Apache Webserver
   - Novell Open Enterprise Server mit GroupWise
   - SUSE Linux Enterprise Server mit MySQL, MediaWiki und dem Apache Webserver
   - openSUSE Linux 13 mit MySQL, MediaWiki und dem Apache Webserver

   Als zukünftige IT-Systemkauffrau soll Anna Hedder die Preise der auf dem Markt verfügbaren Netzwerkbetriebssysteme, Content Management Systeme und deren Lizenzmodelle prüfen. Sie geht davon aus, dass alle Mitarbeiter der Firma ACI den Zugriff auf diesen Server erhalten. Allerdings werden kaum mehr als 20 Benutzer den neuen Server gleichzeitig konkurrierend benutzen.
   Recherchieren Sie im Internet und ergänzen Sie die folgende Beispieltabelle mit den aktuell auf dem Markt verfügbaren Kombinationen aus Produkten, Lizenzen und deren Preisen.

Produkt mit Lizenzen	Preis	Beschreibung

2. Welches Software-Metering-Tool eignet sich für ACI aufgrund des Preis-Leistungs-Verhältnisses am besten? Recherchieren Sie im Internet, um die aktuellen Konditionen zu erfahren. Beziehen Sie die Größe und Infrastruktur des Netzwerkes von ACI in Ihre Überlegungen mit ein. Fertigen Sie dazu eine tabellarische Übersicht wie in der Aufgabe 1 an.

2.4 Aufbau und Konfiguration

2.4.1 Windows-Domänenkonzept

S Der Geschäftsprozess „Auswahl der Betriebssysteme" fordert, sich zuerst auf das Konzept für das Betriebssystem zu einigen. In früheren Sitzungen der EDV-Abteilung wurde bereits entschieden, dass die Firma ACI generell das Domänen-Konzept anwendet. Stefan muss sich mit diesem Konzept beschäftigen, um dessen Vorteile gegenüber dem Arbeitsgruppenkonzept zu ermitteln.

Eine Domäne ist vereinfacht ausgedrückt eine Gruppe von Rechnern. Die Voraussetzungen für eine Domäne unter Windows Server 2012 lauten:

- Installation des Betriebssystems Windows Server 2012
- NTFS-Partition mit 500 MB freiem Speicherplatz
- DNS-Server, der am besten zusammen mit der Domäne installiert wird

Nach der Installation der **Active Directory Services** (ADS) entsteht die Domäne. Der Rechner mit dem Betriebssystem Windows Server erscheint als erster **Domänen-Controller** (DC) der neuen Domäne. Danach werden die Mitglieder (Rechner) in die Domäne hinzugefügt oder weitere Domänen-Controller installiert. Als Mitglieder der Domäne können nur die Rechner aufgenommen werden, deren Betriebssystem auf einem NT-System basiert, also keine Rechner mit Microsoft Windows 9x/ME. In einer Domäne sollten aus Gründen der Verfügbarkeit mehrere DCs vorhanden sein.

Das Domänen-Konzept von Windows Server beinhaltet zwei Schwerpunkte:

Die Domäne ist eine Sicherheitseinheit. Die Sicherheitseinstellungen für alle Rechner der Domäne werden vom Administrator einheitlich verwaltet. Das schließt verschiedene Einstellungen für die unterschiedlichen Rechner und Benutzer nicht aus. Der Administrator vollzieht die Einrichtung von einer Stelle aus, er muss sich nicht bei unterschiedlichen Rechnern separat anmelden. Alle Rechner und Benutzer übernehmen die Richtlinien, die der Administrator für sie in der Domäne eingerichtet hat. Weitere Dienste organisieren den Anmeldeprozess, gewährleisten die sichere Datenübertragung und kontrollieren die Einhaltung der Rechte und den Zugriff auf alle Daten innerhalb der Domäne.

Die Domäne ist eine Internet-Domäne. Sie verwendet den gleichen Algorithmus zur Namensauflösung (FQDN) wie im Internet und kann somit als Teil des Internets agieren. Deshalb muss in der Domäne unbedingt ein DNS-Server vorhanden sein. Der von Microsoft mitgelieferte DNS-Server weist im Vergleich zu den DNS-Servern im Internet eine Menge innovativer Änderungen auf.

Somit hat Microsoft zwei völlig unterschiedliche Domänen-Konzepte zusammengeführt. Die bereits in Microsoft Windows 2000 verwirklichte Idee wurde in Windows 2012 noch einmal weiterentwickelt. Das Domänen-Konzept von Windows NT beschränkte sich im Gegensatz dazu lediglich auf eine Sicherheitseinheit.

Die Domänen können nach den FQDN-Konventionen untergliedert sein. Solche Domänen bilden eine Struktur. Aus mehreren einzelnen Strukturen entsteht eine Gesamtstruktur. Alle Domänen innerhalb einer Gesamtstruktur vertrauen einander automatisch. Das bedeutet, dass die Benutzer aus einer Domäne auf die Ressourcen einer anderen Domäne innerhalb der Gesamtstruktur ohne zusätzliche Anmeldung zugreifen können. Dieser Zugriff findet im Rahmen der zugewiesenen Rechte statt.

Active Directory Services (ADS) fungiert dabei als zentrale Datenbank, die alle Netzwerkressourcen der Domäne (Benutzer, Computer, Drucker, Freigaben) verwaltet. Außerdem funktioniert ADS als Server, der den Zugriff auf diese Ressourcen erlaubt. Die Datenbank selbst befindet sich physikalisch auf jedem Domänen-Controller (DC) innerhalb der Domäne. Alle Instanzen der Datenbank sind identische Kopien. Änderungen in der Datenbank auf einem DC werden automatisch auf die anderen DCs der Domäne übertragen.

In einem Teil dieser zentralen Datenbank sind die Benutzerkonten abgespeichert. Meldet sich ein Benutzer an einem Rechner der Domäne an, dann übermittelt dieser Rechner die Anmeldedaten an den nächsten Domänen-Controller (DC). Der DC prüft diese Anmeldedaten anhand seiner Datenbank und erteilt die Erlaubnis oder Verweigerung zum Zugriff. Mit der Erlaubnis kann der Benutzer auf alle Ressourcen der Domäne entsprechend seinen Rechten zugreifen, ohne sich erneut an einzelnen Rechnern anmelden zu müssen.

Das Konzept erleichtert die Arbeit für den Administrator, da er die Benutzerkonten nur an einer Stelle pflegen muss, und es vereinfacht die Abläufe für den normalen Benutzer, der seine Anmeldedaten wie bspw. das Kennwort nur einmal ändern muss. Deshalb ist die Anmeldung an der Domäne gegenüber einer lokalen Anmeldung an einem Rechner vorzuziehen.

Installation, Aufbau und Betrieb einer Domäne sind in folgendem Geschäftsprozess zusammengefasst:

Geschäftsprozess „Installation, Aufbau und Betrieb einer Domäne“

Auswahl der Hardware

Kriterien:
- Leistungsfähigkeit
- Zuverlässigkeit
- Zweckmäßigkeit
- Unterstützung des Betriebssystems Microsoft Windows Server 2012

Installation und Konfiguration der Domäne

Durchführen:
- Installation des ersten Domänen-Controllers, des DNS-Servers und der Service Packs
- Installation von weiteren Domänen-Controllern und Service Packs
- Betriebsmaster in der Domäne verteilen
- sekundäre DNS-Server installieren
- bei Bedarf DHCP-Server installieren

Aufbau der Domäne

Durchführen:
- logische Struktur des Unternehmens in Active Directory abbilden
- physikalische Struktur (Standorte) und Replikationen (Kopien der Datenbank) einrichten

Betrieb der Domäne

Durchführen:
- Rechner in die Domäne aufnehmen
- Benutzergruppen erstellen
- Zugriffsberechtigungen auf die Ressourcen an die Benutzergruppen erteilen
- Benutzerkonten erstellen und den Benutzergruppen zuweisen
- Gruppenrichtlinien einrichten
- Routineaufgaben erledigen (Sicherheit, Überwachung, Fehlerbeseitigung)

Aufgaben

1. Beschreiben Sie die beiden Schwerpunkte des Domänen-Konzeptes für das Betriebssystem Microsoft Windows Server 2012.
2. Beschreiben Sie den Anmeldeprozess an einer Domäne.
3. Kann man ADS auf einem Rechner mit Windows 10 installieren? Begründen Sie Ihre Antwort.
4. Kann man eine Domäne unter Windows Server 2012 ohne DNS-Server betreiben? Begründen Sie Ihre Antwort.
5. Was ist ein DC?
   a) Programm für die Steuerung der Treiber unter Windows (Driver Center)
   b) Programm für die Suche der fehlerhaften Sektoren auf der Festplatte (Detect Corrupt)
   c) Konzept für die dynamische Entwicklung des Unternehmens (Dynamical Concept)
   d) Rechner der Domäne, wo ADS installiert ist (Domänen-Controller)
6. Kai möchte einige Rechner in die Windows-Domäne aufnehmen. Unter welchen Microsoft-Betriebssystemen müssen sie laufen, um dies zu ermöglichen?
   a) Windows Server 2008
   b) Windows Server 2012
   c) Windows 10
   d) Windows 7
   e) Windows Millennium
7. Nennen Sie die Voraussetzungen für eine Domäne unter Windows Server 2012.

2.4.1.1 Installation

Die Installation einer Windows-Domäne ist nichts anderes als die Installation von ADS. Für die Installation werden zwei Möglichkeiten angeboten. Die erste (bevorzugte) Variante verwendet den Befehl **dcpromo.** Die zweite Variante beginnt mit der Auswahl des Menüpunktes **Start/Programme/Verwaltung/Serverkonfigurations-Assistent.** Daran schließt sich die Auswahl der Server-Funktion **Domänen-Controller** (Active Directory) an. Abhängig von der Version des Betriebssystems sind geringe Abweichungen möglich.

Installation der Domäne: Eingabe des Namens

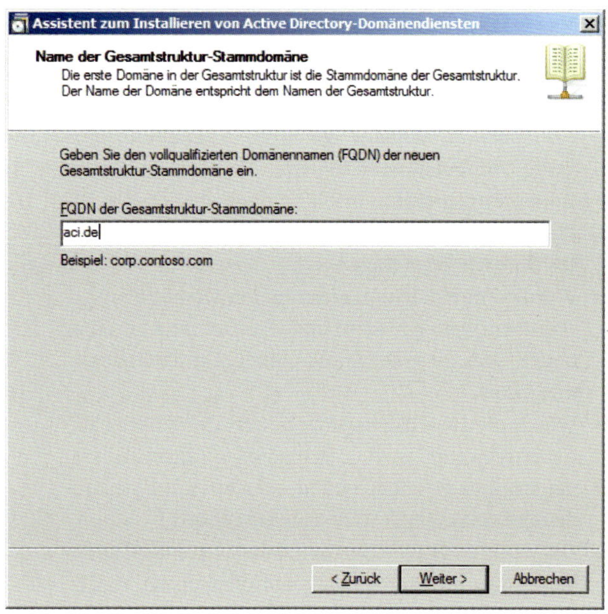

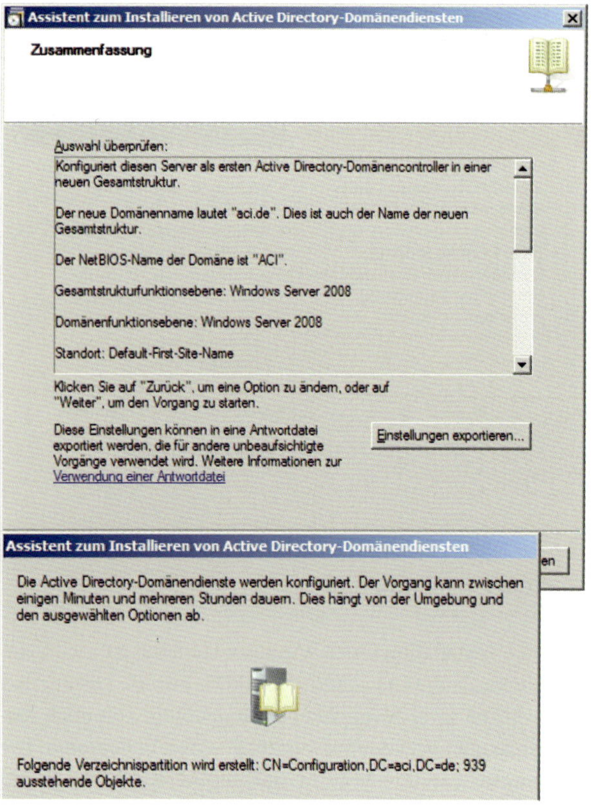

Installation der Domäne: Abschluss

Der weitere Ablauf ist für beide Varianten gleich. Während der Installation muss der Inhalt der Installations-CD entweder auf dem CD-Laufwerk, auf der lokalen Festplatte oder in einer Freigabe im Netzwerk zur Verfügung stehen.

Die Installationsroutine erwartet die Beantwortung folgender wichtiger Fragen:

- Wird der DC zu einer neuen oder zu einer schon vorhandenen Domäne gehören? Existieren noch keine Domänen, wird selbstverständlich eine neue Domäne ausgewählt. Erfolgt die Installation des DC in einer vorhandenen Domäne, wird der Name dieser Domäne eingetragen.
- Wurde die Installation einer neuen Domäne ausgewählt, wird entschieden, ob diese Domäne zu einer neuen oder zu einer vorhandenen Domänenstruktur gehört.
- Wurde die Installation einer neuen Domänenstruktur ausgewählt, wird entschieden, ob diese Domänenstruktur zu einer neuen oder zu einer vorhandenen Domänen-Gesamtstruktur gehört.
- Bei weiteren Fragen bezüglich des Ortes der Datenbank und der Protokolldateien können die vordefinierten Antworten normalerweise bestätigt werden.

Es ist empfehlenswert, auch den DNS-Server während dieses Vorganges zu installieren. Die Benutzung eines vorhandenen DNS-Servers erfordert eine relativ umständliche Einrichtung. Ein richtig funktionierender DNS-Server ist für die Domäne unabdingbar.

2.4.1.2 Aufbau

Der Aufbau der Domäne entspricht dem Standard **X.500**. Dieser Standard ist sehr umfangreich und wurde deshalb niemals vollständig implementiert. Eine fast vollständige Umsetzung gelang lediglich der Firma Novell in ihren Betriebssystemen NetWare 4/5/6.

Der X.500-Standard schreibt den Aufbau einer Datenbank vor. Die Datenbank enthält die Ressourcen. Im Fall der Windows-Domäne sind es die Netzwerkressourcen.

Es gibt zwei Typen von Objekten in der Datenbank, Container- und Blatt-Objekte. Die Container-Objekte können im Gegensatz zu den Blatt-Objekten weitere Container- und Blatt-Objekte enthalten. Die meistverwendeten Objekte sind in der folgenden Tabelle aufgelistet. Es existieren einige Regeln, die die Zugehörigkeit der Objekte untereinander beschreiben.

Typ des Objektes	Abkürzung	Englisch	Deutsch
Container	C	Country	Land
	S	State	Bundesland
	O	Organization	Organisation
	OU	Organizational Unit	organisatorische Einheit
Blatt	CN	Common Name	allgemeiner Name, Benutzername
	UID	User ID	Benutzeridentifikation

Das Protokoll **LDAP** (**L**ightweight **D**irectory **A**ccess **P**rotocol) gewährleistet den Zugriff auf die Ressourcen der Datenbank. Somit können die LDAP-Clients die Datenbank nach bestimmten Ressourcen abfragen.

Jede Ressource besitzt einen eindeutigen Namen (Distinguished Name). Der Name besteht aus den Objektbezeichnungen, die voneinander durch Komma getrennt werden:

CN=RessourcenName,OU=Unterabteilung,¬ OU=Abteilung,O=Firma,C=Land

> Der Benutzer Kai Dreyer, der in der EDV-Abteilung der Firma ACI in Deutschland arbeitet, hat den folgenden eindeutigen Namen:
>
> **CN=Kai Dreyer,OU=EDV,O=ACI,C=de**

Diese eindeutigen Namen werden unter Windows relativ selten benutzt, da die Objekte in Active Directory mit grafischen Werkzeugen erstellt, verwaltet oder gesucht werden.

In der Windows-Domäne (in Active Directory) sind die Objekte O, OU und CN von Bedeutung. Die Domäne selbst entspricht einer Organisation (O). Die Benutzer, Benutzergruppen, Computer, Freigaben, Drucker sind als Ressourcen (CN) darstellbar. Zur Abbildung der Struktur der Firma dienen die Unterabteilungen (OU), die in diesem Fall den Büros, Abteilungen oder Niederlassungen entsprechen.

Active Directory unterstützt selbstverständlich das Protokoll LDAP und stellt somit einen LDAP-Server dar. Alle LDAP-Clients (auch von anderen Betriebssystemen) können Active Directory abfragen und bearbeiten, falls sie die dafür erforderlichen Rechte besitzen.

2.4.1.3 Betrieb

In der Domäne bezeichnet sich der ehemalige lokale Administrator als Domänen-Administrator und die ehemaligen lokalen Benutzer werden zu Domänen-Benutzern. Der Domänen-Administrator muss nach der Installation folgende Schritte ausführen:

Rechner in die Domäne aufnehmen

Es gilt das Prinzip, dass der Administrator jeden Rechner der Domäne von jedem Rechner der Domäne verwalten kann. Der Vorteil für den Administrator ist offensichtlich. Er kann dann ebenso die Mitglieder (Computer) zentral verwalten. Der Aufnahmeprozess besteht aus zwei Komponenten. Der lokale Administrator startet diesen Prozess und der Domänen-Administrator stimmt dem Domänenbeitritt zu. Diese Erlaubnis kann er erteilen, indem er dem lokalen Administrator ein Domänen-Konto mit Anmeldename und Kennwort sowie den entsprechenden Rechten erstellt. Ein Computer kann gleichzeitig nur zu einer Domäne gehören. Der Benutzer, der an diesem Computer arbeiten will, kann sich lokal oder an der zugehörigen Domäne anmelden. Eine lokale Anmeldung bedeutet, dass die lokale Benutzer-Datenbank des Rechners für die Authentifizierung verwendet wird. Der Administrator sollte in der lokalen Datenbank lediglich Standardkonten integrieren, um die Anmeldung in der Domäne zu bevorzugen. In diesem Fall prüft der Rechner die Anmeldedaten nicht selbst, sondern leitet sie an den DC weiter. Der DC authentifiziert diesen Benutzer anhand der zentralen Benutzer-Datenbank und gibt eine Bestätigung (Token) zurück. Eine wichtige Voraussetzung für die Aufnahme des Rechners in die Domäne besteht in seiner Einrichtung als Client für den DNS-Server. Die Windows-Domäne erledigt als Internet-Domäne alle Namensauflösungen durch den DNS-Server. Nach der Aufnahme des Rechners in die Domäne wird seine eigene Auflösung automatisch in die Datenbank des DNS-Servers eingetragen. In Ausnahmefällen erledigt dies der Administrator manuell.

Domänen-Konten für die Benutzer erstellen

Die lokale Benutzer-Datenbank steht nicht mehr zur Verfügung. Für die Benutzer- und Gruppenverwaltung verwendet der Domänen-Administrator ein spezielles Programm, die **Microsoft Management Console** (MMC) **„Active-Directory-Benutzer und -Computer“.** Neben den wichtigsten Elementen eines Benutzerkontos, wie Anmeldename und Kennwort, können hier Anmeldezeit, Anmelderechner, die Zuordnung zu den Gruppen, der Remote-Zugriff und viele andere Funktionen eingestellt werden. Nur in der Domäne besteht die Möglichkeit, Benutzerkonten zu kopieren. Wie bereits erwähnt, kann die Domäne in mehrere OUs unterteilt werden, wenn die logische Struktur der Firma abgebildet werden soll. Das lohnt sich nur für die großen Unternehmen, wo unterschiedliche Benutzer und Computer unterschiedliche Richtlinien besitzen. In einer kleinen Firma bietet es sich an, alle Benutzer in der OU „Users“ und alle Mitgliedsrechner in der OU „Computer“ zu platzieren. Hier gelten einheitliche Richtlinien der Domäne. Zusätzlich besitzt die Domäne eine UO „Domain Controller“, in der sich alle DCs der Domäne befinden. Hier können separate Gruppenrichtlinien verwaltet werden. Ein Benutzer oder ein Computer kann immer nur zu einer OU gehören.

Benutzergruppen erstellen und zuordnen

Ein Benutzer kann gleichzeitig zu mehreren Gruppen gehören. Es existieren drei Arten von Gruppen.

In die **globalen Gruppen** werden die Benutzer aufgenommen. Diese Gruppen sind in der ganzen Domäne bekannt und sollen die Struktur der Firma darstellen, d. h., sie bilden die unterschiedlichen Tätigkeiten im Unternehmen ab. Beispielweise können die folgenden globalen Gruppen erstellt werden:

- Sachbearbeiter
- Buchhaltung
- Projektmanager
- Akquisition

Die **lokalen Domänengruppen** sind für die Erteilung der Zugriffsrechte auf Verzeichnisse und Dateien in der **ACL** (**A**ccess **C**ontrol **L**ist) vorgesehen. So können beispielsweise die folgenden lokalen Domänengruppen erstellt werden:

- Vollzugriff-Gruppe
- Lesen-Gruppe
- Ändern-Gruppe
- Kein-Zugriff-Gruppe

Hier entsprechen die Berechtigungen den Namen der Gruppen. Die Gruppen sind auch in der ganzen Domäne bekannt. Abschließend fügt der Administrator die globalen Gruppen in die lokalen Domänengruppen ein **(nicht umgekehrt!)**. In kleinen Domänen sind die lokalen Domänengruppen ausreichend. Die Microsoft-Strategie der Gruppenzuordnung besitzt in ihrer Flexibilität einen entscheidenden Vorteil. Mit nur einer Zuordnung ist es möglich, einer ganzen Gruppe von Benutzern den Zugriff auf Ressourcen zu erlauben oder zu verbieten.

Die **universellen Gruppen** sind in allen Domänen der Gesamtstruktur bekannt. Die Verwendung dieser Gruppen ist nicht zu empfehlen, da sie große Kapazitäten beanspruchen.

Somit empfiehlt sich die dargestellte Reihenfolge der Zuordnungen von Benutzern und Gruppen:

W Zuordnungen von Benutzern und Gruppen in der Domäne:

Benutzer →
globale Gruppen →
lokale Domänengruppen →
ACL von Freigaben, Verzeichnissen und Dateien

Daten freigeben und Berechtigungen anpassen

Der Domänen-Administrator kontrolliert, welche Daten auf welchen Rechnern im Netzwerk zur Verfügung stehen. Das ist seine wichtigste Aufgabe, damit die normalen Benutzer keine Freigabe erstellen oder löschen können. Die normalen Benutzer besitzen nur die Rechte, die Daten in der Freigabe zu lesen, zu ändern oder gegebenenfalls zu löschen. Es hat sich bewährt, dass der Administrator in seinem Netzwerk einige leistungsfähige Rechner mit dem Betriebssystem Microsoft Windows Server auswählt und dort die notwendigen Freigaben erstellt sowie Daten an diese Orte kopiert.Dann erteilt er den normalen Benutzern die Berechtigungen, die sie für ihre tägliche Arbeit benötigen. Er muss dabei sowohl die Berechtigungen für die Dateien und Verzeichnisse als auch die Berechtigungen für die Freigaben berücksichtigen und darf diese beiden Berechtigungsarten auf keinen Fall verwechseln. Die bereits erwähnten Zuordnungsregeln sind ebenfalls zu berücksichtigen. Rechner mit diesen Eigenschaften nennt man auch **Datei-** oder **Fileserver.**

Gruppenrichtlinien anpassen

Eine Gruppenrichtlinie (Group Policy Object, GPO) fasst die Verhaltens- und Sicherheitseinstellungen zusammen, die für die Benutzer und Computer gelten. In einer Gruppenrichtlinie kann der Administrator beispielsweise die Länge und die Komplexität des Kennworts festlegen, die Protokollierung der Ereignisse ein- und ausschalten und das Aussehen des Explorers verwalten. Bei fehlender Domäne gilt nur die jeweilige lokale Gruppenrichtlinie auf jedem Rechner. In der Domäne wirken zusätzlich die Gruppenrichtlinien von Standorten, der Domäne und den OUs.

Alle Gruppenrichtlinien bestehen aus zwei Teilen, der Benutzer- und der Computerkonfiguration. Die Auswirkung der Gruppenrichtlinien in einer Domäne ist vielschichtig. Beim Start übernimmt der Rechner zuerst die Einstellungen seiner lokalen Gruppenrichtlinie, gefolgt von den Einstellungen der Gruppenrichtlinien vom Standort, von der Domäne sowie von der OU und von der untergeordneten OU, wo sich das Konto dieses Rechners befindet. Selbstverständlich überschreiben die in der Reihenfolge später folgenden Einstellungen die vorherigen Einstellungen und besitzen somit Priorität. Bei dem gesamten Vorgang wirkt nur der Teil einer Gruppenrichtlinie, der für die Computerkonfiguration zuständig ist. Der gleiche Vorgang wiederholt sich bei einer Benutzeranmeldung. Dann wirkt nur der Teil einer Gruppenrichtlinie, der die Benutzerkonfiguration enthält.

Aufgaben

1. Welche Reihenfolge der Zuordnung von Gruppen und Benutzern in einer Domäne wird empfohlen?
   a) Benutzer → lokale Domänengruppen → globale Gruppen → ACL
   b) Benutzer → globale Gruppen → lokale Domänengruppen → ACL
   c) globale Gruppen → Benutzer → lokale Domänengruppen → ACL
   d) Benutzer → ACL → globale Gruppen → lokale Domänengruppen
2. Welche der folgenden Gruppenrichtlinien besitzen die höchste Priorität?

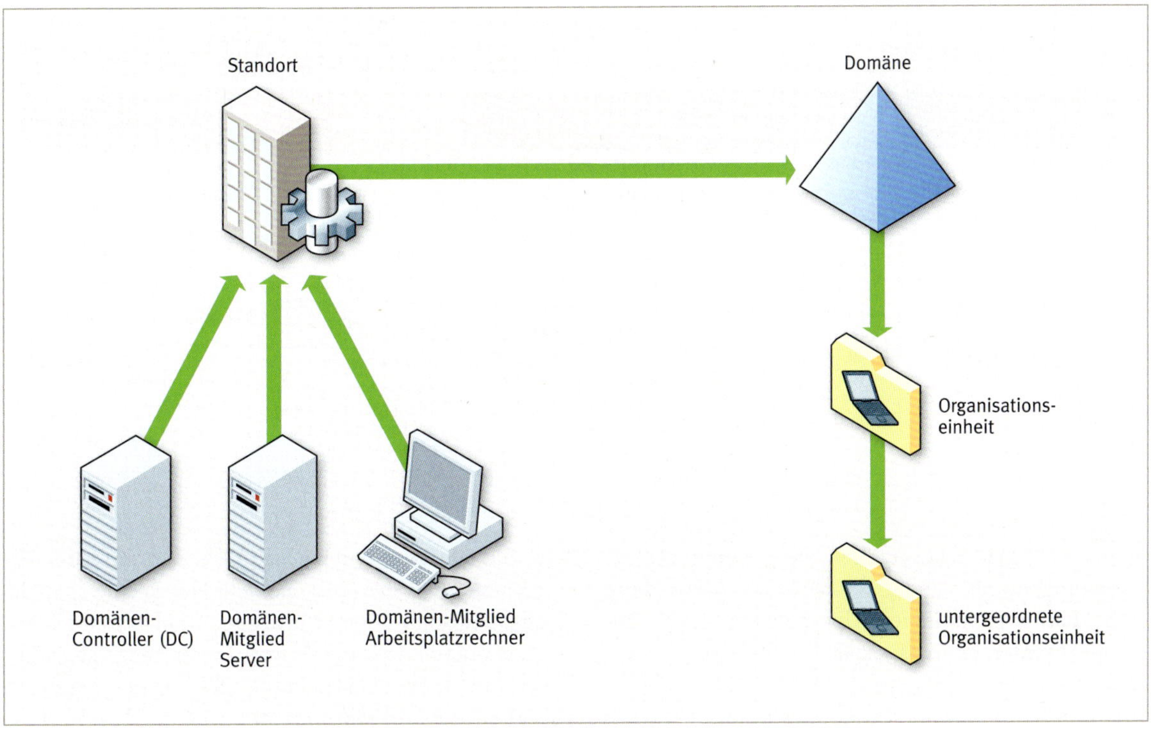

Priorität der Gruppenrichtlinien (Die Pfeile zeigen die steigende Priorität.)

a) Gruppenrichtlinien der Domäne
b) lokale Gruppenrichtlinie
c) Gruppenrichtlinien des Standortes

3. Nennen Sie die Schritte, die ein Administrator nach der Installation der Domäne normalerweise erledigen soll.
4. Mit welcher Microsoft Management Console (MMC) können die Benutzerkonten der Domäne verwaltet werden (erstellen, löschen, korrigieren)?
   a) Computerverwaltung
   b) Active-Directory-Benutzer und -Computer
   c) Active-Directory-Benutzer und -Gruppen
5. Aus welchen zwei Bestandteilen setzt sich jede Gruppenrichtlinie zusammen? Beschreiben Sie die Funktionalität dieser Bestandteile.
6. Um die Sicherheit in der Firma ACI zu erhöhen, wurde beschlossen, dass die Benutzer bei der Eingabe des Kennworts unbedingt große und kleine Buchstaben sowie Ziffern verwenden. Herr Köhler zeigt Kai, wie man die Komplexität des Kennworts für die Domänen-Benutzer festlegen kann. Nach diesem Vorgang werden die Benutzer gezwungen, die neuen Regeln zu akzeptieren. Wo findet Herr Köhler die entsprechenden Einstellungen?
   a) im Anmeldefenster
   b) in den Gruppenrichtlinien
   c) Solche Einstellungen sind unter Microsoft Windows nicht vorhanden.
7. Mit welchem Befehl installiert man eine Domäne?
   a) install c) dcpromo
   b) dcinstall d) cdpromo
8. Schreiben Sie den eindeutigen LDAP-Namen (Distinguished Name) für Herrn Kunze, Ladengeschäft der Firma ACI in Eppendorf.
9. Welche der folgenden LDAP-Objekte sind in Active Directory nicht implementiert?
   a) O d) C
   b) OU e) CN
   c) S f) UID
10. Welche drei wichtigen Fragen muss man bei der Installation der Domäne beantworten?
11. Warum ist es empfehlenswert, den DNS-Server zusammen mit der Domäne zu installieren?

Nach der Erledigung der grundlegenden Schritte beginnt der Alltag für den Administrator. Er beinhaltet die sich wiederholenden Aufgaben und die sich aus einer aktuellen Situation ergebenden Aktivitäten. Die laufenden Tätigkeiten des Administrators sind vielfältig und umfangreich:

- regelmäßige Kontrolle der Protokoll-Dateien des Betriebssystems und der Server
- Aufnahme und Löschung von Benutzerkonten in der Datenbank
- Sicherung der Daten überwachen oder manuell durchführen und bei Ausfällen Daten wiederherstellen
- Installation neuer Patchs und Service Packs

G

Geschäftsprozess „Routineaufgaben des Administrators“

Kontrolle

Durchführen:

- Protokolle des Betriebssystems regelmäßig auswerten
- Überwachungs- und Sicherheitsprotokolle ständig kontrollieren
- Zugriff auf die Ressourcen kontrollieren

Benutzer- und Gruppenverwaltung

Durchführen:

- Gruppen erstellen und bei Bedarf löschen
- Benutzerkonten erstellen und bei Bedarf löschen
- Benutzer den Gruppen zuordnen

Ressourcenverwaltung

Durchführen:

- Ressourcen (Verzeichnisse, Drucker, Faxgeräte, Webseiten) im Netzwerk freigeben
- Rechte auf die Ressourcen an die Benutzer erteilen
- zuverlässigen Zugriff auf die Ressourcen gewährleisten

Sicherungen

Durchführen:

- Sicherungen und Wiederherstellungen der Systemdaten gewährleisten
- Sicherungen und Wiederherstellungen der unternehmensspezifischen Daten gewährleisten
- Sicherungen und Wiederherstellungen der Benutzerdaten gewährleisten

Pflege der Betriebssysteme

Durchführen:

- Betriebssysteme und Anwendungen regelmäßig aktualisieren
- Daten regelmäßig auf Virenbefall prüfen
- Mitarbeiter schulen und über die Richtlinien im Unternehmen informieren

- Schutz gegen Eindringlinge organisieren, Antivirenprogramme ständig aktualisieren, Anwendung der Rechte kontrollieren, Überwachung der Benutzeraktivitäten in der Domäne durchführen

Die typischen Aufgaben des Administrators einer Domäne sind in der Übersicht zum Geschäftsprozess zusammengefasst.

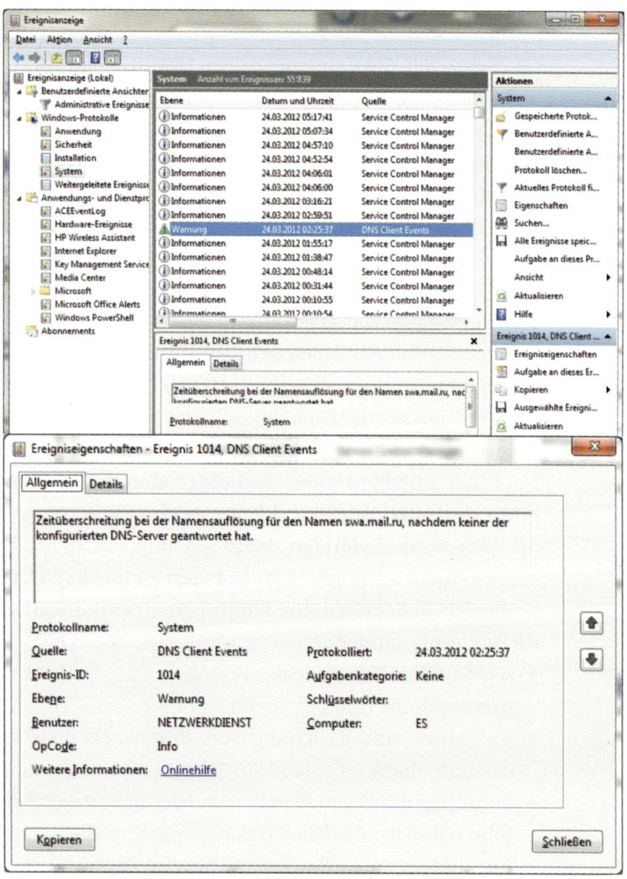

Auszug aus den Protokoll-Dateien

Die **Protokoll-Dateien** befinden sich auf dem Domänen-Controller (DC) oder auf dem Rechner, wo der entsprechende Server läuft. Man öffnet dazu die MMC „Computerverwaltung“. Unter **Ereignisanzeige** stehen die Protokolle „Anwendung“, „Sicherheit“, „System“, „DNS“ und „Active Directory“. Sind auf dem Rechner noch andere Server installiert, so können hier zusätzliche Protokolle vorhanden sein. In den Protokollen werden meistens drei Typen von Ereignissen registriert: **Information, Warnung** und **Fehler.**

- **Informationen** beinhalten Angaben über den erfolgreichen Abschluss eines Vorganges, z. B. dass Module oder Programme gestartet oder beendet wurden.
- **Warnungen** weisen auf Probleme hin, die zum Zeitpunkt der Meldung noch keine negativen Auswirkungen verursachen, aber in der Zukunft zu Fehlern und Programmabstürzen führen können. Das betrifft beispielsweise den zu geringen freien Speicherplatz auf einem Laufwerk oder die Tatsache, dass ein Dienst startet und einige dafür notwendige Dateien nicht finden kann.
- **Fehler** alarmieren über das Fehlverhalten von Modulen oder Programmen bzw. des gesamten Betriebssystems. Nicht alle Fehler bedeuten ernste Probleme, aber der Administrator muss sich auf jeden Fall mit allen gemeldeten Fehlern auseinandersetzen. Beispielsweise deutet der Fehler, dass der DC nicht gefunden werden kann, auf Konfigurationsprobleme des DNS-Servers hin und muss schleunigst behoben werden.

Die **Aufnahme** von Benutzern wurde bereits ausführlich beschrieben. Die weiteren Empfehlungen unterstützen die praktische Arbeit. Beim Erstellen von neuen Benutzerkonten existieren für den Administrator zwei vereinfachte Möglichkeiten: Entweder kopiert er einen passenden Benutzer und ersetzt dann nur einige Felder, wie Anmeldename und Kennwort, oder er richtet für jede Tätigkeit ein Musterkonto (Template) ein. Diese Konten sind normalerweise deaktiviert, damit man sie nicht für eine Anmeldung missbrauchen kann. Der Administrator verwendet dann dieses Template, wenn er einen neuen Benutzer erstellen will. Auch hier müssen selbstverständlich einige Felder angepasst werden, aber viele Angaben des Kontos, wie die Gruppenzugehörigkeit, die Anmeldezeiten und der Fernzugriff, bleiben unverändert.

Beim **Löschen** eines Benutzers deaktiviert der Administrator zuerst das entsprechende Konto, prüft danach die eigenen Dateien dieses Benutzers (wahrscheinlich sind einige Daten für die anderen Benutzer wichtig), protokolliert die Gruppenzugehörigkeit und die anderen Eigenschaften des Kontos und archiviert abschließend die Dateien. Erst dann darf das Konto gelöscht werden.

Sicherungen führt das Programm **ntbackup.exe** durch. Der Programmaufruf befindet sich auch im Startmenü. Der Administrator muss die Systemdaten regelmäßig sichern. Auf einem DC gehören dazu nicht nur die Daten des Betriebssystems, sondern auch die ADS-Daten. Außerdem sichert das Programm die Daten von allen Servern (Datei-, Webserver sowie FTP-, E-Mail-Server) und die eigenen Dateien der Benutzer. Von entscheidender Bedeutung ist der Einsatz der richtigen Sicherungsstrategie. Im Laufe der Zeit haben sich zwei Strategien herauskristallisiert:

- normale Sicherung + differenzielle Sicherungen
- normale Sicherung + inkrementelle Sicherungen

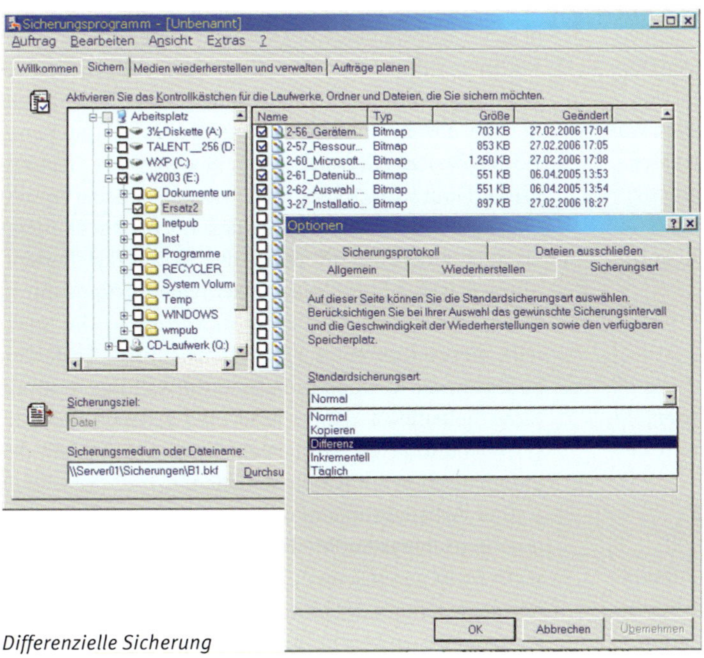

Differenzielle Sicherung

Die **normale** oder **vollständige Sicherung** wird relativ selten durchgeführt (z. B. monatlich). Sie enthält **alle** ausgewählten Dateien. Die viel öfter (z. B. täglich oder wöchentlich) durchzuführenden **differenziellen** und **inkrementellen** Sicherungen enthalten hingegen nicht alle, sondern nur die seit der normalen Sicherung geänderten Dateien. Dabei schließt jede differenzielle Sicherung alle vorherigen differenziellen Sicherungen ein. Im Gegensatz dazu erfasst jede inkrementelle Sicherung nur die Veränderungen seit der letzten inkrementellen Sicherung.

W

normale Sicherung + differenzielle Sicherungen	normale Sicherung + inkrementelle Sicherungen
Die letzten Sicherungen sind größer als die ersten Sicherungen. Sie nehmen sowohl mehr Zeit als auch mehr Speicherkapazität auf dem Datenträger in Anspruch. Beide Ressourcen sind nicht unbegrenzt. Die Gefahr einer Überschreitung der Zeit und Speicherkapazität ist relativ groß.	Alle inkrementellen Sicherungen besitzen ungefähr den gleichen Umfang. Sie beanspruchen in etwa die gleiche Zeit und Speicherkapazität auf dem Datenträger. Die Gefahr einer Überschreitung der Zeit und Speicherkapazität ist relativ klein.
Die Wiederherstellung von Daten benötigt zuerst die normale Sicherung und dann nur die letzte differenzielle Sicherung. Das reduziert den Aufwand für den Administrator.	Die Wiederherstellung von Daten benötigt zuerst die normale Sicherung und dann der Reihe nach alle inkrementellen Sicherungen. Das erhöht den Aufwand für den Administrator.

Wenn die Zahl der Änderungen der Daten über einen Zeitraum relativ konstant ist, so wächst der Umfang der differenziellen Sicherungen mit jeder neuen Sicherung, der Umfang der inkrementellen Sicherungen bleibt in diesem Fall mehr oder weniger konstant. Beide Strategien haben unterschiedliche Charakteristiken, die sich sowohl als Vor- oder Nachteil äußern können.

Der Administrator entscheidet selbst, welche Sicherungsstrategie er verwendet. Wenn es beispielsweise Datenumfang und zeitlicher Rahmen gestatten, kann er täglich eine normale Sicherung durchführen.

Microsoft arbeitet ständig an der Optimierung seiner Betriebssysteme. Regelmäßig erscheinen neue Funktionen, die vorhandene Module verbessern und die aufgetretenen Fehler beseitigen. Alle diese Änderungen werden in **Patchs** (**bug fix,** Feststellen und Beseitigen von Fehlern oder Mängeln) und **Service Packs** zumeist in ausführbaren Dateien zusammengefasst. Nach der Veröffentlichung muss der Administrator diese Änderungen möglichst schnell in alle von ihm betreuten Betriebssysteme integrieren. Normalerweise geschieht dies entweder manuell durch den Start der entsprechenden ausführbaren Dateien (*.EXE) oder automatisch nach dem Download aus dem Internet.

Der Administrator organisiert die **Abwehr von Viren,** indem er die Datenbanken der verwendeten Virenscanner regelmäßig aktualisiert und die erforderlichen Prüfungen auf dem DC und auf den Rechnern der Mitarbeiter durchführt (manuell oder automatisch). Gleichzeitig informiert er die Mitarbeiter ständig über neue Gefahren durch Viren und andere schädliche Programme sowie über vorbeugende Verhaltensregeln zur Abwehr. Die Angriffsversuche der Benutzer erkennt der Administrator über die Ereignisanzeige im Protokoll **Sicherheit.**

AH

Aufgaben

1. Welche Dateien, die ein Administrator regelmäßig kontrollieren muss, enthalten Informationen über die wichtigsten Ereignisse im Betriebssystem und in der Domäne insgesamt?
   a) C:\AUTOEXEC.BAT b) C:\PAGEFILE.SYS
   c) Protokoll-Dateien
   d) C:\WINDOWS\SYSTEM32\NTOSKRNL.EXE
2. Welche Typen von Ereignissen existieren?
   a) Information c) Ablehnung e) Anforderung
   b) Fehler d) Warnung
3. Beschreiben Sie die Funktionsweise der inkrementellen und der differenziellen Sicherung.
4. Der Administrator der Firma ACI führt jeweils am Sonntag eine normale Sicherung und an den restlichen Wochentagen differenzielle Sicherungen durch. Alle Sicherungen beginnen immer um 22:00 Uhr. Am Donnerstag der laufenden Woche passiert um 17:11 Uhr ein Festplatten-Crash auf einem Windows-Server. Was muss der Administrator tun, um die Daten mit einem minimalen Aufwand wiederherzustellen? Begründen Sie Ihre Entscheidung. Er verwendet die
   a) Sonntags-, Montags-, Dienstags- und Mittwochssicherung.
   b) Sonntags- und Mittwochssicherung.
   c) nur die Sonntagssicherung.
   d) nur die Mittwochssicherung.
5. Welches Programm liefert Microsoft standardmäßig mit den Betriebssystemen für die Durchführung der laufenden Sicherungen?
   a) COPYALLFILES.EXE c) BACKUP.EXE
   b) NTBACKUP.EXE d) BACKOVER.EXE
6. Beschreiben Sie die Maßnahmen, die ein Administrator durchführen muss, um das Betriebssystem auf dem aktuellen technischen Stand zu halten.
7. Ein Administrator muss bestimmte Maßnahmen durchführen, um die Abwehr von Computerviren in seiner Firma zu organisieren. Was gehört nicht zu diesen Maßnahmen?
   a) Mitarbeiter über die neuen Computerviren informieren
   b) ständig die neuen DCs installieren
   c) Datenbanken der Virenscanner auf dem aktuellen Stand halten
   d) alle DCs für die Zeit herunterfahren, in der die normalen Benutzer nicht arbeiten, z. B. zwischen 17:00 Uhr abends und 08:00 Uhr morgens
   e) alle DCs und die Rechner der Mitarbeiter regelmäßig auf Computerviren prüfen
8. Beschreiben Sie die laufenden Tätigkeiten des Administrators.
9. Beschreiben Sie die Funktionalität eines Templates für Benutzerkonten.
10. Ein Mitarbeiter der Firma ACI hat gekündigt. Was muss Herr Köhler beim Löschen seines Benutzerkontos beachten?

2.4.1.4 Alternative zum Domänen-Konzept

Alternativ zur Domäne existiert das **Arbeitsgruppenkonzept.** Die Arbeitsgruppe ist ebenso wie die Domäne eine Gruppe von Rechnern, wobei die Verhältnisse zwischen den Rechnern untereinander völlig anders organisiert sind.

Beim Arbeitsgruppenkonzept fehlt die zentrale Datenbank mit den Benutzerkonten. Will ein Benutzer auf die Daten eines anderen Rechners zugreifen, muss er sich an diesem Rechner anmelden. Das gilt für jeden Rechner, auf den der Zugriff erfolgen soll. Diese Prozedur kann nur vermieden werden, wenn jeder Rechner die absolut gleichen Anmeldenamen und Kennwörter besitzt oder auf jedem Rechner ein Gast-Zugriff erlaubt wird. In der Folge entstehen dabei sowohl eine unnötige Belastung für den normalen Benutzer als auch eine Einschränkung der Netzwerksicherheit. Sinnvoll ist die Einrichtung einer Arbeitsgruppe nur in kleinen Netzwerken bis zu zehn Rechnern. Die Nachteile dieses Konzeptes sind offensichtlich: Es fehlen eine zentrale Gruppenrichtlinienverwaltung, zentrale Sicherheitsmechanismen und eine zentrale Ressourcenverwaltung. Ebenso besteht keine Möglichkeit der automatischen Softwareinstallation.

Das Arbeitsgruppenkonzept entstand bereits mit dem Betriebssystem Microsoft Windows 3.1, das heute nicht mehr genutzt wird. Der Einsatz von Arbeitsgruppen sollte daher auf Heimnetzwerke und Netze in sehr kleinen Firmen beschränkt bleiben.

2.4.2 Dienste unter Microsoft Windows

S Jetzt schließt sich der Kreis mit der Installation und Einrichtung der Dienste, die für die Abteilung **Einkauf/Lager** vorgesehen sind. Die Installation unterscheidet sich in Abhängigkeit von den eingesetzten Betriebssystemen. Stefan erstellt eine geschäftsprozessorientierte Über- sicht über die Installationsvorgänge und über die Einrichtungen der entsprechenden Server und schafft damit zugleich eine weitere Grundlage für die tägliche Arbeit eines IT-Systemadministrators.

Geschäftsprozess „Installation und Verwaltung der Dienste" G

DNS-Server	DHCP-Server	Webserver	E-Mail-Server	Datei- und Druckserver
Durchführen: ▪ Installation ▪ direkte und umgekehrte Namensauflösung einrichten ▪ Weiterleitungen an die anderen Domänen einrichten ▪ Testen ▪ Protokolle kontrollieren, Fehler beheben	**Durchführen:** ▪ Installation ▪ IP-Adressbereiche einrichten ▪ Optionen einrichten ▪ Reservierungen einrichten ▪ Lease kontrollieren ▪ Testen ▪ Protokolle kontrollieren, Fehler beheben	**Durchführen:** ▪ Installation ▪ Webseiten zur Verfügung stellen ▪ Zugriff steuern ▪ Testen ▪ Protokolle kontrollieren, Fehler beheben	**Durchführen:** ▪ Installation ▪ Benutzerkonten einrichten ▪ gemeinsame Daten (Kalender, Termine) einrichten ▪ Testen ▪ Protokolle kontrollieren, Fehler beheben	**Durchführen:** ▪ Installation ▪ Ressourcen (Verzeichnisse, Drucker) freigeben ▪ Zugriffsberechtigungen auf die Ressourcen verteilen ▪ Testen ▪ Protokolle kontrollieren, Fehler beheben

2.4.2.1 DNS-Server

Der DNS-Server liefert eine Grundvoraussetzung für den normalen Betrieb der Domäne. Mit seiner Hilfe suchen die Mitglieder der Domäne die Domänen-Controller (DC), die Dienste von ADS und die Rechner mit spezifischen Funktionen, die sogenannten **Betriebsmaster.** Für diese Zwecke unterstützt der DNS-Server ab Version Windows 2000 die Ressourceneinträge des Typs SRV (siehe Kap. 2.2.8.5), die Verweise auf die entsprechenden Dienste der Domäne enthalten.

Wird der DNS-Server zusammen mit der Domäne installiert, dann enthalten die SRV-Datensätze automatisch die richtigen Informationen. Dabei können in einer Domäne mehrere DNS-Server installiert und betrieben werden.

Ab der Version Windows 2000 liefert Microsoft einen dynamischen DNS-Server (DDNS). Er ist imstande, die von den Clients erhaltenen Namensauflösungen automatisch in die eigene Datenbank aufzunehmen. Allerdings gilt dies auch nur für die neueren Clients ab Windows 2000, die ihre Namensauflösungen an den DDNS-Server senden können. Für die Clients älterer Betriebssysteme besteht für die Zusammenarbeit mit dem DDNS-Server nur die Möglichkeit, dass sie ihre IP-Adressen von einem DHCP-Server erhalten, wobei dieser DHCP-Server die Namensauflösungen dann an den DDNS-Server sendet. Diese Form der Zusammenarbeit zwischen den DHCP- und DNS-Servern ist ebenfalls erst ab der Version Microsoft Windows 2000 vorgesehen.

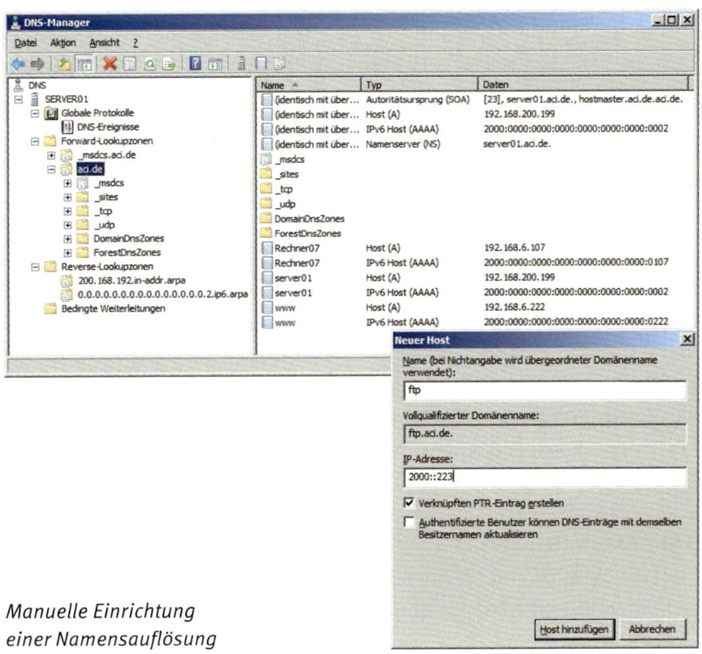

Manuelle Einrichtung einer Namensauflösung

Platziert der Administrator den Datenbestand der Firma auf nur wenigen Datei-, Web- und E-Mail-Servern, dann besteht überhaupt keine Notwendigkeit, dass die Clients direkt aufeinander zugreifen, und eine Auflösung der Namen von Client-Rechnern ist nicht erforderlich. Das reduziert den Datenverkehr im Netz und erhöht die Sicherheit. In diesem Fall muss der Administrator in die DNS-Datenbank manuell nur die Namen und IP-Adressen der Datei-, Web- und E-Mail-Server eintragen. Die Namensauflösungen für alle DCs müssen hingegen auf jeden Fall erfasst werden (manuell oder automatisch).

Empfehlenswert ist die Einrichtung einiger sekundärer DNS-Server. Sie entlasten den primären DNS-Server und beschleunigen die Zusammenarbeit mit den DNS-Clients. Außerdem erhöhen zusätzliche DNS-Server die Ausfallsicherheit im Netzwerk. Die DNS-Clients müssen in diesem Fall die Verweise auf die sekundären DNS-Server erhalten. Zu beachten ist, dass die Datenbank mit den Namensauflösungen auf einem sekundären DNS-Server nicht geändert werden kann. Dafür ist ausschließlich der primäre DNS-Server zuständig.

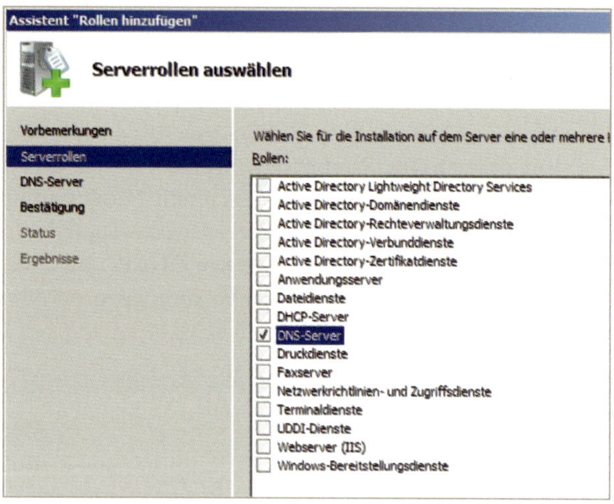

Installation des DNS-Servers

Die Installation des DNS-Servers erfolgt unter dem Menüpunkt:
Systemsteuerung/Software/Windows-Komponenten hinzufügen, entfernen/Netzwerkdienste/DNS-Server
Dabei muss der Zugriff auf die Installationsdateien von Windows gewährleistet sein.

Die DNS-Konsole befindet sich im Startmenü oder kann mit dem Befehl **dnsmgmt.msc** gestartet werden. Über diese Konsole ist die vollständige Verwaltung des DNS-Servers möglich:

- starten, beenden
- direkte (Forward-Lookup-Zone) und umgekehrte (Reverse-Lookup-Zone) Namensauflösungen eintragen
- Weiterleitungen auf die anderen Domänen einrichten usw.

Sinnvollerweise unterstützt eine DNS-Konsole die Fernverwaltung, sodass sie nicht unbedingt auf demselben Rechner laufen muss, auf dem sich der DNS-Server befindet. Außerdem erlaubt sie die Verwaltung von mehreren DNS-Servern gleichzeitig und ist somit die zentrale Überwachungsstelle für alle DNS-Server.

Ein Microsoft-DNS-Server kann nur unter den Betriebssystemen Microsoft Windows Server 2008/2012 installiert werden.

Die Einrichtung des **DNS-Clients** ist nicht kompliziert. Man öffnet dazu in der betreffenden Netzwerkverbindung die Eigenschaften des Internetprotokolls (TCP/IP) und trägt in den Optionen „Bevorzugter DNS-Server" und „Alternativer DNS-Server" die IP-Adressen der entsprechenden Server ein. Der alternative DNS-Server wird nur in dem Fall abgefragt, wenn der bevorzugte DNS-Server nicht antwortet. Hier dürfen keine Rechnernamen stehen, da sonst wiederum ein DNS-Server für die Auflösung dieser Namen notwendig wäre. Der DNS-Client von Microsoft Windows arbeitet rekursiv (siehe Kap. 2.2.8.5).

Aufgaben

1. Welchen Ressourceneintrag führt der DNS-Server von Microsoft Windows 2012 ein, damit die Mitgliedsrechner die DCs und die Dienste des ADS finden können?
   a) PTR b) A c) SRV
2. Ab welcher Version lieferte Microsoft einen dynamischen DNS-Server (DDNS)?
   a) Windows Server 2012
   c) Windows Server 2008
   b) Windows 2000 Server
3. Nennen Sie die Eigenschaften des DDNS-Servers, die ihn von einem herkömmlichen DNS-Server unterscheiden.
4. Kann ein DNS-Server unter dem Betriebssystem Microsoft Windows 10 Professional installiert werden?
5. Welchen Zweck erfüllen die sekundären DNS-Server?
   a) Sie beantworten die Anfragen von den DNS-Clients und entlasten somit den primären DNS-Server.
   b) Neue Namensauflösungen können direkt in die Datenbank des sekundären DNS-Servers eingetragen werden.
   c) Bei einem Ausfall des primären DNS-Servers können die DNS-Clients störungsfrei arbeiten. Somit gewährleisten die sekundären DNS-Server die Ausfallsicherheit im Netzwerk.
6. Mit welchem Befehl kann die DNS-Konsole gestartet werden?
   a) dnsmgmt.msc
   c) dnsmgmt.exe
   b) mmcmgmt.msc

7. Beschreiben Sie die Einrichtung eines DNS-Clients.
8. Wie viele DNS-Server können in einer Windows-Domäne vorhanden sein?
   a) genau einer
   b) genau zwei
   c) mehrere, aber mindestens einer
   d) keine

2.4.2.2 DHCP-Server

Der DHCP-Server konfiguriert seine Clients automatisch. Die Clients erhalten auf Anfrage die Rechnernamen, IP-Adressen und Netzwerkmasken für den eigenen Bedarf sowie die IP-Adressen der Router, DNS-Server usw. (siehe Kap. 2.2.8.4)

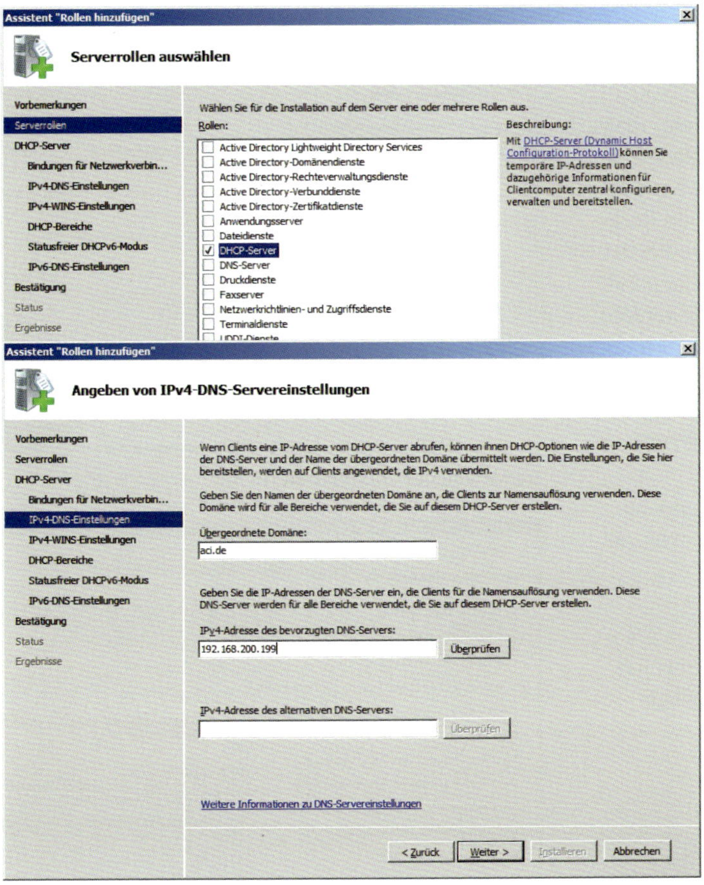

Installation des DHCP-Servers

Erfolgt ein Angriff auf den DHCP-Server, so führt dies zu einer Fehlkonfiguration der DHCP-Clients, die eine Zusammenarbeit im Netz unmöglich macht. Aus Sicherheitsgründen kann in einer Domäne nicht jeder beliebige DHCP-Server eingesetzt werden. Der Administrator autorisiert (registriert) in der Domäne die von ihm selbst eingerichteten DHCP-Server. Nicht autorisierte DHCP-Server werden von der Domäne unterdrückt und automatisch heruntergefahren oder aber der Administrator bekommt eine Meldung, dass in der Domäne nicht autorisierte DHCP-Server laufen.

Die Installation des DHCP-Servers startet man über die Menüpunkte:

Systemsteuerung/Software/Windows-Komponenten hinzufügen, entfernen/Netzwerkdienste/DHCP-Protokoll

Dabei muss der Zugriff auf die Installationsdateien von Windows gewährleistet sein.

Die DHCP-Konsole kann über das Startmenü oder mit dem Befehl **dhcpmgmt.msc** aufgerufen werden. Über die Konsole ist die vollständige Verwaltung des DHCP-Servers möglich: starten, beenden, autorisieren, Adressbereiche einrichten, Reservierungen vornehmen und die Optionen (d. h. die Konfigurationsparameter) einstellen. Auch die DHCP-Konsole ist für die Fernverwaltung konzipiert und kann auf einem Rechner starten, auf dem kein DHCP-Server läuft. Es ist möglich, mehrere DHCP-Server mit einer DHCP-Konsole zu bedienen.

Auf jeden Fall muss der Administrator berücksichtigen, dass die DHCP-Server untereinander keine Informationen über ihre Adressbereiche austauschen. Deshalb dürfen sich die Adressbereiche bei der Einrichtung mehrerer DHCP-Server nicht überlappen.

Ein DHCP-Server kann nur unter den Betriebssystemen Microsoft Windows Server 2008/2012 installiert werden.

Eine wichtige Eigenschaft des DHCP-Servers unter Windows Server 2008/2012/2008 sorgt dafür, dass dem DDNS-Server die vergebenen IP-Nummern und die entsprechenden Rechnernamen mitgeteilt werden, damit er sie automatisch in seine Datenbank eintragen kann. Für die älteren

Adressbereich des DHCP-Servers mit zu vergebenden IP-Adressen

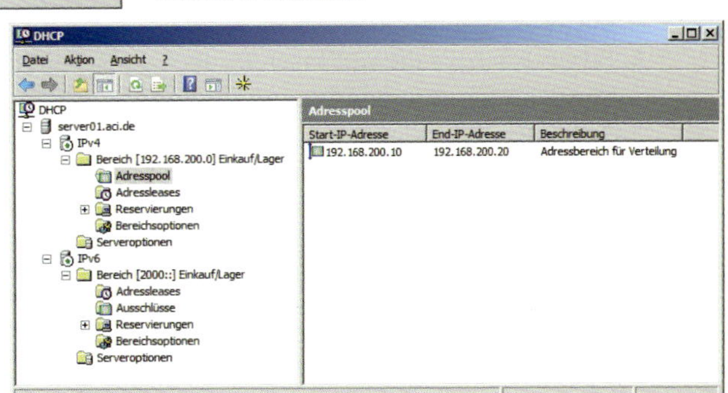

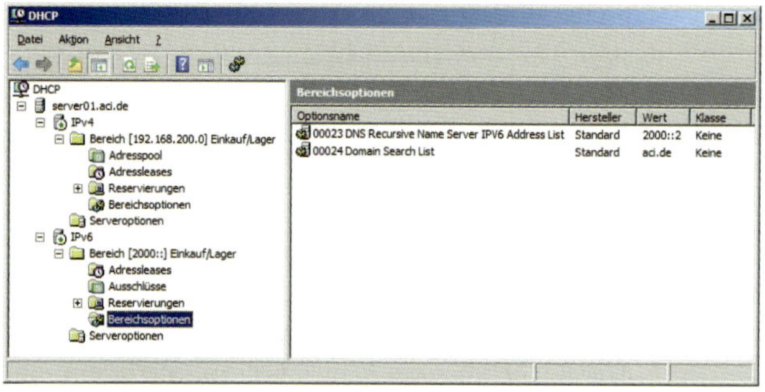

Optionen des DHCP-Servers

Client-Betriebssysteme, wie Microsoft Windows 9x/ME und Windows NT, die noch nicht mit dem DDNS zusammenarbeiten können, ist diese Eigenschaft sehr nützlich.

Die Einrichtung des **DHCP-Clients** gestaltet sich sehr einfach. In der betreffenden Netzwerkverbindung wird in den Eigenschaften des Internetprotokolls (TCP/IP) die Option „IP-Adresse automatisch beziehen" markiert. Dabei schaltet sich auch der APIPA-Mechanismus ein (siehe Kap. 2.2.8.4). Microsoft Windows erlaubt nur durch einen Eingriff in der Registrierung des Rechners, den APIPA-Mechanismus auszuschalten. Bei der Einrichtung des DHCP-Clients sollte auf keinen Fall die IP-Adresse des DHCP-Servers eingetragen werden. Dies ist auch in keinem anderen Betriebssystem möglich. Erst wenn der Client selbst eine IP-Adresse besitzt, ist die IP-Adresse des Servers von Bedeutung. Mit der Übermittlung seiner IP-Adresse erhält der Client gleichzeitig die Adresse des DHCP-Servers.

Die Netzwerkeinrichtung eines Clients kann über die Eingabeaufforderung mit dem Befehl **ipconfig /all** geprüft werden.

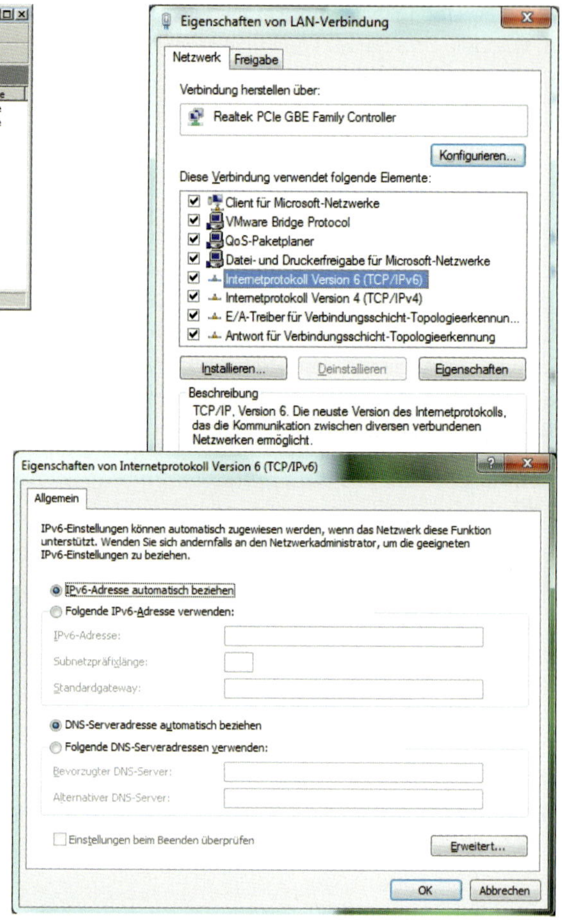

Einrichtung des DHCP-Clients

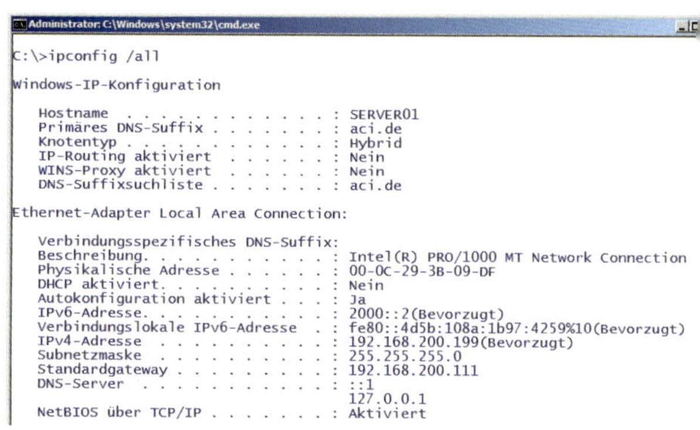

*Befehl **ipconfig /all***

Aufgaben

1. Was muss der Administrator tun, nachdem er einen DHCP-Server in der Domäne installiert und eingerichtet hat?
   a) DHCP-Server deinstallieren
   b) DHCP-Server autorisieren
   c) DHCP-Server authentifizieren
2. Kann ein DHCP-Server unter dem Betriebssystem Microsoft Windows 10 installiert werden?
3. Beschreiben Sie die Verbesserung der Eigenschaften des DHCP-Servers von Microsoft Windows Server 2012 gegenüber Windows NT Server.
4. Kai arbeitet an einem Computer, der als DHCP-Client eingerichtet ist. Mit welchem Befehl oder Menü kann er die Netzwerkparameter kontrollieren, die sein Rechner vom DHCP-Server erhalten hat?
   a) ipcontrol
   b) ipconfig
   c) ipconfig /all
   d) Fenster Netzwerkumgebung
   e) controlip /all
   f) netparam /all
5. Stefan kann von seinem Computer aus keine Ressourcen der Domäne erreichen. Er will die Ursache finden, kontrolliert seine Netzwerkparameter und stellt fest, dass ihm die IP-Adresse 169.254.113.61 zugeteilt wurde. Worauf weist dies hin?
6. Wie kann man den APIPA-Mechanismus ausschalten?
7. Kann eine Windows-Domäne ohne DHCP-Server funktionieren?

8. Mit welchem Befehl startet man die DHCP-Konsole?

a) dhcpcons.msc
b) dhcpmgmt.msc
c) dhcpstart.msc

2.4.2.3 Webserver

Unter Microsoft Windows ist der Webserver ein Bestandteil des Internet Information Servers (IIS). Das ganze Programmpaket IIS oder einzelne Komponenten können sowohl unter Windows-Server als auch unter Windows-Professional-Editionen installiert werden, wobei die mögliche Anzahl der Komponenten vom Betriebssystem abhängig ist. Die aktuellen Versionen von Microsoft Windows Server 2008 und 2012 sind ebenso in speziellen Web-Editionen verfügbar, wobei die Eigenschaften der Betriebssysteme und die Lizenzierung dem spezifischen Einsatzbedarf als Webserver angepasst wurden.

Das Basisverzeichnis für diesen Webserver ist das Verzeichnis \INETPUB\WWWROOT. Hier befinden sich die Standarddokumente (Webseiten) und die gesamte Verzeichnisstruktur des Webservers. Um den Server zu testen, wird in diesem Verzeichnis eine einfache HTML-Datei erstellt.

Internet Information Server (IIS) W

Eine einfache HTML-Datei (Name: einfach.html) für den Test genügt:

```
<html>
<head>
<title>Meine 1. Webseite</title>
</head>
<body>Beste Grüße vom Rechner Bilbo
</body>
</html>
```

Der Aufruf in der Adressleiste des Webbrowsers lautet:

`http://ip-adresse-des-servers/dateiname`

Aufruf einer einfachen Webseite

Installation des Webservers

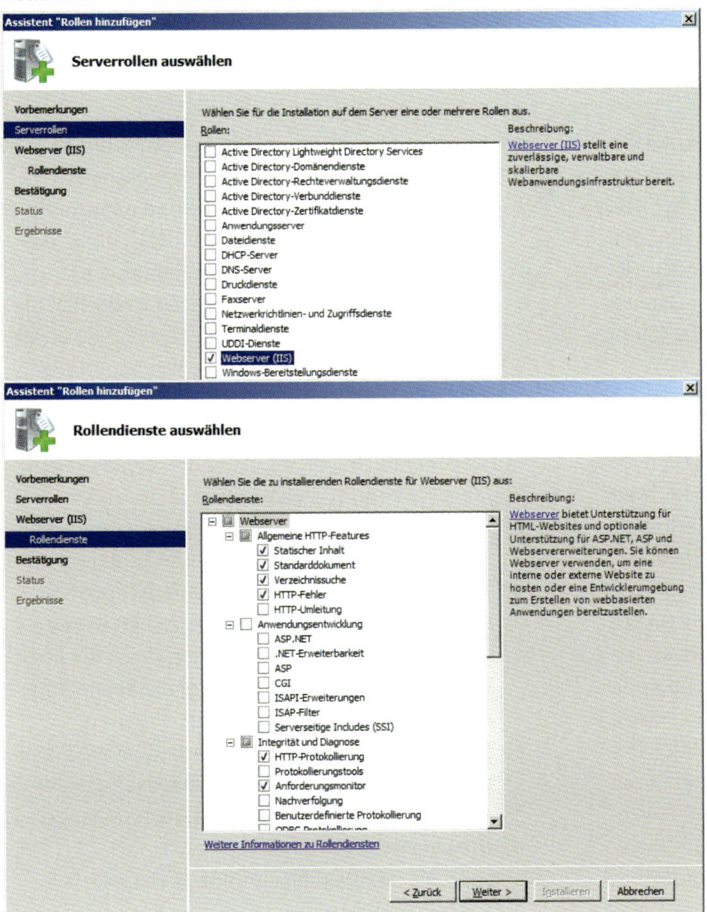

Nach dem Start des Webservers wird diese Datei mit einem beliebigen Webbrowser von einem anderen Rechner aufgerufen.

Mit der Konsole **Internetinformationsdienste-Manager** können die Funktionen für die Verwaltung aller Komponenten des IIS einschließlich des Webservers erreicht werden. Der entsprechende Ordner heißt **Standardwebseite.** Mit der rechten Maustaste öffnet sich für die Verwaltung das Menü **Eigenschaften.** Die danach sichtbaren Registerkarten gestatten die Einstellung folgender Funktionen des Webservers:

Website. Sie steuert die allgemeinen Einstellungen des Servers, wie die IP-Adresse und Portnummer, auf der die Client-Abfragen erwartet werden. Nur der Administrator kann diese Angaben ändern.

Wurde die Portnummer geändert, muss sie den potenziellen Benutzern mitgeteilt werden, sonst werden die Benutzer standardmäßig immer den Port 80 ansprechen und erhalten selbstverständlich nur Fehlermeldungen. Die geänderte Portnummer erscheint beim Aufruf:

`http://servername:`**`portnummer`**`/verzeichnis/datei`

So wird beispielsweise der Webserver auf dem Rechner BILBO mit der Portnummer 81 aufgerufen:

`http://bilbo:81/einfach.html`

Basisverzeichnis. Hier wird ein beliebiges Verzeichnis als Basisverzeichnis festgelegt. Ebenso können **virtuelle Webserver** eingerichtet werden. Dabei darf nicht vergessen werden, dass das Betriebssystem die Zugriffssteuerungslisten (ACL) auch beim Webzugriff berücksichtigt. Das Basisverzeichnis ist normalerweise nicht freigegeben und das soll auch so bleiben.

> Normalerweise läuft auf einem Rechner nur ein Server von einem bestimmten Typ, beispielsweise ein Webserver, ein DNS-Server oder ein DHCP-Server. Im Falle des Webservers hat er nur einen Namen oder eine IP-Adresse und reagiert nur auf diesen Namen oder auf diese IP-Adresse. **Virtuelle Webserver** sind Module innerhalb des normalen Webservers, die auf unterschiedliche Namen reagieren und unterschiedliche Informationen (Webseiten) an den Client schicken. Somit kann der Webserver völlig unterschiedliche Unternehmen präsentieren, obwohl die Daten physikalisch auf einem Rechner liegen und von einem Webserver verwaltet werden. Diese Eigenschaft besitzen viele moderne Webserver.

Dokumente. Die Auflistung enthält alle Dateien, die der Webserver als Standardwebseiten sendet. Diese Dateien müssen sich im Basisverzeichnis befinden. Bei der Anfrage verwendet man normalerweise nur den Namen des Webservers: z. B. `http://bilbo`. In diesem Fall sucht der Webserver die aufgelisteten Dateien in seinem Basisverzeichnis und übergibt dem Client die erste gefundene Seite.

Verzeichnissicherheit. Angaben über die Authentifizierungsmethoden für die Benutzer, Einschränkungen für IP-Adressen oder Domänennamen der Client-Rechner oder die für den Webserver angeforderten Zertifikate erhöhen die Sicherheit des Datenverkehrs. Standardmäßig betrachtet der Webserver alle Anfragen so, als ob sie vom Standardbenutzer IUSR_RECHNERNAME stammen. Dieser Benutzer hat Leserechte im Basisverzeichnis und keine Rechte in anderen Verzeichnissen. Wird die Windows-Authentifizierung genutzt, dann muss sich jeder Benutzer am Rechner oder an der Domäne anmelden, um auf den Webserver zugreifen zu können. Außerdem kann der Administrator des Webservers genau hier die Anforderung an die Zertifizierungsstelle schicken und ein eigenes Zertifikat installieren (siehe Kapitel 2.3.2).

Der Webserver unterstützt auch dynamische Webseiten. Diese Seiten erstellt er aus unterschiedlichen Text-, Grafik-, Sound- und Videodateien zum Zeitpunkt der Client-Anfrage. Dynamische Webseiten erlauben die Bearbeitung komplizierter Kundenaufträge oder die differenzierte Darstellung multimedialer Inhalte. Für die Gestaltung dieser Webseiten verwendet der Webserver häufig die Programmiersprachen **Visual Basic Script, Perl** und **PHP.**

Aufgaben

1. In welchem Verzeichnis des IIS befinden sich standardmäßig die Dokumente, die der Webserver an die Clients sendet?
   a) C:\WINDOWS\WWWROOT
   b) C:\INETPUB\WWWROOT
   c) C:\WINDOWS\WWW
2. Unterstützt der Webserver aus dem Paket IIS die Generierung und Darstellung dynamischer Webseiten aus unterschiedlichen Text-, Format- und Bilddaten?
3. Stefan will einen Webserver einrichten, der nur unter der Portnummer 81 erreichbar ist. Diese Portnummer will Stefan ausschließlich den Mitarbeitern mitteilen, die seine Dokumentation zum Projekt lesen sollen. Wie kann er den Standardport 80 durch die neue Portnummer 81 ersetzen?
   a) Er führt den Befehl „startweb 81" aus.
   b) Er öffnet über die Konsole **Internetinformationsdienste-Manager** die Seite **Eigenschaften** des Ordners **Standardwebseite** und danach die Registerkarte **Webseite.** Hier findet er die Einstellungsmöglichkeit für die Portnummer.
   c) Die Änderung ist unmöglich, da der Webserver die Anfragen der Clients immer auf dem Port 80 erwartet. Diese Portnummer kann nicht geändert werden.
4. Stefan will seinen Webserver so einrichten, dass ihn nur Rechner mit bestimmten IP-Adressen abfragen können. Wo kann er dies einstellen?
   a) Registerkarte **Verzeichnissicherheit** in den Eigenschaften des Ordners **Windows** im Explorer
   b) Er öffnet über die Konsole **Internetinformationsdienste-Manager** die Seite **Eigenschaften** des Ordners **Standardwebseite** und danach die Registerkarte **Webseite.** Hier findet er die Einstellungsmöglichkeit für die IP-Adressen.
   c) Registerkarte **Verzeichnissicherheit** in den Eigenschaften des Ordners **Standardwebseite** in der Konsole **Internetinformationsdienste-Manager**
   d) Die Einstellungen sind unmöglich.
5. Erklären Sie den Begriff „virtueller Webserver".

2.4.2.4 E-Mail-Server

Microsoft stellt zwei E-Mail-Server zur Verfügung, den **Microsoft Exchange Server** und den E-Mail-Server aus dem Paket Internet Information Server (IIS). Der Exchange Server ist sehr umfangreich, leistungsfähig und flexibel. Deshalb eignet er sich für den Einsatz in Unternehmen mit einem hohen E-Mail-Aufkommen. Er funktioniert nur in einer Windows-Domäne. Der E-Mail-Server aus dem IIS besitzt weniger Funktionen und arbeitet mit oder ohne Domäne. Aus diesem Grund verwenden ihn vorwiegend kleinere Firmen. Dieser E-Mail-Server arbeitet außerdem als Mail-Transfer-Agent für den Exchange Server.

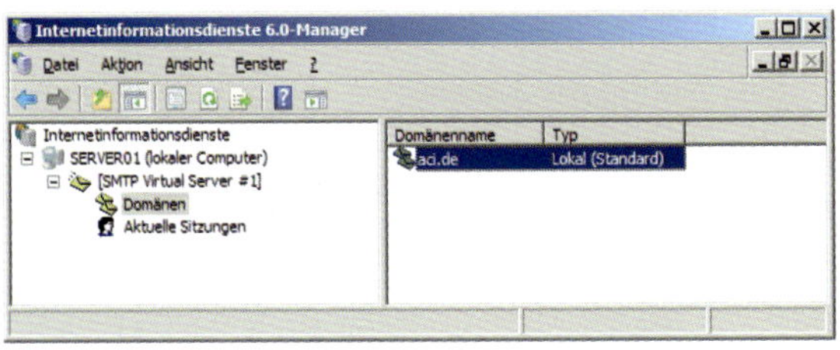

SMTP-Server vom Internet Information Server (IIS)

Über die MMC **Internetinformationsdienste-Manager** erfolgt die Verwaltung des E-Mail-Servers aus dem IIS. Hier können dem SMTP-Server der Name und die IP-Adresse zugewiesen werden. Ebenso erfolgt über die Konsole der Eintrag für die Weiterleitungen an die anderen SMTP-Server sowie die Konfiguration der Internet-Domäne für eingehende Nachrichten.

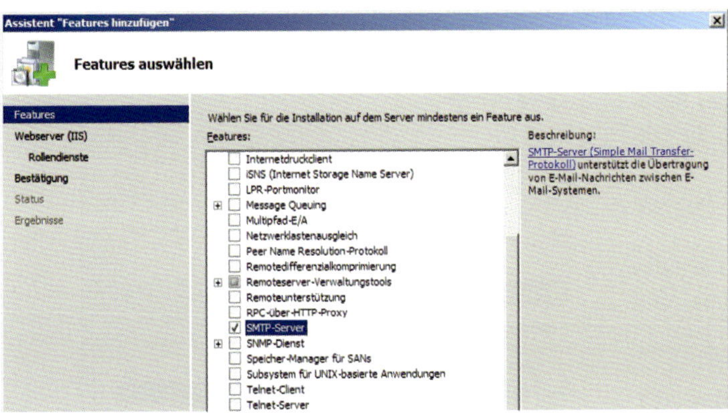

Installation des SMTP- und POP3-Servers

Jedes E-Mail-System setzt eine richtig funktionierende DNS-Einrichtung voraus. Dafür muss der Administrator in die DNS-Datenbank einen besonderen Ressourceneintrag hinzufügen, den sogenannten **MX-Record**. Die Syntax dieses Datensatzes lautet:

domain MX priority computer.domain

Für die Domäne „aci.de" lautet die Zeile beispielsweise:

aci.de MX 10 smtp.aci.de

Dieser Eintrag teilt den externen und internen SMTP-Servern mit, zu welchem Rechner der Domäne sie die Nachrichten senden müssen. Dieser Rechner heißt **Mail-Exchanger.** In den großen Firmen kann der Mail-Exchanger die Nachrichten innerhalb der Domäne an die anderen Mail-Exchanger weiterleiten. Die Benutzer fordern ihre Nachrichten selbst von diesen Rechnern ab oder eine entsprechende Software erledigt dies automatisch. Jeder Benutzer verfügt normalerweise über ein eigenes Verzeichnis auf diesem Rechner, das **Postfach.** Die E-Mail-Adresse des Benutzers besitzt die Form **benutzer@domain** (z. B. **anna.hedder@aci.de**). Allein anhand des Namens der Domäne können die SMTP-Server nicht erkennen, an welchen Rechner sie die Nachrichten senden müssen. Deshalb tragen die MX-Datensätze aus der DNS-Datenbank zur korrekten Funktionalität des E-Mail-Systems bei.

Auf dem Rechner mit den Postfächern der Benutzer muss unbedingt das **POP-** oder **IMAP-Protokoll** installiert werden, damit die Benutzer ihre E-Mails abholen können. Die Installation von SMTP- und POP3-Server erfolgt über die Auswahl:

Start/Programme/Verwaltung/
Serverkonfigurations-Assistent

Aufgaben

1. Mit welchem Protokoll kann der Client seine E-Mails vom Server abrufen?
   a) SMTP b) POP3 c) IMAP
2. Welcher Ressourceneintrag muss in der Datenbank des DNS-Servers vorhanden sein, damit das gesamte E-Mail-System ordnungsgemäß funktioniert?
   a) AAA b) PTR c) SRV d) MX
3. Stefan richtet ein E-Mail-System (Server und Clients) ein. Auf welchen Rechnern muss das Protokoll SMTP installiert werden?
   a) nur auf dem E-Mail-Server
   b) nur auf den E-Mail-Clients
   c) weder auf dem E-Mail-Server noch auf den E-Mail-Clients
   d) sowohl auf dem E-Mail-Server als auch auf den E-Mail-Clients
4. Erläutern und vergleichen Sie die Begriffe Microsoft Exchange Server und Mail-Exchanger.
5. Welche E-Mail-Adressen sind falsch?
   a) Stefan.fischer@zuhause.com
   b) kaidreyer#aci.dec
   c) raabe.kerstin§aci.de

2.4.2.5 Datei- und Druckserver

Der Datei- und Druckserver wird bereits in jedem Windows-Betriebssystem von Micorsoft (auch in den älteren Versionen) vorinstalliert. Erforderlich ist in jedem Fall die Einrichtung der Freigaben.

Die Begriffe **Verzeichnis** und **Freigabe** dürfen nicht verwechselt werden. Es sind völlig unterschiedliche Objekte. Das **Verzeichnis** befindet sich auf einem Laufwerk und enthält die Dateien und Unterverzeichnisse. Die **Freigabe** befindet sich auf einem Rechner im Netzwerk und kommuniziert mit dem Client, um die angeforderten Daten laut Anfrage zu senden. Beide Objekte haben ihre eigene **ACL** (**A**ccess **C**ontrol **L**ist), die den Zugriff steuert. In dieser Zugriffssteuerungsliste sind die Benutzer und Gruppen sowie deren Rechte aufgeführt. Will der Client eine bestimmte Datei auf dem Server öffnen, so greift er immer zuerst auf die Freigabe zu. Besitzt der Benutzer die erforderlichen Berechtigungen, so erlaubt ihm die Freigabe den Zugriff auf das Verzeichnis. Danach erfolgt die Prüfung der ACL des Verzeichnisses und der Datei. Besitzt der Benutzer auch hier die notwendigen Berechtigungen, so gelangt er über das Verzeichnis zum Inhalt der Datei.

Die effektiven Rechte des Benutzers beim Netzwerkzugriff ergeben sich aus den Rechten in den Zugriffssteuerungslisten des Dateisystems (Verzeichnisse und Dateien) und der Freigabe. Dabei gelten folgende Regeln (Minimax-Prinzip):

- Das Betriebssystem berechnet gesondert die Rechte auf das Verzeichnis als Summe aller Benutzer- und Gruppenrechte. Somit erhält der Benutzer das **Maximum** aller Rechte mit einer Ausnahme, wenn eine Verweigerung (das Recht „kein Zugriff") vorkommt. Dieses Recht besitzt Vorrang vor den übrigen Rechten und der Benutzer hat keinen Zugriff auf die entsprechenden Ressourcen.
- Die gleiche Prozedur wiederholt das Betriebssystem für die Freigaben.
- Die effektiven Rechte beim Netzwerkzugriff legt das Betriebssystem als **Minimum** von Verzeichnis- und Freigaberechten fest.

Beim lokalen Zugriff wird die Freigabe und ihre ACL nicht berücksichtigt.

Für ein Verzeichnis können mehrere Freigaben existieren, d. h., ein Verzeichnis kann mehrmals freigegeben werden. Dabei bestehen unterschiedliche ACLs für unterschiedliche Freigaben. Einer Freigabe kann hingegen nur ein Verzeichnis zugeordnet werden.

Es gibt folgende Typen von Freigaben:

ACL vom Verzeichnis (Grafik 1) und von der Freigabe (Grafik 2–4)

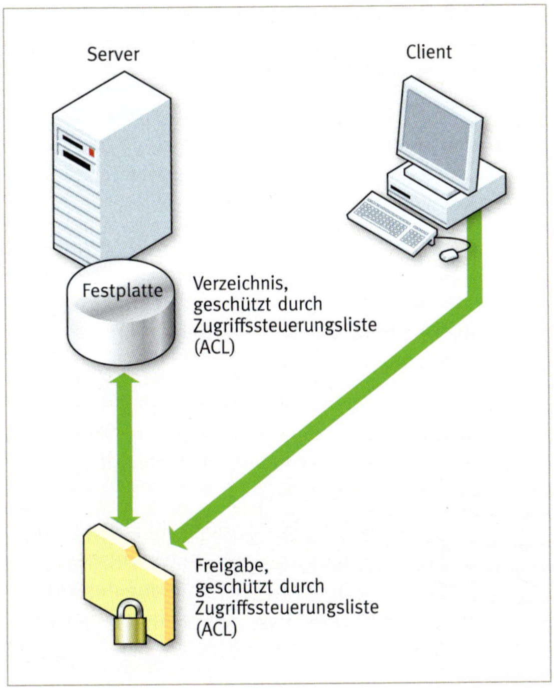

Prinzipielles Schema der Zusammenarbeit von Verzeichnissen und Freigaben

Normale Freigaben. Alle Benutzer können entsprechend ihren Berechtigungen zugreifen. Solche Freigaben sind in der Netzwerkumgebung sichtbar.

Versteckte Freigaben. Sie unterscheiden sich von den normalen Freigaben durch ein $-Zeichen am Ende ihres Namens. Sie werden in der Netzwerkumgebung nicht angezeigt, aber alle Benutzer können entsprechend ihren Berechtigungen zugreifen, wenn sie die Namen der versteckten Freigaben kennen. Für den Zugriff muss der UNC-Name der Freigabe verwendet werden (siehe Kap. 2.2.8.5).

Jeder Benutzer kann auf die versteckten Freigaben seinen Rechten entsprechend zugreifen. Dazu führt er den folgenden Befehl aus:

```
net use L: \\Rechner\Freigabe Kennwort ¬
/USER:Anmeldename
```

Es entsteht ein neues Netzwerklaufwerk (z. B. L:), das sich mit der Freigabe auf dem benannten Rechner verbindet. Dabei übergibt der Benutzer seine Anmeldedaten an den Rechner (Anmeldename und Kennwort), wobei diese Angaben u. U. auch entfallen können, z. B.:

```
net use P: \\SERVER01\SAVE system ¬
/USER:ben
```

Administrative Freigaben. Diese besondere Art von versteckten Freigaben erstellt das Betriebssystem nur für den Zugriff des Administrators. Selbstverständlich werden auch diese Freigaben in der Netzwerkumgebung nicht angezeigt. Alle Laufwerke sind standardmäßig administrativ freigegeben, wobei der Name der Freigabe aus dem Laufwerkbuchstaben und dem $-Zeichen besteht, z. B. sind C$ und D$ die administrativen Freigaben für Laufwerke C: und D:. Außerdem besteht eine administrative Freigabe ADMIN$ für das Systemverzeichnis \WINNT oder \WINDOWS. Die administrativen Freigaben sind für Systemarbeiten vorbehalten, wenn der Administrator beispielsweise Dateien in diese Verzeichnisse kopieren will, weil auf dem Rechner keine anderen passenden Freigaben existieren.

Systemeigene Freigaben. Die versteckten Freigaben, auf die kein normaler Benutzer und auch kein Administrator unmittelbar zugreifen kann, verwendet das Betriebssystem für den Datenaustausch mit anderen Rechnern, z. B. IPC$ (Interprocess Communication) oder PRINT$. Die Freigabe IPC$ ist mit keinem Verzeichnis verbunden. Durch die Freigabe IPC$ werden die Anmeldedaten übertragen und es findet die Kommunikation zwischen den Programmen statt, die auf unterschiedlichen Rechnern laufen. Die Freigabe PRINT$ ist mit einem Verzeichnis verbunden, wird aber für eine automatische Treiberinstallation verwendet, weil der Benutzer selbst nicht auf diese Freigabe zugreifen soll.

Die Einrichtung eines Dateiservers besteht im Prinzip in der Einrichtung von normalen Freigaben für den Zugriff der normalen Benutzer.

Ähnlich funktioniert auch die Freigabe eines Druckers. Die Berechtigungen für diese Freigabe werden in einer anderen Form erstellt. Es handelt sich nicht um die Freigaben „Lesen“ oder „Ändern“, sondern um die Freigaben „Drucken“ und „Drucker verwalten“. Standardmäßig kann jeder Benutzer, der auf einen Rechner zugreifen kann, auch damit drucken und seine Druckaufträge löschen. Die Druckerverwaltung (alle Druckaufträge löschen, den Drucker anhalten) obliegt dem Administrator. Bei Windows muss nicht nur der Server-Rechner, sondern auch der Client-Rechner über den passenden Druckertreiber verfügen, um auf dem entfernten Drucker zu drucken. Ab Microsoft Windows 2000 erfolgte diesbezüglich eine Neuerung. Besitzt der Client keinen Druckertreiber, so kann er ihn vom Server-Rechner anfordern und installieren. Das geschieht automatisch beim ersten Druckversuch. Somit entfällt für den Administrator die Notwendigkeit, selbst auf allen Rechnern Druckertreiber zu installieren.

Mit dem Datei- und Druckserver sind die Dienste **Server, Arbeitsstationsdienst** und **Computerbrowser** eng verbunden. Funktioniert der Datei- und Druckserver nicht, muss in der MMC **Computerverwaltung** im Snap-In **Dienste** der Status dieser Dienste überprüft werden. Der Dienst **Server** stellt die Drucker und Freigaben bereit. Der Dienst **Arbeitsstationsdienst** ist für den Netzwerkzugriff zuständig. Der Dienst **Computerbrowser** registriert automatisch die Rechner und zeigt deren Namen in der Netzwerkumgebung an. Funktioniert dieser Dienst nicht, so kann auf die Freigaben nur mittels Befehlszeile zugegriffen werden.

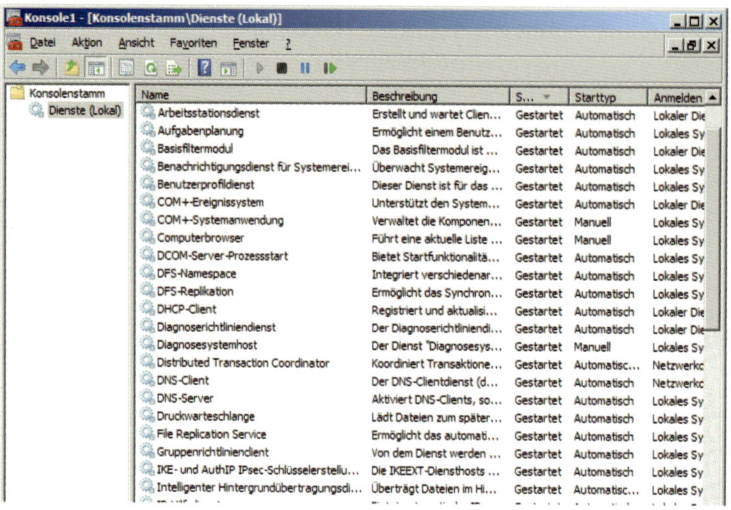

Server-Dienste

W **Dienste verwalten**

Der Administrator verrichtet seine Tätigkeit im Hintergrund und ist für die Benutzer im Normalfall unsichtbar. Er hat seine Arbeit gut organisiert, wenn alle Benutzer ohne Probleme

- ihre Anmeldung im Netzwerk mit den richtigen Einstellungen erledigen,
- mit den erforderlichen Berechtigungen auf die gewünschten Daten zugreifen,
- alle Dokumente in der gewünschten Form ausdrucken und
- sich korrekt mit den Dateiservern sowie dem Internet und Intranet verbinden können.

Aufgaben

1. Sind das Verzeichnis und seine Freigabe ein identisches Objekt?

2. Welche Arten von Freigaben existieren?

a) administrative **b)** kundenorientierte
c) normale **d)** systemeigene
e) geschlossene **f)** versteckte

3. Stefan meldet sich als normaler Benutzer (kein Administrator) an der Domäne an. Er versucht eine Verbindung zur Freigabe ADMIN$ auf dem Rechner ACI22 zu erstellen. Er startet den Befehl

net use X: \\ACI22\ADMIN$

und bekommt eine Fehlermeldung. Worin liegt die Ursache dafür?

a) Stefan hat seinen Anmeldenamen und sein Kennwort nicht eingeben.
b) Mit dieser Freigabe kann sich nur ein Administrator verbinden.
c) Stefan hat den Befehl falsch geschrieben, denn die Befehlswörter **NET** und **USE** dürfen nicht getrennt geschrieben werden.
d) Stefan hat den Freigabenamen falsch geschrieben, denn er lautet ADMINS und nicht ADMIN$.

4. Kai besitzt das Recht „Lesen" in der ACL eines Verzeichnisses. In der ACL der Freigabe des Verzeichnisses ist er mit dem Recht „Vollzugriff" eingetragen. Welche effektiven Rechte gehören ihm beim lokalen Zugriff auf dieses Verzeichnis?

a) nur das Recht „Lesen"
b) nur das Recht „Vollzugriff"
c) das Recht „Lesen" und das Recht „Vollzugriff"
d) keine Rechte

5. Auf dem Rechner von Stefan gibt es das Laufwerk Q:. Wie lautet der Freigabename, wenn dieses Laufwerk standardmäßig administrativ freigegeben ist?

a) QFREI **c)** Q$
b) Q# **d)** Q§

6. Kann man einen Dateiserver auf einem Rechner mit Windows 98 organisieren? Wenn ja, dann schildern Sie die Vor- und Nachteile. Wenn nicht, dann begründen Sie Ihre Antwort.

7. Was wird in der ACL gespeichert und wie funktioniert die Zugriffssteuerungsliste?

8. Kai möchte auf seinem Rechner eine Freigabe als Laufwerk anbinden. Er führt den Befehl

net use Z: system /USER:kai

aus und bekommt eine Fehlermeldung. Warum?

9. Wie ist das Systemverzeichnis von Microsoft Windows standardmäßig freigegeben?

a) WINDOW$ **d)** ADMINS
b) WINNT$ **e)** ADMIN$
c) WINDOWS **f)** WINNT

10. Beschreiben Sie den Zugriff auf eine normale Freigabe aus der Sicht des normalen Benutzers.

11. Welche drei Dienste gewährleisten die Arbeit des Datei- und Druckservers?

12. Kai besitzt das Recht „Ändern“ in der ACL eines Verzeichnisses. In der ACL der Freigabe des Verzeichnisses ist er mit dem Recht „Lesen“ eingetragen. Welche effektiven Rechte gehören Kai beim Netzwerkzugriff auf das Verzeichnis?

a) nur das Recht „Lesen“
b) nur das Recht „Ändern“
c) das Recht „Lesen“ und das Recht „Ändern“
d) keine Rechte

Die Auswahl und Installation der Betriebssysteme für die Abteilung **Einkauf/Lager** ist abgeschlossen. Die Arbeitsplatzrechner und Laptops nutzen das Betriebssystem Microsoft Windows XP Professional. Im Server-Bereich verwendet die Firma ACI das Betriebssystem Microsoft Windows Server 2003. Alle Rechner gehören zu einer Domäne. Das erlaubt den Benutzern eine flexible Arbeit im Netz. Sie können sich an jedem Rechner der Domäne anmelden und erhalten auf dem Bildschirm immer die gewohnte Arbeitsumgebung. Der Administrator verwaltet die Ressourcen, Benutzerkonten und Sicherheitseinstellungen zentral.

2.4.3 Dienste unter Linux

2.4.3.1 DNS-Server

Der DNS-Server von Linux heißt **BIND** (Berkeley Internet Name Domain Server) oder **named** (Name Demon) und besitzt die Konfigurationsdatei /**etc**/**named.conf**. In dieser Datei stehen die Informationen über die allgemeinen Einstellungen für den DNS-Server:

- Name des Verzeichnisses, in dem sich die Datenbanken der Domänen befinden (/var/named)
- Nummer des Ports, auf dem der Server die Anfragen der Clients erwartet (Port 53)
- Protokollierungsstufe (no)

Es folgen weitere Parameter. Ganz wichtig sind die Namen der **Zonen** (so nennt man in dieser Datei die Domänen) und die Namen der entsprechenden Datenbanken („aci“ und „aci.zone“). Hier können die direkten und umgekehrten Auflösungen sowie die Weiterleitungen zu anderen Domänen eingetragen werden. Normalerweise existiert nach der Installation des Servers eine vorgefertigte Konfigurationsdatei, in der nur geringere Änderungen erforderlich sind.

```
# /etc/named.conf

options {
   directory “/var/named“;
   listen-on port 53 { 127.0.0.1; };
   notify no;
};
# Weiterleitung für die Namen
# aus anderen Domänen
zone “.“ in {
   type forward;
   forwarders { 192.168.4.40 ; } ;
};
# Vorwärts-Auflösung für eigene Domäne.
zone “aci“ in {
    type master;
    file “aci.zone“;
};
# Rückwärts-Auflösung für eigene Domäne.
zone “8.168.192.in-addr.arpa“ in {
   type master;
   file “192.168.8.zone“;
```

Die Datenbanken mit den Namensauflösungen sind ganz gewöhnliche Textdateien. Die Syntax dieser Dateien gestaltet sich auch recht einfach. Am Anfang stehen die Standardeinträge. Der **$TTL**-Eintrag (Time to Live) beschreibt, wie lange die Clients die erhaltenen Auflösungen benutzen dürfen, z. B. 1D (Tag). Der **SOA-Eintrag** (Start of Authority) definiert den Anfang der Domäne (Zone) und ist sehr ausführlich in den Kommentarzeilen beschrieben. Der **NS-Eintrag** (Name Server) verweist auf den Rechner, auf dem der DNS-Server läuft. Zur eigentlichen Auflösung dienen die **A-Einträge,** wo jedem Rechnername eine IP-Adresse zugeordnet ist. Man kann neue Auflösungen manuell hinzufügen, aber nach jeder Änderung muss die Zahl im Feld <serial> erhöht und der Server neu gestartet werden.

```
$TTl 1D aci.  IN SOA  server01  root.
server01.  ( 1 2D 4H 6W 1D )
; SOA Start Of Authority
; <domain name>  [<ttl>]  [<class>]  SOA
; <origin>  <person>  (
;              <serial>
;              <refresh>
;              <retry>
;              <expire>
;              <minimum> )
; SOA-Datensatz definiert Anfang der Zone
; und endet mit dem nächsten SOA-Daten-
;                satz.
```

```
; <domain name> ist der Name der Zone.
; <origin>      ist der Name des Rechners,
;                wo die Zonen-Datei liegt.
; <person>      ist die Mailbox für ver-
;                antwortliche Person.
;              (statt @ ein.)
; <serial>      ist die Versionsnummer
;                der Zonen-Datei.
; <refresh>     ist das Aktualisierungsin-
;                tervall für secondary DNS.
; <retry>       ist das Zeitintervall für
;                secondary DNS,
;              um Daten zu aktualisie-
;                ren,
;              wenn der vorherige Aktu-
;                alisierungsversuch schei-
;                terte.
; <expire>      ist die obere Zeitgrenze
;                für secondary DNS,
;              bevor die Daten ungültig
;                sind.
; <minimum>     ist die minimale TTL für
;                Datensätze.
; Serial        1
; Refresh       2 Days
; Retry         4 Hours
; Expiry        6 Weeks
; Minimum       1 Day
              IN NS  server01
server01      IN A   192.168.8.150
client01      IN A   192.168.8.151
client02      IN A   192.168.8.152
client03      IN A   192.168.8.153
client04      IN A   192.168.8.154
client05      IN A   192.168.8.156
```

Die Installation des DNS-Servers erfolgt in der weit verbreiteten Linux-Distribution von SuSE (siehe Kapitel 2.3.1.4) mit dem eigenen Tool **yast** oder mit dem Befehl:

rpm –i bind-X-Y.i586.rpm

Für die Verwaltung des DNS-Servers (starten, beenden usw.) liefern die Distributoren oft eigene Skripte. Beispielsweise enthält die Distribution SuSE Linux das Skript **rcnamed** mit folgendem Befehlsumfang:

- **rcnamed start** zum Starten des DNS-Servers
- **rcnamed stop** zum Beenden des DNS-Servers
- **rcnamed restart** zum Beenden und zum sofortigen Neustart des DNS-Servers
- **rcnamed status** zum Anzeigen des Zustandes des DNS-Servers

Der DNS-Client erhält die IP-Adresse des DNS-Servers unter Linux entweder automatisch vom DHCP-Server oder aus der Datei **/etc/resolv.conf**.

```
# /etc/resolv.conf

domain aci
nameserver 192.168.8.150
```

Diese Datei wird manuell eingerichtet und enthält mindestens den Namen der Domäne und die IP-Adresse des DNS-Servers. Die Linux-Distributoren sorgen mit Front-End-Programmen, wie **yast** (SuSE), für eine unkomplizierte Erstellung und Anpassung der Konfigurationsdateien.

Der DNS-Server bedient problemlos auch die Clients, die unter anderen Betriebssystemen laufen. Für den Betrieb von Windows-Domänen sollte er aber nicht eingesetzt werden.

Aufgaben

1. Wie heißt die Linux-Konfigurationsdatei des DNS-Servers?
2. Welche Möglichkeiten gibt es bei Linux für die Verwaltung des DNS-Servers am Beispiel der Distribution von SuSE?
3. Der DNS-Server in der Test-Domäne der Abteilung EDV ist infolge eines Festplatten-Crashs derzeit nicht funktionsfähig. Kann Kai dafür vorübergehend den DNS-Server auf einem Linux-Rechner einsetzen?

2.4.3.2 DHCP-Server

Linux bietet mehrere DHCP-Server. Der stark verbreitete Server ist **dhcpd**. Er verwendet nur die Konfigurationsdatei **/etc/dhcpd.conf**. Sie beinhaltet viele variable Optionen, die dem Client übergeben werden und somit Einfluss auf dessen Einstellungen haben. Zu den wichtigsten Optionen zählen die Zuordnung der IP-Adressen und der Netzwerkmasken. So ist es möglich, einer IP-Adresse eine bestimmte MAC-Adresse zuzuordnen und dadurch diese IP-Adresse für einen bestimmten Rechner zu reservieren. Die Clients erhalten u. a. auch die IP-Adressen der DNS- und WINS-Server sowie die IP-Adressen oder die Namen der Router. Mit diesen Daten können neben Linux-Rechnern problemlos auch Windows-Rechner versorgt werden.

In der Textdatei **/var/lib/dhcp/dhcpd.leases** kann der Administrator die Vergabe der IP-Adressen an die Rechner im Netzwerk nachvollziehen.

```
# dhcpd.conf
# Option, die für alle Netzwerke gleich
# ist.
option domain-name „aci.de“;
option domain-name-servers server01. ¬
aci.de, server02.aci.de;
default-lease-time 600;

# Die folgenden IP-Adressen und Optionen
werden den Clients zur Verfügung
gestellt:

subnet 192.168.6.0 netmask 255.255.255.0
{
  range 192.168.6.10 192.168.6.20;
  option routers router06.aci.de;
}
```

Die Installation des DHCP-Servers erfolgt in der Linux-Distribution von SuSE mit dem eigenen Tool **yast** oder mit dem Befehl:

rpm –i dhcpd-X-Y.i586.rpm

Für die Verwaltung des DHCP-Servers sorgt auch das Skript **rcdhcpd**, das über die gleichen Parameter wie bei der Verwaltung des DNS-Servers verfügt.

Der meist verwendete **DHCP-Client** unter Linux ist **dhcpcd**. Er konfiguriert die Netzwerkschnittstelle des Rechners mit den Informationen vom DHCP-Server.

Der DHCP-Server arbeitet auch erfolgreich mit den Clients anderer Betriebssysteme zusammen und kann auch in Windows-Domänen eingesetzt werden.

Aufgaben

1. Wie heißt die Linux-Konfigurationsdatei des DHCP-Servers?
2. In welcher Datei findet der Administrator die ausgeliehenen IP-Adressen?
3. Der DHCP-Server in der Test-Domäne der Abteilung EDV ist infolge des Festplatten-Crashs derzeit nicht funktionsfähig. Kann Kai vorübergehend den DHCP-Server eines Linux-Rechners einsetzen?

2.4.3.3 Webserver

Linux verfügt über viele Webserver, aber nur der Server **Apache** hat sich als Standard im Internet durchgesetzt. Er gilt als schnell, zuverlässig und sicher. Mit Unterstützung von Skriptsprachen (PHP, Perl) kann er dynamische Webseiten erstellen. Der kostenlose Apache-Server unterstützt virtuelle Webserver und kann auch als HTTP-Proxyserver verwendet werden (siehe Kapitel 2.2.8.1). Es existieren auch Versionen für Microsoft Windows.

Der Apache-Server verfügt über viele Konfigurationsdateien, aber fast alle wichtigen Einstellungen befinden sich in der Datei **/etc/httpd/httpd.conf**. Diese Konfigurationsdatei ist sehr umfangreich.

```
## httpd.conf -- Apache HTTP server
configuration file
ServerType standalone
ServerRoot "/srv/www"
Timeout 300
MaxKeepAliveRequests 100
MaxClients 150
#Listen 3000
#Listen 12.34.56.78:80
Port 80
User wwwrun
Group www
ServerName apache.aci.de
DocumentRoot "/srv/www/htdocs"
```

Zuerst wird die Art des Starts eingetragen (Parameter **ServerType**). Entweder läuft der Apache-Server immer (stand-alone) oder er startet nur, wenn er eine Anfrage vom Web-Client erhält und fährt nach der Bearbeitung der Anfrage wieder herunter. Der Parameter **ServerRoot** verweist auf das Verzeichnis, in dem sich die Dokumente, wie Webseiten, Bilder und Skripte, befinden. Die weiteren Parameter verwalten die maximale Zeitverzögerung (**Timeout**), die Anzahl der Anfragen pro Verbindung (**MaxKeepAliveRequests**) und die Anzahl der Clients, die gleichzeitig auf den Server zugreifen können (**MaxClients**). Besitzt der Apache-Server mehrere IP-Adressen, muss er die Client-Anfragen nicht auf allen Schnittstellen (**Listen**) und auch nur auf bestimmten Ports (**Port**) beantworten. Zur Sicherheit betrachtet Linux alle Web-Clients als einen bestimmten Benutzer (**User, Group**) und die entsprechenden Rechte liegen im Dateisystem verankert. Standardmäßig können die Benutzer das Verzeichnis (**ServerRoot**) nicht verlassen. Der Apache-Server authentifiziert sich beim Client mit dem Parameter „ServerName“. Der Parameter **DocumentRoot** verweist auf das Verzeichnis, in dem sich standardmäßig die Webseiten befinden.

Unter Linux existieren mehrere **Web-Clients.** Dazu gehören die zeichenorientierten Browser **lynx** und **w3m** sowie die grafischen Browser **Firefox, Netscape, Mozilla** sowie jeder grafische Dateimanager. Selbstverständlich kann der Apache-Server auch die Clients anderer Betriebssysteme bedienen.

Besteht kein direkter Zugriff auf das Internet, dann verwendet der Client einen Proxyserver (siehe Kapitel 2.2.8.1). In diesem Fall muss im Web-Client die IP-Adresse oder der Name des Proxyservers einschließlich der Portnummer eingetragen werden.

Die Installation des Apache-Servers erfolgt in der Linux-Distribution von SuSE mit dem eigenen Tool **yast** oder mit dem Befehl:

rpm –i apache-X-Y.i586.rpm

Für die Verwaltung des Apache-Servers liefert SuSE das Skript **rcapache** mit den üblichen Parametern.

Aufgaben

1. Welche Linux-Datei ist für die Konfiguration des Apache-Servers zuständig?
2. Welche zwei Startarten beherrscht der Apache-Server?
3. Welche Web-Clients (Browser) gibt es unter Linux?

2.4.3.4 E-Mail-Server

Wie bereits beschrieben (siehe Kapitel 2.2.8.3) erfordert der E-Mail-Betrieb mindestens zwei Protokolle und dementsprechend zwei Server für das Versenden (SMTP) und für den Empfang (POP3 oder IMAP4) der elektronischen Nachrichten.

Linux liefert standardmäßig mindestens zwei SMTP-Server: **sendmail** und **postfix**. Der **sendmail**-Server ist relativ schwer einzurichten. Er besitzt außerdem einige Sicherheitslücken und gilt als der älteste SMTP-Server im Internet. Der **postfix**-Server entstand, um die Nachteile von **sendmail** zu beseitigen. Beide Server sind zueinander vollständig kompatibel, aber in ihrem Aufbau völlig verschieden. Sie werden auch als **MTA** (**M**ail **T**ransfer **A**gent) bezeichnet.

Das Programm **procmail** verwendet ebenfalls das Protokoll SMTP. Es empfängt die Nachrichten und verteilt sie auf die Postfächer der Benutzer. Programme mit diesen Funktionen heißen **MDA** (**M**ail **D**elivery **A**gent). Unter Linux ist **procmail** dafür standardmäßig installiert.

Der E-Mail-Client heißt **MUA** (**M**ail **U**ser **A**gent). Zu den bekanntesten Programmen gehören Evolution, Mozilla Thunderbird und KMail.

2.4.3.5 Samba-Server

Samba ist ein Programmpaket, das eine fast vollständige Implementierung der Server-Dienste des Betriebssystems Microsoft Windows enthält. Wird dieses Programm auf einem Linux-Rechner installiert, so kann dieser Rechner im lokalen Netzwerk nach seinem Verhalten kaum von einem Windows-Rechner unterschieden werden. Auf der Benutzeroberfläche in der Netzwerkumgebung erscheint er als Windows-Rechner und reagiert auf Client-Anfragen wie ein Windows-Server. Weiterhin kann er die Benutzeranmeldung wie ein Windows-Domänen-Controller durchführen. Folgende Beziehung drückt diese Kompatibilität symbolisch, aber treffend aus:

Linux + Samba = Windows

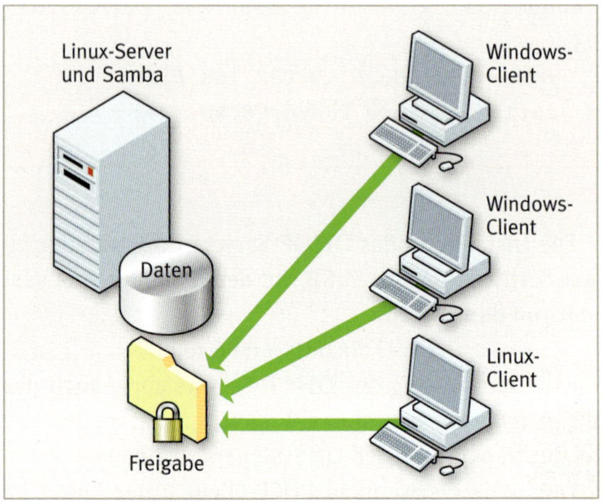

Heterogenes Netzwerk

Die Grundlage für diese Kompatibilität schafft das Netzwerkprotokoll **SMB** (**S**erver **M**essage **B**lock). Es ist für die Freigaben und UNC-Namensauflösungen zuständig. Obwohl Windows und Linux zueinander nicht kompatibel sind, behandeln die beiden Betriebssysteme die Netzwerkdaten durch das SMB-Protokoll auf die gleiche Art und Weise.

Diese Tatsache erlaubt den Einsatz von Linux-Servern in einem Netzwerk für Windows-Clients, wobei die Kombination von Servern und Clients zwei Vorteile besitzt:

- Benutzerfreundlichkeit von Windows für die Mitarbeiter
- Stabilität und Sicherheit von Linux für die Server

Ein so gestaltetes Netzwerk heißt **heterogenes Netzwerk**, da hier unterschiedliche Betriebssysteme zum Einsatz kommen. Das umgekehrte Szenario ist durchaus denkbar, dennoch relativ selten: Die Daten sind auf den Windows-Rechnern abgelegt, die als Server im Netzwerk fungieren, während die Linux-Clients auf diese Daten zugreifen.

Der Samba-Server gestattet zwei Verwaltungsvarianten. Möglich ist die Bearbeitung der für Linux üblichen Konfigurationsdateien oder die Nutzung der grafischen Schnittstelle **SWAT** (**S**amba **W**eb **A**dministration **T**ool). Die Konfigurationsdateien besitzen auch hier die zentrale Bedeutung, während SWAT als Front-End-Programm die Änderungen über eine komfortable Schnittstelle in die Datei **/etc/samba/smb.conf** einträgt.

```
# smb.conf

[global]
   workgroup = aci
   os level = 2
   encrypt passwords = Yes
   map to guest = Bad User
   wins support = No
   veto files = /*.eml/*.nws/*.{*}/
[homes]
   comment = Home Directories
   valid users = %S
   browseable = No
   read only = No
   create mask = 0640
   directory mask = 0750
[printers]
   comment = All Printers
   path = /var/tmp
   printable = Yes
   create mask = 0600
   browseable = No
[print$]
   comment = Printer Drivers
   path = /var/lib/samba/drivers
   create mask = 0664
   directory mask = 0775
[free]
   comment = Freigabe für alle
   path = /free
   writeable = Yes
   browseable = Yes
```

Die Konfigurationsdatei **/etc/samba/smb.conf** spielt die wichtigste Rolle. Hier erfolgt die Freigabe der Verzeichnisse und Drucker und es können die Zugriffsrechte für alle Benutzer pauschal oder einzeln definiert werden. Die Datei besteht aus mehreren Abschnitten, deren Namen in eckigen Klammern geschrieben werden müssen. Es gibt reservierte und freie Abschnittsnamen.

In dem reservierten Abschnitt **[global]** sind die allgemeinen Einstellungen für den Samba-Server enthalten. Beispielsweise stellt der Eintrag **workgroup** die Windows-Arbeitsgruppe dar, wozu der Rechner mit dem Samba-Server gehört; **os level** liefert die Windows-Versionsnummer, für die sich der Samba-Server ausgibt; **encrypt passwords** schaltet die Kennwort-Verschlüsselung ein oder aus; **map to guest** erlaubt oder verbietet zusammen mit anderen Einstellungen den Gast-Zugriff auf den Samba-Server; **wins support** schaltet die Emulation des WINS-Servers auf dem Samba-Server ein oder aus; **veto files** verweigert den Zugriff auf Dateien mit den aufgelisteten Erweiterungen.

Der reservierte Abschnitt **[homes]** beschreibt die eigenen Dateien der Benutzer. Die Einstellung **comment** gibt eine Zeile an, die den Clients als Beschreibung angezeigt wird; **valid users** steuert, welche Benutzer auf diese Daten zugreifen dürfen; **browseable** ist dafür zuständig, ob diese Daten im Netzwerk zu sehen sind (siehe Kapitel 2.4.2.5); **read only** schaltet den Schreibschutz ein oder aus; **create mask** und **directory mask** verwalten die Standardrechte für die neuen Dateien und Verzeichnisse.

Die reservierten Abschnitte **[printers]** und **[print$]** erlauben den Clients, die angeschlossenen Drucker zu benutzen. Die wichtigste Einstellung hier ist **path,** die das Verzeichnis angibt, in dem die Druckaufträge gespeichert werden.

Der Abschnitt **[free]** ist frei wählbar. Der Name eines freien Abschnitts gibt an, wie die Freigabe heißt (siehe Kapitel 2.4.2.5). Die Einstellung **path** verbindet die Freigabe mit einem lokalen Verzeichnis; **writeable** wie auch **read only** schaltet den Schreibschutz ein oder aus.

Der Samba-Server startet gleichzeitig einen eigenen Webserver auf dem **Port 901.** Der Administrator kann von einem beliebigen Web-Client die Standardseite (SWAT) dieses Webservers aufrufen. Die Einstellungen des Administrators auf der Webseite leitet der Web-Client an den Webserver weiter. Die CGI-Schnittstelle des Webservers bearbeitet und speichert die Daten in den Konfigurationsdateien. So können über einen beliebigen Web-Client bequem alle Verwaltungsfunktionen auf dem Samba-Server ausgeführt werden.

CGI-Schnittstelle W

Die **CGI-Schnittstelle** (**C**ommon **G**ateway **I**nterface) ist für die Datenübertragung zwischen dem Webserver und den externen Programmen verantwortlich. Somit kann der Webserver seine eigene Funktionalität erweitern und die Programme aufrufen, die in unterschiedlichen Sprachen geschrieben sind. Diese Programme bereiten für den Webserver die Webseite vor, die er abschließend an den Client weitergibt, und speichern oder suchen die dazu erforderlichen Daten in einer Datenbank.

Ursprünglich konnte der Webserver nur mit bereits vorhandenen Dateien arbeiten.

Der Samba-Server besteht hauptsächlich aus den beiden Modulen **smb** und **nmb.** Das Modul **smb** verwaltet die Freigaben von Verzeichnissen und Druckern, das Modul **nmb** organisiert die UNC-Namensauflösungen. Beide Module können einzeln oder zusammen gestartet und beendet werden. Die Einstellungen für die beiden Module befinden sich in der Datei

/etc/samba/smb.conf.

Zum Lieferumfang von Samba gehört das zeichenorientierte Client-Programm **smbclient,** ein grafisches Modul für den Linux-Dateimanager **Konqueror** und ein Modul für die dauerhafte Anbindung der Samba-Freigaben. Der Client **smbclient** öffnet eine Schnittstelle für die Befehle der Benutzer und organisiert deren Ausführung. Mit diesen Befehlen werden hauptsächlich Dateien mit dem Samba-Server ausgetauscht. Die Beendigung des Programms **smbclient** trennt automatisch die Verbindung zum Samba-Server. Das grafische Modul für den Dateimanager erlaubt einen Zugriff auf die Freigaben und funktioniert ähnlich wie der Windows Explorer. Das dritte Modul verbindet eine Freigabe dauerhaft mit einem Verzeichnis. Beim Zugriff auf dieses Verzeichnis erfolgt tatsächlich ein Zugriff auf die Daten der Freigabe. Selbstverständlich können diese drei Client-Programme auf Freigaben von Windows- und Linux-Rechnern zugreifen.

Die Installation des Samba-Servers erfolgt in der Linux-Distribution von SuSE mit dem eigenen Tool **yast** oder mit dem Befehl:

rpm –i samba-X-Y.i586.rpm

Für die Verwaltung des Samba-Servers mit den üblichen Parametern liefert SuSE die Skripte **rcsamba, rcsmb, rcnmb.**

Die aktuelle **Version 4** des Samba-Servers unterstützt serverseitig das Konzept Active Directory, das standardmäßig ab Microsoft Windows 2000 eingesetzt wird. Damit kann ein Linux-Server mit dem Samba-Server beinahe als ein vollwertiger Domänen-Controller eingesetzt werden. Der Server unterstützt nicht nur das Einloggen der Benutzer in die Domäne, sondern übernimmt auch die volle Verwaltung des Systems, z. B. das Hinzufügen und Entfernen der Mitgliedsrechner.

Technisch gesehen basiert die neue Samba-Version auf einem eingebauten LDAP-Server und einem Kerberos Key Distribution Center. Als benutzerfreundliches Administrationswerkzeug wurde wieder das schon seit Jahren erfolgreich eingesetzte Tool **SWAT** integriert. Auch bezüglich der Unterstützung der Dateisysteme bietet Samba 4 wesentliche Verbesserungen. Die über Samba freigegebenen Verzeichnisse spiegeln das Verhalten der Windows-Dateisysteme fast detailgetreu wider und simulieren z. B. perfekt die Access Control Lists (ACLs) von NTFS. Dadurch können einige Anwendungen, die diese Features unter Microsoft Windows benötigen, besser und leichter im Netzwerk portiert und eingesetzt werden.

Aufgaben

1. Welche Dienste stellt der Samba-Server zur Verfügung?
2. Beschreiben Sie zwei Möglichkeiten für die Verwaltung des Samba-Servers.
3. Welche Clients für den Samba-Server sind Ihnen aus dem Linux- und Windows-Bereich bekannt?

AH

S

Stefan geht davon aus, dass die Firma ACI nicht auf ein Linux-Netzwerk umsteigen wird. Das Windows-Netzwerk hat sich gut bewährt. Dennoch erweisen sich die Sicherheitsaspekte im Netz und die Kosten als Problempunkte, bei denen Linux als günstigere Alternative punktet. Negativ erscheint die Inkompatibilität bei einigen Servern. Dazu zählt beispielsweise die Tatsache, dass der DNS-Server unter Linux nicht in einer Windows-Domäne eingesetzt werden kann. Das gilt allerdings nicht für Dateiserver, Webserver oder E-Mail-Server unter Linux. In diesem Fall entsteht ein sicher funktionierendes heterogenes Netzwerk.

Wie Stefan erfahren hat, ist die Installation und Verwaltung der wichtigsten Server unter Linux nicht besonders kompliziert. Die meisten Server werden über die Eingabeaufforderung konfiguriert und die Konfigurationsdaten liegen im Textformat vor.

Stefan versteht, dass die oftmals fehlende Installation der grafischen Oberfläche auf einem Linux-Server allerdings gleichzeitig die Geschwindigkeit, Stabilität und Zuverlässigkeit des Systems erhöhen kann.

Herr Köhler schlägt Stefan vor, die Argumente in seinem Bericht weiter zu überdenken und auch die künftigen technischen Entwicklungen bei den Linux-Distributionen zu berücksichtigen.

2.5 Inbetriebnahme, Übergabe und Nutzung

In der Abteilung **Einkauf/Lager** wurde inzwischen vom Ausbildungsteam unter ständiger Begleitung von Herrn Köhler das neue vernetzte Computersystem installiert. Es besteht aus einem Linux-PC als Datei-, Anmelde- und Intranet-Server. Als Client-Rechner wurden Windows-PCs eingesetzt, wobei sich die teilweise verbliebenen Computer mit dem Betriebssystem Microsoft Windows 7 ohne große Probleme integrieren ließen. Zum Teil erhielt die Abteilung aber auch neue PCs mit dem Betriebssystem Microsoft Windows 10. Jetzt steht der Einsatz des neuen Systems bevor. Bis zur endgültigen Inbetriebnahme wird das alte System noch immer produktiv genutzt. Die abschließenden Aufgaben zur endgültigen Inbetriebnahme fasst Herr Köhler gemäß dem üblichen Geschäftsprozess in folgenden Schwerpunkten zusammen:

- Die Auszubildenden sollen das neu installierte System auf die gewünschte Funktionalität prüfen.
- Danach erfolgen die Übernahme der bestehenden Daten und Benutzer sowie die Integration der bestehenden Anwendungen.
- Alle Bestandteile des Netzwerkes mit der gesamten Konfiguration sollen auch weiterhin sorgfältig dokumentiert werden.
- Nach einer Präsentation findet die Übergabe des Systems an die Mitarbeiter der Abteilung statt.

Geschäftsprozess „Einführung neuer Dienste“
Unterprozess „Projektübergabe“

Funktionstest und Parallelbetrieb mit dem alten System

Durchführen:
- Parallelbetrieb mit dem bestehenden System
- Funktionstest des neuen Systems
- Übereinstimmung mit dem Sollzustand prüfen
- Belastungstest des neuen Systems
- Sicherheitstest des neuen Systems

Integration der Ressourcen

Durchführen:
- Benutzerübernahme (Domänen, Log-ins und Profile)
- Übernahme der Altdaten
- Migration der bestehenden Anwendungen auf das neue System

Dokumentation und Präsentation

Erstellen:
- Hardware-Inventur
- Software-Inventur
- externe Dokumentation (User Manuals, Administrator Manuals)
- interne Dokumentation
- Präsentation des neuen Systems und Schulung des Personals
- Übergabeprotokoll

2.5.1 Funktionstest und Parallelbetrieb

Bevor das neue PC-Netz genutzt werden kann, muss es noch ausgiebig getestet werden. So lange besteht das alte System weiter und wird produktiv genutzt. Die Funktionstests geben Auskunft darüber, ob das System die in der Aufgabestellung formulierten Ziele erfüllt. Die Funktionstests eines vernetzten Systems bestehen im Wesentlichen aus den folgenden Schritten.

2.5.1.1 Erreichbarkeit der Knoten

Die Erreichbarkeit aller Knoten (Endgeräte) des Systems kann im Falle eines unkomplizierten Netzwerkes durch einfache Tools geprüft werden, die zum Lieferumfang des Betriebssystems gehören. Nachstehend sind einige Beispieltests aufgeführt, die unter folgenden Annahmen ausgeführt werden können:

- Die Tests werden auf dem PC mit der IP-Adresse 192.168.1.100 durchgeführt. Es ist der Arbeitsplatz des Netzwerkadministrators. Falls notwendig können diese Teste auch unmittelbar auf den jeweils betroffenen Rechnern wiederholt werden.
- Das vernetzte System ist als IP-Segment mit der Netzwerkadresse 192.168.1.0 und mit der Subnetmask 255.255.255.0 eingerichtet.
- Der Router mit den beiden Netzwerkadressen 192.168.1.1 und 172.16.1.1 verbindet das oben beschriebene IP-Segment mit den übrigen LAN-Segmenten des Unternehmens. Der Router ist auch als Standard-Router (default gateway) eingetragen.
- Die IP-Konfigurationen für die Arbeitsplatzrechner (192.168.1.16 bis 192.168.1.64) werden über den DHCP-Server mit der Adresse 192.168.1.101 verteilt.
- Die Namensauflösung liefert der DNS-Server mit der IP-Adresse 172.16.1.101.

2.5.1.2 Befehl PING

Um zu testen, ob ein Computer erreichbar ist, kann das Programm **ping** benutzt werden. Es ist ein einfaches Testwerkzeug und Bestandteil aller Betriebs-

```
c:\>ping 192.168.200.111
Ping wird ausgeführt für 192.168.200.111 mit 32 Bytes Daten:
Antwort von 192.168.200.111: Bytes=32 Zeit<10ms TTL=64
...
Antwort von 192.168.200.111: Bytes=32 Zeit<10ms TTL=64
Ping-Statistik für 192.168.200.111:
Pakete: Gesendet = 4, Empfangen = 4, Verloren = 0 (0% Verlust),
Ca. Zeitangaben in Millisek.:
    Minimum = 0ms, Maximum = 0ms, Mittelwert = 0ms
```

systeme mit dem installierten Protokoll TCP/IP. Es kann in allen IP-Netzen benutzt werden und funktioniert auf der Ebene des Steuerungsprotokolls ICMP. Gesendet wird in regelmäßigen Abständen der Befehl **Echo-Request** an das angegebene Zielsystem. Die IP-Software (IP-Stack) jedes Computers mit dem installierten Protokoll TCP/IP ist programmiert, auf diese Anfrage mit der Antwort **Echo-Replay** zu reagieren.

Die Antworten des angesprochenen Systems geben Auskunft über den Zustand des eigenen Systems, des angesprochenen Systems und der Verbindung zwischen beiden Systemen.

Ein PING-Test beginnt mit einer Selbstuntersuchung. Kann das eigene System erreicht werden, so ist die IP-Software richtig konfiguriert. Gelingt es anschließend, die im nächsten Subnetz befindliche Netzwerkkarte zu erreichen, so sind die Netzwerkkarten beider Systeme richtig konfiguriert und verkabelt. Im nächsten Schritt wird versucht, die Systeme zu erreichen, die sich hinter einem Router befinden. Damit wird die Netzwerkschicht des Protokolls IP im Gesamtsystem geprüft. Das Werkzeug **ping** funktioniert als einfacher Konsolenbefehl, der von einem Testprogramm aufgerufen werden kann, um das ganze vernetzte System auch später während des produktiven Betriebs regelmäßig auf Fehler zu untersuchen.

W

OSI-Schicht	Was wird getestet?	Was ist zu tun?
Befehl: ping 127.0.0.1		
3	**IP-Software, Treiber und virtuelle Schnittstelle.** Die Adresse 127.0.0.1 ist immer für das lokale System reserviert und entspricht keiner physikalischen Netzwerkkarte. Die Echo-Requests verlassen nicht den Rechner.	Falls keine positiven Antworten empfangen werden, ist die IP-Software nicht installiert oder ordnungsgemäß konfiguriert. Entfernen und installieren Sie die gesamte Netzwerk-Software für die Netzwerkkarte, eventuell mit dem aktuellen Treiber für die Netzwerkkarte.
Befehl: ping 192.168.1.100		
1 bis 2	**Schnittstelle (lokal).** Je nach Implementierung der IP-Software und der verwendeten Netzwerkkarte werden die Request-Befehle vom physischen Kabel aufgenommen und von der lokalen Karte erneut empfangen. Gehen die Befehle verloren, kann dies anhand der Indikatoren an der Karte selbst feststellt werden.	Falls die Netzwerkkarte nicht sendet und keine positiven Antworten empfängt, ist entweder die Karte selbst (OSI-Schicht 1) oder der Treiber für die Karte (OSI-Schicht 2) fehlerhaft. Ein bekanntes Problem stellen die falschen Einstellungen der Ressourcen dar, oftmals verursacht durch einen falschen Treiber. Es kann auch vorkommen, dass ein Betriebssystem wie Linux die Plug-and-play-Eigenschaften des BIOS nicht richtig nutzt. Falls die Karte tatsächlich sendet, aber keine Antworten bekommt, können dafür auch ein fehlerhafter Signalverstärker oder die RJ-45-Schnittstelle selbst schuld sein.
Befehl: ping 192.168.1.1		
1 bis 2	**Verbindung innerhalb eines IP-Segments.** Zwischen den getesteten Systemen existieren keine Router.	Wenn die vorherigen Tests erfolgreich waren, bedeutet die Antwort **„Zeitüberschreitung der Anforderung"**, dass entweder die Verkabelung oder das Zielsystem nicht richtig funktionieren. In diesem Fall sollen die beiden ersten Tests direkt am Zielsystem durchgeführt werden. *(Fortsetzung auf folgender Seite)*

W

OSI-Schicht	Was wird getestet?	Was ist zu tun?
		Ist das Zielsystem in Ordnung, wird die Verkabelung dazwischen geprüft. Sind alle Switchs eingeschaltet, sind alle Kabel richtig eingesteckt und eingerastet? Unter Umständen müssen die Kabel gewechselt und die Tests wiederholt werden. Versuchen Sie danach, die Systeme anzusprechen, die mit einem Switch verbunden sind. Versuchen Sie ebenfalls, die RJ-45-Stecker im Switch zu vertauschen.
Befehl: ping 172.16.1.1		
3	**Router-Einstellungen (lokal) und die Software des Routers**	Falls die vorherigen Tests positiv verliefen, sind zwei Situationen möglich: 1. Die Antwort **„Zeitüberschreitung der Anforderung"** bedeutet, dass das Zielsystem nicht antwortet. Da die Netzwerkkarte des Routers, die im eigenen Segment liegt (192.168.1.1), bereits positiv reagiert hat, scheidet ein fehlerhaftes Kabel aus. Entweder ist die Router-Konfiguration falsch oder andere Netzwerkkarten sind defekt. Führen Sie ähnliche Tests im Netz 172.16.0.0 durch und ermitteln Sie, ob die zweite Karte des Routers von dort aus erreichbar ist. Wenn ja, prüfen Sie, ob die Weiterleitungsfunktion des Routers eingeschaltet ist. Dies geschieht in Abhängigkeit vom Betriebssystem. Unter Linux reicht es dafür aus, mit einem Echo-Befehl den Wert 1 in die entsprechende Kernelkonfigurationsdatei zu schreiben. Unter Windows Server 2008/2012 erfolgt die Weiterleitung normalerweise über die **Routing- und RAS-Verwaltungskonsole.** 2. Die Antwort **„Zielhost nicht erreichbar"** deutet auf ein lokales Problem hin. Das Testsystem weiß nicht, wie das andere Netzwerk zu erreichen ist. Dafür verwendet die IP-Software die Routing-Tabelle. Dort steht, über welche Router die anderen IP-Subnetze anzusprechen sind. In vielen Fällen reicht ein besonderer Eintrag in dieser Tabelle, um alle Routing-Probleme zu lösen. Als sogenannter **default gateway** wird die direkt erreichbare Adresse (in unserem Beispiel die IP-Adresse 192.168.1.1) des Routers eingestellt, der als einziger Gateway das IP-Segment mit anderen IP-Segmenten verbindet. Normalerweise wird dieser Eintrag zusammen mit der eigenen IP-Adresse über den DHCP-Server beim Systemstart automatisch bezogen.
Befehl: ping 172.16.1.101		
3	**Routing-Einstellungen auf dem Router und auf dem Zielsystem**	Wenn die vorherigen Tests auch positiv auf dem Zielsystem verliefen, kann die Antwort **„Zeitüberschreitung der Anforderung"** nur bedeuten, dass das Zielsystem den Rückweg nicht kennt. Überprüfen Sie die Routing-Tabelle des Zielsystems. Ist dort ein anderer Router als **default gateway** eingetragen, kann dies auch gewollt sein. In diesem Fall soll ein zusätzlicher Eintrag für das neu installierte Segment in die Routing-Tabelle des Zielsystems aufgenommen werden. Normalerweise ist das aber keine brauchbare Lösung, die Routing-Tabellen aller bestehenden Systeme manuell zu erweitern. Deshalb ist dieser Schritt nur auf dem Router sinnvoll, der dann als jeweiliger **default gateway** durch alle anderen Computer angesprochen wird.
Befehl: ping PC 13		
7	**Namensauflösung.** Es wird der Name eines PC statt der IP-Adresse angesprochen.	Falls die Antwort **„Unbekannter Host PC13"** lautet, konnte der Name nicht in die IP-Adresse aufgelöst werden. Überprüfen Sie, ob die eingestellten DNS- und WINS-Server erreichbar sind.

Der Befehl **ping** ist generell symmetrisch. Falls das System A das System B erreicht, so gilt dies auch umgekehrt! Es gibt aber auch Ausnahmen. Ein Computer kann vom Administrator so eingerichtet werden, dass er nicht auf PING-Auforderungen reagiert. Auch ein Firewall-System kann die ICMP-Pakete herausfiltern. In beiden Fällen sind die PING-Tests nicht aussagekräftig.

2.5.1.3 Weitere Werkzeuge

Außer dem Befehl **ping** gibt es weitere Werkzeuge, die zur Netzwerküberprüfung verwendet werden können. Mit dem Tool **Trace Route** (Befehl **tracert**) werden die Verbindungswege (Schicht 3 des OSI-Schichtenmodells) getestet und visualisiert. In einem LAN besteht mit diesem Tool die Möglichkeit, die Verbindungswege und indirekt auch die Routing-Tabellen zu testen.

Der Befehl **route** liefert die Anzeige für die aktuelle Routing-Tabelle. Allerdings wird dazu in den aktuellen Windows-Versionen auf die Nutzung der **Routing- und RAS-Konsole** verwiesen.

Zusätzlich existiert eine Vielzahl von komfortablen grafischen Tools zum Analysieren und Testen der Netzwerke. Dazu gehört das kostenlose Programm **Wireshark.** Mit diesem Tool lässt sich der gesamte Netzwerkverkehr abfangen, speichern oder direkt analysieren.

```
c:\>tracert www.google.de
Routenverfolgung zu www.l.google.com [216.239.59.104] über maximal 30 Abschnitte:
 1  <10 ms  <10 ms  <10 ms  gwl [192.168.1.1]
 2   50 ms   40 ms   50 ms  G6-0.bln2-g.mcbone.net [62.104.208.5]
 3   50 ms   50 ms   50 ms  lo0-0.lpz2-j2.mcbone.net [62.104.191.208]
 4   61 ms   60 ms   60 ms  ge-2-0-0-0.ffm4-j2.mcbone.net [62.104.191.199]
 5   60 ms   60 ms   60 ms  de-cix10.net.google.com [80.81.192.108]
 6   60 ms   60 ms   70 ms  72.14.232.208
 7   71 ms   80 ms   80 ms  216.239.43.90
 8   90 ms  100 ms  100 ms  216.239.49.254
 9   80 ms  110 ms  101 ms  216.239.49.114
10   90 ms   90 ms  100 ms  216.239.59.104
```

```
c:\>route print
===========================================================================
Schnittstellenliste
0x1 ........................... MS TCP Loopback interface
0x2 ...00 a0 c9 43 1e ab ...... Intel(R) PRO Adapter
0x3 ...00 ff a8 7f d7 ab ...... TAP-Win32 Adapter V8
===========================================================================
===========================================================================
Aktive Routen:
   Netzwerkziel    Netzwerkmaske          Gateway    Schnittstelle  Anzahl
        0.0.0.0          0.0.0.0      192.168.1.1    192.168.1.100       1
      127.0.0.0        255.0.0.0        127.0.0.1        127.0.0.1       1
    192.168.1.0    255.255.255.0    192.168.1.100    192.168.1.100       1
  192.168.1.100  255.255.255.255        127.0.0.1        127.0.0.1       1
  192.168.1.255  255.255.255.255    192.168.1.100    192.168.1.100       1
      224.0.0.0        224.0.0.0    192.168.1.100    192.168.1.100       1
255.255.255.255  255.255.255.255    192.168.1.100    192.168.1.100       1
Standardgateway:   192.168.1.1
===========================================================================
```

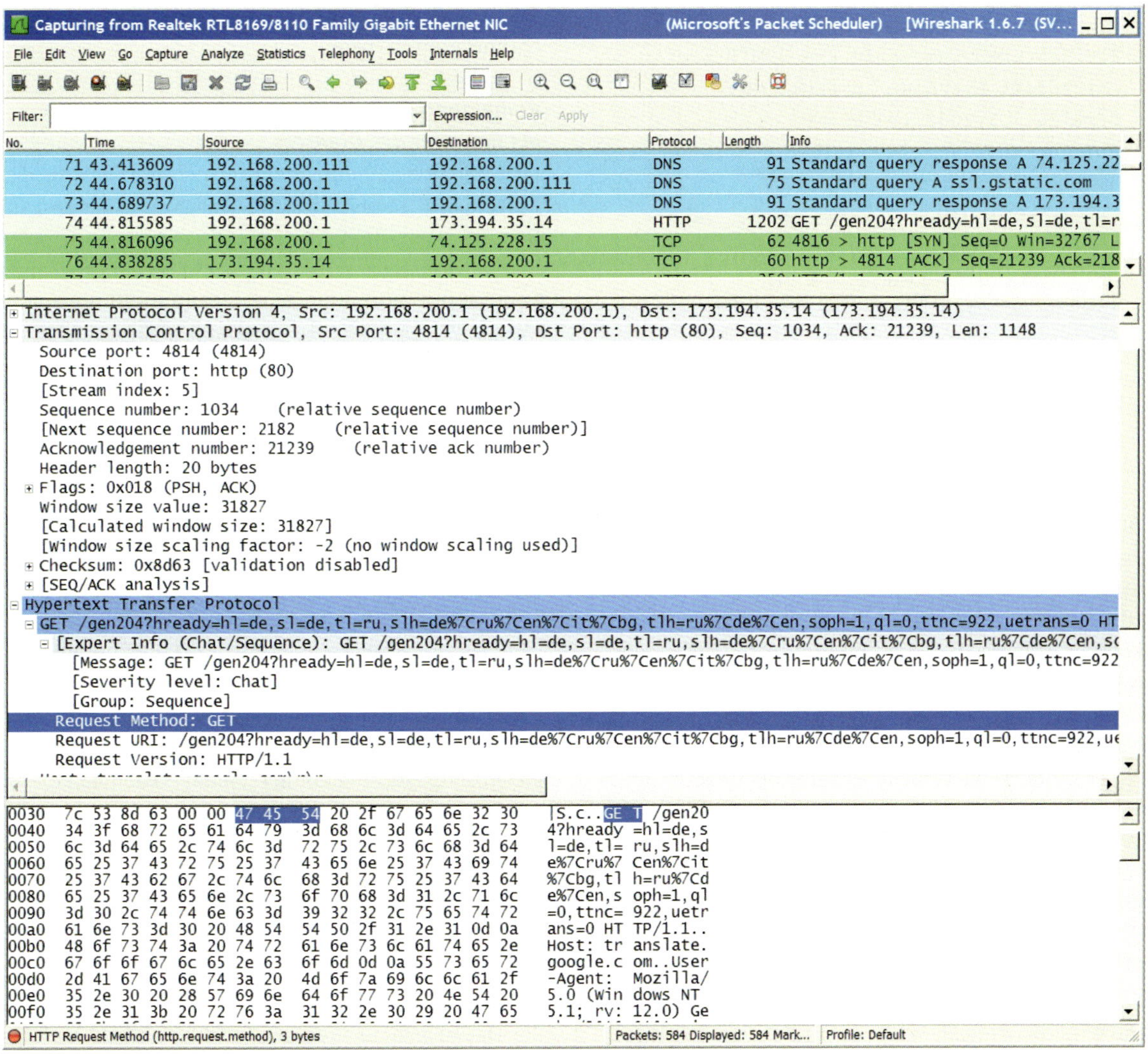

Analyse der Daten mit Wireshark

2.5.1.4 Erreichbarkeit der Dienste

Nachdem die einzelnen Netzwerkknoten und Verbindungen auf den drei ersten Schichten des OSI-Schichtenmodells getestet wurden, sollte die Erreichbarkeit aller vorgesehenen Dienste geprüft werden. Als einfaches, aber effektives Mittel erweist sich das Programm **Telnet,** das ebenfalls zum Bestand fast aller IP-fähigen Betriebssysteme gehört. **Telnet** ist eigentlich eine Software zum Emulieren eines entfernten Terminals und wird normalerweise für die Fernsteuerung von UNIX-Systemen benutzt. Das Programm besteht aus zwei Teilen – einem Server und einem Client. Wenn der Client über das Netz auf einen Telnet-Server zugreift, erhält er einen Befehlsinterpreter, vergleichbar mit einer **shell** unter UNIX oder dem Befehl CMD.EXE unter Windows. Für Testzwecke reicht allerdings allein der Client der Software aus. Er besitzt die Fähigkeit, mit fast jedem beliebigen Dienst im Netzwerk zu kommunizieren. Dafür erhält das Programm beim Aufruf nicht nur die IP-Adresse oder den Hostnamen als Parameter, sondern auch eine Portnummer auf dem Ziel-Rechner. Es kommuniziert dann mit dem Dienst, der gerade an dem angegebenen Port auf Empfang wartet. So können fast alle Dienste im Netz überprüft werden, ohne die jeweiligen Client-Programme auf dem PC des Administrators installieren zu müssen. Dadurch ist es möglich, SMTP (Port 25), FTP (Port 21 und 20), SSH (Port 22), HTTP (normalerweise Port 80), HTTPS (Port 443) und viele andere Dienste zu testen.

```
$ telnet letterman.mailme.com 25
220 letterman.gmdworld.com ESMTP Server
(Microsoft Exchange Internet Mail
Service 5.5.2653.13) ready
214-Commands:
HELP
214-    HELO    MAIL    RCPT    DATA    RSET
214-    NOOP    QUIT    HELP    VRFY    ETRN
214-    XEXCH50  STARTTLS AUTH
214 End of HELP info
250 OK
QUIT
221 closing connection
Verbindung zu Host verloren.
```

Auf diese Weise lassen sich allerdings jene Dienste nicht kontrollieren, die über das Interface **R**emote **P**rocedure **C**all (RPC) und nicht über die TCP/UDP-Sockets (Ports) erreicht werden. Aber auch in diesen Fällen können entsprechende Schlussfolgerungen gezogen werden. Wenn z. B. auf den Befehl

$ telnet mywindows.my.com 139

als Antwort erscheint :

„Es konnte keine Verbindung hergestellt werden mit Host mywindows.my.com auf Port 139: Verbinden fehlgeschlagen",

so kann man davon ausgehen, dass der **NETBIOS Session Service** auf diesem Rechner nicht oder fehlerhaft installiert ist. In diesem Fall treten vermutlich Probleme auf, wenn ältere Windows-PCs auf die Freigaben von **mywindows.my.com** zugreifen wollen, obgleich die Windows-Freigaben hier über RPC und nicht direkt über die Ports funktionieren.

2.5.1.5 Konfiguration und Anmeldung

Konfiguration aller Dienste

Die Überprüfung der Konfiguration der installierten Dienste folgt als nächster Schritt. Das betrifft insbesondere die sicherheitsrelevanten Optionen, wie die Zugriffsrechte zu den wichtigen Dateien auf dem betroffenen Server und die Privilegien der Domänen-Mitglieder auf dem Server. Einige Dienste, die den Zugriff auf bestimmte Dateien oder Geräte erfordern, sollen so eingerichtet werden, dass sie als Windows-Dienste unter dem Namen eines bestimmten Benutzers und nicht standardmäßig unter Verwendung des Systemkontos gestartet werden. Dazu gehören in erster Linie verschiedene Datenbank-, Back-up- und Synchronisationsdienste.

Anmeldung für installierte Dienste als Benutzer des Dienstes

Hier erfolgt eine Anmeldung als nichtprivilegierter Benutzer bei allen installierten Diensten und der Test auf Benutzbarkeit. Bei fehlerhafter Konfiguration kann es beispielsweise passieren, dass in einem frei gegebenen Verzeichnis Dateien angelegt, nicht aber umbenannt werden können. Oder es funktioniert bei einem Intranetdienst die Anmeldung über den Internet Explorer, während über den Browser Firefox eine Fehlermeldung erscheint.

Anmeldung für installierte Dienste als Administrator des Dienstes

Beim Test der Dienste unter Verwendung des privilegierten Benutzerkontos empfiehlt sich die gleiche Vorgehensweise. Hier ist es wichtig, zwischen dem Betriebssystem/Netzwerkadministrator (**root** unter UNIX oder **Administrator** unter Windows) und dem Administrator des zu testenden Dienstes zu unterscheiden. Oft ist es unerwünscht, dass der Systemadministrator gleichzeitig Privilegien bei einem Datenbankdienst oder bei einem Intranet-Server besitzt.

Bei einem Datenbankdienst sollte geprüft werden, ob der entsprechende Administrator den Dienst beenden und wieder starten kann. Nach einem Neustart verweisen die Logdateien auf mögliche Fehler und Ausnahmen. Bei einem laufenden Datenbankdienst erfolgt dann die Überprüfung, ob die speziellen Systemtabellen der Datenbank zur Verfügung stehen und ob die Speicheroptionen entsprechend der Vorgaben bei der Planung und der Hardwarekonfiguration eingestellt sind.

Ein häufiger Fehler resultiert aus der Tatsache, dass die Speichereinstellungen der Datenbank in einer Höhe eingestellt werden, die nur knapp unter dem physikalischen RAM liegt. Startet ein weiteres Programm auf dem Rechner, lagert das Betriebssystem Inhalte aus dem Speicher aus. Die Datenbank arbeitet dann zunehmend langsamer, was die Benutzer als störend empfinden.

Testphase zu allen in der Planungsphase festgelegten Diensten und Anwendungen

Zuletzt werden spezifische Anwendungen getestet, die auf verschiedene Dienste zugreifen. Es kann daher keine allgemeine Verfahrensweise für diese Testphase beschrieben werden.

2.5.2 Systeme und Ressourcen

Nachdem alle Komponenten des neu installierten und vernetzten Systems auf ihre Funktionalität überprüft wurden, soll die Integration der bestehenden Dienste und Anwendungen sowie die Übernahme der Daten, Benutzer und anderen Ressourcen in das neue System erfolgen.

2.5.2.1 Benutzer

Diese Aktivität ist immer dann notwendig, wenn das neue System die alten Anmeldedienste ersetzt. Basierte das Firmennetzwerk ursprünglich auf Novell NetWare, während das neue System aber eine Active-Directory-Domäne einführt, liegt es auf der Hand, zu versuchen, alte Benutzerkonten in den neuen Domänen-Controller zu übertragen. Dies ist nicht zwingend notwendig, aber zwei unterschiedliche Anmeldeverfahren verursachen Nachteile, die sich z. B. in folgenden Sachverhalten widerspiegeln:

- Die Benutzer müssen sich mehrmals anmelden. Wenn die Namen und Passwörter auf beiden Systemen nicht identisch sind, führen häufige Verwechslungen letztlich zu einer mangelhaften Benutzerfreundlichkeit des Gesamtsystems. Übersteigt die Unzufriedenheit der Benutzer eine gewisse Grenze, tendieren sie dazu, ihre Passwörter unzulässig zu vereinfachen oder sogar auf Papier aufzubewahren.
- Ein Benutzerkonto beinhaltet mehr als nur einen Namen und das zugehörige Passwort. Das Profil verwaltet das Aussehen der Benutzeroberfläche des Benutzers, welche Spracheinstellungen er verwendet oder welche Dateien er zuletzt betrachtet hat. Dazu gehört auch das persönliche Verzeichnis des Benutzers (**Eigene Dateien** unter Windows, **/home/UserName** unter UNIX), das zusammen mit anderen wichtigen Daten täglich gesichert werden soll. Der mehrfache Administrationsaufwand zur Pflege der Profile aller Benutzer kann den einmaligen Aufwand bei einer Migration sehr schnell überschreiten.
- Das neue System wurde nicht grundlos installiert. Waren die Benutzer mit dem alten System nicht mehr zufrieden, sind künftige Investitionen in das alte System noch sinnvoll oder bestehen weiterhin Wartungsverträge dafür? In den meisten Fällen ergeben sich aus der Beantwortung dieser Fragen weitere Argumente, die rechtzeitige und komplette Migration auf das frisch installierte System zu vollenden.

Viele professionelle Netzwerkbetriebssysteme besitzen ein passendes komfortables Werkzeug zum Transferieren der Benutzerdaten. Leider funktionieren viele dieser Tools nicht mit jeder möglichen Kombination zwischen dem alten und dem neuen System. In solchen Fällen hilft oft eine gründliche Internetrecherche und eine gezielte Auswertung der **FAQ** (**F**requently **A**sked **Q**uestions). Oft ergibt sich daraus, dass nur eine manuelle Migration möglich ist. In jedem Fall muss zuvor eine Datensicherung durchgeführt werden, um das alte System bei Bedarf wiederherstellen zu können. Die Anweisungen des Herstellers zur Migration müssen unter allen Umständen detailliert befolgt werden.

Der kalkulierte Aufwand für eine solche Migration mit allen Vor- und Nachteilen gibt letztlich den Ausschlag für eine grundsätzliche Entscheidung, denn vielleicht ist es sogar einfacher, das neue System ganz ohne „Altlasten" zu installieren.

2.5.2.2 Anwendungen

In einigen Fällen reicht es für die Integration aus, die Anwendungen einfach neu zu konfigurieren. Basiert eine verteilte Anwendung auf einer Datenbank, beschränkt sich die Integration auf den Eintrag der Netzwerkadresse des Rechners mit der neuen Datenbank in die Konfigurationsdatei.

Leider ist oft ein mehrstufiger Prozess für die Integration nötig. Ältere Programme, besonders in der UNIX-Welt, müssen unter Umständen sogar neu kompiliert werden. Dieser Prozess scheitert, wenn für eine solche Prozedur die erforderlichen Programmbibliotheken fehlen und nicht wieder zu beschaffen sind.

Andere Anwendungen sind so tief in das bestehende Netzwerkbetriebssystem integriert, dass eine Trennung unmöglich ist. Wenn z. B. eine verteilte Applikation mit einem Anwendungsserver, einer Datenbank und vielen Clients auf dem Domänen-Konzept von Windows basiert, sodass die Benutzer der Domäne ganz einfach als Benutzer der betroffenen Anwendung gelten und der Name der Domäne sowie die Benutzerdaten in vielen Stellen der Anwendung bei der Installation fest eingetragen worden sind, scheitert der Versuch, eine solche Anwendung auf eine andere Domäne zu übertragen.

2.5.2.3 Altdaten

Die komplette Übernahme der Altdaten steht fast immer auf der Wunschliste der Kunden. Verwendet das neue System prinzipiell keine neuen Anwendungen, ist eine solche Datenübernahme kein besonders schwieriger Prozess. Je nach Bestandteil des neuen vernetzten Systems sind verschiedene Aktivitäten notwendig.

Dateiserver. Die Datenübernahme besteht im Wesentlichen aus dem Kopieren der betroffenen Verzeichnisse und Dateien auf den neuen Server und der Anpassung der Zugriffsrechte. Vorsicht ist geboten beim Kopieren der Dateien zwischen den UNIX- und Windows-Rechnern mithilfe der Windows-Netzwerkfreigaben. Dabei können leicht Dateinamen abgeschnitten werden. Nicht zu unterschätzen sind auch die auf beiden Systemen verwendeten Zeichensätze. Deutsche Sonderzeichen (Umlaute) müssen auf ihre Richtigkeit kontrolliert werden.

Webserver. Dateien und Verzeichnisse werden auf den neuen Server kopiert. Die Groß- und Kleinschreibung der Dateinamen verdient hierbei besondere Beachtung, sonst funktionieren die Links nicht mehr. Je nach verwendeter Software für den Webserver ergeben sich weitere Besonderheiten bei der Konfiguration der Zugriffsrechte und Module.

Besondere Dienste. Wenn die Daten besonderer Anwendungen auf eine neue Hardware- oder Softwareplattform übertragen werden, steht die Bewertung des Aufwandes vor der eigentlichen Übernahme der Daten. Erscheint der Aufwand zu hoch und ist eine Übertragung mit einem Betriebssystemwechsel unvereinbar, hilft möglicherweise eine auf der Virtualisierung des alten Systems basierte Lösung. Auf dem Ziel-Rechner wird ein sogenannter PC-Emulator, wie z. B. das Programm VMware, installiert. Diese Software ist in der Lage, die Hardware eines kompletten PC zu emulieren. Mithilfe des Emulators erscheint auf dem Ziel-Rechner die gesamte Systemumgebung der zu migrierenden Anwendung und anschließend die Anwendung selbst. Der alte Rechner wird auf diese Weise komplett mit der Anwendung in das neue vernetzte System übernommen. Eine gesonderte Datenübernahme erübrigt sich in diesem Fall.

2.5.3 Dokumentation und Präsentation

Die begleitenden Projektdokumentationen (extern und intern) entstehen selbstverständlich nicht erst kurz vor der Projektübergabe. Notwendige Fakten für bestimmte Teile der externen Dokumentation liegen allerdings erst zu diesem Zeitpunkt vor. Dies betrifft vorrangig die endgültigen anwendungsbezogenen Daten nach erfolgter Migration der jeweiligen Anwendung.

Zum Abschluss findet die Präsentation des Projektes statt und es erfolgt die formale Übergabe des neuen Systems in die Produktionsphase. Während der Übergabe kann das alte System abgeschaltet oder noch eine bestimmte Zeitspanne parallel betrieben werden. In der Praxis dauert es noch eine Weile, bis das neue System durch die Anwender umfassend getestet und akzeptiert wird. Über diesen Zeitraum wollen sie im Parallelbetrieb das alte System als Back-up erhalten und nur schrittweise abschalten.

Aufgaben

1. Erstellen Sie ein Gliederungskonzept aus externer und interner Dokumentation. Verwenden Sie die am Anfang dieses Abschnittes beschriebene Projektsituation mit den Netzwerkadressen unter „2.5.1.1 Erreichbarkeit der Knoten“.
   a) Nutzen Sie die Empfehlungen aus dem Kapitel 2.1.3 „Richtlinien für das Erstellen der Dokumentation“.
      - **User Manual** mit Beschreibungen für den Anmeldeprozess bei allen installierten Diensten (extern)
      - **Administrator Manual** mit Beschreibungen zur installierten Hardware, Software und den Service-Rufnummern/Internetadressen der Hersteller (extern/intern)
      - **Übersichtsplan** für das vernetzte System. Als Vorlage dient die Abbildung des Netzwerks der Firma ACI (extern/intern).
      - **Hardware- und Software-Inventur** als Excel-Tabelle (intern)
      - **PowerPoint-Präsentation** der Ergebnisse (extern)

   b) Präsentieren Sie die Ergebnisse in der Gruppe.

3 Öffentliche Netze und Dienste

Als moderner Dienstleister im IT-Bereich berät die Firma ACI ihre Kunden über die bestehenden Möglichkeiten der Anbindung des Unternehmens an die öffentlichen Netze und Dienste. Einige Lösungen bietet ACI selbst an, andere Lösungen sind nur über die großen regionalen oder bundesweiten Anbieter realisierbar. Die Aufgaben erstrecken sich dabei über ein breites technisches und marktwirtschaftliches Spektrum. Da die technische Entwicklung auf diesem Gebiet besonders schnell voranschreitet, führt ACI regelmäßig Marktstudien zur Ermittlung von neuen Möglichkeiten und Angeboten durch.

Zusammen mit den Mitarbeitern der EDV-Abteilung nehmen die Auszubildenden an einer solchen Untersuchung teil. Sie erkunden dabei moderne und klassische Kommunikationstechnologien, die Prinzipien der Datenübertragung in den öffentlichen Netzen sowie Dienste der Netzbetreiber. Als Ergebnis dieser Untersuchung wird ein Lösungsvorschlag für die verbesserte Anbindung der Firma ACI an die öffentlichen Netze präsentiert.

3.1 Überblick

Unternehmen benötigen in einer modernen Marktwirtschaft die Anbindung an die öffentlichen Netze. Auch in den privaten Haushalten ist die moderne Telekommunikation nicht mehr wegzudenken. Wir nutzen deren Dienste, wenn wir

- telefonieren,
- ein Angebot per Fax versenden,
- das Bankkonto verwalten,
- im Internet recherchieren oder Ware bestellen
- eine SMS-Nachricht versenden oder Bilder in den Cloud-Speicher hochladen,
- auf dem Weg zum Kunden durch das Satellitennavigationssystem geführt werden,
- auf einer Geschäftsreise vom Hotel aus auf die Daten im lokalen Netzwerk der Firma zugreifen oder
- einfach nur fernsehen.

W

Öffentlich. Die öffentlichen Kommunikationsnetze sind ein landesspezifisches Merkmal. In Deutschland gehören dazu unter Umständen andere Einrichtungen als in den USA oder in Frankreich. Öffentliche Netze bilden eine wesentliche Infrastruktur eines Landes. Dazu gehören jene Telekommunikationseinrichtungen, deren Entwicklung, Ausbau, Pflege und Betrieb eine lange Zeit ausschließlich in den Händen staatlicher Unternehmen lag, wie der Deutschen Post in Deutschland oder dem Konzern AT&T in den USA. In den letzten Jahrzehnten steigt in den meisten Ländern die Tendenz zu einer Liberalisierung der öffentlichen Kommunikationsnetze und deren Dienste sowie der Aufhebung des staatlichen Monopols. Staatliche Stellen übernehmen meist eine regulatorische Funktion, d. h. sie schaffen Transparenz und sichern die Qualität der angebotenen Leistungen.

Die Begriffe rund um die öffentlichen Netze sind jedoch für viele Verbraucher nicht immer verständlich definiert, das Angebot auf dem Markt erscheint oft relativ chaotisch. Es ist für einen potenziellen Kunden auch nicht immer leicht, sich für ein an seine Bedürfnisse und seine wirtschaftliche Situation angepasstes Produkt zu entscheiden.

S

Im Rahmen einer technischen Modernisierung steht die Anbindung der Firma ACI GmbH an öffentliche Kommunikationsnetze auf dem Prüfstand. Unter Berücksichtigung folgender Aspekte soll ein Angebot erstellt werden:

- **Nutzung.** Welche Dienste benutzt die Firma zurzeit, welche neuen Dienste können dem Unternehmen zu einem Mehrwert verhelfen?
- **Verbindungsqualität** und **Datendurchsatz.** Verschiedene Dienste stellen unterschiedliche Qualitätsanforderungen.
- **Sicherheit.** Durch den Datenaustausch über die öffentlichen Wege entsteht auch ein erhöhtes Risiko für den Verlust oder die Fälschung vertraulicher Daten.
- **Kosten** – Anschaffungskosten, laufende und versteckte Kosten

Falls das Angebot durch die Geschäftsleitung akzeptiert wird, soll die Modernisierung unter Einbeziehung einer Übergangsphase so nahtlos wie möglich ablaufen.
Die Auszubildenden sind an dem Projekt maßgeblich

G

Geschäftsprozess „Angebot zur Firmenanbindung an öffentliche Kommunikationsnetze"

Konzept erstellen
Bestandsaufnahme

Durchführen:
- Istanalyse
  - Ermittlung der benutzten Dienste
- Erforschung der Möglichkeiten
  - Ermittlung der relevanten und noch nicht benutzten Dienste

Marktanalyse
Beurteilung von aktuellen Informationsdiensten

Analysieren:
- Klassifikation der aktuellen Informationsdienste
- Gegenüberstellung wesentlicher Leistungs- und Sicherheitsmerkmale der aktuellen Dienste
  - Kommunikationsformen
  - Datendurchsatz
  - Verfügbarkeit
  - Qualität
  - Investitionsschutz
  - Sicherheit
- Wirtschaftlichkeitsbetrachtung
  - Investitionsschutz
  - Integrationsgrad
  - Anschaffungskosten
  - laufende Kosten
  - Administrationsaufwand
  - Personalschulung

Technische Analyse
Machbarkeitsprüfung
Recherche

Analysieren:
- allgemeine technische Merkmale der öffentlichen Netze
  - Topologien
  - Übertragungsmedien
  - Vermittlungsarten
  - Multiplexverfahren
- Vergleich der Transporttechnologien in modernen Netzen
  - Digitalisierungsverfahren
  - Multiplex-Hierarchien
  - Transportnetze
- technische Betrachtung der Festnetze
- technische Betrachtung der Funknetze

Projektplan konkretisieren

Prüfen:
- Voraussetzungen zur Nutzung der Informations- und Kommunikationsdienste
  - Anschlusstechnik
  - Netzbetreiber
  - Angebote
- Angebot formulieren
  - Projektziele und Machbarkeit beachten

Angebot erstellen

Festlegen:
- Projektplan erstellen
  - Zeitplan
  - Ressourcenplan
- Projektpräsentation vorbereiten

G

Geschäftsprozess „Angebot zur Firmenanbindung an öffentliche Kommunikationsnetze" Unterprozess „Konzept erstellen"

Istanalyse

Formulierung der Projektziele:
- Ermittlung der benutzten Dienste in
  - Verbindung mit der Organisationsstruktur
  - Bezug auf Qualität
  - Bezug auf Datendurchsatz
  - Bezug auf Sicherheit
- Ermittlung des Bedarfs an weiteren Diensten
- Ermittlung des Bedarfs an Verbesserungen bei den benutzten Diensten

Erforschung der Möglichkeiten

Ermittlung der relevanten noch nicht benutzten Dienste:
- Dienste auf Verwendbarkeit prüfen, die auf dem Markt angeboten werden
- Verfügbarkeit testen
- Nutzen ermitteln
- Bedarf untersuchen

beteiligt. Begleitet durch Herrn Köhler (EDV-Leiter) helfen sie bei der Ermittlung des Firmenbedarfs für neue Anschlüsse, recherchieren im Internet nach den günstigsten Anbietern, bestellen die passenden Produkte und begleiten die Einführungsphase. Der Ablauf gestaltet sich im Rahmen eines für das Unternehmen typischen Geschäftsprozesses für die Angebotsphase von IT-Projekten im Bereich der öffentlichen Kommunikationsnetze.

Der Geschäftsprozess beginnt mit einer Bestandsaufnahme und endet mit der Abgabe des fertigen Angebotes an die Geschäftsleitung.

S

Anna Hedder, die zukünftige IT-Systemkauffrau, erhält die Aufgabe, eine Liste der Kommunikationsdienste zusammenzustellen, die in den einzelnen Abteilungen benötigt werden. So wird telefoniert, Faxe und E-Mails werden versendet, Internetrecherchen werden durchgeführt und zwischen den LANs der einzelnen Niederlassungen findet ein reger Datenaustausch statt. Die Geschäftsleitung sowie die Mitarbeiter im Verkauf sollen unterwegs auf die Firmendaten zugreifen können, um ihre Präsentationen bequem gestalten und flexibel austauschen zu können. Zuerst sammelt Anna einige allgemeine Informationen zu diesen Diensten.

3.1.1 Informationsdienste

Im Bereich der öffentlichen Kommunikation wird zwischen Sprachdiensten und Datendiensten unterschieden. Alle diese Dienste unterscheiden sich in ihren Anforderungen an die Übertragungseinrichtungen. Bei einem Telefongespräch steht die Vermeidung von Zeitverzögerungen im Vordergrund. Geräusche gehören zu den weniger relevanten Qualitätseinbußen und werden zumeist toleriert.

Bei einer Datenübertragung dürfen hingegen keine qualitativen Fehler auftreten, denn sogar ein einzelnes falsch übertragenes Bit zerstört unter Umständen den Inhalt der gesamten Kommunikation. Hier werden eher zeitliche Verzögerungen bei der Übertragung in Kauf genommen. Moderne multimediale Kommunikationsarten wie das Internetradio oder die Videoübertragung stellen zusätzliche Anforderungen an die Geschwindigkeit der Verbindung. Verlangt wird für die Übertragung eine garantierte Mindestbandbreite.

Die technischen Unterscheidungsmerkmale der einzelnen Dienste werden sich in naher Zukunft immer weiter verringern. Schon heute sind die Grenzen zwischen einzelnen Diensten nicht mehr klar definierbar. Moderne Netze unterstützen zunehmend alle Arten der Kommunikation und garantieren eine dynamische Anpassung an die Anforderungen einzelner Dienste.

3.1.1.1 Sprachdienste im klassischen Telefonnetz

Als erster öffentlicher Kommunikationsdienst wurde der Fernsprechdienst vor über hundert Jahren eingeführt. Die ersten Telefone wurden paarweise direkt miteinander verbunden. Es gab keine Vermittlung und keine Telefonnummern. Schon bald aber wurden die einzelnen Drähte in eine Zentrale geführt und die Gesprächsteilnehmer auf Wunsch miteinander zusammengeschaltet. Es entstand das Prinzip der **Leitungsvermittlung.** Aus diesen ersten einfachen Vermittlungsstellen erwuchs im Laufe der Zeit ein mächtiges Netzwerk – das **Telefonnetz.**

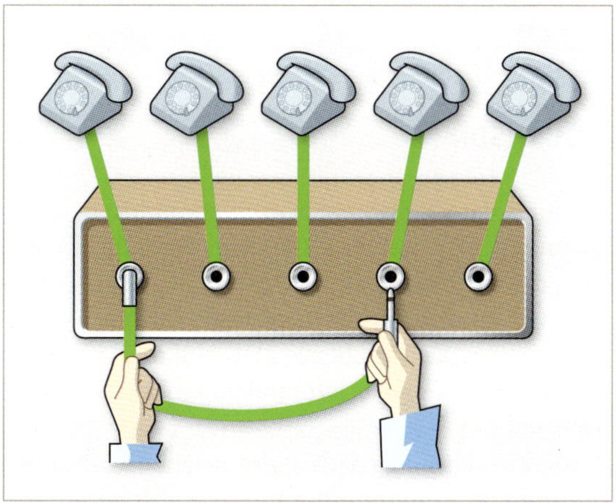

Prinzip der Leitungsvermittlung im Telefonnetz

Die Verbindung zwischen dem Anrufer und dem Angerufenen wird in einem Telefonnetz zu Beginn des Gesprächs während des Wahlvorgangs hergestellt. Deswegen werden solche Verbindungen als **Wählverbindungen** bezeichnet. Manchmal ist diese Vorgehensweise nicht erwünscht. Wenn beispielsweise zwei Niederlassungen eines Großunternehmens über das Telefonnetz dauerhaft verbunden werden sollen, kann der Netzbetreiber die Verbindung fest schalten. Eine fest geschaltete Verbindung wird oft als **Standleitung** bezeichnet.

Das moderne Telefonnetz gestattet nicht nur die gewöhnlichen Zweiergespräche, sondern auch sogenannte **Telekonferenzen,** bei denen mehrere Teilnehmer gleichzeitig miteinander verbunden sind. Außer der **Sprachkommunikation** ermöglicht das Telefonnetz auch eine einfache Bildübertragung per **Telefax.**

3.1.1.2 Textorientierte Dienste für Telexnetz und Datex

Ähnlich dem Telefonnetz entstanden in den 30er-Jahren des vorigen Jahrhunderts weltweit die **Telexnetze** (aus dem englischen Begriff **tele**printer **ex**change) zur Übermittlung von Textnachrichten (Telegramme). Ab den 80er-Jahren verliert dieser Fernschreibdienst zunehmend seine Bedeutung. Er wird gegenwärtig abgelöst durch die moderneren Medien wie Telefax und E-Mail. In Deutschland existieren noch einige tausend Anschlüsse in dem von der Deutschen Telekom betriebenen Telexnetz. Obwohl heutzutage sehr selten ein Telegramm verschickt wird, bleibt dieser Dienst be-

Telexgerät Fernschreiber T51

sonders auf internationaler Ebene weiterhin erhalten, da beim Nachrichtenaustausch mit vielen Ländern die altgedienten Telexverbindungen noch immer zuverlässig funktionieren. Weltweit verbindet das Telexnetz gegenwärtig noch über 1,5 Millionen Teilnehmer.

Als Nachfolger des Fernschreibdienstes wurden in Deutschland verschiedene **Datex**-Dienste (**Da**ta **Ex**change) eingesetzt. Obwohl sie alle ausschließlich der Datenkommunikation dienten und ähnliche Namen trugen, verwendeten sie unterschiedliche Technologien.

Dienst	Merkmale
Datex-J (J steht für jedermann)	Historischer textbasierter Informationsdienst, basierte auf dem analogen Telefonnetz. Datenübertragung erfolgte mit Hilfe eines Modems. Spezielle Endgeräte (Btx-Terminals) waren für Benutzung der Dienste notwendig. Btx steht für Bildschirmtext. In Deutschland gab es etwa 150000 Datex-J-Anschlüsse in den 90er-Jahren des 20. Jahrhunderts.
Datex-L (L steht für leitungsvermittelt)	Historisches leitungsvermitteltes digitales Netzwerk mit Übertragungsraten von 200 Bit/s bis zu 9 600 Bit/s. Die wichtigste Anwendung war Teletext.
Datex-P (P steht für paketvermittelt)	Datex-P basierte auf internationalem Standard X.25, entwickelt von der CCITT(ITU). Ähnlich wie in den lokalen Netzwerken wurden Pakete zur Datenübertragung genutzt. Entsprechend der Hauptmerkmale von X.25 galt, dass ▪ mehrere Verbindungen gleichzeitig möglich waren, ▪ die Übertragung dank eines ausgefallenen Fehlerüberprüfungssystems sehr zuverlässig verlief und ▪ Konformität mit dem ISO-/OSI-Referenzmodell bestand. Datex-P gestattete in den späten 80er-Jahren des 20. Jahrhunderts einen weit verbreiteten und für jeden verfügbaren Zugang zum globalen Datennetz. Benötigt wurde lediglich ein PC mit einer Terminalemulation und eine sogenannte Network User ID (NUI) von der Post oder einem privaten Anbieter, um sich per Modem in ein Portal wie Compuserve einwählen zu können. Weltweit existieren gegenwärtig noch viele X.25-basierte Netze und Anlagen, wie Kassenapparate, Geldautomaten, Chipkartenleser und Alarmanlagen, die auch noch eine sehr wichtige Rolle spielen.
Datex-M (M steht für Multimedia)	Der Nachfolger des Datex-P-Standards erreichte höhere Übertragungsgeschwindigkeiten von bis zu 140 MBit/s. Das Netz basiert auf der **S**witched **M**ultimegabit **D**ata **S**ervice Technologie (SMDS). SMDS eignet sich hervorragend für den Aufbau von Backbones und Kupplungen zwischen einzelnen LANs. Damit lassen sich unter anderem die sogenannten Standleitungen realisieren. Ursprünglich handelte es sich bei Standleitungen um fest geschaltete physische Leitungen des Telefonnetzes zwischen miteinander verbundenen Standorten, wo die Zeit für den Wählvorgang entfiel. Die Bündelung mehrerer Leitungen ermöglichte einen zusätzlichen Gewinn an Performance. Modernere Technologien, wie Frame Relay oder ATM, realisieren virtuelle Standleitungen, die schneller sind, normalerweise den geforderten Mindestdurchsatz für die Datenkommunikation garantieren und einen sehr hohen Grad an Verfügbarkeit besitzen. SMDS wird in Deutschland und in anderen europäischen Ländern sowie in den USA auch heute noch eingesetzt. Eine weitere Verbreitung findet allerdings nicht mehr statt, da diese Technik nicht ausreichend flexibel ist, um auch für ISDN als Basis zu dienen.

Btx-Terminal zum Lesen der Bildschirmtextseiten

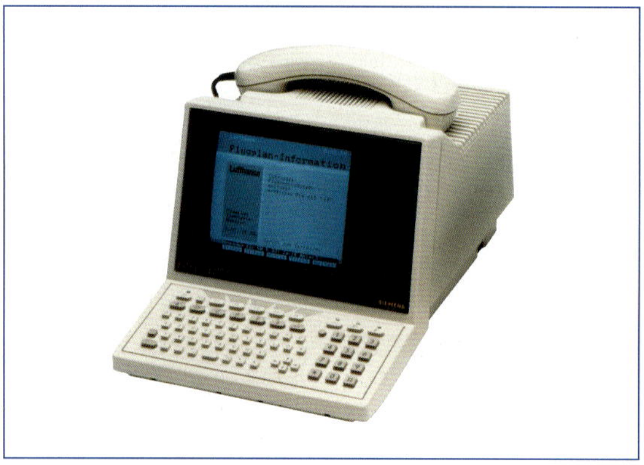

3.1.1.3 ISDN

Seit Ende der 90er-Jahre gibt es in Deutschland das Telefonnetzwerk in seiner klassischen Form nicht mehr. Die gesamte Infrastruktur wurde digitalisiert. Die Signale der noch verbliebenen analogen Telefonanschlüsse werden im nächststehenden Vermittlungsknoten des Netzbetreibers digitalisiert und anschließend digital übermittelt.

Die wichtigste Eigenschaft des neuen digitalisierten Netzes ist die Fähigkeit, sowohl Sprache als auch Daten transportieren zu können. Daher kommt auch der Name–

Integrated **S**ervices **D**igital **N**etwork **(ISDN).** Die englische Bezeichnung bedeutet so viel wie „digitales Netz für integrierte Dienste". Es wird nicht mehr für jeden Dienst ein eigenes Netz benötigt. Über das gleiche Netz können nicht nur Telefongespräche, sondern auch Video- und Datendienste (Teletex, Datex, Telefax, Telemetrie usw.) übertragen werden. Die Übertragungscharakteristiken werden dabei automatisch für die jeweiligen Dienste optimiert.

Unterschieden wird zwischen ISDN-Basisanschlüssen vorzugsweise für den privaten Bereich und den Primärmultiplexanschlüssen, die meist in Firmen installiert werden. Ein ISDN-Basisanschluss bietet zwei Nutzkanäle mit 64 KBit/s, während ein Primärmultiplexanschluss über 30 solcher Nutzkanäle verfügt. Somit kann der Besitzer eines einzigen ISDN-Basisanschlusses gleichzeitig telefonieren und andere Dienste nutzen, z. B. die elektronische Post abrufen oder im Internet nach Informationen suchen.

Für die ISDN-Dienste wird eine spezielle Technik benötigt. Das digitale ISDN-Telefon ist notwendig, um den Fernsprechdienst mit all seinen Leistungsmerkmalen nutzen zu können, z. B. die Rufnummernanzeige oder den Rückruf bei Nichtmelden des Angerufenen. Die Datendienste, wie z. B. Telefax, benötigen ebenfalls Spezialgeräte oder sie werden in Verbindung mit dem Computer genutzt. Der Computer besitzt dafür einen speziellen ISDN-Adapter, oft auch ISDN-Karte genannt. Zum Anschluss der herkömmlichen analogen Geräte dient ein sogenannter ISDN-Terminaladapter.

ISDN-Telefon

Bei ISDN geht in erster Linie um Standards für die Integration verschiedener Dienste. Deshalb können die vorhandenen Netzwerktechnologien als Basis benutzt werden. ATM-Netze (Asynchronous Transfer Mode) wurden um das Jahr 2000 als Grundlage für ISDN verwendet. Diese Netze gewährten nicht nur einen sehr hohen Datendurchsatz, sondern sie führten einige wichtige technische Merkmale ein, wie z. B. Quality of Service (QoS). In den Folgejahren wurde ATM weitgehend durch Ethernet-Technologien ersetzt. Heute besitzt ATM eine zunehmend historische Bedeutung.

3.1.1.4 DSL

DSL (**D**igital **S**ubscriber **L**ine) ist eigentlich kein eigenständiges öffentliches Netz. Es handelt sich dabei vielmehr um eine Sammlung von Standards und Technologien zur Bereitstellung eines Anschlusses an Breitband-Datennetze, in erster Linie an das Internet über Breitband-ISDN unter Benutzung der bereits vorhandenen Kupferkabel des Telefonzugangsnetzes. Ein DSL-ähnlicher Zugang lässt sich ebenfalls auch durch andere Zugangsnetze realisieren, z. B. durch eine Satellitenantenne oder einen Breitband-Fernsehanschluss.

Es wurden mehrere DSL-Arten entwickelt. Die beiden wichtigsten Vertreter sind zurzeit **ADSL** (**A**symmetric **D**igital **S**ubscriber **L**ine) und **SDSL** (**S**ymmetric **D**igital **S**ubscriber **L**ine). ADSL unterscheidet zwischen den Geschwindigkeiten beim Herunterladen (Download) und Hochladen (Upload) der Daten. Die ausgehende Geschwindigkeit (beim Hochladen) ist dabei wesentlich geringer als die eingehende Geschwindigkeit (beim Herunterladen). Das ist vollkommen akzeptabel, wenn man z. B. hauptsächlich im Internet surft oder Daten herunterladen will. Bei SDSL existieren dagegen keine Geschwindigkeitsunterschiede zwischen den Übertragungsrichtungen. SDSL eignet sich daher besonders für Firmen, die Dienste im Internet bereitstellen und somit eine hohe ausgehende Geschwindigkeit benötigen. SDSL gilt als aufwändiger und teurer als ADSL und wird in Deutschland zurzeit nicht für Privatpersonen bereitgestellt.

3.1.1.5 Funknetze und mobile Dienste

Seit den 70er-Jahren des vorigen Jahrhunderts werden in Deutschland mobile Netze für die Bereitstellung von Sprachdiensten aufgebaut. Die Entwicklung auf diesem Gebiet explodiert förmlich seit Mitte der 90er-Jahre. Es existiert in Deutschland kein einheitliches Funknetz mehr, da hier in Zusammenhang mit der Aufhebung des staatlichen Monopols ein neuer Markt entstanden ist. Die Funknetze werden von konkurrierenden Unternehmen ausgebaut und betrieben. T-Mobile,

Vodafone, O_2 und E-Plus sind zurzeit die wichtigsten Mobilfunknetzbetreiber in Deutschland.

Alle modernen mobilen Kommunikationsnetze arbeiten digital und sind somit sowohl für die Sprach- als auch für die Datenübertragung nutzbar. Aktuell basieren die meisten Netze auf dem **GSM**-Standard (**G**lobal **S**ystem for **M**obile Communications, globales System für mobile Kommunikation), der seit den 80er-Jahren entwickelt wird. Es gibt die Spezifikationen GSM-900 und GSM-1800, die unterschiedliche Funkfrequenzen benutzen. Die auf GSM-900 basierten Netze werden als **D-Netze** bezeichnet, die auf GSM-1800 basierten Netze heißen **E-Netze.** GSM ist zwar in erster Linie für Sprachdienste ausgelegt, ermöglicht aber auch einen Datentransfer. Dafür existieren später entwickelte Erweiterungen des Standards zur schnelleren Datenübertragung, wie **HSCSD** (**H**igh **S**peed **C**ircuit **S**witched **D**ata, schnelle leitungsvermittelte Datenübertragung), **GPRS** (**G**eneral **P**acket **R**adio **S**ervice, allgemeiner paketorientierter Funkdienst) und **EDGE** (**E**nhanced **D**ata Rates for **G**SM **E**volution, erweiterte Datenraten für die GSM-Evolution).

Ein weiterer Standard – **U**niversal **M**obile **T**elecommunication **S**ystem (**UMTS**) – wurde als Technologie der nächsten Mobilfunkgeneration entwickelt. UMTS ist in erster Linie für multimediale Datenübertragungen ausgelegt. Nach einer langen Vorbereitungsphase beginnt diese Technologie nun den Markt zu erobern. Die modernen UMTS-Geräte sind keine einfachen Telefone mehr, sondern komplexe hochintegrierte Multimediacomputer, die klassische Datendienste, Internetanbindung, Videostreaming, Radioempfang und vieles mehr ermöglichen.

Die UMTS-Nachfolgetechnologie **L**ong **T**erm **E**volution (LTE) wird bereits eingeführt, um durch Übernahme und Ausbau der bestehenden UMTS-Infrastruktur noch höhere Leistungen zu ermöglichen.

Interkontinental erweitert werden Funknetze durch die Verwendung von geostationären Satelliten, die als Reflektoren und Verstärker fungieren. Das **G**lobal **P**ositioning **S**ystem **(GPS)** ist ein satellitengestütztes Navigationssystem zur weltweiten Positionsbestimmung, das vom Verteidigungsministerium der USA betrieben wird. Im zivilen Bereich steigen die Anwendungsmöglichkeiten durch Positionsbestimmungen für die Seefahrt, Luftfahrt sowie durch Navigationssysteme im Auto. GPS verbessert die Orientierungsmöglichkeiten im Outdoor-Bereich, im Vermessungswesen und in vielen anderen Bereichen.

3.1.1.6 Andere Netze und Dienste

In den letzten Jahren steigt die Tendenz, auch andere vorhandene Netze für die Telekommunikation zu benutzen. So werden durch unterschiedliche Unternehmen in Deutschland Internetanschlüsse über Strom- oder Fernsehkabel angeboten. In Verbindung mit der sogenannten IP-Telefonie (Sprachdienst auf TCP/IP-Basis) decken solche Angebote alle für den Privatanwender wichtigen Dienste ab.

Aufgaben

1. Welche der hier aufgelisteten Begriffe stellen Dienste der öffentlichen Netze dar?
   a) Telefondienst
   b) Telefax
   c) mobile Sprachkommunikation
   d) Telekommunikation
   e) Datex-M
   f) Datex-L
   g) Datex-Z
   h) Datenübertragungsdienst
   i) ISDN
   j) GSM
   k) GPRS
   l) GPS
   m) Videokonferenz
2. Welche öffentlichen Dienste sollten Ihrer Meinung nach bei der ACI GmbH genutzt werden? Ordnen Sie die Dienste den folgenden Bereichen zu:
   a) Geschäftsführung
   b) Verwaltung
   c) Einkauf/Lager
   d) Verkauf
   e) Softwareentwicklung
3. Erweitern Sie in einer tabellarischen Zusammenstellung die Liste der von Ihnen ausgewählten öffentlichen Dienste (s. Aufgabe 2) mit den folgenden fünf Spalten:
   - Abteilung
   - Mitarbeiter/Position
   - Ort (z. B. Büro/unterwegs/von zu Hause)
   - Zweck
   - Intensität

   Beim Zusammenstellen der benutzten Dienste helfen Ihnen die Abbildungen zur Organisationsstruktur von ACI aus dem Kapitel „Modellunternehmen" sowie die Abbildung „Netzwerk der Firma ACI" aus dem Kapitel „Vernetzte IT-Systeme".

3.1.2 Leistungs- und Sicherheitsmerkmale

Bei der Vielfalt des Angebotes an öffentlichen Netzen und Diensten entscheidet letztlich der eigene Bedarf für oder gegen angebotene Produkte. Welche Kriterien sind innerhalb einer sorgfältigen Marktanalyse also in erster Linie zu untersuchen?

Geschäftsprozess „Angebot zur Firmenanbindung an öffentliche Kommunikationsnetze"
Unterprozess „Marktanalyse"

G

Klassifikation der aktuellen Dienste

Beachten:
- Kommunikationsformen
  - Sprachkommunikation
  - allgemeine Datenkommunikation
  - Multimediakommunikation
- Datendurchsatz
- Ausfallsicherheit

Gegenüberstellung wesentlicher Leistungs- und Sicherheitsmerkmale

Beachten:
- Kommunikationsformen
- Datendurchsatz
- Verfügbarkeit
- Qualität
- Investitionsschutz
- Sicherheit

Wirtschaftlichkeitsbetrachtung

Kosten und Nutzen gegenüberstellen:
- Investitionsschutz
  - Zukunftsrelevanz
  - Marktakzeptanz
- Integrationsgrad
  - homogene Struktur in einem Netz für alle Dienste anstreben
- Anschaffungskosten
- laufende Kosten
- Administrationsaufwand
- Umfang von Personalschulungen

Kommunikationsformen

Nicht alle Kommunikationsformen sind für jedes Unternehmen sinnvoll. Zur Mindestausstattung gehören fast überall die Sprachkommunikation und die Bildübertragung per Telefax. Ein Softwarehaus wird bestimmt nicht ohne Datentransfer über eine Internetanbindung auskommen. Ein international tätiges Großunternehmen benötigt zusätzlich eine schnelle Datenverbindung zwischen den einzelnen Filialen. Ein Einzelhändler hingegen interessiert sich wohl in erster Linie für eine sichere Zahlung mit Kreditkarten. Je nach Kommunikationsform sind weitere Merkmale von Bedeutung.

Datenmenge und Datendurchsatz

Die Anzahl der gleichzeitig geführten Gespräche entspricht bei einer **Sprachkommunikation** in einem analogen Netz der Anzahl der benötigten Leitungen. Für ein modernes digitales Festnetz ist dagegen die Bandbreite des Anschlusses entscheidend. So bietet ein ISDN-Basisanschluss mit einer Gesamtbandbreite von 144 KBit/s zwei Nutzkanäle. Das reicht für eine sehr kleine Firma oder einen Privathaushalt aus. Dagegen ermöglicht ein ISDN-Primärmultiplexanschluss mit einer Bandbreite von 2 MBit/s gleichzeitig 30 Telefongespräche.

Auch für die **Datenkommunikation** ist die Bandbreite des Anschlusses entscheidend. Für viele kleinere bis mittlere Firmen ist ein Anschluss mit 2 bis 10 MBit/s für die Datenanbindung an das Internet ausreichend dimensioniert. Die Fernwartung eines Kundensystems mit traditionellen textorientierten UNIX-Werkzeugen gelingt bereits über ein Modem mit 56 KBit/s. Werden beispielsweise Windows Terminal Services für eine solche Fernwartung benutzt, so steigt die zu übertragende Datenmenge an. In diesem Fall ist ein Anschluss mit mindestens 128 KBit/s pro Fernwartungsverbindung zu empfehlen. Bei der Verbindung zweier Firmenstandorte ist zu berücksichtigen, wie die lokalen Netzwerke synchronisiert werden. Die dabei oft eingesetzten Microsoft Active Directory Services (ADS) erfordern eine Verbindung mit einer Bandbreite von 1 MBit/s.

Ausfallsicherheit und Verfügbarkeit

Wie abhängig ist das Unternehmen von einer konkreten Verbindung, wie lange Ausfallzeiten kann es verkraften? Die Verfügbarkeit wird normalerweise in Prozent gemessen. Dabei wird die Differenz zwischen der gesamten Referenzzeit und der Dienstausfallzeit ermittelt und durch die gesamte Referenzzeit geteilt. Hat ein Dienst beispielsweise an zehn Tagen im Jahr versagt, so errechnet sich die Verfügbarkeit wie folgt:

$$\frac{365-10}{365} = 0{,}972$$

Die Verfügbarkeit beträgt also etwa 97 Prozent. Ein Dienst gilt als hochverfügbar, wenn seine Verfügbarkeit bei 99,99 Prozent liegt.

Ein Entwicklerteam kann in der Regel auch einen Tag ohne Internet und ohne Telefon arbeiten. Hier reicht wohl eine 95-prozentige Verfügbarkeit, was bedeutet, dass in einem Jahr fast drei Wochen (18 Tage) ohne Netzanbindung gearbeitet wird. Eine Bankfiliale hingegen benötigt ihre Anbindung an die Zentrale schon viel dringender. Notfalls muss der Dienstanbieter hier ständig eine Ersatzleitung zur Verfügung stellen.

Qualität

Die Anforderungen an die Qualität eines öffentlichen Kommunikationsdienstes werden sowohl durch die Kommunikationsform als auch durch die Fehleranfälligkeit der Kommunikationseinrichtungen des Unternehmens bestimmt. Bei einer Datenkommunikation ist die Bitfehlerrate entscheidend. Bei einer Sprachkommunikation bestimmen der Geräuschpegel und die zeitliche Verzögerung die Qualität der Übertragung.

Wird zur Sprachkommunikation eine analoge Verbindung eingesetzt, so kann sich die Geräuschentwicklung unangenehm auswirken. Bei einer digitalen Verbindung werden die Gesprächsdaten während der Laufzeit in Datenpakete aufgeteilt, verschickt und in den Vermittlungseinrichtungen zwischengespeichert. So ist sichergestellt, dass bei Bitfehlern die Daten nachgesendet werden können und keine Informationsverluste auftreten. Bei weniger qualitativen Dienstangeboten können dadurch bei einem hohen Datenaufkommen Zeitverzögerungen auftreten. Das Gleiche passiert bei sehr großen Entfernungen zwischen den Gesprächspartnern oder wenn die Verbindung über einen Satelliten stattfindet. Als noch zulässig gilt eine Zeitverzögerung von 0,4 Sekunden.

Verbindungsaufbau und -abbau

Die Zeit für den Verbindungsaufbau und -abbau besitzt beim reinen Telefondienst im Gegensatz zur Datenkommunikation keine entscheidende Bedeutung. Bei Datenverbindungen ist es bei längerem Verbindungsaufbau ratsam, eine ständige Verbindung einzurichten. Moderne Anschlüsse verwenden kaum noch Wählverbindungen.

Investitionsschutz

Besitzt ein Unternehmen schon Telekommunikationseinrichtungen, so ist es normalerweise erwünscht, dass der neue Anschluss mit den vorhandenen Geräten weiterfunktioniert. In erster Linie geht es um Telekommunikationsanlagen, Router, Switchs sowie Telefone an den Arbeitsplätzen. Eine Neuverkabelung ist aufwändiger als die Nutzung vorhandener Leitungen.

Vermittlungstechnische Merkmale

Dazu gehören unter anderem die Übermittlung der Rufnummer, Rückruf bei „Besetzt", Rückruf bei „Nichtmelden", Anklopfen, Halten, Rückfrage, Makeln, Dreierkonferenz usw. Die Mitarbeiter bestimmter Geschäftsbereiche eines Unternehmens greifen gern auf diese Möglichkeiten zurück. So wird ein Marketingmitarbeiter, der in seinen Telefonaktionen mehrere potenzielle Kunden am Tag erreichen muss, ungern auf die Merkmale **Rückruf bei Besetzt** und **Rückruf bei Nichtmelden** verzichten. Die Möglichkeit, eine Dreierkonferenz durchzuführen, ist zumeist für die Geschäftsführung von Bedeutung.

Sicherheit

Bezüglich der Sicherheit eines öffentlichen Kommunikationsdienstes werden normalerweise zwei Merkmale unterschieden. Es handelt sich erstens um die **Verfügbarkeit** und die **Verlustfreiheit** der Verbindung – die Daten sollen sicher und fehlerfrei übertragen werden. Dazu gehören Maßnahmen zur Optimierung der

- Verfügbarkeit,
- Unterbrechungsfreiheit und
- Bitfehlerrate.

Das zweite Merkmal betrifft die **Sicherheit gegen böswillige Manipulationen** der übertragenen Daten und gegen ein nicht sanktioniertes Abhören. Besonders anfällig ist in dieser Hinsicht die mobile Datenkommunikation.

Eine der wichtigsten Maßnahmen gegen Lauschangriffe und Datenmanipulationen besteht im zunehmenden Einsatz von kryptografischen Verfahren. Die Daten werden dabei vor dem Eintritt in die öffentlichen Kommunikationswege verschlüsselt und beim Empfänger wieder entschlüsselt. Ein potenzieller Angreifer kann die Kommunikation zwar abhören, ohne einen gültigen Schlüssel ist er aber nicht in der Lage, die Daten zu entschlüsseln. Eine Manipulation der Daten ist in diesem Fall unmöglich, weil die manipulierten Pakete beim Empfänger erkannt und verworfen weren.

Kryptografische Verfahren besitzen leider auch Nachteile. Die Ver- und Entschlüsselung der Daten ist sehr prozessorintensiv. Einige komplexe Verfahren erfordern dazu sogar eine spezielle Hardware. Damit steigt die Investition in Bezug auf die Hardwareausstattung. Kryptografische Verfahren funktionieren im Prinzip nur zwischen vertrauten Partnern. Eine verschlüsselte Kommunikation mit neuen Teilnehmern, die noch über keine passenden Schlüssel verfügen, ist also problematisch. Ein Teil des geschäftlichen Datenverkehrs bleibt damit unsicher.

Die kryptografischen Verfahren erfordern ein nicht unerhebliches Know-how. Die Unternehmen müssen dazu entweder entsprechend ausgebildetes IT-Personal beschäftigen oder den Service bei einem spezialisierten Unternehmen erwerben. Anderenfalls ist es sehr wahrscheinlich, dass die Verschlüsselung auf unzureichende Weise betrieben wird.

Einige der Kommunikationsdienstanbieter stellen für diesen Zweck auch die sogenannten virtuellen privaten Netzwerke (VPNs) zur Verfügung. Sie verbinden einzelne Firmenniederlassungen verschlüsselt über unsichere Wege, z. B. über das Internet. Dabei liegt der gesamte Verwaltungsaufwand für die kryptografischen Verfahren beim Anbieter der VPNs.

Aufgaben

1. Anna Hedder, die zukünftige IT-Systemkauffrau, stellt die Liste der Kommunikationsdienste zusammen, die in den einzelnen Abteilungen benötigt werden. Helfen Sie ihr bei der Bewertung der Dienste. In Abteilungen der Firma ACI werden die in der Tabelle aufgelisteten Kommunikationsarten genutzt. Schätzen Sie die **Leistungsmerkmale** der einzelnen Dienste/Netze ein. Verwenden Sie eine Skala von **0** für „nicht anwendbar" bis **10** für „sehr hoch".

Kommunikationsart	genutztes Netz/Dienst	Leistungsmerkmale
Datenaustausch zwischen Hauptsitz und Niederlassungen	Standleitung mit 2 MBit/s	▪ Kommunikationsformen ▪ Datenmenge/Datendurchsatz ▪ Ausfallsicherheit/Verfügbarkeit ▪ Qualität ▪ Verbindungsaufbau/-abbau ▪ Investitionsschutz ▪ Sicherheit
Datenaustausch zwischen den Road Warriors und den Mitarbeitern in der Firma Als Road Warriors werden die reisenden Mitarbeiter bezeichnet (Mitarbeiter für Consulting, Vertrieb usw.), die oft aus einem Hotel, vom Flughafen oder von zu Hause eine Verbindung in die Firma aufbauen.	RAS (Remote Access Service) für das direkte Einwählen über ISDN	▪ Kommunikationsformen ▪ Datenmenge/Datendurchsatz ▪ Ausfallsicherheit/Verfügbarkeit ▪ Qualität ▪ Verbindungsaufbau/-abbau ▪ Investitionsschutz ▪ Sicherheit
Internetanbindung für alle Mitarbeiter am Hauptstandort	SDSL-Anschluss mit 2 MBit/s	▪ Kommunikationsformen ▪ Datenmenge/Datendurchsatz ▪ Ausfallsicherheit/Verfügbarkeit ▪ Qualität ▪ Verbindungsaufbau/-abbau ▪ Investitionsschutz ▪ Sicherheit
Sprachkommunikation in allen Standorten	ISDN mit einem Primärmultiplexanschluss	▪ Kommunikationsformen ▪ Datenmenge/Datendurchsatz ▪ Ausfallsicherheit/Verfügbarkeit ▪ Qualität ▪ Verbindungsaufbau/-abbau ▪ Investitionsschutz ▪ Sicherheit

2. Die Werbeagentur Avanti ist Kunde der ACI GmbH und hat einen Sicherheitscheck bestellt. Die Geschäftsleitung von Avanti vermutet Probleme in Bezug auf die Sicherheit ihrer Daten. Die zwei Niederlassungen der Firma verfügen über je ein Netzwerk mit einigen Servern und Arbeitsstationen. Sie haben auch je eine Anbindung an das Internet mit festen IP-Adressen über das Netzwerk eines großen Betreibers für öffentliche Netze. Die lokalen Netzwerke der Niederlassungen sind miteinander über

das Internet in einem virtuellen privaten Netzwerk (VPN) verbunden.
Welche der folgenden Positionen sind für die von ACI durchzuführende Prüfung der Datensicherheit relevant?

a) Alle Arbeitsstationen sollen über eine unterbrechungsfreie Stromversorgung (USV) gesichert werden.
b) Alle Server sollen über eine unterbrechungsfreie Stromversorgung gesichert werden.
c) Es sollen regelmäßige Datensicherungen durchgeführt werden.
d) Kein Mitarbeiter verbindet sich direkt mit dem Internet über ein Modem bzw. eine eigene ISDN-Karte.
e) Die Server mit besonders sensiblen Daten sollen über geeignete Maßnahmen wie Clustering oder Mirroring gegen Ausfall geschützt werden.
f) Die Internet-Router sollen über geeignete Maßnahmen wie Clustering oder Mirroring gegen Ausfall geschützt werden.
g) Die lokalen Netze der beiden Niederlassungen sollen über Firewalls geschützt werden. Die Software der Firewalls soll sich auf dem letzten Update-Stand befinden.
h) Jede Arbeitsstation soll ihre Daten mit kryptografischen Verfahren schützen.
i) Jede Arbeitsstation soll über einen gesonderten Anschluss an das öffentliche Netz verfügen.
j) Die VPN-Kommunikation zwischen beiden Niederlassungen soll durch kryptografische Verfahren geschützt werden.
k) Die VPN-Kommunikation zwischen beiden Niederlassungen soll durch gesonderte physikalische Leitungen geschützt werden.

3.1.3 Wirtschaftlichkeitsbetrachtung

Eine Investition in einen öffentlichen Dienst oder Netzanschluss wird neben den Leistungs- und Sicherheitsmerkmalen von den laufenden Tarifen für die Nutzung beeinflusst. Alle Merkmale müssen vorab und auch während des Betriebes einer Wirtschaftlichkeitsbetrachtung unterzogen werden.

Kommunikationsformen. Viele kleinere Unternehmen haben in der Vergangenheit ihren ISDN-Telefonanschluss direkt bei der Telekom gemietet und nutzen ihn auch für Datenübertragung über eine ISDN-Karte im PC. Mit dem Wachstum des Unternehmens wurde oft zusätzlich eine Internetverbindung mit DSL-Zugang bei einem Internetprovider bestellt. Auf diese Weise entstanden unter Umständen doppelte Kosten für die Sprach- und Datendienste. Viele Telekommunikationsunternehmen bieten Sprach- und Datendienste in einem Paket an, sodass der Kunde dadurch oft eine günstigere Lösung erhält.

Datenmenge/Datendurchsatz. Die zu übertragende Datenmenge steigt im Informationszeitalter stetig an. Falls die gemietete Bandbreite nicht ausreicht, können lange Antwortzeiten entstehen, wodurch die Effizienz der Mitarbeiter oder die Kundenzufriedenheit sinkt.

Ausfallsicherheit/Verfügbarkeit. Ob eine besondere Ausfallsicherheit erforderlich ist, sollte für jede einzelne Anwendung überprüft werden. Viele Anbieter stellen in ihren Netzen bereits Hochverfügbarkeitstechniken und damit einen sehr hohen Grad an Zuverlässigkeit ohne Aufpreis zur Verfügung.

Die **Qualität** moderner Netze wird in Deutschland durch die hochwertige Infrastruktur der Netze gesichert. Die sogenannte „**A**synchronous **T**ransfer **M**ode"-Technologie **(ATM)** und moderne auf dem Ethernet basierende Netzwerke ermöglichen eine automatische Anpassung der Verbindungsqualität an die jeweiligen Anwendungen. Auf diese Weise werden zeitkritische Dienste wie auch der Datendurchsatz für die Multimediakommunikation gewährleistet.

Laufende Kosten. Das sind in erster Linie die Kosten für den Anschluss. In vielen Fällen werden zusätzliche Kosten für weitere Dienste angerechnet. Oft ist der Anschluss nicht attraktiv ohne diese zusätzlichen Dienste. So werden z. B. bei einem DSL-Zugang außer den Kosten für den physischen Anschluss an das Breitband-Netz auch noch die Kosten für den so genanten DSL-Tarif angerechnet. Es geht dabei im Prinzip um die Kosten für die Schnittstelle zwischen dem Breitband-Netz des Telekommunikationsproviders und dem Internet. Diese Kosten können gesenkt werden, wenn der gewählte Telekommunikationsprovider ein eigenes öffentliches Netz betreibt und keine zusätzlichen Leitungen mieten muss. Weitere laufende Kosten entstehen durch das Telefonieren über das Internet (Voice over IP) sowie für E-Mail-Dienste und Verwaltungskosten der eigenen Internet-Domäne.

Administrationsaufwand. Eine TK-Anlage ist die zentrale Telekommunikationseinrichtung eines Unternehmens. Kann eine bereits vorhandene TK-Anlage weiter benutzt werden, so ändert sich der Administrationsaufwand nur gering. Wird dagegen eine neue moderne TK-Anlage eingesetzt, ist eine entsprechende Kompetenz für deren Administration erforderlich.

Personalschulung. Einen gewissen Sachverstand müssen auch die Endbenutzer eines Telekommunikationssystems besitzen. Moderne Kommunikationsgeräte bieten oft eine Vielzahl an Möglichkeiten, die weit über die üblichen Dienstmerkmale des herkömmlichen Telefonnetzes reichen. Besonders betroffen von der Beherrschung dieser zusätzlichen Möglichkeiten sind z. B. die mobilen Außendienstmitarbeiter oder Freiberufler, die zur Kommunikation sowohl ihr Handy als auch ihren mobilen Computer benutzen müssen. So wird zunehmend ein besonderer WLAN-Anschluss zum Internet als Service an öffentlichen Punkten angeboten, wo sich sehr viele Menschen konzentrieren, z. B. auf Flughäfen, Bahnhöfen, Messen und in Kongresszentren. Oft betreibt der Provider ein mehr oder weniger dichtes Netz von solchen Zugangspunkten (Hotspots). Hat eine Firma diesen Service abonniert, müssen die Mitarbeiter im Umgang geschult werden.

3.1.3.1 Sprachkommunikation

W

Netz	herkömmliches Telefonnetz (Plain Old Telephone Service, POTS)	Integrated Services Digital Network (ISDN)	reines Datennetz/ Internet mit Voice over IP	Mobilfunknetze (GSM, UMTS, LTE)
Investitions-schutz/ Marktrelevanz	weltweit auslaufend, in Deutschland nicht mehr verfügbar	sehr hoch, De-facto-Standard in Europa, Kommunikationsbasis der nahen Zukunft	Sehr hohes Potenzial, Markt befindet sich im Aufbruch.	sehr hoch, Tendenz steigend
Investitions-schutz/ Hardware	analoge Telekommunikationsanlage, analoge Telefone an den Arbeitsplätzen	digitale Telekommunikationsanlage, ISDN-Telefone, Abwärtskompatibilität möglich	LAN, Telekommunikationsanlage als Hardware- oder Softwarelösung, PCs mit Headset, analoge oder ISDN-Telefone über Adapter	mobile Telefone, Smartphones, Tablet-PCs
Datenmenge/ Datendurchsatz	eine Verbindung pro Anschluss	je nach Anschlussart bis zu 2, 10 oder mehr simultane Gespräche	je nach Bandbreite und je nach Provider ca. 64 KBit/s pro Verbindung	Eine Verbindung pro Gerät, zusätzliche Merkmale sind möglich wie „Halten“.
Ausfallsicherheit/ Verfügbarkeit	nahezu 100 %	praktisch 100 %	so hoch wie die Internet-Ausfallsicherheit, beinahe 100 % in den Bereichen der großen Backbones	je nach Netz und geografischer Lage, nahezu 100 % in den großen Städten, fast 100 % in Deutschland
Sprachqualität	sehr gut	sehr gut	Generell sehr gut, unter höheren Belastungen durch Download/Upload sind leichte Einbußen möglich.	je nach Position relativ zur Sendestation
Personalkosten/ Administration	keine	keine oder sehr geringe	hohe Pflegekosten für Hardware und Software (TK und Software für Clients auf Arbeitsplatzrechnern)	keine
Personalkosten/ Schulungsaufwand	keine	keine oder sehr geringe	hohe Schulungskosten für den Umgang mit erforderlicher Software am PC	nahezu keine

3.1.3.2 Datenkommunikation

W

Netz	herkömmliches Telefonnetz oder reines ISDN	Breitband Integrated Services Digital Network (Breitband-ISDN)	paketvermittelte Datennetze nach X.25 sowie deren Nachfolger Datex-M/Frame Relay	Mobilfunknetze (GSM, UMTS, LTE)
Investitions-schutz/ Marktre-levanz	Sehr hoch, herkömmliche Telefonanschlüsse sind überall vorhanden und werden in absehbarer Zeit kaum abgebaut, Anschlüsse und Endeinrichtungen bleiben oft kompatibel.	sehr hoch, mit dem Siegeszug der DSL-Technologie erschwinglich und fast überall und für jedermann verfügbar	auslaufend, Schmalbandtechnik wird nicht mehr eingesetzt, schnellere Breitbandtechnologien können sich nicht gegen ISDN/ATM behaupten.	hoch, Tendenz steigend
Datenmenge/ Datendurchsatz	reicht für textbasierte Anwendungen, z. B. für Fernwartung mit ssh unter UNIX	Reicht für moderne anspruchsvolle Multimediaanwendungen, Bandbreite ist durch die Technologie nicht begrenzt und wird kontinuierlich erweitert.	Datendurchsatz variiert und reicht für einfache textbasierte Programme bis zu Multimediaanwendungen, Erweiterung nach oben ist allerdings kaum noch möglich.	Angebotene Leistung reicht nicht immer für anspruchsvolle Multimediaanwendungen, UMTS-Technik wird Engpässe schrittweise beseitigen.
Ausfallsicherheit/ Verfügbarkeit	nahezu 100 %	praktisch 100 %	praktisch 100 %	je nach Netz und geografischer Lage, nahezu 100 % in den großen Städten, fast 100 % in Deutschland
Qualität	keine Qualitätssteuerung möglich, keine Garantie für die Antwortzeiten	Sehr genaue automatische Qualitätssteuerung durch die ATM-Technologie, je nach Anwendung können bestimmte Antwortzeiten oder ein konstanter Datendurchsatz garantiert werden.	Je nach verwendeter Technik kann eine Mindestbandbreite garantiert werden.	gegenwärtig noch keine Qualitätssteuerung
Personalkosten/ Administration	Kann sehr hoch ausfallen, da hohe Risiken beim Einsatz von Modems und ISDN-Karten am Arbeitsplatz bestehen.	sehr gering, da die Anbindung an das Datennetz zentral über einen Firmen-Router erfolgt. Moderne Breitband-Router vereinen unter einer einfachen Verwaltungsoberfläche mehrere für die Administration wichtige Anwendungen wie DNS, DHCP, Firewall, VPN, Virtual Servers.	ähnlich wie bei Breitband-ISDN	keine
Personalkosten/ Schulungsaufwand	nahezu keine	keine oder sehr geringe, nur Einweisung im Umgang mit dem Router	ähnlich wie bei Breitband-ISDN	nahezu keine

Aufgaben

1. Die Firma ACI leistet den Support für eine ältere textbasierte Applikation, die in einem Krankenhaus die Daten der Patienten verwaltet. Einmal in der Woche soll sich ein ACI-Supportmitarbeiter in das Krankenhaussystem einwählen, um den Zustand der Anwendung und der Hardware zu überprüfen. Welche Aspekte spielen eine wichtige Rolle bei der Wahl der Verbindungsart? Sortieren Sie diese Aspekte absteigend nach ihrer Wichtigkeit. Begründen Sie Ihre Entscheidung.
   a) schneller Verbindungsaufbau
   b) Datendurchsatz und Geschwindigkeit
   c) Kosten
   d) Ausfallsicherheit
   e) Sicherheit gegen unbefugtes Abhören
   f) Investitionssicherheit
2. Anna Hedder stellt eine neue Liste der Kommunikationsdienste der Firma für ein mögliches Upgrade zusammen. In den Abteilungen der Firma ACI sollen künftig die folgenden Kommunikationsarten benutzt werden (s. Tabelle). Schätzen Sie die **Wirtschaftlichkeit** der einzelnen Dienste/Netze ein. Verwenden Sie für die Bewertung der Leistungsmerkmale eine Skala von **0** für „nicht anwendbar" bis **10** für „sehr hoch".

Kommunikationsart	Netz/Dienst	Leistungsmerkmale
Datenaustausch zwischen Hauptsitz und Niederlassungen	SDSL mit 2 MBit/s	▪ Investitionsschutz/Marktrelevanz ▪ Datenmenge/Datendurchsatz ▪ Ausfallsicherheit/Verfügbarkeit ▪ Qualität ▪ Personalkosten/Administration ▪ Personalkosten/Schulungsaufwand ▪ Sicherheit
Datenaustausch zwischen den Road Warriors und den Mitarbeitern in der Firma	Virtual Private Network (VPN), Firmenzugang über das Internet, gesichert durch Verschlüsselung; RAS für die direkte Einwahl über ISDN, nur aus Kompatibilitätsgründen und zur Ausfallsicherung	▪ Investitionsschutz/Marktrelevanz ▪ Datenmenge/Datendurchsatz ▪ Ausfallsicherheit/Verfügbarkeit ▪ Qualität ▪ Personalkosten/Administration ▪ Personalkosten/Schulungsaufwand ▪ Sicherheit
Internetanbindung für alle Mitarbeiter am Hauptstandort	SDSL mit 2 MBit/s	▪ Investitionsschutz/Marktrelevanz ▪ Datenmenge/Datendurchsatz ▪ Ausfallsicherheit/Verfügbarkeit ▪ Qualität ▪ Personalkosten/Administration ▪ Personalkosten/Schulungsaufwand ▪ Sicherheit
Sprachkommunikation an allen Standorten	ISDN mit einem Primärmultiplexanschluss; zusätzlich Voice over IP (Internet-Telefonie)	▪ Investitionsschutz/Marktrelevanz ▪ Datenmenge/Datendurchsatz ▪ Ausfallsicherheit/Verfügbarkeit ▪ Qualität ▪ Personalkosten/Administration ▪ Personalkosten/Schulungsaufwand ▪ Sicherheit

3. Welche Vorteile bringt der Einsatz von ISDN im Home Office im Vergleich zum analogen Telefonanschluss, wenn sich die gewünschten Kommunikationsarten auf die **Sprachkommunikatio**n mit den Kunden und die **Fernwartung** der weltweit installierten UNIX-Systeme mit SQL-Datenbankanwendungen konzentrieren?
   a) besonders schnelle Datenübertragung
   b) ausreichend schnelle Datenübertragung
   c) Daten- und Sprachkommunikation gleichzeitig führen
   d) Abhörsicherheit der ISDN-Verbindung
   e) eingebaute ISDN-Verschlüsselung
   f) Kommunikation als VPN über das Internet
   g) besonders günstige Kosten
   h) keine zusätzliche Hardware-Investition (z. B. für ein Modem)
   i) höhere Verbindungsqualität und Ausfallsicherheit AH

3.2 Architektur und Dienstmerkmale

S Anna Hedder hat eine Liste der in den einzelnen Abteilungen benötigten Kommunikationsdienste sowie einen Überblick der infrage kommenden neuen Möglichkeiten zusammengestellt. Zum Erstellen eines ausgereiften Angebotes fehlt allerdings noch das erforderliche technische Know-how. Dazu soll sich Stefan Fischer als zukünftiger Fachinformatiker mit den technischen Voraussetzungen beschäftigen.

Die erste Frage, die er sich stellt, bezieht sich auf die grundlegende Architektur der Kommunikationsnetze. Welche Technologien stehen hinter den bekannten Diensten wie ISDN, Telefondienst oder Mobilfunk? Welche Übertragungsmedien und Vermittlungstechniken benutzen diese Dienste, wie werden die digitalen Daten vieler Sitzungen gleichzeitig über ein gemeinsames Medium transportiert? Welche grundlegenden Eigenschaften sind für welche Dienste wichtig?

Öffentliche Netze unterscheiden sich voneinander in einer Vielzahl von Merkmalen. Es handelt sich in erster Linie um Topologie, Übertragungsmedien, Vermittlungsarten und Datendurchsatz.

Ob Fest- oder Funknetze – alle modernen Weitverkehrsnetze basieren auf Infrastrukturen und Techniken (Bitübertragungsschicht sowie Sicherungsschicht des OSI-Referenzmodells), die oft als **Transportnetze** bezeichnet werden. So basiert z. B. das Breitband-ISDN auf ATM- oder Ethernet-Technologien. ATM wiederum basiert in Europa auf den Übertragungsstrecken der sogenannten SDH-Hierarchie und in den USA auf den sogenannten SONET-Strecken. Viele Eigenschaften der öffentlichen Dienste ergeben sich deshalb schon allein durch die verwendeten Transportnetze. So werden hier zuerst diese Übertragungstechnologien betrachtet.

G **Geschäftsprozess „Angebot zur Firmenanbindung an öffentliche Kommunikationsnetze"**
Unterprozess „Technische Analyse"

Allgemeine technische Merkmale

Beachten:
- Übertragungsrichtungen
  - simplex
  - duplex
- Topologien
  - baumartige Netze
  - vermaschte Netze
- Übertragungsmedien
  - Festnetze
  - Funknetze
- Vermittlungsarten
  - leitungsvermittelnde Netze
  - paketvermittelnde Netze
- Multiplexverfahren
  - Netze mit Frequenzmultiplexverfahren
  - Netze mit Zeitmultiplexverfahren
  - Netze mit Codemultiplexverfahren

Vergleich der Transporttechnologien

Untersuchen:
- Multiplexhierarchien
  - PDH und SDH
- ATM-Transport
  - Aufbau
  - Integration mit anderen Technologien
- andere Transportnetze
  - X.25
  - Frame Relay

Technische Betrachtung der Festnetze

Untersuchen:
- analoges Telefonnetz
- ISDN
  - Netzaufbau
  - Sprachdienst und spezifische Dienstmerkmale
  - Datenübertragung
- Netzübergänge zwischen den Netzbetreibern und Ländern

Technische Betrachtung der Funknetze

Untersuchen:
- moderne Mobilfunktechnologien
  - GSM
  - GPRS
  - UMTS
- Netzübergänge zwischen Mobilfunknetzen und ISDN

3.2.1 Topologien

Die öffentlichen Netze werden heute als Medium für sehr unterschiedliche Kommunikationsarten benutzt. Für einige der Kommunikationsarten, wie Telefongespräche, sind Verbindungen zwischen den jeweiligen Endknoten notwendig, um einen Dialog zu ermöglichen, d. h., die Gesprächsdaten müssen gleichzeitig in beiden Richtungen übertragen werden. Bei anderen Kommunikationsarten, wie z. B. beim Fernsehen, fließen die Daten nur in einer Richtung und es werden eigentlich keine Endknoten miteinander verbunden, sondern alle Abnehmer stehen nur mit einer Zentrale in Verbindung.

Je nach geforderter Kommunikationsart existieren unterschiedliche Verbindungstypen und Übertragungsrichtungen. Werden zwei Netzknoten direkt miteinander verbunden, entsteht eine **Punkt-zu-Punkt-**

Verbindung. Wenn ein Netzknoten gleichzeitig mit mehreren anderen Knoten verbunden ist, wie z. B. bei einer Telefonanlage, so entsteht dagegen eine **Punkt-zu-Mehrpunkt**-Verbindung.

Eine Punkt-zu-Punkt-Verbindung ist eine **Vollduplex**-Verbindung, wenn die Datenübertragung in beiden Richtungen gleichzeitig stattfindet. Von einer **Halbduplex**-Verbindung wird gesprochen, wenn die Daten wechselseitig zunächst in eine Richtung, dann zurück in die andere Richtung fließen. Kann der Datenstrom seine Richtung nicht ändern, existiert eine **Simplex**-Verbindung.

Anders als bei den lokalen Netzen mit ihrem **CSMA/CD**-Zugriffsverfahren verwenden die modernen öffentlichen Netze keine Bus-Topologie mit einem gemeinsamen Medium. Die Basis für fast alle Weitverkehrsnetze stellen die Punkt-zu-Punkt- oder Punkt-zu-Mehrpunkt-Verbindungen dar. Sie bilden oftmals eine Struktur, die sich aus mehreren verschiedenen Topologien zusammensetzt. Am häufigsten geht es dabei um ein vermaschtes Netzwerk, das wiederum aus Netzen mit Stern-Topologie besteht.

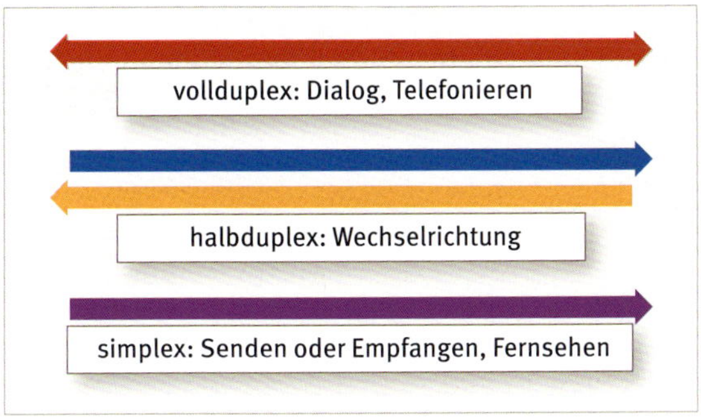

Übertragungsrichtungen in öffentlichen Netzen

3.2.1.1 Stern

Bei der **Stern-Topologie** sind alle Netzknoten mit einem einzigen Zentralknoten verbunden. Der Zentralknoten spielt eine vermittelnde Rolle. Die Verbindung zwischen zwei Endknoten wird dann durch die Zentrale in einem standardisierten Verfahren hergestellt. Das öffentliche Telefonnetz, ISDN und ATM sind Beispiele für sternförmig aufgebaute Netze.

3.2.1.2 Baum

Die Baum-Topologie ist eine Netzwerk-Topologie, bei der mehrere sternförmige Netze hierarchisch miteinander verbunden sind. Solche Hierarchien eignen sich besonders für globale und landesweite Einrichtungen. Die Vorwahlnummern in Deutschland sind Relikte des einst hierarchisch aufgebauten analogen Telefonnetzes.

Kabelfernsehnetze realisieren oft die Baumstrukturen in Verbindung mit der Simplex-Übertragungsmethode.

3.2.1.3 Vermaschtes Netzwerk

In einem **vermaschten Netzwerk** ist jedes Endgerät mit einem oder mehreren anderen Endgeräten scheinbar ohne System verbunden. Im Bereich der öffentlichen Netze findet man diese Architektur als Vermaschung der einzelnen sternförmigen Netze. Die Zentralen der sternförmigen Netze werden durch Links miteinander verbunden. Diese Methode wird sogar in den schon vorhandenen Netzen mit Baum-Topologie aus Gründen der Gewährleistung einer hohen Performance und Ausfallsicherheit praktiziert.

Die Leitwegsuche (Routing) und der Verbindungsaufbau zwischen den Endknoten in solchen komplexen Topologien erfolgt häufig durch ein extra dafür aufgebautes System, oft ein vollkommen separates zusätzliches Netzwerk. Es handelt sich dabei um die Vermittlungsstelle oder ganz allgemein um die **Vermittlung.**

3.2.2 Übertragungsmedien

Moderne öffentliche Netze unterscheiden sich voneinander durch die verwendeten Übertragungsmedien.

3.2.2.1 Festnetze

Das klassische Medium der Datenübertragung in den öffentlichen Netzen ist das **Kabel.** Da die Kabel unter, auf oder über dem öffentlichen Boden verlegt werden, ist eine staatliche Genehmigung erforderlich. Außerdem erfordert das Verlegen neuer Kabel hohe Investitionen, die oft durch den Staat finanziert werden. Somit war für eine lange Zeit das Monopol der staatlichen Telekommunikationsunternehmen auf den Betrieb der öffentlichen Netze eine Selbstverständlichkeit.

Die Lage hat sich mit der Liberalisierung des Marktes geändert. Trotzdem verfügt der Nachfolger der Deutschen Post – die Telekom – in Deutschland über die Mehrheit der vorhandenen Zugangsinfrastrukturen. Das ist in erster Linie die sogenannte **„letzte Meile“,** die die anderen Telekommunikationsanbie-

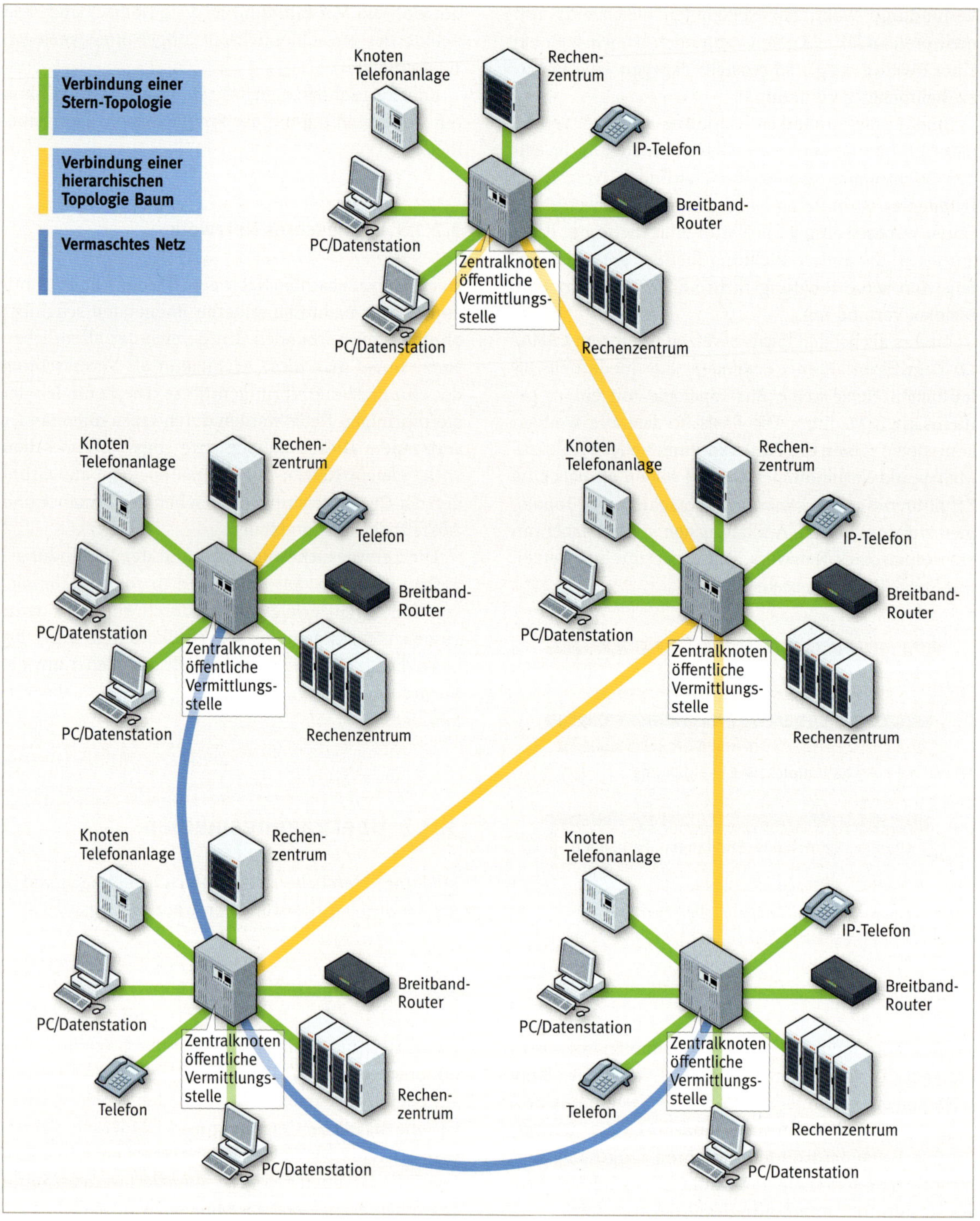

Topologien der öffentlichen Netze

ter vom Endverbraucher trennt. Andererseits ist es für Neueinsteiger unprofitabel, noch eine eigene Verkabelung zum Endkunden zu verlegen. Die Telekom ist verpflichtet, die „letzte Meile“ mit anderen Mitbewerbern zu teilen, was unter anderem durch die sogenannten **Mehrwertdienste** realisiert wird.

Die Festnetze sind durch viele Redundanzen sehr ausfallsicher und derzeit mit einer Höchstgeschwindigkeit von 622 MBit/s auf den Übertragungsstrecken sehr schnell. Eine Besonderheit der Festnetze äußert sich in der Tatsache, dass die Endknoten statisch mit einer Vermittlungseinrichtung verbunden sind. Die

Rufnummern sind gleichzeitig auch geografisch fest mit dem Kundensitz verknüpft. Somit ermöglicht die Vermittlung auf eine einfache Weise allein anhand der Rufnummern, die Endknoten miteinander zu verbinden. Ebenso unproblematisch gestalten sich die Kontoführung und die Abrechnung für die Kunden.

3.2.2.2 Funknetze

Die Funknetze benutzen die **Funkwellen** als Übertragungsmedium. Sie sind deshalb nicht auf die vorhandene klassische Infrastruktur angewiesen und idealerweise für mobile Anwendungen geeignet. Sie ermöglichen den neuen Telekommunikationsanbietern und den etablierten Unternehmen auf dem Markt der öffentlichen Dienste die gleichen Chancen.

Zwei Technologien bieten sich für Funknetze an. Einerseits können die Verbindungen über Satellit hergestellt werden, andererseits sind rein terrestrische Lösungen möglich. Eines der Hauptprobleme für die satellitengestützten Netze ist die benötigte Sendeleistung der Endgeräte. Das macht die Endgeräte groß, unflexibel und nicht besonders geeignet für den Massenmarkt. Ein anderes Problem ist mit der Zeitverzögerung verbunden, die wegen der großen Entfernungen zum Satelliten entsteht.

Alle modernen Funknetze sind rein terrestrisch und basieren auf der Zellentechnologie. Die gesamte versorgte Fläche wird in **Zellen** aufgeteilt. Eine Zelle ist somit eine Fläche, die durch eine **Base Transceiver Station** oder **Funkfeststation** versorgt wird. Diese Funkfeststationen spielen in Verbindung mit weiteren Einrichtungen die Rolle der Vermittlungsstellen.

Alle Endgeräte, die sich innerhalb einer Zelle befinden, stehen mit der Funkfeststation der Zelle in einer Punkt-zu-Mehrpunkt-Verbindung. Die Funkfeststation verwaltet einen Teil der Benutzerinformationen und gleicht sie mit der Zentrale ab. Auf diese Weise ist die Abrechnung möglich. Verlässt der Netzteilnehmer die Zelle, so wird seine Verbindung transparent durch die nächste Zelle übernommen. Das Verfahren nennt sich **Handover.** Um diesen Ablauf zu gewährleisten, müssen die Zellen überlappen und miteinander in Verbindung stehen. Die Grundlage dafür bildet ein **vermaschtes Netz** aus vielen **sternförmigen Netzen.**

Einige Besonderheiten der Mobilfunknetze resultieren aus folgenden Merkmalen:

- Die Teilnehmer sind mobil und können während des Gespräches oder während einer Datenverbindung die Funkzelle wechseln. In diesem Fall muss die Gesprächsverbindung von der ursprünglichen zur nächsten Funkfeststation oder Basisstation übergeben werden, damit das Mobiltelefon seine Funkverbindung immer zu der bestgeeigneten Basisstation unterhält.
- Die Funkschnittstelle bietet eine begrenzte Bandbreite. Daher werden die Nutzdaten stärker komprimiert als im Festnetz und auch die Nachrichten zur Signalisierung werden so kurz wie möglich gehalten.
- Die „Luftschnittstelle" eines öffentlichen Mobilfunknetzes verursacht Sicherheitsprobleme, die in ihren Ausmaßen die Probleme in den Festnetzen übertreffen und dementsprechend eine stärkere Beachtung verdienen.

Aufgaben

1. Welche Übertragungsmedien benutzen die folgenden Kommunikationsformen?
   a) Telefongespräch vom Festnetz zum Festnetz
   b) Telefongespräch vom Mobilnetz zum Festnetz
   c) Telefongespräch „Dreier-Konferenz"
   d) Postsendung „einfacher Brief"
   e) Postsendung „Einschreiben"
   f) Satellitenfernsehen
   g) Kabelfernsehen
   h) Surfen im Internet
   i) E-Mail senden über SMTP
   j) Wechselsprecheinrichtung an der Tür
2. Was ist richtig?
   a) Die modernen öffentlichen Funknetze bauen hauptsächlich auf der Bus-Topologie auf.
   b) Das klassische Telefonnetz verwendet eine Stern-Topologie.
   c) Bei der Stern-Topologie sind die Endgeräte Punkt-zu-Punkt miteinander verbunden.
   d) Bei der Stern-Topologie sind die Endgeräte Punkt-zu-Mehrpunkt miteinander verbunden.
   e) Bei der Stern-Topologie können die Endgeräte durch die Vermittlungsstelle Punkt-zu-Punkt miteinander verbunden werden.
   f) Bei der Stern-Topologie können die Endgeräte durch die Vermittlungsstelle Punkt-zu-Mehrpunkt miteinander verbunden werden.
   g) Bei der Stern-Topologie ist die Vermittlungsstelle Punkt-zu-Mehrpunkt mit den Endgeräten verbunden.
   h) Vermaschte Netze werden oft aus Gründen der Performance angewendet.
3. Was unterscheidet Funknetze und Festnetze voneinander?
   a) In einem Festnetz ist die Vermittlung einfacher, da die Übertragungswege allein anhand der Rufnummern bestimmt werden können.

b) In einem Funknetz ist die Vermittlung einfacher, da die Übertragungswege allein anhand der Position des angerufenen Teilnehmers bestimmt werden können.
c) Die Leitungsvermittlung ist in den Festnetzen unmöglich.
d) Die Leitungsvermittlung ist in den Funknetzen unmöglich.
e) Funknetze sind unabhängig von den bestehenden Zugangsnetzen.
f) Festnetze sind prinzipiell schneller als Funknetze.
g) Die Entfernung der Gesprächspartner von den jeweiligen Funkfeststationen spielt im Mobilfunk eine wesentliche Rolle.
h) Die Gesprächspartner in einem Funknetz können ihre Position während des Gespräches wesentlich ändern.

4. Was unterscheidet die Leitwegsuche (Routing) in den öffentlichen Netzen von der Leitwegsuche in den lokalen Netzen (LAN) und im Internet?

3.2.3 Vermittlungsarten und Multiplexverfahren

Es gibt zwei Arten, wie die Vermittlungsstellen eine Verbindung zwischen zwei Endknoten herstellen können – Leitungs- und Paketvermittlungen. Die ältere Art ist die **Leitungsvermittlung.** Ursprünglich wurden dafür die physischen Leitungen durchgeschaltet. Der offensichtlichste Nachteil einer solchen Vermittlung ist die Einschränkung auf genau eine Verbindung. Diese Tatsache mag für das Telefonieren ausreichen, lässt allerdings viele Wünsche für die professionelle Sprach- und Datenkommunikation offen.

Eine andere Möglichkeit für eine Leitungsvermittlung besteht darin, die durchgeschaltete Leitung zu emulieren. Es gibt dafür verschiedene Technologien – die **Multiplexverfahren.** Sie garantieren die gleichzeitige Übertragung von Signalen mehrerer Verbindungen über einen gemeinsamen physischen Kanal. Einige dieser Technologien sind nur unter Verwendung der digitalen Übertragungstechnik möglich.

3.2.3.1 Raummultiplexverfahren

Das Raummultiplexverfahren (**S**pace **D**ivision **M**ultiplex, **SDM**) ist das klassische Vermittlungsverfahren, das bereits im alten Telefonnetz benutzt wurde. Dabei werden die einzelnen Signale räumlich voneinander getrennt. Im Falle des Telefonnetzes bedeutet dies, dass jedes Gespräch eine eigene Leitung erhält. Die einfachste Anwendung dieses Verfahrens erfordert die bis heute gebräuchlichen mehradrigen Kabel.

In den Funknetzen wird das drahtlose Raummultiplexverfahren angewandt. Jede Gruppe von Verbindungen erhält dabei eine eigene **Richtfunkstrecke.** Für jede Richtfunkstrecke wird dann ein anderes Multiplexverfahren angewendet – das Frequenzmultiplexverfahren oder das Zeitmultiplexverfahren oder eine Kombination aus beiden Verfahren. Das Raummultiplexverfahren bietet sich an, wenn eine Frequenzknappheit besteht. Dann wird die gleiche Frequenz mit einem ausreichenden räumlichen Abstand mehrfach benutzt, damit zwischen den verschiedenen Sendern mit gleicher Sendefrequenz keine störenden Interferenzen entstehen.

3.2.3.2 Frequenzmultiplexverfahren

Beim Frequenzmultiplexverfahren (**F**requency **D**ivision **M**ultiplex, **FDM**) werden die Signale der einzelnen Verbindungen auf die **Trägerfrequenz** in unterschiedliche Frequenzbereiche **(Frequenzbänder)** aufmoduliert. Dadurch ist es beim Empfängersystem möglich, die ankommenden Signale mithilfe von Filtern wieder in ihre ursprüngliche Form zurückzuwandeln (Demultiplexing).

W

Trägerfrequenz (Carrier)

- Wechselspannung, die an eine Leitung angelegt wird (kabelgebundene Kommunikationstechnik)
- Hochfrequenzschwingung, die über eine Antenne abgestrahlt werden kann (Funknetze)
- optisches Signal, Licht einer definierten Wellenlänge (Glasfaser)

Die Trägerfrequenz wird durch einen Oszillator erzeugt und durch einen Modulator mit der Nutzinformation moduliert.

Die zu benutzenden Frequenzbänder werden statisch festgelegt und im öffentlichen Bereich gesetzlich vorgeschrieben. Zwischen den einzelnen Frequenzbändern liegen die ungenutzten Bereiche (Schutzbänder). Auf diese Weise werden Gegenstörungen durch Interferenzen vermieden und die Signale im Empfängersystem sauber voneinander getrennt.

Kommunikationssysteme, die nach diesem Verfahren funktionieren, werden als **Breitbandnetze** bezeichnet. Beispiele hierfür sind die Fernsehübertragung und das Breitband-Ethernet nach dem Standard **IEEE** 802.3b (**I**nstitute of **E**lectrical and **E**lectronics **E**ngineers).

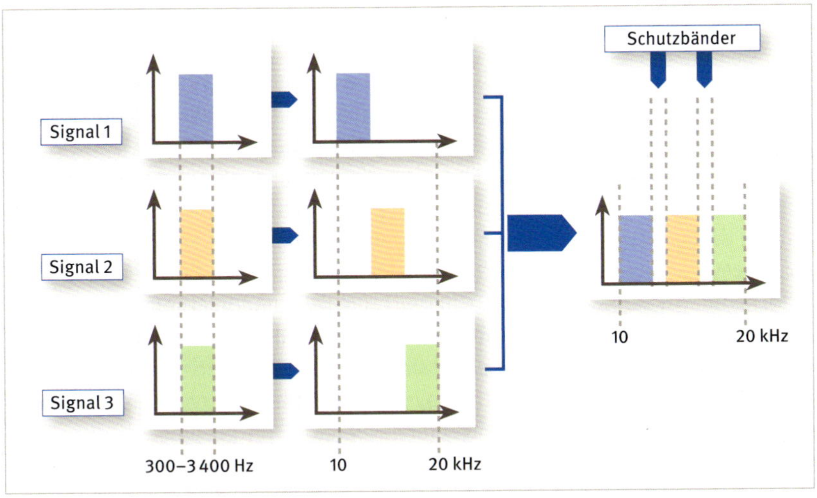

Frequenzmultiplexverfahren

auch eine erhöhte Sendeleistung. So erreicht ein WLAN nach IEEE 802.11g bei der angegebenen Transferrate von 54 MBit/s (brutto) nur eine Übertragungsgeschwindigkeit von 3 MBit/s und dies auch nur unter optimalen Voraussetzungen bei den übrigen Parametern.

3.2.3.3 Codemultiplexverfahren

Das Codemultiplexverfahren (Code-Multiplexing) wird in digitalen Netzen angewendet, wie z. B. für WLAN oder UMTS. Bei diesem Verfahren erhält die übertragene Information je nach der Verbindung eine unterschiedliche Kodierung. So wird z. B. ein gesetztes Bit für unterschiedliche Verbindungen mit unterschiedlichen Spannungen oder Signalfolgen kodiert. Ein großer Vorteil dieser Technologie gegenüber dem Frequenzmultiplexverfahren besteht darin, dass die Anzahl der Kommunikationsteilnehmer nicht durch die zur Verfügung stehende Bandbreite beschränkt ist. Zu den Nachteilen zählt unter anderem die Notwendigkeit, jedes gesendete Bit mit einer ganzen Folge von Signalen zu kodieren. Diese zusätzlichen Signale kosten sowohl Zeit als

3.2.3.4 Synchrones Zeitmultiplexverfahren

Beim synchronen Zeitmultiplexverfahren (**S**ynchronous **T**ime **D**ivision, **STD**) werden die Daten aller Verbindungen in kleinere Stücke mit einer festgelegten Dauer aufgeteilt und hintereinander in einer Schleife in die Leitung eingespeist. Auch wenn eine Verbindung gerade keine Daten zu übertragen hat, belegt sie mit der ihr zugewiesenen Zeitscheibe die physische Leitung. Deshalb wird das Verfahren als synchron bezeichnet. In diesem Sinne sind auch alle bisher genannten Multiplexverfahren synchron.

Vorteile:

- Jede Verbindung erhält eine konstante Datenübertragungsrate.
- Jeder Sender ist immer durch seine Position auf dem Übertragungskanal identifizierbar. Dies vereinfacht am Ziel den notwendigen Demultiplex-Prozess, d. h. das Wiederherstellen der Datenströme aus dem gemeinsamen Signal und die Zuteilung der wiederhergestellten Daten an den richtigen Empfänger.

Synchrones Zeitmultiplexverfahren

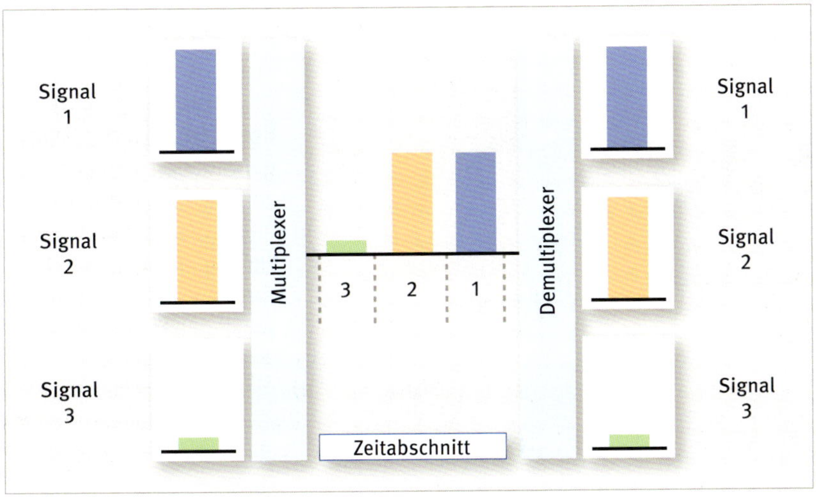

Nachteil:

- Wenn ein Sender keine Daten sendet, bleiben die ihm zugewiesenen Zeitscheiben ungenutzt. Kein anderer Sender kann die ungenutzten Ressourcen für sich beanspruchen. Der Übertragungskanal wird in einem solchen Fall nicht optimal ausgelastet.

3.2.3.5 Paketvermittlung und asynchrones Zeitmultiplexverfahren

In modernen Transportnetzen erfolgt anstatt einer Leitungsvermittlung die sogenannte **Paketvermittlung.** Die Daten der einzelnen Verbindungen werden in Frames oder Pakete aufgeteilt, genauso wie es in den LANs der Fall ist. Die Vermittlungsstelle vermittelt diese Pakete zwischen den Endknoten. Von einer **Zellenvermittlung** wird gesprochen, wenn dabei die Information in sehr kleine Portionen mit konstanter Länge (etwa 50 Byte) aufgeteilt wird.

Im Prinzip entspricht dieses Verfahren dem Zeitmultiplexverfahren. Der Unterschied besteht darin, dass nur solche Verbindungen eine Zeitscheibe erhalten, die tatsächlich gerade Informationen transportieren wollen. Transportiert eine Verbindung hingegen keine Daten, so werden keine Pakete gebildet und die physische Verbindung bleibt unbelastet. In diesem Fall erschwert sich allerdings der Demultiplex-Prozess auf der Seite des Empfängers, da die einzelnen Verbindungen je nach gesendeter Datenmenge variieren. Es ist also notwendig, jedem übertragenen Datenpaket in einem bestimmten Zeitabschnitt eine Kanalinformation als Label hinzuzufügen. Anhand dieser Kanalinformation kann der Demultiplexer am Ziel der Übertragungsstrecke die Datenpakete wieder dem richtigen Empfänger zuteilen.

Da die einzelnen Verbindungen nicht zeitsynchron aufrechterhalten werden, sondern nur nach Bedarf Zeitscheiben erhalten, wird das Verfahren auch als **asynchrones Zeitmultiplexverfahren** (Asynchronous Time Division, **ATD**) bezeichnet.

Asynchrones Zeitmultiplexverfahren

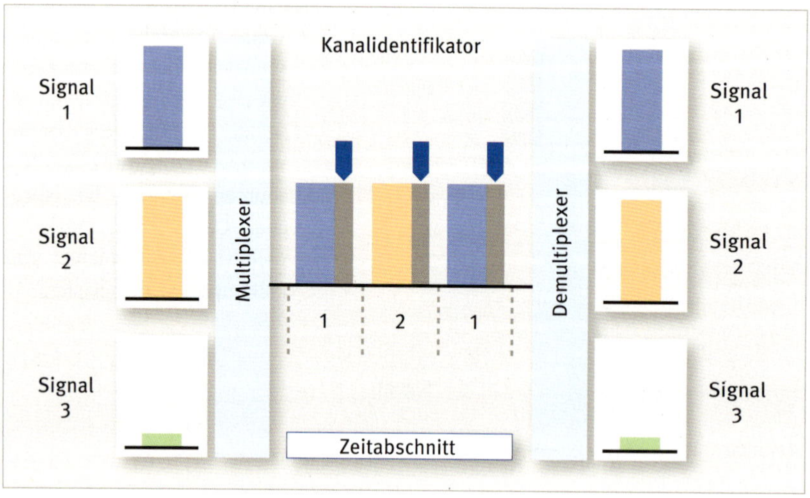

Aufgaben

1. Was ist falsch?

a) Das synchrone Zeitmultiplexverfahren ist ein digitales Verfahren für die Leitungsvermittlung.
b) Das synchrone Zeitmultiplexverfahren ist ein digitales Verfahren für die Paketvermittlung.
c) Bei der Paketvermittlung belegt eine Verbindung nur dann Ressourcen, wenn durch sie tatsächlich Daten übertragen werden.
d) Beim synchronen Zeitmultiplexverfahren belegt eine Verbindung nur dann Ressourcen, wenn durch sie tatsächlich Daten übertragen werden.
e) Das asynchrone Zeitmultiplexverfahren ist weniger für das Telefonieren geeignet, da nur eine Halbduplex-Datenübertragung möglich ist.
f) Das Codemultiplexverfahren basiert auf der unterschiedlichen Darstellung der digitalen Information und ist damit nicht in den Festnetzen anwendbar.
g) Das Raummultiplexverfahren ist ein Paketvermittlungsverfahren, das in den Mobilfunknetzen Verwendung findet.
h) Die Zellenvermittlung ist ein Verfahren, das in den Mobilfunknetzen verwendet wird, um dem mobilen Teilnehmer den Zellenwechsel im laufenden Gespräch zu ermöglichen.

2. Was sind die Vorteile des Multiplexverfahrens?

a) Kostenersparnis, weil nicht so viele physische Verbindungen verlegt werden müssen
b) leichtere Wartung und Fehlersuche
c) optimale Ausnutzung der physikalischen Leitungen, um mehr als nur eine gleichzeitige Verbindung zu ermöglichen
d) Vermeidung von Umweltverschmutzungen durch die elektromagnetischen Strahlungen

3. Was sind die Nachteile des Frequenzmultiplexverfahrens gegenüber dem Zeitmultiplexverfahren?

a) Die Anzahl der gleichzeitigen Verbindungen ist fest durch die elektrischen Eigenschaften der Leitung beschränkt.
b) Die Anzahl der gleichzeitigen Verbindungen ist nur durch die verwendete Trägerfrequenz beschränkt.
c) Die Anzahl der gleichzeitigen Verbindungen ist fest durch die zur Verfügung stehenden Frequenzbereiche beschränkt.
d) Die Anzahl der gleichzeitigen Verbindungen ist nur durch die Sendeleistung eingeschränkt.

3.3 Transporttechnologien und Weitverkehrsnetze

Als technische Grundlage aller modernen öffentlichen Netze gelten jene Übertragungstechnologien, die Daten aller Art, also Sprach- und Multimediadaten, im Bereich des Wide Area Networks (WAN) transportieren, wobei in den letzten Jahren zwei Technologien Bedeutung erlangten.

Die **Asynchronous-Transfer-Mode-Technologie (ATM)** wurde in den 1990-er Jahren speziell zum Zweck der Datenübertragung in öffentlichen Netzen entwickelt. Ein großer Teil des Internet-Datentransfers lief und läuft auch heute noch über die ATM-Backbone-Server. ATM ist universell einsetzbar, berücksichtigt die Besonderheiten verschiedener Datentypen und stellt die optimalen Bedingungen für verschiedene Datendienste zur Verfügung.

Seit Anfang des neuen Jahrtausends werden immer häufiger auf dem **Gigabit-Ethernet basierende Lösungen** für die Datenübertragung in den öffentlichen Netzen eingesetzt. Die auf Ethernet basierte Technik ist besser für den Datentransport der typischen Internetdienste geeignet, erfordert weniger Verwaltungsaufwand und ist daher vergleichsweise preiswerter.

Beide Technologien basieren auf modernen Bitübertragungstechnologien, wie den sogenannten Multiplex-Hierarchien PDH und SDH. Darunter werden in erster Linie Hardwarelösungen für die Datenübertragung in den Wide Area Networks verstanden. Sie implementieren die beiden ersten Schichten des OSI-Referenzmodells und entsprechen der Verkabelung inklusive Netzwerkadapter, Verstärker, Hubs und Switchs in LAN-Lösungen, wie Ethernet oder Token-Ring.

3.3.1 Digitalisierung analoger Daten

Mit der Digitalisierung der analogen Telefonnetze wurde ein **Puls-Code-Modulationsverfahren (PCM)** festgelegt, bei dem das analoge Sprachsignal mit einer Frequenz von 8 kHz abgetastet wird. Als Ergebnis einer solcher Abtastung entsteht ein 8-Bit-Signal. Aus diesen Festlegungen folgt, dass die für die Übertragung eines digitalen Telefongesprächs notwendige Bitrate 64 kBit/s (8 kHz · 8 Bit) beträgt. Diese Bitrate wurde als Basis für die europäischen ISDN-Netze unter dem Namen **DS0** (Digital Signal 0) festgelegt. Weitere Bezeichnungen lauten **B-Kanal** (vom englischen Wort „bearer" – Träger) oder **Nutzkanal.** Da das gesamte Telefonnetz in Deutschland digitalisiert wurde, gilt im Prinzip die Aussage, dass in jedem Haushalt ohne ISDN-Anschluss ein solcher DS0-Kanal ankommt, in jedem Haushalt mit ISDN-Anschluss sogar zwei DS0-Kanäle zur Verfügung stehen. Das beschriebene Pulse-Code-Modulationsverfahren ermöglicht die digitale Übertragung des Telefon- und Datenverkehrs in der digitalen Vermittlungstechnik der europäischen Länder. In den USA und in Japan werden ähnliche Verfahren eingesetzt. Sie unterscheiden sich allerdings in der Basis-Bitrate und in den Multiplexstufen vom europäischen System.

Die DS0-Signale werden aus Kostengründen nicht einzeln übertragen, sondern es werden 30 Signale zu einem einzigen Signal gebündelt. Das Verfahren nennt sich synchrones Zeitmultiplexverfahren oder Zeit-Multiplexing (Synchron Time Division) und erzeugt ein multipliziertes Signal, das als **Primärmultiplex-Signal (DS1)** bezeichnet wird. Jeweils vier von diesen Primärmultiplex-Signalen werden dann wiederum zu einem Signal der zweiten Hierarchiestufe **(DS2)** mit 120 Kanälen gebündelt. Die Bündelung kann je nach Netzbetreiber, Land und Implementierung unterschiedlich aussehen. So steht in Deutschland mit dem herkömmlichen ISDN normalerweise DS0 für private Haushalte und DS1 für Unternehmen zur Verfügung.

Das erste international akzeptierte Netzwerksystem zum Übertragen von Multiplex-Hierarchien über Weitverkehrsstrecken war die **Plesiochrone Digitale Hierarchie (PDH)** aus den 70er-Jahren des vorigen Jahrhunderts. Das Wort „Plesiochrone" in der Bezeichnung sagt aus, dass alle Netzwerkkomponenten fast synchron arbeiten sollen. Da es sich um ein Zeitmultiplexverfahren handelt, wäre eine synchrone Arbeit eigentlich ideal. Aus technischen Gründen erwies sich die zugelassene Abweichung von etwa 50 ppm (parts per million) als zu groß und erforderte komplizierte Ausgleichsverfahren. Ein Nachteil dieser Ausgleichsverfahren bestand darin, dass das betroffene Multiplex-Signal beim Einfügen weiterer Signale in seine einzelnen Signale aufgeteilt werden musste. Nachdem das neue Signal hinzugefügt wurde, musste jedes einzelne Signal wieder neu auf einen gemeinsamen Takt synchronisiert und danach wieder zur ursprünglichen Bitrate zusammengefügt werden. Bedingt durch diesen komplizierten Ablauf waren die Multiplex-Geräte für PDH sehr teuer.

Die PDH-Technik kann mit allen üblichen Bitübertragungstechniken verwendet und zum Beispiel mit Richtfunkstrecken, optischen Verbindungen und auch auf Kupferkabeln eingesetzt werden. Heute wird PDH fast nur noch bei Bitraten bis zu 2 MBit/s der Hierarchiestufe E1 (siehe Tabelle) verwendet, zum Beispiel beim ISDN-Primärmultiplexanschluss. Die folgende Tabelle fasst die PDH-Hierarchiestufen länderspezifisch zusammen.

Ebene	USA		Europa		Japan	
	MBit/s	Bezeichnung	MBit/s	Bezeichnung	MBit/s	Bezeichnung
DS1	1,544	T1	2,048	E1	1,544	J1
DS2	6,312	T2	8,448	E2	6,312	J2
DS3	44,736	T3	34,368	E3	32,064	J3
DS4	274,176	T4	139,264	E4	97,728	J4
DS5			564,992	E5	397,200	J5

3.3.2 Synchrone Digitale Hierarchie (SDH)

Die Technik hat sich seit den ersten Implementierungen entschieden verbessert, besonders im Bereich optischer Übertragungsnetze. Seit Mitte der 80er-Jahre entwickelten die führenden US-amerikanischen Telekommunikationsunternehmen, wie AT&T und Bellcore, ein optisches digitales Übertragungssystem einer neuen Generation unter dem Namen **Synchronous Optical Network (SONET).** In Europa wurde auf der Basis von SONET ein ähnliches System als **Synchrone Digitale Hierarchie (SDH)** standardisiert. Die SDH-Technik kann für den Transport der auf PDH, ATM und Ethernet basierten Dienste verwendet werden.

3.3.2.1 Hierarchiestufen

SDH implementiert ein synchrones Zeitmultiplexverfahren, das ähnlich wie PDH eine Multiplex-Hierarchie bildet. Im Gegensatz zu PDH sind die Takte der einzelnen Übertragungsstrecken mit sehr geringer Abweichung praktisch synchron. Das ermöglicht unter anderem das einfache Einfügen eines neuen Signals in ein vorhandenes Multiplex-Signal. Das Ausfiltern eines Signals geschieht im Gegensatz zu PDH, ohne die anderen Signale anzufassen. Der gesamte Datenstrom aus N Signalen muss also nicht herausgelöst werden, um ein neues Signal N+1 hinzuzufügen oder um ein vorhandenes Signal aus dem Strom zu entnehmen.

Das SDH-Multiplexschema erlaubt außerdem, innerhalb der SDH auch Bitströme mit unterschiedlicher Struktur und mit unterschiedlichen Bitraten zu transportieren, aufzuteilen und zu verbinden. Die Eigenschaft nennt sich **Cross-Connect** und gestattet Signale verschiedener Transportnetze in einer SDH-Hierarchie zu verbinden.

Die SDH-Hierarchiestufen sind standardisiert. Die ursprüngliche Basis-Bitrate des US-amerikanischen Systems SONET beträgt dabei 51 MBit/s und wird als STS 1 (Synchronous Transport System, Step 1) bezeichnet. Die nächste Hierarchiestufe, STS-3, arbeitet mit der dreifachen Geschwindigkeit. In Europa wurde genau diese Stufe unter der Bezeichnung **S**ynchrone **T**ransport**m**odule **(STM-1)** als Basis angenommen. Somit kann ein Multiplex-Signal der Stufe STM-1 Daten von drei STS-1-Signalen transportieren. Die weiteren Hierarchiestufen werden als **STM-n** bezeichnet. Jedes Multiplex-Signal beinhaltet außer den eigentlichen zu übertragenden Nutzdaten auch einige Verwaltungsinformationen – den sogenannten Overhead. Die aufgeführte Tabelle definiert die Daten zu einigen SDH-Hierarchiestufen. Weitere Stufen existieren bereits oder können in Zukunft eingeführt werden.

Hierarchiestufe SDH	Bitrate nominal in MBit/s	Bitrate Nutzlast/Payload in MBit/s	Bitrate/Overhead in MBit/s	Signalbezeichnung
Basis-Bitrate	51,84	50,112	1,728	STS-1
STM-1	155,52	150,336	5,184	STS-3
STM-4	622,08	601,344	20,736	STS-12
STM-16	2 488,32	2 405,376	82,944	STS-48
STM-64	9 953,28	9 621,504	331,776	STS-192
STM-256	39 813,120	38 486	1 327,104	STS-768

SDH wurde in erster Linie als Übertragungsmedium für Breitband-ISDN konzipiert. Aus Kompatibilitätsgründen können die SDH-Netzwerke mit den STS-1-Kanälen auch PDH-Datenstöme übertragen. Es wurden sogar Maßnahmen getroffen, um auch die traditionellen paketorientierten Inhalte der Ethernet-Rahmen bequem zu übertragen. Dafür wird die Nutzdatenlast mehrerer Kanäle zu einem **virtuellen Container** zusammengefasst. Dies ermöglicht auch die Übertragung von paketorientierten Diensten mit den typischen Datenraten von 10, 100 oder 1 000 MBit/s. Jeder Datenrahmen eines solchen Containers wird mit allen erforderlichen Informationen versehen:

- Beschreibung des Absenders
- Fehlererkennungsdaten
- Zusammensetzung des Inhaltes des Containers
- Pfad-Status
- Pfad-Ersatzschaltung
- Überwachung eines Träger-Abschnitts

Ein spezielles Verfahren zum Zusammenfügen einzelner Container zu einer großen Gruppe dient der besseren Ausnutzung der vorhandenen Kapazitäten bzw. der zur Verfügung stehenden Kanäle und wird als **Virtual Concatenation (virtuelles Anhängen)** bezeichnet.

3.3.2.2 Netzarchitektur

Die einzelnen Elemente eines SDH-Netzes sind

- Multiplexer,
- Add-Drop-Multiplexer,
- Digital-Cross-Connect-Systeme und
- Regeneratoren.

Die Transportabschnitte zwischen den einzelnen Elementen werden entsprechend den sie begrenzenden Knoten bezeichnet. So wird der Abschnitt zwischen zwei Regeneratoren als Regenerator-Abschnitt bezeichnet, der Abschnitt zwischen zwei Multiplexern als Multiplexer-Abschnitt.

Physikalisches Interface. Die SDH-Technologie wurde primär für optische Leitungen konzipiert. Trotzdem existieren auch Richtfunk- oder Satellitenlink-Implementierungen.

Der **Terminal-Multiplexer (TM)** ist ein Gerät, das ein Multiplex-Signal komplett in seine einzelnen Teilsignale auflöst beziehungsweise aus solchen Teilsignalen ein Multiplex-Signal bildet. Er erzeugt die SDH-Hierarchie aus mehreren Einzelkanälen und funktioniert als Konzentrator. Das Haupteinsatzgebiet des TM besteht darin, den Endgeräten den Zugang zu einem SDH-Netz zu ermöglichen.

Ein **Regenerator** verstärkt optische Signale, wenn die Entfernung zwischen den Multiplexern zu groß ist. Er entspricht in seiner Grundfunktion dem Verstärker eines Ethernet-Abschnitts.

Der **Add-Drop-Multiplexer (ADM)** erfüllt die gleiche Funktion wie der Terminal-Multiplexer. Er leitet ein empfangenes SDH-Signal weiter und filtert dabei aus dem Signal mit einer hohen Bitrate einzelne Kanäle heraus oder fügt neue Kanäle ein. Das Herausfiltern von Kanälen mit niedriger Bitrate wird als **drop** bezeichnet, das Einfügen neuer Kanäle als **add.** Die ADM-Geräte eignen sich dafür, die Signale der höheren Hierarchiestufen an die Geräte der niedrigeren Hierarchiestufen weiterzuleiten. Unter anderem können mithilfe von ADM die vermietbaren Standleitungen nachgebildet werden.

Das **Digital-Cross-Connect-System (DXC)** arbeitet als Vermittlung zwischen zwei STM-Schnittstellen. Es

Funktion des DXC und sein Einsatz in SDH-Netzwerken

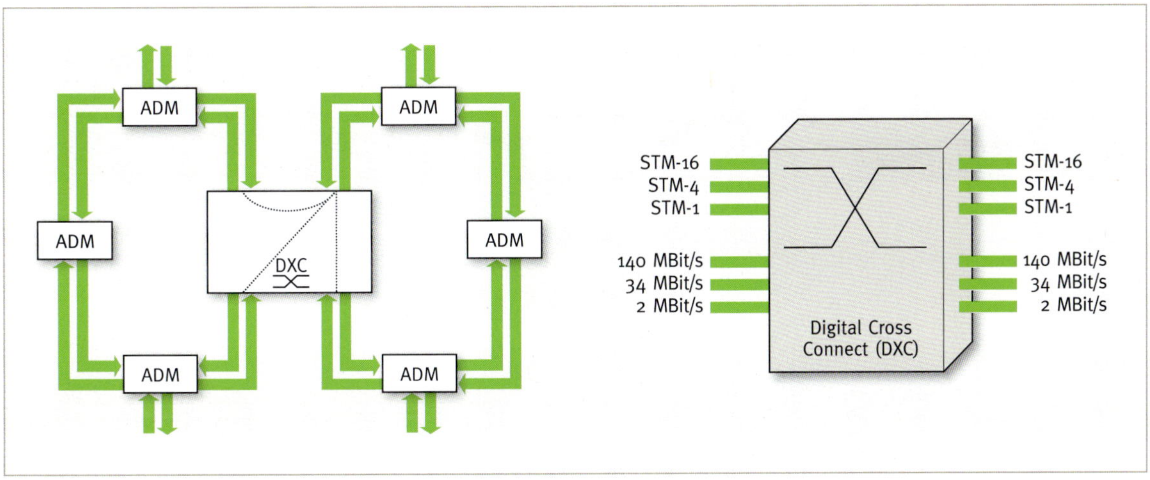

verbindet die SDH-Kanäle zwischen verschiedenen Ein- und Ausgangsports nach Art eines Kreuzschienenverteilers. Ein DXC kann auf diese Weise die virtuellen Container in einem STM-n umsortieren oder auch in andere STM-n übertragen.

Ein bedeutender Unterschied zwischen ADM und DXC besteht darin, dass das DXC eine Verzweigungsarchitektur unterstützt. DXCs können also als Hubs verstanden werden, die in der Lage sind, bestimmte Nutzdaten aus dem Eingabestrom herauszufiltern und separat über die dafür vorgesehenen Wege weiterzutransportieren. Auf diese Weise besteht zum Beispiel die Möglichkeit, mit einem DXC die Sprachdaten aus dem eingehenden Datenstrom in eine Leitung mit niedrigerer Bandbreite und die Videodaten über eine andere Leitung mit höherer Bandbreite zu übertragen.

Viele Hersteller liefern ihr SDH-Equipment als Geräte mit mehreren möglichen Konfigurationen, sodass das gleiche Gerät sowohl als Terminal-Multiplexer oder als Add-Drop-Multiplexer funktionieren kann.

Terminal-Multiplexer, Add-Drop-Multiplexer und Digital-Cross-Connect-Systeme bilden die Übertragungsknoten eines SDH-Netzwerkes. Der Übertragungsabschnitt zwischen den Übertragungsknoten wird als **Pfad** bezeichnet.

Die SDH-Netze besitzen eine vermaschte Topologie, die die hervorragenden Möglichkeiten zur Optimierung einzelner Knotenstrecken und zur Anpassung an die gegebenen geografischen Besonderheiten bietet. Oft werden allerdings einfachere Strukturen gebildet, wie Bus oder Ring.

Zur **Ausfallsicherheit** dienen Ersatzwege. Die SDH-Protokolle ermöglichen ein einfaches Ausweichen auf reservierte Strecken, falls die Hauptverbindung gestört ist. So wird oft zum Zwecke der Hochverfügbarkeit eine **Doppelring-Architektur** implementiert. Im ungestörten Betrieb wird ein Ring als sogenannter Arbeitsweg genutzt. Der zweite Ring dient ausschließlich als Ersatz (Stand-by). Der gesamte Datenverkehr wird durch die ADMs in den Arbeitsweg eingespeist und aus ihm wieder entnommen. Bei einer Störung des Arbeitsweges schaltet das automatische Schutzsystem (**APS** – **A**utomatic **P**rotection **S**ystem) auf den Ersatzweg um. Diese Doppelring-Architektur bezeichnet man als **M**ultiplex-**S**ection-**S**hared-**P**rotection-Ring **(MS-SPRing).**

SDH in einer Ring-Topologie

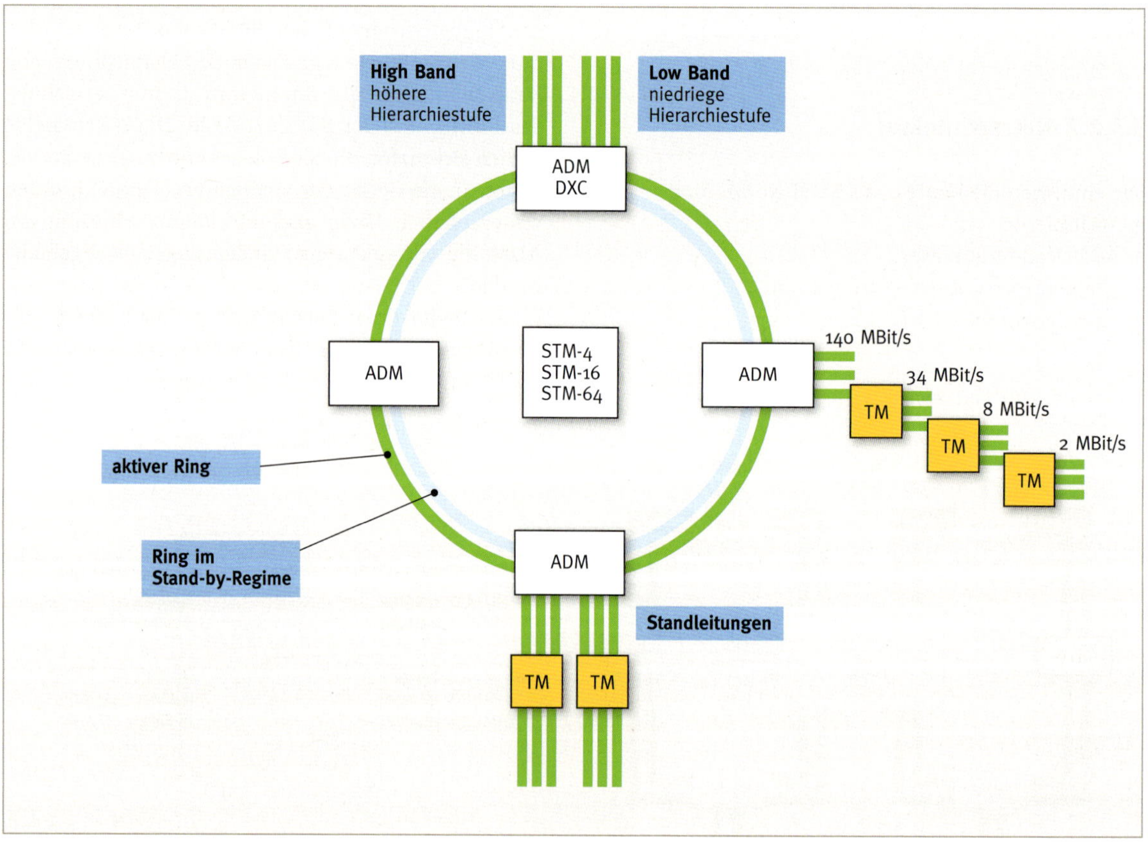

Aufgaben

1. Wie oft wird im PCM-Verfahren das analoge Sprachsignal abgetastet?
   a) alle 100 µs
   b) alle 125 µs
   c) alle 256 µs
   d) alle 10 s
   e) alle 8 s
2. Die PDH-Multiplex-Hierarchie beschreibt die Stufen eines
   a) asynchronen Zeitmultiplexverfahrens.
   b) synchronen Zeitmultiplexverfahrens.
   c) Frequenzmultiplexverfahrens.
   d) asynchronen Codemultiplexverfahrens.
3. Was trifft für die SDH-Übertragungstechnik zu? Die SDH-Technik
   a) wird überwiegend in den Weitübertragungsnetzen (WAN) eingesetzt.
   b) wird überwiegend in LANs als Alternative zum Ethernet eingesetzt.
   c) benutzt primär die optischen Verbindungen.
   d) dient als Basis für Breitband-ISDN.
   e) dient als Basis für PDH.
   f) kann PDH-Rahmen übertragen.
   g) kann keine Ethernet-Rahmen übertragen.
4. Auf welcher Schicht des OSI-Referenzmodells arbeiten die Komponenten der SDH-Technik?
   a) Application Layer
   b) Presentation Layer
   c) Session Layer
   d) Transport Layer
   e) Network Layer
   f) Data Link Layer
   g) Physical Layer
5. Welche Netzwerk-Topologie besitzen die SDH-Netzwerke?
   a) Ring
   b) Bus
   c) Doppelring
   d) vermaschtes Netz
   e) Baum
6. Nennen Sie die vier Vorteile der SDH-Technik gegenüber der PDH-Technik.

3.3.3 Moderne Datentransporttechnologien

S ACI erstellt für das Floristik-Unternehmen FlowerPower ein Angebot für eine Soft- und Hardwarelösung. Es soll ein Onlinedienst zum Blumenversand eingerichtet werden. Die Bestellungen sollen über das Internet und über Mobilfunk via SMS angenommen werden. Damit die Kunden eine richtige Vorstellung von dem Angebot erhalten, wird auf der Webseite des Internetshops intensiv mit Videomaterial gearbeitet.

Das bestehende System versagte oft wegen Netzwerküberlastungen zu den besten Verkaufszeiten, wie Weihnachten oder Ostern. Es ist daher sehr wichtig, dass die neue Lösung unabhängig von der Auslastung des Netzwerks eine rechtzeitige Auftragsbearbeitung garantiert. Die Anbindung erfolgt bisher über eine Ethernet-Karte mit einer Übertragungsgeschwindigkeit von 100 MBit/s an eine SDSL-Leitung.

Herr Wolter von der Abteilung **Consulting** will sich nach Alternativen umschauen. Er hat gehört, dass die ATM-Netzwerke schnell und zuverlässig arbeiten und „Quality of Service" garantieren. Außerdem arbeiten die Internetprovider mit der ATM-Technologie. Zusätzlich soll die neue Lösung weitere Kommunikationsdienste, wie Telefonie, Datentransfer sowie Videokonferenzschaltungen und die Verbindung der einzelnen Filialen in Deutschland über VPN ermöglichen.

Kai Dreyer, der zukünftige IT-Systemelektroniker, soll sich verstärkt mit ATM und auf Ethernet basierten Lösungen beschäftigen und entscheiden, ob hier tatsächlich eine Einsatzmöglichkeit für das neue E-Commerce-Projekt von FlowerPower besteht.

Die Multiplex-Hierarchien PDH und SDH bilden eine solide Basis für moderne Weitverkehrsnetze auf der Bitübertragungsebene, wie Breitband-ISDN (B-ISDN). Diese Systeme funktionieren wie eine Art Verkabelung, d. h., sie können Datenströme transportieren, sind aber nicht für das Entstehen dieser Datenströme zuständig. Die eigentlichen Daten werden auf den höheren Ebenen des OSI-Referenzmodells von anderen Systemen hergestellt und in die Multiplex-Hierarchien eingespeist beziehungsweise aus den Multiplex-Hierarchien entnommen. Asynchronous Transfer Mode **(ATM)** ist eine Technologie, die genau an dieser Stelle einsetzt.

W Ursprünglich wurde die ATM-Technologie als Basis für Breitband-ISDN in öffentlichen Netzen entwickelt, während sie heute unter anderem eine wichtige Rolle im Internet-Backbone-Bereich zur Anbindung der DSL-Technik spielt. Viele Serviceprovider und Telekommunikationsunternehmen wählen statt ATM günstigere Ethernet-basierte Verfahren und deren technische Infrastrukturen. Die für ATM entwickelten Grundkonzepte und Ideen, wie Routing-Prinzipien, Zellen und Quality of Service, spielen aber weiterhin eine wichtige Rolle.

Mit ATM werden aus Datenströmen, wie bei der Sprachkommunikation, oder aus Datenpaketen, wie bei den Internetverbindungen, kleine an die Glasfaserleitungen angepasste Einheiten gebildet, die dann in die SDH-Netze eingespeist und am anderen Ende eines Pfades wieder aus dem Netz entnommen und in die ursprüngliche Form gebracht werden. ATM sorgt dafür, dass die Daten ihren Empfänger erreichen und während der Kommunikation die richtige Bandbreite zur Verfügung steht. Die Funktionen von ATM entsprechen also in etwa den Schichten 1 bis 3 des OSI-Referenzmodells.

Leistungsmerkmal	ATM	Ethernet
Art der Nutzdaten, die übertragen werden können	beliebige Daten in SDH- und PDH-Hierarchien, wie Sprach- und Multimediadaten, Daten der Internetdienste	Daten der Internetdienste bevorzugt. Sprachdaten können durch spezielle Techniken wie VoIP in Ethernet-Paketen übertragen werden.
Möglichkeit der Optimierung	universelle Technik, optimal für alle Anwendungen oder Datenarten, leicht erweiterbar um neue Daten und Anwendungen	Internetdienste
Art und Größe der Transporteinheiten	Zellen mit 48 Bytes, dazu kommen 5 Bytes für Header-Information (ergibt 9,4 Prozent an Verwaltungsdaten). Die Zellengröße trägt zu einem optimierten Routing bei.	IP-Pakete verschiedener Größen, Paket-Header können relativ klein zur Paketgröße sein. Es ergibt eine Verbesserung der Bandbreitenutzung bis zu 30 Prozent gegenüber ATM. Zusätzliche Verwaltungsinformationen können Teil der Nutzdaten sein, wenn Sprachdaten als VoIP übertragen werden.
Art der Verbindung	verbindungsorientierte Datenübertragung. Die Transportroute zwischen den Kommunikationspartnern wird im Vorfeld der Kommunikation festgesetzt, wie beim Freischalten einer Telefonverbindung.	Ethernet wurde ursprünglich für den Einsatz im LAN entwickelt und setzt auf verbindungslose Kommunikation (z. B. UDP). Router entscheiden selbstständig und individuell, welche Kommunikationswege die Datenpakete nehmen, woraus sich Vorteile hinsichtlich Geschwindigkeit und Zuverlässigkeit für einige datenbasierte Dienste ergeben. Moderne Lösungen implementieren auch Techniken, die eine Vorentscheidung für alle Pakete einer Kommunikation einbeziehen, weshalb man von einer verbindungsorientierten Kommunikation über ein verbindungsloses Netzwerk spricht (siehe Kap. 3.3.3.1).
Quality of Service (QoS)	integraler Bestandteil der Technologie	Servicequalität wurde ursprünglich nicht bewertet. Netzüberlastung soll durch Bereitstellung zusätzlicher Kapazitäten beseitigt werden. Moderne Entwicklungen implementieren auch Servicequalität.
Implementierung von Telefondiensten (Sprachdiensten)	• Zwischen den beteiligten ATM-Knoten wird eine Verbindung aufgebaut (wie bei dem klassischen Telefonnetz, wo ein ATM-Knoten einen anderen „anruft“). • Nativer SDH- oder PDH-Strom wird in Zellen zerlegt und über die aufgebaute Verbindung übermittelt. • ATM-Verbindung wird abgebaut.	• Sprachdaten werden in IP-Pakete verpackt. • IP-Pakete werden laut Routing-Tabellen zum Ziel transportiert. Dabei können IP-Pakete verloren gehen und bei Bedarf andere Routen wählen. • Zwischen den beteiligten Internet-Servern der Internet-Service-Provider werden die Daten mit Hilfe von Zusatzprotokollen (Ethernet over SDH, Ethernet over PDH) in die PDH- oder SDH-Ströme eingespeist und übertragen.

Leistungsmerkmal	ATM	Ethernet
Implementierung von Datendiensten (Webservice)	• Die ATM-Knoten der beteiligten Internet-Service-Provider stellen eine Verbindung her. • IP-Pakete werden in Zellen zerlegt und über die Verbindung als native SDH- oder PDH-Ströme transportiert. • ATM-Verbindung wird abgebaut.	Zwischen den beteiligten Internet-Servern der Internet-Service-Provider werden die Daten mit Hilfe von Zusatzprotokollen (Ethernet over SDH, Ethernet over PDH) in die PDH- oder SDH-Ströme eingespeist und übertragen.
Management	sehr komplexe Technologie, schwer einzurichten	überschaubare Technologie, mit wenig Aufwand zu betreiben

Im Gegensatz zu ATM wurden die Ethernet-Technologien für den Einsatz in lokalen Netzwerken mit Basisband-Medien ohne Multiplexverfahren entwickelt. Es wurden verschiedene Überladungsverfahren für die vorhandene Infrastruktur der öffentlichen Netze erarbeitet, um die Daten über große Entfernungen zwischen lokalen Netzwerken zu übertragen, wie dies beispielsweise im Internet üblich ist. IP-Datenpakete wurden über ATM oder sogar direkt über SDH/PDH oder andere multiplexbasierte Verbindungen übertragen, was vor allem aus folgenden Gründen zu Nachteilen bei der Geschwindigkeit führte:

- Große Datenpakete wurden in viele kleinere Einheiten zerlegt.
- Bevor der IP-Datenstrom übertragen werden konnte, musste die Verbindung zwischen den WAN-Knoten aufgebaut werden. Für viele Dienste, wie zum Beispiel DNS, die nur kleine Datenmengen transportieren, führte dies zu einem großen Verwaltungsaufwand.

Ein Standard für die Nutzung der ATM-Infrastruktur durch OSI-Protokolle der Transportschicht wurde 1999 im RFC 2684 „Multiprotocol Encapsulation over ATM (MPoA)" beschrieben.

In den 1990-er Jahren gab es auch Versuche, die ATM-Technologien für den Einsatz in lokalen Netzwerken anzupassen und die beiden technologischen Welten auf diese Weise zu verbinden. Der Versuch scheiterte in der ersten Linie an der Komplexität und dem Preis der ATM-Geräte.

Erst die Entwicklung des Gigabit-Ethernet mit einer Übertragung von über 10 Gbit über Glasfaserkabel (IEEE 802.3ae) schuf eine Basis für den direkten Einsatz von Ethernet im WAN-Bereich. Diese neue Technik entspricht den Anforderungen der modernen Internetzugangstechnologien und ermöglicht sogar einen größeren Datendurchsatz als ATM. Mit der Veröffentlichung der Migrationsempfehlungen der Internationalen Standardisierungsorganisation „Broadband-Forum" begannen im Jahre 2006 die Internet-Service-Provider die auf Ethernet basierten Infrastrukturen aufzubauen, womit ATM-Netzwerke und die darauf basierenden ISDN-Dienste abgelöst werden sollen. Obwohl die ATM-Technologie immer mehr an der Bedeutung verliert, ist ein Überblick über ihre Grundkonzepte wichtig zum Verständnis von Problemen und möglichen Lösungsansätzen, die für alle WAN-Technologien gültig sind (siehe auch: https://www.broadband-forum.org/technical/download/TR-101.pdf).

W

Auf dem Ethernet basierende WAN-Technik überträgt Daten in Ethernet-Rahmen unterschiedlicher Größe. Die Bitrate und somit auch die Rahmengröße eines 10-Gbit-Ethernets sind zum Beispiel an die SDH-Hierarchie angelehnt und dies entspricht dem STM-64-Signal. Ethernet-Rahmen erhalten dabei einige Attribute eines SDH-Containers, die in erster Linie für die Fehlerkorrektur benutzt werden. Das Verfahren eignet sich sehr gut, denn aus der Sicht der vorhandenen SDH-Infrastruktur verhält sich eine 10-Gbit-Ethernetanbindung wie eine kostengünstige SDH-Verbindung. Das Verfahren kann daher leicht in die bestehenden öffentlichen Netze integriert werden.

3.3.3.1 ATM-Zellen

Das wichtigste Problem, das ATM lösen musste, bestand in der Übertragung von gemischten Daten über eine gemeinsame Leitung. Die Sprachströme bestehen normalerweise aus kleinen Paketen, während die Pakete eines typischen Dateitransfers etwa 1 500 Byte groß sind. Falls beide Datentypen zusammen über eine Leitung geleitet werden sollen, warten zwangsläufig viele kleine Pakete auf vergleichsweise wenige große Pakete. So benötigt ein typisches Datenpaket mit einer Länge von 1 500 Bytes bei einer Geschwindigkeit von 1,544 MBit/s der PDH-Hierarchiestufe T1 etwa 7,8 Millisekunden für die Einspeisung in die Leitung. Dazu gehören unter anderem die Verpackung der Daten in ein Paket, die Bildung der Prüfsummen und die Entscheidung über den Leitweg. Die auf diese Weise entstehende Verzögerung erweist sich als unakzeptabel für Echtzeitanwendungen, wie Sprach- und Videoübertragungen.

Eine Lösung für das Problem bestand darin, auch große Pakete in kleine Informationsmengen zu zerlegen, vergleichbar mit denen bei der Sprachübertragung. Statistisch gesehen wurde durch diese Strategie in den ATM-Netzen die Verzögerung bei den Echtzeitanwendungen um den Faktor 30 verringert.

Eine weitere Überlegung ergab sich aus der Notwendigkeit der einfachen und schnellen Weiterleitung (Switching) der Datenpakete durch die Knoten des Netzwerkes. Die optimale Abarbeitung eines Pakets im Switch ist dann gewährleistet, wenn alle Pakete die gleiche Größe besitzen, sodass der Knoten, der die Daten verarbeitet, eine einfache Erkennung der Paketgrenzen und eine schnelle Speicherreservierung durchführen kann.

Aus diesen Gründen wurde entschieden, nur kleine Pakete fester Größe über das ATM-Netz zu transportieren. Da die IT-Branche unter dem Begriff „Paket“ immer Daten variabler Länge versteht, wurde für die gleich großen ATM-Pakete eine neue Bezeichnung eingeführt – **Zellen** (englisch cell).

Gleich welche Daten in einem ATM-Netz transportiert werden – sie werden durch das sendende System in Zellen zersplittert und am anderen Ende durch den Empfänger wieder zusammengesetzt. Eine ATM-Zelle ist nur 48 Byte lang. Dazu kommen noch 5 Byte für Steuerinformationen im Header (Kopf) der Zelle.

Jede ATM-Zelle wird mit einem Header versehen, dessen Größe ebenfalls für die schnelle Abarbeitung op-

ATM-Zellen

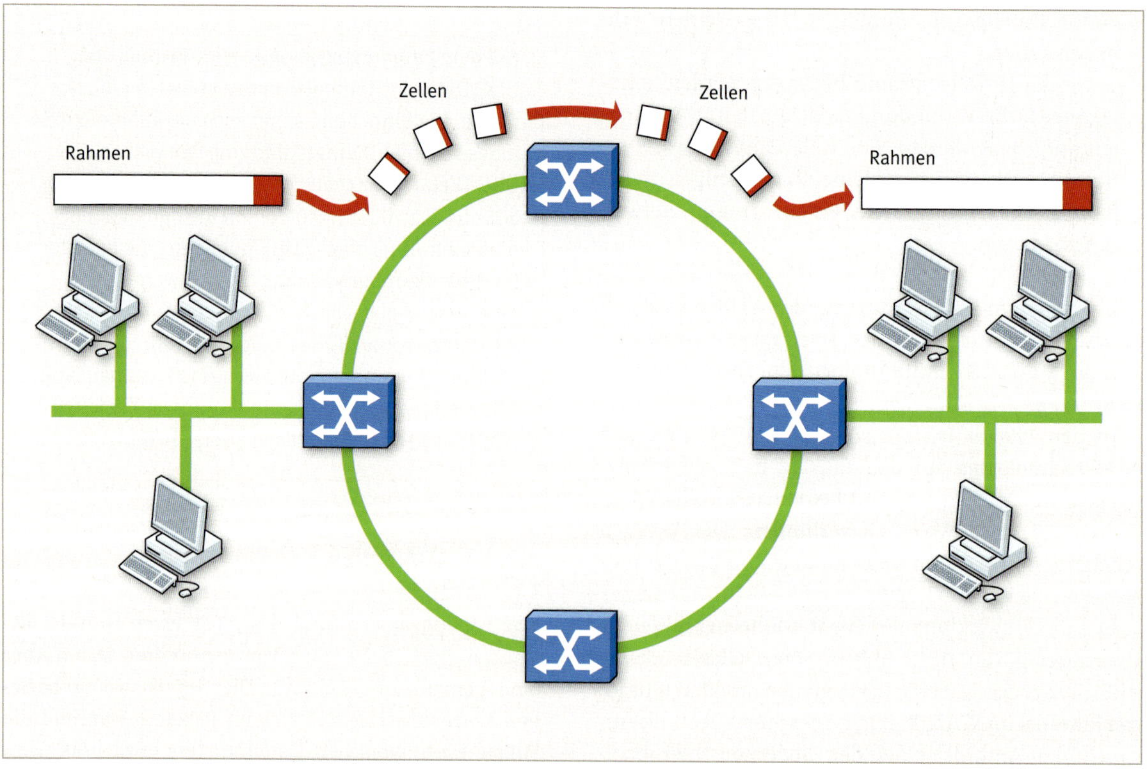

timiert ist. So enthält ATM keinen Mechanismus zum Überprüfen, ob die Daten einer Zelle richtig angekommen sind. Es gibt dementsprechend auch keine Nachforderung von beschädigten oder fehlenden Zellen. Diese fehlende Prüfung verursacht in der Praxis keine Probleme, weil die Fehlerrate in den modernen ATM-Netzwerken ausgesprochen niedrig ist und bei 10^{-9} bis 10^{-12} liegt .

Die einzige Fehlererkennung und -korrektur betrifft die Header selbst. Die Fehlerkontrolle über den Zellenkopf ist wichtiger als die Fehlerkontrolle über die Daten. Auf die fehlenden oder falschen Daten können die Anwendungen der höheren Schichten des OSI-Referenzmodells reagieren. Bei einem fehlerhaften Header besteht die Gefahr, dass die Daten an den falschen Empfänger zugestellt werden. In diesem Fall würden davon wegen nur einem Fehler in der Übertragung gleich zwei Sitzungen betroffen sein.

Wenn die über den Zellen-Header berechnete Prüfsumme nicht mit dem im Header stehenden Wert identisch ist und nicht anhand einer Zusatzzahl repariert werden kann, so ist der Header beschädigt. Daraus folgt, dass auch die Daten beschädigt sein können und die Zelle wird einfach nicht weitergeleitet. Das Nichtweiterleiten einer Zelle durch einen ATM-Netzwerkknoten wird mit dem englischen Begriff **drop** bezeichnet.

Die Flusskontrolle über die nicht zugestellten Daten liegt dann wiederum bei den Anwendungen der höheren Ebenen des OSI-Referenzmodells. Bei der Sprachkommunikation entsteht auf diese Weise eine kurze Lücke im Gespräch. Im Falle einer TCP/IP-Sitzung werden die fehlenden Datenpakete hingegen von dem Protokolltreiber neu angefordert.

Das Verwerfen (drop) der einzelnen Zellen kann unter Umständen sehr ineffizient ausfallen. Wird zum Beispiel die erste Zelle (48 Byte Nutzdaten) eines TCP/IP-Paketes von 1 500 Byte (31 Zellen) von einem ATM-Knoten verworfen, so ergibt es keinen Sinn, die restlichen 30 Zellen weiterzuleiten. Aus diesem Grund merken sich die ATM-Netzwerke die Zugehörigkeit der einzelnen Zellen zu einem größeren Datenpaket. Tritt ein Fehler bei einer Zelle auf, werden alle zugehörigen Zellen verworfen, die der fehlerhaften Zelle folgen.

3.3.3.2 Netzaufbau

Das ATM-Netz ist verbindungsorientiert. Die Kommunikation findet immer zwischen zwei Systemen statt. Anders als in den Ethernet-LANs existiert kein gemeinsames Medium, das alle beteiligten Systeme abhören. Vor der Kommunikation wird eine Punkt-zu-Punkt-Verbindung aufgebaut und für die Dauer der Sitzung aufrechterhalten. Dabei werden zwar keine physikalischen Leitungen belegt, alle Zellen passieren aber den gleichen Leitweg. Eine solche Sitzung wird als virtuelle Verbindung (Virtual Circuit) bezeichnet. Das ATM-Netz kennt zwei Arten von Komponenten: ATM-Endpunkte und ATM-Knoten

Die **ATM-Endpunkte** (**D**ata **T**erminal **E**quipment, **DTE**) sind die eigentlichen Kommunikationsteilnehmer. Die Sender-Systeme erzeugen die ATM-Zellen anhand der Benutzerdaten und speisen sie in das Netz ein. Die Empfänger-Systeme lesen die Zellen aus dem ankommenden Datenstrom aus, fügen die Daten dieser Zellen zusammen und reichen sie zur Verarbeitung weiter.

Soll ein System gleichzeitig als Sender und Empfänger funktionieren, werden eigentlich zwei Verbindungen geöffnet. Es existiert eine Download-Verbindung für die ankommenden Daten und eine Upload-Verbindung für die zu sendenden Daten.

W

Multiprotocol Label Switching (MPLS) ist ein Verfahren, das in den auf Ethernet basierten WANs verbreitet ist und eine verbindungsorientierte Kommunikation in einem verbindungslosen Netzwerk ermöglicht. Ein wichtiger Vorteil der verbindungsorientierten Kommunikation besteht darin, dass alle Daten den gleichen und im Idealfall den optimalen Weg im Netz nutzen. Ein Nachteil dieser Kommunikation entsteht aufgrund der Zeit, die für den Verbindungsaufbau notwendig ist. MPLS-fähige Router sollen so konfiguriert werden, dass sie alle Verbindungen (Routen) untereinander „kennen". Jede Route entspricht einer speziellen Markierung bzw. einem Label. Alle IP-Pakete, die logisch zu einer Kommunikation gehören (z. B. zu einem VPN-Tunnel), werden dabei bereits vom ersten Router mit dem gleichen Label versehen. Damit wird sichergestellt, dass alle IP-Pakete den gleichen Weg zum Ziel nehmen. Die Router müssen zuvor keine Routing-Tabellen konsultieren, denn alle notwendigen Informationen sind im IP-Paket enthalten.

Jeder ATM-Endpunkt besitzt eine eindeutige Adresse. Da die ATM-Technologie als Basis für ISDN entwickelt wurde, waren ursprünglich ISDN-Adressen für die ATM-Geräte vorgesehen. Nach der internationalen Norm **ITU-T E.164** (International Telecommunications Union – Telecommunications Sector) besteht eine solche Adresse aus insgesamt 15 Ziffern:

- Country Code – z. B. 49 für Deutschland
- National Destination Code:
  - Vorwahl im Festnetz – z. B. 030 für Berlin
  - Servicekennung – z. B. 800 für Free Call
  - Netzwerkkennung – z. B. 171 für D1
- Subscriber Number – spezifisch für das Unternehmen und Gerät

Als ATM-Endpunkt kann jedes System agieren, das mit einem **ATM-Interface** ausgerüstet ist. Dazu eignen sich Telefonanlagen (Private Branch Exchange, PBX), LAN-Switchs mit einer ATM-Schnittstelle, VoIP-Server (Voice over IP), Videoserver oder herkömmliche PCs.

Die **ATM-Knoten (ATM-Switchs)** sorgen für die Zellenvermittlung zwischen den ATM-Endpunkten. Außer der eigentlichen Weiterleitung des Zellenstroms enthalten die Switchs auch Module für das Ressourcen- und Traffic-Management.

ATM unterscheidet zwischen privaten und öffentlichen Netzwerken. Je nachdem, ob ein ATM-Netz öf-

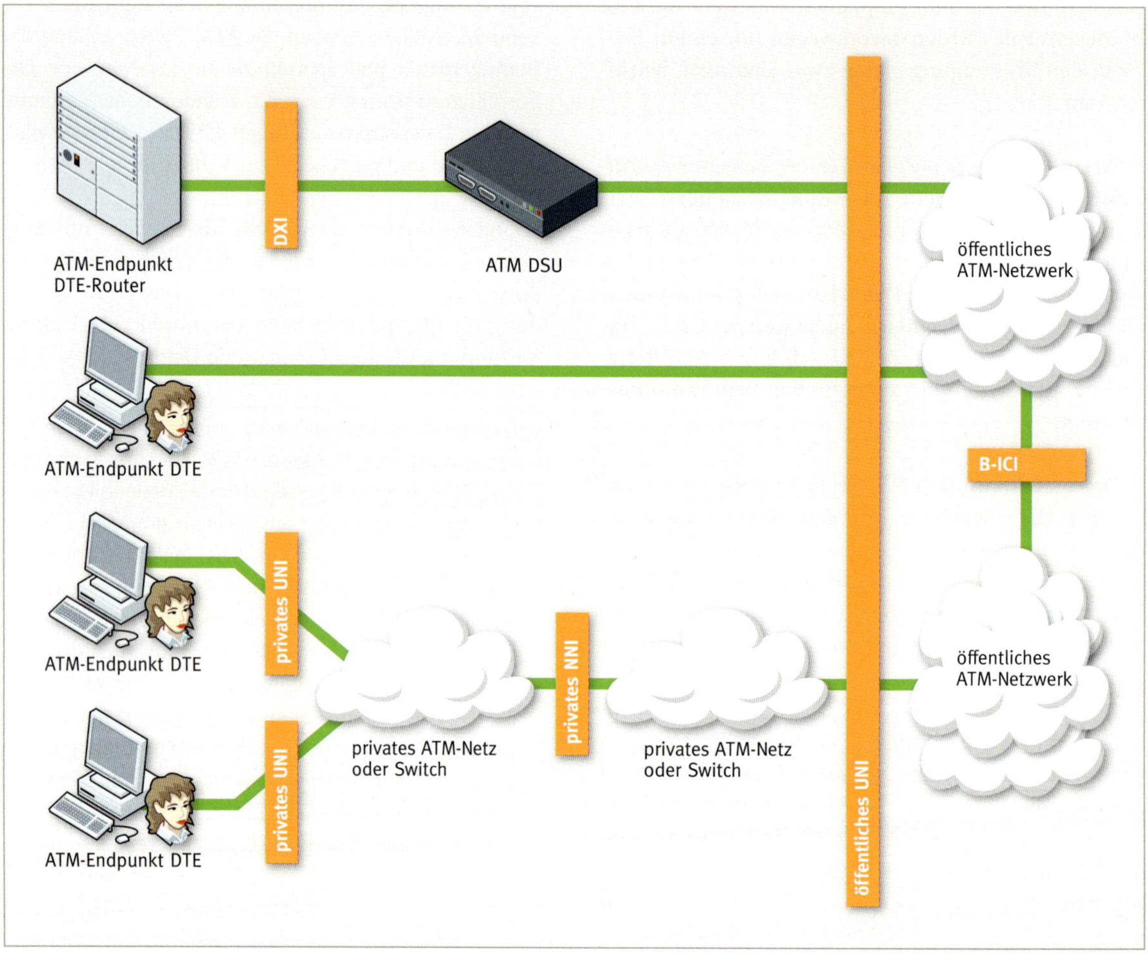

ATM-Netzarchitektur und Schnittstellen

fentlich oder privat ist, existieren mehr oder weniger Einschränkungen bezüglich der Adressierung, Signalisierung sowie dem Verbindungsaufbau. Für die Kommunikation der Switchs untereinander sowie mit den Endsystemen wurden durch die Standardisierungsorganisation **Broadband-Forum** wichtige Schnittstellendefinitionen ausgearbeitet:

- **privates UNI** (Private **U**ser **N**etwork **I**nterface). Das Protokoll wird verwendet, wenn ein privater Endpunkt mit einem privaten Switch kommuniziert.
- **öffentliches UNI** (Public **U**ser **N**etwork **I**nterface). Das Protokoll wird verwendet, wenn ein privater Endpunkt oder ein privater Switch mit einem öffentlichen Switch kommuniziert.
- **NNI** (**N**etwork **N**ode **I**nterface). Es wird benutzt, wenn zwei Switchs innerhalb eines Netzes kommunizieren sollen. Ist das Netz privat, so wird das Protokoll als „Private NNI" bezeichnet. In einem öffentlichen Netz spricht man von einem „Public NNI" (PNNI).
- **B-ICI** (**B**roadband **I**nterexchange **C**arrier **I**nterconnect). Gehören zwei Switchs zu den Netzen verschiedener Provider, wird diese Schnittstelle benutzt. Sie ist deshalb notwendig, weil die ATM-Standards in Europa und in den USA zum Teil unterschiedliche Grundtechnologien wie PDH und SDH mit unterschiedlichen Basis-Bitraten benutzen.
- **DXI** (**D**ata E**x**change **I**nterface). Das Protokoll wurde ausgearbeitet, um nicht ATM-fähige Geräte, wie IP-Router, an das ATM-Netz anzuschließen. Als Defacto-Standard werden hierfür Geräte (**D**ata **S**ervice **U**nits, **DSU**) mit einem sogenannten **H**igh **S**peed **S**erial **I**nterface (**HSSI,** serieller Hochgeschwindigkeitsport) genutzt.

Aufgaben

1. Welche Netzwerkgeräte können nicht als Endknoten eines ATM-Netzwerks betrachtet werden?
   a) PC ohne ATM-Interface
   b) Ethernet-Hub
   c) Ethernet-Switch mit einem LAN-Interface
   d) Ethernet-Switch mit integriertem ATM-Interface
   e) Router mit einem ATM-Interface
   f) ATM-Switch
2. Wie groß ist eine ATM-Zelle?
   a) 48 Byte Nutzdaten zusammen mit Header
   b) 5 Byte für den Header und bis zu 48 Byte für die Nutzdaten
   c) 53 Byte Nutzdaten zusammen mit Header
   d) 5 Byte für den Header und bis zu 64 Byte für die Nutzdaten

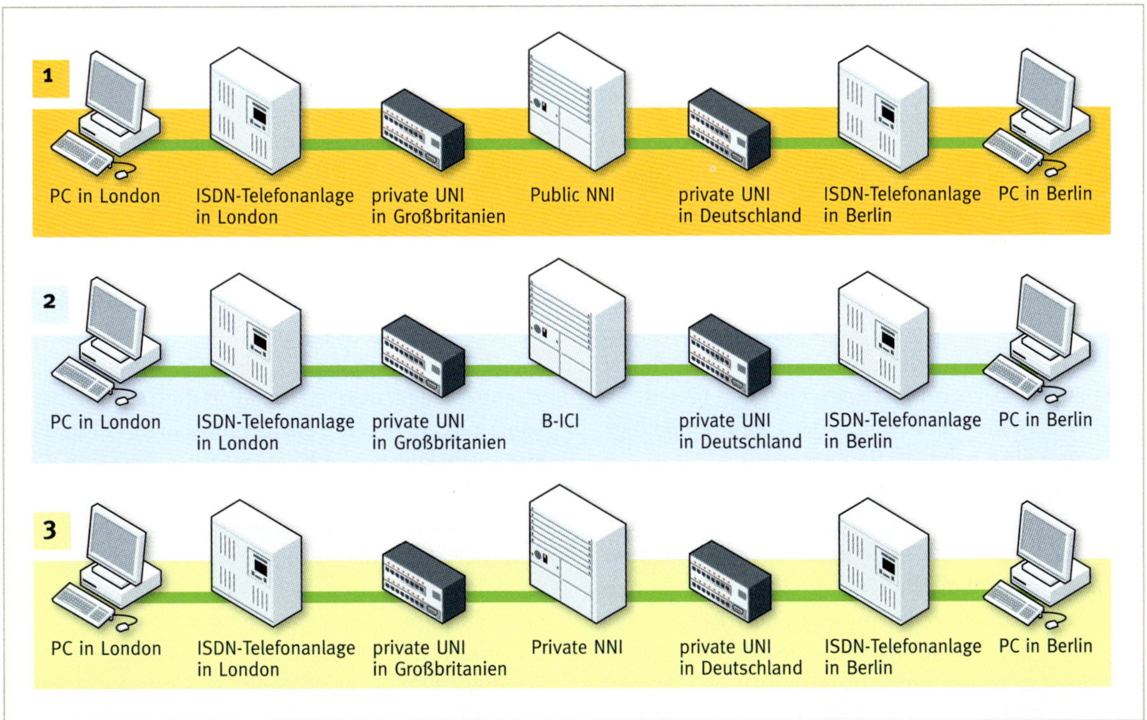

Avanti Datenfluss

3. Die Berliner Niederlassung der Werbeagentur Avanti verfügt über einen Breitband-ISDN-Zugang beim regionalen Netzwerkbetreiber „D Online". Die Zentrale der Firma in London mietet einen solchen Zugang beim englischen Provider „Londinium Networks". Welches Schema (siehe „Avanti Datenfluss", S. 251, 1 bis 3) beschreibt den wahrscheinlichsten Datenfluss im virtuellen privaten Netzwerk der Firma Avanti?
4. Auf allen PCs der Firma Avanti ist der IP-Parameter MTU (Maximum Transfer Unit, maximale IP-Paketlänge) auf den gleichen Wert 1 300 eingestellt. Diese Einschränkung hängt mit dem Einsatz bestimmter kryptografischer Verfahren zusammen. In maximal wie viele ATM-Zellen werden die TCP/IP-Pakete zerlegt?
   a) 25
   b) 28
   c) 1 300
   d) 1
   e) MTU kann nicht in ATM-Zellen aufgeteilt werden.

3.3.3.3 ATM-Switching

Die Weiterleitung der Daten vom Absender bis zum Empfänger erfolgt in den ATM-Netzen nicht auf der in LANs oder im Internet üblichen Weise, sondern nach dem Prinzip der öffentlichen Telefonnetze. In einem IP-Netz kann jedes Paket einen anderen Weg zum Ziel verfolgen, denn die Route wird jedes Mal dynamisch neu ermittelt (Routing der dritten Schicht des OSI-Schichtenmodells).

Bei ATM findet die Leitwegermittlung dagegen noch vor der eigentlichen Datenübertragung statt. Ist der Leitweg ermittelt, so wird er in jedem Knoten festgelegt. Es gibt also kein dynamisches Routing mehr, sondern das Verfahren entspricht dem Switching auf der zweiten OSI-Schicht und ist auch mit dem Durchschalten einer Leitung im Telefonnetz vergleichbar. Genau wie in den Telefonnetzen existiert auch bei ATM ein Signalisierungssystem. Und wie bereits beschrieben besitzt jedes Endsystem eine eindeutige Adresse ähnlich einer Telefonnummer.

Jede Sitzung in den ATM-Netzen wird durch zwei Identifikatoren beschrieben – durch einen **Virtual Path Identifier (VPI)** und einen **Virtual Channel Identifier (VCI)**. Nach den Vorstellungen der Entwickler können dabei innerhalb einer Sitzung (Physical Path) einige auf Dauer geschaltete Verbindungen (Virtual Paths) und je nach Bedarf mehrere zusätzlich erstellte virtuelle Verbindungen (Virtual Channels) genutzt werden. Eine sinnvolle Anwendung wäre das gleichzeitige Übertragen verschiedener Sprachkanäle zu einem Videofilm. Diese Möglichkeit besitzt allerdings noch keine Anwendungsgrundlage. Gegenwärtig setzen alle Systeme den Wert für VPI auf 0 und arbeiten allein mit den virtuellen Kanälen (VCI).

Virtuelle Pfade und Kanäle

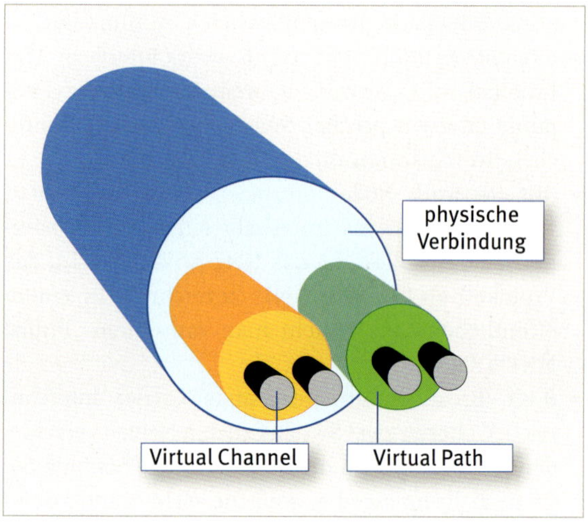

Beim Durchschalten einer ATM-Verbindung wird jeder ATM-Knoten zwischen dem Sender und dem Empfänger angewiesen, alle bei ihm an einem bestimmten Port ankommenden Zellen, die zu einem VPI/VCI-Paar gehören, über einen anderen Port weiterzuleiten. Es ist jedoch zu beachten, dass die Identifikatoren VPI und VCI nicht für das Zielsystem stehen. Sie entsprechen nicht den aus dem Internet bekannten IP-Adressen, sondern identifizieren nur die logische Verbindung innerhalb eines Switch. Das Zielsystem sowie der gesamte Leitweg sind bekannt, noch bevor die erste Zelle vom Absender ins Netz geschickt wird. Die Switchs verwenden die Identifikatoren VPI/VCI nur, um entsprechend ihrer Verbindungstabellen (Connections Tables) zu entscheiden, über welchen Port die Zellen weiterzuleiten sind. Daher sind die Identifikatoren VPI und VCI auch nicht konstant, d. h., jeder Switch kann ihre Werte beim Weiterleiten verändern.

Daraus resultiert die Forderung, dass die Verbindungstabellen aller Switchs übereinstimmend miteinander konfiguriert sind. Damit diese Konfiguration nicht immer wieder neu eingestellt werden muss, verwenden viele Netzbetreiber immer noch keine vollständige ATM-Signalisierung, sondern sie schalten ihre Systeme statisch.

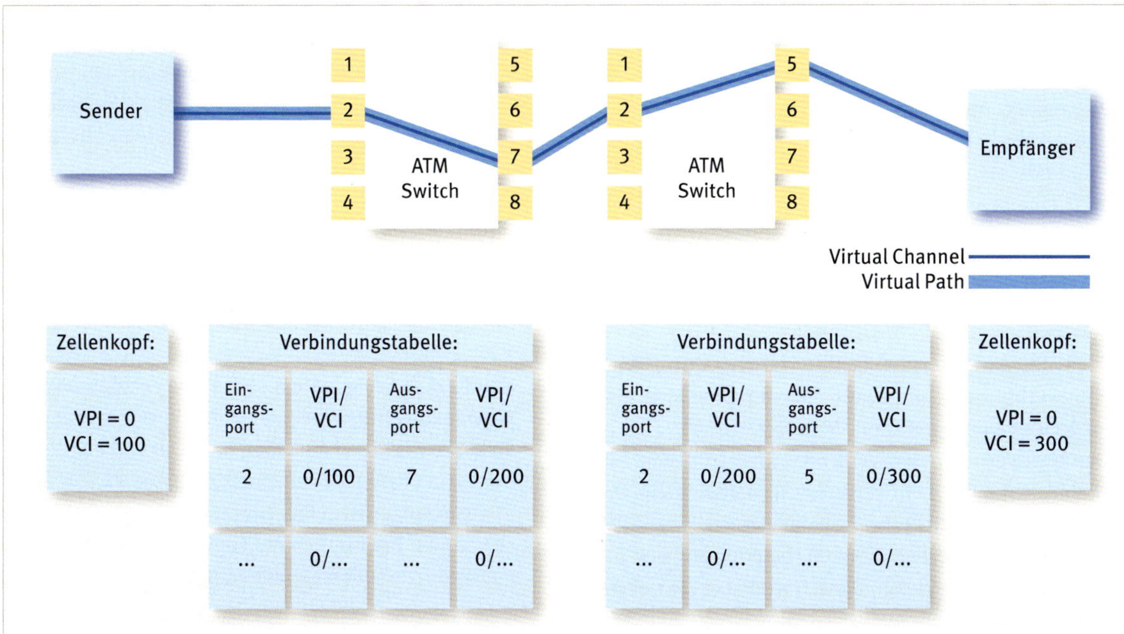

ATM-Switching

Die Abbildung zeigt eine Beispielkonfiguration. Dabei wird von den folgenden Annahmen ausgegangen:

- Der Sender ist physikalisch mit Port 2 vom ersten Switch fest verbunden.
- Port 7 vom ersten Switch ist physikalisch fest mit Port 2 vom zweiten Switch verbunden.
- Port 5 vom zweiten Switch ist physikalisch fest mit dem Empfänger verbunden.
- Die Connection Tables der einzelnen Switchs sind fest konfiguriert.
- Die VPI/VCI-Konfiguration gilt ebenso als fest eingestellt.

Alle physikalischen Verbindungen in der Abbildung sind Glasfaserleitungen und entsprechen den PDH- oder SDH-Hierarchien. Sie umfassen sowohl die Kabel selbst als auch verschiedene Multiplex-Geräte. Der Sender kann einerseits durch einen ISDN-Basisanschluss mit einer Transferrate von 64 KBit/s an das Netz des Providers angeschlossen sein. Die Leitung reicht in diesem Fall vom Sender bis zum nächsten Terminal-Multiplexer (TM), der sich in einem „grauen Kasten“ auf der Straße befindet. Der TM sendet die Signale auf den höheren Frequenzen weiter. Andererseits können die beiden Switchs in der Abbildung auch direkt miteinander über eine höhere Hierarchiestufe verbunden sein und in einer Ring-Topologie miteinander kommunizieren.

Die oben beschriebene feste Schaltung der beiden ATM-Systeme entspricht ungefähr der von den analogen Telefonnetzen bekannten Standleitung.

3.3.3.4 Quality of Service (QoS)

Die Verwendung virtueller Kanäle besitzt neben der Identifizierung der Verbindung und der Vermittlung in den ATM-Switchs noch eine andere Bedeutung. Das Konzept ermöglicht eine einfache Steuerung des Datendurchsatzes für verschiedene Anwendungen. In der Realität werden die Daten eines bestimmten Typs oder eines bestimmten Dienstes je einem gesonderten virtuellen Kanal zugeordnet. Auch wenn das Sendesystem Daten verschiedener Typen erzeugt, überträgt es z. B. die Sprache über den ersten Kanal und die Datenpakete über einen weiteren Kanal. So können die ATM-Knoten allein schon anhand der VCI/VPI-Werte bestimmte Prioritäten erteilen, z. B. die Zellen einer Sprachkommunikation immer vor den Zellen einer FTP-Datenverbindung bearbeiten.

Eine solche Steuerung erlangt einen besonderen Stellenwert, wenn die Summe aller über das Netz gesendeten Daten die aktuelle Netzkapazität übersteigt. ATM verfügt über folgende Mechanismen für eine Durchsatzsteuerung:

1. Das Endsystem kann während des Verbindungsaufbaus eine bestimmte Qualität anfordern, z. B. einen garantierten Datendurchsatz.
2. Das Netz prüft im Rahmen einer sogenannten Zulassungsprüfung, ob die Anforderung erfüllt werden kann.
3. Falls die Anforderung erfüllt werden kann, wird eine Verbindung aufgebaut. Die versprochene Anforderung wird zu einem „Verkehrsvertrag".
4. Das Netz versucht, den Verkehrsvertrag auf jeden Fall einzuhalten. Erfolgt ein Verstoß, z. B. werden mehr Daten als ursprünglich beabsichtigt übertragen, kann ATM die betreffenden Zellen dieser Verbindung auf eine besondere Weise markieren. Danach wird über die weitere Verfahrensweise entschieden:
   - Solange das Netz noch genügend Kapazitäten besitzt, dürfen die markierten Zellen weiterhin passieren. Droht eine Netzüberlastung, werden diese Zellen durch die betroffenen Netzknoten verworfen.
   - Falls im Vertrag kein Mindestdurchsatz, sondern eine genaue Übertragungsgeschwindigkeit vereinbart wurde, kann das Netz die betroffenen Zellen auch vor einer möglichen Überlastung verwerfen.
   - Einzelne Switchs können die Zellen bestimmter Verbindungen bevorzugt behandeln, um die Netzlast zu verteilen und Überlastungen zu vermeiden.

Für verschiedene Anwendungstypen wurden verschiedene Vertragstypen ausgearbeitet, die auch als ATM-Dienstklassen bezeichnet werden. Die beiden internationalen Organisationen **ITU-T** und **Broadband-Forum** haben dafür unterschiedliche Formulierungen definiert.

In den Empfehlungen der Standardisierungsorganisation „Broadband-Forum" für die Migration von ATM-basierten globalen Netzen in Ethernet-Infrastrukturen sind die Anforderungen an die Quality of Service (QoS) für alle Netzwerkkomponenten definiert und so spezifiziert, dass sich die Netzqualität durch die Migration möglichst nicht verändert (siehe auch https://www.broadband-forum.org/technical/download/TR-101.pdf, 04/2006).

Die Dienstklassen nach dem Broadband-Forum lauten: W

Constant Bit Rate (CBR). ATM garantiert einen konstanten Datendurchsatz. Die Dienstklasse wird benutzt, um den Telefondienst zu implementieren.

Real-Time Variable Bit Rate. Bei einem vereinbarten Datendurchsatz garantiert ATM Übertragungen mit nur geringen Verzögerungen und Verzögerungsschwankungen. Die Dienstklasse wird zum Beispiel für die Videoübertragung verwendet.

Non-Real-Time Variable Bit Rate. Die Verzögerungsschwankung bleibt klein, obwohl die Verzögerung selbst etwas höher ausfallen darf. Der Verkehrsvertrag ist in diesem Fall an eine kleine Anzahl von verloren gegangenen Zellen gebunden. Die Dienstklasse kann für Telefax, Remote Login/Remote Control und ähnliche Dienste verwendet werden.

Available Bit Rate. ATM garantiert eine minimale Rate anhand der verloren gegangenen Zellen. Der Datendurchsatz wird anhand der freien Kapazitäten ermittelt. Diese Dienstklasse kann verwendet werden, um eine minimale Rate für die TCP/IP-Pakete zu garantieren.

Unspecified Bit Rate. Es wird **keine QoS**-Garantie gewährleistet. Die Verbindung nutzt alle Kapazitäten, die in der Leitung nach Berücksichtigung aller Verbindungen mit QoS noch übrig sind.

Die entsprechende Spezifikation der ITU-T unterscheidet nur die vier folgenden Dienstklassen: W

A. Emulation der Leitungsvermittlung. Diese Dienstklasse entspricht genau der Definition CBR des Broadband-Forums.

B. Variable Bit Rate für Video und Sprachdienste. Es wird nicht zwischen Real-Time-Anwendungen und den übrigen Daten unterschieden.

C. Connection Oriented Services. Diese Dienstklasse wurde für verbindungsorientierte Datendienste spezifiziert. Dazu zählen unter anderem die Dateiserver-Systeme (z. B. Windows-Freigaben).

D. Connectionless Services. Diese Dienstklasse wurde für Datendienste spezifiziert, die keine dauerhaften Verbindungen und Sitzungen aufbauen (z. B. E-Mail-Dienste).

Um die spezifizierten Dienstklassen zu implementieren und den Datenverkehr dementsprechend zu kontrollieren, verwendet ATM nicht nur die Technik der virtuellen Kanäle, bei der Dienste verschiedener Klassen auch unterschiedliche Kanäle belegen. ATM benutzt zusätzlich besondere Management-Zellen mit Inhalten, die von den Switchs ausgewertet werden, um den eigentlichen Datenverkehr zu verwalten.

Aufgaben

Die Produktbeschreibung für einen ATM-Switch beinhaltet folgende Angaben:

> The switch processor module is unique and can be ordered with one of two different traffic management feature cards, which can be changed later in the field, if required, to protect your investment. For typical campus ATM networks, one feature card provides per-class queuing, which supports all the defined traffic classes in the Broadband-Forum Traffic Management 4.0 specifications and offers the flexibility needed for busy, client/server traffic patterns. For service provider or customer premises usage, the second feature card supports per-flow queuing, which can support greater traffic shaping granularity and can service individual quality-of-service (QoS) contracts simultaneously for several thousand flows, making it perfect for wide-area environments that demand more unique and granular QoS features.

1. Welche Dienstklasse unterstützt das hier beschriebene Gerät?
   a) Dienstklasse A nach ITU-T
   b) CBR nach Broadband-Forum
   c) Non-Real Time Variable Bit Rate nach Broadband-Forum
   d) Dienstklasse B nach ITU-T
2. In welchen Umgebungen kann die alternative QoS-Management-Karte eingesetzt werden?

ATM-Zellenaufbau

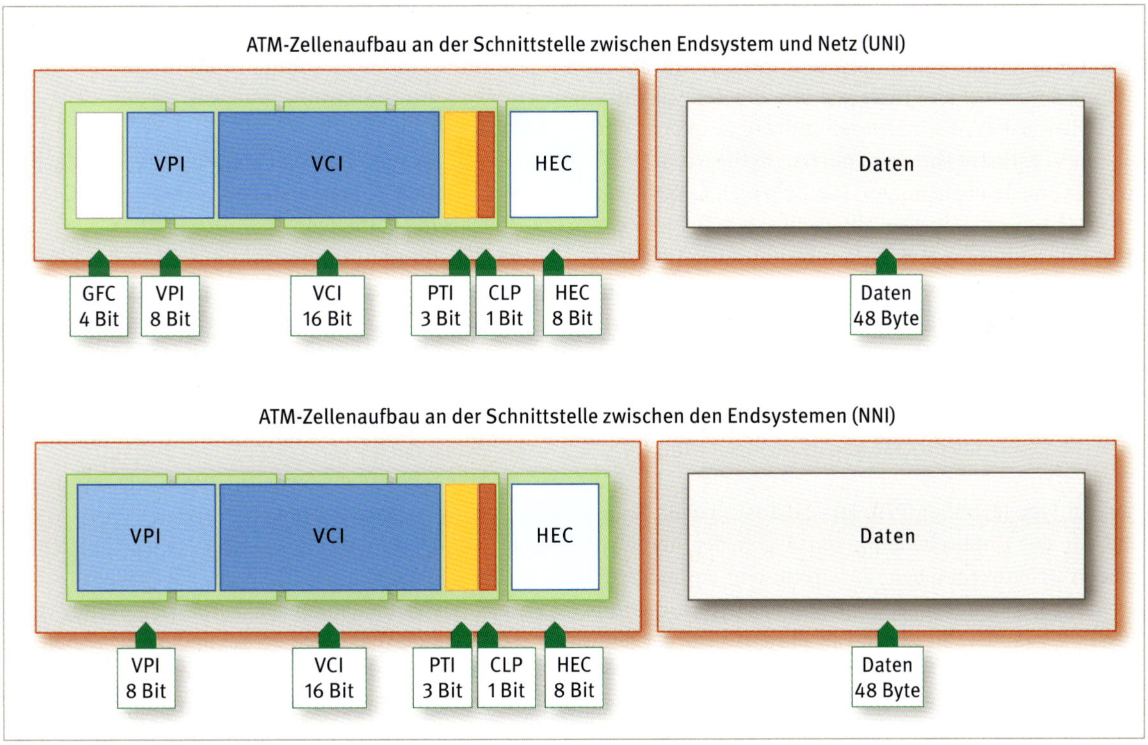

3.3.3.5 Zellenaufbau

Die Struktur der ATM-Zellen gestaltet sich sehr einfach. (Siehe auch Grafik „ATM-Zellenaufbau".) Sie berücksichtigt dabei die Überlegungen über den optimalen Transfer der Daten verschiedener Typen sowie über die schnelle Abarbeitung der Header und der Gewährleistung der Dienstqualität. Eine Zelle besteht aus einem nur 5 Byte großen Kopf (Header) und einem 48 Byte großen Datenteil. Es existiert kein Anhang (Trailer), da es keine Datensicherungslogik über die Nutzdaten sowie keine Markierung für das Ende einer Zelle gibt. Der Header besteht aus folgenden Feldern:

Generic Flow Control (GFC) umfasst die ersten vier Bit im Header. Das Feld ist reserviert, damit die Endsysteme den Datenfluss lokal beeinflussen können. Die Endsysteme (Sender und Empfänger) dürfen dieses Feld nach ihrer Vorstellung frei belegen und benutzen. Die Protokolle für eine derartige lokale Kontrolle sind allerdings nicht standardisiert, sodass das GFC-Feld normalerweise unbenutzt und auf 0000 gesetzt bleibt. Da das GFC-Feld nur für Endsysteme sinnvoll ist, erscheint es auch nur in den Zellen, die zwischen einem Endsystem und einem Switch transportiert werden, also in einem User Network Interface (UNI).

Virtual Path Identifier (VPI). Das Feld dient der Identifizierung des virtuellen Pfades, zu dem die Zelle gehört. Die Zellen eines UNI-Interfaces enthalten nur acht Bit für den VPI. Damit kann ein Endsystem theoretisch bis zu 256 virtuelle Pfade öffnen. Die Zellen eines NNI-Interfaces benutzen hingegen alle zwölf ersten Bit der Zelle als VPI, sodass ein Switch damit bis zu 4 096 virtuelle Pfade verwalten könnte. Zurzeit sind die meisten Geräte allerdings mit VPI = [0000] 0000 0000 konfiguriert.

Virtual Channel Identifier (VCI). Das Feld dient der Identifizierung des virtuellen Kanals und ist 16 Bit lang, wodurch ein ATM-System über 65 536 Kanäle verfügen kann.

Payload Type Identifier (PTI). Das Feld ist drei Bit lang und für die Unterscheidung von Typen der übertragenden Daten vorgesehen. Es wird in den besonderen Verwaltungszellen für das Management des Datenflusses verwendet. So werden in diesem Feld bei der Übertragung großer IP-Pakete die erste und die letzte Zelle markiert. Auf diese Weise kann der Empfänger bei der Wiederherstellung der IP-Rahmen die richtige Paketlänge ermitteln. Das PTI-Feld wird auch zum Traffic-Management genutzt, um zu vermerken, ob in einer virtuellen Verbindung eine Überlastung zu erwarten ist.

Cell Loss Priority (CLP). Es ist das wichtigste Feld für QoS. Durch das Setzen des Bit auf 1 werden die weniger wichtigen oder jene Zellen markiert, die gegen den Verkehrsvertrag verstoßen. Solche Zellen werden verworfen, falls der Datenfluss die Kapazität zu überschreiten droht. Generell werden alle Zellen mit dem nicht gesetzten Bit (höhere Priorität) übertragen.

Header Error Control (HEC). Das Feld enthält die Prüfsumme über die ersten vier Byte des Headers und dient damit der Fehlerkontrolle und Fehlerkorrektur.

Das HEC-Feld besitzt noch eine besondere Bedeutung. Der Name **Asynchronous Transfer Mode** bedeutet, dass die kommunizierenden Systeme nicht unbedingt synchron zueinander arbeiten müssen, sondern je nach Bedarf automatisch synchronisiert werden. Diese Zeitsynchronisation geschieht mithilfe des HEC-Feldes. Dafür entnimmt ein Empfänger zu Beginn der Kommunikation aus dem ankommenden Datenstrom fünf Byte und prüft, ob die Prüfsumme über die ersten vier Byte dem fünften Byte gleicht. In diesem Fall vermutet der Empfänger den Anfang einer gültigen Zelle. Scheitert der Versuch, verwirft das System das erste Bit und prüft die nun folgenden fünf Byte. Wurde ein gültiger Header gefunden, wiederholt der Empfänger die Prozedur nach den folgenden 53 Byte erneut. Nach einigen erfolgreich verlaufenen Prüfungen geht das System davon aus, dass es mit dem Datenstrom synchron arbeitet.

Aufgaben

1. Wie viele virtuelle Verbindungen kann theoretisch ein mit der ATM-Schnittstelle ausgerüsteter PC gleichzeitig aufbauen?
   a) 256, da ein UNI-Interface ein 8 Bit langes VPI-Feld besitzt
   b) 16 777 216, da ein UNI-Interface ein 8 Bit langes VPI-Feld und ein 16 Bit langes VCI-Feld besitzt
   c) 4 096, da ein NNI-Interface ein 12 Bit langes VPI-Feld besitzt
   d) keine, da nur ein Switch eine virtuelle Verbindung herstellen kann
   e) 268 435 456, da ein NNI-Interface ein 12 Bit langes VPI-Feld und ein 16 Bit langes VCI-Feld besitzt
2. Falls eine Verbindung gegen den Verkehrsvertrag verstößt, werden die Zellen der Verbindung als weniger wichtig markiert und bei entsprechender Notwendigkeit durch die Switchs nicht weitergeleitet. Welches Feld im ATM-Zellenkopf bewahrt diese Markierung auf?
   a) **VCI.** Der Wert wird auf 0 gesetzt, sodass der virtuelle Kanal unbekannt ist.
   b) **VPI.** Der Wert wird auf 0 gesetzt, sodass der virtuelle Pfad unbekannt ist.
   c) **HEC.** Der Wert wird auf 1 gesetzt, sodass die Zellen als fehlerhaft (korrupt) behandelt werden.

d) **CLP.** Der Wert wird auf 0 gesetzt, da alle Zellen standardmäßig die Priorität 1 besitzen.
e) **CLP.** Der Wert wird auf 1 gesetzt, da alle Zellen standardmäßig die Priorität 0 besitzen.
f) **CLP.** Je höher der Wert gesetzt wird, desto höher erscheint die Priorität der Zelle.

3. Die kleine Firma **Global Medical Data Exchange** hat sowohl ihren ISDN-Zugang als auch ihren Internetanschluss von einem Provider gemietet. Sie besitzt nur eine physikalische Leitung zum Provider. Welche Dienste mit welchen Dienstklassen werden hier am wahrscheinlichsten realisiert?
   a) Telefondienst b) Internetzugriff
   c) VPN zu drei Home-Office-Netzwerken der Consulting-Mitarbeiter
   d) Videokonferenz mit den drei Consulting-Mitarbeitern in ihrem Home Office

3.3.3.6 ATM-Schichtenmodell

W

Alle Abläufe der ATM-Technik lassen sich in drei Aufgabenbereiche gliedern:

- **Alles, was dem eigentlichen Transport der Information durch die Leitung dient.** Dazu gehört unter anderem das Zerlegen der Informationen der höheren Protokolle in Zellen, deren eigentliche Übertragung sowie das erneute Zusammenfügen der Zellen für die Übergabe der übertragenen Information an die höheren Protokolle.
- **Komponenten, die dem Anwählen des Zielsystems, dem Verbindungsaufbau und dessen Steuerung sowie dem Verbindungsabbau dienen.** Dazu gehören die Adressformate wie ASEA, aber auch komplizierte Verfahren zur Suche des Zielsystems vor der eigentlichen Datenübertragung (Routing).
- **Interne Verwaltung.** Dazu gehören das Management des Datenverkehrs, die Fehlererkennung und die kontinuierliche Beobachtung (Monitoring) der korrekten Arbeitsweise des gesamten Systems durch periodische Prüfungen.

Die Komponenten dieser drei Bereiche finden sich auf allen Stufen der ATM-Technik – sowohl bezogen auf die Hardware und auch auf die höheren Dienste, die ATM als Transporttechnologie nutzen. Deshalb gestaltet sich das ATM-Referenzmodell als eine Kombination aus drei Schichtenmodellen – je ein Modell pro Aufgabenbereich. Diese Aufgabenbereiche werden als **Ebenen** (Planes) bezeichnet.

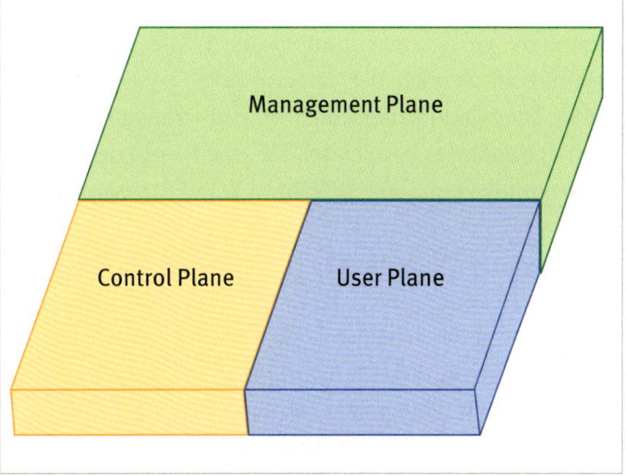

ATM-Referenzmodell der drei Ebenen

Die Benutzerebene **(User Plane)** vereint alle Komponenten, die der eigentlichen Datenübertragung dienen. Das Wort User steht hier für die Anwendungen der höheren Ebenen, die die ATM-Technik nutzen, also im weitesten Sinn als Benutzer agieren.

Die Steuerungsebene **(Control Plane)** dient der Verwaltung der Sitzungen und die Managementebene **(Management Plane)** sorgt für die Fehlererkennung, Traffic-Verwaltung sowie interne Selbstverwaltung. Auch das Management der Zusammenarbeit aller drei Ebenen gehört dazu.

Die Daten, die über das ATM-Netz transportiert werden, durchlaufen eine ganze Reihe von Modulen, bevor sie im Empfängersystem weiterverarbeitet werden können. Werden zum Beispiel die Daten einer TCP/IP-Sitzung übertragen, so ist es notwendig, die IP-Pakete (Netzwerkschicht des OSI-Referenzmodells) in ATM-Zellen umzuwandeln. Dann werden die Zellen an eine bestehende physikalische Verbindung, d. h. eine PDH- oder SDH-Hierarchiestufe (Bitübertragungsschicht des OSI-Referenzmodells) angepasst, also in eine bestimmte Signalform umgewandelt. Abschließend muss der ATM-Knoten sie noch synchronisieren und die Signale in die physikalische Leitung einspeisen. Das bedeutet, dass die ATM-Technik zwar annähernd auf der Sicherungsschicht des OSI-Referenzmodells funktioniert, selbst aber aus den folgenden Schichten besteht:

Physical Layer (Bitübertragungsschicht)

Die erste Schicht des Modells ist für die Kodierung/Dekodierung der Zellen und für die Weitergabe der Zellen an das Übertragungsmedium verantwortlich. Diese Schicht besteht aus zwei weiteren Unterschichten (Sublayer). Die untere der beiden Unterschichten ist die von der Hardware abhängige und für die Signalübertragung an die eigentlichen Verkabelungssysteme verantwortliche Schicht **(Physical Medium dependent Sublayer).** Außer den dafür ursprünglich vorgesehenen Lichtwellenleitungen ist die

Kommunikation auch über Kupferkabel möglich. Eine besonders große Bedeutung besitzen die Kupferkabelsysteme im Bereich der Zugangsnetze, wie ISDN und ADSL. Die zweite Unterschicht wird als **Transmission Convergence Sublayer** bezeichnet. Sie arbeitet mit den Verbindungsprotokollen SDH, PDH und SONET zusammen.

ATM Layer (ATM-Schicht)

Auf dieser Ebene werden die Zellen generiert. Die Schicht verarbeitet keine Nutzdaten der Zellen. Deshalb ist sie unabhängig von den Diensten, die ATM zur Verfügung stellt. In einem **Endsystem** werden fertige 48 Byte große Zellen der oberen **ATM Adaption Layer** mit Headern versehen und an den Ausgangsport der Bitübertragungsschicht geleitet bzw. der Bitübertragungsschicht entnommen und an die entsprechenden Module der höheren **ATM Adaption Layer** übergeben. In einem **Switch** erfolgt die Weiterleitung der Zellen an andere Ports.

ATM Adaption Layer (AAL, ATM-Adaptationsschicht)

Die Komponenten dieser Schicht sind für die Behandlung der Daten der höheren Schichten verantwortlich. Die Übertragung verschiedener Daten stellt verschiedene Anforderungen an ATM. Diese Besonderheiten sind auf der ATM-Adaptationsschicht in den vier **Dienstklassen** der ITU-T-Klassifizierung abgebildet. Die ATM-Adaptationsschicht selbst besteht aus zwei Unterschichten.

Die untere Unterschicht **Segmentation and Reassembly Sublayer (SAR)** schneidet die Nutzdaten in 48 Byte große Segmente und übergibt sie dem **Transmission Convergence Sublayer** der Bitübertragungsschicht. Umgekehrt stellt sie in einem Empfängersystem die empfangenen Segmente zu einem Datenstrom zusammen.

Die höhere Unterschicht von AAL wird als Konvergenzschicht oder **Convergence Sublayer** bezeichnet. Diese Schicht passt die Anwendungsdaten an die Besonderheiten der ATM-Übertragung an. So muss zum Beispiel bei der Übertragung von IP-Daten berücksichtigt werden, dass ein IP-Paket nicht unbedingt genau an der 48-Byte-Grenze der ATM-Zelle endet. So ist es wahrscheinlich, dass das letzte Segment eines IP-Paketes nicht vollständig gefüllt ist. Da ATM aber nur ganze Zellen sendet, füllt die Konvergenzschicht das letzte Segment mit Nullen. Danach können alle Zellen des betroffenen Paketes abgeschickt werden. Das ATM-Empfängersystem weiß aber noch nichts über diese füllenden Nullen und würde das Paket falsch wiederherstellen. Damit dies nicht passiert, markiert die Konvergenzschicht beim Absenden die erste und die letzte Zelle des Pakets. Sie benutzt dafür das **PTI**-Feld in den Zellen. Zusätzlich versieht die Konvergenzschicht auch besondere Zellen mit Steuerinformationen, damit die Gegenstelle die eigentlichen Daten korrekt bearbeiten kann.

Higher Protocols (User Layer)

Die Protokolle der oberen Schicht sind keine ATM-Standardprotokolle, sondern abhängig von den Systemen, die ATM nutzen. Hier werden die Anforderungen an die Dienstqualität (QoS) für verschiedene Anwendungen definiert. Auf der Seite der Steuerungsebene (Control

ATM-Referenzmodell der Ebenen und Schichten

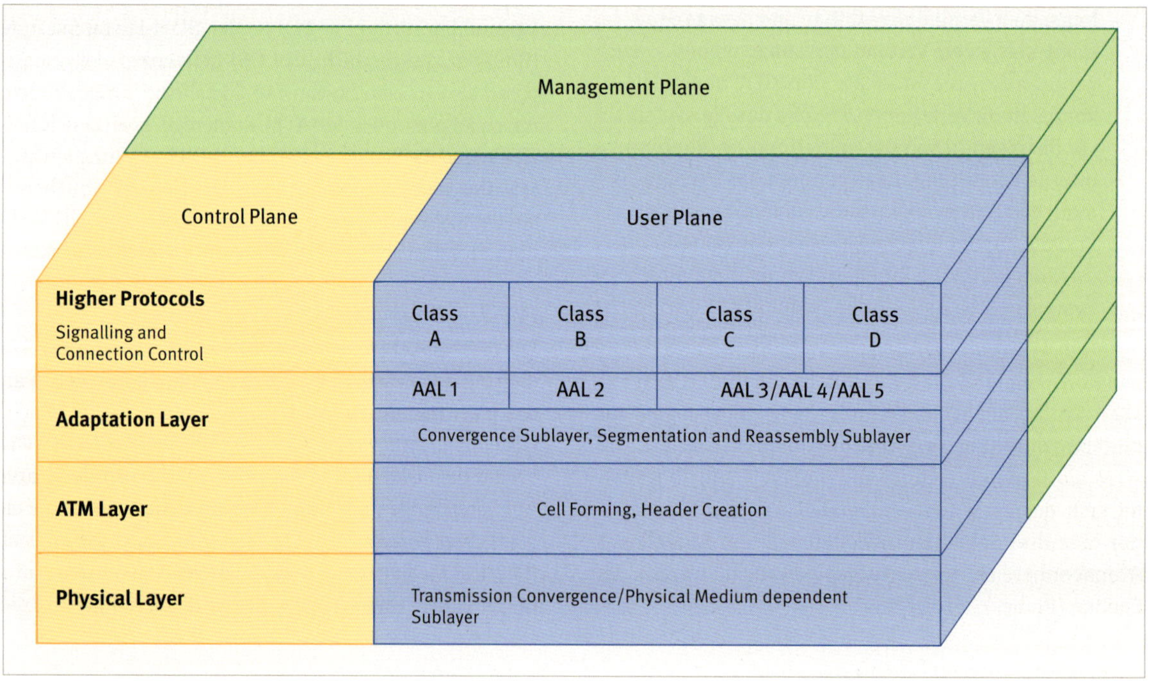

Plane) sind hier unter anderem die Signalisierungsprotokolle definiert.

Schichtenübergreifend arbeiten jene Module, die selbst für die Steuerung der Zusammenarbeit einzelner Schichten und Ebenen (Planes) notwendig sind.

Aufgaben

1. Welchen Schichten des OSI-Referenzmodells entsprechen annäherungsweise der Funktion zur Herstellung einer virtuellen Verbindung zwischen zwei ATM-Endsystemen?
2. Der Convergence Sublayer des **ATM Adaption Layer** ist verantwortlich für die:
   a) Anpassung der ATM-Pakete an die verschiedenen Verbindungsprotokolle der Multiplex-Hierarchien PDH, SDH, SONET usw.
   b) Anpassung der Daten aus höheren Schichten an die verschiedenen Verbindungsprotokolle der Multiplex-Hierarchien PDH, SDH, SONET usw.
   c) Wiederherstellung der Daten der höheren Schichten aus dem Datenstrom der SAR-Unterschicht.
   d) Anpassung der Daten der höheren Schichten an die ATM-Zellengröße und Übergabe der angepassten Einheiten an die SAR-Unterschicht.
3. Welcher Teil des ATM-Referenzmodells ist für die Abbildung der QoS-Dienstklassen verantwortlich?
   a) AAL
   b) ATM
   c) Physical Layer
   d) Management Plane
4. Welcher Teil des ATM-Referenzmodells ist für den Verbindungsaufbau verantwortlich?
   a) ATM Layer
   b) ATM Adaption Layer
   c) User Plane
   d) Control Plane
   e) Management Plane

3.3.4 Weitere Transporttechnologien

Neben ATM und Ethernet existierten für lange Zeit auch andere Technologien im Bereich der öffentlichen Netzwerke. Die meisten davon sind veraltet oder waren nie so verbreitet wie ATM. Trotzdem besitzen sie in den Ländern mit weniger entwickelter WAN-Infrastruktur weiterhin Bedeutung.

3.3.4.1 X.25

Unter der Bezeichnung **X.25** verbergen sich einige Protokolle für die Datenübertragung in Weitverkehrsnetzen. Diese Protokolle entstanden in den 1970er-Jahren, als die Übertragungstechnik noch unzuverlässig und langsam arbeitete. Deswegen verfügt die X.25-Technik über sehr aufwändige Möglichkeiten zur Fehlerkontrolle und Fehlerkorrektur, definiert dafür aber nur geringe Datentransferraten bis zu maximal 64 KBit/s. Die typischen realisierten Bitraten lagen allerdings sogar bei 4800, 9600 oder 19200 KBit/s. Der Haupteinsatz der X.25-Technik konzentrierte sich auf die paketvermittelten Dienste, wie Datex-P in Deutschland. Dank besonderer Zuverlässigkeit, Sicherheit und einiger weiteren Eigenschaften, wie der Möglichkeit, in geschlossenen Gruppen zu arbeiten (Closed User Groups), haben sich die X.25-basierten Dienste besonders in sensiblen Bereichen etabliert, wie z. B. im Bankwesen. So wird X.25 oft eingesetzt, um allen Filialen einer Bank den Zugriff auf den gleichen Datenbestand zu ermöglichen.

Technik

Die Endknoten eines X.25-Netzes werden als **DTE** (**D**ata **T**erminal **E**quipment, Datenendeinrichtung) bezeichnet. Dazu gehören unter anderem ACSII-Terminals, PCs oder Großrechner. Ein Endknoten ist an das Netz nicht direkt, sondern über die **DCE** (**D**ata **C**ircuit-terminating **E**quipment, Datenübertragungseinrichtung) angeschlossen. Das sind spezielle Modems oder Packet Switchs. Ein DTE/DCE-Paar bildet eine Einheit als Datenstation. Die Datenstation ist mit einem **PSE** (**P**acket-**S**witching **E**xchange, Paket Switch) des Netzbetreibers verbunden.

X.25 ist verbindungsorientiert und implementiert virtuelle Verbindungen zwischen zwei Endstationen, ähnlich wie dies auch in den ATM-Netzwerken funktioniert. Die Daten einer Verbindung werden allerdings nicht wie bei ATM in gleich großen Zellen gesendet, sondern in Paketen variabler Größe.

Standards

X.25 arbeitet nach dem ISO-/OSI-Referenzmodell innerhalb der ersten drei Schichten. Die Bitübertragungsschicht definiert mechanische und elektrische Eigenschaften der Verbindungstechnik. Dazu gehört die gesamte standardisierte Ausrüstung von den elektrischen Parametern des Kupferkabels bis zu den mechanischen Eigenschaften der Stecker. Es existieren drei grundsätzliche Standards für die Realisierung der Bitübertragungsschicht in den X.25-Protokollen:

- **X.21** beschreibt den Anschluss einer Endstation an eine Standleitung.

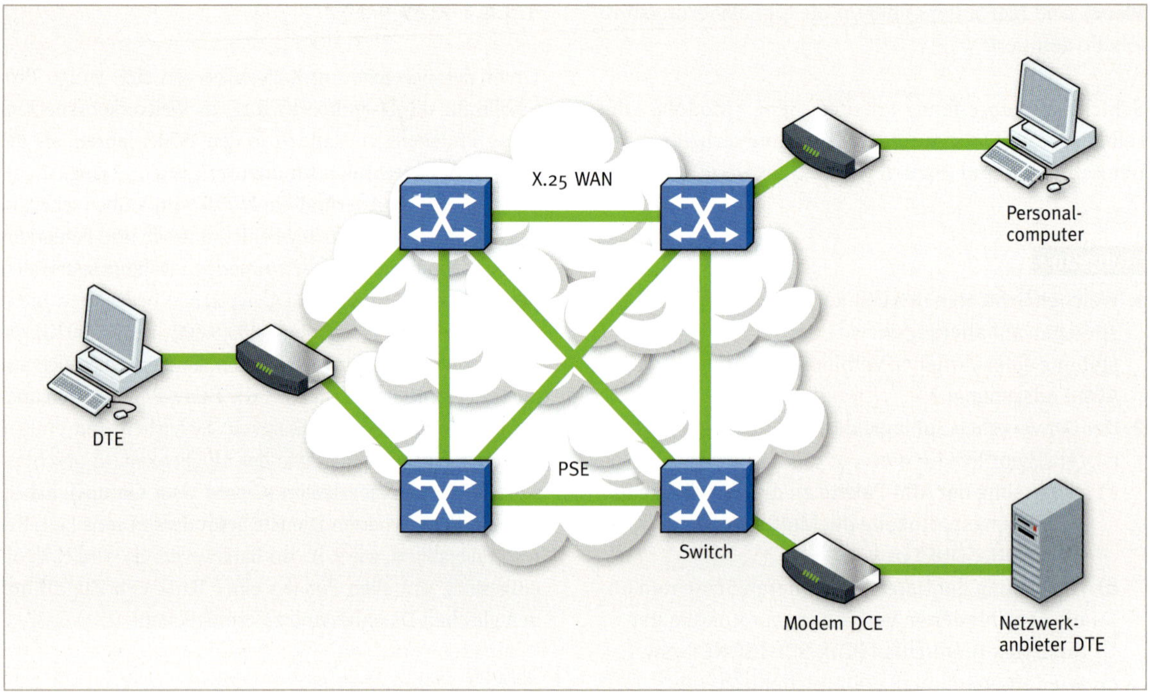

X.25-Netzaufbau

- **X.21 bis** beschreibt die Schnittstelle zur Datenkommunikation im Fernsprechnetz. Die speziellen X. 25-Modems nach dem Standard **X.21 bis** verbrauchen weniger Energie, da sie keine volle Signaldämpfung implementieren und nur eine kurze Strecke zum nächsten Switch überwinden müssen.
- **V** – beschreibt die Anbindung an X.25 über ein herkömmliches Modem nach einem **V-Standard** wie V.90.

Die zweite Schicht des OSI-Referenzmodells ist durch das Zugriffsprotokoll **L**ink **A**ccess **P**rocedure, **B**alanced **(LAPB)** realisiert. LAPB regelt die Verbindung zwischen den DTEs und prüft die Korrektheit und richtige Anordnung der X.25-Pakete. Es ist eine Implementierung des verbreiteten Standards **H**igh-Level **D**ata **L**ink **C**ontrol **(HDLC)**.

Das **P**acket **L**ayer **P**rotocol **(PLP)** ist das X.25-Protokoll der Netzwerkschicht. Es verwaltet den Auf- und Abbau der virtuellen Verbindungen sowie die Paketübertragung zwischen den DTEs über die virtuellen Verbindungen. Zur Adressierung der Datenstationen dient eine Nummer nach dem X.121-Format, die aus einem Ländercode, einem Providercode und einer zehnstelligen DTE-Nummer besteht.

Verbreitung

Die Netze nach dem X.25-Standard gehörten zu den ersten weltweit verbreiteten Datennetzen mit einer sehr hohen Akzeptanz. Modernere Technologien verdrängen zunehmend die noch im Einsatz befindlichen Dienste, die immer öfter emuliert werden. Als Nachfolger von X.25 gelten die Netze mit Frame Relay, die viel höhere Datenübertragungsraten anbieten und dank den sicheren moderneren Leitungen im WAN-Bereich keine intensive Fehlerprüfung und -korrektur benötigen.

Aufgaben

1. Wofür wird X.25 als Übertragungssystem eingesetzt?
   a) leitungsvermittelte Dienste
   b) paketvermittelte Dienste
   c) zellenvermittelte Dienste
2. Die Firma FlowerPower will einige Filialen in Russland eröffnen. ACI soll sie über die Möglichkeiten der Anbindung dieser Filialen an die öffentlichen Netze beraten. Die Broschüre des Partners „Electronic Quant“ veröffentlicht folgende Möglichkeiten:

Competitive features

Connect your world of users cost-effectively.

Electronic Quant X.25 offers:

Global coverage
Available in 150 countries with approximately 800 outlets

High reliability
Resilience built into the network; call redirection and dialling back-up for access lines ensure reliable communications

High throughput
Packet and window-size negotiation maximizes throughput for particular applications

Security
Provides closed user groups, call barring and call restrictions

Simultaneous user support
Supports up to 1,024 logical channels per link

Fully managed solutions
All network facilities and network management are provided by Electronic Quant and are monitored around the clock

Reverse charge service management
Available through iVISION, a system for real-time network management, monitoring and tracking

Flexible billing options
Helping you optimise price/performance based on applications, locations and traffic volume

Local support
In-country help desks around the world support your remote offices

How your business benefits

Lower costs
Electronic Quant X.25 is highly cost-effective for global data communications; helping you to contain costs. Our worldwide economic coverage provides easy access, supporting your data communications requirements from practically anywhere at any time

Greater convenience
Work with one supplier – Electronic Quant – for all your global data connections and avoid the necessity coordinating with different suppliers in different countries

Increased productivity
Integrate all sites onto a single global data network to improve information-sharing around the world

a) Nennen Sie fünf nach Ihrer Meinung wichtige Punkte für den Einsatz von X.25 in den neuen Filialen.
b) Was spricht gegen den Einsatz von X.25? Nennen Sie drei Argumente.
c) Welchen Nutzen erzielt die Firma FlowerPower durch den X.25 -Einsatz laut dem Prospekt des Netzbetreibers „Electronic Quant"?

3. Welche drei Arten von Knoten kennt das X.25-Netzwerk?

a) DTE
b) DDL
c) DSL
d) DCE
e) PDF
f) PSE
g) BSD
h) LSD

3.3.4.2 Frame Relay

Frame Relay (FR) entstand als Technologie für eine effiziente Verbindung zwischen verschiedenen LANs über Weitverkehrsstrecken. Früher wurden zu diesem Zweck die Standleitungen eingesetzt, realisiert durch physische Telefonleitungen als permanente WAN-Verbindungen zwischen Endsystemen. Solche Lösungen sind in den Zeiten der globalen Digitalisierung nicht mehr vertretbar. Frame Relay entwickelte sich zu einer kostengünstigen Alternative für Standleitungen und wurde als eine Erweiterung der ISDN-Dienste eingestuft.

Aus technischer Sicht ist Frame Relay eine vereinfachte Version der X.25-Protokollfamilie. Sie verwendet allerdings nicht mehr die fehleranfälligen analogen Telefonleitungen, sondern basiert auf den modernen Multiplex-Hierarchien. Normalerweise nutzt diese Technologie Verbindungen der Stufen T1 oder E1 (PDH DS1-Primärmultiplex). Somit entfällt die in X.25-Verbindungen ansonsten notwendige Fehlerkorrektur. Daraus folgen bei der Übertragungsgeschwindigkeit die viel höheren Bitraten zwischen 56 KBit/s und maximal 45 MBit/s.

Ports eines FR-Routers (Cyclades-PR1000)

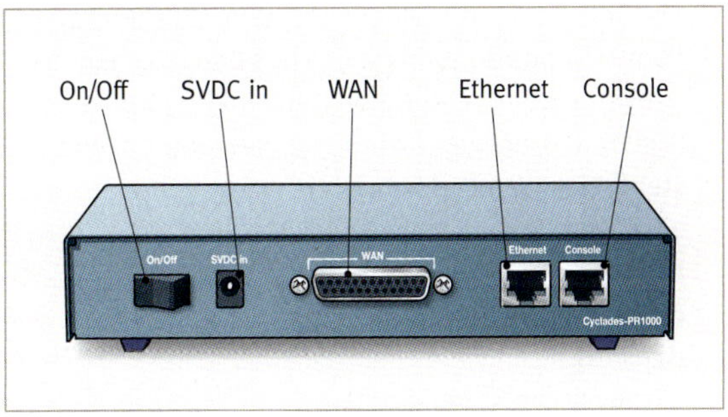

Wie bei den X.25-Verbindungen werden die Informationen in Paketen mit variabler Größe übertragen. Diese Pakete werden Frames genannt. Sie können bis zu 8 KB groß sein.

Übertragungen mit Frame Relay implementieren das „Quality of Service“-Management. Sie werden oft in der Konfiguration mit einer garantierten Übertragungsgeschwindigkeit (Committed Information Rate, CIR) sowie einer Extended Information Rate (EIR) mit der Möglichkeit der kurzzeitigen Überschreitung der garantierten Bitrate angeboten. Das ermöglicht dem Netzbetreiber, die Leitungen effizient zu benutzen und mehr als hundert Prozent der vorhandenen Leistung zu verkaufen. Diese Situation entsteht, weil die Kunden normalerweise weniger als die bestellte Datenrate benötigen. Leider führt diese Verfahrensweise in den Spitzenzeiten zu Überlastungen und Verbindungsabbrüchen und hat der Frame-Relay-Technologie einen schlechten Ruf eingebracht.

Frame Relay wird immer mehr durch neuere Technologien vom Markt verdrängt. Eine sehr kostengünstige Alternative für die Verbindungen der einzelnen LANs bieten die VPN-Lösungen über das Internet oder der Einsatz von ATM. Ein wichtiger Einsatz der Frame-Relay-Technologie verbleibt vorerst im GSM/GPRS-Mobilfunk.

Aufgaben

1. Für die mobilen Mitarbeiter (Consulter, Projektverantwortliche) plant die Firma ACI einen VPN-Zugang zu ihrer Zentrale in Lüneburg. Der Zugriff auf das Firmennetzwerk soll über ISDN erfolgen. Aus Kostengründen soll weiterhin nicht direkt die Telefonnummer der Zentrale angewählt, sondern zunächst eine Verbindung zum Internetprovider hergestellt werden. Über das Internet soll schließlich auf den Access-Server von ACI zugegriffen werden. Da die Laptops der mobilen Mitarbeiter nur über einen ISDN-Anschluss mit maximal 128 KBit/s verfügen, reicht die Geschwindigkeit der ACI-Verbindung zum Internetprovider von 2 MBit/s aus.
   Welche Übertragungsverfahren/-technologien können vom Internetprovider in seinem WAN-Backbone (Kernnetz des Betreibers, das aus den untereinander verbundenen zentralen Netzknoten und deren Breitband-Hochgeschwindigkeitsverbindungen besteht) eingesetzt werden?
   a) ATM
   b) X.25
   c) Frame Relay
   d) SONET
   e) physische Standleitung
2. Welche Übertragungsverfahren/-technologien können für die Verbindung von der Firma ACI zum Internetprovider eingesetzt werden (siehe auch Aufgabe 1)?
   a) ATM
   b) X.25
   c) Frame Relay
   d) SONET
   e) PDH
   f) physische Standleitung
3. Moderne Ethernet basierte öffentliche Netze nutzen meist SDH zu Datenübertragung. Welche Alternativen sind in Entwicklung? Welche Datenübertragungsraten sind für die nächsten Jahre geplant. Suchen Sie im Internet entsprechende Informationen!

3.4 Festnetze und ihre Dienste

S

Stefan Fischer vertritt die Meinung, dass die Anbindung der Firmenzentrale an die Außenwelt nach wie vor über das Festnetz erfolgen soll. Um sich für die beste Lösung entscheiden zu können, befasst er sich mit der Technik, die in den Festnetzen eingesetzt wird. Er beginnt mit dem alten Telefonnetz. Obwohl es dieses Netz in Deutschland nicht mehr gibt, lohnt es sicher, etwas mehr darüber zu erfahren, da sich die modernen Netze daraus entwickelten und deshalb einige historisch bedingte Eigenschaften aufweisen.

3.4.1 Klassisches Telefonnetz

W

Topologie	hierarchische sternförmige Netze, teilweise vermascht
Übertragungsmedien	Festnetz, Kupferdraht
Vermittlung	Leitungsvermittlung/Raummultiplex
Verbreitung	veraltet, wird in Deutschland nicht mehr benutzt
mögliche Dienste	Fernsprechdienst, Datenübertragung über Modem, Bildübertragung über Telefax
Signalisierung	In-Band, Impulswahlverfahren (IWV), Mehrfrequenzwahlverfahren (MFV)

Wenn auch das klassische analoge Telefonnetz (Plain Old Telephone Service, POTS) seit 1996 nicht mehr existiert, bestehen doch noch einige Strukturen aus seiner Zeit bis in die Gegenwart. So stammen viele Fachbegriffe, wie Orts- oder Fernvermittlungsstelle, aus der analogen Technik. Außerdem ist die Mehrheit der Telefonanschlüsse in Deutschland trotz des fortgeschrittenen ISDN-Ausbaus nach wie vor analog.

Das klassische Telefonnetz besteht aus Vermittlungsstellen, Verbindungswegen zwischen den Vermittlungsstellen sowie dem Zugangsnetz für die einzelnen Teilnehmer. Die Gesamtheit der technischen Einrichtungen wurde im Fachjargon der Deutschen Bundespost Telekom (heute T-Com) oft als **Liniennetz** bezeichnet.

3.4.1.1 Vermittlungsstellen

Eine **Vermittlungsstelle** ist ein Knoten innerhalb eines Telekommunikationsnetzes, der für die Herstellung von Verbindungen zwischen den einzelnen Netzteilnehmern zuständig ist. Da die Vermittlung durch eine direkte Rufnummerneingabe am Telefon initiiert wird, bezeichnete man die Hauptfunktion der Vermittlungsstellen des analogen Telefonnetzes als Selbstwählferndienst (SWFD).

Vermittlungsstelle

Zu den Aufgaben der Vermittlungsstelle gehören der Verbindungsaufbau, die eigentliche Nachrichtenübertragung und der Verbindungsabbau. Während des Verbindungsaufbaus wird eine Verbindung vom anrufenden zum angerufenen Teilnehmer hergestellt. Dabei dienen verschiedene Signalisierungsverfahren dazu, eine Kommunikationsbereitschaft herzustellen. Anschließend wird ein Nachrichtenkanal zwischen den Teilnehmern geöffnet.

Mit der Nachrichtenübertragung erfolgt der transparente Informationsaustausch zwischen den Teilnehmern. Während der Übertragung werden die erforderlichen Gebühreninformationen registriert.

Der Verbindungsabbau schließt den Nachrichtenkanal und gibt alle beteiligten technischen Einrichtungen wieder frei.

3.4.1.2 Vermittlungsstellenhierarchie

Bis zur Aufgabe des analogen Selbstwählferndienstes existierten in Deutschland folgende Hierarchieebenen der Vermittlungsstellen:

- Zentralvermittlungsstelle (ZVSt)
- Hauptvermittlungsstelle (HVSt)
- Knotenvermittlungsstelle (KVSt)
- Endvermittlungsstelle oder Ortsvermittlungsstelle (EVSt/OVSt)

Einen besonderen Stellenwert besaß die Auslandsvermittlungsstelle. Die Zentralvermittlungsstellen, Hauptvermittlungsstellen oder Knotenvermittlungsstellen bildeten dabei ein sogenanntes **Fernvermittlungsstellennetz** (FVSt).

Diese hierarchische Struktur war notwendig, weil alle gewählten Ziffern einer Rufnummer im analogen Telefonnetz sequenziell nacheinander ausgewertet wurden. Die Wahl der **0** als erster Ziffer einer Rufnummer signalisierte der Ortsvermittlungsstelle, dass ein Ferngespräch aufgebaut werden soll. Diese **0** nannte sich daher auch **Verkehrsausscheidungsziffer,** weil dadurch ein Gespräch außerhalb eines Ortsnetzes geführt werden sollte, also das Gespräch „ausgeschieden“ wurde. Mit dieser Ziffer wurde eine Verbindung in das Fernvermittlungsstellennetz (FVSt) aufgebaut. Die zweite Ziffer einer Vorwahl baute eine Verbindung zur obersten Hierarchieebene (ZVSt) des Fernvermittlungsstellennetzes auf. War die zweite Ziffer ebenfalls eine **0,** so wurde stattdessen eine Verbindung zur Auslandsvermittlungsstelle aufgebaut.

Da nur eine Ziffer für die Verbindung zu den Zentralvermittlungsstellen (ZVSt) zur Verfügung stand, war die höchstmögliche Anzahl der ZVSt auf neun begrenzt.

1	reserviert für Sondernummern
2	Düsseldorf
3	Berlin
4	Hamburg
5	Hannover
6	Frankfurt am Main
7	Stuttgart
8	München
9	Nürnberg

Die folgenden Ziffern führten weiter durch die Hierarchieebenen über Hauptvermittlungsstelle (3. Ziffer) und Knotenvermittlungsstelle (4. Ziffer) bis zur Ortsvermittlungsstelle (5. Ziffer) des angerufenen Teilnehmers.

Jede ZVSt konnte bis zu 10 Hauptvermittlungsstellen und diese wiederum bis zu 10 Knotenvermittlungsstellen versorgen, was sich ebenfalls aus dem vorhandenen Ziffernkontingent von 0 bis 9 ergab.

Das strikte hierarchische System erwies sich allerdings als relativ ineffizient. Deshalb wurden zwischen einzelnen Ortsvermittlungsstellen (OVSt) zusätzliche Querverbindungen errichtet.

3.4.1.3 Zugangsnetz

Im Gebäude der Ortsvermittlungsstelle wurde ein **Hauptverteiler (HVt)** aufgebaut, von dem die **Teilnehmeranschlussleitungen (TAL)** nach außen zu den einzelnen Teilnehmern führten.

Am Hauptverteiler wurden auch Prüfmittel (in Deutschland **SEPT, S**ystem **E**xterne **P**rüftechnik) angeschaltet, mit denen sowohl die Teilnehmeranschlussleitung als auch der Port des Teilnehmers an der Vermittlungsanlage (Speisung, Rufspannung usw.) gemessen und geprüft werden konnte.

Die Teilnehmeranschlussleitung in der klassischen Form besteht aus dem **Hauptkabel,** das durch das Erdreich in Kabelkanälen zu den **Kabelverzweigern (KVz)** führt. Ein Kabelverzweiger befindet sich in einem

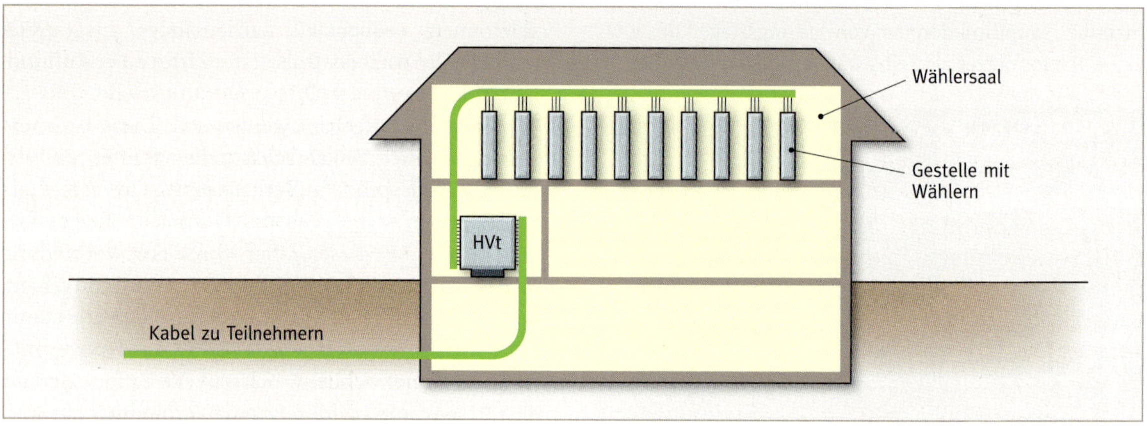

Hauptverteiler (HVt) im Gebäude einer OVSt

Kabelverzweiger EK 255-KVz 83 (Frontansicht)

Endverzweiger für bis zu 50 Teilnehmer

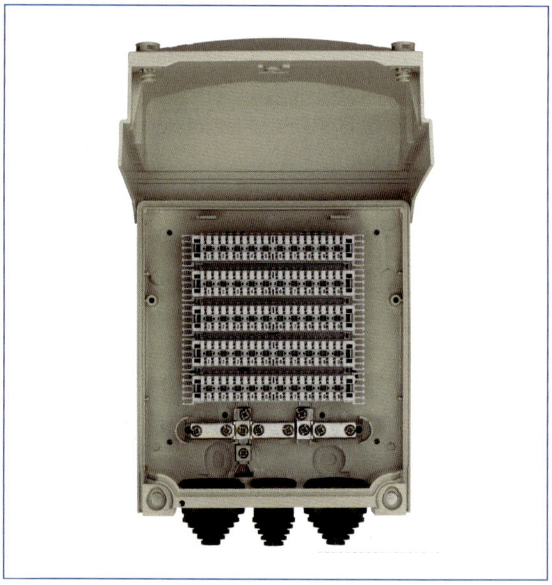

grauen Gehäuse zumeist am Straßenrand in unmittelbarer Nähe zum Versorgungsbereich. Von da ab führen die **Verzweigerkabel** in die versorgten Häuser. Die Verzweigerkabel enden an einem **Abschlusspunkt Linientechnik (APL),** der am häufigsten als **Endverzweiger** aufgeführt wird.

Der APL befindet sich in der Regel im Keller von Gebäuden und bildet den Abschluss des Zugangsnetzes. Er stellt die Schnittstelle zum Haus- oder Endleitungsnetz dar. Vom APL führt normalerweise je ein Installationskabel an die **Telekommunikations-Anschluss-Einheiten (TAE)** der Teilnehmer. In den Zeiten des Monopols der Deutschen Bundespost Telekom wurde die erste TAE, die als Übergabepunkt zum Teilnehmer diente, im Fachjargon als „Monopoldose" bezeichnet.

Die TAE wird zum Anstecken der analogen Endgeräte (Telefon, Modem, Telefax) und bei ISDN-Anschlüssen zum Anstecken des **NTBA** (**N**etwork **T**ermination for ISDN **B**asic rate **A**ccess) benutzt.

Die Ortsvermittlungsstelle versorgt einfache Endgeräte am Teilnehmeranschluss mit der nötigen Energie. Diese sogenannte **Speisung** erfolgt mit einer Gleichspannung von etwa 60 Volt, wenn der Hörer ausgehängt ist. Die Betriebsart besitzt den Vorteil, dass kaum Wartungsaufwand vor Ort entsteht. Zusätzliche Geräte mit höherer Leistungsaufnahme (schnurlose Telefone, Anrufbeantworter, Faxgeräte, Telekommunikationsanlagen) benötigen separate Stromquellen für ihren Betrieb.

Obwohl das eigentliche Telefonnetz nicht mehr existiert, besteht das Zugangsnetz in seinem prinzipiellen Aufbau unverändert weiter. Das gleiche Netz mit einigen Anpassungen dient auch heute noch für das Telefonieren und für den Internetzugang mit DSL-Technik.

Aufgaben

1. Wie viel Zentralvermittlungsstellen gab es im analogen Netz in Deutschland?
   a) 5
   b) 9
   c) 16
   d) 32
   e) 64
   f) 99
2. Wo wird ein Hauptverteiler aufgebaut?
   a) ZVSt-Gebäude
   b) HVSt-Gebäude
   c) KVSt-Gebäude
   d) EVSt-Gebäude
   e) OVSt-Gebäude
   f) im Erdreich neben dem Bürgersteig
3. Welche Einrichtung dient als Übergabepunkt vom Telekom-Netz zum Teilnehmer?
   a) Abschlusspunkt Linientechnik
   b) Endverzweiger
   c) Telekommunikations-Anschluss-Einheit
   d) Kabelverzweiger

3.4.1.4 Signalisierung

Signalisierung oder **Zeichengabe** sind Fachbegriffe für die Steuerinformation zum Aufbau, zur Aufrechterhaltung und zum Abbau der Verbindungen in den öffentlichen Kommunikationsnetzen. Zu den einfachen Signalisierungsinformationen gehören zum Beispiel das Klingeln oder das Signal „Teilnehmer besetzt". Weiterhin zählen dazu auch Signalisierungsinformationen für Komfortfunktionen, wie „Rückruf bei Besetzt". Je nach den Funktionen im Netz wird zwischen Signalisierungsverfahren für Endgeräte und Signalisierungsverfahren für Telefonnetze unterschieden.

Im analogen Telefonnetz erfolgt die Zeichengabe sowohl für die Endgeräte als auch für das Netz selbst durch das **Impulswahlverfahren (IWV).** Es ist das älteste Signalisierungsverfahren der automatischen Telefonvermittlung. Die Funktionsweise und das Protokoll des Wahlverfahrens wurden mit der Erfindung der Wählscheibe und der zugehörigen Vermittlungstechnik festgelegt.

Durch das Abheben des Telefonhörers beim analogen Endgerät schließt sich zur Vermittlungsstelle eine Stromschleife, wodurch von der Vermittlungsstelle der Wählton zum Teilnehmer gesendet wird. Durch Betätigen des Nummernschalters wird diese Schleife entsprechend den gewählten Ziffern oftmals unterbrochen. Einige Telefone gaben diese Unterbrechungen als eine Folge von Knackgeräuschen wieder. Die gewählten Ziffern werden auf diese Weise in Wählimpulse umgesetzt. Sobald eine etwas längere Pause folgt, wird auf die nächste Zahl gewartet.

Für eine korrekte Wahl ist der gleichmäßige Lauf des Nummernschalters von entscheidender Bedeutung. Das Impulsverhältnis, also das Verhältnis vom Öffnen zum Schließen der Stromschleife, erfolgt in Deutschland im Verhältnis 1,6 zu 1 und die Ablaufzeit für 10 Impulse (Wahl der Ziffer 0) beträgt eine Sekunde.

Mit der Einführung der digitalen Vermittlungstechnik und dem Ausbau von ISDN wurde das IWV für analoge Telefonanschlüsse weitgehend vom **Mehrfrequenzwahlverfahren (MFV)** abgelöst. Die Ziffern beziehungsweise Tasten, die gewählt werden, erzeugen in der Anschlussleitung durch eine Mischung zweier Tonsignale die Wählsignale, die von der Vermittlungsstelle erkannt werden.

Das Tastenlayout ist standardisiert und die Position der Tasten bestimmt die erzeugten Frequenzen.

Frequenz	1209 Hz	1336 Hz	1477 Hz	1633 Hz
697 Hz	1	ABC 2	DEF 3	A
770 Hz	GHI 4	JKL 5	MNO 6	B
852 Hz	PQRS 7	TUV 8	WXYZ 9	C
941 Hz	*	0	#	D

Tastenlayout und Frequenzuordnung beim MFV

Die Signalisierungsverfahren MFV und IWV werden als **In-Band-Signalisierung** bezeichnet, da die Übertragung der Steuerinformationen direkt über den normalen Sprachkanal erfolgt.

Aufgaben

1. Was gehört nicht zur Signalisierung?
   a) Ton „Teilnehmer besetzt"
   b) Steuersignal zum Rufaufbau im Fall „Rückruf bei Besetzt"
   c) Taktgabe für Gebührenzähler
   d) Geräusche, verursacht durch ein ankommendes Fax
2. Ordnen Sie die einzelnen Phasen eines Telefongesprächs in der richtigen Reihenfolge an. Wie werden diese Teilaufgaben durch das Netz realisiert?
   a) Spätestens jetzt muss das Telefonnetz alle Daten zur Gebührenerhebung gesammelt haben.
   b) Der anrufende Teilnehmer muss dem Telefonnetz über die Eingabe einer Rufnummer mitteilen, zu welchem Teilnehmer er ein Telefongespräch führen möchte.
   c) Falls der angerufene Teilnehmer das Gespräch aufnimmt, werden Sprachkanäle zwischen beiden Teilnehmern geschaltet.
   d) Das Telefonnetz teilt dem anrufenden Teilnehmer mit, ob ein Verbindungsaufbau zum gewünschten Teilnehmer möglich ist.
   e) Das Telefonnetz teilt dem angerufenen Teilnehmer mit, dass ein Gesprächswunsch für ihn vorliegt.
   f) Das Telefonnetz hält Sprachkanäle zwischen beiden Teilnehmern aufrecht.
   g) Nach Beendigung des Gesprächs muss das Telefonnetz die Sprachkanäle wieder abbauen.
   h) Das Telefonnetz findet anhand der Rufnummer heraus, wo der angerufene Teilnehmer zu finden ist.
   i) Der anrufende Teilnehmer muss einen Zugang zum Telefonnetz erhalten.
3. Frau Funke (ACI, Abteilung **Einkauf**) ruft einen Kunden in München an. Beschreiben Sie die Route vom A-Teilnehmer zum B-Teilnehmer als Folge der Knoten unter der Annahme, dass es sich um ein analoges Telefonnetz handelt. Als **A-Teilnehmer** (engl. originator) wird bei einer Wählverbindung der Teilnehmer bezeichnet, der die Verbindung eingeleitet hat. Den angewählten Teilnehmer bezeichnet man als **B-Teilnehmer.** Benutzen Sie die nachfolgende Tabelle als Vorlage für Ihre Notizen.

A-Seite	B-Seite	Telefonsignale verlaufen durch
		Hauptkabel (Teilnehmeranschlussleitungen, TAL)
		Ortsvermittlungsstelle
		Kabelverzweiger (KVz)
		Abschlusspunkt Linientechnik (APL)
		Hauptverteiler (HVt)
		Hauptvermittlungsstelle (HVSt)
		Knotenvermittlungsstelle (KVSt)
		Telefon des A-Teilnehmers
		Zentralvermittlungsstelle (ZVSt)
		Telefon des B-Teilnehmers

3.4.2 ISDN

Topologie	vermaschtes sternförmiges Netz
Übertragungsmedien	Übertragungswege der Plesiochronous Digital Hierarchy (PDH) und Synchronous Digital Hierarchy (SDH, ATM)
Vermittlung	Paketvermittlung in den B- und D-Kanälen, Leitungsvermittlung im B-Kanal
Verbreitung	sehr verbreitet, zukunftssicher, in Deutschland Standard für das Festnetz
Dienste möglich	integrierte Unterstützung von Fernsprechdienst und Datenübertragung, auch für Multimedia-Daten geeignet
Signalisierung	Out-of-band, Signalling System Number 7 (SS7), Digital Subscriber Signalling System No. 1 (DSS1)

ISDN ist der direkte Nachfolger des analogen Telefonnetzes.

ISDN ist so ausgelegt, dass es verschiedene Transportnetze zur Übertragung der Sprach- und Datensignale verwenden kann. Ursprünglich benutzte ISDN die Übertragungsstrecken der plesiochronen digitalen Hierarchie (PDH) und stellte Kanäle mit 64 KBit/s zur Verfügung. Diese Art von ISDN wird heute als **Schmalband-ISDN** bezeichnet. Die modernere Implementierung stützt sich auf die ATM-Technologie und bietet in der aktuellen Ausbaustufe Bandbreiten bis zu 155 MBit/s an. Diese ISDN-Art wird als **B**reitband-**ISDN (B-ISDN)** bezeichnet. Für die nächste Ausbaustufe waren Bandbreiten bis zu 622 MBit/s geplant.

Der Endnutzer wird bei den verschiedenen ISDN-Arten primär mit seinem Anschluss und weniger mit der Netzwerkinfrastruktur konfrontiert.

Die Grafik zeigt den Gesamtbestand an Telefonanschlüssen und -zugängen mit einem Trend aus dem Jahre 2015, der sich bis heute fortsetzt. Die Zahl der Analog-/ ISDN-Anschlüsse sinkt, während die Zahl der Anschlüsse für VoiP stetig ansteigt.

Gesamtbestand an Telefonanschlüssen und Telefonzugängen
in Mio

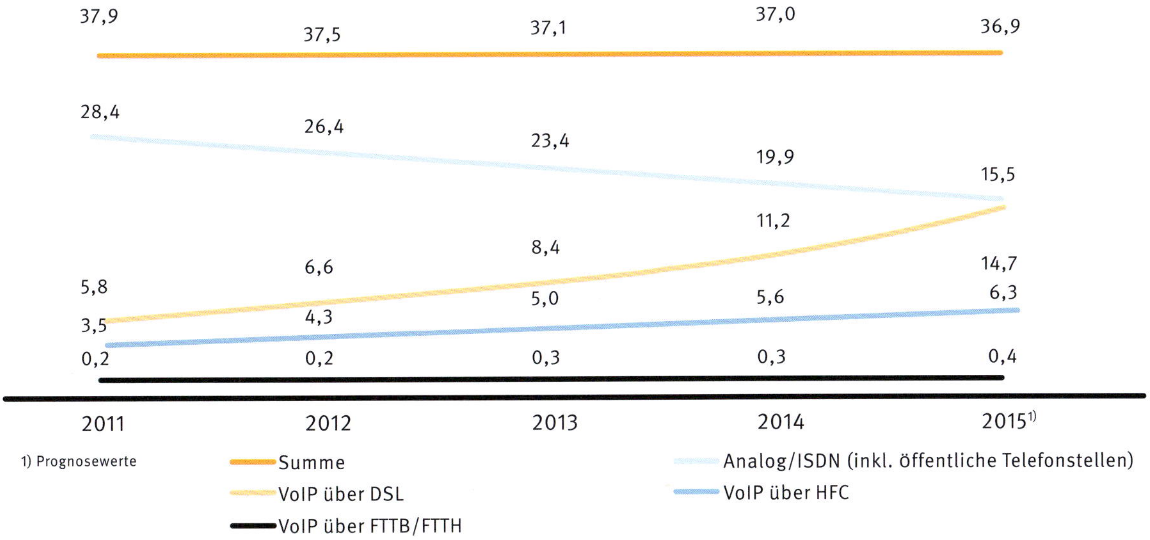

(Quelle: Jahresbericht Bundesnetzagentur 2015)

3.4.2.1 Digitale Vermittlungsstellen

Die digitalen Vermittlungsstellen bilden den Kern eines modernen Fernsprechnetzes. Bis in die Mitte der 90er-Jahre wurde dafür der Begriff **Digitale Vermittlungsstelle** verwendet. In den letzten Jahren entstand die **„VE"**-Terminologie. Je nach Aufgabestellung gibt es dabei nur noch folgende Typen von Vermittlungsanlagen:

VE:O Ortsvermittlungsstelle

Die alte Bezeichnung dafür lautet **DIVO** – **D**igitale **V**ermittlungsstelle **O**rtsnetz. Eine VE:O verwaltet die Teilnehmeranschlussleitungen und vermittelt die abgehenden und ankommenden Gespräche zu den Teilnehmern. Sie übernimmt somit die Funktionen der analogen OVSt.

Die Daten eines Teilnehmers sind in der Ortsvermittlungsstelle durch entsprechende Software gespeichert. Zu diesen Daten gehören unter anderem die Anschlussart (analog, ISDN, DSL), die vom Kunden gebuchten Dienste sowie die Gesprächsdaten zur Gebührenabrechnung.

Die digitale Vermittlungstechnik verlangt nicht mehr, dass alle Bestandteile einer Vermittlungsstelle physisch an einem Ort platziert werden. Es ist einfacher und wirtschaftlicher, wenn sich Teile einer Vermittlungsstelle in der Nähe der Endabnehmer befinden. Einige Anschlussarten, wie z. B. DSL, erfordern diese Nähe sogar, da die für DSL maximal zulässige Länge des Kupferkabels im Liniennetz extrem begrenzt ist.

Die örtlich getrennten Teile einer Vermittlungsstelle werden als **a**bgesetzte **p**eriphere **E**inheit **(APE)** bezeichnet. Eine APE dient als **Multiplexer** und **Konzentrator.** Zum Vermitteln werden allerdings alle Gespräche an die eigentliche VE:O weitergeleitet. Die APEs befinden sich oft in den Gebäuden der alten analogen OVSt oder sogar in den KVz-Kästen.

Die Schnittstelle zwischen der eigentlichen Vermittlungsstelle und einer APE auf der Seite der Vermittlungsstelle ist der **OLT** (**O**ptical **L**ine **T**erminator). Dieser Abschluss ermöglicht eine beliebige Zuordnung der 2-MBit/s-Kanäle auf der VE:O-Seite zu dem vorhandenen Glasfaseranschluss mit einer Kapazität von 140 MBit/s. Die Schnittstelle auf der APE-Seite bildet der **OLD** (**O**ptical **L**ine **D**istributor). Seine Aufgabe besteht darin, die ankommende Kapazität von 140 MBit/s in die einzelnen Kanäle mit einer Kapazität von 2 MBit/s zu verteilen.

Diese Kanäle werden dann durch die **ONU** (**O**ptical **N**etwork **U**nit) in das Kupferkabel des Teilnehmeranschlussnetzes umgesetzt. Die ONUs sind die eigentlichen optoelektrischen Wandler, die oft in den alten KVz-Gehäusen oder direkt in den Gebäuden der Kunden angeordnet werden. Von da aus führen die vorhandenen Kupferkabel zu den analogen oder digitalisierten Teilnehmeranschlüssen.

VE:F – Fernvermittlungsstelle

Befindet sich der Gesprächspartner nicht im Einflussbereich der Ortsvermittlungsstelle, so wird das Gespräch über eine Fernvermittlungsstelle weitervermittelt. Eine VE:F sucht einen freien Sprachkanal vom anrufenden Teilnehmer zum angerufenen Teilnehmer und benutzt dabei die Routing-Tabellen, die bestimmen, über welche Wege eine gewünschte Rufnummer erreicht werden kann.

Die Ortsvermittlungsstellen ordnen sich normalerweise sternförmig an die Fernvermittlungsstellen an. Die Fernvermittlungsstellen sind untereinander stark vermascht.

VE:N – Vermittlungsstelle mit Netzübergangsfunktion

Befindet sich der angerufene Teilnehmer nicht im Telefonnetz der eigenen Telefongesellschaft, so wird das Gespräch über eine Vermittlungsstelle mit Netzübergangsfunktion weitergeleitet. Die Aufgabe einer VE:N besteht darin, die Gesprächsinformationen so zu normieren, dass sie von einem anderen Netz verstanden und weitergeleitet werden können. Die Software in den VE:Ns verarbeitet und speichert zusätzlich die Gesprächsdaten zur Abrechnung zwischen den verschiedenen Netzbetreibern. VE:N-Netzübergänge sind oft Bestandteil von VE:Fs.

VE:A – Auslandsvermittlungsstelle

Da in unterschiedlichen Ländern unterschiedliche Normen für das Telefonnetz gelten, müssen hier die Gesprächsinformationen an die jeweilige Norm des Ziellandes und an eine Vielzahl von Übertragungsmedien angepasst werden (Glasfaserverbindungen, Breitband-Kupferkabel, Satellit usw.). Da nicht alle Telefongesellschaften weltweite Direktverbindungen aufbauen können, besitzen Auslandsvermittlungsstellen oft auch eine Relay-Funktion. Das heißt, sie vermitteln nicht nur Gespräche des eigenen Telefonnetzes, sondern werden auch von anderen Telefongesellschaften genutzt.

VE:O und das digitale Anschlussnetz

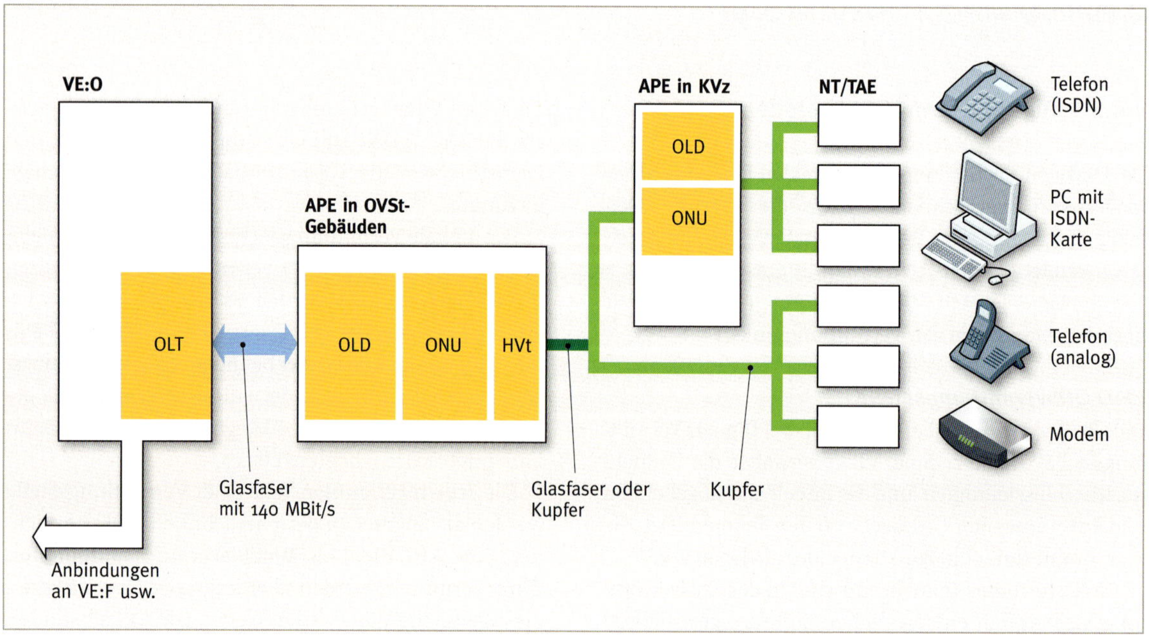

Aufgaben

1. Was ist richtig?
   a) Eine VE:F übernimmt die Aufgaben der OVSt im herkömmlichen Telefonnetz.
   b) VE:As werden an der Grenze der Bundesrepublik Deutschland aufgebaut.
   c) Die Anschlusstechnik der VE:F kann als APE vorgelagert werden.
   d) Die Hauptaufgabe einer Ortsvermittlungsstelle besteht darin, mithilfe der Routing-Tabellen den Weg zwischen den Gesprächspartnern freizuschalten.
   e) Eine VE:N ist oft als Teil der VE:F aufgebaut.
   f) Eine VE:F ist oft als Teil der VE:N aufgebaut.
2. Wo werden die Daten eines ISDN-Kunden gespeichert?
   a) VE:O
   b) VE:F
   c) VE:N
   d) VE:A
3. Die Digitalisierung des Vermittlungsnetzes hat die Übertragung von Teilen der Funktionalität der Ortsvermittlungsstelle in abgesetzte periphere Einheiten ermöglicht. Welche Geräte sollen sich in einer APE befinden? Nennen Sie je ein Gerät für Schmalband- und Breitband-ISDN in der Terminologie der Transporttechnologien und der Multiplex-Hierarchien.

3.4.2.2 ISDN-Anschlussarten

Zum Zugriff auf das ISDN-Netz eignen sich zwar weiterhin vorhandene analoge Anschlüsse. Es wurden aber auch reine ISDN-Anschlusstypen spezifiziert. Ein ISDN-Anschluss ist in zwei Varianten verfügbar, als Basisanschluss und als Primärmultiplexanschluss. Diese Anschlussarten basieren ursprünglich auf den Möglichkeiten und Standards der PDH-Hierarchie.

Der **Basisanschluss (BA, Basic rate Access)** eignet sich vorzugsweise für Privathaushalte oder kleine Büros. Er bietet zwei Nutzkanäle **(B-Kanäle)** mit je 64 KBit/s und einen Signalisierungskanal **(D-Kanal)** mit 16 KBit/s. Die Gesamtbandbreite beträgt somit 144 KBit/s (2 · 64 + 16). Den Netzabschluss bildet dabei der sogenannte **NTBA** (**N**etwork **T**ermination for ISDN **B**asic rate **A**ccess). Die Verkabelung im Haus, die als Bus angelegt ist und die Endgeräte mit dem NTBA verbindet, bezeichnet man als **S_0-Bus.**

Der **Primärmultiplexanschluss (Primary Rate Interface, PMxAS)** ist nur als Anlagenanschluss verfügbar und wird zum Anschluss von Telefonanlagen oder für 2-MBit/s-Festverbindungen genutzt. Dieser Anschlusstyp eignet sich hauptsächlich für Firmenkunden. Er bietet 30 bidirektionale Nutzkanäle (B-Kanäle) mit je 64 KBit/s, einen

NTBA

Signalisierungskanal (D-Kanal) mit 64 KBit/s und einen Synchronisationskanal mit 64 KBit/s.

3.4.2.3 Netzwerkaufbau

ISDN benutzt zwei unterschiedliche Wege für die Übertragung der Nutzdaten und der Steuersignale (Out-of-Band-Signalisierung). Die B-Kanäle sind dabei nicht nur logisch durch das Zeitmultiplexverfahren vom D-Kanal isoliert, sondern ab der VE:O verwendet ISDN auch physikalisch voneinander getrennte Netze. Dabei wird für die Übertragung der Nutzdaten eine transparente logische Verbindung auf der OSI-Schicht 1 hergestellt. Es entsteht somit der Eindruck, als würde die Leitung zwischen den Kommunikationsteilnehmern durchgeschaltet werden.

Der Aufbau des Signalisierungsnetzes stellt sich etwas komplexer dar. Die verschiedenen Netzknoten (Endgeräte, Ortsvermittlungsstellen, Fernvermittlungsstellen) im Signalisierungsnetz spielen dabei verschiedene Rollen, wonach in diesen Knoten auch unterschiedliche Schichten des OSI-Referenzmodells implementiert werden.

Während im Teilnetz für die Sprachübertragung die Vermittlungsstellen als zentrale Vermittlungsknoten fungieren, übernehmen die **S**ignalling **T**ransfer **P**oints **(STP)** die gleiche Aufgabe im Teilnetz für den Signalisierungsverkehr. An die STPs sind vor allem die Fernvermittlungsstellen sowie die Netzübergänge und Auslandsvermittlungsstellen angeschlossen. Das in den STPs eingesetzte internationale Protokollsystem **SS7** (**S**ignalling **S**ystem Number **7**) gilt für alle modernen Netzwerke, sowohl für Festnetze als auch für Mobilfunknetze.

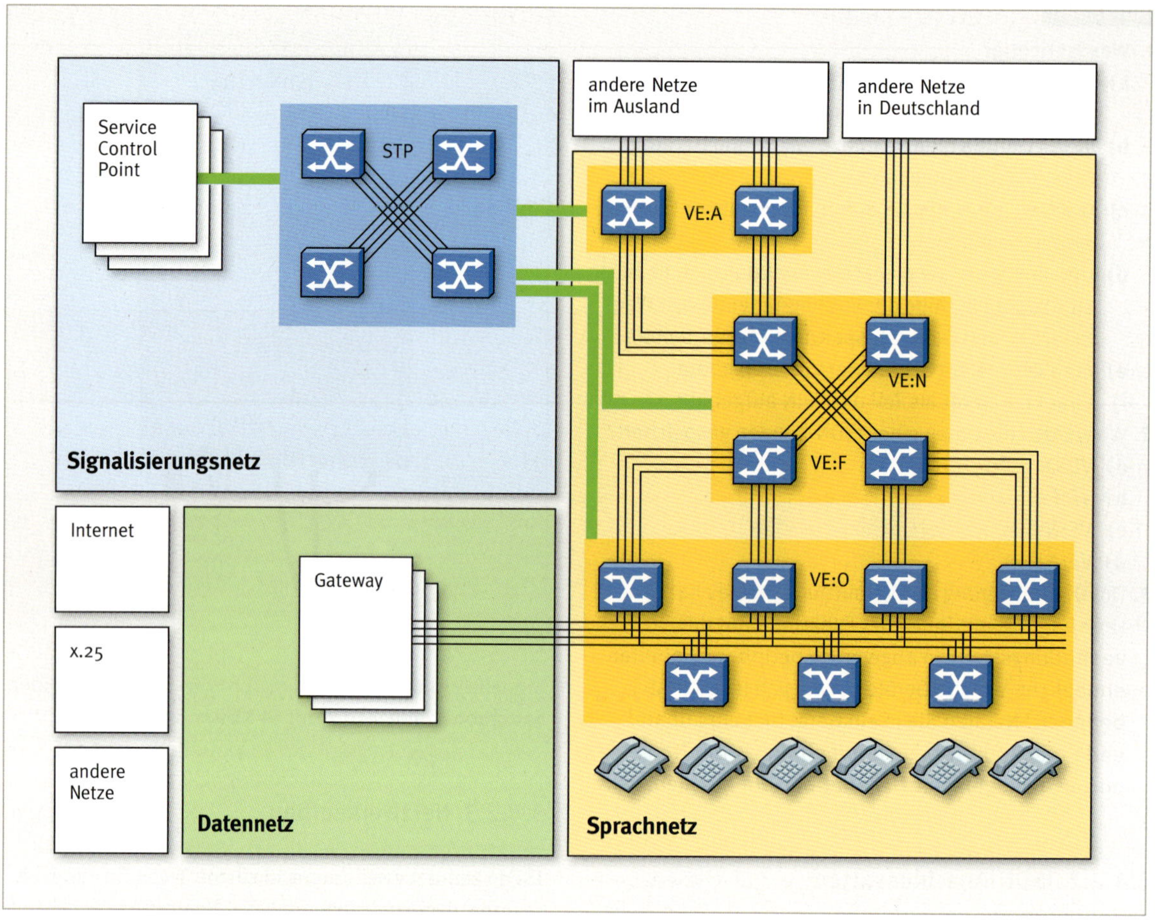

Logische Struktur im ISDN-Netzwerk

Aufgaben

1. Ordnen Sie die nachfolgenden Eigenschaften dem entsprechenden Netz zu.

	analoges Telefonnetz	ISDN
a) hierarchischer Aufbau der Vermittlungsknoten		
b) Anschlusstechnik kann von der Vermittlungsstelle getrennt platziert werden.		
c) benutzt Glasfaserverkabelung		
d) benutzt In-Band-Signalisierung		
e) bietet bis zu 30 Nutzkanäle mit je 64 KBit/s		
f) Datenübertragung mit analogem Modem		
g) Datenübertragung über die B-Kanäle		
h) Zusätzliche Leistungsmerkmale und Mehrwertdienste können durch Auslagern in besondere Knoten realisiert werden.		

3.4.3 ISDN-Telefondienst

S Stefan Fischer hat dem Projektteam seinen Bericht über den ISDN-Netzaufbau vorgetragen. Die moderne Technologie überzeugte zwar die Anwesenden, es bleibt allerdings noch die Frage nach den im ISDN-Netzwerk integrierten Diensten zu klären. Welche Merkmale bietet ISDN über das eigentliche Telefonieren hinaus? Anna Hedder soll dieser Frage nachgehen. Sie will eine Zusammenstellung der ISDN-Dienstmerkmale vorbereiten, um diese Merkmale mit den Angeboten anderer Netze besser vergleichen zu können.

3.4.3.1 Leistungsmerkmale

Als vermittlungstechnische Leistungsmerkmale gelten die zusätzlich durch das Netz zur Verfügung gestellten teilnehmerbezogenen Dienste, die über den einfachen Verbindungsaufbau und -abbau hinausgehen. Sie sind in ihrer jetzigen Vielfalt grundsätzlich erst durch die Digitalisierung der Vermittlungseinrichtungen und durch die Einführung der separaten Out-of-Band-Signalisierung möglich geworden.

Die ISDN-Ortsvermittlungsstellen bieten zahlreiche Dienste an, die über ein ISDN-Telefon oder ein anderes digitales Endgerät genutzt werden können. Ein Teil der Dienstmerkmale kann sogar mit analogen Endgeräten genutzt werden.

Es wird dabei zwischen den **allgemeinen Anschlussmerkmalen** (nutzbar für alle verfügbaren Dienste), **Basisdienstmerkmalen** (Grundausstattung eines Dienstes) und **ergänzenden Dienstmerkmalen** unterschieden. Außer den selbstverständlichen Standardleistungen, wie

- Bereitstellung des Telefonanschlusses im Netzbereich,
- Bereitstellung der Rufnummer,
- Installation einer Anschalteinrichtung (TAE/NTBA/NTPM) und
- eine detaillierte Rechnung,

bietet **T-Net** als größter ISDN-Betreiber in Deutschland zusätzlich die folgenden Dienstmerkmale an:

Übermittlung der Rufnummer/Rufnummernanzeige (Calling Line Identification Presentation, CLIP)

CLIP ist ein Leistungsmerkmal für ankommende Rufe. Bei CLIP wird dem gerufenen Teilnehmer die Rufnummer des anrufenden Teilnehmers übermittelt, sofern dies nicht bereits auf der rufenden Seite durch ein anderes Dienstmerkmal eingeschränkt wurde. Besitzt der Angerufene ein CLIP-fähiges Endgerät, wird die Rufnummer des Anrufers angezeigt. Wenn das Endgerät über ein Adressbuch verfügt, kann auch der zur Rufnummer passende Name angezeigt werden.

Dieses Dienstmerkmal stand ursprünglich nur für ISDN zur Verfügung und ist seit Januar 1998 in Deutschland auch für analoge Telefonanschlüsse verfügbar.

Unterdrückung der Übermittlung der Rufnummer (Calling Line Identification Restriction, CLIR)

CLIR ist ein Leistungsmerkmal für abgehende Rufe. Mit CLIR ist es möglich, die Übermittlung der Rufnummer zum gerufenen Teilnehmer zu unterdrücken und es wird deshalb auch als Rufnummernunterdrückung bezeichnet. Die Notrufzentralen der Polizei und Feuerwehr sind allerdings davon ausgenommen.

Anzeige der Rufnummer des Angerufenen (Connected Line Identification Presentation, COLP)

COLP ist ein Leistungsmerkmal für abgehende Rufe. Dabei wird die Rufnummer des annehmenden Teilnehmers vom Anrufer eingefordert und zum Anrufer übermittelt. Das kann bei einer Rufumleitung sinnvoll sein. Der Anrufer wird so informiert, dass er nicht den gewählten Anschluss erreicht hat, sondern zu einem anderen Empfänger umgeleitet wurde. Aus Sicherheitsgründen kann COLP durch den Angerufenen unterdrückt werden. Ausnahmen betreffen auch hier die Notrufzentralen der Polizei und Feuerwehr.

Unterdrückung der Rufnummer des Angerufenen (Connected Line Identification Restriction, COLR)

COLR ist ein Leistungsmerkmal für ankommende Rufe. Ist COLR aktiviert, wird unabhängig von COLP auf der rufenden Seite die Rufnummer des annehmenden Teilnehmers rückwärts übertragen, aber dem Anrufer nicht übermittelt. Dieses Leistungsmerkmal ist ebenfalls sinnvoll bei einer Rufumleitung. Der Anrufer wird trotz aktiviertem COLP nicht informiert, wohin der Angerufene sein Telefon umgeleitet hat.

Übermittlung kundenspezifischer Rufnummerninformationen (CLIP no screening)

CLIP no screening ist ein Leistungsmerkmal für abgehende Rufe. Zusätzlich zur eigentlichen Rufnummer des Anrufers kann damit dem Angerufenen noch eine vom Anrufer selbst festgelegte kundenspezifische Rufnummer gesendet werden. „No screening" bedeutet in diesem Zusammenhang, dass die kundenspezifische Rufnummer des Anrufers vom vermittelnden Telefonnetz nicht auf Richtigkeit überprüft wird. Sie kann eine vom Anrufer selbst bestimmte Rufnummer darstellen.

Generell werden sowohl die netzseitigen als auch die kundenspezifischen Rufnummern des Anrufers im öffentlichen Telefonnetz übertragen. Gerätespezifische Einstellungen auf der Empfängerseite entscheiden letztendlich, welche Rufnummer (oder beide) angezeigt wird.

Anzeige kundenspezifischer Rufnummerninformationen des Angerufenen (COLP no screening)

COLP no screening ist ein Leistungsmerkmal für angenommene Rufe. Zusätzlich zur netzseitigen Rufnummer kann dem Anrufer noch eine vom Angerufenen selbst festgelegte kundenspezifische Rufnummer gesendet werden. „No screening" bedeutet in diesem Zusammenhang, dass die kundenspezifische Rufnummer des Angerufenen vom vermittelnden Telefonnetz nicht auf Richtigkeit überprüft wird. Sie kann eine vom Anrufer selbst bestimmte Rufnummer darstellen.

Rückruf bei Besetzt (Completion of Calls to Busy Subscriber, CCBS)

Mit CCBS ist der Anrufer in der Lage, den Verbindungsaufbau zu einem zuvor besetzten Anrufteilnehmer in der Vermittlungsstelle zu automatisieren.

Ein Anrufer, der von seinem Zielteilnehmer ein Besetztzeichen erhält, kann diesen Dienst vor dem Auflegen des Hörers über die Tastatur seines Endgerätes aktivieren. Wird der zuvor besetzte Teilnehmer wieder frei, erhält das Endgerät des Anrufers durch die Vermittlungsstelle eine entsprechende Information. Das Endgerät signalisiert nun dem Anrufer mit einem besonderen Rückrufton, dass der Zielteilnehmer nicht mehr besetzt ist. Nimmt der Anrufer diesen Rückruf durch Abnehmen des Telefonhörers entgegen, so wird der Zielteilnehmer durch die Vermittlungsstelle erneut gerufen.

CCBS kann nicht genutzt werden, wenn der Zielteilnehmer den ankommenden Ruf abweist oder die Vermittlungsstelle des Zielteilnehmers den Dienst nicht unterstützt.

Rückruf bei Nichtmelden (Completion of Calls on No Reply, CCNR)

Mit CCNR ist ein Anrufer in der Lage, den Verbindungsaufbau zu einem sich nicht meldenden Zielteilnehmer in der Vermittlungsstelle zu automatisieren. Der Anrufer kann diesen Dienst vor dem Auflegen des Telefonhörers über die Tastatur seines Endgerätes aktivieren. Wenn der Zielteilnehmer das nächste Mal den Telefonhörer auflegt, erhält das Endgerät des Anrufers durch die Vermittlungsstelle eine entsprechende Information. Das Endgerät signalisiert nun dem Anrufer mit einem besonderen Rückrufton, dass der Zielteilnehmer verfügbar ist. Nimmt der Anrufer diesen Rückruf durch Abnehmen des Telefonhörers entgegen, so wird der Zielteilnehmer durch die Vermittlungsstelle mit dem Anrufer verbunden.

Anklopfen (Call Waiting, CW)

Mit CW wird dem Teilnehmer während einer bestehenden Verbindung ein weiterer ankommender Ruf durch einen sogenannten Anklopfton signalisiert. Der so informierte Teilnehmer hat dann die Möglichkeit, dieses zweite Gespräch entgegenzunehmen, zu ignorieren oder abzuweisen. Um den zweiten Anrufer entgegenzunehmen, kann der Teilnehmer die erste Verbindung beenden oder mit dem Leistungsmerkmal **Rückfrage** in den Zustand **Halten** versetzen.

Halten, Rückfrage, Makeln (Call Hold, HOLD)

Die Leistungsmerkmale Halten, Makeln und Rückfrage werden in der Regel von einer Vermittlungsstelle oder Nebenstellenanlage gebündelt als Leistungsmerkmal Call Hold (HOLD) angeboten. Durch das Leistungsmerkmal **Halten** kann ein Teilnehmer eine bestehende Verbindung in einen Wartezustand versetzen. Der Anrufer empfängt in diesem Zustand meistens eine Ansage oder eine Wartemusik.

Die **Rückfrage** ermöglicht zusätzlich zu einer bestehenden Verbindung im Wartezustand vom gleichen Endgerät eine zweite Verbindung aufzubauen oder ein „anklopfendes" Gespräch entgegenzunehmen.

Mit **Makeln** kann ein Teilnehmer abwechselnd zwischen zwei aktiven Verbindungen hin- und herschalten.

Vermitteln im Amt (Explicit Call Transfer, ECT)

Mit ECT kann eine bestehende Verbindung zu einem anderen Teilnehmer vermittelt werden. Eine Verbindung im HOLD-Zustand wird dabei mit der aktiven Verbindung zusammengeschaltet, wodurch die beiden externen Teilnehmer untereinander verbunden sind. Diese Verbindung läuft kostenpflichtig über die Vermittlungsstelle des vermittelnden Teilnehmers.

Dreierkonferenz (Three-Party-Conference, 3PTY)

Die Dreierkonferenz stellt eine einfache Möglichkeit dar, eine Telefonkonferenzschaltung zu initiieren. Die Konferenzschaltung wird dabei von der Vermittlungsstelle ausgeführt, daher wird bei den ISDN-Anschlüssen nur ein B-Kanal belegt. Eine gerätetechnische „Implementierung" benötigt dagegen zwei B-Kanäle.

Umstecken am Bus (Terminal Portability, TP)

Das Leistungsmerkmal ist nur bei einem **Mehrgeräteanschluss** möglich. Dabei kann ein Gespräch in der Vermittlungsstelle „geparkt" und das ISDN-Endgerät an eine andere ISDN-Dose innerhalb des S_0-Busses eines Basisanschlusses umgesteckt werden.

Durchwahl (Direct Dialling In, DDI)

Das Leistungsmerkmal ist nur bei einem Anlagenanschluss möglich. Dabei wird ein Rufnummernblock definiert, durch den Endgeräte einer Nebenstellenanlage direkt angewählt werden können.

Mehrfachrufnummern (Multiple Subscriber Number, MSN)

Mit MSN kann ein ISDN-Basisanschluss unter mehreren Rufnummern erreichbar sein. Die MSN können flexibel auf die Endgeräte aufgeteilt werden. In Deutschland gestattet die Regulierungsbehörde für Telekommunikation und Post (RegTP) pro ISDN-Mehrgeräteanschluss die Vergabe von maximal zehn MSN.

Anrufweiterschaltung (Call Forwarding, CF)

Mit CF kann ein ankommendes Gespräch durch die Vermittlungsstelle kostenpflichtig zu einer festgelegten Rufnummer umgeleitet werden. CF erfolgt in mehreren Ausprägungen, je nachdem, ob ein Gespräch sofort oder in Abhängigkeit vom Zustand des angerufenen Teilnehmers (besetzt, frei usw.) weitergeleitet werden soll.

Umlegen (Call Transfer, CT)

Mit CT kann eine Wählverbindung auf ein anderes Endgerät umgelegt oder es können Wählverbindungen zusammengeschaltet werden.

Tarifinformationen (Advice of Charge, AOC)

AOC ermöglicht die Übermittlung der Tarifinformationen. Die Verbindungskosten werden dabei in der Regel als sogenannte Tarifeinheiten übermittelt. Diese Einheiten werden durch das Endgerät in die entsprechende Währung umgerechnet. Zwischen den angezeigten und den tatsächlichen Kosten kann es daher zu Abweichungen kommen.

Man unterscheidet zwischen folgenden Varianten dieser Leistungsmerkmales:

- **AOC-D** (AOC During the call). Die Übermittlung der Tarifinformationen erfolgt während des Gesprächs.
- **AOC-E** (AOC at the End of the call). Die Übermittlung der Tarifinformationen erfolgt nach dem Gespräch.
- **AOC-S** (AOC at call Set-up time). Die Übermittlung der Tarifinformationen erfolgt flexibel vor und während des Gesprächs. Mit AOC-S können variable Tarife besser berechnet werden.

Identifizieren (Malicious Call Identification, MCID)

Mit MCID ist eine Identifizierung von belästigenden Anrufen möglich. Die Vermittlungsstelle speichert dafür sämtliche Rufnummern von ankommenden Gesprächen auch bei aktivierter Rufnummernunterdrückung (CLIR).

Abweisen unbekannter Anrufer (Anonymous Call Rejection, ACR)

Mit ACR kann der Anschluss für ankommende Anrufe mit unterdrückter Rufnummerübermittlung (CLIR) gesperrt werden. Der Anrufer erhält dann von der Vermittlungsstelle eine entsprechende Ansage.

> W
>
> Die im Rahmen der ISDN-Dienste eingeführten Dienstmerkmale haben sich besonders in Unternehmen als sehr nützlich erwiesen. Alle modernen Telekommunikationsanbieter stellen unabhängig von der angewandten Technologie einen Teil dieser Dienstmerkmale zur Verfügung.

3.4.3.2 Mehrwertdienste

Ein Mehrwertdienst beruht auf einem Basisdienst und ermöglicht durch zusätzliche Leistungen unter Umständen zusätzliche finanzielle Einnahmen. Ein Beispiel für einen solchen Mehrwertdienst ist die Telefonauskunft.

Die ISDN-Mehrwertdienste werden über das Signalisierungsnetz realisiert. Dafür werden in einem **S**ignalling **T**ransfer **P**oint (**STP**-Knoten) die **S**ervice **C**ontrol **P**oints (**SCP**) aufgebaut. Die SCPs bewältigen Funktionen, die nur mit großem Aufwand in den Vermittlungsknoten selbst realisiert werden könnten. Die hiermit zur Verfügung gestellten Funktionen werden auch unter dem Stichwort **I**ntelligentes **N**etz (**IN**) zusammengefasst (siehe Kap. 3.4.2.3 Netzwerkaufbau und ISDN-Protokolle, Abbildung „Logische Struktur im ISDN-Netzwerk").

Für die Steuerung dieser Dienste in Telekommunikationsnetzwerken wird auf der fünften SS7-Schicht statt ISUP das **I**ntelligent **N**etwork **A**pplication **P**rotocol (**INAP**) verwendet. Mit diesem Protokoll ist es möglich, dass die Steuerungsfunktionen für solche Dienste nicht mehr in allen Vermittlungsstellen des Netzes implementiert werden müssen, sondern dass sich diese Funktionen nur an einer oder einigen wenigen zentralen Stellen konzentrieren. Diese zentralen Stellen enthalten die „Intelligenz" für die Verarbeitungsregeln der jeweiligen Dienste. Das Protokoll INAP verbindet dabei die Steuerungsfunktion mit der Vermittlungsfunktion der vorgelagerten Vermittlungsstellen.

Eine Telefonnummer, unter der ein Mehrwertdienst erreicht werden kann, sowie auch der Dienst selbst werden als Servicerufnummer bezeichnet. In Deutschland existieren zurzeit die in der nachfolgenden Tabelle aufgeführten Servicerufnummern.

0800	Free Call
0180	Shared-Cost-Dienst
09001	kostenpflichtige Informationsdienste
09003	kostenpflichtige Unterhaltungsdienste
09005	kostenpflichtige sonstige Dienste einschließlich Erotik
09009	kostenpflichtige Dialer (Internet-Einwahlprogramme)
0190	Premium Rate
0137	Televoting
118	Telefonauskunft
010	Call-by-Call (Telefon)

Premium-Rate-Nummern (0190)

Unter den 0190-Servicerufnummern wurden in Deutschland ursprünglich jene Dienste angeboten, bei denen dem Angerufenen ein Teil der Gebühren gutgeschrieben wurde. Der Anrufer bezahlte einen bestimmten Tarif und je nach Länge des Anrufes wurde ihm ein entsprechender Betrag auf der Rechnung ausgewiesen. Ein Teil des Betrages erhielt der Dienstbetreiber, den anderen Teil der technische Betreiber des Anschlusses.

Die 0190er-Nummern kamen dort zum Einsatz, wo minutenabhängig ein Mehrwert geboten wurde. Hier gab es die vielfältigsten Möglichkeiten:

- Infoline/Voicebox
- Audiotext (Erotik- und Astrolines)
- Rechtsberatung
- Faxabruf
- Börsendienste
- Quiz-und Gewinnspiele
- PIN-Abfragen

Verschiedene Telefongesellschaften haben die 0190-Servicenummer als eine Art Billigvorwahl benutzt, um Gespräche per Call-by-Call zu ermöglichen. Diese Abrechnungsform nutzten auch viele Internetprovider, um „Internet-by-Call" zu ermöglichen.

Leider wurden die Mehrwertdienste sehr oft für Betrugszwecke missbraucht. Die Verbraucher erhielten unaufgeforderte Faxzusendungen oder ein Anruf animierte sie dazu, eine kostenpflichtige Nummer zu wählen. Seit 2004 ist deswegen das **Mehrwertdienstemissbrauchsgesetz** in Kraft getreten, das die Preisangabepflicht für die 0190/0900er-Nummern fordert. Aus dem gleichen Grund wurde die Nutzung der 0190er-Nummern zum Ende des Jahres 2005 eingestellt.

Flex-Rate-Nummern mit garantierter Auszahlung

Nachfolger der 0190er-Nummer sind die **„offline gebillten"** Servicenummern 09001, 09003 und 09005. Der Netzbetreiber stellt zwar eine Rechnung an den Verbraucher, das nachfolgende Inkasso übernimmt allerdings nicht mehr der Netzbetreiber, sondern ein Inkassobüro. Der Betreiber erhält bei solchen Nummern unter Umständen einmalig einen sehr hohen Betrag und lässt ihn über die Telefonrechnung des Anrufers abrechnen. Beispielsweise kann durch diese Methode telefonisch ein Code abgerufen werden, der zum Download einer kostenpflichtigen Software verwendet wird.

Gewinnspiel- und Voting-Nummern

0137er-Nummern sind durch den Rundfunk und vor allem durch das Fernsehen bekannt geworden. Diese Nummern ermöglichen sehr viele Anrufe innerhalb kürzester Zeit, z. B. bei einem zeitlich begrenzten Voting im Rundfunk, Fernsehen oder in überregionalen Zeitschriften.

Vanity-Nummern (Etikett-Nummern)

Vanity-Nummern sind keine eigenen Servicerufnummern, sondern nur eine andere Form, Servicenummern zu schreiben und so mit einem wörtlichen Begriff aus der Werbung zu kommunizieren. Die Vanity-Nummer 0800-TAXIRUF ist für den Kunden wesentlich einfacher zu merken als die Rufnummer 0800 8294783, die sich z. B. hinter dem Vanity-Begriff versteckt. Der Anrufer muss sich nur noch den Namen des Unternehmens oder des Produktes merken. Wählt er diesen Namen über die Buchstabentasten seines Telefons, wird er sofort mit seinem Ansprechpartner verbunden. Die Grafik zeigt, wie Ziffern und Buchstaben einander zugeordnet sind.

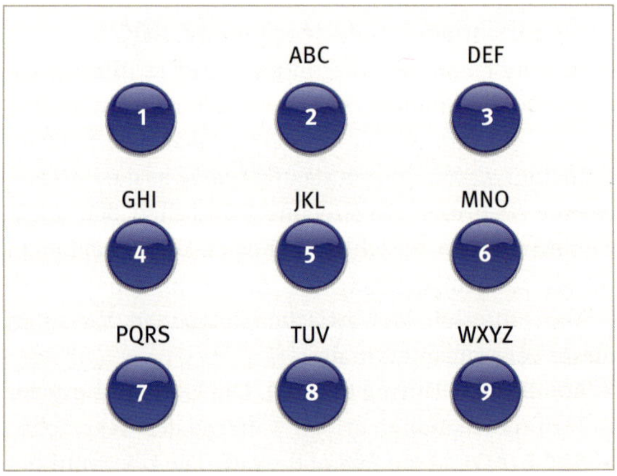

Vanity-Tastaturbelegung

Call-by-Call

Seit der Aufhebung des Fernsprechmonopols der Deutschen Telekom ist der ISDN-Anschlussbetreiber nicht unbedingt mit dem Verbindungsnetzbetreiber identisch. Das bedeutet unter anderem, dass die eigentlichen Gespräche über verschiedene Verbindungsanbieter geführt werden können. Um das zu ermöglichen, wurden jedem Verbindungsanbieter besondere **Call-by-Call-Vorwahlen** zugeordnet. Alle diese Nummer beginnen mit der Ziffernfolge **010.**

> Obwohl der Begriff **Call-by-Call** eigentlich der englischen Sprache entspringt, ist er außerhalb Deutschlands nicht bekannt. In England benutzt man für das registrierte Call-by-Call die Bezeichnung „indirect access". Die internationalen Billigvorwahlen nennt man dagegen „dial around service".

Der größte Anschluss- und Verbindungsbetreiber in Deutschland ist die T-Com (Telekom). Sie verwendet beim Einrichten neuer Anschlüsse ihre eigene Netzvorwahl **01033** als Voreinstellung. Diese Voreinstellung kann allerdings auch gegen geringe Gebühr zu einem anderen Anbieter geändert werden. In diesem Fall spricht man von **Preselection.**

Wird also keine Call-by-Call-Vorwahl gewählt, erfolgt das Gespräch über den voreingestellten Verbindungsnetzbetreiber. Mit der Wahl einer Call-by-Call-Vorwahl leitet der voreingestellte Anschlussbetreiber die Verbindung an das Call-by-Call-Netz weiter. Die T-Com ist gesetzlich dazu verpflichtet, diesen Dienst anzubieten. Andere Anschlussbetreiber, wie Arcor, Colt und viele lokale Telefongesellschaften, verweigern zum Teil das Telefonieren per Call-by-Call.

Bei den meisten **010**-Angeboten kann durch die Wahl der Telefonnummern **010XX – 0310** und **010XX – 0311** an jedem Telefon kostenlos geprüft werden, ob hier Call-by-Call für Fern- bzw. Ortsgespräche möglich ist.

Wenn der Call-by-Call-Anbieter erlaubt, seine Dienste ohne vorherige Anmeldung in Anspruch zu nehmen, spricht man vom offenen Call-by-Call. In diesem Fall erfolgt die Abrechnung auf der Rechnung des Anschlussbetreibers – in den meisten Fällen also durch die T-Com. Dabei erfüllt die Deutsche Telekom AG zwei Funktionen:

- Lieferant und Rechungsempfänger für ihre eigenen Dienstleistungen
- Inkassounternehmen für die anderen Verbindungsnetzbetreiber

Andere Call-by-Call-Anbieter bieten ihre Dienste nur den Kunden an, die sich zuvor bei ihnen angemeldet haben. Das ermöglich dem Anbieter, die Leitungsauslastungen besser einzuschätzen und auf diese Weise eine bessere Qualität zu sichern. Der Call-by-Call-Anbieter erstellt in diesem Fall auch eigene Rechnungen.

Immer wieder passiert es, dass ein Call-by-Call-Anbieter den Kundenansturm unterschätzt oder Leitungskapazitäten absichtlich knapp kalkuliert. Das Telefonnetz des Anbieters ist überlastet und Anrufer empfangen dann das sogenannte „gassenbesetzt"-Zeichen mit einer schnelleren Signalfolge als bei einem normalen Besetztzeichen. In diesem Fall hilft nur mehrfaches Probieren oder die Wahl eines anderen Telefonanbieters.

Aufgaben

1. Herr Feller von der Abteilung Vertrieb informiert die Projektmitglieder über folgenden Sachverhalt: Seine Kunden sind wie auch er selbst Vieltelefonierer. So verbringt er unnötig viel Zeit damit, wiederholt die gleiche besetzte Nummer anzuwählen. Es würde seine Arbeit also qualitativ verbessern, wenn es möglich wäre, dass die einmal gewählte Nummer automatisch zu einem späteren Zeitpunkt noch einmal gewählt würde, und zwar gleich nachdem der Kunde sein Gespräch beendet hat. Bietet der ISDN-Anschluss diese Möglichkeit? Wenn ja, welches Dienstmerkmal ist für ein solches Verhalten verantwortlich?
2. Die Werbeagentur Avanti ist Kunde bei ACI. Sie gründet eine Niederlassung in Neu-Delhi, Indien. Der indische ISDN-Netzbetreiber erstellt ein Angebot mit folgenden Angaben (siehe Seite 264).
   a) Bietet der Netzbetreiber den in der Aufgabe 1 beschriebenen Dienst an?
   b) Die Firma Avanti beabsichtigt, einen TK-Anlagenanschluss zu erwerben. Bietet der Netzbetreiber in diesem Fall den Dienst „Umstecken am Bus" an?
   c) Recherchieren Sie im Internet, was hinter der Bezeichnung **User to User Signalling (UUSI)** steht.
   d) Können die ISDN-Kunden des Netzbetreibers außerhalb von Indien (nicht im Provider-Netz) Faxe absenden?
   e) Welche Dienste für Videokonferenzen stellt der Provider zur Verfügung? Welche Voraussetzungen gibt es für die Benutzung eines leistungsfähigeren Dienstes?
3. Was sind Mehrwertdienste?
   a) Basisdienste, die dem Betreiber einen Profit versprechen
   b) Dienste, die auf einem Basisdienst beruhen und zusätzliche Leistungen bieten
   c) Sondertelefonnummern, wie 110 oder 112
   d) alle Dienste des Anschlussbetreibers
   e) alle Dienste der Vermittlungsstelle
4. Recherchieren Sie im Internet, ob das Call-by-Call-Telefonieren bei folgenden Anbietern möglich ist:
   a) Arcor
   b) T-Com
   c) Colt
   d) HanseNet

ISDN by SHIVA ISDN

Services offered by ISDN
Normal telephone & fax (G3)
Digital telephone – with a facility to identify the caller's subscriber number and other facilities.
G4 fax
Data transmission at 64 kbps with ISDN controller card
Video conferencing at 128 kbps
Video conferencing at 384 kbps (possible with 3 ISDN lines)
ATM (Asynchronous Transfer Mode) or PVC (Permanent Virtual Circuit)

Variety of supplementary services supported by ISDN

- Calling Line Identification Presentation (CLIP)
- Calling Line Identification Restriction (CLIR)
- Multiple Subscriber Number (MSN)
- Terminal Portability (TP)
- Call Hold (CH)
- Call Waiting (CW)
- User to User Signaling (UUSI)

Types of accesses
There are two types of 'accesses' (connections) for ISDN.

- Basic Rate Access(BRA): 2B+D
  - 2 channels of 64 kbps for speech and data.
  - 1 channel of 16 kbps for signalling.
- Primary Rate Access (PRA): 30 B+D
  - 30 channels of 64 kbps for speech and data.
  - 1 channel of 64 kbps for signalling.

3.5 Mobilfunknetze

S Herr Wolter von der Abteilung Consulting macht auf die Tatsache aufmerksam, dass er und seine Kollegen fast 90 Prozent aller Gespräche unterwegs, also nicht von der Firma aus führen. Das mobile Telefonieren steht für ihn an vorderster Stelle. Einige seiner Mitarbeiter haben sogar ihre privaten ISDN-Anschlüsse gekündigt, da angeblich sogar günstigere Mobilfunktarife für die häusliche Umgebung existieren.

Stefan Fischer untersucht nun die Technologien, die in Bereich Mobilfunk zum Einsatz kommen. Innerhalb dieser Untersuchung werden die Anbieter verschiedener Dienste geprüft. Es wird dann entschieden, ob für ein konkretes Angebot eine Festnetz- bzw. eine Mobilfunkanbindung benötigt wird.

3.5.1 Generationen moderner Funknetze

Das mobile Telefonieren hat eine lange Entstehungsgeschichte. Die ersten Systeme wurden bereits im Jahre 1926 in einem Zug der deutschen Reichsbahn auf der Strecke zwischen Hamburg und Berlin installiert. Entsprechend lang ist auch die Liste der Abkürzungen für Technologien, Begriffe, Standards und Produkte rund um das mobile Telefonieren.

Alle modernen öffentlichen Mobilfunknetze sind zellular aufgebaut. Das bedeutet, dass die Erdoberfläche mit einem möglichst dichten Netz aus Sende- und Empfangsstationen, sogenannten Transceivern, bedeckt wird. Die Reichweite eines solchen Transceivers wird als Zelle bezeichnet. Der mobile Teilnehmer baut eine Funkverbindung zum nächststehenden Transceiver auf und wird von dort weiter zum Zielteilnehmer vermittelt. Dieses Verfahren benötigt wenig Sendeleistung für ein Gespräch. So kommen relativ kleine Akkumulatoren zum Einsatz und die Telefone werden nicht nur schnurlos, sondern auch tragbar.

Allgemein unterscheidet man drei Generationen der öffentlichen Mobilfunknetze: analoge Netze, digitale GSM-Netze und digitale Breitband-Funknetze.

3.5.1.1 Analoge Funknetze

Die Netze der ersten Generation verwendeten die analoge Technik und realisierten hauptsächlich Sprachdienste. In Deutschland wurden drei verschiedene analoge Mobilfunknetze aufgebaut. Das **A-Netz** entstand für die Anwendung in Kraftfahrzeugen. So steht der Buchstabe **A** sowohl für **a**nalog als auch für **A**uto. Die folgenden Netzwerke wurden als **B-** und **C-**Netze bezeichnet. Die zugrunde liegenden Technologien erfuhren dabei eine kontinuierliche Weiterentwicklung und ebenso verbesserte sich die Nutzbarkeit.

3.5.1.2 Digitale Funknetze auf der Basis von GSM

Mobilfunknetze der zweiten Generation basieren vollständig auf digitaler Technik und auf internationalen Standards. Das erlaubt den massenhaften und weltweiten Einsatz. Der wichtigste Standard ist dabei das **G**lobal **S**ystem for **M**obile communication – **GSM.** Erst die Einführung von GSM-basierten Technologien und günstigen Gesprächstarifen verhalf den Mobilfunknetzen zur allgemeinen Verbreitung in der Bevölkerung.

Für die Netze der zweiten Generation gehören solche Eigenschaften wie Roaming und Handover zur Standardausstattung. Das ist in erster Linie dank der breiten Akzeptanz der GSM-Technologie und der internationalen Zusammenarbeit auf der Ebene der GSM-Standards und -Protokolle möglich. Die Standardisierung von GSM leitet die internationale Organisation 3GPP (3rd Generation Partnership Project). Diese Organisation forciert auch die Entwicklung neuer Standards in der mobilen Telekommunikation, wie GPRS und UMTS.

Für die GSM-basierten Netze wird auch die Bezeichnung **D-Netze** (D wie Digital) verwendet, wobei die Bezeichnung besonders in Deutschland als Nachfolger der analogen A-, B- und C-Netze gut passt. Seit 1992 sind zwei D-Netze auf dem deutschen Markt:

- D1-Netzbetreiber in Deutschland ist T-Mobile.
- D2-Netzbetreiber in Deutschland ist Vodafone.

Das **E-Netz** verwendet mit GSM-1800 die für eine geringere Sendeleistung der Mobiltelefone optimierte GSM-Variante. In Deutschland senden seit 1994/1995 E-Plus und O_2 (Germany) im E-Netz. T-Mobile und Vodafone haben ebenfalls Funklizenzen im E-Netz erworben, wobei die E-Netz-Betreiber seit 2006 auch in den D-Netzen senden dürfen.

Die modernen GSM-Netze realisieren in erster Linie Sprachdienste sowie Datenübertragungen mit relativ kleinem Datenvolumen (Funkrufdienste, SMS). Ursprünglich waren nur Datendienste auf Basis einer Leitungsvermittlung durchführbar. Als Hauptnachteil erwies sich neben der niedrigen Geschwindigkeit von 9 600 Bit/s die Tatsache, dass die Leitung für die Dauer der Verbindung blockiert bleibt. Folglich orientierten sich die Kosten der Verbindung an der Dauer und nicht an der tatsächlichen Datenmenge.

W

Analoge Funknetze			
	A-Netz	**B-Netz**	**C-Netz**
eingeführt	1958	1977	1985
abgeschaltet	1972	1994	2000
Vermittlung	handvermittelt	ortsbezogene Vorwahl. Deutschland wurde in 150 Zonen mit eigenen Vorwahlen aufgeteilt. Um einen Zielteilnehmer zu erreichen, musste man wissen, in welcher Zone er sich aufhält.	gemeinsame Vorwahl (0160 und 0161) für alle Teilnehmer
Handover, d. h. unterbrechungsfreier Wechsel von einer zur nächsten Funkstation	nein Das Gespräch wurde abgebrochen und musste neu aufgebaut werden.	nein Das Gespräch wurde abgebrochen und musste neu aufgebaut werden.	ja
Teilnehmerkapazität	10 500	27 000	850 000
Endgeräte	Einbaugeräte (Autotelefone)	Einbaugeräte (Autotelefone)	Einbaugeräte sowie herausnehmbare und sogar tragbare Geräte
Roaming , d. h. Nutzung des Systems in einem fremden Netz, z. B. im Ausland	nein	begrenzt auf Österreich, Niederlande und Luxemburg	nein, da in anderen Ländern andere Standards benutzt wurden

Weiterentwicklungen der GSM-Technologie ermöglichten in erster Linie einen besseren Datendurchsatz. Der Standard **G**eneral **P**acket **R**adio **S**ervice **(GPRS)** betrifft die Erweiterung des GSM-Mobilfunkstandards um die paketorientierte Datenübertragung. Damit ist es auch möglich, mit dem Mobiltelefon eine paketorientiere Verbindung zu bestehenden Datennetzen, wie dem Internet oder auch den firmeninternen lokalen Netzwerken, herzustellen. Diese Vorteile können allerdings nur mit entsprechend ausgestatteten Mobilfunkgeräten genutzt werden. Die GSM-Netzwerke mit der GPRS-Erweiterung erhalten oft die Bezeichnung „Mobilfunk der Generation Zweieinhalb“.

3.5.1.3 Digitale Breitband-Funknetze

Die Weiterentwicklung der Mobilfunknetze basiert auf traditionellen und neuen Services in Verbindung mit einer schnellen, effizienten und zuverlässigen Datenkommunikation. Bereits in den letzten Jahren des zwanzigsten Jahrhunderts wurden folgende Dienste für die dritte Generation der Mobilfunknetze (3G) vorgesehen:

- Dienste für Audio- und Videotelefonie
- Dienste für Nachrichten (Unified Messaging, Video-Sprach-Mail, Chat)
- Dienste für die Informationsverteilung (Zugriffsdienste auf das Internet, Informationsdienste und öffentliche Dienste)
- Dienste bezogen auf den Standort (Navigation, Fahrerunterstützung)
- Dienste für Geschäftsprozesse (Prozessmanagement, Mobilität)
- Dienste für allgemeine Nutzung (Bankdienste, E-Commerce, Überwachung, Beratungsdienste)

Die führenden internationalen Standardisierungsgremien haben das Universal Mobile Telecommunications System (UMTS) als technologischen Standard für die dritte Generation der Mobilfunknetze ausgewählt. Der amerikanische Standard für die mobile Kommunikation der dritten Generation wird als CDMA 2000 (Code Division Multiple Access) bezeichnet.

UMTS erforderte einen zeit- und kostenintensiven Neuaufbau vieler Netzwerkkomponenten, weil die bestehende GSM-Infrastruktur nicht einfach übernommen werden konnte. Aus diesem Grund erhielt UMTS in den Anfangszeiten eine starke Konkurrenz vom GSM-Upgrade-Standard **E**nhanced **D**ata **R**ates for **GSM** **E**volution **(EDGE)**. Der UMTS-Ausbau ist in Deutschland bereits vollzogen und die Kapazität der Infrastruktur stößt zunehmend an ihre Grenzen, so dass eine weitere Steigerung der Datenübertragungsraten nur durch weitere Verdichtung des Netzes möglich wäre.

Bereits im Jahre 2009 wurden durch die Standardisierungsorganisation **I**nternational **T**elecommunication **U**nion (ITU) Empfehlungen für Mobilfunknetzwerke der vierten Generation erarbeitet, die folgende Anforderungen an die neuen Technologien definieren:

- Hohes Maß an weltweiter Gemeinsamkeit in der Funktionalität unter Beibehaltung der Flexibilität, um eine breite Palette von Diensten und Anwendungen in kosteneffizienter Weise zu unterstützen
- Kompatibilität von Dienstleistungen, sowohl zwischen der Mobilfunknetzen als auch mit den Festnetzen
- Fähigkeit der Zusammenarbeit mit anderen funkbasierten Systemen
- Qualitativ hochwertige mobile Dienste (QoS)
- Benutzergeräte, die für den weltweiten Einsatz geeignet sind
- Benutzerfreundliche Anwendungen, Dienste und Einrichtungen
- Weltweite Roaming-Fähigkeiten
- Verbesserte Datenraten zur Unterstützung von erweiterten Diensten und Anwendungen (zwischen 100 MBit/s und 1 GBit/s für verschiedene Mobilitätsstufen)

Als UMTS-Nachfolger wird gegenwärtig die Technologie **L**ong **T**erm **E**volution **(LTE)** favorisiert. Auch LTE benötigt eine neue Infrastruktur, weswegen deren Einführung als relativ langfristiges Vorhaben anzusehen ist. LTE bietet aber entscheidende Vorteile gegenüber UMTS und wird von führenden Dienstleistungsanbietern unterstützt. Die neue Technologie erfüllt noch nicht alle Richtlinien für die Technik der vierten Generation und wird deshalb auch als „3.9G-Technik" bezeichnet. Eine Erweiterung von LTE unter dem Begriff „LTE Advanced" wurde bereits entwickelt und getestet. Sie erfordert keinen Neuaufbau, sondern nur eine Anpassung der existierenden LTE-Infrastruktur. LTE Advanced erfüllt alle Anforderungen der vierten Generation der Mobilfunknetzwerke (4G).

Aufgaben

1. Ist es möglich, mit einem GSM-Mobilfunkgerät Internetdienste zu nutzen? Begründen Sie Ihre Aussage.
2. Welche Nachteile sehen Sie in der leitungsvermittelten Datenübertragung über GSM?
   a) niedrige Geschwindigkeit
   b) Schlechte Übertragungsqualität – nicht alle Daten werden richtig übermittelt.
   c) Downloads sind möglich, Uploads werden nicht erlaubt.
   d) Es ist nicht möglich, gleichzeitig Daten- und Sprachdienste zu benutzen.
   e) schlechte Sprachqualität
   f) Die Datenübertragung funktioniert nur innerhalb Deutschlands. Zugriffe auf internationale Datendienste werden nicht erlaubt.
   g) Die Abrechnung erfolgt nicht nach den tatsächlich übermittelten Daten, sondern nach der Verbindungszeit.

3. Welche Standardisierungsorganisation erarbeitet Protokollstandards für GSM?

a) ISO	d) EETF	g) 3GPP
b) OSI	e) 1&2	h) 4GEWinNT
c) CCITT	f) 2GOOD4YOU	

4. Die Mobilfunknetze der dritten Generation sollen sich von den GSM-Netzen durch folgende Merkmale unterscheiden: Mobilfunk der dritten Generation
   a) ist vollständig digitalisiert,
   b) erlaubt Handover,
   c) ist paketvermittelt,
   d) ist leitungsvermittelt,
   e) erlaubt den Versand von SMS,
   f) ist auf die Übertragung von Multimedia-Daten ausgelegt.

   Welche Aussagen sind richtig?
5. Eine Eigenschaft des GSM-1800-Standards ist die niedrigere Sendeleistung der Mobiltelefone. Was bedeutet das für den Endverbraucher?
   a) Im E-Netz verwendete Mobiltelefone sind inkompatibel zu den D-Netzen. Man kann sie also nicht in den D-Netzen benutzen.
   b) Mobiltelefone im E-Netz sind kleiner, da sie weniger leistungsfähige Akkus benötigen.
   c) Man kann im E-Netz mit dem gleichen Telefon länger telefonieren als im D-Netz.
   d) Man kann im D-Netz mit dem gleichen Telefon länger telefonieren als im E-Netz.
   e) Die Sprachqualität verschlechtert sich im E-Netz, weil die Telefone nur ein schwaches Signal senden können.
   f) Die Vertragskosten sind in einem E-Netz geringer, weil nach der gesendeten Leistung abgerechnet wird.

3.5.2 GSM

W

Topologie	vermaschtes sternförmiges Netz
Übertragungsmedium	Radiowellen
Vermittlung	Leitungsvermittlung (Frequenzmultiplex- und Zeitmultiplexverfahren), Paketvermittlung mit GPRS
Verbreitung	In Deutschland flächendeckend, De-facto-Standard für mobile Fernsprechdienste
mögliche Dienste	Fernsprechdienst, Datenübertragung, Lokalisierung der Nutzerposition

3.5.2.1 GSM-Netzaufbau

Die GSM-Infrastruktur setzt sich aus folgenden Hard- und Softwarekomponenten zusammen:

Mobilstation

Die Mobilstation besteht aus zwei Einheiten, einem Mobiltelefon (Mobile Equipment, Handy) und einer sogenannten **SIM**-Karte (**S**ubscriber **I**dentity **M**odule).

Das Mobiltelefon selbst ist keinem bestimmten Benutzer zugeordnet. Trotzdem besitzt jedes Gerät eine eindeutige Nummer und kann deswegen von anderen GSM-Komponenten erkannt werden. Der Netzbetreiber kann diese Nummer bei der Authentifikation abfragen und so unzulässige, gestörte oder gestohlene Geräte sperren.

Das **SIM** ist eine Applikation, also ein Computerprogramm, das auf einem besonderen integrierten Mikrocomputer in Form einer Smartcard gespeichert und ausgeführt wird. Eine moderne SIM-Karte besteht aus einem Prozessor, einem ROM mit dem Betriebssystem, RAM, EEPROM und einer I/O-Einheit als Schnittstelle zum Telefon.

Durch das SIM erfolgt die Zuordnung eines Mobiltelefons zu einem Mobilfunknutzer. Zu diesem Zweck speichert die SIM-Karte dauerhaft kryptografische Schlüssel (preshared keys), die zu Beginn der Kommunikation mit den entsprechenden Schlüsseln des Anbieters abgeglichen werden. Anschließend werden die Sitzungsschlüssel erzeugt, womit die gesamte Kommunikation sicher verschlüsselt stattfindet. Verschlüsselt werden dabei nicht nur die eigentlichen Sprachdaten, sondern auch die Daten der Signalisierung. Der Verschlüsselungsalgorithmus gehört dabei zur SIM-Applikation.

Obwohl das SIM die wichtigste Applikation auf einer SIM-Karte darstellt, können darauf auch andere Applikationen gespeichert und ausgeführt werden. So wird der SIM-Speicher unter anderem auch für Textnachrichten (SMS) verwendet und es kann ein Telefonbuch angelegt werden. Außerdem speichert eine SIM-Karte auch einige Daten zum aktuellen Status, wie die aktuelle Funkzelle, die Liste der letzten gewählten Telefonnummern und eine Liste der bevorzugten oder gesperrten Netze. Die SIM-Karte kann durch eine PIN gegen unbefugten Zugriff geschützt werden.

Theoretisch ist es möglich, eine SIM-Karte mit verschiedenen Mobiltelefonen zu benutzen. Die GSM-Dienstanbieter verkaufen oft ein Handy nur in Verbindung mit einem Nutzungsvertrag. Um Vertragsverletzungen zu unterbinden, schützen sie ihre Handys durch einen Geheimcode (SIM Locking Code). Mit diesem Mechanismus wird das Gerät veranlasst, nur bestimmte SIM-Karten zu nutzen. So können Karten bestimmter Länder, Netze, Provider oder sogar nur eine bestimmte SIM-Karte zugelassen werden.

Mobilfunk-Sendesystem

Das Mobilfunk-Sendesystem (**B**ase **S**tation **S**ubsystem, **BSS**) organisiert den Datenaustausch zwischen der mobilen Station und dem vermittlungstechnischen Teil des GSM-Netzes. Dabei werden die Funkverbindungen aufgebaut, deren Qualität überwacht und bei Bedarf ein Zellenwechsel (Handover) eingeleitet.

Ein wesentlicher Bestandteil einer BSS sind die Antennen (**B**ase **T**ransceiver **S**tations, **BTS**). Eine BTS ist unmittelbar für eine Funkzelle zuständig. In der Praxis versorgen sogenannte Sektorantennen gezielt einen 120-Grad-Sektor. Die Reichweite einer Zelle liegt zwischen 100 Meter bis maximal 35 Kilometer. Die Sendeleistung erreicht dabei Werte zwischen 2,5 und 320 Watt. In jeder Funkzelle können je nach Ausbau der Basisstation bis zu 16 Trägerfrequenzen genutzt werden.

Die Aufgaben einer BTS bestehen in der
- Aktivierung und Deaktivierung der zugewiesenen Funkkanäle,
- Verschlüsselung und Entschlüsselung,
- Verbindungskontrolle,
- Überwachung des Empfangspegels,
- Überwachung der Empfangsqualität,
- Einstellung der Sendeleistung und die
- Signalanpassung an die Puls-Code-Modulation-Schnittstelle (PCM), über die die Verbindung zum BSC (Base Station Controller) erfolgt.

Die Steuerung und Überwachung der Antennen innerhalb des Mobilfunk-Sendesystems (BSS) übernimmt die Basis-Steuerungseinheit (**B**ase **S**tation **C**ontroller, **BSC**). Eine Basis-Steuerungseinheit kann dutzende von Antennen ansteuern. Bei vielen Netzbetreibern wird ein BSC nicht nur zur Ansteuerung der Antennen verwendet, sondern beinhaltet auch einen SS7-Knoten als Schnittstelle zum Vermittlungsteilsystem sowie eine Schnittstelle zum GPRS-Netzwerk. Im BSC werden auch Daten für die Steuerung und Optimierung des Netzwerkes verarbeitet. Ein BSC funktioniert somit in den Schichten 1 bis 3 des OSI-Schichtenmodells.

Ein weiterer Bestandteil eines Mobilfunk-Sendesystems (BSS) ist die Audiocodec-Umwandlungseinheit (**Trans**c**oding** **E**quipment, **TCE**). Sie ist notwendig, um die Daten eines Telefongesprächs zwischen den GSM- und ISDN-Komprimierungen zu konvertieren.

Vermittlungsteilsystem (Network Subsystem, NSS)

Im Mittelpunkt steht das **M**obile **S**witching **C**enter **(MSC)** – die eigentliche Vermittlungsstelle sowie Schnittstelle zwischen dem mobilen Netz und ISDN. Das NSS beherbergt außerdem zwei wichtige Datenbanken:

Das **H**ome **L**ocation **R**egister **(HLR)** ist das Heimatregister aller Kunden des Mobilnetzes. Es beinhaltet alle Informationen zu einer Mobilfunknummer. HLR ist eine Datenbank, die durch den eigentlichen Netzwerkbetreiber des Mobilfunkteilnehmers geführt wird. HLR beinhaltet unter anderem die SIM-Daten, wie die kryptografischen Schlüssel, und ist verantwortlich für Anfragen, z. B. wo sich im Netzwerk das Handy mit einer gegebenen Rufnummer befindet (Lokalisierung).

Das **V**isitor **L**ocation **R**egister **(VLR)** beinhaltet die Aufenthaltsdaten aller Mobilfunkteilnehmer. Es geht dabei im Wesentlichen um die Daten, die ein Funktelefon sofort nach dem Einschalten zum Zweck der Netzanmeldung sendet. Auch die Gesprächskosten werden hier gespeichert. Der Speicherort für das Visitor Location Register ist somit die jeweilige Funkzelle des Teilnehmers. Diese Funkzelle muss nicht unbedingt dem

BTS

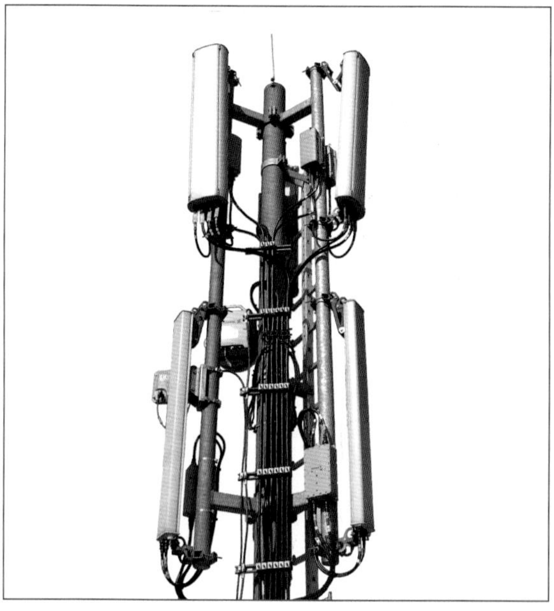

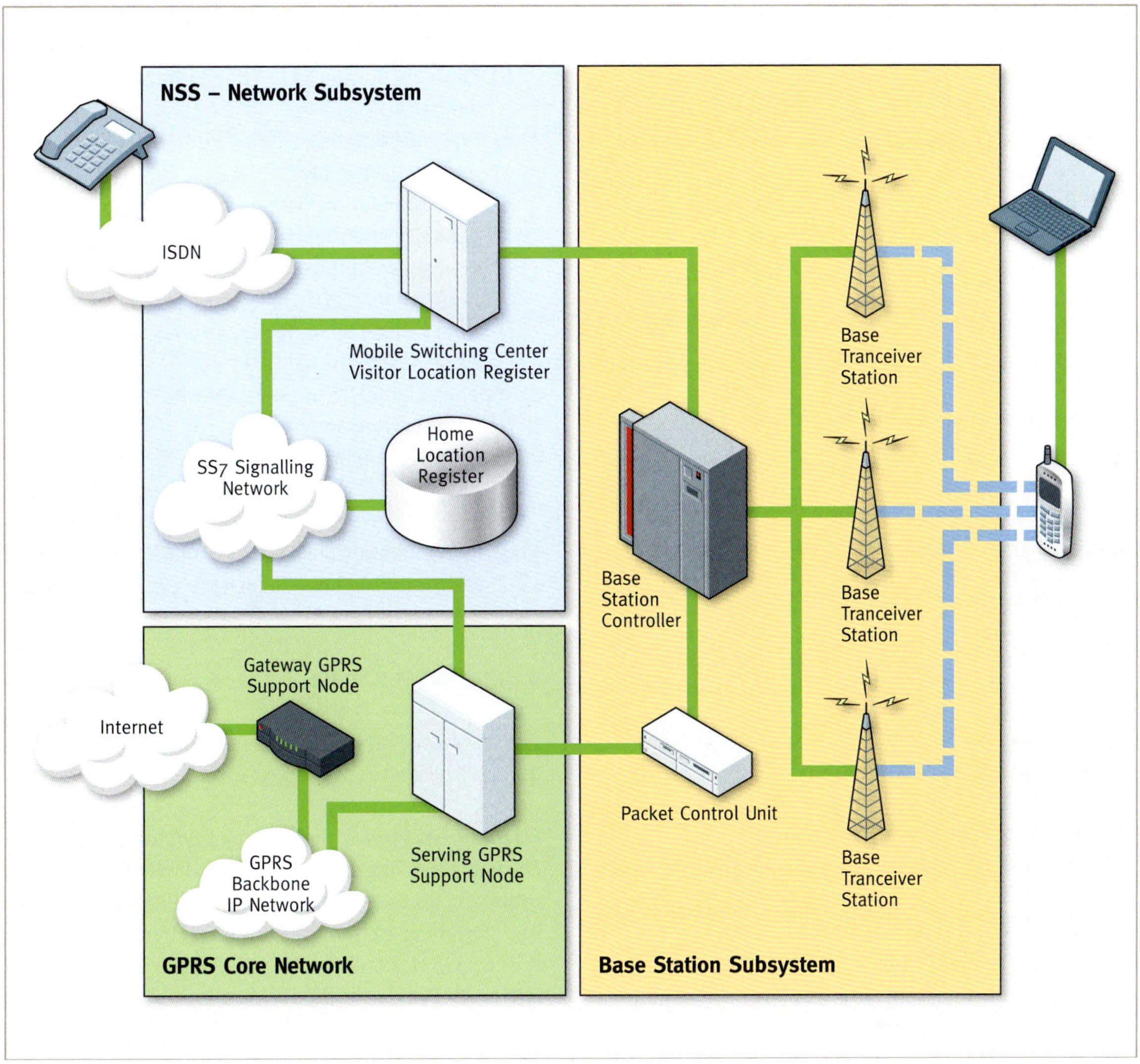

Netzaufbau für GSM und GPRS

eigentlichen Netzbetreiber gehören. Es kann sich auch um ein Netzwerk handeln, mit dem der eigentliche Netzbetreiber einen Roaming-Vertrag unterhält. Falls der Teilnehmer die Funkzelle wechselt, wandern seine Daten in die nächste VLR-Datenbank.

Zu den weiteren Komponenten des Vermittlungsteilsystems gehören das **Authentication Center** und das **Equipment Identity Register,** wo die Informationen über die verwendeten Handys gesammelt werden.

Aufgaben

1. Was trifft für eine SIM-Karte zu? Die SIM-Karte speichert
   a) den aktuellen Kontostand des Mobilfunkteilnehmers,
   b) den aktuellen geografischen Standort des Mobilfunkteilnehmers,
   c) das lokale Telefonbuch des Mobilfunkteilnehmers,
   d) den kryptografischen Schlüssel des Mobilfunkteilnehmers,
   e) die PIN des Mobilfunkteilnehmers,
   f) die Verschlüsselungsalgorithmen und Schlüssel zum Identifizieren des Mobilfunkteilnehmers gegenüber dem Dienstanbieter.
2. Was ist richtig? Die BTS
   a) verwaltet das VLR,
   b) verwaltet das HLR,
   c) verwaltet die Antennen einer Zelle,
   d) verschlüsselt die Kommunikation,
   e) aktiviert die Funkkanäle.

3. Die Funkwellen werden als Übertragungsmedium benutzt zwischen der
   a) Base Transceiver Station und dem Base Station Subsystem,
   b) Base Transceiver Station und dem Base Station Controller,
   c) Base Transceiver Station und dem Mobile Switching Center,
   d) mobilen Station und dem Mobile Switching Center,
   e) mobilen Station und der Base Transceiver Station.
4. Ein Hersteller veröffentlicht folgende technische Spezifikationen über seine BTS:

GSM Base Transceiver Station (BTS) XXX – indoor & outdoor

Technical specifications

Frequency range
GSM 900 MHz/extended GSM 900 MHz, GSM 1800 MHz and dual band GSM 900/1800, GSM 850 MHz, GSM 1900 MHz and dual band 850/1900

Receiver sensitivity
without diversity: -110 dBm guaranteed (w/o TMA)
with diversity: -115 dBm guaranteed (w/o TMA)

Dimensions
Height: 1950 mm (indoor) 1910 mm (outdoor)
Width: 910 mm (indoor) 1350 mm (outdoor)
Depth: 450 mm (indoor) 650 mm (outdoor)

Capacity
Standard: 12 transceivers per radio cabinet, up to 3 radio cabinets

Configuration
Mono-band tri-sectorial: Up to S12-12-13 (3 radio cabinets)
Dual band tri-sectorial: S222_222 (1 radio cabinet), Mono-BCCH dual band cells
Cell splitting: Cell splitting across radio cabinets

Amplifier output power
Standard: 30W (+/– 0.5 dB) GMSK, 30W (+/– 0.5 dB) 8-PSK EDGE
Optional: 60W (+/– 0.5 dB) GMSK, frequency dependent; 45W (+/– 0.5 dB) 8-PSK

Power control
Static: 6 steps of 2 dB
Dynamic: 15 steps of 2 dB

Supported vocoders (voice decoders)
Full Rate (FR), Enhanced Full Rate (EFR), Adaptive Multi-Rate -- Full Rate (AMR FR), Adaptive Multi-Rate -- Half Rate (AMR HR)

Power supply
Indoor: DC-48V
Outdoor: single, single-split or tri-phase 230V (50/60Hz) AC, integrated battery backup, optional ancillary battery cabinet

   a) Kann die Station XXX in den D-Netzen verwendet werden?
   b) Kann die Station XXX in den E-Netzen verwendet werden?
   c) Wie viele Antennen können durch die Station XXX angesteuert werden?
   d) Kann die Station XXX so eingerichtet werden, dass sie Sektoren von 120 Grad versorgt?
   e) Was beschreibt der Abschnitt „Supported vocoders"?
   f) Über welche Sendeleistung verfügt die Station XXX?
5. Welches Signalisierungssystem wird in den GSM-Netzwerken verwendet?
   a) GSM Signalling System 7
   b) SS7
   c) HL7
   d) Kein einheitliches Signalisierungssystem. Jeder Netzbetreiber implementiert eigene Protokolle.

3.5.2.2 GSM-Kanäle

Die GSM-Multiplex-Technik ist eine Mischung aus Frequenz- und Zeitmultiplexverfahren.

Frequenz-Multiplex (Frequency Division Multiplex)

Die benutzten Trägerfrequenzen sind in mehrere Kanäle unterteilt, die einen Abstand von 200 kHz haben. Sende- und Empfangsrichtung verlaufen getrennt. So stehen z. B. bei GSM 900 (D1, D2) je 124 Kanäle im Bereich von 890 bis 915 MHz für die Richtung von der Mobilstation zur Basisstation (Uplink) und im Bereich von 935 bis 960 MHz für die Richtung von der Basisstation zur Mobilstation (Downlink) zur Verfügung. Der GSM-1800-Standard sieht je 374 Kanäle mit je 200 kHz vor. Die Trennung zwischen Downlink und Uplink gewährleistet dem Funkteilnehmer, dass er gleichzeitig sprechen und hören kann (Duplexverfahren). Jede Zelle darf nur eine Untermenge der möglichen Kanäle benutzen, damit sich die Nachbarzellen in den Überschneidungsbereichen nicht gegenseitig stören. Die Mobilstation nutzt dabei eine andere Untermenge der Frequenzen, die gleichzeitig den Sprung zu einer Nachbarzelle ermöglicht.

Zeit-Multiplex (Synchronous Time Division)

Jede Trägerfrequenz wird durch die Synchronous Time Division in acht Zeitschlitze aufgeteilt. Ein solcher Zeitschlitz stellt einen **GSM-Übertragungskanal** dar. Dabei ist einer der acht Kanäle für die Signalisierung reserviert. Es wird hier das gleiche Signalisierungssystem SS7 wie bei ISDN eingesetzt. Jeder Zeitschlitz hat eine prinzipielle Kapazität von 22,8 KBit/s. Diese Kapazität wird allerdings nicht ausgenutzt, da eine Funkübertragung sehr fehleranfällig ist und sehr viele Informationen für die Fehlerkorrektur benutzt werden müssen. Die eigentlichen Nutzdaten werden daher nur mit einer Geschwindigkeit von 9 600 Bit/s übertragen. Diese Übertragungsgeschwindigkeit reicht für ein Gespräch, fällt für die modernen Datenanwendungen allerdings zu gering aus.

3.5.2.3 Mobile Gesprächsvermittlung

Sobald ein Mobiltelefon mit einer gültigen SIM-Karte eingeschaltet wird, startet es die Suche nach der nächsten BTS-Antenne. Ist die Verbindung hergestellt, so versucht sich das Gerät in der Zelle anzumelden, es erfolgt ein sogenannter „Zellen-Besuch" (Visit). Letztendlich wird ein Datensatz über den Besucher in das Visitor Location Register der Zelle eingetragen.

Die Zelle meldet den Besucher im Home Location Register an, also der Datenbank des eigentlichen Netzbetreibers des Funkteilnehmers. Auf diese Weise erhält das HLR die Information darüber, in welchem VLR das Telefon angemeldet ist. Dazu überträgt das HLR eine Kopie der SIM-Daten des Teilnehmers in die Zelle, in der die Anmeldung erfolgt. So ist die Zelle auch darüber informiert, welche Dienste für den Teilnehmer zulässig sind, und stellt die notwendigen kryptografischen Schlüssel bereit.

Wenn vom Mobiltelefon ein **ausgehender Ruf** erfolgt, sendet die Mobilstation den Verbindungswunsch an ihre BTS, wo das Vermittlungsteilsystem in der VLR überprüft, ob der Anruf zulässig ist (z. B. ob das Konto des Teilnehmers nicht eingeschränkt ist). Die Weiterleitung des Anrufes geschieht dann auf dem gleichen Wege wie bei ISDN.

Im Fall eines **eingehenden Rufes** kontaktiert das allgemeine Vermittlungssystem anhand der ersten Ziffern der Rufnummer den Netzwerkbetreiber des angerufenen Handys. Das MSC des Netzbetreibers findet im HLR, bei welcher Zelle sich das angerufene Handy angemeldet hat, und leitet dann den Anruf an die entsprechende Zelle weiter.

3.5.2.4 Leitungsvermittelte Datenübertragung

Außer den Sprachdiensten ermöglichen die GSM-Netzwerke auch die leitungsvermittelte Datenübertragung mit einer Übertragungsgeschwindigkeit von 9 600 Bit/s. Bei der herkömmlichen GSM-Kanalvergabe ist dem Teilnehmer eine Übertragungsleitung permanent für die Dauer der Verbindung zugewiesen. Das ist sowohl für den GSM-Netzbetreiber als auch für den Netzteilnehmer ungünstig, da die Daten normalerweise nicht permanent übertragen werden müssen, wie z. B. beim Surfen im Internet, wo im Normalfall eine Webseite aufgerufen und anschließend über einen längeren Zeitraum gelesen wird. Während des Lesens werden aber keine weiteren Daten über den Kanal (Zeitschlitz) übertragen. Aus der Sicht des Mobilfunknetzbetreibers erfolgt hier eine erhebliche Verschwendung bestehender Funkkanäle. Der Teilnehmer muss seinerseits die Leitung nach Zeit bezahlen, ohne wirklich gleichmäßig Daten übertragen zu haben.

Die GSM-Datenübertragungsrate kann weiter erhöht werden, falls die GPS-Erweiterung **H**igh **S**peed **C**ircuit **S**witched **D**ata **(HSCSD)** zum Einsatz gelangt. Bei einem mobilen Gespräch oder bei der herkömmlichen Datenkommunikation mit 9 600 Bit/s wird ein einzelner Zeitschlitz als Funkkanal verwendet. Bei HSCSD können mehrere Zeitschlitze zu einem Kanal gebündelt werden, wie dies auch bei einer ISDN-Datenübertragung geschieht. Eine HSCSD-Datenübertragung erlaubt dadurch Geschwindigkeiten bis zu 28,8 KBit/s.

3.5.2.5 Short Message Service (SMS)

Ein Teil der vorhandenen Kapazität der Signalisierungskanäle bleibt normalerweise ungenutzt. Deswegen wurde ein Verfahren zum Transport kleiner Mengen an Nutzdaten von und zur mobilen Station entwickelt. Das Verfahren hat sich als Punkt-zu-Punkt-Kurznachrichtendienst etabliert – bekannt unter der Abkürzung SMS. Die SMS-Nachrichten werden über ein SMS-Service-Center im Store-and-forward-Betrieb transportiert. Das SMS-Service-Center nimmt die bis zu 160 Zeichen langen (7 Bit pro Zeichen, genauso viele Bytes passen in einen Zeitschlitz des Übertragungskanals) Kurznachrichten vom Handy entgegen und leitet sie innerhalb des GSM-Netzes über SS7 zum entsprechenden Empfänger weiter. Das SMS-Service-Center fungiert gleichzeitig auch als IP-Gateway, sodass SMS-Nachrichten nicht nur von einer mobilen Station, sondern auch über das Internet an das SMS-Service-Center geschickt werden können. Ein Mobilfunkteilnehmer muss dabei nicht zwangsläufig das SMS-Service-Center seines Heimatnetzbetreibers verwenden, sondern kann einen beliebigen Serviceprovider nutzen.

Store-and-forward ist eine Kommunikationstechnik, bei der die Nachrichten über eine Zwischenstelle gesendet werden, wo sie zuerst aufbewahrt und anschließend an den eigentlichen Empfänger weitergeleitet werden. Das Verfahren wird eingesetzt, wenn Sender, Empfänger oder ein Teil des Übertragungsweges nicht zur gleichen Zeit verfügbar sind.

Die Nachrichten zwischen der Mobilstation und dem SMS-Service-Center werden mit dem verbindungslosen Transportprotokoll **Short Message Transport Protocol** übertragen. Die Nachrichtenübertragung erfolgt paketorientiert über die freien Kapazitäten der Signalisierungskanäle und ohne Belegung eines Nutzkanals.

3.5.2.6 Enhanced Messaging Service (EMS)

Enhanced **M**essaging **S**ervice **(EMS)** basiert auf der SMS-Technik und ermöglicht die Übertragung wesentlich größerer Datenmengen. Dafür werden mehrere SMS-Nachrichten in einer Gruppe zusammengefasst und hintereinander gesendet. Mit EMS lassen sich Textnachrichten durch Bilder oder Töne ergänzen. So können z. B. monochrome Bilder mit einer Auflösung von 16 × 16 Pixel oder 32 × 32 Pixel mit einem EMS-tauglichen Handy per Funk übertragen werden, wobei das Bild mit einer Auflösung von 32 × 32 Pixel aus vier Teilbildern mit 16 × 16 Pixel aufgebaut wird. Der Empfänger benötigt allerdings ebenfalls ein EMS-fähiges Handy. Im Gegensatz zur herkömmlichen SMS lässt sich bei einer EMS-Nachricht der Text auch formatieren, sodass Wörter z. B. groß, klein, fett, kursiv oder unterstrichen dargestellt werden können.

Aufgaben

1. Die SMS-Texte sind auf 160 Zeichen beschränkt, weil SMS die Daten
   a) analog überträgt,
   b) in nur einem Takt im Signalisierungskanal sendet,
   c) in nur einem Takt im Nutzkanal sendet,
   d) lokal speichert und der lokale Speicher auf 160 Zeichen begrenzt ist,
   e) im Service-Center speichert, dessen Speicher auf 160 Zeichen pro Nachricht begrenzt ist.
2. Aus welchem Grund wird bei den GSM-Kanälen zwischen Downlink und Uplink unterschieden?
   a) Der Teilnehmer kann parallel zu einem Gespräch (Uplink) auch Dateien aus dem Internet herunterladen (Downlink).
   b) Der Downlink ist eigentlich nicht notwendig, da jeder Kanal eine bidirektionale Verbindung herstellt. Die Benutzung von Downlink und Uplink verdoppelt allerdings die Transferrate.
   c) Die Kanäle für Uplink und Downlink stellen gerichtete unidirektionale Verbindungen dar. Nur in Kombination bilden sie eine bidirektionale logische Verbindung, damit man sowohl hören (Downlink) als auch sprechen kann (Uplink).
3. Welche Datenbank enthält die Daten über den Standort eines Mobilfunkteilnehmers (Visitors)?
   a) Die Standortdaten werden von der BTS über GPS ermittelt und in das VLR eingetragen.
   b) Die Standortdaten werden vom Mobiltelefon selbst über GPS ermittelt und in das VLR eingetragen.
   c) Die Standortdaten werden von der BTS über GPS ermittelt und in das SIM des Teilnehmers eingetragen.
   d) Die Daten werden als Identifikation des VRL der Zelle in das HLR eingetragen, in dem sich der Mobilfunkteilnehmer angemeldet hat.
   e) Die Daten werden als geografische Koordinaten der Zelle in das HLR eingetragen, in dem sich der Mobilfunkteilnehmer angemeldet hat.

3.5.2.7 General Packet Radio Service (GPRS)

Übertragungstechnik

GPRS (**G**eneral **P**acket **R**adio **S**ervice) erweitert die GSM-Technologie mit einer paketorientierten Datenübertragung. Dabei steht ein herkömmlicher GSM-Übertragungskanal für mehrere Teilnehmer zur Verfügung und die zu übertragenden Daten werden in Pakete aufgeteilt und über diesen Kanal übertragen. Um höhere Datenraten zu erzielen, können bis zu acht GSM-Zeitschlitze miteinander kombiniert werden. Pro Zeitschlitz lassen sich je nach Fehlerschutzmechanismen bis zu 20 KBit/s übertragen. Normalerweise beträgt die Datenrate allerdings nur 14,4 KBit/s pro Zeitschlitz. Bei acht Zeitschlitzen zu je 14,4 KBit/s lassen sich somit Geschwindigkeiten bis zu 115,2 KBit/s erzielen. Bei schlechterer Übertragungsqualität wird pro Zeitschlitz auf eine Datenrate von 12 KBit/s umgeschaltet, wodurch bei einer Kanalbündelung von acht Zeitschlitzen eine Datenrate von 96 KBit/s erreicht wird. Die erzielte Geschwindigkeit hängt auch von dem benutzten Funktelefon ab, wobei die meisten Geräte maximal 14,4 KBit/s pro Zeitschlitz übertragen.

Die Mehrzahl der modernen GSM-Handys unterstützt GPRS als Datenübertragungsdienst für den Zugriff auf das Internet. Die Kombination aus einem mobilen Computer und einem GPRS-fähigen Mobiltelefon verwendet man oft, um einen vollwertigen, wenn auch langsamen Internetzugang für den Laptop zu ermöglichen. Das Mobiltelefon fungiert dann als Modem.

Netzarchitektur

Um die paketorientierte Datenübertragung zu ermöglichen, haben die Mobilfunkanbieter neue Netzwerke aufgebaut – die GPRS-Netzwerke **(GPRS Core Network)**. Die Knoten eines GPRS-Netzwerkes werden als **GPRS Support Nodes** bezeichnet, wobei sie je nach ihrer Aufgabe in **S**erving **GPRS** **S**upport **N**odes **(SGSN)** und **G**ateway **GPRS** **S**upport **N**odes **(GGSN)** unterteilt werden.

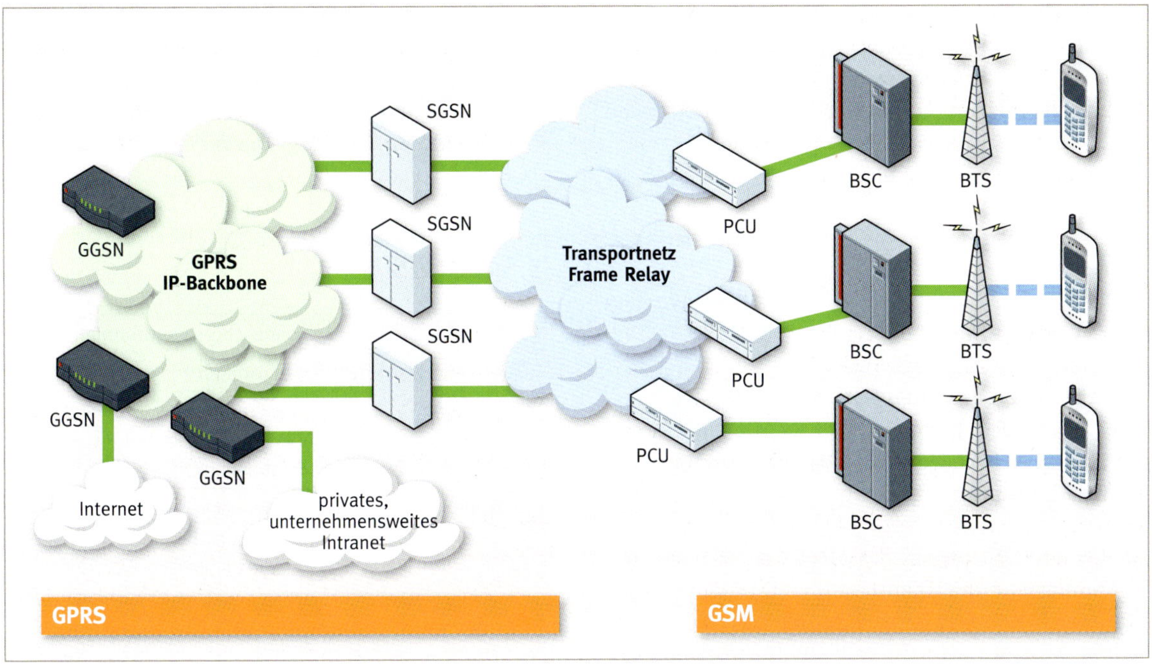

GPRS-Netzarchitektur

Die SGSNs sind für die Anbindung an das Mobilfunknetz verantwortlich, während die GGSNs als Gateway den Zugang zu anderen Datendiensten ermöglichen, wie Internet oder ATM. SGSN übernimmt damit für die Paketdatendienste eine ähnliche Funktion wie das **MSC** (**M**obile **S**witching **C**enter) für die verbindungsorientierten Sprachsignale. Jeder SGSN ist für die Versorgung eines bestimmten geografischen Gebietes mit Dienstleistungen und Steuerungsaufgaben zuständig.

Damit eine Anbindung des bestehenden GSM-Netzes an GPRS möglich ist, werden in den BSS des Mobilfunknetzes die sogenannten **P**acket **C**ontrol **U**nits **(PCU)** installiert. SGSN und GGSN kommunizieren miteinander über einen IP-Backbone, während die SGSNs mit den PCUs über ein Backbone-Netz mit Frame Relay verbunden sind.

3.5.2.8 Handy-Geräteklassen für GSM und GPRS

Für GSM-/GPRS-Dienste existieren drei verschiedene Geräteklassen zur Unterteilung der Mobilstationen.

Klasse A

Diese Geräte können gleichzeitig GPRS-Datendienste und GSM-Übertragungsdienste nutzen. Das bedeutet, dass sie gleichzeitig die Kanalressourcen der paket- und leitungsorientierten Dienste überwachen können. Es muss dabei nur ein Zeitschlitz-Kanal für einen der Dienste verfügbar sein. Ist die Mobilstation gerade aktiv mit einem Dienst beschäftigt, so können die Steuerkanäle überwacht werden, um den Eingang eines weiteren Dienstes festzustellen. So wird z. B. ständig ein Signalisierungskanal überwacht, falls ein Anruf zum Handy durchgestellt werden soll.

Klasse B

Bei dieser Klasse ist eine gleichzeitige Überwachung der Signalisierungskanäle von GSM und GPRS möglich, solange noch kein Dienst durchgestellt ist. Diese Geräteklasse erlaubt aber kein gleichzeitiges Handling von GSM- und GPRS-Diensten. Sobald ein Dienst aktiv ist, werden die Steuerkanäle der anderen Dienstklasse nicht mehr überwacht.

Klasse C

Hier muss sich der Teilnehmer vorab entscheiden, ob er das Handy für GSM oder GPRS nutzen möchte, da die Kontrollkanäle von GSM und GPRS nicht simultan überwacht werden können.

3.5.2.9 Multimedia Messaging Service (MMS)

Mit MMS lassen sich Texte und multimediale Inhalte übertragen. Im Gegensatz zu EMS basiert die MMS-Technik nicht auf dem SMS-Standard. Als Transporttechnik stehen zurzeit GPRS und die neue UMTS-Technik zur Verfügung. Eine Besonderheit der MMS-Nachrichten besteht darin, dass sie bezüglich des Abspielens am Zielgerät vorprogrammiert sind, d. h., Videos bzw.

Melodien werden automatisch ohne Zutun des Empfängers wiedergegeben. Dafür gibt es eine auf XML basierende Programmiersprache (**SMIL** – **S**ynchronized **M**ultimedia **I**ntegration **L**anguage), mit der der Ablauf der MMS-Nachricht gesteuert werden kann.

Zurzeit sind folgende Medienformate für MMS definiert:

- Text mit gängigen Zeichensätzen und Schriften (Fonts)
- Sprache
- Bilder in den Formaten JPEG, GIF, WBMP (**W**ireless Application Protocol **B**it**m**a**p** Format), JPEG 2000
- zusätzliche Zeichensätze für Texte
- Musik in den Formaten MP3, Midi und Wave
- Videos in den Formaten MPEG4, Quicktime und ITU-T H.263 (Codec für Videokonferenzen)
- MMS-Streaming

Analog zu SMS fungiert das MMS-Center als zentrale Komponente des Dienstes. Im MMS-Center wird für jeden Teilnehmer ein Profil abgelegt und definiert, welche Art von Nachrichten der Teilnehmer auf welche Art zugestellt bekommen möchte. Das Profil kann unter anderem festlegen, dass bestimmte MMS-Dienste, die nicht auf dem Handy dargestellt werden sollen bzw. können, nicht über das Handy, sondern per Internet abgerufen werden. Dazu erhält der Empfänger beim Eingang der MMS-Nachricht im MMS-Center eine SMS, die auf eine MMS-Nachricht mit einer bestimmten Internetadresse verweist. Der Teilnehmer kann über ein spezielles Formular die Parameter seines Profils selbst einstellen und verändern.

Aufgaben

1. Was trifft für die GPRS-Technik zu? GPRS ist technisch ein
   a) integraler Teil des GSM-Netzwerkes und benötigt keine zusätzliche Technik,
   b) eigenständiges Netzwerk und benötigt im Gegensatz zu GSM keine zusätzliche Technik,
   c) eigenständiges Netzwerk, benötigt jedoch zusätzliche Technik zum Anschluss an die GSM-Mobilfunknetze.
2. Beschreiben Sie, wie eine GPRS-Sitzung zum Abruf eigener E-Mails über das Internet abläuft. Verwenden Sie als Muster die Beschreibung einer GSM-Sitzung.
3. In den GSM-Netzen erfolgt die Abrechnung meist nach Verbindungsdauer. Die GPRS-Abrechnung orientiert sich dagegen meist nach der tatsächlich übertragenen Datenmenge. Welche Kunden profitieren von einer derartigen Abrechnung? Welche Besonderheit ermöglicht die Abrechnungsart nach der Datenmenge?
   a) Anders als beim reinen GSM sind die dafür eingesetzten GSM-Kanäle frei verwendbar für andere Nutzer, wenn gerade keine Pakete durch eine bestehende GPRS-Verbindung gesendet werden.
   b) Anders als bei der leitungsorientierten Datenübertragung bei GSM können die gesendeten Datenpakete in GPRS genau gemessen werden.

3.5.3 UMTS

Topologie	vermaschtes sternförmiges Netz
Übertragungsmedien	Radiowellen
Vermittlung	Paketvermittlung, Codemultiplexverfahren in Verbindung mit Frequenzmultiplexverfahren
Verbreitung	Flächendeckend in allen großen Städten und Ballungsregionen. Der Netzausbau ist vielen ländlichen Gebieten eher ungenügend.
Dienste	Es werden sowohl leitungs- als auch paketorientierte Dienste unterstützt, unter anderem Fernsprechdienst, Datenübertragung und Lokalisierung der Nutzerposition. Ein Schwerpunkt liegt in den Multimediadiensten sowie in der Integration in die IT-Landschaften der Unternehmen.

W

UMTS entspricht als Standard für Netze der dritten Generation anspruchvollen Anforderungen und

- garantiert eine effiziente Auslastung der Funkressourcen,
- unterstützt wahlweise die leitungs- oder paketorientierte Übertragung,
- stellt verschiedene Übertragungsraten zur Verfügung,
- unterstützt variable Übertragungsraten mit dynamischer Anpassung der Dienstgüte an die aktuellen Möglichkeiten des Funkkanals,
- garantiert einen Quality of Service, angepasst für alle Anwendungstypen, und
- unterstützt UMTS-Zellen mit variabler Größe je nach Art der Anwendungen.

3.5.3.1 UMTS-Netzaufbau

UMTS gilt als Standard für die paketorientierte mobile Kommunikation. Der Aufbau einer dafür notwendigen Infrastruktur ist allerdings eine kostspielige und langwierige Aufgabe. Deshalb besteht die Einführung von UMTS aus mehreren Phasen. Zuerst wurden die vorhandenen Technologien GSM und GPRS noch stärker eingebunden. Danach erfolgte schrittweise der eigentliche Ausbau einer eigenen UMTS-Infrastruktur, die schließlich die veralteten Netzwerke völlig ersetzt.

In der ersten Entwicklungsstufe, dem sogenannten „Release 99", ähnelte die UMTS-Architektur noch stark den GSM- und GPRS-Architekturen. Um die GSM-/GPRS-Komponenten abzugrenzen, die trotz technologischer Unterschiede ähnliche Funktionen wie die entsprechenden Teile des UMTS-Netzwerkes erfüllen, gelten bei UMTS eigene Begriffe und Abkürzungen.

User Equipment

Das UMTS-Handy wird als **U**ser **E**quipment **(UE)** bezeichnet. Es besteht wie die GSM-Mobilstation aus dem Gerät selbst und aus einer SIM-Karte. Die UMTS-Handys benötigen eine geringere Sendeleistung als die herkömmlichen GSM-Geräte. Da die Multimediadienste eine große Rolle spielen, verfügen die meisten UMTS-UEs über ausgereifte Anzeigemöglichkeiten (Display) sowie über eine digitale Kamera. Das UMTS-SIM wird als **U**niversal **SIM (USIM)** bezeichnet. Es übernimmt die gleichen Aufgaben wie sein GSM-Pendant. Die Speicherkapazität einer USIM-Karte liegt normalerweise bei mehreren Megabytes.

UMTS Terrestrial Radio Access Network (UTRAN)

Das Funknetzteil von UMTS heißt UTRAN. Es verfügt über ähnliche Komponenten wie das Base Station Subsystem von GSM. Technologisch gesehen gibt es allerdings große Unterschiede. Sie entstehen in erster Linie dadurch, dass UMTS mit dem Codemultiplexverfahren **WCDMA** (**W**ideband **C**ode **D**ivision **M**ultiple **A**ccess) eine andere Multiplex-Verfahrensart als GSM verwendet. Zu den wichtigen Bestandteilen von UTRAN gehören die sogenannten **Node-B**-Einheiten (Basisknoten) und die **RNC**s (**R**adio **N**etwork **C**ontroller).

Die Node-B-Einheiten sind die eigentlichen Antennen mit der erforderlichen Steuerungselektronik. Sie entsprechen den Base Transceiver Stations bei GSM, stellen die Funkverbindungen mit den UEs her und überwachen deren Qualität. In der ersten UMTS-Ausbaustufe besitzen sie noch keine eigenständigen Funktionen zur Optimierung des Datentransfers. In der Zukunft erhalten die B-Nodes allerdings die dafür erforderlichen Steueralgorithmen. Die kleineren UTMS-Zellen bewirken, dass die Sendeleistung auch bei den B-Nodes erheblich niedriger ist als bei den GSM Base Transceiver Stations.

Die Radio Network Controller (RNC) bilden die Steuerungseinheiten des UTRAN. Sie entsprechen dem Base Station Controller des GSM-Netzwerkes. Die RNCs steuern die angeschlossenen B-Nodes, verwalten die Funkressourcen und sind für die Verschlüsselung des Datenverkehrs verantwortlich. Die Steuerung der Funkressourcen gliedert sich in folgende Teilaufgaben:

- Steuerung der Sendeleistung
- Steuerung der Datenmenge und des Datenflusses
- Anmeldesteuerung
- IP Packet Scheduling. Das sind Algorithmen zur dynamischen Vergabe der Bitrate für jedes einzelne IP-Datenpaket mit dem Ziel, die vorhandenen Kapazitäten der Zelle optimal auszunutzen.
- Handover-Steuerung
- Verschlüsselungsmanagement

Eine Besonderheit der Radio Network Controller besteht darin, dass sie miteinander verbunden sind. Für die Handover-Steuerung entfällt deshalb die Verbindung zum Vermittlungsteil.

Vermittlungsnetz (UMTS Core Network)

Das UMTS-Vermittlungsnetz benutzt in der ersten Ausbaustufe (Release 99) die vorhandenen GSM-Strukturen. Das soll den Mobilfunknetzbetreibern einen schnellen und problemlosen Umstieg auf die neuen Technologien erleichtern. Andererseits sind in dieser Phase nicht alle Dienste und nicht die gesamte Leistung von UMTS verfügbar.

Für die Unterstützung der leitungsorientierten Diens-te, wie der Sprachkommunikation, benutzt UMTS Release 99 die Möglichkeiten des GSM-Vermittlungsnetzes NSS. Dafür wird der RNC über ein Media Gateway (MGA) mit einem GSM-MSC verbunden.

Zum Transport der Daten für paketorientierte Dienste, wie dem Internetzugriff, nutzt UMTS die Möglichkeiten des GPRS-Netzwerkes. Die Verbindung erfolgt dabei über einen GPRS-SGSN-Knoten. Die Umstellung der vorhandenen Infrastruktur kann oft durch ein einfaches Software-Update in den jeweiligen Knoten durchgeführt werden.

Die künftigen Ausbaustufen sehen eine Eliminierung des leitungsvermittelten Netzes (dediziertes Circuit Switched Domain) vor, das momentan durch GSM zur Verfügung gestellt wird. Die gesamte Kommunikation verläuft dann entsprechend paketorientiert. Als universelle Schnittstellen zwischen dem UMTS Core Network und UTRAN dienen die Media Gateways (MGA).

UMTS-Kommunikationsschnittstellen

Die logischen Schnittstellen für die Kommunikation einzelner Komponenten des UMTS-Netzwerkes sind standardisiert und werden als Interfaces bezeichnet:

- **Uu-Interface** – Schnittstelle zur Kommunikation zwischen einem User Equipment und einem B-Node. Sie ist als Funkverbindung realisiert.

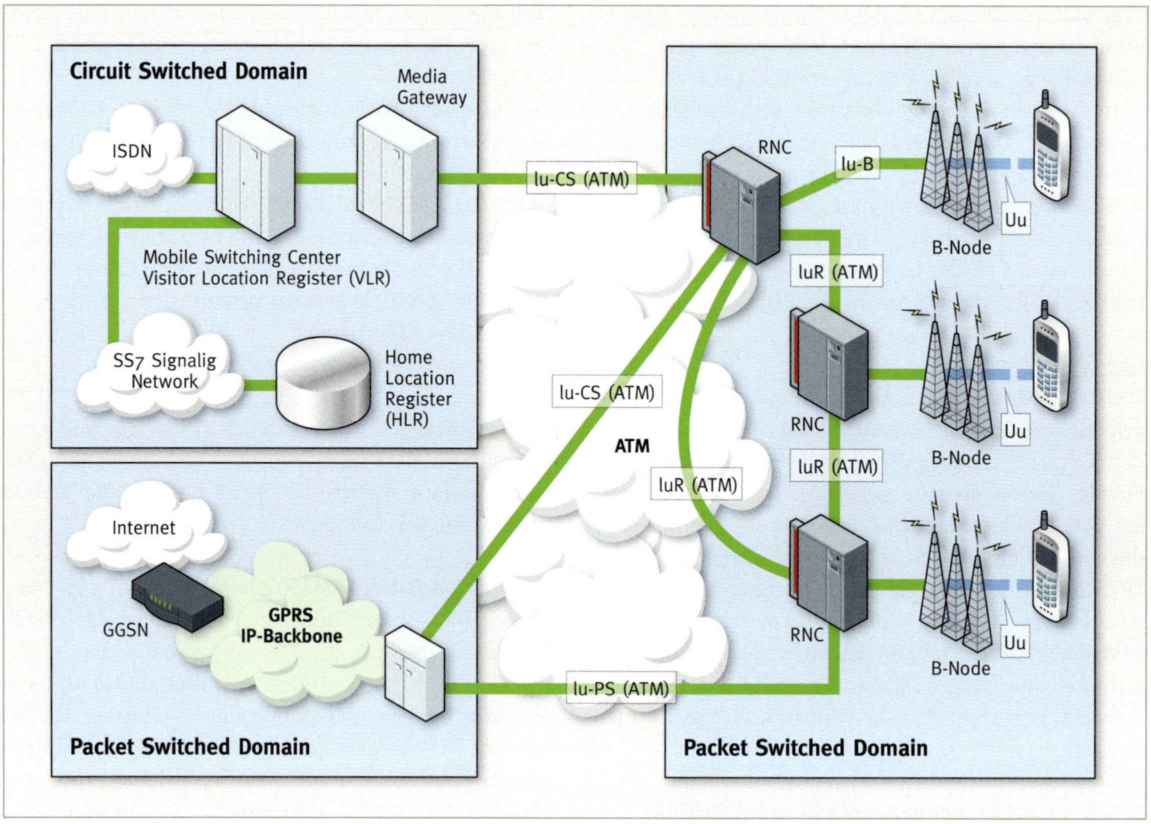

UMTS Core Network, Release 99

- **IuB-Interface** – Schnittstelle zur Kommunikation zwischen einem B-Node und dem ihm zugewiesenen RNC. Diese Schnittstelle basiert auf der ATM-Technologie.
- **IuR-Interface** – Schnittstelle zur Kommunikation zwischen den einzelnen RNCs. Diese Schnittstelle basiert auf der ATM-Technologie.
- **IuCS-Interface** – Schnittstelle zur Kommunikation zwischen dem UTRAN und dem GSM-NSS-Netz. Damit kommunizieren einzelne RNCs mit den Media Gateways. Die Buchstaben CS in der Interface-Bezeichnung stehen für Circuit Switched (leitungsvermittelt).
- **IuPS-Interface** – Schnittstelle zur Kommunikation zwischen dem UTRAN und dem GPRS-Netz. Damit kommunizieren einzelne RNCs mit den SGSN. Die Buchstaben PS in der Interface-Bezeichnung stehen für Packet Switched (paketvermittelt).

Besonderheiten des Codemultiplexverfahrens (Wideband Code Division Multiple Access)

Mit dem Codemultiplexverfahren ergeben sich für UMTS einige Besonderheiten. Dazu gehören unter anderem folgende Eigenschaften:

- Alle Teilnehmer einer UMTS-Zelle teilen sich eine einzige Sendefrequenz. Somit unterliegt die Höchstzahl der simultanen Gespräche keinen festen Beschränkungen.
- Um die sendenden Stationen zu unterscheiden, wird die Kommunikation auf eine besondere Weise kodiert. Jedes gesendete Bit einer UE (User Equipment, Mobilstation) wird mit einer Folge von Signalen versehen, die das UE für die Basisstation eindeutig identifiziert. Je mehr Gespräche gleichzeitig geführt werden, desto länger ist diese Kodierungsfolge. Das bedeutet, dass die Anzahl der simultanen Gespräche einer Zelle durch die Leistung der Basisstation bestimmt wird.
- Der Durchmesser einer Zelle wird von der Antennenleistung und der Anzahl der simultanen Gespräche beeinflusst. Je geringer die Anzahl aktiver Teilnehmer in der Zelle ist, desto weiter reicht die Antennenleistung. Man sagt, die Zelle „atmet".
- In kleineren Zellen mit sehr leistungsfähigen Antennen und einer begrenzten Anzahl simultaner Gespräche sind höhere Datenraten möglich. Zurzeit werden hauptsächlich die Mikrozellen mit einer Reichweite von ca. 1 000 m und Datenraten bis zu 384 KBit/s realisiert. In den nächsten Ausbaustu-

fen folgen kleinere Pikozellen mit einer Reichweite von 60 m und Übertragungsgeschwindigkeiten bis zu 2 MBit/s.
- Die Sendeleistung in einer UMTS-Zelle muss an die Entfernung der UE vom Sendemast automatisch angepasst werden. So ist auch die geografische Lokalisation eines Mobilfunkteilnehmers viel präziser (bis auf einige Meter) als in den GSM-Netzen.

3.5.3.2 Weiterentwicklung von UMTS

Die technischen Standards, die der UMTS-Technik zugrunde liegen, werden von der Organisation 3GPP (3rd Generation Partnership Project) kontinuierlich weiterentwickelt und in Form von 3GPP-Releases veröffentlicht. So wurden bereits in der Aufbauphase der UMTS-Netzwerkinfrastruktur im Jahre 2002 einige wesentlichen Erweiterungen des Standards in den 3GPP-Release 5 freigegeben, die es erlauben, die Datenübertragungsgeschwindigkeit erheblich zu verbessern und auf diese Weise den Weg zu mobilen Multimediaanwendungen zu öffnen.

Im Mittelpunkt steht das Übertragungsverfahren **H**igh **S**peed **D**ownlink **P**acket **A**ccess (**HSDPA**). Es verspricht Geschwindigkeiten bis zu 14,4 MBit/s in der Downlink-Richtung, also vom Funknetz zur mobilen Station. Bei dieser Angabe handelt es sich allerdings um einen theoretischen Wert, die HSDPA-fähigen Geräte erreichen zunächst einen Datendurchsatz von etwa 1 MBit/s.

Die neue Technik verlagert einen Teil der Steuerung der Zellen vom Radio Network Controller (RNC) in die angeschlossenen B-Nodes. In UMTS Release 99 speichern die RNCs die Datenpakete in einem Puffer, bevor sie an die B-Nodes geschickt werden. Wenn der B-Node dem Mobilgerät ein Paket zugestellt hat, sendet er eine Bestätigung an seinen RNC. Erst dann wird das Paket durch den RNC aus dem Puffer entfernt. Bei HSDPA wird der Puffer direkt von der Zelle verwaltet, wodurch die Abarbeitungsgeschwindigkeit der Datenpakete um ein Vielfaches erhöht wird. Der B-Node kann so die Kanalqualität besser kontrollieren und unterschiedliche Kodierungen dynamisch einsetzen. Je weniger Teilnehmer die Zelle aktuell aufweist, desto weniger aufwändig werden die einzelnen Kanäle kodiert und dementsprechend werden weniger redundante Informationen übertragen. Die HSDPA-fähigen B-Nodes können die einzelnen zur Verfügung stehenden Kanäle bündeln, um die vorhandenen Zellenkapazitäten besser auszunutzen.

HSDPA ist auf die Koexistenz mit der vorhandenen UMTS-Technik ausgelegt. An einem einzigen RNC können also sowohl die herkömmlichen Zellen als auch die neuen intelligenten HSDPA-Zellen angeschlossen werden.

Mit der Einführung von HSDPA als Datenübertragungsstandard und neuen Generationen von Smartphones begann eine rasante Entwicklung des Telekommunikationsmarktes. Anwendungen, die eine ständige und zuverlässige Anbindung an das Internet benötigen, bestimmen zunehmend das Konsumentenverhalten, d. h., die Benutzung von Mobiltelefonen gleicht immer mehr der Benutzung der Computertechnik im Büro und zu Hause. Die Nachfrage für Datendienste steigt überdurchschnittlich an, während die Benutzung der traditionellen Telefonie nur noch langsam zunimmt.

Das 3GPP-Release 6 definierte einen technischen Standard für die entgegengesetzte Richtung der Datenübertragung – **H**igh **S**peed **U**plink **P**acket **A**ccess (HSUPA). Mit diesem Standard verkürzen sich die Reaktionszeiten und verbessern somit interaktive Anwendungen auf mobilen Endgeräten, wie z. B. Online-Spiele und Voice over IP (VoIP).

Im 3GPP-Release 7 wurde HSPA+ bzw. HSPA Evolution als Erweiterung von HSPA veröffentlicht. Dieser Standard unterscheidet sich von seinem Vorgänger hauptsächlich wegen noch höherer Datenübertragungsraten bis zu 85 MBit/s im Downlink. Die technischen Verbesserungen basieren auf einem ausgeklügelten Modulationsverfahren nach der sogenannten **M**ultiple **I**nput **M**ultiple **O**utput (MIMO) Technik. MIMO ist ein Verfahren, dass die Signalqualität durch Bündelung von mehreren Antennen sowohl auf der Basisstation als auch im Endgerät verbessert.

3.5.3.3 UMTS-Dienste

Die schnelle paketorientierte Datenübertragung sowie die niedrigere Sendeleistung der mobilen Geräte erschließen dem Funkteilnehmer eine Reihe neuer Dienste, die nicht mit den herkömmlichen Telefondiensten verglichen werden können. Diese Möglichkeiten existierten zwar prinzipiell auch schon in den GSM-Netzen, die dazu notwendige Infrastruktur (verschiedene Gateways, Hardware- und Softwarelösungen) mit marktfähigen Produkten hätte aber einen längeren Entwicklungszeitraum benötigt. Viele dieser Dienste entstammen den Internettechnologien. Auch die Mobilgeräte selbst entwickeln sich allmählich zu voll ausgestatteten Multimedia-Plattformen mit virtuellen Java-Maschinen, digitalen Fotokameras und Radios sowie MP3-Playern und Bluetooth-LAN-Schnittstellen.

Allgemeine Informationsdienste

Schon die vorhandene GPRS-Infrastruktur (GGSN-Gateways) erlaubt den Zugriff auf die gesamten Internetinhalte. Noch vorhandene Einschränkungen in der Darstellung der Websites entfallen mit der Verfügbarkeit höherer Datenraten. Das Handy entwickelt sich praktisch zu einem mobilen Internetportal für das elektronische Einkaufen, das Lesen von Online-Büchern sowie den Empfang von Wetter- und Verkehrsnachrichten, um nur einige Beispiele zu nennen.

Online-Bildungsdienste

Virtuelle Bildungsdienste wenden sich vorrangig an Laptop-Nutzer mit einer UMTS-Karte. Sie bieten Onlinekurse (WBT), Online-Mediatheken, Wörterbücher und Übersetzungen an.

Unterhaltung

Die Umsätze in diesem Bereich sprechen unzweifelhaft für ein sehr großes Marktpotenzial der mobilen Unterhaltungsindustrie. Das direkte Herunterladen von Musik aufs Handy entwickelte sich bereits zu einer echten Alternative gegenüber dem CD-Kauf. Moderne Java-fähige Mobilgeräte eignen sich auch als Spielekonsolen und bieten die Möglichkeit, über das Netzwerk mit anderen Teilnehmern zu spielen.

Erweiterte Kommunikationsdienste

Dazu zählen Videokonferenzen und die Videotelefonie sowie das Abrufen verschiedener Mailboxen. Es handelt sich dabei sowohl um Postfächer im Internet als auch um die an den Funknetzanbieter gebundenen Mail- und Message-Boxen. Ein neuer interessanter Dienst erlaubt die Lokalisierung der User Equipments (UE) innerhalb des UMTS-Netzes mit hoher Genauigkeit und ohne eine direkte Anfrage über einen GPS-Satelliten. So können z. B. Touristen über ihr UE (Endgerät) mobil zu verschiedenen Sehenswürdigkeiten geführt werden oder sie erhalten einfach eine Wegbeschreibung zwischen zwei Punkten.

Für Geschäftskunden gewinnen in der letzten Zeit logistische Dienste eine zunehmende Bedeutung, wie z. B. die Koordinierung und Optimierung des Lastwagenverkehrs bzw. der allgemeinen Straßentransporte.

Aufgaben

1. Einige Teile der UMTS-Infrastruktur besitzen ähnliche Funktionen wie die entsprechenden Komponenten eines GSM-Netzwerkes. Finden Sie die entsprechenden Übereinstimmungen in der folgenden Liste:

UMTS	GSM
a) UTRAN (UMTS Terrestrial Radio Access Network)	A) BTS (Base Transceiver Station)
b) USIM	B) BSC (Base Station Controller)
c) B-Node	C) RAN (Radio Access Network)
d) WCDMA	D) SIM (Subscriber Identity Module)
e) RNC (Radio Network Controller)	E) TDMA/FDMA

2. Welche Funktionen hat ein Radio Network Controller?
   a) Anmeldesteuerung
   b) Handover-Steuerung
   c) Steuerung der Sendeleistung
   d) Verschlüsselungsmanagement
   e) Aktivierung und Deaktivierung der zugewiesenen Funkkanäle
   f) Verschlüsselung und Entschlüsselung
   g) Packet Scheduling
   h) Überwachung der Empfangsqualität
   i) Vergabe und Steuerung der Sendefrequenzen für die UEs
3. Welches Transportnetzwerk benutzen die Radio Network Controller (RNC) für ihre Kommunikation untereinander?
   a) DSL
   b) Internet
   c) dedizierte Funkverbindungen (Radio Network)
   d) WCDMA
   e) ATM
   f) ISDN
   g) SS7
4. In den weiteren Ausbauphasen von UMTS sollen alle Dienste paketorientiert abgewickelt werden. Welche Teile des UMTS Core Network (Release 99) entfallen dadurch?
   a) MSC
   b) USIM
   c) ISDN
   d) ATM
   e) B-Node
   f) MGA
5. Die technische Spezifikation eines GGSN enthält folgende Details (siehe folgende Seite):
   a) Welche SDH-Multiplexstufen unterstützt das GGSN?
   b) Auf welche Weise können die Mobilfunkteilnehmer über das Gateway IP-Adressen beziehen?

c) Welche VPN-Verfahren werden direkt unterstützt?
d) Welche IP-Routingprotokolle werden unterstützt?
e) Wie viele Sitzungen kann das GGSN gleichzeitig aufrechterhalten?
f) Werden Kunden mit Prepaid-Karten von diesem GGSN unterstützt?

Gateway GPRS Support Node (GGSN)

Technical specifications

Modules:
One or two Control Management Cards (CMC) providing routing and management for the system
A one or two 10-Gbps Switch Fabric Card (SFC) with full per-flow queuing
Up to six Subscriber Service Cards (SSC), each with up to 4 Subscriber Service Modules (SSMs) processor groups with 4 processors per SSM.

Physical interfaces:
4xOC-3/STM-1 ATM; 2xOC-12/STM-4 ATM; 8xFE/E and 2xFE/E on CMC; 1xGE

GGSN functions:
GTP v0 (3GPP R97/98) and v1 (R99); 3GPP standard interfaces: Gn, Gi, Ga, Gp

IP addressing:
Static and dynamic, internal address pools: DHCP, RADIUS.

Billing:
3GPP UMTS TS 32.015; Real-time pre-paid data; content-based billing (MMS over WAP 1.x and 2.0)
Tariff-based billing; hot billing; RADIUS accounting (RFCs 2866 and 2868) for enhanced personalisation

VPNs:
ATM VCs and VLAN tagging (802.1q); L2TP and L2TP over IPsec; IPsec and GRE VPN;
VPRN (RFC 2764); MPLS/BGP VPN (RFC 2547bis)

Security:
Authentication: radius (RFC2865), LDAP; ICSA-certified state-aware firewall
Packet filtering, anti-spoofing; Denial of Service (DoS) and Distributed DoS protection
IPsec (ESP); DES and 3DES hardware-accelerated encryption; Internet Key Exchange (IKE)

Capacity:
1,000,000 simultaneous PDP sessions
48,000 IPsec tunnels
6000 L2TP tunnels and 8000 PPP sessions per tunnel
Data throughput: 2 Gbps
Packet forwarding: 1.9 million packets per second (pps)

Routing protocols:
RIP v1/v2; OSPFv2; IS and BGP4; IP Multicast via IGMP Proxy

3.5.4 Long Term Evolution (LTE)

W

Topologie	vermaschtes Netz
Übertragungsmedien	Radiowellen, IP-basiertes Übertragungsnetz
Vermittlung	Paketvermittlung, Frequenzmultiplexverfahren Downlink: OFDMA Uplink: DFTS-OFDM
Bandbreite	1,4 MHz, 3 MHz, 5 MHz, 10 MHz, 15 MHz, 20 MHz
Datendurchsatz	Downlink: 300 MBit/s Maximum Uplink: 75 MBit/s Maximum
Dienste	reine IP-basierte Datendienste, Fernsprechdienst als Voice-over-IP realisiert

Die Entwicklung der Übertragungstechnik hat in den letzten Jahrzehnten neue Möglichkeiten für die Nutzung der mobilen Netzwerke eröffnet. Aktuelle Anwendungen wie

- Videostreaming mit YouTube,
- mobile Verarbeitung und Speicherung von Dokumenten unter Ausnutzung von Cloud- Diensten,
- Einkauf von Multimediainhalten im Internet,
- Online-Spiele und
- Navigation

stellen die Mobilfunktechnologien vor neue Herausforderungen. Diese Tendenz wird auch durch die zunehmende Verbreitung von mobilen IT-Kommunikationssystemen wie Tablet-PCs und Smartphones massiv angetrieben. Aktuelle Statistiken und Vorhersagen für die nächsten Jahre bezeugen, dass nicht mehr die Telefonie, sondern die Datenübertragung in den Mittelpunkt der Entwicklung von mobilen Diensten rückt.

Die Entwicklung in der Datenübertragung beschert den mobilen Netzwerken neue technische und wirtschaftliche Leistungsanforderungen, die mit den folgenden Erwartungen beschrieben werden können.

Hoher Datendurchsatz. Bereits heute ist der Bedarf an übertragenem Datenvolumen pro Benutzer vergleichbar mit ADSL. Die Übertragungstechnologien sollen

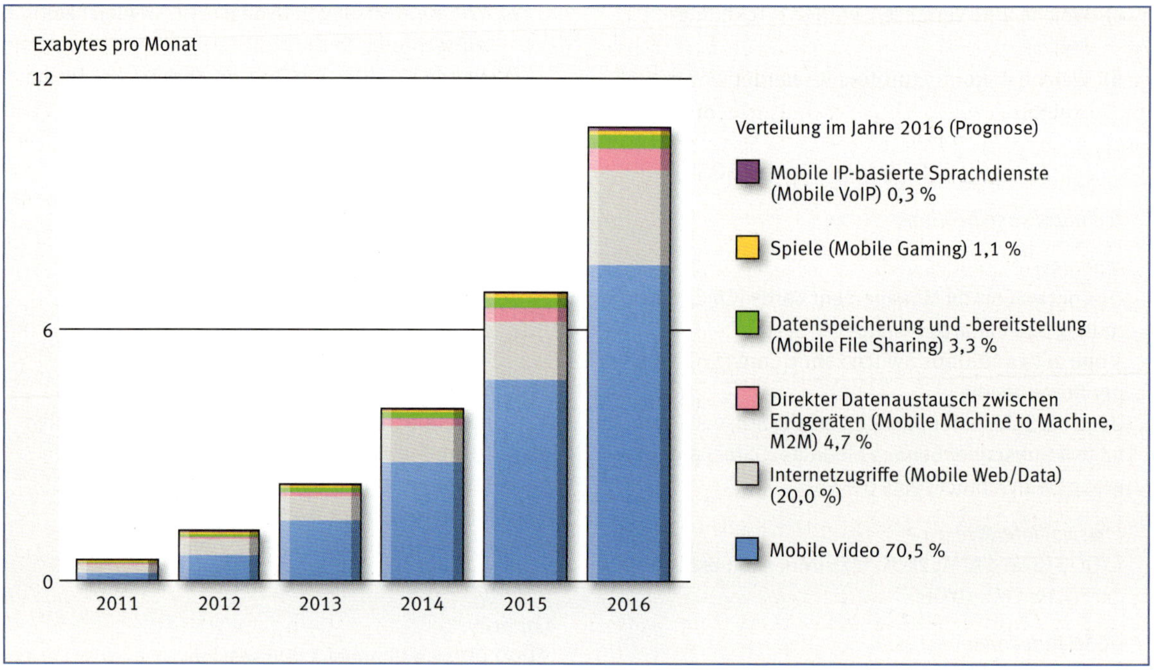

Vorhersage für Entwicklung der Datenübertragung in den mobilen Netzwerken (Quelle: CISCO)

aber nicht nur dem heutigen Bedarf gerecht werden, sondern auch noch ein ausreichendes Wachstumspotenzial aufweisen.

Senkung der Kosten pro übertragenes Datenpaket. Ohne Kostenreduktion ist eine breite Akzeptanz der angebotenen Dienste nicht möglich.

Skalierbarkeit der Bandbreite. Verschiedene Anwendungen benötigen verschiedene Bandbreiten. Es ist wichtig, nur so viel Bandbreite zu reservieren, wie benötigt wird.

Kurze Reaktionszeiten. Lange Übertragungswege verursachen eine Verlängerung der Antwortzeiten. In der Vergangenheit wurde dies kaum als wesentlicher Störfaktor angesehen, für die modernen Anwendungen muss dieser „Flaschenhals" beseitigt werden.

Flächendeckende Versorgung. Es ist von sehr großer Bedeutung für die Akzeptanz durch die Benutzer, dass die Datendienste in jeder Gegend und zu jeder Zeit verfügbar sind. Das gilt ganz speziell für die Regionen mit schwacher DSL-Abdeckung, wie in wenig erschlossenen ländlichen Gebieten.

Vermeidung von Datenverlust. Die Übergabe der Verbindung von einer zur anderen Zelle muss so schnell und reibungslos passieren, dass auch bei hohen Geschwindigkeiten im Zug oder im Auto kein Datenverlust entsteht.

Long Term Evolution (LTE) ist jener technologische Mobilfunkstandard der nächsten Generation, der diesen Erwartungen als Nachfolger von UMTS (3G) entsprechen kann. Dank einiger neuer, fortgeschrittener Technologien in der Mobilfunktechnik ist es gelungen, den Datendurchsatz pro Zelle erheblich zu steigern. Die Verkür-

W

Wichtigste Eigenschaften von LTE	
Hoher Datendurchsatz bei sparsamer Bandbreitenbenutzung	▪ MIMO ▪ OFDM im Downlink ▪ DFTs-OFDM im Uplink ▪ Multi-Antennenbetrieb
Niedrige Latenz	▪ Kurze Startzeit und Übertragungsverzögerung
Unterstützung variabler Bandbreiten	1,4 MHz, 3 MHz, 5 MHz, 10 MHz, 15 MHz, 20 MHz
Einfache Protokollarchitektur	▪ Effiziente Nutzung der Bandbreite durch OFDMA ▪ Packet Switched (PS) Modus (siehe S. 277)
Einfache Architektur	▪ eNode-B als einziger EUTRAN-Knoten ▪ Kleinere Anzahl an Radio-Access-Network-Schnittstellen (eNode-B → MME → PGW → SGW → eNode-B → eNode-B (Nachbar)
Kompatibilität und Zusammenarbeit mit Netzwerken früherer Generationen	
Gemeinsamer Einsatz mit anderen Technologien	
FDD und TDD innerhalb einer einzigen Funkzugangstechnik	

zung der Übertragungswege verringert die Verzögerung bei der Antwortzeit. Zu den wichtigsten Entscheidungen gehört der Verzicht auf leitungsorientierten Dienste. LTE implementiert ausschließlich Datendienste, die auf der Übertragung von IP-Paketen basieren. Das eigentliche Telefonieren ist als Voice over IP möglich.

In Deutschland haben die LTE-Provider eine Auflage erhalten, wonach die Technik im 800-MHz-Frequenzbereich in erster Linie in ländlichen Gegenden einzusetzen ist. Damit werden jene Gebiete versorgt, die bisher weder von UMTS noch von ADSL ausreichend erschlossen sind.

Die aktuelle LTE-Versorgungssituation (Netzausbau) in Deutschland in den Ausbaustufen 4G/LTE mit bis zu 50 MBit/s, 4G/LTE mit bis zu 150 MBit/s und 4G/LTE mit bis zu 300 MBit/s gestaltet sich laut Angaben der Telekom nahezu flächendeckend.

3.5.4.1. Weiterentwicklung der Luftschnittstelle

Die LTE-Luftschnittstelle trägt die Bezeichnung „Evolved UMTS Terrestrial Radio Access Network" (EUTRAN, weiterentwickeltes UTRAN). Sie besteht im Wesentlichen aus „evolved Node-B-Stationen" (eNode-B-Stationen) und setzt die folgenden Verfahren für die Datenübertragung von und zu mobilen Kommunikationsgeräten ein:

Geschickte Modulationsverfahren

LTE verwendet die Quadraturamplitudenmodulation (QAM). Bei diesem Modulationsverfahren können mehrere Bits in einem einzigen Signal übertragen werden. Als Voraussetzung ist eine gute Empfangsqualität erforderlich. Eine bessere Informationsdichte kann erreicht werden, je näher sich das Endgerät (UE) an der Station befindet. Die eNode-B-Station benutzt automatisch das beste Verfahren, d. h. QAM 64 zum Übertragen von 6 Bits, QAM 16 zum Übertragen von 4 Bits oder herkömliches Verfahren QPSK (Quadrature Phase Shift Keying) zum Übertragen von 2 Bits. Das QAM-Verfahren ist nicht neu, es wird z. B. bei UMTS und in der Fernsehtechnik bei DVB-T und DVB-C verwendet.

Einsatz mehrerer Antennen

LTE sieht vor, dass die Basisstation und die Endgeräte mit bis zu vier Antennen ausgestattet sein können. Für solche Endgeräte können dann mehrere Datenströme gleichzeitig über eine Frequenz übertragen werden. Auf diese Weise lässt sich die Geschwindigkeit einer Datenverbindung deutlich erhöhen und auch die Signalqualität verbessert sich. Das Verfahren ist in der Nachrichtentechnik als **M**ultiple **I**nput **M**ultiple **O**utput (MIMO) bekannt und findet seine Anwendung unter anderem in der WLAN-Technik.

MIMO

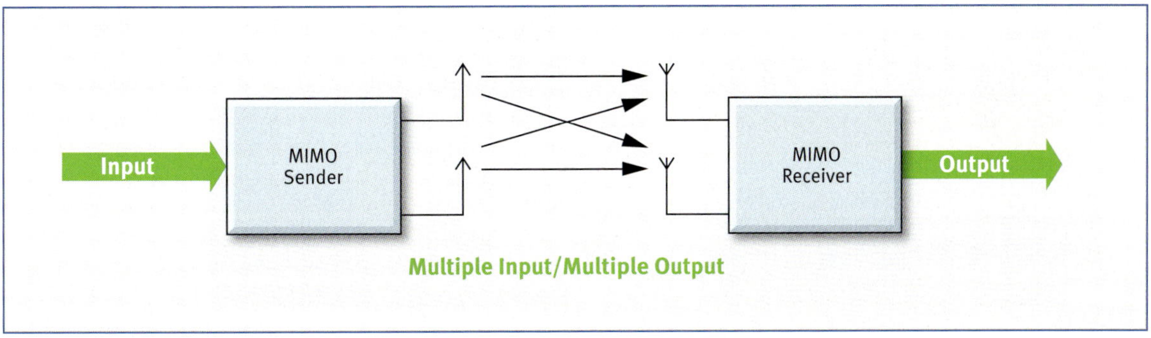

Flexibles Duplexverfahren

Die LTE-Zugangstechnologie kann zwischen eNode-B und dem Endgerät eine Vollduplex-Verbindung einrichten, sowohl

- mit gepaarten Übertragungskanälen für das Hoch- und Herunterladen oder
- wenn nur ein Kanal für beide Richtungen zur Verfügung steht.

Das **F**requency-**D**ivision-**D**uplex-Verfahren (FDD) kommt im ersten Fall zur Anwendung. Der Datendurchsatz ist in diesem Fall besser und der Betrieb einfacher. Das **T**ime-**D**ivision-**D**uplex-Verfahren (TDD) ist dann geeignet, wenn es nur einen Kanal für die Kommunikation gibt. In diesem Fall werden die Datenströme für das Hoch- und Herunterladen zeitlich voneinander getrennt. Für viele Dienste ist dies ausreichend, wenn die meisten Daten nur in einer Richtung fließen, wie bei einem Download aus dem Internet. Das Verfahren ist dann schwer zu realisieren, wenn die Basisstationen während der Sitzung gewechselt werden sollen, da alle benachbarten Stationen synchronisiert senden und empfangen müssen, damit keine Daten verloren gehen.

Effiziente Nutzung der Bandbreite durch OFDMA
Zum Übertragen der Signale über die Radiowellen werden in LTE unterschiedliche Multiplexverfahren für die Datenströme in verschiedenen Richtungen verwendet. Im LTE-Standard wird ein Trägersignal von 5MHz definiert. Durch die verschiedenen Multiplexverfahren wird die Nutzung des Signals optimiert.

Beim Herunterladen der Daten aus dem Netz in das Endgerät kommt **O**rthogonal **F**requency **D**ivision **M**ultiple **A**ccess (OFDMA) zum Einsatz. Mit Hilfe fortgeschrittener mathematischer Methoden wie der Fast Fourier-Transformation (FFT) wird die 5-MHz-Bandbreite des Trägersignals in weitere Unterträger aufgeteilt, die sich gegenseitig nicht stören, da sie „orthogonal“ zueinander sind. Ein Signal kann damit verschiedenen Nutzern einer Frequenz zugewiesen werden, was nicht nur den Datendurchsatz, sondern auch die Anzahl der Geräte erhöht, die gleichzeitig mit einem eNode-B verbunden sein können.

Bei dem OFDMA-Verfahren werden die einzelnen Unterträger einem Nutzer nicht fest zugewiesen, sondern je nach Bedarf dynamisch an verschiedene Nutzer einer Trägerfrequenz verteilt. Diese Flexibilität verbessert die Nutzung der Bandbreite, erhöht zusätzlich den Datendurchsatz, führt aber zu einem erhöhten Aufwand beim Kodieren und Zusammensetzen der Pakete. Das setzt wiederum schnellere Rechentechnik voraus und würde besonders bei den sendenden Basisstationen den Stromverbrauch erhöhen.

Geringerer Stromverbrauch durch CS-FDMA
Für das Hochladen der Daten wird das Single-Carrier-FDMA-Verfahren (**D**iscrete **F**ourier **T**ransformation **S**pread-FDMA, DFTS-FDMA) eingesetzt. Dabei erfolgt keine dynamische Verteilung auf einzelnen Unterträger. Das führt zu einem geringeren Stromverbrauch bei den sendenden Endgeräten. Die Datenübertragungsgeschwindigkeit spielt in dieser Richtung keine übergeordnete Rolle.

Orthogonal Frequency Division Multiplexing und Orthogonal Frequency Division Multiple Access

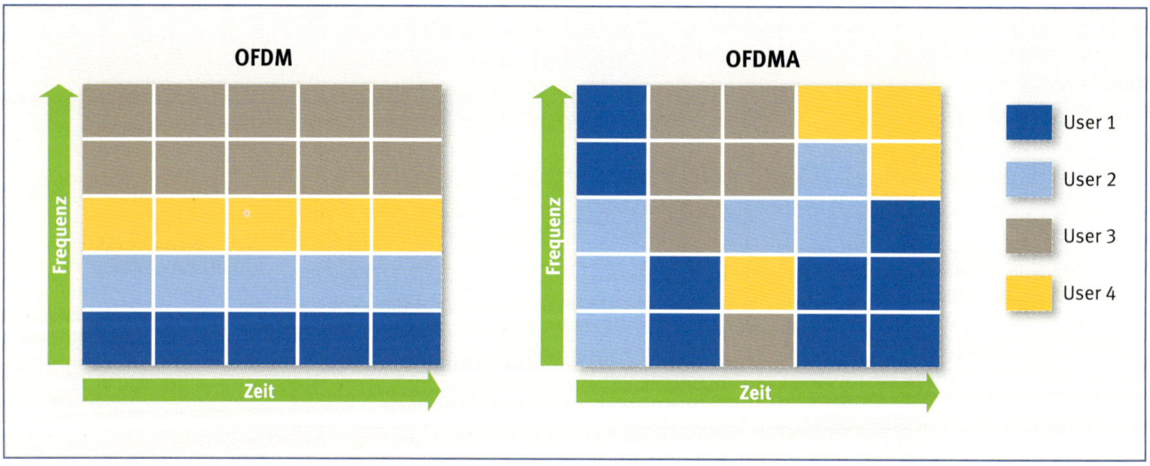

3.5.4.2. Netzwerkarchitektur

Der grundsätzliche Aufbau des LTE-Netzwerkes wurde im Vergleich mit UMTS vereinfacht, um die Übertragungswege der Datenpakete zu verkürzen und auf diese Weise die Latenz (Reaktionszeit) des gesamten Systems zu verringern. Dazu tragen insbesondere die folgenden Eigenschaften bei:

- In EUTRAN existieren keine separaten Radio Network Controller (RNC), d. h. ihre Funktionalität wurde auf die eNode-B-Stationen und teilweise auf die Signalisierungskomponenten des Kernnetzwerkes verlagert.
- Die Trennung der Signalisierung von den Datenströmen erhöht die Gesamteffizienz des Netzwerkes.

In einem LTE-System arbeiten die folgenden Netzwerke mit den zugehörigen Komponenten zusammen:

Netzwerk	Komponenten
EUTRAN (Evolved UMTS Terrestrial Radio Access Network) bezeichnet das Zugangssystem von LTE mit seinen Komponenten.	▪ UE – Endgerät ▪ eNode-B – intelligente Basisstation. Die benachbarten eNode-B-Stationen tauschen ständig Daten über die angeschlossenen Netzteilnehmer aus. Wenn ein UE die Zelle verlässt, besitzt die nächste eNode-B-Station bereits alle Daten des UE, so dass die Unterbrechung der Verbindung minimal ist.
Evolved **P**acket **C**ore (EPC) ist das LTE-Kernnetzwerk. EPC-Komponenten sorgen für die Signalisierung und für die Übertragung der Daten zwischen der EUTRAN und den IP-basierten Netzwerken. Zum Datentransfer zwischen eNode-B und dem Serving Gateway wird zurzeit meist die ATM-basierte Infrastruktur benutzt. Das kann in den Spitzenzeiten zu einem Flaschenhals werden, da die Geschwindigkeit von 2 MBit/s in den dafür eingesetzten E1-Leitungen nicht ausreicht. In Zukunft ist deswegen eine mit größeren Investitionen verbundene Migration auf neue, IP-basierte Technik vorgesehen.	Es handelt sich um die wichtigsten Komponenten: ▪ **M**obility **M**anagement **E**ntity (MME) übernimmt im Netzwerk die Signalisierung. ▪ Serving Gateway (S-GW) ist die Datenschnittstelle für EUTRAN, es übermittelt Daten von und zu einem UE. ▪ **P**acket **D**ata **N**etwork **G**ateway (PGW, PDN-GW) vermittelt die Datenströme zwischen dem S-GW und den außerhalb von Evolved Packet Core liegenden IP-basierten Netzwerken. Es weist den angeschlossenen UEs die IP-Adressen zu.
Außerhalb von dem eigentlichen LTE-Netzwerk liegende IP-Netzwerke werden als **I**P **M**ultimedia **S**ervices (IMS) Networks bezeichnet. Die Standardisierungsorganisation 3GPP standardisiert auch Komponenten dieser Netze, damit die traditionellen Internet-Dienste aus dem mobilen Netz verwendet werden können. Als Basisprotokoll im IMS-Netzwerk dient auf der Signalisierungsebene das **S**ession **I**nitiation **P**rotocol (SIP), das auch in Voice over IP (VoIP) benutzt wird.	Diese Komponenten spielen für LTE eine besondere Rolle: ▪ **H**ome **S**ubscriber **S**erver (HSS) ist der Nachfolger der UMTS-Datenbank Home Location Register (HLR). ▪ **P**olicy and **C**harging **R**ules **F**unction (PCRF) – diese Software ist unter anderem für die Zulassung oder Ablehnung von angeforderten Diensten, für die Verrechnung der benutzten Dienste anhand von vordefinierten Richtlinien sowie für Quality of Service (QoS) zuständig.

Das Zusammenspiel der Komponenten lässt sich in folgenden Schritten zu einem typischen Ablauf zusammenfassen:

Schritt	Vorgang
1	Unmittelbar nach dem Einschalten verbindet sich das Endgerät (UE) mit der nächsten Basisstation (eNode-B).
2	Das Endgerät (UE) wird mit MME verbunden. MME übernimmt die Anmeldung an die zentralen Nutzerdatenbank HSS. Falls die Verbindung zugelassen wird, weist HSS dem UE des neuen Teilnehmers einen Serving Gateway zu.
3	Die Daten werden vom UE an das Serving Gateway übermittelt, wo sie weiter an das PDN-GW übergeben werden.
4	PDN-GW weist dem Endgerät die IP-Adresse zu und leitet die IP-Pakete an das IP-Netzwerk weiter.
5	PCRF überwacht den Datenstrom und entscheidet anhand der Richtlinien, ob der angeforderte Dienst zugelassen ist. Gleichzeitig wird die Benutzung der Dienste berechnet.

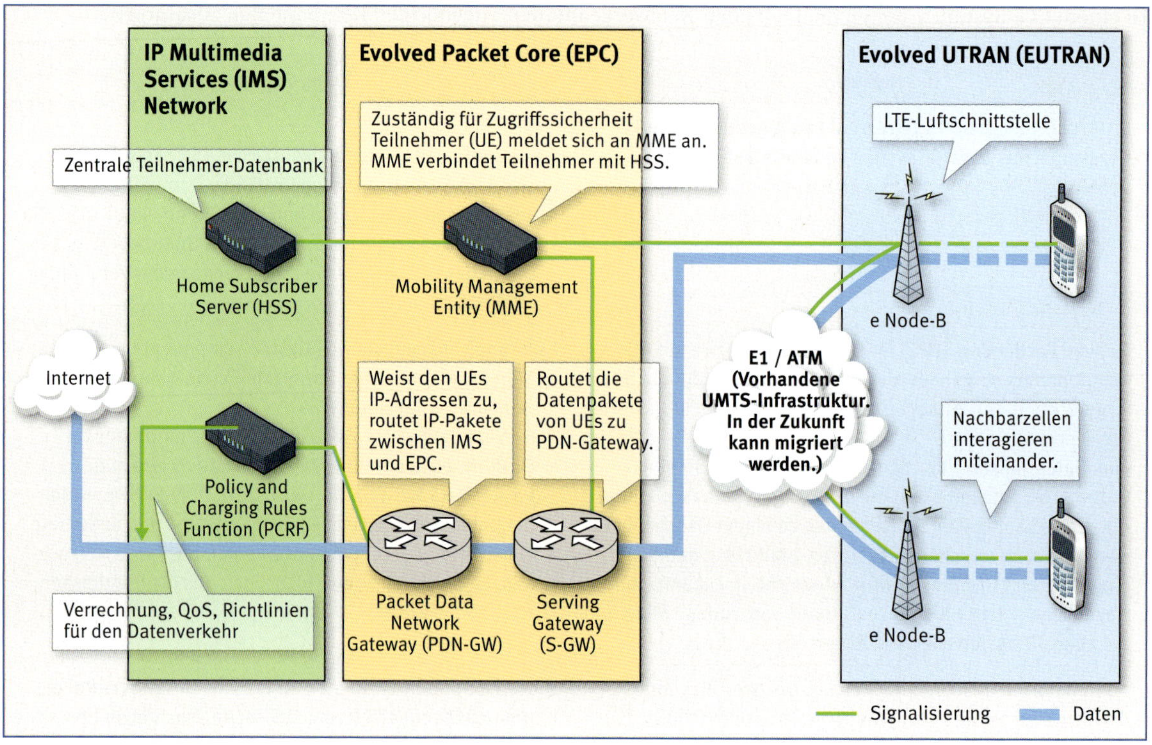

LTE-Netzwerkarchitektur

Alle Protokolle und Schnittstellen im LTE-Netzwerk basieren auf dem Internet Protocol (IP). Als Transportprotokolle der vierten Schicht des OSI-Modells werden UDP und das Stream Control Transmission Protocol (SCTP) eingesetzt. Die Protokolle und Schnittstellen werden wie bei ATM spezifischen Ebenen (Planes) zugeordnet. Man unterscheidet zwischen User- und Control-Planes. Zu den wichtigsten Protokollen der User-Plane gehören:

X2-Protokolle	Die X2-Protokolle werden für die Kommunikation zwischen benachbarten eNode-B-Stationen benutzt.
Packet Data Convergence Protocol (PDCP)	Die PDCP-Schicht erfüllt Funktionen zum Verarbeiten von Steuernachrichten und IP-Datenpaketen. Die Funktionen zur Unterstützung der Control-Plane dienen der Gewährleistung der Integrität und der Verschlüsselung. Für die User-Plane übernimmt das Protokoll die Verschlüsselung, Header-Komprimierung sowie Paketierung und unterstützt bei der Datenweiterleitung.
Radio Link Control (RLC)-Protokoll	Das RLC-Protokoll ist verantwortlich für die Vermittlung von Datenpaketen der oberen Schichten IP und PDCP von und zu der „Media Access Control (MAC) Unterschicht der Sicherungsschicht" der Luftschnittstelle.

Auf der Steuerungsebene (Control-Plane) agieren die folgenden Protokolle:

Non-**A**ccess-**S**tratum (NAS)-Protokoll	Das NAS-Protokoll wird zwischen UE und MME verwendet. Zu den wichtigsten Funktionen gehören die Authentifikation und Sicherheit.
Radio **R**esource **C**ontrol (RRC)-Protokoll	Das RRC-Protokoll verwaltet die Ressourcen der Luftschnittstelle. Es konfiguriert die Trägersignale und ist verantwortlich für die spezifische Kommunikation zwischen UE und eNode-B, wie z. B. für die Übergabe (Hand-Over).
GPRS Tunneling **P**rotocol – **C**ontrol Plane (GTP-C)	Das GPRS Tunneling Protocol-Control Plane (GTP-C) wird eingesetzt für die interne Kommunikation zwischen Komponenten des Kernnetzwerkes (EPC): MME, S-GW und PDN-GW.
S1 Application Protokoll	Das S1 Application Protokoll wird eingesetzt für Signalisierung und Kommunikation zwischen eNode-B und MME.

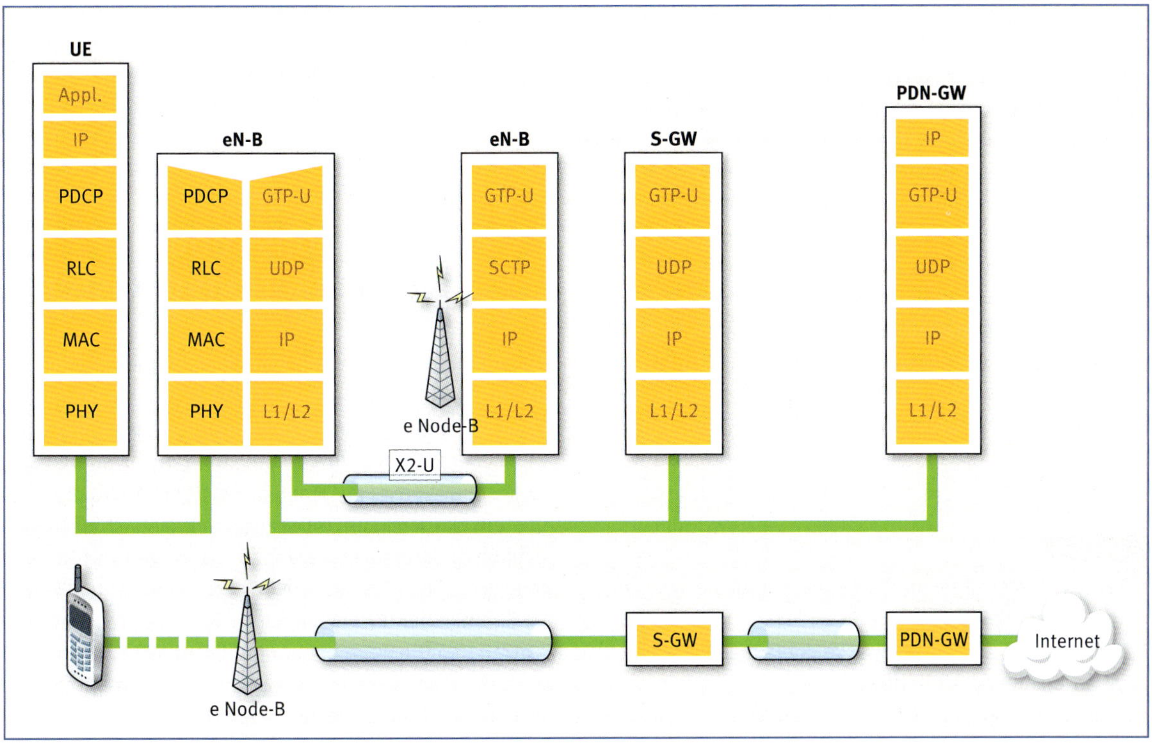

Schnittstellen im LTE-Netzwerk: User-Plane

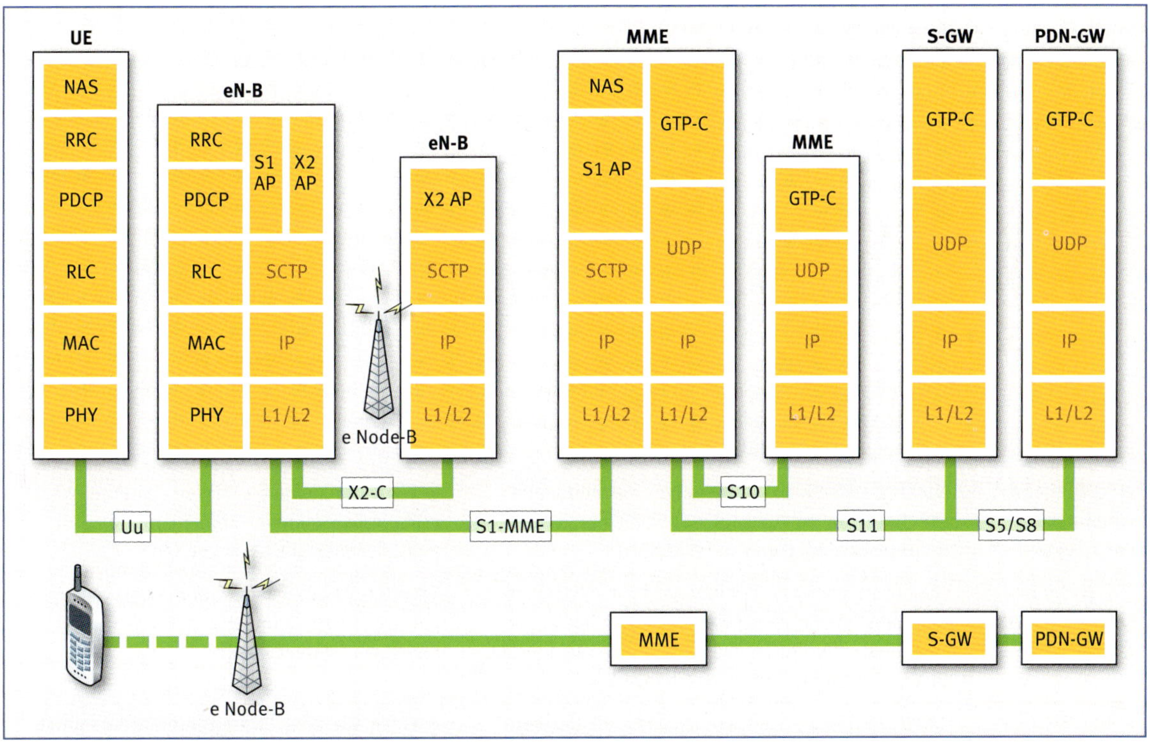

Schnittstellen im LTE-Netzwerk: Control-Plane

3.5.4.3. LTE Advanced

Obwohl die Provider von mobilen Diensten bei LTE bereits von 4G-Netzwerken sprechen, bewegt sich diese Technologie immer noch in jenem Rahmen, der für die dritte Mobilfunkgeneration (3G) definiert wurde. LTE Advanced ist im Release 10 vom 3GPP formuliert. Die dort definierten Spezifikationen entsprechen den ITU-Anforderungen an Funknetze der vierten Generation (4G). Das betrifft in erster Linie die verbesserten Datenraten zur Unterstützung der erweiterten Dienste und Anwendungen zwischen 100 MBit/s und 1 GBit/s für verschiedene Mobilitätsstufen. Eine spezielle Anforderung an LTE Advanced ist die Abwärtskompatibilität mit LTE, so dass kein Neuaufbau der Komponenten sowie der gesamten Infrastruktur notwendig ist.

Aufgaben

1. Was ist MIMO? Beschreiben Sie die Funktionsweise dieser Technologie.
2. Beschreiben Sie die Netzwerke eines LTE-Systems.
3. Welchen Zweck erfüllt HSS?
4. Welche Transportprotokolle verwendet ein LTE-Netzwerk?
5. Welche Vorteile bringt die Abwärtskompatibilität von Advanced LTE zu LTE?
6. Welche Übertragungsgeschwindigkeiten sind für LTE und Advanced LTE vorgeschrieben?
7. Welche Anwendungen profitieren von LTE?
8. Die auf LTE und LTE Advanced basierten Technologien sind im Vormarsch. Aber bereits jetzt wird an neuen Ansätzen für mobile Übertragungstechnik gearbeitet. Welche Eigenschaften wird die mobile Technik der fünften Generation besitzen? Recherchieren Sie dazu im Internet.

3.6 Zugang zu den Informations- und Kommunikationsdiensten

S

Das Team, das im Rahmen einer technischen Modernisierung die Anbindung der Firma ACI an die öffentlichen Kommunikationsnetze überprüfen sollte, hat nun alle notwendigen Informationen über die existierenden Netze und Dienste gesammelt. Bevor ein Angebot fertig gestellt werden kann, müssen noch die Anschlussmöglichkeiten untersucht werden. Diese Fragen wurden teilweise schon für das analoge Telefonnetz und ISDN im Rahmen der Untersuchung zu den entsprechenden Netzen und Diensten behandelt. Es müssen aber alle wichtigen technischen und organisatorischen Details in ihrer Gesamtheit betrachtet werden.

3.6.1 Technische Voraussetzungen

Soll das Unternehmen über das Festnetz an die öffentlichen Dienste angeschlossen werden, so ist ein entsprechender Anschluss die wichtigste Voraussetzung. Je nach dem Netzbetreiber stehen die folgenden Anschlussarten zur Auswahl.

W

Anschlussart	Netze und Dienste	Besonderheiten
Analog-anschluss	Telefondienst oder Datenübertragung über das Modem mit einer maximalen Übertragungsgeschwindigkeit von 56 KBit/s	geeignet für Privathaushalte, in Verbindung mit einem Breitband-Internetzugang auch für Home Office und sehr kleine Unternehmen
ISDN-Basis-anschluss	Telefondienst mit zwei gleichzeitigen Verbindungen oder Datenübertragung mit einer maximalen Übertragungsgeschwindigkeit von 128 KBit/s (Kanalbündelung)	geeignet für Privathaushalte, Home Office und sehr kleine Unternehmen
ISDN-Primär-multiplex-anschluss	Telefondienst mit 30 gleichzeitigen Verbindungen oder Datenübertragung mit einer maximalen Übertragungsgeschwindigkeit von 1 920 KBit/s	geeignet für kleine bis mittlere Unternehmen, größere Unternehmen können mehrere Primärmultiplexanschlüsse verwenden
ADSL-Breit-bandanschluss	Datenübertragung als Internetzugang mit unterschiedlichen Übertragungsgeschwindigkeiten für Download (1, 2, 6 und mehr MBit/s) und Upload (128, 384 oder 512 KBit/s), Telefondienst über das Internet (VoIP)	Erweiterung des existierenden Anschlusses, geeignet für Privathaushalte, Home Office und sehr kleine Unternehmen
SDSL-Breit-bandanschluss	Datenübertragung als Internetzugang mit gleichen Übertragungsgeschwindigkeiten für Download und Upload, Telefondienst wahlweise über das Internet (VoIP) oder direkt über den Netzbetreiber als Ersatz für den Primärmultiplexanschluss, zusätzlich unterschiedliche Dienste möglich, wie VPN	geeignet für kleine bis mittlere Unternehmen, größere Unternehmen können mehrere SDSL-Anschlüsse verwenden; erfordert vom Netzbetreiber normalerweise einen zusätzlichen Aufwand für die Installation eines speziellen Netzabschlusses bzw. für die Verkabelung

Geschäftsprozess „Angebot zur Firmenanbindung an öffentliche Kommunikationsnetze"
Unterprozess „Projektplan konkretisieren"

G

Voraussetzungen zur Nutzung der Informations- und Kommunikationsdienste prüfen	Angebot formulieren
▪ Anschlusstechnik – vorhandene Anschlüsse – installierbare Anschlüsse ▪ Netzbetreiber vergleichen – Netzbetreiber kontaktieren und Angebote einholen – Angebote vergleichen – ein oder mehrere Angebote auswählen	**Beachten:** Projektziele und Machbarkeit ▪ Nutzung ▪ Verbindungsqualität und Datendurchsatz ▪ Sicherheit ▪ Kostenfaktoren

Die Nutzung der Datendienste, z. B. auf der Basis der X.25-Protokolle, ist mit allen Anschlüssen möglich, erfordert aber eine dem Dienst entsprechende Kennung der Endgeräte, die vom Dienstbetreiber beantragt werden muss. So heißt die Kennung für X.25-Netze **N**etwork **U**ser **I**dentification **(NUI)**. Dieser Sachverhalt betrifft ebenso den Telefondienst oder den Internetzugang, wobei hier die Rufnummer bzw. die vom Provider zugewiesene IP-Adresse als Kennung dient.

3.6.2 ISDN-Anschlüsse und Anbindung an das ISDN-Netz

Öffentlich verfügbar sind zwei Arten von ISDN-Anschlüssen. Im Bereich der Privathaushalte dominiert der ISDN-Basisanschluss, während Unternehmen meist einen Primärmultiplexanschluss nutzen.

3.6.2.1 ISDN-Basisanschluss

Wie bereits vorab beschrieben, dient beim ISDN-Basisanschluss der **NTBA** als Netzabschluss. Auf der Seite des Netzbetreibers ist der NTBA mit einem zweidrahtigen Kupferkabel an den vermittelnden Netzknoten (VE:O oder APE in einem Kabelverzweiger-Kasten) angeschlossen. Diese Schnittstelle wird als $\mathbf{U_{K0}}$ bezeichnet, mit der Transferrate von 160 KBit/s betrieben und bietet zwei Nutzkanäle (B-Kanäle) mit 64 KBit/s, einen Signalisierungskanal (D-Kanal) mit 16 KBit/s sowie einen Servicekanal (Maintenance Channel) mit 16 KBit/s. Die maximale Entfernung des Netzknotens vom Kunden ist durch die elektrotechnischen Charakteristiken der $\mathbf{U_{K0}}$-Leitung bestimmt, für die ein doppeladriges Kabel mit entweder 0,4 mm oder 0,6 mm Durchmesser verwendet wird. Dabei beträgt die Reichweite des Signals etwa sechs Kilometer im ersten und maximal acht Kilometer im zweiten Fall. Bei den Privatkunden wird der NTBA aus Kostengründen meist an die eigentlich nicht mehr notwendige analoge TAE-Dose angeschlossen.

Die Schnittstelle auf der Kundenseite ist vierdrahtig und wird als $\mathbf{S_0}$ bezeichnet. An einen NTBA können in der Standardausführung zwei Endgeräte über die beiden RJ-45-Steckplätze angeschlossen werden. Für die meisten Privathaushalte reicht dies aus. In vielen privaten Haushalten sowie in vielen kleineren Firmen, wo ein analoger Telefonanschluss bereits vor der Einführung von ISDN vorhanden war, besitzt der NTBA keinen separaten Anschluss, sondern wird durch ein Spezialkabel mit der TAE-Dose verbunden.

Für eine professionelle Nutzung können an den NTBA mehrere Endgeräte über einen sogenannten $\mathbf{S_0}$-Bus angeschlossen werden. Man unterscheidet drei verschiedene Typen der $\mathbf{S_0}$-Verkabelung (Bus) sowie zwei Anschlussarten.

W

S_0-Verkabelung

Bus	Buslänge	Anzahl Geräte	Anschlussart
kurzer passiver Bus	bis 150 m	maximal 12 IAE (ISDN-Anschlusseinheiten) mit bis zu acht Endgeräten	Mehrgeräteanschluss
erweiterter passiver Bus	von 100 m bis 450 m	maximal 12 IAE (ISDN-Anschlusseinheiten) mit bis zu vier Endgeräten innerhalb der letzten 25 Meter	Mehrgeräteanschluss
langer passiver Bus	bis 1200 m	ein Endgerät (Punkt-zu-Punkt-Anschluss)	Anlagenanschluss

Bei einem **Mehrgeräteanschluss** können nicht nur die einfachen ISDN-Geräte, wie z. B. Telefone, sondern auch eine TK-Anlage an den S_0-Bus angeschlossen werden. Bis zu zehn Rufnummern (**M**ultiple **S**ubscriber **N**umber, **MSN**) können dabei beantragt und für die Endgeräte vergeben werden.

Durch die Verwendung der sogenannten Dienstkennungen besteht die Möglichkeit, sogar mehr als zehn Endgeräte anzusprechen. Im ISDN-Netz erhalten die Daten unterschiedlicher Typen vom Sendersystem automatisch eine besondere Dienstkennung **(Service Indicator).** Dadurch kann eine einzige MSN für verschiedene Endgeräte konfiguriert werden. In einem solchen Fall würde z. B. das ISDN-Telefon nur die Sprachverbindungen entgegennehmen, während ein Faxgerät mit der gleichen MSN nur auf die ankommenden Faxe reagiert.

W

Dienstkennung	Dienstbezeichnung
0x00	analoge Sprache
0x01	digitale Sprache
0x02	analoges Fax (G2 oder G3)
0x03	digitale Daten (X.21)
0x04	digitales Fax (G4)
0x05	digitale Daten (V.110)
0x07	digitale Daten (X.75)
0x08	digitale Daten (X.25)
0x09	Teletex
0x0A	Mixed Mode
0x0D	Telemetriedaten
0x10	digitales Bildtelefon

Bei einem **Anlagenanschluss** wird nur die TK-Anlage selbst an den NTBA angeschlossen. Die Anlage verfügt in der Regel über einen weiteren S_0-Bus, der in diesem Fall als interner Bus bezeichnet wird. An den internen S_0-Bus werden alle weiteren ISDN-Geräte angeschlossen. Dabei werden die Gespräche zwischen den Teilnehmern am internen S_0-Bus durch die TK-Anlage selbst vermittelt, ohne die Vermittlungsstelle des Netzbetreibers in Anspruch zu nehmen. Solche internen Gespräche sind kostenlos.

Die Energieversorgung **(Speisung)** im ISDN-Netz erfolgt bis zum NTBA grundsätzlich durch den Netzknoten. Die Spannung reicht, um bei einem Mehrgeräteanschluss auf diese Weise ein einfaches ISDN-Telefon zu versorgen. Für den Anschluss weiterer Endgeräte ist eine externe Stromquelle nötig. Der NTBA besitzt dafür bei einem Mehrgeräteanschluss einen 230-Volt-Anschluss und kann bis zu vier Endgeräte mit der notwendigen Energie versorgen. Wenn die Endgeräte am S_0-Bus über eine eigene Stromversorgung verfügen, entfallen die Einschränkungen zu deren Anzahl. Im Falle eines Anlagenanschlusses übernimmt die TK-Anlage die Energieversorgung für die Endgeräte. Der Netzabschluss (NTBA) besitzt in diesem Fall keinen 230-Volt-Anschluss.

Der Anschluss eines einfachen IT-Systems (z. B. PC) am S_0-Bus erfolgt normalerweise mithilfe eines ISDN-Adapters. Für die Endsysteme, die nicht direkt am S_0-Bus betrieben werden können, verwendet man die entsprechenden Terminaladapter. Geeignet sind a/b-Terminaladapter für den Anschluss von analogen Endgeräten, wie Telefon, Fax oder Modem. Es gibt auch Terminaladapter für verschiedene andere Systeme, wie z. B. für X.25, X.21 oder V24. Sie entsprechen zum großen Teil nicht mehr dem heutigen Stand der Technik und haben ihre praktische Bedeutung nahezu verloren.

S_0-Bus bei einem ISDN-Mehrgeräteanschluss

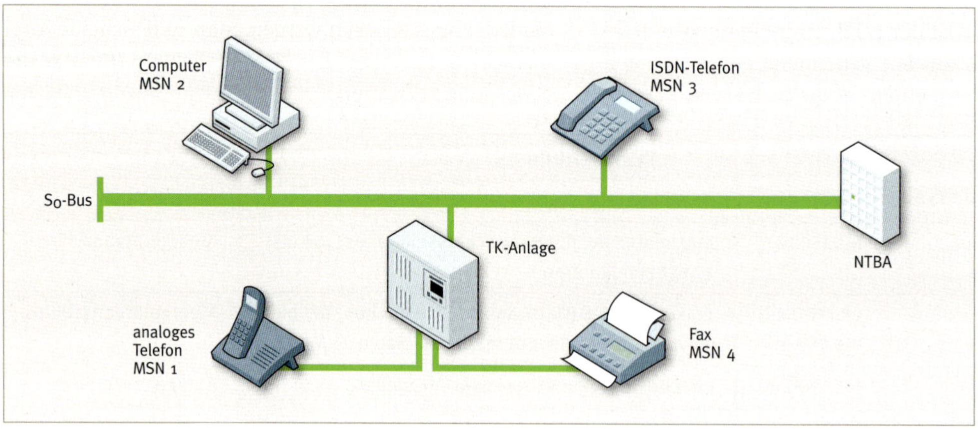

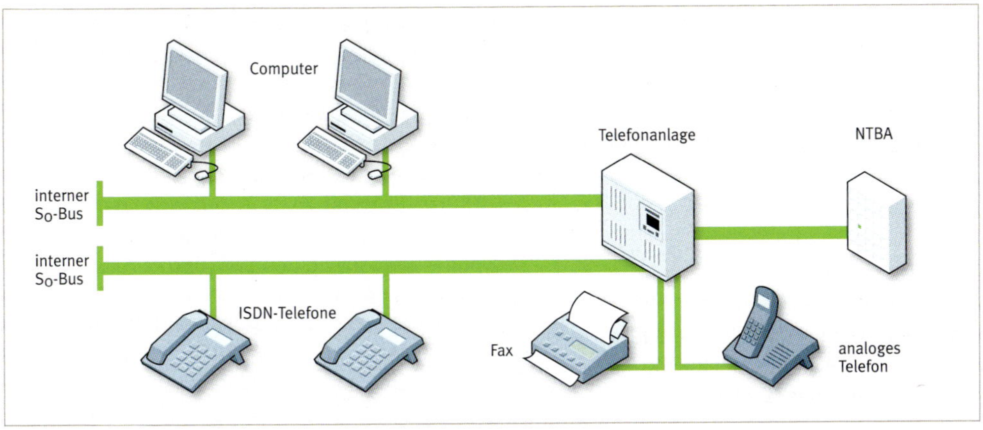

S_0-Bus bei einem ISDN-Anlagenanschluss

3.6.2.2 ISDN-Primärmultiplexanschluss

Der Primärmultiplexanschluss (Primary Rate Interface, PMxA) ist nur als Anlagenanschluss verfügbar und eignet sich hauptsächlich für Firmenkunden. Er bietet 30 bidirektionale Nutzkanäle (B-Kanäle) mit je 64 KBit/s, einen Signalisierungskanal (D-Kanal) mit 64 KBit/s und einen Synchronisationskanal mit 64 KBit/s. Daraus ergibt sich eine Bruttobandbreite von 2 MBit/s. Mehrere B-Kanäle können dabei für eine höhere Übertragungsrate (bis 1 920 KBit/s) zusammengelegt werden. Ein solcher gebündelter Kanal heißt **H-Kanal.**

Als Netzabschluss beim Primärmultiplexanschluss dient der **NTPM** (**N**etwork **T**ermination for **P**rimary Rate **M**ultiplex Access). Die Leitungsschnittstelle zwischen der VE:O und dem NTPM wird als $\mathbf{U_{K2}}$-Schnittstelle bezeichnet, falls Kupferkabel zum Einsatz kommt, oder als $\mathbf{U_{G2}}$-Schnittstelle, wenn eine optische Verkabelung (Glasfaser) vorliegt. Die Leitungsschnittstelle zwischen NTPM und Telefonanlage wird $\mathbf{S_{2M}}$ genannt. Die Ziffer 2 in dieser Bezeichnung steht für die Übertragungsgeschwindigkeit von 2 MBit/s.

Die **Speisung** erfolgt bis zum NTPM wie bei einem Basisanschluss durch den Netzknoten. Die Versorgung der Endgeräte übernimmt die Telekommunikationsanlage.

Die Endgeräte werden dann normalerweise über die Telekommunikationsanlage angeschlossen. Für einen direkten Anschluss eines IT-Systems gibt es auch spezielle ISDN-Primärmultiplex-Adapterkarten, die bis zu 30 Kanäle bündeln können.

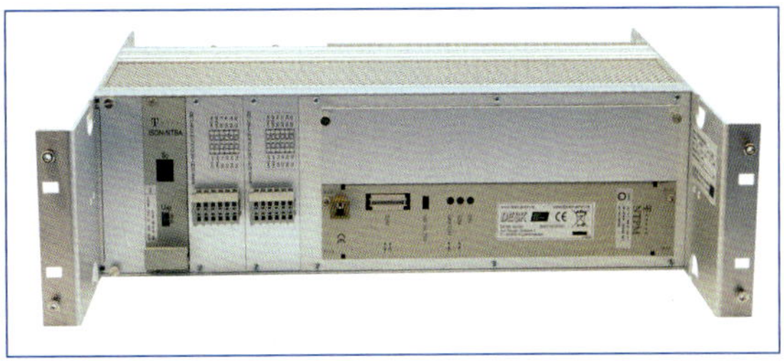

NTPM

Aufgaben

1. Stefan Fischer hat zu Hause einen ISDN-Anschluss bestellt. Bisher besaß er nur einen analogen Anschluss, an dem ein Telefon, ein Faxgerät und ein PC mit einem Modem angeschlossen waren. Was trifft zu?
   a) Stefan muss ein neues ISDN-Telefon kaufen, denn sein analoges Telefon kann nicht am ISDN-Anschluss betrieben werden.
   b) Stefan kann sein analoges Telefon einfach an die ISDN-Dose (IAE) anschließen und weiter betreiben.
   c) Stefan kann sein analoges Telefon einfach an die analoge TAE-Dose, parallel zum NTBA, anschließen und weiter betreiben.
   d) Stefan kann sein analoges Telefon mithilfe eines speziellen Terminaladapters an den $\mathbf{S_0}$-Bus anschließen und weiter betreiben.
   e) Das Faxgerät benötigt keinen Terminaladapter, da die Fax-Daten ohnehin in digitaler Form verschickt werden.
   f) Wenn das Modem über einen speziellen Terminaladapter an den $\mathbf{S_0}$-Bus angeschlossen wird,

kann es die beiden B-Kanäle bündeln und so Geschwindigkeiten von 128 KBit/s für den Zugang ins Internet bieten.

2. Welche Geräte werden von Stefan wahrscheinlich unter den richtigen Annahmen von Aufgabe 1 weiter benutzt und welche nicht?
   a) analoges Telefon
   b) Faxgerät
   c) Modem
   d) PC
   e) TAE-Dose
3. Das kleine Steuerbüro Sofistica gehört zu den Kunden von ACI. Es besitzt an seinem Standort in München einen ISDN-Basisanschluss. Der Anschluss reicht wohl aus, da erfahrungsgemäß nicht mehr als zwei Gespräche parallel geführt werden. Selten wird eine Verbindung mit dem Internet für den E-Mail-Verkehr hergestellt. Die übrige Internetnutzung war bis jetzt nicht besonders intensiv. Der Raumplan des Büros ist auf der Einrichtungsskizze dargestellt. Auf allen Tischen steht ein ISDN-Telefon, alle PCs verfügen über eine ISDN-Karte. Auf dem Ecktisch im Eingangsbereich steht auch noch ein digitales Faxgerät.
   a) Können so viele ISDN-Geräte an einem einzigen ISDN-Basisanschluss betrieben werden?
   b) Welcher Bus wird in der Firma verwendet (Ethernet, S_0, S_{2M})?
   c) Welche Anschlussart (Mehrgeräteanschluss oder Anlagenanschluss) würden Sie für das Steuerbüro Sofistica empfehlen und warum?
4. Die Firma ACI will ISDN-PCMCIA-Karten für ihre Mitarbeiter bestellen, die geschäftlich oft unterwegs sind. Im Internet findet Anna Hedder dazu folgende Beschreibung:

Münchener Büro der Firma SOFISTICA

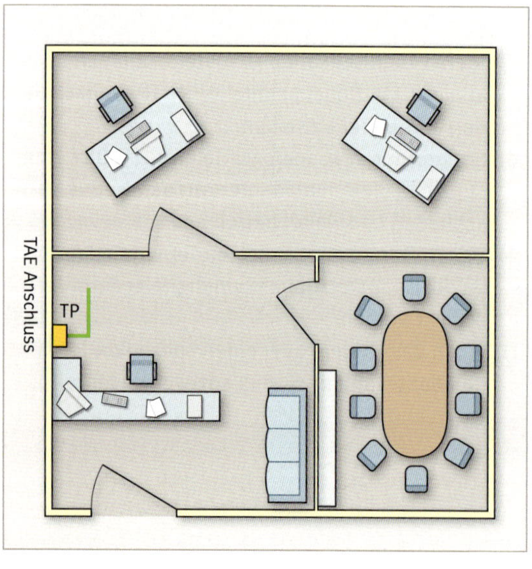

Mobility start ISDN/PC-Card solution
Passive ISDN adapter (basic rate interface) for a Typ II PCMCIA slot
ICOM driver for COM port and modem applications for Windows*
CAPI 2.0, NDIS, WAN, miniport drivers
2x64 KBit/s (B-channel), 1x16 KBit/s (D-channel)
Modem emulation up to 28.8 KBit/s, Fax G3 14.4 KBit/s
D-channel protocols: Euro ISDN (DSS-1), 5ESS, NI-1, DMS-100, INS 64, TPH 1962
B-channel protocols: HDLC transparent, Bit-transparent, X.75, X.25, X.31, V.110, V.120, T.30 for Fax G3, T.90 NL, V.34 for modem emulation up to 28.8 KBit/s
Supplementary services: DDI, COLP, CLIP and others
PCMCIA Typ II (PC card)
ECM error correction
Software: common ISDN API version 2.0 (CAPI 2.0), ISDN COM port driver (ICOM), NDISWAN miniport driver (Microsoft's official ISDN API interface for Windows*)
Operating systems: Windows 95, Windows 98, Windows Me, Windows NT, Windows 2000, Windows XP
Deliverables: ISDN card for PCI bus, drivers, RJ-45 connection cable, manual

   a) Für welchen Anschlusstyp ist die Karte geeignet?
   b) Kann die Karte an einer Telekommunikationsanlage angeschlossen werden?
   c) Welche maximale Geschwindigkeit für eine Internetverbindung kann bei Anschluss an folgende Kanäle erreicht werden?
      - B-Kanal
      - D-Kanal
      - H-Kanal

3.6.3 DSL-Anschlusstechnik und Anbindung an das Breitband-Datennetz

Obwohl oft von Breitband-ISDN gesprochen wird, bleibt das Konzept unrealisiert. Die Notwendigkeit, neue teure Glasfaserverkabelung bis zum Netzabschluss beim Kunden zu verlegen, ist gleichzeitig dafür verantwortlich, dass sich das Konzept nicht durchsetzen konnte. Außerdem haben sich die IP-Router gegenwärtig als preiswertere Alternative zu den ATM-Vermittlungsstellen erwiesen. Um dem Endverbraucher die Nutzung der Möglichkeiten der schon längst ATM-basierten Backbones zu ermöglichen, existieren einige Lösungen, die auf der Verwendung der bestehenden Infrastruktur des ISDN-Anschlussnetzes aufbauen.

Sowohl die analoge Sprachkommunikation als auch die ISDN-Dienste benutzen relativ niedrige Frequenzen für die Übertragung. Wegen der Gegenstörungen war es in der Vergangenheit unmöglich, höhere Frequenzen mit den vorhandenen Kupferkabeln zu benutzen. Erst seit Mitte der 90er-Jahre wurden dafür passende Verfahren entwickelt, die es sogar erlauben, über eine Leitung gleichzeitig die herkömmlichen und die modernen Breitband-Dienste zu übertragen. Als Oberbegriff für diese standardisierten Technologien dient die Bezeichnung **D**igital **S**ubscriber **L**ine **(DSL)**.

3.6.3.1 ADSL

Voraussetzungen

Im Bereich der Privathaushalte hat sich **A**symmetric **D**igital **S**ubscriber **L**ine **(ADSL)** als Technologie zum Breitband-Internetzugriff etabliert. Dabei wird der vorhandene analoge oder ISDN-Teilnehmeranschluss weiter erhalten und wie gewohnt benutzt.

Die Tatsache, dass die Telefonleitung noch über genügend unbenutzte Kapazitäten verfügt, die nur richtig eingesetzt werden müssen, liefert gleichzeitig die technische Voraussetzung für ASDL. Auf der Seite des Netzteilnehmers ist eine Einrichtung erforderlich, um die herkömmliche Kommunikation über den Telefonanschluss von der neuen Breitbandkommunikation zu trennen. Dafür wird normalerweise an die TAE-Dose ein Frequenzbandfilter **(Splitter)** angeschlossen.

Weiterhin besteht bereits die Möglichkeit, die Dienste des Internetproviders abrechnungstechnisch von den herkömmlichen Diensten des Netzbetreibers zu trennen. Wenn man über eine herkömmliche ISDN-Verbindung auf das Internet zugreift, werden die Daten zwischen dem Provider und dem Kunden mithilfe des Point-to-Point-Protokolls (PPP) übertragen. Unter anderem gehört zu diesem Protokoll eine Autorisierung über den Kundennamen oder seine Rufnummer, mit deren Hilfe die Abrechnung durchgeführt wird. Für ADSL existieren in unterschiedlichen Ländern entsprechende Weiterentwicklungen des Point-to-Point-Protokolls. Die in Deutschland verwendete Variante heißt **PPP o**ver **E**thernet **(PPPoE)**.

Technische Details

Die von der analogen Technik sowie von ISDN verwendeten Frequenzen liegen in folgenden Bereichen:

analoger Anschluss	300 Hz bis 3,4 kHz für die Sprache, 16 kHz für das Gebührensignal
ISDN	bis 120 kHz

Somit sind für die ADSL-Nutzung alle höheren Bereiche verfügbar, wobei der höchste Datendurchsatz bei der Verwendung von höchstmöglichen Frequenzen erzielt werden kann. Die Signaldämpfung in der Leitung wird allerdings bei den höheren Frequenzen wesentlich stärker, sodass die maximale Entfernung zwischen dem Netzabschluss und der Vermittlungsstelle streng begrenzt ist. Die Strecken zwischen dem Netzabschluss und dem Kabelverzweiger (KVz) liegen in Deutschland im Durchschnitt bei etwa 500 Metern, die Entfernung zwischen dem KVz und der Vermittlungsstelle beträgt etwa vier Kilometer.

Die maximal zulässige Frequenz für diese Kabellängen wurde mit etwa 1 100 kHz berechnet, die maximale Übertragungsgeschwindigkeit beträgt dabei 2 MBit/s. Diese Datendurchsatzrate wurde in der ersten ADSL-Version festgelegt. Durch den Einsatz von besserer Technik zur Signalverstärkung und durch den Ausbau des Liniennetzes sind auch wesentlich höhere Übertragungsgeschwindigkeiten möglich.

Da die meisten Kunden bei der Benutzung der Internetdienste mehr Informationen herunterladen als selbst senden, benutzt ADSL vergleichsweise niedrige Frequenzen für die Übertragung von Daten ins Internet (Uplink). Dadurch verbleiben mehr Kapazitäten für die Datenübertragung zum Teilnehmer (Downlink). Folgende Tabelle verdeutlicht die ADSL-Frequenzvergabe, wobei die Unterschiede zwischen Europa und den Vereinigten Staaten von Amerika aus der niedrigen Anzahl von ISDN-Anschlüssen in den USA resultieren.

Europa	Senden	138 kHz bis 276 kHz
	Empfangen	300 kHz bis 1 100 kHz
USA	Senden	20 kHz bis 100 kHz
	Empfangen	100 kHz bis 1 100 kHz

ADSL ermöglicht somit das Empfangen von Daten mit bis zu 2 MBit/s und das Senden mit bis zu 384 KBit/s. Das genügt für die meisten der folgenden Internetanwendungen:

- Internetrecherche/Surfen
- E-Mail versenden und empfangen
- Multimediadienste wie Streaming Video und Videokonferenzen (begrenzt möglich)
- Voice over IP (Telefonieren über das Internet)
- Fernzugriff vom Home Office auf das LAN des Unternehmens, auch bekannt als VPN mit Verschlüsselung

Die Normen der ersten ADSL-Versionen sind längst überholt. In manchen Regionen werden bereits Down-

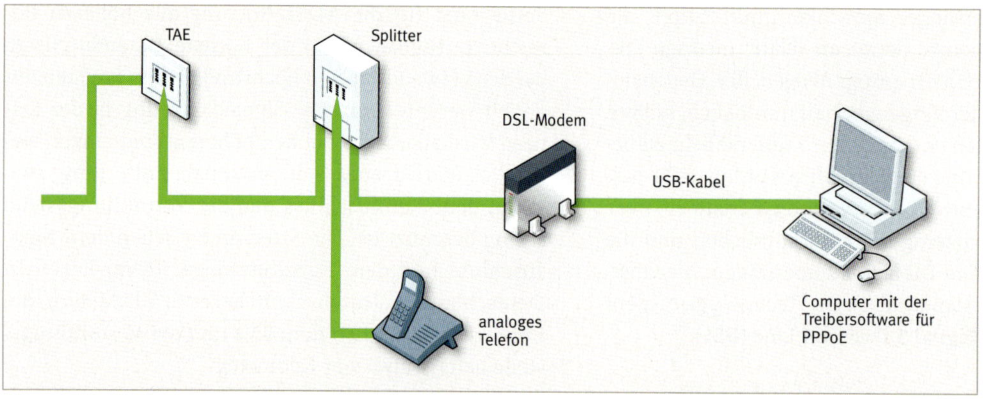

Anbindung verschiedener Endgeräte an ein ADSL-Modem

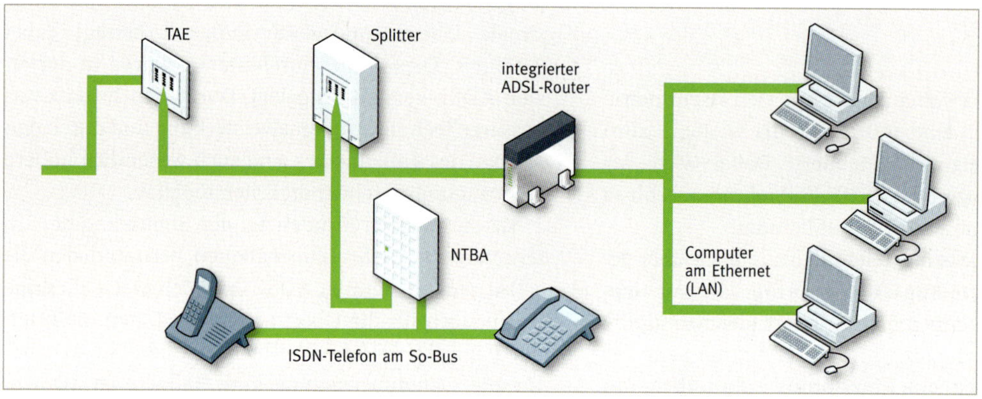

Anbindung verschiedener Endgeräte an einen integrierten ADSL-Router

load-Geschwindigkeiten von 25 MBit/s angeboten. Mit dem neuen Übertragungsverfahren **V**ery High Data Rate **D**igital **S**ubscriber **L**ine **(VDSL)** sind sogar Datenraten bis zu 51 MBit/s möglich.

Anschluss

Nachdem der Telefonanschluss durch den Netzbetreiber für die ADSL-Nutzung freigegeben wurde, muss der mitgelieferte Frequenzbandfilter (Splitter) an die TAE-Dose angeschlossen werden. Der Splitter besitzt zwei Schnittstellen zum Anschluss von Telekommunikationsgeräten. Die erste Schnittstelle gleicht der TAE und wird wie eine TAE benutzt. Das bedeutet, an diese Schnittstelle können analoge Geräte wie Telefon, Fax oder Modem angeschlossen werden. Im Falle eines ISDN-Zuganges wird der NTBA angeschlossen. Die zweite Schnittstelle ist eine RJ-45-Steckdose zum Anschluss eines ADSL-Modems über eine Ethernet-Verbindung.

Ein DSL-Modem, das im Wesentlichen aus einem Analog-Digital-Wandler und einem digitalen Signalprozessor besteht, kann über ein USB-Kabel an den Computer angeschlossen werden. In diesem Fall muss der entsprechende Treiber bzw. die PPPoE-Software auf dem Computer installiert werden. Viele Hersteller bauen allerdings ihre ADSL-Modems als Kombigeräte mit einem integrierten Ethernet-Switch, die gleichzeitig als IP-Router funktionieren. Solche ADSL-Router besitzen oft ein vollwertiges Betriebssystem und bieten eine ganze Palette an nützlichen Funktionen, wie eine PPPoE-Software zum automatischen Aufbau einer ADSL-Verbindung zum Provider, **N**etwork **A**ddress **T**ranslation (**NAT**) für die gemeinsame Internetnutzung durch mehrere angeschlossene Computer, Firewall sowie DNS- und DHCP-Dienste für eine einfache Netzwerkadministration. Die PCs werden an den ADSL-Router über das Ethernet angeschlossen und benötigen keine besondere Konfiguration oder Software, um auf das Internet zugreifen zu können.

Die Abbildungen verdeutlichen das Zusammenspiel verschiedener Komponenten und Protokolle.

Aufgaben

1. Die Firma Sofistica besitzt bisher in einem ihrer Büros einen analogen Anschluss mit einer TAE-Dose. Sie hat sich zusätzlich zu einem ISDN-Basisanschluss für eine DSL-Lösung entschieden. Zeichnen Sie auf einem gesonderten Blatt ein Verbindungsschema, das den ADSL-Splitter sowie einen integrierten DSL-Router darstellt. Die Arbeitsplätze sind vernetzt. Der DSL-Router kann ebenfalls als LAN-Switch benutzt werden.

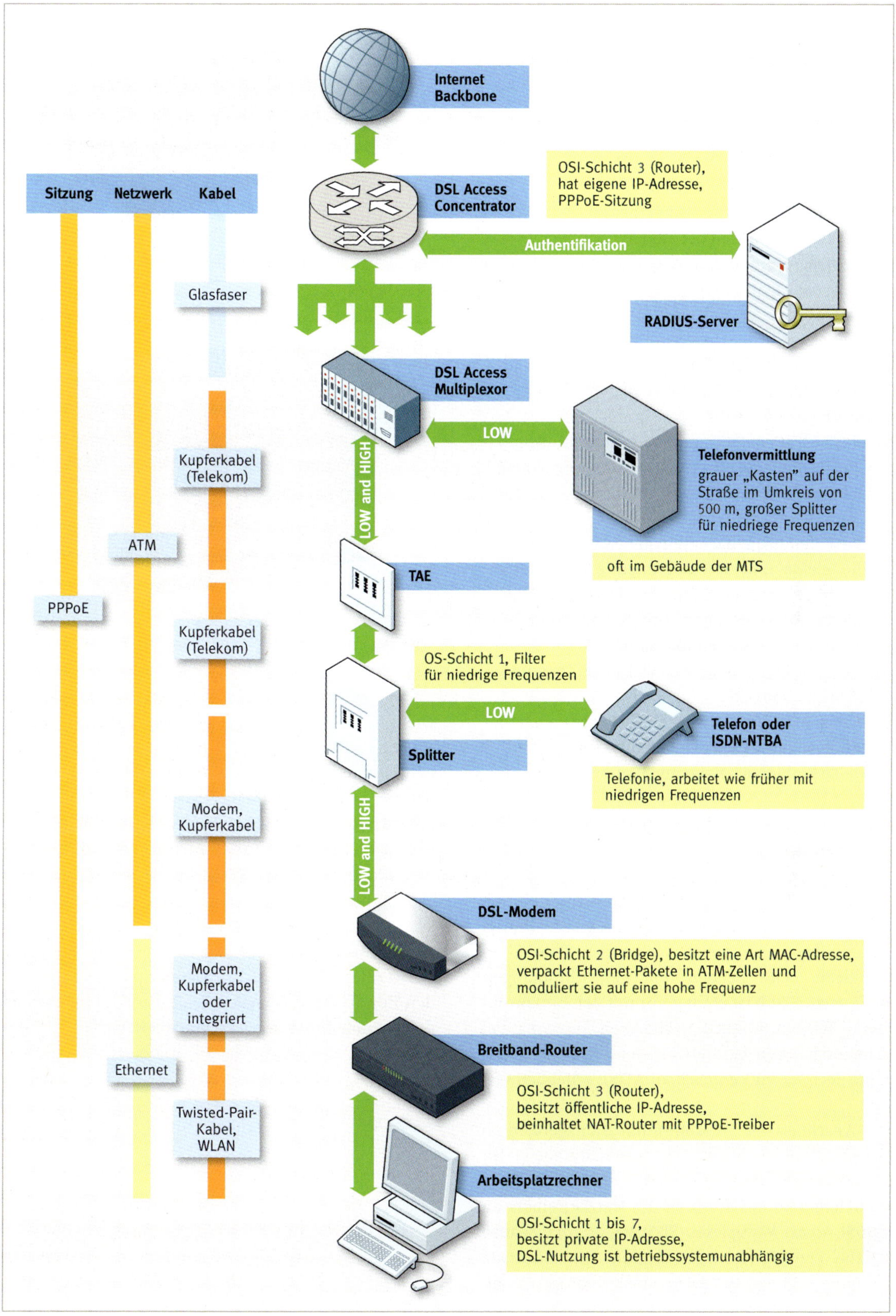

Internetzugriff über einen analogen Telefonanschluss

2. Welches aufgeführte Protokoll wird in Deutschland am meisten für eine Anmeldung beim Internetprovider via ADSL benutzt? Geben Sie für die nicht geeigneten Protokolle an, wo sie zum Einsatz kommen.
   a) Point to Point Protocol (PPP)
   b) Point to Point Tunneling Protocol (PPTP)
   c) Layer 2 Tunneling Protocol (L2TP)
   d) Point to Point Protocol over Ethernet (PPPoE)
3. In den Internetshops findet man bei der Suche nach einem ADSL- oder Breitband-Router oft den Hinweis, dass man solche Geräte am besten in Deutschland kaufen soll. Liegt die Ursache darin begründet, weil
   a) die Preise für diese Technik in der Bundesrepublik Deutschland grundsätzlich niedriger sind?
   b) diese Geräte auf die nationalen Standards für die LAN-Technologie angepasst und deswegen möglicherweise mit den LANs in der Bundesrepublik Deutschland inkompatibel sind?
   c) diese Geräte auf die nationalen Standards für die Telefon- und ISDN-Übertragungstechnologie angepasst sind und deswegen möglicherweise mit den ADSL-Lösungen in der Bundesrepublik Deutschland inkompatibel sind?
   d) die Qualität der deutschen Elektrogeräte grundsätzlich höher ist?
   e) man sonst auf die englischsprachige Dokumentation angewiesen ist und dadurch möglicherweise Probleme bei der Installation auftreten?

SDSL-Modem

SDSLAM

3.6.3.2 SDSL

Im Bereich der kleinen bis mittleren Unternehmen hat sich **S**ymmetric **D**igital **S**ubscriber **L**ine **(SDSL)** als Technologie mit gleich bleibender Datenübertragungsrate beim Senden und beim Empfangen durchgesetzt. SDSL ist nicht mehr mit den herkömmlichen Telekommunikationsdiensten kompatibel und benötigt einen besonderen Anschluss, wodurch sich die Technik im Vergleich zu ADSL erheblich verteuert.

Der Anschluss von Telekommunikationsgeräten an SDSL erfolgt meist über die Ethernet-Schnittstelle. Im Mittelpunkt steht wie auch bei ADSL ein DSL-Modem. Das Modem wird auf der Seite des Netzbetreibers an den **SDSL A**ccess **M**ultiplexer (**SDSLAM,** oft im Gehäuse des Kabelverzweigers) angeschlossen. Die maximale Entfernung liegt bei etwa zweieinhalb Kilometern und kann durch den Einsatz eines Repeaters noch vergrößert werden.

Die SDSL-Datenübertragungsgeschwindigkeit beträgt etwa 2,3 MBit/s, was für die meisten kleinen Unternehmen ausreicht. Viele SDSL-Anbieter schalten die Verbindungen permanent, sodass dem Kunden auch feste IP-Adressen zugeordnet werden können. Der Provider übernimmt meist auch die DNS-Domänenverwaltung. Das macht SDSL zur idealen Plattform für eigene Internetdienste.

Allerdings dient SDSL nicht nur für den Internetzugang, sondern erweist sich in erster Linie als preiswerte Alternative zum Primärmultiplexanschluss für den Zugriff auf ISDN-Dienste. Dafür wird intensiv an der Technik „Voice over DSL" gearbeitet.

Aufgaben

1. Die Produktbeschreibung eines SDSL-Gerätes beinhaltet folgenden Text:

XXLDSL2006 **is switchable hub equipment for SDSL (Symmetric DSL) networking. This equipment supports both internet and private, intranet applications for business, SOHO, and residential customers.**

In order to support super-high speed internet for various user environments, SDSL access multiplexer enables super-high speed internet connections over a great distance using SDSL (Symmetric Digital Subscriber Line) technology. SDSL (SDSL is an international standard, many products have been manufactured and are used regularly) is a verified technology system. The maximum SDSL speed is 2.3 MBps and it can be reached up to 3.0 km. The features of SDSL are as follows.

- Encoding method: 2B1Q method
- Maximum speed: 2.3 MBps
- Symmetric speed: downstream and upstream speed are the same
- Maximum distance: 3 km

The high quality switchable controller chip is used in the SDSL access multiplexer in order to increase resistance to interference and noise. Multiple VLANs are supported for private network security and performance. The SDSL access multiplexer is controlled and monitored remotely using SNMP.

Compliance SDSL standards

- 2B1Q
- Total solution through product line-up.
- Symmetric 2.3 MBps speed.
- The best possibility for cross-talk.

Features

- Symmetric max. distance 3 km at 2.3 MBps.
- High integration ratio with compact size (max. 130 ports).
- High extension ratio (extensive unit : 12 ports / board).
- Hot Swap availability (board-based swap).
- Dual power supply (redundancy).
- Facility setting (standard 19″ mountable rack).
- The increment of the facility in management and keeping, fixing because of confidence.
- The NMS function uses SNMP.
- Port-based VLAN support for security.

a) Welche Hardware wird beschrieben: Modem, Router, Splitter oder SDSLAM?

b) Wie viele Ports enthält eine Erweiterungseinheit?

c) Welche Datenübertragungsrate wird unterstützt?

d) Welche Maßnahmen wurden für die Verfügbarkeit getroffen?

e) Welche Maßnahmen dienen dem Datenschutz?

AH

3.6.4 TV-Kabelnetz

Neben den ADSL-Anschlüssen werden in den Privathaushalten immer häufiger Breitband-Internetzugänge über die TV-Kabelnetze angeboten. Das Verfahren ähnelt ADSL und basiert darauf, dass einige Frequenzbänder für die Datenübertragung benutzt werden. Der Anschluss eines IT-Systems erfolgt über ein Kabelmodem, das zwischen Computer und TV-Kabelanschluss geschaltet wird. Die Verbindung zum PC verläuft über ein USB-Kabel. Ähnlich wie bei der DSL-Technik wird das Kabelmodem oft als Kombigerät mit Ethernet-Switch und IP-Router ergänzt.

Das Modulationsverfahren ist international als **D**ata **o**ver **c**able **s**ervice **i**nterface **s**pecification **(DOCSIS)** standardisiert, allerdings nicht durchgängig anzutreffen. Deswegen bieten die jeweiligen Kabelbetreiber ihren Kunden auch eigene Kabelmodems zur Miete oder auch zum Kauf an.

Das TV-Kabelnetz besitzt eine strenge Baum-Topologie und wurde ursprünglich nur für die Verteilung der Fernsehkanäle ausgelegt. Eine bidirektionale Nutzung des Netzes ist nicht überall möglich. Die Netzbetreiber führen deswegen in der letzten Zeit häufig Modernisierungen durch. Diese Modernisierungen beziehen sich in erster Linie auf die sogenannten **Kopfstellen** und zum Teil auf die alten Kabelverstärker in der Hausverteilung.

W

Eine **Kopfstelle** ist ein Bestandteil der Satelliten-Verteileranlage. Sie besteht in erster Linie aus den Satellitenantennen und bildet einen Kopf der Netzhierarchie. An eine Kopfstelle werden über verschiedene hierarchische Stufen mehrere tausend Endverbraucher angeschlossen.

Die folgende Abbildung zeigt die Verbindung zwischen Kabelmodem und Endgeräten.

Die Datenübertragungsgeschwindigkeit variiert zwischen 128 KBit/s und über 20 MBit/s. Sie wird relativ frei von den Anbietern softwaretechnisch festgelegt, um unterschiedliche Nutzergruppen zu unterstützen und um bestimmte „Quality-of-Service“-Dienste bereitzustellen.

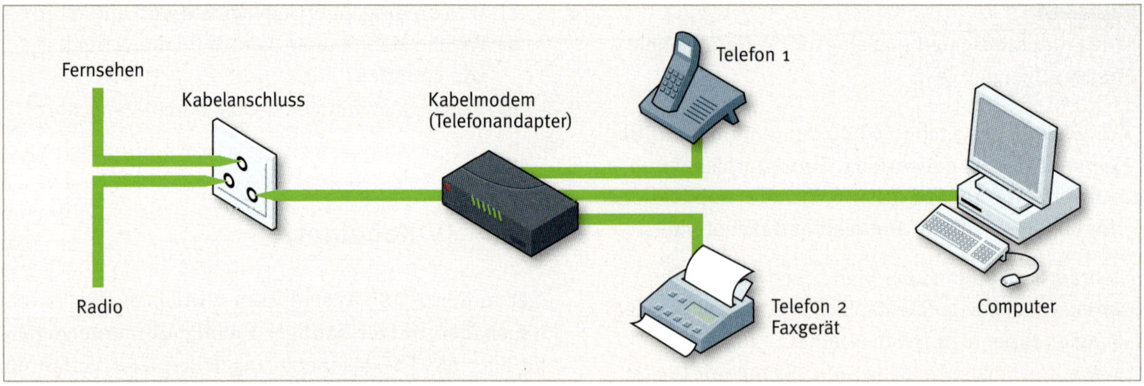

Anschluss der Telekommunikationssysteme an ein Kabelmodem

4 Betreuung von IT-Systemen

Kai Dreyer, Stefan Fischer, Anna Hedder und Kerstin Raabe werden in die Geschäftsprozesse rund um die Betreuung der IT-Systeme bei den Kunden der Firma ACI eingebunden. Sie erlernen die rechtlichen und wirtschaftlichen Grundlagen, Pflichten und Schwerpunkte für den Abschluss eines Supportvertrages. Im Rahmen der Kundenprojekte beteiligen sie sich an der Software- und Hardware-Wartung und erfahren wichtige Details über die Besonderheiten, Methoden und Werkzeuge, die dabei zum Einsatz gelangen.

Besondere Aufmerksamkeit widmen die Auszubildenden den Fragen zum Datenschutz und zur Datensicherheit. Sie informieren sich über die Gesetze sowie über die technischen Möglichkeiten zur Umsetzung der gesetzlichen Richtlinien und Vorgaben. Sie verschaffen sich einen Überblick über die Gefahren von böswilligen Angriffen durch Hacker und Computerviren und lernen Methoden zu deren Abwehr kennen.

Zum Alltag eines IT-Unternehmens gehört mehr als nur die Auslieferung und Installation von Hard- und Software beim Kunden. In den meisten Fällen steht hinter einem Projekt oder hinter einer Bestellung nicht nur der Wunsch des Käufers, einen leistungsstarken Computer oder ein modernes Netzwerk zu besitzen. Ein IT-System soll permanent einem spezifischen, wohl definierten Ziel im Kundenunternehmen dienen. Deshalb endet die Leistung des IT-Unternehmens nicht mit der Auslieferung und Installation der Komponenten. Es beginnt gleichzeitig ein dauerhafter Prozess der Kundenbetreuung und -begleitung. Das erstmalige Einrichten der IT-Komponenten gehört zu diesem Prozess genauso wie die Maßnahmen zur Instandhaltung des Gesamtsystems und die ständige Optimierung der Systemfunktionen gemäß den Projektanforderungen. Nur auf diese Weise können die Projektziele erreicht werden, die darin bestehen, dass das IT-System einen Mehrwert für die Geschäftsabläufe des Kundenunternehmens erbringt.

S Die Firma ACI bietet in ihrem Portfolio das Programm Health.Manager.NET – eine Softwarelösung für kleinere Krankenhäuser und Arztpraxen. Die Software gestattet dem medizinischen Personal den Einblick in die Patientenakten. Der Hausarzt kann damit z. B. die Laborwerte oder Röntgenbilder einsehen, die für einen Patienten im Krankenhaus angefertigt wurden. Das Personal im Krankenhaus überblickt die durch den Hausarzt verordneten Arzneimittel und erkennt mögliche Allergien oder Wechselwirkungen.

Die Hard- und Softwareausstattung für ein solches Projekt umfasst eine Datenbank sowie einen Anwendungsserver im Rechenzentrum des Krankenhauses. An den Arbeitsplätzen des medizinischen Personals und in den Arztpraxen werden Java-fähige Browser als Client-Software verwendet. Alle Computer müssen über ein LAN oder WAN miteinander verbunden werden.

Die Lösung sieht die künftige Benutzung der gesetzlich vorgeschriebenen Gesundheitskarte vor. Ein besonderes Merkmal besteht in der Notwendigkeit, mit anderen Systemen im Krankenhaus über definierte Softwareschnittstellen zu kommunizieren, wie z. B. mit der radiologischen Abteilung oder dem medizinischen Labor.

Kai Dreyer, Stefan Fischer und Anna Hedder wirken in einem Projekt zur Einführung und zum Betrieb des Programms Health.Manager.NET mit. Ihre Aufgaben konzentrieren sich dabei auf die Kundenbetreuung und Wartung des installierten Gesamtsystems. Zuerst sollen sie einen Plan für die regelmäßig anfallenden Maßnahmen zur Pflege der Hard- und Software ausarbeiten. Der Plan soll unter anderem auch den Schutz der sensiblen medizinischen Daten berücksichtigen.

4.1 IT-Serviceleistungen

Die Betreuung der IT-Systeme ist eine komplexe und vielseitige Tätigkeit und gehört zu den Dienstleistungen, die eine IT-Firma oder eine EDV-Abteilung zu erbringen hat. Es handelt sich um Dienstleistungen sowohl für das eigene Unternehmen als auch um Leistungen, die für andere Firmen angeboten werden. In der letzten Zeit vollzieht sich besonders bei den Großunternehmen ein Trend, die eigenen EDV-Abteilungen umzuwandeln. Die existierende Organisationsstruktur samt Personal wird dabei in eine unabhängige IT-Firma ausgegliedert. Diese Vorgehensweise wird „Outsourcing" genannt. Die neu gegründete Firma erbringt die Serviceleistungen zu Marktkonditionen und steht im Wettbewerb mit anderen Anbietern. In den meisten Fällen erhöht sich der Grad der Kunden- und Erfolgsorientierung, was letztendlich zu einer Qualitätssteigerung bei den Dienstleistungen führt.

4.1.1 Service Level Agreement

Die IT-Dienstleistungen sind vielfältig. Dazu gehören unter anderem die

- Hardware-Lieferung,
- Software-Installation,
- Hardware- und Software-Wartung,
- Organisation und Bereitstellung der Onlinepräsenz mit den Rahmenbedingungen für das Onlineshopping,
- Bereitstellung von Rechen- und Netzwerkkapazitäten sowie das
- Update- und Konfigurationsmanagement der IT-Systeme

und vieles mehr. In jedem Fall geht es dabei um Hilfsmittel, die die Geschäftsprozesse im Kundenunternehmen unterstützen. Wie jedes andere Hilfssystem soll eine IT-Dienstleistung präzise definierbar sein, damit das rechtliche Verhältnis der erbrachten Leistungen und des betriebenen Aufwands klar formuliert werden kann. Eine solche präzise und auf die jeweilige Situation angepasste Leistungsbeschreibung ist fester Bestandteil aller Verträge für die IT-Dienstleistungen. Sie wird oft **S**ervice **L**evel **A**greement (**SLA,** zu Deutsch sinngemäß Dienststufenvertrag) genannt. Meist spricht man vom SLA eher in Verbindung mit wiederkehrenden Leistungen im Gegensatz zu einmaligen Aktivitäten wie Lieferung oder Installation. Ein Service Level Agreement ist somit eine Vertragsart, die speziell auf die Bedürfnisse der IT-Dienstleistungen zugeschnitten ist.

Wird kein oder ein nur unzureichend präzisiertes Service Level Agreement abgeschlossen, so gestaltet sich im Streitfall der Nachweis schwierig, ob und welche Ansprüche auf Schadensersatz oder auf Gewährleistung bestehen. Das liegt in der Natur der IT-Dienste. Die Schwierigkeiten können auch dadurch entstehen, dass das technische Personal, das die eigentlichen Dienste erbringt, teilweise andere Begriffe und Definitionen benutzt als die kaufmännischen Mitarbeiter, die die Verträge abschließen. Aus diesem Grund wird das Service Level Agreement meist in allgemein verständlichen Begriffen auf der Geschäftsprozessebene formuliert und beinhaltet Angaben zur Verfügbarkeit oder zu Bearbeitungs- und Reaktionszeiten.

Der Leistungserbringer bietet normalerweise ähnliche Leistungen in unterschiedlichen Ausbaustufen an. So sollte der Online-Supportdienst eines Internetproviders für die privaten Kunden nur in den üblichen Geschäftszeiten, für die Firmenkunden aber rund um die Uhr erreichbar sein. Diese Ausbaustufen charakterisieren die eigentlichen Service Levels.

In den Service Level Agreements werden die folgenden Schwerpunkte vereinbart:

- Zweck des Vertrages
- Vertragspartner
- Leistungsbeschreibung
- Verantwortung des Leistungserbringers
- Verantwortung des Leistungsempfängers
- Verfügbarkeit des Dienstes und Reaktionszeit
- Monitoring und Reporting
- Eskalationsmanagement
- Preisgestaltung
- Vertragslaufzeit

Ein Service Level Agreement soll dem aus dem Projektmanagement bekannten **SMART** (**S**pecific-**M**easurable-**A**chievable-**R**elevant-**T**imely)-Prinzip entsprechen.

W

SMART-Prinzip	
Specific	Die Ziele der Vereinbarung sollen unmissverständlich und eindeutig definiert werden.
Measurable	Die erbrachten Leistungen und die dafür nötigen Kriterien sollen messbar sein.
Achievable	Die Ziele der Vereinbarung sollen erreichbar sein.
Relevant	In der Leistungsbeschreibung sollen nur alle relevanten Leistungen aufgelistet werden.
Timely	Endtermine sowie auch die Termine für wiederkehrende Aktivitäten sollen definiert werden.

Wenn IT-Dienste innerhalb eines Unternehmens genutzt werden, empfiehlt sich ein ähnlich formuliertes Dokument wie das SLA. Da es in einem solchen Fall um keinen eigentlichen Vertrag, sondern um eine unternehmensinterne Vereinbarung geht, wird ein anderer Begriff angewandt. Man spricht von einem **Operational Level Agreement.**

Wenn bestimmte Kriterien eines Service Level Agreements bei einem Anbieter praktisch in jedem Vertrag konstant bleiben, werden diese Kriterien oft direkt in die allgemeinen Geschäftsbedingungen übernommen.

4.1.2 Schwerpunkte in Serviceverträgen

4.1.2.1 Leistungsbeschreibung

In diesem Abschnitt des IT-Servicevertrages wird der Typ der Leistungen vereinbart. Generell lassen sich die vereinbarten Dienste einer der folgenden Kategorien zuordnen:

IT-Beratung (IT-Consulting)

Eine Beratung zu einem IT-bezogenen Thema unterscheidet sich prinzipiell kaum von einer allgemeinen Unternehmensberatung. Sie bildet im IT-Unternehmen einen Geschäftsprozess, der aus

- Istanalyse,
- Zielformulierung,
- Kalkulation der voraussichtlichen Kosten für das betroffene IT-Projekt,
- Konzeptentwicklung und
- Präsentation der Ergebnisse

besteht.

Anders als im Fall einer allgemeinen Beratung wird die Projektdurchführung oft nicht durch das Kundenunternehmen selbst erledigt, sondern liegt weiterhin in den Händen des beratenden IT-Unternehmens. Deswegen umfasst die IT-Beratung oft auch noch eine gewisse Entwicklungsarbeit sowie die Aktivitäten zur Beschaffung und Installation der Hard- und Software und weiterer Komponenten des Projektsystems. Ein IT-Consulter ist bis zu einem gewissen Grad oft auch Entwickler, Systemadministrator, Netzwerkspezialist und Spezialist im eigentlichen Fach des laufenden Projektes.

Unterstützung bei der Projektleitung

Die projektunterstützenden Leistungen sind selten allein gefragt, sondern vielmehr Teil des gesamten Projektes. Sie sollten trotzdem neben der beratenden Tätigkeit vereinbart werden.

Schulung

Die Schulung des Kundenpersonals kann sowohl separat oder als Teil eines großen Projektes angefordert werden. In jedem Fall soll eine besondere Vereinbarung über die technische Gestaltung der Schulung (Computer, Installation der Software, Präsentationsmittel usw.) und deren Verantwortlichkeiten getroffen werden.

Unterstützung bei der Einführung

Unter dieser Art von IT-Diensten wird in der Regel eine unterstützende Projekttätigkeit bei der Einführung eines neuen IT-Systems oder einer Komponente formuliert. Oft werden dabei nicht die Dienste einer IT-Firma in Anspruch genommen, sondern es wird auf die Erfahrungen eines anderen Unternehmens aus der eigenen Branche zurückgegriffen.

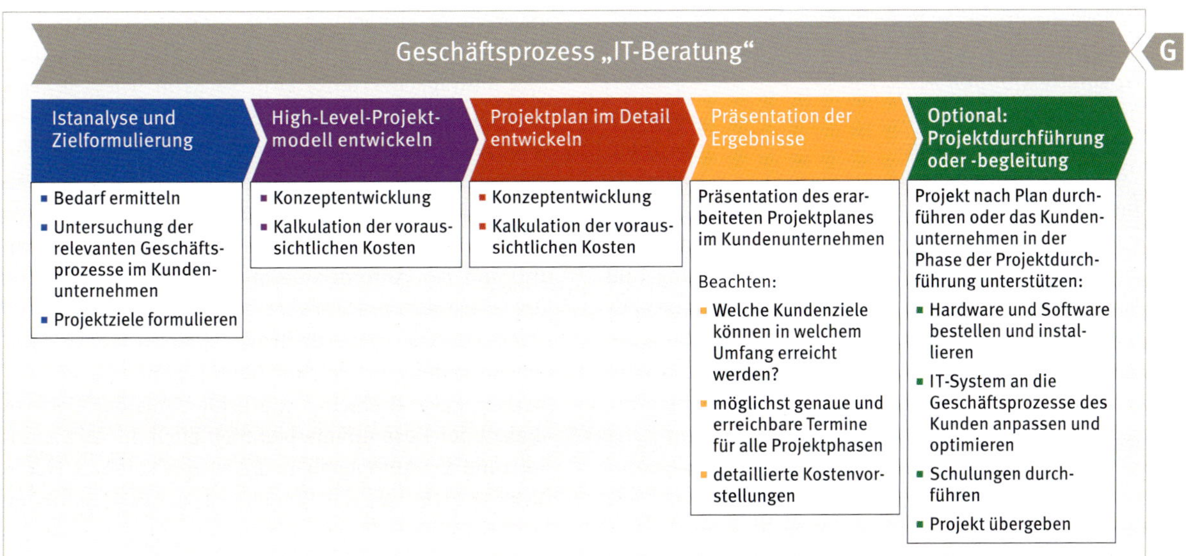

Betreiberleistungen
Von Betreiberleistungen wird gesprochen, wenn das Kundenunternehmen die IT-Infrastruktur des IT-Dienstleisters benutzt. Unter diese Kategorie fallen unter anderem die Mietangebote für Root-Server.

W

Root-Server

In letzter Zeit benutzen immer mehr Kunden für ihre E-Commerce-Aktivitäten (Internetshops, Customer Relations Management Systeme (CRM), Download-Server usw.) fremde Server. Eigene Server erfordern eine aufwändige Administration, tägliche Sicherungen, eine DNS-Domänenverwaltung u. v. m. Statt eigene E-Commerce-Server zu unterhalten, greifen viele Unternehmen auf Anbieter von sogenannten Root-Servern oder Managed-Servern zurück. Der Server wird in diesem Fall nur gemietet. Er steht im Dienst leistenden Unternehmen und wird durch dessen Personal verwaltet. Der Zugriff für den Kunden wird mithilfe spezieller Tools zur Fernsteuerung über das Internet ermöglicht. Erforderlich sind nur Breitband-Internetzugänge und ein minimaler Administrationsaufwand.

Unterstützung für die Benutzer
Gemeint sind die verschiedenen unter dem Begriff **Help Desk** zusammengefassten Dienste, die die Kunden bei der Arbeit mit Standardsoftware, wie Microsoft Office, oder aber auch bei allgemeinen Fragen unterstützen. Normalerweise geht es um eine telefonische Unterstützung. In einigen Fällen wird auch eine Software zur Fernsteuerung eingesetzt, damit das Supportpersonal die Steuerung des Kundencomputers übernehmen und somit schnell und ohne überflüssige Gespräche die Probleme lösen kann.

Providerleistungen
Unter die Providerleistungen fallen die klassischen Dienste für Internetzugang und -präsenz. Zum Internetzugang gehören die Bereitstellung von Wählverbindungen oder Breitbandzugängen, wie DSL und Standleitungen. Die Providerleistungen für die Internetpräsenz beinhalten die DNS-Domänenregistrierung und -verwaltung, die Bereitstellung des Speicherplatzes für den Inhalt sowie ein Angebot von Programmen für die Gestaltung der Webseiten, Datenbanken und Skriptsprachen für die Unterstützung dynamischer Inhalte.

W

Technische Details
Im Abschnitt über die Leistungsbeschreibung werden außerdem die technischen Details zu den Antwortzeiten, zum Durchsatz, zur Verfügbarkeit, zu den Speichermedien usw. definiert.

Ort des Dienstes
Die Angaben zum Ort der Leistungserbringung können ebenfalls im Abschnitt „Leistungsbeschreibung“ platziert werden. In einigen Fällen ist es sinnvoll, dazu einen besonderen Abschnitt zu erstellen.

4.1.2.2 Verfügbarkeit der Dienstleistungen

Der Abschnitt über die Verfügbarkeit des Dienstes legt fest, zu welchen Zeiten bzw. an welchen Tagen die Leistung zu erbringen ist und welche Prioritäten für den betreffenden Dienst gelten. Es geht hier nicht um technische Garantien, wie die maximale Ausfallzeit der installierten Computer oder Netzwerke. So wird bei einem Vertrag für die Hardware-Wartung an dieser Stelle vereinbart, ob die Schadensmeldungen des Kunden rund um die Uhr an sieben Tage in der Woche oder nur zu den üblichen Geschäftszeiten und nur an den Werktagen entgegengenommen werden. Ebenso legt dieser Abschnitt die Frist zur Störungsbeseitigung fest.

4.1.2.3 Verantwortung des Leistungsempfängers

Eine Besonderheit der IT-Dienstleistungen besteht darin, dass sie normalerweise nicht allein durch den Auftragnehmer erbracht werden können, sondern zum Teil eine Mitwirkung und auch eine Mitverantwortung des Auftraggebers erfordern. So kann beispielsweise eine an die Anforderungen des Kundenunternehmens angepasste Softwarelösung nicht ohne eine enge Zusammenarbeit mit den Mitarbeitern des Kunden erfolgen. Diese Zusammenarbeit ist notwendig in allen Phasen des Projektes, angefangen mit der Istaufnahme und der Anforderungsanalyse über die Planung der eingesetzten Hardware bis hin zur produktiven Phase. Gerade in dieser Phase erwarten die Entwickler ein ständiges Feedback über Ergonomie, Benutzbarkeit sowie Probleme und Fehler. Aus der Notwendigkeit der Zusammenarbeit folgt auch die Mitverantwortung des Auftraggebers. Deswegen sollen in jedem Vertrag nicht nur die Pflichten des Auftragnehmers, sondern auch die des Kunden bzw. Auftraggebers möglichst genau aufgezählt werden.

W

Pflichten des Kunden

- Der Kunde hat dem Auftragnehmer die auftretenden Fehler unverzüglich mitzuteilen.
- Der Kunde hat den Auftragnehmer bei der Fehleruntersuchung und Fehlerbeseitigung im Rahmen des Zumutbaren zu unterstützen.
- Der Kunde hat dem Servicepersonal des Auftragnehmers den Zugang zu den betroffenen EDV-Anlagen zu gestatten.
- Der Kunde hat die technischen Einrichtungen, wie Stromversorgung, Telefonverbindungen und Datenübertragungsleitungen, die für die Wartungs- und Serviceaktivitäten notwendig sind, funktionsbereit und in angemessenem Umfang kostenlos zur Verfügung zu stellen.
- Der Kunde benennt dem Auftragnehmer einen Ansprechpartner für alle technischen Angelegenheiten.

Die Liste der möglichen Pflichten des Kunden bzw. Auftraggebers erhebt keinen Anspruch auf Vollständigkeit. In den Verträgen über die Provider- und Betreiberleistungen wird oft zusätzlich das Einhalten der Lizenzbestimmungen für die Software von Drittanbietern als Pflicht des Kunden vereinbart.

4.1.2.4 Preisgestaltung

Die meisten IT-Serviceverträge werden nach einem gemischten Tarifmodell vergütet. Das Modell besteht aus

- einem Grundbetrag,
- einem variablen Anteil, der von den tatsächlich erbrachten Leistungen abhängt,
- einer Vereinbarung über Sonderleistungen sowie
- einer gesonderten Vereinbarung für den Fall einer Verletzung des Vertrages.

Zu den Sonderleistungen zählen außer einem Mehraufwand, der über die für den pauschalen Grundbetrag verabredeten Leistungen hinausgeht, die Anfahrtskosten des Servicepersonals oder die Mehrkosten für Datenträger bei einem Vertrag für die Installation und Softwarepflege. Gilt ein Dienstleistungsvertrag über einen längeren Zeitraum, vereinbaren die Vertragspartner oft eine Option für eine angemessene Preiserhöhung.

Aufgaben

1. In der Arztpraxis von Dr. I. Johns soll das Produkt **Health.Manager.NET** eingesetzt werden. Die Firma ACI übernimmt die Installation und Anpassung sowie die Pflege der Software. Anna Hedder hilft bei der Zusammenstellung der Leistungsbeschreibung für den Dienstvertrag. Welche Dienstleistungsarten kann sie in das SLA eintragen?
   a) IT-Beratung (IT-Consulting)
   b) Unterstützung bei der Projektleitung
   c) Schulung
   d) Unterstützung bei der Einführung
   e) Betreiberleistungen
   f) Unterstützung für die Benutzer
   g) Providerleistungen
2. Die Firma ACI garantiert eine Verfügbarkeit des **Produktes Health.Manager.NET** von 99,5 % im Jahresdurchschnitt. In welchem Abschnitt des Vertrages sollen die Angaben dafür stehen?
   a) Leistungsbeschreibung
   b) Verantwortung des Leistungserbringers
   c) Verfügbarkeit des Dienstes/Reaktionszeit
   d) Vertragslaufzeit
3. Im Rahmen der oben beschriebenen Situation erstellt die Firma ACI drei Angebote zur Pflege des IT-Systems für die Arztpraxis von Dr. I. Johns. Darin sollen je drei mögliche Stufen der Dienstleistungen definiert werden. Die Stufen differenzieren sowohl den Umfang (Installation und Pflege der Software, Update-Service, telefonischer Support, Einsatz der Fernsteuerungssoftware), den zeitlichen Rahmen (Verfügbarkeit der Leistungen, Reaktionszeit, Zeit zur Fehlerbehebung) als auch die Preisgestaltung.
   Bereiten Sie drei Angebote für die folgenden Teile des Dienstleistungsvertrages vor:
   a) Leistungsbeschreibung
   b) Verfügbarkeit des Dienstes/Reaktionszeit
   c) Preisgestaltung
   Benutzen Sie dafür als Vorlage den Mustervertrag „EVB-IT-Dienstvertrag“ auf der Webseite der Beauftragten der Bundesregierung für Informationstechnik (www.cio.bund.de). AH

4.2 Wartung und Instandhaltung von IT-Systemen

Unter Wartung werden in der Technik allgemein die vorbeugenden Maßnahmen mit dem Ziel verstanden, die Abnutzung eines technischen Produktes zu minimieren. Diese Maßnahmen umfassen in erster Linie die Konfigurations- oder Einstellarbeiten aller Teile des Systems sowie den Austausch der Verschleißkomponenten.

Ferner gehören dazu die regelmäßigen Beobachtungen der Systemlast und das Sammeln der statistischen Informationen mit dem Ziel, die Engpässe zu erkennen und keine Systemüberlastung zu dulden. Aber auch Arbeiten wie z. B. das Reinigen der Hardwarekomponenten gehören zu den Wartungsmaßnahmen.

Die wichtigsten Definitionen sind in der DIN 31051 „Grundlagen der Instandhaltung" zusammengefasst.

W

Instandhaltung nach DIN 31051

DIN 31051 definiert die Instandhaltung als eine Kombination aller technischen und administrativen Maßnahmen sowie Maßnahmen des Managements während des Lebenszyklus einer Betrachtungseinheit zur Erhaltung des funktionsfähigen Zustandes oder der Rückführung in diesen, sodass sie die geforderte Funktion erfüllen kann.
Die Instandhaltung wird in der Norm in vier Grundmaßnahmen unterteilt:

Wartung
Maßnahmen zur Verzögerung des Abbaus des vorhandenen Abnutzungsvorrats

Inspektion
Maßnahmen zur Feststellung und Beurteilung des Istzustandes einer Betrachtungseinheit einschließlich der Bestimmung der Ursachen der Abnutzung und dem Ableiten der notwendigen Konsequenzen für eine künftige Nutzung

Instandsetzung
Maßnahmen zur Rückführung einer Betrachtungseinheit in den funktionsfähigen Zustand, mit Ausnahme von Verbesserungen

Verbesserung
Kombination aller technischen und administrativen Maßnahmen sowie Maßnahmen des Managements zur Steigerung der Funktionssicherheit einer Betrachtungseinheit, ohne die von ihr geforderte Funktion zu ändern

In einer komplexen IT-Umgebung ist es wichtig, alle Einzelkomponenten in die Wartungsmaßnahmen einzuschließen, ohne dabei deren Zusammenwirken und die Auswirkung auf das Gesamtsystem aus der Sicht zu verlieren.

Anders als in vielen anderen technischen Bereichen darf das IT-System in den meisten Fällen für die Wartung nicht abgeschaltet werden. Deswegen erfolgen beispielsweise die Wartungsarbeiten am Netzwerk nicht losgelöst von der Funktionalität des Gesamtsystems, weil die verbundenen Komponenten weiter kommunizieren müssen. Auch eine Festplatte darf zum Säubern nicht einfach aus einem Server entfernt werden, da der betroffene Server in den meisten Fällen seine Funktionalität dann nicht mehr in vollem Umfang erfüllen kann.

Ein Wartungsplan muss also das Gesamtsystem sowie die einzelnen Komponenten berücksichtigen. Eine mögliche Strategie erfordert hier, die Komponenten in zwei Gruppen zu unterteilen – Software und Hardware. Die Wartung der Softwarekomponenten hat normalerweise keine oder nur geringe Auswirkungen auf die Wartung der Hardwarekomponenten.

Die Maßnahmen innerhalb der beiden Gruppen können dann je nach Art der technischen Komponenten zusammengefasst werden. So lassen sich alle Arbeiten für die Arbeitsplätze fast völlig unabhängig von den Wartungsarbeiten an den Druckern durchführen. Die Arbeiten an den ISDN- oder anderen WAN-Anschlüssen werden wohl die Funktionalität der Systeme vor Ort nicht beeinflussen. Die Wartungsarbeiten an der Hardware der Server oder an der Infrastruktur des lokalen Netzes beeinträchtigen allerdings zwangsläufig die Funktionalität des Gesamtsystems. So ist es notwendig, falls es die Ausstattung ermöglicht, ein Zweitsystem oder zusätzliches Netzwerk für die Dauer der Maßnahmen bereitzustellen. Falls das System für diese Zeit doch außer Betrieb genommen werden kann, zum Beispiel über das Wochenende, so sollten möglichst viele der abhängigen Systeme ebenfalls parallel gewartet werden.

Eine weitere Besonderheit der Instandhaltung der IT-Systeme besteht darin, dass sich in einer heterogenen IT-Landschaft oft Komponenten zusammenfinden, die von unterschiedlichen Herstellern und aus verschiedenen Projekten stammen und ursprünglich wenig Gemeinsamkeiten aufwiesen. So passiert es oft, dass ein Server direkt vom Hersteller durch extra geschultes Personal betreut wird, während die Software auf diesem Rechner vom verantwortlichen Systemhaus gewartet wird. Die Zusammenarbeit der beiden Teams soll geregelt und gesetzlich abgesichert werden. So werden alle Wartungsmaßnahmen, die über die eigentliche Gewährleistung hinausreichen, in speziellen Verträgen vereinbart.

In vielen Fällen ergeben sich zusätzliche Tätigkeiten, damit ein Projekt über einen längeren Zeitraum erfolgreich verläuft. Die IT-Komponenten, sowohl die Software als auch die Hardware, haben heutzutage eine relativ kurze Lebensspanne, bis sie von neuen Versionen und Technologien überholt werden. Das Update der Software sowie der Austausch und das Aufrüsten der Hardware gehören genauso zum Projektalltag wie die übrigen Wartungsarbeiten. Sie sind aber kein Teil der

Wartungsarbeiten, weil sie nicht vorbeugend gegen die Abnutzung des Systems gerichtet sind. Solche Arbeiten werden normalerweise als Dienstleistung extra vereinbart und auch extra abgerechnet.

4.2.1 Wartung der Softwarekomponenten

Die allgemeine Definition der Wartung kann in der Softwaretechnik nicht direkt angewandt werden. Es gibt hier weder Verschleißteile zu ersetzen noch ist das „tägliche Putzen" erforderlich. Die Notwendigkeit von Wartungsmaßnahmen für die Software ergibt sich aus folgenden Umständen:

- In der Realität befindet sich die Software zum Zeitpunkt der Auslieferung nicht in einem fehlerfreien Zustand. Die Maßnahmen zur Qualitätssicherung, wie ein solides Softwaredesign und die Tests, gewährleisten in der Regel, dass die Software mit einer Liste von bekannten Problemen ausgeliefert wird. Diese bekannten Probleme werden im Allgemeinen als Defekte oder Bugs bezeichnet. Sie beeinträchtigen nicht die Funktionalität und werden als zumutbar angesehen. Der Kunde erhält dann in der Regel eine Dokumentation für die Umgehung der bekannten Probleme (englischer Begriff ist Workaround). Der Softwarehersteller oder -lieferant bemüht sich in der Folgezeit, diese Defekte auszubessern. Die jeweils neuen Versionen der betroffenen Software werden dann ausgeliefert und bei dem betreffenden Kunden installiert.
- Die technischen Randbedingungen der Nutzung der Software können sich ändern, sodass bestimmte Anpassungen der Software notwendig sind. Es kann sich dabei beispielsweise um die Notwendigkeit der Kommunikation mit anderen Systemen handeln. Im Falle eines guten Softwaredesigns müssen dabei lediglich die Schnittstellen neu konfiguriert werden. Es können aber auch tiefere Eingriffe in die Software notwendig sein.
- Die Kundenanforderungen an die Software können sich nach einer bestimmten Zeit ändern. Oft definieren auch Änderungen von Gesetzen oder Vorschriften neue Anforderungen. Ein Beispiel betrifft das Verfahren für die Abgabe der Lohnsteuererklärungen. Seit dem Jahr 2005 existiert die Vorschrift, Lohnsteuererklärungen für bestimmte Unternehmenstypen nur noch in elektronischer Form an das Finanzamt zu übermitteln. Dadurch wurden auch alle Softwarehersteller für die Programme zur Lohnbuchhaltung aufgefordert, ihre Software um die erforderlichen Schnittstellen und Module zu ergänzen.
- In vielen Situationen ist es vor der Auslieferung der Software nicht möglich, die optimale Funktionsfähigkeit zu garantieren. Auch während des laufenden Betriebes soll die Optimierung regelmäßig vorgenommen werden. So ist nicht immer einzuschätzen, welche Indizes eine datenbankbasierte Anwendung für die Verbesserung der Performance tatsächlich benötigt. Ist der Datenbestand des Kunden (noch) relativ klein, bieten sich unter Umständen andere Zugriffsmethoden an, als zu einem Zeitpunkt, wenn der Datenbestand um ein Vielfaches gewachsen ist.

Entsprechend den oben genannten Umständen werden unter Software-Wartung folgende vier Arten von Aktivitäten verstanden:

- korrigierende Maßnahmen
- anpassende Maßnahmen
- optimierende Maßnahmen
- vorbeugende Maßnahmen

Dabei gelten in der Praxis oft nur die korrigierenden Maßnahmen als Wartung und als Teil der Wartungsverträge. Die Maßnahmen zur Anpassung der Software an die veränderten Kundenanforderungen übersteigen normalerweise die Möglichkeiten der regulären Wartungsverträge. Sie werden als Teil des Supports gesondert angeboten und vom Kunden gesondert vergütet. Die anderen Wartungstypen fallen zumeist in den Verantwortungsbereich der Softwarehersteller und werden im Rahmen der „Software-Evolution" durchgeführt.

4.2.1.1 Korrigierende Maßnahmen

Dazu gehören die Fehlersuche und die Fehlerkorrektur in der bereits ausgelieferten Software. Ein Fehler in der Software kann in allen Phasen im Softwarelebenszyklus entstehen. Zu den einzelnen Phasen gehören **Anforderungsanalyse, Design, Implementierung** und **Test.** Die Einzelheiten zum Softwareentwicklungsprozess werden im dritten Band der IT-Buchreihe „Entwickeln und Bereitstellen von Anwendungssystemen" detailliert beschrieben.

Designfehler können in der Software durch falsche, unvollständige oder nicht richtig übermittelte Anforderungen entstehen. Die **logischen Fehler** resultieren aus einer falschen Implementierung des Designs, unrichtigen Annahmen oder inkorrekten Tests. Logische Fehler können auch durch Umstände hervorgerufen wer-

G

Geschäftsprozess „Software-Wartung“

Konzept erstellen

Untersuchen:
- Welche Teile des Systems können von dem IT-Unternehmen gepflegt werden?
- Welcher Aufwand ist dazu erforderlich?
- Ist notwendiges Know-how vorhanden?
- Ist Personal für Support vorhanden?
- Ist Personal für die Entwicklung vorhanden?
- Sind die Kanäle und die Infrastruktur für die Bearbeitung der Support Calls vorhanden?
- Ist die Fernwartung möglich?

Infrastruktur für die Wartung festlegen

Festlegen:
- Über welche Medien kann der Kunde seine Probleme und Anregungen anmelden?
- Welche Mitarbeiter sind für die Registrierung und Abarbeitung der Support Calls verantwortlich?
- Welche Werkzeuge werden für die Abarbeitung der Support Calls und für die Statusverfolgung benutzt?
- Kommunikation zwischen dem Support-Team und dem Entwicklungsteam

Support Calls bearbeiten

Wiederholende Aktivitäten:
- Support Call annehmen
- Problem analysieren
- Wenn erforderlich, das Problem als Bug an das Entwicklungsteam übergeben.
- Problemlösung vom Entwicklungsteam annehmen und testen
- Problemlösung dem Kunden präsentieren
- Support Call nach Problemlösung abmelden

Abrechnung erstellen

Prüfen:
- War das gemeldete Problem durch die pauschalen Wartungskosten abgedeckt?
- War der Aufwand zumutbar?
- Soll eine gesonderte Abrechnung erstellt werden?

den, die vor der Auslieferung der Software gar nicht bekannt sein können. Dazu zählen die Folgen von Fehlern aus der falschen Beurteilung der Performance oder durch eine falsche Bedienung. Schließlich gibt es noch die **Kodierungsfehler,** die durch die falsche Kodierung der detaillierten Designlogik oder ganz einfach durch Tippfehler entstehen.

Die im laufenden Betrieb durch den Kunden gefundenen Fehler werden in der Regel auch durch den Kunden selbst an das für die Software-Wartung verantwortliche Unternehmen übermittelt. Das kann in kleineren Projekten direkt durch einen Anruf oder durch eine E-Mail erfolgen. In größeren Unternehmen wird der Anwender, der eine Fehlfunktion entdeckt hat, zuerst eine Meldung an den IT-Verantwortlichen vor Ort machen. Der IT-Verantwortliche überprüft die Fehlersituation, versucht den Fehler zu reproduzieren und eine Lösung zu finden. In einigen Fällen kann die Ursache sofort geklärt und ein Workaround (Umgehung des Problems) gefunden werden.

Eine ausführliche Fehlerbeschreibung erfolgt dann an das Support-Team des für die Software-Wartung ver-

G

Geschäftsprozess „Software-Wartung“ Unterprozess „Support-Call-Verarbeitung“

Support Call annehmen und registrieren

Voraussetzungen:
- Alle verfügbaren Kommunikationswege für die Support Calls definieren:
  - Hotline-Telefon inklusive Besetztzeiten
  - Fax
  - E-Mail
  - webbasierte Fehlerverfolgungssoftware

Registrierung:
- Support Call wird dokumentiert.
- Support Call wird einem Mitarbeiter zugewiesen.
- Kunde erhält Information.

Support Call bearbeiten

Prüfen:
- Sind das Problem und seine Lösung bereits bekannt?
- Kann das Problem direkt durch den zuständigen Mitarbeiter gelöst werden?

Delegieren, wenn notwendig:
- Support Call an das Entwicklungsteam weiterreichen. **Achtung!** Immer einen verantwortlichen Entwickler für den Support Call bestimmen!
- Kunde wird über den Zwischenstand informiert.

Testen:
- Wenn die Entwicklung das Problem gelöst hat, soll es durch den verantwortlichen Supportmitarbeiter getestet werden.

Support Call abmelden

Kunden kontaktieren:
- Kunde erhält die Lösung.
- Wenn der Kunde zufrieden ist, kann der Support Call abgemeldet werden.
- Wenn der Kunde mit der Lösung nicht einverstanden ist, kann ein Treffen mit der Support- und Entwicklungsleitung und dem Kunden arrangiert werden, um einen alternativen Lösungsweg zu finden.

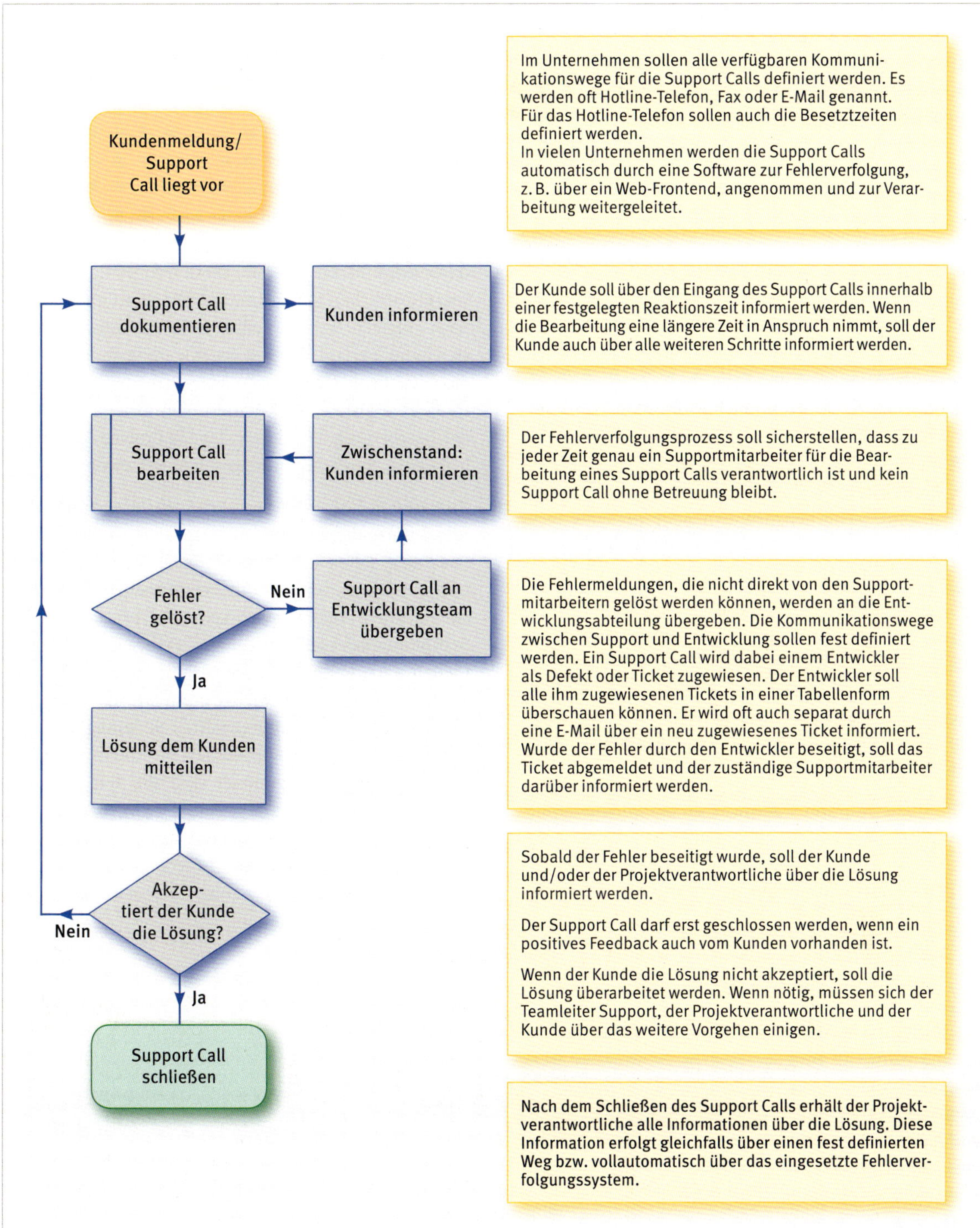

Support-Call-Verarbeitung

antwortlichen Unternehmens. Man spricht dabei von einem **Support Call.** Der Lieferant oder Hersteller der Software soll damit die notwendigen Schritte unternehmen, um den Fehler zu lokalisieren, im Programmcode zu beseitigen und in das Kundensystem einzupflegen.

Die übliche Darstellung des Geschäftsprozesses wird dabei um die ablauforientierte Darstellung erweitert.

Die internationale Norm ISO 9001 definiert die Maßnahmen zur Qualitätssicherung im Allgemeinen und fordert konkret von einem IT-Unternehmen einen klar definierten Plan für eine Reaktion auf einen Support Call.

Die korrigierende Wartung eines Softwareproduktes verbraucht nach vielfach durchgeführten statistischen Studien über die Hälfte der Gesamtsumme für die Produktentwicklung. Je intensiver das Produkt vom Kunden genutzt wird, desto mehr Support Calls fallen an. Das erfordert effektive Werkzeuge für die Unterstützung der Supportmitarbeiter und der Entwickler bei den Fehlerkorrekturen. Solche Werkzeuge werden im Allgemeinen als **Bug Tracking Tools** (Fehlerverfolgungswerkzeuge) bezeichnet. Sie bieten folgende Leistungsmerkmale:

Automatisierung des Eingangs

Viele Werkzeuge besitzen ein Web-Frontend, mit dessen Hilfe der Kunde die Fehlerbeschreibung selbst erfasst und über das Internet sicher an das IT-Unternehmen weiterleitet. Wo eine solche Lösung nicht möglich ist, z. B. aus Sicherheitsgründen oder mangels technischer Voraussetzungen, kann eine E-Mail-Kommunikation eingesetzt werden. Der Kunde erhält auch in diesem Fall ein Formular zum Ausfüllen. Die relevanten Daten werden dann via E-Mail übermittelt. Der Eingang eines Support Calls soll registriert und automatisch einem Mitarbeiter zugewiesen werden. Kein Support Call darf ohne einen dafür verantwortlichen Mitarbeiter registriert werden. Der Kunde erhält automatisch eine Bestätigung über den Eingang des Support Calls.

Automatisierung der Übergabe an die Entwicklung

Ist es dem verantwortlichen Supportmitarbeiter nicht möglich, den Fehler zu beheben oder zu lokalisieren, wird aus dem Support Call ein sogenanntes **Ticket** oder ein **Defekt.** Es handelt sich dabei um einen Support Call, der mit den Angaben des Supportmitarbeiters vervollständigt wurde. In Abhängigkeit vom jeweiligen IT-Unternehmen wird das Ticket an den nächsten Supportlevel übergeben, wo es vom zuständigen Spezialisten weiterverarbeitet wird, oder es erfolgt die direkte Übergabe an das Entwicklungsteam. Auch diese Übergabe soll durch die Bug-Tracking-Software automatisiert werden, sodass das Ticket immer einem konkreten Mitarbeiter zugewiesen und dieser Mitarbeiter per E-Mail gesondert über den Eingang des Tickets informiert wird. Letztlich soll auch der Kunde je nach Konfiguration über den neuen Zustand seiner Anfrage unterrichtet werden.

Kommunikation zwischen dem Entwicklungsteam und dem verantwortlichen Supportmitarbeiter

Wenn der Entwickler den Fehler im Programmcode lokalisiert und beseitigt hat, markiert er das Ticket als gelöst (resolved) und meldet es ab. Diese Information soll dem verantwortlichen Supportmitarbeiter sofort und automatisch mitgeteilt werden, sodass er die Fehlerbehebung testen kann. Verläuft der Test negativ, erhält der Entwickler das Ticket mit einer Zustandsbeschreibung wieder zurück. Eine Liste aller Zustände zeigt dabei die Historie der Bearbeitung des Tickets. Ist das Problem dann endlich gelöst, kann das Ticket geschlossen werden.

Knowledge Base und Support-Call-Datenbank

Alle Informationen über die Support Calls und deren Lösungen sollen dem Support-Team, den Entwicklern und dem Projektverantwortlichen immer zur Verfügung stehen. Die Support Calls beschreiben oft verschiedene Symptome des gleichen Fehlers. Fehler, die in der aktuellen Version der Software beseitigt wurden, können in den Folgeversionen wieder auftreten. Eine Support-Call-Datenbank mit differenzierten Suchmöglichkeiten schafft für dieses Problem letztlich die nötige Abhilfe.

Am weitesten verbreitetet sind die Bug-Tracking-Programme **ClearQuest** der Firma IBM, **Problem Tracker** von NetResults und **GEMINI** von CounterSoft. Im Bereich der freien Software besitzt das Fehlerverfolgungssystem **Bugzilla** eine führende Position.

NetResults Tracker

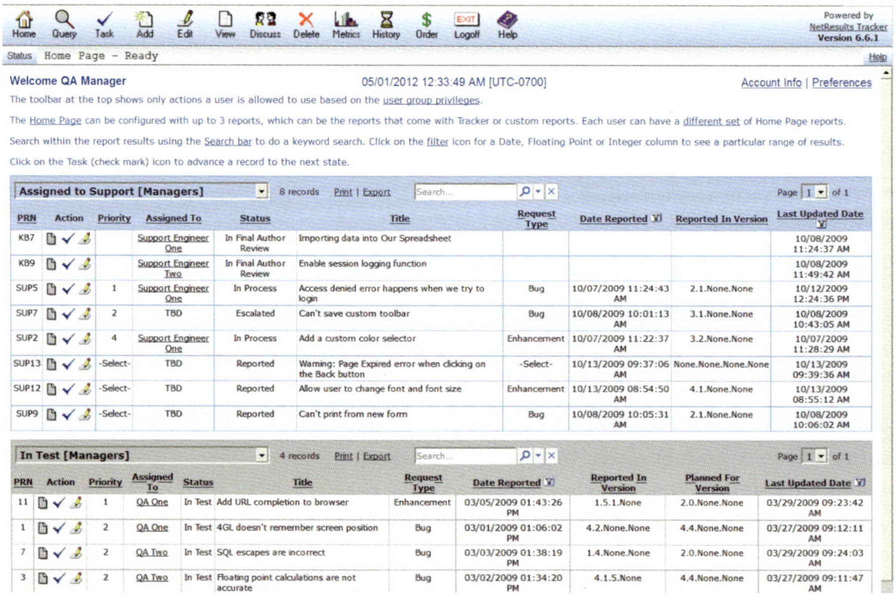

Die Fehler korrigierende Wartung besteht somit aus der Verwaltung der Kundenanfragen und aus der eigentlichen Softwareentwicklung. Dabei unterscheidet sich diese innerhalb der Wartung zu leistende Entwicklungsarbeit in einigen wichtigen Aspekten von der Erstentwicklung:

Reverse Engineering und Reengineering

Es gibt Tätigkeiten während der Fehlerkorrektur, die in ihrer Form und Intensität in der Erstentwicklung nicht vorkommen. Die Softwareentwickler, die sich um die Wartung kümmern, gehören im Gegensatz zu den Erstentwicklern häufig zu einem anderen Team oder sogar zu einem anderen Unternehmen. Oft arbeiten sie lokal und zeitlich voneinander getrennt. Das bedeutet, dass die Entwickler, die die Fehler korrigieren, ursprünglich weder die Architektur des betroffenen Softwaremoduls kennen, noch genau wissen, welche Logik hinter einem fehlerhaften Abschnitt im Programmcode steckt. Nicht selten erweist sich dabei die Dokumentation als nicht ausreichend oder nicht aktuell, weil die Erstentwickler keine Zeit zum Dokumentieren hatten.

Die Gewinnung des Wissens über die ursprünglichen Softwaremodelle, Ideen und Zusammenhänge bezeichnet man als **Reverse Engineering.** Damit ist gleichzeitig auch das **Reengineering** verbunden – die Überarbeitung des Programmcodes mit dem Ziel, der Software neue Eigenschaften hinzuzufügen oder sie einfach neu zu organisieren, ohne dabei die ursprüngliche Funktionalität einzuschränken. Auch dafür gibt es mehr oder weniger gut geeignete Werkzeuge. Dazu gehören Programme zum sogenannten Rückübersetzen des binären ausführbaren Programmcodes in die symbolische Assemblersprache. Assembler ist zwar für die meisten Programmierer nicht so gut verständlich wie beispielsweise die modernen Programmiersprachen Java oder C++, bietet aber trotzdem eine Möglichkeit, Rückschlüsse über die Programmlogik und über die logischen Fehler zu ziehen. Solche Rückübersetzungsprogramme werden allgemein als **Disassembler** bezeichnet. Die meisten **Debugger,** also spezielle Programme für die Fehlersuche während der Entwicklung, verfügen über eine derartige Disassemblierungsfunktionalität.

Um solche Werkzeuge einsetzen zu können, sollte das IT-Unternehmen zumindest über den Programmcode verfügen. Handelt es sich um freie, nach einer Public Lizenz lizenzierte Software, so entstehen diesbezüglich kaum Probleme. Ganze Betriebssysteme, wie Linux oder BSD, viele Datenbanksysteme, wie MySQL oder Ingres, und einige Bürolösungen, wie OpenOffice, werden mit dem gesamten Quellcode ausgeliefert. Dabei darf unter bestimmten Voraussetzungen jedes Unternehmen den Programmcode auch erweitern und damit den Wünschen seiner Kunden entsprechend anpassen.

Oft ist dem Wartungsteam aber ein direkter Eingriff in den Programmcode aus rechtlichen Gründen nicht gestattet. Diese Situation besteht im Bereich der kommerziellen Standardsoftware – so werden die am weitesten verbreiteten Office-Anwendungen von Microsoft nicht nur ohne Quellcode ausgeliefert, sondern es wird in der Lizenz extra darauf hingewiesen, dass jegliche Art von Reverse Engineering und das Disassemblieren des Programmcodes lizenzwidrig sind.

W

Die Programmierschnittstelle zu einem Programm oder Programmblock wird als **Application Programming Interface (API)** bezeichnet. Sie besteht normalerweise aus fest definierten und gut dokumentierten Funktionsdeklarationen. Soll die fragliche Software in einem anderen Programm benutzt werden, empfiehlt sich die Verwendung der API-Funktionen. Verfügt eine Software über eine API, die speziell im Hinblick auf eine Wiederverwendung entworfen wurde, wird sie oft **Softwarekomponente** genannt. So sind zum Beispiel viele Dialogfenster im Betriebssystem Microsoft Windows als solche Komponenten entwickelt worden. Deswegen erscheinen zum Beispiel so gut wie alle Dialoge zum Öffnen und zum Speichern von Dateien gleich. Sie werden von den Anwendungsprogrammen immer wieder benutzt, ohne dass sie von den Programmierern neu entwickelt werden müssen.

Aber auch technische Hindernisse schränken die Wartung der Software ein, die auf den einzelnen Komponenten basiert. Die Ursache liegt darin, dass der Softwarehersteller nicht die gesamte Software selbst schreibt, sondern Teile davon in Form fertiger Bausätze zukauft. Von diesen Bausätzen ist oft nur die Schnittstelle mit den Ein- und Ausgabeparametern bekannt. Auch wenn der Hersteller für die Wartung seiner Software später den Quellcode zur Verfügung stellt, sind die Komponenten meist nicht im Quellcode verfügbar. Somit bleibt dem Support-Team ein Teil der Softwarelogik verborgen.

Erhöhter Aufwand und Risiken bei der Installation

Nachdem die Fehler lokalisiert und beseitigt wurden, soll auch der entsprechende Programmcode des Kundensystems nachgebessert werden. Man spricht von der Installation eines **Patchs,** einer fast immer aufwändigen und riskanten Aufgabe. Als erste Schwierigkeit erweist sich die Tatsache, dass viele große Server-

Systeme praktisch rund um die Uhr verfügbar sein müssen. Die Zeit für das Einspielen des Patchs ist also sehr beschränkt und sollte gut geplant werden.

Betreffen die Änderungen nicht die Server, sondern die Client-Software, kann eine große Anzahl von Arbeitsplätzen für einen erhöhten Aufwand sorgen. Für ein weiteres Problem sorgen mangelhafte Testmöglichkeiten. Die Entwicklung und Tests basieren normalerweise auf idealisierten Beispieldaten. Die Datenbestände der Kunden sind in der Regel viel größer, vielfältiger und beinhalten zum Teil auch fehlerhafte Daten. Dabei stellen unter anderem die Datumsangaben eine Fehlerquelle dar. Wenn beispielsweise in einem Patch eine neue Funktion die Datumsangabe in der Form „2006-11-07“ erwartet, so können in den bereits vorhandenen Daten bestimmte Angaben existieren, die sich hierbei auf den 7. November oder den 11. Juli beziehen. Das kann nach dem Aufspielen des Patchs zu unvorhersehbaren Folgen führen.

Aufgaben

1. Die Software **Health.Manager.NET** besteht aus folgenden Teilen:
   - Client-Software, installiert auf den Arbeitsplatzrechnern des medizinischen Personals
   - Applikationsserver, installiert auf einem dedizierten Rechner im Rechenzentrum des Krankenhauses
   - Datenbank mit allen patientenbezogenen und medizinischen Daten, installiert auf einem dedizierten Rechner im Rechenzentrum des Krankenhauses

   Die Client-Software erweist sich als recht kompliziert. Sie organisiert die Präsentation der Daten sowie die Navigation und ist für die Kommunikation mit dem Applikationsserver und für die sichere Anmeldung der Benutzer zuständig. Was könnte bereits bei der Erstentwicklung dazu beitragen, die Wartung der Client-Software für **Health.Manager.NET** zu minimieren?
   a) Die Client-Software wird in einer betriebssystemunabhängigen Sprache wie Java oder Perl implementiert. Somit entfällt die Pflege mehrerer Versionen der Client-Software.
   b) Die Client-Software erfordert ein bestimmtes Betriebssystem für die Arbeitsplatzrechner, worauf bei der Anschaffung bereits verwiesen wird.
   c) Die Client-Software wird in einem oder mehreren Java-Applets implementiert. Als einzige Voraussetzung für den Einsatz des Programms **Health.Manager.NET** wird dann ein Java-fähiger Browser erwartet. Der Browser fordert beim Start vom Applikationsserver die Applets an, sodass keinerlei zusätzliche Software auf den Arbeitsplatzrechnern installiert und gewartet werden muss.
   d) Auf jedem Arbeitsplatz werden Treiber für die Datenbankzugriffe installiert. Wird ein Client gewartet, bleiben die anderen Clients davon unberührt.
   e) Datenbankzugriffe sollen nur von einem einzigen Rechner möglich sein – vom Applikationsserver. Wenn die Datenbanktreiber gewechselt werden, beschränkt sich die Wartung auf den Applikationsserver.
   f) Die Geschäftslogik von **Health.Manager.NET** soll weitgehend clientseitig implementiert werden. Wenn sich die Geschäftsvorgänge ändern oder die zurzeit implementierte Logik fehlerhaft ist, werden die Softwarepatchs einfach auf allen Arbeitsplätzen neu aufgespielt.
   g) Die Geschäftslogik von **Health.Manager.NET** soll weitgehend modular auf dem Applikationsserver implementiert werden. Wenn sich die Geschäftsvorgänge ändern oder die zurzeit implementierte Logik fehlerhaft ist, werden die Softwarepatchs nur auf einen einzigen Rechner neu aufgespielt.
2. Anna Hedder hilft beim Erstellen eines Angebotes für den Einsatz von **Health.Manager.NET**. Sie beschreibt die Leistungen der Firma bezüglich der Produktwartung. Was sollte sie über die Annahme und Reaktion auf die Kundenbeschwerden (Support Calls) definieren?
   a) Kontaktperson für die Support Calls
   b) Adresse des Herstellers von **Health.Manager.NET**
   c) Kommunikationsformen für die Annahme der Support Calls
   d) intern benutzte Software für die Verfolgung der Fehlersuche (Bug-Tracking-Software)
3. Welche Vor- und Nachteile haben folgende Kommunikationsformen für die Annahme der Support Calls?
   a) herkömmliche Post (Brief)
   b) elektronische Post (E-Mail)
   c) Telefon
   d) Fax
   e) direkter Zugriff auf die Bug-Tracking-Software des Wartungsunternehmens
   f) Chat-Service

   Bewerten Sie bei den Vor- und Nachteilen die folgenden Faktoren:
   - Kundenfreundlichkeit
   - Möglichkeiten zur automatischen Übernahme der Support-Call-Daten für Weiterverarbeitung
   - Zeitraum für die erste Reaktion bzw. Schnelligkeit
   - Möglichkeiten zur Nachfrage
   - Faktor Mensch
   - Sicherheit und Vertraulichkeit

Erstellen Sie eine Tabelle mit den Kommunikationsformen als Spalten und den aufgelisteten Faktoren als Zeilen. Schreiben Sie in die Zellen die jeweiligen Schulnoten zu den Faktoren für die Kommunikationsformen.

4.2.1.2 Anpassung

Unter der anpassenden Software-Wartung werden alle Aktivitäten verstanden, die als Reaktion auf die Änderung der äußeren Umgebung durchgeführt werden.

Übertragung (Portierung) der Software auf ein anderes Betriebssystem

Wünscht der Kunde ein anderes Betriebssystem, können Teile der zu wartenden Software oder sogar das ganze System portiert werden. So wird in den letzten Jahren verstärkt der Trend beobachtet, die serverseitige Software auf die freien Betriebssysteme Linux oder BSD zu übertragen. Bei der clientseitigen Software ist dies im Moment nicht der Fall, da Microsoft Windows als Betriebssystem für Arbeitsplatzcomputer kaum Konkurrenz von anderen Betriebssystemen zu befürchten hat.

Eine Portierung auf ein neues Betriebssystem erweist sich allerdings in der Regel als sehr aufwändig, weil sich viele Eigenschaften und Dienste zwischen den Betriebssystemen erheblich unterscheiden. Wird beispielsweise die Windows-Standardkomponente **Datei Öffnen** in einem Programm benutzt, so müssen bei einer Portierung auf UNIX alle Stellen im Programmcode mit diesem Dialog gefunden und durch einen passenden UNIX-Code ersetzt werden. Dazu kommt noch die Tatsache, dass ein UNIX-System standardmäßig mit vielen Fenstersystemen zusammenarbeitet, sodass auch deren Besonderheiten berücksichtigt werden müssen.

W Das Übertragen einer Software von einer Laufzeitumgebung in eine andere wird allgemein als **Portierung** bezeichnet.

Auch weniger komplizierte Umstände verursachen oft unüberwindbare Probleme bei der Portierung. Als Beispiel soll hier das Symbol für die Trennung der Verzeichnis- und Dateinamen in einem Pfad dienen. Unter UNIX dient dazu der Slash („/“), unter Windows der Backslash („\“). Viele Programmierer kodieren solche Symbole direkt in den Programmcode, ohne über eine zukünftige Übertragung auf ein anderes Betriebssystem nachzudenken.

Eine Methode für die Portierung besteht darin, den existierenden Programmcode nicht zu ändern, sondern eine zusätzliche Software (normalerweise in Form einer dynamischen Bibliothek, DLL) als Schnittstelle zwischen den Betriebssystemen zu erstellen. Diese zusätzliche Software soll dann die spezifischen Funktionsaufrufe des ursprünglichen Betriebssystems in die entsprechenden Aufrufe des Zielbetriebssystems übersetzen. Man spricht hier von einer **Emulation** der Zielplattform. Diese Methode hat den Vorteil, dass damit nicht nur eine spezielle Software portiert, sondern prinzipiell die Lauffähigkeit einer ganzen Reihe von Programmen unter dem neuen Betriebssystem ermöglicht wird. Ein wichtiger Nachteil der Emulation ist dagegen die mangelhafte Geschwindigkeit gegenüber den nativen (ursprünglichen) Programmen.

Als Beispiel für solche Emulationslösungen kann die Cygwin-Bibliothek dienen. Sie ermöglicht einem UNIX-Programm die Lauffähigkeit unter Microsoft Windows. Der Quellcode der betroffenen UNIX-Programme muss allerdings zuvor für die Benutzung der Cygwin-Bibliothek vorbereitet werden. Es existiert mittlerweile eine vollständige UNIX-Umgebung unter Windows mit allen gewohnten UNIX-Tools, grafischen Oberflächen, Internetprogrammen, Editoren und Programmiersprachen.

UNIX-Programme unter Windows verwenden die Cygwin-Bibliothek

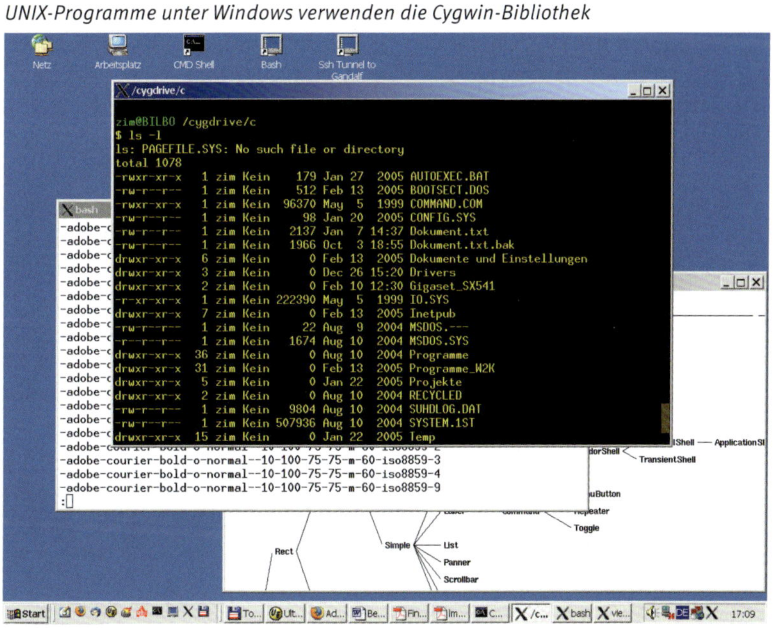

Gleichzeitig gibt es auch Emulationen, die Windows-Programmen den Betrieb unter UNIX ermöglichen. Die freie Lösung **WINE** (**WIN**dows **E**mulator) gehört seit Jahren zu vielen Linux-Distributionen. Eine kommerzielle Lösung speziell für den Einsatz der Microsoft-Office-Software unter Linux bietet die Firma CodeWeavers unter dem Namen „CrossOver Office".

Die komplette Portierung eines bestehenden Systems auf ein anderes Betriebssystem gestaltet sich trotz der guten und stabilen Emulationslösungen zu aufwändig für einen Wartungsvertrag. Normalerweise wird für eine derart komplexe Umstellung ein besonderes Angebot erstellt und ein Servicevertrag abgeschlossen. In dem Rahmen einer anpassenden Wartung sind eher kleinere Umstellungen denkbar. Dazu gehören:

Übertragung des IT-Systems auf eine andere Version oder auf eine andere Distribution des gleichen Betriebssystems, z. B. von Windows Server 2008 auf Windows Server 2012 oder von SUSE Linux auf RedHat Linux.

Übertragung eines ursprünglich betriebssystemunabhängigen IT-Systems auf ein anderes Betriebssystem. Ein Beispiel wäre eine Software, die als Java-Servlet für einen betriebssystemunabhängigen Applikationsserver wie Tomcat implementiert wurde. In diesem Fall gehören zur Anpassung:

- Installation des Applikationsservers auf dem Zielcomputer
- Installation oder Übertragung (Kopieren) der Servlet-Dateien vom ursprünglichen in das neue Betriebssystem
- Anpassung des Applikationsservers (Pfade zu den Servlets und zur Java Virtual Machine, URLs, Ports, Passwörter, Zertifikate usw.)
- Einrichten der Start-/Stopp-Automatismen für die neu installierte Software
- Übertragung der Kundendaten in die neue Umgebung
- Test des IT-Systems in der neuen Umgebung und Übergabe in den produktiven Betrieb

W Als **Servlet** bezeichnet man ein Java-Programm, das in einem Web- oder Applikationsserver läuft und Anfragen eines Web-Clients beantwortet. Es wird oft verwendet, um HTML-Inhalte auf Anfrage dynamisch zu erzeugen.

Übertragung der Software auf eine andere Hardware

Die Übertragung eines bestehenden IT-Systems auf eine andere Hardware wird notwendig, wenn die alte Hardware den wachsenden Kundenanforderungen nicht mehr entspricht oder vom Hardwarehersteller nicht mehr unterstützt wird.

Im ersten Fall hat sich die Nutzung der Software durch die wachsende Anzahl von Nutzern oder die Zunahme der Datenmenge intensiviert, sodass die Wahl eines leistungsfähigeren Servers, schnellerer Arbeitsstationen oder eines größeren Festplattensystems unausweichlich ist.

Im zweiten Fall erfüllt die veraltete Hardware zwar weiterhin die Anforderungen, doch die Garantie ist abgelaufen und der Hardwarehersteller bietet keine Ersatzteile mehr an. Oft kommt dazu noch die Tatsache, dass auf dem Markt kompatible Geräte zur bestehenden Hardware nicht mehr angeboten werden. Verwendet man beispielsweise für die tägliche Sicherung einen alten Streamer, besteht bei dessen Ausfall die Gefahr, dass mit der neu gekauften Hardware keine alten Bänder mehr gelesen werden können. Damit sind die gesicherten Daten praktisch nicht wiederherstellbar.

Gilt das Betriebssystem als veraltet und wird es durch den Hersteller vom Support ausgeschlossen, muss ein Wechsel ernsthaft in Betracht gezogen werden. Ein moderneres Betriebssystem wird allerdings die alte Hardware nicht in jedem Fall optimal ausnutzen, sodass ein Austausch der Hardware ebenfalls unumgänglich wird.

Wenn sich die neue und die alte Hardwareplattform nicht wesentlich voneinander unterscheiden, ist die Portierung normalerweise unproblematisch. Nach der Installation des Betriebssystems auf der neuen Hardware vollzieht sich die Übertragung der betroffenen Software in den gleichen Schritten wie auch bei einer Portierung auf ein neues Betriebssystem:

- Neuinstallation der Software
- Übertragung und Anpassung der kundenspezifischen Daten und Einstellungen
- Test, Dokumentation und Inbetriebnahme des IT-Systems

Zur x86-Prozessorfamilie gehören eine Reihe zueinander kompatibler CPUs, wie zum Beispiel die 32-Bit-Varianten der Prozessoren Intel Pentium 4 und AMD Athlon. Auch die 64-Bit-Versionen dieser CPUs sind zu den 32-Bit-Prozessoren hochgradig kompatibel. So laufen alle gängigen 32-Bit-Varianten von Windows- und Linux-Betriebssystemen mit diesen CPUs. Viele Anwendungen, die keine tieferen Zugriffe in die Systeminterna benötigen, haben keine Schwierigkeiten beim Übergang zwischen verschiedenen CPUs der x86-Familie. Trotzdem sollte die Software an die jeweiligen Besonderheiten angepasst werden, um die Hardware optimal nutzen zu können. So werden schon seit einiger Zeit zu vielen Programmen die 64-Bit-Versionen auf dem Markt angeboten.

Die Lage ist wesentlich schwieriger, wenn die alte und die neue Hardwareplattform zueinander inkompatibel sind. Mit vielen Problemen muss man rechnen, wenn ein System von einer Intel- auf eine RISC-Plattform (z. B. von einem Pentium-PC auf einen G4-Apple-Computer) übertragen werden soll. Normalerweise ist eine solche Portierung mit der Migration auf ein neues Betriebssystem verbunden. In derartigen Fällen kann eine Hardware-Emulation zur Lösung beitragen. Dabei wird normalerweise innerhalb eines Betriebssystems, des sogenannten **Wirt-Systems,** das komplette Verhalten einer anderen Hardwareplattform softwaretechnisch nachgebildet. Der „nachgebildeten Hardware“, auch bekannt als virtuelle Maschine oder **Gast-System,** werden Zugriffe auf die reale oder ebenfalls emulierte periphere Hardware, wie Festplattenpartitionen, Soundkarte oder Drucker, gestattet. Da viele Ein- und Ausgabeoperationen des Gast-Systems virtuellen Charakter haben, werden sie unmittelbar im Arbeitsspeicher des Wirt-Systems ausgeführt. Damit erhöht sich die Arbeitsgeschwindigkeit der portierten Software.

Grundsätzlich ist diese Lösung mit der im vorigen Abschnitt dargestellten Emulation eines Betriebssystems zu vergleichen. Die Portierung einer Softwarelösung mithilfe einer Hardware-Emulation besteht dabei aus folgenden Einzelschritten:

- Auf dem neuen Computer wird die virtuelle Maschine eingerichtet, die die alte Hardware emuliert.
- In der virtuellen Maschine wird das Betriebssystem des alten Computers installiert.
- Die Software wird, wie oben beschrieben, auf das neue Betriebssystem portiert.

VMware mit Windows 10 als Gast-System

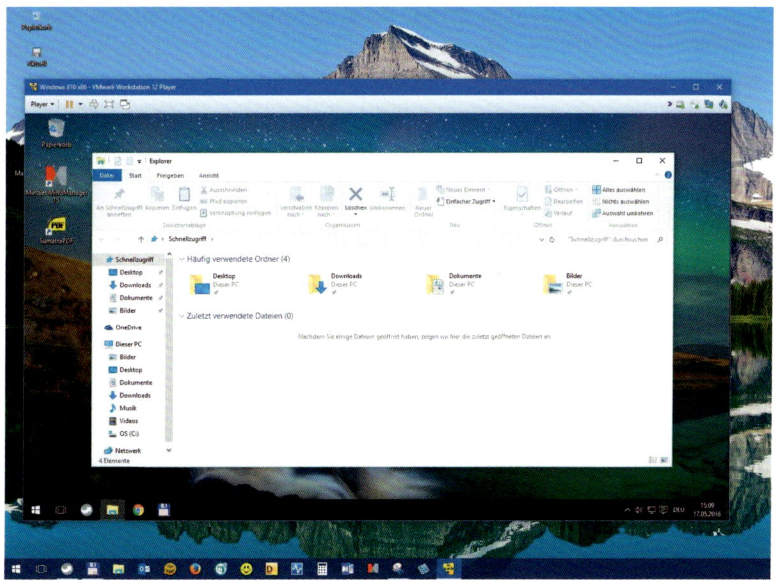

W

Hersteller	PC-Emulator/ Produkt	Plattform/ Wirt	Lizenz
Microsoft	Microsoft Virtual PC, Microsoft Virtual Server, Microsoft Hyper-V	Windows, Mac OS	kommerziell
VMware Inc.	VMware Workstation, VMware ESX Server, VMware VirtualCenter	Windows, Linux	Kommerziell; es gibt Freeware-Versionen.
Parallels Software Studio	TwoOStwo	Windows, Linux	kommerziell
Fabrice Bellard	QEMU	Windows, Linux, FreeBSD, Mac OS X	GPL

VMware in Aktion zeigt die folgende Abbildung. Es handelt sich um eine routinenmäßige Softwarewartung auf einem Windows-10-Rechner als einem emulierten System.

Windows 10 läuft in diesem Beispiel als Gast-System in einer virtuellen Maschine auf einem Linux-Server. Das Linux-Wirt-System selbst ist nur über die Fernsteuerung erreichbar, weil es bei einem Kunden in einer anderen Stadt installiert ist. Auf dem Arbeitsplatzrechner des IT-Mitarbeiters, der die Wartung durchführt, ist Windows 7 mit Cygwin installiert. Über X Window Server von Cygwin verbindet sich der Mitarbeiter mit dem entfernten Linux-System und öffnet das Fenster mit Windows 10 auf dem eigenen Desktop. Das Beispiel verdeutlicht außerdem folgende Gründe für den Einsatz der virtuellen Hardware:

- **Testumgebung** für die fehlerkorrigierende Wartung und für die Erstentwicklung. In einem einzigen Hardware-System lassen sich gleichzeitig mehrere virtuelle Maschinen ausführen, in denen mehrere Hardware- und Softwarekonfigurationen nachgebildet werden können. Dadurch sinken die Kosten eines IT-Unternehmens für die Testumgebungen erheblich.

- **Sicherheit.** Die sensiblen Kundendaten und die Software lassen sich in einer virtuellen Umgebung leichter vor äußeren Angriffen schützen. Die Zugriffe auf das Gast-System erfolgen ausschließlich über das ebenfalls emulierte Netzwerk. Es stehen reale oder emulierte Firewalls, Router oder VPNs als Schutzmittel zur Verfügung. Schädliche Software besitzt zunächst keinen direkten Einfluss auf die Prozesse des Gast-Systems.
- **Leichte und feste Trennung der Kundenumgebungen.** Es lassen sich virtuelle Systeme parallel betreiben, die für den produktiven Einsatz sowie für Forschung und Tests gedacht sind. Der Kunde erhält eine Umgebung zum Testen der Anpassungen, Optimierungen oder Patchs. Falls er mit den Änderungen zufrieden ist, kann der produktive Betrieb auf die neue virtuelle Maschine umgeleitet werden.
- **Konsolidierung.** Mit moderner Emulationssoftware lassen sich viele virtuelle Rechner auf einer Hardwareplattform installieren. Dadurch ist eine Verlegung der meisten Server eines Unternehmens (Domänen-Controller, Intranet, FTP, File Sharing, E-Mail) auf einen einzigen leistungsfähigen und gut ausgestatteten Rechner möglich.
- Die Installation mehrerer gleichartiger Gast-Systeme auf einer gut ausgestatteten Hardwareplattform ermöglicht **Web und Application Hosting** mit relativ geringem Aufwand. Jeder Kunde mietet einen kompletten virtuellen Rechner und darf beliebige Software installieren und testen, ohne dass die anderen Kunden beeinträchtigt werden.

Anpassung der Software an eine neue sprachliche und staatliche Umgebung (Lokalisierung)

Die Lokalisierung eines Softwareproduktes umfasst alle Maßnahmen zur Anpassung an die Sprache und an die nationalen Besonderheiten des Kunden. Folgende Bestandteile der Software benötigen eine derartige Anpassung:

- Benutzerschnittstelle (Dialoge, Formulare, Überschriften)
- Schriftarten und Zeichensätze
- Hilfesystem
- Fehlermeldungen und Logbuch-Ausgaben
- Dokumentationen und Benutzerhandbücher
- Format des Datums
- Währungseinheiten
- Maßeinheiten (Zoll, Zentimeter usw.)

Ein besonders hoher Aufwand ist mit der Anpassung an die Märkte in Asien verbunden, wo andere Schriftzeichen und eine andere Schriftrichtung dominieren. Viele international verkaufte Produkte werden schon in der Designphase der Erstentwicklung mit den entsprechenden Mitteln ausgestattet, die eine derartige Anpassung erleichtern. Dafür können zum Beispiel alle Zeichenketten in den Dialogen aus dem Programmcode in externe Dateien ausgelagert werden. Die Hilfe kann in einer einfachen Textform wie HTML oder XML verfasst werden. Die internationalisierten Standardfunktionen für die Manipulation der Datumsangaben sollten ebenfalls nicht vergessen werden. Die Übersetzung der Software in eine neue Sprache betrifft dann lediglich die vom Programmcode separierten Texte. Aber auch für eine Software, die ursprünglich für nur eine Sprachumgebung entwickelt wurde, gibt es Hilfsmittel, die eine Lokalisierung ermöglichen. So existieren Tools auf dem Markt, die den gesamten Programmcode nach Zeichenketten absuchen und anschließend konvertieren. Der Aufwand ist allerdings viel größer. Ein derartiger Service gehört normalerweise nicht zur Wartung, sondern erfordert eine besondere Beauftragung.

Hinzufügen neuer Zugriffsmöglichkeiten – z. B. Web-Interface

Die IT-Technologien befinden sich in ständiger Weiterentwicklung und in einem ständigen Wandel. Wenn ein IT-System über eine bestimmte Zeit erfolgreich auf dem Markt angeboten wird, ist die Erweiterung von Produkteigenschaften allein schon wegen des technischen Fortschrittes unvermeidbar. Basierte ein Produkt Mitte der 90er-Jahre des vorigen Jahrhunderts noch auf den Möglichkeiten des Netzwerkprotokolls IPX, so musste es fast zwangsläufig zum Ende der 90er-Jahre mit einer TCP/IP-Funktionalität ausgestattet werden. Seit Anfang des neuen Jahrtausends war es erforderlich, das Produkt um die Java-Schnittstelle zu erweitern, um Zugriffe über Web-Services zu ermöglichen. Die XML-Unterstützung ist seit 2003 Pflicht, um die neuen Datenaustauschtechnologien mit anderen Produkten zu unterstützen. Unter Umständen existiert die Firma, die für die Erstentwicklung zuständig war, seit Jahren nicht mehr. So müssen alle diese Erweiterungen von dem für Support und Wartung zuständigen Unternehmen durchgeführt werden. Auch hier gilt: Der Wartungsvertrag soll klar und eindeutig die Grenzen definieren, in denen der Mehraufwand für derartige Erweiterungen vertretbar ist. Oft ist die Aufgabe des IT-Unternehmens allerdings nur darauf beschränkt, einen Drittanbieter zu beauftragen oder eine zusätzliche Softwarekomponente an das betreute System anzubinden.

Änderungen in Verbindung mit neueren Versionen der Entwicklungswerkzeuge

Änderungen der Entwicklungstools verursachen ebenfalls einen Mehraufwand bei der Software-Wartung. Normalerweise sollten die Entwicklungstools keinen Einfluss auf den späteren produktiven Einsatz haben. Doch in manchen Fällen begleiten diese Werkzeuge das Produkt auch nach der Erstentwicklung.

In der letzten Zeit erfreut sich die Sprache Java einer hohen Beliebtheit bei den Entwicklern. Ein Grund dafür ist die Art und Weise, wie ein Java-Programm gestartet wird und wie es läuft. Als Laufzeitumgebung eines Java-Programms dient nicht das Betriebssystem, sondern die sogenannte **Java Virtual Machine** (**JVM**). Grob gesehen ist sie mit den oben beschriebenen virtuellen Maschinen für die Hardware-Emulation vergleichbar. Das Java-Programm läuft also in einem idealisierten emulierten hardwareunabhängigen Computer. Das macht die Java-Programme unabhängig von der Hardware und dem Betriebssystem, bedeutet jedoch, dass zum fertigen Produkt eine JVM gehört. Die am meisten verwendete JVM von der Firma JavaSoft heißt **Java Runtime Environment** (**JRE**). Wenn die Entwickler die Java-Version ändern oder sich entschließen, auf eine andere JVM umzusteigen, entstehen in den produktiven Systemen der Kunden unter Umständen zusätzliche Wartungsarbeiten, da die existierenden JVM-Versionen aktualisiert werden müssen.

Die beschriebene Situation bezieht sich nicht nur auf den Java-Einsatz. Viele moderne Programmiersprachen und -umgebungen erwarten genau definierte Versionen ihrer Laufzeitumgebung auf den Rechnern. Als Beispiele hierfür stehen die Softwareprodukte auf der Basis von interpretierenden Sprachen wie Perl und Python, aber auch moderne Technologien wie .NET von Microsoft.

Änderungen aufgrund der Gesetzeslage

Die Änderungen der Gesetze und Vorschriften sind oft ein Grund für eine Anpassung der IT-Systeme, zum Beispiel für Software, die in Steuerbüros eingesetzt wird. Die jährlichen Änderungen der steuerrelevanten Vorschriften erfordern ständige Updates der zugrunde liegenden Datenbanken und Hilfetexte. Aber auch größere und tief greifende Anpassungen direkt im Programmcode sind notwendig, wenn z. B. gesetzlich neue Kommunikationswege gefordert werden. Ab dem Jahr 2006 müssen die gewerblichen Steuerpflichtigen ihre Erklärungen ausschließlich in elektronischer Form über das Internet an die Finanzbehörden übermitteln. Daraus resultierte für die Hersteller der entsprechenden Software, aber auch für die Systemhäuser, die die Wartung der Systeme bei den Kunden durchführen, ein erheblicher Mehraufwand für die Anpassung.

Ein anderes Beispiel für derartige von Vorschriften abhängige Anpassungen liefern die IT-Systeme im medizinischen Bereich. Am 29. April 2005 hat der Bundesrat dem Gesetz zur Organisationsstruktur der Telematik im Gesundheitswesen zugestimmt. Das Gesetz fordert u. a. die Einführung der elektronischen Gesundheitskarte. Sie verfügt anders als die herkömmlichen Versichertenkarten der Krankenkassen über einen Mikrochip. Einige Daten der Patienten sollen unmittelbar auf der Karte gespeichert werden. Dazu zählen beispielsweise die aktuell verschriebenen Medikamente. Damit wird der Weg zum papierlosen Rezept ermöglicht. Zu den weiteren Eigenschaften der Gesundheitskarte zählt die Möglichkeit, automatisch eine sichere Verbindung zu den zentralen Datenbeständen aufzubauen und bestimmte Überprüfungen durchzuführen. So soll verhindert werden, dass der Arzt eine Prozedur verordnet, die mit anderen Prozeduren, Medikamenten oder Krankheiten des Patienten unverträglich ist.

Für die IT-Unternehmen, die in den Arztpraxen, Krankenhäusern oder Apotheken die Wartung und Pflege durchführen, bedeuten diese gesetzlichen Änderungen eine Menge an Anpassungsarbeit. Die Hardware-Infrastruktur der bestehenden Systeme muss um die entsprechenden Ein- und Ausgabegeräte, wie Kartenleser, erweitert werden. Außerdem soll eine schnelle, sichere und zuverlässige Verbindung zu den zentralen Telematik-Knoten, wie Authentifizierungsserver, Datenbanken usw., ermöglicht werden. Innerhalb der Software entstehen dadurch vollkommen neue Kommunikationsschnittstellen, damit die medizinischen Systeme und Anwendungen verschiedener Hersteller miteinander Daten austauschen können. In vielen Fällen werden mit diesen Anforderungen die Aufgaben der bestehenden Wartungsverträge überschritten. Es entstehen völlig neue Projekte, die Wartungslandschaft erweitert sich erheblich.

Anpassungen an die geänderten Geschäftsprozesse beim Kunden

Ein weiterer Grund für die anpassende Wartung entsteht durch Änderungen der Geschäftsprozesse. Es handelt sich dabei nicht unbedingt um die bereits beschriebenen Individuallösungen, wo die Software explizit nach den Anforderungen des Kunden programmiert wurde. Auch im Falle von Branchenlösungen enthalten die IT-Systeme in den Kundenprojekten individuelle, nur für den speziellen Kunden bestimmte Eigenschaften. Je nachdem, wie die Geschäftsprozesse im Kundenunternehmen definiert sind, müssen einige Teile der Software erweitert werden, andere

Komponenten oder Module bleiben ungenutzt oder werden nicht installiert.

Es gibt minimale Anpassungen, wie das Ändern von Abteilungsnamen in der Benutzerschnittstelle im Falle einer betrieblichen Reorganisation. Komplexere Änderungen sind notwendig, wenn das Unternehmen eine verbesserte Qualitätssicherung einführt. Oft ergibt sich dadurch in vielen betroffenen Geschäftsprozessen ein zusätzlicher Schritt, z. B. der Test des Endproduktes oder die Kontrolle der im Geschäftsprozess getroffenen Entscheidungen. So wird künftig in einem Krankenhaus nur dann ein Fall abgeschlossen, wenn alle Diagnosen und Maßnahmen für den betroffenen Patienten nach dessen Entlassung durch besonderes Controlling-Personal geprüft wurden. Dieser Schritt erfordert im eingesetzten IT-System ganz neue Eingabemasken und Formulare. Es verändern sich aber auch interne Mechanismen, wie Zugriffsrechte oder Benutzergruppen.

Aufgaben

1. Die Firma ACI will das Produkt **Health.Manager.NET** einem Kunden in Indien anbieten. Welche besonderen Wartungsmaßnahmen sollte man einplanen?
   a) Portierung des Systems auf eine andere Softwareumgebung
   b) Portierung des Systems auf eine andere Hardware
   c) Lokalisierung
   d) Anpassung an die Gesetze und Vorschriften
2. Das Steuerbüro „Geldzurück GmbH" ist Kunde von ACI. Die Firma ACI leistet die Wartung für die gesamte Hardware und Software. Das IT-System wurde im Jahr 2005 angeschafft. Es besteht aus einem Server mit Microsoft Windows 2008, drei Arbeitsplätzen mit Microsoft Windows 7 und zwei Arbeitsplätzen mit Microsoft Windows 8 als Betriebssystem. Die Branchensoftware zur Steuerberechnung, programmiert mit Microsoft Visual Basic, ist auf dem Server installiert und über das Netz zugänglich. Sie stellt keine besonderen Ansprüche an das zugrunde liegende Betriebssystem.
   Da der Softwarehersteller den Support für die veralteten Betriebssysteme Windows eingestellt hat, will ACI dem Kunden rechtzeitig ein Angebot unterbreiten. Als Primärziel gilt für den Kunden, ein modernes und sicheres IT-System für eine geringe Geldinvestition zu erhalten. Welche Maßnahmen würden Sie in das Angebot aufnehmen?
   a) Anschaffung neuer Hardware mit Betriebssystem für einen Server
   b) Anschaffung neuer Hardware mit Betriebssystem für drei Arbeitsplätze
   c) Anschaffung neuer Hardware mit Betriebssystem für zwei Arbeitsplätze
   d) Anschaffung neuer Hardware mit Betriebssystem für fünf Arbeitsplätze
   e) Installation einer Linux-Distribution als Server-Betriebssystem und anschließende Migration der Branchensoftware auf das neue Betriebssystem
   f) Installation von Windows 2012 als Server-Betriebssystem und anschließende Migration der Branchensoftware auf das neue Betriebssystem
   g) Installation von Windows 10 Enterprise als Server-Betriebssystem und anschließende Migration der Branchensoftware auf das neue Betriebssystem
   h) Installation von Windows Server 2012 auf die neue Hardware und anschließende Migration der Branchensoftware auf die neue Hardware
   i) Installation einer Linux-Distribution als Server-Betriebssystem und anschließende Lokalisierung der Branchensoftware
3. Die Gesetze und Vorschriften im Bereich der Steuern ändern sich oft mehrmals pro Jahr. Die Branchensoftware in den Steuerbüros wird logischerweise nicht jährlich neu installiert, sondern nur angepasst. Welche wiederkehrenden Aktivitäten sind in diesem Zusammenhang im Steuerbüro „Geldzurück GmbH" durch das wartungspflichtige IT-Unternehmen notwendig?
   a) Hardware-Update – Datenbank mit gesetzlichen Texten ergänzen
   b) Software-Update – Datenbank mit gesetzlichen Texten aufrüsten
   c) Software-Update – Hilfesystem aufrüsten
   d) Software-Update – Produktanpassung durch neue oder geänderten Dialoge, Formulare und Menüpunkte
   e) Software-Update – Produktanpassung an die sprachliche Umgebung (Lokalisierung)
   f) Software-Update – Produktanpassung durch Hinzufügen neuer Zugangsschnittstellen, wie Webportal, ELSTER-Formular usw.
   g) Hardware-Update – leistungsfähige CPU und größere Speichermedien installieren
   h) Software-Update – Antivirenprogramme auf dem aktuellen Stand halten
   i) Software-Update – Office-Standardsoftware auf dem aktuellen Stand halten
   j) Software-Update – Betriebssystem auf dem aktuellen Stand halten
4. Die Apotheke „Unter dem Gradus" setzt das Produkt **Health.Manager.NET** zur Unterstützung der Geschäftsprozesse ein. Die Mitarbeiter der Apotheke haben bisher im Rahmen der Rezeptbearbeitung die Rezepte eingescannt und als Bilder archiviert. Aus Platz- und Zeitgründen sollen die eingescannten Bil-

der mit einer Texterkennungssoftware in wesentlich kleinere PDF-Dokumente umgewandelt werden. Dieser neue Schritt muss für die Benutzer transparent vollzogen werden. Welche Art von Wartungsmaßnahmen bietet die Firma ACI in diesem Fall an?

a) Hinzufügen neuer Zugriffsmöglichkeiten
b) Änderungen in Verbindung mit neueren Versionen der Entwicklungswerkzeuge
c) Änderungen wegen der aktuellen Gesetzeslage
d) Anpassungen an die geänderten Geschäftsabläufe beim Kunden

5. Zu den Teilen der Software, die die Firma ACI für die Apotheke „Unter dem Gradus“ in Pflege genommen hat, gehört auch ein serverbasiertes Antivirenprogramm. Spätestens alle vierzehn Tage muss die Software ein Update erhalten. Das betrifft die Virensuch-Software (englisch „engine“) und die Datenbank mit den Virensignaturen. In welche Kategorie der Wartungsmaßnahmen würden Sie diese Updates einordnen?

a) korrigierende Maßnahmen
b) Übertragung (Portierung) der Software auf ein anderes Betriebssystem
c) Übertragung der Software auf eine andere Hardware
d) Anpassung der Software an eine neue sprachliche und staatliche Umgebung (Lokalisierung)
e) Ergänzung neuer Zugriffsmöglichkeiten, z. B. Web-Interface
f) Änderungen der Software in Verbindung mit neueren Versionen der Entwicklungswerkzeuge
g) Änderungen wegen veränderter Gesetzeslage
h) Anpassung der Software an die geänderten Geschäftsprozesse beim Kunden

4.2.1.3 Perfektionierung

Die perfektionierende Wartung ist eng mit der Marktakzeptanz und mit dem wachsenden Erfolg des Softwareproduktes verbunden. Je mehr Benutzer die Software einsetzen, je nützlicher finden sie das Produkt und je mehr experimentieren sie damit. Gleichzeitig wächst der Wunsch, das Produkt auch in ursprünglich nicht vorgesehenen Szenarien einzusetzen. Immer mehr Benutzer melden dem Support diese Wünsche.

Die auf eine Perfektionierung des Produktes gerichteten Kundenanforderungen werden oft als **Enhancement Requests** (Anforderungen an Erweiterung) bezeichnet. Die Verarbeitung eines Enhancement Request geschieht dann ähnlich wie auch die Verarbeitung der Support Calls. Es gibt allerdings auch wesentliche Unterschiede.

Ob die Erweiterung wichtig und erwünscht ist, muss die Entwicklungsabteilung für jedes Enhancement Request explizit entscheiden. Man unterteilt die Anforderungen in drei Gruppen:

- Zur ersten Gruppe gehören die weniger wichtigen, „kosmetischen“ Änderungen, die keine Funktionalitätserweiterung bedeuten.
- Zur zweiten Gruppe gehören die wichtigen Änderungen, die neue Funktionalitäten einfügen, ohne dass die bestehenden Module geändert werden müssen.
- Die dritte Gruppe bilden die Erweiterungen, die eine wesentliche Umstrukturierung und Neumodellierung schon implementierter Module erfordern.

Vor der eigentlichen Bearbeitung erfolgt eine fachlich korrekte Spezifikation der Anforderungen unter Berücksichtigung aller Neben- und Wechselwirkungen. Auch dafür ist in erster Linie die Entwicklungsabteilung zuständig. Darauf folgt eine genaue Planung, welche Enhancement Requests in welcher Version des Produktes durch welche personellen Ressourcen implementiert werden.

4.2.1.4 Vorbeugende Maßnahmen

Wird eine Software über längere Zeit eingesetzt, erhöhen die Maßnahmen der korrigierenden Wartung, Anpassung und Perfektionierung die Komplexität des Systems. Die anfänglich gut durchdachte Struktur wird immer unübersichtlicher, der Programmcode ähnelt nach einer Vielzahl von Änderungen immer mehr einem sogenannten Spaghetticode.

Die vorbeugende Wartung betrifft alle Tätigkeiten, die die Stabilität und Wartungsfreundlichkeit des Systems erhöhen. Dazu zählen die Aktualisierung der Dokumentation, das Hinzufügen von Kommentaren in den Programmcode und die Verbesserung der modularen Struktur des Systems. Nach einigen Jahren des produktiven Einsatzes besteht oft die Notwendigkeit für ein Redesign einzelner Teile der Software. Die einzelnen Softwareteile (Module) werden dabei klar nach ihren Funktionen voneinander getrennt. So soll beispielsweise in vielen Fällen die Kommunikation und der Datenaustausch zwischen den einzelnen Modulen künftig ausschließlich über die fest definierten Aufrufe (API – Application Programming Interface, Programmierschnittstelle) erfolgen. Auf diese Weise wird erreicht, dass die Fehlersuche schneller zum Erfolg führt und die Fehlerbeseitigung klare Einflussgrenzen innerhalb eines einzigen Moduls erhält. Vielfältige Methoden für ein derartiges Software-Redesign liefern die Programmiertechniken der modularen und objektorientierten Programmierung.

Die vorbeugenden Änderungen übernimmt normalerweise der Softwarehersteller oder das IT-Unternehmen, das für die Wartung des Produktes verantwortlich ist. AH

Aufgaben

1. Als Kommunikationsschnittstelle mit den anderen medizinischen Systemen fungierte bis jetzt beim **Health.Manager.NET** das Protokoll **HTTP.** Für den Einsatz in Krankenhäusern ist das Protokoll allerdings nicht besonders gut geeignet. Seine Schwächen liegen hauptsächlich in der Tatsache begründet, dass die medizinischen Systeme sehr detaillierte Informationen generieren und dadurch weit mehr Manipulationen erforderlich sind, als HTTP mit seinen wenigen Befehlen ermöglicht. Viele Kunden haben sich beim ACI-Support beschwert, dass das medizinische Standardprotokoll **HL7** von **Health.Manager.NET** nicht unterstützt wird. Um welche Kundenanforderung handelt es sich bei dieser Beschwerde?
   a) Support Call, der als Defekt eingetragen wird.
   b) Support Call, der als Enhancement Request eingetragen wird.
   c) Support Call, der nicht beachtet werden muss, da es sich um ein Feature (Eigenschaft) und keinen Fehler (Bug) handelt.
2. Das Programm **SteuerBüroWare (SBW)**, das die Firma ACI für die „Geldzurück GmbH“ wartet, ist bereits seit sieben Jahren im Einsatz und hat dementsprechend viele Änderungen erfahren. Die aktuelle Version **SBW 9.4.1 Patch 27** erweist sich als instabil und schwer in der Wartung. Die Fehler in der Software sind immer schwieriger zu finden und zu beheben. Welche vorbeugenden Maßnahmen können Sie für das Produkt vorschlagen?
   a) Umstieg auf eine neue Software zur Steuerberechnung
   b) Umstieg auf eine neue leistungsfähige Hardware
   c) Umstieg auf ein neues stabileres Betriebssystem
   d) Einsatz zusätzlicher Entwickler für die Fehlerbehebung in der Software **SBW**
   e) Neuimplementierung von Teilen der Software in Form voneinander unabhängiger Module. Auf diese Weise wird erreicht, dass die Fehlersuche schneller zum Erfolg führt und die Fehlerbeseitigung klare Einflussgrenzen innerhalb eines einzigen Moduls erhält. Nach dem nächsten Versionswechsel benötigt das Support-Team viel weniger Aufwand für die korrigierenden Maßnahmen.
3. Zählen Sie alle Arten der Wartung von Softwarekomponenten auf, die kein Bestandteil des Wartungsvertrages sind.
4. Das Support-Team hat einen dringenden Support Call vom Steuerbüro „Geldzurück GmbH“ erhalten. Die eingesetzte Version der **SteuerBüroWare** funktioniert nicht mehr, die Mitarbeiter können sich nicht mehr in das Programm einloggen. Die Untersuchung über einen Fernzugriff und die Befragung der Mitarbeiter ergaben folgende Situation:
   Nachdem in den Massenmedien vermehrt über die Folgen von Computerviren berichtet wurde, haben die Mitarbeiter des Steuerbüros auf allen Rechnern ein zusätzliches Antivirenprogramm installiert. Das Antivirenprogramm blockierte bei der Online-Überprüfung zeitweise die Datendateien der eingesetzten Datenbank (Oracle 11g). Das führte zum Absturz der Datenbank. Die Datenbank ist beschädigt, wodurch die Daten von der täglichen Bandsicherung wiederhergestellt werden müssen. Für die Wiederherstellung und Aktualisierung der Datenbank ist ein halber Arbeitstag erforderlich.
   Welcher Handlungsbedarf entsteht unter der Annahme, dass zwischen ACI und der Firma „Geldzurück GmbH“ ein regulärer Wartungsvertrag besteht?
   a) Es sind keine Aktivitäten erforderlich. Der Kunde hat sich den Schaden selbst zugefügt. Er hat ohne Absprache mit der Firma ACI gehandelt.
   b) Die Wiederherstellung der Daten erfolgt ohne gesonderte Vergütung für die Firma ACI. Der beschriebene Fall wird durch die Leistungen des Vertrages abgedeckt. Der Wartungsaufwand liegt in den Grenzen des Zumutbaren.
   c) Die Wiederherstellung der Daten erfolgt mit einer gesonderten Vergütung für die Firma ACI. Der beschriebene Fall wird nicht direkt durch die Leistungen des Vertrages abgedeckt. Der Kunde hat sich selbst den Schaden zugefügt. Er hat ohne Absprache mit der Firma ACI gehandelt.
5. In der Arztpraxis von Dr. I. Johns wird das Produkt **Health.Manager.NET** wie folgt eingesetzt: Die Datenbank Oracle 11g läuft auf einem Linux-Rechner, der Anwendungsserver auf Basis der Software Tomcat ist auf einem Rechner mit dem Betriebssystem Microsoft Windows Server 2008 Professional installiert. Die Kommunikation zwischen den beiden bereits langjährig eingesetzten Servern erfolgt über das IP-Netzwerk. Im Rahmen einer Konsolidierung will der Kunde einen modernen Rechner mit einem großen Festplattensystem und zwei Dual-Core-Prozessoren installieren, alle Anwendungsteile zusammenführen und die beiden alten Systeme abschaffen.
   a) Schätzen Sie den Arbeitsaufwand für diese Maßnahmen ein.
   b) Können die Maßnahmen im Rahmen eines regulären Wartungsvertrages durchgeführt werden?

4.2.2 Wartung der Hardwarekomponenten

Die Wartung der Hardware in der Praxis von Dr. I. Johns erledigen bisher verschiedene IT-Unternehmen. Die Wartung der **Server** erfolgt durch Herrn Gutfreund, einen freiberuflichen Mitarbeiter, der je nach gefordertem Einsatz bezahlt wird. Die Wartung besteht dabei im Wesentlichen darin, dass der Kunde in einem Problemfall Herrn Gutfreund telefonisch informiert. In der Regel erscheint Herr Gutfreund dann innerhalb von 24 Stunden vor Ort. Er lokalisiert die ausgefallene Hardware, beschafft Ersatz und wechselt die defekte Hardware gegen neue Komponenten aus. Die Ersatzteile muss er entweder einkaufen oder im Garantiefall direkt beim Hersteller auswechseln lassen.

Die Wartung der **Drucker** übernehmen die technischen Abteilungen der jeweiligen Lieferanten. Obwohl in der Arztpraxis intelligente Netzwerkdrucker eingesetzt werden, erfolgt bisher bei Ausfällen keine automatische Benachrichtigung an das Wartungsunternehmen. Der Kunde muss sich telefonisch anmelden und das Problem schildern.

Die **Arbeitsplatzrechner** pflegt Dr. Johns persönlich, wobei er die Datensicherung eingerichtet und eine Antivirensoftware installiert hat.

Mit der Einführung von **Health.Manager.NET** wurde beschlossen, dass die Firma ACI die komplette Hardware-Wartung übernimmt. Deshalb soll Kai Dreyer ein Angebot für die Praxis von Dr. I. Johns erstellen. Er muss dabei sowohl die einmaligen Arbeiten zu Beginn der Vertragslaufzeit als auch die wiederkehrenden Maßnahmen berücksichtigen.

Die Wartung der Hardwarekomponenten besteht im Wesentlichen aus den wiederkehrenden präventiven Aufgaben. Sie zielt darauf ab, die Stabilität und Verfügbarkeit des Systems sicherzustellen sowie die Lebenszeit zu verlängern. Dazu gehören in erster Linie die stetige Beobachtung des Systemzustandes (Monitoring), die regelmäßige Hardwarediagnose und der Ersatz der Bauelemente und Verschleißteile, die ein Risiko für die Verfügbarkeit des Systems darstellen. Auch die Reinigung der Bauteile ist darin eingeschlossen, insofern Staub und andere Verschmutzungen zum Verschleiß und zur Überhitzung des Systems beitragen.

Die Unterschiede zur Software-Wartung liegen meist in der Notwendigkeit eines Einsatzes vor Ort sowie in der Tatsache begründet, dass in der Regel die eigene Entwicklung der Hardware fehlt und insofern auch keine Hardware-Fehler durch eigene Kräfte eliminiert werden können.

Achtung! In der Praxis werden die eigentlichen vorbeugenden Wartungsmaßnahmen zusammen mit den allgemeinen Serviceleistungen und der Schadenbehebung in einem Pflegevertrag verankert.

Das IT-Unternehmen pflegt also nicht nur die Hardware, seine Mitarbeiter sind normalerweise ebenfalls für die Wiederherstellung der kompletten Systeme verantwortlich.

Geschäftsprozess „Hardware-Wartung“

Konzept erstellen

Untersuchen:
- Aufnahme der Ist-Situtation
- Machbarkeitsanalyse: Welche Teile des Systems können vom IT-Unternehmen gepflegt werden?
- Aufwand einschätzen
- Ist notwendiges Know-how und ausreichend technisches Personal vorhanden?
- Für welche Komponenten ist Fernwartung möglich?
- Zeitplan für die Durchführung der wiederkehrenden Aktivitäten festlegen

einmalige Arbeiten

Durchführen:
- Installation, Kontrolle und Aktualisierung der Test-Tools und der System Management Software
- Hardware-Inventur
- Kommunikation zwischen dem Support-Team und dem Entwicklungsteam festlegen
- Infrastruktur (VPN oder Wählverbindung) für die Fernüberwachung/Fernsteuerung einrichten

wiederkehrende Arbeiten

Durchführen:
- Im Störfall über Support Calls oder Alarmnachricht das Problem analysieren und das technische Personal beauftragen, die Störung über Fernsteuerung oder vor Ort zu beseitigen.
- Fernüberwachung/Fernsteuerung
- Wartung vor Ort
- Wartung außerhalb des Kundenunternehmens

4.2.2.1 Einmalige Arbeiten

Bevor ein IT-Unternehmen einen Hardware-Wartungsvertrag abschließt, sollte eine komplette Machbarkeitsanalyse durchgeführt werden. Die Hauptkriterien betreffen dabei

- die Zeiten der Bereitschaft (nur zu den Geschäftszeiten oder 24 Stunden sowie 5 oder 7 Tage in der Woche),
- die Abrechnung (pauschal oder nach geleistetem Einsatz),
- das existierende Know-how,
- die Kapazitäten im Personalbereich und
- die Entfernung und die Erreichbarkeit des Kunden.

Aufnahme der Ist-Situation, Machbarkeitsanalyse

Mit einer vollständigen **Hardware-Inventur** soll unter anderem festgestellt werden, ob für die Hardware noch Garantie seitens des Herstellers besteht. In diesem Fall laufen bestimmte Aktivitäten, wie z. B. die Beschaffung der passenden Ersatzteile, direkt über den Hersteller. Zu den Pflichten des für die Wartung verantwortlichen IT-Unternehmens würde in diesem Fall nur das rechtzeitige Erkennen der zu ersetzenden Teile gehören.

Besteht für einen Teil der Hardware keine Garantie mehr, ist beim Abschluss eines Wartungsvertrages ein differenziertes Vorgehen angeraten. Dazu gehört eine grundsätzliche Vereinbarung mit dem Kunden, dass die Ersatzteile nicht durch eine Pauschale abgedeckt werden. Weiterhin muss berücksichtigt werden, dass der Ersatz veralteter Hardware prinzipiell problematisch oder gar unmöglich sein kann. In kritischen Fällen löst folgende Option das Problem: Dem Kunden kann angeboten werden, auf eine neue Hardware umzusteigen. Für die veraltete Hardware ist nach einem ausgiebigen Test eventuell ein weiterer Einsatz in unkritischen Positionen möglich.

Installation, Kontrolle und Aktualisierung der Testwerkzeuge

Alle Aktivitäten für eine Wartung beginnen mit der Installation und Aktualisierung der Testwerkzeuge. Viele Hardwarehersteller liefern gleichzeitig mit ihren Systemen auch die erforderliche Software für das Management und die Überprüfung der Hardware.

Die **Site Management Software** (oft auch **System Management Software** genannt) wird zentral auf einem Computer des Kunden installiert und ausgeführt. Weitere Teile der Software, oft als **Agenten** bezeichnet, werden auf allen betroffenen Netzwerkknoten installiert. Die Grundidee besteht darin, über die Agenten in regelmäßigen Abständen den Zustand der Hardware abzufragen. Eine solche Abfrage ist selbstverständlich von den Eigenschaften der betroffenen Hardware abhängig. So gibt es spezielle Agenten für PCs unter Windows und unter anderen Betriebssystemen, für intelligente Drucker, für netzwerkbasierte Speichersysteme (Storage Area Networks), für spezielle SCSI-Controller und für Streamer (Bandlaufwerke).

Die Agenten funktionieren netzwerktechnisch als Dienste, die vom Zentralmodul in regelmäßigen Abständen abgefragt werden. Die gesammelten Informationen werden anschließend in einer zentralen Datenbank gespeichert. So besteht die Möglichkeit, die Informationen in Diagrammen zu visualisieren. Es können aber auch Regeln und Richtlinien definiert werden, um eine automatische Reaktion auszulösen. Erreicht beispielsweise eine Festplatte einen vorab definierten Grad der Fragmentierung, startet automatisch ein Defragmentierungstool.

Eine andere Möglichkeit besteht in der automatischen Generierung von Nachrichten. Ist in einem Hardware-RAID-System eine Festplatte ausgefallen, so erhält das Wartungsunternehmen eine automatisch erstellte E-Mail über den kritischen Zustand. Zusätzlich erfolgt oft parallel eine SMS-Benachrichtigung über den Sachverhalt. Der für den Support bzw. die Wartung verantwortliche Netzwerkadministrator kann das Problem rechtzeitig beseitigen, ohne dass der Kunde davon Kenntnis erlangt. Die beschriebene Vorgehensweise ermöglicht außerdem, dass die Hardware über die Agenten nicht nur überwacht, sondern auch konfiguriert werden kann. Intelligente Netzwerkdrucker erhalten auf diese Weise automatische Firmware-Updates.

Die Site Management Software wird in erster Linie für die Überwachung von kritischen Server-Systemen eingesetzt, obwohl auch die Überwachung von Arbeitsplatzrechnern möglich ist.

Das IP-basierte Protokoll **S**imple **N**etwork **M**anagement **P**rotocol **(SNMP)** der Arbeitsgruppe **I**nternet **E**ngineering **T**ask **F**orce **(IETF)** stellt eine offene Lösungsplattform für die Site Management Software zur Verfügung. Das Protokoll definiert dabei einfache Befehle für die Kommunikation zwischen den Agenten und dem Zentralmodul. Außer den Befehlen (verschiedene GET- und SET-Varianten), mit denen das Zentralmodul die einzelnen Agenten ansprechen kann, existiert noch eine besondere Kommunikationsschnittstelle – die Schnittstelle für die sogenannten TRAP-Nachrichten. Damit können die Agenten selbst unaufgefordert Mitteilungen an das Zentralmodul senden. Wenn die betroffene Hardware plötzlich ausfällt, ist dies die letzte Möglichkeit, das Zentralmodul darüber zu informieren. Die SNMP-Pakete werden über UDP versendet

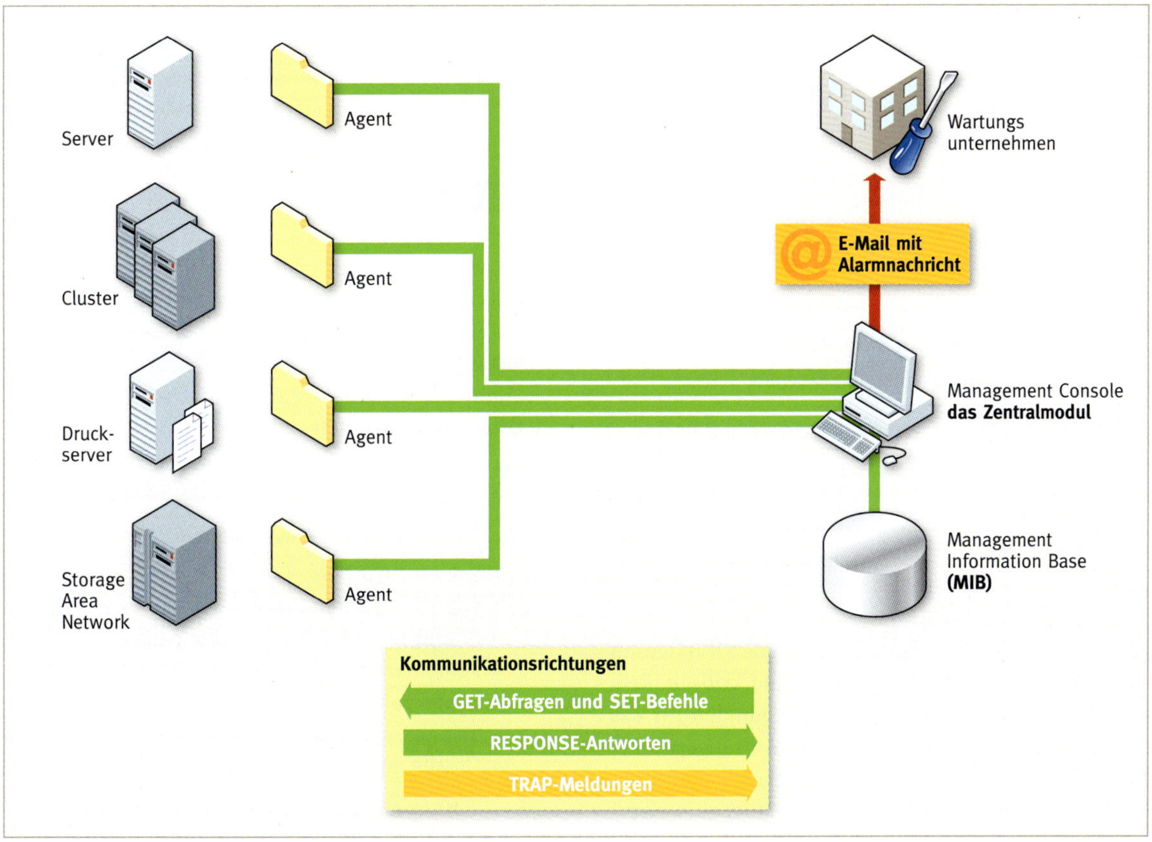

Funktionsweise eines System Management Systems nach SNMP

und benutzen den Port 161 für allgemeine Nachrichten und den Port 162 für TRAP-Nachrichten.

Das Protokoll SNMP beschreibt außerdem den Aufbau der Datenbank mit den gesammelten Informationen. Diese Datenbank heißt **M**anagement **I**nformation **B**ase **(MIB).**

Das Programm OpenView der Firma Hewlett-Packard gehört zu den am meisten eingesetzten Lösungen für System Management Software. Es handelt sich dabei allerdings mehr um eine Plattform als um eine Lösung. OpenView besteht aus einer Vielzahl unterschiedlicher Produkte von HP und Drittanbietern für die Überwachung und Steuerung verschiedenster Hardwarekomponenten. Es folgt beispielhaft die kurze Darstellung des Produktes **HP Systems Insight Manager,** das sich ebenfalls in OpenView integrieren lässt.

HP Systems Insight Manager	
Funktionalität	▪ Überwachung (Monitoring) ▪ automatische Hardware-Inventur (inventory reporting) ▪ Konfigurationsmanagement ▪ zentralisiertes BIOS-Update mit Versionskontrolle für Systemsoftware
Automatisierung	▪ automatische Ereignisüberwachung ▪ Benachrichtigung bei Eintritt der programmierten Ereignisse ▪ Unterstützung der Ausführung beliebiger betriebssystemabhängiger Skripte und Programm-Module
direkt unterstützte Hardware	HP ProLiant, HP Integrity, HP 9000 HP StorageWorks MSA, Enterprise Virtual Array (EVA) HP-Clients, HP-Drucker
Benutzerschnittstelle	GUI webbasiert
Zentralmodul	kann installiert werden unter Microsoft Windows, HP-UX und Linux
Sicherheit	Unterstützung von SSH, SSL, Authentifizierung auf Betriebssystemebene

Zu den anderen oft eingesetzten System-Management-Lösungen gehören folgende Produkte:

W

Produkt	Beschreibung
Alcatel 5620 Network Manager und Service Aware Manager	Netzwerk- und Servermanagement
BixData	Performance-, System-, Netzwerk- und Anwendungsüberwachung
CA Unicenter Network and Systems Management	Netzwerk- und Servermanagement
IBM Tivoli: Netview	Netzwerkmanagement
Microsoft Operations Manager (MOM)	Performance-Management (Bestandteil von Windows Server System)
OpenNMS	Open Source Projekt

Erweist sich die Hardwareumgebung des Kundenunternehmens nicht so anspruchsvoll und kritisch, dass sich der Einsatz von aufwändigen Produkten für das System Management lohnt, kann der Wartungsprozess trotzdem teilweise automatisiert werden. Viele PC-Lieferanten und auch die Hersteller verschiedener Hardwarekomponenten liefern zusätzlich zur Treibersoftware auch Managementprodukte, die den Zustand der betreffenden Hardware überwachen. Da diese Tools mit keinem zentralen Modul verbunden werden, sind sie nur lokal einsatzfähig. Sie schreiben im Falle eines Hardwareproblems (Failure) einen Eintrag in die betreffende Logdatei – oder bei Microsoft Windows in das Ereignisjournal (Modul Ereignisanzeige).

Das System kann so programmiert werden, dass bei bestimmten Ereignissen oder den daraus resultierenden Logbuch-Einträgen eine E-Mail an die Supportabteilung des Wartungsunternehmens gesendet wird. Diese Aufgabe erledigt das in einer vom Betriebssystem unterstützten Skriptsprache erstellte Programm, das die Logbuch-Datei nach verdächtigen Einträgen durchsucht und bei Fundstellen mit einer entsprechenden E-Mail reagiert. Als geeignete Skriptsprachen haben sich plattformübergreifend Perl und Python etabliert. In den Windows-Betriebssystemen ist seit Microsoft Windows 2000 die **Windows-Scripting-Host**-Umgebung integriert. Sie erlaubt unter anderem den Einsatz von Visual Basic für die oben beschriebenen Aufgaben. Unter UNIX eignen sich dafür AWK und Shell. Das Programm zum Durchsuchen der Logdateien kann unter UNIX als **Cron Job** oder unter Windows als **„geplanter Task“** zu den gewünschten Zeiten oder mit den gewünschten Zeitabständen automatisch ausgeführt werden. Damit leitet die Störungsmeldung zumindest für die ausgewählte Hardware schon im Vorfeld Gegenmaßnahmen ein, ohne dass der Kunde das Problem bemerkt oder selbst melden muss.

Aufgaben

1. Die Werbeagentur Avanti ist Kunde bei ACI. Sie gründet eine Niederlassung in Delhi, Indien. Avanti will die gesamte Hardware beim indischen IT-Unternehmen „HardCare“ warten lassen und hat die Firma ACI darum gebeten, das Standardangebot von „HardCare“ zu prüfen. Kai Dreyer erhält von Herrn Köhler ein Fax mit folgendem Wortlaut:

HardCare Standard Customer Hardware Support

Features

HardCare help desk
- Call Management Center
- Priority response to all trouble-calls
- Remote diagnosis/telephone consultations
- Single point-of-contact
- Scheduled preventive maintenance
- On-site remedial maintenance

Hardware parts/maintenance materials
- Parts replacement
- All replaceable parts, tools, text equipment, and maintenance materials required for the performance of maintenance service

Information
- Peripheral change notices
- Technical support bulletins

Overview

Standard customer hardware support is designed to meet the needs of high demand users. It provides all the labour, material, and information needed to provide the maximum effectiveness of HardCare systems.
Standard customer hardware support provides priority access to HardCare's Call Management Center, to on-site and remote hardware maintenance support, on-site remedial maintenance within sixteen PPM (Principal Period of Maintenance) hours, after it has been determinated that such a service is required, automatic escalation procedures, parts replacement and any required hardware changes.
Our CMC is the single point-of-contact for HardCare customers requiring technical support. CMC is easily accessed domestically via our toll-free

(Fortsetzung auf folgender Seite)

number, 0123 1231234 and our direct-dial worldwide number, 1233211234321.

HardCare's Call Management Center provides the following services for hardware customers:

- problem determination and verification
- hardware support
- remote troubleshooting and telephone support
- scheduling of installations, upgrades and preventative maintenance with system shipments

HardCare will provide remote diagnostic tools (OpenView and Insight Manager) for all hardware products. **HardCare** will make all the adjustments and remedial repairs required to keep the products in a normal operating condition. Our maintenance times (Principal Period of Maintenance) are 8.00 am – 5.00 pm local time, Monday to Friday.

Service performed outside the Principal Period of Maintenance will be charged to the customer at the standard published time and material rate. All equipment covered by standard customer hardware support will be kept in optimum operating condition, with a 95 percent uptime availability.

Prerequisites

- System audit & certification
- System in good state of repair
- Designated point-of-contact
- Dedicated diagnostic communications line
- Any system which is not at the current hardware revision levels must be re-certified at the customer's expense.

a) Welche Bedingungen stellt das Wartungsunternehmen an den Zustand der Hardware beim Kunden?
b) Was soll zu Beginn des Vertrages mit der alten Hardware geschehen?
c) Was bedeutet „Principal Period of Maintenance"?
d) Bis wann genau soll das Problem behoben werden, wenn ein Serverausfall an einem Dienstag um 15:00 Uhr passiert?
e) Ein kritischer Serverausfall passiert am Freitag um 15:00 Uhr. Die Wiederherstellung des Servers soll unbedingt noch vor dem folgenden Montag stattfinden. Hat der Kunde Anspruch auf diese Leistung? Wie werden solche Arbeiten bezahlt?
f) Welche System-Management-Tools werden für die Hardware-Wartung eingesetzt?
g) Welche Medien und Kommunikationskanäle stehen dem Kunden zur Verfügung, um eine Störung zu melden?
h) Wer ist für die Beschaffung der Ersatzteile und des Verbrauchsmaterials verantwortlich – der Kunde oder das Wartungsunternehmen?
i) Die Server von Avanti sollen rund um die Uhr erreichbar bleiben. Wie viele Ausfallstunden pro Jahr sind laut dem Angebot von „HardCare" möglich, ohne dass dieses Unternehmen dafür zur Verantwortung gezogen werden darf?

2. Als internationales Standardprotokoll für Fernsteuerung und Fernüberwachung hat sich das
a) Simple Network Management Protocol (SNMP),
b) System Neutral Management Protocol (SNMP),
c) Simple Network Mail Protocol (SNMP) oder
d) Standard Network Mail Protocol (SNMP)
durchgesetzt. Welche Aussage ist richtig?

3. Die Agenten bilden einen wichtigen Bestandteil der SNMP-basierten System-Management-Tools. Was trifft zu?
a) Ein Agent ist ein Dienst, der auf dem zu verwaltenden System ausgeführt wird und Informationen über den Systemzustand sammelt.
b) Ein Agent ist ein Dienst, der auf dem Zentralmodul ausgeführt wird und Informationen über den Systemzustand sammelt.
c) Ein Agent ist ein Dienst, der auf dem zu verwaltenden System ausgeführt wird und Informationen über den Systemzustand des Zentralmoduls sammelt.
d) Das Zentralmodul kommuniziert mit dem auf der zu verwaltenden Hardware ausgeführten Agenten.
e) Der Agent sendet nach einem auftretenden oder bei einem kurz bevorstehenden Ausfall der Hardware SET-Nachrichten an das Zentralmodul.
f) Der Agent sendet nach einem auftretenden oder bei einem kurz bevorstehenden Ausfall der Hardware TRAP-Nachrichten an das Zentralmodul.

4. Zu den einmaligen Aktivitäten vor dem Abschluss eines Wartungsvertrages gehört eine Hardware-Inventur. Welche Ziele sind mit dieser Maßnahme verbunden?
a) Die Hardware-Inventur soll den Zustand aller Hardwarekomponenten dokumentieren, damit während der Wartung alle Informationen zur Verfügung stehen.
b) Die Hardware-Inventur soll den Zustand aller Hardwarekomponenten dokumentieren, damit noch vor dem Vertragsbeginn ein Zustand erreicht werden kann, der überraschende Ausfälle vermeidet.

c) Die Hardware-Inventur soll veraltete Hardware lokalisieren und dokumentieren. Diese Hardware wird aus dem Vertrag ausgeklammert.
d) Die Hardware-Inventur soll veraltete Hardware lokalisieren und dokumentieren. Die Vorgehensweise bei Ausfall veralteter Hardware soll im Vertrag extra vereinbart werden.
e) Die Hardware-Inventur soll die verwendete Software dokumentieren. Alte Software soll aus dem Wartungsvertrag ausgeklammert werden.
f) Die Hardware-Inventur soll alle eingesetzten SNMP-Agenten finden und dokumentieren, damit alle Informationen während der Wartung zur Verfügung stehen.
g) Die Hardware-Inventur soll den Zustand aller Hardwarekomponenten dokumentieren, um zu entscheiden, welche SNMP-Agenten für die Fernüberwachung benötigt werden.

4.2.2.2 Wiederkehrende Arbeiten

S Die beim Kunden erforderlichen einmaligen Arbeiten zu Beginn des Hardware-Wartungsvertrages wurden bereits definiert. Nun soll Kai Dreyer festlegen, welche wiederkehrenden Maßnahmen in den Wartungsvertrag aufgenommen werden sollen.

Die Fernüberwachung sowie Wartungsarbeiten vor Ort und außerhalb des Kundenunternehmens gehören zu den Aktivitäten einer Hardware-Wartung, die sich in regelmäßigen Abständen wiederholen.

Fernüberwachung und Fernsteuerung

Das mit der Wartung betraute Personal verbindet sich mit dem Netzwerk im Kundenunternehmen, um den Zustand der Hardware zu kontrollieren. Dabei werden folgende Verbindungsmöglichkeiten genutzt:

Modem-/ISDN-Wählverbindung. Der für den Fernzugriff geeignete und genutzte Arbeitplatzrechner verfügt über einen ISDN-Adapter oder über ein Modem. Zu Beginn der Sitzung wird die Rufnummer des Kunden angewählt. Auf der Kundenseite steht ebenfalls ein besonderer Rechner mit einem entsprechenden ISDN- oder Modem-Anschluss zur Verfügung. Ein derartiger Rechner wird als Fernzugriffsserver (**R**emote **A**ccess **S**erver, **RAS**) bezeichnet. Ein Fernzugriffsserver ist dafür verantwortlich, den Anruf vom IT-Unternehmen anzunehmen und eine Verbindung zu dem für die Fernsteuerung ausgewählten Arbeitsplatzrechner im IT-Unternehmen herzustellen. Normalerweise erfolgt über diese Wählverbindung anschließend die Übertragung der IP-Pakete. Diese IP-über-Modem- oder IP-über-ISDN-Übertragung nutzt ein dafür geeignetes Übertragungsprotokoll, wie das **P**oint-to-**P**oint **P**rotocol **(PPP)**.

Damit der Mitarbeiter im IT-Unternehmen über die hergestellte Verbindung auf Ressourcen des Kundennetzwerks zugreifen kann, muss er sich gegenüber dem Kundensystem (Domäne oder Host) ausweisen. Das bedeutet unter anderem, dass der Mitarbeiter, der eine Fernwartungssitzung startet, im Kundensystem ein Benutzerkonto mit Passwort besitzt. Nach erfolgreicher Anmeldung kann der Mitarbeiter innerhalb des Kundennetzwerks im Rahmen seiner Benutzerrechte frei agieren.

Sicherheitsrichtlinien erfordern unter Umständen, dass der Fernsteuerungsrechner vom Netzwerk des Wartungsunternehmens ausgeklammert wird. Diese vorbeugende Maßnahme gewährleistet, dass Viren oder andere unerwünschte Software, die sich möglicherweise auf anderen Computern des Wartungsunternehmens befinden, nicht über die hergestellte Wählverbindung auf das Netzwerk des angewählten Kunden gelangen. Sicherheitsrichtlinien können auch festlegen, dass der RAS-Rechner auf der Kundenseite eingehende Anrufe nur von bestimmten Rufnummern annimmt und verarbeitet. Als einfaches, aber effizientes Mittel dient der Rückruf. Nach einem Anruf legt der RAS-Rechner sofort wieder auf und ruft den Anrufer zurück. Auf diese Weise ist sichergestellt, dass der Anrufer tatsächlich von der zulässigen Rufnummer anruft und diese Nummer nicht etwa nur vortäuscht.

Zu den Vorteilen der Wählverbindung gehören die einfach zu konfigurierenden Sicherheitsvorkehrungen sowie die Tatsache, dass die dafür notwendige Software zum Lieferungsumfang der gebräuchlichen Betriebssysteme gehört. Wird die Konfiguration mit Rückruf eingerichtet, trägt der Kunde auch die Kosten für die Verbindung. Die anfallenden Verbindungskosten bilden gleichzeitig einen entscheidenden Nachteil der Wählverbindung. Befindet sich der Sitz des Kunden in einem anderen Ort oder Land, so sind diese Kosten kaum zu vernachlässigen. Ein weiterer Nachteil besteht in der relativ geringen Übertragungsgeschwindigkeit, die bei ISDN höchstens 128 KBit/s beträgt.

Netzwerkverbindung über das Internet. Diese Möglichkeit besitzt zwei große Vorteile. Erstens sind die Zugangskosten bei den meisten Providern durch den Siegeszug der DSL-Technologien relativ gering und werden meistens pauschal berechnet. Für die Fernwartung entstehen somit keine zusätzlichen Verbindungskosten. Zweitens ist eine Internetverbindung über einen DSL-Zugang viel schneller als eine ISDN- oder Modem-Wählverbindung. Wichtig ist auch die

Wahl eines DSL-Anschlusses mit einer symmetrischen Übertragungsgeschwindigkeit, wie sie zum Beispiel ein SDSL-Anschluss bietet. Zu den Besonderheiten der Wartungsarbeit gehört die Tatsache, dass neben dem Download in gleichem Maße erhebliche Mengen an Daten zum Kunden übertragen werden.

Der größte Nachteil der Internetverbindung geht von der mangelhaften Sicherheit der Übertragungswege im Internet aus. Deshalb scheidet eine unmodifizierte Netzwerkverbindung über das Internet prinzipiell aus. Stattdessen bieten sich verschiedene VPN-Lösungen an. Nicht zu ignorieren sind auch die protokolltechnischen Faktoren. So benötigt der Kunde für die Fernwartung mindestens eine feste IP-Adresse, die gerade bei sehr kleinen Firmen verhältnismäßig hohe Kosten verursachen kann.

Virtuelle private Netzwerke (VPN). Im Zusammenhang mit der Fernwartung verkörpert ein VPN eine modifizierte Variante der Netzwerkverbindung über das Internet. Die Verbindung wird hier zwischen zwei Punkten hergestellt, dem VPN-Client und dem VPN Access Point. Als VPN Access Point dient ein Rechner im Kundennetzwerk, als VPN-Client agiert der Arbeitsplatzrechner für die Fernsteuerung im Wartungsunternehmen. Es kann dafür auch extra ausgestattete Hardware (Hardware Appliance) mit eingebauten Funktionalitäten eines DSL-Modems, einer Firewall oder eines Breitband-Routers eingesetzt werden. Alle Daten zwischen diesen beiden Punkten werden verschlüsselt übertragen. Für die Teilnehmer hinter beiden Punkten erscheint die verschlüsselte Strecke transparent. Die IP-Pakete werden an einem Ende verschlüsselt und über weitere Protokolle als Nutzdaten zum anderen Ende gesandt. Das Verfahren, bei dem die Datenpakete eines Protokolls „eingewickelt" als Nutzdaten in Paketen eines anderen Protokolls übertragen werden, heißt **Tunneling.** Die Qualität einer VPN-Lösung hängt von der Art des kryptografischen Verfahrens und von der eigentlichen Tunneling-Methode ab. Als Tunneling-Methoden werden die folgenden Verfahren eingesetzt: Die in den VPN-Lösungen häufig verwendeten kryptografischen Verfahren zur Verschlüsselung des Datenverkehrs sind AES, DES und 3DES.

VPN-Hardwarelösung Cisco ASA 5500

Die VPN-Lösungen werden sowohl als Hardware Appliance, aber auch als reine Software implementiert. Die bekanntesten kommerziellen Hardware basierten VPN-Lösungen stammen von Firmen wie Cis-

PPTP Point-to-Point Tunneling Protocol	Das Protokoll unterstützt das Tunneling des PPP-Verkehrs über IP-Netzwerke. Die PPP-Pakete werden als Nutzdaten in den Rahmen des **G**eneric **R**outing **E**ncapsulation Protocol (**GRE**, IP-Protokoll Nr. 47) transportiert. Das Protokoll wurde maßgeblich von Microsoft entwickelt und ist integraler Bestandteil des Betriebssystems Windows. Es gilt als wenig sicheres bzw. als leicht zu entschlüsselndes Verfahren.
L2TP Layer 2 Tunneling Protocol	Das Protokoll ist ein Internet-Standard für reines Tunneling. Es kann für das Tunneln beliebiger, auch nicht IP-basierter Protokolle verwendet werden. L2TP besitzt keine eingebaute Verschlüsselung. L2TP ist unter anderem Bestandteil von Microsoft Windows, wo es zusammen mit verschiedenen Verschlüsselungsverfahren eingesetzt werden kann.
IPSec IP Security Protocol	Es ist das Standardverfahren für die Gewährleistung der Sicherheit in den IP-Netzwerken der nächsten Generation (IPv6), das eine sehr aufwändige Schlüssel- und Zertifikatsverwaltung vorsieht. Da sich IPv6 noch immer nicht durchgesetzt hat, wurde das Verfahren auf die aktuelle IP-Version 4 übertragen. Leider berücksichtigt IPsec nicht vollständig die Besonderheiten der aktuellen IP-Version. So kann es zu Problemen bei der Verwendung von IPsec in Verbindung mit Firewalls und NAT-Routern kommen. (Ein NAT-Router ermöglicht Arbeitsstationen mit privaten IP-Adressen den Zugriff auf das Internet. Dabei hat nur der Router selbst eine offizielle IP-Adresse. Die meisten DSL-Router sind gleichzeitig auch NAT-Router.) Moderne Betriebssysteme, wie Windows oder Linux, verfügen zwar über IPSec-Unterstützung, allerdings gestaltet sich die Einrichtung der entsprechenden Verbindungen und der dafür notwendigen Infrastruktur für die Zertifikatsverwaltung sehr kompliziert. Dazu sind zurzeit noch immer sehr fundierte Kenntnisse in den Systeminterna sowie in den Netzwerk- und IPSec-Technologien erforderlich.
SSL Secure Sockets Layer	Das Protokoll ordnet sich oberhalb der Transportschicht des TCP/IP- Protokolls (zwischen den OSI-Schichten 4 und 5) ein und sichert den TCP/IP-Verkehr. Ursprünglich wurde SSL entwickelt, um die sichere Übertragung von Web-Inhalten zu unterstützen. Es bildet die Grundlage des HTTPS-Protokolls. Daneben eignet sich SSL als Tunneling-Technologie.

W

W

Kryptografische Verfahren in VPN-Lösungen	
AES Advanced Encryption Standard	Das moderne De-facto-Standardverfahren unterstützt Schlüssellängen bis 256 Bit. Je länger der Schlüssel ist, desto mehr Zeit benötigt ein Angreifer, um den Datenverkehr zu entschlüsseln. Das Verfahren gilt im Allgemeinen als sehr sicher.
DES Data Encryption Standard	Das Verfahren wurde seit den 70er-Jahren als Standard der US-Regierung eingesetzt. Die Schlüssellänge von 56 Bit bietet bei den Geschwindigkeiten moderner Rechner keine ausreichende Sicherheit.
3DES Triple Data Encryption Standard	Die Modifikation des DES-Verfahrens besitzt die dreifache Schlüssellänge. Es ist sicherer, dafür aber langsamer als DES.

co Systems, Service Strategies Inc. (SSi), Netgear oder Astaro. Die bekanntesten kommerziellen Softwarelösungen liefern Spezialisten wie Checkpoint, Netgear (nur Client-Software) und Astaro. In letzter Zeit gewinnen freie Softwarelösungen wie Openswan (IPSec-Implementierung für Linux) und OpenVPN (SSL-basierte VPN-Software, die auf vielen Plattformen lauffähig ist) immer mehr Anwender.

Nachdem eine Fernverbindung über VPN oder als Wählverbindung zum Kundenunternehmen hergestellt ist, kann das Wartungspersonal auf unterschiedliche Weise auf die Ressourcen des Netzwerks zugreifen. Um die **Logdateien** durchsuchen zu können, benötigt das Wartungspersonal den Zugriff auf die Dateisysteme. Wurde ein Verzeichnis im Kundennetzwerk über das SMB-Protokoll freigegeben, kann von Windows-Rechnern über die **Netzwerkumgebung** darauf zugegriffen werden.

Der Zugriff auf die **Ereignisanzeige** sowie die **Fernsteuerung** eines Rechners mit Windows als Betriebssystem erfolgt über die **Windows-Terminaldienste.** Alternativ kann auch ein kostenloses Fernsteuerungsprogramm wie **VNC** benutzt werden, wenn das betroffene Betriebssystem die Terminaldienste nicht unterstützt.

Für VNC wird auf dem Ziel-Rechner ein VNC-Server installiert. Der Zugriff erfolgt entweder über ein dediziertes Client-Programm oder über einen Java-fähigen Browser. Als Benutzerschnittstelle erscheint dann die komplette Oberfläche des Ziel-Rechners auf dem Fernsteuerungsrechner. Die Steuerung erfolgt direkt über die Maus und die Tastatur. Beobachtet ein Mitarbeiter im Kundenunternehmen den Bildschirm des verwalteten Rechners, sieht er die Mausbewegungen und sich selbstständig öffnende und schließende Fenster. Allgemein bevorzugen viele Anwender die Fernsteuerung über die in Windows integrierten Terminaldienste. Sie ist leistungsfähiger und flexibler als viele andere Lösungen und erlaubt beispielsweise die Umleitung der am Ziel-Rechner angeschlossenen peripheren Geräte auf den Rechner des Wartungspersonals. Auch die Sicherheitseinstellungen der Terminaldienste gelten insgesamt als flexibler und zuverlässiger. Als weitere Alternative für den Fernzugriff auf die wichtigsten Windows-Steuerungswerkzeuge (Ereignisanzeige, Benutzer- und Gruppenverwaltung) eignet sich die Microsoft Management Console (MMC).

Zugriff auf den Kunden-PC über den Browser Firefox mithilfe des Programms VNC

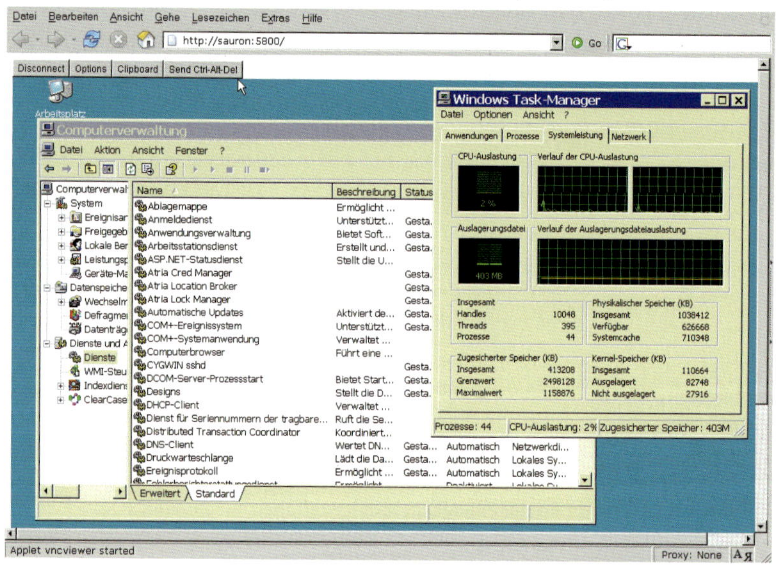

Der **Zugriff auf UNIX-Rechner** erfolgt heute noch wie vor zwanzig Jahren über die textorientierten Konsolen. Die Fernsteuerung über die grafische Oberfläche (X Window System und/oder VNC) ist ebenfalls möglich, aber in den meisten Fällen nicht notwendig, da die textorientierten Shells die Kontrolle über das gesamte System anbieten. Dafür dient TELNET als klassische Ap-

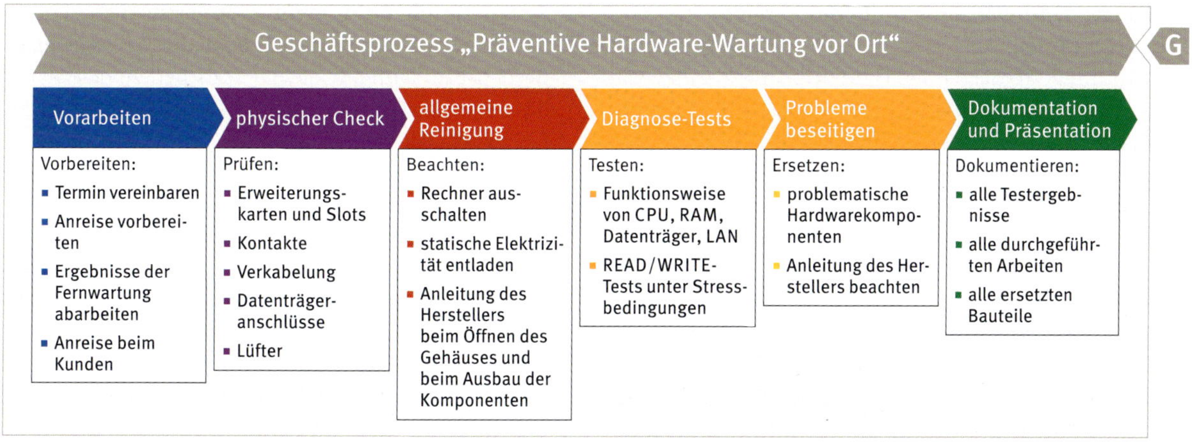

plikation. Auf dem Ziel-Server läuft der TELNET-Dienst (im UNIX-Jargon ein Dämon), das Wartungspersonal benutzt für die Fernsteuerung einen TELNET-Client. Das TELNET-Protokoll besitzt allerdings einen entscheidenden Nachteil: Es überträgt alle Daten unverschlüsselt. Obwohl diese Tatsache im Falle eines VPN-Tunnels unkritisch ist, da zwischen den Enden des Tunnels eine Verschlüsselung existiert, kann ein Angreifer die Kommunikation noch immer direkt im Firmennetzwerk abfangen. Als verbesserter Nachfolger von TELNET gilt das Protokoll SSH (**S**ecure **Sh**ell). Es handelt sich hierbei um ein besonders leistungsfähiges Protokoll bzw. einen Dienst, mit dem der gesamte Verkehr zwischen zwei IP-Knoten verschlüsselt wird. Es ist sogar möglich, allein mithilfe von SSH sichere VPN-Tunnel zu betreiben. Für den Anwender präsentiert sich das Programm SSH wie eine textorientierte Befehlskonsole.

Wartungsarbeiten vor Ort

Die Mitarbeiter des technischen Supports reisen in diesem Fall persönlich zum Kunden und führen die Wartungsarbeiten in seinem Unternehmen durch. Da ein solcher Vor-Ort-Einsatz mit hohen Kosten verbunden ist, sollte eine Regelmäßigkeit direkt im Vertrag vereinbart werden. Besuchstermine müssen ebenfalls rechtzeitig geplant und mit dem Kunden abgestimmt werden. Besonders zu vereinbaren ist der Umfang der Arbeiten, weil sich der Kunde ebenfalls danach richten und die eigenen Aktivitäten möglicherweise einschränken muss. Aus Sicherheitsgründen hat sich das Wartungspersonal beim Kunden im Normalfall auszuweisen.

Die Auflistung der im oben abgebildeten Geschäftsprozess zusammengefassten Aktivitäten vor Ort ist beispielhaft und hat keinen Anspruch auf Vollständigkeit, da die weiteren Einzelheiten immer von der konkreten Hardware sowie von den getroffenen Vereinbarungen, Vorstellungen und Wünschen des Kunden abhängen.

W

Regelmäßigkeit vor Ort	Maßnahmen
einmal jährlich	**Außen- und Innenreinigung** der Server inklusive Monitor, Tastatur und Maus. Für die Ausführung der Innenreinigung muss der Server stillgelegt werden. Reinigung und Funktionsprüfung der **u**nterbrechungsfreien **S**trom**v**ersorgung **(USV)** ▪ Test des Batteriezustandes ▪ Test der Kommunikationsverbindung zwischen USV und Server ▪ Power-down-Test ▪ Shut-down-Test Der Server wird zeitweise stillgelegt.
zweimal jährlich	**Diagnose der Hardwarekomponenten** **Server** ▪ Test von CPU, RAM, Netzwerkadapter, SCSI- und RAID-Controller ▪ Kontrolle der Firmware/BIOS-Versionen des Servers und der im Server eingebauten Controller Der Server wird für die Dauer der Arbeiten stillgelegt. **Arbeitsplatzrechner** ▪ Innenreinigung ▪ Funktionskontrolle ▪ Hardwarediagnose von CPU, RAM und Festplatten
viermal jährlich	**Funktionskontrolle der Hardwarekomponenten** des Servers mittels Test-Tools und System Management Software; Vergleich der Werte mit den von den Herstellern vorgegebenen Toleranzwerten; Überprüfung und Systemtest der E-Mail-Alarmierung bei Hardwareausfällen
je nach Bedarf	Austausch der ausgefallenen oder gefährdeten Hardwarekomponenten

Wartungsarbeiten außerhalb des Kundenunternehmens

Manchmal werden einige Hardwarekomponenten von ihrer Umgebung getrennt und zur weiteren Pflege in das für die Wartung zuständige IT-Unternehmen oder zu einem Vertragspartner gebracht. Diese Art der Pflege sollte vermieden oder zumindest stark minimiert werden. Besonders die ältere Hardware ist beim Transport gefährdet. Server, die über Jahre hinweg ihre Arbeit ohne einen einzigen Neustart geleistet haben, überleben oft nicht einmal einen einfachen Stromausfall oder gar einen Transport. In jedem Fall sollten Hardwarekomponenten während des Transports extra abgesichert werden – sowohl durch Verwendung geeigneter Container als auch durch den Abschluss einer angemessenen Versicherung. Der Transport außer Haus erscheint aber auch aus Sicherheitsgründen bedenklich. Auf keinen Fall dürfen die Festplatten oder andere Datenträger außer Haus gebracht werden, ohne dass zuvor eine extra für diesen Fall geltende Vereinbarung mit dem Kunden getroffen wird.

W

> **Achtung!** Bei jedem Transport, auch von Tisch zu Tisch, sollte ein Rechner ausgeschaltet werden. Ansonsten besteht die Gefahr von Beschädigungen für verschiedene sensible Bauteile, wie Festplatten, Controller usw.

Die Vorgehensweise bei der Hardware-Wartung vor Ort lässt sich in folgenden Schritten darstellen:

Physische Checks

Diese Aktionen beinhalten die Suche nach allen möglichen potenziellen Problemen innerhalb der Hardware. So wird in einem Rechner beispielsweise überprüft, dass keine Erweiterungskarte locker im Slot steckt und dass die Daten- und Stromanschlüsse für Festplatten- und DVD-Laufwerke fest verkabelt sind (keine Wackelkontakte). Solche Probleme entstehen durch das Hin-und-her-Bewegen des Rechners oder auch durch einen Stoß mit dem Staubsauger beim Reinigen des Fußbodens.

Allgemeine Reinigung

Oft wird empfohlen, zur Reinigung alle betroffenen Komponenten aus dem Gehäuse eines Rechners zu entfernen. Dagegen spricht allerdings das Risiko, die empfindlichen Bauteile dadurch zu beschädigen.

Diagnose

Getestet werden Motherboard-Komponenten, BIOS, RAM, Festplatten und DVD-Laufwerke. Gute Diagnosetools beinhalten unter anderem auch sogenannte Stresstests für die Schreib- und Leseoperationen sowie für den Netzwerkdurchsatz unter verschiedenen Betriebsbedingungen. Solche Tests helfen, den Status des Systems zu ermitteln und eventuelle Problemstellen zu lokalisieren.

Probleme beseitigen

Basierend auf den Ergebnissen der oben beschriebenen Maßnahmen müssen die gefundenen Probleme beseitigt werden. In extremen Fällen erfordert dies den Austausch der gesamten betroffenen Hardware, wenn beispielsweise eine Festplatte eine unzulässig hohe Anzahl von zerstörten Sektoren aufweist.

Dokumentation und Präsentation

Alle wichtigen Aktivitäten sowie der neue Ist-Zustand des Systems erscheinen in einer Dokumentation, sodass die Ergebnisse der Maßnahmen bei der nächsten Wartung berücksichtigt werden können. Der Kunde erhält damit außerdem eine Information zum aktuellen Systemzustand. Nur wenn er mit den durchgeführten Arbeiten zufrieden ist, gilt die Maßnahme als abgeschlossen. AH

Aufgaben

1. Was ist richtig für die Hardware-Wartung vor Ort?
   a) Unter den wiederkehrenden Wartungsarbeiten versteht man ausschließlich die Aktivitäten, die vor Ort im Kundenunternehmen durchgeführt werden. Alle präventiven Maßnahmen müssen physisch durch die Hand des Wartungspersonals erfolgen.
   b) Die Aktivitäten vor Ort im Kundenunternehmen bilden in der Regel nur einen relativ kleinen, wenn auch kostenaufwändigen Teil der Wartungsarbeiten. Die meiste Zeit nimmt die ständige Beobachtung des Systemzustandes in Anspruch. Diese Beobachtung kann und soll über eine Fernsteuerung erfolgen.
   c) Zur Hardware-Wartung zählt unter anderem auch die permanente Aktualisierung der Firmware/BIOS. Die Software soll gemäß den Empfehlungen der Hersteller aktualisiert werden. Diese Arbeiten können grundsätzlich nur vor Ort ausgeführt werden, da sie sehr riskant sind und einen Neustart des Systems erfordern.
   d) Zur Hardware-Wartung zählt unter anderem auch die permanente Aktualisierung der Firmware/BIOS. Diese Arbeiten können grundsätzlich auch per Fernsteuerung durchgeführt werden, falls die betroffene Hardware den Einsatz eines System-Management-Tools zulässt.

2. Die Wartung der Hardware in der Praxis von Dr. I. Johns erfolgt durch die Firma ACI. Welche Zugriffsmöglichkeiten stehen Ihrer Meinung nach zur Fernsteuerung und -überwachung der betroffenen Server-Systeme zur Auswahl?
   a) virtuelles privates Netzwerk (VPN) als Ansammlung von Tunneln zwischen dem Wartungsrechner in der Firma ACI und den jeweils zu wartenden Servern in der Praxis von Dr. I. Johns
   b) virtuelles privates Netzwerk (VPN) als ein Tunnel zwischen dem Wartungsrechner in der Firma ACI und einem VPN-Server in der Praxis von Dr. I. Johns
   c) ISDN-Wählverbindung vom Wartungsrechner in der Firma ACI zu einem VPN-Server in der Praxis von Dr. I. Johns
   d) ISDN-Wählverbindung vom Wartungsrechner in der Firma ACI zu einem RAS-Rechner in der Praxis von Dr. I. Johns
   e) WLAN-Lösung zur kabellosen Fernüberwachung der Server in der Praxis von Dr. I. Johns
   f) Standleitung zwischen der Firma ACI und der Praxis von Dr. I. Johns
3. Die Firma ACI benutzt eine ISDN-Wählverbindung zu einem RAS-Rechner in der Praxis von Dr. I. Johns. Welche Möglichkeiten stehen dem Wartungspersonal zur Verfügung, um die Ereignisanzeige eines Windows-2012-Servers zu kontrollieren?
   a) Programm VMware, womit eine Hardwareumgebung virtualisiert wird
   b) Programm VNC, womit das Wartungspersonal einen direkten Zugriff auf die Bedienoberfläche des Servers erhält
   c) Terminaldienste von Windows Server 2012, womit das Wartungspersonal am Server eine neue Sitzung starten kann, ohne die laufenden Programme oder andere angemeldeten Benutzer zu beeinflussen
   d) Protokoll TELNET als Bestandteil jedes Windows-2012-Servers, womit das Wartungspersonal Zugriff auf die Befehlszeile des Servers erhält, um die wichtigsten Befehle zur Administration auszuführen
   e) Das Wartungspersonal kann einfach die Netzwerkfreigaben des Servers benutzen und erhält somit Zugriff auf alle gespeicherten Logdateien.
   f) Die Microsoft Management Console (MMC) kann auf dem Wartungsrechner benutzt werden, um Zugriff auf alle Verwaltungsprogramme des Windows-2012-Servers zu erlangen.

   Falls Ihnen eines der aufgeführten Programme nicht bekannt ist, recherchieren Sie dazu im Internet.

4.2.2.3 Wartung am Arbeitsplatzrechner

Zu den häufigsten allgemeinen Wartungsarbeiten an einem Arbeitsplatzrechner gehört das Reinigen – sowohl innen als auch außen. Dabei geht es eigentlich gar nicht um das ästhetische Aussehen, sondern vielmehr um praktische Gründe. Die größten Feinde der elektronischen Bauteile sind **Hitze** und **Feuchtigkeit.** Die Überhitzung entsteht in der Regel durch **Staub** und mangelhafte Umlüftung. Die Arbeitsumgebung in einem durchschnittlichen Büro ist niemals staubfrei. Deswegen sollte der Computer innen ungefähr alle sechs Monate gesäubert werden. Ein spezieller **Staubsauger** und ein **fusselfreies antistatisches Tuch** sind dafür die passenden Werkzeuge. Besondere Aufmerksamkeit gehört dem Lüfter. Moderne PCs besitzen Ventilatoren in der Regel im Netzteil, auf der CPU, auf der Grafikkarte und manchmal auch für die Chips auf dem Motherboard. Oft befinden sich Ventilatoren auch direkt am Gehäuse. Die eingebauten Rahmen der wechselbaren Festplatten besitzen meist ebenfalls kleine Lüfter. Stehen die Lüfter kurz vor dem Ausfall, dann sind sie oft an ihrem lauten Geräusch erkennbar. Die Überprüfung und erforderliche Auswechslung der defekten Lüfter gehört zur PC-Wartung.

W

> Bevor man das Gehäuse öffnet, muss man sich überzeugen, dass der Strom abgeschaltet ist. Es wird empfohlen, das Stromkabel vom PC zu trennen. Damit die integrierten Schaltkreise durch statische Elektrizität nicht zerstört werden, sollte man sich vor Beginn der Arbeiten unbedingt erden. Das geschieht durch Berühren eines Wasserrohres, einer Glühlampe oder einer anderen geerdeten elektrischen Vorrichtung.

Wenn der PC bereits über vier Jahre alt ist, sollte die **CMOS-Batterie** ausgewechselt werden. Ein sicheres Zeichen für den erforderlichen Austausch der Batterie liegt vor, wenn der Computer nach einem Neustart das Datum und die Uhrzeit immer wieder falsch anzeigt.

Zur Hardware-Wartung eines PCs gehört die **Pflege der Dateisysteme** auf den Festplatten. Wenn eine Festplatte über längere Zeit in Betrieb ist, wird sie nach und nach **fragmentiert.** Das bedeutet, dass die einzelnen Segmente der Dateien zunehmend auf physikalisch weit voneinander entfernten Sektoren gespeichert werden. Als sichtbare Folge verlangsamen sich die Zugriffe auf die Festplatte. Obwohl diese Problematik von der Software beeinflusst wird, gehört sie trotzdem in den Bereich der Hardware-Wartung, da eine fragmentierte Festplatte auch mechanisch stärker belastet wird. Erforderliche **Defragmentierungstools** liefert meistens der Hersteller des Betriebssystems. Alternativ sind sie von Drittanbietern für alle wichtigen Dateisysteme erhältlich.

Auch ein **Oberflächentest** der Festplatte sollte regelmäßig durchgeführt werden. Er findet die zerstörten Sektoren und markiert sie als nicht mehr benutzbar. Jede Festplatte besitzt solche zerstörten Bereiche bereits unmittelbar nach der Herstellung. Wichtig ist, dass deren Anteil an der Gesamtkapazität niedrig bleibt. Einige Festplatten sind ohne äußere Hilfsmittel in der Lage, zerstörte Bereiche im laufenden Betrieb zu finden und auf die dafür reservierten Bereiche umzuadressieren (Hot-Swap). Wächst der Anteil der nicht mehr benutzbaren Bereiche, müssen die Daten gesichert und die Festplatte rechtzeitig ausgewechselt werden.

Die peripheren Geräte des Arbeitsplatzrechners mit mechanisch bewegten Teilen, wie Tastatur oder mechanische Maus, sollten ebenfalls regelmäßig gereinigt werden.

W

Achten Sie immer auf die **Wartungshinweise** der jeweiligen Gerätehersteller und Lieferanten. Sie enthalten wichtige Anweisungen zum Öffnen des Gehäuses und zum Wechseln des Verbrauchsmaterials. Es finden sich dort auch die Angaben zu den Umgebungsbedingungen für den sicheren und problemlosen Betrieb der jeweiligen Hardware, wie Temperatur, Luftfeuchtigkeit, zulässige mechanischen Erschütterungen usw.

4.2.2.4 Wartung am Server

In professionellen Umgebungen werden die Server-Rechner in Gehäusen mit zwei unterschiedlichen Bauweisen eingesetzt. Zum einen sind es die aus der PC-Umgebung bekannten Big Tower. Das betrifft Server in kleineren Firmen oder Arbeitsgruppenserver. Die grundsätzlichen Wartungsarbeiten unterscheiden sich kaum von denen an Arbeitsplatzrechnern. Die Prüfung und Reinigung des Kühlungssystems gehört hier zu den Standardaufgaben. Diese Server besitzen allerdings oft keine Komponenten, die bei einer Arbeitsstation üblich sind. So fehlen oft Diskettenlaufwerke, Mäuse oder Monitore. In vielen Fällen besitzen die Server allerdings besondere Erweiterungen wie SCSI-Adapter oder RAID-Controller. Manchmal sind sie mit anderen Servern zu einem Cluster verbunden, wodurch weitere Komponenten zu warten sind.

Diese PC-Gehäuse sind allerdings für den Einsatz in Rechenzentren und EDV-Abteilungen nicht besonders gut geeignet. Sie nehmen sehr viel Platz in Anspruch, entwickeln viel Wärme und benötigen zum Teil zusätzliche periphere Geräte, die allerdings nur selten benutzt werden. Daher existiert für Server eine Alternative durch den Einbau in platzsparende standardisierte 19-Zoll-Schränke.

19-Zoll-Schrank

Immer häufiger werden mehrere Server-Systeme zu einem sogenannten **Blade System** zusammengefasst. Ein Blade System passt in ein 19-Zoll-Standardgehäuse und besteht aus mehreren voneinander unabhängigen Motherboards mit eigenen Prozessoren, RAM-Bausteinen, Festplatten und anderen Komponenten, die wiederum komplette Server-Systeme bilden. Alle diese Server nutzen eine gemeinsame Stromversorgung sowie Tastatur, Maus, Monitor und ein Kühlungssystem. Mehrere Server werden dabei normalerweise senkrecht in das 19-Zoll-Gehäuse eingebaut. Es besteht auch die Möglichkeit, sie im laufenden Betrieb zu entfernen oder neu zu konfigurieren.

Blade System

Die Wartungsarbeiten reduzieren sich bei Blades auf ein Minimum, denn es gibt so gut wie keine Möglichkeit, die Komponenten im Gehäuse zu entfernen. Auch die Reinigung und manuelle Kontrolle der Wärmeentwicklung entfällt in den meisten Fällen, da die Serverschränke verschlossen in klimatisierten Räumen stehen. Die Aktivitäten für die Hardware-Wartung beschränken sich auf die Software-basierte Kontrolle über den Zustand des Gesamtsystems. Die Arbeiten, die über die rein präventive Wartung hinausgehen, wie etwa die Schadensbegrenzung bei einem Hardwareausfall oder die Installation von Systemerweiterungen, erfolgen bei solchen professionellen Systemen immer mithilfe der beiliegenden Dokumentation, denn der Aufbau der Blades unterscheidet sich in Abhängigkeit vom jeweiligen Hersteller.

Aufgaben

1. Kai Dreyer hat im Internet nach Tipps für Wartungsarbeiten an Client- und Server-Rechnern gesucht. Er fand die folgenden acht einfachen Tipps:

> **Eight simple Rules to help keep your hardware alive and healthy.**
>
> 1. Shutdown, then power off the system before changing any part or plug (exceptions: serial port devices and ethernet interfaces)
> 2. Be firm but gentle when seating boards, chips, connectors, etc.
> 3. Keep it clean, especially air filters & ventilation paths
> 4. Don't drink anything around your machinery
> 5. Put a power surge suppressor on the power line
> 6. Leave it powered up all the time (exception: video display)
> 7. Avoid vibrations and shocks (e.g., avoid stacking components)
> 8. Use anti-static mat and/or wrist strap
>
> Copyright (©) 1998, The University of Washington, Seattle WA, USA. „Unix System Administration – A Survival Course"
> URL www.washington.edu/R870/HardwareMaint.html

a) Ist es wichtig, der Regel 2 zu folgen? Was kann passieren, falls sie nicht beachtet wird?

b) Das Ausschalten eines Server-Systems mit anschließendem Neustart belastet die betroffene Hardware nicht unerheblich. Manche Systeme, die sich über einen längeren Zeitraum im Betrieb befanden, „überleben" diese Aktion nicht. Oft wird empfohlen, das System so selten wie nur möglich auszuschalten. Welcher Regel entspricht diese Überlegung?

c) Welche anderen Ausnahmen von Regel 1 sind Ihnen bekannt?

2. Der Anwendungs- und Datenbankserver für das Programm **Health.Manager.NET** in der Praxis von Dr. I. Johns ist ein Blade-Server der Firma Sun Microsystems. Die Hardware des Servers unterscheidet sich im Aufbau von der eines handelsüblichen PC. Um die Wartungsarbeiten durchführen zu können, benötigt Kai Dreyer die Anleitung des Herstellers. Das Handbuch **„Sun Fire X4100 and Sun Fire X4200 Servers Setup and Maintenance Guide"** liegt leider nur in Englisch vor. Dort findet Kai eine Grafik mit der Darstellung einzelner Komponenten des Servers. Lokalisieren Sie anhand der Grafik „Sun Fire X4100 Replaceable Component Locations" folgende Bauteile:

a) Netzteil/Stromversorgung

b) Festplatte

c) CPU- und Gehäuselüfter

d) CPU

e) Grafikkarte

f) Akku

g) Arbeitsspeicher

h) Slots für PCI-Erweiterungskarten

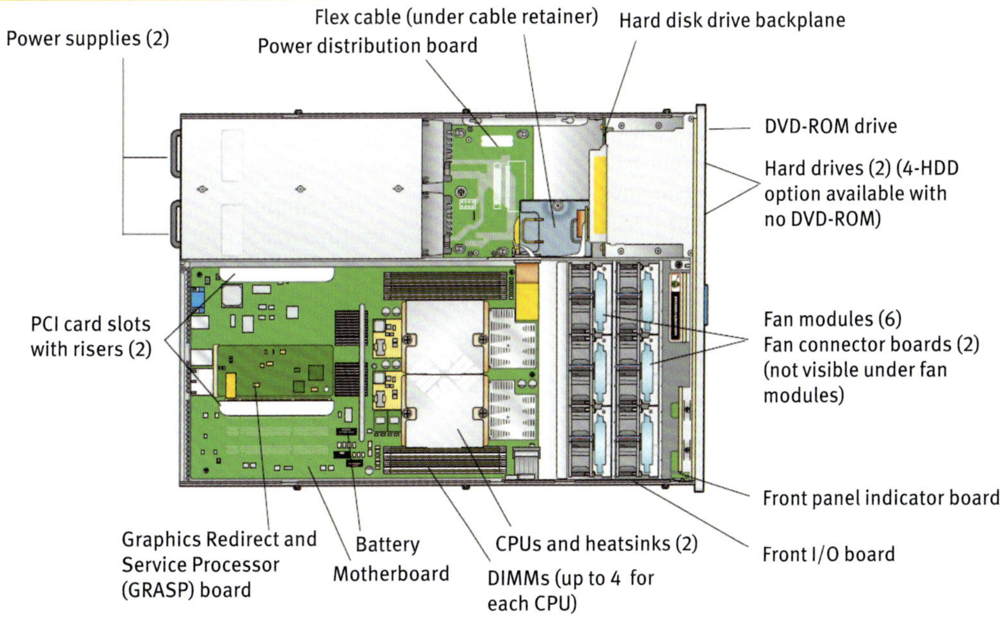

Quelle: Handbuch Sun Fire X4100 M2 Replaceable Component Locations

3. Kai soll in einem Sun-Fire-Server einen Lüfter auswechseln. Im Handbuch **„Sun Fire X4100 and Sun Fire X4200 Servers Setup and Maintenance Guide“** findet er folgenden Abschnitt:

a) Aus welchem Grund wird empfohlen, die Klappe zum Modul mit Lüfter nicht länger als eine Minute zu öffnen?

b) Muss der Server zum Wechseln der Lüfter ausgeschaltet werden?

c) Der Server verfügt über mehrere Lüfter. Wie kann man visuell einen fehlerhaften Lüfter identifizieren?

d) Muss der Server aus dem Rahmengestell entfernt werden? Ist es möglich, das Lüftermodul zu öffnen, ohne den Server aus dem Rahmengestell herauszunehmen?

e) Wie kann ein Lüfter entfernt werden? Gibt es dafür einen speziellen Griff?

Use the following procedure to replace a fan module.

Caution The fans are hot-swappable and can be removed and replaced while the system is running. Do not hold the fan bay door open for more than 60 seconds at a time to avoid overheating the server. Remove and replace only one fan at a time.

1. If the server is in a rack, slide it far enough from the rack so that you can open the fan bay door. If you cannot safely view and access the component, remove the server from the rack.
2. Open the door to the fan bay and identify the defective fan module(s). Fan module LED lit: The fan module is faulty and should be replaced. Fan module LED off: The fan module is operating properly.

Caution When you open the fan bay door, be careful to hold it open with one hand so that it does not spring shut and injure your fingers. Do not hold the fan bay door open for more than 60 seconds while the server is running to avoid overheating.

3. While holding the fan bay door open, grasp the faulty fan module by its plastic strap and lift it straight up out of the fan bay.

Opening the fan bay door and removing a fan module

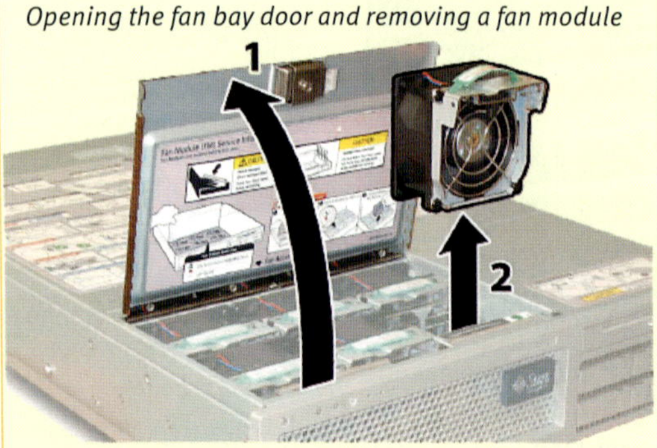

Quelle: Handbuch Sun Fire X4100

4.2.2.5 Wartung am Drucker

Bis zu 80 Prozent der Druckerstörungen und -ausfälle entstehen durch Verschmutzung der Toner- oder Druckpatronen sowie durch den Verschleiß der beweglichen Teile. Auch die Druckqualität leidet darunter. Die regelmäßige Wartung ist deshalb bei den Druckern noch wichtiger als bei Computern, die durch die Arbeitsumgebung vergleichsweise geringer belastet sind. Ein Wartungsvertrag verschafft dem Kunden dabei folgende Vorteile:

- Die regelmäßige Wartung verringert die Ausfallzeiten und die Ausfallhäufigkeit der Geräte beträchtlich.
- Teure Reparaturkosten können zum Teil gespart werden.
- Die Gerätelaufzeiten werden deutlich verlängert.
- Die Wartung umfasst sinnvollerweise auch den Wechsel von Verbrauchsmaterial, wie Tintenpatronen oder Tonerkartuschen.
- Die fachgerechte Kalibrierung von druckenden Teilen, wie Düsen, Druckköpfen, Leuchtdioden (**LED**, **L**ight **E**mitting **D**iode) oder Laserkanonen, führt zu einwandfreien Druckergebnissen.

Die Wartungsarbeiten selbst unterscheiden sich in Abhängigkeit vom Typ des Druckers. So werden bei **Laserdruckern** folgende Einzelschritte empfohlen:

1. Innen- und Außenreinigung des Druckers
2. Störungs- und Problemdiagnose. Eine Störung liegt vor, wenn
   - häufig Papierstau entsteht,
   - Probleme mit dem Papiereinzug festgestellt werden,
   - der Drucker ein unscharfes Schriftbild produziert,
   - Flecken oder Schatten auf dem Papier zu sehen sind oder
   - beim Drucken seltsame Geräusche entstehen.
3. Einstellung und Reinigung der Optik
4. Justierung der Laserkanone oder LED
5. Justierung des Papiereinzugs sowie der Papierführung
6. Reinigung des Papiertransports sowie Schmieren der Kupplungen
7. Prüfung der Sensorenkontakte
8. Ersatz von Verschleißteilen, falls erforderlich
9. Belastungstest

Bei **Tintenstrahldruckern** gestaltet sich der Ablauf der Wartung ähnlich:

1. Innen- und Außenreinigung des Druckers
2. Reinigung und Justierung des Papiereinzugs
3. Schmieren und Kalibrieren des Wagens
4. Reinigung und Justierung der Kupplungen
5. Reinigung der Patronen
6. Justierung der Druckköpfe
7. Ersatz von Verschleißteilen, falls erforderlich
8. Belastungstest

Geschäftsprozess „Wartungsarbeiten am Drucker“

Reinigung

Durchführen:
- Außenreinigung, insbesondere Papierzufuhr
- Innenreinigung unter Zuhilfenahme der Herstellerdokumentation

Störungs- und Problemdiagnose

Beachten:
- Häufigkeit der Papierstaus
- mögliche Probleme mit dem Papiereinzug
- Bildqualität des Ausdruckes
- Geräuschentwicklung im Betrieb

Störungsbehebung und Ersatz der Verschleißteile

Durchführen:
- Reinigung der Patronen oder der Optik
- Justierung der Druckköpfe bzw. der Optik
- Ersatz der Verschleißteile
- Ersatz des Verbrauchsmaterials

Beachten:
- Typ des Gerätes (Tintenstrahldrucker, Laserdrucker, Nadeldrucker)
- Herstellerdokumentation

Belastungstest

Durchführen:
- Testseite ausdrucken
- Testbetrieb unter großer Belastung durchführen

Die Druckköpfe der Tintenstrahldrucker verstopfen in der Regel sehr schnell. Meistens liegt es daran, dass der Drucker oder einzelne seiner Patronen selten verwendet werden. Das Problem lässt sich durch den regelmäßigen Ausdruck einer Testseite (mindestens einmal in der Woche) vermeiden.

4.3 Datenschutz und Datensicherheit

Kai Dreyer und Stefan Fischer arbeiten an einem Softwareprojekt für Krankenhäuser mit. Sie werden dabei mit folgender Situation konfrontiert:

Trifft ein Patient im Krankenhaus ein, so werden seine personenbezogenen Daten erhoben und in einer Datenbank gespeichert. Diese Daten werden benötigt, solange sich der Patient im Krankenhaus befindet. Nach seiner Entlassung spielen sie keine Rolle mehr.

Stefan behauptet, dass diese Daten laut Gesetz gelöscht werden müssen. Kai erwidert, dass die Daten unter Umständen noch für den Jahresbericht oder eine Statistik gebraucht werden. Außerdem kann es sein, dass ein Patient mehrmals in das gleiche Krankenhaus eingewiesen wird, sodass es sinnvoll wäre, die Daten nicht zu löschen. Wie wird mit den personenbezogenen Daten des Patienten verfahren?

4.3.1 Gesetze

Datenschutz und Datensicherheit werden im Wesentlichen durch folgende Gesetze geregelt:

- Bundesdatenschutzgesetz (früher Gesetz zum Schutz vor Missbrauch personenbezogener Daten bei der Datenverarbeitung) – BDSG (1990, Neufassung 2003, zuletzt geändert 2015)
- Telekommunikationsgesetz – TKG (2004, zuletzt geändert 2016)
- Telemediengesetz – TMG (2007, zuletzt geändert 2016)
- Gesetz über Rahmenbedingungen für elektronische Signaturen – Signaturgesetz – SigG (2001, zuletzt geändert 2013)
- diverse Landesdatenschutzgesetze

Das **Gesetz zum Schutz vor Missbrauch personenbezogener Daten bei der Datenverarbeitung** regelt die Erhebung, Verarbeitung und Nutzung personenbezogener Daten mit dem Ziel, dass keine Persönlichkeitsrechte durch den Umgang mit diesen Daten verletzt werden.

Das Gesetz definiert zuerst die verwendeten Begriffe: öffentliche und nichtöffentliche Stellen sowie das Speichern, Verändern, Übermitteln, Sperren und Löschen von personenbezogenen Daten. Es wird darauf hingewiesen, dass die Datenverarbeitungssysteme so auszurichten sind, dass sie keine oder möglichst wenig personenbezogene Daten enthalten. Die personenbezogenen Auskünfte (Daten) darf nur der Betroffene selbst erteilen, wenn keine Ausnahmesituationen (Rechtsvorschriften) vorliegen.

Es folgen die Vorschriften für die Datenverarbeitung in den öffentlichen und nichtöffentlichen Stellen. Die personenbezogenen Daten dürfen nur dann erhoben, gespeichert, verändert oder genutzt werden, wenn Gesetze oder andere Rechtsvorschriften dies erlauben oder der Betroffene eingewilligt hat. Ohne Mitwirkung des Betroffenen sind Ausnahmen möglich. Zu den Ausnahmen gehören: Rechtsvorschriften, Abwehr erheblicher Nachteile für das Gemeinwohl oder eine

Gefahr für die öffentliche Sicherheit, Verfolgung von Straftaten oder Ordnungswidrigkeiten, Abwehr einer Beeinträchtigung der Rechte einer anderen Person.

Es wird der Status des **Bundesbeauftragten für den Datenschutz und die Informationsfreiheit** festgelegt. Er kontrolliert bei den öffentlichen Stellen des Bundes die Einhaltung der Vorschriften dieses Gesetzes und anderer Vorschriften über den Datenschutz. Er meldet die Verstöße gegen das Gesetz bei den entsprechenden Behörden. Zu seinen Pflichten gehören unter anderem die Erstattung des Tätigkeitsberichtes im Intervall von zwei Jahren sowie die Anfertigung entsprechender Gutachten auf Anforderungen des Bundestages oder der Bundesregierung. Der Bundesbeauftragte wird vom Deutschen Bundestag auf Vorschlag der Bundesregierung für fünf Jahre gewählt. Jeder kann sich an den Bundesbeauftragten wenden, wenn er der Meinung ist, dass seine personenbezogenen Daten durch öffentliche Stellen des Bundes missbraucht wurden. Außerdem existiert eine Aufsichtsbehörde, die die Ausführung dieses Gesetzes sowie anderer Vorschriften über den Datenschutz kontrolliert. Für die Einhaltung des Gesetzes sorgen entsprechende Bußgeld- und Strafvorschriften.

Das Gesetz legt auch die Rechte des Betroffenen fest:

- **Auskunftsrecht.** Der Betroffene hat das Recht auf die Auskunft über alle zu seiner Person gespeicherten Daten, über den Zweck der Speicherung sowie über Personen und Stellen, an die seine Daten regelmäßig übermittelt werden.
- **Berichtigungsrecht.** Sind die personenbezogenen Daten des Betroffenen unrichtig, so müssen sie von der verantwortlichen Stelle berichtigt werden.
- **Löschungsrecht.** Die personenbezogenen Daten eines Betroffenen müssen gelöscht werden, wenn ihre Speicherung unzulässig oder für die speichernde Stelle nicht mehr erforderlich ist.
- **Sperrungsrecht.** Die personenbezogenen Daten eines Betroffenen müssen gesperrt werden, wenn eine Löschung aus gesetzlichen, satzungsmäßigen oder vertraglichen Aufbewahrungsfristen noch nicht möglich ist, wenn durch die Löschung schutzwürdige Interessen beeinträchtigt würden oder wenn die Löschung nicht oder nur mit unverhältnismäßig hohem Aufwand möglich ist.

W

Gebot	Erläuterung	mögliche Schutzmaßnahmen
Zugangskontrolle	Der Zugang zu den Bereichen, wo personenbezogene Daten bearbeitet werden, ist für Unbefugte zu unterbinden.	Ausweiskontrolle, Einrichtung von Sicherheitsbereichen
Eingabekontrolle	Der Ursprung der Daten muss nachvollziehbar sein. Welcher Mitarbeiter hat wann auf welcher EDV-Anlage welche personenbezogenen Daten erfasst?	Protokollierung
Abgangskontrolle	Mitarbeiter, die personenbezogene Daten nutzen oder verarbeiten, dürfen diese Daten nicht auf auswechselbare Datenträger kopieren.	Stichproben, Protokollierung, Sperre der Laufwerke bzw. Schnittstellen
Speicherkontrolle	Eine unbefugte Kenntnisnahme und Verarbeitung (inklusive Eingeben, Korrigieren und Löschen) von Speicherinhalten (Arbeitsspeicher, Festplatte) ist zu unterbinden.	Kennwörter, Rechtebeschränkung, Protokollierung
Benutzerkontrolle	Die Verarbeitung und Übermittlung von personenbezogenen Daten durch unbefugtes Personal ist zu verhindern.	Ausweiskontrolle, Kennwörter, Rechtebeschränkung, Protokollierung
Zugriffskontrolle	Die befugten Mitarbeiter erhalten Zugang zu den personenbezogenen Daten nur laut festgelegter Rechte und vordefinierter Regeln (Leserechte, Schreibrechte, Vollzugriff, kein Zugriff). Die Zugriffsrechte auf unterschiedliche Daten können voneinander abweichen.	Kennwörter, Zugriffsrechte, Protokollierung
Schnittstellenkontrolle	Die personenbezogenen Daten dürfen nur über definierte und überprüfbare Schnittstellen in industriell üblichen Formaten übermittelt werden.	Vorschriften, Protokollierung
Transportkontrolle	Bei der Übermittlung dürfen personenbezogene Daten weder gelesen, geändert, gelöscht noch dauerhaft gespeichert werden.	sichere Übertragungswege (Verschlüsselung, Zertifikate, VPN)
Auftragskontrolle	Die personenbezogenen Daten, die im Auftrag erhoben, verarbeitet, gespeichert oder übermittelt werden, müssen nach den Vorschriften des Auftraggebers behandelt werden.	Vorschriften, Stichproben
Organisationskontrolle	Die Arbeitsabläufe müssen den Anforderungen zum Schutz der personenbezogenen Daten entsprechen.	Vorschriften

- **Geheimhaltungsrecht.** Die personenbezogenen Daten dürfen von der verantwortlichen Stelle nur für den Zweck verarbeitet oder genutzt werden, für den sie erhoben wurden.

Diese Rechte des Betroffenen sind gleichzeitig durch die Pflichten der öffentlichen und nichtöffentlichen Stellen zu gewährleisten.

Im IT-Umfeld haben sich **zehn Gebote der Datensicherheit** etabliert, die die wichtigsten Prinzipien und Regeln der Arbeit mit personenbezogenen Daten beschreiben. Sie sind in der o. a. Übersicht zusammengefasst.

Das **Telekommunikationsgesetz** regelt und fördert den Wettbewerb in der Branche, damit angemessene und ausreichende Dienstleistungen zur Verfügung gestellt werden. Es handelt sich um

- Pflichten der Dienstanbieter gegenüber der Regulierungsbehörde (RegTP),
- Lizenzerteilung und Gebühren,
- Entgeltregulierung sowie
- Regelungen zum Netzzugang.

Einen besonderen Stellenwert besitzt in diesem Gesetz der Kundenschutz. Viele Regelungen betreffen die Verwaltung der Telefonnummern. Ausführlich ist die Frequenzordnung beschrieben (Plan, Zuteilung, Gebühren, Überwachung). Die Regulierungsbehörde „Bundesnetzagentur für Elektrizität, Gas, Telekommunikation, Post und Eisenbahnen" (kurz: Bundesnetzagentur) ist ein Geschäftsbereich des Bundesministeriums für Wirtschaft und Technologie und fungiert als Kontrollorgan. Die Struktur der Bundesnetzagentur sowie ihre Ziele, Aufgaben, Pflichten und Rechte sind genau dargestellt.

Ein Teil des Gesetzes ist dem Fernmeldegeheimnis, dem Datenschutz und der Datensicherheit gewidmet. So ist es dem Betreiber verboten, die Informationen an Dritte zu übergeben oder für sich selbst zu nutzen. Das Abhören der Gespräche ist generell verboten, aber das Abhören und die Weitergabe von Nachrichten aufgrund besonderer gesetzlicher Ermächtigung bleiben davon unberührt. Der Paragraph 89 zum Datenschutz regelt, welche Daten erhoben und wie sie verarbeitet werden können. Die Dienstanbieter müssen ihre Leistungen jedem Kunden zu gleichen Bedingungen zur Verfügung stellen. Im Paragraph 111 „Daten für Auskunftsersuchen der Sicherheitsbehörden" ist beschrieben, welche Behörden unter welchen Bedingungen auf die Kundendaten zugreifen dürfen. Gerade bei dieser Regelung wird aufgrund des Urteils des Bundesverfassungsgerichts vom 2. März 2010 zur Vorratsdatensicherung demnächst mit einer Änderung zu rechnen zu sein.

Das **Telemediengesetz** schafft einheitliche wirtschaftliche Rahmenbedingungen für die Nutzung der elektronischen Informations- und Kommunikationsdienste. Einleitend werden die Begriffe „Diensteanbieter", „Nutzer" und „Verteildienste" definiert. Telemedien sind zulassungs- und anmeldefrei. Diensteanbieter sind für ihre eigenen zur Verfügung gestellten Inhalte nach den allgemeinen Gesetzen verantwortlich. Sie haften für fremde Inhalte nur dann, wenn sie von deren Gesetzwidrigkeit gewusst haben und es ihnen technisch möglich und zumutbar war, deren Nutzung zu verhindern. Diensteanbieter müssen für ihre geschäftsmäßigen Angebote den eigenen Namen und die Anschrift sowie bei juristischen Personen die Rechtsform, den Namen und die Anschrift des Vertretungsberechtigten angeben. Es sind Angaben aufzunehmen, die eine schnelle elektronische Kontaktaufnahme und unmittelbare Kommunikation ermöglichen. Weiterhin sind das Register, in dem der Diensteanbieter eingetragen ist, mit entsprechender Registernummer zu benennen sowie Angaben zu behördlichen Zulassungen, Kammerzugehörigkeiten etc. aufzuführen. An mehreren Stellen wiederholt dieses Gesetz Festlegungen zum Schutz vor Missbrauch personenbezogener Daten bei der Datenverarbeitung.

Im Gesetz sind Kontrolle und Durchsetzung der vereinbarten Verpflichtungen sowie der technischen Komponenten und einzelnen Rechtsverordnungen beschrieben. Außerdem enthält das Gesetz Bußgeldvorschriften.

Die früher im Informations- und Kommunikationsdienste-Gesetz enthaltenen Ausführungen zur digitalen Signatur sind jetzt im Signaturgesetz (2001) geregelt. Dieses Gesetz bildet die Basis für den Aufbau der Zertifizierungsstellen. Zuständig für die Zertifizierungsstellen ist die Bundesnetzagentur für Elektrizität, Gas, Telekommunikation, Post und Eisenbahnen.

Der Betrieb eines Zertifizierungsdienstes ist im Rahmen des Signaturgesetzes genehmigungsfrei. Lediglich die Aufnahme des Betriebes ist der Bundesnetzagentur anzuzeigen. Jede Person kann ein qualifiziertes Zertifikat bei der Zertifizierungsstelle beantragen. Dieses Zertifikat enthält folgende Angaben:

- Identität der Person
- zugeordneter Signaturprüfschlüssel
- Bezeichnung der Algorithmen, mit denen der Signaturprüfschlüssel des Signaturschlüsselinhabers

sowie der Signaturprüfschlüssel des Zertifizierungsdiensteanbieters benutzt werden kann
- laufende Nummer des Zertifikates
- Beginn und Ende der Gültigkeit
- Name des Zertifizierungsdiensteanbieters und des Staates, in dem er niedergelassen ist
- Angaben darüber, ob die Nutzung auf bestimmte Anwendungen beschränkt ist
- Angabe darüber, dass es sich um ein qualifiziertes Zertifikat handelt
- weitere Daten, die von der Person beantragt wurden

Bevor ein Zertifikat erteilt wird, ist die Zertifizierungsstelle verpflichtet, die antragstellende Person zuverlässig zu identifizieren. Die Zertifizierungsstelle muss dafür sorgen, dass die Daten für die Zertifikate nicht gefälscht werden können. Eine Speicherung der Signaturschlüssel außerhalb der sicheren Signaturerstellungseinheit ist unzulässig.
Der Zertifizierungsdiensteanbieter hat ein qualifiziertes Zertifikat unverzüglich zu sperren, wenn es der Inhaber oder sein Vertreter verlangt, das Zertifikat auf Grund falscher Angaben ausgestellt wurde, der Zertifizierungsdiensteanbieter seine Tätigkeit beendet oder die zuständige Behörde eine Sperrung anordnet.

Die **„International Organization for Standardization“ (ISO)** und die **„International Electrotechnical Commission“ (IEC)** haben Dokumente verfasst, die Standards im Bereich Informationssicherheit festlegen. Folgende Standards wurden von der ISO/ IEC erarbeitet, die teilweise obligatorisch sind, teilweise empfehlenden Charakter besitzen:
- *ISO/ IEC 27000: Information security management systems – Overview.* Dieser Standard gibt einen Überblick über das Thema „Informationssicherheit“ und beinhaltet Begriffe und Definitionen.
- *ISO/ IEC 27001: Information Security Management Systems – Requirements.* Hier sind Anforderungen an ein „Information Security Management System“ (ISMS) dargestellt, gleichbedeutend mit einem „Maßstab“ für IT-Anwendungen. Unternehmen und staatliche Behörden können sich nach diesem Standard zertifizieren lassen.
- *ISO/ IEC 27002: Code of practice for Information Security Management.* Dieser Standard enthält Empfehlungen für die technischen Sicherheitsmaßnahmen. Die Empfehlungen sind als allgemeine Konzepte formuliert und müssen für jeden reellen Anwendungsfall konkretisiert werden. Das Bundesamt für Sicherheit in der Informationstechnik veröffentlicht zu diesem Zweck IT-Grundschutzkataloge.
- *ISO/ IEC 27003: Information Security Management Systems – Implementation Guidelines.* Darin sind die entsprechenden Empfehlungen für die Umsetzung der ISO/ IEC 27001 zusammengefasst.
- *ISO/ IEC 27018:2014-08: Informationstechnik- Sicherheitsverfahren – Anwendungsregel für den Schutz von personenbezogenen Daten in Public Clouds.* Diese Dokumente legen einen weltweiten Standard für Cloud-Dienste fest. Sie basieren auf ISO 27001 und ISO 27002 und regeln die Sicherheits- und Datenschutzanforderungen.

Es gibt weitere Standards zu dieser Thematik, von denen sich allerdings die Mehrzahl noch in der Entwicklungsphase befindet.

S

Jetzt wissen Kai und Stefan, wie sie mit dem eingangs erwähnten Problem zur Datenspeicherung von Patienten verfahren müssen. Die personenbezogenen Daten sind zu sperren, falls sie nicht mehr benötigt werden. Nach dem Ablauf der gesetzlichen Frist werden sie aus dem System gelöscht.

Aufgaben

1. Welche Gesetze regeln den Datenschutz und die Datensicherheit in Deutschland? Informieren Sie sich zu aktuellen Änderungen bezüglich der geltenden Gesetze zum Datenschutz und zur Datensicherheit.
2. In welchem Gesetz sind die Normen für Aufbau und Betrieb der Zertifizierungsdienste beschrieben?
3. Der ACI-Geschäftsführer, Herr Muster, hat die Idee, einen Zertifizierungsdienst zu eröffnen. Muss er einen Antrag stellen und wenn ja, bei welcher Behörde?
4. Welche Daten beinhaltet ein Zertifikat laut Gesetz?
5. Welche Regelungen enthält das Telekommunikationsgesetz?
6. Welches Gesetz enthält die Vorschriften für die Datenverarbeitung in den öffentlichen und nichtöffentlichen Stellen?
7. In welchem Gesetz sind Status, Aufgaben und Pflichten des Bundesbeauftragten für den Datenschutz festgelegt? Welche Aufgaben und Pflichten obliegen dem Bundesbeauftragten?
8. Nennen Sie die Rechte der betroffenen Personen in Bezug auf die über sie gespeicherten personenbezogenen Daten.
9. Erläutern Sie die wichtigsten Prinzipien der Arbeit mit personenbezogenen Daten.

4.3.2 Urheberrecht

S Die Firma ACI erstellt Software für Krankenhäuser. Kai Dreyer erhält von Herrn Köhler den Auftrag, zu recherchieren, wie das Urheberrecht auf diese Programme angewendet wird. Es besteht eine Unklarheit darüber, ob die Firma ACI das Urheberrecht an die Krankenhäuser weitergeben oder verkaufen muss, damit die Nutzung der Software urheberrechtlich genehmigt ist.

Das Urheberrechtsgesetz (UrhG) schützt die Rechte der Personen, die eigene Werke in Literatur, Wissenschaft oder Kunst geschaffen haben. Dazu gehören neben Schriftwerken, Musik, bildender Kunst, Lichtbild- und Filmwerken auch Computerprogramme, Zeichnungen, Karten, Tabellen und Darstellungen wissenschaftlicher und technischer Art. Mit anderen Worten schützt das Gesetz alle persönlichen geistigen Schöpfungen. Ausgenommen sind lediglich sämtliche amtlichen Werke, wie Gesetze, Verordnungen und Bekanntmachungen. Das Werk muss allerdings ein bestimmtes geistiges Schöpfungspotenzial beinhalten, d.h. kein ideenloses oder von einer Maschine erzeugtes Produkt darstellen.

Der Schutz bedeutet, dass das Werk ohne Zustimmung des Urhebers nicht geändert, verkauft, veröffentlicht oder kopiert werden darf. Der Urheber ist immer eine **Person** und nie ein Unternehmen oder eine Gesellschaft. Das **Urheberrecht** ist auf andere Personen oder Unternehmen **nicht übertragbar,** aber **vererbbar.** Diese Vererbung gilt bis zu 70 Jahre nach dem Tod des ursprünglichen Urhebers. Das Urheberrecht entsteht automatisch mit der Schöpfung des Werkes und dieses Recht muss nirgendwo registriert oder angemeldet werden.

Damit Dritte das Werk benutzen können, räumt der Urheber den entsprechenden Personen oder Gesellschaften ein **Nutzungsrecht** ein. Die Nutzungsrechte sind im Gegensatz zum Urheberrecht **übertragbar** und **verkäuflich.**

Entwirft beispielsweise ein Webdesigner eine Webseite für ein Unternehmen, so ist diese Webseite sein geistiges Eigentum. Er besitzt dafür das Urheberrecht und wird es immer behalten. Damit das Unternehmen diese Webseite benutzen kann, muss mit dem Webdesigner ein Vertrag geschlossen werden, in dem dieser die Nutzungsrechte schriftlich auf das Unternehmen überträgt.

Das Copyright-Symbol ist nicht dem Urheberrecht gleichzusetzen. Mit diesem Symbol wird nach außen deutlich signalisiert, wer der Urheber des Werkes ist. Nur die bloße Verwendung dieses Symbols verleiht allerdings kein Urheberrecht. Im Zweifelfall muss bewiesen werden, wer das Werk erstellt hat.

Das UrhG behandelt auch den Kopierschutz für CDs, DVDs und andere Datenträger. Nur Privatpersonen ist es erlaubt, Programme zu besitzen, die den Kopierschutz umgehen, wenn der Besitz keinen gewerblichen Zwecken dient. Abgesehen davon, dass die Privatpersonen bei Umgehung eines Kopierschutzes bei Computer-Programmen rechtlich nicht verfolgt werden können, kann der Urheber immer noch Schadensersatzansprüche geltend machen. Erstellt eine Privatperson zu viele Kopien, entsteht Strafbarkeit nach dem UrhG und ein möglicher Schadensersatzanspruch vonseiten des Urhebers.

Kai erstellt für Herrn Köhler einen kurzen Bericht, aus dem folgt, dass das Urheberrecht nicht übertragbar ist und die Firma ACI einen Vertrag vorbereiten muss, in dem sie dem betreffenden Kunden für die von ihr selbst entwickelte Software die notwendigen Nutzungsrechte einräumt. **S**

Aufgaben

1. Vor drei Jahren hat der freiberufliche Programmierer, Herr Webster, für ACI einen Satz von hochwertigen Präsentationsfolien entwickelt. Diese Folien enthalten die Unternehmensdarstellung, -ziele, -struktur sowie Produkte, Absatzstrategien und Abläufe zum Kundensupport. Die Geschäftsleitung verwendet diese Folien, um den Interessenten das eigene Unternehmen vorzustellen und somit neue Kunden zu gewinnen. Die Folien sind zweifellos von Nutzen und von hohem künstlerischem Wert, aber in den letzten Jahren haben sich einige Strategien zur Kundenansprache geändert, neue Produkte wurden auf dem Markt platziert und die Kundenbetreuung hat sich organisatorisch verbessert. Der Qualitätsbeauftragte, Herr Grabowski, möchte deshalb einige dieser Folien ändern lassen, damit alle Neuerungen korrekt abgebildet werden.
   a) Welche rechtlichen Bedenken haben Sie, wenn diese Änderungen nicht mit Herrn Webster abgestimmt werden?
   b) Welche Rechte sollte die Firma ACI in diesem Zusammenhang überhaupt besitzen?
2. Katrin Raabe hat unlängst einen sehr interessanten Film auf DVD gekauft. Sie erzählt Kai in der Mittagspause, dass sie diesen Film schon für alle Freunde und Verwandten auf DVD gebrannt und verschenkt hat. Sie bietet auch Kai an, diesen Film für ihn auf DVD zu brennen und ihm dann zu schenken. Wie sollte Kai auf das Angebot reagieren?

3. Stefan Fischer hat aus dem Internet einen Artikel über die Einrichtung des Webservers heruntergeladen. Da der Autor des Artikels nicht genannt war, platzierte Stefan auf dem ersten Blatt das Copyright-Zeichen und seinen eigenen Namen. Diesen so geänderten Artikel präsentierte er den übrigen Teilnehmern in einer Firmenschulung. Auf die Frage von Kai, ob er der Autor und Urheber des Artikels ist, antwortete Stefan, dass auf dem Artikel kein Copyright-Zeichen stand und dieser Artikel somit jetzt ihm gehört, da er sein Copyright-Zeichen ergänzt hat. Was sollte Kai erwidern?

4.3.3 Maßnahmen zur Datensicherheit

S In den letzten Jahren häufen sich die Attacken auf die Daten von Unternehmen, die auch zum Datenverlust führen. Herr Köhler will dieses Thema in der Firma ACI diskutieren und danach die notwendigen Maßnahmen veranlassen, die zu einer höheren Sicherheit für die Daten beitragen.

Das Bundesamt für Sicherheit in der Informationstechnik veröffentlicht regelmäßig das IT-Grundschutzhandbuch unter www.bsi.bund.de. Dieses Buch enthält Sicherheitsmaßnahmen für typische IT-Systeme und Hinweise für deren Umsetzung. Jeder Administrator sollte mit diesem Buch vertraut sein.

4.3.3.1 Grundprinzipien der Sicherheit

Es gelten die folgenden Grundprinzipien der Sicherheit für ein IT-System:

Authentifizierung
Die Subjekte (Benutzer oder Dienste) müssen ein Konto innerhalb des Systems besitzen. Das Konto enthält Anmeldename, Kennwort und weitere Charakteristiken. Bevor ein Subjekt Zugriff auf die Ressourcen eines Rechners erhält, muss es sich im Betriebssystem mit einem gültigen Anmeldenamen und einem dazu passenden Kennwort anmelden.

Die modernen Microsoft-Windows-Betriebssysteme, die für den professionellen Einsatz konzipiert sind (Windows 7/8/10, Microsoft Windows Server 2008/2012 und frühere Versionen), sowie UNIX/Linux und Novell Netware unterstützen die Authentifizierung, während die älteren Betriebssysteme von Microsoft (Windows 9x/ME) diese Eigenschaft nicht aufweisen. Windows-Betriebssysteme besitzen in den jeweiligen Home-Editionen nur eine eingeschränkte Authentifizierung für zwei Arten von Konten, für Administrator und Gast.

Autorisierung
Laut dem Prinzip der Autorisierung muss ein Betriebssystem Zugriffsrechte implementieren. Jeder Zugriff eines Benutzers auf eine Ressource im System soll dabei gemäß den klar differenzierten Zugriffsarten und -berechtigungen stattfinden. Die Leserechte erlauben dabei eine Benutzung der Ressourcen, ohne sie zu

G Geschäftsprozess „Maßnahmen zur Datensicherheit“

Datensicherungskonzept	unterbrechungsfreier laufender Betrieb	Archivierung der Daten	Schutz gegen Angriffe, Missbrauch und Viren	Protokollierung und ständige Kontrolle
Festlegen: ▪ Umfang der zu sichernden Daten ▪ Prioritäten und Regelmäßigkeit ▪ Sicherungsarten ▪ Sicherungsprogramme ▪ Sicherungsmedien	**Festlegen:** ▪ Software-RAID oder Hardware-RAID ▪ RAID-Level für die Systemdaten ▪ RAID-Level für die Benutzerdaten ▪ Installation und Einrichtung ▪ Test der Hard- und Software	**Durchführen:** ▪ regelmäßige Archivierungen laut dem Sicherungskonzept ▪ Wiederherstellungen bei Bedarf ▪ Wiederherstellungen laut dem Sicherungskonzept	**Durchführen:** ▪ Firewall-Konfiguration ▪ lokale Daten verschlüsseln ▪ verschlüsselte Übertragungen ▪ sichere Authentifizierung ▪ Zugriffskontrolle über die Ressourcen ▪ Zertifikate ▪ Gruppenrichtlinien ▪ Einsatz von Virenscannern	**Kontrollieren:** ▪ Ereignisprotokolle (Sicherheits-, System- und Anwendungsprotokolle) ▪ Protokolle der Server ▪ Protokolle der Sicherungen ▪ Firewall-Protokolle ▪ Überwachungsprotokolle

ändern. Die Änderungsrechte inkludieren normalerweise die Leserechte und bieten die Möglichkeit, die Ressourcen zu verändern. Ein Benutzer, der die vollen Rechte auf eine Ressource besitzt, darf die Rechte an andere Subjekte übertragen. Absolut notwendig ist auch die Möglichkeit der Verweigerung, die den Zugriff auf die Ressourcen gänzlich verbietet.

Alle modernen Betriebssysteme implementieren neben diesen elementaren Rechten noch viele andere Rechte, die einen detaillierten Zugriff erlauben. Die Betriebssysteme Microsoft Windows 9x/ME kennen keine Autorisierung. Microsoft Windows 7/8/10 Home und Home Premium besitzen eine eingeschränkte Autorisierung. Nur die Ordner unter dem Verzeichnis **Eigene Dateien** können als private Ordner definiert werden, um damit den Zugriff anderer Benutzer auf diese privaten Ordner zu verweigern.

Protokollierung

Die wichtigen Vorgänge müssen vom Betriebssystem überwacht und protokolliert werden. Dazu gehören das Erstellen, Verändern und Löschen von Dateien und Verzeichnissen, die Benutzer- oder Gruppenkontenverwaltung sowie die Verwendung von systemweiten Rechten. In den Protokollen müssen mindestens drei Angaben zu jedem Vorgang festgehalten sein: **Wer** (welches Konto), **was** (Aktion) **wann** (Datum und Uhrzeit) gemacht hat.

Die modernen Betriebssysteme von Microsoft besitzen die Fähigkeit, auch andere komplexere Informationen in den Protokolldateien zusammenzufassen. UNIX/Linux verfügt standardmäßig nur über eine knappe Protokollierung, aber es lassen sich zusätzliche Optionen einstellen. Auch Microsoft Windows 7/8/10 Home kennt nur eine eingeschränkte Protokollierung. Die Betriebssysteme Microsoft Windows 9x/ME implementieren dagegen überhaupt keine Protokollierung.

Die konsequente Durchführung der genannten Prinzipien gewährleistet ein sicheres IT-System. Leider ist die optimale Durchsetzung nur selten möglich, weil dem andere Faktoren entgegenwirken. Beispielsweise stellt ein Webserver normalerweise seine Dienste für alle Benutzer zur Verfügung. Man kann nicht jeden Benutzer in der Welt identifizieren und für ihn ein eigenes Konto pflegen. Der Webserver ordnet die Anfragen aller Benutzer einem besonderen Konto zu und beantwortet sie anschließend. Damit liegt hier aber schon eine Verletzung des ersten Prinzips (Authentifizierung) vor. Dies erlaubt einem potenziellen Angreifer, unzählige und unsinnige Anfragen an den Webserver zu schicken. Vom Programmcode ist es in entscheidendem Maße abhängig, wie der Webserver darauf reagiert.

Aufgaben

1. Erläutern Sie die Grundprinzipien der Datensicherheit.
2. Erfüllen die Betriebssysteme MS DOS und Microsoft Windows 9x/ME die Grundprinzipien der Datensicherheit? Begründen Sie Ihre Antwort.

4.3.3.2 Angriffsmethoden

S

Herr Köhler hat Stefan gebeten, eine kurze Übersicht über die verschiedenen und möglichen Angriffsmethoden auf die Rechner vorzubereiten. Stefan ist sich bewusst, dass dieses Thema nicht nur die Hacker (Angreifer) interessiert, sondern auch die Administratoren, die einen besseren Schutz für ihre Netzwerke organisieren wollen. Deshalb versteht er die ernste Bedeutung dieser Aufgabe.

Grundsätzlich werden lokale und netzwerkbasierte Angriffsmethoden auf Rechner unterschieden. Bei den lokalen Angriffen verfügt der Angreifer über den lokalen Zugriff auf den Rechner, d. h., er kann ihn booten, herunterfahren und sich möglicherweise sogar anmelden. Über Diskette, CD-ROM oder USB-Stick startet er seine eigene Software, die ihm die Manipulationen an den Konten oder Rechten erlaubt. Im schlimmsten Fall kann er die gesamte Festplatte und weitere Hardware- oder Softwarekomponenten entwenden. Deshalb müssen die wichtigen Rechner in einem kontrollierten (abschließbaren) Raum stehen. Außerdem empfiehlt es sich, die Boot-Reihenfolge im BIOS der betreffenden Rechner so einzustellen, dass der Start des Betriebssystems von Wechselmedien nicht möglich ist. Um diese Einstellung zu umgehen, sind zumindest weitere erschwerende Aktivitäten durch den Angreifer erforderlich.

Zu den lokalen Angriffen gehört auch das simple Ausspionieren von Kontodaten der Mitarbeiter. Der Administrator darf nicht vergessen, dass der Angreifer nicht nur von außen kommen kann, sondern sich oft auch im Unternehmen befindet. Ein frustrierter Kollege oder ein von der Konkurrenz bezahlter Mitarbeiter ist durchaus imstande, die Anmeldenamen und Kennwörter der anderen Mitarbeiter auszuspionieren und unter ihrer Identität im System Schaden anzurichten. Als Gegenmittel enthalten viele Betriebssysteme dazu Mechanismen, die den normalen Benutzer zwingen, in regelmäßigen Zeitabständen das Kennwort zu ändern. Der Administrator muss allerdings Gebrauch von diesen Möglichkeiten machen.

Die **Netzwerkangriffe** lassen sich grundsätzlich in folgende Arten klassifizieren:

Brute Force
Der Angreifer startet von seinem Rechner mit einer speziellen Software Anmeldeversuche an einem anderen Rechner im Netzwerk. Diese Software erprobt in kurzer Zeit mehrere Kennwörter aus einer eigenen Datei. Im Internet existieren Webseiten, die Dateien mit oft verwendeten Kennwörtern beinhalten. Wird vom Zielrechner die Anmeldung bestätigt, so erhält der Angreifer ein gültiges Konto. Die Folgen können oft nicht abgesehen werden. Zur Abwehr enthalten viele Betriebssysteme eine sogenannte Eindringlingserkennung. Erhält der Rechner innerhalb einer kurzen Zeitspanne mehrere falsche Anmeldeversuche, so sperrt das Betriebssystem das entsprechende Konto und benachrichtigt den Administrator. Die Zeitspanne sowie die Anzahl der Anmeldeversuche sind einstellbar. Auf diese Art und Weise können nicht nur Anmeldeversuche, sondern auch andere schädliche Anfragen erkannt und erfolgreich abgewehrt werden.

Buffer Overflow
Der Angreifer sendet an einen Server eine legale Anfrage. Sie enthält aber eine zu lange Zeichenkette, die nicht in den Zwischenspeicher passt. Der Rest dieser Zeichenkette verursacht einen Speicherüberlauf. Ist der Server für solche Situation nicht programmiert, entsteht ein fehlerhafter Zustand, wobei der Angreifer die Kontrolle über den Server oder sogar über das gesamte Betriebssystem erhält. Sicherheitslücken in der Software des Servers eröffnen die Möglichkeit für einen erfolgreichen Angriff, der auch als **DoS** (**D**enial **o**f **S**ervice) bezeichnet wird. Abhilfe schafft hier nur die rechtzeitige Installation von Bugfixes, die meistens der Hersteller der Server-Software auf seiner Webseite veröffentlicht.

IP-Spoofing
Der Angreifer verschickt von seinem Rechner manipulierte IP-Pakete, die als Absender die IP-Adresse eines anderen Rechners enthalten. Standardsoftware erlaubt diese Fälschung nicht. Der Angreifer verwendet daher in der Regel selbst programmierte oder von sogenannten Hacker-Webseiten aus dem Internet heruntergeladene Programme und verfolgt damit das Ziel, andere Rechner im Netzwerk „lahm zu legen". Dafür wird ein „Opfer-Rechner" ausgewählt, unter dessen Identität die gefälschten IP-Pakete an einen Server versendet werden. Die IP-Pakete enthalten eine Anfrage zum Aufbau einer Verbindung zwischen den beiden Rechnern. Der Server schickt die Antwort an den „Opfer-Rechner". Der „Opfer-Rechner" wollte in Wirklichkeit aber gar keine Verbindung erstellen, deshalb bestätigt er die Antwort des Servers nicht. Darauf häufen sich die nicht bestätigten Antworten und beeinträchtigen sowohl die Kapazität des angegriffenen Servers als auch die des „Opfer-Rechners". Diese Art der Attacken wird **SYN-Flooding** nach der Bezeichnung des IP-Feldes für die Verbindungsbestätigung (SYN-Flag) genannt. Abhilfe schaffen in diesem Fall Programme, die die Anzahl der Verbindungen pro Zeiteinheit beschränken.

Lauschen
Standardmäßig nimmt ein Rechner nur Informationen aus dem Netzwerk entgegen, die ihn betreffen, d.h. seine MAC- und IP-Adresse enthalten. Es gibt aber zahlreiche Programme, die alle oder fast alle Informationen im Netzwerk abfangen, sortieren und dem Angreifer anzeigen. Da das Protokoll IP die Daten normalerweise nicht verschlüsselt, können auf diese Weise im Klartext die Anmeldenamen, Kennwörter und angeforderten Webseiten mitgelesen werden.

Eine diesbezüglich typische Situation entsteht zwischen dem Programm (und dem entsprechenden Protokoll) **Telnet** und dem Abhörprogramm **Wireshark. Telnet** übermittelt die Anmeldung unverschlüsselt und **Wireshark** zeigt diese Daten auf dem Bildschirm an. Eine solche Angriffsart heißt auch **Man-in-the-Middle-**Attacke. Mit der gleichen Zielstellung arbeitet das Programm **nmap.** Es schickt an alle Ports eines Rechners IP-Pakete mit der Anfrage, eine Verbindung herzustellen. Erhält das Programm eine Antwort von dem angewählten Server, so wird die Verbindung erstellt und sofort wieder abgebaut. Die Ports, von denen die Antwort erfolgte, werden dem Angreifer auf dem Bildschirm aufgelistet. Da die Ports standardisiert sind, können den Portnummern leicht die entsprechenden Dienste zugeordnet werden. Kennt der Angreifer die auf einem bestimmten Rechner laufenden Dienste, kann er sie mit anderen Angriffsmethoden, wie Buffer Overflow, gezielt ausschalten.

Trojaner
Zu dieser Kategorie gehören Programme, die verborgene Funktionalitäten enthalten und oft in der Client-Server-Architektur programmiert sind. Der Trojaner-Server wird als ein nützliches Programm (Taschenrechner, Spiel, Bildschirmschoner) getarnt und ist frei erhältlich. Unter dieser Identität gelangt er auf den Rechner eines ahnungslosen Benutzers. Zuerst ändert das Programm dann die Startdateien oder die Windows-Registry, damit es bei jedem Neustart automatisch geladen wird. Danach meldet der Trojaner-Server dem Trojaner-Client, der sich auf dem angreifen-

den Rechner im lokalen Netzwerk oder im Internet befindet, die IP-Adresse des „Opfer-Rechners“. Ab sofort kann der Angreifer mit dem Trojaner-Client die Verbindung zum Trojaner-Server herstellen und die eingeschränkte oder auch volle Kontrolle über den „Opfer-Rechner“ ausüben. Die beiden Teile des Trojaners (Server und Client) sind in der Lage, auch autonom (ohne Bediener) zu arbeiten.

Als Gegenmittel eignen sich die Antivirenprogramme, die die bekannten Trojaner zuverlässig erkennen. Bevor irgendwelche unbekannten Programme installiert werden, sollte deren Herkunft bekannt sein. Auch hier gilt: Vorsicht ist besser als Nachsicht!

Neben den erwähnten stark verbreiteten Angriffsmethoden gibt es sicher eine Vielzahl weiterer und zum Teil noch unbekannter Programme. Sie werden mittlerweile nicht nur von Angreifern, sondern auch von sicherheitsbewussten Netzwerkadministratoren mit dem Ziel benutzt, Schwachstellen und Lücken des eigenen Systems zu entdecken und verdächtige Aktivitäten von Benutzern aufzuspüren.

S Nachdem Stefan Fischer über die verschiedenen Angriffsarten berichtet hat, vergibt Herr Köhler folgende Aufträge.

Kai Dreyer soll zusammen mit Frau Horn die aktuellen Patchs für den eigenen Webserver im Internet finden, herunterladen und installieren. Dadurch soll garantiert werden, dass die zum aktuellen Zeitpunkt bekannten Buffer-Overflow- oder DoS-Angriffe verhindert werden.

Stefan wird aufgefordert, in der Domäne den Eindringlingsschutz zu aktivieren, um Brute-Force-Angriffe zu unterbinden. Auf allen betroffenen Rechnern werden die Telnet- und FTP-Server deinstalliert oder deaktiviert. Mit der permanenten Aktualisierung der Antivirenprogramme soll die rechtzeitige Erkennung neuer Viren und Trojaner gesichert werden.

Aufgaben

1. Welche Gefahr stellen die lokalen Angriffe dar?
2. Beschreiben Sie die Funktionsweise der Netzwerkangriffe.
3. Mit welchen Mitteln können die Trojaner bekämpft werden?
4. Aus welcher Eigenschaft resultiert für das Programm **Telnet** ein Einsatzrisiko?
5. Was bedeutet IP-Spoofing und warum ist es gefährlich?

4.3.3.3 Sicherheitsmechanismen

Zu den **Sicherheitsmechanismen** zählen sowohl organisatorische Maßnahmen als auch Soft- und Hardware, die den Missbrauch, Verlust und die Fälschung der Daten sowie die Instabilität einzelner Rechner und auch ganzer Netzwerke verhindern. Die Unterscheidung erfolgt dabei in lokale und netzwerkbasierte Sicherheitsmechanismen.

Folgende **lokale Sicherheitsmechanismen** sind Bestandteile des Betriebssystems oder können als entsprechende Tools nachinstalliert werden.

Access Control List

Access **C**ontrol **L**ist (**ACL**, Zugriffssteuerungsliste). Diese Liste enthält die Subjekte (Benutzer und Dienste) und deren Rechte. ACL ist ein sehr wirksames Mittel, das den Missbrauch von Daten erheblich reduziert. Die Zugriffssteuerungsliste ist in den Betriebssystemen von Microsoft als Datei- und Verzeichnisattribut im Dateisystem NTFS implementiert. Für PCs wurde sie zuerst mit dem Betriebssystem NetWare von Novell eingeführt. Unter UNIX/Linux gibt es diese Liste standardmäßig nicht, aber sie lässt sich einfach nachinstallieren. Da jede Datei eine ACL besitzt, kann eine sehr detaillierte Zugriffssteuerung betrieben werden. Die Vererbung der ACL von Verzeichnissen auf Unterverzeichnisse und Dateien erlaubt eine sehr schnelle und einfache Einrichtung der Zugriffssteuerung. Die Betriebssysteme Microsoft Windows Server 2008/2012 liefern ein Modul für die Berechnung der effektiven Rechte des Benutzers auf ein Verzeichnis oder eine Datei. Dies ist sehr hilfreich, da ein Benutzer seine Rechte aus vielen unterschiedlichen Quellen beziehen kann.

Kontingentverwaltung

Jeder Benutzer eines Rechners kann unter Umständen so viel Speicherplatz für eigene Daten verwenden, dass der Speicherplatz für die anderen Benutzer und für das Betriebssystem selbst knapp wird. Die Windows-Betriebssysteme sowie UNIX/Linux beinhalten einen Kontrollmechanismus, mit dem sich diese Situation vermeiden lässt. Einem Benutzer (unter Linux auch einer Benutzergruppe) wird nur ein bestimmtes Speicherplatzvolumen (Kontingent) zur Verfügung gestellt. Mehr Speicherplatz kann nicht belegt werden. Zu diesem Zweck entstand das Eigentumskonzept. Der Benutzer wird zum Eigentümer aller Dateien und Verzeichnisse, die er selbst erstellt hat. Somit kann das Betriebssystem den belegten Speicherplatz nach Eigentümern zuordnen. Der Eigentümer besitzt normalerweise auch das Recht, anderen Benutzern die

Besitzrechte für die eigenen Dateien zu übertragen. Weitere Details enthält der Abschnitt „2.3.1.1 Microsoft-Windows-Betriebssysteme im professionellen Einsatz" im Kapitel 2 „Vernetzte IT-Systeme".

Verschlüsselndes Dateisystem

Das **verschlüsselnde Dateisystem (EFS, E**ncrypted **F**ile **S**ystem) wurde mit dem Betriebssystem Microsoft Windows 2000 eingeführt. Der Benutzer kann eine Datei verschlüsseln, sodass die anderen Benutzer den Inhalt der Datei nicht lesen können. Dieser Mechanismus ist nicht mit dem Rechtesystem verbunden. Er funktioniert auch, wenn andere Benutzer die notwendigen Rechte für die betroffene Datei besitzen. Die Implementierung von EFS basiert auf einem besonderen kryptografischen Verschlüsselungsverfahren. Jeder Benutzer des Betriebssystems besitzt einen Schlüssel zum Ver- und Entschlüsseln der eigenen Dateien. Kein anderer Benutzer kann die so verschlüsselten Dateien benutzen, wenn er nicht im Besitz des Schlüssels ist. Weitere Details enthalten die Abschnitte „2.3.1.1 Microsoft-Windows-Betriebssysteme im professionellen Einsatz" und „4.3.3.10 Zertifikate".

Es existiert für diese Regel allerdings eine Ausnahme. Falls ein Benutzerkonto nicht mehr zur Verfügung steht, z. B. weil der betroffene Mitarbeiter das Unternehmen verlassen hat, so können seine verschlüsselten Dateien normalerweise nicht mehr benutzt werden. Um diese Situation zu vermeiden, kann ein besonderer Benutzer, der sogenannte Wiederherstellungsagent, alle Dateien mithilfe eines eigenen Schlüssels entschlüsseln. Als Wiederherstellungsagent agiert normalerweise der Systemadministrator.

Der EFS-Mechanismus bietet auch Schutz gegen Diebstahl. Wurde die Festplatte entwendet, können die verschlüsselten Daten nur vom Wiederherstellungsagent des Rechners entschlüsselt werden, wo die Festplatte ursprünglich eingebaut war, da nur dort das Konto mit dem entsprechenden Zertifikat existiert.

Die Verschlüsselung der Daten unter UNIX/Linux erfolgt auf ähnliche Weise.

Die folgenden **netzwerkbasierten Sicherheitsmechanismen** kontrollieren den gesamten Netzwerkverkehr.

Routing

Das ist der einfachste, aber sehr wirksame Mechanismus. Das Betriebssystem unterhält auf jedem Rechner, wo das Protokoll TCP/IP installiert ist, im Hauptspeicher die Routing-Tabelle. Diese Tabelle ist die Grundlage für die Suche der Wege im Netzwerk (Routing). Auf welche Rechner die IP-Pakete weitergeleitet werden, ist von dieser Tabelle abhängig. Von besonderer Bedeutung sind die Routing-Tabellen auf den Routern, die die Verkehrsknoten im Netzwerk darstellen. Sie bewirken bei entsprechender Einrichtung, dass einzelne Rechner oder Subnetze überhaupt nicht erreichbar sind. Dabei wird die Erreichbarkeit von Diensten in anderen Netzwerken durch Proxyserver sichergestellt. So kann das Netzwerk des Unternehmens vor möglichen Angriffen von außerhalb wirksam geschützt und die Erreichbarkeit der Internetdienste für die internen Rechner gewährleistet werden. Für die Einrichtung der Routing-Tabellen existieren in jedem Betriebssystem die entsprechenden Werkzeuge (siehe auch Abschnitt 2.2.7.3 „TCP/IP" im Kapitel 2 „Vernetzte IT-Systeme").

Proxy

Ein Proxy empfängt die Anfragen vom Client und leitet sie an den Server unter eigener Identität (IP-Adresse und Portnummer) weiter. Somit versteckt der Proxy das hinter ihm liegende Netzwerk vor der Außenwelt und schützt es so effektiv vor möglichen externen Angriffen. Erhält der Proxy im Gegenzug eine Antwort vom Server, so leitet er sie weiter an den Client. Der Proxy arbeitet normalerweise auf der Schicht 7 des OSI-Modells. Das bedeutet, dass er die Namen der Webseiten verarbeiten und auswerten kann. Somit besteht für den Administrator die Möglichkeit, die Webseiten zu kontrollieren, die der Benutzer im Internet oder Intranet besucht. Jeder Proxy besitzt einen Cache, in dem er die von den Servern erhaltenen Webseiten temporär oder dauerhaft speichert. Stellt ein Client eine Anfrage an die Webseite, die sich bereits im Cache des Proxyservers befindet, so übergibt der Proxy diese Seite sofort an den Client und spart damit viel Zeit für die Beantwortung der Anfrage. Der Proxy enthält auch Mechanismen, die ihn selbst effektiv vor missbräuchlichen Angriffen schützen. So können beispielsweise die IP-Adressen eingestellt werden, denen der Proxy den Zugriff auf seine Dienste erlaubt oder verbietet. Die Clients (Internetbrowser) müssen für den Gebrauch des Proxyservers eingerichtet werden, wobei Microsoft Windows diese Einstellungen nicht systemweit, sondern für jeden Browser einzeln verwaltet. Verwendet ein Client den Proxyserver, so entfällt für ihn die Auflösung der Internetnamen. Diese Aufgabe übernimmt ebenfalls der Proxyserver. Der Administrator braucht in diesem Fall keine Namensauflösung für das Internet oder das Intranet einzurichten. Mehrere Proxyserver können parallel oder sequenziell zusammengeschaltet werden, damit sie die Inhalte ihrer Caches austauschen. Das erhöht die Leistung, Stabilität und Zuverlässigkeit im Netz. Proxyserver gibt es nicht nur für HTTP, sondern auch für andere Protokolle. Beispielsweise besitzt der weit verbreitete **JanaServer** auch Proxyfunktionalitäten für FTP, SMTP und POP3. Das Programm **squid** stellt unter UNIX/Linux einen hoch spezialisierten und leistungsfähigen HTTP- und FTP-Proxy zur Verfügung.

Filtering, Masquerading und NAT

Programme mit diesen Funktionen arbeiten auf der 3. Schicht des OSI-Modells. Sie bilden eine Schnittstelle zwischen dem Betriebssystem und dem Netzwerk. Alle IP-Pakete, die das Betriebssystem verschickt oder empfängt, müssen zuerst diese Schnittstelle passieren. Ob ein IP-Paket die Schnittstelle passieren darf, kann durch entsprechende Bedingungen und Regeln bestimmt werden. Diese Regeln betreffen die Herkunft und das Ziel des Paketes (MAC-Adresse, IP-Adresse mit Port), die Zugehörigkeit zu einer neuen oder schon bestehenden Verbindung sowie das betreffende Protokoll. Ein Paket kann verworfen oder durchgelassen werden **(Filtering).** In manchen Fällen werden durch die Software die Ziel- oder Quelladressen verändert **(Masquerading).**

NAT (**N**etwork **A**ddress **T**ranslation) ist ein spezieller Fall von Masquerading und wird mit Routern eingesetzt, wobei in den weitergeleiteten Paketen die IP-Adresse des Absenders durch die IP-Adresse des Routers ersetzt wird. Der Router speichert diese Zuordnung für jede Verbindung in einer besonderen Tabelle, sodass auch die Antwortpakete wieder an die richtigen Rechner versendet werden können.

NAT eignet sich für Unternehmen, die intern IP-Adressen aus den privaten Bereichen verwenden. Da die privaten Adressen von Internet-Routern nicht weitergeleitet werden, sind die Rechner im LAN vor Angriffen aus dem Internet sicher. Aber mithilfe eines NAT-Routers, der über eine öffentliche Adresse verfügt, können die so geschützten Rechner selbst auf die Ressourcen im Internet zugreifen.

Fast alle Geräte, die heute als DSL-Router angeboten werden, arbeiten gleichzeitig auch als NAT-Router. Ein mächtiges Programm, das Filtering, Masquerading und NAT beherrscht, ist das zu allen modernen Linux-Distributionen gehörende Programm **iptables.** Microsoft liefert für seine Windows-Betriebssysteme standardmäßig beschränkte Möglichkeiten für netzwerkbasierte Sicherheitsmechanismen. Um die volle Funktionalität zu erreichen, muss hier der **IAS** (**I**nternet **A**uthentication **S**erver) installiert werden.

Proxy- und NAT-Funktionalitäten dürfen nicht verwechselt werden. Proxy arbeitet auf der 7. Schicht des OSI-Referenzmodells und verfügt über wesentlich mehr Funktionen als NAT. Dazu gehören die Namensauflösung, ein Cache für die Antworten, der Cache-Austausch mit anderen Proxyservern sowie weitere Selbstschutzmechanismen.

Virtual Private Network

Die virtuellen privaten Netzwerke werden immer dann eingesetzt, wenn sensible Daten über ein unsicheres Medium transportiert werden müssen. Es kann sich dabei um eine Internetverbindung zwischen zwei Fir-

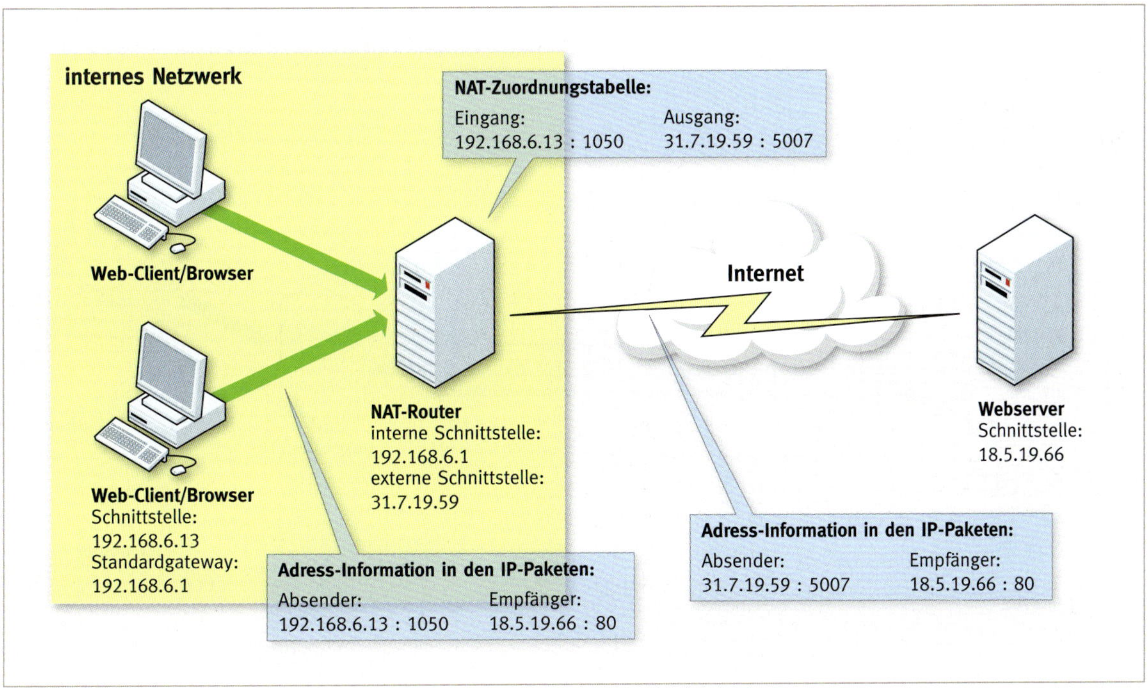

Einsatz von NAT

menfilialen oder um eine streng abzusichernde Kommunikation innerhalb eines LAN handeln. Die Daten der abzusichernden Kommunikation werden verschlüsselt und als Nutzdaten in Paketen einer anderen Verbindung transportiert. Je nachdem, mit welcher Konfiguration Computer und Netzwerke über einen VPN-Tunnel verbunden werden, unterscheidet man zwischen folgenden Verbindungsarten:

- Rechner zu Rechner (End-to-End-VPN)
- Rechner zu Netzwerk (End-to-Site-VPN, Road Warrior)
- Netzwerk zu Netzwerk (Site-to-Site-VPN)

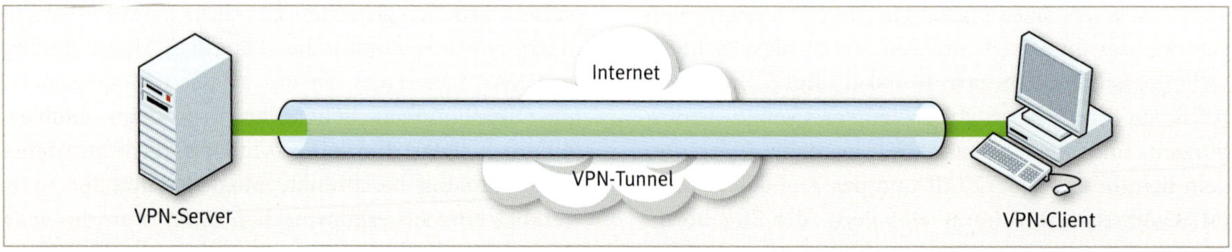

End-to-End-VPN

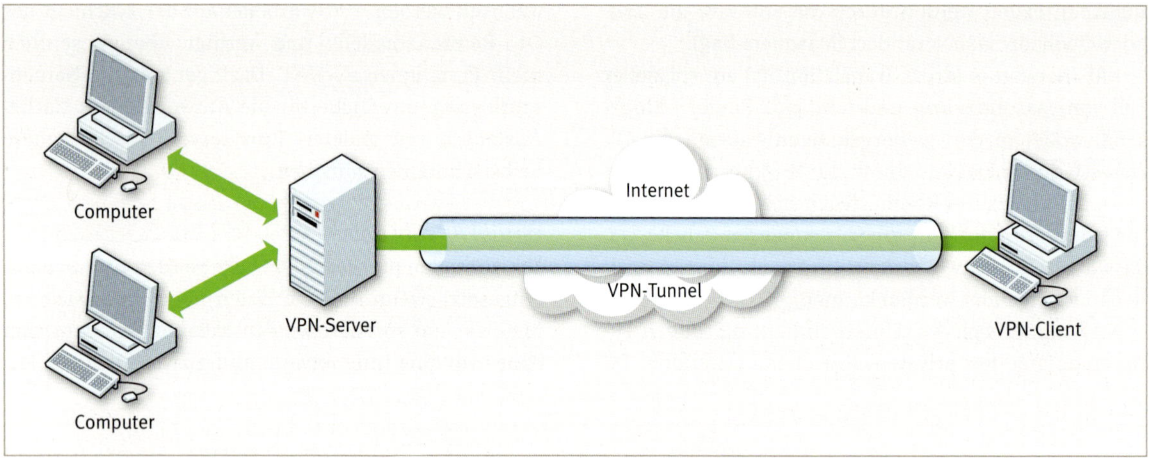

End-to-Site-VPN (Road Warrior)

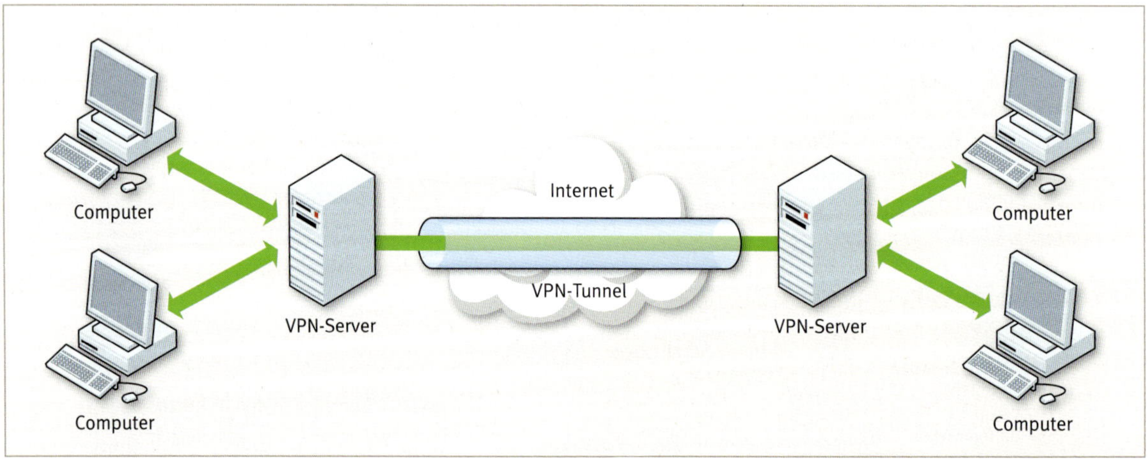

Site-to-Site-VPN

Über weitere Details zur VPN-Technologie informiert der Abschnitt 4.2.2.2 „Wiederkehrende Arbeiten“.

Manche Unternehmen und Behörden bestehen auf der sogenannten **C2-Sicherheit,** die für den Einsatz im öffentlichen Dienst in den Vereinigten Staaten entwickelt und dort eingeführt wurde. Allerdings weisen bereits alle modernen Netzwerkbetriebssysteme die folgenden **Sicherheitsmerkmale** auf, die zur Sicherheitsstufe C2 gehören:

- **Sichere Anmeldeprozedur.** Ein Benutzer muss eine Benutzerkennung (Anmeldename) und ein Kennwort eingeben, um einen Zugriff auf das System zu erhalten.
- **Besitzerkonzept.** Ein Benutzer gewährt oder verweigert den anderen Benutzern den Zugriff auf eine Ressource, die er selbst erstellt hat. Der Benutzer heißt in diesem Fall Eigentümer oder Besitzer dieser Ressource. Das Betriebssystem folgt diesen Einstellungen.
- **Überwachung.** Das Betriebssystem protokolliert alle sicherheitsrelevanten Ereignisse, wie das Erstellen, Lesen, Korrigieren und Löschen von Ressourcen.
- **Datensicherheit.** Ein Benutzer kann nicht auf Daten zugreifen, die von einem anderen Benutzer erstellt wurden, wenn der Zugriff nicht ausdrücklich gestattet wurde.

C2 ist eine sehr vernünftige und für die alltägliche Arbeit vollkommen ausreichende Sicherheitsstufe. Höhere Sicherheitsstufen erschweren dagegen erheblich die Arbeit eines normalen Benutzers.

Aufgaben

1. Welche Eigenschaft von Dateien und Verzeichnissen erlaubt eine effektive Zugriffssteuerung? Wie funktioniert diese Eigenschaft? Welche Betriebssysteme und Dateisysteme unterstützen diese Eigenschaft?
2. Kai wird mit folgendem Problem konfrontiert: Manche Benutzer speichern zu viele Daten in einer Freigabe, sodass der Speicherplatz für andere Benutzer nicht ausreicht. Kai hat die gespeicherten Daten überprüft und musste feststellen, dass sie für den Betrieb nicht unbedingt notwendig sind. Einige Benutzer speichern Urlaubsfotos und -videos, Internetseiten oder Dokumente, die durch einen vorgeschriebenen Sicherungsvorgang schon erfasst wurden. Kai will deshalb den Speicherplatz auf dem untersuchten Dateiserver allen Benutzern gleichmäßig zur Verfügung stellen und dafür sorgen, dass kein Benutzer die ihm zugewiesenen Kapazitäten überschreiten kann. Wie geht er vor?
3. Erläutern Sie die Arbeitsweise vom Masquerading und Filtering.
4. Nennen Sie Gemeinsamkeiten und Unterschiede zwischen NAT-Router und Proxy.

4.3.3.4 Anmeldeprozess und Anmeldemechanismen

Der Administrator muss den **Anmeldeprozess** unter Microsoft Windows sehr gut kennen und beherrschen. Jedes Objekt in einem aktuellen Windows-Betriebssystem besitzt eine eindeutige Identifizierung. Dementsprechend erhält jedes Benutzerkonto beim Anlegen einen Sicherheitszugriffsschlüssel (Security-Token, Security ID, SID). Die SID des Benutzers wird in die Zugriffssicherheitsliste (ACL) der Ressourcen mit den entsprechenden Berechtigungen eingetragen. Die gleiche Verfahrensweise gilt auch für Gruppen. Beim Löschen des Kontos bleibt die SID in der ACL vermerkt und wird nie wieder für ein neues Konto verwendet. Das Betriebssystem unterscheidet die Objekte (auch Benutzer) durch die SID und nicht durch die Namen. Somit können aus der Sicht des Betriebssystems nie zwei gleiche Benutzer existieren. Wird der Benutzer „Paul“ gelöscht und anschließend neu erstellt, so handelt es sich bei ihm um einen zweiten Benutzer „Paul“, der nicht zwangsläufig auf die Ressourcen des gelöschten Benutzers „Paul“ zugreifen kann.

Der Anmeldedienst ist immer gestartet und übernimmt lokale Anmeldungen (über die Tastatur) und Netzwerkanmeldungen. Anschließend überprüft die Sicherheitsautorität **LSA** (Local **S**ecurity **A**uthority) die angenommenen Daten (Benutzername und Kennwort). Die LSA kann den Anmeldeprozess protokollieren. Die Sicherheitsautorität ruft den **SAM** (**S**ecurity **A**ccess **M**anager) auf, der anhand der lokalen oder globalen Benutzerdatenbank die Echtheit der Anmeldung prüft. Bei positivem Ergebnis ermittelt die Sicherheitsautorität die SID und übergibt sie an den **Sicherheitskontrollmonitor**. Dieses Modul überwacht ständig die Aktivitäten des Benutzers und prüft, ob er über die entsprechenden Rechte und Berechtigungen für den Zugriff auf die Ressourcen verfügt.

Gegenwärtig werden die folgenden **Anmeldemechanismen (-verfahren)** unterschieden:

Anmeldename/Passwort. Nach diesem Verfahren muss sich der Benutzer seine eigenen Anmeldedaten merken, sollte sie aber auf keinen Fall aufschreiben. Dieser herkömmliche Anmeldemechanismus ist sehr alt, wird aber immer noch verwendet. Er ist nicht besonders sicher, weil inzwischen viele Programme existieren, die Anmeldename und Passwort anhand von Bibliotheken in relativ kurzer Zeit entschlüsseln können. Gegenmaßnahmen, wie z. B. den Benutzer programmtechnisch zu zwingen, die eigenen Anmeldedaten regelmäßig zu ändern, führen zu keinen entscheidenden Verbesserungen der Sicherheit des Verfahrens.

Zertifikat. Dieser Mechanismus basiert auf der Public-Key-Infrastruktur (PKI). Das Zertifikat des Benutzers (Public Key) wird auf einer Karte (Smartcard) gespeichert. Befindet sich die Karte in einem Lesegerät, startet der Anmeldeprozess automatisch. Das ist kein neuer, aber gegenwärtig der sicherste Anmeldemechanismus, der in jenen Bereichen verwendet wird, wo Sicherheit besonders wichtig ist. Die Karte wird fast immer zusätzlich mit einem Kennwort (Passphrase) versehen, um sie gegen Diebstahl, Kopieren oder Verlust zu schützen.

Fingerprint (Fingerabdruck). Das ist ein biometrischer Anmeldemechanismus. Ein spezielles Gerät liest das Fingerlinienbild und die Porenstruktur aus und konvertiert daraus ein Sicherheitstoken, das einmalig und mit einem konkreten Benutzer (Menschen) verbunden ist. Das Sicherheitstoken wird in einer Datenbank gespeichert und bei der Anmeldung mit den neu eingelesenen Daten verglichen. Ein großer Vorteil gegenüber anderen biometrischen Verfahren besteht darin, dass die verwendeten Daten vom menschlichen Verhalten unabhängig sind, d. h. vom physischen und psychischen Zustand. Dieser Anmeldemechanismus wird in besonders kritischen Bereichen eingesetzt.

Iris-Erkennung. Die Regenbogenhaut des Auges (Iris) wird mit einer Kamera aufgenommen und das Bild in ein Sicherheitstoken konvertiert. Die Entwicklung dieses Verfahrens ist sehr zeitaufwendig, aber es gibt schon einen ersten Iris-Scanner. Unter allen biometrischen Verfahren ist dieser Anmeldemechanismus wohl am sichersten, denn die Wahrscheinlichkeit ist sehr gering, dass zwei Menschen ein gleiches Iris-Muster besitzen.

Gesichtserkennung. Das Gesicht eines Menschen wird mit einer Kamera aufgenommen und dessen wichtigste Merkmale (Augen, Nase, Mund, Ohren) werden analysiert. Anhand dieser Merkmale wird ein Sicherheitstoken erstellt. Das biometrische Verfahren der Gesichtserkennung ist fehlerhafter als die zuvor genannten Verfahren, aber dafür leicht zu realisieren. Die Fehlerquote von einem Prozent, d. h. ein Mensch von 100 wird nicht erkannt, liegt für den Anwender oft im vertretbaren Bereich.

Voiceprint (Stimmenerkennung). Dieser Anmeldemechanismus ist relativ neu, aber vielversprechend. Zugehörige Hard- und Software befinden sich noch weitgehend in der Entwicklungsphase.

Aufgaben

1. Welches Sicherheitsmerkmal besitzt jedes Objekt im Betriebssystem Microsoft Windows? Beschreiben Sie die Funktionsweise dieses Merkmals am Beispiel einer Benutzergruppe.
2. Welche Anmeldemechanismen sind Ihnen bekannt? Bewerten Sie deren Sicherheitsrelevanz und Zuverlässigkeit.
3. Beschreiben Sie den Zusammenhang und die Zusammenarbeit zwischen Anmeldeprozess, LSA und SAM.

4.3.3.5 Authentifizierungsmechanismen

S

Stefan fragt Herrn Köhler, wieso bei ACI die alten Rechner mit dem Betriebssystem Microsoft Windows NT so eilig durch neue Rechner mit Microsoft Windows 10/2012 ersetzt wurden. Diese Rechner können doch nach wie vor in der Windows-2008-Domäne arbeiten. Herr Köhler verweist ihn auf die Authentifizierungsmechanismen der neuen Betriebssysteme.

Die **Authentifizierungsmechanismen** sind von großer Bedeutung bei einer lokalen Anmeldung sowie bei einer Netzwerkanmeldung. Die Windows-Betriebssysteme unterstützen folgende Arten der Authentifizierung:

LM (LAN **M**anager). Diese kaum sichere Methode verwenden die Betriebssysteme Windows 9x/ME. Bei der Eingabe von Anmeldename und Kennwort findet keine Unterscheidung zwischen Groß- und Kleinschreibung statt. Das Kennwort wird mit dem DES-Algorithmus (siehe Abschnitt 4.2.2.2) verschlüsselt.

NTLM (NT LAN Manager). Die Methode existiert seit der Einführung von Microsoft Windows NT 4. Die neuesten Windows-Betriebssysteme unterstützen sie aus Kompatibilitätsgründen. Nur bei der Kennworteingabe wird zwischen Groß- und Kleinschreibung unterschieden, die Unterscheidung fehlt bei der Eingabe des Anmeldenamens. Als Verschlüsselungsalgorithmen sind RSA und MD4 implementiert (siehe Abschnitt 4.2.2.2).

Kerberos. Diese Methode unterstützen nur die Windows-Betriebssysteme ab Microsoft Windows 2000.

Dafür sorgen ein Protokoll (Kerberos V) und entsprechende Dienste. Im Netzwerk existiert ein **KDC** (**K**ey **D**istribution **C**enter). Das ist ein Server, der eine Datenbank mit den Benutzerkonten und den für sie erlaubten Diensten enthält. Meldet sich ein Benutzer im Netzwerk an, so erhält er vom KDC ein sogenanntes Ticket, das auf dem Rechner des Benutzers gespeichert wird und nur eine begrenzte Zeit (normalerweise acht Stunden) gilt. Beim Zugriff auf die Netzwerkdienste sucht der Client automatisch dieses Ticket und sendet es an den Server. Während der Abmeldung des Benutzers wird das Ticket gelöscht. Das Protokoll Kerberos geht von der Annahme aus, dass das Netzwerk sicher ist, und benutzt deshalb für das Versenden von Anmeldenamen und Kennwörtern entweder Klartext oder verwendet relativ einfache Algorithmen zum Verschlüssen dieser sensiblen Daten.

RADIUS (**R**emote **A**uthentication **D**ial-**I**n **U**ser **S**ervice). Das Protokoll dient zur Bestätigung (englisch: validating) der DFÜ-Benutzer. Zuerst baut der Benutzer per Modem oder ISDN-Karte eine Verbindung zum Zugangsserver auf. Dann gibt er Anmeldename und Kennwort ein. Der Zugangsserver sendet diese Daten über das RADIUS-Protokoll an den RADIUS-Server. Der RADIUS-Server überprüft die Gültigkeit der Anmeldedaten anhand seiner Benutzerdatenbank und sendet das Ergebnis zurück an den Zugangsserver. Neben dem Benutzernamen und dem Kennwort können in der Datenbank noch andere Informationen gespeichert werden, beispielsweise welche Dienste jeder Benutzer ausführen darf. Aus Sicherheitsgründen wird das Benutzerkennwort bei der Übertragung zwischen dem Zugangsserver und dem RADIUS-Server verschlüsselt. Dies geschieht mittels Secret, einem Schlüssel, der sowohl auf dem Zugangsserver als auch auf dem RADIUS-Server fest eingetragen wird.

Die Authentifizierungsmethoden von Microsoft Windows bei Netzwerkzugriffen können in folgender Übersicht zusammengefasst werden:

W

Client	Server	Authentifizierungsmethode
Windows 200x/XP/7/ 8/10/2012	Windows 200x/XP/7/ 8/10/2012	Kerberos bzw. NTLM, falls Kerberos nicht verfügbar ist
Windows 200x/XP/7/ 8/10/2012	Windows NT	NTLM
Windows NT	Windows 200x/XP/7/ 8/10/2012	NTLM
Windows NT	Windows NT	NTLM
Windows 9x/ME	Windows 200x/XP/7/ 8/10/2012	LM, NTLM
Windows 9x/ME	Windows NT	LM

Die Betriebssysteme UNIX/Linux unterstützen ebenfalls die herkömmlichen Authentifizierungsmechanismen, wie Kerberos und RADIUS. Relativ neu ist hingegen die Methode **PAM** (**P**luggable **A**uthentication **M**odules). Dazu gehören Module, die dem Administrator eine Auswahl ermöglichen, wie die Benutzer von den Anwendungen identifiziert werden. Bei den herkömmlichen Methoden (auch bei Microsoft Windows) kontrolliert ACL den Zugriff der Benutzer auf Dateien, Verzeichnisse und Freigaben. Der Zugriff auf die Dienste wird dagegen vom Betriebssystem gesteuert. Die PAM-Methode stellt für jede Anwendung ein Modul zur Verfügung, das die Kontrolle über den Benutzerzugriff auf die Dienste dieser Anwendung ausübt.

Für die Authentifizierung werden folgende Protokolle verwendet:

PAP (**P**assword **A**uthentication **P**rotocol). Der Client sendet die Anforderungen zur Anmeldung so lange, bis der Server positiv oder negativ antwortet. Dieses Protokoll verwendet keine Verschlüsselung für die Anmeldedaten. Der Vorgang selbst ermöglicht auch den Missbrauch des Servers. Der Angreifer startet unzählige Anmeldeversuche, die den Server überlasten, da alle Anfragen in eine Warteschlange gestellt werden.

CHAP (**C**hallenge **H**andshake **A**uthentication **P**rotocol). Der Client sendet die Anforderung zur Anmeldung einmal an den Server und muss auf die Antwort vom Server warten. Nur nachdem er die Server-Aufforderung erhalten hat, sendet der Client die Anmeldedaten und wartet auf die Bestätigung. Angriffe auf den Server, wie bei PAP, sind ausgeschlossen. Dieses Protokoll verwendet außerdem eine starke Verschlüsselung für das Kennwort.

MS-CHAP. Die Erweiterung des Protokolls CHAP ermöglicht eine gegenseitige Authentifizierung. Das Protokoll wird meistens in den Betriebssystemen von Microsoft eingesetzt.

EAP (**E**xtensible **A**uthentication **P**rotocol). Das ist eine Erweiterung des **PPP** (**P**oint-to-**P**oint **P**rotocol), die unterschiedliche Authentifizierungsmethoden zulässt, wie z. B. CHAP, Smartcard oder Zertifikate.

AH

S Rechner mit dem Betriebssystem Windows NT verwenden für die Kommunikation mit Windows 7/8/10 sowie Server 2008/2012 die unsichere NTLM-Authentifizierung, sonst können sie keine Daten austauschen. Somit stellen die alten Computer mit Windows NT im neuen Netzwerk der Firma ACI ein nicht zu unterschätzendes Sicherheitsrisiko dar. Deshalb erfolgte der kurzfristige Austausch durch Rechner mit neuen Windows-Versionen.

Aufgaben

1. Welche Authentifizierungsmethoden werden durch Windows-Betriebssysteme unterstützt?
2. Erklären Sie die Funktionsweise von KDC.
3. Welchen Zugriff steuert PAM?
4. Herr Köhler möchte eine neue Methode für die Benutzeranmeldung testen und anschließend einführen. Die Mitarbeiter der Abteilung Support erhalten dazu Smartcards mit ihren Zertifikaten. Die entsprechenden Kartenleser werden an die Rechner angeschlossen. Ein Mitarbeiter meldet sich am Rechner an, indem er die Smartcard in das Lesegerät einsteckt. Welches Authentifizierungsprotokoll bei Rechnern mit dem Betriebssystem Microsoft Windows 7 erlaubt diesen Vorgang?
5. Vergleichen Sie die Authentifizierungsprotokolle PAP und CHAP. Nennen Sie Vor- und Nachteile beider Protokolle.

4.3.3.6 Schutzmaßnahmen

S Stefan findet, dass Herr Köhler jeden Morgen zu viel Zeit damit verbringt, unterschiedliche Ereignisprotokolle zu betrachten und auszuwerten. Er hält die Analyse der Protokolle für überflüssig, da sie nahezu gleich aussehen und wenig Informationen bieten. Herr Köhler verweist ihn darauf, sich zuerst intensiver mit den Schutzmaßnahmen zu beschäftigen, damit er seine Meinung vielleicht noch einmal überdenken kann.

Für einen Administrator stehen alle Maßnahmen im Vordergrund, die die Sicherheit der einzelnen Rechner und des ganzen Netzwerkes erhöhen. Im Detail gehören dazu folgende Schritte:

Kennwortsicherheit. Der Administrator hat dafür zu sorgen, dass die Anmeldeinformationen der Benutzer, d. h. deren Anmeldenamen und Kennwörter, sicher sind. Die Benutzer müssen ihre Kennwörter regelmäßig ändern. Die Komplexität der Kennwörter und den Zeitraum der Gültigkeit kann der Administrator in den Gruppenrichtlinien einstellen. Generell sollte das Kennwort nicht zu erraten sein. Den eigenen Anmeldenamen darf der Benutzer ebenfalls nicht weitergeben. Das gilt in verschärfter Form für den Anmeldenamen des Administrators. Kennt ein potenzieller Angreifer den Anmeldenamen, dann besitzt er schon 50 Prozent der Informationen, die er für einen erfolgreichen Einbruch benötigt.

Schutz des Administrators. Das Konto des Administrators erhält nach der Installation des Betriebssystems oft einen Standard-Anmeldenamen wie „Administrator“, „Admin“ oder „root“. Der Administrator muss den Anmeldenamen dann unverzüglich umbenennen und ein Konto ohne Rechte mit dem Anmeldenamen „Administrator“ anlegen. Es ist sogar empfehlenswert, noch ein zusätzliches Administrator-Konto zu erstellen, die Anmeldedaten zu notieren und sie an einem sicheren Ort (Safe) aufzubewahren.

Der Administrator sollte sich unter dem Administrator-Konto nur dann anmelden, wenn er systemrelevante Aufgaben erledigen muss (Benutzer erstellen, Rechte vergeben, Protokolle lesen). Für alle anderen Arbeiten erstellt er ein normales Konto und arbeitet unter dieser Identität. Benötigt er dringend einen Zugriff auf Anwendungen, die die Identität des Administrators erfordern, steht ihm dafür unter Windows der Befehl **RUNAS** zur Verfügung.

Nicht benötigte Konten deaktivieren. Der Administrator pflegt folgende Benutzerkonten für unterschiedliche Aufgaben:

- Muster für neue Benutzerkonten (Templates)
- Konten für die Durchführung der Sicherungen
- Gast-Konten
- Test-Konten
- Konten von gekündigten Benutzern (kurzfristig, um auf deren Daten bequemer zugreifen zu können)

Alle diese Konten sind prinzipiell deaktiviert. Der Administrator aktiviert sie nur für die Zeit, wenn er Arbeiten in Verbindung mit diesen Konten erledigen muss.

Kontrolle. Der Administrator muss ständig die Protokolle des Betriebssystems kontrollieren und im Notfall die Eindringlingsabwehr und die Überwachung aktivieren. Die Rechte werden normalerweise nie an einzelne Benutzer, sondern stets an Benutzergruppen vergeben. Somit ist sichergestellt, dass kein Benutzer über Möglichkeiten verfügt, die er nicht für seine Aufgaben benötigt. Der Netzwerkzugriff und der lokale Zugriff können den Benutzergruppen in den Gruppenrichtlinien erlaubt oder verweigert werden.

Null-Sitzungen sperren. Meldet sich ein Windows-Rechner bei einem anderen Rechner an, um beispielsweise Daten abzugleichen, so erstellt er eine sogenannte Null-Sitzung. Diese Sitzung ist dadurch gekennzeichnet, dass sie unter dem Anmeldenamen „LocalSystem“ und ohne Eingabe des Kennworts stattfindet. Null-Sitzungen eröffnen normalerweise nur die Dienste und nicht die Benutzer. Prinzipiell existiert aber die Möglichkeit, dass ein Hacker-Programm die gleiche Prozedur ausführt. Abhängig vom Windows-Betriebssystem können diese Sitzungen durch einen Eintrag in der Registry verboten werden. Dazu ist das Feld **RestrictAnonymous** auf den Wert 1 zu setzen. Ebenso sollten in der Registry die Fernverwaltung sowie in den Gruppenrichtlinien die Richtlinie **„Aufzählung der Benutzerdatenbank“** ausgeschaltet werden.

Nicht benötigte Dienste deaktivieren. Dadurch sind möglichst wenig Ports geöffnet und die Angriffsmöglichkeiten minimieren sich. Der Administrator muss immer exakt wissen, welche Dienste auf welchem Rechner laufen.

Firewall-Programme auf den Routern installieren und einrichten. Damit verfügt der Administrator über ein effektives Werkzeug, um den Netzwerkverkehr permanent zu kontrollieren.

Service Packs, Patchs und **Bugfixes** müssen rechtzeitig nach der Veröffentlichung durch den Hersteller des jeweiligen Programms beschafft und installiert werden.

Von den Mitarbeitern eines Unternehmens wird erwartet, dass sie für diese aufgeführten Maßnahmen Verständnis aufbringen, ihnen Folge leisten und sie entsprechend ihren Möglichkeiten unterstützen.

S

Protokolldaten müssen **regelmäßig** kontrolliert werden, da sie zu den wichtigsten Schutzmaßnahmen für das Netzwerk und jeden einzelnen Rechner gehören. Dafür sind Ruhe, Aufmerksamkeit und ein hohes Maß an Fachkenntnissen erforderlich.

Aufgaben

1. Herr Reck aus der Abteilung **Individual Soft** unternimmt eine 3-monatige Dienstreise nach Japan. Wie soll Herr Köhler als Administrator mit seinem Benutzerkonto verfahren?
   a) löschen
   b) aktivieren
   c) deaktivieren
   d) umbenennen
2. Welche Maßnahmen zum Schutz des Kontos des Administrator schlagen Sie vor?
3. Auf welche Art und Weise erkennt der Administrator drohende Gefahren für die Datensicherheit, wie Eindringlingsversuche oder Kontenmanipulationen?
4. Wie funktionieren Null-Sitzungen? Mit welchem Befehl kann ein Benutzer eine Null-Sitzung erstellen? Recherchieren Sie im Internet, falls Ihnen erforderliche Informationen fehlen.

4.3.3.7 Gruppenrichtlinien (GPO)

Die Gruppenrichtlinien (**G**roup **P**olicy **O**bject, **GPO**) steuern das komplette Verhalten der Computer und Benutzer, sowohl lokal als auch in der Domäne. Sie sind ausführlich im Abschnitt 2.4 „Aufbau und Konfiguration“ des Kapitels „Vernetzte IT-Systeme“ beschrieben. Der Administrator muss die **Struktur** und **Funktionen** der Gruppenrichtlinien unter den aktuellen Windows-Betriebssystemen verstehen und nutzen.
Die lokale Gruppenrichtlinie wird über die Eingabeaufforderung oder über das Dialogfenster **Ausführen** mit dem Befehl **gpedit.msc** aufgerufen. Die **lokale Sicherheitsrichtlinie** ist immer ein Bestandteil der lokalen Gruppenrichtlinie. Alle Gruppenrichtlinien (lokal, Standort, Domäne und Organisationseinheiten) sind fast gleich aufgebaut. Sie unterteilen sich in zwei Gruppen: **Benutzerkonfiguration** und **Computerkonfiguration.**

Die Einstellungen der Benutzerkonfiguration wirken auf die Benutzerkonten, die Einstellungen der Computerkonfiguration beeinflussen bestimmte Rechner. Beide Gruppen verfügen über eine ähnliche Struktur.

Der Ordner „Softwareeinstellungen“ existiert in beiden Konfigurationen. Hier werden Verweise auf die

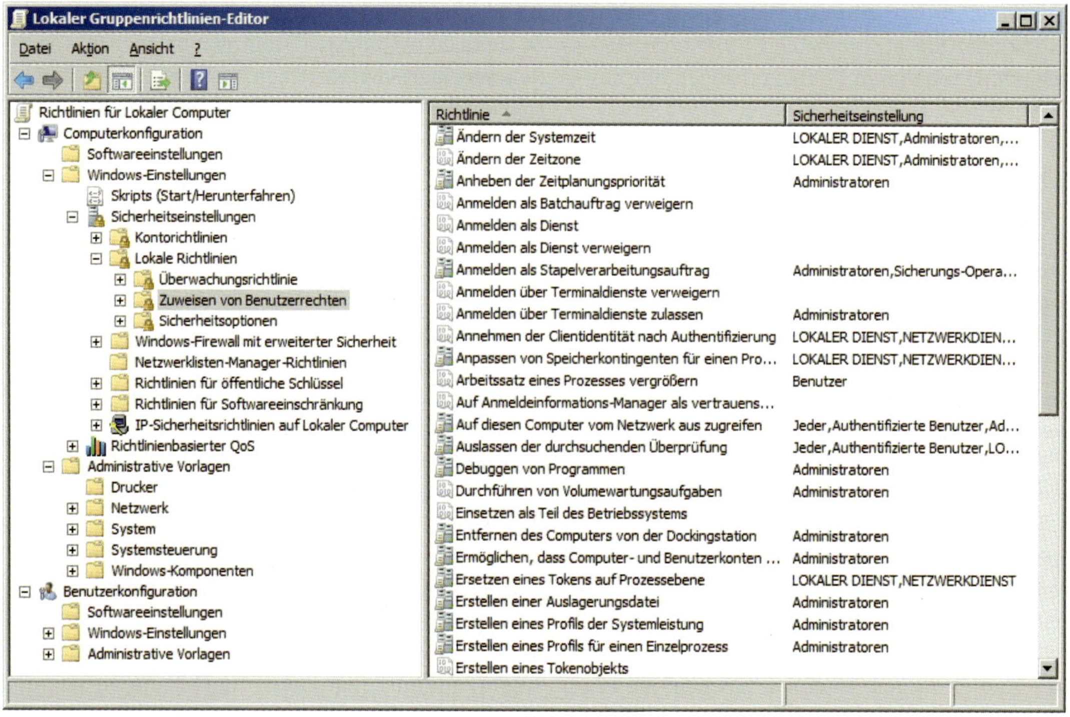

Struktur der lokalen Gruppenrichtlinie

Programme eingetragen, die automatisch installiert werden sollen. Die Programme selbst müssen sich in einer Freigabe befinden und Leserechte für Benutzer und Dienste einräumen. Ist ein Programmpaket in den Softwareeinstellungen der Computerkonfiguration aufgeführt, so wird es nach dem Start des Betriebssystems installiert, noch bevor sich ein Benutzer anmeldet. Ist ein Programmpaket in den Softwareeinstellungen der Benutzerkonfiguration aufgeführt, so wird es nach der Anmeldung des betreffenden Benutzers installiert, sobald er das Programm zum ersten Mal aufruft. Die Einträge beider Ordner wirken nur in der Domäne. In der lokalen Gruppenrichtlinie fungieren diese Ordner dagegen nur als Platzhalter und werden nie genutzt.

Der Ordner „Windows-Einstellungen" beinhaltet die Unterordner

- „Skripts (Start/Herunterfahren)" in der Computerkonfiguration und
- „Skripts (Anmelden/Abmelden)" in der Benutzerkonfiguration.

So sind alle Bereiche des Hoch- und Herunterfahrens sowie der An- und Abmeldung mit einer Richtlinie untersetzt, wobei diese Eigenschaft erst ab Microsoft Windows 2000 implementiert ist. Die hinterlegten Skripte können in folgenden Situationen ausgeführt werden:

- nach dem Hochfahren oder vor dem Herunterfahren unabhängig von der Benutzeranmeldung
- nach der Anmeldung oder vor der Abmeldung eines Benutzers

Die meisten Sicherheitseinstellungen erscheinen in der Computerkonfiguration. Hier können die Länge des Kennworts, der Eindringlingsschutz und die Überwachung verwaltet werden, wobei sich diese Einstellungen auf alle Benutzer des Rechners in gleichem Maße auswirken. Die Einstellungen im Ordner „Administrative Vorlagen" werden temporär in die Registry übernommen. Hier können z. B. einzelne Elemente der grafischen Oberfläche ausgeblendet werden, um somit den Funktionsumfang für einzelne Benutzer zu begrenzen. Derartige Einschränkungen sind besonders sinnvoll oder sogar notwendig, wenn die Computer beispielsweise in öffentlichen Einrichtungen (Bibliotheken, Messen, Kongresse) für jedermann zugänglich sind.

Aufgaben

1. Herr Köhler muss auf allen Rechnern der Abteilung Marketing die Anwendung Microsoft Excel zur Verfügung stellen. Er will sie aber nicht auf jedem Computer manuell installieren, da er und seine Mitarbeiter dafür zu viel Zeit benötigen. Er entscheidet sich dafür, die Gruppenrichtlinien zu nutzen. Welche

Komponenten der GPO sind dafür zuständig? Welche Voraussetzungen existieren für die automatische Installation der Software?

2. Welche Funktionen erfüllt der Ordner „Administrative Vorlagen" in Gruppenrichtlinien?
3. Beim Herunterfahren aller Rechner müssen die temporären Dateien im jeweiligen Verzeichnis C:\KUNDENTEMP gelöscht werden. Wie kann Herr Köhler diese Aufgabe mithilfe der GPO bewerkstelligen?

4.3.3.8 Sicherheitsvorlagen

S Die Rechner in der Firma ACI gelten als sehr sicher konfiguriert. Dafür hat Herr Köhler unzählige Einträge in den Sicherheitsrichtlinien angepasst. Kai möchte auch eine sichere Einrichtung für seinen privaten Rechner zu Hause vornehmen. Selbst wenn er wüsste, was Herr Köhler alles geändert hat, würde es trotzdem sehr lange dauern, bis er alle notwendigen Einstellungen nachvollzogen hat. Daher stellt sich für ihn die Frage, ob es eine Möglichkeit gibt, Sicherheitsrichtlinien zu exportieren und auf einem anderen Computer zu importieren.

Die Sicherheitsrichtlinien, die ein wichtiger Bestandteil der GPO sind, besitzen entscheidenden Einfluss auf den Sicherheitszustand eines Rechners und letztlich des ganzen Netzwerkes. Ab Microsoft Windows XP Professional und Windows Server 2003 werden sogenannte **Sicherheitsvorlagen** (INF-Dateien) bereitgestellt, die den gesamten Rechner entsprechend einer gewählten Sicherheitsstufe automatisch einrichten. Der gleiche Effekt wird durch Anpassung der Sicherheitsrichtlinien innerhalb einer Gruppenrichtlinie erzielt. Sollen viele Computer nach dem gleichen Muster eingerichtet werden, so ermöglichen die Snap-Ins

- „Sicherheitskonfiguration und -analyse" und
- „Sicherheitsvorlagen"

Dateien mit Sicherheitsvorlagen

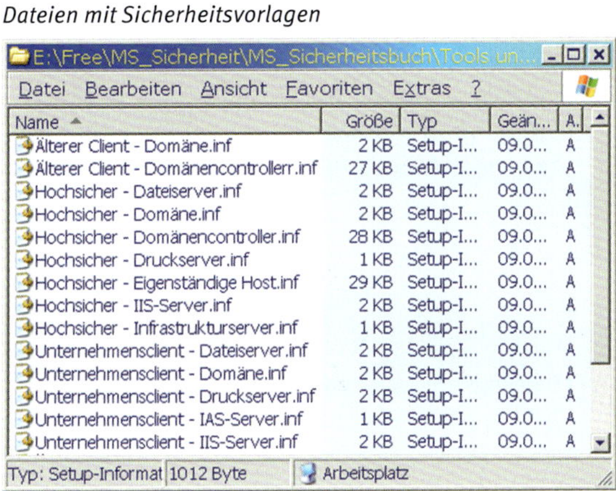


```
; (c) Microsoft Corporation 1997-2004
; Sicherheitsvorlage für den Sicherheits
; konfigurationseditor
; Vorlagenname:      Hochsicher-Domäne.inf
; Vorlagenversion:   1.3
;Diese Sicherheitsvorlage stellt Einstel
; lungen
;für Windows-Server-2003-Domänen zur Ver¬
fügung,
;die dem Windows-Server-2003 Sicherheitshand
; buch entsprechen.
[Profile Description]
Description=Domäneneinstellungen für eine¬
hochsichere Umgebung
[Unicode]
Unicode=yes
[Version]
signature="$CHICAGO$"
Revision=1
[System Access]
MinimumPasswordAge = 2
MaximumPasswordAge = 42
MinimumPasswordLength = 12
PasswordComplexity = 1
PasswordHistorySize = 24
LockoutBadCount = 10
ResetLockoutCount = 15
LockoutDuration = 15
ForceLogoffWhenHourExpire = 1
ClearTextPassword = 0
LSAAnonymousNameLookup = 0
[Registry Values]
MACHINE\System\CurrentControlSet\Services\¬
LanManServer\Parameters\EnableForced¬
LogOff=4,1
```

Inhalt der Sicherheitsvorlage „Hochsicher-Domäne.inf"

der Microsoft Management Console (MMC) eine Vorlage zu erstellen und zu exportieren. Danach kann diese Vorlage (Datei) von anderen Rechnern ganz einfach durch einen Klick mit der rechten Maustaste importiert werden.

Das Snap-In „Sicherheitskonfiguration und -analyse" besitzt folgende Funktionen. Es werden die Sicherheitsrichtlinien

- des eigenen Rechners mit den vorgegebenen Sicherheitsrichtlinien aus einer Vorlage-Datei verglichen und analysiert;
- des eigenen Rechners nach der Vorlage-Datei konfiguriert;
- des eigenen Rechners nach eigenem Ermessen geändert;

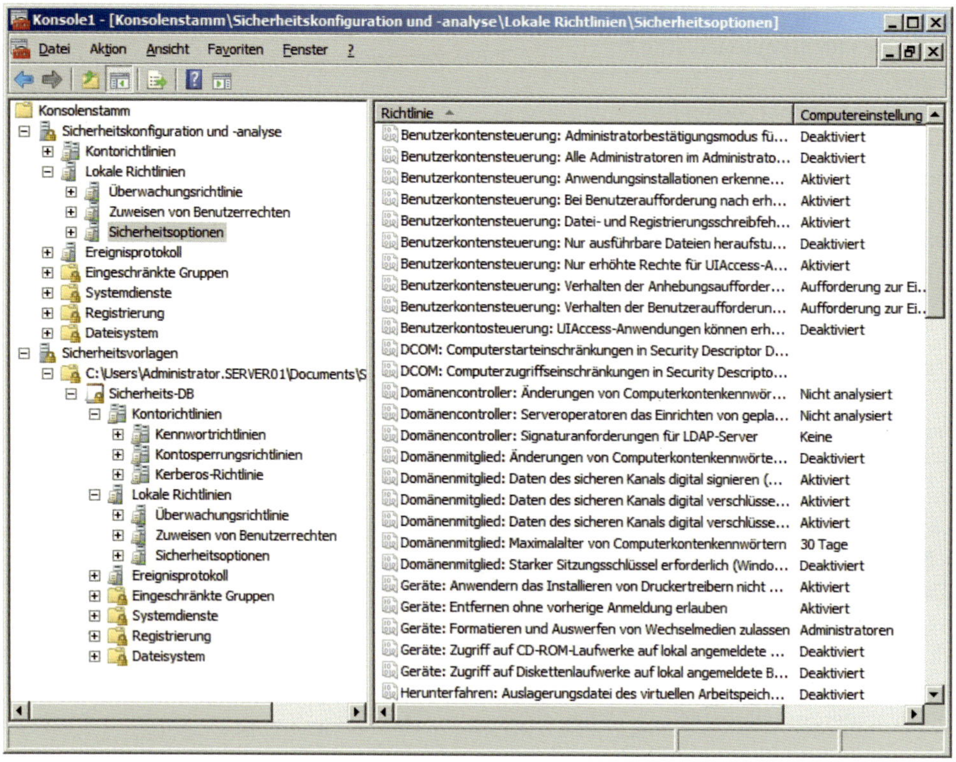

Sicherheitsverwaltung

- in einer Vorlage-Datei (wenn geändert) abgespeichert oder exportiert, um sie auf anderen Rechnern zu verwenden;
- aus einer vorgefertigten Vorlage-Datei importiert.

Das Snap-In „Sicherheitsvorlagen“ erweitert das Snap-In „Sicherheitskonfiguration und -analyse“, indem es erlaubt, mehrere Vorlagen auf einmal zu laden, zu bearbeiten und zu speichern. Es beinhaltet jedoch keine Möglichkeiten zur Analyse von Sicherheitsvorlagen.

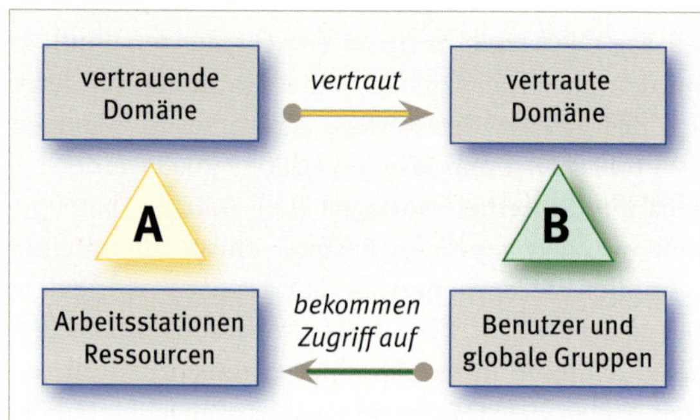

Vertrauensstellungen der Windows-Domänen

4.3.3.9 Vertrauensstellungen

Die **Vertrauensstellungen** zwischen den Windows-Domänen stellen potenzielle Fehlerquellen dar. Das Domänen-Konzept von Microsoft Windows Server erweist sich zwar als sehr gut durchdachte Lösung, schöpft die Vorteile jedoch nur bei richtiger Anwendung in einem Unternehmen aus. Der in einer Vertrauensstellung definierte Ausdruck „Domäne A vertraut Domäne B“ bedeutet, dass die Benutzer der Domäne B in die ACL der Ressourcen der Domäne A eingetragen werden können und somit die Rechte auf diese Ressourcen erhalten. Sind die Vertrauensstellungen falsch eingerichtet, verfügen die Benutzer einer anderen Domäne unter Umständen über Zugriffsmöglichkeiten auf die Daten

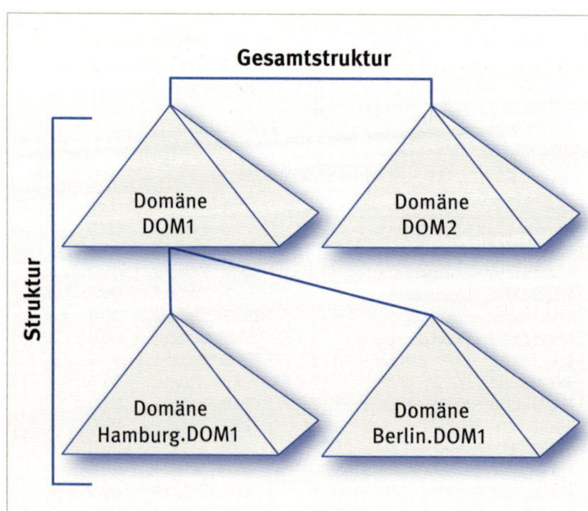

Gesamtstruktur

der eigenen Domäne, die ihnen eigentlich nicht zustehen sollen.

Die Vertrauensstellungen wurden mit dem Betriebssystem Microsoft Windows NT eingeführt. Dort besaßen sie folgende Eigenschaften:

- **explizit,** d. h., die Einrichtung der Vertrauensstellungen erfolgt manuell;
- **unidirektional,** d. h., wenn die Domäne **DOM1** der Domäne **DOM2** vertraut, bedeutet dies nicht zwangsläufig, dass die Domäne **DOM2** auch der Domäne **DOM1** vertraut. Bei Bedarf konnte die Vertrauensstellung in der Gegenrichtung ergänzt werden;
- **intransitiv,** d. h., wenn die Domäne **DOM1** der Domäne **DOM2** und die Domäne **DOM2** der Domäne **DOM3** vertraut, bedeutet dies nicht, dass die Domäne **DOM1** auch der Domäne **DOM3** vertraut.

Ab dem Betriebssystem Microsoft Windows 2000 erfuhren die Vertrauensstellungen fundamentale Änderungen. Innerhalb einer sogenannten Gesamtstruktur sind sie jetzt:

- **implizit,** d. h., die Vertrauensstellungen entstehen automatisch und können nicht aufgehoben werden;
- **bidirektional,** d. h., wenn die Domäne **DOM1** der Domäne **DOM2** vertraut, bedeutet dies automatisch, dass die Domäne **DOM2** auch der Domäne **DOM1** vertraut ;
- **transitiv,** d. h., wenn die Domäne **DOM2** der Domäne **DOM1** vertraut und die Domäne **DOM1** der Domäne **Hamburg.DOM1** vertraut, erweitert sich das Vertrauen der Domäne **DOM2** auch auf die Domäne **Hamburg.DOM1**.

Aufgrund dieser Regeln vertrauen sich **alle Domänen** in einer Gesamtstruktur untereinander. Diese Tatsache muss der Administrator unbedingt berücksichtigen, wenn er die Rechte auf Ressourcen innerhalb einer Gesamtstruktur erteilt. Dabei werden die alten NT-Vertrauensstellungen nach wie vor unterstützt,

- um Vertrauensstellungen zwischen den Domänen einzurichten, die zu unterschiedlichen Gesamtstrukturen gehören, oder
- um eine direkte Vertrauensstellung zwischen den Domänen zu erstellen, die in der Gesamtstruktur weit voneinander entfernt liegen.

Allerdings ist es empfehlenswert, für kleine und mittlere Unternehmen prinzipiell nur **eine Domäne** und somit nur **eine Struktur** und nur **eine Gesamtstruktur** zu erstellen.

Aufgaben

1. Die Firma FlowerPower verwendet das Domänenkonzept von Windows Server 2008. Ihre Domäne flower-power.de gehört jedoch nicht zur Domänen-Gesamtstruktur aci.de der Firma ACI. Die Mitarbeiter der Firma ACI benötigen allerdings einen Lesezugriff auf die Daten von flower-power.de. Welche Vertrauensstellungen müssen zwischen den Domänen eingerichtet werden? Wie würde die Situation innerhalb der Vertrauensstellungen aussehen, wenn die Firma FlowerPower die Domäne flower-power.aci.de eingerichtet hätte? Achten Sie darauf, dass die Benutzer von FlowerPower und von ACI nicht zu viele Rechte erhalten.
2. Erklären Sie die Unterschiede zwischen den Vertrauensstellungen unter Microsoft Windows Server 2012 und Windows NT.

4.3.3.10 Zertifikate

S

Nach der erfolgreichen Installation von Microsoft Windows 10 hat Kai bemerkt, dass der Wiederherstellungsagent in den Gruppenrichtlinien fehlt. Er öffnet die Gruppenrichtlinien auf einem alten Rechner mit dem Betriebssystem Windows 2000 und findet dort einen Wiederherstellungsagenten. Der Versuch scheitert allerdings, den Wiederherstellungsagenten auf dem Rechner mit Windows 7 zu erstellen. Kai weiß bereits, dass die Funktionen des Wiederherstellungsagenten sehr eng mit den Zertifikaten und der Verschlüsselung verbunden sind.

Zertifikatsverwaltung unter Windows

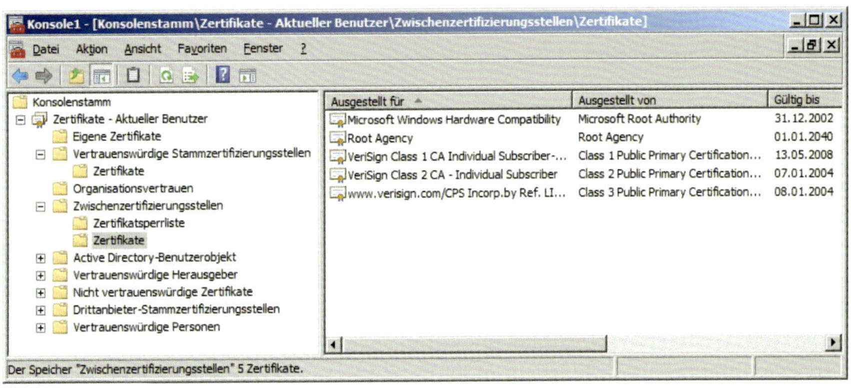

Die Betriebssysteme Microsoft Windows 7/8/10 sowie Server 2008/2012 verwenden Zertifikate nach dem Standard X.509, um die interne und externe Sicherheit zu gewährleisten. Dem Administrator sollte dieses Thema deshalb vertraut sein. Die gesetzlichen Vorschriften zur Verwendung der Zertifikate wurden bereits im Abschnitt 4.3.1 „Gesetze" detailliert erklärt. Die technische Basis für Zertifikate bildet ein Schlüsselpaar mit einem öffentlichen und einem privaten Schlüssel. Sie werden zusammen erzeugt. Den öffentlichen Schlüssel darf jedermann erhalten, der private Schlüssel verbleibt immer im Besitz der Person, die das Schlüsselpaar erzeugt hat.

Jeder Benutzer kann ein Schlüsselpaar erzeugen. Dafür existieren in allen modernen Betriebssystemen passende Werkzeuge. Das Standardwerkzeug für die Zertifikatsverwaltung unter Windows ist das Snap-In „Zertifikate". Es erlaubt

- die Installation eines von einer Zertifizierungsstelle erteilten Zertifikates,
- die Überprüfung der Eigenschaften eines vorhandenen Zertifikates und
- das Exportieren eines Zertifikates in eine Datei.

Zum Installieren eines Zertifikates wird im Snap-In-Menü „Vorgang" der Punkt „Alle Tasks/Importieren" ausgewählt und damit die Datei mit dem Zertifikat geöffnet.

Mit einem weiteren Snap-In „Zertifizierungsstelle", das nur auf dem Windows-Server-Rechner installiert werden kann, können auch eigene Zertifikate erstellt werden. Für diese selbst erteilten Zertifikate beschränkt sich die Vertrauenswürdigkeit aber auf das eigene Unternehmen.

OpenSSL gehört zu den meistverwendeten freien Tools für die Zertifikatsverwaltung. Es handelt sich dabei um eine Sammlung von Bibliotheksfunktionen, die durch andere Programme aufgerufen werden kann. Auch einige befehlszeilenorientierte Programme werden mit OpenSSL installiert. Das folgende Beispiel zeigt, wie mit OpenSSL eine eigene Zertifizierungsstelle eingerichtet werden kann:

```
openssl req -x509 -newkey rsa:2048 ¬
-keyout CAkey.pem -out CAcert.pem ¬
-days 10000 -outform PEM
```

Mit der Ausführung dieses Befehls wird eine selbstsignierte Zertifikatsdatei **CAcert.pem** erzeugt. Dabei steht PEM für ein verbreitetes Dateiformat mit verschlüsselten Informationen. Der private Schlüssel wird in der Datei **CAkey.pem** gespeichert. Weitere Einstellungen bestimmen, dass die Zertifikatsdaten durch das Verfahren RSA mit einem 2048 Bit langen Schlüssel verschlüsselt werden. Die Datei und damit auch die Zertifizierungsstelle selbst bleiben 10 000 Tage gültig.

Eine auf diese Art und Weise erstellte Zertifizierungsstelle erfordert ebenfalls eine Anmeldung bei der Regulierungsbehörde für Telekommunikation und Post, damit sie ihre Dienste öffentlich anbieten kann. Ansonsten sind die Zertifikate, die mit dem Schlüssel aus der Datei **CAkey.pem** signiert sind, nur innerhalb des Unternehmens glaubwürdig.

> W
> Die mit dem öffentlichen Schlüssel verschlüsselten Daten können nur mit dem privaten Schlüssel (nicht mit dem öffentlichen!) entschlüsselt werden.

Durch dieses Prinzip erfolgt ein sicherer Austausch der Daten. Die beiden Schlüssel gewährleisten aber nicht die Echtheit des Absenders. Jedermann kann mit dem öffentlichen Schlüssel des Empfängers eine Nachricht verschlüsseln und an den Empfänger verschicken. Der Empfänger ist sich aber dabei nicht sicher über die Identität des Absenders. Nur die Zertifikate lösen dieses Problem, weil sie mit dem privaten Schlüssel der vertrauenswürdigen Zertifizierungsstelle (CA) verschlüsselt sind. In Verbindung mit einer offiziellen Zertifizierungsstelle wächst ihre Bedeutung, obwohl auch selbst signierte Zertifikate verbreitet sind. Ein Zertifikat enthält

- die geprüfte Identität des Inhabers eines Zertifikates durch die Zertifizierungsstelle,
- den öffentlichen Schlüssel des Inhabers eines Zertifikates,
- die Gültigkeitsdauer des Zertifikates,
- die Identität der Zertifizierungsstelle, die das Zertifikat signiert, und
- zusätzliche Angaben über den Inhaber eines Zertifikates und den Verwendungszweck.

Die Signatur des Zertifikates besteht aus der Verschlüsselung dieser Informationen mit dem privaten Schlüssel der Zertifizierungsstelle und deren Speicherung als Datei. Diese Prozedur gewährleistet die Echtheit von Inhaber und Zertifikat. Jeder, der der Zertifizierungsstelle vertraut, kann das Zertifikat mit dem zugehörigen öffentlichen Schlüssel entschlüsseln und die Identität des Inhabers des Zertifikates prüfen. Um diese Daten zu fälschen, muss der gefälschte Inhalt erneut mit dem privaten Schlüssel der Zertifizierungsstelle verschlüsselt werden, und das ist kaum möglich, da die Zertifizierungsstelle ihren eigenen privaten Schlüssel sicher verwahrt.

Wird zur Verwaltung der Zertifikate die freie Software OpenSSL benutzt, kann nach Einrichtung der Zertifizierungsstelle mit dem Erstellen der Schlüsselpaare und deren Signatur fortgefahren werden. Zuerst wird für einen neuen Benutzer ein Schlüsselpaar erzeugt und als sogenannte Zertifikatsanforderung gespeichert.

```
openssl req -new -newkey rsa:1024 ¬
-out request.pem -keyout privatkey.pem ¬
-days 365
```

Die Schlüssellänge von 1024 Bit wird hier für die Verschlüsselung der Daten verwendet. Die Datei **request.pem** enthält dabei die Zertifikatsanforderung. Diese Anforderung wird dann bei der Zertifizierungsstelle zur Signierung vorgelegt. Die Signierung kann mit folgendem Befehl durchgeführt werden:

```
openssl ca -in request.pem ¬
-out certificat.pem -days 365
```

Die erzeugte Datei **certificat.pem** ist mit dem privaten Schlüssel der Zertifizierungsstelle aus der Datei **CAkey.pem** signiert. Die Gültigkeitsdauer des Zertifikates beträgt ein Jahr. Das erzeugte Zertifikat erfüllt in diesem Zeitraum seine Zweckbestimmung. Soll es zur Identifizierung eines Webservers benutzt werden, kann es in ein entsprechendes Verzeichnis auf dem Server kopiert werden. Ist sein Einsatz unter dem Betriebssystem Windows vorgesehen, kann es mithilfe des Snap-Ins „Zertifikate“ importiert werden.

Microsoft Windows benutzt Zertifikate in seinem verschlüsselnden Dateisystem EFS (siehe „Verschlüsseltes Dateisystem“ im Abschnitt 4.3.3.3). Jedem Benutzer wird ein vom Betriebssystem selbst signiertes Zertifikat zugeordnet. Will ein Benutzer eine Datei verschlüsseln, wird dafür dynamisch ein symmetrischer Schlüssel (**F**ile **E**ncrypt **K**ey, **FEK**) generiert. Der symmetrische Schlüssel selbst wird mit dem öffentlichen Schlüssel des Benutzers verschlüsselt und als Attribut zusammen mit der Datei gespeichert. Will dieser Benutzer die Datei später wieder öffnen, muss der **FEK** zuvor mit dem privaten Schlüssel dieses Benutzers entschlüsselt werden. Wer keinen privaten Schlüssel besitzt, kann die Datei nicht öffnen, selbst wenn er dafür einen Vollzugriff besitzt und sie damit sogar löschen kann. Unter den modernen Windows-Betriebssystemen verläuft die Ver- und Entschlüsselung vollkommen transparent. Der Benutzer aktiviert nur einmal die entsprechende Option und sofort erledigt das Dateisystem für ihn die Ver- und Entschlüsselung automatisch.

Das Betriebssystem Windows 2000 verfügt über einen sogenannten Wiederherstellungsagenten. Es handelt sich um ein Konto (normalerweise vom Administrator), das in den Gruppenrichtlinien eingetragen ist. Der symmetrische Schlüssel FEK wird dabei aus Sicherheitsgründen noch einmal mit dem öffentlichen Schlüssel des Wiederherstellungsagenten verschlüsselt und als Attribut mit der Datei abgespeichert. Somit kann der Wiederherstellungsagent diese Datei auch wieder entschlüsseln.

Bei den neuesten Betriebssystemen von Microsoft Windows gibt es standardmäßig keinen Wiederherstellungsagenten. Der Administrator kann aber ein Konto als Wiederherstellungsagent in die Gruppenrichtlinie eintragen. Dafür müssen folgende Schritte durchgeführt werden, die prinzipiell auch für Windows 2000 gültig sind:

- Ein normaler Benutzer oder Administrator, dessen Konto zum Wiederherstellungsagenten wird, führt den Befehl

  `cipher /r:DATEI`

  aus. Hier steht DATEI für einen beliebigen Dateinamen. Damit werden das Zertifikat (**DATEI.CER**) und der private Schlüssel (**DATEI.PXF**) erstellt, bzw. es wird das Schlüsselpaar generiert. Der Befehl fordert zur Eingabe eines Kennworts auf. Dieses Kennwort schützt nur den privaten Schlüssel und muss nicht mit dem Anmeldekennwort übereinstimmen.
- Der Administrator trägt als Wiederherstellungsagent das im ersten Schritt generierte Zertifikat im Snap-In „Lokale Sicherheitseinstellungen“ unter „Richtlinien öffentlicher Schlüssel/Agenten für Wiederherstellung von verschlüsselten Daten“ ein. Bei der Abfrage nach dem Zertifikat muss die **DATEI.CER** ausgewählt werden.
- Nun kann der Windows-Benutzer, der den privaten Schlüssel zum eingetragenen Zertifikat besitzt, die Rolle des Wiederherstellungsagenten übernehmen. Dafür muss er nur mit dem Snap-In „Zertifikate“, wie zu Beginn des Abschnittes dargestellt, den privaten Schlüssel aus der Datei **DATEI.PXF** installieren. Aus Sicherheitsgründen sollte niemand unbefugt Zugriff auf diese Datei erlangen.

Zertifikat für den „Agenten für Wiederherstellung“

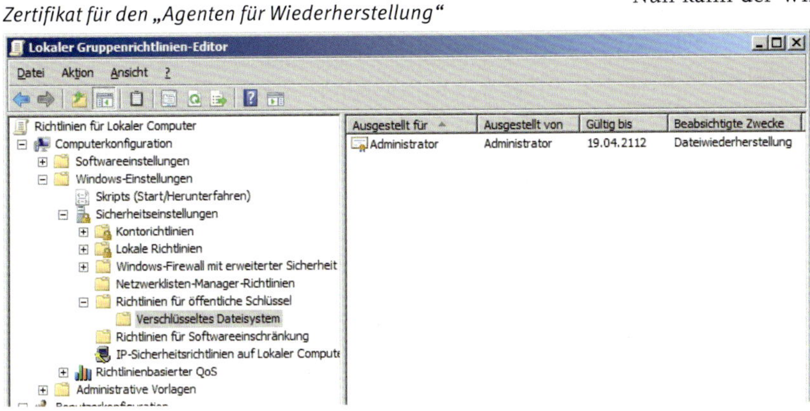

Der Wiederherstellungsagent erhält keine besonderen Rechte über Dateien und Verzeichnisse, sondern seine Schlüssel werden neben den Benutzerschlüsseln für die Verschlüsselung des FEK verwendet. Wie bereits erwähnt, erstellt das Betriebssystem den symmetrischen Schlüssel FEK dynamisch, d.h., er wird unmittelbar vor der Verschlüsselung jeder Datei generiert und ist deshalb immer unterschiedlich.

In einer Domäne sollte eine Zertifizierungsstelle nur dann eingerichtet werden, wenn der Administrator selbst Zertifikate erteilen will. Die Benutzer können in diesem Fall die Zertifikate bestellen. Sie werden in einem VPN oder beim E-Mail-Austausch benutzt.

Ist das lokale Netzwerk an das Internet angeschlossen, können die Benutzer einen externen Server im Internet als Zertifizierungsstelle verwenden.

AH

Aufgaben

1. In welchem Gesetz sind der Betrieb einer Zertifizierungsstelle, das Erstellen und Verteilen von Zertifikaten sowie der Inhalt von Zertifikaten geregelt?
2. Wie funktioniert das verschlüsselnde Dateisystem von Microsoft Windows?
3. Anna Hedder hat auf ihrem Rechner einige Dateien mit Kundendaten verschlüsselt. Kerstin Raabe benötigt diese Informationen dringend und kann nicht warten, bis Anna aus dem Urlaub zurückkehrt. Das Benutzerkonto von Kerstin verfügt nur über Leserechte auf diese Dateien. Sie bittet Kai, ihr den Vollzugriff zu gewähren, um die verschlüsselten Dateien zu öffnen. Was antwortet ihr Kai?
4. Mit welcher Software können unter Linux Zertifikate erstellt werden?
5. Wie kann auf einem Rechner mit dem Betriebssystem Microsoft Windows XP ein Wiederherstellungsagent erzeugt werden? Was stellen die Dateien mit den Erweiterungen .PXF und .CER dar?
6. Kai und Stefan verwenden Zertifikate für ihre E-Mail-Übertragungen. Ihre beiden Zertifikate stehen jedem in einer Netzwerkfreigabe öffentlich zur Verfügung. Ein Angreifer hat diese Zertifikate heruntergeladen. Er ist außerdem im Besitz eines Programms, das den E-Mail-Verkehr abfangen kann. Wie hoch sind die Chancen dieses Angreifers, die elektronischen Nachrichten von Kai und Stefan zu entschlüsseln? Ist es falsch, dass die Zertifikate öffentlich zugänglich sind? Begründen Sie Ihre Meinung.

4.3.4 Datenintegrität und Archivierung

S

In der Firma ACI passierte erst kürzlich ein Festplatten-Crash auf einem Dateiserver. In einer Sitzung wurde dieses Ereignis kritisch bewertet. Herr Köhler berichtete, dass der Systemdatenträger des Servers die Temperaturbelastungen nicht ausgehalten hat. Er wurde im laufenden Betrieb ausgetauscht. Bei diesem Vorgang funktionierte das ganze System ohne Unterbrechung.

Stefan interessiert sich dafür, wie ein Datenträger im laufenden Betrieb ausgetauscht werden kann, ohne dass die Benutzer davon beeinträchtigt werden. Welche Voraussetzungen müssen dazu erfüllt werden?

Diese Sitzung beschäftigte sich in diesem Zusammenhang auch zum wiederholten Male mit der Sicherung der Daten. Stefan muss dazu schon bekannte Begriffe wiederholen, wie differenzielle und inkrementelle Sicherung, Generationsprinzip und Archivierung.

Der Verlust von gespeicherten Kundenstammdaten oder anderen Anwendungsdaten kann zu unvorhersehbaren Folgen für das betroffene Unternehmen führen. Dabei spielen unterschiedliche Ursachen eine Rolle:

- technisches oder menschliches Versagen
- gezieltes Manipulieren oder Löschen
- Virenbefall
- höhere Gewalt durch Brände oder Wasserschäden

Das Datensicherungskonzept in einem Unternehmen muss eine schnelle Wiederherstellung des unterbrochenen oder gestörten Betriebes gewährleisten. Dazu dient das regelmäßige und rechtzeitige Erstellen eines redundanten Datenbestandes.

Das Datensicherungskonzept muss mindestens Aussagen zu folgenden Schwerpunkten treffen:

- Sicherungsumfang (Welche Dateien werden gesichert?)
- Wann müssen die Daten gesichert werden?
- Art der Sicherung (normal, differenziell, inkrementell)
- Datenträger, auf dem die Daten gesichert werden (z. B. Bandlaufwerk)
- Datenträger, auf dem sich die gesicherten Daten im operativen Betrieb befinden (z. B. redundante Festplatte)
- Software zur Sicherung mit den erforderlichen Parametern

Das Datensicherungskonzept besitzt den Charakter einer **Vorschrift** und muss vom Personal eingehalten werden. Dazu ist es allen Mitarbeitern in schriftlicher

Form bekannt zu machen. Alle Sicherungen müssen protokolliert und die Protokolle vom Administrator regelmäßig überprüft werden.

Die Gesamtheit der Informationen in einem Unternehmen kann grob in Systemdaten und Benutzerdaten unterteilt werden. Die Integrität und Bereitstellung beider Arten von Daten stellt für das Unternehmen einen überlebenswichtigen Faktor dar.

Zu den **Systemdaten** gehören die Betriebssysteme, Active Directory Services, DNS-, DHCP-, E-Mail- und andere Server. Für die Server empfiehlt sich die Verwendung der Festplattenspiegelung (RAID-1 – siehe dazu mehr im Abschnitt 1.3.3) auf den System- und Start-Partitionen. Diese Maßnahme gewährleistet den reibungslosen Betrieb beim Ausfall einer Festplatte. Die defekte Festplatte kann bei laufendem Betrieb ausgewechselt werden. Die Benutzer bemerken nichts von der defekten Festplatte und deren Auswechselung.

Die **Benutzerdaten** (Datenbanken, Dokumente, Berichte, Tabellen, Präsentationen usw.) sollten möglichst zentral auf den Anwendungsservern verwaltet werden. Die Server erhalten dabei RAID-5-Systeme für alle Datenträger, auf denen sich die Benutzerdaten befinden. Diese Lösung ist preiswerter (bezogen auf ein MB an Daten berechnet) als RAID-1 und erlaubt ebenfalls den weiteren Betrieb beim Ausfall einer Festplatte. Microsoft Windows Server 2008/2012 sowie Windows 10 unterstützen sowohl RAID-1 als auch RAID-5 für Festplatten mit Anwendungsdaten. Der Administrator richtet lediglich die redundanten Freigaben im Netzwerk ein und gewährleistet den Abgleich der Daten zwischen den Freigaben. Beim Ausfall eines Servers greifen die Benutzer einfach auf die Freigaben eines anderen redundanten Servers zu.

Die Daten auf den Arbeitsplatzrechnern benötigen im Vergleich zu den Servern im Normalfall nur ein Minimum an Schutzmechanismen. Eine wichtige Voraussetzung ist die Speicherung aller relevanten Benutzerdaten auf einem zentralen Datenserver im Netz. Fällt eine Arbeitsstation aus, werden nach der Fehlerbehebung nur das Betriebssystem und die notwendige Software neu installiert.

Eine Datensicherung verläuft in der Regel nach dem **Generationsprinzip** oder **Großvater-Vater-Sohn-Prinzip.** Das ist ein Archivierungsverfahren, bei dem für die Sicherungen mehrere Datenträger verwendet werden, normalerweise ein Datenträger je Sicherung. Stehen für die Sicherung drei Datenträger zur Verfügung, erfolgt die

- erste Sicherung auf dem ersten Datenträger (Großvater),
- zweite Sicherung auf dem zweiten Datenträger (Vater),
- dritte Sicherung auf dem dritten Datenträger (Sohn) und
- vierte Sicherung wieder auf dem ersten Datenträger.

Dabei wird der Vater zum Großvater, der Sohn zum Vater und der Großvater zum Sohn. Mit weiteren Sicherungen wird dieses Prinzip systematisch fortgeführt. Je mehr Datenträger verwendet werden, desto sicherer ist dieses Verfahren. Der Vorteil liegt darin, dass die Datensicherungen schrittweise zurückverfolgt und die Datenträger effektiv ausgelastet werden können.

Archivierungs- oder Sicherungsprogramme funktionieren nach ähnlichen Prinzipien, die in den meisten Fällen die zu sichernden Dateien unter Verwendung eines Komprimierungsverfahrens in einer Container-Datei zusammenfassen, um den Umfang dieser Datei zu minimieren. Inwieweit sich der Container komprimieren lässt, hängt von den zu sichernden Dateien ab. So sind beispielsweise MP3-Dateien bereits komprimiert, während sich BMP-Dateien bis auf ein Zehntel der ursprünglichen Größe komprimieren lassen.

Diese komprimierten Container heißen **Archive.** Sie enthalten nicht nur die Dateien, sondern auch ein Verzeichnis mit weiteren Informationen zu den archivierten Dateien: Datum, ursprüngliche Größe, Ordner auf dem Datenträger sowie oft auch Rechte und Besitzer. Es ist möglich, einzelne Dateien aus dem Archiv zu entpacken (extrahieren), hinzuzufügen, zu löschen oder sogar aus dem Archiv heraus direkt zu öffnen. Selbstverständlich kann das komplette Archiv wieder entpackt werden. Viele Archivierungsprogramme bieten zusätzlich Suchfunktionen an. Bei der Auswahl eines Archivierungsprogramms stehen folgende Merkmale im Vordergrund:

- Handhabung, manuelle Sicherung und Wiederherstellung, Suchen im Archiv
- automatischer Start zu vorgegebenen Zeiten
- unterstützte Archivformate
- Durchführung der Sicherung unter einem vorgegebenen Konto
- Sicherung der Systemdateien von Windows-Betriebssystemen (kann nicht jedes Programm)
- ausführliche Protokollierung des Archivierungsvorgangs
- Unterstützung von mehreren Datenträgern
- Unterstützung von Remote-Sicherungen
- Wiederherstellung in unterschiedlichen Bereichen
- Unterstützung verschiedener Sicherungsarten (normal, differenziell, inkrementell)
- Verschlüsselung von Daten
- Unterstützung der Zusammenarbeit mit einem Antivirenprogramm

Zu den bekannten und bewährten Programmen zählen **ntbackup** von Microsoft, **ARCServ** von Computer Associates, WinZip von H.C. Top Systems B.V. und **tar** in den UNIX/Linux-Betriebssystemen.

Folgende Geräte eignen sich für die Datensicherung:

W

Gerät	Kapazität	Eigenschaften
Diskette	1,44 bis 2,88 MB	transportierbar, wechselbar, billig, geringe Datenmenge, kaum noch verbreitet
wechselbare Festplatte	bis 1 TB	transportierbar, wechselbar, überdimensionale Speicherkapazität, vergleichsweise teuer
CD-R, CD-RW	700 MB	transportierbar, wechselbar, billig, selten ausreichende Speicherkapazität
DVD-R, DVD-RW	4,7 GB	transportierbar, wechselbar, billig, selten ausreichende Speicherkapazität
ZIP-Laufwerk	250 MB	transportierbar, wechselbar, billig, veraltet, selten ausreichende Speicherkapazität
interne Festplatte (Dateiserver)	500 GB und mehr	nicht transportierbar, nicht wechselbar, teuer, große Datenmenge
DAT-Streamer	40 GB	transportierbar, wechselbar, günstig, ausreichende Speicherkapazität
DLT-Streamer	320 GB	transportierbar, wechselbar, teuer, ausreichende Speicherkapazität
magneto-optisches Laufwerk	1,3 GB	transportierbar, wechselbar, billig, selten ausreichende Speicherkapazität

Das Löschen von Daten gehört ebenfalls zu den wichtigen Aufgaben einer sicheren Datenhaltung. Unter Microsoft Windows verschiebt das einfache Löschen eine Datei lediglich in den sogenannten Papierkorb, der eigentlich nur ein Verzeichnis auf der Festplatte darstellt. Jede dort befindliche Datei kann wiederhergestellt werden. Erst nach dem Leeren des Papierkorbs verschwinden die dort befindlichen Dateien aus dem Dateisystem, d.h., ihre Namen werden aus den Ordnern gelöscht, in denen sie sich ursprünglich befanden. Die Dateien sind durch entsprechende Module des Dateisystems nicht mehr auffindbar. Der gleiche Effekt entsteht durch das Drücken der Umschalttaste während des Löschvorganges. Eine weitere Möglichkeit für das sofortige Löschen einer Datei aus dem Dateisystem erfolgt mithilfe der DOS-Eingabeaufforderung. Ähnlich verhält sich die Situation unter Linux.

Obwohl die so gelöschte Datei aus der Sicht des Dateisystems nicht mehr existiert, bleibt ihr Inhalt trotzdem auf der Festplatte erhalten. Dieser Inhalt kann mit speziellen Programmen wiederhergestellt werden. Es ist eine mühsame, aber im Prinzip mögliche Aufgabe. Deshalb gibt es Programme (Eraser) von Drittanbietern, die den Inhalt einer Datei vor dem Löschen mit Nullen überschreiben. Sie erledigen diese Prozedur mehrmals, obwohl ein einmaliges Überschreiben bereits als ausreichend angesehen werden kann.

Der folgende Fakt unterstützt jedoch das mehrmalige Überschreiben. Die ferromagnetische Beschichtung der Festplatte besteht aus sehr kleinen Bereichen mit unterschiedlichen Magnetisierungsrichtungen, den sogenannten Ferro-Domänen. Der Schreib-Lese-Kopf der Festplatte orientiert viele (aber nicht alle) dieser Ferro-Domänen beim Schreiben in eine Richtung. Beim einmaligen Schreiben von Nullen verharren einige Ferro-Domänen immer noch in der ursprünglichen Richtung. Das können physikalische Geräte unter Umständen erkennen und so den Inhalt der Datei über viele Zwischenschritte wiederherstellen. Wird die Datei mehrmals mit den gleichen Informationen (Nullen) überschrieben, so sinkt die Wahrscheinlichkeit, Ferro-Domänen mit der ursprünglichen Orientierung zu finden.

S

Stefan hat erfahren, dass die kürzlich ausgefallene Festplatte zu einem RAID-1-Array gehörte. Nur diesen RAID-Level unterstützt Microsoft Windows für die Systemlaufwerke. Die neu eingesetzte Festplatte wurde über einen bestimmten Zeitraum vollautomatisch mit den Daten der funktionsfähigen Festplatte des RAID-1-Arrays aufgefüllt. Der Server-Betrieb blieb ununterbrochen erhalten, da immer eine funktionsfähige Festplatte den Zugriff auf die Daten gewährleistet hat.

Stefan hat bei dieser Gelegenheit auf seinem eigenen Rechner RAID-0 eingerichtet, wodurch die Lese- und Schreibvorgänge schneller ablaufen.

Aufgaben

1. Erläutern Sie das Generationsprinzip in Bezug auf die Datensicherungen.
2. Welche Merkmale muss ein gutes Archivierungsprogramm aufweisen?

3. Kai soll ein minimales Datensicherungskonzept für einen Kunden der Firma ACI erarbeiten. Woraus besteht dieses Konzept?
4. Nennen Sie die Geräte, die sich für Datensicherungen eignen.
5. Auf einem Computer, auf dem Kai das Betriebssystem Microsoft Windows Server 2012 installiert hat, muss Stefan softwaremäßig RAID einrichten, um die Redundanz der Systemdaten zu gewährleisten. Welchen RAID-Level wird er verwenden?
6. Erläutern Sie die Eigenschaften und die Unterschiede von normalen, differenziellen und inkrementellen Sicherungen.

4.3.5 Virenschutz und Virenbeseitigung

S Der private Rechner von Kerstin Raabe ist von Computerviren befallen. Sie hat es zufälligerweise bemerkt, als sie einige Dateien zu Hause bearbeitet und später wieder auf den Arbeitsplatzrechner kopiert hat. Auf jedem Computer der Firma ACI ist ein Antivirenprogramm installiert, wodurch Kerstin alarmiert wurde. Sie will aus diesem Anlass ihr Wissen über Computerviren und geeignete Gegenmaßnahmen vertiefen.

Computerviren sind Programme, die sich durch einige besondere Eigenschaften von anderen Programmen unterscheiden. Viele dieser Eigenschaften ähneln denen ihrer „biologischen Artgenossen". Computerviren

- befinden sich im „Körper" (Programmcode) eines anderen Programms;
- vermehren sich, d.h. kopieren sich selbst in die „Körper" anderer Programme;
- können beträchtlichen Schaden auf dem „befallenen" Rechner anrichten, obwohl das Verhalten oft unbeabsichtigt ist.

Computerviren werden oft mit anderen schädlichen Programmen, z.B. mit Trojanern (siehe Abschnitt 4.3.3.2 „Angriffsmethoden") verwechselt. Trojaner sind allerdings eigenständige Dateien und sie vermehren sich auch nicht. Die Computerviren können in folgende Rubriken unterteilt werden (siehe unten):

Das folgende Beispiel verdeutlicht die Vorgehensweise eines EXE-Virus beim „Anstecken" eines Programms. Das Schema beschreibt das Verseuchen von ausführbaren Dateien. Wird ein Computervirus gestartet, ermittelt es die auf der Festplatte befindlichen Programme und kopiert sich selbst in deren Speicherbereiche. Am Anfang jeder ausführbaren Datei befindet sich der sogenannte Jump-Befehl (englischer Begriff für Sprung), der die konstanten Daten des Programms umgeht und die Steuerung an die Mikroprozessorbefehle übergibt. Das Computervirus hängt sich selbst an das Ende der Datei, berechnet seine eigene Anfangsadresse und ändert den ersten Jump-Befehl so, dass er die Adresse vom Computervirus enthält. Am Ende vom Computervirus steht der ursprüngliche Jump-Befehl, der das eigentliche Programm startet.

W

Bootviren	Sie kopieren ihren ersten Teil (Startsequenz) in den MBR oder Boot-Sektor. Den zweiten Teil platzieren sie in einem freien Bereich der Festplatte. Bei jedem Start des Rechners gelangt ein Bootvirus in den Arbeitsspeicher und kann dort Schaden anrichten. Versucht man das Bootvirus manuell aus dem MBR zu entfernen, wird die Partitionstabelle gelöscht und damit die ganze Festplatte unbrauchbar gemacht. In diesem Fall helfen entweder Antivirenprogramme oder ein zuvor gespeicherter MBR. Gegenwärtig ist diese Art von Viren selten anzutreffen.
EXE- und COM-Viren	Diese Computerviren befallen den „Körper" von anderen **ausführbaren** Dateien und werden beim Start dieser Programme mit in den Arbeitsspeicher geladen. Es sind die „klassischen" Computerviren. Nach dem Start „verseuchen" sie weitere Programme oder richten andere Schäden ein. Man kann sie nur mit einem Antivirenprogramm entfernen. Das befallene Programm selbst wird danach oft unbrauchbar. Diese Art von Computerviren ist nach wie vor stark verbreitet.
Makroviren	Viele Dokumente (Microsoft Word, Microsoft Excel, HTML-Seiten) enthalten Passagen in Skriptsprachen. Diese Sprachen können genutzt werden, um einen schädlichen Programmcode einzufügen. Im Gegensatz zu anderen Computerviren kann man hier den Virus-Programmcode auffinden, lesen und zum Teil verstehen. In den letzten Jahren erfahren diese Computerviren eine zunehmende Verbreitung. Die modernen Antivirenprogramme können den schädlichen Programmcode aber oft ohne Nebenwirkungen aus den betroffenen Dokumenten entfernen.
Netzwerk-Viren (Würmer)	Diese Computerviren nutzen Unregelmäßigkeiten oder Fehler in der Netzwerk-Software aus, um zu anderen Rechnern zu gelangen und dort gespeichert zu werden. So können sie sich von einem zum anderen Computer verbreiten und ganze Netzwerke infizieren. Antivirenprogramme sowie Firewalls können die meisten Würmer erkennen und unschädlich machen.

Infizierung einer ausführbaren Datei mit einem Computervirus

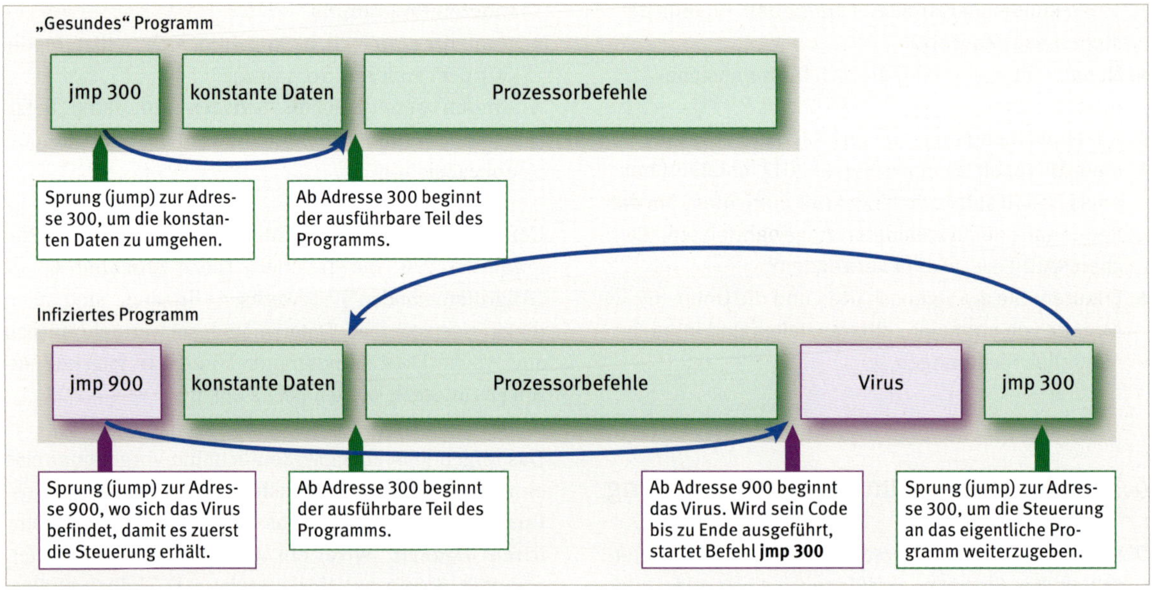

Damit das Computervirus das gleiche Programm nicht mehrfach infiziert, kann jedes bereits infizierte Programm mit einem Code markiert werden. Der eigentliche Körper des Computervirus wird oft als Schadensteil bezeichnet. Dort befindet sich der „bösartige" Programmcode. Ein klassisches Beispiel für einen solchen Programmcode ist das Löschen oder sogar Formatieren eines Datenträgers zu einem bestimmten Zeitpunkt, etwa am Freitag, dem Dreizehnten.

Nicht alle Computerviren sind tatsächlich dafür geschrieben, ernsthafte Schäden anzurichten. Viele dieser Programme dienen nur zur Bestätigung des fachlichen Könnens ihrer Autoren. Einige Computerviren richten nur deshalb Schaden an, weil ihre Autoren fachlich nicht in der Lage waren, dies zu vermeiden.

Antivirenprogramme werden eingesetzt, um Computerviren auf einem Computer oder im ganzen Netzwerk zu bekämpfen. Die Beseitigung der Schädlinge erfolgt meistens nach folgendem Schema:

Die Antivirenprogramme enthalten eine Datenbank mit Viren-Signaturen. Die Viren-Signatur ist ein charakteristischer Code aus dem Schadensteil des Virus. Damit durchsuchen die Programme alle Dateien in einem System nach diesen Signaturen. Mit dieser Vorgehensweise können prinzipiell nur bereits bekannte Computerviren erkannt werden. Ein Antivirenprogramm ist daher im Allgemeinen nur so gut wie die Datenbank seiner Signaturen. Deswegen muss diese Datenbank ständig aktualisiert werden, um auch gegen die neuesten Schädlinge gewappnet zu bleiben.

Da sich die Computerviren permanent weiterentwickeln, erarbeiteten die Entwickler der Antivirenprogramme zusätzlich heuristische Algorithmen, um mögliche Variationen von künftigen Computerviren auszuschalten. Diese Methoden funktionieren nicht immer zuverlässig, bieten aber immerhin eine Prognose für die Anwesenheit neuer Computerviren.

Die Computernutzer sollten allerdings selbst entscheidend zur Bekämpfung von Computerviren beitragen, indem sie den Maßnahmen folgen, die der Administrator ausarbeitet und vorgibt:

W

- Der Einsatz und die richtige Konfiguration von Firewalls garantieren, dass nur die notwendigen Ports geöffnet sind.
- Die im Unternehmen eingehenden E-Mails und deren Anhänge müssen vor dem Öffnen mit einem Virenscanner geprüft werden. Dateien mit den Erweiterungen EXE, COM, VBS, JS, HTM, HTML, ASP, DOC, XLS oder MDB sind besonders anfällig für Computerviren. Ist die Quelle der Dateien unbekannt, bedeutet das Öffnen bereits ein erhöhtes Risiko.
- Auf allen gefährdeten Rechnern sind Antivirenprogramme zu installieren und deren Datenbanken ständig zu aktualisieren.
- Bevor eine neue Anwendung, besonders wenn sie aus dem Internet heruntergeladen wurde, installiert und gestartet wird, muss sie auf Computerviren geprüft werden.
- Hauptspeicher und Datenträger (Festplatten, Disketten, CDs, DVDs, USB-Sticks) sind regelmäßig auf Computerviren zu prüfen.
- Der Besuch unbekannter zweifelhafter Webseiten erhöht das Risiko eines Befalls mit Computerviren.
- Spammails sollten niemals geöffnet werden.

Bereits die konsequente Einhaltung dieser wenigen Maßnahmen gewährleistet zumeist eine sichere „virenfreie“ Situation in der IT-Umgebung eines Unternehmens.

Aufgaben

1. Welche prinzipiellen Unterschiede besitzen Computerviren im Vergleich zu normalen Programmen?
2. Wie erfolgt das „Anstecken“ eines normalen Programms durch ein Computervirus?
3. Welche Typen von Computerviren sind Ihnen bekannt? Erläutern Sie die Funktionsweise jedes Typs.
4. Erklären Sie die Funktionsweise der Antivirenprogramme. Was ist eine Signatur?
5. Welche Maßnahmen schaffen und erhalten eine „virenfreie“ Situation in einem Unternehmen?
6. Kerstin hat eine E-Mail-Nachricht mit einem Anhang erhalten. Im Anhang befindet sich die Datei EINLADUNG.COM. Der Absender bietet eine kostenlose Einladung zu einem Treffen mit namhaften Software- und Hardwareherstellern an. Dafür muss Kerstin nur das beigelegte elektronische Formular EINLADUNG.COM durch Doppelklick öffnen, ausfüllen und zurücksenden. Kerstin hat den Anhang mit einem aktuellen Antivirenprogramm geprüft und festgestellt, dass sich dort keine Computerviren befinden. Was macht Kerstin und warum?
   a) Kerstin öffnet die angehängte Datei, weil die Einladung von einem namhaften Unternehmen keine Computerviren enthalten kann.
   b) Kerstin öffnet die angehängte Datei, weil die Datei niemals Computerviren enthalten kann.
   c) Kerstin öffnet die angehängte Datei nicht, weil die Datei neue Computerviren enthalten kann, die durch die aktuellen Antivirenprogramme noch nicht erkannt werden.
   d) Kerstin öffnet die angehängte Datei nicht, weil die Richtlinien des Administrators das Öffnen von COM-Dateien in eingehenden E-Mails ausdrücklich verbieten.

5 Elektrotechnische Grundlagen

Die Mitarbeiter der Consulting-Abteilung der Firma ACI berichten, dass sie in verschiedenen Gesprächen mit Kunden auf fehlendes Verständnis für die Besonderheiten und Eigenschaften der elektrischen und elektronischen Geräte treffen. In einigen Fällen wurden empfindliche Bauteile sogar schon durch einen direkten Handkontakt zerstört. Interessierte Kunden stellen auch Fragen zur Natur der Elektrizität und wollen wissen, wie die Grundgesetze der Elektrotechnik in der Datenverarbeitung berücksichtigt und umgesetzt werden können. Ein besseres Verständnis für diese Fragen nutzt den Auszubildenden ebenso wie den Mitarbeitern des technischen Supports bei ihrer täglichen Arbeit mit der Hardware.

5.1 Elektrische Grundbegriffe

5.1.1 Elektrische Ladungen

Alle Körper bestehen aus Atomen. Die Atome besitzen prinzipiell den gleichen Aufbau. Im Zentrum befindet sich der **Atomkern.** Um den Kern bewegen sich die **Elektronen** auf kreisförmigen Bahnen. Die Bahnen bilden sogenannte Schalen. Es existieren mehrere Schalen, abhängig von der Art des chemischen Elements. Die Elektronen, die zu der gleichen Schale gehören, halten den gleichen Abstand zum Atomkern, sie treffen aber während ihrer Bewegung nie aufeinander.

Der Atomkern enthält **Protonen** und **Neutronen,** die zusammen als **Nukleonen** bezeichnet werden. Ein Atomkern besitzt ungefähr die gleiche Anzahl von Protonen und Neutronen. Variiert die Anzahl der Neutronen, werden die chemischen Elemente in diesem Fall als **Isotope** bezeichnet.

Die Abstände zwischen den Nukleonen im Atomkern sind viel kleiner als die Abstände zwischen den Elektronen und dem Atomkern. Der Radius des Atoms (Atomkern und Schalen mit Elektronen) beträgt etwa 10^{-10} m, der Radius des Atomkerns selbst nur 10^{-14} m. Vergleicht man den Atomkern mit der Sonne (Radius $7 \cdot 10^{8}$ m), die Elektronen mit der Erde (Radius $6 \cdot 10^{6}$ m) und das Atom mit dem Sonnensystem (Radius $6 \cdot 10^{12}$ m), so herrschen in unserem Sonnensystem ähnliche Raumverhältnisse wie in einem Atom. Das Atom ist 10 000-mal größer als sein Kern und das Sonnensystem 10 000-mal größer als die Sonne.

Die Nukleonen liefern fast die gesamte Masse des Atoms. Protonen und Neutronen besitzen dabei ungefähr die gleiche Masse, sie beträgt etwa $1{,}7 \cdot 10^{-27}$ kg. Ein Elektron ist im Vergleich dazu etwa 2 000-mal leichter. Bezogen auf die Verhältnisse in unserem Sonnensystem ist die Erde im Vergleich zur Sonne etwa $3 \cdot 10^{5}$-mal leichter.

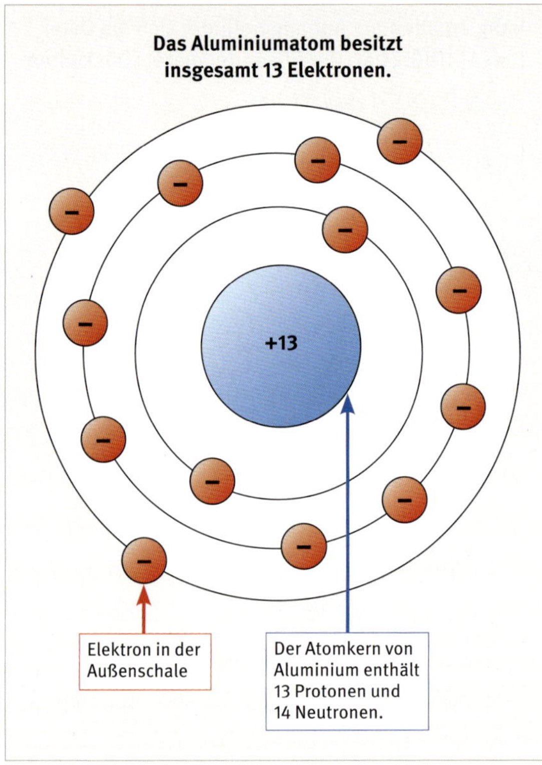

Atomaufbau von Aluminium

Die Bedeutung der Elektronen ist allerdings weitaus höher, als es nach der Massenverteilung aussieht. Im Atom existieren Kräfte, deren Wechselwirkungen eine wichtige Rolle in unserem Universum spielen. Diese Kräfte basieren auf der **elektrischen Ladung.** Ein Elektron besitzt eine negative, ein Proton eine positive und ein Neutron keine elektrische Ladung. Die Ladung eines Elektrons heißt **Elementarladung.** Gleiche elektrische Ladungen stoßen sich gegenseitig ab, unterschiedliche elektrische Ladungen ziehen sich gegenseitig an. Die Neutronen beteiligen sich an diesen Prozessen nicht, da sie über keine Elementarladung verfügen. Die elektrische Ladung eines Elektrons und eines Protons sind betragsmäßig gleich. Das bedeutet, dass beide Elementarteilchen die gleichen elektrischen Kräfte besitzen. Mit wachsendem Abstand zwischen den geladenen Teilchen verringern sich die elektrischen Kräfte zwischen ihnen.

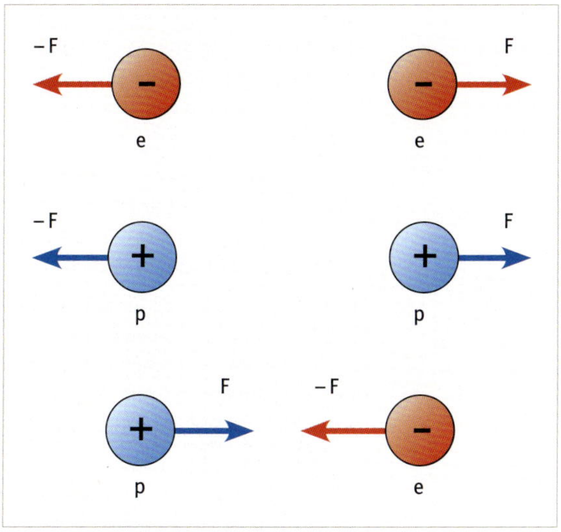

Elektrische Ladungen und Kräfte (F) zwischen geladenen Teilchen (e – Elektronen, p – Protonen)

Insgesamt erscheint ein Atom als elektrisch neutral, weist also keine elektrische Ladung auf, da die Anzahl der Elektronen und Protonen gleich ist.

Nur bei wenigen Elementen gehören die Elektronen einer einzigen elektronischen Schale an. Bei den meisten Elementen sind sie auf mehreren Schalen verteilt. Es ist physikalisch ermittelt, wie viele Elektronen einer Schale maximal zugeordnet werden können. Normalerweise sind die Schalen mit Elektronen voll besetzt, nur die jeweils äußerste Schale enthält nicht immer die volle Zahl an Elektronen. Elemente, die über zu wenige Elektronen in der Außenschale verfügen, gehören zu den **Metallen.** Die Außenelektronen der Metalle sind nur schwach an den Kern angebunden. Sie können unter Umständen ihre Bahnen verlassen und sich frei zwischen den Atomen bewegen. Diese Elektronen bilden die Basis für den **elektrischen Strom.**

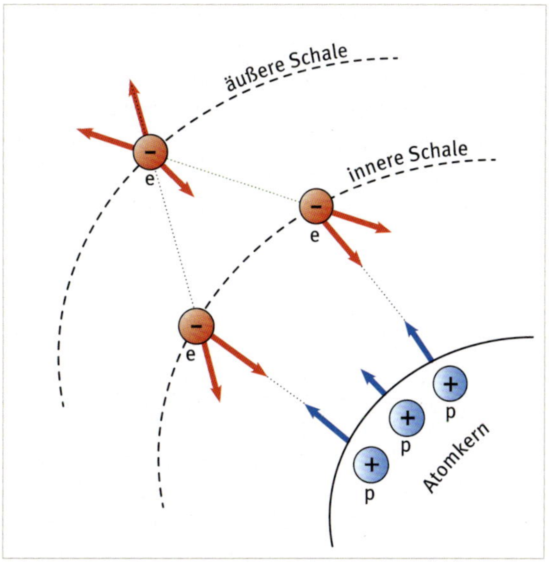

Elektrische Kräfte im Atom

Besitzt ein Körper Elektronenüberschuss oder Elektronenmangel, so ist er entsprechend negativ oder positiv geladen. Die elektrische Ladung eines Körpers wird in **Coulomb** (C) gemessen. Die Elementarladung beträgt etwa $-1{,}6 \cdot 10^{-19}$ C. Die Erde besitzt zum Vergleich eine negative Ladung von $-5{,}77 \cdot 10^{5}$ C.

5.1.2 Elektrische Felder

Es hängt von vielen Faktoren ab, ob sich ein Körper elektrisch aufladen lässt. In erster Linie wird diese Eigenschaft durch seine physikalische und chemische Zusammensetzung geprägt, d.h., aus welchen Molekülen bzw. Atomen des Periodensystems der Elemente der Körper besteht. Allerdings beeinflussen noch weitere Faktoren die elektrische Ladung eines Körpers, wie zum Beispiel:

- Art und Dauer der Wirkung der äußeren oder inneren Kräfte
- Temperatur
- Feuchtigkeit
- Luftdruck

Einige Körper können nur positiv, andere nur negativ geladen werden. Es gibt aber auch Körper bzw. Stoffe, die sich sowohl negativ als auch positiv aufladen lassen oder immer neutral bleiben.

Zwischen zwei geladenen Körpern entstehen Kräfte, die als elektrisches Feld oder elektrische Spannung bezeichnet werden. Dabei ist es unerheblich, ob die Körper gleiche oder unterschiedliche Ladungen besitzen.

Hervorzuheben sind jedoch die Situationen, in denen die Körper unterschiedlich geladen sind. Solange zwischen den unterschiedlich geladenen Körpern kein Kontakt besteht, verursachen die zwischen beiden Körpern auftretenden Kräfte nur eine **elektrische Spannung.** Die Kräfte lassen sich als sogenannte Feldlinien veranschaulichen. Werden beide Körper miteinander verbunden, dann fließen die Elektronen vom negativ zum positiv geladenen Körper und die Spannung wird abgebaut. Diese **gerichtete Bewegung von geladenen Teilchen** (Elektronen) wird als **elektrischer Strom** bezeichnet.

Bei den ersten Experimenten mit elektrischen Ladungen war noch unbekannt, dass die Ladungsträger negativ geladen sind. Es herrschte die Meinung vor, dass die positiv geladenen Teilchen die elektrische Ladung von der positiven zur negativen Seite übertragen. Entsprechend wurde auch die Übertragungsrichtung von der positiv zur negativ geladenen Seite festgelegt. Bis heute gilt diese Definition der Übertragungsrichtung in der Technik und in der Physik aus historischen Gründen, obwohl längst bekannt ist, dass die Übertragung in der umgekehrten Richtung erfolgt. Diese Übertragungsrichtung von der positiv zur negativ geladenen Seite wird als **technischer Strom** bezeichnet. Alle Regeln und Formeln, die Gesetzmäßigkeiten in der Elektrotechnik erfassen, beziehen sich auf den technischen Strom. Es ist auch üblich, die Feldlinien von der positiv zur negativ geladenen Seite zu richten.

Bewegung der Elektronen und technischer Strom

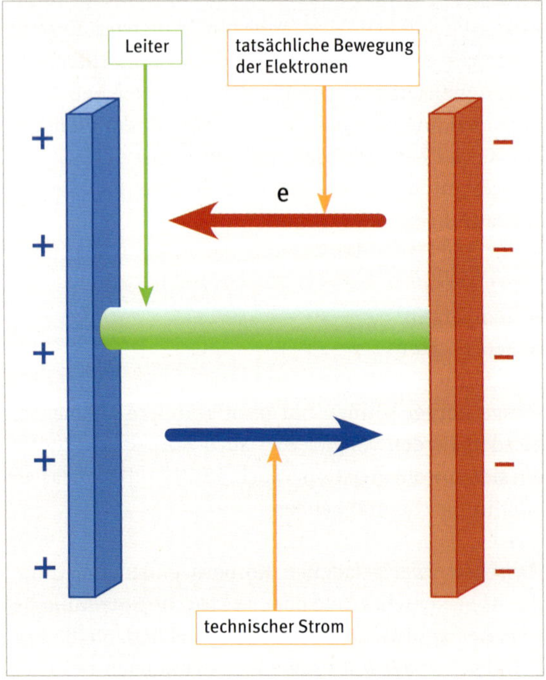

Es existieren folgende Möglichkeiten, um eine elektrische Ladung oder Spannung zu erzeugen:

Ursache	Beispiel
Reibung	Der Kamm wird durch das Haar bewegt und dabei positiv geladen.
Bewegung von Magneten	**Lichtmaschine, Generator.** Durch mechanische Kraft dreht sich ein Rotor (Läufer) innerhalb eines Stators (Ständer). Der Rotor enthält Magnete, der Stator verfügt über Spulen. Das sich veränderte Magnetfeld induziert ein elektrisches Feld und damit auch eine elektrische Spannung (siehe 5.2.4 „Magnetismus“ und 5.2.5 „Wechselstromkreis“).
chemische Umwandlung	**Batterie, Akku.** Es wird zwischen zwei Kontakten eine elektrische Spannung durch chemische Reaktionen zwischen den Stoffen erzeugt, aus denen sie bestehen.
Wärmezufuhr	**Thermoelemente.** Zwei unterschiedliche miteinander verschweißte Metalle erzeugen bei einer Temperaturdifferenz ein elektrisches Feld.
Druck	**Piezoelemente.** Werden bestimmte Kristalle unter Druck gesetzt, so produzieren sie eine elektrische Spannung. Das Prinzip bildet die Grundlage für moderne Tintenstrahldrucker.
Licht	**Fotoelemente.** Sie wandeln das Licht in elektrische Spannung um und dienen als Basis für Solarzellen.

W

Die Geschwindigkeit der Elektronen ist gering. Sie beträgt nur etwa 1 cm/s. Die elektrische Spannung verbreitet sich hingegen mit Lichtgeschwindigkeit ($3 \cdot 10^8$ m/s). Das bedeutet, dass ein Elektron im elektrischen Strom nicht von einem zum anderen Ende der Leitung springt, sondern dass sich alle Elektronen gleichzeitig um wenige Zentimeter bewegen.

Ein **elektrischer Strom** fließt nur, falls
- eine elektrische Spannung anliegt und
- die beiden Enden, an denen diese Spannung existiert, miteinander verbunden sind.

W

Aufgaben

1. Was ist eine Elementarladung?
2. Wie entstehen die freien Elektronen in den Metallen?
3. Definieren Sie die Begriffe „Strom“ und „technischer Strom“.

4. Wie kann man eine elektrische Ladung erzeugen?
5. Welche beiden Voraussetzungen sind für elektrischen Strom notwendig?

5.1.3 Elektrische Grundgrößen

Die elektrische Ladung eines Körpers wird mit Q bezeichnet. Sie kann folgendermaßen berechnet werden:

$$Q = e \cdot N$$

Hier ist e die Elementarladung, N steht für die Anzahl der Ladungen. Existieren zwei Ladungen Q_1 und Q_2, deren räumliche Größen im Vergleich zum Abstand r zwischen ihnen verschwindend gering sind, so wirkt zwischen ihnen die Kraft:

$$F = k \cdot \frac{Q_1 \cdot Q_2}{r^2}$$

Mit F wird die **coulombsche Kraft,** mit k die **coulombsche Konstante** (8,9876 · 10^9 Vm/As) bezeichnet. Die coulombsche Konstante charakterisiert die Elektrizitätseigenschaften des Vakuums. Ein positiver Wert der Feldkraft F entspricht einer Abstoßung der beiden Ladungen. Aus der Formel wird ersichtlich, dass ein zunehmender Abstand zwischen den Ladungen die coulombsche Kraft verringert. Je größer die Ladungen selbst sind, desto größer ist die coulombsche Kraft.

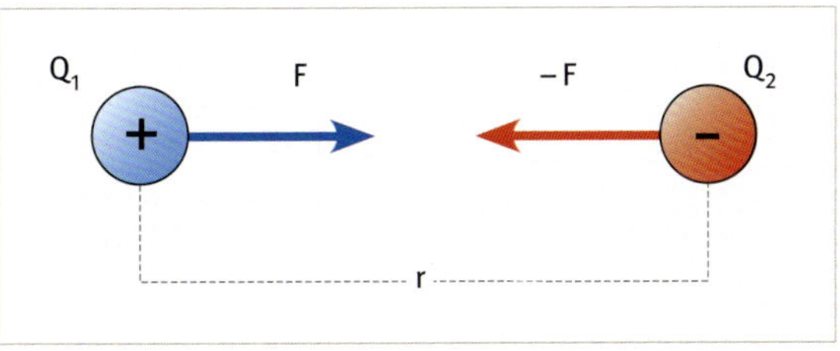

Coulombsches Gesetz

Beispiel

Es soll die Kraft berechnet werden, die zwischen zwei Elektronen im Vakuum entsteht. Ist der Abstand zwischen den Elektronen 1 m, so beträgt die coulombsche Kraft

$$F = 8{,}9876 \cdot 10^9 \cdot \frac{1{,}6 \cdot 10^{-19} \cdot 1{,}6 \cdot 10^{-19}}{1} \approx 23 \cdot 10^{-29}\,\text{N}.$$

Beträgt der Abstand aber nur 1 mm, so verringert sich die coulombsche Kraft auf

$$F \approx 23 \cdot 10^{-23}\,\text{N}.$$

Auf diesem Wege lässt sich auch relativ einfach eine andere Frage beantworten:

Bei welchem Abstand zwischen diesen Elektronen beträgt der Wert für die coulombsche Kraft 1 N?

$$1 = 8{,}9876 \cdot 10^9 \cdot \frac{1{,}6 \cdot 10^{-19} \cdot 1{,}6 \cdot 10^{-19}}{r^2}$$

$$r^2 = 8{,}9876 \cdot 10^9 \cdot 1{,}6 \cdot 10^{-19} \cdot 1{,}6 \cdot 10^{-19} = 23 \cdot 10^{-29}$$

$$r = \sqrt{23 \cdot 10^{-29}} \approx 15 \cdot 10^{-15}\,\text{m}$$

Das coulombsche Gesetz ermöglicht auch eine andere Betrachtungsweise. In einem elektrischen Feld, das von der Ladung Q_1 erzeugt wird, befindet sich die Ladung Q_2 in einem Abstand r von Q_1 entfernt. Dann wirkt auf die Ladung Q_2 folgende Kraft F:

$$F = E \cdot Q_2, \quad \text{wobei} \quad E = k \cdot \frac{Q_1}{r^2}$$

Das von der Ladung Q_1 erzeugte Feld ist nur von Q_1 und dem Abstand r abhängig. Mit E wird die **elektrische Feldstärke** definiert. Sie charakterisiert eindeutig das Feld in jedem Punkt des Raums. Die elektrische Feldstärke besitzt die gleiche Richtung wie die coulombsche Kraft F.

Ein **homogenes elektrisches Feld** wirkt mit gleicher Kraft auf die Ladung in jedem Punkt des Raums, wobei der Raum auch begrenzt sein kann. Ein **inhomogenes elektrisches Feld** weist von Punkt zu Punkt eine unterschiedliche Feldstärke auf.

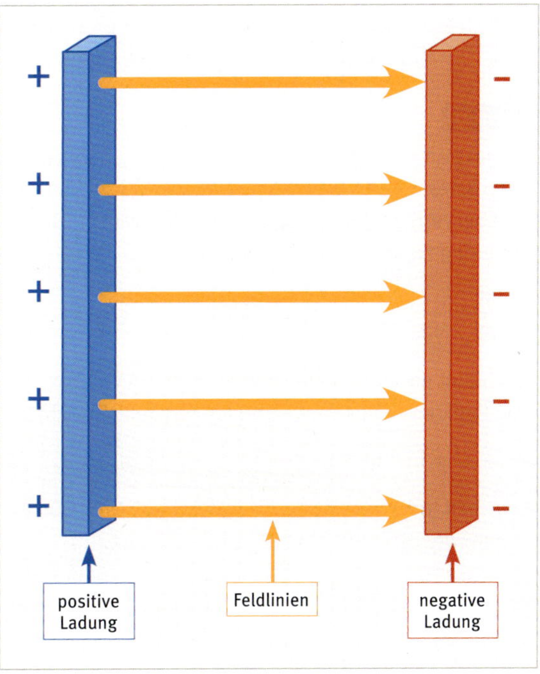

Homogenes Feld

Ein elektrisches Feld mit der elektrischen Feldstärke E verrichtet eine **Arbeit** W, wenn es eine Ladung Q zwischen zwei Punkten bewegt. Ist S die zurückgelegte

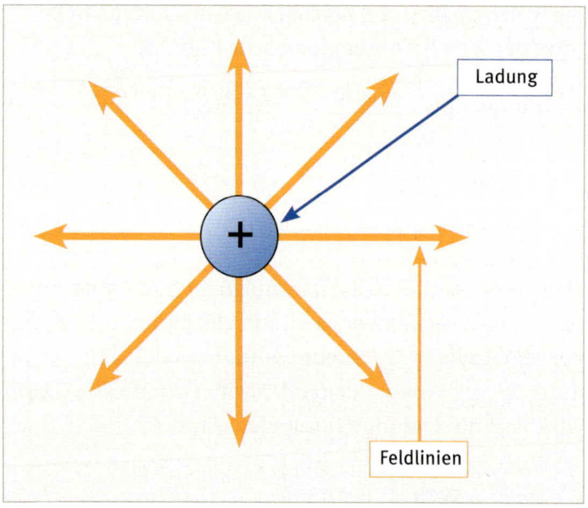

Inhomogenes Feld

Strecke entlang der Feldlinien, so errechnet sich die Arbeit W nach folgender Formel:

$$W = F \cdot S = E \cdot Q \cdot S = Q \cdot U, \quad \text{wobei} \quad U = E \cdot S$$

Die Größe U stellt dabei die **elektrische Spannung** zwischen dem Anfangs- und Endpunkt dieser Bewegung dar. Sie ist von einer Probeladung Q unabhängig und bildet die Stärke des Feldes zwischen zwei Punkten ab. Die Spannung spielt eine außerordentlich wichtige Rolle in den theoretischen Überlegungen und auch in der Praxis.

Beispiel

Ein Elektron bewegt sich im Vakuum entlang der Feldlinien eines elektrischen Feldes vom Punkt A zum Punkt B. Dabei verrichtet dieses Feld eine Arbeit von 1 J. Die Spannung zwischen A und B lautet:

$$U = \frac{W}{e} = \frac{1}{1{,}6 \cdot 10^{-19}} \approx 6{,}25 \cdot 10^{18}\,\text{V}$$

Durchläuft ein Elektron die Spannung von 1 V zwischen zwei Punkten im Vakuum, so leistet das Feld die Arbeit

$$W = e \cdot U \approx 1{,}6 \cdot 10^{-19}\,\text{J}.$$

Die Arbeit (oder Energie) heißt Elektronvolt (eV). Diese Einheit wird oft in der Atomphysik verwendet.

Wird eine Ladung Q in einem Raum oder Körper transportiert, so ist die Größe der Ladung selbstverständlich auch von der Zeit abhängig. Wird die Ladung in einer Zeit t durch eine angenommene konstante Querschnittsfläche übertragen, ergibt sich für die **Stromstärke:**

$$I = \frac{Q}{t}$$

Allgemein gelten folgende Beziehungen zwischen Ladung und Stromstärke:
Bleibt die Stromstärke in der Übertragungszeit t unverändert, so errechnet sich die Ladung nach der Beziehung:

$$Q = I \cdot t$$

Ändert sich die Stromstärke während der Zeit t, dann gilt:

$$Q = \int_0^t I(\tau)\,d\tau$$

Beispiel

In den elektrischen Leitungen von GameCube (Spielkonsole) fließt ein stetiger Strom mit einer Stärke von 3,25 A. Wie viele Elektronen werden in 10 s durch die Querschnittsfläche des Leiters übertragen?

Um diese Frage zu beantworten, wird zuerst die übertragene Ladung berechnet:

$$Q = I \cdot t = 3{,}25 \cdot 10 = 32{,}5\,\text{C}$$

Unter Berücksichtigung der Ladung eines Elektrons *(e)* berechnet sich annähernd die Anzahl der Elektronen:

$$\frac{Q}{e} \approx \frac{32{,}5}{1{,}6 \cdot 10^{-19}} \approx 20{,}31 \cdot 10^{19}$$

Die **Leistung** P des elektrischen Feldes ist durch die Beziehung

$$P = \frac{W}{t}$$

definiert. Unter der Berücksichtigung der bereits bekannten Formeln erhält man daraus:

$$P = \frac{Q \cdot U}{t} = I \cdot U$$

Aus dieser Beziehung resultiert, dass Stromstärke und Spannung die Leistung eines elektrischen Feldes proportional beeinflussen.

Beispiel

Auf einem Netzadapter (Netzteil) für den Walkman sind folgende Betriebsdaten vermerkt:

- Spannung: 4,5 V
- Stromstärke: 500 mA

Es ist einfach, daraus die Leistung zu berechnen:

$$P = 4{,}5 \cdot 500 \cdot 10^{-3} = 2{,}25\,\text{W}$$

Ein Nickel-Cadmium-Akku liefert eine ständige Spannung von 1,2 V mit einer Stromstärke von 600 mA. Seine Leistung beträgt:

$$P = 1{,}2 \cdot 600 \cdot 10^{-3} = 0{,}72\,\text{W}$$

Die wichtigsten elektrischen Grundgrößen, Gesetze und Formeln sind in der folgenden Übersicht zusammengefasst.

W

elektrische Größe	Kurzzeichen	Einheit	Bezug zu den anderen Größen
Ladung	Q	Coulomb (C)	C = A · s
coulombsche Kraft	F	Newton (N)	N = C · V/m
Feldstärke	E	N/C	N/C = V/m
Arbeit	W	Joule (J)	J = N · m
Spannung	U	Volt (V)	V = N · m/C
Stromstärke	I	Ampere (A)	A = C/s
Leistung	P	Watt (W)	W = V · A = N · m/s = J/s

Aufgaben

1. Berechnen Sie die coulombsche Kraft, mit der der Kern des Aluminiumatoms ein Elektron in der Außenschale anzieht. Nehmen Sie an, dass der Abstand zwischen Kern und Außenschale etwa 10^{-10} m beträgt.
2. Aus der Kinematik ist folgende Formel bekannt:

   $F = m \cdot a$

   Hier ist F die Kraft, die auf einen Körper wirkt, m ist seine Masse und a ist die Beschleunigung, mit der sich der Körper bewegt. Berechnen Sie die Beschleunigung, mit der sich ein Elektron in der Außenschale unter der Wirkung der coulombschen Kraft bewegt. Verwenden Sie die Werte aus Aufgabe 1.
3. Erklären Sie die Begriffe „homogenes elektrisches Feld" und „inhomogenes elektrisches Feld".
4. In einem Laptop versorgt das Netzteil die internen Geräte mit Strom. Durch die Querschnittsfläche eines Leiters, der an das Netzteil angeschlossen ist, fließen etwa $50 \cdot 10^{19}$ Elektronen innerhalb von 20 Sekunden.
   a) Welche Stromstärke liefert das Netzteil?
   b) Welche Leistung erbringt das Netzteil, wenn seine Spannung 14,8 V beträgt?

5.2 Stromkreise

5.2.1 Elektrische Leiter und Isolatoren

Alle Stoffe unterteilen sich ganz allgemein in **Leiter** und **Isolatoren** in Bezug auf die Fähigkeit, den elektrischen Strom zu leiten.

Die Metalle gehören zu den Leitern. Ihre Atome sind in einer Gitterstruktur angeordnet, dem sogenannten Kristallgitter. Die Elektronen, die sich in den äußeren Schalen befinden, sind mit dem Kern nur schwach verbunden und bewegen sich relativ frei im Kristallgitter. Sie heißen **Valenzelektronen.** Existiert in unmittelbarer Nähe kein elektrisches Feld, verläuft die Bewegung der Valenzelektronen chaotisch. Wird der Metallkörper in einem statischen elektrischen Feld platziert, fließen diese Elektronen entlang der Feldlinien auf der dem Feld zugewandten Seite des Körpers. Kurzfristig entsteht im Körper ein Stromfluss.

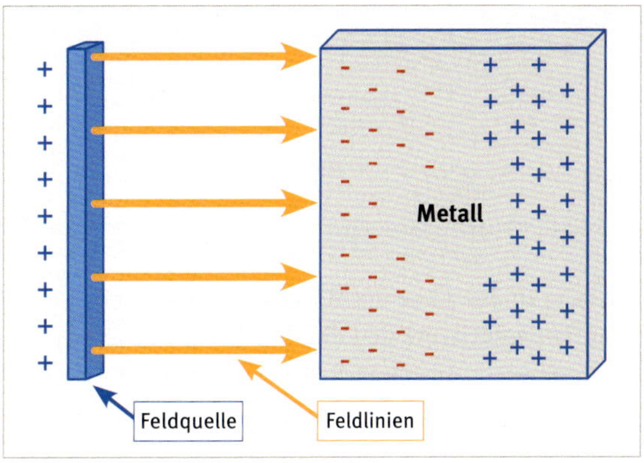

Metall in einem elektrischen Feld

Die Isolatoren verhalten sich in einem elektrischen Feld völlig anders. Ihre Moleküle orientieren sich entlang der Feldlinien, sie verweilen aber an ihren ursprünglichen Positionen. Die Moleküle bilden dann Dipol-Moleküle mit einem positiven und einem negativen Pol. Somit entsteht auf der Oberfläche eine geringe elektrische Ladung.

Isolator in einem elektrischen Feld

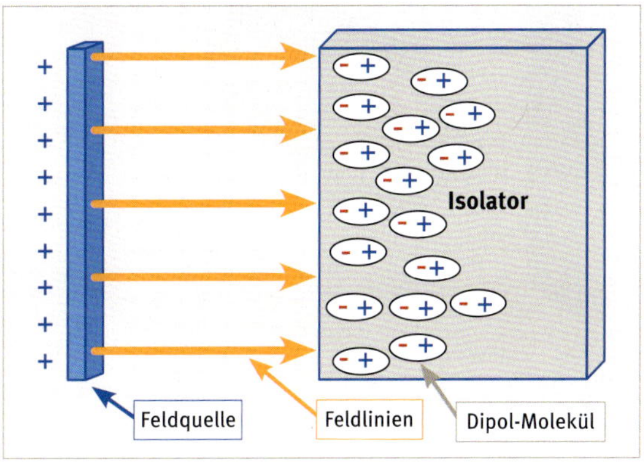

Diese Eigenschaften von Metallen (Leiter) und Isolatoren wird für die Abschirmung eines Kabels vor einem äußeren elektrischen Feld genutzt. Die elektrischen Signale in einem Netzwerkkabel verändern sich willkürlich, wenn sie von einer elektrischen Feldquelle beeinflusst werden. Das Kabel, das die eigentlichen Signale leitet, wird deshalb zuerst mit einem Isolator und dann mit einer metallischen Oberfläche umhüllt. Ganz außen folgt ein Kunststoffmantel um die Metallschicht.

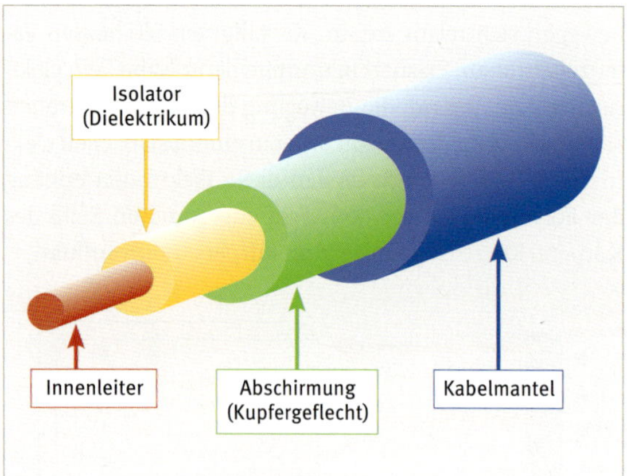

Aufbau eines Netzwerkkabels

Entsteht in der Nähe des Kabels ein elektrisches Feld, dann konzentrieren sich die negative und die positive Ladung jeweils auf einer Seite der Abschirmung. Zwischen diesen Ladungen und der Feldquelle existiert dann ein elektrisches Feld. Dieses Feld schirmt den Innenraum des Kabels gegen das äußere elektrische Feld ab, wodurch die elektrischen Prozesse (Signale) im Innenleiter störungsfrei verlaufen. Im Gegensatz dazu durchdringt das elektrische Feld ungehindert den Isolator (Dielektrikum).

Funktionsweise der Abschirmung

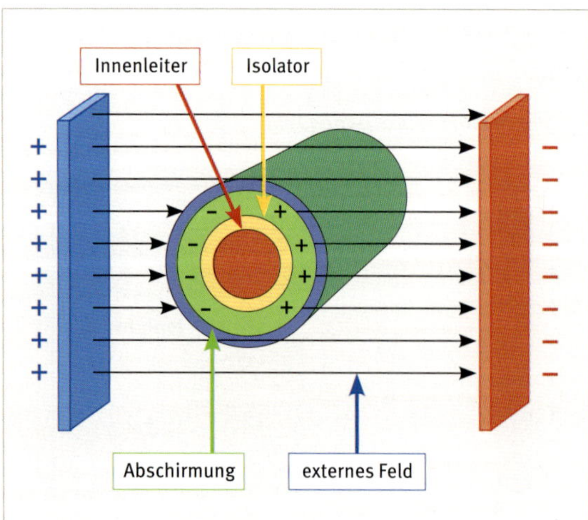

Der elektrische Strom fließt in einem Körper nicht ungehindert. Die Ursache dafür liegt bei den Atomen, die die vorbeifließenden Elektronen an den äußeren Schalen vorläufig an sich binden. Der **elektrische Widerstand** ist die Größe, die angibt, wie stark der Elektronenstrom behindert wird. Die Metalle besitzen im Vergleich zu den Isolatoren einen sehr kleinen Widerstand. Der elektrische Widerstand R wird durch die Beziehung

$$R = \frac{U}{I}$$

definiert, auch bekannt als das **ohmsche Gesetz.** Der elektrische Widerstand gehört zu den physikalischen Eigenschaften eines Stoffes und wird von seiner Form sowie seiner Temperatur beeinflusst. Die Definition des Widerstandes durch das ohmsche Gesetz drückt die Tatsache aus, dass mit wachsender Spannung auch die Stromstärke steigt. Die mathematische Beziehung zwischen beiden Größen bleibt immer unverändert. Unzählige physikalische Experimente haben dies bestätigt. Der elektrische Widerstand wird in Ohm (Ω) gemessen.

Mit zunehmender **Temperatur** verringert sich der elektrische Widerstand. Diese Erscheinung lässt sich leicht erklären. Durch die Wärmezufuhr erhöht sich die Beweglichkeit der Valenzelektronen. Sie lösen sich leichter aus den Atombindungen. Im Gegensatz dazu verringert sich der elektrische Widerstand bei sinkenden Temperaturen bis zu 0 K. Einige Metalle besitzen bei etwa 4 K fast keinen elektrischen Widerstand mehr und der Strom fließt ungehindert durch den Körper. Dieses als **Supraleitung** bekannte Phänomen bietet ungeahnte technische Einsatzmöglichkeiten, wenn es gelingt, den Effekt der Supraleitung schon bei viel höheren Temperaturen (um 0 °C) zu erzielen. Bis jetzt konnte bereits ein Stoff hergestellt werden, der die Eigenschaft der Supraleitung bei 133 K (–140 °C) aufweist.

Auch die **Bauform** des Leiters übt einen entscheidenden Einfluss auf seinen Widerstand aus. Mit zunehmender **Länge** eines Leiters wächst sein elektrischer Widerstand bei gleich bleibender Stromstärke. Beim **Querschnitt** eines Leiters sieht es umgekehrt aus, d. h., mit steigendem Querschnitt verringert sich sein Widerstand.

Damit man den Widerstand unterschiedlicher Stoffe vergleichen kann, wurde der **spezifische elektrische Widerstand** ρ eingeführt. Dieser Wert für den elektrischen Widerstand ergibt sich unter folgenden Annahmen:

- Länge der Leitung: 1 m
- Querschnitt der Leitung: 1 mm²
- Temperatur: 20 °C

Zwischen dem Widerstand R eines Leiters mit der Länge L, dem Querschnitt A und dem spezifischen Widerstand ρ existiert folgende Beziehung:

$$R = \frac{\rho \cdot L}{A}$$

Stoff	**spezifischer Widerstand ρ $[\Omega \cdot mm^2/m]$**	**Stoff**	**spezifischer Widerstand ρ $[\Omega \cdot mm^2/m]$**
Aluminium	0,026	Kupfer	0,0178
Bernstein	10^{22}	Porzellan	10^{18}
Eisen	0,098	Quecksilber	0,958
Germanium	$46 \cdot 10^6$	Silber	0,016
Gold	0,023	Silizium	$2 \cdot 10^5$

Die Leiter besitzen einen spezifischen Widerstand $\rho < 10$ und bei Isolatoren steigt dieser Wert auf $\rho > 10^{13}$. Zwischen beiden Werten befinden sich die spezifischen Widerstände der **Halbleiter.**

Beispiel

In Netzwerken wird Kupferkabel mit einem Querschnitt von 0,5 mm^2 verwendet. Der elektrische Widerstand eines Kabels mit einer Länge von 15 m beträgt demnach:

$$R = 0{,}0178 \cdot \frac{15}{0{,}5} \approx 0{,}534\ \Omega$$

Aufgaben

1. Erklären Sie das Verhalten der Atome und Valenzelektronen von Metallen und Isolatoren in einem elektrischen Feld.
2. Erklären Sie die Funktionsweise der Abschirmung eines Netzwerkkabels.
3. Erklären Sie den physikalischen Ursprung des elektrischen Widerstandes. Welche Beziehung legt der Widerstand zwischen der Spannung und der Stromstärke fest?
4. Was drückt der spezifische elektrische Widerstand aus?

5.2.2 Gleichstromkreis

In einem geschlossenen Stromkreis fließt der Strom in nur einer Richtung. Der einfachste Gleichstromkreis besteht aus einer **Stromquelle,** der **Leitung** und einem **Lastwiderstand.** Der Widerstand der Leitung selbst wird nicht berücksichtigt oder dem Lastwiderstand zugerechnet. Der Strom fließt nur in dem Fall, wenn eine elektrische Spannung existiert und der Stromkreis geschlossen ist. Die elektrische Spannung wird von der Stromquelle (Spannungsquelle) geliefert.

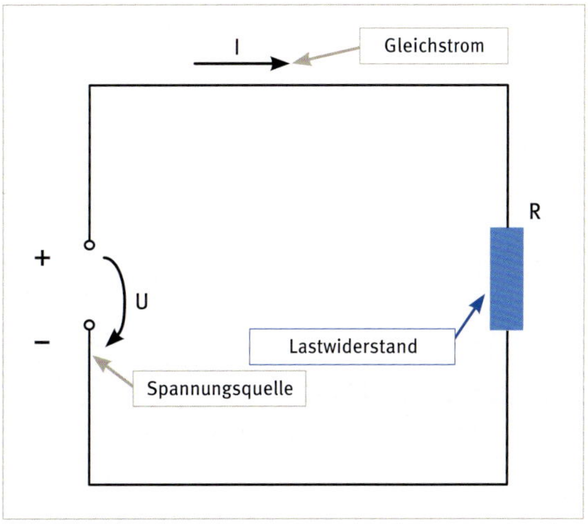

Einfacher Gleichstromkreis

In dieser Abbildung erzeugt eine Gleichspannungsquelle die Spannung U, sodass ein Strom mit einer Stromstärke I durch einen Widerstand R fließt. Alle drei Größen sind miteinander durch das ohmsche Gesetz verbunden:

$$U = R \cdot I$$

Werden mehrere Widerstände in einem Stromkreis hintereinandergeschaltet, so ergibt sich die sogenannte **Reihenschaltung:**

Reihenschaltung der Widerstände

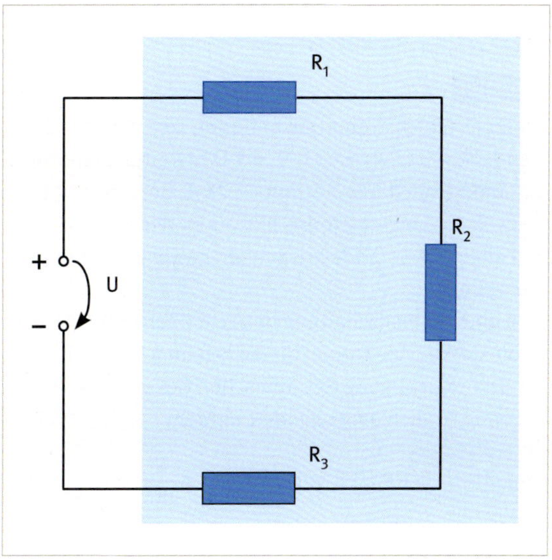

Der Gesamtwiderstand ist gleich der Summe der Teilwiderstände:

$R = R_1 + R_2 + \ldots + R_n$

Die Stromstärke I bleibt an jedem Widerstand unverändert. Die Spannung errechnet sich an jedem Widerstand nach dem ohmschen Gesetz. Es gilt die gleiche Formel für die Spannungen:

$U = U_1 + U_2 + \ldots + U_n$

W Diese Formel drückt die **2. Kirchhoff'sche Regel** aus: In einer Reihenschaltung ist die Summe aller Quellspannungen gleich der Summe aller Spannungen an den Widerständen (Spannungsabfälle).

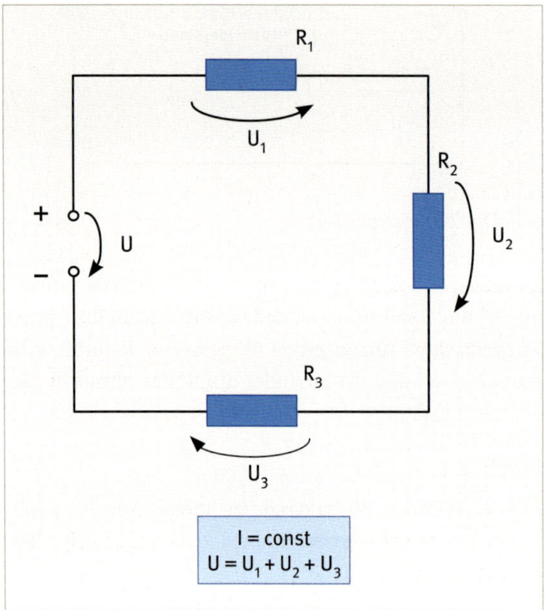

2. Kirchhoff'sche Regel

Beispiel

In einem Gleichstromkreis befinden sich drei Widerstände $R_1 = 3\ \Omega$, $R_2 = 4\ \Omega$, $R_3 = 5\ \Omega$ in Reihe angeordnet. Die Stromstärke beträgt $I = 25$ A. Berechnet werden soll die Leistung jedes einzelnen Widerstandes und aller Widerstände zusammen sowie die jeweiligen Spannungen.

In einer Reihenschaltung herrscht überall die gleiche Stromstärke I. Die Formel für die Leistung kann unter der Berücksichtigung des ohmschen Gesetzes leicht in folgende Formen umgewandelt werden:

$P = I \cdot U = I \cdot I \cdot R = I^2 \cdot R$ und $P = I \cdot U = \frac{U}{R} \cdot U = \frac{U^2}{R}$

Die erste Darstellung führt zu den Leistungen der einzelnen Widerstände, ohne die entsprechenden Spannungen zu berechnen:

$P_1 = I^2 \cdot R_1 = 25^2 \cdot 3 = 625 \cdot 3 = 1875$ W

$P_2 = I^2 \cdot R_2 = 25^2 \cdot 4 = 625 \cdot 4 = 2500$ W

$P_3 = I^2 \cdot R_3 = 25^2 \cdot 5 = 625 \cdot 5 = 3125$ W

Die entsprechenden Spannungen errechnen sich folgenderweise:

$U_1 = I \cdot R_1 = 25 \cdot 3 = 75$ V

$U_2 = I \cdot R_2 = 25 \cdot 4 = 100$ V

$U_3 = I \cdot R_3 = 25 \cdot 5 = 125$ V

Gesamtwiderstand, -spannung und -leistung betragen jeweils:

$R_{gesamt} = R_1 + R_2 + R_3 = 3 + 4 + 5 = 12\ \Omega$

$U_{gesamt} = U_1 + U_2 + U_3 = 75 + 100 + 125 = 300$ V

$P_{gesamt} = I^2 \cdot R_{gesamt} = 25^2 \cdot 12 = 625 \cdot 12 = 7500$ W

Mit den Ergebnissen wird ein allgemeines Prinzip für die Reihenschaltungen verdeutlicht: Der Gesamtwiderstand ist immer größer als der größte einzelne Widerstand. Das lässt sich einfach erklären:

Eine Reihenschaltung von Widerständen verlängert die Leitung. W

Werden die Widerstände in einem Stromkreis nebeneinander geschaltet, so entsteht eine **Parallelschaltung.**

Parallelschaltung der Widerstände

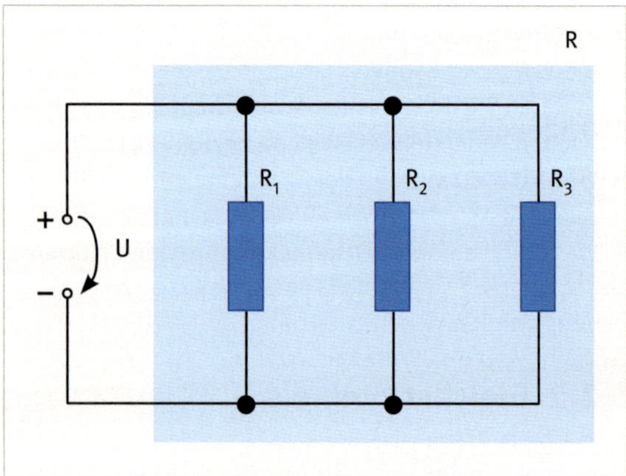

Der Gesamtwiderstand wird in diesem Fall kleiner als der kleinste Teilwiderstand, da sich der gesamte Querschnitt des Widerstandes erhöht. Für die Widerstände gilt:

$$\frac{1}{R} = \frac{1}{R_1} + \frac{1}{R_2} + \ldots + \frac{1}{R_n}$$

Im Fall $n = 2$ vereinfacht sich die Formel des Gesamtwiderstandes:

$$R = \frac{R_1 \cdot R_2}{R_1 + R_2}$$

Bei der Parallelschaltung liegt die gleiche Spannung an allen Teilwiderständen an, der Strom verteilt sich aber. Es gilt:

$$I = I_1 + I_2 + \ldots + I_n$$

W

Diese Formel stellt die **1. Kirchhoff'sche Regel** dar: In einem Knotenpunkt (Parallelschaltung) ist die Summe aller zufließenden Ströme gleich der Summe aller abfließenden Ströme.

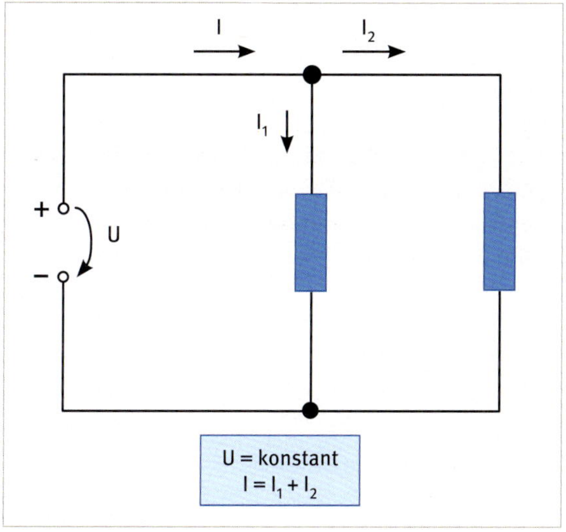

1. Kirchhoff'sche Regel

Beispiel

In einem Gleichstromkreis befinden sich zwei parallel geschaltete Widerstände $R_1 = 6\ \Omega$ und $R_2 = 4\ \Omega$. Die Spannung U beträgt 50 V. Berechnet werden soll die Leistung jedes einzelnen Widerstandes und des Widerstandes im gesamten Stromkreis sowie die jeweilige Stromstärke.

In einer Parallelschaltung existiert überall die gleiche Spannung U. Zuerst wird der Gesamtwiderstand berechnet:

$$R_{gesamt} = \frac{R_1 \cdot R_2}{R_1 + R_2} = \frac{6 \cdot 4}{6 + 4} = 2{,}4\ \Omega$$

Mit diesem Ergebnis wird auch ein allgemeines Prinzip für die Parallelschaltungen sichtbar. Der Gesamtwiderstand ist immer kleiner als der kleinste einzelne Widerstand im Stromkreis. Das lässt sich einfach erklären:

Eine Parallelschaltung von Widerständen vergrößert den Querschnitt der Leitung.

W

Beispiel

Die entsprechenden Stromstärken errechnen sich aus folgenden Beziehungen:

$$I_1 = \frac{U}{R_1} = \frac{50}{6} \approx 8{,}3\ \text{A}$$

$$I_2 = \frac{U}{R_2} = \frac{50}{4} = 12{,}5\ \text{A}$$

Daraus ergibt sich die Gesamtstromstärke:

$$I_{gesamt} = I_1 + I_2 = 8{,}3 + 12{,}5 = 20{,}8\ \text{A}$$

Oder es gilt:

$$I_{gesamt} = \frac{U}{R_{gesamt}} = \frac{50}{2{,}4} \approx 20{,}8\ \text{A}$$

Die entsprechenden Leistungen ergeben sich jeweils aus folgenden Beziehungen:

$$P_1 = U \cdot I_1 = 50 \cdot 8{,}3 = 415\ \text{W}$$

$$P_2 = U \cdot I_2 = 50 \cdot 12{,}5 = 625\ \text{W}$$

$$P_{gesamt} = U \cdot I_{gesamt} = 50 \cdot 20{,}8 = 1040\ \text{W}$$

Reihen- und Parallelschaltungen werden bei der Herstellung von elektrotechnischen Geräten verwendet.

In der Elektrotechnik kommen oft Reihen- und Parallelschaltungen zusammen in einer gemischten Schaltung vor. Die Berechnung der Widerstände, Spannungen und Stromstärken erfolgt dabei schrittweise, indem die einzelnen Reihen- oder Parallelschaltungen durch temporäre Schaltungen ersetzt werden, die die gesamte Schaltung vereinfachen.

Beispiel

Das folgende elektrische Schema enthält eine gemischte Schaltung aus Reihen- und Parallelschaltungen von elektrischen Widerständen.

Die abgebildeten Widerstände besitzen folgende Werte: $R_1 = 6\ \Omega$, $R_2 = 4\ \Omega$, $R_3 = 5\ \Omega$, $R_4 = 3\ \Omega$. Zu ermitteln ist die allgemeine Formel und der Wert des Gesamtwiderstandes dieses Schemas.

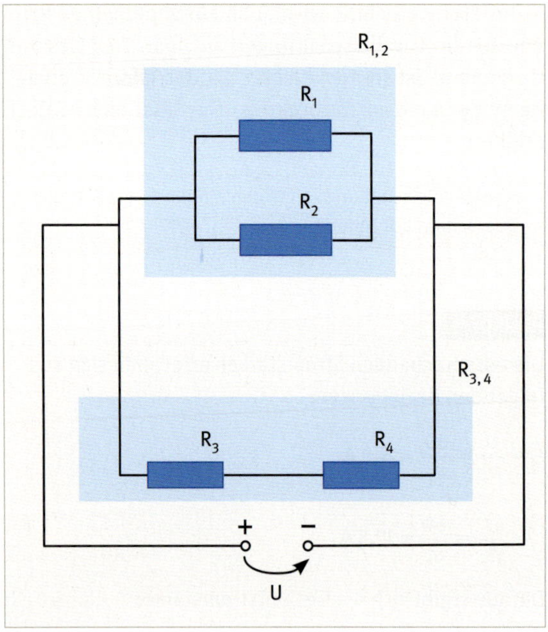

Schema mit gemischten Schaltungen

Zuerst wird der Widerstand $R_{1,2}$ der Parallelschaltung und danach der Widerstand $R_{3,4}$ der Reihenschaltung berechnet:

$$R_{1,2} = \frac{R_1 \cdot R_2}{R_1 + R_2},$$

$$R_{3,4} = R_3 + R_4$$

Aus beiden Beziehungen leitet sich die Formel für den Gesamtwiderstand ab. Da die Widerstände $R_{1,2}$ und $R_{3,4}$ parallel geschaltet sind, ergibt sich für den Gesamtwiderstand folgende Formel:

$$R_{gesamt} = \frac{R_{1,2} \cdot R_{3,4}}{R_{1,2} + R_{3,4}} = \frac{\frac{R_1 \cdot R_2}{R_1 + R_2} \cdot (R_3 + R_4)}{\frac{R_1 \cdot R_2}{R_1 + R_2} + R_3 + R_4} = \frac{R_1 \cdot R_2 \cdot (R_3 + R_4)}{R_1 \cdot R_2 + (R_1 + R_2) \cdot (R_3 + R_4)}$$

Die Formel gilt selbstverständlich nur für das abgebildete Schema. Sie kann beispielsweise für die Programmierung verwendet werden. Mit den vorgegebenen Werten wird letztlich das gesuchte Ergebnis errechnet:

$$R_{gesamt} = \frac{6 \cdot 4 \cdot (5 + 3)}{6 \cdot 4 + (6 + 4) \cdot (5 + 3)} \approx 1{,}78\,\Omega$$

Als **Potenziometer** (Spannungsteiler) wird ein Gerät bezeichnet, dessen elektrischer Widerstand sich kontinuierlich verändern lässt.

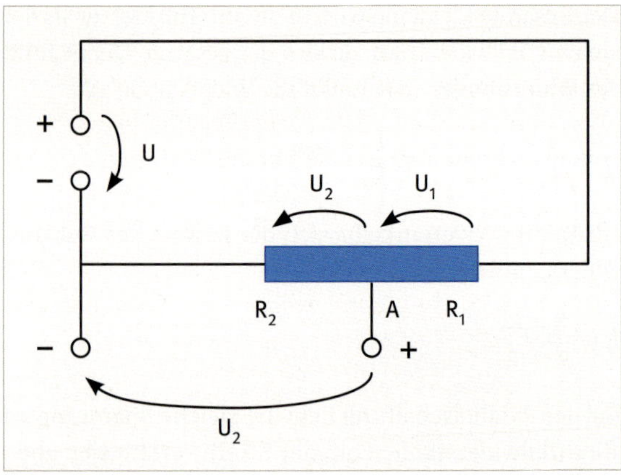

Potenziometer

Vorausgesetzt wird eine konstante Spannung U. Im Punkt A befindet sich ein Schleifkontakt, der nach links oder nach rechts bewegt werden kann. Dadurch verändern sich stetig die Widerstände R_1 und R_2 mit den entsprechenden Spannungen. Die Spannung U_2 wird abgegriffen und mit einem weiteren Widerstand belastet (Lastwiderstand, beispielsweise eine Glühlampe). Diese Spannung errechnet sich nach der Formel:

$$U_2 = \frac{U \cdot R_2}{R_1 + R_2}$$

Es ist erkennbar, dass sich die Spannung U_2 kontinuierlich von 0 (bei $R_2 = 0$, $R_1 = R$) bis U (bei $R_2 = R$, $R_1 = 0$) verändert. Wird ein Lastwiderstand R_L angeschlossen, so sinkt die abgegriffene Spannung am Widerstand R_2.

$$U_2 = \frac{U \cdot R_2}{R_1 + R_2 + \frac{R_1 \cdot R_2}{R_L}}$$

Potenziometer mit Lastwiderstand

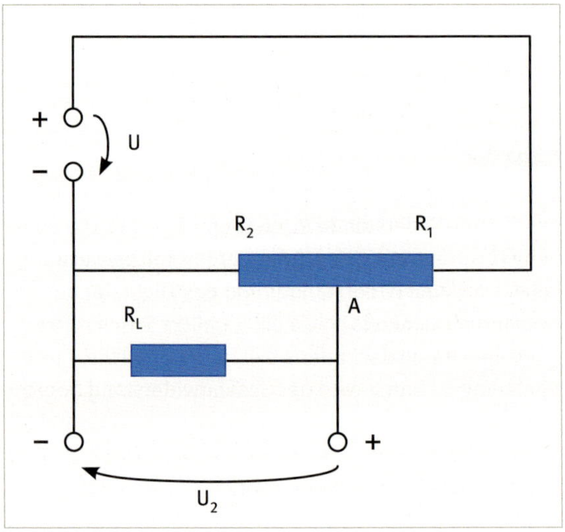

Potenziometer dienten in der Radio- und Fernsehtechnik über einen langen Zeitraum zur Lautstärkeregelung und in der Haushaltstechnik zu verschiedensten Regelungsfunktionen. Sie werden allerdings zunehmend von digitalen Bauelementen verdrängt.

Eine **Brückenschaltung** eignet sich für die Ermittlung unbekannter Widerstände (Messbrücke). Aus dem Schema sind die dafür erforderliche Grundlagen ersichtlich.

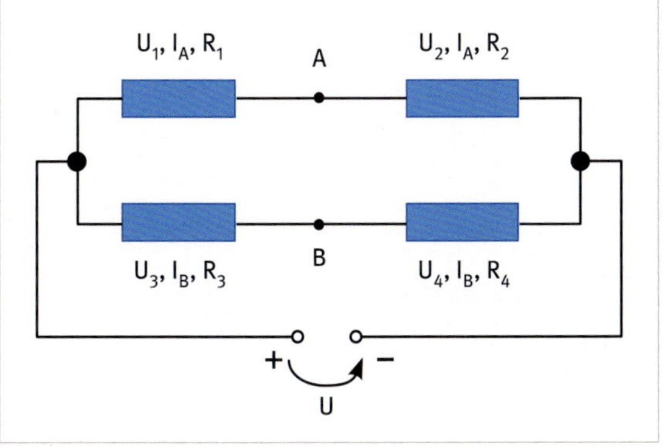

Brückenschaltung

Wenn es gelingt, die Widerstände R_1, R_2, R_3 und R_4 so zu wählen, dass die Spannungen

$U_1 = U_3$ und $U_2 = U_4$

betragen, dann kann man behaupten, dass zwischen den Punkten A und B keine Spannung ($U_{A,B}$) existiert. Diese Tatsache, dass $U_{A,B} = 0$ ist, wird für den späteren Aufbau des Messgerätes benötigt. Zuerst müssen die Beziehungen zwischen den Widerständen ermittelt werden. Tatsächlich gilt:

$U_1 = I_A \cdot R_1 \quad U_2 = I_A \cdot R_2 \quad U_3 = I_B \cdot R_3 \quad U_4 = I_B \cdot R_4$

Aus den Formeln

$I_A \cdot R_1 = I_B \cdot R_3$ und $I_A \cdot R_2 = I_B \cdot R_4$

folgt:

$$\frac{R_1}{R_2} = \frac{R_3}{R_4}$$

Die bestehenden Verhältnisse zwischen den Widerständen führen dazu, dass zwischen den Punkten A und B keine Spannung existiert:

$U_{A,B} = 0$

Eine **Messbrücke** entsteht, indem die Widerstände R_3 und R_4 durch einen Schleifwiderstand ersetzt werden. R_1 ist ein Widerstand, dessen Wert ganz genau bekannt

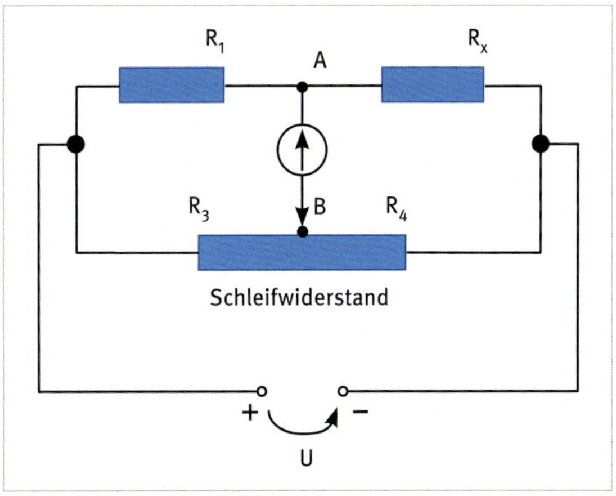

Messbrücke

ist. Zwischen den Punkten A und B wird ein Messinstrument geschaltet, das den Wert 0 für die Spannung ganz exakt erkennen kann. Anstelle von R_2 wird der unbekannte Widerstand R_x angeschlossen. Die Verhältnisse auf dem Schleifwiderstand werden danach so lange verändert, bis das Messinstrument den Wert 0 für die Spannung 0 anzeigt. Dann lautet der Wert für den unbekannten Widerstand:

$$R_x = R_2 = \frac{R_1 \cdot R_4}{R_3}$$

Beispiel

Zeigt die Messbrücke die Spannung $U_{A,B} = 0$ bei den Widerständen $R_1 = 6\,\Omega$, $R_3 = 4\,\Omega$ und $R_4 = 2\,\Omega$, so ergibt sich der unbekannte Widerstand nach folgender Beziehung:

$$R_x = \frac{R_1 \cdot R_4}{R_3} = \frac{6 \cdot 2}{4} = 3\,\Omega$$

Aufgaben

1. Verwenden Sie das im Beispiel dargestellte Schema einer gemischten Schaltung. Bekannt sind folgende Widerstände: $R_1 = 2\,\Omega$, $R_2 = 8\,\Omega$, $R_3 = 4\,\Omega$. Gesucht wird R_4 bei folgenden Werten:
   a) $R_{gesamt} = 12\,\Omega$,
   b) $R_{gesamt} = 6\,\Omega$.
2. Eine Messbrücke zeigt den Wert 0 für die Spannung bei den Widerständen $R_1 = 2\,\Omega$, $R_3 = 1\,\Omega$ und $R_4 = 5\,\Omega$. Berechnen Sie den unbekannten Widerstand.

5.2.3 Kondensatoren

Kondensatoren ermöglichen die Speicherung elektrischer Ladungen. Sie bestehen aus zwei elektrisch leitenden Platten und einem dazwischen befindlichen Isolator. Die Platten werden an die Spannungsquelle angeschlossen, wodurch der Kondensator aufgeladen wird.

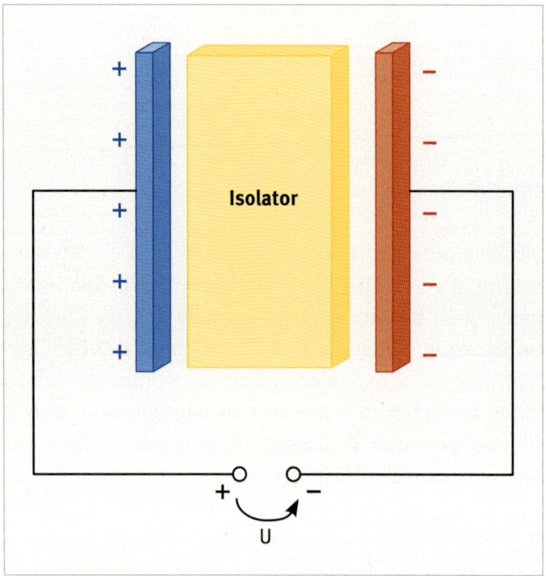

Plattenkondensator

Nach dem Ladevorgang steht der Kondensator selbst als Spannungsquelle zur Verfügung. In einem Gleichstromkreis wirkt der geladene Kondensator als Widerstand mit unendlich großem Wert R. Der elektrische Strom fließt in diesem Stromkreis nur kurze Zeit, wenn der Kondensator geladen oder entladen wird.

Je höher die angelegte Spannung U beim Laden des Kondensators ist, desto größer ist die Ladung Q des Kondensators. Die beiden Größen verhalten sich proportional zueinander:

$$Q = C \cdot U$$

Der Koeffizient C ist von den physikalischen Größen und der Bauweise des Kondensators abhängig und heißt **Kapazität.** Die Kapazität eines Kondensators wird in Farad gemessen ($F = C/V$). Sie verhält sich direkt proportional zur Plattenfläche A und indirekt proportional zum Abstand d zwischen den Platten. Diese Abhängigkeit wird durch folgende Beziehung ausgedrückt:

$$C = \varepsilon_0 \cdot \varepsilon_r \cdot \frac{A}{d}$$

Hierbei ist ε_0 die **elektrische Feldkonstante** ($8{,}85 \cdot 10^{-12}$ F/m) und ε_r ist die **Permittivitätszahl,** die vom Material (Dielektrikum) abhängig ist ($\varepsilon_r = 1{,}00059$ für Luft, $\varepsilon_r = 1$ für Vakuum).

Beispiel

Ein Plattenkondensator wird mit der Spannung $U = 6$ V geladen. Er verwendet als Isolator Glycerin ($\varepsilon_r = 42{,}5$) und besitzt folgende Parameter: Länge $a = 8$ cm, Breite $b = 2$ cm, Abstand zwischen den Platten $d = 1$ mm. Wie viel Elektronen enthält dieser Kondensator?

Ist Q die Gesamtladung des Kondensators und e die Elementarladung, so errechnet sich die Zahl der Elektronen nach folgender Beziehung:

$$N = \frac{Q}{e} = \frac{C \cdot U}{e} = \frac{\varepsilon_0 \cdot \varepsilon_r \cdot \frac{A}{d} \cdot U}{e} = \frac{\varepsilon_0 \cdot \varepsilon_r \cdot A \cdot U}{d \cdot e} = \frac{\varepsilon_0 \cdot \varepsilon_r \cdot a \cdot b \cdot U}{d \cdot e}$$

Die bekannten Werte in umgerechneten Einheiten liefern mit dieser Formel die gesuchte Anzahl der Elektronen:

$$N = \frac{8{,}85 \cdot 10^{-12} \cdot 42{,}5 \cdot 8 \cdot 10^{-2} \cdot 2 \cdot 10^{-2} \cdot 6}{10^{-3} \cdot 1{,}6 \cdot 10^{-19}} \approx 36{,}1 \cdot 10^{9}$$

Befinden sich die Kondensatoren wie in dem folgenden Schema in einer Reihenschaltung,

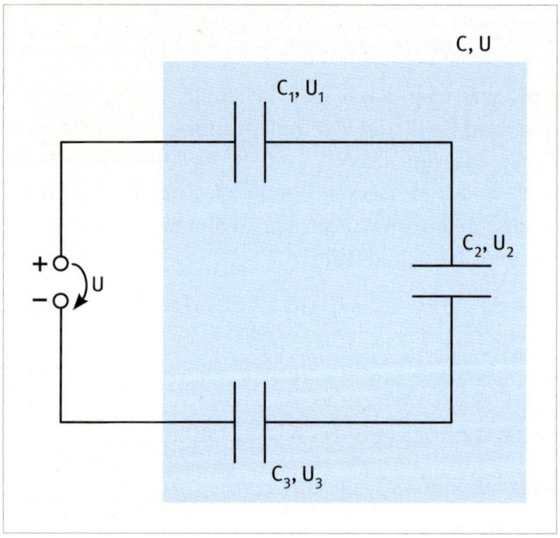

Reihenschaltung der Kondensatoren

so gelten die folgenden Formeln für die Kapazitäten und Spannungen:

$$\frac{1}{C} = \frac{1}{C_1} + \frac{1}{C_2} + \ldots + \frac{1}{C_n}$$

$$U = U_1 + U_2 + \ldots + U_n$$

Hier ist C die Gesamtkapazität der gesamten Schaltung. Alle Kondensatoren enthalten dabei die **gleiche Ladung.**

Schaltet man die Kondensatoren parallel, ergibt sich die folgende Schaltung:

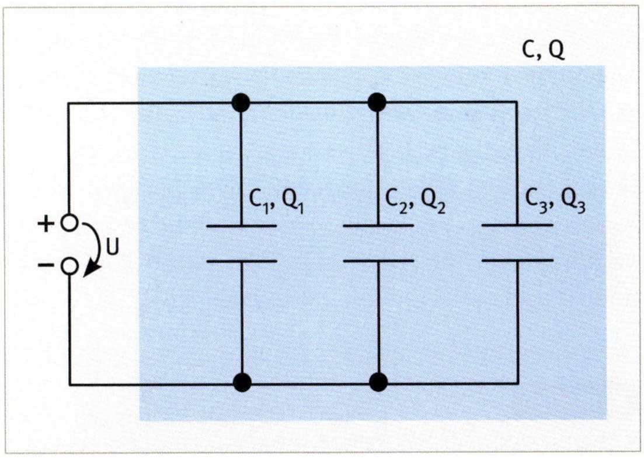

Parallelschaltung der Kondensatoren

Es gelten die Beziehungen:

$$C = C_1 + C_2 + \ldots + C_n$$

$$Q = Q_1 + Q_2 + \ldots + Q_n$$

Hier ist C die Gesamtkapazität und Q ist die Gesamtladung der Schaltung. Alle Kondensatoren stehen unter der **gleichen Spannung.**

Die **gespeicherte Energie** eines Kondensators ergibt sich nach der Formel:

$$E = \frac{Q \cdot U}{2} = \frac{C \cdot U^2}{2}$$

Neben dem Plattenkondensator existieren weitere Bauformen, wie zum Beispiel der **Kugelkondensator.**

Kugelkondensator

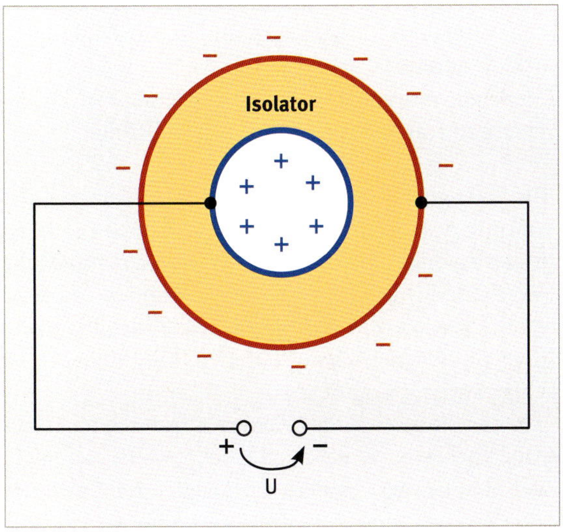

Bezeichnen r_i und r_a die Radien (Innen- und Außenradius) dieser Kugel, so ergibt sich für die Kapazität des Kugelkondensators:

$$C = 4 \cdot \pi \cdot \varepsilon_0 \cdot \varepsilon_r \cdot \frac{r_a \cdot r_i}{r_a - r_i}$$

Beispiel

Angenommen, die Erde stellt einen Kugelkondensator dar. Der innere Radius r_i dieses Kondensators beträgt 6 371 km (Erdradius). Der Außenradius dieses Kondensators ist unendlich groß: $r_a \to \infty$.

Die Formel für die Kapazität lässt sich in diesem Fall vereinfachen:

$$C = 4 \cdot \pi \cdot \varepsilon_0 \cdot \varepsilon_r \cdot r_i$$

Mit den bekannten Werten ergibt sich für die Kapazität der Erde:

$$C = 4 \cdot 3{,}14 \cdot 8{,}85 \cdot 10^{-12} \cdot 6{,}371 \cdot 10^6 \approx 7{,}1 \cdot 10^{-4}\ \text{F}$$

Aufgaben

1. Ein Kondensator auf der Hauptplatine eines Computers steht unter der Spannung von 3,5 V und besitzt die Kapazität 0,5 pF. Welche Ladung und welche Energie kann er speichern?
2. Die Radien der beiden Oberflächen eines Kugelkondensators betragen 5 cm und 4 cm. Zwischen den Oberflächen befindet sich Luft. Welche Kapazität besitzt dieser Kondensator?

5.2.4 Magnetismus

Einige Materialien besitzen Kräfte, mit denen sie andere Stoffe anziehen oder abstoßen können. Solche Materialien werden als **Magnete** bezeichnet. Der Ursprung dieser magnetischen Kraft führt zu den Elektronen selbst. Ein Elektron kann mit der sich um die eigene Achse drehenden Kugel verglichen werden und besitzt dementsprechend ein **Drehmoment.** Ereignisse in der mikroskopisch kleinen Welt der Atome und Moleküle können nicht mit der normal wahrnehmbaren Umgebung verglichen werden. Trotzdem versucht man, Analogien aus der wahrnehmbaren Umgebung auf die Geschehnisse in der Mikrowelt zu übertragen, um diese Geschehnisse besser zu verstehen. Das Drehmoment eines Elektrons, der **Spin,** kann nur zwei Richtungen einschlagen, genau wie das Drehmoment einer Kugel.

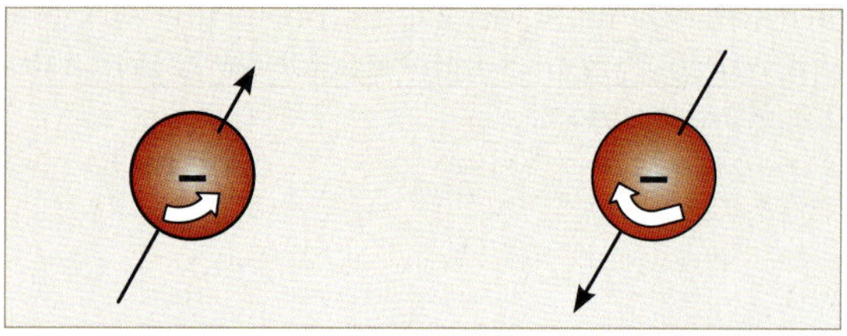

Spin eines Elektrons

Das Verhalten der Stoffe wird in Bezug auf das äußere magnetische Feld unterschieden:

- **Die Spins ordnen sich entlang des äußeren magnetischen Feldes.** Diese Stoffe werden in das Feld eingezogen. Sie heißen **Paramagnete.** Die Elemente Lithium, Natrium und Kalium gehören zu dieser Gruppe.
- **Die Spins ordnen sich gegen das äußere magnetische Feld.** Diese Stoffe werden vom Feld abgestoßen. Sie heißen **Diamagneten.** Das Mineral Grafit (Kohlenstoff) und das Element Wismut sind starke Diamagneten.

Zu den paramagnetischen Stoffen gehören auch die sogenannten **Ferromagnete.** Dazu zählen Eisen, Nickel und Kobalt. Im Gegensatz zu den para- und diamagnetischen Materialien sind sie in der Lage, durch den Einfluss des äußeren magnetischen Feldes einen eigenen Magnetismus zu entwickeln und längere Zeit zu bewahren.

Ferromagnete bestehen aus Bereichen **(Domänen),** in denen die Mehrzahl der Elektronen gleichgerichtete Spins aufweisen. Solange sich die Domänen zueinander in einem chaotischen Verhältnis befinden, heben sich die magnetischen Kräfte gegenseitig auf. Wird der Ferromagnet dagegen in einem starken äußeren magnetischen Feld platziert, dann ordnen sich die Domänen entlang der Feldlinien an und verweilen in dieser Lage, auch wenn das äußere magnetische Feld nicht mehr besteht.

Domänen in einem Ferromagneten

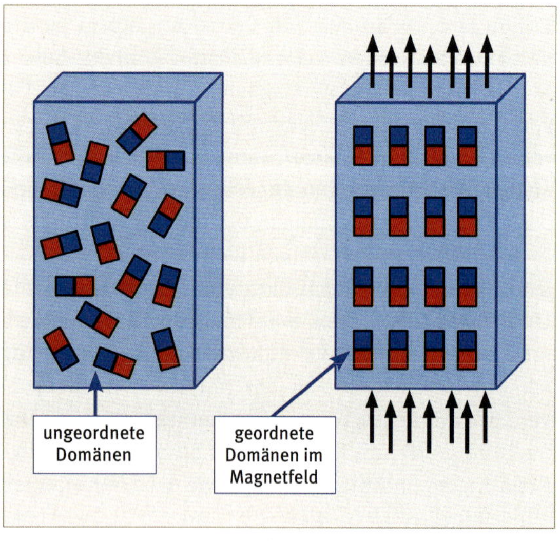

Der Ferromagnetismus spielt eine besonders wichtige Rolle in den Informationstechnologien. Die Festplatten und Disketten enthalten eine ferromagnetische Beschichtung. Durch die gezielte Orientierung der Domänen speichert der Schreib- und Lesekopf des Speichergerätes die Informationen in der Beschichtung. Die Orientierung bleibt über viele Jahre erhalten, wenn der Datenträger keinem Magnetfeld ausgesetzt wird. Durch die Wirkung eines Magnetfeldes können die Informationen allerdings gelöscht oder gezielt durch neue Daten ersetzt werden (Überschreiben). Diese Speichertechnologien werden aber zunehmend durch neue Verfahren verdrängt, wie die Nanotechnologie (siehe 5.2.7 „Halbleiter“) und optische Speichertechnologien.

Aufgaben

1. Erklären Sie die Begriffe **Paramagnet** und **Diamagnet.**
2. Wodurch unterscheiden sich Ferromagnete von anderen Stoffen? Wie funktioniert Ferromagnetismus?

5.2.5 Wechselstromkreis

Wechselstrom wird dadurch gekennzeichnet, dass sich die Werte für Spannung und Stromstärke periodisch ändern. Die Stromquelle liefert den Strom nicht gleichmäßig, sondern mit unterschiedlichen Werten zu unterschiedlichen Zeiten. Die wichtigsten Gründe für die Verwendung von Wechselstrom lauten:

- Wechselstrom lässt sich leichter **erzeugen,** denn die dafür erforderlichen Maschinen sind einfach konstruiert.
- Wechselstrom lässt sich leichter **transportieren.**
- Wechselstrom lässt sich leichter **umformen,** d.h., seine charakteristischen Merkmale lassen sich leichter verändern. Das gilt auch für die Umwandlung in Gleichstrom.

Deswegen verwendet man in der öffentlichen Stromversorgung fast ausschließlich Wechselstrom.

Die Erzeugung von Wechselstrom resultiert aus der Wirkung des magnetischen Feldes auf einen sich darin bewegenden Leiter (Leiterschleife). Überquert die Leiterschleife die magnetischen Feldlinien, so wird ein elektrischer Strom induziert. Die Bewegung parallel zu den magnetischen Feldlinien führt hingegen zu keiner Stromerzeugung.

In der Praxis wird die Leiterschleife durch eine Spule mit mehreren Windungen ersetzt, wobei sich nicht die Spule bewegt, sondern der Magnet dreht sich um seine eigene Achse. Die Kreisbewegung wird mathe-

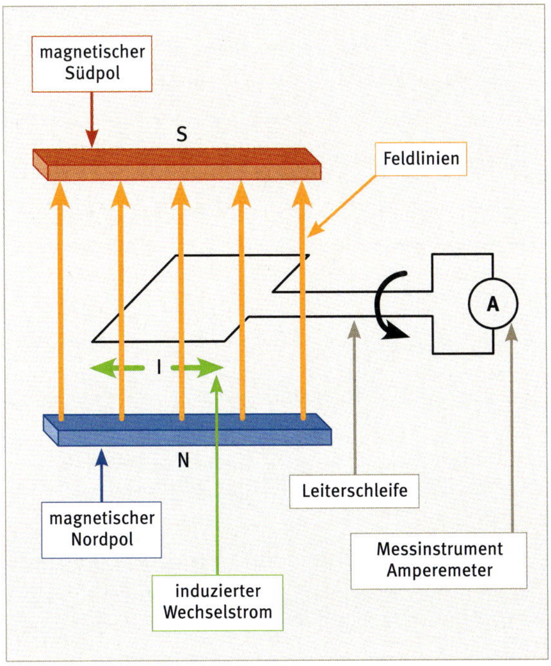

Leiterschleife in einem Magnetfeld

matisch mit der Winkelfunktion Sinus beschrieben. Somit können die Wechselstromstärke und die Wechselspannung folgendermaßen dargestellt werden:

$i(t) = i_{\max} \cdot \sin(\omega \cdot t) \qquad u(t) = u_{\max} \cdot \sin(\omega \cdot t)$

Hierbei stehen $i(t)$ und $u(t)$ für die Stromstärke und die Spannung zum Zeitpunkt t (augenblickliche Werte), i_{max} und u_{max} stellen die maximalen Werte dar ($-i_{max}$ und $-u_{max}$ die minimalen Werte) und ω ist die Winkelgeschwindigkeit der Drehbewegung.

Das Schema zeigt einen einfachen Wechselstromkreis mit einem Widerstand.

Einfacher Wechselstromkreis

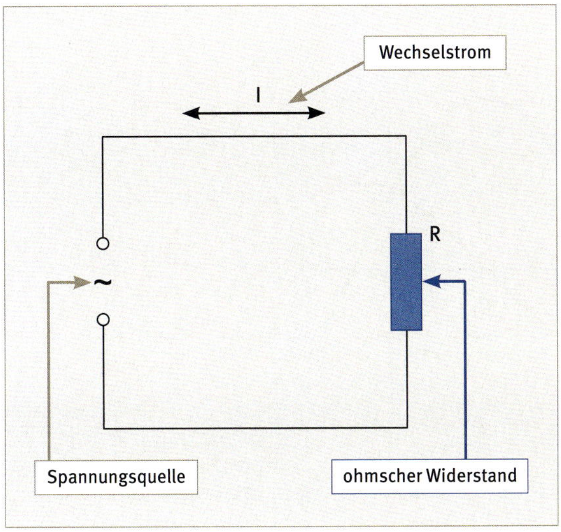

Dieser konventionelle Widerstand wird auch als ohmscher Widerstand bezeichnet. Andere elektrische Bauelemente, wie Spule oder Kondensator, verhalten sich im Wechselstromkreis ähnlich wie Widerstände. Bei Spule und Kondensator existiert eine Phasenverschiebung φ zwischen Spannung und Stromstärke.

$i(t) = i_{\max} \cdot \sin(\omega \cdot t) \qquad u(t) = u_{\max} \cdot \sin(\omega \cdot t + \varphi)$

Element	Phasenverschiebung
ohmscher Widerstand	$\varphi = 0$
Spule	$\varphi = \frac{\pi}{2}$
Kondensator	$\varphi = -\frac{\pi}{2}$

W

Die kleinste Zeiteinheit, in der sich der maximale Wert von Spannung oder Stromstärke wiederholt, heißt **Periode** oder **Periodendauer.** Sie wird mit T bezeichnet. Der daraus ermittelte reziproke Wert ist die Frequenz f. Sie gibt an, wie oft (wie viel mal pro Sekunde) sich Spannung oder Stromstärke ändern. Die übliche Frequenz im privaten häuslichen Stromnetz beträgt 50 Hz. Das bedeutet, dass sich die Spannung 50-mal pro Sekunde ändert. Als einmalige Änderung gilt der Verlauf von einem bestimmten Wert bis zu seinem Gegenwert und zurück.

Befindet sich in einem Wechselstromkreis ein ohmscher Widerstand, verursacht er keine Phasenverschiebung zwischen Strom und Spannung. Die im Widerstand umgesetzte elektrische Leistung wird in diesem Fall ähnlich wie im Gleichstromkreis berechnet:

$$P(t) = u(t) \cdot i(t) = u_{\max} \cdot \sin(\omega \cdot t) \cdot i_{\max} \cdot \sin(\omega \cdot t) = u_{\max} \cdot i_{\max} \cdot \sin^2(\omega \cdot t)$$

Daraus folgt, dass die elektrische Leistung ebenfalls eine Kreisfunktion ist. Sie besitzt folgenden maximalen und minimalen Wert:

$P_{\min} = 0 \quad$ und $\quad P_{\max} = u_{\max} \cdot i_{\max}$

Der zeitliche Mittelwert

$$P = \frac{u_{\max} \cdot i_{\max}}{2}$$

heißt **Wirkleistung.** Für die Effektivwerte U_{eff} und I_{eff} gilt folgende Definition:

$$U_{\text{eff}} \cdot I_{\text{eff}} = P \quad \text{oder} \quad U_{\text{eff}} \cdot I_{\text{eff}} = \frac{u_{\max} \cdot i_{\max}}{2}$$

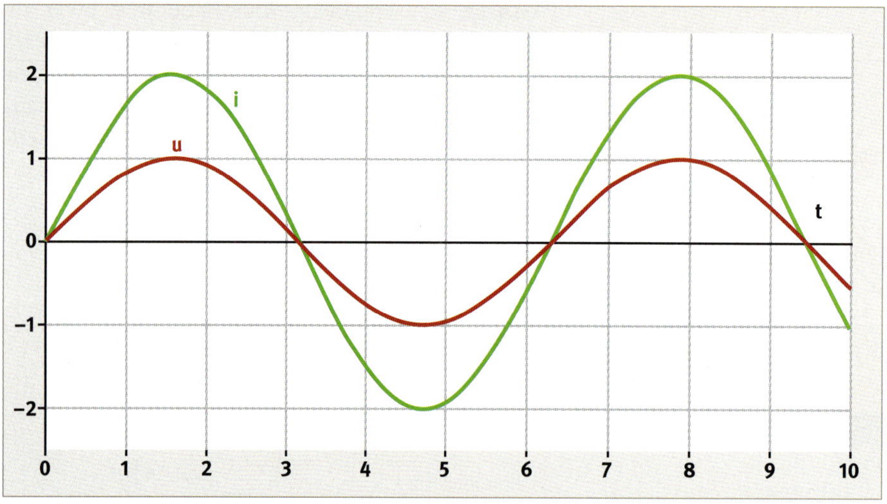

Sinusförmiger Verlauf von Spannung und Stromstärke bei einem ohmschen Widerstand

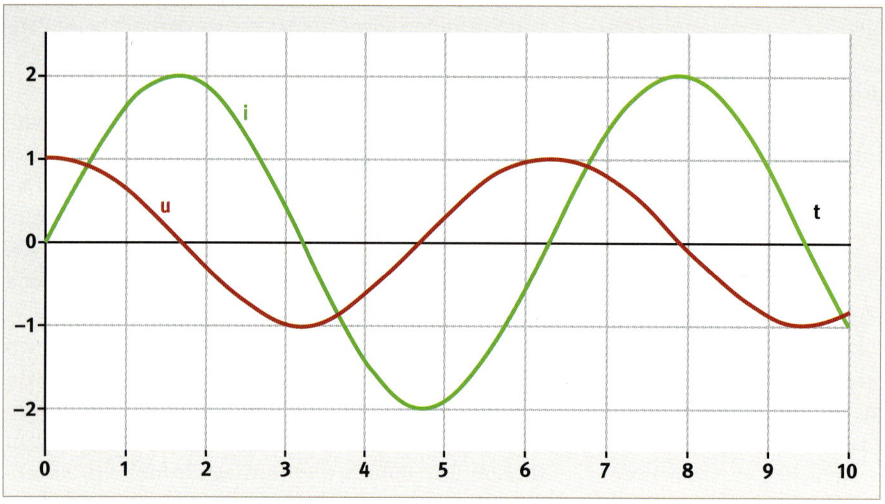

Sinusförmiger Verlauf von Spannung und Stromstärke bei einer Spule

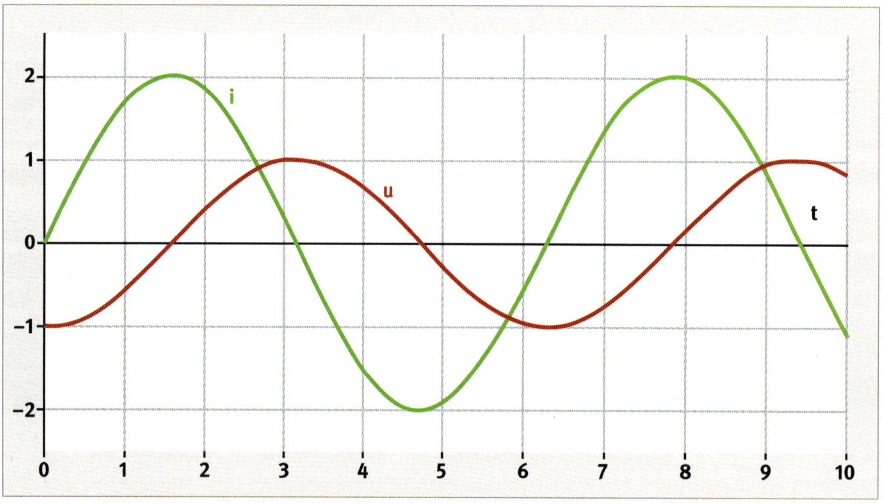

Sinusförmiger Verlauf von Spannung und Stromstärke bei einem Kondensator

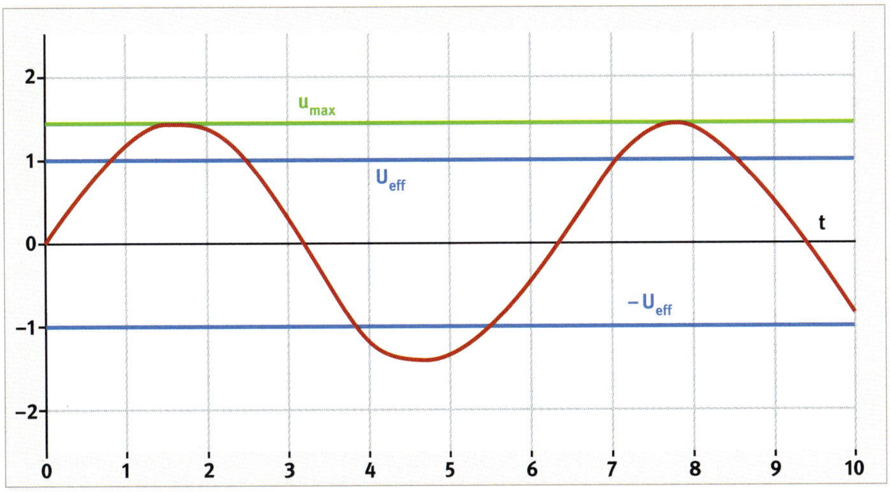

Effektivwert der Spannung

Diese Effektivwerte sind abhängig von der Wechselspannung und dem Wechselstrom und ergeben die Wirkleistung des Wechselstromkreises. Diese Charakteristiken sind zeitunabhängig, also stetige Merkmale des Wechselstromkreises. Um die Effektivwerte aus der oberen Definition zu ermitteln, wird das ohmsche Gesetz für die Darstellung der Wirkleistung genutzt:

$$\frac{U^2_{eff}}{R} = P = \frac{u^2_{max}}{2 \cdot R} \quad \text{und} \quad I^2_{eff} \cdot R = P = \frac{i^2_{max} \cdot R}{2}$$

$$U_{eff} = \frac{u_{max}}{\sqrt{2}} \quad \text{und} \quad I_{eff} = \frac{i_{max}}{\sqrt{2}}$$

Die Messgeräte für Wechselstrom und Wechselspannung zeigen in der Praxis die Effektivwerte an. Dadurch lässt sich die Wirkleistung an einem Widerstand leicht berechnen. Der Wert 230 V für die allgemein bekannte Haushaltsspannung entspricht dem Effektivwert der Spannung.

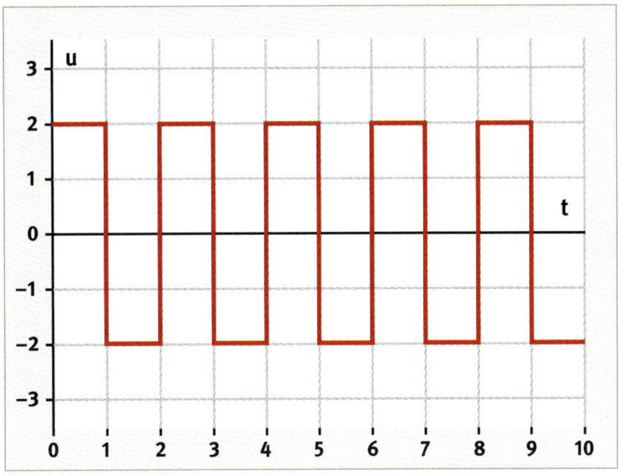

Rechteckspannung

Beispiel

Die maximale Spannung in den privaten Haushalten beträgt:

$u_{max} = U_{eff} \cdot \sqrt{2} \approx 230 \cdot 1{,}4142 \approx 325{,}27\,V$

Dieser Wert gilt für die maximale Spannung in nur einer Richtung des Ausschlages. In der Gegenrichtung erscheint der gleiche Wert, sodass die Spannung über beide Amplituden den doppelten Wert von 650,54 V besitzt.

Außer den sinusförmigen Verläufen von $u(t)$ und $i(t)$ existieren auch noch andere Strom- und Spannungsverläufe (Rechteck-, Dreieck- und Sägezahnspannung).

Dreieckspannung

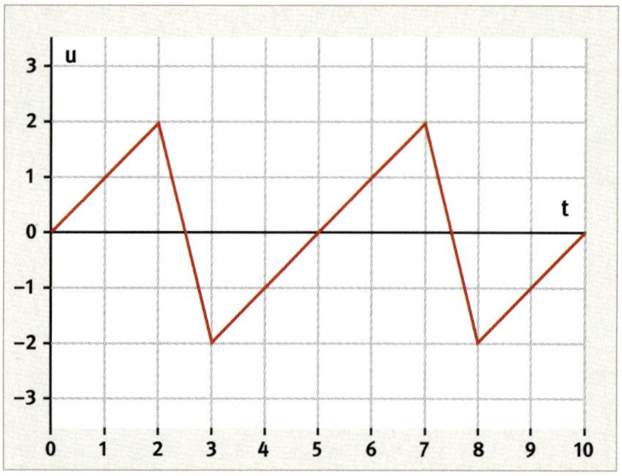

Sägezahnspannung

W

Form	Spannung	Stromstärke
Sinus	$U_{eff} = \frac{u_{max}}{\sqrt{2}}$	$I_{eff} = \frac{i_{max}}{\sqrt{2}}$
Rechteck	$U_{eff} = u_{max}$	$I_{eff} = i_{max}$
Dreieck, Sägezahn	$U_{eff} = \frac{u_{max}}{\sqrt{3}}$	$I_{eff} = \frac{i_{max}}{\sqrt{3}}$

Aufgaben

1. Warum hat sich der Wechselstrom gegenüber dem Gleichstrom in der Praxis durchgesetzt? Nennen Sie drei Ursachen.
2. Beschreiben Sie den Aufbau und die Funktionsweise der einfachsten Vorrichtung für die Erzeugung von Wechselstrom.
3. Was ist die Wirkleistung?
4. Wie kann man die Effektivwerte der Spannung und der Stromstärke definieren?
5. Der Widerstand einer Glühlampe in einem Wechselstromkreis beträgt 36 Ω. Welche Leistung nimmt diese Glühlampe auf?

5.2.6 Transformatoren

Transformatoren wandeln die verschiedenen Wechselspannungen um. Die Kraftwerke liefern elektrische Energie mit den **Höchstspannungen** von 380 kV oder 220 kV. In der Nähe großer Städte wird diese Spannung auf eine **Hochspannung** von 110 kV vermindert. Auf der Ebene der Gemeinden und Stadtteile wird diese Spannung noch einmal in **Mittelspannungen** von 10 kV oder 20 kV umgewandelt. In den Ortsnetzstationen erfolgt die letzte Umwandlung in **Niederspannungen** von 200 V oder 380 V. In allen diesen Fällen wird die Spannung durch Transformatoren umgewandelt.

Prinzipiell arbeitet ein Transformator nach folgendem Prinzip:

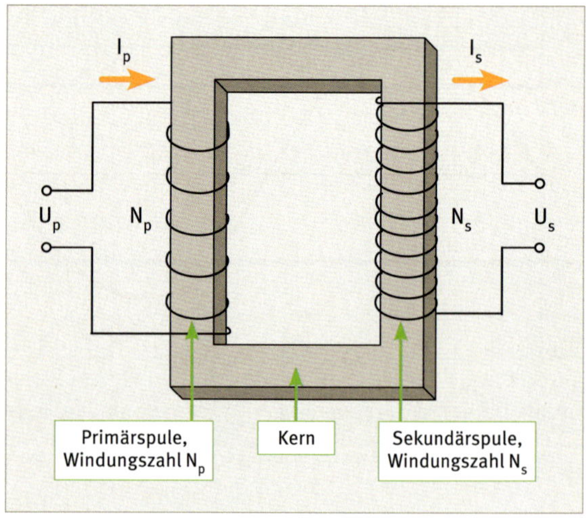

Aufbau eines Transformators

Fließt in der **Primärspule** ein Wechselstrom mit der Spannung U_p, so erzeugt er im **Kern** ein wechselndes magnetisches Feld. Dieses Feld induziert in der **Sekundärspule** auch einen Wechselstrom mit der Spannung U_s. Wichtig sind dabei die **Windungszahlen** der beiden Spulen. Sind N_p und N_s die Windungszahlen der primären und sekundären Spule, so gilt für die entsprechenden Spannungen folgende Formel:

$$\frac{U_p}{U_s} = \frac{N_p}{N_s}$$

Daraus ist ersichtlich, dass die Wechselspannungen mit einem Transformator herauf- oder heruntertransformiert werden können. Ist $N_p + N_s$, so erhöht sich die Spannung. Dabei sinkt aber der entnehmbare Strom in der sekundären Spule. Bei $N_p = N_s$ reduziert sich die Spannung, aber es steigt die Stromstärke am Ausgang. Spannung und Stromstärke verhalten sich indirekt proportional zueinander:

$$\frac{U_p}{U_s} = \frac{I_s}{I_p}$$

Beispiel

Der von einem Transformator gelieferte Strom hat eine Stromstärke von 50 A. Die primäre Spule besitzt 2 000 Windungen, die sekundäre Spule 500 Windungen. Die Leistung des Transformators beträgt 2 875 W. Es soll die Eingangsspannung und -stromstärke sowie die Ausgangsspannung des Transformators berechnet werden.

Aus den oben dargestellten Formeln folgt:

$$\frac{N_p}{N_s} = \frac{I_s}{I_p}$$

Aus diesem Verhältnis kann die Stromstärke des primären Stroms errechnet werden:

$$I_p = \frac{N_s \cdot I_s}{N_p} = \frac{500 \cdot 50}{2000} = 12{,}5\ \text{A}$$

Aus der Formel für die Leistung folgt:

$$U_p = \frac{P}{I_p} = \frac{2875}{12{,}5} = 230\ \text{V}$$

$$U_s = \frac{P}{I_s} = \frac{2875}{50} = 57{,}5\ \text{V}$$

In der Praxis verliert ein Transformator viel Energie (Leistung). Etwa 5 bis zu 50 Prozent der Leistung wird als Wärme in die Umgebung freigesetzt. Somit charakterisieren die Berechnungen einen idealen Transformator.

5.2.7 Halbleiter

Die Halbleiter (siehe auch 5.2.1 „Elektrische Leiter und Isolatoren") besitzen nicht die erforderliche Anzahl freier Elektronen, um in der Industrie als Leiter eingesetzt zu werden. Andererseits können sie auch nicht als Isolatoren verwendet werden. Halbleiter eignen sich jedoch für die **Dotierung.**

Um den Prozess der Dotierung sowie seine Auswirkungen zu verstehen, muss zuerst das **Kristallgitter** eines Halbleiters betrachtet werden. Beispielsweise besitzt Germanium in der Außenschale vier Elektronen, die wie in der Abbildung des Kristallgitters angeordnet sind.

Kristallgitter von Germanium

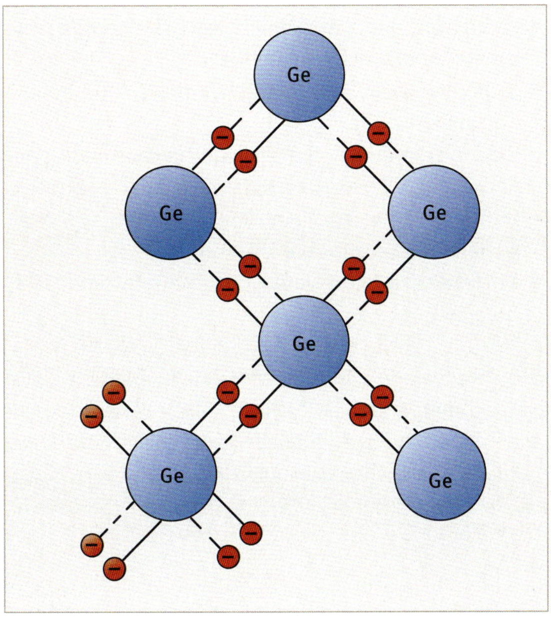

Wird ein Germaniumatom im Kristallgitter durch ein Fremdatom ersetzt, so steht an dieser Stelle in Abhängigkeit vom Fremdatom entweder ein zusätzliches Elektron oder es bildet sich ein sogenanntes Loch (Elektronenmangel). Dieser Prozess heißt **Dotierung.** Die Dotierung von Fremdatomen in das Kristallgitter des Trägerelementes erfolgt in sehr geringen Mengen, etwa im Verhältnis 10^{-10}. Dieses Verhältnis bedeutet, dass ein Germaniumatom von etwa 10 Milliarden Germaniumatomen durch ein Fremdatom ersetzt wird. Bei einer virtuellen Reise in einem Kristallgitter von Germanium ist die Wahrscheinlichkeit, ein Fremdatom zu treffen, etwa tausendmal geringer als die Chance auf einen Lottogewinn (6 aus 49).

Nach einer Dotierung mit Arsen, das fünf Valenzelektronen besitzt, bleibt ein Elektron sehr schwach an das Arsenatom gebunden. Diese Form von dotiertem Germanium heißt **n-Leiter** (n steht für negativ).

Wird Germanium mit Aluminium- oder Indiumatomen dotiert, die nur drei Valenzelektronen besitzen, dann fehlt ein Elektron in der Struktur und das Loch wirkt als positiver Ladungsträger. In diesem Fall entsteht aus Germanium ein **p-Leiter** (p steht für positiv).

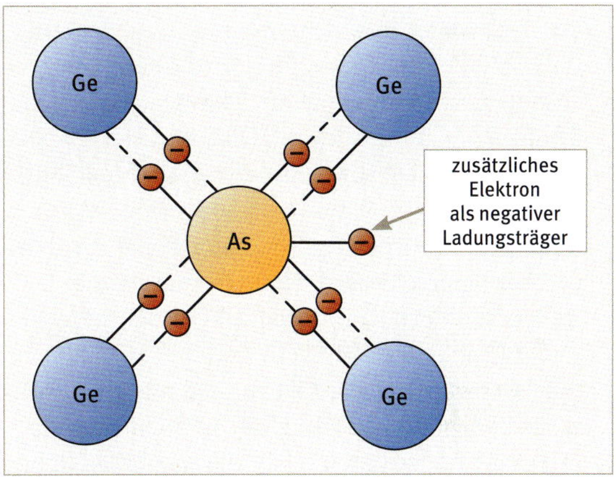

Germanium als n-Leiter

Germanium als p-Leiter

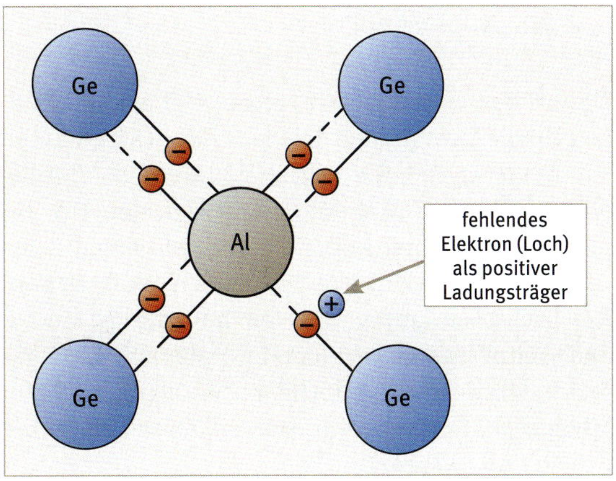

Stehen n- und p-Leiter in einem engen Kontakt zueinander, tritt beim Anlegen einer Spannung an der Grenzschicht beider Leiter ein Effekt auf, wodurch der Strom in nur einer Richtung fließt. Der Effekt (und die Grenzschicht) wird als **p-n-Übergang** bezeichnet.

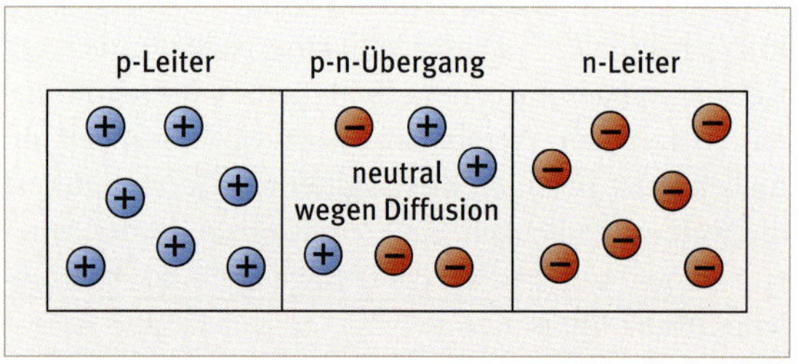

p-n-Übergang

Der p-n-Übergang funktioniert mit folgenden charakteristischen Merkmalen:

- Wird der Pluspol der Spannungsquelle an den p-Leiter angeschlossen, dann fließt bei geringen Spannungswerten noch kein Strom. Die Grenzschicht enthält wegen der Diffusion keine Ladungsträger und verhindert dadurch die Bewegung der Elektronen aus dem n-Bereich in den p-Bereich. Mit erhöhter Spannung wird diese Sperrzone ab einem bestimmten Wert überwunden und der Strom fließt im gesamten Halbleiter. Der Halbleiter ist in der sogenannten **Durchlassrichtung** angeschlossen.
- Wird der Minuspol der Spannungsquelle an den p-Leiter angeschlossen, dann wandern die Elektronen von der Spannungsquelle in den p-Bereich und füllen die Löcher. Somit erweitert sich die neutrale Grenzschicht. Die Elektronen aus dem n-Bereich bewegen sich gleichfalls in Richtung Spannungsquelle, wodurch sich die neutrale Grenzschicht ebenfalls ausbreitet und letztlich den Strom im gesamten Halbleiter unterbindet. In diesem Fall ist der Halbleiter in der **Sperrrichtung** angeschlossen.

Diese Eigenschaft des p-n-Übergangs bildet die Grundlage für die Konstruktion der **Diode.** Eine Diode besteht aus p- und n-dotierten Leitern und dient beim Anlegen der Wechselspannung als **Gleichrichter.** Das bedeutet, dass mehrere nach einem bestimmten Schema aneinandergekoppelte Dioden den Wechselstrom in Gleichstrom umwandeln. Der **Transistor** ist ein der Diode ähnliches Bauelement. Er besitzt aber drei unterschiedlich dotierte Schichten und folglich zwei p-n-Übergänge. Er eignet sich dadurch als elektronischer Schalter oder Verstärker.

Dioden und Transistoren verfügen über eine weitere wichtige konstruktive Eigenschaft, denn sie erfüllen ihre Funktionen auf kleinstem Raum. Der Prozessor Pentium 4 besteht aus Transistoren, deren Größe etwa 70 nm beträgt (1 nm = 10^{-9} m). Von den Herstellern sind bereits Strukturen mit einer Größe von 6 nm angekündigt worden. Damit bewegen sich die Größenverhältnisse moderner Transistoren in die Richtung von Atomstrukturen. Die Methoden zur serienmäßigen Herstellung von Bauelementen dieser geringen Größe werden unter dem Begriff **Nanotechnologie** zusammengefasst. Die Halbleiterbauelemente zeichnen sich insgesamt durch hohe Übertragungsraten, Zuverlässigkeit, elektronische Modulierbarkeit und niedrige Preise aus. Sie finden einen enormen Einsatz in allen Bereichen unseres Lebens. Die folgende Aufzählung der Einsatzbereiche erhebt dabei keinen Anspruch auf Vollständigkeit:

- Haushaltsgeräte (Fernseher, Radio, digitale Wiedergabegeräte, Kühlschränke, Mikrowellenherde, Digitalkameras, Waschmaschinen)
- Medizintechnik (Diagnosegeräte, chirurgische Instrumente, Geräte zur Herstellung von Arzneimitteln und anderen pharmazeutischen Produkten)
- Automobilelektronik (Systeme zur Verbesserung der Fahrdynamik und des Fahrkomforts, Navigationssysteme)
- drahtgebundene und mobile Übertragung von Sprache und Daten (Telefone, ISDN-Anlagen, Sende- und Empfangsanlagen für Basis- und Breitbandtechnik, GPS-Geräte)
- Computer und Zubehör (Prozessoren, Chipsätze, Ein- und Ausgabegeräte, Netzwerkkomponenten, Peripheriegeräte, mobile Endgeräte)
- Industrieelektronik (Steuerungs-, Fertigungs-, Planungs- und Transportsysteme)
- Sicherheitssysteme (Zugangskontrolle, Kopierschutz, Verschlüsselung)
- Stromversorgung (Hochspannungsanwendungen, Schaltnetze, Frequenzwandler, Batterieladegeräte)
- Luft- und Raumfahrt (Antrieb-, Steuerungs-, Navigations- und Kommunikationssysteme)
- Wissenschaft (Laborgeräte, Erforschung neuer Technologien)

Die weltweiten Umsätze mit Halbleitern steigen schneller als die Umsätze der Elektrobranche und vieler anderer Bereiche der Wirtschaft. Diese Tendenz hält auch in der nahen Zukunft unvermindert an.

Aufgaben

1. Erklären Sie die Funktionsweise eines Halbleiters.
   a) Was ist eine Dotierung?
   b) Was verstehen Sie unter Durchlass- und Sperrrichtung?
2. Recherchieren Sie im Internet. Finden Sie heraus,
   a) welche Elemente außer Germanium als Basis für die Dotierung verwendet werden und
   b) wie der Dotierungsprozess verläuft.
3. Zählen Sie einige Einsatzbereiche für Transistoren auf.

5.3 Signale

5.3.1 Analoge und digitale Signale

Signale, die kontinuierlich alle Werte in einem bestimmten Bereich annehmen, werden als analoge Signale bezeichnet. Im Gegensatz dazu nehmen digitale Signale nur einige (diskrete) Werte in einem vordefinierten Bereich an.

analoge Signale	digitale Signale
Stromstärke	Anzeige einer Verkehrsampel (Rot, Gelb, Grün)
Spannung	Mikrowelle (nur ein Signal „Essen ist fertig“)
Größe eines Baums	monatliche Ausbildungsvergütung
Geschwindigkeit eines Autos	Benotung einer Klausur (von 1 bis 6)

Die analogen Signale entstehen bereits in unserer Umwelt und spiegeln oft bestimmte Naturphänomene wider, wie z. B. in Messwerten von Erderschütterungen sowie von Temperatur, Druck, Licht oder Feuchtigkeit. Die Auswertung der gewonnenen Daten geschieht nicht immer sofort, sondern diese Daten müssen oft erst abgespeichert und transportiert werden. Dabei tritt der größte Nachteil der analogen Signale in den Vordergrund. Die kleinen zufälligen Variationen eines Signals kumulieren und ergeben im Endeffekt gewaltige Störungen, die nur mit großem Aufwand vermeidbar sind. Deshalb werden die analogen Signale, die nach wie vor in vielen Bereichen eine wichtige Rolle spielen, in digitale Signale umgewandelt.
Digitale Signale können zwar auch durch zufällige Einflüsse bei der Übertragung oder Speicherung gestört werden. Es existieren für diesen Fall aber einfache und wirksame mathematische und technische Methoden (z. B. Kontrollsummen), um die beschädigten Daten zu reparieren. Digitale Signale können auch wieder in analoge Signale umgewandelt werden. Gut entwickelte mathematische Interpolationsverfahren helfen, die erforderliche Qualität des analogen Signals zu erreichen.

5.3.2 Umwandlung von Signalen

Der **A**nalog-**D**igital-**U**msetzer **(ADU)** wandelt ein analoges in ein digitales Signal um. Die Umwandlung geschieht in folgenden Schritten:

- Das analoge Signal wird abgetastet. Seine Werte werden nur zu bestimmten Zeitpunkten gemessen, wobei dem Verhältnis zwischen dem Messintervall und der Pause eine besondere Bedeutung zukommt.
- Die gemessenen Werte werden quantifiziert, d. h. einer festgelegten Stufe zugeordnet. Liegt ein Wert zwischen zwei Stufen, so wird er bis zur nächsten Stufe auf- oder abgerundet. Je größer die Anzahl der Quantifizierungsstufen und je kleiner der Abstand zwischen ihnen ist, desto genauer wird der gemessene Wert (Abtastwert) dargestellt.
- Jeder Stufe der Quantifizierung wird eine bestimmte Zahl zugeordnet, die statt dem Abtastwert zur Darstellung des Signals verwendet wird. Diese Zahlen sind normalerweise binär codiert (siehe 1.4 „Informationsverarbeitung in IT-Systemen“), wodurch sie sich für die Speicherung oder Übertragung optimal eignen.

Abtasten eines analogen Signals

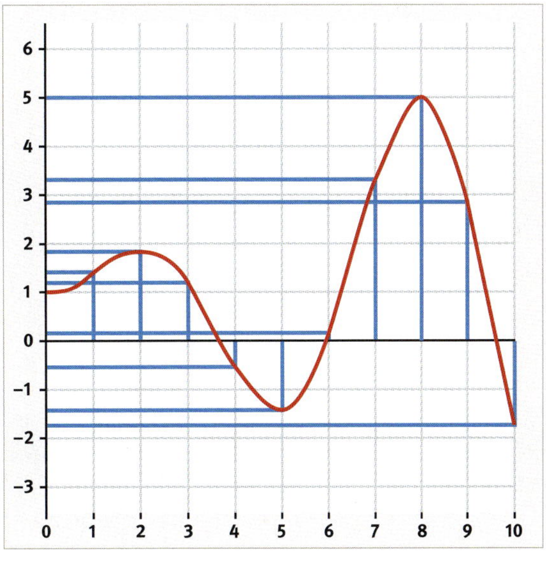

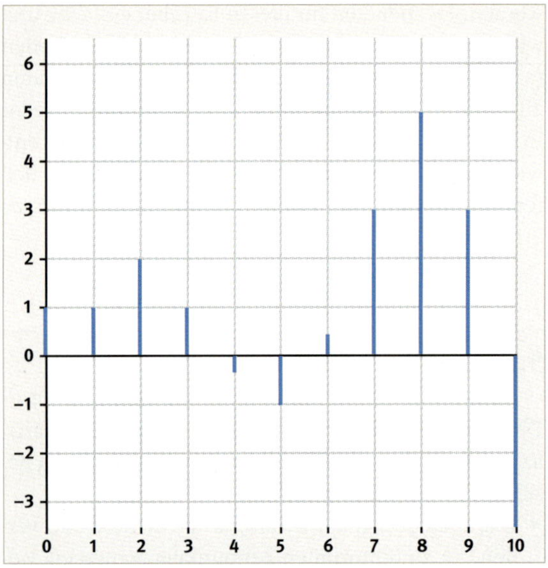

Quantifizierung eines analogen Signals

Ein **D**igital-**A**nalog-**U**msetzer **(DAU)** erstellt ein analoges Signal auf der Basis eines vorhandenen digitalen Signals in folgenden Schritten:

- Die digitale Darstellung (binäre Zahl) wird auf jedem Abschnitt in ein lineares Signal umgewandelt.
- Das lineare Signal wird interpoliert, d. h., die linearen Abschnitte werden durch die Verwendung von Polynomen in glatte Kurven umgewandelt. So entsteht das analoge Signal in seiner ursprünglichen Form.

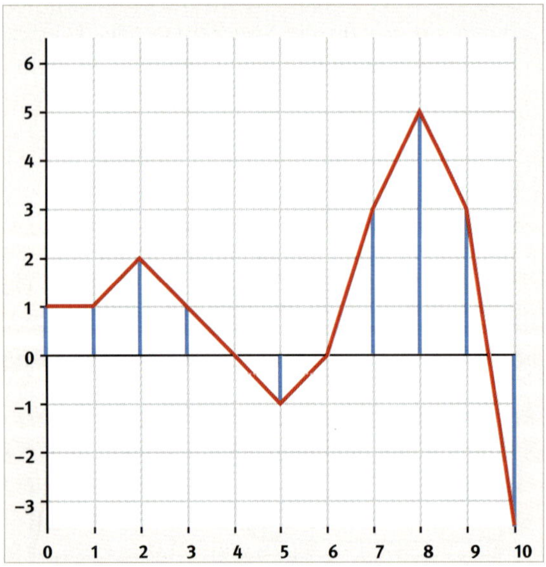

Umsetzen eines digitalen Signals in die lineare Form vor der Interpolation

5.4 Elektromagnetische Felder und Schutzmaßnahmen

5.4.1 Elektromagnetische Verträglichkeit

Die moderne Physik beschreibt die enge Verbindung zwischen elektrischen und magnetischen Feldern. Entwickelt und bewiesen wurde die Theorie, wonach nur elektromagnetische Felder existieren, die unter bestimmten Umständen als elektrisches oder magnetisches Feld erscheinen. Diese beiden Erscheinungsformen des elektromagnetischen Feldes sind voneinander abhängig und beeinflussen sich gegenseitig. Deshalb wird auch von den elektromagnetischen Eigenschaften eines Gerätes gesprochen.

Geräte mit elektromagnetischen Eigenschaften beeinflussen sich selbstverständlich untereinander. Die Wirkung verhält sich indirekt proportional zum Abstand zwischen den Geräten. Die **e**lektro**m**agnetische **V**erträglichkeit **(EMV)** ist die Fähigkeit von elektromagnetischen Geräten und Einrichtungen, so zu funktionieren, dass sie andere Geräte und Einrichtungen nicht beeinflussen. Die EMV besitzt einen hohen Stellenwert in unserer modernen Gesellschaft, wo eine hohe und ständig wachsende Zahl von elektromagnetischen Geräten genutzt wird. Außerdem ist der Einfluss der elektromagnetischen Geräte auf Menschen und andere lebendige Organismen von großer Bedeutung für die Bereiche Gesundheit und Umweltschutz.

Seit 1998 gilt in Deutschland das **Gesetz über die elektromagnetische Verträglichkeit von Geräten.** Dieses Gesetz betrifft alle Geräte, die elektromagnetische Felder erzeugen oder selbst durch diese Felder gestört werden können. Im militärischen Bereich besitzt dieses Gesetz allerdings keine Gültigkeit.

Zuerst definiert das Gesetz die erforderlichen Subjekte, Objekte und Tätigkeiten, d. h. die Begriffe „Hersteller“, „Inverkehrbringen“, „Geräte“, „Systeme“, „Störungen“, „elektromagnetische Verträglichkeit“, „Sendebetreiber“ und andere.

Es folgen die Schutzanforderungen an die Geräte mit elektromagnetischen Eigenschaften. Die Geräte müssen so konstruiert werden, dass bei vorschriftsmäßiger Installation, Wartung und vorschriftsmäßigem Betrieb benachbarte Funk- und Telekommunikationsgeräte nicht gestört werden.

Andererseits existieren für die Geräte selbst Forderungen für einen angemessenen Schutz gegen elektromagnetische Störungen. Aus den Gebrauchsanweisungen müssen die geforderten Angaben für den ordnungsgemäßen Betrieb der Geräte eindeutig hervorgehen. Insbesondere dürfen folgende Geräte durch elektromagnetische Felder nicht beeinträchtigt werden:

- private Rundfunk- und Fernsehempfänger
- elektrische Industrieausrüstungen
- kommerzielle und nichtkommerzielle mobile Funkgeräte und Telefone
- medizinische und wissenschaftliche Apparate und Geräte
- informationstechnische Geräte
- Haushaltsgeräte und elektronische Haushaltsausrüstungen
- Funkgeräte für die Luft- und Seeschifffahrt
- elektronische Unterrichtsgeräte
- Telekommunikationsnetze und -geräte
- Sendegeräte für Hörfunk und Fernsehfunk
- Leuchten und Leuchtstofflampen

Das Gesetz legt fest, dass alle Geräte, die die **VDE**-Normen (**V**erband **D**eutscher **E**lektrotechniker) und harmonisierte europäische Normen erfüllen, den oben genannten Schutzanforderungen entsprechen. Für Geräte, die diese Normen nur teilweise erfüllen oder für die keine Normen existieren, muss ein technischer Bericht oder eine Bescheinigung der dafür verantwortlichen Stelle vorliegen.

Die elektrotechnischen Geräte dürfen nur dann in Verkehr gebracht werden, wenn sie die Schutzanforderungen und die anderen Bestimmungen dieses Gesetzes erfüllen. Der Hersteller muss eine EG-Konformitätserklärung über die Übereinstimmung des Gerätes mit den Vorschriften dieses Gesetzes anfertigen. Diese EG-Konformitätserklärung enthält die Beschreibung des Gerätes, die Fundstellen der Spezifikationen, mit denen das Gerät übereinstimmt, sowie die Angaben zum Hersteller. Außerdem muss die **CE-Kennzeichnung** auf dem Gerät selbst, auf der Verpackung, auf der Gebrauchsanweisung und auf dem Garantieschein erkennbar sein. Für die Gebrauchsanweisung ergeben sich aus den gesetzlichen Bestimmungen folgende Angaben:

- Voraussetzungen für den bestimmungsgemäßen Betrieb
- Einschränkungen, wenn das Gerät nicht für alle elektromagnetischen Bedingungen geeignet ist
- Anweisungen zur Installation
- Umfang und Häufigkeit der Wartungsmaßnahmen

Der Hersteller oder derjenige, der das Gerät in Verkehr gebracht hat, muss die EG-Konformitätserklärung und die technische Dokumentation zehn Jahre lang für die Regulierungsbehörde für Telekommunikation und Post (Reg TP) aufbewahren. Geräte, die die Bestimmungen dieses Gesetzes nicht erfüllen, dürfen keine CE-Kennzeichnung tragen. Elektromagnetische Geräte dürfen nur dann verwendet werden, wenn sie entsprechend diesem Gesetz hergestellt und in Verkehr gebracht wurden und wenn der ordnungsmäßige Betrieb gewährleistet wird.

Im weiteren Text werden die Vorschriften für Sendefunkgeräte beschrieben, wobei hier insbesondere der Hersteller eine EG-Baumusterbescheinigung von einer verantwortlichen Stelle aufweisen muss. Ausnahmen betreffen die Geräte, die mit Frequenzen von mehr als 3000 GHz senden. Ausführlich beschreibt das Gesetz die Ausnahmesituationen für die Bereiche Entwicklung, Erprobung, Ausstellungen und Messen.

Es wird festgelegt, dass die Regulierungsbehörde (Reg TP) die Einhaltung dieses Gesetzes beaufsichtigt. Die Aufgaben der Regulierungsbehörde konzentrieren sich dabei auf folgende Schwerpunkte:

- Prüfung der in Verkehr zu bringenden oder in Verkehr gebrachten elektromagnetischen Geräte auf Einhaltung der Anforderungen des Gesetzes sowie Durchführung von Gegenmaßnahmen bei Nichteinhaltung der gesetzlichen Anforderungen
- Prüfung der auf Messen und Ausstellungen aufgestellten und vorgeführten Geräte
- Aufklärung zu elektromagnetischen Unverträglichkeiten und Durchführung von Abhilfemaßnahmen in Zusammenarbeit mit den Beteiligten
- Durchführung von Einzelaufgaben nach deutschen und europäischen Richtlinien

Die Regulierungsbehörde (Reg TP) prüft die Geräte und Anlagen nach Stichproben auf die Einhaltung der im Gesetz geregelten Anforderungen. Zur Durchsetzung der Anforderungen verfügt sie über erforderliche Instrumentarien. Fehlt einem Gerät die gesetzlich vorgeschriebene CE-Kennzeichnung, so trifft die Regulierungsbehörde (Reg TP) alle Maßnahmen, um das Inverkehrbringen oder die Weitergabe des Gerätes einzuschränken, zu unterbinden oder rückgängig zu machen oder seinen freien Warenverkehr einzuschränken. Ähnliche Schritte laufen ab, wenn ein Gerät die CE-Kennzeichnung besitzt, aber die vom Gesetz vorgeschriebenen Anforderungen nicht erfüllt. Die Regulierungsbehörde (Reg TP) kann auch veranlassen, die Mängel zu beheben und das Gerät für diese Zeit außer Betrieb zu setzen oder aus dem Verkehr zu nehmen.

Damit die Regulierungsbehörde (Reg TP) die Ursachen für elektromagnetische Unverträglichkeiten oder Störungen ermitteln kann, darf sie in bestimmten Fällen (Gefährdung von Menschenleben oder Sachen von bedeutendem Wert, Beeinträchtigung des öffentlichen Telekommunikationsnetzes, Gefährdung von öffentlicher oder privater Sicherheit) besondere Maßnahmen durchführen, wie z. B. den Inhalt von Aussendungen abhören. Die Hersteller und Betreiber der Geräte haben der Regulierungsbehörde auf Verlangen die notwendigen Auskünfte zu erteilen und sonstige Unterstützung zu gewähren. Die Beauftragten der Regulierungsbehörde dürfen Betriebsgrundstücke und Geschäftsräume betreten, um die betreffenden Geräte zu besichtigen und zu prüfen. Sie dürfen die Geräte zur Prüfung auch betreiben lassen und vorläufig zu Prüf- und Kontrollzwecken einbehalten. Die Hersteller und Betreiber der betreffenden Geräte haben diese Maßnahmen zu dulden.

Den Abschluss des Gesetzes bilden Kosten- und Beitragsregelungen sowie Buß- und Zwangsgeldverordnungen.

Aufgaben

1. Was verbirgt sich hinter dem Begriff EMV? Für welche Geräte gilt die Verordnung?
2. Welche Bestandteile gehören zur EG-Konformitätserklärung?
3. Was muss eine Gebrauchsanweisung für elektromagnetische Geräte mit CE-Kennzeichnung enthalten?
4. Wie lange muss der Hersteller die EG-Konformitätserklärung und die technische Dokumentation aufbewahren?
5. Welche Ausnahmesituationen sieht das Gesetz vor?
6. Welche Aufgaben erfüllt die Regulierungsbehörde?
7. Welche Rechte besitzt die Regulierungsbehörde?

5.4.2 Schutzmaßnahmen

Die elektromagnetischen Felder verbreiten sich sinusförmig im Raum, wobei die elektrische senkrecht zur magnetischen Komponente verläuft. Die Felder besitzen zwei charakteristische Merkmale, die eng miteinander verbunden sind: **Wellenlänge** λ und **Frequenz** f. Die Wellenlänge beschreibt den räumlichen Abstand zwischen zwei benachbarten maximalen Werten. Die Frequenz gibt an, wie viele Schwingungen in einer Sekunde ausgeführt werden. Folgende Formel gilt:

$$c = \lambda \cdot f$$

Die Konstante c stellt die Lichtgeschwindigkeit dar. Aus der Formel ist ersichtlich, dass Frequenz und Wellenlänge zueinander indirekt proportional sind.

Die Felder werden nach der Frequenz in zwei Bereiche unterteilt:

- **niederfrequente Felder** (0 Hz bis 100 kHz)
- **hochfrequente Felder** (100 kHz bis 300 GHz)

In einem weiteren Bereich folgen die ionisierenden Felder (Strahlungen), die so viel Energie tragen, dass sie die Elektronen aus den Atomen herauslösen. Nieder- und hochfrequente Felder sind nicht ionisierend.

Die niederfrequenten Felder werden von der gewöhnlichen Stromversorgung, einigen Haushaltsgeräten und den elektrifizierten Verkehrssystemen, wie der Eisenbahn, erzeugt. Die hochfrequenten Felder entstehen unter anderem bei der drahtlosen Informationsübertragung über Rundfunk, Mobilfunk und Fernsehen.

Die niederfrequenten Felder müssen in elektrische und magnetische Felder unterteilt werden, da beide Felder unterschiedliche Eigenschaften besitzen. Niederfrequente elektrische Felder sind abschirmbar, während dies bei niederfrequenten magnetischen Feldern nicht zutrifft.

Im Gegensatz dazu verhalten sich die hochfrequenten elektrischen und magnetischen Felder gleich. Sie sind nicht abschirmbar.

Die folgenden Übersichten zeigen einige Beispiele für nieder- und hochfrequente elektromagnetische Felder:

Feldquelle (niederfrequent)	Frequenz	dominierende Komponente
Bahnstrom	16,7 Hz	magnetisch
Haushaltsstrom	50 Hz	beide, elektrisch und magnetisch
Lautsprecher	10 Hz – 20 kHz	magnetisch
Fernsehgerät, Netzteil	50 Hz	magnetisch
Fernsehgerät, vertikale Ablenkung	100 Hz	magnetisch
Fernsehgerät, horizontale Ablenkung	16 kHz	beide, elektrisch und magnetisch
CRT-Bildschirm, Netzteil	50 Hz	magnetisch
CRT-Bildschirm, vertikale Ablenkung	90 Hz	magnetisch
CRT-Bildschirm, horizontale Ablenkung	90 kHz	beide, elektrisch und magnetisch

Feldquelle (hochfrequent)	Frequenz
Rundfunk	150 kHz – 100 MHz
Fernsehfunk	60 MHz – 800 MHz
Mobiltelefon, D-Netz	790 MHz – 960 MHz
Mobiltelefon, E-Plus	1,71 GHz – 1,88 GHz
Mobiltelefon, UMTS	1,92 GHz – 2,17 GHz
schnurloses DECT-Telefon	1,88 GHz – 1,9 GHz
Bluetooth	2,4 GHz – 2,45 GHz
WLAN	2,4 GHz – 5,8 GHz
Richtfunk	2 GHz – 10 GHz
Mikrowellenherd	3 GHz

Menschen und Geräte sind im Alltag immer durch elektromagnetische Felder umgeben. Die Erde selbst bildet ein relativ schwaches elektromagnetisches Feld von etwa 7,83 Hz aus. Und dazu kommen noch viele Geräte, die weitere elektromagnetische Felder erzeugen. Die Felder, die den menschlichen Körper durchdringen, erzeugen darin elektrische Ströme. Diese Ströme wirken nicht immer wohltuend auf den Organismus, denn der menschliche Organismus selbst verkörpert ein sehr kompliziertes elektrisches Schema, wo permanent schwache Ströme fließen und elektrische Spannungen erzeugt werden.

Auch die Auswirkungen elektromagnetischer Felder auf die verschiedenen Geräte können nicht unberücksichtigt bleiben. Der elektrische Strom wiederum ist ebenfalls eng mit den elektromagnetischen Feldern verbunden, denn er verursacht diese Felder und ist selbst Produkt dieser Felder. Aus diesem Grund unterscheidet man die Wirkung elektromagnetischer Felder von Gleich- und Wechselströmen auf Menschen und andere lebende Organismen einerseits sowie auf Geräte andererseits.

5.4.2.1 Schutz vor Wirkungen auf den Menschen

Die Zellen des lebenden menschlichen Körpers besitzen eine elektrische Spannung von 10 bis 50 mV. Durch die Wirkung der elektromagnetischen Felder fließen zusätzliche elektrische Ströme im Körper des Menschen. Sie können dabei sehr unterschiedliche Folgen haben. Schwache Ströme schaden dem Zellgewebe kaum, während zu starke Ströme die Zellen zerstören können. Bekannt sind auch verschiedene Nachwirkungen auf das Verhalten der Zellen, z. B. eine beschleunigte oder eine verhinderte Zellteilung. Beide Erscheinungen schädigen den Organismus. Nicht auszuschließen sind Auswirkungen starker elektromagnetischer Felder auf das Erbgut des Menschen.

Die Feldstärke und die Frequenz der elektromagnetischen Felder beeinflussen in entscheidendem Maße den Grad der Auswirkungen. Während die niederfrequenten Felder elektrische Ströme im Körper hervorrufen, wird die Energie der hochfrequenten Felder im Körper vorwiegend in Wärme umgewandelt. Derartige Temperaturerhöhungen führen oft zu Verbrennungen. Ein besonders empfindliches Organ ist das menschliche Auge.

Allerdings dürfen die elektromagnetischen Felder in diesem Zusammenhang nicht pauschal verurteilt werden. Schwache elektromagnetische Felder dienen in verschiedenen Sparten der Medizin zur Verbesserung der Untersuchungs- oder Heilungsprozesse.

Die Feldstärken der äußeren elektromagnetischen Felder, die zum Schutz des Menschen nicht überschritten werden dürfen, sind in der Norm DIN VDE 0848 T3-1/A1 ausführlich und umfangreich beschrieben.

Feldfrequenz f	elektrische Feldstärke E, Effektivwert in V/m	magnetische Feldstärke H, Effektivwert in A/m
3 kHz – 150 kHz	87	5
150 kHz – 1 MHz	87	$\frac{0,73}{f}$
1 MHz – 10 MHz	$\frac{87}{\sqrt{f}}$	$\frac{0,73}{f}$

Elektromagnetische Felder wirken auf Menschen auch dadurch, dass sie medizinische und andere Geräte beeinflussen, mit denen der Mensch in direkter oder indirekter Verbindung steht. Folgende Geräte könnten in ihrer Funktion durch elektromagnetische Felder beeinträchtigt werden:

- Herzschrittmacher, Insulinpumpen und andere aktive medizinische Implantate arbeiten nicht mit den erforderlichen Parametern.
- Metallische Implantate heizen sich durch induzierte Ströme auf.
- Die Kfz-Elektronik verändert unvorhersehbar ihre Funktionen, was beispielsweise zum Ausfall des ABS (Antiblockiersystem) führen kann.
- Bei isolierten metallischen Gegenständen treten Funkenentladungen und Entladeströme auf.

Die **Schutzmaßnahmen** gegen elektromagnetische Felder sind in ihrem Umfang überschaubar. Gegen die niederfrequenten elektrischen Felder hilft eine Abschirmung. Die anderen elektromagnetischen Felder werden durch konstruktive Lösungen eingedämmt. Die Wechselstromversorgung der Haushalte erfolgt beispielsweise durch Leitungen aus zwei dicht nebeneinanderliegenden Kabeln. Da die Ströme in beiden Kabeln immer in entgegengesetzter Richtung fließen, heben sich die entstehenden niederfrequenten magnetischen Felder gegenseitig auf. Diese Konstruktion aus zwei nebeneinanderliegenden Kabeln dämpft sowohl nieder- als auch hochfrequente Felder. Generell sollte zu allen Feldquellen ein weiter Abstand eingehalten und die notwendige Dauer des Aufenthalts in einem elektromagnetischen Feld auf ein Minimum reduziert werden.

Eine direkte Gefahr für Menschen und andere lebende Organismen stellt der **elektrische Strom** dar, der als eine Folge der elektromagnetischen Felder zu verstehen ist. Die Berührungen mit elektrischem Strom (Stromschlag) können tödliche Folgen haben. Ursachen für den Stromschlag sind Isolations- und Funktionsschäden, Verschleißerscheinungen, unqualifizierte Arbeiten an den Anlagen, menschliches Fehlverhalten und mangelndes Sicherheitsbewusstsein.

Eine der größten Gefahren geht vom direkten Kontakt menschlicher Organe mit stromführenden Leitungen (Elektroden) aus, wobei sich dadurch die Muskeln verkrampfen und der Kontakt mit den Elektroden nicht aus eigener Kraft beendet werden kann. Der Strom fließt in dem Fall ungehindert weiter und kann abhängig von der Spannung, Stromstärke und Wirkungsdauer zu tödlichen Folgen für den Organismus führen. Das betrifft besonders den menschlichen Herzrhythmus. Der Wechselstrom besitzt eine viel höhere Frequenz als der Herzschlag. Das Herz versucht mit der Stromfrequenz zu schlagen. Als Folge tritt das Herzkammerflimmern auf, bei dem das Herz seine Pumparbeit nicht mehr leisten kann. Dadurch erhalten die empfindlichen Gehirnzellen kein Blut mit Sauerstoff und können innerhalb weniger Minuten absterben.

W

Wechselstrom (50 Hz)	Gleichstrom	Erscheinungen
0,5 mA	2 mA	Der Strom wird wahrgenommen.
10 mA	keine Angaben	Der Mensch kann sich noch selbst von der Stromquelle befreien.
50 mA innerhalb von 1 s oder länger, 1 A innerhalb von 100 ms	150 mA innerhalb von 1 s oder länger, 1 A innerhalb von 100 ms	Der Mensch kann sich nicht selbst von der Stromquelle befreien. Es folgen Muskelverkrampfung, Atemnot, Schmerzempfinden, Herzkammerflimmern.

Die Wirkung des Wechselstroms ist auch von der Spannung abhängig. 50 Volt gelten als zulässige Berührungsspannung. Bei 220 Volt sinkt der Widerstand des Körpers auf etwa die Hälfte gegenüber einer Spannung von 50 Volt.

Allgemein hängt der Körperwiderstand von unterschiedlichen Faktoren ab: Gewicht, Körperbau, gesundheitlicher und psychischer Zustand, Stromweg, Stromart, Umgebungs- und Wetterbedingungen sowie Dauer der Stromwirkung. Deswegen ist es sehr kom-pliziert, einheitliche Grenzwerte festzulegen. Es existieren dazu zahlreiche Normen und Verordnungen:

- Betrieb von Starkstromanlagen (DIN VDE 0105 ff., DIN 57105 ff.)
- Körperschutzmittel (DIN 57680 ff., DIN VDE 0680-5)
- Handwerkzeuge zum Arbeiten an den unter Spannung stehenden Teilen (DIN EN 60900)
- Arbeiten unter Spannung (DIN EN 61230, DIN EN 61219)
- Elektromagnetische Verträglichkeit (DIN EN 50081, DIN EN 50082)
- Sicherheit in elektrischen, magnetischen und elektromagnetischen Feldern (DIN VDE 0848)

Passiert ein Elektrounfall, so sind vor Ort folgende Schritte durchzuführen:

- Es ist große Umsicht erforderlich, um den oder die Helfer nicht selbst zu gefährden.
- Der Stromkreis muss umgehend unterbrochen werden (Stecker ziehen, Schalter ausschalten).
- Der Verletzte ist aus dem Unfallbereich in Sicherheit zu transportieren.
- Bei Atem- oder Herzstillstand müssen Wiederbelebungsmaßnahmen eingeleitet werden (Atemspende, Herzmassage nur durch ausgebildete Personen).
- Sind Atem und Herzschlag normal, wird der Verletzte in eine stabile Seitenlage gebracht.
- Der Rettungsdienst ist mit einem konkreten Hinweis auf den Elektrounfall zu benachrichtigen.

Unbedingt erforderlich sind die **Schutzmaßnahmen** bei Arbeiten an elektrotechnischen Anlagen. Diese Arbeiten dürfen nur von Elektrofachkräften oder elektrotechnisch unterwiesenen Personen durchgeführt werden und betreffen beispielsweise das Ersetzen von Steckdosen, Schaltern, Glühlampenfassungen, das Verlegen von Niederspannungsleitungen oder das Ersetzen von elektrischen und elektronischen Bauteilen in Büro- und Betriebsmaschinen. Zur Vorbeugung von Elektrounfällen werden Schutzmittel, wie Schutzanzüge, Handschuhe, Stiefel, Brillen, isolierende Matten und Tücher, isolierte Werkzeuge sowie Trennwände und Warnschilder verwendet.

Vor Beginn der elektrotechnischen Arbeiten müssen folgende Schutzmaßnahmen getroffen werden:

- **Freischalten.** Alle Leitungen, die eine elektrische Spannung an die Arbeitsstelle führen, müssen der Reihe nach ausgeschaltet werden.
- **Gegen Wiedereinschalten sichern.** Dazu gehören die Mitnahme und sichere Aufbewahrung von Sicherungen, das Anbringen von Sperrelementen und Sicherheitsschildern. Sicherheitsschilder darf nur die Person entfernen, die sie angebracht hat.
- Die **Spannungsfreiheit** ist mit geeigneten Messgeräten zu **prüfen.**

- **Erden und Kurzschließen.** Zuerst wird der Erdungspunkt an der Schalt- und Arbeitsstelle angeschlossen, danach wird kurzgeschlossen. Diese Regel gilt für Starkstromanlagen.
- **Nebenstehende Teile abdecken.** Die nebenstehenden Teile, die weiter unter elektrischer Spannung stehen, sind sicher abzudecken oder abzusperren.

Nach den durchgeführten Arbeiten wird die Anlage wieder unter Spannung gesetzt. Dabei gilt für die Entfernung der Schutzmaßnahmen (fast) die umgekehrte Reihenfolge. Zuerst sind die Kurzschlüsse und das Erden aufzuheben, dann sind die Sicherungen anzubringen und die Leitungen einzuschalten. Nicht zu vergessen ist das Entfernen der Sicherheitsschilder.

5.4.2.2 Schutz vor Wirkungen auf Geräte

Die elektromagnetischen Geräte stellen eine Feldquelle dar und wirken in jedem Fall auf andere elektromagnetische Geräte. Dieser gegenseitige Einfluss führt zu unterschiedlichen Folgen und reicht von kleinen reparablen Schäden und automatisch wiederherstellbaren Funktionen bis zu unumkehrbaren Prozessen und dem vollständigen Versagen der Geräte. Die elektromagnetischen Felder in den Steigleitungen eines Mehrfamilienhauses können Störungen in der Telefonanlage verursachen. Fernsehgeräte können Computer gefährden. Kommunikationssysteme in Straßenbahnen können die Gebäudetechnik stören. Aufzüge, Rolltreppen, Klimaanlagen können die Arbeit der Rechnernetze beeinträchtigen.

Damit diese Störungen vermieden werden, müssen die Geräte elektromagnetisch verträglich sein. Die Anforderungen für die EMV sind vom Gesetzgeber vorgeschrieben (siehe 5.4.1 „Elektromagnetische Verträglichkeit“).

Aufgaben

1. In welche zwei Bereiche sind elektromagnetische Felder unterteilt?
2. Welche elektromagnetischen Felder sind abschirmbar und welche nicht?
3. Beschreiben Sie die Wirkung elektromagnetischer Felder auf den menschlichen Körper.
4. Welche Maßnahmen kann man gegen elektromagnetische Felder ergreifen?
5. Welche Wirkung hat der elektrische Strom auf den menschlichen Körper? Beschreiben Sie den menschlichen Körper als Widerstand für den elektrischen Strom.
6. Erläutern Sie die Schutzmaßnahmen bei Arbeiten an elektrotechnischen Anlagen.
7. Beschreiben Sie die Wirkung, die elektrische Geräte aufeinander ausüben können.

Glossar

A

4K-Auflösung: Bezeichnet die Bildschirmauflösung von 3840x2160 Bildpunkten, hat viermal mehr Pixel als die Full-HD-Auflösung. Im Kinobereich versteht man darunter aber eine Auflösung von 4096 x 2160 Bildpunkten.

A-Ressourceneintrag: Datensatz in der DNS-Datenbank, der einem bestimmten Rechnernamen die entsprechende IPv4-Adresse zuordnet; → Namenserver.

AAAA-Ressourceneintrag: Datensatz in der DNS-Datenbank, der einem bestimmten Rechnernamen die entsprechende IPv6-Adresse zuordnet; → Namenserver.

Abmelden: Prozess, in dem ein Benutzer oder ein Dienst die Zusammenarbeit mit dem Betriebssystem beendet.

AC: Alternating Current; Wechselstrom; elektrischer Strom, dessen Stärke und Richtung sich mit der Zeit verändert; Ursache dafür ist die wechselnde Spannung der Stromquelle; → DC (2).

ACL: Access Control List; Zugriffssteuerungsliste, die den Ressourcen (Dateien, Ordnern, Freigaben, Druckern) zugeordnet ist und die Auflistung von Benutzern bzw. Benutzergruppen und ihre Berechtigungen auf die Ressourcen enthält; → Betriebssystem kontrolliert den Zugriff auf die Ressourcen seitens eines Benutzers mithilfe dieser Liste.

ACPI: Advanced Configuration Power Interface; Standard für die Energieverwaltung in einem Rechner; gilt als Weiterentwicklung von → APM, da hier das Betriebssystem die Kontrolle über Deaktivierung und Aktivierung der Geräte übernimmt.

ActiveX: Softwaretechnologie von → Microsoft; ermöglicht die Kommunikation zwischen den Programmen in einem Netzwerk, unabhängig von den verwendeten Programmiersprachen; Programme für ActiveX heißen Controls.

Administrator: 1) Mitarbeiter, der die Verwaltungsaufgabe am lokalen Rechner oder im Netzwerk ausführt; 2) Standardanmeldename des Kontos des Systemadministrators unter Microsoft Windows; Konto kann umbenannt (aus Sicherheitsgründen empfehlenswert), aber nicht gelöscht werden.

ADS: Active Directory Services; Verzeichnisdienste sind Dienste der Windows-Domäne, die alle Netzwerkressourcen zentral verwalten, wie Freigaben, Drucker, Benutzer, Benutzergruppen; Benutzer oder Benutzergruppen erhalten vom Administrator der Domäne die Zugriffsrechte auf die Ressourcen; Träger der Ressourcen sind immer die Rechner; ADS sind auch für die Sicherheit in der Domäne zuständig; die zugrunde liegende Datenbank ist nach Standard → X.500 organisiert; kann auf mehreren Rechnern der Domäne installiert werden, um Redundanz und somit Ausfallsicherheit zu gewährleisten; → NDS.

ADSL: Asymmetric Digital Subscriber Line; → DSL.

AERO: Design und grafische Benutzeroberfläche, enthalten in den meisten Varianten von Windows 7/8/10 und Windows Server 2008/2012; bietet fortschrittliche Techniken wie 3D-Effekte und Transparenz.

AGP: Accelerated Graphics Port; Schnittstelle für Grafikkarten, die über die → North Bridge mit dem Prozessor verbunden ist; bessere Leistung als herkömmliche PCI-Schnittstelle; seit Einführung des Standards PCI-Express keine Weiterentwicklung.

Algorithmus: endliche Folge von Anweisungen, die ein Objekt vom vorhandenen Zustand (Istzustand) zu einem gewünschten Zustand (Sollzustand) führt.

Alias: zusätzlicher Name für ein Objekt (für einen Befehl, für einen Rechner).

Alphaversion: Version von einem Softwareprodukt, die für den Markt noch nicht ausgereift ist; wird an Tester verteilt, um die ersten Berichte über die Funktionalität zu analysieren und das Produkt an die Wünsche der Kunden anzupassen.

Analoge Objekte: können alle Werte in einem kontinuierlichen Bereich annehmen (Sprachübertragung, klassisches Fernsehen); → Digital.

Android: Betriebssystem für mobile Kommunikationsgeräte, basiert auf Linux und vielen offenen Technologien; wird von der Open Handset Alliance betreut und vorrangig von der Firma Google entwickelt; multitaskingfähig, besitzt ähnliche Merkmale wie → iOS von der Firma Apple Inc., ist aber nicht auf eine bestimmte Hardware beschränkt.

Anmelden: Prozess, in dem sich ein Benutzer oder ein Dienst beim Betriebssystem identifiziert; moderne Betriebssysteme erlauben jegliche Aktivitäten nur nach dem erfolgreichen Anmelden; anhand des angemeldeten Kontos kontrolliert das Betriebssystem die Zugriffe auf die Ressourcen des Rechners.

Anmeldeskript: → Skript, das nach der erfolgreichen Benutzeranmeldung ausgeführt wird.

ANSI: American National Standards Institute; Normungsausschuss in den USA; für die Normen in allen Industriebereichen zuständig, ähnlich wie → DIN; bekannt ist der ANSI-Standard für die Programmiersprache → C/C++.

APM: Advanced Power Management; Standard für die Energieverwaltung in einem Rechner; einige Geräte werden bei langen Leerlaufzeiten vorläufig ausgeschaltet und bei Bedarf wieder aktiviert; dafür sind das → BIOS und die entsprechende Hardware zuständig.

Applet: Abkürzung von Application; relativ kurzes Programm, das in der Sprache → Java geschrieben und auf einer Webseite platziert ist; wird für die gleichen Zwecke wie → ActiveX-Controls eingesetzt; → Servlet.

Arbeitsgruppe: Gruppe von Rechnern; in dieser Gruppe ist jeder Rechner für seine Sicherheit selbst verantwortlich und verwaltet eine Datenbank mit Benutzerkonten; nur ein Benutzer, der ein Konto in dieser Datenbank besitzt und sich entsprechend authentifizieren kann, bekommt Zugriff auf die Ressourcen des Computers; Arbeitsgruppe ist eine Alternative zur → Domäne (NT-Domäne).

Arbeitsspeicher: → RAM; elektronische Bausteine, die zur Aufnahme der Befehle und Daten dienen; der → Prozessor fordert vom Arbeitsspeicher die auszuführenden Befehle und zu bearbeitenden Daten an und speichert dort die Ergebnisse; bei Stromunterbrechung geht normalerweise der Inhalt des Arbeitsspeichers verloren.

ARP: **A**ddress **R**esolution **P**rotocol; Protokoll aus der TCP/IP-Familie; findet für eine vorgegebene → IP-Adresse die → MAC-Adresse (IP-Adressauflösung).

ARPA: **A**dvanced **R**esearch **P**rojects **A**gency; Behörde in den USA, die unter anderem Grundlagen für das Internet entwickelt hat.

ASCII: **A**merican **S**tandard **C**ode for **I**nformation **I**nterchange; Kodierungstabelle, nach der jedem Symbol (Buchstabe, Ziffer, Sonderzeichen) eine Zahl von 0 bis 255 entspricht; ASCII wird auf dem PC verwendet; ist mit → EBCDIC nicht kompatibel.

ASP: **A**ctive **S**erver **P**ages; Standard, nach dem die Ausführung eines Skriptes auf dem Webserver stattfindet; Skriptausgaben beeinflussen die Webseite, die dem Client übergeben wird.

Assembler: prozessorabhängige Programmiersprache; das Erlernen dieser Sprache ist enorm schwierig.

Asymmetrische Verschlüsselung: verwendet zwei Schlüssel; das Schlüsselpaar wird zusammen erzeugt; mit dem öffentlichen Schlüssel verschlüsselte Daten können nur mit dem privaten Schlüssel entschlüsselt werden und umgekehrt, daher ist die Verteilung des öffentlichen Schlüssels gefahrlos; privater Schlüssel verbleibt an der Stelle, wo das Schlüsselpaar erzeugt wurde; Verfahren arbeitet relativ langsam, gilt aber als sehr sicher; auf der Basis der asymmetrischen Verschlüsselung werden die Zertifizierungsserver erstellt, die öffentliche Schlüssel als Zertifikate verteilen; bekannter asymmetrischer Algorithmus ist → RSA; → symmetrische Verschlüsselung.

ATAPI: **A**dvanced **T**echnology **A**ttachment **P**acket **I**nterface; Protokoll für die Ansteuerung von Geräten wie Festplatte, CD-ROM, ZIP- und Diskettenlaufwerk.

ATM: **A**synchronous **T**ransfer **M**ode; Übertragungstechnik, die im Gegensatz zu TCP/IP einen festgelegten Weg für die zu übermittelnden Daten verwendet.

AUI: **A**ttachment **U**nit **I**nterface; Schnittstelle für den Anschluss des Thick-Kabels an die Netzwerkkarte in früheren Varianten von → Ethernet.

Auslagerungsdatei: Systemdatei, die als Erweiterung für den → Arbeitsspeicher dient; → VMM (Virtual Memory Manager) stellt den Programmen insgesamt mehr Speicher zur Verfügung, als physikalisch vorhanden ist; Teile von Programmen werden aus der Auslagerungsdatei in den Arbeitsspeicher nur dann geladen, wenn sie tatsächlich für die Bearbeitung benötigt werden; empfohlene Größe für Auslagerungsdatei zwischen 1,5-fachem → RAM und 2-fachem RAM; Datei ist während der Arbeit des Betriebssystems geöffnet, aus Sicherheitsgründen kann sie beim Herunterfahren gelöscht werden, dann wird sie beim Hochfahren automatisch neu erstellt; Bezeichnung der Datei bei den Betriebssystemen der NT-Familie: **pagefile.sys**.

B

Backbone: Hochgeschwindigkeitsnetz, das als Knoten keine einfachen Rechner, sondern weitere Netzwerke beinhaltet; dient als Verbindungsglied zwischen den Netzwerken.

Back-up: Sicherung der Daten mit dem Ziel, sie später in vollem Umfang oder teilweise wiederherzustellen; Sicherung stellt normalerweise eine Datei dar, die mehrere → Datenträger beanspruchen kann; wird normalerweise komprimiert und getrennt von den aktuellen Daten aufbewahrt.

Bandbreite: Differenz zwischen der höchsten und niedrigsten → Frequenz, die ein Medium übertragen kann; die Frequenz hat direkten Einfluss auf die Geschwindigkeit, mit der die Daten über das Medium übermittelt werden; dient auch als Messwert für die Übertragungsgeschwindigkeit der Daten; wird normalerweise in bit/s (bps) gemessen.

Basisadresse: Adresse von einem Speicherbereich, wo ein Gerät die ankommenden Daten platziert und dem → Treiber übergibt oder umgekehrt; viele ältere Netzwerkkarten besitzen die Basisadresse 0x300 oder 0x320; wird standardmäßig den Interrupt-Nummern (IRQ) eindeutig zugeordnet; → Interrupt-Betrieb.

Befehlsinterpreter: Programm, das die Befehle des Benutzers entgegennimmt, ausführt und die Ergebnisse auf dem Bildschirm anzeigt; bei Betriebssystemen mit grafischer Oberfläche für Benutzer ohne Bedeutung; für die Administration nach wie vor wichtig; Befehlsinterpreter CMD.EXE von Windows Server wurde um zahlreiche Befehle erweitert.

Benchmark: Software, die die Leistungsfähigkeit anderer Software oder Hardware misst; unterschiedliche Benchmarks können auf dem gleichen Rechner verschiedene Ergebnisse anzeigen, da die gemessenen Parameter von den Programmen unterschiedlich ausgewertet werden.

Betaversion: Version von einem Softwareprodukt, die für den Markt beinahe ausgereift ist; wird an die Tester verteilt, um die letzten Fehler und Problemstellen zu finden und zu beheben; nach dem Betatest erscheint das Produkt normalerweise auf dem Markt.

Betriebssystem: im Hintergrund laufendes Programm, das die Ressourcen des Rechners verwaltet und die grundlegenden Funktionalitäten zur Verfügung stellt, wie die Zusammenarbeit zwischen den Programmen und Geräten, zwischen den Programmen und Benutzern sowie zwischen den Programmen untereinander; es existieren viele Betriebssysteme; für den PC haben sich → Microsoft Windows und → Linux durchgesetzt.

Binär: Darstellung einer Zahl, bei der nur die Ziffern 0 und 1 verwendet werden; im Rechner werden die Zahlen immer binär gespeichert und verarbeitet, wodurch diese Darstellung außerordentlich wichtig für das Verständnis von Rechenoperationen und anderen Abläufen im System ist.

BIOS: **B**asic **I**nput/**O**utput **S**ystem; einfaches Programm für die Ein- und Ausgabe, das auf der → Hauptplatine gespeichert ist; startet automatisch, wenn der Rechner eingeschaltet wird; verfolgt das Ziel, die vorhandene Hardware zu überprüfen und zu initialisieren sowie das → Betriebssystem zu finden und zu starten.

Bit: kleinster Informationsträger oder kleinste Einheit für die Informationsdarstellung; registriert minimale Informationen von einem Objekt, deren Zustände als 0 und 1 bezeichnet werden; in der Computertechnik basiert die Datenverarbeitung fast ausschließlich auf → Byte (8 Bits) oder von Zellen mit festgelegter Anzahl von Bits.

BNC: **B**ayonet Connector of **N**eill and **C**oncelman; Schnittstelle für den Anschluss des Thin-Kabels an die Netzwerkkarte.

Booten: gesamter Startvorgang vom Einschalten des Computers bis zu dem Moment, wo alle Teile des Betriebssystems geladen und gestartet sind und dem Benutzer die Anmeldemöglichkeit zur Verfügung steht.

Boot-Sektor: erster Sektor (512 Byte) auf einer Diskette oder auf einer primären Partition der Festplatte; enthält einen ausführbaren Programmcode, der das Betriebssystem oder den Boot-Manager für den weiteren Verlauf des Bootvorgangs startet.

Bridge: Gerät, das die Netzwerksegmente miteinander verbindet; arbeitet auf der 2. Schicht des → OSI-Modells und kann daher nur die physikalischen Adressen (→ MAC-Adressen) unterscheiden, während die logischen Adressen (→ IP-Adressen) für das Gerät unsichtbar bleiben; leitet die → Rundsendungen von einem zum anderen Netzwerksegment.

Browser: 1) Programm, das den → Client für bestimmte → Server darstellt; Internet Explorer, Firefox, Opera sind Browser, die auf die Ressourcen der Webserver (Webseiten) zugreifen; bekannt sind außerdem → LDAP-Browser für die Abfrage von Datenbanken; 2) Browserdienst (Computersuchdienst) zur Auflistung der Computer im Microsoft-Windows-Netzwerk; Bestandteil der Microsoft-Betriebssysteme von Windows 3.11 bis Windows Server 2012.

Bug: Fehler in der Software oder in der Hardware.

Bug Fix: Programm, das die Fehler in der vorhandenen Software korrigiert.

Bus: Übertragungsmedium mit gemeinsamem Zugriff; mehrere Komponenten (Rechner im Netzwerk, elekt-ronische Bauelemente einer Hauptplatine) können auf den Bus gleichzeitig zugreifen, um ihre Daten zu versenden; der Erfolg der Sendung ist von der Steuerung des Busses abhängig.

Byte: kleinste adressierbare Einheit in vielen Compu-terarchitekturen; ein Byte besteht aus 8 → Bit und kann vom → Prozessor auf einmal als Einheit gelesen, verarbeitet oder gespeichert werden; Aufbau des Arbeitsspeichers basiert auf Bytes, jedes Byte (nicht Bit!) besitzt dort eine eigene Adresse, durch die der Inhalt abgerufen oder gespeichert werden kann.

C

C/C++: Programmiersprachen, die oft für die Herstellung der Software verwendet werden; Grundlage bildet die Sprache C, C++ stellt die objektorientierte Erweiterung dar; Programmiersprachen werden von Herstellern als Paket ausgeliefert; Paket beinhaltet normalerweise Editor, vorgefertigte Lösungen, Compiler, Linker und Testumgebung; bekannt sind Microft Visual C/C++ und Borland C/C++ Builder.

Cache: Zwischenspeicher; → Puffer, → L1-Cache, → L2-Cache.

CAD: **C**omputer-**a**ided **D**esign; Anwendungen, die sich mit der computergestützten Konstruktion in unterschiedlichen industriellen Bereichen beschäftigen (auch technische Zeichnungen).

CAM: **C**omputer-**a**ided **M**anufacturing; computergestützte Fertigung von industriellen Erzeugnissen.

CCITT: **C**omité **C**onsultatif **I**nternational **T**éléphonique et **T**élégraphique (French); → ITU-T.

CD: **C**ompact **D**isc; Datenträger, auf dem die Daten durch Lasertechnologie gespeichert und gelesen werden können.

CHAP: **C**hallenge **H**andshake **A**uthentication **P**rotocol; sicheres Authentifizierungsprotokoll; versendet die Benutzerkennung und das Kennwort, verschlüsselt mit dem MD5-Algorithmus; aus dem verschlüsselten Wert können die ursprünglichen Daten nicht wiederhergestellt werden; → PAP.

CISC: **C**omplex **I**nstruction **S**et **C**omputer; CISC-Prozessoren enthalten Mikrocode-Befehle, die komplizierte Prozessorbefehle softwaremäßig implementieren; somit muss jeder Prozessorbefehl vor seiner Ausführung noch in einen Mikrocode-Befehl umgesetzt werden (Dekodierung); relativ billige Lösung auf Kosten der Zeit; Intel und AMD entwickeln CISC-Prozessoren, die aber Teile der RISC-Technologie enthalten; → RISC.

Client: Programm, das auf die Ressourcen der Server zugreift; Gegenstück zum → Server; Internet Explorer ist ein Client, der die Webseiten eines Webservers aufruft, interpretiert und auf dem Bildschirm darstellt; oft wird der Begriff „Client" auf einen Rechner bezogen, wenn auf diesem Rechner ein oder mehrere Clients (als Programme) laufen.

Client-Server-Architektur: Prinzip, nach dem die Software in zwei Komponenten unterteilt wird: → Client und → Server; Server sind für die Bereitstellung, Verarbeitung, Sicherung und Sicherheit der Daten zuständig, Clients übernehmen die Ein- und Ausgabe sowie die Darstellung der Daten; Schwerpunkte verlagern sich durch technische Weiterentwicklung, d. h., einige Clients können durchaus auch die Bearbeitung durchführen; die Architektur wurde für Netzwerke konzipiert, läuft aber genauso gut auf einem einzelnen Rechner; Clients von unterschiedlichen Herstellern können mit einem Server kommunizieren und umgekehrt, da üblicherweise nur die Schnittstellen zwischen Client und Server festgelegt sind; Client und Server bilden in jedem Fall eine gemeinsame Anwendung, d. h., der Client einer Anwendung kann auf den Server einer anderen Anwendung nicht zugreifen; der Client greift immer auf den Server zu, nie umgekehrt.

Cloud-Computing: Konzept in der Informations- und Telekommunikationstechnik, wonach die ganze Datenverarbeitung im Unternehmen als Angebot aus Dienstleistungen behandelt wird. Die notwendigen Dienste können von einem Drittanbieter aus dem → Internet bezogen werden, z. B. von → Providern, die diese Leistungen in unterschiedlichem Umfang zur Verfügung stellen. Die Implementierung der Dienste ist für die Kunden nicht transparent, wie in einer Wolke (Cloud).

Cluster: 1) kleinste Informationseinheit, die vom Dateisystem auf dem Datenträger adressiert werden kann, heißt auch Zuordnungseinheit; abhängig vom Dateisystem besitzt der Cluster unterschiedliche Größe (von 2 KB bis 64 KB); normalerweise passt in einen Cluster nur eine Datei oder ein Teil von dieser Datei, aber niemals zwei Dateien; ist der Cluster nicht voll belegt mit den Daten einer Datei (letzter Cluster), so geht der restliche Platz für die Speicherung verloren; nicht alle → Dateisysteme erlauben die Verwaltung der Größe des Clusters; existieren viele große Dateien auf der Festplatte, so erhöht sich die Leistung, wenn die Cluster groß sind, während bei vielen kleinen Dateien die wirklich benutzte Kapazität steigt, wenn die Cluster klein sind. 2) Verbund von Rechnern als Sicherheitsvorkehrung für besonders wichtige Server; fällt ein Computer im Verbund aus, so übernimmt ein anderer Computer sofort seine Funktionen.

CMOS: **C**omplementary **M**etal-**O**xide **S**emiconductor; Speicher, in dem die Konfigurationsparameter vom → BIOS gespeichert sind; wird von einer Batterie oder einem Akku mit Energie versorgt, damit diese Parameter auch beim ausgeschalteten Rechner erhalten bleiben; befindet sich auf der → Hauptplatine.

Cookies: Informationen, die beim Aufruf einer Webseite auf dem lokalen Rechner abgelegt werden; standardmäßig für Benutzereinstellungen bestimmt; enthalten keine Viren, aber Informationen über Surfverhalten des Benutzers; können bei nachfolgenden Aufrufen an den Webserver weitergeleitet werden, allerdings standardmäßig nur an den Server, dessen Webseite die Cookies hinterlassen hat.

CPU: **C**entral **P**rocessing **U**nit; Prozessor, elektronischer Chip, der die Befehle der Datenverarbeitung ausführt; ist das Herzstück und „Arbeitspferd" eines Rechners, da er fast alle Rechenoperationen ausführt; Prozessoren befinden sich nicht nur auf der → Hauptplatine, sondern auf Netzwerk-, Grafik-

und Soundkarten sowie in anderen Geräten; in den letzten Jahren haben sich die Prozessoren der Firmen Intel, AMD, IBM, Motorola, DEC und Sun durchgesetzt.

CRC: Cyclic Redundancy Check; Kontrollsumme oder Prüfsumme; wird für die zu übertragenden Daten berechnet und zusammen mit ihnen übermittelt; anhand der Prüfsumme kann der Empfänger feststellen, ob die Daten ohne Änderungen angekommen sind.

CRT-Monitor: Cathode Ray Tube **monitor;** Monitore mit Kathodenstrahlröhre haben stark an Bedeutung verloren, da → LCD-Monitore bessere Bildqualität und Ergonomie aufweisen; → TFT.

CSMA/CA: Carrier Sense Multiple Access/Collision Avoid-ance; Verfahren, das den Zugriff von mehreren Stationen im Netzwerk auf ein gemeinsames Medium steuert; reduziert Kollisionen erheblich, obwohl sie nicht vollständig vermieden werden können; erheblich ist, dass jeder Empfänger die erhaltenen Daten bestätigen muss; CSMA/CA wird bei → WLAN verwendet.

CSMA/CD: Carrier Sense Multiple Access/Collision Detection; Verfahren, das den Zugriff von mehreren Stationen im Netzwerk auf ein gemeinsames Medium steuert; Kollisionen können nicht vermieden werden, aber das Verfahren ermöglicht, sie rechtzeitig zu erkennen und die Sendung zu unterbrechen; CSMA/CD wird in herkömmlichen Netzwerken verwendet.

D

Daemon: Disk and execution monitor; Modul, das im Hintergrund läuft und systemnahe Funktionen ausführt; Begriff stammt aus UNIX/Linux und wird unter Microsoft Windows selten benutzt; kann als Server betrachtet werden, der aber kein Gegenstück (Client) besitzt, z. B. übernimmt der Dämon **inetd** die Start- und Stoppvorgänge einiger Server, der Dämon **crond** startet die Aufträge der Benutzer zu bestimmten Zeiten.

Datagramm: Bezeichnung für Datenpakete des Protokolls → UDP.

Datei: Art der Datenspeicherung; Container für die Daten; es existieren zwei prinzipiell unterschiedliche Arten von Dateien: Dateien, die Befehle des → Prozessors enthalten (ausführbare Dateien), und Dateien, in denen die Informationen für die Verarbeitung zusammengefasst sind (Kundendaten, Dokumente, Einstellungen, Bilder, Video, Ton), wobei die erste Form von Dateien die zweite Form bearbeitet; Dateien besitzen normalerweise neben dem Inhalt verschiedene Attribute: Name, Erweiterung, Besitzer, Rechte, Zeitstempel, Verschlüsselungsdaten, Archivierungsbit u. v. a.; Dateien werden in → Verzeichnissen (Ordnern) zusammengefasst.

Dateisystem: Regeln, die festlegen, wie die Dateien auf dem Datenträger aufgebaut sind, welche Attribute sie enthalten, wie sie zu erstellen, zu öffnen, zu suchen, zu löschen und wiederherzustellen sind; frühere einfache Dateisysteme wie FAT12/16 wurden von modernen Dateisystemen (→ NTFS, reiserfs) fast völlig verdrängt; werden von den Betriebssystemen durch entsprechende Treiber unterstützt; physikalisch besetzt das Dateisystem eine Partition auf einer Festplatte, CD oder Diskette; besteht aus dem Systembereich, wo sich die Steuerungsinformationen für die Dateien befinden, und dem Datenbereich, der die Inhalte der Dateien umfasst, wobei beide Bereiche bei jedem Betriebssystem unterschiedlich aufgebaut sind.

Datenträger: Magnetband, → CD, → DVD, Festplatte, ZIP-Diskette.

DC: 1) Domain Controller; von Microsoft Windows Server 2008/2012; → Domänen-Controller; 2) Direct Current; Gleichstrom; elektrischer Strom, dessen Stärke und Richtung sich mit der Zeit nicht verändert, entsprechend bleibt die Spannung der Stromquelle konstant.

DDR: Double Data Rate; Technologie für die Herstellung von RAM-Bausteinen, bei der zwei Bits pro Takt übertragen werden.

Debugging: Prozess der Fehlersuche in Programmen; Test.

DECT: Digital Enhanced Cordless Telecommunications; Standard für schurloses Telefon; arbeitet im Frequenzbereich von 1,88 GHz bis 1,9 GHz und besitzt eine Reichweite bis 300 m.

Defragmentierung: erfolgt, wenn ein Programm versucht, Dateien wieder zusammenhängend zu speichern; dadurch erhöht sich erheblich die Leistung des → Betriebssystems; ältere Betriebssysteme suchen beim Anlegen einer Datei normalerweise einen zusammenhängenden Bereich auf dem Datenträger, um die Daten dort abzuspeichern, damit die Datei schneller abgespeichert und eingelesen werden kann; durch häufiges Korrigieren verteilen sich aber Teile der Datei in unterschiedlichen Bereichen, d. h., die Datei besteht aus mehreren Fragmenten; für moderne Betriebssysteme hat die Defragmentierung an Bedeutung verloren, teilweise weil die Festplatte viel schneller arbeitet, teilweise weil die Dateien schon beim Anlegen fragmentiert sind, teilweise weil die Zeit für die Suche eines zusammenhängendes Bereiches mit der Zeit für das Anlegen der Datei vergleichbar ist.

DES: Data Encryption Standard; Standard für die Datenverschlüsselung; DES-Algorithmus verwendet für die Ver- und Entschlüsselung den gleichen 56-Bit-Schlüssel; mit moderner Technik ist es möglich, die Daten durch Ausprobieren innerhalb weniger Stunden zu entschlüsseln; Verbesserung verspricht der 3 DES-Algorithmus, bei dem die Schlüssellänge 168 Bit beträgt.

Device: Gerät.

DFS: Distributed File System; englische Bezeichnung für verteiltes Dateisystem; das Prinzip besteht darin, dass sich die Daten auf unterschiedlichen Rechnern im Netzwerk befinden, den Benutzern aber zusammenhängend in einer Baumstruktur erscheinen; der Vorteil besteht darin, dass der Benutzer nur den Server kennt, wo sich der Stamm der Baumstruktur befindet, und nicht wissen muss, auf welchem Rechner sich die Daten physikalisch befinden.

DFÜ: Datenfernübertragung; wird oft als Gegenteil zum → LAN verstanden; verbindet unterschiedliche LANs über große Distanzen.

DHCP: Dynamic Host Configuration Protocol; Netzwerkdienst, der aus Server und Client besteht; basiert auf dem gleichnamigen Protokoll; der DHCP-Server stellt den DHCP-Clients folgende Ressourcen zur Verfügung: IP-Adressen, Netzwerkmasken, IP-Adressen von Routern und DNS-Servern, Rechnernamen und viele andere Konfigurationsparameter; der DHCP-Server richtet seine Clients vollständig für den Netzwerkzugriff ein und erleichtert die Arbeit des Netzwerkadministrators; der DHCP-Server von Microsoft Windows Server 2008/2012 enthält einige prinzipiell neue Funktionen, beispielsweise die Zusammenarbeit mit dem DNS-Server; → DNS.

Dienst: Modul ähnlich wie → Daemon; läuft im Hintergrund und führt systemnahe Funktionen aus; Begriff wird gleichermaßen unter Microsoft Windows und UNIX/Linux verwendet, beispielsweise übernimmt der lokale Anmeldedienst die Anmeldung des Benutzers; Server (Programme) werden auch oft als Dienste bezeichnet.

Digital: bezeichnet Objekte, die nur diskrete Zustände haben können oder ihre Werte in einem diskreten Bereich annehmen (Aufzählungen); → Analoge Objekte.
DIN: **D**eutsches **I**nstitut für **N**ormung; Organisation, die für die Normen in Industrie, Handel, Wirtschaft, Wissenschaft und anderen Bereichen zuständig ist.
DMA: **D**irect **M**emory **A**ccess; direkter Speicherzugriff; elektronischer Baustein, der Speicheradressen generiert; beim Kopieren von vielen Daten sehr hilfreich, da der Prozessor von dieser weniger intelligenten Aufgabe befreit wird, wodurch die Systemleistung steigt.
DMZ: **Demi**litarized **Z**one; Demilitarisierte Zone; Netzwerk, das sich zwischen zwei anderen Netzwerken befindet: einem **internen** Netzwerk des Unternehmens (Intranet) und einem **externen** nicht vertrauenswürdigen Netzwerk (Internet); Firewall-Rechner der DMZ erlauben die Zugriffe auf die DMZ von beiden Seiten, während die Zugriffe auf das interne Netzwerk von außen eingeschränkt und streng kontrolliert werden; DMZ schützt das interne Netzwerk, obwohl die Dienste des Unternehmens aus dem externen Netzwerk erreichbar sind.
DNS: **D**omain **N**ame **S**ystem; Netzwerkdienst, der aus Server und Client besteht; der DNS-Server stellt den Clients die Namensauflösungen zur Verfügung, d. h., der Server sucht zum übermittelten Rechnernamen die entsprechende IP-Adresse und sendet sie zurück an den Client; Prozess heißt Namensauflösung; klassischer DNS-Server führt nur die FQDN-Namensauflösung aus; Version mit Microsoft Windows kann bei Bedarf auch die anderen Dienste z. B. für die UNC-Namensauflösung abfragen; → FQDN, → UNC.
Domäne: Gruppe von Rechnern; es existieren zwei Arten: NT-Domäne und Internet-Domäne; die Domäne unter Microsoft Windows 2008/2012 vereint beide Konzepte; die NT-Domäne ist eine Sicherheitseinheit, wobei im Gegensatz zur → Arbeitsgruppe nur wenige Rechner eine Benutzerdatenbank besitzen, die allen Mitgliedern der Domäne zur Verfügung steht; wird eine Benutzeranmeldung von einem dieser Rechner bestätigt, so kann der Benutzer auf alle Ressourcen der Domäne ohne zusätzliche Anmeldung zugreifen, d. h., jeder Rechner der Domäne akzeptiert den Benutzer und stellt ihm die Ressourcen laut seinen Rechten zur Verfügung; Internet-Domäne bezeichnet die Rechner, die zu einem gemeinsamen Namensraum gehören; organisiert die Namensauflösung, nicht die Sicherheit.
Domänen-Controller: Computer, auf dem → ADS und somit die Datenbank der Domäne installiert ist; wichtigste Voraussetzung für die Installation sind die Betriebssysteme Windows Server 2008/2012; zwecks Ausfallsicherheit und Entlastung sollen in der Domäne mehrere Domänen-Controller vorhanden sein; Datenbanken auf den Domänen-Controllern enthalten die gleichen Informationen und tauschen sie zwecks Aktualisierung untereinander regelmäßig aus (→ Replikation); wichtig für den Betrieb der Domäne, sodass die lokale Arbeit an diesen Rechnern vermieden werden muss.
DOS: **D**isk **O**perating **S**ystem; Betriebssystem, das sich auf Datenträgern befindet und darauf zugreift, im Gegensatz zu den Betriebssystemen, die primär für den Einsatz mit Bandlaufwerken konzipiert wurden; erste Vertreter waren CP/M, MS-DOS, Novell DOS, daher MS-DOS als Synonym; aktuell funktioniert jedes Betriebssystem nach diesem Prinzip.
DoS: **D**enial-**o**f-**S**ervice (attack); Angriff auf einen Rechner, der zum Fehlverhalten oder zum Absturz des Betriebssystems bzw. von dessen Diensten führt; Ursachen für das Versagen sind Softwarefehler; Angreifer erreicht sein Ziel auf unterschiedlichen Wegen, indem er versucht, den Server mit unzähligen und unnötigen Abfragen zu überlasten oder falsch gestaltete Abfragen zu senden; als Prävention muss der Administrator die aktuellen Patchs und Bug Fixes der Software installieren.
Download: → Herunterladen.
DSL: **D**igital **S**ubscriber **L**ine; Technologie, bei der die Daten mit einer hohen Geschwindigkeit (bis 20 MBit/s und höher) durch die herkömmlichen Telefonleitungen übertragen werden; die gesamte Bandbreite wird in zwei Bereiche geteilt: In einem Bereich werden die Daten zum Teilnehmer, im zweiten Bereich vom Teilnehmer übertragen; sind beide Bereiche gleich, existiert symmetrisches DSL **(SDSL)**, ansonsten asymmetrisches DSL **(ADSL)**; SDSL eignet sich für Unternehmen, ADSL für Privatpersonen; ASDL verdrängt zunehmend Modems und ISDN für den Datenverkehr aus den privaten Haushalten.
DSSS: **D**irect **S**equence **S**pread **S**pectrum; Übertragungsverfahren in kabellosen Netzwerken, bei dem jedes zu sendende Bit durch eine Bitfolge ersetzt wird; Ziel dieser Darstellung ist das Verstecken der Information in den Hintergrundgeräuschen, sodass der Angreifer die Daten nicht mehr erkennen kann; Empfänger filtert die ankommenden Bits durch ein zuvor vereinbartes Bitmuster und erhält somit die Informationen; Verfahren benötigt mehr Bandbreite; ist der Bitübertragungsschicht des → OSI-Modells zuzuordnen.
DTP: **D**esktop-**P**ublishing; Programme, die hochwertige Dokumente aus fertigen Texten und Bildern kombinieren (QuarkXPress, InDesign).
Dual: → binär.
Duplex: Übertragungsart, bei der die Daten in beide Richtungen versendet werden können; unterschieden wird Vollduplex und Halbduplex; beim Vollduplex werden die Daten in beide Richtungen gleichzeitig übertragen, beim Halbduplex abwechselnd zuerst in eine Richtung, dann in die andere; → Simplex.
DVD: **D**igital **V**ersatile **D**isc; Speichermedium, das äußerlich wie eine → CD aussieht, aber eine viel größere Speicherkapazität von 4,7 GB ausweist; Schreib- und Lesevorgänge erfolgen durch einen Laser.
DVI: Digital Visual Interface ist eine Schnittstelle für Übertragung digitaler Videodaten. Eine Weiterentwicklung von DVI ist → HDMI.

E

E/A: Abkürzung für die Ein- und Ausgabe von Daten und für entsprechende Geräte wie Tastatur, Maus, Trackball, Bildschirm, Drucker, Plotter.
EBCDIC: **E**xtended **B**inary **C**oded **D**ecimal **I**nterchange **C**ode; Codierungstabelle, in der jedem Symbol (Buchstabe, Ziffer, Sonderzeichen) eine Zahl von 0 bis 255 entspricht; wird auf den IBM-Rechnern verwendet und ist mit → ASCII nicht kompatibel.
Echtzeit: Betriebsart der Computer, bei der die Rechenprozesse an die industriellen Vorgänge zeitlich angepasst sind; bei einem Herstellungsprozess (→ CAM) müssen die Befehle vom Rechner zur richtigen Zeit von den Maschinen empfangen und ausgeführt werden; können nicht alle Betriebssysteme leisten.
Editor: Programm, mit dem Daten eingegeben und korrigiert werden; Art der Daten bestimmen Funktionen und Umfang des Editors, sodass ein Editor nicht jede Datei bearbeiten kann; meistens Programm für einfache

Textverarbeitung; Texteditoren waren historisch gesehen die ersten Programme für Textverarbeitung; heute existieren zahlreiche und sehr umfangreiche Pakete (Textprozessoren) für diesen Zweck, wie Microsoft Word und OpenOffice.org; einfache Texteditoren (NOTEPAD, EDIT, vi, emacs) sind wichtiger Bestandteil jedes Betriebssystems, da sie im Gegensatz zu Textprozessoren keine Steuerungszeichen in den Text integrieren, wobei diese Eigenschaft unabdingbar für die Administration von Rechnern ist.

EDV: **E**lektronische **D**aten**v**erarbeitung; Sammelbegriff für Technologien und Einrichtungen, um Daten zu erfassen, zu verarbeiten, auszuwerten und zu speichern; die EDV spielt eine wichtige Rolle in allen Bereichen des Lebens.

EFS: **E**ncrypting **F**ile **S**ystem; verschlüsselndes Dateisystem; Eigenschaft des Dateisystems → NTFS, die Daten transparent für den Benutzer zu verschlüsseln; Benutzer, der eine Datei verschlüsselt hat, kann ohne weitere Aktionen auf die Datei zugreifen, während die anderen Benutzer diese Datei nicht öffnen können; EFS erhöht die Sicherheit der Daten auf Rechnern mit den Betriebssystemen Microsoft Windows; ist mit keinen Rechten verbunden und basiert auf den Zertifikaten, die das Betriebssystem für die Benutzer normalerweise automatisch erstellt.

EIDE: **E**nhanced **I**ntegrated **D**rive **E**lectronics; Erweiterung des Standards für IDE-Schnittstellen, die gegenüber IDE doppelte Übertragungsgeschwindigkeit sowie neue Übertragungsmodi definiert; → IDE.

Eingabeaufforderung: Möglichkeit, Befehle manuell einzugeben; erscheint meistens als zeichenorientierte Oberfläche oder Fenster; zeigt normalerweise das aktuelle Verzeichnis sowie wahlweise aktuelle Zeitangabe, Benutzername und andere Parameter; für Administratoren wichtig, um Skripte (Programmcode) zu testen; für Anwender selten von Bedeutung.

EISA: **E**xtended **I**ndustry **S**tandard **A**rchitecture; erweiterter Standard für → ISA; erlaubt an einer Schnittstelle die Nutzung alter ISA-Karten (16-Bit) und neuerer EISA-Karten (32-Bit).

E-Mail: **E**lectronic **Mail;** elektronische Post; Art der Datenübertragung, bei der die für den Empfänger ankommenden Daten in dem sogenannten Postfach (als ein Verzeichnis realisiert) vorläufig gespeichert werden; Empfänger kann das Postfach zu einem beliebigen Zeitpunkt öffnen und die Daten auf den lokalen Rechner kopieren; E-Mails übertragen einfache Textnachrichten, Bilder, Filme und praktisch jede beliebige Art von Information; private Nachrichten im Gegensatz zu News; → NNTP.

Emulation: Simulation.

Ethernet: Netzwerktechnologie, die mehreren Computern den Zugriff auf ein gemeinsames Medium zwecks Datenübertragung erlaubt; entspricht der physikalischen Bus-Topologie und ist der 1. und 2. Schicht des → OSI-Modells zugeordnet; ursprünglich mit 10 MBit/s über ein Koaxialkabel konzipiert, funktioniert Ethernet heute mit 100 MBit/s und 1 GBit/s über → STP- und Glasfaserkabel.

EULA: **E**nd **U**ser **L**icense **A**greement; Lizenzvertrag zwischen dem Hersteller und dem Benutzer eines Produktes; besitzt in den meisten europäischen Ländern keine gesetzliche Wirkung, da der Vertrag schon beim Kauf geschlossen wird und EULA zu diesem Zeitpunkt nicht eingesehen werden kann; andere Rechte, wie das Urheberrecht, gelten auch ohne EULA.

EVA: **E**ingabe–**V**erarbeitung–**A**usgabe; Prinzip in der → EDV, wonach Hard- und Software organisiert sind; wird in seiner Bedeutung oft unterschätzt, wodurch Fehlverhalten von Geräten und Programmen entsteht.

Explorer: Programm unter Microsoft Windows, mit dem Dateien erstellt, abgespeichert, kopiert, gelöscht und komprimiert werden können; ermöglicht auch den Zugriff auf Netzwerkressourcen.

Export: Aufbereitung der Daten, die in einem System oder in einer Anwendung erfasst wurden, für die Benutzung in einem anderen System.

F

FAQ: **F**requently **A**sked **Q**uestions; oft gestellte Fragen; aufgrund von Erfahrungen mit einer Soft- oder Hardware wird in den Supportabteilungen eine Liste mit den Fragen und richtigen Antworten zusammengestellt, die oft zu beantworten sind; Veröffentlichung auf einer Webseite ermöglicht den Kunden, ihre Probleme (mindestens teilweise) selbst zu lösen.

FAT: **F**ile **A**llocation **T**able; gemeinsame Bezeichnung für → Dateisysteme, die eine ähnliche Struktur besitzen; in diesen Systemen werden die Informationen über die Dateien in einer Tabelle zusammengefasst; von der Adressbreite dieser Tabelle sind die Unterschiede (z. B. Länge der Dateinamen) abhängig; bekannt sind FAT12, FAT16 und FAT32; Zahlenangabe verweist auf die Adressbreite der Tabelle; maximale Größe der Partitionen beträgt entsprechend 16 MB, 2 GB und 2 TB; FAT12 wird nach wie vor auf Disketten genutzt, FAT16 hat seine Bedeutung verloren, FAT32 wird unter Microsoft Windows 7/8/10/2008/2012 sowie unter Linux unterstützt.

FDDI: **F**ibre-**D**istributed **D**ata **I**nterface; Netzwerkarchitektur, Kopplung der physikalischen Ring- und Stern-Topologie; Rechner sind an Konzentratoren angeschlossen und bilden somit die physikalische Stern-Topologie; Konzentratoren sind untereinander verbunden in einer physikalischen Ring-Topologie; als Zugriffsverfahren (logische Topologie) wird Token-Passing eingesetzt, wobei jeder Konzentrator die logische Ring-Topologie emuliert und das ganze Netz als ein Ring in einer Richtung arbeitet; bei Ausfall eines Konzentrators wird der Rückweg eingeschaltet, sodass die Ringstruktur erhalten bleibt; der Ring kann bis zu 200 km lang sein und bis zu 1 000 Rechner enthalten.

Fehlertoleranz: Fähigkeit des Systems, beim Ausfall einer Komponente weiterhin zu funktionieren; wird meistens durch den mehrfachen Einbau von gleichen Geräten (Prozessor, Festplatte) oder mit speziellen Softwarelösungen erreicht; → Cluster (2) und → RAID.

FHSS: **F**requency **H**opping **S**pread **S**pectrum; Übertragungsverfahren in kabellosen Netzwerken, bei dem das Signal seine Trägerfrequenz (Übertragungskanal) innerhalb eines Bereiches nach einem zuvor mit dem Empfänger vereinbarten Muster wechselt; Ziel dieses Verfahrens ist das Verbergen der Information vor potenziellen Angreifern; verbraucht mehr Bandbreite und ist der Bitübertragungsschicht des → OSI-Modells zuzuordnen.

FIFO: **F**irst **I**n **F**irst **O**ut; Prinzip für die Organisation und Verarbeitung der Warteschlange; Aufträge oder Daten, die zuerst eingetroffen sind, werden auch zuerst verarbeitet oder bedient, z. B. Druckaufträge; → LIFO.

Filtering: Sicherheitsmechanismus in den Netzwerken, der die Informationsströme kontrolliert; das Filtering-Programm erkennt und analysiert die Adressdaten der Absender und Empfänger, wie → MAC- und → IP-Adressen, Portnummern und Flags; auf Basis von Regeln, die der Administrator zusammenstellt, werden Verbindungen gestattet oder gesperrt; verhindert Sicherheitsprobleme im Netzwerk; Bestandteil einer Firewall; Befehl **iptables** unter Linux behandelt alle Aspekte vom Filtering; → Firewall.

Firewall: Komplex der Sicherheitsmechanismen, die ein Netzwerk vor den unerwünschten Zugriffen, Computerviren und Fehlbedienung schützen; setzt die Sicherheitsrichtlinien um, die in einem Unternehmen existieren müssen; Bestandteile sind Routing, → Proxy, → NAT, → Filtering, → VPN sowie andere Software- und Hardwarekomponenten; bekannt sind Astaro Security Linux und Microsoft Internet Security and Acceleration Server; Personal Firewalls schützen einzelne Rechner.

Firewire: Bus-Struktur für den Anschluss von Geräten an den PC nach dem Standard IEEE1394; Firewire ist plug-and-play-fähig; angeschlossene Geräte können die Daten ohne den zentralen Prozessor untereinander austauschen; Standard definiert Übertragungsgeschwindigkeiten von 100 MBit/s bis 3 200 MBit/s.

Firmware: Software, die Geräte (Handy, DVD-Brenner, Digitalkamera) steuert; hersteller- und gerätespezifisch; besitzt nur geringen Umfang und befindet sich normalerweise auf einem Chip.

Flag: Prozessoren besitzen neben den Registern für die arithmetischen und logischen Operationen auch Register, die den Status der Verarbeitung anzeigen; einzelne Bits in diesen Registern heißen Flags; Flags im Interrupt-Register, die auf 1 gesetzt sind, zeigen z. B. an, welche Geräte Prozessorleistung benötigen.

Flatrate: Pauschaltarif für Internetzugang oder Telefongespräche; Kunde zahlt monatlich einen festen Betrag, unabhängig von den in Anspruch genommenen Leistungen; günstig für „Vieltelefonierer" oder „Vielsurfer".

Floppy: andere Bezeichnung für die Diskette; erste Disketten (8" und 5,25") besaßen eine biegsame Hülle, nach der alle Disketten benannt wurden.

Format: 1) Darstellungsform von Informationen; so kann z. B. eine Kommazahl mit 6 berechneten Nachkommastellen mit 2 oder mit 4 Nachkommastellen ausgedruckt werden, abhängig vom Format; 2) Befehl unter → DOS sowie Microsoft Windows, womit das Dateisystem auf der Partition angelegt wird; → Formatierung.

Formatierung: Anlage eines neuen → Dateisystems; System- und Datenbereich werden erstellt und der Datenbereich wird qualitativ überprüft (Oberflächenprüfung); Verweise auf vorhandene Dateien gehen verloren, obwohl die Daten selbst erhalten bleiben; alte Inhalte werden nach und nach mit neuen Daten überschrieben; → Schnellformatierung.

FPU: **F**loating **P**oint **U**nit; mathematischer Coprozessor; führt die Operationen mit Kommazahlen durch und entlastet dadurch den Prozessor; solche Operationen sind oft bei den grafischen Darstellungen notwendig; ab Intel-486-Prozessoren ist die FPU fest in den Intel-Prozessor integriert, vorher war die FPU optional.

FQDN: **F**ully **Q**ualified **D**omain **N**ame; Standard für die Strukturierung der Rechnernamen; alle Computer werden Gruppen (Domänen, Internet-Domänen, DNS-Domänen) zugeordnet, auch Top-Level-Domänen; diese Domänen werden in Unterdomänen geteilt, sogenannte Second-Level-Domänen; Unterteilung ist unbegrenzt möglich, empfohlen werden aber nur 2 bis 3 Level; Namenskonvention ist üblich für Internet und Intranet, z. B. bezeichnet der Name **www.aci.de** den Rechner (oder seine Simulation durch den DNS-Server) namens **www** in der Second-Level-Domäne **aci**, die zu der Top-Level-Domäne **de** gehört.

Frame Relay: Protokoll, das den Schichten 1, 2 und 3 des OSI-Modells zugeordnet ist; funktioniert ähnlich wie das Protokoll X.25, besitzt aber erheblich weniger Fehlerkorrekturmechanismen, da es für die Leitungen mit besserer Qualität zugeschnitten ist; → X.25.

Freeware: Software, die kostenlos genutzt werden darf, ob sie auch geändert und weiterverbreitet werden kann, wird in den beiliegenden Informationen festgelegt.

Frequenz: Anzahl der Wiederholungen (Vollperiode) pro Zeiteinheit bei sich wiederholenden Vorgängen; Frequenz wird in Hertz (Hz = 1/s) gemessen.

FSB: **F**ront **S**ide **B**us; Schnittstelle, die CPU und → North Bridge verbindet; Taktfrequenz dieser Schnittstelle kennzeichnet die Leistungsfähigkeit des Systems.

FTP: **F**ile **T**ransfer **P**rotocol; Datentransferanwendung, die nach der Client-Server-Architektur strukturiert ist; der FTP-Client überträgt die Daten vom lokalen Rechner auf den FTP-Server (Hochladen) oder vom FTP-Server auf den lokalen Rechner (Herunterladen); Typ der Daten spielt keine Rolle; Übertragungsregeln sind im Protokoll FTP festgelegt.

G

Gateway: 1) Gerät oder Computer, bei dem alle 7 Schichten des OSI-Modells implementiert sind; verbindet die Netzwerke, die mit unterschiedlichen Protokollen arbeiten, z. B. TCP/IP und IPX/SPX; 2) Bezeichnung für einen Router bei der Verwendung des Protokolls TCP/IP, der die IP-Pakete zwischen den IP-Netzwerken weiterleitet; Begriff „Standard Gateway" ist in diesem Zusammenhang in vielen Betriebssystemen verbreitet; → Router.

Glasfaser: Kabelart, die als Leitung sehr dünne Fasern aus Glas verwendet; Lichtwellen verbreiten sich in den Fasern und übertragen damit die Informationen.

GNU: **G**NU is **N**ot **U**nix: Projekt mit dem Ziel, ein freies Betriebssystem zu schaffen; Begriff „frei" bezieht sich weniger auf die Kosten, sondern auf Zugang, Veränderung und Benutzung; auf der Basis von GNU-Software erstellte Anwendung muss unter GNU-Bedingungen weitergegeben werden; juristisch begründet ist GNU-Software in der Lizenz → GPL.

GPL: **GNU** **G**eneral **P**ublic **L**icense; Lizenzierungsart für freie Software; sieht vor, dass ein Programm sowie sein Quelltext kostenlos verteilt (kopiert) werden dürfen; verändertes Programm wird zusammen mit dem geänderten Quelltext verteilt; unter dieser Lizenz steht z. B. der Linux-Kernel; → GNU.

GPU: Graphics processing unit, Grafikprozessor, der für die Ausgabe digitaler Daten auf einem oder mehreren Bildschirmen zuständig ist und somit den Hauptprozessor entlastet.

Groupware: Software, die gemeinsames Arbeiten von mehreren Mitarbeitern an einem Projekt unterstützt; Benutzer tauschen Nachrichten aus, greifen auf Dokumente zu, pflegen Termine, schreiben Notizen; bekannte Groupware-Lösungen sind Lotus Notes von IBM, Groupwise von Novell und Microsoft Exchange.

GSM: **G**lobal **S**ystem for **M**obile Communications; Standard für digitale Mobiltelefonie; wird zunehmend von → UMTS verdrängt.

GUI: **G**raphical **U**ser **I**nterface; grafische Benutzeroberfläche; mehr Übersichtlichkeit im Gegensatz zur zeichenorientierten Oberfläche, intuitive Führung und Benutzerfreundlichkeit; alle modernen Betriebssysteme besitzen eine (Microsoft Windows) oder mehrere (Linux) GUI.

GUID: **G**lobally **U**nique **Id**entifier; globale eindeutige Bezeichnung eines Objektes im Netzwerkbetriebssystem.

H

Halbduplex: → Duplex.

Hash-Algorithmus: wertet große Menge an Daten aus und erzeugt eindeutige Kennung (Hash), die normalerweise viel kürzer als die Daten selbst ist; wird verwendet, um die Integrität der Daten beim Versenden sicherzustellen; Sender verschickt eine Datei zusammen mit dem Hash oder getrennt von ihm, der Empfänger kann beim Eintreffen der Datei selbst einen Hash erzeugen und mit dem gesendeten Hash vergleichen; sind beide Werte gleich, dann wurde die Datei während der Übertragung nicht verändert; bekannter und verbreiteter Hash-Algorithmus ist MD5.

Hauptplatine: Träger für die meisten elektronischen Bausteine des Computers; vereint Prozessor, Arbeitsspeicher, Chipsatz, Erweiterungskarten sowie Anschlüsse für externe Geräte untereinander.

Hauptverzeichnis: oberstes Verzeichnis in einem Dateisystem; beinhaltet alle anderen Verzeichnisse und Dateien, gehört aber selbst zu keinem anderen Verzeichnis; gilt als logischer Anfang des → Dateisystems.

HDMI: **H**igh **D**efinition **M**ultimedia **I**nterface, ist eine Schnittstelle für die Übertragung der digitalen Videodaten. HDMI ist zu → DVI abwärtskompatibel.

Herunterladen: Datenübertragung vom Server zum Client.

Heterogenes Netzwerk: besteht aus Rechnern mit unterschiedlichen Betriebssystemen, im Gegensatz zum homogenen Netzwerk, wo auf allen Computern das gleiche Betriebssystem eingesetzt wird; nutzt die Vorteile der unterschiedlichen Betriebssysteme; zunehmend gewinnen heterogene Netzwerke mit Linux-Rechnern im Server-Bereich und Windows-Computern für die Arbeitsplätze an Bedeutung.

Hexadezimal: Zahlendarstellung mit 16 unterschiedlichen Ziffern (0, 1, 2, 3, 4, 5, 6, 7, 8, 9, A, B, C, D, E, F); Darstellung ist geeignet für die internen Operationen des Rechners und für die Programmierung.

Hintergrundprozess: besitzt keine Verbindung zu Bildschirm, Maus und Tastatur; realisiert z. B. die komplizierten und dauerhaften Berechnungen, umfangreiche Kopiervorgänge oder Sicherheitsprüfungen; Betriebssysteme mit präemptivem → Multitasking besitzen in der Regel Mechanismen, um solche Prozesse zu steuern (oder zu beenden), bei Microsoft Windows mit dem Taskmanager, unter Linux mit dem Befehl **kill.**

Hochladen: Datenübertragung vom Client zum Server.

Host: Bezeichnung für einen Rechner, um seine Netzwerkeigenschaften zu betonen; Computer als Träger von Netzwerkdiensten; Gegensatz zum → Router.

Hotline: Telefonservice, der Unterstützung für die Kunden leistet.

Hot-Plug: gemeinsame Eigenschaft von Geräten und Betriebssystemen, die Hardware beim laufenden Betrieb zu wechseln; besonders wichtig im Server-Bereich; → USB, → Firewire, → SCSI und SATA sind hot-plug-fähig.

HPFS: **H**igh **P**erformance **F**ile **S**ystem; Dateisystem, das von → Microsoft und → IBM zusammen für das Betriebssystem OS/2 entwickelt wurde; findet heute kaum noch Einsatz.

HTML: **H**ypertext **M**ark-up **L**anguage; Sprache für die Darstellung der Webseiten; Steuerungskonstruktionen dieser Sprache heißen Tags; Webbrowser erhält vom Webserver eine Textdatei, in der sich neben den Tags die darzustellenden Informationen befinden; Tags schreiben vor, wie der Browser diese Informationen auf dem Bildschirm anzeigen muss.

HTTP: **H**ypertext **T**ransfer **P**rotocol; Protokoll für die Datenübertragung zwischen dem Webserver und Web-Client, wobei die Daten in beide Richtungen übermittelt werden können; Aufruf von Daten nach diesem Protokoll erfolgt z. B. mit: **http://www.aci.de/dat.htm** als Anfrage des Web-Clients an den Webserver auf dem Rechner mit dem FQD-Namen **www.aci.de**, der daraufhin die Datei **dat.htm** zurücksendet.

Hub: Gerät, das die physikalische Stern-Topologie implementiert und die anderen Geräte untereinander verbindet; Netzwerk-Hub verbindet Rechner im Netz.

HVD: **H**olographic **V**ersatile **D**isc; Speichermedium, das die Lasertechnologie ähnlich wie bei der → CD oder → DVD einsetzt und eine Kapazität bis zu 1 TB besitzt.

I

IANA: **I**nternet **A**ssigned **N**umbers **A**uthority; Organisation, die für die Vergabe von IPv4- und IPv6-Adressen sowie der Namen für die Top-Level-Domänen verantwortlich ist; verteilt die IP-Adressen in großen Blöcken an die regionalen Registrierungsorganisationen; untersteht zumindestens formell der Regierung der USA.

IBM: **I**nternational **B**usiness **M**achines Corporation; Firma, die maßgeblich an der Entwicklung der Computertechnik beteiligt war und ist; → Mainframes dieser Firma beherrschen immer noch die EDV-Landschaften; dank ihrer marktführenden Position konnte IBM viele Standards und Ideen durchsetzen.

ICMP: **I**nternet **C**ontrol **M**essage **P**rotocol; Protokoll der TCP/IP-Familie, das keine Nutzdaten überträgt und ausschließlich zur Überprüfung der Netzwerkverbindungen dient; ist überwiegend im Befehl **ping** implementiert.

Icon: grafisches Symbol, das eine Datei, ein Verzeichnis oder ein anderes Objekt auf dem Bildschirm darstellt; bei der Aktivierung von Icons (einfacher Klick oder Doppelklick) wird entsprechendes Objekt aufgerufen oder gestartet.

ICQ: Wortspiel **„I seek you"**; Protokoll, mit dem die Teilnehmer Nachrichten untereinander in Echtzeit austauschen können; auch für die Übertragung von Dateien geeignet; → Instant Messaging.

IDE: **I**ntegrated **D**rive **E**lectronics; Standard für Schnittstellen, die Datenträger wie Festplatten und CDs mit dem Bussystem der Hauptplatine verbinden; wird in der ursprünglichen Form nicht mehr verwendet, sondern von → EIDE ersetzt.

IEEE: **I**nstitute of **E**lectrical and **E**lectronics **E**ngineers**;** internationale Organisation, die Ingenieure aus unterschiedlichen technischen Bereichen vereint; beschäftigt sich mit Neuentwicklungen und veröffentlicht viele Standards.

IIS: **I**nternet **I**nformation **S**ervices; Sammlung von mehreren Servern, die gemeinsame Module einsetzen und zum Lieferumfang vieler Windows-Betriebssysteme gehören; besteht aus Web-, → FTP-, → SMTP- und → NNTP-Server, die alle in einer Konsole verwaltet werden; ermöglicht in einem Unternehmen, das Intra- und Internet schnell zu organisieren.

Image: Datei, die mehrere Dateien bzw. ganze Partitionen in sich vereint; wird mit speziellen Programmen erstellt; erleichtert die Arbeit von Administratoren, da z. B. ein ausgefallenes Betriebssystem innerhalb weniger Minuten wiederhergestellt werden kann.

IMAP: **I**nternet **M**essage **A**ccess **P**rotocol; Protokoll, mit dem ein E-Mail-Client das Postfach des Benutzers abfragt und vorhandene Nachrichten herunterlädt; im Gegensatz zum Protokoll → POP kann mit diesem Protokoll der Inhalt des Postfaches direkt auf dem Server bearbeitet werden.

Import: Übernahme von Daten, die in einem anderen System oder in einer anderen Anwendung erfasst wurden.

Inode: auch i-node; Bestandteil von Dateisystemen unter UNIX/Linux; Charakteristik der Datei, die folgende Attribute enthält: Besitzer- und Besitzergruppen-ID, Anzahl von Links, Datums- und Zeitangaben, Rechte, Verweise auf die Blöcke, wo sich der Inhalt der Datei befindet; Name der Datei ist nicht im Inode, sondern im Verzeichnis gespeichert; Inodes werden normalerweise nummeriert, d. h., jede Datei ist durch die Inode-Nummer (nicht durch den Namen!) eindeutig identifiziert; Begriff ist in den Microsoft-Dateisystemen unbekannt.

Installation: 1) Übertragung der Software auf die Festplatte des Computers, Strukturierung, Dimensionierung und Einrichtung der Parameter; Installation einer Software unter Microsoft Windows umfasst außer dem Kopieren von Dateien, das Erstellen von Verzeichnissen sowie Einträge in die → Registry, in das Startmenü und auf dem Desktop; 2) Anschluss von Hardware an eine Schnittstelle der Hauptplatine.

Instant Messaging: → ICQ-ähnliche Software, die mit Microsoft Windows ausgeliefert wird; existiert auch von anderen Herstellern.

Integrität: Eigenschaft, wonach die Daten nicht zerstört, nicht beschädigt und nicht geändert sind; während der Datenübertragung besonders wichtig, da die Informationen unterwegs vor einem Angriff nicht unbedingt sicher sind, muss aber ebenso für die lokalen Daten gewährleistet werden.

Interface: Schnittstelle.

Internet: weltumspannendes Netzwerk, in dem unzählige Server unterschiedliche Ressourcen zur Verfügung stellen; private Benutzer oder Unternehmen greifen auf diese Ressourcen zu; Grundlage für die Zugriffe ist das Protokoll TCP/IP, während andere Protokolle (IPX/SPX, NetBIOS/NetBEUI) den Zugriff nicht gewährleisten können; es sind unterschiedliche Betriebssysteme und Server präsent, wobei Web-, Mail- und FTP- Server dominieren.

Internet-Telefonie: auch → VoIP (Voice over IP).

Interpolation: Wiederherstellung einer Funktion innerhalb des Definitionsbereiches anhand von einigen diskreten Werten; dazu dienen mehrere mathematische Verfahren; → Extrapolation.

Interrupt-Betrieb: Betriebsart des Prozessors für die Kooperation mit Geräten; nach jedem Takt überprüft der Prozessor den Inhalt eines speziellen Registers (Interrupt-Register), wobei ein Gerät, das den Prozessor benötigt, ein bestimmtes → Flag in diesem Register auf den Wert 1 setzt, womit der Prozessor erkennt, dass er auf die Bedienung des Gerätes umschalten soll; Nummer des Flags heißt Interrupt-Nummer (Unterbrechungsnummer, IRQ); Interrupt-Betrieb ist das Gegenstück zum → Polling-Betrieb.

iOS: proprietäres Betriebssystem für mobile Kommunikationsgeräte der Firma Apple Inc., wie iPad, iPod und iPhone; multitaskingfähig, besitzt fortgeschrittene Sicherheitsmerkmale.

IP: **I**nternet **P**rotocol; Protokoll der TCP/IP-Familie, das für die Übertragung der Nutzdaten konzipiert ist; arbeitet auf der 3. Schicht des → OSI-Modells; verwendet für die Adressierung der Rechner logische Adressen (IP-Adressen), die die logische Struktur des Netzwerks abbilden; IP-Pakete, die zu einer gemeinsamen Verbindung gehören, können das Ziel auf unterschiedlichen Wegen erreichen, wodurch die Ausfallsicherheit der Übertragungswege gesichert wird; IP ist für die zuverlässige Zustellung der Daten nicht verantwortlich, dafür ist → TCP vorgesehen.

IP-Adresse: eindeutige numerische Kennung des Rechners in einem Netzwerk; notwendig, um die Rechner voneinander zu unterscheiden; in der Version 4 (IPv4) ist die Kennung 4 Byte, in der Version 6 (IPv6) 16 Byte lang.

IPsec: **IP sec**urity; Verschlüsselungsprotokoll für die Datenübertragung in IP-Netzwerken; verwendet hauptsächlich das asymmetrische Verfahren und gilt daher als sicher; öffentlicher und privater Schlüssel werden benutzt, um einen symmetrischen Schlüssel zu vereinbaren und auszutauschen, wobei die eigentliche Verschlüsselung durch diesen symmetrischen Schlüssel erfolgt; regelmäßig wird ein neuer symmetrischer Schlüssel generiert, um die Sicherheit der Übertragung zu erhöhen; bei dieser kombinierten Methode gewährleisten die asymmetrischen Schlüssel die notwendige Sicherheit, die symmetrischen Schlüssel bieten eine akzeptable Geschwindigkeit.

IrDA: **I**nfra**r**ed **D**ata **A**ssociation; Schnittstelle für die kabellose Übertragung der Daten im Infrarotbereich; Übertragung findet mit 16 MBit/s über sehr kurze Strecken (bis zu 1 m) statt; IrDA-Geräte (Drucker, Handy, PC, PDA) sind relativ preiswert.

IRQ: **I**nterrupt **Req**uest; → Interrupt-Betrieb.

ISA: **I**ndustry **S**tandard **A**rchitecture; Bus-Standard für den Anschluss der Erweiterungskarten auf der → Hauptplatine des Rechners; besitzt nur historische Bedeutung; Adressierung auf 16 Bit; zuerst wurde ISA durch → EISA ersetzt, danach beide Standards vom → PCI-Bus vollständig verdrängt.

ISDN: **I**ntegrated **S**ervices **D**igital **N**etwork; digitales Telekommunikationsnetz, das Sprach- und Datendienste vereint; bietet einen schnelleren Zugang zum Internet als das Modem; besitzt Eigenschaften wie Telekonferenz, die für Unternehmen unabdingbar sind; in privaten Haushalten wird ISDN von → DSL verdrängt.

ISO: **I**nternational **O**rganization for **S**tandardization; Internationale Organisation für Normung; erarbeitet die Standards in allen Bereichen, außer Elektronik und Elektrotechnik; → DIN ist Mitglied in der ISO.

ISP: **I**nternet **S**ervice **P**rovider; Internetanbieter; Unternehmen, das privaten Benutzern und kleinen Unternehmen den Zugriff auf Internetressourcen anbietet.

IT: **I**nformation **T**echnology; Informationstechnologie.

Itanium: 64-Bit-Prozessor von Intel und Hewlett-Packard; seine Architektur ähnelt der von RISC-Prozessoren; Befehlssätze vom Itanium und vom Pentium-Prozessor sind zueinander nicht kompatibel, Pentium-Befehle werden aber durch speziellen Chip emuliert, um Kompatibilität mit entsprechender Software zu gewährleisten.

ITU-T: **I**nternational **T**elecommunication **U**nion – **T**elecommunication Standardization Sector; internationale Behörde, die Standards im Bereich der Kommunikation erarbeitet und festlegt.

J

Java: vollwertige objektorientierte Programmiersprache, abgeleitet von → C/C++; wird zunehmend aufgrund der rasanten Entwicklung der Internettechnologien eingesetzt; eignet sich für die Entwicklung selbstständiger Anwendungen.

JavaScript: Skriptsprache, deren Syntax sich an Java anlehnt, aber einige grundlegende Unterschiede zu Java besitzt: kann nur innerhalb von Webseiten verwendet werden; muss vom Browser unterstützt werden, kann keine Klassen erstellen, sondern nur vordefinierte Objekte verwenden.

Journaling-Dateisystem: setzt erweiterte Mechanismen ein, um die Zuverlässigkeit bei der Datenspeicherung zu erhöhen; Journal protokolliert die Schreibzugriffe und sichert die alte Version der Daten, bis der Schreibzugriff erfolgreich vollendet wird; bei Fehlern überprüft das Dateisystem nur die Daten, die zum Zeitpunkt des Ausfalls nicht erfolgreich geschrieben wurden; für große Festplatten ergibt sich erhebliche Zeitersparnis beim Hochfahren.

Jumper: Verbindungsbrücke, die auf zwei Kontakte (Pins) aufgesetzt wird; genutzt auf Hauptplatinen und Erweiterungskarten, um bestimmte Funktionen zu aktivieren oder zu deaktivieren; Einsatz verringert sich in modernen Rechnern.

Junk-Mail: unerwünschte elektronische Post; wird massenhaft zu Werbezwecken oder als Versuch versendet, Daten des Empfängers zu erhalten; verwendet oft die Lücken in den E-Mail-Servern, um sich zu verbreiten, und Fehler in den E-Mail-Clients, um Daten auszuspionieren.

K

KDE: **K D**esktop **E**nvironment; grafische Oberfläche unter Linux; ist stabil, benutzerfreundlich, flexibel und besitzt viele nützliche Tools und Funktionen; in Deutschland starke Verbreitung.

Kerberos: Authentifizierungsprotokoll, bei dem drei Parteien (Kerberos-Client, Kerberos-Server und ein beim Kerberos-Server registrierter Dienst) sich gegenseitig authentifizieren; danach erhält der Kerberos-Client vom Kerberos-Server eine Erlaubnis (Ticket) für den Zugriff auf den registrierten Dienst; sehr sicherer Vorgang in einem nicht unbedingt sicheren Netzwerk; wird in den Microsoft-Windows-Domänen sowie im Internet verwendet.

Kernel: Kern des Betriebssystems; Datei, die während des Bootens in den Arbeitsspeicher geladen wird und die Grundfunktionen des Betriebssystems enthält; Kernel von Microsoft Windows heißt **ntoskrnl.exe,** Linux nutzt **vmlinuz** (vm steht für virtual memory, z für eine komprimierte Version); Linux-Kernel kann im Gegensatz zu Windows im Prinzip beliebige Namen besitzen.

Knotentyp: Reihenfolge der Namensauflösung in einem Windows-Betriebssystem; Microsoft Windows kennt mehrere Mechanismen zur Namensauflösung: Cache, Rundsendung, vorgeladene Dateien, Namensserver (DNS, WINS oder Server vom Drittanbieter); Folge, in der sie verwendet werden, beeinflusst die Leistung des Betriebssystems; Knotentyp wird normalerweise automatisch eingestellt, abhängig von den Netzwerkeinstellungen.

Koaxialkabel: Kabel, das aus einem Innen- und einem Außenleiter besteht; zwischen den Leitern befindet sich Isolation; beide Leiter verlaufen parallel zueinander; wurde für die BNC-Verkabelung verwendet.

Kollision: Situation in Netzwerken, bei der zwei Stationen gleichzeitig senden und sich ihre Signale überlagern; führt zum Verlust der Daten und die Sendung muss wiederholt werden; → CSMA/CA und → CSMA/CD.

Kommandointerpreter: → Befehlsinterpreter.

Kompatibilität: Verträglichkeit; Software ist zu einem Betriebssystem kompatibel, wenn sie unter diesem Betriebssystem läuft; zwei Betriebssysteme sind zueinander kompatibel, falls gleiche Anwendungen unter den beiden Systemen laufen.

Komplement: Teil, das zu einem Ganzen fehlt; Zahl 2 ist ein Komplement für die Zahl 8 zur Zahl 10; Komplement wird intern in Prozessoren benutzt, um eine Subtraktion durch eine Addition zu ersetzen.

Komprimierung: Reduzierung der Größe einer Datei; wird durch unterschiedliche Algorithmen erreicht: → ZIP, LHA, RAR; jeder dieser Algorithmen gewährleistet die Integrität der Daten, vermeidet Verluste; im Prinzip werden mehrere aufeinander folgende gleiche Bits durch viel kürzere Sequenzen ersetzt; Komprimierungsgrad einer Datei hängt stark vom Inhalt ab; komprimierte Dateien können kaum zusätzlich komprimiert werden.

Konfiguration: Einstellen von Parametern der Soft- oder Hardware, die den Betriebsbedingungen entsprechen; ist oft Teil der Installation; Benutzer konfigurieren oft die grafische Oberfläche entsprechend ihren Bedürfnissen.

Konsole: Zusammensetzung von Ein- und Ausgabegeräten; Konsole (oder Terminal) enthält keinen Prozessor, keinen Arbeitsspeicher und keine Festplatte, deshalb können keine Daten verarbeitet oder abgespeichert werden; ist nur für die Eingabe der Daten oder deren Darstellung geeignet; erste Konsolen basierten auf IBM-Rechnern; aktuell gibt es Programme, die den lokalen Rechner in eine Konsole für einen anderen Rechner verwandeln (→ Terminalserver), um dessen lokale Ressourcen zu nutzen; Administrator organisiert damit die Fernverwaltung von Rechnern, die weit vom Standort der Konsole entfernt sind.

Kontextmenü: Menü, dessen Inhalt von der Stelle abhängt, von der der Aufruf erfolgt, z. B. der rechte Mausklick im Windows Explorer zeigt unterschiedliche Menüs für Verzeichnis (Ordner) und Datei.

Konto: Satz mit Benutzerinformationen; neben Rufnummer, Anschrift, Geburtsdatum und anderen möglichen Daten gibt es zwei obligatorische Angaben: Anmeldename und Kennwort; beide Angaben sind Voraussetzung für das erfolgreiche Anmelden am Rechner oder an der Domäne; jedes Konto besitzt eine ID-Nummer; beim Zugriff auf die Ressourcen überprüft das Betriebssystem anhand dieser ID-Nummer die Rechtmäßigkeit des Zugriffs, z. B. wird jeder Benutzer, der das Administratorkonto beim Anmelden verwendet, vom Betriebssystem als Administrator behandelt; nicht nur Benutzer besitzen Konten, sondern auch Dienste.

Konvertierung: Umwandlung von Daten aus einem Format in ein anderes, z. B. kann das Dateisystem FAT32 in → NTFS konvertiert werden.

L

L1-Cache: oft in den Prozessor integriert; arbeitet mit der Taktfrequenz des Prozessors; die modernen Technologien unterteilen den → Cache in zwei Bereiche, für Befehle und für Daten; schnellster Cache; seine typische Größe beträgt 2 × 128 KB.

L2-Cache: befindet sich auf der Hauptplatine und arbeitet daher mit geringerer Taktfrequenz als der Prozessor; Unterteilung in zwei Bereiche, für Befehle und für Daten; seine typische Größe beträgt 2 × 1 MB.

L2TP: **L**ayer **2** **T**unnelling **P**rotocol; Protokoll, das für den Aufbau von → VPN geeignet ist; dient selbst als Container für andere Protokolle: → CHAP und → PAP für die Authentifizierung, → IPsec für die Verschlüsselung der Daten; IPsec verwendet asymmetrische Verschlüsselung, daher gilt das L2TP als sicherstes Protokoll für VPN; → PPTP.

L3-Switch: Gerät, das auf der 2. und 3. Schicht des → OSI-Modells arbeitet; Router, der im Gegensatz zu dem herkömmlichen Router die volle Funktionalität der 2. Schicht des OSI-Modells anbietet.

LAN: **L**ocal **A**rea **N**etwork; lokales Netzwerk, das sich vollständig auf einem Grundstück befindet; Netzwerk mit geringerer räumlicher Ausbreitung; mit der Verbreitung der kabellosen Kommunikation verliert diese Einteilung an Bedeutung; LAN kann aus weiteren Netzwerken bestehen.

Laptop: tragbarer Computer; gewinnt immer mehr an Bedeutung, da er Leistung, Flexibilität und Mobilität verbindet.

Laufwerk: 1) Hardwarekomponente, die einen Datenträger aufnimmt (Diskette, CD-ROM); 2) formatierte Partition der Festplatte, die unter Microsoft → Windows mit einem → Laufwerksbuchstaben angesprochen wird und für die Speicherung von Daten vorgesehen ist.

Laufwerksbuchstabe: Buchstabe von A bis Z, der einem Laufwerk zugeordnet ist; unter → Microsoft-Betriebssystemen (bis Microsoft Windows NT) kann man nur mit einem Buchstaben auf Laufwerke zugreifen, ab Windows 2000 entfällt die Bedingung für alle Laufwerke, wo sich keine Betriebssystemdateien befinden; → Laufwerk (2).

LBA: **L**ogical **B**lock **A**ddressing; gängige Methode, Blöcke auf der Festplatte zu adressieren; unter Blöcken versteht man hier die Sektoren (512 Byte) der Festplatte; Blöcke werden fortlaufend nummeriert, im Gegensatz zur alten Methode, bei der jeder Block durch Zylinder, Kopf und Sektor gekennzeichnet wurde; bei jedem modernen → BIOS ist die Option LBA standardmäßig aktiviert; alle modernen Betriebssysteme unterstützen LBA; LBA adressiert höchstens 128 PB ($1{,}13 \cdot 10^{15}$ Byte).

LCD-Monitor: **L**iquid **C**rystal **D**isplay; Bildschirm, der auf flüssigen Kristallen basiert; flach, flimmerfrei, strahlungsfrei, Strom sparend und leicht im Vergleich zu → CRT-Monitoren; mit der Entwicklung von → TFT liefern die LCD-Bildschirme auch ein scharfes Bild, genaue Farben und einen größeren Betrachtungswinkel.

LDAP: **L**ightweight **D**irectory **A**ccess **P**rotocol; Protokoll für den Zugriff auf die Verzeichnisdienste; gehört zu höheren Protokollen und verwendet TCP/IP als Basis für den Netzwerktransport; mit einem LDAP-Client kann man → ADS und → NDS abfragen, da sie als LDAP-Server funktionieren; → X.500.

LIFO: **L**ast **I**n **F**irst **O**ut; Prinzip für die Organisation und Verarbeitung der Stapel; Aufträge oder Daten, die zuletzt eingetroffen sind, werden zuerst verarbeitet oder bedient; → FIFO.

Link: Verweis auf ein anderes Objekt, z. B. auf Programme, Dateien, Verzeichnisse, Webseiten oder Computer; beim Aufruf eines Links (oder beim Klicken auf den Link) wird die Steuerung an das verknüpfte Objekt weitergeleitet.

Linux: → UNIX-artiges Betriebssystem, das nach seinem Erfinder Linus Torvalds benannt wurde; besitzt alle Eigenschaften, die von einem modernen Betriebssystem verlangt werden: → Multiuserfähigkeit und → Multitasking, hohe Stabilität, Leistungsfähigkeit, Zuverlässigkeit, Sicherheit, Skalierbarkeit.

Login: → Anmelden.

Logout: → Abmelden.

Lokal: Bezeichnung für Daten und Objekte, die sich auf dem Rechner befinden, an dem der Benutzer gerade arbeitet; Gegenteil zu Netzwerkdaten, die in diesem Fall „remote" heißen.

LTE (Long Term Evolution): Moderner Standard für Mobilfunknetzwerke; ermöglicht Datendurchsatz bis zu 300 MBit/s im Downlink und bis zu 75 MBit/s im Uplink; unterstützt reine IP-basierte Datendienste, ermöglicht einfache Telefongespräche mittels → VoIP.

LTE Advanced: Nachfolger von → LTE, Mobilfunkstandard der vierten Generation (4G), ermöglicht Datendurchsatz von bis zu 1 GBit/s im Downlink.

LWL: Abkürzung für **Lichtwellenleiter;** → Glasfaser.

M

MAC-Adresse: **M**edia **A**ccess **C**ontrol Address; physikalische Adresse der Netzwerkkarte; ist 6 Byte lang und besteht aus zwei Teilen: 3 Byte für die Identifikation des Herstellers und 3 Byte für die Identifikation der Karte selbst; daher theoretisch einmalige Adresse in der ganzen Welt, praktisch eindeutige Adresse in einem Netzwerksegment.

Mailbox: 1) veraltetes System für die Nachrichten- und Datenübertragung im Internet, 2) Synonym für Postfach; → E-Mail.

Mainboard: → Hauptplatine.

Mainframe: Bezeichnung für Großrechner, wie die Familie IBM/360; sind für hohe Leistung und Zuverlässigkeit optimiert; nehmen auch viel mehr Platz in Anspruch als PCs; werden noch immer in Versicherungen und Banken eingesetzt; Anwendungen, die dort laufen, sind schon einige Jahrzehnte funktionsfähig.

Makro: 1) Folge von Befehlen, die einer Tastenkombination zugeordnet ist; man kann z. B. mit einer Tastenkombination unter Microsoft Word das Inhaltsverzeichnis in ein Dokument einfügen; 2) Programm, geschrieben in Visual Basic, das z. B. in Microsoft-Office-Anwendungen beim Klick auf eine Schaltfläche aufgerufen wird.

Makrovirus: Virus, das auf Makrosprachen basiert, die in einigen hoch entwickelten Anwendungen integriert sind; Anwendungen aus Microsoft Office verwenden die Sprache Visual Basic und ihre Varianten, die manchmal die volle Kontrolle über den Rechner erlauben; Makroviren sind relativ leicht zu erstellen, es gibt dafür sogar Anleitungen und fertige Bausteine; jedes gute Antivirenprogramm erkennt Makroviren.

MAN: **M**etropolitan **A**rea **N**etwork; Netzwerk im Raum von einer oder mehreren Städten.

Maschinencode: Befehle für den Prozessor; ist dafür vorgesehen, in den Prozessor geladen und dort ausgeführt zu werden; nicht mit Mikrocode zu verwechseln; Maschinencode befindet sich als Datei auf dem Datenträger und kann neu kompiliert werden; → Mikrocode befindet sich immer in einem speziellen Bereich des Prozessors und verändert sich nicht.

Masquerading: Firewall-Methode, bei der die echten IP- oder MAC-Adressen sowie die TCP-Portnummern des Absenders durch andere Werte ersetzt werden, damit ein Angreifer nicht erkennt, woher das IP-Paket stammt; Methode wird auch verwendet, um unerkannt im Internet zu surfen.

Massenspeicher: allgemeine Bezeichnung für Speicher, auf dem die Daten ohne Stromversorgung erhalten bleiben, z. B. Festplatte, USB-Stick, Blu Ray, DVD, Magnetband.

MBR: **M**aster **B**oot **R**ecord; erster Sektor (512 Byte) einer Festplatte; → BIOS lädt MBR in den Arbeitsspeicher und übergibt ihm die Steuerung; im MBR befindet sich die → Partitionstabelle, die die Aufteilung der Festplatte in die Partitionen beinhaltet; MBR enthält außerdem ein Programm, das anhand der Partitionstabelle den Boot-Sektor einer aktiven Partition startet; alternativ kann der MBR auch den Boot-Manager enthalten, der dann die weitere Vorgehensweise bestimmt; jede Festplatte besitzt einen MBR, jedoch kann nicht jedes BIOS das Betriebssystem von jeder Festplatte starten; einige Datenträger, wie Disketten, beinhalten keinen MBR.

Microsoft: weltweit größte Firma, die Betriebssysteme und Anwendungen herstellt; bekannt durch das Betriebssystem Windows; dank seiner Benutzerfreundlichkeit, Abwärtskompatibilität, Stabilität, breiten Anwendungsplattform und einfallsreichen Vermarktungsstrategie hat sich dieses Betriebssystem gegen viele Konkurrenten durchgesetzt und besitzt auch künftig gute Perspektiven.

Migration: Übergang von einem EDV-System zu einem anderen; oft wird darunter der Wechsel des Betriebssystems oder einzelner Anwendungen verstanden.

Mikrocode: Programme, die direkt im Prozessor gespeichert sind; Befehle, die der Prozessor ausführt, bestehen aus diesen Programmen, bzw. der Befehlsatz des Prozessors ist als Mikrocode implementiert; liegt bei → CISC-Prozessoren als Software vor, ist bei den → RISC-Prozessoren direkt in Hardware umgesetzt; kann als → Firmware des Prozessors betrachtet werden.
Modem: Modulator/**Dem**odulator; Gerät, das digitale in analoge Signale umsetzt und umgekehrt; wird verwendet, um die Daten zwischen den Rechnern durch Telefonleitungen zu übertragen.
Motherboard: → Hauptplatine.
MTA: Mail **T**ransfer **A**gent; Programm, das elektronische Nachrichten mit dem Protokoll → SMTP vom E-Mail-Client zum E-Mail-Server oder von einem zum anderen E-Mail-Server transportiert.
Multicasting: Methode in IP-Netzwerken, eine Sendung gleichzeitig an mehrere Empfänger zu übertragen; während alle Rechner in einem konventionellen IP-Netzwerk über unterschiedliche IP-Adressen verfügen, besitzen Rechnergruppen beim Multicasting gleiche IP-Adressen aus der Klasse D und erhalten daher gleichzeitig eine Sendung.
Multiplex: Verfahren, bei dem mehrere Datenübertragungen (Verbindungen) gleichzeitig in einem physikalischen Medium stattfinden; so funktioniert beispielsweise das Telefonnetz.
Multiprocessing: Fähigkeit des Betriebssystems, mehrere Prozessoren zu unterstützen; unterstützt das Betriebssystem nur Prozessoren gleicher Bauart, liegt symmetrisches Multiprocessing (Microsoft Windows, Linux) vor, ansonsten erhöht asymmetrisches Multiprocessing die Leistung des Betriebssystems.
Multitasking: Fähigkeit des Betriebssystems, mehrere Programme gleichzeitig auszuführen; Programme erhalten der Reihe nach Zugriff auf den Prozessor innerhalb eines festgelegten Zeitabschnitts (Zeitscheibe) und können ihren Code ausführen; beim **kooperativen** Multitasking übergeben die Programme die Steuerung freiwillig an das nächste Programm, beim **präemptiven** Multitasking zwingt das Betriebssystem die Programme zur Übergabe; präemptives ist sicherer als kooperatives Multitasking, da beim Absturz eines Programms die anderen Programme nicht davon betroffen sind und bei ihnen kein Datenverlust auftritt.
Multithreading: Multitasking innerhalb einer Anwendung, die mehrere unabhängige Aufgaben (Drucken, Rechtschreibprüfung) generiert, die vom Betriebssystem im Rahmen des Multitaskings ausgeführt werden; erhöht die Leistung des Betriebssystems.
Multiuserfähigkeit: Fähigkeit des Betriebssystems, gleichzeitig die lokale Arbeit von mehreren Benutzern zu unterstützen; heute zum Teil in anderer Bedeutung als Fähigkeit des Betriebssystems, mehrere Benutzerkonten gleichzeitig zu unterhalten und dessen Rechte zu kontrollieren.
MX-Ressourceneintrag: Datensatz in der → DNS-Datenbank, der den Namen von dem Rechner enthält, der die Mail-Nachrichten in der Domäne aufnimmt; ist absolut wichtig, wenn man die domänenübergreifende Mail-Zustellung einrichten will.

N

Namenserver: Dienst, der für Namensauflösung zuständig ist; → WINS-Server löst die → UNC-Namen in IP-Adressen auf, der → DNS-Server löst die FQD-Namen auf; Verwendung eines Namensservers im Netzwerk reduziert die Anzahl von Rundsendungen und erleichtert die Administration.
NAT: Network **A**ddress **T**ranslation; Programm, das die privaten IP-Adressen der Absender durch öffentliche IP-Adressen des lokalen Rechners ersetzt und den Internetzugriff für Rechner ermöglicht, die private IP-Adressen besitzen; kann als Teil einer → Firewall verwendet werden; → Masquerading.
NDS: Novell **D**irectory **S**ervices; Verzeichnisdienst von Novell; Implementierung des Standards → X.500 durch die Firma Novell ab dem Betriebssystem NetWare 4; bietet vollständige Realisierung dieses Standards; → ADS.
NetBIOS/NetBEUI: Network **B**asic **I**nput/**O**utput **S**ystem/ **NetBIOS E**xtended **U**ser **I**nterface; Netzwerkprotokollfamilie, die keine logischen Netzwerkadressen kennt; kann daher keine miteinander verbundenen Netzwerke bedienen, auch nicht geeignet für den Internetzugriff; NetBEUI besitzt kaum Bedeutung in modernen Netzwerken, NetBIOS ist hingegen nach wie vor unabdingbar für den Zugriff auf Windows-Freigaben.
NetPC: → Thin Client.
NetWare: Betriebssystem der Firma Novell; gehört zu den ersten dedizierten Netzwerkbetriebssystemen; wurde fast vollständig durch Microsoft-Betriebssysteme vom Markt verdrängt.
Netzwerk: Verbund von zwei oder mehreren Computern zwecks Informationsaustauschs; besitzt unterschiedliche Übertragungsmedien, unterschiedliche Strukturen und Topologien, unterschiedliche Dienste, unterschiedliche Sicherheitsanforderungen und damit auch unterschiedliche Eigenschaften.
Netzwerklaufwerk: Verbindung zwischen einem → Laufwerksbuchstaben und einer Freigabe im Netzwerk; erlaubt, die Daten der Freigabe so zu benutzen, als ob sie sich lokal auf dem Rechner befinden; Benutzer und Programme verwenden in diesem Fall nur den entsprechenden → Laufwerksbuchstaben für den Datenzugriff.
News: öffentliche Nachricht im Gegensatz zur → E-Mail für persönliche Nachrichten; → NNTP.
NFS: Network **F**ile **S**ystem; eines der ältesten Dateisysteme für Netzwerke; hat seinen Ursprung in der UNIX-Welt und wird nach wie vor unter Linux/UNIX eingesetzt; es existieren auch Windows-Portierungen; erreicht eine relativ hohe Sicherheit und Effizienz mit relativ geringen Mitteln.
NIC: Network **I**nterface **C**ard; englische Abkürzung für Netzwerkkarte.
NIS: Network **I**nformation **S**ervice; Verzeichnisdienst der Firma Sun Microsystems; logisch gesehen Vorgängersystem von Microsoft-Domänen; realisiert unter UNIX; verwendet zentrale Datenbank mit Benutzerkonten; Benutzer können sich damit an jedem Rechner der NIS-Domäne anmelden und auf die Ressourcen des Netzwerkes zugreifen.
NNTP: Network **N**ews **T**ransfer **P**rotocol; Protokoll für die Übertragung von öffentlich zugänglichen elektronischen Nachrichten (→ News), die auf einem Server für Gruppenmitglieder oder für alle zur Verfügung gestellt werden.
North Bridge: Chip auf der Hauptplatine, der Arbeitsspeicher und AGP-Schnittstelle mit dem Prozessor verbindet, womit sich die schnellsten Komponenten den Zugriff auf den Prozessor unter sich teilen, während die langsamen Komponenten die Geschwindigkeit nicht beeinflussen; → South Bridge.
Novell: Firma, die Meilensteine in der Netzwerkentwicklung gesetzt hat; schuf die ersten erfolgreichen Netzwerkbetriebssysteme → NetWare.

NS-Ressourceneintrag: Datensatz in der DNS-Datenbank mit dem Namen des Rechners, der für die Namensauflösung in der Domäne zuständig ist; ist für den Domänenbetrieb absolut notwendig.
NT: **N**ew **T**echnology; Abkürzung für Neue Technologie und Bezeichnung einer Microsoft-Betriebssystem-Familie, die im Gegensatz zu Microsoft Windows 9x/ME neue Strukturen nutzt; die Betriebssysteme Windows NT/2000/XP/7/8/10/2003/2008/2012 basieren auf dieser Technologie.
NTFS: **N**ew **T**echnology **F**ile **S**ystem; Standard-Dateisystem für Windows; im Gegensatz zu anderen von Windows unterstützten Dateisystemen besitzt NTFS eine Reihe von wichtigen Eigenschaften: Berechtigungen, Verschlüsselung, Eigentümer, Kontingente, Bereitstellen von Laufwerken, Schattenkopien, automatische Fehlerkorrektur (Journaling), RAID-Unterstützung; maximale Größe einer Partition beträgt 16 EB (1,15 · 10^{18} Byte); Voraussetzung für den Einsatz einer Windows-Domäne; über die Struktur von NTFS sind offiziell nur wenige Informationen bekannt; einige Linux-Distributionen implementieren den Lesezugriff auf NTFS.
NTP: **N**etwork **T**ime **P**rotocol; Netzwerkprotokoll für die Übertragung von Zeitangaben; ein NTP-Server stellt den NTP-Clients im Netzwerk die genaue Zeit zur Verfügung.

O

OEM: **O**riginal **E**quipment **M**anufacturer; Begriff bedeutet im EDV-Bereich die Bündelung von Soft- und Hardware; Softwarehersteller liefert seine Produkte an einen Händler mit einem deutlich niedrigeren Preis unter der Bedingung, diese Produkte nur auf neuen Rechnern zu installieren; Hersteller erkämpfen somit neue Marktanteile.
OneDrive: Online-Dienst von Microsoft, der Benutzern von Microsoft-Betriebssystemen ermöglicht, eigene Daten im Internet zu speichern, abzurufen und zu bearbeiten. Der Zugriff auf die Daten erfolgt über Webbrowser, proprietäre Anwendungen oder Apps.
Ordner: grafische Darstellung eines Verzeichnisses auf dem Bildschirm; Container, in dem seine Elemente (meistens grafisch) aufgelistet sind; ist fast immer mit einem Verzeichnis gleichzusetzen; Ausnahme: Systemsteuerung unter Microsoft Windows ist als Ordner organisiert, entspricht aber keinem Verzeichnis auf dem Datenträger.
OS/2: **O**perating **S**ystem/**2**; Betriebssystem der Firma → IBM; besitzt nur historische Bedeutung.
OSI-Modell: **O**pen **S**ystems **I**nterconnection Reference **Model**; schreibt vor, wie der Datenaustausch zwischen zwei Rechnern stattfinden muss; besteht aus 7 Schichten, die vertikal angeordnet sind; Standard legt die Aufgaben jeder Schicht fest; Datenfluss erfolgt von oben nach unten beim Sender und umgekehrt beim Empfänger; ist absolut wichtig für das Verständnis der Kommunikation in Netzwerken.
OSPF: **O**pen **S**hortest **P**ath **F**irst; Protokoll für die automatische Einrichtung der Router; wird OSPF auf verschiedenen Routern installiert, so tauschen sie ihre Routing-Tabellen untereinander aus; muss vom Administrator eingerichtet werden; aufwändiger zu pflegen als → RIP, bietet aber mehr Leistungsumfang.

P

PAN: **P**ersonal **A**rea **N**etwork; Netzwerk, dessen Ausdehnung nur wenige Meter beträgt; besteht aus Rechner, Handy, PDA, Drucker und anderen Geräten, die für die normale Arbeit notwendig sind.
PAP: **P**assword **A**uthentication **P**rotocol; einfachstes Authentifizierungsprotokoll; versendet die Benutzerkennung und das Kennwort unverschlüsselt, gilt deshalb als unsicherstes Protokoll; → CHAP.
Parität: Fähigkeit des Arbeitsspeichers, interne Fehler zu erkennen, aber nicht zu korrigieren; im Fehlerfall endet der Betrieb des Rechners mit einer Meldung.
Partition: zusammenhängender Bereich der Festplatte, in dem ein Dateisystem angelegt werden kann; Anzahl und Eigenschaften der Partitionen werden im → MBR gespeichert; es existieren zwei Arten von Partitionen: primär und erweitert; die erweiterte Partition kann im Gegensatz zur primären Partition mehrere Bereiche (logische Laufwerke) enthalten; nur primäre Partitionen und logische Laufwerke erhalten unter Microsoft Windows → Laufwerksbuchstaben.
Partitionstabelle: Bestandteil vom → MBR, wo sich folgende Informationen über die Partitionen befinden: Anfangs- und Endzylinder, Typ der Partition, Activity-Flag u. a.
Password: englische Bezeichnung für Kennwort; → Konto.
Patch: Programm, das die Fehler in der vorhandenen Software korrigiert.
PCI: **P**eripheral **C**omponent **I**nterconnect; aktueller Standard für PC-Bus-Technologie; unterstützt 32- und 64-Bit-Bandbreiten.
PCMCIA: **P**ersonal **C**omputer **M**emory **C**ard **I**nternation-al **A**ssociation; Standard für die Erweiterungskarten in tragbaren Computern; PCMCIA-Karten sind besonders kompakt, verbrauchen wenig Strom und sind → plug-and-play- sowie → hot-plug-fähig.
Peer-to-Peer-Netzwerk: 1) Netzwerk, das aus gleichberechtigten Rechnern besteht, die sowohl Server- als auch Client-Software betreiben können; Computer sind in dieser Hinsicht gleichberechtigt, d. h., sie können Ressourcen zur Verfügung stellen und auch auf Ressourcen zugreifen; → serverbasiertes Netzwerk;
2) Technologie im Internet für die Verteilung von großen Datenmengen, wie Videodaten, ohne den Einsatz der großen und teuren Internet-Server.
Peripherie: Geräte, die extern an den Rechner angeschlossen werden: Tastatur, Drucker, Scanner.
PGP: **P**retty **G**ood **P**rivacy; Verschlüsselungsprogramm, das auf asymmetrischem Verfahren basiert; bietet einen hohen Sicherheitsgrad und wird oft für die E-Mail-Übertragung verwendet.
Phishing: Versuche von Betrügern, an vertrauliche Daten von Internetbenutzern zu gelangen; Phisher verschicken z. B. E-Mails mit der Bitte, der Bank persönliche Zugangsdaten mitzuteilen, wobei kein wirklicher Administrator die Zugangsdaten eines Benutzers benötigt, um auf seine Dateien zuzugreifen.
Pixel: **Pic**ture **El**ement; kleinstes Bildelement (Punkt) auf dem Bildschirm, dem die drei Farben Rot, Grün und Blau zugeordnet sind, wodurch die farbige Darstellung auf dem Bildschirm entsteht.
PKI: Public-Key-Infrastruktur, ist ein kryptologisches System aus hierarchisch aufgebauten Zertifizierungsstellen, die digitale Zertifikate erstellen, verteilen und prüfen. Die Zertifikate basieren auf der asymmetrischen Verschlüsselung und werden für den sicheren Informationaustausch verwendet.
Plotter: Ausgabegerät, das Grafiken zeichnet; verwendet für die Darstellung farbige Stifte, die sich in einem Halter befinden; hat seine Bedeutung mit wachsender Qualität der Drucker fast verloren.

Plug-and-play: gemeinsame Eigenschaft von Geräten und Betriebssystemen, die Hardware-Ressourcen wie → IRQ und → Basisadressen automatisch (ohne Eingriff des Administrators) zu verteilen; verhindert Ressourcenkonflikte; Beispiele: PCI-Bus, Microsoft Windows 10.

Polling-Betrieb: Betriebsart des Prozessors für die Ko-operation mit Geräten; Prozessor fragt alle Geräte nacheinander ab, ob sie Rechenkapazitäten benötigen; Zeit raubende und daher selten verwendete Prozedur; Gegensatz zum → Interrupt-Betrieb.

POP: **P**ost **O**ffice **P**rotocol; Protokoll, mit dem ein E-Mail-Client das Postfach des Benutzers abfragt und vorhandene Nachrichten herunterlädt; einfachstes Protokoll für diesen Zweck; verbreitet ist Version 3 dieses Protokolls (POP3).

Port: 1) Registrierungsnummer einer TCP/IP-Anwendung beim Betriebssystem, da normalerweise mehrere TCP/IP-Anwendungen (Server und Clients) laufen; Betriebssystem leitet ankommende TCP/IP-Pakete an die Anwendung weiter, deren Registrierungsnummer im Empfängerfeld auf dem Paket steht; Betriebssystem markiert das TCP/IP-Paket beim Versenden mit der Registrierungsnummer des Absenders; Clients initiieren die TCP/IP-Verbindungen und verwenden dabei die standardisierten Portnummern der Server; Portnummern der Clients sind normalerweise nicht standardisiert;
2) Anschlussnummer eines Ein- oder Ausgabekanals auf einem Gerät.

Portierung: Übertragung eines Programms von der Hardwarearchitektur, für die es erstellt wurde, auf eine andere Architektur; Microsoft Windows NT 4 wurde für die Intel-Architektur geschrieben, anschließend auf PPC- und Alpha-Prozessoren portiert; gilt nicht für Windows 2000/XP/7/8/10/2003/2008/2012, während Linux auf fast jede Hardwarearchitektur portiert wurde.

POST: **P**ower-**O**n **S**elf **T**est; Testvorgang, der automatisch vom → BIOS durchgeführt wird, wenn man den Rechner einschaltet; BIOS prüft den Arbeitsspeicher, E/A-Geräte und Busse; bei erfolgreichem Abschluss von POST startet das BIOS den Bootvorgang des Betriebssystems; einige BIOS überspringen den POST bei entsprechendem Tastendruck.

PPP: **P**oint-to-**P**oint **P**rotocol; Protokoll für die Datenübertragung über Telefonleitungen; ist der 2. Schicht des → OSI-Modells zugeordnet und kann unterschiedliche Protokolle übertragen.

PPTP: **P**oint-to-**P**oint **T**unnelling **P**rotocol; Protokoll, das für Aufbau von → VPN geeignet ist; verwendet ausschließlich symmetrische Verschlüsselung und gilt daher nicht so sicher wie → L2TP.

Profil: 1) Benutzerprofil; persönliche Einstellungen von Benutzern: das Aussehen des Desktops, Verknüpfungen, Einträge im Startmenü usw.; 2) Hardwareprofil; Einstellungen für die Geräte: Aktivierung, Startparameter usw.

Programm: Datei, die Befehle für den Mikroprozessor beinhaltet; Inhalt dieser Datei kann nicht direkt betrachtet oder korrigiert werden; Texte für Programme werden in Programmiersprachen geschrieben und anschließend in die Maschinensprache umgewandelt (kompiliert).

Proprietär: Bezeichnung für herstellerspezifische Lösungen, z. B. besitzen Word-Dateien ein proprietäres Format von Microsoft.

Protokoll: 1) Standard, der den Datenaustausch zwischen unterschiedlichen Stellen regelt; ist in erster Linie papiermäßig erfasst und normalerweise als Modul oder in mehreren Modulen realisiert; bekannt sind Protokolle der TCP/IP-Familie, OSI-Protokolle, Sicherheitsprotokolle u. v. a.; 2) Datei (Logdatei oder Report), in der bestimmte Ereignisse protokolliert sind; unter Microsoft Windows gibt es in der Ereignisanzeige Anwendungs-, Sicherheits- und Systemprotokolle.

Provider: Unternehmen, das verschiedene Ressourcen zur Verfügung stellt, z. B. bieten Internetprovider ihren Kunden einen Internetzugang.

Proxy: Programm, das selbst keine Ressourcen zur Verfügung stellt, dafür die Anfragen der Clients an andere Server weiterleitet und die Antworten von den Servern an die Clients zurücksendet; speichert die Antworten zum Teil im → Cache, um ähnliche Anfragen schneller beantworten zu können; kann Zugriffe auch kontrollieren, um unerwünschte Informationen zu blockieren; existiert fast für jedes Protokoll (HTTP, FTP, DNS, DHCP).

Prozess: gestartetes Programm einschließlich Umgebungsvariablen, Benutzeridentifikationen, geöffneten Dateien, aktuellen Verzeichnissen usw.; Prozesse werden in einem Multitasking-Betriebssystem in unterschiedlichen Adressbereichen gestartet und können daher die Stabilität untereinander nicht einschränken.

Prozessor: → CPU.

PTR-Ressourceneintrag: Datensatz in der DNS-Datenbank, der einer bestimmten IPv4-Adresse den entsprechenden Rechnernamen zuordnet (umgekehrte FQD-Namensauflösung).

Puffer: Bereich, wo die Daten zwischengespeichert sind, bevor sie auf die Festplatte, zum Prozessor, in den Hauptspeicher oder zu einem beliebigen Datenträger übertragen werden; befindet sich abhängig von den Daten im Hauptspeicher, auf der → Hauptplatine als Chip, im → Prozessor selbst oder auf den Erweiterungskarten; kann neben Daten auch Befehle enthalten; Verwendung bringt Geschwindigkeitsvorteile.

PXE: **P**reboot E**x**ecution **E**nvironment; Spezifikation für Netzwerkkarte; PXE-Netzwerkkarte wird vom BIOS initialisiert und sendet Anfragen ins Netzwerk, um die IP-Adressen vom DHCP-Server sowie den Ladesatz vom Boot-Server zu erhalten; der Ladesatz vom Boot-Server steuert den weiteren Bootvorgang, wodurch Rechner booten, die keine Festplatte besitzen.

Q

Quelltext: Text von einem Programm oder Skript, geschrieben in einer Programmiersprache; Gegenteil vom → Maschinencode, der die Befehle des Prozessors enthält.

Queue: → Warteschlange.

Quote: Funktion des Dateisystems, die den Speicherplatz für die Benutzer begrenzt; sinnvoll in Systemen, wo die Benutzer den Speicherplatz auf der Festplatte bezahlen; E-Mail-Server benötigen diese Funktion, um die Größe des Postfaches zu begrenzen; moderne Betriebssysteme erlauben, die Quoten sowohl pauschal für alle Benutzer einzustellen als auch für jeden Benutzer individuell zu konfigurieren.

R

RADIUS: **R**emote **A**uthentication **D**ial **I**n **U**ser **S**ervice; Service für die Authentifizierung der Netzwerkbenutzer, d. h., einmal angemeldet, kann der Benutzer auf Netzwerkdienste zugreifen; RADIUS-Server können mit → ADS oder → NDS verglichen werden.

RAID: **R**edundant **A**rray of **I**nexpensive **D**iscs; Methoden und Standards für die Benutzung von mehreren Festplatten in einem Computer; können → Fehlertoleranz oder

Geschwindigkeit im Vergleich zur Benutzung einer einzelnen Festplatte verbessern; unterschieden werden mehrere Stufen der Festplattenintegration (RAID-Levels); verbreitet sind RAID-0, RAID-1 und RAID-5; RAID-0 organisiert ein → Dateisystem über alle beteiligten Festplatten, lässt keine Fehlertoleranz zu; RAID-1 speichert eine Kopie der Daten jeweils auf einer zusätzlichen Festplatte (Spiegelung); RAID-5 berechnet die Prüfsumme und verteilt sie zusammen mit den Daten auf mehreren Laufwerken.

RAM: **R**andom **A**ccess **M**emory; flüchtiger Arbeitsspeicher mit wahlfreiem direktem Schreib- und Lesezugriff.

RAS: **R**emote **A**ccess **S**ervice; Service, der den Benutzern erlaubt, auf die Daten mittels Telefonmodem oder ISDN-Karte zuzugreifen; erstellt sowohl ausgehende als auch eingehende Verbindungen.

Read Only: Eigenschaft (Attribut) eines Objektes; Objekt (Datei) kann nur geöffnet oder gelesen, aber nicht geändert werden; Betriebssysteme behandeln diese Eigenschaft unterschiedlich streng; Attribut „read only" kann unter MS-DOS durch jeden Benutzer aufgehoben werden, unter Microsoft Windows ist dafür eine entsprechende Berechtigung notwendig.

Redundanz: mehrfach vorhandene Daten; ist in vielen Fällen hilfreich, z. B. stehen die gleichen Daten auf verschiedenen Servern im Netzwerk zur Verfügung, um die Zugriffszeiten für die Clients zu reduzieren; fällt ein Server aus, sind die Daten auf einem anderen Server erreichbar; werden redundante Daten von Benutzern geändert, dann müssen sie rechtzeitig abgeglichen (repliziert) werden.

Register: Speicherbereich im Prozessor, wo die Daten unmittelbar vor oder nach der Operation zwischengespeichert werden.

Registry: Datenbank unter Microsoft Windows, die Einstellungen für das Betriebssystem selbst, für die Anwendungen sowie Teile der Benutzereinstellungen beinhaltet; wurde als Ersatz für die INI-Dateien und für die bessere Handhabung der Einstellungen eingeführt; fungiert als zentrale Konfigurationsstelle des Betriebssystems.

Repeater: Gerät, das zwei Netzwerksegmente verbindet; arbeitet auf der 1. Schicht des → OSI-Modells; verstärkt die elektrischen Signale und verbessert ihre Qualität, kann aber keine Protokolle der oberen OSI-Schichten erkennen und analysieren; wird verwendet, um große Strecken zu überwinden.

Replikation: Prozess der Übertragung der Änderungen von einem System zum anderen; werden beispielsweise die gleichen Daten den Benutzern auf zwei Rechnern zur Verfügung gestellt, so weichen die Daten infolge der Benutzeraktivitäten immer wieder voneinander ab. Um diese Datenbestände abzugleichen, muss die Replikation durchgeführt werden. Sie findet normalerweise dann statt, wenn es keine Benutzeraktivitäten gibt. Die Replikation wird unter Microsoft Windows Server 2008/2012 bevorzugt eingesetzt und erfolgt in vielen Fällen automatisch.

Residentes Programm: Programm, das sich ständig im Arbeitsspeicher befindet, meistens sind es Teile des Betriebssystems, gemeinsam verwendete Module, Antivirenprogramme oder andere Anwendungen; Computerviren können sich nach der Ausführung ebenfalls resident im Arbeitsspeicher verhalten.

RFC: **R**equest **F**or **C**omments; Dokumente, die Internet-Standards enthalten; ursprünglich als Aufforderungen zur Diskussion gedacht, später zu Standards entwickelt.

RIP: **R**outing **I**nformation **P**rotocol; Protokoll für die automatische Einrichtung der Router; organisiert den Austausch von Routing-Tabellen zwischen den Routern über Rundsendungen; benötigt nur minimalen Einsatz des Administrators; → OSPF.

RISC: **R**educed **I**nstruction **S**et **C**omputer; RISC-Prozessoren implementieren die Mikroprozessor-Befehle als elektronisches Schema und arbeiten deshalb viel schneller als → CISC; sie stellen nur einfache Befehle zur Verfügung; Vertreter sind PPC (**P**ower **P**erformance **C**hip) und SPARC.

ROM: **R**ead **O**nly **M**emory; Speicher, von dem die Daten bei normalem Betrieb nur gelesen werden können.

root: Standardanmeldename des Systemadministratorkontos unter Linux; Konto besitzt die ID-Nummer 0 und wird dadurch generell von allen anderen Konten unterschieden.

Router: Gerät, das auf der 3. Schicht des → OSI-Modells arbeitet; kann Steuerungsdaten des entsprechenden Protokolls lesen, analysieren und verändern; dient der Weiterleitung der Datenpakete zwischen den Netzwerken, die mit dem gleichen Protokoll arbeiten; Rundsendungen werden vom Router blockiert, wodurch die Netzwerke von fremden Rundsendungen entlastet werden; können auch mehrere Protokolle der 3. OSI-Schicht unterstützen (IP, IPX); jeder Rechner unter Microsoft Windows oder Linux kann als Router eingerichtet werden.

RPC: **R**emote **P**rocedure **C**all; Dienst, der die Ausführung von Programmen auf lokalen Rechnern erlaubt, wobei der Befehl zur Ausführung von einem anderen Rechner kommt; darauf basieren viele Windows-Netzwerkdienste, → NIS und → NFS.

RSA: **R**ivest, **S**hamir & **A**dleman; asymmetrischer Verschlüsselungsalgorithmus; verwendet die zufälligen unabhängigen Primzahlen; Verfahren gilt als sehr sicher, aber langsam und wird daher mit einer symmetrischen Verschlüsselung kombiniert.

Rundsendung: Datenpaket im Netzwerk, das keine Empfängeradresse enthält; wird daher von allen Rechnern ausgewertet, wobei normalerweise nur ein Rechner antwortet; Protokoll → ARP erfährt durch eine Rundsendung, welche → MAC-Adresse der Rechner mit einer vorgegebenen → IP-Adresse besitzt.

S

Schnellformatierung: ähnlicher Prozess wie die → Formatierung ohne Qualitätsprüfung der magnetischen Oberfläche, wodurch der Prozess viel schneller verläuft.

Schnittstelle: verschiedene Geräte oder Programme tauschen darüber Informationen aus, z. B. die Tastatur über die serielle Schnittstelle, der Drucker über die → USB-Schnittstelle oder die Netzwerkkarte über eine Netzwerkschnittstelle.

SCSI: **S**mall **C**omputer **S**ystem **I**nterface; hocheffizienter Bus für die parallele Übertragung; mehrere SCSI-Geräte können mit dem Prozessor gleichzeitig Daten austauschen und sind außerdem hot-plug-fähig, z. B. Festplatte, CD-ROM oder Scanner für SCSI; wird hauptsächlich in professionellen Servern benutzt.

SDSL: **S**ymmetric **D**igital **S**ubscriber **L**ine; → DSL.

Server: Programm, das Ressourcen zur Verfügung stellt; Gegenstück zum → Client; z. B. stellt Apache als Webserver den Clients Webseiten zur Verfügung; Begriff wird oft auf einen Rechner bezogen, wobei dies bedeutet, dass auf dem Rechner ein oder mehrere Server (als Programme) laufen; Verwendung des Begriffs „Server" muss die Ressourcen berücksichtigen, die zur Verfügung gestellt werden.

Serverbasiertes Netzwerk: besteht aus Rechnern, die entweder Server- oder Client-Funktion besitzen; die Rechner sind in dieser Hinsicht nicht gleichberechtigt, wobei einige Rechner die Ressourcen zur Verfügung stellen, während andere auf diese Ressourcen zugreifen; empfohlen bei großen Netzwerken; → Peer-to-Peer-Netzwerk.

Servlet: Programm, das in der Sprache → Java geschrieben und vom Webserver ausgeführt wird; wichtigster Unterschied zum → Applet besteht darin, dass es nie an den Client übertragen wird.

Shareware: kommerzielle Programme, die in unveränderter Form verbreitet werden dürfen und in der Regel kostenpflichtig sind, allerdings kostenlos zum zeitlich begrenzten Ausprobieren.

Signatur: 1) digitale Unterschrift, die sicherstellt, dass die Nachricht tatsächlich von der Person stammt, die als Autor bezeichnet wird; 2) charakteristische Zeichenkette, die sich im Computervirus befindet und ihn eindeutig identifiziert; Signaturen bilden die Basis für die Virenerkennung.

Simplex: Übertragungsart, bei der die Daten nur in einer Richtung versendet werden können; → Duplex.

Simulation: Prozess, bei dem ein Programm das Verhalten von anderen Programmen oder reellen Objekten nachbildet.

Skalierbarkeit: Erweiterbarkeit; Fähigkeit des Systems, seine Leistung bei zunehmendem Arbeitsaufwand und Datenvolumen auf dem gleichen Niveau zu erhalten; die Rechner können bei Bedarf auf einfache Weise erweitert werden.

Skript: normalerweise eine Textdatei mit Befehlen des Betriebssystems (MS-DOS, Microsoft Windows, Linux) oder eines Interpreters (Java, Perl); mit einem → Programm vergleichbar, stellt aber weniger umfangreiche Funktionen zur Verfügung; wird oft zu administrativen Zwecken verwendet.

Smartphone: Modernes Kommunikationsgerät mit mehr Funktionalitäten als herkömmliches Mobiltelefon; komplettes Computersystem im Telefonformat, dass neben Fernsprech- auch diverse IP-basierte Datendienste anbietet.

SMB: Server **M**essage **B**lock; Protokoll für Windows-Freigaben; außerhalb von Windows findet es starke Verbreitung in Linux (Samba-Server); ermöglicht Zugriff auf Dateiserver in heterogenen Netzwerken.

SMTP: Simple **M**ail **T**ransfer **P**rotocol; Protokoll, mit dem eine Nachricht vom E-Mail-Client zum zuständigen E-Mail-Server übertragen wird, der diese Nachricht ebenfalls mit SMTP an den E-Mail-Server des Empfängers weiterleitet.

SOA-Ressourceneintrag: Start **o**f **A**uthority; Datensatz in der DNS-Datenbank, der Informationen über die verantwortliche Person und Verwendungsdauer der Zonendaten beinhaltet, wobei in jeder Zone nur ein SOA-Ressourceneintrag existiert.

SoC: System-on-Chip ist eine technische Lösung, die alle oder viele Funktionen eines Systems auf einem Chip (Schaltkreis) integriert, im Gegensatz zum herkömmlichen Aufbau, wo für nahezu jede spezielle Funktion (Netzwerk, Audio, Grafik) ein extra Schaltkreis existiert. SoCs werden in eingebetteten Systemen eingesetzt.

SOHO: Small **O**ffice/**H**ome **O**ffice; Anwendungen, konzipiert für kleine Heimbüros oder Privatanwender; sind in der Regel nicht besonders skalierbar und stellen keine erweiterten Funktionen zur Verfügung.

South Bridge: Chip auf der Hauptplatine, der die langsamen Komponenten wie → ISA, → PCI, → USB verbindet und deren Zugriff auf den Prozessor steuert, womit der ungünstige Einfluss der langsamen Komponenten auf die Geschwindigkeit der schnellen Komponenten wie → RAM und → AGP-Schnittstelle verhindert wird; → North Bridge.

Spam: unerwünschte E-Mails, die oft als Werbung verschickt werden; Provider setzen spezielle Programme ein, um Spam von nützlichen E-Mails nach bestimmten Kriterien zu trennen.

Spoofing: Computer-Angriffsmethode, bei der der Angreifer seine Identität tarnt, indem er seinen Benutzernamen oder seine Internetadresse fälscht; Angreifer täuscht vor, dass die Kommunikation von einem vertrauenswürdigen Computer ausgeht und gewinnt auf diese Weise Zugriff auf den „Opfer-Computer".

SRV-Ressourceneintrag: Datensatz in der DNS-Datenbank, der einen Verweis auf die Ressourcen der Domäne enthält (→ Kerberos, PDC-Emulator); Unterstützung von SRV-Einträgen ist eine Voraussetzung für die Arbeit des DNS-Servers in einer Windows-Domäne.

SSD: Solid-**S**tate-**D**rive ist ein nichtflüchtiger Datenträger, der keine beweglichen Teile enthält und vom Betriebssystem verwendet werden kann, wie eine herkömmliche Festplatte.

SSL: Secure **S**ockets **L**ayer; Verschlüsselungsprotokoll für die Datenübertragung, das symmetrische und asymmetrische Verfahren verwendet; wird eingesetzt für die Absicherung des Web-Verkehrs; die Kombination aus → HTTP und SSL wird oft als **HTTPS** bezeichnet.

STP: Shielded **T**wisted **P**air; Kabeltyp, bei dem zwei Adern verdrillt und abgeschirmt sind; wird für den Anschluss der Rechner an den Switch oder Hub benutzt.

Support: Kundenunterstützung vor Ort, telefonisch oder per E-Mail.

Surfen: Zugriff auf Internetressourcen und Betrachten von Webseiten.

Switch: im → LAN ein Netzwerkgerät mit ähnlicher Funktionalität wie ein → Hub; verbindet Computer oder Netzwerksegmente miteinander; arbeitet auf der 2. Schicht des → OSI-Modells; speichert → MAC-Adressen der angeschlossenen Geräte; verbessert den Netzwerkdurchsatz, indem nur die Geräte physikalisch miteinander zusammengeschaltet werden, die auch tatsächlich kommunizieren, wodurch im → Ethernet die Anzahl der → Kollisionen verringert wird.

Symmetrische Verschlüsselung: Verfahren mit nur einem Schlüssel für die Ver- und Entschlüsselung, der beim Absender und Empfänger vorhanden sein muss, gleichzeitig die Schwachstelle, da der Schlüssel vom Angreifer beim Austausch abgefangen werden kann; arbeitet relativ schnell, aber nicht besonders sicher; bekannte symmetrische Algorithmen sind → DES, Blowfish, IDEA; → asymmetrische Verschlüsselung.

T

Task: minimale unabhängige programmierbare Aufgabe, die der Prozessor ausführt; → Programm oder → Prozess kann (muss aber nicht) mehrere Tasks erzeugen.

Taskmanager: Systemprogramm in Betriebssystemen mit präemptivem → Multitasking, das den Ablauf aller Anwendungen und Server überwacht; beendet bei Bedarf ausgefallene Anwendungen.

TCP: Transmission **C**ontrol **P**rotocol; verbindungsorientiertes Protokoll der TCP/IP-Familie, das für die zuverlässige Datenzustellung verantwortlich ist; baut auf Servern und Clients sogenannte Sitzungen auf, die während der Übertragung Anzahl und Richtigkeit der ankommenden IP-Pakete kontrollieren; arbeitet auf der 4. Schicht des → OSI-Modells;

wird meistens für Datei- und E-Mail-Übertragungen verwendet, wo die Daten komplett zugestellt werden müssen; der Benutzer kann TCP nicht unmittelbar wählen, sondern die Anwendung entscheidet über den Einsatz von TCP oder → UDP.

Telnet: Server, der einem Client über eine zeichenorientierte Eingabeaufforderung den Zugriff auf die → Konsole eines Rechners erlaubt; wird fast ausschließlich für die Administration verwendet; großer Nachteil besteht in der unverschlüsselten Datenübertragung; → Terminalserver.

Template: Muster, Vorlage; einige Betriebssysteme erlauben, für Benutzer ein Template zu erstellen; enthält alle notwendigen Benutzereigenschaften; wird vom Administrator kopiert, um Benutzerkonten zu erstellen; → Konto.

Temporär: vorläufige Daten, die eine Anwendung während der Ausführung erzeugt und beim Beenden idealerweise löscht.

Terminalserver: bietet einem Client für administrative und produktive Zwecke über grafische Oberfläche den Zugriff auf Prozessor, Arbeitsspeicher und Festplatte des Rechners; für die Übertragung wird **RDP** (**R**emote **D**esktop **P**rotocol) verwendet, wodurch die Daten in verschlüsselter Form übermittelt werden; gehört standardmäßig zur Lieferung von Microsoft Windows.

TFT: **T**hin **F**ilm **T**ransistor; Einsatz für → LCD-Monitor.

Thin Client: preiswerter Computer, meist ohne eigene Festplatte, der alle Daten im Netzwerk speichert und das Betriebssystem von einem zentralen Rechner im Netzwerk bezieht; BIOS muss das Betriebssystem von der Netzwerkkarte booten können; → PXE.

Token-Ring: Netzwerktechnologie mit geregeltem Zugriff auf das Übertragungsmedium, wobei eine Station nur dann senden darf, wenn sie eine Erlaubnis bekommen hat; entspricht der physikalischen Ring-Topologie und ist der 1. und 2. Schicht des → OSI-Modells zugeordnet; verwendet typische Geschwindigkeiten von 4 MBit/s und 16 MBit/s.

Transparenz: Eigenschaft der Software, alle Vorgänge vor dem Benutzer zu verbergen und nur die Ergebnisse zu zeigen; NTFS-Verschlüsselung arbeitet transparent, d. h., der Benutzer markiert eine Datei, die beim Öffnen und Speichern vollkommen automatisch ent- und verschlüsselt wird.

Treiber: Software, die eine bestimmte Hardware ansteuert, wodurch das Betriebssystem Zugriff auf diese Hardware erlangt.

Trial-Version: Probeversion einer Software, meist nur begrenzte Zeit funktionsfähig.

Trojaner: auch Trojanisches Pferd; Programm, das nützliche Funktionen vortäuscht, im Hintergrund aber unerwünschte Aktivitäten ausführt, z. B. Informationen von der Festplatte sammelt, Dateien löscht oder beschädigt, die Fernsteuerung des Rechners erlaubt, Werbung zeigt oder ein Programm zum automatischen Einwählen in das Internet (Dialer) installiert; wird von allen modernen Antivirenprogrammen erkannt und zuverlässig entfernt.

TTL: **T**ime **T**o **L**ive; Feld in den DNS-Einträgen, das die Gültigkeitsdauer der Namensauflösung angibt.

U

UDP: **U**ser **D**atagram **P**rotocol; Protokoll der TCP/IP-Familie, das für allgemeine (nicht zuverlässige) Datenübermittlung zuständig ist; funktioniert auf der 4. Schicht des → OSI-Modells; arbeitet theoretisch schneller als → TCP und wird für Server genutzt, die ihre Dienste regelmäßig im Netzwerk ankündigen, sowie für Rundsendungen; Benutzer kann UDP nicht unmittelbar wählen, Anwendung entscheidet über die Verwendung von UDP oder → TCP.

UEFI: Unified Extensible Firmware Interface ist eine standardisierte Laufzeitschnittstelle zwischen der Firmware und dem Betriebssystem eines Computers; besitzt Ausführungsumgebung für Hilfsprogramme, wie Backup, Antivirus oder Hardwarechecks, wenn das Betriebssystem noch nicht gestartet wurde; bietet erweiterte Möglichkeiten zum Laden des Betriebssystems; unterstützt moderne Verfahren zur Festplattenpartitionierung; beseitigt viele Einschränkungen seines Vorgängers → BIOS.

Umgebung: Teil des Arbeitsspeichers, der system- und anwendungsbezogene Variablen enthält; Teil des Prozesses; muss für unterschiedliche Prozesse nicht zwangsläufig gleich sein.

Umgebungsvariable: Teil des Arbeitsspeichers, der einen Namen und einen Wert besitzt; flexible Methode, mit der sich Anwendungen sehr bequem konfigurieren lassen, da sie sehr schnell auf diese Variablen zugreifen können; wird von Betriebssystem, Administrator oder normalem Benutzer erstellt, z. B. benötigt eine CAD-Anwendung eine Umgebungsvariable, um die Sprache richtig einzustellen.

UMTS: **U**niversal **M**obile **T**elecommunication **S**ystem; Standard für digitale Mobiltelefonie, der den Standard → GSM ablösen soll; bietet viele Dienste an, z. B. Audio- und Videotelefonie, Internetzugriff, Navigation, Banking.

UNC: **U**niversal **N**aming **C**onvention; Standard für die Gestaltung von Computernamen, z. B.
`\\Server\Resource`;
UNC-Namen sind auch als Windows-Namen oder → NetBIOS-Namen bekannt; im Internet nicht verwendbar, aber für den Zugriff auf Datei- und Druckdienste in einem Windows-Netzwerk spielen sie nach wie vor eine entscheidende Rolle.

Unicode: Codierungstabelle, in der jedem Symbol (Buchstabe, Ziffer, Sonderzeichen) eine Zahl entspricht; Länge 1, 2 oder 4 Byte, abhängig vom Standard; mit → ASCII kompatibel.

UNIX: eines der ältesten Betriebssysteme; besitzt Eigenschaften, die ihm eine feste Position im Server-Bereich garantieren, z. B. Stabilität, Zuverlässigkeit und eine breite Anwendungsplattform.

Update: Aktualisieren der vorhandenen Software; Hersteller gestalten kleine Änderungen an der Software als Update-Programm und stellen es den Kunden meistens im Internet zum Herunterladen zur Verfügung; normalerweise kostenlos.

Upload: → Hochladen.

URL: **U**niform **R**esource **L**ocator; Standard für die Bezeichnung von Ressourcen im Netzwerk; oft verwendet als Synonym für Webadresse in folgender Form: `<protocol>://¬ <user>:<password>@<host>: <port>/<path>`;
Beispiel: Benutzer „Müller“ versucht sich mit seinem Passwort „12345“ am Computer „www.aci.de“ über das Protokoll HTTP zu authentifizieren und will die Datei „index.html“ aus dem Verzeichnis „members“ herunterladen; die URL lautet:
`http://mueller:12345@www.aci.de/members/¬ index.html`

USB: **U**niversal **S**erial **B**us; moderne serielle Schnittstelle, die größere Übertragungsgeschwindigkeiten als die COM-Schnittstelle anbietet (bis 500 MByte/s); eignet sich außerdem für mehr Geräte als die herkömmliche serielle Schnittstelle (z. B. Scanner, USB-Stick, Digitalkamera, Festplatte); USB-Geräte sind in der Regel hot-plug-fähig und können im laufenden Betrieb angeschlossen und getrennt werden; moderne Betriebssysteme erkennen die Änderungen an USB-Schnittstellen im laufenden Betrieb und laden die notwendigen Treiber nach; aktuelle Version ist USB 3.

USV: **u**nterbrechungsfreie **S**trom**v**ersorgung für die Rechner; notwendig, um wichtige Server bei Stromausfall ordnungsgemäß und ohne Datenverlust herunterzufahren; kommuniziert mit dem Rechner über ein Datenkabel.

V

Verzeichnis: Container für Dateien und andere Verzeichnisse; kann als besondere Art der Datei betrachtet werden, die nur die Auflistung der dazugehörigen Dateinamen enthält (und niemals die Daten selbst!).

Virus: Programm, das sich in einer Computerumgebung selbstständig verbreitet durch Kopieren des eigenen Körpers in den Code von anderen Programmen oder Datendateien; kann Schaden auf dem Rechner verursachen, ihn beschädigen oder den Programmcode „verseuchen"; regelmäßige Prüfung des Datenbestandes mit einem Antivirenprogramm schafft Abhilfe.

VLAN: **V**irtual → **LAN;** Möglichkeit, Computer, die an unterschiedliche physikalische Netzwerksegmente angeschlossen sind, einem virtuellen logischen Netz zuzuordnen; virtuelle Netzwerke verhalten sich unabhängig voneinander wie konventionelle Netzwerke; für die Datenübertragung zwischen zwei virtuellen Netzwerken muss ein → Router eingerichtet werden.

VMM: **V**irtual **M**emory **M**anager; Speichermanager, der jedem Prozess einen Speicherbereich zuteilt, Zugriffe auf Speicherbereiche überwacht oder Programme beendet; Benutzerschnittstelle für den VMM ist der → Taskmanager.

VoIP: **V**oice **o**ver **IP;** Möglichkeit, über das Computernetzwerk zu telefonieren; Sprache (Ton) wird digitalisiert, in IP-Datagramme verpackt und über die normale IP-Verbindung übertragen; beim Empfänger findet der umgekehrte Prozess statt.

Vollduplex: → Duplex.

VPN: **V**irtual **P**rivate **N**etwork; virtuelles privates Netzwerk; besteht aus verschlüsselten Tunneln; der Tunnel entsteht zwischen zwei Rechnern, wenn die Daten beim Versenden verschlüsselt und beim Empfang entschlüsselt werden; verschlüsselter Datentransfer durch ein nicht vertrauenswürdiges Netzwerk (Internet), der von potenziellen Angreifern nicht eingesehen werden kann; Erzeugung von VPN in den Betriebssystemen weitgehend automatisiert durch die Protokolle → L2TP und → PPTP.

W

WAN: **W**ide **A**rea **N**etwork; Netzwerk, das über große Distanzen, z. B. über mehrere Länder und Kontinente verteilt ist und durch große internationale Unternehmen betrieben wird.

Warteschlange: Verarbeitungsprinzip für Aufträge, wobei eingetroffene Aufgaben, falls sie aus Kapazitätsmangel nicht sofort bearbeitet werden können, vorläufig zwischengespeichert werden; Verarbeitung erfolgt meistens nach → FIFO, sobald freie Kapazitäten zur Verfügung stehen; Warteschlange für die Druckaufträge ist als Verzeichnis realisiert.

Windows: Reihe von Betriebssystemen der Firma → Microsoft; zeichnen sich durch Benutzerfreundlichkeit, Stabilität und Innovationen aus; Zu den aktuellen Betriebssystemen dieser Reihe gehören Windows 10 und Windows Server 2012. Es handelt sich dabei um 32- und 64-Bit-Versionen, die abhängig vom geplanten Einsatz und von der Lizenzierung in unterschiedlichen Editionen verfügbar sind. Nicht mehr aktuell, obwohl immer noch weit verbreitet, sind 32- und 64-Bit-Versionen der Betriebssysteme Windows 7/8 und Windows Server 2008.

WINS: **W**indows **I**nternet **N**aming **S**ervice; Server für die Auflösung der UNC-Namen in → IP-Adressen; spielte eine wichtige Rolle bei Microsoft Windows NT, hat aber mit dem Übergang zu Windows 2000 seine Bedeutung verloren; → UNC.

WLAN: **W**ireless **LAN;** kabelloses → LAN; Konzept löst das sogenannte „Kabelsalat"-Problem in Büros, erhöht die Mobilität der Mitarbeiter, bedeutet aber auch eine Zunahme von Sicherheitsrisiken.

WWW: **W**orld **W**ide **W**eb; Internetservice, bei dem man auf Webserver zugreift und von dort Webseiten abholt, die mit einem Webbrowser grafisch dargestellt werden; hat den Zugriff auf Internetressourcen erheblich vereinfacht, wodurch eine explosionsartige Entwicklung des Internets und der WWW-Services begann.

WYSIWYG: **W**hat **Y**ou **S**ee **I**s **W**hat **Y**ou **G**et; „Was Sie sehen, ist das, was Sie bekommen"; Prinzip in der Dokumentengestaltung, bei dem das Aussehen der Dokumente auf dem Bildschirm mit dem Ausdruck möglichst identisch sein soll.

X

X.25: Übertragungsprotokoll, das den Schichten 1 bis 3 des → OSI-Modells zugeordnet ist; wesentlicher Unterschied zum Protokoll → IP besteht darin, dass die Übertragungswege vor der eigentlichen Übertragung festgelegt sind; besitzt ausgereifte Fehlerkorrekturmechanismen, da es für Telefonleitungen mit schlechter Qualität zugeschnitten war; → Frame Relay.

X.500: Standard für den Aufbau eines Verzeichnisdienstes als zentrale Datenbank mit allen Netzwerkressourcen; es existieren mehrere (nicht vollständige) Implementierungen von X.500, aber weit verbreitet sind → NDS von Novell und → ADS von Microsoft; um den Zugriff auf den Verzeichnisdienst zu gewährleisten, wurde das Protokoll → LDAP erarbeitet.

X Window System: grafische Oberfläche, die (im Gegensatz zu Microsoft Windows) in Client-Server-Architektur erstellt ist, wobei der X-Server dem X-Client einen rechteckigen Bereich auf dem Bildschirm zur Verfügung stellt und die Ein- und Ausgabe in diesem Bereich verwaltet, während der X-Client für die grafische Gestaltung dieses Bereiches zuständig ist; für das X Window System wurden spezielle Protokolle erarbeitet, sodass dieses System gleichermaßen lokal oder im Netzwerk funktioniert.

Z

Zeitscheibe: auch Quantum; Zeitintervall beim Multitasking, in der eine Anwendung ihre Befehle auf dem Prozessor ausführt, während nach dem Ablauf der Zeitscheibe die nächste Anwendung Zugriff auf den Prozessor erhält; Prioritäten zwischen den Programmen werden durch die Größe der Zeitscheiben geregelt.

ZIP: Programm, Methode und Format für die Datenkomprimierung; zählt zu den ältesten und besten Komprimierungsmethoden und wird ständig weiterentwickelt.

Zone: Teil der DNS-Datenbank, in dem sich die Namensauflösungen für die Rechner der Domäne befinden; wird in der Zonendatei gespeichert.

Zuordnungseinheit: → Cluster (1).

Sachwortverzeichnis

U

V

W

X

Z

Bildquellenverzeichnis

123RF.com, Hong Kong: 39.2 (doomu), 340.1 (alexlmx), 340.2 (kjekol)
ACI EDV-Systemhaus GmbH & Co KG, Lüneburg: 10
AMD GmbH, Dornbach bei München: 20.2, 34.2
Brother International GmbH, Bad Vilbel: 42
Cisco Systems GmbH, Hallbergmoos: 335
Colourbox.com, 39.1 (Petr Malyshev)
delosfoto GmbH, Groß-Umstadt: 301.2 (Sigfried Thomas)
fotolia.com, New York: 16 (300dpi), 18.1 (vetkit), 18.2 (BillionPhotos.com), 25 (Kirill Seleznev), 28 (magele-picture), 31.1, 31.2 (Riko Best), 37 (amandare), 41.1 (shutterman99)
HSH Soft- und Hardware Vertriebs GmbH, Ahrensfelde OT Lindenberg: 9
Intel GmbH, Feldkirchen: 20.1
Langmatz GmbH, Garmisch-Partenkirchen : 264.2;
Lindy-Elektronik GmbH www.lindy.com, Mannheim: 27
Logitech Europe S.A., Morges: 38
Oracle Corporation, Redwood Shores: 341, 342
Panther Media GmbH (panthermedia.net), München: 40 (t777tt), 41.2 (nikkytok), 168 (lucadp)
Picture-Alliance GmbH, Frankfurt/M.: 280 (Gambarini Federico)
SCHIEDERWERK GmbH, Nürnberg: 264.3
Shuttle Computer Handels GmbH, Elmshorn: 18.3
Siemens AG, München: 224, 225
Treumann, Henning: 223.2
Valentinelli, Mario, Rostock: 76, 80.1, 292.1, 293, 294, 296, 297.1, 297.2
Verein der Förderer des Fernmeldemuseums Aachen e.V., Aachen: 263
wikimedia commons: 269 (Heidas)
wikipedia.commons: 23 (Rainer Knäpper, (http://artlibre.org/licence/lal/de/))
Xilence GmbH, Hildesheim: 19; ZyXel GmbH, Würselen: 306.1, 306.2

mit Grafiken von Dirk Hinrichs (Lithos)

Umschlag:
iStockphoto.com, Calgary: Umschlagseite 1 (Pixtum)
Colourbox.com, Odense: Umschlagseite 3